## Vokale und Diphthonge

| Laut | Beispiel |
|---|---|
| [ɑː] | pl**a**nt, f**a**rm, f**a**ther |
| [aɪ] | f**i**ve, l**i**fe |
| [aʊ] | h**ou**se |
| [æ] | m**a**n, s**a**d |
| [e] | g**e**t, b**e**d |
| [eɪ] | n**a**me, s**a**me |
| [ə] | **a**go, bett**er** |
| [ɜː] | b**ir**d, h**er** |
| [eə] | th**ere**, c**are** |
| [ʌ] | b**u**t, s**o**n |
| [ɪ] | **i**t, w**i**sh |
| [iː] | b**ee**, s**ee**, m**e**, b**ea**t, |
| | bel**ie**f |
| [ɪə] | h**ere**, n**ear** |
| [əʊ] | n**o**, l**ow** |
| [ɒ] | n**o**t, l**o**ng |
| [ɔː] | l**aw**, **a**ll |
| [ɔɪ] | b**oy**, **oi**l |
| [ʊ] | p**u**sh, l**oo**k |
| [uː] | y**ou**, d**o** |
| [ʊə] | p**oor**, s**ure** |

ː bezeichnet die Länge des vorausgehenden Vokals.

Das Zeichen ˈ gibt den Hauptton, das Zeichen ˌ den Nebenton an.

## Konsonanten

| Laut | Beispiel |
|---|---|
| [b] | **b**een, **b**lind |
| [d] | **d**o, ha**d** |
| [ð] | **th**is, fa**th**er |
| [f] | **f**ather, wol**f** |
| [g] | **g**o, be**g** |
| [ŋ] | lo**ng**, si**ng** |
| [h] | **h**ouse |
| [j] | **y**outh |
| [k] | **k**eep, mil**k** |
| [l] | **l**amp, oi**l**, i**ll** |
| [m] | **m**an, a**m** |
| [n] | **n**o, ma**nn**er |
| [p] | **p**a**p**er, ha**pp**y |
| [r] | **r**ed, d**r**y |
| [ʳ] | hai**r**, afte**r** |
| [s] | **s**tand, **s**and, ye**s** |
| [ʃ] | **sh**ip, sta**ti**on |
| [t] | **t**ell, fa**t** |
| [tʃ] | **ch**urch, ca**tch** |
| [v] | **v**oice, li**v**e |
| [w] | **w**ater, **w**e, **wh**ich |
| [z] | **z**eal, the**s**e, ga**z**e |
| [ʒ] | plea**s**ure |
| [dʒ] | **j**am, ob**j**ect |
| [θ] | **th**ank, you**th** |

## Das englische Alphabet

a [eɪ] b [biː] c [siː] d [diː] e [iː] f [ef] g [dʒiː] h [eɪtʃ] i [aɪ] j [dʒeɪ] k [keɪ] l [el] m [em] n [en] o [əʊ] p [piː] q [kjuː] r [ɑː] s [es] t [tiː] u [juː] v [viː] w [ˈdʌbljuː] x [eks] y [waɪ] z [zed, *Am* ziː]

❷ Angabe der unregelmäßigen Wortformen

❹ Angaben zum Kontext in kleiner Kursivschrift

❺ Anwendungsbeispiele in Fettschrift

❾ Angabe der Aussprache bei allen Stichwörtern

❿ Angaben zur Bedeutung sind kursiv und in Klammern

⓭ Ein Warndreick warnt vor einer Fehlerquelle

⓮ Grammatische Angaben

⓯ Angabe von amerikanischen Schreibvarianten

⓲ Optionale Elemente in eckigen Klammern

PONS

# Smile

## Wörterbuch

## Englisch

Vollständige
Neuentwicklung
2002

Ernst Klett Sprachen
Barcelona · Budapest · London · Posen · Sofia · Stuttgart

**PONS Smile** Wörterbuch
Englisch – Deutsch/Deutsch – Englisch

**Bearbeitet von:** Susanne Fayadh, Rupert Livesey, Ursula Martini, Helen Moore
**Features von:** Rupert Livesey, Caroline Reul, Anne Seaton, Amanda Seidel
**Illustrationen von:** Terry McKenna, Anthony Morris
**Landkarten von:** Klett-Perthes, Gotha



Die deutsche Bibliothek – CIP-Einheitsaufnahme

Ein Titeldatensatz dieser Publikation ist
bei der Deutschen Bibliothek erhältlich

1. Auflage 2002 (1,01)



Internet: www.pons.de
E-Mail: info@pons.de

Redaktion Wörterbuchteil: Christiane MacKenzie
Bildredaktion und Features: Andrea Ender
Einbandentwurf: Ira Häußler, Stuttgart
Logoentwurf: Erwin Poell, Heidelberg
Fotosatz: Dörr und Schiller GmbH, Stuttgart
Druck: Clausen und Bosse, Leck
Printed in Germany
ISBN 3-12-517818-5

# ▶ INHALT

# ▶ HINWEISE FÜR DIE BENUTZUNG

## ▶ Die Stichwörter

Das Wörterbuch führt nicht nur Wörter, sondern auch einzelne Buchstaben und Abkürzungen als Stichwörter auf, ebenso Kurzwörter, Mehrwortausdrücke und Eigennamen. Stichwörter sind in blau gedruckt.

D, d [diː] <*plural* D's, d's> ① D, d
② (*Schulnote*) ausreichend

GCSE *Abkürzung von* **General Certificate of Secondary Education** (*Schulabschluss*) ≈ mittlere Reife

EDV *Abkürzung von* **elektronische Datenverarbeitung** EDP, electronic data processing

p and p [ˌpiːən'piː] →**postage and packing** Porto und Verpackung

brother-in-law ['brʌðərɪnlɔː] <*plural* brothers-in-law> Schwager

### Stichwörter mit hochgestellten Ziffern

Stichwörter mit mehreren Wortarten erhalten für jede Wortart einen separaten Eintrag mit hochgestellter Ziffer.

show¹ [ʃəʊ] <showed, shown> ① zeigen, vorzeigen; **show someone the way** jemandem den Weg zeigen; **that showed him!** dem habe ich's aber gezeigt! (...)

show² [ʃəʊ] ① Schau, Darbietung; **on show** zur Besichtigung, ausgestellt
② Ausstellung, Messe

mat·ter¹ ['mætəʳ] ① (*in der Physik*) Materie, Stoff
② Sache, Angelegenheit; **to make matters worse** zu allem Unglück; (...)

mat·ter² ['mætəʳ] von Bedeutung (**to** für); **it doesn't matter** es macht nichts; **it doesn't matter to me what you do** es ist mir egal, was du machst

Wenn ein Wort demnach gleichzeitig Substantiv, Verb und Adjektiv ist, wird dieses Wort dreimal aufgeführt:

**limp**[1] [lɪmp] hinken

**limp**[2] [lɪmp] Hinken; **walk with a limp** hinken, humpeln

**limp**[3] [lɪmp] ❶ schlaff
❷ *Blumen:* welk

Adjektiv und Adverb werden jedoch immer zusammen in einem Eintrag behandelt – hier wird die unterschiedliche Anwendung durch Beispiele erläutert.

**enough**[1] [ɪ'nʌf] genug, genügend; **is there enough cake?** ist genügend Torte da?; **there's enough room** es ist Platz genug — Adjektiv und Adverb

**enough**[2] [ɪ'nʌf] ❶ genug; **we've got enough to live on** es reicht uns zum Leben
❷ (*beim Essen*) **that's enough, thanks** danke, das reicht — Substantiv

Wörter von gleicher Wortart, aber mit sehr unterschiedlicher Bedeutung, erhalten ebenfalls je einen Eintrag mit hochgestellter Ziffer:

**mole**[1] [məʊl] Muttermal, Leberfleck

**mole**[2] [məʊl] Maulwurf

**lighten**[1] ['laɪtn] ❶ (*auch übertragen*) heller machen, aufhellen
❷ hell werden, sich aufhellen

**lighten**[2] ['laɪtn] leichter machen

**Bank**[1] die ❶ (*Sitz- oder Gartenbank*) bench
❷ (*Untiefe*) sandbank
► IN WENDUNGEN: **etwas auf die lange Bank schieben** put something off

**Bank**[2] die (*Geldinstitut*) bank

### Besonders wichtiger Wortschatz

Englische Stichwörter, die man auf jeden Fall lernen sollte, weil sie zum Grundwortschatz gehören, sind durch eine blaue Rasterung hervorgehoben:

**against** [ə'genst] ① gegen
② **be for or against something** für oder gegen etwas sein

**age**[1] [eɪdʒ] ① Alter; **at the age of** im Alter von; **over age** über der Altersgrenze; **under age** minderjährig
② Zeitalter, Epoche; **the Ice Age** die Eiszeit; **the Middle Ages** das Mittelalter
③ (*umgangsspr*) **for ages** ewig lang; **be** [*oder* **take**] **ages** ewig brauchen

**age**[2] [eɪdʒ] alt werden [lassen], altern

**aged** [eɪdʒd] im Alter von

**age-group** Altersgruppe

Das Verb *to* **age** gehört nicht zum Grundwortschatz und ist daher nicht blau unterlegt

## ▶ Die alphabetische Anordnung

Da es kein einheitliches Alphabetisierungsprinzip gibt – Wörterbücher, Telefonbücher und Bibliothekskataloge sind alphabetisch unterschiedlich angeordnet –, ist es notwendig, das in diesem Wörterbuch gültige Alphabetisierungsprinzip zu erläutern:

Bindestriche, Punkte, Kommas und Wortzwischenräume zählen nicht als Buchstaben; sie werden bei der alphabetischen Einordnung ignoriert.

**alert**[2] [ə'lɜːt] ① Alarm[signal]
② **be on the alert** auf der Hut sein

**A-Level** *meist Plural* (GB) ≈Abitur; **what A-Levels are you taking?** in welchen Fächern machst du deine A-Levels [*oder* ≈ dein Abitur]?

**al·ge·bra** ['ældʒɪbrə] Algebra

**am** [əm, *betont* æm] **I am** ich bin

**a.m.** *Abkürzung von* **ante meridiem** vormittags; **your appointment is at 7.30 a.m.** ihr Termin ist um 7 Uhr 30

**ama·teur** ['æmətəʳ] ① Amateur(in)
② (*als Kritik*) Dilettant(in)

**air·field** ['eəfiːld] Flugplatz

**air force** Luftwaffe

**air host·ess** Stewardess

**air·line** ['eəlaɪn] Fluglinie, Fluggesellschaft

Eingeklammerte Buchstaben werden bei der alphabetischen Einordnung berücksichtigt. Die Klammern zeigen an, dass das Wort auch in einer Variante ohne den betreffenden Buchstaben existiert.

> **Beis(e)l** Ⓐ pub (GB), bar (USA)
> **beisetzen** (*beerdigen*) bury ['beri]

Viele Substantive, die Tätigkeiten oder – im weitesten Sinne – Verhaltensweisen bezeichnen, existieren in männlicher und weiblicher Form; dasselbe gilt für Berufsbezeichnungen. Beide Formen sowie gegebenenfalls ihre geschlechtsneutrale Variante werden an ihrer richtigen alphabetischen Stelle aufgeführt.

> **fire·man** ['faɪəmən] <*plural* firemen> Feuerwehrmann
> **fire·place** ['faɪəpleɪs] Kamin
> **fire·woman** ['faɪəwʊmən, *plural* 'faɪəwɪmɪn] <*plural* firewomen> Feuerwehrfrau

### Amerikanische Schreibvarianten

Die amerikanische Schreibung wird zweimal aufgeführt, einmal an alphabetischer Stelle und einmal im Eintrag mit der britischen Schreibung. Hierbei wird die alphabetische Anordnung durchbrochen:

> **de·fence**, (USA) **defense** [dɪ'fens] ❶ (*auch beim Sport*) Verteidigung; **in someone's defence** zu jds Rechtfertigung
> ❷ Befestigung, Schutzmaßnahme
> ❸ (*juristisch*) Verteidigung
>
> **de·fense** [dɪ'fens] (USA) ❶ (*auch beim Sport*) Verteidigung; **in someone's defence** zu jds Rechtfertigung
> ❷ Befestigung, Schutzmaßnahme
> ❸ (*juristisch*) Verteidigung

Wenn britische und amerikanische Schreibung alphabetisch nebeneinander stehen, wird zuerst die britische Schreibweise aufgeführt:

> **axe**[1], (USA) **ax** [æks] Axt, Beil ▸ In Wendungen: **get the axe** (*umgangsspr*) *Person:* entlassen, hinausgeworfen werden; *Projekt:* gestrichen werden; **have an axe to grind** persönliche Interessen verfolgen
>
> **be·hav·iour** [bɪ'heɪvɪə$^r$], (USA) **be·hav·ior** Benehmen, Verhalten (**to, towards** gegen)
>
> **phone box**, (USA) **phone booth** Telefonzelle

### Phrasal Verbs

Feste Verbindungen von Verb und Adverb bzw. Präposition, sog. *Phrasal Verbs*, werden am Ende des Eintrags für das Grundverb in einer eigenen, in sich alphabetisch geordneten Kategorie zusammengefasst. Um ein Auffinden des jeweiligen Phrasal Verbs zu erleichtern, ist jeder Phrasal Verb Eintrag mit einer Raute markiert. Jeder Phrasal-Verb-Eintrag fängt auf einer neuen Zeile an. Die alphabetische Reihenfolge fängt nach dem letzten Phrasal Verb wieder beim Grundverb an: so kommt **locker** erst nach **lock up** (und *nicht* nach **lock away**):

> **lock**[1] [lɒk] ① ab-, zuschließen
> ② **lock someone in a room** jemanden in ein[em] Zimmer einschließen [*oder* einsperren]
> ③ *Räder:* blockieren
> ◆ **lock away** ① wegschließen *Sache*
> ② einsperren *Person*
> ◆ **lock in** einschließen, einsperren
> ◆ **lock out** aussperren
> ◆ **lock up** ① abschließen *Sache*
> ② wegschließen *Wertsachen*
> ③ einsperren *Person*
>
> **lock**[2] [lɒk] ① *von Tür:* Schloss
> ② (*in Fluss, Kanal*) Schleuse
>
> **locker** ['lɒkəʳ] Schließfach

## ▸ Unregelmäßige Wortformen

Unregelmäßige Pluralformen, Verb- und Steigerungsformen werden in spitzen Klammern angegeben.

> **drink**[1] [drɪŋk] <drank, drunk> ① trinken; (…)
>
> **goose** [gu:s] <*plural* geese> Gans
>
> **big** [bɪg] <bigger, biggest> ① groß; *Kleidung:* breit, weit; *Mahlzeit:* reichlich
> ② kräftig gebaut; *Mensch:* groß
> ③ (*erwachsen*) groß; **when I'm big …** wenn ich groß bin …
> ④ **a big decision** eine wichtige Entscheidung

Die unregelmäßigen Formen erhalten an ihrer alphabetischen Stelle einen separaten Eintrag.

> **drank** [dræŋk] *2. Form von* **drink**
>
> **geese** [gi:s] *Pluralform von* **goose**

## ▸ Aufbau der Einträge – Wegweiser zur richtigen Übersetzung

Übersetzungen, die, nur durch Kommas getrennt, nebeneinander stehen, sind gleichbedeutend und somit austauschbar. Mit einem Strichpunkt „;“ beginnt eine neue Bedeutungs- oder Gebrauchseinheit.

## ▶ Arabische Ziffern

Die arabischen Ziffern (❶ ❷ ❸ ❹ etc.) kennzeichnen die unterschiedlichen Bedeutungen und Anwendungen des Stichworts innerhalb einer Wortart. Diese Aufteilung eines Eintrags sowohl nach Bedeutung als auch nach Anwendungen soll das Suchen nach der richtigen Übersetzung besonders bei längeren Einträgen erleichtern.

glad [glæd] ❶ *Person:* froh (**about** über); **I am so glad** das freut mich
❷ **I'd be glad to help** es ist mir eine Freude Ihnen zu helfen
❸ **be glad of something** für etwas dankbar sein

nur ❶ (*einschränkend*) only; **wenn nur ...** if only ...; **nicht nur ..., sondern auch ...** not only ..., but also ...
❷ (*nichts außer*) nothing but; **immer nur Ärger** nothing but trouble ['trʌbl]
❸ (*mit Verneinung*) **alle kommen, nur er nicht** everyone's coming except for him
❹ (*bloß*) just; **nur einmal** just once
❺ (*fragend*) **warum tut er das nur?** why on earth [ɜːθ] does he do that?; **was hat er nur?** I wonder ['wʌndəʳ] what's wrong with him?

## ▶ Kursive Angaben

### Bedeutungshinweise

Bedeutungshinweise sind oft notwendig bei Stichwörtern, die mehr als eine Bedeutung – mit jeweils unterschiedlichen Übersetzungen – haben. Die Hinweise stehen hinter den arabischen Ziffern in runden Klammern. Sie geben an, für welche Bedeutung des Stichworts die Übersetzung gilt.

agent ['eɪdʒənt] ❶ (*Person*) Vertreter(in); *eines Künstlers:* Agent(in); **travel agent** Reisebüro, Reisebürokaufman, Reisebürokauffrau
❷ (*Spion*) Agent(in)

Belag ❶ (*Überzug*) coating
❷ (*Straßenbelag*) surface
❸ (*Zahnbelag*) plaque [plæk]

### Sprachgebrauch

Weicht ein Stichwort von der neutralen Standardsprache ab, so wird dies grundsätzlich in runden Klammern angegeben. Rhetorische Absichten in der Zielsprache werden ebenfalls gekennzeichnet. Stilangaben zu Beginn eines Eintrags oder einer arabischen Ziffer beziehen sich auf den gesamten Eintrag oder auf den gesamten Absatz

nippy ['nɪpɪ] (*umgangsspr*) ❶ *Wetter:* frisch, kühl
❷ fix, flink

pinch [pɪntʃ] ❶ kneifen, zwicken
❷ (*umgangsspr*) klauen, stibitzen

| | |
|---|---|
| *abwertend* | bezeichnet einen abwertenden Sprachgebrauch. Der Sprecher drückt damit seine abschätzige Haltung aus, z. B. *swot – Streber(in); trash – Gesindel.* |
| *gehoben* | bezeichnet gehobenen Sprachgebrauch, sowohl in der gesprochenen wie der geschriebenen Sprache, wie er bei gewählter Ausdrucksweise üblich ist, z. B. *public house, I should say yes* |
| *humorvoll* | bezeichnet scherzhaften Sprachgebrauch, z.B: *hier lässt's sich aushalten* |
| *ironisch* | bezeichnet ironischen Sprachgebrauch. Der Sprecher meint eigentlich das Gegenteil dessen, was er sagt, z. B. *surprise, surprise! – was du nicht sagst!* |
| *slang* | Bezeichnet stark umgangssprachlichen, saloppen Sprachgebrauch oder die Ausdrucksweise bestimmter Gruppen, z. B. *damn, get laid, flennen, Bruchbude.* |
| *übertragen* | bezeichnet übertragenen Sprachgebrauch. Das Wort oder die Wendung dient – in einem übertragenen Sinn- als Bild für das, was man ausdrücken will, z. B. *teething troubles – Kinderkrankheiten* (übertragen für *Anfangsprobleme*) |
| *umgangsspr* | bezeichnet umgangssprachlichen Sprachgebrauch, wie er zwischen Familienmitgliedern und Freunden in zwangloser Unterhaltung und in privaten Briefen verwendet wird, z. B. *cute, take the mickey out of someone, doof, jdn übers Ohr hauen.* |
| *vulgär* | bezeichnet Wörter, die allgemein als vulgär gelten und daher tabu sind. Ihr Gebrauch erregt meist Anstoß. |

**Kollokatoren:**

Mitunter ist es nicht möglich, für das Stichwort eine einzige, allgemein gültige Übersetzung anzugeben, weil es je nach Kontext anders übersetzt werden muss. In diesem Fall werden die verschiedenen Übersetzungen des Stichworts aufgeführt, wobei kursive Wörter den jeweiligen Kontext angeben, von dem die einzelne Übersetzung abhängt. Diese kursiven, etwas kleiner gedruckten Wörter sind so genannte Kollokatoren; darunter versteht man Wörter, die mit dem Stichwort eine enge, typische Verbindung eingehen und oft mit ihm zusammen vorkommen. Folgende Typen von Kollokatoren führen in diesem Werk zur richtigen Übersetzung – zur leichteren Orientierung sind diese auch auf der englisch-deutschen Sprachseite auf Deutsch angegeben:

*In Verbeinträgen:* typische Subjekte des Verbs oder des verbalen Ausdrucks stehen *vor* der Übsetzung

**creak** [kriːk] *Holz:* knarren; *Tür:* quietschen

**austreten** ① *Flüssigkeit:* come out (**aus** of); *Gas:* escape (**aus** from)
② **aus der Kirche austreten** leave the Church

*In Verbeinträgen:* typische direkte Objekte des Verbs stehen *nach* der Übersetzung

**adopt** [əˈdɒpt] ① adoptieren *Kind*
② einnehmen *Einstellung, Haltung*
③ übernehmen *Sitte*

**pflücken** pick *Obst, Blumen;* pluck *Federn*

*In Adjektiveinträgen:* Substantive, die typischerweise zusammen mit dem Adjektiv vorkommen stehen *vor* der Übersetzung.

**acute** [ə'kjuːt] ❶ *Situation, Krankheit:* akut
❷ *Sinne:* scharf
❸ *Winkel:* spitz

**ärmlich** ❶ poor
❷ *Kleidung:* shabby
❸ *Verhältnisse:* humble

*In Substantiveinträgen:* typische Genitivanschlüsse stehen *vor* der Übersetzung

**ad·just·ment** [ə'dʒʌstmənt] ❶ Anpassung
❷ *von Gerät:* Einstellung

**Auflage** *von Buch:* edition [ɪ'dɪʃᵊn]; *von Zeitung:* circulation [ˌsɜːkjə'leɪʃᵊn]

## Grammatische Hinweise

Auf Abkürzungen jeglicher Art wurde in diesem Wörterbuch verzichtet, wie auch auf die Angabe der Wortklassen – dass es sich bei **show¹** um ein Verb handelt und **show²** um das Substantiv, geht aus der Übersetzung und den Anwendungsbeispielen hervor.
Dennoch sind die Einträge mit wichtigen grammatischen Hinweisen versehen, die den korrekten, sicheren Umgang in der Fremdsprache ermöglichen. Diese sind ausgeschrieben, so dass sie verständlich bleiben. Das Warndreieck ⚠ macht zusätzlich auf besondere Fehlerquellen aufmerksam – zum Beispiel, wenn es einen grammatischen Unterschied zwischen dem Deutschen und der englischen Übersetzung gibt.

**Hausaufgabe** (*in der Schule*) homework ⚠ *kein Plural;* **seine Hausaufgaben machen** do one's homework ⚠ *singular*

Neben den üblichen Kennzeichnungen wie *plural, singular,* etc. finden sich auch ausführlichere Hinweise zu grammatischen Besonderheiten.

**Ihr** ❶ (*Anrede*) your; **ist das Ihres?** is this yours? ❷ (*Briefschluss*) **Ihr Robert Schuster** Yours, Robert Schuster ⚠ *immer großgeschrieben und mit Komma*

Hinweis zur Interpunktion

**jedoch** however ⚠ *meist nachgestellt,* though ⚠ *immer nachgestellt;* **ich habe jedoch sehr wenig Zeit** I have very little time however; **er möchte es jedoch versuchen** he'd like to try though

Hinweis zur Stellung des Wortes im Satz

**Mathematik** mathematics [mæθᵊm'ætɪks] ⚠ *mit Singular,* maths [mæθ] ⚠ *mit Singular*

Die englische Übersetzung steht im Plural, wird jedoch nur im Singular verwendet – das heißt, das Verb dazu steht dann im Singular.

## ▶ Regionale Angaben

Regionale Sprachvarianten werden mit den ovalen Länderkennzeichen versehen. Im Allgemeinen ist die Grundsprache der englischen Stichwörter sowie der englischen Übersetzungen auf der deutsch-englischen Sprachseite das britische Englisch. Wenn jedoch ein englisches Stichwort oder eine Bedeutung dessen oder eine Redewendung nur im britischen Englisch gebraucht wird, steht dort das Länderkennzeichen (GB). Für ausschließlich amerikanisches Englisch und amerikanische Varianten wird das Länderkennzeichen (USA) benutzt:

fridge [frɪdʒ] (GB) (*umgangsspr*) Kühlschrank

ex·press·way [ɪk'spresweɪ] (USA) Autobahn

as·sem·bly [ə'semblɪ] ① Versammlung ② (GB) (*in der Schule*) *meist tägliche Zusammenkunft von Schülern und Lehrern zur Morgenandacht;* **assembly hall** Aula ③ (*politisch*) gesetzgebende Körperschaft ④ (*technisch*) Montage, Zusammensetzen; **assembly line** Fließband, Montageband

fig·ure² ['fɪgəʳ] ① in Erscheinung treten; **he figured in a play** er trat in einem Stück auf ② (USA) meinen; **I figured he'd be late** ich dachte, er würde spät ankommen
③ (*umgangsspr*) **that figures!** das hätte ich mir denken können!

bell [bel] ① Glocke, Schelle, Klingel; **answer the bell** die [Haus]Tür öffnen; **was that the bell?** hat es geklingelt [*oder* geläutet]?
② (*Telefon*) **give someone a bell** (GB) (*umgangsspr*) jemanden anrufen
③ **this rings a bell** (*übertragen*) das kommt mir bekannt vor

ex·cla·ma·tion [ˌekskləˈmeɪʃn] Ausruf; **exclamation mark,** (USA) **exclamation point** Ausrufezeichen

Zusätzlich werden noch kulturelle Phänomene aller Regionen in Infoboxen berücksichtigt:

high school (USA) weiterführende Schule

**i Land & Leute** In den USA haben die Schüler der **High School** und des **College** bestimmte Bezeichnungen. In der 9. Klasse heißen sie **Freshmen**, Schüler der 10. Klasse heißen **Sophomores**, in der 11. Klasse heißen sie **Juniors** und in der 12. Klasse werden sie **Seniors** genannt.

Auf der deutschen Sprachspalte werden außerdem das Schweizerdeutsch (CH) und das österreichische Deutsch (A) berücksichtigt:

**Führerausweis** (CH) driving licence

**Obers** (A) cream

**Abwasch** 1 (*Geschirr*) dishes ⚠ *plural* 2 (A) (*Spülstein*) sink

| | |
|---|---|
| nur in den USA gebrauchter Ausdruck *diaper (Windel)* | (USA) |
| nur in Großbritannien gebrauchter Ausdruck, z. B. *fridge (Kühlschrank)* | (GB) |
| (A) | nur in Österreich gebrauchter Ausdruck, z. B. *Marille, Jänner* |
| (CH) | Ausdruck, der nur in der Schweiz gebraucht wird, z. B. *Natel* |

## ▶ Beispiele

Die in Fettschrift gedruckten Anwendungsbeispiele sollen einen korrekten, idiomatischen Umgang mit der Fremdsprache ermöglichen – sowohl in der englischen Ausgangssprache, wie auch bei der Übersetzung ins Englische. Es werden drei verschiedene Arten von Anwendungsbeispiele aufgeführt:

Satzmuster, die auch zeigen, ob ein Verb mit *jemanden* oder *etwas* als Objekt benutzt wird oder ob es reflexiv gebraucht wird:

**ir·ri·tate** ['ɪrɪteɪt] 1 **irritate someone** jemanden ärgern, jemanden irritieren; **be irritated by someone/something** sich über jemanden/etwas ärgern (…)

**abgewöhnen** **sich etwas abgewöhnen** give up doing something; **jemandem etwas abgewöhnen** cure someone of something

**irren** (…) 2 **sich irren** be mistaken; (…)

**freuen** (…) 2 **sich über etwas freuen** be pleased [*oder* glad] about something (…)

Feste Wortverbindungen – so gennante *Kollokationen*

**Eimer** 1 bucket, pail; **ein Eimer Wasser** a bucket[ful] of water (…)

**einhalten** (…) 4 **eine Frist/einen Termin einhalten** meet a deadline ['dedlaɪn]

**Fassung** (…) **jemanden aus der Fassung bringen** disconcert someone; (…)

vollständige Formulierungen und Beispielsätze

**ache**[2] [eɪk] **my foot aches** mein Fuß tut mir weh; (...)

**an** ❶ (*räumlich*) to; **sie ging ans Fenster** she went to the window; (...)

**irren** (...) **ich kann mich auch geirrt haben** I may have been mistaken; (...)

**get** (...) **can I get you a drink?** möchten Sie etwas zu trinken?; (...)

**irgendwo** somewhere; (...) **gibt es irgendwo einen Supermarkt?** is there a supermarket anywhere? (...)

## ▶ Präpositionale Ergänzungen

Steht ein Wort oft mit bestimmten Präpositionen zusammen, so werden diese in Klammern aufgeführt.

**ab·sence** ['æbsəns] ❶ *einer Person:* Abwesenheit (**from** von);
❷ (*von einer Sache*) Fehlen

**Studie** ❶ (*Abhandlung*) essay (**über** on) ❷ (*Untersuchung*) report (**über, zu** on)

**ca·pable** ['keɪpəbl] ❶ fähig (**of** zu)
❷ **be capable of walking** im Stande sein zu gehen

**plaudern** ❶ (*plauschen*) chat (**über, von** about)
❷ (*ausplaudern*) talk

**clutch**[2] [klʌtʃ] ❶ [er]greifen, umklammern
❷ greifen (**at** nach)

**begeistert** enthusiastic [ɪnˌθjuːziˈæstɪk] (**von** about)

Entstehen aus präpositionelen Ergänzungen kompliziertere Satzstellungen, so wird in der Regel ein Anwendungsbeispiel gegeben.

## ▶ Phraseologischer Block

▶ IN WENDUNGEN: leitet einen Block von festen Wendungen ein. Dies sind in der Regel bildhafte Redewendungen, die sich nur schwer oder gar nicht auf die Grundbedeutung (oder -bedeutungen) des Stichworts zurückführen lassen.

**nose** [nəʊz] Nase; **blow one's nose** sich die Nase putzen
▶ IN WENDUNGEN: **look down one's nose at someone** auf jemanden herabsehen; **poke** [*oder* **stick**] **one's nose into something** seine Nase in etwas stecken; **turn up one's nose at something** die Nase über etwas rümpfen

**Auge** eye; **mit den Augen zwinkern** wink
▶ IN WENDUNGEN: **ein Auge zudrücken** (*umgangsspr*) turn a blind eye [to]; **das kann leicht ins Auge gehen!** (*umgangsspr*) it might easily go wrong!; **unter vier Augen** in private; **jemanden aus den Augen verlieren** lose sight of someone; **aus den Augen, aus dem Sinn** out of sight, out of mind

## ▶ Infoboxen

Das PONS Smile Wörterbuch Englisch enthält im Wörterbuchteil Infoboxen, die drei verschiedene Arten von zusätzlichen Informationen enthalten:

Informationen zu kulturellen Besonderheiten in englischsprachigen Ländern:

**i Land & Leute** Die Schüler der 12. Klasse einer höheren Schule in England, Wales und Nordirland legen eine Abschlussprüfung, das **A Level (Advanced Level)**, ab. Die meisten Schüler wählen drei Prüfungsfächer, obwohl es auch möglich ist, nur ein Fach zu nehmen. Mit diesen A Levels kann man dann an einer Universität studieren.

Informationen zur Grammatik – z. B. zum Konjugieren von unregelmäßigen Verben:

**? Grammatik** Die unregelmäßigen Vergangenheitsformen von **take** lauten **took — taken**:
*Kate took the books back to library;*
*Tom has taken a shower.*

Warnungen vor Fehlerquellen:

**! Vorsicht Falle** **hear – listen to:** *to hear something* heißt etwas hören = mit den Ohren wahrnehmen; *to listen to something* heißt etwas zuhören = aufmerksam hören: *Sorry, I can't **hear** you; Peter is **listening to** the radio.*

## ▶ Deutsche Rechtschreibung

Sämtliche Übersetzungen sowie die Stichwörter der deutsch-englischen Sprachseite folgen der neuen deutschen Rechtschreibung, deren Neuregelung im Juli 1996 in Wien unterzeichnet wurde, sowie bei Zweifelsfällen den Richtlinien der Zwischenstaatlichen Kommission für deutsche Rechtschreibung.

## ▶ Englische Aussprache

Die Aussprache der englischen Stichwörter ist jeweils in eckigen Klammern direkt neben dem Stichwort angegegen.
Zur Bezeichnung der Aussprache wurden die Lautschriftzeichen des IPA (International Phonetic Alphabet) verwendet. Für die Umschrift der einzelnen Wörter haben wir PONS Daniel Jones English Pronouncing Dictionary, $15^{th}$ edition (1997) zugrunde gelegt.
Eine Erklärung der Lautschriftzeichen befindet sich auf den herausklappbaren Vorsatzseiten dieses Wörterbuchs.

# Aa

**A** <*plural* A's *oder* As>, **a** [eɪ] <*plural* a's>
1 (*auch Musiknote*) A, a
2 (*Schulnote*) eins, sehr gut

**a** [ə, *betont* eɪ], *vor Vokalen* **an** [ən, *betont* æn]
1 *unbestimmter Artikel* ein, eine, ein; **she's a teacher** sie ist Lehrerin
2 pro; **five pounds an hour** fünf Pfund pro [*oder* die] Stunde; **once a week** einmal in der Woche
3 **half an hour** eine halbe Stunde

**aban·don** [ə'bændən] 1 verlassen *Mensch, Haus;* stehen lassen *Auto*
2 aufgeben *Hoffnung, Projekt*

**ab·bey** ['æbɪ] Abtei

**ab·brevi·ation** [əˌbriːvɪ'eɪʃn] Abkürzung

**abil·ity** [ə'bɪlətɪ] 1 Fähigkeit; **have the ability to do something** etwas können; **to the best of one's ability** nach besten Kräften
2 (*Talent*) Begabung

**able** ['eɪbl] 1 (*kompetent*) fähig, tüchtig; **be able to** können, in der Lage sein zu
2 (*talentiert*) begabt

**aboard** [ə'bɔːd] an Bord; **all aboard!** alles einsteigen!

**ab·ol·ish** [ə'bɒlɪʃ] abschaffen

**ab·oli·tion** [əbəl'ɪʃn] Abschaffung

**Abo·rig·inal** [ˌæbə'rɪdʒənl], **Abo·ri·gi·ne** [ˌæbə'rɪdʒɪnɪ] Ureinwohner(in) Australiens

**abor·tion** [ə'bɔːʃn] Schwangerschaftsabbruch, Abtreibung

**about** [ə'baʊt] 1 (*bezüglich*) *Thema, Buch:* von, über; **what's the film about?** wovon handelt der Film?
2 in, an; **the worst thing about my job is the commuting** das Schlimmste bei meinem Job ist das Pendeln
3 **what about going to the cinema this evening?** wie wäre es mit Kino heute abend?
4 *räumlich* herum, umher; **round about** ringsum
5 *örtlich* da; **there's no one about** es ist niemand da
6 *zeitlich* um, gegen; [**at**] **about five o'clock** gegen fünf Uhr
7 **it's just about to snow** es wird jeden Augenblick schneien; **he was about to leave the house** er wollte gerade aus dem Haus gehen
8 (*umgangsspr*) ungefähr; **she was about 30** sie war um die 30; **it's about six metres long** es ist zirka sechs Meter lang

**above** [ə'bʌv] 1 über, oberhalb; **above sea level** über dem Meeresspiegel
2 oben; **from above** von oben; **as** [**mentioned**] **above** wie oben erwähnt
3 (*in Rang, Bedeutung, Stellung*) höher; **she's a year above me in school** sie ist in der Klasse über mir
4 mehr als; **above average** überdurchschnittlich
5 **above all** vor allem

**abroad** [ə'brɔːd] im/ins Ausland

**abrupt** [ə'brʌpt] 1 plötzlich, abrupt
2 *Verhalten:* schroff

**ab·sence** ['æbsəns] 1 *einer Person:* Abwesenheit (**from** von)
2 (*von einer Sache*) Fehlen

**ab·sent** ['æbsənt] abwesend, fehlend

**ab·sent-minded** [ˌæbsənt'maɪndɪd] zerstreut

**ab·so·lute** ['æbsəluːt] absolut

**ab·so·lute·ly** ['æbsəluːtlɪ, *allein stehend* ˌæbsə'luːtlɪ] 1 **absolutely nothing** absolut nichts
2 **absolutely mad** völlig verrückt
3 **absolutely!** (*umgangsspr*) genau!

**ab·sorb** [əb'sɔːb] aufsaugen *Flüssigkeit*

**ab·sorbed** [əb'sɔːbd] (*übertragen*) vertieft

**ab·surd** [əb'sɜːd] absurd, unsinnig

**abun·dant** [ə'bʌndənt] 1 reich (**in** an), üppig
2 reichlich versehen (**with** mit)

**abuse**[1] [ə'bjuːz] 1 missbrauchen *Macht*
2 quälen *Person, Tier*

**abuse**[2] [ə'bjuːs] 1 Missbrauch (**of** von), Missstand
2 (*Beleidigung*) Beschimpfung

**aca·demic**[1] [ˌækə'demɪk] 1 akademisch
2 wissenschaftlich
3 **that is academic** das ist nicht direkt relevant

**aca·demic**[2] [ˌækə'demɪk] Akademiker(in)

**acad·emy** [ə'kædəmɪ] Akademie

**ac·cel·er·ate** [ək'seləreɪt] 1 [sich] beschleunigen
2 *Person im Fahrzeug:* Gas geben

**ac·cel·er·ation** [əkˌselə'reɪʃn] Beschleunigung

**ac·cel·er·ator** [ək'seləreɪtə<sup>r</sup>] (*am Auto*) Gaspedal

**ac·cent** ['æksənt] Akzent

**ac·cept** [ək'sept] 1 annehmen, akzeptieren
2 (*übertragen*) einverstanden sein, glauben

> **? Grammatik** **Accept** oder **agree**? Wenn man eine Einladung, eine Stelle oder ein Angebot annehmen möchte, verwendet man **accept**: *They've invited me to their wedding and I've*

*accepted.* Mit **agree to do something** sagt man, dass man mit etwas einverstanden ist: *He's agreed to come and meet us at the airport*

**ac·cept·able** [ək'septəbl] annehmbar
**ac·cept·ance** [ək'septəns] 1 Annahme 2 Zustimmung
**ac·cess** ['ækses] 1 Zutritt (**to** zu) 2 **internet access** Internetzugriff
**ac·cess·ible** [ək'sesəbl] zugänglich, erreichbar (**to** für)
**ac·ces·sory** [ək'sesərɪ] (*Gerät*) Zubehör
**ac·ci·dent** ['æksɪdənt] 1 Zufall; **by accident** zufällig 2 Unglück, Unfall; **in an accident** bei einem Unfall
**ac·ci·den·tal** [ˌæksɪ'dentl] zufällig
**ac·com·mo·da·tion** [əˌkɒmə'deɪʃn] Unterkunft
**ac·com·pany** [ə'kʌmpənɪ] (*auch musikalisch*) begleiten (**on** auf)
**ac·cord of one's own accord** von sich aus, von selbst
**ac·cord·ance** [ə'kɔːdəns] **in accordance with** entsprechend, gemäß
**ac·cord·ing** [ə'kɔːdɪŋ] **according to** laut, nach; **according to schedule** fahrplanmäßig, zeitplanmäßig
**ac·count**[1] [ə'kaʊnt] 1 Konto (**with** bei) 2 Bericht 3 **accounts** *plural* (*in der Wirtschaft*) [Geschäfts]Bücher 4 **on no account** auf keinen Fall 5 **take into account** in Betracht ziehen, berücksichtigen
**ac·count**[2] [ə'kaʊnt] 1 **account for something** etwas erklären 2 **young people account for a big percentage of our customers** junge Leute machen einen großen Prozentsatz unserer Kunden aus
**ac·count·ant** [ə'kaʊntənt] 1 Steuerberater(in) 2 Buchhalter(in)
**ac·cu·mu·late** [ə'kjuːmjʊleɪt] [sich] ansammeln
**ac·cu·racy** ['ækjərəsɪ] Genauigkeit
**ac·cu·rate** ['ækjərət] genau
**ac·cu·sa·tion** [ˌækjuː'zeɪʃn] 1 Anklage 2 Vorwurf
**ac·cuse** [ə'kjuːz] anklagen; **accuse someone of a crime** jemanden eines Verbrechens beschuldigen
**ac·cused** [ə'kjuːzd] Angeklagte(r)
**ac·cus·tomed** [ə'kʌstəmd] **be accustomed** gewohnt sein (**to** an); **get accustomed** sich gewöhnen (**to** an)
**ace** [eɪs] (*Spielkarte; beim Tennis*) Ass
**ache**[1] [eɪk] Schmerz
**ache**[2] [eɪk] **my foot aches** mein Fuß tut mir weh
**achieve** [ə'tʃiːv] erreichen *Ziele*
**achieve·ment** [ə'tʃiːvmənt] Leistung, Errungenschaft
**acid** ['æsɪd] sauer; **acid rain** saurer Regen
**ac·knowl·edge** [ək'nɒlɪdʒ] 1 anerkennen 2 **the government has acknowledged that unemployment figures have not fallen** die Regierung hat zugegeben, dass die Arbeitslosenzahl nicht zurückgegangen ist 3 **acknowledge the receipt of a letter** den Empfang eines Briefes bestätigen
**ac·quaint·ance** [ə'kweɪntəns] 1 Bekannte(r) 2 **make someone's acquaintance** jemands Bekanntschaft machen
**ac·quire** [ə'kwaɪəʳ] 1 erwerben 2 sich aneignen *Kenntnisse*
**ac·ro·bat** ['ækrəbæt] Akrobat(in)
**ac·ro·batic** [ˌækrə'bætɪk] akrobatisch
**across** [ə'krɒs] 1 [quer] über (*die Straße*) 2 [quer] durch (*die Stadt*); **right across** quer durch 3 auf der anderen Seite (*der Straße*); **live across the street** gegenüber wohnen 4 **come across someone** jemandem begegnen, auf jemanden stoßen 5 **ten metres across** zehn Meter breit
**act**[1] [ækt] 1 Handlung, Tat 2 (*im Theater*) Akt, Aufzug 3 **Act [of Parliament]** Gesetz 4 **don't put on an act!** (*umgangsspr*) spiel doch kein Theater!
**act**[2] [ækt] 1 spielen *eine Rolle* 2 sich benehmen 3 handeln, tätig werden (**as** als); **you must act quickly** Sie müssen schnell reagieren
**ac·tion** ['ækʃn] 1 Handeln, Tat; **take action** Schritte unternehmen, Maßnahmen ergreifen; **put a plan into action** einen Plan in die Tat umsetzen 2 Klage, Prozess 3 Kampf; **killed in action** gefallen 4 *von Roman:* Handlung 5 (*auch im Film*) Action 6 **in/out of action** in/außer Betrieb
**ac·tive** ['æktɪv] 1 aktiv, lebhaft 2 *Vulkan:* tätig
**ac·tiv·ity** [æk'tɪvətɪ] Tätigkeit, Aktivität
**ac·tor** ['æktəʳ] Schauspieler
**ac·tress** ['æktrɪs] Schauspielerin
**ac·tual** ['æktʃʊəl] wirklich, tatsächlich [vorhan-

den], eigentlich

**ac·tual·ly** ['æktʃʊlɪ] 1 eigentlich
2 tatsächlich

**acute** [ə'kjuːt] 1 *Situation, Krankheit:* akut
2 *Sinne:* scharf
3 *Winkel:* spitz

**ad** [æd] (*umgangsspr*) 1 Inserat
2 Werbung

**AD** *Abkürzung von* **anno Domini** n. Chr.

**adapt** [ə'dæpt] 1 anpassen (**to** an)
2 bearbeiten *Roman*

**adapt·able** [ə'dæptəbl] anpassungsfähig (**to** an)

**ad·ap·ta·tion** [ˌædæp'teɪʃn] 1 Anpassung (**to** an)
2 *eines Textes:* Bearbeitung

**adapter**, **adaptor** [ə'dæptəʳ] (*Gerät*) Adapter; **universal adaptor plug** Mehrfachstecker

**add** [æd] 1 hinzufügen (**to** zu)
2 **add to something** zu etwas beitragen, etwas vermehren *Probleme*
3 **add up** addieren

**ad·dict** ['ædɪkt] Süchtige(r)

**ad·dic·ted** [ə'dɪktɪd] süchtig; **addicted to drugs** rauschgiftsüchtig

**ad·dic·tion** [ə'dɪkʃən] Sucht

**ad·di·tion** [ə'dɪʃn] 1 Beigabe
2 Zusatz
3 (*in der Mathematik*) Addition

**ad·di·tional** [ə'dɪʃənl] zusätzlich

**ad·di·tive** ['ædɪtɪv] *zu Lebensmittel:* Zusatz

**ad·dress¹** [ə'dres] 1 adressieren *Brief*
2 eine Ansprache halten an *Publikum*

**ad·dress²** [ə'dres, (USA) 'ædres] 1 Anrede
2 Adresse

**ad·equate** ['ædɪkwət] ausreichend (**to** für)

**ad·hes·ive** [əd'hiːsɪv] Klebstoff

**ad·jec·tive** ['ædʒɪktɪv] Adjektiv

**ad·just** [ə'dʒʌst] 1 [richtig] einstellen *Gerät*
2 **adjust** [**oneself**] **to something** sich einer Sache anpassen

**ad·just·able** [ə'dʒʌstəbl] verstellbar

**ad·just·ment** [ə'dʒʌstmənt] 1 Anpassung
2 *von Gerät:* Einstellung

**ad·min·is·ter** [əd'mɪnɪstəʳ] 1 verwalten *Amt*
2 verabreichen *Medizin*

**ad·min·is·tra·tion** [ədˌmɪnɪ'streɪʃn] 1 Verwaltung
2 Regierung

**ad·mir·able** ['ædmərəbl] bewundernswert

**ad·miral** ['ædmərəl] Admiral

**ad·mir·ation** [ˌædmə'reɪʃn] Bewunderung (**of, for** für)

**ad·mire** [əd'maɪəʳ] bewundern

**ad·mis·sion** [əd'mɪʃn] 1 Zutritt, Einlass; **no admission!** Zutritt verboten!
2 Eintritt[spreis]; **admission free** Eintritt frei
3 Eingeständnis; **admission of guilt** Schuldbekenntnis

**ad·mit** [əd'mɪt] 1 zugeben
2 hereinlassen (**into** in); **this ticket admits two children** diese Eintrittskarte ist für zwei Kinder; **be admitted to hospital** ins Krankenhaus eingeliefert werden
3 (*für gültig erklären*) gestatten

**ad·mit·tance** [əd'mɪtns] Einlass, Zutritt

**ad·mit·ted·ly** [əd'mɪtɪdlɪ] zugegebenermaßen

**ado·les·cence** [ˌædə'lesns] Jugend, Pubertät

**ado·les·cent** [ˌædə'lesnt] Jugendliche(r)

**adopt** [ə'dɒpt] 1 adoptieren *Kind*
2 einnehmen *Einstellung, Haltung*
3 übernehmen *Sitte*

**adop·tion** [ə'dɒpʃn] 1 Adoption
2 Annahme

**adore** [ə'dɔːʳ] (*umgangssp*r) sehr gern haben

**adult** ['ædʌlt] Erwachsene(r)

**adul·tery** [ə'dʌltərɪ] Ehebruch

**ad·vance¹** [əd'vɑːns] 1 vorrücken
2 Fortschritte machen

**ad·vance²** [əd'vɑːns] 1 Fortschritt
2 (*Geld*) Vorschuss
3 **in advance** im Voraus

**ad·vanced** [əd'vɑːnst] fortgeschritten

**ad·van·tage** [əd'vɑːntɪdʒ] Vorteil; **have an advantage over someone** jemandem gegenüber im Vorteil sein; **take advantage of** ausnutzen

**ad·vent** ['ædvent] Advent

**ad·ven·ture** [əd'ventʃəʳ] Abenteuer

**ad·ven·tur·ous** [əd'ventʃərəs] 1 *Reise:* abenteuerlich
2 *Person:* abenteuerlustig

**ad·verb** ['ædvɜːb] Umstandswort

**ad·vert** ['ædvɜːt] (GB) (*umgangsspr*) 1 [Zeitungs]Anzeige, Inserat
2 Werbung

**ad·ver·tise** ['ædvətaɪz] 1 annoncieren, inserieren
2 Reklame machen, Werbung betreiben

**ad·ver·tise·ment** [əd'vɜːtɪsmənt, (USA) ˌædvər'taɪzmənt] 1 [Zeitungs]Anzeige, Inserat
2 Reklame, Werbung

**ad·ver·tis·ing** ['ædvəˌtaɪzɪŋ] Werbung, Reklame

**ad·vice** [əd'vaɪs] ⚠ *kein Plural, kein ‚a' oder ‚an'* Rat[schlag]; **a piece** [*oder* **bit**] **of advice** ein Rat; **ask someone's advice** jemanden um Rat fragen

**ad·vis·able** [əd'vaɪzəbl] ratsam

**ad·vise** [əd'vaɪz] raten

> **? Grammatik** **Advice** oder **advise**? **Advice** mit c ist ein Substantiv und wird nie im Plural gebraucht: *a piece of advice; some advice.* **Advise** mit s ist ein Verb: *Jane advised him to go to Oxford.*

**aer·ial** ['eərɪəl] (GB) Antenne
**aero·plane** ['eərəpleɪn] Flugzeug
**aero·sol** ['eərəsɒl] Sprühdose
**af·fair** [ə'feəʳ] 1 Angelegenheit, Sache 2 Verhältnis, Affäre 3 **foreign affairs** auswärtige Angelegenheiten
**af·fect** [ə'fekt] 1 beeinflussen, in Mitleidenschaft ziehen *Menschen* 2 *Krankheit:* angreifen, befallen 3 **affect someone** [**deeply**] einen [tiefen] Eindruck auf jemanden machen
**af·fec·tion** [ə'fekʃn] [Zu]Neigung, Liebe (**for, towards** zu)
**af·fec·tion·ate** [ə'fekʃənət] liebevoll, herzlich
**af·firm·ative** [ə'fɜ:mətɪv] bejahend
**af·flu·ent** ['æflʊənt] reich (**in** an)
**af·ford** [ə'fɔ:d] sich leisten; **I can't afford it** ich kann es mir nicht leisten
**afraid** [ə'freɪd] 1 **be afraid** Angst haben (**of** vor) 2 **I'm afraid I have to go** ich muss leider gehen
**Af·ri·ca** ['æfrɪkə] Afrika
**Af·ri·can¹** ['æfrɪkən] Afrikaner(in)
**Af·ri·can²** ['æfrɪkən] afrikanisch
**after** ['ɑ:ftəʳ] 1 (*räumlich*) hinter 2 (*zeitlich*) nach; **day after day** Tag für Tag; **the day after tomorrow** übermorgen; **time after time** immer wieder 3 nachdem; **after studying all evening, she decided to go out** nachdem sie den ganzen Abend gelernt hatte, beschloss sie wegzugehen 4 hinterher 5 **after all** schließlich
**after·noon** [ˌɑ:ftə'nu:n] Nachmittag; **in the afternoon**[**s**] nachmittags; **at four in the afternoon** um vier Uhr nachmittags; **this afternoon** heute Nachmittag; **good afternoon!** guten Tag!

> **! Vorsicht Falle** Im Englischen verwendet man mit **afternoon** die Präposition **in**, wenn man darüber spricht, was nachmittags geschieht oder geschehen ist: *In the afternoon I like to have a cup of tea.* Aber: *We're going into town* **this** *afternoon.* In Verbindung mit einem bestimmten Wochentag verwendet man **on**: *My appointment is* **on** *Tuesday afternoon.*

**after·wards** ['ɑ:ftəwədz] danach
**again** [ə'gen] wieder, noch einmal; **as much again** noch einmal so viel; **never again** nie wieder; **now and again** dann und wann; **over and over again** immer wieder
**against** [ə'genst] 1 gegen 2 **be for or against something** für oder gegen etwas sein
**age¹** [eɪdʒ] 1 Alter; **at the age of** im Alter von; **over age** über der Altersgrenze; **under age** minderjährig 2 Zeitalter, Epoche; **the Ice Age** die Eiszeit; **the Middle Ages** das Mittelalter 3 (*umgangsspr*) **for ages** ewig lang; **be** [*oder* **take**] **ages** ewig brauchen
**age²** [eɪdʒ] alt werden [lassen], altern
**aged** [eɪdʒd] im Alter von
**age-group** Altersgruppe
**agency** ['eɪdʒənsɪ] Agentur, Vertretung; **travel agency** Reisebüro
**agenda** [ə'dʒendə] Tagesordnung
**agent** ['eɪdʒənt] 1 (*Person*) Vertreter(in); *eines Künstlers:* Agent(in); **travel agent** Reisebüro, Reisebürokaufman, Reisebürokauffrau 2 (*Spion*) Agent(in)
**ag·gres·sion** [ə'greʃn] Aggression
**ag·gres·sive** [ə'gresɪv] aggressiv
**ago** [ə'gəʊ] vor; **three months ago** vor drei Monaten; **a long time ago** schon lange her; **not long ago** vor kurzem; **how long ago?** wie lange ist es her?
**ag·ony** ['ægənɪ] Qual
**agree** [ə'gri:] 1 (*Erlaubnis geben*) einverstanden sein (**to** mit) 2 (*in einer Meinung*) sich einigen (**on** über); **we couldn't agree on how to do the experiment** wir könnten uns nicht darüber einigen, wie man das Experiment durchführt

> **! Vorsicht Falle** Vorsicht bei der Wahl der Präposition mit dem Verb **agree**. Man sagt **agree with someone**: *I agree with Anne*, aber **agree to something**: *we agreed to the plan.*

**agree·ment** [ə'gri:mənt] 1 Vereinbarung; **come to/reach an agreement with someone** sich mit jemandem einigen 2 Zustimmung, Einverständnis 3 Vertrag, Abkommen
**ag·ri·cul·ture** ['ægrɪkʌltʃəʳ] Landwirtschaft
**ahead** [ə'hed] vor; **ahead of** vor; **ahead of time** vorzeitig; **be ahead of someone** jemandem voraus sein; **Frankfurt is one hour ahead of**

**London** die Frankfurter Ortszeit liegt eine Stunde vor der in London; **go ahead and tell her** sag's ihr doch; **straight ahead** geradeaus

**aid**[1] [eɪd] **aid someone** jemandem helfen

**aid**[2] [eɪd] 1 Hilfe; **give first aid** erste Hilfe leisten

2 **in aid of the local children's home** zu Gunsten des örtlichen Kinderheims

**Aids, AIDS** [eidz] *Abkürzung von* **Acquired Immune Deficiency Syndrome** Aids, Immunschwächekrankheit

**aim**[1] [eɪm] 1 zielen (**at** auf, nach)

2 richten *Waffe, Fernglas, Camera* (**at** auf)

3 (*übertragen*) **this programme is aimed at young people** dieses Programm ist für Jugendliche gedacht

**aim**[2] [eɪm] 1 Ziel

2 (*übertragen*) Zweck

**ain't** [eɪnt] 1 (*slang*) *Kurzform von* **am not, is not, are not**

2 (*slang*) *Kurzform von* **has not, have not**

**air** [eəʳ] 1 Luft; **in the open air** unter freiem Himmel

2 **be on [the] air** *Radio:* senden

3 **travel by air** mit dem Flugzeug reisen

**air-con·di·tioned** ['eəkən'dɪʃnd] klimatisiert

**air-con·di·tion·ing** ['eəkən'dɪʃnɪŋ] Klimaanlage

**air·craft** ['eəkrɑːft] Flugzeug

**air·field** ['eəfiːld] Flugplatz

**air force** Luftwaffe

**air host·ess** Stewardess

**air·line** ['eəlaɪn] Fluglinie, Fluggesellschaft

**air·mail** ['eəmeɪl] [per] Luftpost [schicken]

**air·plane** ['eəpleɪn] (USA) Flugzeug

**air·port** ['eəpɔːt] Flughafen

**air·tight** ['eətaɪt] luftdicht

**air-traffic controller** Fluglotse

**aisle** [aɪl] 1 *im Flugzeug, Kino:* Gang

2 *einer Kirche:* Seitenschiff

**alarm**[1] [ə'lɑːm] 1 Alarm; **give the alarm** Alarm schlagen

2 Beunruhigung

**alarm**[2] [ə'lɑːm] beunruhigen, erschrecken

**alarm clock** Wecker

**alarm·ing** [ə'lɑːmɪŋ] beunruhigend, alarmierend

**al·co·hol** ['ælkəhɒl] Alkohol

**al·co·holic**[1] [ˌælkə'hɒlɪk] alkoholisch

**al·co·holic**[2] [ˌælkə'hɒlɪk] Alkoholiker(in)

**alert**[1] [ə'lɜːt] 1 lebhaft, aufgeweckt

2 wachsam

**alert**[2] [ə'lɜːt] 1 Alarm[signal]

2 **be on the alert** auf der Hut sein

**A-Level** *meist Plural* (GB) ≈Abitur; **what A-Levels are you taking?** in welchen Fächern machst du deine A-Levels [*oder* ≈ dein Abitur]?

> **i Land & Leute** Die Schüler der 7. Klasse einer höheren Schule (≈ 13. Klasse) in England, Wales und Nordirland legen eine Abschlussprüfung, das **A Level (Advanced Level)**, ab. Die meisten Schüler wählen drei Prüfungsfächer, obwohl es auch möglich ist, nur ein Fach zu nehmen. Mit diesen A Levels kann man dann an einer Universität studieren.

**al·ge·bra** ['ældʒɪbrə] Algebra

**alias** ['eɪlɪəs] sonst [… genannt], alias

**alibi** ['ælɪbaɪ] Alibi

**alien** ['eɪlɪən] 1 (*politisch*) Ausländer(in)

2 außerirdisches Wesen

**alike** [ə'laɪk] 1 ähnlich; **they look very alike** sie ähneln sich sehr

2 gleich

3 in gleicher Weise

**alive** [ə'laɪv] lebend[ig]; **is she still alive?** lebt sie noch?

**all**[1] [ɔːl] 1 *mit Plural* alle; **all the children** alle Kinder; **all of them** sie alle

2 *mit Singular* ganze(r, s); **all the butter** die ganze Butter; **all day/night long** den ganzen Tag/die ganze Nacht hindurch

3 *mit Superlativen* **richest of all** am reichsten

4 *mit Adjektiven* ganz; **all dirty** ganz schmutzig

5 **all round** rundum

6 **all the same** trotzdem

> **? Grammatik** Im Englischen steht das Wort **all** bei einer Zeitangabe ohne ‚the': *It rained all week; I was sick all morning.*

**all**[2] [ɔːl] 1 alles; **above all** vor allem; **after all** trotzdem, schließlich [und endlich]; **all in all** alles in allem; **all over the world** in der ganzen Welt; **all the time** die ganze Zeit; **at all** überhaupt; **in all** insgesamt; **not at all** keineswegs; **not at all!** keine Ursache!

2 (*im Sport*) **two all** zwei zu zwei

**al·lege** [ə'ledʒ] behaupten

**al·ler·gic** [ə'lɜːdʒɪk] (*auch übertragen*) allergisch (**to** gegen)

**al·lergy** ['ælədʒɪ] Allergie

**al·ley** ['ælɪ] Gasse

**al·liance** [ə'laɪəns] Bündnis

**al·li·ga·tor** ['ælɪgeɪtəʳ] Alligator

**al·lo·cate** ['æləkeɪt] zuteilen

**al·lot·ment** [ə'lɒtmənt] (GB) Parzelle, Schrebergarten

**allow** [ə'laʊ] ① erlauben, gestatten; **are you allowed to smoke at home?** darfst du zu Hause rauchen?
② **allow for something** etwas berücksichtigen
③ **allow through** durchlassen

> **? Grammatik** **Allow** und **let** haben ähnliche Bedeutungen. Man verwendet **allow** in eher formellen und offiziellen Situationen, wenn es sich z. B. um Regeln und Gesetze handelt: *You're not allowed to drive faster than 30 mph here; Have your parents allowed you to stay longer?* In gesprochenen oder weniger formellen Situationen verwendet man hingegen eher **let**: *Will you let me use your computer for my homework?*

**allow·ance** [ə'laʊəns] ① Zuschuss; (*staatlich*) Beihilfe, Unterstützung; **tax allowance** Steuerfreibetrag
② (USA) Taschengeld

**all right** [ˌɔːl'raɪt] ① in Ordnung, okay; **are you feeling all right?** fehlt Ihnen etwas?; **that's all right** schon gut
② **it was all right** es war ganz gut
③ **is that all right with you?** ist Ihnen das recht?

**ally** ['ælaɪ] ① Verbündete(r)
② (*historisch*) **the Allies** die Alliierten

**almond** ['ɑːmənd] Mandel[baum]

**al·most** ['ɔːlməʊst] fast, beinahe

**alone** [ə'ləʊn] ① allein
② **leave it alone!** lassen Sie es bleiben!; **leave me alone!** lass mich in Ruhe!

**along**[1] [ə'lɒŋ] entlang; **go along here** gehen Sie in dieser Richtung; **the houses along this side of the street** die Häuser auf dieser Straßenseite

**along**[2] [ə'lɒŋ] ① weiter; **move along** weitergehen
② **she'll be along in a minute** sie wird gleich hier sein
③ **along with** zusammen mit
④ **get along well** sich gut verstehen (**with** mit); (*mit Arbeit*) gut vorankommen

**along·side** [əˌlɒŋ'saɪd] [da]neben

**aloud** [ə'laʊd] laut; **read aloud** vorlesen

**al·pha·bet** ['ælfəbet] Alphabet, Abc

**al·pha·beti·cal** [ˌælfə'betɪkl] alphabetisch

**al·pine** ['ælpaɪn] alpin

**Alps** [ælps] *plural* **the Alps** die Alpen

**al·ready** [ɔːl'redɪ] schon, bereits

**also** ['ɔːlsəʊ] auch, ebenfalls

**al·tar** ['ɔːltər] Altar

**al·ter** ['ɔːltər] ① [ab-, um-, ver]ändern
② sich [ver]ändern

**al·ter·ation** [ˌɔːltə'reɪʃn] ① Änderung
② *an Gebäude:* Umbau

**al·ter·nate**[1] [ɔːl'tɜːnət] abwechselnd; **on alternate days** jeden zweiten Tag

**al·ter·nate**[2] ['ɔːltəːneɪt] abwechseln lassen, [sich] abwechseln (**with** mit)

**al·ter·na·tive**[1] [ɔːl'tɜːnətɪv] alternativ; **alternative route** Ausweichstrecke

**al·ter·na·tive**[2] [ɔːl'tɜːnətɪv] Alternative

**al·ter·na·tive·ly** [ɔːl'tɜːnətɪvlɪ] oder aber

**al·though** [ɔːl'ðəʊ] obgleich, obwohl

**al·ti·tude** ['æltɪtjuːd] Höhen[lage]

**al·to·gether** [ˌɔːltə'geðər] ① gänzlich, völlig
② insgesamt, im Ganzen

**al·ways** ['ɔːlweɪz] immer, ständig; **as always** wie immer; **he's always been shy** er war schon immer schüchtern

**am** [əm, *betont* æm] **I am** ich bin

**a.m.** *Abkürzung von* **ante meridiem** vormittags; **your appointment is at 7.30 a.m.** ihr Termin ist um 7 Uhr 30

**ama·teur** ['æmətər] ① Amateur(in)
② (*als Kritik*) Dilettant(in)

**amaze** [ə'meɪz] verblüffen, sehr überraschen

**amaze·ment** [ə'meɪzmənt] Erstaunen

**amaz·ing** [ə'meɪzɪŋ] erstaunlich

**Am·azon** ['æməzən] (*Fluss*) Amazonas

**am·bas·sa·dor** [æm'bæsədər] Botschafter

**am·ber** ['æmbər] ① Bernstein
② *Verkehrsampel:* Gelb

**am·bigu·ous** [æm'bɪgjʊəs] mehr-, zweideutig

**am·bi·tion** [æm'bɪʃn] Ehrgeiz

**am·bi·tious** [æm'bɪʃəs] ehrgeizig

**am·bu·lance** ['æmbjʊləns] Krankenwagen

**am·bush** ['æmbʊʃ] Hinterhalt

**amen·ity** [ə'miːnətɪ] öffentliche Einrichtung; **close to all amenities** in günstiger [Einkaufs- und Verkehrs]Lage

**Ameri·ca** [ə'merɪkə] Amerika

**Ameri·can**[1] [ə'merɪkən] Amerikaner(in)

**Ameri·can**[2] [ə'merɪkən] amerikanisch

> **i Land & Leute** Der **American football** ist ganz anders als der europäische Fußball, der in den USA **soccer** genannt wird. Der Ball hat zwei spitze Enden und wird nicht nur getreten, sondern auch geworfen. Jede Halbzeit fängt mit einem **kickoff** an, d. h. ein Spieler tritt den Ball und seine Mitspieler versuchen, den Ball mit den Händen zu fangen, um damit zum Tor zu rennen. Die Gegenseite stoppt den Spieler mit dem Ball

durch **tackling**, wobei man ihn mit den Armen festhält und zu Boden reißt.

**amid** [ə'mɪd], **amidst** [ə'mɪdst] mitten unter, inmitten
**am·mu·ni·tion** [ˌæmjʊ'nɪʃn] Munition
**am·nesty** ['æmnəstɪ] Amnestie
**among** [ə'mʌŋ], **amongst** [ə'mʌŋst] unter, zwischen; **among other things** unter anderem; **they agreed among themselves** sie kamen untereinander überein
**amount**[1] [ə'maʊnt] ❶ Betrag, Summe; **large amounts of money** beträchtliche Geldsummen ❷ Menge
**amount**[2] [ə'maʊnt] ❶ **amount to something** *Betrag:* sich auf etwas belaufen ❷ **amount to something** *Person, Sache:* etwas bedeuten
**am·pu·tate** ['æmpjʊteɪt] amputieren
**amuse** [ə'mjuːz] amüsieren; **be amused at** [*oder* **by**] **something** sich über etwas amüsieren
**amu·se·ment** [ə'mjuːzmənt] ❶ Belustigung (**at** über) ❷ Unterhaltung
**amu·se·ment ar·cade** Spielhalle
**amus·ing** [ə'mjuːzɪŋ] amüsant, lustig (**to** für)
**an** [ən, *betont* æn] *unbestimmter Artikel* ❶ *vor Vokalen* **an egg** ein Ei; **a European** ein Europäer ❷ *vor einem stillen ‚h'* **an hour** eine Stunde
**an·aes·thetic** [ˌænɪs'θetɪk] Betäubungsmittel
**ana·lyse** ['ænəlaɪz], (USA) **ana·lyze** analysieren
**analy·sis** [ə'næləsɪs, *plural* ə'næləsiːz] <*plural* analyses> Analyse
**anat·omy** [ə'nætəmɪ] Anatomie
**an·ces·tor** ['ænsestəʳ] Vorfahr
**an·chor** ['æŋkəʳ] Anker
**ancient** ['eɪnʃənt] ❶ alt, antik ❷ (*humorvoll*) uralt
**and** [ən, ənd, *betont* ænd] und; **nice and warm** schön warm; **and so on** und so weiter [usw.]; **try and do it** versuch's doch mal!
**an·esthetic** (USA) Betäubungsmittel
**angel** ['eɪndʒl] (*auch übertragen*) Engel
**anger** ['æŋgəʳ] Ärger, Zorn; (*stärker*) Wut (**at** über); **in** [**a moment of**] **anger** im Zorn
**angle** ['æŋgl] Winkel
**ang·ler** ['æŋgləʳ] Angler(in)
**Ang·li·can**[1] ['æŋglɪkən] Anglikaner(in)
**Ang·li·can**[2] ['æŋglɪkən] anglikanisch
**ang·ling** ['æŋglɪŋ] Angeln
**Anglo** [ˌæŋgləʊ] Anglo-, englisch-
**angry** ['æŋgrɪ] ärgerlich, zornig; **be angry at something** über etwas verärgert sein; **be angry with someone** auf jemanden böse sein
**ani·mal** ['ænɪml] (*auch übertragen*) Tier
**ankle** ['æŋkl] Fußknöchel; **sprain one's ankle** sich den Fuß verstauchen
**an·ni·ver·sary** [ˌænɪ'vɜːsərɪ] Jahrestag; **wedding anniversary** Hochzeitstag
**an·nounce** [ə'naʊns] ❶ bekannt geben, ankündigen ❷ *im Radio:* ansagen ❸ *in der Zeitung:* anzeigen
**an·nounce·ment** [ə'naʊnsmənt] ❶ Bekanntgabe, Ankündigung ❷ *im Radio:* Ansage ❸ *in der Zeitung:* Anzeige
**an·noun·cer** [ə'naʊnsəʳ] Ansager(in)
**an·noy** [ə'nɔɪ] ärgern; **he's very annoyed with you for taking the car** er hat sich über dich aufgeregt, weil du das Auto genommen hast
**an·noy·ance** [ə'nɔɪəns] ❶ Ärger ❷ Belästigung
**an·noy·ing** [ə'nɔɪɪŋ] lästig, ärgerlich
**an·nual** ['ænjʊəl] jährlich, im Jahr
**an·nual·ly** ['ænjʊəlɪ] jährlich
**ano·nym·ity** [ˌænə'nɪmətɪ] Anonymität
**anony·mous** [ə'nɒnɪməs] anonym
**an·or·ak** ['ænəræk] Anorak
**an·other** [ə'nʌðəʳ] ❶ noch eine(r, s), ein weiterer, eine weitere, ein weiteres; **shall we have another drink?** sollen wir noch was trinken? ❷ ein anderer; **at another time** zu einer anderen Zeit ❸ **one another** einander, sich
**answer**[1] ['ɑːnsəʳ] ❶ Antwort ❷ *eines Problems:* Lösung
**answer**[2] ['ɑːnsəʳ] ❶ **answer someone** jemandem antworten ❷ beantworten, antworten auf *Frage, Brief* ❸ **answer the door** die Tür öffnen ❹ **answer the telephone** ans Telefon gehen
◆ **answer back** widersprechen; **don't answer back!** keine Widerrede!
**answer·ing ma·chine** ['ɑːnsərɪŋ mə'ʃiːn], **an·swer·phone** ['ɑːnsərˌfəʊn] Anrufbeantworter
**ant** [ænt] Ameise
**Ant·arc·tic** [æn'tɑːktɪk] **Antarctica, the Antarctic** die Antarktis
**an·tenna** [æn'tenə, *plural* æn'teniː] ❶ <*plural* antennae> *bei Insekten:* Fühler ❷ <*plural* antennas> (*Radio, TV*) Antenne
**an·them** ['ænθəm] Hymne
**anti-** Anti-, anti-
**anti-air·craft** [ˌæntɪ'eəkrɑːft] Flugabwehr-
**anti·biotic** [ˌæntɪbaɪ'ɒtɪk] Antibiotikum

**an·tici·pate** [æn'tɪsɪpeɪt] ① erwarten
② vorhersehen
**an·tici·pa·tion** [æn,tɪsɪ'peɪʃn] ① Erwartung
② Vorfreude
**anti·cli·max** [,æntɪ'klaɪmæks] Enttäuschung
**anti-clock·wise** [,æntɪ'klɒkwaɪz] entgegen dem Uhrzeigersinn
**an·tique**[1] [æn'ti:k] Antiquität
**an·tique**[2] [æn'ti:k] antik
**anti-racist** [,æntɪreɪsɪst] antirassistisch
**anti-Sem·itic** [,æntɪsɪ'mɪtɪk] antisemitisch
**anti·sep·tic** [,æntɪ'septɪk] antiseptisch
**anti·so·cial** [,æntɪ'səʊʃl] *Mensch:* ungesellig
**anxiety** [æŋ'zaɪətɪ] Besorgnis, Angst[gefühl] (**for, about** um)
**anxious** ['æŋkʃəs] besorgt, beunruhigt (**about** wegen)
**any** ['enɪ] ① *in Frage- und Bedingungssätzen, in verneinenden Sätzen* **have you any other questions?** haben Sie sonst noch Fragen?; **not any** kein[e]
② (*egal welche*) irgendein[e]; **take any CD you like** suche dir irgendeine CD aus [, die dir gefällt]
③ (*beliebig*) jede(r, s) beliebige; **come at any time** kommen Sie zu jeder [beliebigen] Zeit
④ **in any case** auf jeden Fall
⑤ *mit Steigerungsformen* noch; **any more?** noch mehr?; **it hasn't got any colder** es ist nicht kälter geworden
⑥ **if any** wenn überhaupt
**any·body** ['enɪbɒdɪ] ① irgendjemand; **isn't there anybody who wants to go into town?** möchte denn niemand in die Stadt?
② jeder [beliebige]; **anybody can do that** jeder kann das
③ **anybody else** [irgend]ein anderer; **does anybody else want another cup of coffee?** will noch jemand noch eine Tasse Kaffee?
④ **not anybody** niemand; (*einzelne Person*) keine(r, s)
**any·how** ['enɪhaʊ] ① jedenfalls; **anyhow, you can try** du kannst es trotzdem versuchen
② irgendwie
**any·one** ['enɪwʌn] →**anybody**
**any·thing** ['enɪθɪŋ] ① [irgend]etwas; **is there anything new?** gibt's was Neues?; **she didn't say anything** sie hat nichts gesagt; **take anything you like** nimm dir was dir gefällt
② **here's your salami, anything else?** hier ist die Salami, sonst noch etwas?
③ **the price is anything between 10 and 20 dollars** der Preis liegt irgendwo zwischen 10 und 20 Dollar
**any·way** ['enɪweɪ] sowieso, trotzdem
**any·where** ['enɪweəʳ] irgendwo[hin]; **are you going anywhere tomorrow?** gehen Sie morgen irgendwohin?; **anywhere you go** wohin Sie auch gehen; **don't go anywhere near that dog!** geh' nicht mal in die Nähe von dem Hund; **not anywhere** nirgendwo[hin], nirgends
**apart** [ə'pɑ:t] ① auseinander; **take apart** auseinander nehmen, zerlegen; **fall apart** auseinanderfallen
② getrennt; **live apart** getrennt leben
③ **apart from** abgesehen von, außer
④ zur Seite, abseits (**from** von)
**apart·heid** [ə'pɑ:theɪt] Apartheid
**apart·ment** [ə'pɑ:tmənt] (USA) Wohnung, Apartment
**ape** [eɪp] Affe
**apolo·gize** [ə'pɒlədʒaɪz] sich entschuldigen; **you should apologize to her** du solltest dich bei ihr entschuldigen
**apol·ogy** [ə'pɒlədʒɪ] Entschuldigung; **please accept our apologies** wir bitten um Entschuldigung
**apos·trophe** [ə'pɒstrəfɪ] Apostroph
**ap·pal·ling** [ə'pɔ:lɪŋ] entsetzlich, schrecklich
**ap·par·atus** [,æpə'reɪtəs] Apparat, Gerät
**ap·par·ent** [ə'pærənt] scheinbar
**ap·par·ent·ly** [ə'pærəntlɪ] anscheinend
**ap·peal**[1] [ə'pi:l] ① dringende Bitte (**for** um), Aufruf, Appell
② (*übertragen*) Anziehungskraft
③ (*vor Gericht*) Einspruch, Berufung
**ap·peal**[2] [ə'pi:l] ① sich wenden, appellieren (**to** an)
② (*übertragen*) Anklang finden (**to** bei)
③ *vor Gericht:* Berufung einlegen (**against** gegen)
**ap·peal·ing** [ə'pi:lɪŋ] ① *Blick:* flehentlich
② (*verlockend*) reizvoll, ansprechend
**ap·pear** [ə'pɪəʳ] ① erscheinen, auftauchen; **appear in court** vor Gericht erscheinen
② den Anschein haben; **everything appears to be in order** alles scheint soweit in Ordnung zu sein
③ *Zeitung:* erscheinen; *Buch:* herauskommen
④ (*im Theater*) auftreten
**ap·pear·ance** [ə'pɪərəns] ① Erscheinen, Auftauchen; *von Schauspieler:* Auftritt; **make an appearance** sich zeigen
② Aussehen, Äußere(s)
③ **appearances** *plural* Anschein, Schein; **judge by appearances** nach dem Äußeren urteilen
**ap·pen·dix** [ə'pendɪks] <*plural* appendices>
① Anhang, Zusatz (**to** zu)

② (*medizinisch*) Blinddarm

**ap·pe·tite** ['æpɪtaɪt] Appetit; **she's got a huge appetite** sie kann aber viel essen

**ap·plaud** [ə'plɔːd] Beifall klatschen, applaudieren

**applause** [ə'plɔːz] Beifall, Applaus

**apple** ['æpl] Apfel

**ap·pli·ance** [ə'plaɪəns] Gerät, Apparat

**ap·pli·cable** ['æplɪkəbl] zutreffend (**to** auf)

**ap·pli·cant** ['æplɪkənt] (*für Arbeitsstelle*) Bewerber(in) (**for** um)

**ap·pli·ca·tion** [ˌæplɪ'keɪʃn] ① Anwendung
② Antrag (**for** auf)
③ (*für Arbeitsplatz*) Bewerbung (**for** um); **application form** Bewerbungsformular

**ap·ply** [ə'plaɪ] ① (*verwenden*) **apply something** etwas anwenden (**to** auf)
② auftragen *Farbe, Salbe*
③ sich beziehen, zutreffen (**to** auf)
④ sich wenden (**to** an); **for more information, apply to the owner** Näheres beim Eigentümer
⑤ sich bewerben

**ap·point** [ə'pɔɪnt] *als Korrespondent, Lehrer:* einstellen

**ap·point·ment** [ə'pɔɪntmənt] ① *bei einer Firma:* Stelle, Anstellung
② Termin, Verabredung; **doctor's/dentist's appointment** Termin beim Arzt/Zahnarzt

**ap·preci·ate** [ə'priːʃɪeɪt] schätzen, dankbar sein für

**ap·pre·hen·sive** [ˌæprɪ'hensɪv] besorgt (**for** um, **of** wegen)

**ap·pren·tice** [ə'prentɪs] Auszubildende(r), Lehrling, Lehrtochter (CH)

**ap·proach**[1] [ə'prəʊtʃ] ① sich nähern
② herantreten
③ **she's approaching 40** sie geht auf die 40 zu
④ **approach a problem** an ein Problem herangehen

**ap·proach**[2] [ə'prəʊtʃ] ① Annäherung
② (*auch übertragen*) Zugang; **approach road** Zufahrt[sstraße]
③ (*übertragen*) Einstellung (**to** zu)

**ap·pro·pri·ate** [ə'prəʊprɪət] passend, geeignet (**to, for** für); *Bemerkung:* angebracht

**ap·pro·val** [ə'pruːvl] Zustimmung, Genehmigung (**of** für, zu)

**approve** [ə'pruːv] ① genehmigen; **approve of something** etwas zustimmen
② **she approved of my cake** sie mochte meinen Kuchen

**ap·proxi·mate** [ə'prɒksɪmət] ungefähr

**ap·proxi·mate·ly** [ə'prɒksɪmətlɪ] ungefähr, etwa

**apri·cot** ['eɪprɪkɒt] Aprikose

**April** ['eɪprəl] April

**apron** ['eɪprən] Schürze

**Aquar·ius** [ə'kweərɪəs] (*Sternzeichen*) Wassermann

**Arab** ['ærəb] Araber(in)

**Ara·bic**[1] ['ærəbɪk] [das] Arabisch[e], arabische Sprache

**Ara·bic**[2] ['ærəbɪk] arabisch

**ar·bit·rary** ['ɑːbɪtrərɪ] willkürlich

**ar·cade** [ɑː'keɪd] Arkade; **shopping arcade** Einkaufspassage

**arch** [ɑːtʃ] *von Gebäude:* Bogen

**ar·chae·ol·ogist** [ˌɑːkɪ'ɒlədʒɪst] Archäologe, Archäologin

**ar·chae·ol·ogy** [ˌɑːkɪ'ɒlədʒɪ] Archäologie

**archi·tect** ['ɑːkɪtekt] Architekt(in), Baumeister(in)

**archi·tec·ture** ['ɑːkɪtektʃəʳ] Baukunst, Architektur

**ar·chives** ['ɑːkaɪvz] *plural* Archiv

**arc·tic** ['ɑːktɪk] arktisch, Polar-

**Arc·tic** ['ɑːktɪk] **the Arctic** die Arktis

**are** [əʳ, *betont* ɑːʳ] **we are** wir sind; **you are** du bist, ihr seid, Sie sind; **they are** sie sind

**area** ['eərɪə] ① (*auch übertragen*) Gebiet, Bereich
② [Grund-, Boden]Fläche

**area code** Vorwahl

**arena** [ə'riːnə] (*auch übertragen*) Arena

**aren't** [ɑːʳnt] *Kurzform von* **are not**: **we aren't in the phonebook** wir sind [*oder* stehen] nicht im Telefonbuch; **I'm late, aren't I?** ich habe mich verspätet, oder?

**ar·gue** ['ɑːgjuː] ① diskutieren, sich auseinander setzen (**against** gegen)
② sich streiten (**about** über)
③ **argue that** behaupten, dass

**ar·gu·ment** ['ɑːgjʊmənt] ① Auseinandersetzung; **have an argument** sich streiten
② (*Begründung*) Argument

**Aries** ['eəriːz] (*Sternzeichen*) Widder

**arise** [ə'raɪz] <arose, arisen> *Schwierigkeiten:* sich ergeben; *Problem:* aufkommen

> **? Grammatik** Die unregelmäßigen Vergangenheitsformen von **arise** lauten **arose** und **arisen**: *A thunderstorm* **arose**; *a new problem* **has arisen.**

**ar·is·toc·racy** [ˌærɪ'stɒkrəsɪ] Aristokratie

**ar·is·to·crat** ['ærɪstəkræt] Aristokrat(in)

**arith·me·tic** [əˈrɪθmətɪk] Arithmetik, Rechnen
**ark** [ɑːk] Arche; **Noah's ark** die Arche Noah
**arm¹** [ɑːm] ① Arm; **arm in arm** Arm in Arm
② *von Kleidung:* Ärmel
③ *von Stuhl:* Armlehne
**arm²** [ɑːm] sich bewaffnen
**arm·chair** [ˈɑːmˌtʃeəʳ] Sessel, Lehnstuhl
**armed** [ɑːmd] bewaffnet; **armed forces** Streitkräfte
**ar·mor** (USA), **ar·mour** [ˈɑːməʳ] (*historisch*) Rüstung; **suit of armour** Harnisch
**ar·moured** [ˈɑːməd] gepanzert
**arms** [ɑːmz] *plural* Waffen
**army** [ˈɑːmɪ] Armee, Heer
**around** [əˈraʊnd] ① ringsherum, rundherum; **all around** auf allen Seiten, überall
② (*umgangsspr*) in der Nähe; **is he around?** ist er da?
③ **have a look around** sich umsehen
④ um … herum, ringsum
⑤ ungefähr, etwa; **it's around £5** es ist ungefähr £5
**ar·range** [əˈreɪndʒ] ① [an]ordnen, aufstellen
② verabreden, arrangieren; **we've arranged to meet this evening** wir haben uns für heute Abend verabredet; **have you got anything arranged for the weekend?** hast du am Wochenende etwas vor?; **as arranged** wie abgesprochen
③ (*organisieren*) **I'll arrange the music for the party** ich werde mich um die Musik für die Party kümmern
**ar·range·ment** [əˈreɪndʒmənt] ① Anordnung
② **make arrangements** Vorkehrungen treffen
③ **by arrangement** nach Vereinbarung; **come to an arrangement** zu einer Einigung kommen
**ar·rest¹** [əˈrest] festnehmen, verhaften
**ar·rest²** [əˈrest] Verhaftung, Festnahme; **police have made several arrests** die Polizei hat einige Leute festgenommen; **be under arrest** verhaftet sein
**ar·ri·val** [əˈraɪvl] Ankunft, Eintreffen; **arrivals and departures** Ankunft/Abfahrt, Ankunft/Abflug
**ar·rive** [əˈraɪv] ankommen (**at, in** in); **arrive home** nach Hause kommen

**! Vorsicht Falle** Vorsicht bei der Wahl der Präpositionen in Verbindung mit **arrive**. Benutze **arrive at,** wenn es sich um einen bestimmten Ort oder ein Gebäude, handelt: *She arrived at the restaurant an hour late; they arrived at Paddington Station.* **Arrive in** verwendet man, wenn es sich um eine Stadt oder ein Land handelt: *When will you arrive in London?* Zusammen mit **home, here** oder **there** steht **arrive** hingegen ohne Präposition: *We arrived home at midnight.*

**ar·ro·gant** [ˈærəgənt] arrogant, überheblich
**ar·row** [ˈærəʊ] Pfeil
**ar·son** [ˈɑːsn] Brandstiftung
**art** [ɑːt] ① Kunst; **work of art** Kunstwerk
② (*übertragen*) Geschicklichkeit
③ **he's an arts student** er studiert Geisteswissenschaften
**ar·ticle** [ˈɑːtɪkl] ① Gegenstand
② Aufsatz; **newspaper article** Zeitungsartikel
③ (*in der Grammatik*) Artikel
**ar·ti·ficial** [ˌɑːtɪˈfɪʃl] ① künstlich; **artificial leg** Beinprothese
② *Lächeln:* gekünstelt
**art·ist** [ˈɑːtɪst] Künstler(in)
**ar·tis·tic** [ɑːˈtɪstɪk] ① künstlerisch, geschmackvoll
② **she's very artistic** sie ist künstlerisch begabt
**as** [əz, *betont* æz] ① **as … as** [eben]so … wie; **not as** [*oder* **so**] **… as** nicht so … wie; **he's as tall as I am** er ist [genau]so groß wie ich
② **as long as they don't make a noise, they can stay** solange sie keinen Krach machen, können sie bleiben
③ **as much** [**many**] … **as** ebenso viel[e] … wie, bis zu …
④ **as yet** bis jetzt
⑤ **as well** auch; **as well as** sowie, dazu, [und] außerdem
⑥ **as far as** bis [zu], so viel, so weit
⑦ weil; **he had to stop as his phonecard had run out** er musste aufhören, da seine Telefonkarte abgelaufen war
⑧ als, während; **she cooked as she talked** sie kochte während sie redete
⑨ als; **as a doctor** als Artzt
⑩ **as if** [*oder* **though**] als ob
⑪ **as soon as** sobald [als], sowie
⑫ **she's late, as usual** sie hat sich verspätet, wie immer
**ash** [æʃ] Asche
**ashamed** [əˈʃeɪmd] **be ashamed** sich schämen; **he was ashamed of his flat** er schämte sich [wegen] seiner Wohnung; **she was too ashamed to ask for help** sie schämte sich zu sehr, um Hilfe zu bitten
**ashore** [əˈʃɔːʳ] **go ashore** an Land gehen
**ash·tray** Aschenbecher

**Asia** ['eɪʃə] Asien
**Asian**[1] ['eɪʃn] asiatisch
**Asian**[2] ['eɪʃn] Asiat(in)
**aside** [ə'saɪd] 1 beiseite, zur Seite; **put aside** auf die Seite legen; *Waren, Geld:* zurücklegen
2 **aside from** abgesehen von
**ask** [ɑːsk] 1 fragen; **ask a question** eine Frage stellen; **we asked someone the time** wir haben jemanden nach der Zeit gefragt
2 sich informieren (**about** über)
3 einladen; **has he asked you out yet?** hat er dich schon um eine Verabredung gebeten?
4 bitten kannst!; **ask someone's advice** jemanden um Rat fragen; **can I ask you a favour?** kann ich Sie um einen Gefallen bitten?; **ask for permission** um Erlaubnis bitten
5 verlangen *Preis*
**asleep** [ə'sliːp] schlafend; **be asleep** schlafen; **fall asleep** einschlafen
**as·para·gus** [ə'spærəgəs] Spargel
**as·pect** ['æspekt] Aspekt
**as·sas·sin·ate** [ə'sæsɪneɪt] ermorden
**as·sas·sin·ation** [əˌsæsɪ'neɪʃn] Ermordung
**as·sault** [ə'sɔːlt] angreifen
**as·semble** [ə'sembl] 1 sich versammeln
2 **assemble something** etwas montieren, zusammensetzen
**as·sem·bly** [ə'semblɪ] 1 Versammlung
2 (GB) *(in der Schule) meist tägliche Zusammenkunft von Schülern und Lehrern zur Morgenandacht*
3 *(politisch)* gesetzgebende Körperschaft
4 *(technisch)* Montage; **assembly line** Fließband, Montageband
**as·sert** [ə'sɜːt] 1 behaupten
2 **assert oneself** sich durchsetzen
**as·sess** [ə'ses] 1 **assess someone/something** jemanden/etwas bewerten; schätzen lassen *Haus*
2 *(übertragen)* einschätzen
**as·sess·ment** [ə'sesmənt] Ab-, Einschätzung
**as·sign·ment** [ˌə'saɪnmənt] zugewiesene Aufgabe, Auftrag; **homework assignment** Hausaufgabe
**as·sist** [ə'sɪst] 1 helfen
2 mitwirken
**as·sist·ance** [ə'sɪstəns] Hilfe
**as·sist·ant** [ə'sɪstənt] Assistent(in); *im Laden:* Verkäufer(in)
**as·so·ci·ate** [ə'səʊʃɪeɪt] 1 in Zusammenhang bringen
2 **associate with someone** mit jemandem verkehren
**as·so·ci·ation** [əˌsəʊsɪ'eɪʃn] 1 Verband, Verein
2 Umgang (**with** mit)
3 Gedankenverbindung
**as·sorted** [ə'sɔːtɪd] gemischt
**as·sort·ment** [ə'sɔːtmənt] Auswahl, Sortiment
**as·sume** [ə'sjuːm] 1 voraussetzen, annehmen; **assuming that it is true** angenommen, es stimmt; **we cannot just assume that he's guilty** wir können nicht einfach davon ausgehen, dass er schuldig ist
2 **assume a name** einen Namen annehmen
3 **assume power** sich Macht anmaßen
**as·sump·tion** [ə'sʌmpʃn] Annahme, Voraussetzung
**as·sur·ance** [ə'ʃʊərəns] 1 Zusicherung
2 Selbstsicherheit
**as·sure** [ə'ʃʊəʳ] 1 versichern
2 beruhigen; **assure oneself that…** sich versichern, dass…
**as·ter·isk** ['æstərɪsk] Sternchen
**as·ton·ish** [ə'stɒnɪʃ] in Erstaunen versetzen, überraschen; **be astonished** erstaunt, überrascht sein (**at** über)
**as·ton·ish·ing** [ə'stɒnɪʃɪŋ] erstaunlich
**as·ton·ish·ment** [ə'stɒnɪʃmənt] Erstaunen, Verwunderung (**at** über)
**as·trol·oger** [ə'strɒlədʒəʳ] Astrologe, Astrologin
**as·trol·ogy** [ə'strɒlədʒɪ] Astrologie
**as·tro·naut** ['æstrənɔːt] Astronaut(in)
**as·tron·omer** [ə'strɒnəməʳ] Astronom(in)
**as·tro·nomi·cal** [ˌæstrə'nɒmɪkl] *(auch übertragen)* astronomisch
**as·tron·omy** [ə'strɒnəmɪ] Astronomie
**asy·lum** [ə'saɪləm] 1 Asyl; **asylum seeker** Asylbewerber(in)
2 [Irren]Anstalt
**at** [ət] 1 *(örtlich)* **at the next corner** an der nächsten Ecke; **at the dentist's** beim Zahnarzt; **at home** zu Hause; **at school** in der Schule; **he's at work** er ist im Büro
2 *(zeitlich)* **at night** in der Nacht; **at noon** mittags; **at the age of** im Alter von
3 *(Zustand)* in; **at peace** im Frieden; **I feel at ease** mir ist wohl zu Mute
4 *(Richtung)* nach, gegen, zu, an, auf; **arrive at a decision** zu einer Entscheidung kommen; **he is mad at me** er ist wütend auf mich
5 *(bei Zahlangabe)* zu; **he drove at 150kmph** er ist mit 150km/h gefahren
6 **at all** überhaupt; **not at all!** gern geschehen!; **at first** zuerst; **at last** endlich; **at least** mindestens, wenigstens; [**all**] **at once** sofort, auf einmal
**ate** [et, (USA) eɪt] *2. Form von* **eat**
**athe·ist** ['eɪθɪɪst] Atheist(in)

**ath·lete** ['æθliːt] Athlet(in), Leichtathlet(in), Sportler(in)
**ath·letic** [æθ'letɪk] sportlich, athletisch
**ath·letics** [æθ'letɪks] *mit Singular oder Plural* [Leicht]Athletik
**At·lan·tic** [ət'læntɪk] Atlantischer Ozean, Atlantik
**at·las** ['ætləs] Atlas
**at·mos·phere** ['ætməsfɪəʳ] (*auch übertragen*) Atmosphäre
**atom** ['ætəm] Atom
**atom bomb** Atombombe
**atomic** [ə'tɒmɪk] atomar, Atom-
**atro·city** [ə'trɒsətɪ] (1) Grausamkeit (2) Gräueltat
**at·tach** [ə'tætʃ] (1) anheften, befestigen (**to** an) (2) beimessen *Bedeutung;* **attach value to** Wert legen auf
**at·tach·ment** [ə'tætʃmənt] Beilage, Anlage; *einer E-mail:* Anlage
**at·tack**[1] [ə'tæk] (1) (*auch in Chemie*) angreifen (2) *Krankheit:* befallen
**at·tack**[2] [ə'tæk] (1) Angriff (**on** auf, gegen) (2) *von Krankheit:* Anfall
**at·tempt**[1] [ə'tempt] versuchen
**at·tempt**[2] [ə'tempt] Versuch; **make another attempt** es nochmals versuchen
**at·tend** [ə'tend] (1) anwesend; **attend a meeting** an einer Versammlung teilnehmen; **attend school** die Schule besuchen (2) **attend to something** sich mit etwas befassen; **attend to a customer** einen Kunden bedienen
**at·tend·ance** [ə'tendəns] (1) Anwesenheit; **attendance at school** der Schulbesuch (2) Teilnehmerschaft (**at** bei)
**at·tend·ant** [ə'tendənt] Wärter(in), Aufseher(in)
**at·ten·tion** [ə'tenʃn] (1) Aufmerksamkeit; **pay attention to something** etwas beachten; **for the attention of** zu Händen von (2) **your attention, please! here is an announcement!** Achtung! eine Durchsage!
**at·tic** ['ætɪk] Dachboden, Speicher
**at·ti·tude** ['ætɪtjuːd] Haltung, Einstellung (**towards** gegenüber)
**at·tor·ney** [ə'tɜːnɪ] (USA) Rechtsanwalt, Rechtsanwältin
**at·tract** [ə'trækt] (1) (*auch übertragen*) anziehen (2) auf sich lenken *Aufmerksamkeit* (3) (*übertragen*) reizen
**at·trac·tion** [ə'trækʃn] (1) (*auch in der Physik*) Anziehung (2) Reiz, Zauber (3) (*Unterhaltung*) Attraktion
**at·tract·ive** [ə'træktɪv] (*übertragen*) *Person:* attraktiv; *Idee:* verlockend
**auc·tion** ['ɔːkʃn] Auktion, [öffentliche] Versteigerung
**aud·ible** ['ɔːdəbl] hörbar
**audi·ence** ['ɔːdɪəns] Publikum, Zuhörer[schaft]; *Fernsehen:* Zuschauer; *Radio:* Hörer
**aud·ition** [ɔː'dɪʃn] Vorsingen, Vorspielen, Vortanzen
**Au·gust** ['ɔːgəst] August; **in August** im August; **on August 10th** am 10.August
**aunt** [ɑːnt, (USA) ænt] Tante
**au·ral** ['ɔːrəl] Ohr-
**Aus·tralia** [ɒ'streɪlɪə] Australien
**Aus·tral·ian**[1] [ɒ'streɪlɪən] Australier(in)
**Aus·tral·ian**[2] [ɒ'streɪlɪən] australisch
**Aus·tria** ['ɒstrɪə] Österreich
**Aus·trian**[1] ['ɒstrɪən] Österreicher(in)
**Aus·trian**[2] ['ɒstrɪən] österreichisch
**auth·en·tic** [ɔː'θentɪk] authentisch, echt
**author** ['ɔːθəʳ] Autor(in), Verfasser(in), Schriftsteller(in)
**auth·or·ity** [ɔː'θɒrətɪ] (1) Befugnis; **have** [**the**] **authority to do something** befugt sein, etwas zu tun (2) **local authority** (GB) örtliche Behörde, Kommunalverwaltung (3) Autorität; **she's an authority on butterflies** sie ist eine Expertin für Schmetterlinge
**auth·or·ize** ['ɔːθəraɪz] bevollmächtigen; **authorize someone** jemandem die Befugnis erteilen
**au·to·bi·ogra·phy** [ˌɔːtəbaɪ'ɒgrəfɪ] Autobiografie
**au·to·graph** ['ɔːtəgrɑːf] Autogramm
**au·to·matic**[1] [ˌɔːtə'mætɪk] (1) automatisch, selbsttätig (2) (*übertragen*) mechanisch
**au·to·matic**[2] [ˌɔːtə'mætɪk] (1) Maschinenwaffe (2) Automatikwagen
**au·to·mo·bile** ['ɔːtəməbiːl] Auto[mobil]
**au·tumn** ['ɔːtəm] (*auch übertragen*) Herbst; **in autumn** im Herbst
**au·tum·nal** [ɔː'tʌmnəl] herbstlich
**aux·ili·ary** [ɔːg'zɪlɪərɪ] **auxiliary verb** Hilfszeitwort
**avail·able** [ə'veɪləbl] (1) verfügbar; **she won't be available after 4pm** sie steht nach 16 Uhr nicht mehr zur Verfügung (2) (*in der Wirtschaft*) lieferbar
**ava·lanche** ['ævəlɑːnʃ] (*auch übertragen*) Lawine
**av·enue** ['ævənjuː] Allee

**av·er·age**[1] ['ævərɪdʒ] Durchschnitt; **on** [**an**] **average** durchschnittlich, im Durchschnitt; **be above/below** [**the**] **average** über/unter dem Durchschnitt liegen

**av·er·age**[2] ['ævərɪdʒ] durchschnittlich, Durchschnitts-; **of average height** mittelgroß

**av·er·age**[3] ['ævərɪdʒ] ① **average** [**out**] im Durchschnitt betragen
② im Durchschnitt ausmachen
③ **he averages about $1200 a month** er verdient um die $1200 monatlich

**avert** [ə'vɜːt] ① abwenden *Blick, Gedanken* (**from** von)
② verhindern *Katastrophe*

**avi·ation** [ˌeɪvɪ'eɪʃn] Luftfahrt

**avoid** [ə'vɔɪd] vermeiden; **I managed to avoid hitting the other car** es gelang mir, dem anderen Auto auszuweichen; **avoid someone** jemanden meiden

**await** [ə'weɪt] erwarten

**awake**[1] [ə'weɪk] <awoke, awoken *oder* (USA) auch awaked> ① aufwachen; **they awoke at 6 this morning** sie sind heute Morgen um 6 wach geworden
② (*übertragen*) **the photo had awoken old memories** das Foto hatte alte Erinnerungen geweckt

**awake**[2] [ə'weɪk] wach, munter; **be awake** wach sein; **wide awake** hellwach

**award**[1] [ə'wɔːd] Preis, Auszeichnung

**award**[2] [ə'wɔːd] ① zuerkennen, zusprechen
② verleihen *Preis*

**aware** [ə'weəʳ] bewusst; **I'm aware of that** ich bin mir dessen bewusst

**away** [ə'weɪ] ① weg, fort; **go away** weggehen; **take away** wegnehmen
② entfernt, abseits; **far away** weit weg
③ abwesend; **away on business** geschäftlich unterwegs
④ **right** [*oder* **straight**] **away** auf der Stelle, sofort; **give** [**something**] **away** [etwas] verschenken

**aw·ful** ['ɔːfl] ① furchtbar
② (*umgangsspr*) scheußlich

**aw·fully** ['ɔːflɪ] furchtbar

**awk·ward** ['ɔːkwəd] ① *Person:* unbeholfen, ungeschickt
② *Gegenstand:* unhandlich
③ *Situation:* peinlich
④ *Frage:* schwierig
⑤ *Zeitpunkt:* ungünstig

**awoke** [ə'wəʊk] *2. Form von* **awake**

**awoken** [ə'wəʊkən] *3. Form von* **awake**

**axe**[1], (USA) **ax** [æks] Axt, Beil

**axe**[2] [æks] (*übertragen*) radikal kürzen, abbauen

**axis** ['æksɪs, *plural* 'æksiːz] <*plural* axes> Achse

**aye** [aɪ] (*im Parlament*) Jastimme

# Bb

**B, b** [biː] <*plural* B's, b's> ① B, b
② (*Musiknote*) H, h
③ (*Schulnote*) gut

**babble** ['bæbl] ① stammeln, lallen
② *Wasser:* plätschern

**ba·by** ['beɪbɪ] ① Baby, Säugling; [**be going to**] **have a baby** ein Kind bekommen
② (*umgangsspr*) Schätzchen

**baby carriage** (USA) Kinderwagen

**bach·elor** ['bætʃələʳ] Junggeselle

**back**[1] [bæk] ① (*auch übertragen*) Rücken; **back of a book/hill** Buch-/Bergrücken
② **back to front** verkehrt herum
③ **at the back of** hinter
④ (*im Auto*) Rücksitz
⑤ *einer Münze, Seite:* Rückseite; *einem Stuhl:* die Rückenlehne

**back**[2] [bæk] ① rückwärtig, hintere(r, s)
② *Ort, Straße:* abgelegen, fern

**back**[3] [bæk] ① rückwärts, zurück (**from** von), hinten
② **did you get your sweater back?** hast du deinen Pullover zurückbekommen?
③ **5 years back** vor fünf Jahren
④ **stand back!** zurück[bleiben]!

**back**[4] [bæk] ① [unter]stützen
② zurückfahren *Auto*
◆ **back away** zurückweichen
◆ **back up** ① zurückfahren *Auto*
② beistehen *Person*
③ sichern *Daten*

**back·bone** ['bækbəʊn] (*auch übertragen*) Rückgrat

**back door** [ˌbæk'dɔːʳ] (*auch übertragen*) Hintertür

**back·ground** ['bækgraʊnd] ① Hintergrund; (*auch übertragen*) Umwelt, Milieu
② (*übertragen*) berufliche Erfahrung

**back·hand** ['bækhænd] (*beim Tennis*) Rückhand

**back·ing** ['bækɪŋ] Unterstützung

**back·pack** ['bækpæk] Rucksack

**back·packer** Rucksacktourist(in)
**back seat** [bæk'siːt] Rücksitz
**back·stage** [bæk'steɪdʒ] hinter der Bühne
**back-up** ['bækʌp] ① Unterstützung
② (*Computer*) Sicherung
**back·ward** ['bækwəd] ① rückwärtig, rückwärts gerichtet
② *Kind:* zurückgeblieben
**back·wards** ['bækwədz] rückwärts, zurück; **backwards and forwards** hin und her
**back·yard** [ˌbæk'jɑːd] Hinterhof
**ba·con** ['beɪkən] [durchwachsener] Speck
**bac·teria** [bæk'tɪərɪə] *plural* Bakterien
**bad** [bæd] <worse, worst> ① schlecht; **in a bad mood** schlecht gelaunt; **a bad business** eine üble Sache
② *Geruch:* übel
③ *Hund, Kind:* böse, schlimm
④ *Sturz:* böse
⑤ *Verletzung:* schlimm
⑥ *Erkältung, Fehler, Unfall:* schwer
⑦ *Lebensmittel:* verdorben; *Ei:* faul; **go bad** schlecht werden, verderben
⑧ **bad luck** Pech
**badge** [bædʒ] Abzeichen, Button
**bad·ly** ['bædlɪ] <worse, worst> ① schlecht, schlimm
② arg, dringend; **want badly** dringend brauchen [*oder* benötigen]
③ **come off badly** schlecht wegkommen; **be badly off** finanziell schlecht dran sein
④ **badly beaten** vernichtend geschlagen
**bad·min·ton** ['bædmɪntən] Federball, Badminton
**bag** [bæg] ① Tasche, Handtasche
② (*aus Papier, Plastik*) Tüte
③ (*zum Zuziehen*) Beutel
④ **bags** *plural* Gepäck
⑤ **bags of** (*umgangsspr*) jede Menge
**bag·gage** ['bægɪdʒ] [Reise]Gepäck
**baggage (re)claim** Gepäckausgabe
**bag·gy** ['bægɪ] ① ausgebeult
② (*modisch*) baggy, schlabberig
**bag·pipes** ['bægpaɪps] *plural* Dudelsack
**bait** [beɪt] (*auch übertragen*) Köder
**bake** [beɪk] backen *Kuchen;* **baked potato** in der Schale gebackene Kartoffel
**baker** ['beɪkəʳ] Bäcker(in)
**bak·ery** ['beɪkərɪ] Bäckerei
**bal·ance**[1] ['bæləns] ① Waage
② Gleichgewicht
③ *vom Konto:* Kontostand
**bal·ance**[2] ['bæləns] ① balancieren (**on** auf)
② das Gleichgewicht halten
③ bilanzieren *Bücher*
**bal·cony** ['bælkənɪ] Balkon
**bald** [bɔːld] *Kopf:* kahl; **he's bald** er hat eine Glatze
**ball**[1] [bɔːl] ① Ball
② (*aus Kordel, Wolle*) Knäuel
**ball**[2] [bɔːl] [Tanz]Ball
**bal·let** ['bæleɪ] Ballett
**bal·loon** [bə'luːn] Ballon
**ball·point-pen** [ˌbɔːlpɔɪnt'pen] Kugelschreiber
**ball·room** ['bɔːlrʊm] Ballsaal, Tanzsaal; **ballroom dancing** Gesellschaftstanz
**ban**[1] [bæn] ① verbieten
② sperren *Spieler*
**ban**[2] [bæn] Verbot
**ba·nana** [bə'nɑːnə] Banane
**band** [bænd] ① Band
② *von Farbe:* Streifen
③ Band, [Musik]Kapelle
**ban·dage** ['bændɪdʒ] Bandage, Binde, Verband
**bang**[1] [bæŋ] ① [heftiger] Schlag
② [lauter] Knall
**bang**[2] [bæŋ] ① knallen (**against** gegen); **I banged my knee on the step** ich bin mit dem Knie gegen die Treppe geknallt
② **bang the door** die Tür zuschlagen
**bang**[3] [bæŋ] peng!
**bangle** ['bæŋgl] Armreif, Armring
**bangs** [bæŋz] *plural* (*Frisur*) Pony
**bank**[1] [bæŋk] ① *eines Flusses, Sees:* Ufer
② (*Abhang*) Böschung
**bank**[2] [bæŋk] Bank
**bank ac·count** ['bæŋkəkaʊnt] Bankkonto
**bank holiday** (GB) [gesetzlicher] Feiertag; (USA) Bankfeiertag

> **i Land & Leute** Feiertage, die früher von der „Bank of England" als Urlaubstage gerechnet wurden, heißen **bank holidays**. Davon gab es ursprünglich 30; heute ist ein bank holiday ein **public holiday** (gesetzlicher Feiertag).

**bank·rupt** ['bæŋkrʌpt] bankrott, zahlungsunfähig; **go** [*oder* **become**] **bankrupt** Bankrott gehen, in Konkurs gehen
**ban·ner** ['bænəʳ] Banner, Fahne
**bap·tism** ['bæptɪzəm] (*auch übertragen*) Taufe
**Bap·tist** ['bæptɪst] Baptist(in)
**bap·tize** [bæp'taɪz] taufen
**bar** [bɑːʳ] ① Stange
② *von Schokolade:* Tafel
③ **a bar of soap** ein Stück Seife

④ (*in der Musik*) Taktstrich
⑤ (*Kneipe*) Bar

**bar·be·cue** ['baːbɪkjuː] ① Grill
② Grillparty

**barbed** [baːbd] **barbed wire** Stacheldraht

**bar·ber** ['baːbəʳ] [Herren]Friseur

**bare** [beəʳ] ① nackt, bloß; **with one's bare hands** mit den bloßen Händen
② *Baum, Wand:* kahl
③ (*übertragen*) unverhüllt; **the bare facts** die nackten Tatsachen

**bare·ly** ['beəlɪ] kaum

**bar·gain**[1] ['baːgɪn] ① Gelegenheitskauf; **it's a bargain** es ist sehr günstig
② (*Abmachung*) **it's a bargain!** abgemacht!

**bar·gain**[2] ['baːgɪn] handeln (**for** um)

**barge** [baːdʒ] Lastkahn, Schleppkahn

**bark**[1] [baːk] *eines Baums:* Rinde, Borke

**bark**[2] [baːk] *Hund:* bellen

**bar·maid** ['baːmeɪd] Bardame

**bar·man** ['baːmən] <*plural* barmen> Barkeeper

**barn** [baːn] Scheune, Scheuer; (USA) Stall

**bar·racks** ['bærəks] Kaserne

**bar·rel** ['bærəl] ① Fass
② [Kanonen]Rohr, [Gewehr]Lauf

**bar·ri·cade** [ˌbærɪ'keɪd] Barrikade

**bar·rier** ['bærɪəʳ] ① Schranke, Sperre, Barriere
② (*übertragen*) Barriere (**to** für)

**bar·ris·ter** ['bærɪstəʳ] Barrister, Rechtsanwalt, Rechtsanwältin (*vor einem höheren Gericht zugelassen*)

**base**[1] [beɪs] ① (*auch in der Mathematik*) Basis
② *von Lampe, Mikroskop, Mauer:* Fuß
③ *von Schrank, Statue:* Sockel
④ Grund[lage]
⑤ (*beim Militär*) Basis, Stützpunkt

**base**[2] [beɪs] ① basieren, gründen (**on** auf); **be based on** sich stützen auf
② **the company is based in Frankfurt** der Hauptsitz dieser Firma ist in Frankfurt

**base·ball** ['beɪsbɔːl] Baseball

**i Land & Leute** Für die Amerikaner ist **baseball** *der* Nationalsport. In meist riesigen Stadien treten zwei Mannschaften gegeneinander an, wobei immer eine Mannschaft **up** ist. Der **pitcher** (Werfer) der einen Mannschaft wirft den Ball, während der Spieler der anderen Mannschaft versucht, den Ball mit seinem Schläger zu treffen und ihn so weit wie möglich wegzuschlagen. Er versucht dann **runs** (Punkte) zu machen, indem er nach Möglichkeit die vier **bases** (Platten) an den Ecken eines Quadrates erreicht, bevor die Gegenseite den Ball unter Kontrolle bekommt.

**base·ment** ['beɪsmənt] Kellergeschoss; (*im Kaufhaus*) Untergeschoss

**ba·ses** ['beɪsiːz] *Pluralform von* **basis**

**ba·sic** ['beɪsɪk] ① Grund-, grundlegend
② grundsätzlich [wichtig], fundamental
③ *Kenntnisse, Einrichtungen:* elementar

**ba·si·cally** ['beɪsɪklɪ] im Grunde

**ba·sin** ['beɪsn] ① Schale
② Waschbecken, Schüssel

**ba·sis** ['beɪsɪs] <*plural* bases> ① Basis, Grundlage; **on a regular basis** regelmäßig
② Grundbestandteil

**bas·ket** ['baːskɪt] Korb

**basket·ball** Basketball

**bass** [beɪs] Bass

**bat**[1] [bæt] Fledermaus

**bat**[2] [bæt] Schlagholz, Schläger

**bat**[3] [bæt] <batted, batted> [mit dem Schlagholz] schlagen

**bath**[1] [baːθ, (USA) bæθ] ① Bad; **have** [*oder* **take**] **a bath** ein Bad nehmen
② Badewanne
③ (USA) Badezimmer
④ **baths** *plural* Hallenbad

**bath**[2] [baːθ] [sich] baden

**bath·ing** ['beɪðɪŋ] Baden

**bath·robe** ['baːθrəʊb] Bademantel

**bath·room** ['baːθruːm] ① Badezimmer
② (USA) **where's the bathroom?** wo ist die Toilette?

**bath towel** Badetuch

**bath·tub** ['baːθtʌb] Badewanne

**bat·ter**[1] ['bætəʳ] ① verprügeln
② trommeln; **batter at the door** gegen die Tür hammern

**bat·ter**[2] ['bætəʳ] ① Teig (*zum Frittieren*)
② Pfannkuchenteig

**bat·tery** ['bætərɪ] Batterie

**battle**[1] ['bætl] ① Schlacht (**against** gegen, **of** bei), Gefecht (**for** um)
② (*übertragen*) Kampf (**for** um); **the battle against cancer** der Kampf gegen Krebs

**battle**[2] ['bætl] kämpfen (**against** gegen, **for** um, **with** mit)

**battle·field** ['bætlfiːld] Schlachtfeld

**battle·ship** ['bætlʃɪp] Schlachtschiff

**bay** [beɪ] Bucht; **Bay of Bengal** Golf von Bengalen; **Hudson Bay** Hudsonbai

**bazaar** [bəzaː] Basar

**BC** [ˌbiː'siː] *Abkürzung von* **before Christ** v. Chr.

B b

**be** [biː] <was *oder* were, been> ① sein
② **how are you?** wie geht es dir/Ihnen?
③ (*beruflich*) werden; **I want to be a lawyer** ich möchte Anwalt werden
④ sich befinden
⑤ sich ereignen; **when's the party?** wann findet die Party statt?
⑥ kosten; **how much is that?** wie viel macht das?
⑦ (*dürfen, sollen*) **tell them they are to register first** sag ihnen, sie müssen sich zuerst anmelden
⑧ *zur Bildung der Verlaufsform: + -ing* **I'm doing my homework** ich mache meine Hausaufgaben
⑨ *zur Bildung des Passivs* werden; **the house was built in 1872** das Haus wurde 1872 erbaut

**beach** [biːtʃ] Strand

**bead** [biːd] Perle

**beak** [biːk] Schnabel

**beaker** ['biːkəʳ] Becher

**beam** [biːm] ① Balken
② **beam of light** [Licht]Strahl

**bean** [biːn] Bohne

**bear**[1] [beəʳ] Bär

**bear**[2] [beəʳ] <bore, borne> ① tragen *Last, Namen, Waffe, Zeichen*
② tragen, [hervor]bringen *Frucht*
③ (*übertragen*) [v]ertragen; **I can't bear her!** ich kann sie nicht ausstehen!
④ **it doesn't bear thinking about** der Gedanke allein ist zu schrecklich
⑤ **bear to the right** sich rechts halten
⑥ **bear someone/something in mind** jemanden/etwas berücksichtigen

**beard** [bɪəd] Bart

**bear·ing** ['beərɪŋ] **lose one's bearings** (*auch übertragen*) die Orientierung verlieren; **take one's bearings** sich orientieren

**beast** [biːst] ① [wildes] Tier
② (*übertragen*) Biest

**beat**[1] [biːt] <beat, beat *oder* beaten> ① schlagen *Tier;* [ver]prügeln *Menschen*
② klopfen *Teppich*
③ schlagen *Eier, Takt*
④ (*beim Sport, Militär*) schlagen, besiegen
⑤ **you can't beat ...** es gibt nichts besseres als ..., es geht nichts über ...
⑥ *Herz:* pochen
⑦ *Regen:* peitschen

**? Grammatik** Die unregelmäßigen Vergangenheitsformen von **beat** lauten **beat — beaten:** *I* **beat** *John at badminton yesterday; our team* **was beaten.**

◆ **beat down** ① einschlagen *Tür*
② herunterhandeln *Preis*
③ *Sonne:* herunterbrennen
④ *Regen:* niederprasseln

◆ **beat up** verdreschen, zusammenschlagen

**beat**[2] [biːt] ① Schlag[en]
② Takt

**beau·ti·ful** ['bjuːtɪfl] *Sache, Frau:* schön, wunderschön; *Landschaft auch:* herrlich, wundervoll

**beauty** ['bjuːtɪ] Schönheit

**be·came** [bɪ'keɪm] *2. Form von* **become**

**be·cause** [bɪ'kɒz] ① weil, da
② **because of** wegen; **because of her/him** ihretwegen/seinetwegen

**beckon** ['bekən] [zu]winken; **she beckoned the waiter over** sie winkte den Kellner zu sich

**be·come** [bɪ'kʌm] <became, become> werden

**? Grammatik** Die unregelmäßigen Vergangenheitsformen von **become** lauten **became — become:** *Harry* **became** *a minister; Joe* **has become** *very thin.*

**bed** [bed] ① Bett; **in bed** im Bett; **get into bed** sich ins Bett legen; **get out of bed** aufstehen
② [Blumen]Beet
③ **river bed** Flussbett

**bed and breakfast** Zimmer mit Frühstück

**bedroom** ['bedruːm] Schlafzimmer

**bed·time** ['bedtaɪm] Schlafenszeit; **it's bedtime** es ist Zeit ins Bett zu gehen

**bee** [biː] Biene

**beef** [biːf] Rindfleisch

**bee·hive** ['biːhaɪv] Bienenstock

**been** [biːn] *3. Form von* **be**

**beer** [bɪəʳ] Bier

**beetle** ['biːtl] Käfer

**beet·root** ['biːtruːt] rote Bete

**be·fore**[1] [bɪ'fɔːʳ] ① (*zeitlich*) vor; **the day before yesterday** vorgestern; **before long** bald
② [schon] früher, zuvor; **have you been to America before?** waren Sie schon einmal in Amerika?
③ (*räumlich*) vor

**be·fore**[2] [bɪ'fɔːʳ] bevor, ehe; **before you ask, ...** ehe du fragst, ...

**be·fore·hand** [bɪ'fɔːhænd] im Voraus, [schon] vorher

**beg** [beg] ① betteln [gehen] (**for** um)
② bitten [um]
③ **I beg your pardon?** wie bitte?

**be·gan** [bɪˈgæn] *2. Form von* **begin**

**beg·gar** [ˈbegəʳ] Bettler(in)

**be·gin** [bɪˈgɪn] <began, begun> beginnen, anfangen; **begin again** [wieder] von vorn anfangen; **to begin with** erstens, zunächst; **he began by saying …** zuerst sagte er …

**be·gin·ner** [bɪˈgɪnəʳ] Anfänger(in)

**be·gin·ning** [bɪˈgɪnɪŋ] ① Beginn, Anfang ② Ausgangspunkt; **from beginning to end** von Anfang bis Ende; **in the beginning** anfangs, am Anfang

**be·gun** [bɪˈgʌn] *3. Form von* **begin**

**be·half** [bɪˈhɑːf] **on behalf of** für, im Namen von

**be·have** [bɪˈheɪv] sich [gut] benehmen; **behave yourself!** benimm dich!

**be·hav·iour**, USA **be·hav·ior** [bɪˈheɪvɪəʳ] Benehmen, Verhalten (**to, towards** gegen)

**be·hind**[1] [bɪˈhaɪnd] ① hinter; **one behind the other** hintereinander ② **who's behind that scheme?** wer steckt hinter dem Plan?

**be·hind**[2] [bɪˈhaɪnd] [nach] hinten, dahinter; **be behind in** [*oder* **with**] **something** mit einer Sache im Rückstand [*oder* Verzug] sein

**be·hind**[3] [bɪˈhaɪnd] (*umgangsspr*) Hintern

**be·ing** [ˈbiːɪŋ] ① Dasein, Existenz ② [Lebe]Wesen; **human being** Mensch ③ **come into being** entstehen

**be·lated** [bɪˈleɪtɪd] verspätet

**Bel·gian**[1] [ˈbeldʒən] Belgier(in)

**Bel·gian**[2] [ˈbeldʒən] belgisch

**Bel·gium** [ˈbeldʒəm] Belgien

**be·lief** [bɪˈliːf] ① Glaube[n] (**in** an), Vertrauen (**in** zu); **beyond** [*oder* **past**] **all belief** unglaublich ② (*religiös*) Glaube[n] ③ Überzeugung

**be·lieve** [bɪˈliːv] ① glauben (**in** an); **I believe so/not** ich glaube ja/nein; **believe it or not** ob du es glaubst oder nicht ② **believe in** Vertrauen haben zu

**bell** [bel] ① Glocke; **answer the bell** die [Haus]Tür öffnen; **was that the bell?** hat es geklingelt? ② (*Telefon*) **give someone a bell** GB (*umgangsspr*) jemanden anrufen ③ **this rings a bell** (*übertragen*) das kommt mir bekannt vor

**belly** [ˈbelɪ] Bauch

**be·long** [bɪˈlɒŋ] ① gehören; **it belongs to him** es gehört ihm ② **belong to a club** einem Klub/Verein angehören ③ **I belong here** hier ist mein Zuhause; **where does that belong?** wohin gehört das?

**be·long·ings** [bɪˈlɒŋɪŋz] *plural* Eigentum, Habe, Sachen

**be·low**[1] [bɪˈləʊ] unter, unterhalb; **below him** unter seiner Würde; **below ground** unter der Erde

**be·low**[2] [bɪˈləʊ] [nach] unten, hinunter; **see below** siehe unten

**belt** [belt] ① Gürtel ② Zone, [Anbau]Gebiet; **green belt** *einer Stadt:* Grüngürtel ③ **safety belt** Sicherheitsgurt ④ (*technisch*) Riemen

**bench** [bentʃ] ① [Sitz]Bank ② Werkbank

**bend**[1] [bend] <bent, bent> ① biegen, beugen; **please do not bend** bitte nicht knicken; **bend something out of shape** etwas verbiegen ② sich biegen; *Fluss, Straße, Bahn:* eine Biegung machen

**bend**[2] [bend] Biegung, Kurve

**be·neath** [bɪˈniːθ] unter, unterhalb

**bene·fit**[1] [ˈbenɪfɪt] ① Hilfe ② Nutzen, Vorteil ③ (*finanziell*) Unterstützung, Beihilfe; **unemployment benefit** Arbeitslosengeld

**bene·fit**[2] [ˈbenɪfɪt] gut tun, nützen; **who will benefit from this scheme?** wem wird der Plan nützen?

**bent** [bent] *2. und 3. Form von* **bend**

**berry** [ˈberɪ] Beere

**berth** [bɜːθ] *im Schiff:* Koje; *im Zug:* Schlafwagenplatz

**be·side** [bɪˈsaɪd] (*örtlich*) neben, [nahe] an

**be·sides**[1] [bɪˈsaɪdz] außer, abgesehen von

**be·sides**[2] [bɪˈsaɪdz] außerdem; **besides being a mother, she's also a doctor** sie ist Mutter und auch Ärztin

**best**[1] [best] *Superlativ von* **good** beste(r, s)

**best**[2] [best] *Superlativ von* **well** ① am besten, am meisten ② **like best** am liebsten mögen ③ **as best you can** so gut du kannst

**best**[3] [best] **the best** der, die, das Beste; **at best** bestenfalls; **do one's best** sein Bestes, Möglichstes tun; **all the best!** alles Gute!

**bet**[1] [bet] <bet *oder* betted, bet *oder* betted> wetten; **he bet me five pounds** er wettete mit mir um fünf Pfund; **I bet you** [**ten pounds**] **that …** ich wette mit dir [zehn Pfund], dass …

**bet**[2] [bet] Wette

**be·tray** [bɪˈtreɪ] verraten (**to** an)

**bet·ter**[1] [ˈbetəʳ] *Komparativ von* **good** ① besser;

**she's better than him** sie ist besser als er
② **I am getting better now** es geht mir [gesundheitlich] [wieder] besser

**bet·ter**[2] ['betəʳ] *Komparativ von* **well** ① besser
② **I know better** da lasse ich mir nichts vormachen
③ **you had better go** du tätest besser daran jetzt zu gehen

**bet·ter**[3] ['betəʳ] **the better** der, die, das Bessere

**be·tween** [bɪ'twiːn] ① *räumlich und zeitlich* zwischen; **between seven and eight** zwischen sieben und acht an
② **in between** dazwischen
③ zwischen, unter; **they have twenty pounds between them** sie haben zusammen zwanzig Pfund

**bev·er·age** [bevᵊrɪdʒ] Getränk

**be·ware** [bɪ'weəʳ] **beware of the dog!** Achtung, bissiger Hund!

> **! Vorsicht Falle** Das Verb **beware** kann nur in der Befehlsform angewendet werden.

**be·yond** [bɪ'jɒnd] ① (*auch übertragen*) jenseits, über … hinaus
② *örtlich* nach, hinter
③ *zeitlich* länger als [bis], später als
④ **beyond belief** unglaublich

**bias(s)ed** ['baɪəst] voreingenommen (**against** gegen)

**Bible** ['baɪbl] Bibel

**bib·li·ogra·phy** [ˌbɪblɪ'ɒgrəfɪ] Bibliografie

**bi·cycle** ['baɪsɪkl] Fahrrad; **ride a bicycle** Rad fahren

**bid**[1] [bɪd] <bid, bid> bieten (**for** auf)

**bid**[2] [bɪd] ① (*in einer Auktion*) Gebot
② (*Ausschreibung*) Preisangebot
③ Versuch

**big** [bɪg] <bigger, biggest> ① groß; *Kleidung:* breit, weit; *Mahlzeit:* reichlich
② kräftig gebaut; *Mensch:* groß
③ (*erwachsen*) groß; **when I'm big …** wenn ich groß bin …
④ **a big decision** eine wichtige Entscheidung

**bike** [baɪk] (*umgangsspr*) [Fahr]Rad

**bi·kini** [bɪ'kiːnɪ] Bikini

**bi·lin·gual** [baɪ'lɪŋgwəl] zweisprachig

**bill**[1] [bɪl] Schnabel

**bill**[2] [bɪl] ① Rechnung; **the bill, please!** bitte zahlen!
② Gesetzesvorlage, -entwurf; **pass a bill** ein Gesetz verabschieden
③ (USA) **dollar bill** $1 Banknote, Geldschein

**bil·liards** ['bɪlɪədz] Billard[spiel]

**bil·lion** ['bɪlɪən] Milliarde

**bin** [bɪn] ① Behälter
② (GB) Mülleimer

**bind** [baɪnd] <bound, bound> binden (**to, on** an)

**binder** ['baɪndəʳ] Hefter, Mappe

**bin·ocu·lars** [bɪ'nɒkjʊləz] [**a pair of**] **binoculars** Fernglas

**bio·chem·is·try** [ˌbaɪəʊ'kemɪstrɪ] Biochemie

**bio·degrad·able** [ˌbaɪəʊdɪ'greidəbl] biologisch abbaubar

**bi·ogra·phy** [baɪ'ɒgrəfɪ] Biografie, Lebensbeschreibung

**bio·logi·cal** [ˌbaɪə'lɒdʒɪkl] biologisch

**bi·ol·ogist** [baɪ'ɒlədʒɪst] Biologe, Biologin

**bi·ol·ogy** [baɪ'ɒlədʒɪ] Biologie

**bird** [bɜːd] Vogel

**birth** [bɜːθ] ① Geburt; **give birth to** zur Welt bringen; (*übertragen*) ins Leben rufen; **date of birth** Geburtsdatum
② Abstammung, Herkunft; **he's Canadian by birth** er ist gebürtiger Kanadier

**birth certificate** Geburtsurkunde

**birth·day** ['bɜːθdeɪ] Geburtstag

**birth·mark** Muttermal

**birth·place** Geburtsort

**bis·cuit** ['bɪskɪt] Keks; (USA) Brötchen

**bishop** ['bɪʃəp] Bischof

**bit**[1] [bɪt] ① Stückchen; **a bit at a time, bit by bit** Stück für Stück, schrittweise
② **a bit** ein bisschen, ein Weilchen; **he's a bit better** es geht ihm etwas besser
③ **not a bit** kein bisschen, nicht im geringsten

**bit**[2] [bɪt] (*Computer*) Bit

**bit**[3] [bɪt] *2. Form von* **bite**

**bite**[1] [baɪt] <bit, bitten> ① beißen
② *Insekt:* stechen

> **? Grammatik** Die unregelmäßigen Vergangenheitsformen von **bite** lauten **bit — bitten**: *the dog* **bit** *Tom's leg; I* **was bitten** *by a mosquito.*

**bite**[2] [baɪt] ① Biss; **in two bites** in zwei Bissen
② Biss[wunde], Stich
③ **a bite to eat** ein kleiner Happen, Imbiss

**bit·ten** ['bɪtn] *3. Form von* **bite**

**bit·ter**[1] ['bɪtəʳ] ① bitter
② (*übertragen*) *Nachricht, Tatsache:* hart
③ *Kritik:* scharf
④ *Wind:* eisig; *Kälte:* streng

**bit·ter**[2] ['bɪtəʳ] dunkles Bier

**black**[1] [blæk] ① schwarz
② (*übertragen*) *Zukunft:* dunkel
③ *Hautfarbe:* dunkel[häutig]

**black**[2] [blæk] Schwarz, schwarze Farbe
**black out** ohnmächtig werden
**black·board** ['blækbɔːd] Wandtafel
**blacken** ['blækən] schwärzen
**black·mail**[1] ['blækmeɪl] Erpressung
**black·mail**[2] ['blækmeɪl] erpressen
**blade** [bleɪd] ① Klinge
② *eines Ruders, einer Säge:* Blatt; *eines Propellers:* Flügel
③ **blade of grass** Grashalm
**blame**[1] [bleɪm] ① die Schuld geben; **blame someone for something** jemandem an etwas die Schuld geben, jemanden für etwas verantwortlich machen
② Vorwürfe machen; **blame something on someone** jemandem etwas vorwerfen
**blame**[2] [bleɪm] Schuld
**blank**[1] [blæŋk] ① leer, unbeschrieben; **blank space** freier Raum, frei gelassene Stelle
② *Gesicht:* ausdruckslos
**blank**[2] [blæŋk] (*auf Formular*) leere Stelle, freier Raum
**blan·ket** ['blæŋkɪt] Decke
**blast**[1] [blɑːst] ① Windstoß
② Knall, Explosion
**blast**[2] [blɑːst] sprengen
**blaze**[1] [bleɪz] Feuer, Brand
**blaze**[2] [bleɪz] *Sonne:* brennen; *Feuer:* lodern
**blazer** ['bleɪzəʳ] Blazer
**bleach**[1] [bliːtʃ] Bleichmittel
**bleach**[2] [bliːtʃ] bleichen
**bleak** [bliːk] ① *Landschaft:* öde
② *Wetter:* rau
③ (*übertragen*) *Aussichten:* trostlos
**bleed** [bliːd] <bled, bled> bluten (**from** von)
**bleep** [bliːp] *Arzt:* anpiepsen
**bleeper** ['blɪːpəʳ] Piepser
**blend**[1] [blend] ① mischen *Tee, Kaffee, Tabak*
② sich [ver]mischen (**with** mit)
**blend**[2] [blend] Mischung
**blender** [blendəʳ] Mixer
**bless** [bles] ① segnen
② **bless you!** Gesundheit!
**bless·ing** ['blesɪŋ] Segen
**blew** [bluː] *2. Form von* **blow**
**blind**[1] [blaɪnd] ① blind; **be blind in one eye** auf einem Auge blind sein
② (*übertragen*) uneinsichtig (**to** gegenüber)
③ *Wut:* blind; *Panik:* wild
**blind**[2] [blaɪnd] ① Rollladen, Rollo
② **the blind** die Blinden
**blind**[3] [blaɪnd] blind machen (**to** für)
**blind·fold**[1] ['blaɪndfəʊld] **blindfold someone** jemandem die Augen verbinden
**blind·fold**[2] ['blaɪndfəʊld] Augenbinde
**blink** [blɪŋk] blinzeln; *Augen:* mit den Augen zwinkern
**blis·ter** ['blɪstəʳ] Blase
**bliz·zard** ['blɪzəd] Schneesturm
**blob** [blɒb] Tropfen, Klecks
**block**[1] [blɒk] ① blockieren; [ver]sperren *Weg*
② verstopfen *Rohr*
③ stoppen *Ball*
◆ **block up** ① verstopfen
② versperren *Weg*
**block**[2] [blɒk] ① (*aus Holz*) Klotz; (*aus Stein*) [Fels]Block
② (*zum Spielen*) Bauklötzchen
③ **block of flats** Wohnblock
**bloke** [bləʊk] (*slang*) Kerl, Bursche
**blond** [blɒnd] *Mann:* blond
**blonde**[1] [blɒnd] *Frau:* blond
**blonde**[2] [blɒnd] Blondine
**blood** [blʌd] Blut
**blood donor** Blutspender(in)
**blood group** Blutgruppe
**bloody** ['blʌdɪ] ① blutig
② (*slang*) verflucht; **he's bloody good!** er ist verdammt gut!
**bloom**[1] [bluːm] (*auch übertragen*) Blüte
**bloom**[2] [bluːm] (*auch übertragen*) blühen
**blos·som**[1] ['blɒsəm] [Baum]Blüte
**blos·som**[2] ['blɒsəm] ① [auf]blühen
② (*übertragen*) sich entfalten (**into** zu)
**blot** [blɒt] Fleck, Klecks
**blouse** [blaʊz] Bluse
**blow**[1] [bləʊ] <blew, blown> ① *Wind:* wehen, blasen
② pusten
③ durchbrennen *Sicherung*
④ blasen *Instrument*
⑤ **blow one's nose** sich die Nase putzen

> **? Grammatik** Die unregelmäßigen Vergangenheitsformen von **blow** lauten **blew — blown**: *the wind* **blew** *strongly; a lot of trees* **were blown** *over.*

◆ **blow away** ① (*im Wind*) wegfliegen
② wegwehen
◆ **blow out** ausblasen *Streichholz, Kerze*
◆ **blow up** ① aufblasen, -pumpen *Luftballon, Matratze*
② sprengen, in die Luft jagen *Gebäude*
③ vergrößern *Foto*
**blow**[2] [bləʊ] Schlag, Stoß

**blow-dry** ['bləʊˌdraɪ] föhnen
**blown** [bləʊn] *3. Form von* **blow**
**blue**[1] [bluː] ① blau; **dark/light blue** dunkel-/hellblau
② (*übertragen*) trübsinnig
③ *Witz:* unanständig; **blue movie** Pornofilm
**blue**[2] [bluː] ① Blau, blaue Farbe
② **blues** *plural* Trübsinn; **have the blues** (USA) Trübsal blasen
**blunt** [blʌnt] stumpf
**blunt·ly** [blʌntlɪ] frei heraus, unverblümt
**blur**[1] [blɜːʳ] ① verschmieren *Schrift*
② trüben
③ verschwommen werden *Bild*
**blur**[2] [blɜːʳ] verschwommenes Bild, Fleck
**blush** [blʌʃ] erröten
**board**[1] [bɔːd] ① Brett
② [Anschlag-, Wand]Tafel
③ Spielbrett
④ Verpflegung
⑤ Ausschuss, Kommission; **school board** Schulbehörde
⑥ Bord; **on board** an Bord; **go on board ship** an Bord gehen
**board**[2] [bɔːd] *Schiff, Flugzeug:* an Bord gehen
**boarding card** Bordkarte
**boarding school** Internat
**boast** [bəʊst] ① prahlen (**of, about** mit)
② sich rühmen
**boat** [bəʊt] ① Boot
② Schiff
**body** ['bɒdɪ] ① Körper
② **dead body** Leiche
③ Gremium, Organ
**body·guard** ['bɒdɪgɑːd] Leibwache
**bog** [bɒg] Sumpf, Moor
**boil** [bɔɪl] kochen, sieden
◆ **boil over** ① überkochen
② (*übertragen*) sich zuspitzen; *Mensch:* explodieren
**boiler** ['bɔɪləʳ] Warmwasserbereiter, Boiler
**boil·ing** [bɔɪlɪŋ] ① kochend; **boiling-point** (*auch übertragen*) Siedepunkt
② **boiling hot** (*umgangsspr*) *Wetter:* glühend heiß
**bois·ter·ous** ['bɔɪstərəs] *Person:* ausgelassen
**bold** [bəʊld] ① kühn, dreist
② *Farbe, Muster:* kräftig; *Stil:* ausdrucksvoll
③ *Druck:* fett
**bolt**[1] [bəʊlt] ① [Tür]Riegel
② Bolzen
**bolt**[2] [bəʊlt] ① verriegeln
② verschrauben
**bomb**[1] [bɒm] Bombe
**bomb**[2] [bɒm] bombardieren
**bomber** ['bɒməʳ] ① Bomber, Bombenflugzeug
② Bombenattentäter(in)
**bone** [bəʊn] ① Knochen
② *von Fisch:* Gräte
**bon·fire** ['bɒnfaɪəʳ] Freudenfeuer, Feuer im Freien
**bon·net** ['bɒnɪt] ① Haube
② *von Auto:* Motorhaube
**bo·nus** ['bəʊnəs] Bonus
**bony** ['bəʊnɪ] knochendürr
**boo**[1] [buː] Buh[ruf]
**boo**[2] [buː] buhen
**booby prize** Trostpreis
**book**[1] [bʊk] ① Buch
② Heft; **book of stamps** Briefmarkenheft
**book**[2] [bʊk] ① buchen
② [vor]bestellen *Platz, Karte;* **be fully booked** ausgebucht sein; *Hotel:* voll belegt sein
**booking office** Fahrkartenschalter, Vorverkaufsstelle
**book·mark** ['bʊkmɑːk] Lesezeichen
**book·shelf** <*plural* **bookshelves**> Bücherregal, -bord
**book·shop** Buchhandlung
**book·store** ['bʊkstɔːʳ] (USA) Buchhandlung
**boom**[1] [buːm] Aufschwung
**boom**[2] [buːm] einen Aufschwung nehmen
**boom**[3] [buːm] dröhnen
**boost**[1] [buːst] ① ankurbeln
② verstärken *Strom, Leistung*
**boost**[2] [buːst] ① Auftrieb
② *von Strom, Leistung:* Verstärkung
**boot** [buːt] ① Stiefel
② (GB) Kofferraum
**booth** [buːð] [Markt]Bude; [**tele**]**phone booth** Telefonzelle
**booze** [buːz] (*umgangsspr*) Alkohol
**bor·der**[1] ['bɔːdəʳ] ① Rand[streifen]
② [Landes]Grenze
**bor·der**[2] ['bɔːdəʳ] begrenzen, einfassen
**bore**[1] [bɔːʳ] langweilen; **be bored** sich langweilen

> **! Vorsicht Falle** **Bored** oder **boring**? **Bored** wird verwendet, um auszusagen, dass es jemandem langweilig ist: *I'm bored!* Wenn jedoch eine bestimmte Sache langweilig ist, verwendet man **boring**: *Our history lesson was so boring!*

**bore**[2] [bɔːʳ] Langweiler
**bore**[3] [bɔːʳ] *2. Form von* **bear**

**bore·dom** ['bɔːdəm] Langeweile
**bor·ing** ['bɔːrɪŋ] langweilig
**born** [bɔːn] geboren; **where were you born?** wo sind Sie geboren?; **he was born in 1940** er wurde 1940 geboren
**borne** [bɔːn] *3. Form von* **bear**
**bor·ough** ['bʌrə] Bezirk, Stadt[gemeinde]
**bor·row** ['bɒrəʊ] borgen, leihen (**from** von)
**bosom** ['bʊzəm] (*auch übertragen*) Busen
**boss** [bɒs] (*umgangsspr*) Boss, Chef
**bossy** ['bɒsɪ] (*umgangsspr*) herrisch, rechthaberisch
**bot·an·ical** [bə'tænɪkl] botanisch
**bot·any** ['bɒtənɪ] Botanik, Pflanzenkunde
**both**[1] [bəʊθ] beide, beides; **we can both go** wir beide können gehen; **both** [**the**] **brothers** beide Brüder
**both**[2] [bəʊθ] **both … and** sowohl … als auch
**bother**[1] ['bɒðəʳ] ① Ärger
② Mühe
③ Plage
**bother**[2] ['bɒðəʳ] ① **bother someone** jemandem lästig sein
② aus der Ruhe bringen
③ sich Sorgen machen (**about** um)
▶ IN WENDUNGEN: **don't bother!** das kannst du dir sparen!; **I can't be bothered!** ich habe keine Lust!
**bottle** ['bɒtl] Flasche
**bottle bank** Altglascontainer
**bot·tom**[1] ['bɒtəm] ① *auch eines Gewässers:* Boden, Grund
② unteres Ende, Fuß; **from top to bottom** von oben bis unten
③ Hintern
**bot·tom**[2] ['bɒtəm] unterste(r, s), niedrigste(r, s)
**bought** [bɔːt] *2. und 3. Form von* **buy**
**boul·der** ['bəʊldəʳ] Felsblock
**bounce** [baʊns] ① *Ball:* aufprallen; aufprallen lassen *Ball*
② springen
**bound**[1] [baʊnd] *2. und 3. Form von* **bind**
**bound**[2] [baʊnd] **it's bound to happen** das muss so kommen
**bound·ary** ['baʊndrɪ] Grenze, Trennungslinie
**bounds** [baʊnd] **out of bounds** Betreten verboten
**bow**[1] [bəʊ] ① Schleife
② (*Waffe*) Bogen
③ *von Geige:* Bogen
**bow**[2] [baʊ] Verbeugung
**bow**[3] [baʊ] ① sich verbeugen
② **bow one's head** den Kopf senken
**bowl** [bəʊl] Schüssel, Schale
**bowl**[2] [bəʊl] werfen *Ball*
**bowler** ['bəʊləʳ] (*Hut*) Melone
**bowl·ing** ['bəʊlɪŋ] ① Bowlingspiel
② (*Kricket*) Werfen des Balles
**bowling alley** Kegelbahn
**bow tie** Fliege
**box**[1] [bɒks] ① Schachtel
② Kiste, Karton
③ Dose, Büchse
④ (*im Theater*) Loge

**i Land & Leute** In früheren Zeiten war es in Großbritannien üblich, dass die Lehrlinge nach dem ersten Weihnachtstag mit „boxes“ (Schachteln) Trinkgelder bei den Kunden ihrer Meister einsammelten. Auch das Weihnachtsgeld für die Angestellten wurde als „Christmas box“ bezeichnet. Deshalb heißt der 26. Dezember noch heute **Boxing Day**. In Irland heißt der 26. Dezember dagegen „St Stephen's Day“.

**box**[2] [bɒks] boxen
**boxer** ['bɒksəʳ] Boxer(in)
**box·ing** ['bɒksɪŋ] Boxen, Boxsport
**Box·ing Day** zweiter Weihnachtsfeiertag
**box office** [Theater]Kasse
**boy** [bɔɪ] Junge
**boy·friend** ['bɔɪfrend] Freund
**boy scout** Pfadfinder
**bra** [brɑː] Büstenhalter, BH
**brace** [breɪs] ① [Zahn]Spange
② **braces** *plural*, **pair of braces** (GB) Hosenträger
**brace·let** ['breɪslɪt] Armband
**bracket** ['brækɪt] ① Träger, Konsole
② Klammer; **in brackets** in Klammern
**brain** [breɪn] ① Gehirn
② *meist plural* (*übertragen*) Verstand
**brain·wave** ['breɪnweɪv] Geistesblitz
**brainy** ['breɪnɪ] klug
**brake**[1] [breɪk] Bremse
**brake**[2] [breɪk] bremsen
**branch** [brɑːntʃ] ① Zweig, Ast
② *von Straße, Bahn:* Abzweigung
③ *einer Firma:* Branche, Zweig
**brand** [brænd] Marke, Warenzeichen
**brand-new** [ˌbrænd'njuː] [funkel]nagelneu
**brandy** ['brændɪ] Weinbrand
**brass** [brɑːs] ① Messing
② (*im Orchester*) **the brass** Blasinstrumente
**brass·iere** ['bræsɪəʳ] Büstenhalter
**brave** [breɪv] tapfer, mutig
**brav·ery** ['breɪvərɪ] Tapferkeit, [Wage]Mut

**bread** [bred] Brot; **a loaf/piece/slice of bread** ein Laib/ein Stück/eine Scheibe Brot
**bread·crumb** ['bredkrʌm] **breadcrumbs** *plural* Paniermehl
**breadth** ['bretθ] ① Breite
② Weite
**break**[1] [breɪk] <broke, broken> ① [zer]brechen, zerreißen
② einschlagen *Fensterscheibe*
③ (*übertragen*) übertreten *Gesetz;* nicht halten *sein Wort, Versprechen*
④ unter-, abbrechen *Reise, Urlaub*
⑤ *Unwetter:* hereinbrechen

> **? Grammatik** Die unregelmäßigen Vergangenheitsformen von **break** lauten **broke — broken**: *Bart* **broke** *the window; the window* **has been broken.**

◆ **break down** kaputt gehen; *Auto:* eine Panne haben
◆ **break in** einbrechen
◆ **break into** plötzlich beginnen mit
◆ **break off** abbrechen
◆ **break out** *Gefangener, Feuer, Krieg:* ausbrechen
◆ **break up** ① aufbrechen
② auseinander nehmen
③ (*übertragen*) abbrechen *Veranstaltung; Liebespaar:* sich trennen
④ *Schule:* aufhören; **when do you break up?** wann habt ihr Ferien?
**break**[2] [breɪk] ① Bruch
② Lücke, Riss, Spalte
③ Pause, Urlaub; **without a break** ununterbrochen
④ (*in Schrift und Druck*) Absatz
**break·down** ['breɪkdaʊn] ① [Betriebs]Störung; *von Auto:* Panne
② (*übertragen*) Versagen, Scheitern
③ *von Nerven:* Zusammenbruch
**break·fast** ['brekfəst] Frühstück; **have breakfast** frühstücken

> **i Land & Leute** In Amerika wird viel Wert auf ein großes **breakfast** gelegt. Neben dem üblichen Frühstück gibt es oft Riesenportionen von Rühreiern, Speck oder Bratwurst und Bratkartoffeln. Am Wochenende isst man auch **pancakes** (eine Art dicke Pfannkuchen) oder **French toast** (Brot, das in geschlagene Eier gewendet und kurz angebraten wird) mit **maple syrup** (Ahornsirup).

**break·through** ['breɪkθru:] Durchbruch
**break·up** ['breɪkʌp] ① (*auch übertragen*) Auflösung
② *einer Ehe:* Zerrüttung; (*zwischen Freunden*) Bruch
**breast** [brest] Brust; (*auch übertragen*) Busen
**breast·feed** ['brestfi:d] stillen *Säugling*
**breast·stroke** ['breststrəʊk] Brustschwimmen
**breath** [breθ] Atem; **out of breath** außer Atem; **catch one's breath** verschnaufen; **take a deep breath** tief Luft holen
**breathe** [bri:ð] atmen
◆ **breathe in** einatmen
**breath·ing** ['bri:ðɪŋ] Atmung
**breath·less** ['breθlɪs] außer Atem, atemlos
**breath·tak·ing** ['breθteɪkɪŋ] atemberaubend
**breed**[1] [bri:d] <bred, bred> ① sich fortpflanzen
② züchten *Vieh*
**breed**[2] [bri:d] Zucht, Rasse
**breeze** [bri:z] Brise
**brew** [bru:] brauen *Bier*
**brew·ery** ['brʊərɪ] Brauerei
**bribe**[1] [braɪb] Schmier-, Bestechungsgeld
**bribe**[2] [braɪb] bestechen
**bri·bery** ['braɪbərɪ] Bestechung
**brick** [brɪk] Ziegel, Backstein
**brick·layer** ['brɪkˌleɪəʳ] Maurer(in)
**bride** ['braɪd] Braut
**bride·groom** ['braɪdgrʊm] Bräutigam
**brides·maid** ['braɪdzmeɪd] Brautjungfer
**bridge**[1] [brɪdʒ] ① Brücke
② Kommandobrücke
**bridge**[2] [brɪdʒ] ① eine Brücke schlagen [*oder* bauen] über
② (*übertragen*) überbrücken
**brief**[1] [bri:f] ① kurz
② **in brief** in Kürze, kurz; **be brief** sich kurz fassen
**brief**[2] [bri:f] **brief someone** jemandem einen Auftrag geben
**brief·case** ['bri:fkeɪs] Aktentasche, -mappe
**brief·ly** ['bri:flɪ] kurz, in Kürze, mit wenigen Worten
**bright** [braɪt] ① strahlend, hell
② *Wetter:* heiter, klar
③ glücklich
**brighten** ['braɪtn], **brighten up** ['braɪtn ʌp]
① aufhellen
② aufheitern
③ *Himmel:* sich aufhellen
**bril·liant** ['brɪlɪənt] ① hell leuchtend
② (*übertragen*) glänzend; *Mensch:* geistreich
③ **that's brilliant!** das ist fantastisch!; (*ironisch*) na, super [*oder* toll]!
**brim** [brɪm] ① *von Gefäß:* Rand

2 *von Hut:* Krempe

**bring** [brɪŋ] <brought, brought> 1 [mit-, her]bringen
2 einbringen *Gewinn;* erzielen *Preis*
3 **bring someone to do something** jemanden dazu bringen, etwas zu tun
4 **bring to an end** beenden

? **Grammatik** Die unregelmäßigen Vergangenheitsformen von **bring** lauten **brought — brought**: *who* **brought** *this present?;* **have** *you* **brought** *my umbrella back?*

◆ **bring along** mitbringen
◆ **bring back** zurückbringen *Gegenstand*
◆ **bring forward** vorverlegen *Termin*
◆ **bring in** 1 (*finanziell*) einbringen
2 hereinbringen
◆ **bring out** 1 herausbringen *Buch*
2 auf den Markt bringen *Ware*
◆ **bring up** 1 auf-, erziehen
2 zur Sprache bringen

**brisk** [brɪsk] 1 *Schritte:* rasch, flott
2 *Wind:* frisch

**Brit·ain** ['brɪtn] Großbritannien

i **Land & Leute** Das Königreich England, das Königreich Schottland und das Fürstentum Wales bilden zusammen **Great Britain** (Großbritannien). Great Britain und Nordirland wiederum bilden zusammen das **United Kingdom** (Vereinigtes Königreich). Der geografische Begriff **British Isles** (Britische Inseln) bezieht sich auf die Hauptinsel Großbritannien, einschließlich Irlands, die Insel Man, die Hebriden, die Orkneyinseln, die Shetlandinseln, die Scilly Inseln und die **Channel Islands** (Kanalinseln).

**Brit·ish**¹ ['brɪtɪʃ] britisch
**Brit·ish**² ['brɪtɪʃ] **the British** die Briten
**Briton** ['brɪtn] Brite, Britin
**broad** [brɔːd] 1 breit, weit
2 allgemein
3 grob
4 **broad hint** deutlicher Wink
**broad·cast**¹ ['brɔːdkɑːst] Rundfunk-, Fernsehübertragung
**broad·cast**² ['brɔːdkɑːst] <broadcast, broadcast> 1 (*Radio, TV*) senden
2 im Rundfunk, Fernsehen übertragen
**broaden** ['brɔːdn] [sich] verbreitern
**broad·ly** ['brɔːdlɪ] allgemein; **broadly speaking** ganz allgemein gesprochen
**broc·coli** ['brɒkəlɪ] Brokkoli
**bro·chure** ['brəʊʃəʳ] Broschüre
**broke** [brəʊk] *2. Form von* **break**
**bro·ken**¹ ['brəʊkn] *3. Form von* **break**
**bro·ken**² ['brəʊkn] 1 kaputt, gebrochen
2 **broken sleep** unterbrochener Schlaf
**broken-down** *Maschine:* nicht betriebs-, gebrauchsfähig
**broken-hearted** mit gebrochenem Herzen, untröstlich
**bronze**¹ [brɒnz] Bronze
**bronze**² [brɒnz] bronzen, bronzefarben
**brooch** [brəʊtʃ] Brosche
**broom** [bruːm] Besen
**brother** ['brʌðəʳ] (*auch übertragen*) Bruder; **brother**[**s**] **and sister**[**s**] Geschwister
**brother-in-law** ['brʌðərɪnlɔː] <*plural* brothers-in-law> Schwager
**brought** [brɔːt] *2. und 3. Form von* **bring**
**brown**¹ [braʊn] braun
**brown**² [braʊn] Braun
**brown**³ [braʊn] 1 bräunen; anbraten *Fleisch*
2 braun werden
**brown rice** Naturreis
**bruise** [bruːz] Quetschung, blauer Fleck
**brush**¹ [brʌʃ] 1 Bürste
2 Pinsel
3 Besen
**brush**² [brʌʃ] 1 bürsten; **brush one's teeth** sich die Zähne putzen
2 fegen, kehren *Boden*
3 streifen *Körperteil*
◆ **brush up** 1 aufkehren
2 (*übertragen*) auffrischen
**Brus·sels** ['brʌslz] Brüssel
**Brussels sprouts** *plural* Rosenkohl
**bru·tal** ['bruːtl] roh, brutal
**bubble**¹ ['bʌbl] [Luft, Seifen]Blase
**bubble**² ['bʌbl] sprudeln, blubbern
**buck** [bʌk] USA (*slang*) Dollar
**bucket** ['bʌkɪt] Eimer, Kübel

i **Land & Leute** Der **Buckingham Palace** in London ist der Hauptwohnsitz der britischen Königin, Elizabeth II. Der Palast hat über 600 Räume und wurde von 1821 bis 1830 für König George IV gebaut.

**buckle** ['bʌkl] Schnalle, Spange
**bud** [bʌd] Knospe
**buddy** ['bʌdɪ] USA (*umgangsspr*) Kumpel
**bud·geri·gar** ['bʌdʒərɪgɑːʳ] Wellensittich
**budget**¹ ['bʌdʒɪt] Etat, Budget
**budget**² ['bʌdʒɪt] **budget for something** etwas

im Haushaltsplan vorsehen

**buf·falo** ['bʌfələʊ] <*plural* buffalo(e)s> Büffel, Bison

**buf·fet** ['bʊfeɪ] Büfett; **cold buffet** kaltes Büfett

**buffet car** GB Speisewagen

**bug**[1] [bʌg] ① (*allgemein*) Insekt; USA Käfer ② (*umgangsspr*) Bazillus ③ (*Abhörgerät*) Wanze

**bug**[2] [bʌg] ① eine Wanze einbauen in ② (*umgangsspr*) ärgern

**build**[2] [bɪld] <built, built> ① bauen ② auf-, erbauen, errichten

◆ **build up** ① aufbauen ② steigern, erhöhen

**build**[2] [bɪld] Körperbau, Figur

**builder** ['bɪldəʳ] ① Bauarbeiter(in) ② Bauunternehmer

**build·ing** ['bɪldɪŋ] ① Bau[werk], Gebäude ② Bau, Bauen

**building site** Baustelle

**building society** Bausparkasse

**build-up** ['bɪldʌp] ① Reklame, Propaganda ② Steigerung ③ **a build-up of traffic** eine Verkehrsverdichtung

**built** [bɪlt] *2. und 3. Form von* **build**

**bulb** [bʌlb] ① [Blumen]Zwiebel, Knolle ② [Glüh]Birne

**bulg·ing** [bʌldʒɪŋ] ① prall gefüllt ② **bulging eyes** Glotzaugen

**bulk** [bʌlk] Masse, Größe; **buy in bulk** en gros kaufen

**bulky** ['bʌlkɪ] sperrig

**bull** [bʊl] Stier, Bulle

**bull·dog** ['bʊldɒg] Bulldogge

**bull·dozer** ['bʊldəʊzəʳ] Planierraupe, Bulldozer

**bul·let** ['bʊlɪt] Gewehrkugel, Geschoss

**bulletin board** USA schwarzes Brett

**bully**[1] ['bʊlɪ] Tyrann; (*in der Schule*) Rabauke

**bully**[2] ['bʊlɪ] einschüchtern, schikanieren

**bump**[1] [bʌmp] ① Stoß, Bums ② **bump on the head** Beule am Kopf ③ (*in der Straße*) Unebenheit

**bump**[2] [bʌmp] ① **bump something** gegen etwas stoßen ② anstoßen (**against, into** gegen, an) ③ holpern

**bum·per** ['bʌmpəʳ] Stoßstange

**bun** [bʌn] GB süßes Brötchen

**bunch** [bʌntʃ] ① **bunch of flowers** Blumenstrauß; **bunch of grapes** Weintraube; **bunch of keys** Schlüsselbund ② (*umgangsspr*) Haufen; **a bunch of people** eine Menschengruppe

**bundle** ['bʌndl] (*auch übertragen*) Bündel, Paket

**bur·den** ['bɜːdn] (*auch übertragen*) Last

**bureau** ['bjʊərəʊ] **information bureau** Auskunft

**bur·ger** ['bɜːgəʳ] Hamburger

**bur·glar** ['bɜːgləʳ] Einbrecher(in)

**bur·glary** ['bɜːglərɪ] Einbruch[sdiebstahl]

**burgle** ['bɜːgl] einbrechen in; **we were burgled** bei uns wurde eingebrochen

**burn**[1] [bɜːn] <burnt *oder* burned, burnt *oder* burned> ① verbrennen ② anzünden, in Brand stecken; **burn a hole in something** ein Loch in eine Sache brennen ③ sich verbrennen *den Mund, die Finger* ④ in Flammen stehen ⑤ *Licht:* eingeschaltet sein

> **? Grammatik** Die unregelmäßigen Vergangenheitsformen von **burn** lauten **burnt — burnt/burned**: *John* **burnt** *the toast; Liz* **has burnt** *her fingers on the hot iron.*

◆ **burn down** ab-, niederbrennen

◆ **burn up** verbrennen

**burn**[2] [bɜːn] Brandwunde, Verbrennung

> **i Land & Leute** Den Geburtstag des schottischen Dichters Robert Burns (1759–96), den 25. Januar, feiern die Schotten mit der so genannten **Burns Night**. Dazu gibt es ein besonderes Essen: das „Burns Supper“. Es besteht aus haggis, neeps (Rüben) und mashed tatties (Kartoffelbrei). **Haggis** ist eine Art Hackbraten aus gewürzten Schafsinnereien, vermischt mit Hafer und Zwiebeln, die im Schafsmagen gekocht und später im Ofen gebacken werden.

**burp** [bɜːp] (*umgangsspr*) rülpsen

**burst**[1] [bɜːst] <burst, burst> ① bersten, [zer]platzen ② *Sturm:* ausbrechen ③ **burst into tears** in Tränen ausbrechen ④ **burst open** aufbrechen ⑤ sprengen; **the river burst its banks** der Fluss trat über die Ufer

◆ **burst in** ① (*ins Zimmer*) hereinstürzen ② (*in ein Gespräch*) dazwischenplatzen

◆ **burst out** ausrufen; **burst out crying/laughing** in Tränen/Lachen ausbrechen

**burst**[2] [bɜːst] ① (*im Rohr*) Bruch ② Explosion ③ (*übertragen*) Ausbruch

**bury** ['berɪ] ① begraben, beerdigen
② vergraben
**bus** [bʌs] <*plural* buses *oder* (USA) busses> Bus; **go by bus** mit dem Bus fahren
**bus driver** Busfahrer(in)
**bush** [bʊʃ] ① Busch, Gebüsch
② (*in Afrika*) Busch
**bushy** ['bʊʃɪ] buschig
**busi·ly** ['bɪzɪlɪ] geschäftig, eifrig
**busi·ness** ['bɪznɪs] ① Handel; **on business** geschäftlich
② Unternehmen
③ Aufgabe, Angelegenheit
④ **mind your own business!** kümmern Sie sich um Ihre eigenen Angelegenheiten!; **that's none of your business!** das geht Sie nichts an!
**busi·ness·man** ['bɪznɪsmæn] <*plural* businessmen> Geschäftsmann
**busi·ness·woman** ['bɪznɪswʊmən, *plural* 'bɪznɪswɪmɪn] <*plural* businesswomen> Geschäftsfrau
**busker** ['bʌskəʳ] Straßenmusikant(in)
**bus service** Busverbindung
**bus station** Busbahnhof
**bus stop** Bushaltestelle
**bust** [bʌst] (*umgangsspr*) **go bust** Pleite gehen
**busy** ['bɪzɪ] ① beschäftigt; **be busy doing something** gerade etwas tun
② *Straße:* verkehrsreich, belebt; *Tag:* voll ausgefüllt; *Mensch:* ausgelastet
③ *Telefon:* besetzt
**but**[1] [bʌt] ① aber, [je]doch
② sondern
③ *nach Verneinung* **not only … but also** nicht nur …, sondern auch
**but**[2] [bʌt] außer; **nothing but** nichts als; **the last but one** der Vorletzte; **all but one** alle bis auf einen
**butcher** ['bʊtʃəʳ] Metzger(in), Fleischer(in); **butcher's shop** Metzgerei
**but·ter** ['bʌtəʳ] Butter
**but·ter·fly** ['bʌtəflaɪ] Schmetterling
**but·ton** ['bʌtn] ① Knopf
② **press the button** auf den Knopf drücken
**buy** [baɪ] <bought, bought> kaufen
**buzz**[1] [bʌz] Summen, Brummen
**buzz**[2] [bʌz] ① summen, surren
② *Straße, Stadt:* lebendig sein
③ (USA) (*umgangsspr*) anrufen
**buzzer** ['bʌzəʳ] Summer
**by** [baɪ] ① *örtlich* bei, an, neben; **by the sea** an der See; **sit by me** setz dich zu mir
② *örtlich* an … vorbei; **we came by your house yesterday** wir sind gestern an deinem Haus vorbeigekommen
③ *zeitlich* während, in, an; **by day** bei, am Tage, tagsüber
④ **by tomorrow** bis morgen; **by now** bisher, bis jetzt
⑤ *räumlich* vorbei; **I can't get by** ich kann nicht vorbei
⑥ (*je*) **by the pound** pfundweise
⑦ von, durch, mit; **a tragedy by Shakespeare** eine Tragödie von Shakespeare; **by car/train/bus** mit dem Wagen/dem Zug/dem Bus; **by plane** im Flugzeug
⑧ nach, von; **by nature** von Natur [aus]
⑨ (*nach einer Sache urteilen*) **what do you mean by that?** was meinen Sie damit? was wollen Sie damit sagen?
⑩ (*nacheinander*) **little by little** nach und nach; **one by one** einer nach dem andern
► IN WENDUNGEN: **by the way** übrigens; **by and large** im Großen und Ganzen
**bye-bye** ['baɪ'baɪ] auf Wiedersehen! tschüs(s)!
**by·pass** ['baɪpɑːs] Umgehungsstraße
**by-prod·uct** ['baɪprɒdʌkt] Nebenprodukt

# Cc

**C, c** [siː] <*plural* C's, c's> ① (*auch Musik*) C, c
② (*Schulnote*) befriedigend
**cab** [kæb] **taxi-cab** Taxe, Taxi; **go by cab** mit der Taxe fahren
**cab·bage** ['kæbɪdʒ] Kohl
**cabin** ['kæbɪn] ① Hütte
② Kabine
**cabi·net** ['kæbɪnɪt] ① Vitrine, Schrank
② **the Cabinet** (*in der Politik*) das Kabinett
**cable** ['keɪbl] ① Tau
② Kabel
③ (*umgangsspr*) Kabelfernsehen
**cable car** *einer Seilbahn:* Wagen
**cable television** Kabelfernsehen
**cac·tus** ['kæktəs] <*plural* cactuses, cacti> Kaktus
**café** ['kæfeɪ] ① Caf+
② Restaurant
**cafe·teria** [ˌkæfɪ'tɪərɪə] Selbstbedienungsrestaurant, Cafeteria
**caf·fein(e)** ['kæfiːn] Koffein
**cage** [keɪdʒ] Käfig
**cake** [keɪk] Kuchen

**cal·cu·late** ['kælkjʊleɪt] ① berechnen
② (*übertragen*) schätzen, kalkulieren
**cal·cu·la·tion** [ˌkælkjʊ'leɪʃn] Kalkulation, [Be]Rechnung
**cal·cu·la·tor** ['kælkjʊleɪtəʳ] Taschenrechner
**cal·en·dar** ['kælɪndəʳ] Kalender
**calf**[1] [kɑːf] <*plural* calves> Kalb
**calf**[2] [kɑːf, *plural* kɑːvz] <*plural* calves> Wade
**call**[1] [kɔːl] ① rufen; (*telefonisch*) anrufen; aufrufen *Namen*
② holen *Arzt, Taxi*
③ nennen, bezeichnen; **be called after someone** nach jemandem genannt werden
④ einberufen *Versammlung*
⑤ einlegen *Pause*
◆ **call at** halten in *Ort*
◆ **call for** ① (GB) abholen *Menschen*
② erfordern; **this calls for a celebration!** das muss unbedingt gefeiert werden!
◆ **call off** absagen *Veranstaltung*
◆ **call on** besuchen; **call on me in my office** besuchen Sie mich in meinem Büro
◆ **call out** ① rufen, schreien
② alarmieren *Feuerwehr*
**call**[2] [kɔːl] ① Ruf; **call for help** Hilferuf
② Anruf; **give someone a call** jemanden anrufen
③ An-, Nachfrage (**for** nach)
④ [kurzer] Besuch
⑤ **on call** auf Abruf, in Bereitschaft
**call-box** ['kɔːlbɒks] Telefonzelle
**caller** ['kɔːləʳ] ① Besucher(in)
② Anrufer(in)
**calm**[1] [kɑːm] Ruhe, Stille
**calm**[2] [kɑːm] ruhig
**calm**[3] [kɑːm] beruhigen; **calm down** sich beruhigen; *Wind:* abflauen
**cal·orie** ['kælərɪ] Kalorie
**calves** [kɑːvz] *Pluralform von* **calf**
**came** [keɪm] *2. Form von* **come**
**camel** ['kæml] Kamel
**cam·era** ['kæmərə] Kamera, Fotoapparat
**camp** [kæmp] [Zelt]Lager, Lagerplatz
**camp, camp out** zelten
**cam·paign** [kæm'peɪn] ① Feldzug; (*übertragen*) Kampagne
② (*politisch*) Wahlkampf
**camper** ['kæmpəʳ] (*Person*) Camper(in)
**camp·ing** ['kæmpɪŋ] Zelten, Camping; **go camping** zelten
**camp·site** ['kæmpsait] Camping-, Zeltplatz
**cam·pus** ['kæmpəs] Universitätsgelände, Campus

**can**[1] [kæn] ① Kanne
② [Konserven]Dose
③ (USA) Mülleimer
**can**[2] [kən, *betont* kæn] <could> ① können; **I can't do it** ich kann es nicht tun
② dürfen; **you can't go** du darfst nicht gehen; **can** [*oder* **could**] **I look at it?** darf ich es mir ansehen?
**Canada** ['kænədə] Kanada
**ca·nal** [kə'næl] Kanal
**can·cel** ['kænsl] ① stornieren *Auftrag*
② absagen *Veranstaltung*
**can·cel·la·tion** [ˌkænsə'leɪʃn] ① Absage
② *von Auftrag:* Stornierung
**can·cer** ['kænsəʳ] (*Krankheit*) Krebs
**Can·cer** ['kænsəʳ] (*Sternzeichen*) Krebs
**can·di·date** ['kændɪdət] Kandidat(in), Bewerber(in)
**candle** ['kændl] Kerze
**candy** ['kændɪ] ① (USA) Bonbon
② ⚠ *kein Plural* (USA) Süßigkeiten
**cane** [keɪn] [Spazier-, Rohr]Stock
**can·non** ['kænən] Kanone
**can·not** ['kænɒt] *verneinte Form von* **can**: **she cannot swim** sie kann nicht schwimmen
**ca·noe**[1] [kə'nuː] Kanu, Paddelboot
**ca·noe**[2] [kə'nuː] Kanu fahren, paddeln
**can't** [kɑːnt] *Kurzform von* **cannot**
**can·teen** [kæn'tiːn] Kantine
**can·vas** ['kænvəs] (*für Malerei*) Leinwand
**cap** [kæp] ① Mütze, Haube
② Aufsatz, Deckel
③ *einer Flasche:* Verschluss
**ca·pable** ['keɪpəbl] ① fähig (**of** zu)
② **be capable of walking** im Stande sein zu gehen
**ca·pac·ity** [kə'pæsətɪ] ① Fassungsvermögen; **filled to capacity** (*Theater*) voll [besetzt]
② (*übertragen*) Fähigkeit, geistige Fähigkeiten
**cape**[1] [keɪp] Umhang, Cape
**cape**[2] [keɪp] Kap
**capi·tal**[1] ['kæpɪtl] ① Kapital
② Hauptstadt
③ Großbuchstabe
**capi·tal**[2] ['kæpɪtl] ① Groß-; **capital letter** Großbuchstabe
② Todes-; **capital punishment** Todestrafe
③ Kapital-
**capi·tal·ism** ['kæpɪtəlɪzəm] Kapitalismus
**capi·tal·ist**[1] ['kæpɪtəlɪst] Kapitalist(in)
**capi·tal·ist**[2] ['kæpɪtəlɪst] kapitalistisch
**Cap·ri·corn** ['kæprɪkɔːn] (*Sternzeichen*) Steinbock

**cap·size** [kæp'saɪz] kentern [lassen]
**cap·sule** ['kæpsjuːl] Kapsel
**cap·tain** ['kæptɪn] 1 (*in der Armee*) Hauptmann
2 *eines Schiffes:* Kapitän
3 (*im Sport*) Mannschaftsführer(in)
**cap·tion** ['kæpʃn] [Bild]Erklärung, Bildunterschrift
**cap·tive**[1] ['kæptɪv] gefangen; **hold/take captive** gefangen halten/nehmen
**cap·tive**[2] ['kæptɪv] Gefangene(r)
**cap·tiv·ity** [kæp'tɪvətɪ] Gefangenschaft, Haft
**cap·ture**[1] ['kæptʃəʳ] Gefangennahme
**cap·ture**[2] ['kæptʃəʳ] 1 gefangen nehmen
2 einfangen *Tier, Augenblick*
3 erobern *Stadt*
4 an sich reißen *Aufmerksamkeit*
**car** [kɑːʳ] 1 [Kraft]Wagen, Auto[mobil]; **by car** mit dem Wagen, Auto; **drive a car** einen Wagen/Auto fahren
2 USA [Eisenbahn]Wagen
**cara·van** ['kærəvæn] GB Wohnwagen
**carbon dioxide** Kohlendioxyd
**car-boot sale** ['kɑːbuːtˌseɪl] *privater Flohmarkt, bei dem der Kofferraum als Verkaufsfläche dient*
**card** [kɑːd] 1 Karte; **game of cards** Kartenspiel
2 Pappe
**card·board** ['kɑːdbɔːd] Pappe
**car·di·gan** ['kɑːdɪgən] Strickjacke
**care**[1] [keəʳ] 1 sich sorgen (**about** über)
2 Interesse haben an; **I don't care** das ist mir egal
◆ **care for** sich kümmern um
**care**[2] [keəʳ] 1 Sorgfalt; **take care!** mach's gut!
2 **take care of something** etwas aufbewahren
3 **take care of oneself** sich pflegen
4 (*für Auto, Garten*) Pflege
5 (*für einen Mensch*) Fürsorge
6 Obhut
**ca·reer** [kə'rɪəʳ] 1 Laufbahn, Karriere
2 Beruf
**care·free** ['keəfriː] ohne Sorgen, sorglos
**care·ful** ['keəfl] sorgfältig, sorgsam
**care·less** ['keəlɪs] 1 *Person, Arbeit:* nachlässig
2 *Handlung, Bemerkung:* gedankenlos
**care·taker** ['keəˌteɪkəʳ] Hausmeister
**cargo** ['kɑːgəʊ] <*plural* cargo(e)s> Fracht, [Schiffs]Ladung
**car·ni·val** ['kɑːnɪvl] 1 Karneval, Fasching
2 Volksfest
**carol** ['kærəl] Weihnachtslied
**car park** ['kɑːpɑːk] Parkplatz
**car·pen·ter** ['kɑːpəntəʳ] Zimmermann, Tischler(in)
**car·pet** ['kɑːpɪt] Teppich, Läufer
**car·riage** ['kærɪdʒ] 1 Wagen, Kutsche
2 GB [Eisenbahn]Wagen
**car·rot** ['kærət] Mohrrübe, Karotte
**carry** ['kærɪ] 1 tragen
2 befördern *Güter*
3 [bei sich] haben
◆ **carry away** (*übertragen*) mitreißen; **get carried away** mitgerissen sein
◆ **carry on** 1 **carry something on** etwas fortsetzen [*oder* weiterführen]
2 weitermachen (**with** mit); **carry on talking** weiter reden
◆ **carry out** aus-, durchführen; halten *Versprechen;* wahrmachen *Drohung*
**cart** [kɑːt] Karren, [zweirädriger] Wagen
**car·ton** ['kɑːtn] Karton, Pappschachtel; *Milch:* Tüte; *Zigaretten:* Stange
**car·toon** [kɑː'tuːn] 1 [politische] Karikatur, Cartoon
2 Zeichentrickfilm
**car·tridge** ['kɑːtrɪdʒ] 1 (*für Gewehr, Füllhalter*) Patrone
2 (*für Fotografie*) Kassette
**carve** [kɑːv] 1 schnitzen, meißeln
2 [ein]schneiden *Name*
3 aufschneiden, tranchieren *Fleisch*
**carv·ing** [kɑːvɪŋ] Schnitzerei
**case**[1] [keɪs] 1 Fall; [**just**] **in case** im Falle; **in case of** im Fall
2 (*juristisch*) Fall, Prozess
**case**[2] [keɪs] 1 Schachtel, Kasten
2 (*für Brille etc.*) Etui
**cash**[1] [kæʃ] 1 Bargeld
2 (*Zahlung*) Barzahlung
**cash**[2] [kæʃ] einlösen *Scheck*
**cash·ier** [kæ'ʃɪəʳ] Kassierer(in)
**cash point** Geldautomat
**cas·ser·ole** ['kæsərəʊl] Kasserolle, Schmortopf
**cas·sette** [kə'set] Kassette
**cast** [kɑst] (*Schauspieler*) [Rollen]Besetzung, Ensemble
**castle** ['kɑːsl] 1 Burg, Schloss
2 (*Schach*) Turm
**cas·ual** ['kæʒʊəl] 1 *Begegnung:* zufällig; *Bemerkung:* beiläufig
2 *Bekanntschaft:* flüchtig
3 zwanglos
4 *Art, Geste:* lässig
**casual labour** Gelegenheitsarbeit
**casu·alty** ['kæʒʊəltɪ] 1 Un[glücks]fall; **casualty** [**ward**] (*im Krankenhaus*) Unfallstation

② Verletzte(r); (*im Krieg*) Gefallene(r)

**cat** [kæt] Katze

**cata·logue**, Ⓤ **cata·log** ['kætəlɒg] Katalog, Verzeichnis

**ca·tas·trophe** [kə'tæstrəfɪ] Katastrophe

**cata·strophic** [ˌkætə'strɒfɪk] katastrophal

**catch**[1] [kætʃ] <caught, caught> ① fangen
② einfangen *Tier*
③ einholen *Person*
④ [noch] erreichen *Zug, Bus*
⑤ ertappen (**at** bei); **catch someone red-handed** jemanden auf frischer Tat ertappen
⑥ hängen bleiben; **my coat got caught on a nail** ich bin mit meinem Mantel an einem Nagel hängengeblieben
⑦ sich holen *Krankheit;* **catch** [**a**] **cold** sich einen Schnupfen holen
⑧ mitkriegen, hören *Gesprochenes*
⑨ **catch fire** Feuer fangen
⑩ **catch someone's eye** jemandes Blick, Aufmerksamkeit auf sich ziehen

> **? Grammatik** Die unregelmäßigen Vergangenheitsformen von **catch** lauten **caught — caught**: *the cat* **caught** *two rats; the burglars* **were caught** *and arrested; I* **have caught** *a bad cold.*

◆ **catch up** ① aufholen; **catch up on one's work** die Arbeit aufholen
② **catch up with someone** jemanden einholen

**catch**[2] [kætʃ] ① *vom Ball:* Fangen
② (*auch übertragen*) Fang, Beute
③ *einer Brosche:* Verschluss
④ (*übertragen*) Haken, Nachteil

**cat·egory** ['kætɪgərɪ] Kategorie, Klasse

**cater** ['keɪtə^r] Speisen und Getränke liefern

**cater·ing** ['keɪtərɪŋ] Versorgung mit Speisen und Getränken, Partyservice

**cat·er·pil·lar** ['kætəpɪlə^r] (*auch Fahrzeug*) Raupe

**ca·the·dral** [kə'θi:drəl] Kathedrale, Dom

**Cath·olic**[1] ['kæθəlɪk] katholisch

**Cath·olic**[2] ['kæθəlɪk] Katholik(in)

**cattle** ['kætl] Rind[vieh]

**caught** [kɔ:t] *2. und 3. Form von* **catch**

**cauli·flower** ['kɒlɪflaʊə^r] Blumenkohl

**cause**[1] [kɔ:z] ① Ursache
② Grund (**for** zu); **be the cause of something** Anlass zu etwas sein
③ Sache, Angelegenheit

**cause**[2] [kɔ:z] ① verursachen; anrichten *Schaden*
② veranlassen

**cau·tion** ['kɔ:ʃn] Vorsicht

**cau·tious** ['kɔ:ʃəs] vorsichtig, umsichtig

**cave** [keɪv] Höhle

**CD-player** CD-Gerät, CD-Spieler

**ceil·ing** ['si:lɪŋ] [Zimmer]Decke

**cel·ebrate** ['selɪbreɪt] ① (*kirchlich*) zelebrieren
② feiern

**cel·ebra·tion** [ˌselɪ'breɪʃn] Feier

**celeb·rity** [sɪ'lebrətɪ] Prominente(r), Promi

**ce·le·ry** ['selərɪ] Stangensellerie

**cell** [sel] Zelle

**cel·lar** ['selə^r] Keller

**cello** ['tʃeləʊ] <*plural* cellos> Cello

**ce·ment** [sɪ'ment] Zement

**cem·etery** ['semətrɪ] Friedhof

**cen·sor**[1] ['sensə^r] Zensor

**cen·sor**[2] ['sensə^r] zensieren, prüfen

**cent** [sent] Cent

**cen·ten·ary** [sen'ti:nərɪ], Ⓤ **cen·ten·nial** [sen'tenɪəl] Hundertjahrfeier, hundertjähriges Jubiläum

**cen·ter** ['sentə^r] Ⓤ ① Mittelpunkt
② Zentrum
③ Zentrale, Zentralstelle

**cen·ti·grade** ['sentɪgreɪd] (*Thermometer*) Celsius-; **degree centigrade** Grad Celsius

**centi·metre**, Ⓤ **cen·ti·meter** ['sentɪˌmi:tə^r] Zentimeter

**cen·tral** ['sentrəl] ① in der Mitte gelegen
② zentral
③ Haupt-

**cen·tral heating** Zentralheizung

**cen·tre**, Ⓤ **cen·ter** ['sentə^r] ① Mittelpunkt
② Zentrum
③ Zentrale, Zentralstelle

**cen·tury** ['sentʃərɪ] Jahrhundert

**cer·eal** ['sɪərɪəl] ① **cereals** Getreide
② (*Cornflakes, Müsli etc.*) Getreideflocken, Frühstückszerealien

**cer·e·mo·ny** ['serɪmənɪ] Zeremonie

**cer·tain** ['sɜ:tn] ① bestimmt, sicher; **for certain** bestimmt, [ganz] sicher; **make certain** sich vergewissern
② **be certain of something** sich einer Sache sicher sein
③ **a certain…** ein(e) gewisse(r, s)…

**cer·tain·ly** ['sɜ:tnlɪ] ① sicher[lich], gewiss; **I certainly won't do it** ich tue es bestimmt nicht
② (*als Antwort*) aber sicher!

**cer·tain·ty** ['sɜ:tntɪ] Gewissheit, Sicherheit

**cer·ti·fi·cate** [sə'tɪfɪkət] ① Zeugnis
② *vom Arzt:* Bescheinigung

**chain**[1] [tʃeɪn] ① (*auch übertragen*) Kette
② Schmuck-, Halskette
③ **chains** Ketten, Fesseln; **in chains** in Ketten

**chain**[2] [tʃeɪn] [an]ketten, fesseln (**to** an)

**chair** [tʃeəʳ] ① Stuhl, Sessel; **take a chair** Platz nehmen
② Vorsitzende(r)

**chairlift** Sessellift

**chair·man** [ˈtʃeəmən] <*plural* chairmen> Vorsitzende(r)

**chair·woman** [ˈtʃeəwʊmən, *plural* ˈtʃeəwɪmɪn] <*plural* chairwomen> Vorsitzende

**chalk** [tʃɔːk] Kreide

**chal·lenge**[1] [ˈtʃælɪndʒ] ① Herausforderung
② schwierige Aufgabe, Problem

**chal·lenge**[2] [ˈtʃælɪndʒ] ① herausfordern
② in Frage stellen

**chal·leng·ing** [ˈtʃælɪndʒɪŋ] ① herausfordernd
② schwierig

**cham·pagne** [ʃæmˈpeɪn] Champagner

**cham·pion** [ˈtʃæmpɪən] (*Sport*) Meister(in)

**cham·pion·ship** [ˈtʃæmpɪənʃɪp] Meisterschaft

**chance** [tʃɑːns] ① Zufall; **by chance** zufällig
② Möglichkeit, Chance
③ Gelegenheit; **give someone a chance** jemandem eine Chance geben
④ Wagnis; **take a chance** es darauf ankommen lassen

**chan·cel·lor** [ˈtʃɑːnsələʳ] Kanzler(in); **Chancellor of the Exchequer** Ⓖⓑ Schatzkanzler(in)

**change**[1] [ˈtʃeɪndʒ] ① [Ver]Änderung
② Wechsel
③ Abwechslung; **for a change** zur Abwechslung
④ Wechselgeld; **can you give me change for a pound?** können Sie mir ein Pfund wechseln?; **small change** Kleingeld

**change**[2] [ˈtʃeɪndʒ] ① [ver]ändern (**into** in)
② tauschen; umtauschen *Ware;* [um]wechseln *Geld*
③ frisch überziehen *Bett;* anziehen *andere Kleider*
④ umschalten *Sender*
⑤ umsteigen *Zug, Bus*
⑥ **change one's mind** seine Meinung ändern
⑦ sich [ver]ändern, anders werden; **change for the better/worse** sich verbessern/sich verschlechtern
◆ **change into** ① umwandeln in
② sich verwandeln in
③ anziehen *Kleidung*

**change·able** [ˈtʃeɪndʒəbl] ① veränderlich
② wankelmütig

**chang·ing room** [ˈtʃeɪndʒɪŋ ruːm] Umkleideraum

**chan·nel** [ˈtʃænl] ① Kanal; **the [English] Channel** der Ärmelkanal
② Rinne
③ (*Radio, TV*) Kanal

> **i Land & Leute** **Chunnel** ist eine Zusammensetzung aus **Channel** und **tunnel** und bezeichnet den Tunnel unterhalb des Ärmelkanals, der Großbritannien und Frankreich verbindet.

**chaos** [ˈkeɪɒs] Chaos

**cha·otic** [keɪˈɒtɪk] chaotisch, wirr

**chapel** [ˈtʃæpl] (*kirchlich*) Kapelle

**chap·ter** [ˈtʃæptəʳ] Kapitel

**char·ac·ter** [ˈkærəktəʳ] ① Charakter
② Persönlichkeit
③ (*Theater*) Rolle

**char·ac·ter·is·tic** [ˌkærəktəˈrɪstɪk] Merkmal

**charge**[1] [tʃɑːdʒ] ① *oft plural* Kosten; **there's no charge** es kostet nichts; **free of charge** gratis
② Gebühr
③ Verantwortung; **be in charge of something** die Verantwortung für etwas haben; **the person in charge** die verantwortliche Person
④ Anklage[punkt]; **bring a charge against someone** jemanden anklagen

**charge**[2] [tʃɑːdʒ] ① fordern *Preis;* **charge too much** zuviel berechnen
② belasten mit *Abnehmer*
③ **charge someone with something** jemanden mit etwas beauftragen
④ anstürmen
⑤ aufladen *Batterie*

**charity (organisation)** [ˈtʃærətɪ (ˌɔːgənaɪˈzeɪʃn)] Wohltätigkeitsverein

**charm**[1] [tʃɑːm] ① Amulett
② Zauber, Charme

**charm**[2] [tʃɑːm] bezaubern

**charm·ing** [tʃɑːmɪŋ] bezaubernd, charmant

**chart** [tʃɑːt] ① Diagramm
② Seekarte
③ Tabelle
④ **charts** Hitparade

**char·ter flight** [ˈtʃɑːtəʳ flaɪt] Charterflug

**chase**[1] [tʃeɪs] ① Verfolgung
② Jagd

**chase**[2] [tʃeɪs] ① verfolgen, [nach]jagen
② hetzen

**chat**[1] [tʃæt] ① Geplauder
② (*im Internet*) Chat

**chat**[2] [tʃæt] plaudern, sich unterhalten
◆ **chat up chat someone up** (*umgangsspr*) jemanden anquatschen

**chat·ter**[1] [ˈtʃætəʳ] ① *Menschen:* schnattern, plappern
② *Zähne:* klappern

**chat·ter**[2] ['tʃætəʳ] Geschnatter, Geplapper
**cheap** [tʃiːp] billig, preiswert
**cheat**[1] [tʃiːt] betrügen; **cheat someone out of something** jemanden um etwas bringen [*oder* betrügen]
**cheat**[2] [tʃiːt] 1 Betrug, Schwindel
2 Betrüger(in)
**check**[1] [tʃek] 1 [Nach-, Über]Prüfung, Kontrolle (**on** über), Probe
2 (USA) (*Zeichen*) Haken
3 (*beim Schachspiel*) Schach
4 (*Textil*) Karo[muster], karierter Stoff
5 (USA) Scheck
6 (USA) (*im Restaurant*) Rechnung
7 (USA) Gepäckschein, Garderobenmarke
**check**[2] [tʃek] prüfen, kontrollieren (**by** mit)
◆ **check in** *Hotelgäste:* sich eintragen, ankommen; *Flugpassagiere:* einchecken
◆ **check out** 1 *Hotelgäste:* die Rechnung bezahlen und abreisen; abholen *Gepäck*
2 **check it out!** schau dir das mal an!
◆ **check up** **check up on something** etwas genau vergleichen
**check·book** ['tʃekˌbʊk] (USA) Scheckheft
**check-in desk** ['tʃekinˌdesk] Abfertigungsschalter
**check·list** ['tʃekˌlɪst] Kontrolliste
**check·mate** ['tʃekmeɪt] [Schach]Matt
**check·out** (*im Supermarkt*) Kasse
**check·point** ['tʃekpɔɪnt] Kontrollstelle
**check·up** ['tʃekʌp] (*medizinisch*) gründliche Untersuchung
**cheek** [tʃiːk] 1 Backe, Wange
2 (*umgangsspr*) Frechheit
**cheeky** ['tʃiːkɪ] (*umgangsspr*) frech, unverschämt
**cheer**[1] [tʃɪəʳ] 1 Hurra[ruf]; **three cheers** ein dreifaches Hoch (**for** für)
2 **cheers!** (*beim Anstoßen*) prost!; (GB) (*Abschiedsgruß*) tschüs(s)!; (*Dank*) danke!
**cheer**[2] [tʃɪəʳ] **cheer someone** jemandem zujubeln
◆ **cheer up** **cheer someone up** jemanden aufmuntern
**cheer·ful** ['tʃɪəfʊl] 1 fröhlich
2 angenehm
**cheer·io** [ˌtʃɪərɪ'əʊ] (*umgangsspr*) tschüs(s)! mach's gut!
**cheese** [tʃiːz] Käse
**chef** [ʃef] Küchenchef(in), Koch/Köchin
**chemi·cal**[1] ['kemɪkl] chemisch
**chemi·cal**[2] ['kemɪkl] *meist plural* Chemikalien
**chem·ist** ['kemɪst] 1 Chemiker(in)
2 (GB) Drogist(in), Apotheker(in); **chemist's [shop]** Apotheke
**chem·is·try** ['kemɪstrɪ] Chemie
**cheque** [tʃek] Scheck; **cash a cheque** einen Scheck einlösen
**cheque book** Scheckbuch
**cheque card** Scheckkarte
**cherry** ['tʃerɪ] Kirsche
**chess** [tʃes] Schach[spiel]
**chest** [tʃest] 1 Kiste, Truhe
2 **chest of drawers** Kommode
3 Brust[kasten]
**chest·nut** ['tʃesnʌt] Kastanie
**chew** [tʃuː] kauen
**chew·ing-gum** ['tʃuːɪŋgʌm] Kaugummi
**chick** [tʃɪk] Küken
**chicken** ['tʃɪkɪn] 1 Huhn
2 Hähnchen, Hühnchen
**chief**[1] [tʃiːf] <*plural* chiefs> 1 Chef(in), [Ober]Haupt
2 *eines Stammes:* Häuptling
**chief**[2] [tʃiːf] erste(r, s), oberste(r, s), führend, leitend
**chief·ly** ['tʃiːfˌlɪ] hauptsächlich, besonders
**child** [tʃaɪld] <*plural* children> Kind
**child·hood** ['tʃaɪldhʊd] Kindheit
**childish** ['tʃaɪldɪʃ] kindisch
**child minder** Tagesmutter
**chil·dren** ['tʃɪldrən] *Pluralform von* **child** Kinder
**chi·li** ['tʃɪlɪ] (USA) Peperoni; (*Gewürz*) Chili
**chill**[1] [tʃɪl] 1 Kälte
2 Erkältung
**chill**[2] [tʃɪl] kühlen
**chil·li** ['tʃɪlɪ] (*Gewürz*) Chili
**chilly** ['tʃɪlɪ] kühl
**chim·ney** ['tʃɪmnɪ] Schornstein
**chim·pan·zee** [ˌtʃɪmpæn'ziː] Schimpanse
**chin** ['tʃɪn] Kinn
**china** ['tʃaɪnə] Porzellan
**China** ['tʃaɪnə] China
**Chi·nese**[1] [tʃaɪ'niːz] chinesisch
**Chi·nese**[2] [tʃaɪ'niːz] 1 Chinese, Chinesin
2 [das] Chinesisch(e)
**chip** [tʃɪp] 1 Splitter
2 (*an Porzellan, Glas*) lädierte Stelle
3 **chips** (GB) Pommes frites; (USA) ⚠ Kartoffelchips
4 (*Computer*) Chip
**choc·olate** ['tʃɒklət] 1 Schokolade; **a bar of chocolate** eine Tafel Schokolade
2 Praline
**choice** ['tʃɔɪs] [Aus]Wahl; **by choice** vorzugsweise; **make a choice** eine [Aus]Wahl treffen
**choir** ['kwaɪəʳ] Chor
**choke** [tʃəʊk] [er]würgen, ersticken
**cho·les·terol** [kə'lestərɒl] Cholesterin

**choose** [tʃuːz] <chose, chosen> ① [aus]wählen, aussuchen
② vorziehen

> **? Grammatik** Die unregelmäßigen Vergangenheitsformen von **choose** lauten **chose — chosen**: *Laura* **chose** *a chocolate and vanilla ice-cream; what* **have** *you* **chosen***?*

**chop**[1] [tʃɒp] ① Hieb
② Kotelett
**chop**[2] [tʃɒp] [zer]hacken; spalten *Holz*
◆ **chop down** umhacken; fällen *Baum*
◆ **chop off** abhacken
**chop·sticks** ['tʃɒpstɪks] *plural* Essstäbchen
**chord** ['kɔːd] (*Musik*) Akkord
**chore** [tʃɔːʳ] ① unangenehme Arbeit
② *meist plural* Hausarbeit
**chorus** ['kɔːrəs] ① Chor
② *von Lied:* Refrain
**chose** [tʃəʊz] *2. Form von* **choose**
**chosen** ['tʃəʊzn] *3. Form von* **choose**
**Christ** [kraɪst] Christus
**christen** ['krɪsn] taufen
**christen·ing** ['krɪsnɪŋ] Taufe
**Chris·tian**[1] ['krɪstʃən] christlich
**Chris·tian**[2] ['krɪstʃən] Christ(in)
**Chris·ti·an·ity** [ˌkrɪstɪ'ænətɪ] das Christentum
**Christ·mas** ['krɪsməs] Weihnachten; **at Christmas** an Weihnachten; **merry Christmas!** frohe Weihnachten!; **Father Christmas** der Weihnachtsmann
**Christmas carol** Weihnachtslied
**Christmas Day** der 1. Weihnachtstag (*25. Dez.*)
**Christmas Eve** der Heilige Abend (*24. Dez.*)
**Christmas pudding** Plumpudding
**Christmas tree** Weihnachts-, Christbaum
**chronic** ['krɒnɪk] ① (*medizinisch*) chronisch
② (*slang*) widerlich
**chro·no·logi·cal** [ˌkrɒnə'lɒdʒɪkl] chronologisch; **in chronological order** in zeitlicher Folge
**chubby** ['tʃʌbɪ] pausbäckig
**chuck** [tʃʌk] (*umgangsspr*) schmeißen
◆ **chuck in** (*umgangsspr*) aufgeben
◆ **chuck out** (*umgangsspr*) hinauswerfen
**chuckle** ['tʃʌkl] **chuckle to oneself** in sich hineinlachen
**chunk** [tʃʌŋk] Brocken
**chunky** ['tʃʌŋkɪ] (*umgangsspr*) ① *Mensch:* untersetzt
② *Pullover:* dick
**church** [tʃɜːtʃ] Kirche; **at church** in der Kirche, beim Gottesdienst
**chute** [ʃuːt] Rutsche
**cider** ['saɪdəʳ] Apfelwein, Most
**cigar** [sɪ'gɑːʳ] Zigarre
**ciga·rette** [ˌsɪgə'ret, (USA) 'sɪgəret] Zigarette
**cin·ema** ['sɪnəmə] Kino
**circle**[1] ['sɜːkl] ① Kreis
② **circle of friends** Freundeskreis
③ (*im Theater*) Rang
**circle**[2] ['sɜːkl] ① umkreisen
② einkreisen
**cir·cuit** ['sɜːkɪt] ① Runde, Rundreise
② (*Sport*) Rennbahn
③ (*elektrisch*) Stromkreis
**cir·cu·lar** ['sɜːkjʊləʳ] kreisförmig, rund
**cir·cu·late** ['sɜːkjʊleɪt] *auch Blut:* zirkulieren
**cir·cu·la·tion** [ˌsɜːkjʊ'leɪʃn] ① [Blut]Zirkulation, Kreislauf
② *einer Zeitung:* Verbreitung; **with a wide circulation** mit hoher Auflage
**cir·cum·stance** ['sɜːkəmstəns] *meist plural* Umstände; **under no circumstances** auf keinen Fall
**cir·cus** ['sɜːkəs] Zirkus
**citi·zen** ['sɪtɪzn] ① Bürger(in)
② Staatsangehörige(r)
**city** ['sɪtɪ] [große, bedeutende] Stadt

> **i Land & Leute** In den USA tragen viele **cities** (Großstädte) Spitznamen. So nennt man New York „Gotham“ oder auch „The Big Apple“. Los Angeles wird „The Big Orange“ genannt oder „The City of Angels“. Chicago heißt „The Windy City“. „The City of Brotherly Love“ ist Philadelphia. Denver heißt wegen seiner Höhenlage „The Mile-High City“ und Detroit wird in Bezug auf die Autoindustrie „Motor City“ genannt.

**civil** ['sɪvl] ① zivil, bürgerlich
② höflich
**ci·vil·ian** [sɪ'vɪlɪən] Zivilist(in)
**civi·li·za·tion** [ˌsɪvəlaɪ'zeɪʃn] Zivilisation, Kultur
**civil rights** Bürgerrechte, bürgerliche Ehrenrechte
**civil service** Staatsdienst
**civil war** Bürgerkrieg
**claim**[1] [kleɪm] ① Anspruch, Anrecht (**to** auf)
② Forderung
③ Behauptung; **make claims about something** Behauptungen über etwas aufstellen
**claim**[2] [kleɪm] ① Anspruch erheben auf
② beantragen; beanspruchen *Unterstützung*
③ behaupten
**clammy** ['klæmɪ] feucht[kalt]
**clamp** [klæmp] [ver]klammern, festklemmen;

mit einer Parkkralle festsetzen *Auto*

**clang** [klæŋ] *Schwert, Metallgegenstand:* klirren; *Glocke:* läuten

**clap**[1] [klæp] <clapped, clapped> klatschen; **clap one's hands** in die Hände klatschen

**clap**[2] [klæp] ① [lauter] Schlag; **clap of thunder** Donnerschlag
② [Hände]Klatschen, Beifall

**clar·ify** ['klærɪfaɪ] klären; **clarify a statement** eine Äußerung näher erläutern

**clash**[1] [klæʃ] ① zusammenstossen; **students clashed with police** es kam zu Zusammenstößen zwischen Studenten und der Polizei
② sich streiten, im Widerspruch stehen (**with** mit); *Persönlichkeit, Stil:* nicht zusammenpassen (**with** mit); *Farben:* sich beißen
③ *Termine:* sich überschneiden

**clash**[2] [klæʃ] ① Zusammenprall, Zusammenstoß
② (*übertragen*) Disharmonie
③ *von Interessen:* Kollision

**class**[1] [klɑːs, (USA) klæs] ① Klasse; **first/second class ticket** ein Fahrschein erster/zweiter Klasse
② **in a class of its own** von besonderer Qualität, einzigartig
③ **have class** Stil haben
④ [Gesellschafts]Klasse
⑤ [Unterrichts]stunde; **evening class** Abendkurs
⑥ (USA) **class of '94** Jahrgang '94

**i Land & Leute** Obwohl es in Nordamerika nur eine Gesamtschule gibt, haben die besten Schüler und Schülerinnen die Möglichkeit, besondere Kurse zu belegen, die **regents classes, honors classes** oder **college prep classes** heißen. Solche Kurse bieten entweder Fächer wie Latein oder höhere Mathematik an, die normalerweise nur an der Universität angeboten werden. Manchmal werden diese Kurse auch an der Universität anerkannt.

**class**[2] [klɑːs, (USA) klæs] **class something** etwas einordnen, etwas in Gruppen einteilen

**classic**[1] ['klæsɪk] klassisch

**classic**[2] ['klæsɪk] Klassiker

**clas·si·cal** ['klæsɪkl] klassisch

**clas·sics** ['klæsɪks] *plural* Altphilologie

**clas·si·fied** ['klæsɪfaɪd] **classified ad**[**vertisement**] Kleinanzeige

**clas·sify** ['klæsɪfaɪ] klassifizieren, einteilen

**class·mate** ['klɑːsmeɪt] Klassenkamerad(in)

**class·room** ['klɑːsrʊm] Klassenzimmer

**! Vorsicht Falle** **Class** oder **classroom**? Mit **class** bezeichnet man im Englischen eine Gruppe von Schülern, die zusammen Unterricht haben: *There are 24 people in my class.* Für das Zimmer selbst jedoch verwendet man **classroom:** *There is an overhead projector in every classroom.*

**clat·ter** ['klætəʳ] klappern; **clatter something** mit etwas klappern

**clause** [klɔːz] ① Satz
② (*juristisch*) Klausel

**claw** [klɔː] Kralle, Klaue, [Krebs]Schere

**clay** [kleɪ] Lehm, Ton

**clean**[1] [kliːn] ① sauber, rein; **keep clean** sauber halten
② neu, unbenutzt
③ (*übertragen*) makellos
④ *Bruch, Schnitt:* sauber; *Linien:* klar

**clean**[2] [kliːn] ① reinigen, säubern, putzen
② **clean one's hands/teeth** sich die Hände waschen/die Zähne putzen
◆ **clean out** gründlich sauber machen; ausmisten *Stall*
◆ **clean up** ① **clean something up** etwas aufwischen
② aufräumen

**cleaner** ['kliːnəʳ] ① Putzfrau
② Reiniger, Reinigungsmittel
③ (*Geschäft*) [**dry-**]**cleaner's** Reinigung

**clean·ly** ['klenlɪ] sauber

**clear**[1] [klɪəʳ] ① klar, rein; *Himmel:* wolkenlos
② *Foto:* scharf; *Abbild:* deutlich
③ verständlich; **clear instructions** eindeutige Anweisungen; **make oneself clear** sich klar [*oder* verständlich] machen
④ **clear profit** Reingewinn
⑤ (*Weg, Straße*) frei
⑥ (*übertragen*) **a clear conscience** ein reines Gewissen
⑦ **keep clear!** Vorsicht!

**clear**[2] [klɪəʳ] ① wegräumen; freimachen *Straße;* **clear the table** den Tisch abräumen
② leeren *Briefkasten*
③ freisprechen (**of** von)
④ freigeben *Flugzeug*
⑤ **clear one's throat** sich räuspern
⑥ *Wetter:* aufklaren; *Nebel:* auflösen
◆ **clear out** **clear something out** etwas ausräumen
◆ **clear up** ① **clear something up** etwas aufräumen
② **clear up a misunderstanding** ein Missver-

ständnis klären
③ *Wetter:* aufklaren

**clear·ly** ['klɪəlɪ] ① klar [und deutlich]
② offensichtlich; **it's clearly the case** das ist eindeutig der Fall

**clench** [klentʃ] ballen *Faust*

**clerk** [klɑːk, (USA) klɜːrk] Büroangestellte(r)

**clever** ['klevəʳ] ① klug, gescheit
② schlau
③ geschickt (**at** in); **be clever at something** Geschick bei etwas haben

**click**[1] [klɪk] Klicken

**click**[2] [klɪk] ① klicken
② *Tür, Schloß:* zuschnappen

**cli·ent** ['klaɪənt] ① Klient(in)
② Kunde, Kundin

**cliff** [klɪf] Klippe

**cli·mate** ['klaɪmɪt] ① Klima
② (*übertragen*) Stimmung, Atmosphäre

**cli·max** ['klaɪmæks] Höhepunkt

**climb**[1] [klaɪm] ① **climb a mountain** einen Berg besteigen [*oder* erklimmen]
② *Leiter, Stufen:* hinaufsteigen
③ klettern; **climb the tree** auf den Baum klettern
④ *Strasse:* ansteigen

**climb**[2] [klaɪm] ① Aufstieg
② Kletterpartie

**climber** ['klaɪməʳ] Kletterer(in), Bergsteiger(in)

**cling** [klɪŋ] <clung, clung> *Mensch, Tier:* sich klammern (**to** an); **cling together** [fest] zusammenhalten

**clingfilm** ['kliŋfilm] Frischhaltefolie

**cli·nic** ['klɪnɪk] Klinik

**clink** [klɪŋk] klirren, klimpern

**clip**[1] [klɪp] **paper-clip** Büroklammer; **hair-clip** Haarklammer

**clip**[2] [klɪp] <clipped> ① festklammern; **the pages were clipped together** die Seiten waren zusammengeheftet
② schneiden *Haar, Fingernägel;* scheren *Schaf;* knipsen *Fahrschein*

**cloak** [kləʊk] Umhang

**cloak·room** ['kləʊkrʊm] ① Garderobe
② (GB) Gäste-Toilette

**clock** [klɒk] Uhr; **it's ten o'clock** es ist 10 Uhr; **round the clock** rund um die Uhr
◆ **clock in** einstempeln
◆ **clock out** ausstempeln

**clog** [klɒg] Holzschuh

**clone**[1] [kləʊn] Klon

**clone**[2] [kləʊn] klonen

**close**[1] [kləʊs] ① (*örtlich*) dicht, nahe; **close by** in der Nähe; **close to the sea** nahe am Meer; **close to the ground** dicht am Boden
② **she's close to tears** sie ist den Tränen nahe
③ (*zeitlich*) nahe [bevorstehend]; **close on 9 [0'clock]** kurz vor 9 [Uhr]
④ *Verwandte:* nahe; *Freund:* eng
⑤ *Spiel, Ergebnis:* knapp

**close**[2] [kləʊz] ① schließen, zumachen
② sperren *Straße;* stilllegen *Betrieb, Fabrik*
③ *Betrieb:* schließen, zumachen
◆ **close down** ① *Betrieb:* stilllegen
② *Geschäft:* schließen
◆ **close off** **close something off** etwas absperren

**close**[3] [kləʊz] [Ab]Schluss, Ende; **bring/draw to a close** zu Ende bringen/gehen

**closed** [kləʊzd] geschlossen

**close·ly** [ˌkləʊslɪ] ① dicht, eng
② genau

**cloth** [klɒθ] ① Stoff
② Tuch, Lappen

**clothe** [kləʊð] **clothe someone** jemanden kleiden

**clothes** [kləʊðz] *plural* Kleider, Kleidung; **put on/take off one's clothes** sich anziehen/ausziehen

**clothes hanger** Kleiderbügel

**clothes peg** Wäscheklammer

**cloth·ing** ['kləʊðɪŋ] Kleidung

**cloud** [klaʊd] Wolke; **clouds of dust** Staubwolke

**cloudy** ['klaʊdɪ] ① *Himmel:* wolkig, bewölkt
② *Wetter, Flüssigkeit:* trübe

**clown** [klaʊn] Clown

**club** [klʌb] ① Klub, Verein
② Keule, Knüppel
③ [Golf]Schläger
④ **clubs** ⚠ *plural* (*auf Spielkarten*) Kreuz

**clue** [kluː] Anhaltspunkt, Schlüssel (**to** zu); **he hasn't a clue** er hat keine Ahnung

**clumsy** ['klʌmzɪ] ① schwerfällig; *Mensch, Bewegung:* unbeholfen
② *Ausdrucksweise:* ungeschickt
③ taktlos

**clung** [klʌŋ] *2. und 3. Form von* **cling**

**clutch**[1] [klʌtʃ] (*am Auto*) Kupplung

**clutch**[2] [klʌtʃ] ① [er]greifen, umklammern
② greifen (**at** nach)

**clut·ter** ['klʌtəʳ] Wirrwarr, Unordnung

**coach**[1] [kəʊtʃ] ① Kutsche
② Reise[omni]bus
③ (*Sport*) Trainer(in)

**coach**[2] [kəʊtʃ] **coach someone** jemanden aufs

Examen vorbereiten, jemanden trainieren
**coal** [kəʊl] [Stein]Kohle[n]
**co·ali·tion** [ˌkəʊəˈlɪʃn] Koalition
**coal-mine** [ˈkəʊlmaɪn] Kohlenbergwerk, Zeche
**coal-miner** Bergmann
**coarse** [kɔːs] 1 *Struktur, Haut:* grob
2 *Mensch, Art:* ungehobelt, primitiv; **coarse joke** ein derber Witz
**coast** [kəʊst] Küste, Meeresufer; **on the coast** an der Küste
**coastline** Küstenlinie
**coat** [kəʊt] 1 Mantel
2 *eines Tiers:* Fell, Pelz
3 **coat of paint** Anstrich
**coat hanger** Kleiderbügel
**cobble** [ˈkɒbl] Kopfstein; **the street was cobbled** die Straße hatte Kopfsteinpflaster
**cock** [kɒk] Hahn
**cock·pit** [ˈkɒkpɪt] Cockpit, Kanzel
**cock·tail** [ˈkɒkteɪl] Cocktail
**co·coa** [ˈkəʊkəʊ] Kakao[pulver]
**coco·nut** [ˈkəʊkənʌt] Kokosnuss
**code** [kəʊd] Chiffre, Code
**co·exist** [ˌkəʊɪgˈzɪst] gleichzeitig [*oder* zusammen] [vorhanden] sein, nebeneinander bestehen (**with** mit)
**cof·fee** [ˈkɒfɪ] Kaffee
**coffee shop** Caf+
**cof·fin** [ˈkɒfɪn] Sarg
**coin** [kɔɪn] Münze
**co·incide** [ˌkəʊɪnˈsaɪd] 1 (*zeitlich*) zusammenfallen
2 (*übertragen*) übereinstimmen (**with** mit)
**co·inci·dence** [kəʊˈɪnsɪdəns] Zufall; **what a coincidence!** welch ein Zufall!
**cold**[1] [kəʊld] 1 kalt; **I am cold** mir ist kalt
2 (*übertragen*) kühl
**cold**[2] [kəʊld] 1 Kälte
2 Erkältung; **catch [a] cold** sich erkälten
**col·lab·or·ate** [kəˈlæbəreɪt] 1 zusammenarbeiten (**with** mit)
2 (*mit dem Feind*) kollaborieren
**col·lab·or·ation** [kəˌlæbəˈreɪʃn] 1 Zusammenarbeit
2 (*mit dem Feind*) Kollaboration
**col·lapse**[1] [kəˈlæps] 1 *von Gebäude:* Einsturz
2 (*auch übertragen*) *eines Menschen:* Zusammenbruch
**col·lapse**[2] [kəˈlæps] 1 *Gebäude:* zusammen-/einstürzen
2 *Gestell, Mensch:* zusammenbrechen
**col·lar** [ˈkɒləʳ] 1 Kragen
2 [Hunde]Halsband
**col·league** [ˈkɒliːg] Kollege, Kollegin
**col·lect** [kəˈlekt] 1 [ein]sammeln, zusammentragen
2 **collect someone/something** jemanden/etwas abholen
3 sammeln *Briefmarken, Geld*
4 *Menschen:* sich versammeln
**collect call** (USA) R-Gespräch
**col·lec·tion** [kəˈlekʃn] 1 [An]sammlung, Sammeln
2 Abholung
3 [Geld-/Spenden]Sammlung
**col·lec·tive** [kəˈlektɪv] gemeinsam, kollektiv
**col·lege** [ˈkɒlɪdʒ] 1 College
2 [kleinere] Universität, Akademie, [Fach]Hochschule
3 Universitäts-/Schulgebäude

> **i Land & Leute** In Großbritannien ist ein **sixth-form college** ein College für 16–18-jährige Schüler, die oft von Schulen kommen, an denen es keine **sixth form** (≈12./13. Klasse) gibt. An dem College können sie dann ihre **A levels** (≈ Abitur) machen.

**col·lide** [kəˈlaɪd] zusammenstoßen/-prallen (**with** mit)
**col·li·sion** [kəˈlɪʒn] Zusammenstoß/-prall
**col·lo·quial** [kəˈləʊkwɪəl] umgangssprachlich
**co·lon** [ˈkəʊlən] Doppelpunkt
**co·lo·nel** [ˈkɜːnl] Oberst
**col·on·ize** [ˈkɒlənaɪz] kolonisieren, besiedeln
**col·ony** [ˈkɒlənɪ] Kolonie, [An]Siedlung
**col·our**[1], (USA) **color** [ˈkʌləʳ] 1 Farbe; **what colour is it?** was für eine Farbe hat es?
2 Hautfarbe
**col·our**[2], (USA) **color** [ˈkʌləʳ] **colour something** etwas Farbe geben, etwas malen
**colour-blind**, (USA) **color-blind** farbenblind
**coloured**, (USA) **colored** [ˈkʌləd] farbig; **coloured pencil** Farbstift
**col·ourful**, (USA) **col·orful** [ˈkʌləfl] 1 farbenreich/-prächtig
2 (*übertragen*) bunt, lebendig
**col·our·ing**, (USA) **col·or·ing** [ˈkʌlərɪŋ] 1 Färbung, Farbton
2 [Gesichts-/Augen-/Haar-]Farbe
3 [**food**] **colouring** Farbstoff
**col·umn** [ˈkɒləm] 1 (*auch übertragen*) Säule; **column of figures** Zahlenreihe
2 Spalte, Kolumne; **sports column** der Sportteil
**comb**[1] [kəʊm] Kamm
**comb**[2] [kəʊm] **comb someone's/one's hair**

jemandem/sich die Haare kämmen

**com·bat**[1] ['kɒmbæt] Kampf, Gefecht

**com·bat**[2] ['kɒmbæt] ① kämpfen
② **combat something** etwas bekämpfen

**com·bi·na·tion** [ˌkɒmbɪ'neɪʃn] Kombination, Zusammensetzung

**com·bine** [kəm'baɪn] <combined> ① **combine something** etwas kombinieren, etwas verbinden
② sich verbinden, sich vereinigen (**with** mit)

**come** [kʌm] <came, come> ① [an-/her-/herbei]kommen; **come here!** komm [mal] her!; **come and see someone** jemanden besuchen; **come home** nach Hause kommen
② werden; **come true** sich verwirklichen

> **? Grammatik** Die unregelmäßigen Vergangenheitsformen von **come** lauten **came — come**: *Kevin* **came** *home late last night;* **have** *any letters* **come** *for me?*

◆ **come along** mitkommen/-gehen; **come along with me!** komm mal mit!
◆ **come away** ① weggehen
② *Farbe, Papier:* abgehen
◆ **come back** zurückkommen, zurückkehren
◆ **come down** ① herunterkommen, heruntergehen (**to** bis)
② *Preis:* sinken
◆ **come from** ① kommen von
② **come from something** *Schmerz, Problem:* von etwas verursacht werden
③ abstammen von; **where do you come from?** von wo kommst du her?
◆ **come in** ① hereinkommen; **come in!** herein!
② ankommen; *Zug:* einfahren
③ *Nachricht:* eintreffen
④ (*Sport*) **come in second** Zweiter werden
◆ **come off** *Knopf etc.:* abgehen, abfallen
◆ **come on** ① **come on!** komm schon!
② anfangen; *Dunkelheit:* hereinbrechen
③ (*Theater*) *Schauspieler:* auftreten
◆ **come out** ① herauskommen
② *Fleck:* herausgehen
③ hervorgehen; **come out of something** aus etwas hervorgehen
④ *Zeitung, Druckschrift:* erscheinen, herauskommen
◆ **come over** ① herüberkommen
② (*übertragen*) **what's come over you?** was ist in dich gefahren?
◆ **come round** ① zu Besuch vorbeikommen
② wieder zu sich kommen
◆ **come through** ① durchkommen
② überstehen *Krise*
◆ **come to** ① dazu kommen, führen zu; **that will come to nothing** das führt zu nichts; **come to an end** zu Ende kommen
② [wieder] zu sich kommen
③ **come to a decision** zu einer Entscheidung kommen
◆ **come up** ① heraufkommen; *Sonne, Mond:* aufgehen
② *Frage, Thema:* aufkommen
③ **come up against** stoßen auf *Problem*
④ **the water came up to his ankles** das Wasser reichte ihm bis zu den Knöcheln
⑤ **come up with a suggestion** vorschlagen

**come·back** ['kʌmbæk] (*im Theater, Film*) Comeback

**com·edian** [kə'miːdɪən] Komiker(in)

**com·edy** ['kɒmədɪ] ① Lustspiel, Komödie
② komische Geschichte

**comet** ['kɒmɪt] Komet

**com·fort**[1] ['kʌmfət] ① Trost, Beruhigung (**to** für)
② Komfort, Behaglichkeit; **live in comfort** in angenehmen Verhältnissen leben

**com·fort**[2] ['kʌmfət] trösten

**com·fort·able** ['kʌmftəbl] ① bequem
② **feel comfortable** sich wohl fühlen; **make yourself comfortable!** machen Sie sich's bequem!

**com·fort·ing** ['kʌmfətɪŋ] tröstlich

**com·fy** ['kʌmfɪ] (*umgangsspr*) behaglich

**com·ic**[1] ['kɒmɪk] lustig

**com·ic**[2] ['kɒmɪk] ① Komiker(in)
② Comicheft

**comic strip** Comic[strip]

**com·ma** ['kɒmə] Komma

**com·mand**[1] [kə'mɑːnd] ① Befehl
② **under someone's command** unter jemandes Befehl
③ Führung
④ **have a good command of English** das Englische beherrschen

**com·mand**[2] [kə'mɑːnd] ① **command someone to do something** jemandem befehlen etwas zu tun
② befehligen
③ **command someone's respect** jemandem Achtung einflössen

**com·mander** [kə'mɑːndə^r] Kommandant, Befehlshaber

**com·mand·ment** [kə'mɑːndmənt] Gebot; **the Ten Commandments** die Zehn Gebote

**com·mem·or·ate** [kə'meməreɪt] **commemo-**

**rate someone/something** jemandes/einer Sache gedenken

**com·mence** [kə'mens] anfangen; **commence doing something** beginnen etwas zu tun

**com·ment**[1] ['kɒment] ① Bemerkung (**on** über); **make a comment** eine Bemerkung machen
② **no comment!** kein Kommentar!

**com·ment**[2] ['kɒment] ① **comment on something** etwas kommentieren
② seine Meinung äußern (**on** über)

**com·men·tary** ['kɒməntrɪ] ① Kommentar (**on** zu)
② **running** [*oder* **live**] **commentary** Live-Reportage

**com·men·ta·tor** ['kɒmənteɪtəʳ] Kommentator

**com·merce** ['kɒmɜːs] Handel

**com·mer·cial**[1] [kə'mɜːʃl] (*Radio, TV*) Werbespot

**com·mer·cial**[2] [kə'mɜːʃl] kaufmännisch, kommerziell, Handels-; **commercial interests** Geschäftsinteressen

**com·mis·sion** [kə'mɪʃn] ① Auftrag
② Ausschuss; **commission of enquiry** Untersuchungskommission; **European Commission** Europäische Kommission
③ (*beim Verkauf*) Provision

**com·mit** [kə'mɪt] ① begehen *Ehebruch, Verbrechen,* (*Selbst-*)*Mord*
② **commit someone for trial** jemanden einem Gericht überstellen
③ **commit something** etwas festlegen (**to** auf)
④ sich festlegen; **commit oneself to doing something** sich verpflichten etwas zu tun

**com·mit·ment** [kə'mɪtmənt] Verpflichtung

**com·mit·tee** [kə'mɪtɪ] Ausschuss, Komitee

**com·mon**[1] ['kɒmən] ① gemein[sam]; **common interests** gemeinsame Interessen
② allgemein; *Tiere, Vögel, Sitten:* weit verbreitet; **it is common knowledge that…** es ist allgemein bekannt, dass…
③ gewöhnlich; **the common people** die einfachen Leute
④ ordinär

**com·mon**[2] ['kɒmən] **have something in common** [**with someone**] etwas [mit jemandem] gemein haben; **have interests in common** gemeinsame Interessen haben

**com·mon·ly** ['kɒmənlɪ] gewöhnlich, im Allgemeinen

**common room** Gemeinschaftsraum

**common sense** gesunder Menschenverstand

**com·mu·nal** ['kɒmjʊnl] kommunal, Gemeinschafts-

**com·muni·cate** [kə'mjuːnɪkeɪt] **communicate something** etwas mitteilen; übermitteln *Nachrichten*

**com·muni·ca·tion** [kəˌmjuːnɪ'keɪʃn] ① Kommunikation; *von Ideen, Information:* Vermittlung
② **be in communication with someone** mit jemandem in Verbindung stehen

**com·mu·nism** ['kɒmjʊnɪzəm] Kommunismus

**com·mu·nist**[1] ['kɒmjʊnɪst] Kommunist(in)

**com·mu·nist**[2] ['kɒmjʊnɪst] kommunistisch

**com·mu·nity** [kə'mjuːnətɪ] ① Gemeinschaft
② **the community** die Allgemeinheit

**community centre** Gemeindehaus/-zentrum

**com·mute** [kə'mjuːt] pendeln

**com·muter** [kɒ'mjuːtəʳ] Pendler(in)

**com·pact** [kəm'pækt] kompakt, fest

**com·pact disc** [ˌkəmpækt 'dɪsk] Compact-Disc, CD

**com·pan·ion** [kəm'pænɪən] Begleiter(in), Gefährte, Gefährtin; **travelling companion** Reisebegleiter(in)

**com·pany** ['kʌmpənɪ] ① Gesellschaft, Begleitung; **keep someone company** jemandem Gesellschaft leisten; **be good/bad/poor company** ein guter/schlechter Gesellschafter sein
② Gäste; **we're expecting company** wir erwarten Besuch
③ [Handels]Gesellschaft, Firma, Unternehmen
④ [Schauspiel]Truppe

**com·par·able** ['kɒmpərəbl] vergleichbar (**to, with** mit)

**com·para·tive**[1] [kəm'pærətɪv] ① vergleichend
② relativ

**com·para·tive**[2] [kəm'pærətɪv] Komparativ

**com·para·tive·ly** [kəm'pærətɪvlɪ] verhältnismäßig

**com·pare** [kəm'peəʳ] ① **compare something** etwas vergleichen (**with, to** mit)
② sich vergleichen [lassen] (**with** mit)

**com·pari·son** [kəm'pærɪsn] Vergleich (**to, with** mit); **by/in comparison** vergleichsweise; **in comparison with** im Vergleich zu; **there is no comparison between them** sie lassen sich nicht vergleichen

**com·part·ment** [kəm'pɑːtmənt] ① *beim Schrank, Kühlschrank:* Fach
② *vom Zug:* Abteil

**com·pass** ['kʌmpəs] ① Kompass
② **compasses** ⚠ *plural,* **a pair of compasses** ein Zirkel

**com·pas·sion·ate** [kəm'pæʃənət] mitleid[s]voll, mitfühlend

**com·pat·ible** [kəm'pætəbl] ① vereinbar, verträglich (**with** mit)

2 passend; *Menschen:* zueinander passend
3 *Geräte:* kompatibel

**com·pen·sate** ['kɒmpənseɪt] 1 **compensate someone for something** jemanden für etwas entschädigen
2 ersetzen, vergüten *Schaden*
3 **compensate for something** etwas ausgleichen [*oder* kompensieren]

**com·pen·sa·tion** [ˌkɒmpen'seɪʃn] 1 Entschädigung, Ersatz
2 (USA) Entlohnung

**com·pete** [kəm'piːt] 1 konkurrieren (**for** um); **compete against/with each other** miteinander konkurrieren
2 (*im Sport*) teilnehmen; **compete against/with someone** gegen jemanden kämpfen

**com·pet·ent** ['kɒmpɪtənt] fähig

**com·pe·ti·tion** [ˌkɒmpə'tɪʃn] 1 Wettbewerb, Wettkampf
2 Konkurrenz (**for** um)

**com·peti·tive** [kəm'petətɪv] 1 Wettbewerbs-, Konkurrenz-; **competitive sport** Leistungssport
2 konkurrenzfähig

**com·peti·tor** [kəm'petɪtəʳ] 1 Mitbewerber(in)
2 Konkurrent(in)
3 Wettkämpfer(in)

**com·pile** [kəm'paɪl] zusammenstellen *Liste*

**com·pla·cent** [kəm'pleɪsnt] selbstzufrieden/-gefällig

**com·plain** [kəm'pleɪn] 1 **complain of something** *Krankheit, Schmerzen:* über etwas klagen
2 sich beschweren (**about** über); **stop complaining!** beklag dich nicht dauernd!

**com·plaint** [kəm'pleɪnt] 1 Klage, Beschwerde; **make a complaint against** [*oder* **about**] **someone** sich über jemanden beschweren
2 Beschwerden; **have a heart complaint** ein Herzleiden haben

**com·ple·ment** ['kɒmplɪmənt] Ergänzung

**com·plete**¹ [kəm'pliːt] 1 vollständig, ganz; **the complete works of Shakespeare** die gesammelten Werke Shakespeares
2 völlig; **complete beginner** ein blutig Anfänger; **complete stranger** ein völlig Fremder
3 vollendet, fertig [gestellt]
4 **complete with** mitsamt, komplett mit

**com·plete**² [kəm'pliːt] 1 **complete a job** eine Arbeit fertig stellen
2 **complete something** etwas vervollständigen
3 ausfüllen *Formular*

**com·plete·ly** [kəm'pliːtlɪ] ganz [u. gar], vollkommen; **he's completely wrong** er hat völlig unrecht

**com·plex** ['kɒmpleks] komplex; *Frage, Idee:* vielschichtig; *Problem, System:* kompliziert

**com·plexion** [kəm'plekʃn] Teint, Gesichtsfarbe

**com·pli·cate** ['kɒmplɪkeɪt] **complicate something** etwas komplizieren, [noch] komplizierter machen

**com·pli·cated** ['kɒmplɪkeɪtɪd] kompliziert, verwickelt

**com·pli·ca·tion** [ˌkɒmplɪ'keɪʃn] Komplikation

**com·pli·ment**¹ ['kɒmplɪmənt] Kompliment; **pay someone a compliment** jemandem ein Kompliment machen

**com·pli·ment**² ['kɒmplɪment] **compliment someone on something** jemandem Komplimente wegen etwas machen

**com·pli·men·tary** [ˌkɒmplɪ'mentrɪ] Ehren-, Gratis-; **complimentary ticket** Frei-/Ehrenkarte

**com·pose** [kəm'pəʊz] 1 komponieren *Musik;* abfassen *Brief;* verfassen *Rede, Gedicht*
2 bilden; **be composed of** bestehen aus

**com·poser** [kəm'pəʊzəʳ] Komponist(in)

**com·po·si·tion** [ˌkɒmpə'zɪʃn] 1 *von Musik:* Komposition; *eines Briefs:* Aufsetzen; *eines Gedichts:* Verfassen
2 Zusammensetzung, Bildung
3 [Schul]Aufsatz

**com·pound** ['kɒmpaʊnd] Zusammensetzung

**com·pre·hend** [ˌkɒmprɪ'hend] **comprehend something** etwas verstehen, einsehen

**com·pre·hen·sible** [ˌkɒmprɪ'hensəbl] verständlich, begreiflich

**com·pre·hen·sion** [ˌkɒmprɪ'henʃn] 1 Verstehen, Begreifen; **beyond comprehension** unbegreiflich
2 Verständnis (**of** für)

**com·pre·hen·sive** [ˌkɒmprɪ'hensɪv] *Angebot, Sammlung:* umfassend

> **i Land & Leute** In Großbritannien heißt eine Gesamtschule für 11- bis 18-jährige Schüler **comprehensive school.** Diese Gesamtschulen wurden in den sechziger Jahren eingeführt, um das selektive System von **grammar schools** (≈ Gymnasien) und **secondary modern schools** abzulösen. Somit sollten allen Kindern die gleichen Möglichkeiten gewährleistet werden. **Grammar schools** gibt es weiterhin, jedoch sind die meisten staatlichen Schulen in Großbritannien **comprehensive schools.**

**com·prise** [kəm'praɪz] umfassen, bestehen aus

**com·pro·mise**¹ ['kɒmprəmaɪz] Kompromiss

**com·pro·mise**[2] ['kɒmprəmaɪz] ① einen Kompromiss schließen; **compromise with someone over something** mit jemandem einen Kompromiss über etwas schliessen
② **compromise someone/something** jemanden/etwas kompromittieren

**com·pul·sory** [kəm'pʌlsərɪ] obligatorisch; **compulsory subject** Pflichtfach

**com·puter** [kəm'pju:təʳ] Computer, Rechner

**computer graphics** *plural* Computergrafik

**com·puter·ize** [kəm'pju:təraɪz] **computerize something** etwas auf Computer umstellen *Firma, Methode;* etwas in einen Computer eingeben *Daten*

**computer science** Informatik

**con** [kɒn] ① Schwindel, Betrug
② **pros and cons** Für und Wider

**con·ceal** [kən'si:l] **conceal something** etwas verstecken, verbergen (**from** vor)

**con·ceited** [kən'si:tɪd] eingebildet

**con·ceiv·able** [kən'si:vəbl] denkbar, vorstellbar

**con·ceive** [kən'si:v] ① schwanger werden
② (*übertragen*) **conceive of something** sich etwas vorstellen

**con·cen·trate** ['kɒnsəntreɪt] ① sich konzentrieren (**upon, on** auf)
② **concentrate on doing something** sich darauf konzentrieren, etwas zu tun

**con·cen·tration** [ˌkɒnsn'treɪʃn] Konzentration

**con·cept** ['kɒnsept] Begriff, Vorstellung

**con·cern**[1] [kən'sɜ:n] ① (*handeln von*) **the essay concerns love** in diesem Aufsatz geht es um die Liebe
② **concern someone/something** jemanden/etwas betreffen; **to whom it may concern** (*im Brief*) an die zuständige Stelle
③ **it concerns me** es beunruhigt mich

**con·cern**[2] [kən'sɜ:n] ① Unternehmen
② Angelegenheit, Sache
③ Sorge, Besorgnis (**over** wegen); **with deep concern** sehr besorgt

**con·cerned** [kən'sɜ:nd] ① beteiligt (**in, with** an); **the people concerned** die Betroffenen; **as far as I am concerned** was mich angeht, von mir aus
② besorgt (**about, at** wegen)

**con·cern·ing** [kən'sɜ:nɪŋ] bezüglich, in Bezug auf

**con·cert** ['kɒnsət] Konzert

**con·cise** [kən'saɪs] kurz [und bündig], knapp

**con·clude** [kən'klu:d] ① beenden, schließen *Meeting, Rede;* abschließen *Vertrag*
② schließen (**from** aus)
③ *Geschichte, Film usw:* enden

**con·clusion** [kən'klu:ʒn] ① [Ab]Schluss; **in conclusion** schließlich, zum Abschluss
② *eines Vertags:* Abschluss
③ Schluss[folgerung], Folgerung; **come to a conclusion** zu einer Überzeugung kommen

**con·crete** ['kɒnkri:t] Beton

**con·demn** [kən'dem] ① **condemn someone** jemanden verurteilen, verdammen
② (*juristisch*) verurteilen (**to** zu)

**con·den·sa·tion** [ˌkɒnden'seɪʃn] Kondenswasser

**con·dense** [kɒn'dens] ① kondensieren
② (*übertragen*) zusammenfassen *Bericht, Rede usw*

**con·di·tion**[1] [kən'dɪʃn] ① Bedingung, Voraussetzung (**of** für); **on condition [that]** unter der Voraussetzung[, dass]
② Zustand; **in good condition** in gutem Zustand, gut erhalten
③ (*Mensch*) **out of condition** keine Kondition haben; **have a heart condition** ein Herzleiden haben
④ **living/working conditions** Wohn-/Arbeitsbedingungen

**con·di·tion**[2] [kən'dɪʃn] gewöhnen (**to** auf)

**con·di·tional** [kən'dɪʃənl] ① abhängig (**on** von)
② (*Grammatik*) konditional, Konditional-

**con·di·tion·er** [kən'dɪʃənəʳ] Pflegespülung

**con·dom** ['kɒndəm] Kondom

**con·duct**[1] [kən'dʌkt] ① führen *Gespräch, Geschäft;* dirigieren *Orchester, Chor*
② leiten *Strom*

**con·duct**[2] ['kɒndʌkt] ① *eines Unternehmens:* Führung, Leitung
② *eines Menschen:* Verhalten

**con·duc·tor** [kən'dʌktəʳ] ① *von Orchester, Chor:* Dirigent(in)
② **bus/tram conductor** Schaffner(in)
③ (USA) Zugführer(in)
④ (*Physik*) [Wärme]Leiter

**cone** [kəʊn] ① Kegel; **traffic cone** Kegel
② **icecream cone** Eistüte
③ [Tannen]Zapfen

**confectionery** [kən'fektʃnərɪ] Süßwaren

**con·fer** [kən'fɜ:ʳ] **confer with someone** sich mit jemandem beraten

**con·fer·ence** ['kɒnfərəns] Tagung, Konferenz

**con·fess** [kən'fes] ① **confess to something** etwas gestehen
② seine Schuld, seinen Fehler eingestehen
③ (*in der Kirche*) beichten

**con·fes·sion** [kən'feʃn] ① Bekenntnis, Geständ-

nis; **I have a confession to make** ich muss dir etwas gestehen
② (*in der Kirche*) Beichte

**con·fide** [kən'faɪd] **confide something** [**to someone**] [jemandem] etwas anvertrauen; **confide in someone** sich jemandem anvertrauen

**con·fi·dence** ['kɒnfɪdəns] ① Vertrauen (**in** auf); **take someone into one's confidence** jemanden ins Vertrauen ziehen
② [**self-**]**confidence** Selbstsicherheit
③ vertrauliche Mitteilung; **in strict confidence** streng vertraulich

**con·fi·dent** ['kɒnfɪdənt] ① überzeugt (**of** von, **that** dass)
② selbstsicher

**con·fi·den·tial** [ˌkɒnfɪ'denʃl] *Mitteilung:* vertraulich

**con·fine** [kən'faɪn] ① **confine someone/something to something** jemanden/etwas auf etwas beschränken; **confine oneself to doing something** sich darauf beschränken, etwas zu tun
② einsperren (**in, to** in)

**con·firm** [kən'fɜːm] **confirm something** etwas bestätigen; **confirm one's suspicions** sich in seinem Verdacht bestätigt sehen

**con·fir·ma·tion** [ˌkɒnfə'meɪʃn] Bestätigung

**con·fis·cate** ['kɒnfɪskeɪt] beschlagnahmen

**con·flict**[1] ['kɒnflɪkt] Konflikt, Widerstreit; **be in conflict with someone/something** im Widerspruch zu jemandem/etwas stehen; **conflict of interests** Interessenkonflikt

**con·flict**[2] [kən'flɪkt] im Widerspruch stehen (**with** zu)

**con·form** [kən'fɔːm] ① übereinstimmen (**to** mit); [**not**] **conform to the regulations** den Vorschriften [nicht] entsprechen
② sich anpassen (**to** an)

**con·front** [kən'frʌnt] ① **confront** [**with something**] [mit etwas] konfrontieren
② **confront someone/something** jemandem/einer Sache entgegentreten

**con·fuse** [kən'fjuːz] ① durcheinander bringen
② **confuse someone with someone** jemanden mit jemandem verwechseln

**con·fused** [kən'fjuːzd] ① *Mensch:* verwirrt
② *Lage:* verworren

**con·fusion** [kən'fjuːʒn] ① Verwirrung, Durcheinander; **throw everything into confusion** alles durcheinander bringen
② (*Emotionen*) Verwirrtheit
③ (*zwischen zwei Sachen*) Verwechs[e]lung
④ Verlegenheit

**con·gested** [kən'dʒestɪd] *Strasse, Nase:* verstopft

**con·gratu·late** [kən'grætʃʊleɪt] **congratulate someone** jemandem gratulieren (**on** zu)

**con·gratu·lation** [kənˌgrætʃʊ'leɪʃn] **congratulations on passing the exam!** ich gratuliere zum bestandenen Examen!

**con·gre·ga·tion** [ˌkɒŋgrɪ'geɪʃn] [Kirchen]Gemeinde

**con·gress** ['kɒŋgres] Kongress, Tagung; **Congress** (USA) der Kongress

**Con·gress·man** ['kɒŋgresmən] <*plural* congressmen> Kongressabgeordnete(r)

**Con·gress·woman** ['kɒŋgreswʊmən, *plural* 'kɒŋgreswɪmɪn] <*plural* congresswomen> Kongressabgeordnete

**coni·fer** ['kɒnɪfəʳ] Nadelbaum

**con·junc·tion** [kən'dʒʌŋkʃn] ① **in conjunction with someone/something** in Verbindung mit jemandem/etwas
② (*Grammatik*) Bindewort

**con·jure** ['kʌndʒəʳ] zaubern
◆ **conjure up** hervorzaubern

**con·jurer** ['kʌndʒərəʳ], **con·juror** ['kʌndʒərəʳ] Zauberkünstler

**con·nect** [kə'nekt] ① **connect someone/something** jemanden/etwas verbinden (**with** mit); anschließen *Telefon* (**with** an); **I'll connect you** ich verbinde (Sie)
② **connect something** etwas koppeln, kuppeln (**with** mit), etwas an-/einschalten
③ (*übertragen*) in Verbindung bringen; **these things are connected in my mind** diese Dinge gehören für mich zusammen; **be connected with** in Verbindung stehen mit
④ in Verbindung stehen (**with** mit)
⑤ *Zug:* Anschluss haben (**with** an)

**con·nect·ing** [kə'nektɪŋ] **connecting flight** Anschlussflug

**con·nec·tion**, **con·nex·ion** [kə'nekʃn] ① Verbindung
② (*Telefon, Zug*) Anschluss
③ Zusammenhang; **in connection with** im Zusammenhang mit
④ **connection**[**s**] Beziehungen (**with** zu)

**con·quer** ['kɒŋkəʳ] erobern *Land;* besiegen *Gegner*

**con·science** ['kɒnʃəns] Gewissen; **have something on one's conscience** etwas auf dem Gewissen haben; **have a clear/guilty conscience** ein gutes/schlechtes Gewissen haben

**con·scien·tious** [ˌkɒnʃɪ'enʃəs] gewissenhaft

**con·scious** ['kɒnʃəs] ① bewusst; **be conscious of something** sich einer Sache bewusst sein/

werden
② absichtlich; *Entscheidung, Tat:* vorsätzlich
③ **he is** [**fully**] **conscious** er ist bei [vollem] Bewusstsein

**con·scious·ness** ['kɒnʃəsnɪs] ① Bewusstsein; **lose/regain consciousness** das Bewusstsein verlieren/wiedererlangen
② Wissen (**of** um)

**con·scrip·tion** [kən'skrɪpʃn] Wehrpflicht

**con·secu·tive** [kən'sekjʊtɪv] aufeinander folgend, fortlaufend; **on three consecutive days** drei Tage hintereinander

**con·sent**[1] [kən'sent] einwilligen (**to** in), einverstanden sein (**to** mit)

**con·sent**[2] [kən'sent] Einwilligung (**to** in), Einverständnis (**to** mit); **give one's consent to something** seine Zustimmung zu etwas erteilen

**con·se·quence** ['kɒnsɪkwəns] Konsequenz, Ergebnis; **in consequence of** infolge

**con·se·quent·ly** ['kɒnsɪkwəntlɪ] folglich

**con·ser·va·tion** [ˌkɒnsə'veɪʃn] ① Erhaltung
② Umweltschutz; **conservation area** Naturschutzgebiet

**con·ser·va·tive**[1] [kən'sɜːvətɪv] ① konservativ
② **Conservative Party** Ⓖⓑ die Konservative Partei

**Con·ser·va·tive**[2] [kən'sɜːvətɪv] Ⓖⓑ Konservative(r)

**con·ser·va·tory** [kən'sɜːvətrɪ] Wintergarten

**con·serve** [kən'sɜːv] ① erhalten, konservieren
② sparen *Kräfte*

**con·sider** [kən'sɪdəʳ] ① betrachten; **she's considering her position** sie zieht ihre Stelle in Erwägung
② überlegen *Idee, Angebot*
③ berücksichtigen *Kosten, Schwierigkeiten*
④ betrachten als; **I consider him to be a friend** ich halte ihn für einen Freund
⑤ denken an; **consider Anne** denken Sie an Anne
⑥ *Idee, Möglichkeit:* in Betracht ziehen

**con·sider·able** [kən'sɪdərəbl] beachtlich, beträchtlich

**con·sider·ation** [kənˌsɪdə'reɪʃn] ① Überlegung
② **out of consideration for** mit Rücksicht auf
③ **take something into consideration** etwas in Betracht ziehen

**con·sider·ing** [kən'sɪdərɪŋ] ① **considering that…** wenn man bedenkt, dass…
② **… considering** wenn man… bedenkt

**con·sist** [kən'sɪst] **consist of** bestehen aus; **consist in** bestehen in

**con·sist·ent** [kən'sɪstənt] ① *Meinung usw.:* übereinstimmend (**with** mit)
② *Qualität, Leistung:* gleich bleibend
③ **be consistent about something** konsequent in etwas sein

**consolation** [ˌkɒnsə'leɪʃn] Trost

**con·sole** [kən'səʊl] **console someone** jemanden trösten (**for** über)

**con·son·ant** ['kɒnsənənt] Konsonant

**conspicuous** [ˌkɒns'pɪkjʊəs] auffallend

**conspiracy** [ˌkɒns'pɪrəsɪ] Verschwörung, Komplott

**con·stant** ['kɒnstənt] ① ständig, ununterbrochen
② gleich bleibend; **constant temperature** konstante Temperatur

**con·sti·tu·tion** [ˌkɒnstɪ'tjuːʃn] ① Verfassung, [Staats] Grundgesetz, Satzung
② Zusammensetzung

**con·sti·tu·tional** [ˌkɒnstɪ'tjuːʃənl] Verfassungs-; *Regierung, Vorgang:* verfassungsmäßig

**constrain** [kən'streɪn] zwingen

**con·struct** [kən'strʌkt] aufbauen; erbauen *Gebäude*

**con·struc·tion** [kən'strʌkʃn] ① Bau[werk]
② **construction work** Bauarbeiten; **be under** [*oder* **in course of**] **construction** im Bau sein
③ **sentence construction** Satzstellung

**construc·tive** [kən'strʌktɪv] konstruktiv

**con·sul** ['kɒnsl] Konsul

**con·su·late** ['kɒnsjʊlət] Konsulat

**con·sult** [kən'sʌlt] ① **consult someone** jemanden um Rat fragen; **consult a doctor** einen Arzt zu Rate ziehen
② nachschlagen in *Buch, Liste*
③ **consult with someone about something** sich mit jemandem über etwas beraten

**con·sul·tant** [kən'sʌltənt] ① Berater(in)
② Facharzt, Fachärztin

**con·sume** [kən'sjuːm] ① konsumieren; verzehren *Nahrung*
② aufbrauchen; verbrauchen *Geld, Kraft*

**con·sumer** [kən'sjuːməʳ] Verbraucher(in)

**con·sump·tion** [kən'sʌmpʃn] Verbrauch, Konsum (**of** an)

**con·tact**[1] ['kɒntækt] ① Kontakt, Berührung; **make contact** sich berühren
② (*Strom*) Kontakt
③ (*übertragen*) Verbindung (**with** mit); **be in contact with someone** mit jemandem in Verbindung stehen; **I'll get in contact** ich melde mich
④ Kontaktperson

**con·tact**[2] ['kɒntækt] **contact someone** sich mit

jemandem in Verbindung setzen

**contact lens** Kontaktlinse

**con·tagious** [kən'teɪdʒəs] (*auch übertragen*) ansteckend

**con·tain** [kən'teɪn] ① **contain something** etwas enthalten
② zügeln *Gefühl*
③ begrenzen, einschließen *Feind, Krankheit*

**con·tainer** [kən'teɪnəʳ] ① Behälter
② Container

**con·tami·nate** [kən'tæmɪneɪt] verschmutzen, verunreinigen; (*radioaktiv*) verseuchen

**con·tami·na·tion** [kən,tæmɪ'neɪʃn] Verschmutzung, Verunreinigung, [radioaktive] Verseuchung

**con·tem·plate** ['kɒntempleɪt] ① betrachten
② **contemplate something** über etwas nachdenken
③ **contemplate doing something** daran denken etwas zu tun

**con·tem·por·ary**[1] [kən'temprərɪ] ① gleichzeitig; *Literatur, Autor:* zeitgenössisch
② modern; **contemporary art** moderne Kunst

**con·tem·por·ary**[2] [kən'temprərɪ] Zeitgenosse, Zeitgenossin, Altersgenosse, Altersgenossin

**con·tempt** [kən'tempt] Verachtung

**con·tend** [kən'tend] ① (*im Wettbwerb*) kämpfen (**for** um)
② **contend that…** behaupten, dass…

**con·tent**[1] ['kɒntent] ① **contents** ⚠ *plural* Inhalt
② *einer Substanz:* Gehalt

**con·tent**[2] [kən'tent] zufrieden (**with** mit)

**con·tent**[3] [kən'tent] **content oneself with something** mit etwas zufrieden sein, sich mit etwas begnügen

**con·tented** [kən'tentɪd] zufrieden (**with** mit)

**con·tent·ment** [kən'tentmənt] Zufriedenheit

**con·test**[1] [kən'test] ① bestreiten *Behauptung;* anfechten *Wahl*
② kämpfen um (**against** gegen)

**con·test**[2] ['kɒntest] Wettkampf, -streit (**for** um)

**con·testant** [kən'testənt] ① [Wettkampf]Teilnehmer(in)
② [Mit]Bewerber(in)

**con·text** ['kɒntekst] Zusammenhang, Kontext; **in/out of context** im/ohne Kontext

**con·ti·nent** ['kɒntɪnənt] Festland, Kontinent; **the Continent** [Kontinental]Europa

**con·ti·nen·tal** [,kɒntɪ'nentl] kontinental, europäisch

**con·tin·ual** [kən'tɪnjʊəl] ständig, unaufhörlich

**con·tinu·ation** [kən,tɪnjʊ'eɪʃn] ① Fortsetzung
② Fortdauer

**con·tinue** [kən'tɪnjuː] ① fortsetzen; weitermachen mit *Aktivität;* **continue to read** weiterlesen; **to be continued** Fortsetzung folgt; **continued on p.12** weiter auf Seite 12; **continue to do something** etwas weiterhin tun
② andauern; **continue with something** mit etwas fortfahren
③ sich weiterhin befinden; **continue in power** an der Macht bleiben
④ **continue on** [**one's way**] weiterfahren, -reisen

**con·tinu·ous** [kən'tɪnjʊəs] ① ununterbrochen, ständig
② (*Grammatik*) **continuous form** Verlaufsform

**contra·cep·tion** [,kɒntrə'sepʃn] Empfängnisverhütung

**contra·cep·tive** [,kɒntrə'septɪv] Verhütungsmittel

**con·tract**[1] ['kɒntrækt] Vertrag

**con·tract**[2] [kən'trækt] ① *Muskel:* [sich] zusammenziehen
② sich zuziehen *Krankheit*

**con·tra·dict** [,kɒntrə'dɪkt] widersprechen

**con·tra·dic·tion** [,kɒntrə'dɪkʃn] Widerspruch, Widerrede

**con·trary**[1] ['kɒntrərɪ] ① **contrary to** im Gegensatz zu; **contrary to expectations** wider Erwarten
② *Mensch:* widerspenstig

**con·trary**[2] ['kɒntrərɪ] Gegenteil (**to** von); **on the contrary** im Gegenteil

**con·trast**[1] [kən'trɑːst] ① *Farbe, Stil:* sich [stark] abheben (**with** von)
② im Gegensatz stehen (**with** zu)
③ **contrast something with something** etwas mit etwas vergleichen, etwas einer Sache gegenüberstellen

**con·trast**[2] ['kɒntrɑːst] Gegensatz (**to** zu), Kontrast; **she's such a contrast to her brother** sie ist ganz anders als ihr Bruder; **in contrast to/with** im Gegensatz zu

**con·trib·ute** [kən'trɪbjuːt] ① **contribute something** etwas beitragen, mitwirken (**to** bei)
② **contribute to charity** für die Wohlfahrt spenden

**con·tri·bu·tion** [,kɒntrɪ'bjuːʃn] ① Beitrag (**to** zu)
② Spende

**con·trol**[1] [kən'trəʊl] ① beherrschen, Kontrolle haben über; zügeln, mäßigen *Zorn;* **control oneself** sich beherrschen
② leiten *Geschäft;* regeln *Verkehr*
③ überwachen *Arbeit;* regulieren *Temperatur*

**con·trol²** [kən'trəʊl] 1 Herrschaft, Kontrolle (**of** über); **lose control of** [*oder* **over**] die Kontrolle verlieren über; **get control of** die Herrschaft gewinnen über
2 *von Gefühlen:* Beherrschung
3 Aufsicht (**of, over** über); *einer Arbeit:* Überwachung
4 *eines Geräts:* Regler, Schalter
**con·tro·ver·sial** [ˌkɒntrə'vɜːʃl] strittig, umstritten; **be highly controversial** stark umstritten sein
**con·tro·versy** ['kɒntrəvɜːsɪ, kən'trɒvəsɪ] Kontroverse, Streit
**con·veni·ence** [kən'viːnɪəns] 1 Bequemlichkeit
2 **at your** [**own**] **convenience** wenn es Ihnen recht ist
3 [**public**] **convenience** (öffentliche) Toilette
**con·veni·ent** [kən'viːnɪənt] 1 praktisch, bequem
2 (*zeitlich*) **when it is convenient for you** wenn es Ihnen recht ist
**con·vent** ['kɒnvənt] [Nonnen]Kloster
**con·ven·tion** [kən'venʃn] 1 Sitte, Brauch
2 Versammlung; USA Parteitag
3 (*politisch*) Abkommen, Vertrag
**con·ven·tional** [kən'venʃənl] 1 konventionell
2 herkömmlich
**con·ver·sa·tion** [ˌkɒnvə'seɪʃn] Gespräch, Unterhaltung; **have a conversation with someone** mit jemandem ein Gespräch führen; **in conversation with** im Gespräch mit
**con·ver·sion** [kən'vɜːʃn] 1 Umwandlung (**from** von, **into** in)
2 *von Gebäude:* Umbau, Umrüstung
3 *bei Zahlen:* Umrechnung
4 *von Person:* Bekehrung
**con·vert** [kən'vɜːt] 1 **convert something** etwas ver-, umwandeln (**into** in)
2 umbauen *Haus;* umrüsten *Fahrzeug*
3 (*bei Zahlen*) umrechnen
4 (*Glaube*) **convert someone** [**to something**] jemanden [zu etwas] bekehren
**con·vert·ible** [kən'vɜːtəbl] (*Auto*) Kabrio[lett]
**con·vex** ['kɒnveks] konvex
**con·vict** [kən'vɪkt] verurteilen; **convict someone of murder** jemanden wegen Mordes verurteilen
**con·vic·tion** [kən'vɪkʃn] 1 Überführung, Verurteilung; **have a previous conviction** vorbestraft sein (**for** wegen)
2 Überzeugung
**con·vince** [kən'vɪns] **convince someone** jemanden überzeugen (**of** von)
**cook¹** [kʊk] Koch, Köchin
**cook²** [kʊk] **cook something** etwas zubereiten; **a cooked meal** ein warme Mahlzeit
**cook·book** ['kʊkbʊk] USA Kochbuch
**cooker** ['kʊkəʳ] Kocher, Herd
**cook·ery** ['kʊkərɪ] Kochen, Kochkunst
**cookery book** Kochbuch
**cookie** ['kʊkɪ] USA Keks, Plätzchen
**cool¹** [kuːl] 1 kühl, frisch; **store in a cool place** kühl aufbewahren
2 *Mensch:* kühl; **keep cool** Ruhe bewahren
3 (*übertragen umgangsspr*) prima, klasse

> **i Land & Leute** Wie in jeder Sprache ändern sich auch im Englischen die Modeausdrücke für „sehr gut“ oder „fantastisch“. So gibt es z. B. das Wort **cool**, das auch im Deutschen verwendet wird; aber junge Menschen benutzen immer häufiger andere Modeausdrücke, wenn sie etwas sehr gut finden: **dope**: *Those shoes are dope!*, **sweet**: *I'm getting a car. — Sweet!*, **tight**: *That new CD is tight!*, **wicked**: *that's a wicked jacket you've got on*; oder **phat**: *that's some phat rap!*.

**cool²** [kuːl] **cool something** etwas abkühlen [lassen]
**co-op·er·ate** [kəʊ'ɒpəreɪt] 1 mitarbeiten (**in** an)
2 **co-operate** [**with each other**] kooperieren, zusammenarbeiten
**co-op·er·ation** [kəʊˌɒpə'reɪʃn] Kooperation; **in co-operation with** in Zusammenarbeit mit
**co-op·er·ative¹** [kəʊ'ɒpərətɪv] 1 hilfsbereit, kooperativ
2 genossenschaftlich
**co-op·er·ative²** [kəʊ'ɒpərətɪv] Genossenschaft, Kooperative
**co-or·di·nate** [ˌkəʊ'ɔːdɪneɪt] koordinieren
**co-or·di·na·tion** [ˌkəʊˌɔːdɪ'neɪʃn] Koordination, Koordinierung
**cop** [kɒp] (*umgangsspr*) Polizist, Bulle
**cope** [kəʊp] zurechtkommen; **cope with someone/something** mit jemandem/etwas fertigwerden
**cop·per** ['kɒpəʳ] Kupfer
**copy¹** ['kɒpɪ] 1 Kopie; *von Foto:* Abzug
2 *eines Buchs:* Exemplar
**copy²** ['kɒpɪ] 1 **copy someone/something** jemanden/etwas nachahmen, nachmachen
2 (*schreiben*) **copy something** [**down**] etwas abschreiben; **copy something out** etwas ab-/ins Reine schreiben
3 **copy something** etwas vervielfältigen; *Foto:*

abziehen; *Kassette:* überspielen
**coral** ['kɒrəl] Koralle
**cord** [kɔːd] ① Leine, Kordel
② [**pair of**] **cords** Kordhosen
**cor·du·roy** ['kɔːdərɔɪ] Cord
**core** [kɔːʳ] ① *eines Apfels, einer Birne:* Kerngehäuse
② (*übertragen*) Kern, [das] Inner[st]e
**core subject** Pflichtfach
**cork** [kɔːk] ① (*Material*) Kork
② (*Stöpsel*) Korken
**cork·screw** ['kɔːkskruː] Korkenzieher
**corn** [kɔːn] Korn, Getreide; [**sweet**]**corn** (USA) Mais
**cor·ner** ['kɔːnəʳ] ① Ecke; *Auge, Mund:* Winkel; **just round the corner** gleich um die Ecke
② Kurve
③ (*Plätzchen*) Winkel, Ecke
**cor·on·ation** [ˌkɒrə'neɪʃn] Krönung
**cor·poral**[1] ['kɔːpərəl] körperlich; **corporal punishment** körperliche Züchtigung
**cor·poral**[2] ['kɔːpərəl] Unteroffizier
**cor·por·ation** [ˌkɔːpə'reɪʃn] (*Unternehmen*) Kapitalgesellschaft; (USA) Aktiengesellschaft
**corpse** [kɔːps] Leiche
**cor·rect**[1] [kə'rekt] ① richtig; **that's correct** das stimmt
② *Antwort:* zutreffend
**cor·rect**[2] [kə'rekt] verbessern, korrigieren
**cor·rec·tion** [kə'rekʃn] Berichtigung, Korrektur
**cor·re·spond** [ˌkɒrɪ'spɒnd] ① entsprechen, sich entsprechen; **correspond with** [*oder* **to**] **something** mit etwas übereinstimmen
② **correspond with someone** mit jemandem in Briefwechsel stehen [*oder* korrespondieren]
**cor·re·spon·dence** [ˌkɒrɪ'spɒndəns] ① Übereinstimmung (**with** mit)
② Briefwechsel; **be in correspondence with** korrespondieren mit
**cor·re·spon·dent** [ˌkɒrɪ'spɒndənt] (*Zeitung*) Korrespondent(in)
**cor·re·spond·ing** [ˌkɒrɪ'spɒndɪŋ] entsprechend
**cor·ri·dor** ['kɒrɪdɔːʳ] Gang, Korridor
**cor·rupt**[1] [kə'rʌpt] bestechlich, korrupt
**cor·rupt**[2] [kə'rʌpt] **corrupt someone** jemanden verderben, korrumpieren
**cor·rup·tion** [kə'rʌpʃn] Bestechung, Korruption
**cos·metic** [kɒz'metɪk] kosmetisch
**cos·metics** [kɒz'metɪks] *plural* Kosmetika
**cost**[1] [kɒst] <cost, cost> kosten; **how much does it cost?** wieviel kostet es?
**cost**[2] [kɒst] ① Preis, Kosten; **cost of petrol** Benzinpreise
② (*übertragen*) Preis; **at all costs** um jeden Preis
**costly** ['kɒstlɪ] kostspielig, teuer
**cos·tume** ['kɒstjuːm] ① Tracht; **national costume** Nationaltracht
② [**theatrical**] **costume** Kostüm
**cosy** ['kəʊzɪ] gemütlich, behaglich
**cot** [kɒt] ① (GB) Kinderbett
② (USA) Klapp-/Feldbett
**cot·tage** ['kɒtɪdʒ] kleines Landhaus, Ferienhaus
**cot·ton** ['kɒtn] ① Baumwolle
② Baumwollstoff
**cotton wool** ① (GB) Watte
② (USA) Rohbaumwolle
**couch** [kaʊtʃ] Couch, Liegesofa
**cough**[1] [kɒf] Husten
**cough**[2] [kɒf] husten
**could** [kʊd] ① *3. Form von* **can**
② *konditional, fragend* könnten; **could you open the window?** könntest du das Fenster aufmachen?

> **? Grammatik** Die verneinte Form von **could** ist **could not** oder kurz **couldn't**: *Pete could repair my bike, couldn't he?; Paula couldn't have done it, could she?*

**coun·cil** ['kaʊnsl] ① Rat[sversammlung]
② Stadtrat
**council estate** (GB) Siedlung des sozialen Wohnungsbaus
**council flat**, **council house** (GB) Sozialwohnung
**coun·sel**[1] ['kaʊnsl] ① Rat[schlag]
② [Rechts]Anwalt, Anwältin
**coun·sel**[2] ['kaʊnsl] beraten, raten; **counsel someone to do something** jemandem raten, etwas zu tun
**coun·sel·or** ['kaʊnsələʳ] ① Berater(in)
② (USA) [Rechts]Anwalt, Anwältin
**count**[1] [kaʊnt] ① zählen; **he can count to three** er kann bis drei zählen
② nachzählen; **count your change** zähle dein Kleingeld nach
③ [mit]zählen; **not counting the others** die anderen nicht mitgerechnet
④ wichtig sein; **that doesn't count** das macht nichts, das gilt nicht
⑤ betrachten; **count someone as a friend** jemanden als Freund ansehen; **count oneself lucky** sich glücklich schätzen können
◆ **count against** **count against someone** gegen jemanden sprechen
◆ **count on** **count on someone** sich auf jemanden verlassen

◆**count out** ① **count someone/something out** mit jemandem/etwas nicht rechnen
② abzählen, zusammenzählen *Geldstücke*

**count²** [kaʊnt] Zählung, [Be]Rechnung; **keep count of something** etwas [mit]zählen; **lose count** sich verzählen

**count³** [kaʊnt] Graf, Gräfin

**counter** ['kaʊntəʳ] Theke; (*bei der Bank, Post*) Schalter

**counteract** [ˌkɑːʊntər'ækt] entgegenwirken

**counter·feit** ['kaʊntəfɪt] gefälscht, falsch

**count·ess** ['kaʊntɪs] Gräfin

**count·less** ['kaʊntlɪs] zahllos, unzählig

**coun·try** ['kʌntrɪ] ① Land; **the country** das Land, die Nation; **from all over the country** aus allen Teilen des Landes; **country of origin** Herkunfts-/Ursprungsland
② (*nicht in der Stadt*) Land[strich]; **he lives in the country** er lebt auf dem Land

**? Grammatik** **Land, country, nation** oder **state**?
Das Englische Wort **land** bedeutet ein Stück Land, welches man besitzen oder erwerben kann: *His family owns a lot of land in Cornwall.* Mit **country** (= Land) ist hingegen ein Landgebiet mit eigener Regierung und Volk gemeint: *France, Italy, Germany and other European countries.* Wenn man über ein Land in Hinblick auf die Kultur oder die Menschen dieses Landes spricht, benutzt man das Wort **nation** (= Nation): *leading industrialized nations.* Mit dem Begriff **state** (= Staat) bezeichnet man ein politisches oder offizielles Gebiet: *Switzerland is an independent state.* Einige Länder, wie z. B. die Vereinigten Staaten von Amerika, sind zudem in mehrere **states** (Bundesstaaten) aufgeteilt: *the state of California.*

**coun·try·side** ['kʌntrɪsaɪd] ① Landschaft, Gegend
② (*nicht in der Stadt*) Land; **in the country** auf dem Lande

**county** ['kaʊntɪ] ① GB Grafschaft, [Land]Kreis
② USA [Verwaltungs-, Regierungs]Bezirk eines US-Staates

**couple** ['kʌpl] ① zwei, ein paar; **a couple of days** zwei Tage, ein paar Tage
② Paar; **married couple** Ehepaar

**cou·pon** ['kuːpɒn] ① Gutschein
② Wettschein
③ Kupon; **reply coupon** Antwortschein

**cour·age** ['kʌrɪdʒ] Mut, Tapferkeit

**cou·rageous** [kə'reɪdʒəs] mutig, tapfer

**cour·gette** [kʊə'ʒet] Zucchini

**course** [kɔːs] ① Kurs; **French course** Französischkurs[us]
② (*zeitlich*) Verlauf; **in the course of time** im Laufe der Zeit
③ *eines Schiffes, Flugzeugs:* Kurs
④ *einer Linie, Strasse:* Lauf
⑤ (*Sport*) Strecke, Bahn
⑥ (*Mahlzeit*) Gang
⑦ Verlauf; **the course of events** der Lauf der Dinge
⑧ **of course** natürlich, selbstverständlich, gewiss, sicher

**court** [kɔːt] ① Gerichts[hof]; **in court** vor, bei Gericht; **bring to court** vor Gericht bringen
② (*Sport*) [Tennis]Platz, Spielfeld
③ [Fürsten]Hof

**cour·tesy** ['kɜːtəsɪ] Höflichkeit

**court·yard** ['kɔːtjɑːd] Hof

**cousin** ['kʌzn] Cousin, Cousine

**cover¹** ['kʌvəʳ] ① bedecken; (*mit einer Decke*) zudecken; **cover one's head** den Kopf bedecken; **the mountain was covered with** [*oder* in] **snow** der Berg war mit Schnee bedeckt; **she covered her face with her hands** sie verbarg das Gesicht in den Händen
② (*mit Versicherung*) **cover oneself against something** sich gegen etwas versichern
③ **cover one's tracks** seine Spuren verwischen
④ (*in den Medien*) **cover something** über etwas berichten
⑤ abdecken, behandeln *Aspekt, Thema*

**cover²** ['kʌvəʳ] ① *von Topf:* Deckel; *von Bett, Sofa usw:* Decke
② *von Kissen, Bettdecke:* Überzug; *von Heft:* [Schutz]Hülle
③ Einband; **from cover to cover** von der ersten bis zur letzen Seite
④ Schutz
⑤ Versicherungsschutz

**covered** ['kʌvəd] bedeckt, überdacht

**cover·ing** ['kʌvərɪŋ] Decke, Hülle

**cow** [kaʊ] Kuh

**cow·ard** ['kaʊəd] Feigling

**cow·boy** ['kaʊbɔɪ] Cowboy

**cozy** ['kəʊzɪ] USA gemütlich, behaglich

**crab** [kræb] Krabbe, Krebs

**crack¹** [kræk] ① *Fläche:* rissig werden; *Glas:* springen
② *Zweige:* krachen
③ *Stimme:* versagen
④ zerbrechen *Vase, Teller, Fenster*
⑤ knacken *Nuss, Problem*
⑥ **crack a whip** mit einer Peitsche knallen

⑦ **he cracked his head on the pavement** (*umgangsspr*) er knallte mit dem Kopf aufs Pflaster

**crack**² [kræk] ① Sprung, Riss; (*im Boden*) Spalt, Ritze
② (*Geräusch*) Krach; **a crack of thunder** ein Donnerschlag
③ (*Droge*) Crack

**cracker** ['krækəʳ] ① **Christmas cracker** Knallbonbon
② [salziger] Keks

**crackle** ['krækl] knistern, rascheln

**cradle** ['kreɪdl] Wiege

**craft** [krɑːft] Handwerk

**crafts·man** ['krɑːftsmən] <*plural* craftsmen> Handwerker

**crafty** ['krɑːftɪ] schlau

**cram** [kræm] <crammed> ① voll stopfen; **she crammed the books into her bag** sie stopfte die Bücher in ihre Tasche; **her bag was crammed with books** ihre Tasche war mit Büchern voll gestopft
② *Leute:* hineinzwängen

**cramp** [kræmp] Krampf

**crane** [kreɪn] Kran

**crash**¹ [kræʃ] ① *Flugzeug, Computer:* abstürzen
② krachen; **crash into something** gegen etwas krachen
③ **crash a car** einen Unfall [mit dem Auto] haben
④ *Börse:* zussammenbrechen

**crash**² [kræʃ] ① Krachen; **with a crash** mit einem Krach
② Unfall; *eines Flugzeuges:* Absturz; **a car crash** ein Autounfall
③ *von Computer:* Programm-/Systemabsturz
④ (*an der Börse*) Crash

**crash helmet** Sturzhelm

**crate** [kreɪt] Kiste

**cra·ter** ['kreɪtəʳ] Krater

**crawl** [krɔːl] ① (*auch übertragen*) kriechen (**to** vor); *Kind:* krabbeln
② *Auto:* im Schneckentempo fahren

**crayon** ['kreɪən] Zeichen-/Pastellstift

**craze** [kreɪz] Manie, fixe Idee

**crazy** ['kreɪzɪ] ① verrückt (**with** vor, **about** nach); **drive someone crazy** jemanden wahnsinnig machen; **go crazy** verrückt werden
② versessen (**about** auf), wild (**about** nach)

**creak** [kriːk] *Holz:* knarren; *Tür:* quietschen

**cream**¹ [kriːm] ① Sahne, Rahm
② [Haut]Creme

**cream**² [kriːm] cremefarben

**cre·ate** [kriː'eɪt] ① **create something** etwas [er]schaffen
② verursachen; **create difficulties** Schwierigkeiten machen; **create a fuss** Theater, Tamtam machen (**about** um)

**cre·ation** [kriː'eɪʃn] ① [Er]Schaffung
② Werk
③ **the Creation** die Schöpfung

**cre·ative** [kriː'eɪtɪv] kreativ, schöpferisch

**cre·ator** [kriː'eɪtəʳ] Schöpfer(in)

**crea·ture** ['kriːtʃəʳ] Geschöpf, Kreatur

**crèche** [kreɪʃ] Kinderhort

**cred·it** ['kredɪt] ① (*auf Bankkonto*) Guthaben, Haben
② (*Wirtschaft*) Kredit; **on credit** auf Kredit
③ Anerkennung; **take the credit for something** die Anerkennung für etwas einstecken
④ Ehre; **to someone's credit** zu jemandes Ehre

**credit card** Kreditkarte

**creep**¹ [kriːp] <crept, crept> (*auch übertragen*) schleichen, kriechen

**creep**² [kriːp] ① **he's a real creep** (*umgangsspr*) er ist ein widerlicher Typ
② **it gave me the creeps** dabei lief es mir eiskalt den Rücken runter

**cre·mate** [krɪ'meɪt] einäschern *Leiche*

**cre·ma·tor·ium** [ˌkremə'tɔːrɪəm] Krematorium

**crept** [krept] *2. und 3. Form von* **creep**

**crescent** ['kreznt] Mondsichel, Halbmond

**crest** [krest] ① *von Hühnern:* Kamm
② **crest of a hill** Bergkamm

**crew** [kruː] ① *von Schiff usw:* Besatzung
② (*Sport*) Mannschaft

**crib** [krɪb] (USA) Kinderbett

**cricket** ['krɪkɪt] ① Grille
② (*Sport*) Kricket

**crime** [kraɪm] Verbrechen

**crimi·nal**¹ ['krɪmɪnl] verbrecherisch, kriminell, strafbar

**crimi·nal**² ['krɪmɪnl] Verbrecher(in)

**crim·son** ['krɪmzn] purpurrot, blutrot

**cripple** ['krɪpl] Krüppel

**cri·sis** ['kraɪsɪs] <*plural* crises> Krise

**crisp**¹ [krɪsp] ① knusprig; *Obst, Gemüse:* knackig
② *Luft:* frisch

**crisp**² [krɪsp] (GB) Kartoffelchip

**crispy** ['krɪspɪ] ① knusp[e]rig
② *Gemüse:* knackig

**critic** ['krɪtɪk] Kritiker(in)

**criti·cal** ['krɪtɪkl] kritisch, bedenklich

**criti·cism** ['krɪtɪsɪzəm] Kritik (**of** an, über)

**criti·cize** ['krɪtɪsaɪz] ① **criticize someone** jemanden kritisieren (**for** wegen)

2 **criticize something** sich kritisch über etwas äußern

crock·ery ['krɒkərɪ] Geschirr

croco·dile ['krɒkədaɪl] Krokodil

crook [krʊk] (*umgangsspr*) Schwindler, Gauner

crop [krɒp] 1 Feldfrüchte, Getreide; **bring the crop[s] in** die Ernte einbringen
2 Ertrag; **a good crop of apples** eine gute Apfelernte

cross¹ [krɒs] Kreuz; **the sign of the Cross** das Kreuzzeichen

cross² [krɒs] sauer, böse

cross³ [krɒs] 1 **cross something** etwas kreuzen, überqueren; **cross the road** über die Straße gehen; **the bridge crosses the river** die Brücke führt über den Fluss
2 **cross one's arms** die Arme verschränken; **I'll keep my fingers crossed** (*übertragen*) ich drücke die Daumen!
3 sich bekreuzigen
4 (*mit Stift*) **cross something** etwas ankreuzen
5 **it crossed my mind that …** es ist mir eingefallen, dass …
◆ cross off, cross out **cross something off** [*oder* **out**] etwas [aus-/durch]streichen

cross-coun·try [ˌkrɒs'kʌntrɪ] 1 **cross-country skiing** Skilanglauf
2 querfeldein

cross-examine **cross-examine someone** jemanden ins Kreuzverhör nehmen

cross·ing ['krɒsɪŋ] 1 Überquerung; (*mit einem Schiff*) Überfahrt
2 *einer Strasse, Bahn usw:* Kreuzung; (*für Fußgänger*) Übergang

cross·roads ['krɒsrəʊdz] ⚠ *singular* 1 Wege-/Straßenkreuzung
2 (*übertragen*) Scheideweg

cross·walk (USA) Fußgängerüberweg

cross·word ['krɒswɜːd], cross·word puzzle ['krɒswɜːd pʌzl] Kreuzworträtsel

crouch [kraʊtʃ] **crouch** [**down**] kauern, sich [nieder]kauern

crow [krəʊ] Krähe

crowd¹ [kraʊd] 1 [Menschen]Menge, Menschenmassen; (*bei Sport*) Zuschauer
2 Gedränge

crowd² [kraʊd] 1 *Menschen:* sich drängen; **be crowded with** wimmeln von; **they crowded into the tent** sie drängten sich in das Zelt
2 *die Strasse, einen Platz:* bevölkern

crowded [kraʊdɪd] gedrängt, überfüllt (**with** von)

crown¹ [kraʊn] Krone

crown² [kraʊn] krönen

cru·cial ['kruʃl] entscheidend

cru·cify ['kruːsɪfaɪ] kreuzigen

crude [kruːd] 1 roh
2 *Mensch:* grob, ungehobelt
3 *Witz, Bemerkung:* geschmacklos

cruel [krʊəl] 1 grausam; *Mensch auch:* herzlos (**to** gegen)
2 *Entscheidung, Umstände:* unbarmherzig

cruelty ['krʊəltɪ] Grausamkeit

cruise¹ [kruːz] 1 eine Kreuzfahrt machen
2 *Auto, Flugzeug:* mit Reisegeschwindigkeit fahren, fliegen

cruise² [kruːz] Kreuzfahrt

crumb [krʌm] Krümel, Krume

crumble ['krʌmbl] 1 *Brot, Gebäck:* zerbröckeln
2 *Gebäude:* zer-, verfallen

crumple ['krʌmpl] **crumple something** etwas zerknittern

crunch [krʌntʃ] 1 **crunch something** *Nüsse, Äpfel:* etwas knabbern
2 *Schnee, Kies:* knirschen

crush [krʌʃ] 1 **crush something** etwas zerdrücken
2 zerkleinern *Stein*
3 (*übertragen*) zerstören, vernichten *Feind, Hoffnung*

crust [krʌst] [Brot]Kruste, Rinde

crusty ['krʌstɪ] *Brot:* knusprig

crutch [krʌtʃ] Krücke; **be on crutches** an Krücken gehen

cry¹ [kraɪ] 1 schreien, rufen; **cry for help** nach Hilfe schreien
2 weinen

cry² [kraɪ] 1 Schrei, Ruf; **cry for help** Hilfeschrei
2 Weinen; **have a good cry** sich ausweinen

crys·tal ['krɪstl] Kristall

cub [kʌb] 1 *eines Raubtiers:* Junge[s]
2 (*Pfadfinder*) Wölfling

cube¹ [kjuːb] 1 Würfel; **ice cube** Eiswürfel; **sugar cube** Würfelzucker
2 (*Mathematik*) dritte Potenz

cube² [kjuːb] 1 in Würfel schneiden *Fleisch, Kartoffeln usw*
2 (*Mathematik*) in die dritte Potenz erheben

cu·bic ['kjuːbɪk] Kubik-; **cubic metre** Kubikmeter

cuckoo ['kʊkuː] Kuckuck

cu·cum·ber ['kjuːkʌmbəʳ] [Salat]Gurke

cuddle¹ ['kʌdl] 1 liebkosen; **cuddle someone** mit jemandem schmusen
2 schmusen

## Pets — Haustiere

| | | | | | |
|---|---|---|---|---|---|
| 1 | rabbit | Kaninchen | 7 | cat | Katze |
| 2 | mouse | Maus | 8 | turtle | Wasserschildkröte |
| 3 | tortoise | Schildkröte | 9 | guinea pig | Meerschweinchen |
| 4 | dog | Hund | 10 | canary | Kanarienvogel |
| 5 | hamster | Hamster | 11 | budgie, budgerigar | Wellensittich |
| 6 | goldfish | Goldfisch | | | |

## Breeds of Dog

## Hunderassen

| | | |
|---|---|---|
| 1 | St Bernard | Bernhardiner |
| 2 | boxer | Boxer |
| 3 | Yorkshire terrier | Yorkshireterrier |
| 4 | Alsatian | Schäferhund |
| 5 | poodle | Pudel |
| 6 | golden retriever | Golden Retriever |
| 7 | labrador | Labrador |
| 8 | English setter | English Setter |
| 9 | King Charles spaniel | King Charles Spaniel |

## The Car

| | | |
|---|---|---|
| 1 | boot (GB), trunk (USA) | Kofferraum |
| 2 | rear bumper | hintere Stoßstange |
| 3 | number plate (GB), license plate (USA) | Nummernschild |
| 4 | rear light | Rücklicht |
| 5 | indicator (GB), turn signal (USA) | Blinklicht |
| 6 | exhaust pipe (GB), tailpipe (USA) | Auspuffrohr |
| 7 | wing (GB), fender (USA) | Kotflügel |
| 8 | hubcap | Radkappe |
| 9 | tyre (GB), tire (USA) | Reifen |
| 10 | door | Tür |

## Das Auto

| | | |
|---|---|---|
| 11 | wing mirror (GB), outside mirror (USA) | Außenspiegel |
| 12 | aerial (GB), antenna (USA) | Antenne |
| 13 | bonnet (GB), hood (USA) | Motorhaube |
| 14 | rear-view mirror | Rückspiegel |
| 15 | windscreen (GB), windshield (USA) | Windschutzscheibe |
| 16 | steering wheel | Lenkrad |
| 17 | gear lever/stick (GB), gearshift (USA) | Schaltknüppel |
| 18 | handbrake (GB), parking brake (USA) | Handbremse |
| 19 | driver's seat | Fahrersitz |
| 20 | headrest | Kopfstütze |

**cut it out!** hör auf damit!; **cut out the boring part** den langweiligen Teil weglassen
◆ **cut up** zerschneiden *Essen, Papier;* zerlegen *Fleisch*

**cute** [kjuːt] (USA) (*umgangssspr*) süß, niedlich; *Person:* hübsch

**cut·lery** ['kʌtlərɪ] Besteck

**cut-price** **at cut-price** zu Schleuderpreisen

**cut-rate** verbilligt

**cut·ting** ['kʌtɪŋ] ① (GB) [Zeitungs]Ausschnitt
② *von Pflanzen:* Ableger

**CV** [siː'viː] *Abkürzung von* **Curriculum Vitae** Lebenslauf

**cy·cle**[1] ['saɪkl] ① Kreis[lauf], Zyklus
② (*umgangssspr*) [Fahr]Rad

**cy·cle**[2] ['saɪkl] Rad fahren, radeln

**cy·clist** ['saɪklɪst] Radfahrer(in)

**cyl·in·der** ['sɪlɪndəʳ] Zylinder

**cym·bals** ['sɪmblz] *plural* Becken

**Czech**[1] [tʃek] tschechisch

**Czech**[2] [tʃek] ① (*Person*) Tscheche, Tschechin
② (*Sprache*) [das] Tschechisch(e)

**Czech Republic** die Tschechische Republik

# Dd

**D, d** [diː] <*plural* D's, d's> ① D, d
② (*Schulnote*) ausreichend

**dab**[1] [dæb] leicht berühren

**dab**[2] [dæb] **a dab of ice cream/sauce** ein Bisschen Eis/Soße

**dad** ['dæd] (*umgangssspr*) Papa, Papi

**daddy** ['dædi] Papi, Papa

**daf·fo·dil** ['dæfədɪl] Narzisse, Osterglocke

**daft** [dɑːft] (*umgangssspr*) dumm, blöd; **don't be daft!** red' kein dummes Zeug!

**dag·ger** ['dægəʳ] Dolch

**daily** ['deɪlɪ] täglich

**dairy** ['deərɪ] ① (*Fabrik*) Molkerei
② (*Geschäft*) Milchgeschäft

**dairy produce** Milchprodukte

**daisy** ['deɪzɪ] Gänseblümchen

**dam** [dæm] Staudamm, Talsperre

**dam·age**[1] ['dæmɪdʒ] ① Schaden
② **damages** ⚠ *plural* Schadenersatz

**dam·age**[2] ['dæmɪdʒ] beschädigen *Gegenstand;* **smoking damages your health** Rauchen schadet der Gesundheit

**damn** [dæm] ① verurteilen; verreißen *Buch, Film*
② **damn someone** jemanden verdammen
③ **damn it!** (*slang*) verdammt!

**damp**[1] [dæmp] feucht

**damp**[2] [dæmp] Feuchtigkeit

**dance**[1] [dɑːns] ① tanzen; **would you like to dance [with me]**? möchtest du [mit mir] tanzen?
② hüpfen; **dance for** [*oder* **with**] **joy** vor Freude tanzen

**dance**[2] [dɑːns] ① Tanz
② Tanzveranstaltung

**dancer** ['dɑːnsəʳ] Tänzer(in)

**dan·druff** ['dændrʌf] Schuppen

**Dane** [deɪn] Däne, Dänin

**dan·ger** ['deɪndʒəʳ] Gefahr (**to** für); **caution, danger!** Achtung, Lebensgefahr!; **in danger** in Gefahr; **out of danger** außer Gefahr

**dan·ger·ous** ['deɪndʒərəs] gefährlich

**dangle** ['dæŋgl] baumeln [lassen]

**Dan·ish**[1] ['deɪnɪʃ] dänisch

**Dan·ish**[2] ['deɪnɪʃ] [das] Dänisch(e)

**dare**[1] [deəʳ] ① es wagen, sich trauen; **don't you dare !** untersteh dich!; **how dare you behave like that!** wie wagst du es, dich so zu verhalten!
② herausfordern; **Go on, I dare you to do it!** na los, mach schon! Sei kein Feigling!

> **? Grammatik** Die verneinte Form von **to dare** ist **dare not**, oder kurz **daren't**. Das darauf folgende Verb steht immer ohne **to**: *Bart daren't tell the truth; He doesn't dare disobey his father.*

**dare**[2] [deəʳ] Herausforderung, Mutprobe

**dark**[1] [dɑːk] ① dunkel, finster; **be home before it gets dark** sei vor Einbruch der Dunkelheit zu Hause
② *Farbe, Haut, Haare:* dunkel; **dark blue** dunkelblau
③ *Laune:* mutlos
④ *Gedanke:* finster; *Stimmung, Aussichten:* düster

**dark**[2] [dɑːk] (*Nacht*) Dunkelheit, Finsternis; **before/after dark** vor/nach Einbruch der Dunkelheit

**darken** ['dɑːkən] dunkel machen *Farbe;* ver-, abdunkeln *Raum; Himmel:* dunkel werden

**dark·ness** ['dɑːknəs] Dunkelheit, Finsternis; **the hall was in complete darkness** im Saal war es stockdunkel

**dar·ling** ['dɑːlɪŋ] Liebling, Schatz

**dart** [dɑːt] ① Pfeil
② **darts** ⚠ *mit Singular* Darts

**dash**[1] [dæʃ] ① sausen; **she dashed out of the house** sie sauste aus dem Haus
② schlagen, prallen; **the boat was dashed**

**against the rocks** das Boot zerschlug gegen die Felsen
3 (*übertragen*) **dash someone's hopes** jemands Hoffnungen zunichte machen

**dash**[2] [dæʃ] 1 **make a dash** losstürzen; **she made a dash for the door** sie stürzte sich zur Tür
2 etwas, ein bisschen; **a dash of lemon juice** ein Schuss Zitronensaft
3 Gedankenstrich

**data** ['deɪtə] *plural* Daten, Angaben

**date**[1] [deɪt] 1 Datum; **what date will he arrive?** wann kommt er an?; **what is the date today?** welches Datum haben wir heute?; **date of birth** Geburtsdatum
2 Termin, Zeitpunkt
3 (*umgangsspr*) Verabredung; **have** [*oder* **make**] **a date** sich verabreden
4 **out of date** *Mode:* altmodisch; **this bread is out of date** das Haltbarkeitsdatum ist bei diesem Brot bereits abgelaufen
5 **up-to-date** auf dem neuesten Stand, aktuell

**date**[2] [deɪt] 1 datieren *Dokumente*
2 **these pots date back to Roman times** diese Töpfe stammen aus römischen Zeiten
3 (*umgangsspr*) **date someone** mit jemandem ausgehen

> i **Land & Leute** Beim **dating** in Amerika gibt es verschiedene Ausdrücke für eine Beziehung. *Seeing each other* heißt, dass zwei sich öfters verabreden, aber trotzdem frei sind, mit anderen Partnern auszugehen. *Going out* heißt, sie sind fest befreundet. Wenn ein Junge an einem Mädchen Interesse hat, fragt er, ob sie mit ihm ausgehen will. *Do you want to go out sometime?* heißt aber nur „Sollen wir uns mal verabreden?“

**date**[3] ['deɪt] Dattel

**daugh·ter** ['dɔːtə<sup>r</sup>] Tochter

**daughter-in-law** ['dɔːtərɪnlɔː] <*plural* daughters-in-law> Schwiegertochter

**dawn**[1] [dɔːn] 1 [Morgen]Dämmerung; **at dawn** bei Tagesanbruch
2 (*übertragen*) Beginn; **at the dawn of a new era** an der Schwelle zu einer neuen Ära

**dawn**[2] [dɔːn] 1 dämmern
2 (*übertragen*) *Idee:* heraufkommen; *Zeitalter:* beginnen, anbrechen
3 **it dawned on me what he meant** es dämmerte mir, was er gemeint hat

**day** [deɪ] 1 Tag; **every day** jeden Tag, täglich; **the day after tomorrow** übermorgen; **the day before yesterday** vorgestern; **the other day** kürzlich, neulich; [**three times**] **a day** [dreimal] täglich; **all day** den ganzen Tag; **from day to day** von Tag zu Tag; **day in, day out** tagein, tagaus; **have a nice day!** [ich wünsche Ihnen] einen schönen Tag!
2 [**in**] **those days** damals; **these days** heute, heutzutage; **one day** eines Tages, einmal; **the present day** die Gegenwart

**daybreak** Tagesanbruch

**day·light** ['deɪlaɪt] Tageslicht

**day·time** Tag; **during the daytime** bei Tage

**dazed** [deɪzd] **she was dazed by the news** sie war durch die Nachricht wie benommen

**dazzle** ['dæzl] blenden

**dead**[1] [ded] 1 tot, verstorben; **shoot someone dead** jemanden erschießen
2 *Feuer:* aus
3 **go dead** *Telefon:* ausfallen
4 **dead slow!** Schritt fahren!
5 (*absolut*) **dead silence** Totenstille; **the dead centre** die genaue Mitte
6 (*umgangsspr*) völlig; **dead tired** todmüde; **be dead against something** völlig gegen etwas sein

**dead**[2] [ded] 1 **the dead** die Toten
2 **in the dead of night** mitten in der Nacht; **in the dead of winter** mitten im Winter

**dead end** [ˌded'end] Sackgasse; **come to a dead end** (*übertragen*) in eine Sackgasse geraten

**dead·line** ['dedlaɪn] letzter Termin, Einsendeschluss; **meet the deadline** den Termin einhalten

**deadly** ['dedlɪ] tödlich

**deaf**[1] [def] taub (**to** für, gegen); **deaf and dumb** taubstumm

**deaf**[2] [def] **the deaf** die Tauben

**deafen** ['defn] taub machen

**deal**[1] [diːl] <dealt> **deal** [**out**] **cards** Karten geben
◆ **deal in they deal in used cars** sie handeln mit Gebrauchtwagen
◆ **deal with** 1 umgehen mit *Beziehungen*
2 handeln *slang;* **they deal with a lot of Asian companies** sie machen mit vielen asiatischen Unternehmen Geschäfte
3 sich kümmern um
4 handeln von; **the film deals with the American civil war** in dem Film geht es um den amerikanischen Bürgerkrieg

**deal**[2] [diːl] Abkommen; **do a deal** zu einer Abmachung kommen; **it's a deal!** abgemacht!

**deal**[3] [diːl] **she saw him a good deal** sie hat ihn

ziemlich oft gesehen; **he's a good deal better than I am** er ist mir um einiges besser

**dealer** ['diːləʳ] ① Händler(in) (**in** mit); **she's an antique dealer** sie handelt mit Antiquitäten ② (USA) (*Börse*) Makler(in)

**dealt** [delt] *2. und 3. Form von* **deal**

**dear**[1] [dɪəʳ] ① lieb, teuer ② (*in der Briefanrede*) liebe(r), sehr geehrte(r); **Dear Mr X,** Sehr geehrter Herr X, ③ kostspielig, teuer

**dear**[2] [dɪəʳ] **oh dear!** oje!, ach du liebe Zeit!

**dear·ly** [dɪəʳlɪ] ① **dearly love to do something** etwas liebend gern tun ② **I love him dearly** ich liebe ihn von ganzem Herzen

**death** [deθ] ① Tod ② Todesfall ③ (*übertragen*) Ende, Vernichtung

**death penalty** Todesstrafe

**death row** (USA) **be on death row** in den Todeszellen sein

**de·bate**[1] [dɪ'beɪt] Debatte, Diskussion

**de·bate**[2] [dɪ'beɪt] **debate something** über etwas diskutieren [*oder* debattieren]

**debit** ['debɪt] belasten; **debit someone's account** jds Konto belasten

**debt** [det] Schuld; **out of debt** schuldenfrei; **be in debt** verschuldet sein; **pay off a debt** eine Schuld abzahlen

**dec·ade** ['dekeɪd] Jahrzehnt, Dekade

**de·caf·fein·ated** [ˌdiː'kæfɪneɪtɪd] *Kaffee:* koffeinfrei

**de·cay** [dɪ'keɪ] ① sich zersetzen; *Essen, Zahn:* schlecht werden ② *Reich, Zivilisation:* untergehen

**de·ceive** [dɪ'siːv] ① täuschen, irreführen *Person* ② *Worte, Geste:* trügen

**De·cem·ber** [dɪ'sembəʳ] Dezember; **in December** im Dezember; **on December 25th** am 25. Dezember

**de·cent** ['diːsnt] anständig

**de·cide** [dɪ'saɪd] beschließen, [sich] entscheiden (**between** zwischen); **decide on** sich entscheiden für; **she's decided against having a party** sie hat beschlossen, keine Party zu geben

**deci·mal** ['desɪml] Dezimal-; **decimal fraction** Dezimalbruch; **decimal point** Komma

**de·ci·sion** [dɪ'sɪʒn] ① Entscheidung (**over** über); **make a decision** eine Entscheidung treffen ② Entschluss; (*von Kommitee*) Beschluss

**de·ci·sive** [dɪ'saɪsɪv] ① entscheidend, ausschlaggebend (**for** für) ② entschlossen

**deck** [dek] ① Deck; **on deck** auf Deck ② **a deck of cards** ein Spiel Karten ③ **tape-deck** Tape-deck ④ **sun deck** (USA) Balkon [zur Sonnenseite]

**deck chair** Liegestuhl

**dec·lar·ation** [ˌdeklə'reɪʃn] Erklärung, Aussage; **give** [*oder* **make**] **a declaration** eine Erklärung abgeben

**de·clare** [dɪ'kleəʳ] ① **declare something** etwas erklären; **declare war** [**on someone**] [jemandem] den Krieg erklären ② angeben, deklarieren *Waren;* **have you anything to declare?** haben Sie etwas zu verzollen?

**de·cline**[1] [dɪ'klaɪn] ① nachlassen, abnehmen, geringer werden ② *Preise:* zurückgehen, sinken, fallen ③ **decline** [**someone's offer**] [jemands Angebot] ablehnen

**de·cline**[2] [dɪ'klaɪn] Rückgang; **decline of the birth rate** Geburtenrückgang; **be on the decline** abnehmen; *von Reich:* Untergang

**dec·or·ate** ['dekəreɪt] ① **decorate something** etwas dekorieren, schmücken, verzieren ② bemalen, tapezieren *Wände, Zimmer*

**dec·ora·tion** [ˌdekə'reɪʃn] Verzierung, Dekoration

**de·crease**[1] [dɪ'kriːs] ① abnehmen; *Menge:* abnehmen, zurückgehen ② *Preis, Wert:* [sich] verringern, reduzieren

**de·crease**[2] ['diːkriːs] Rückgang; *von Gewicht usw.:* Abnahme, Verringerung (**in** an); **on the decrease** im Abnehmen; **decrease in population** Bevölkerungsrückgang

**dedi·cate** ['dedɪkeɪt] **dedicate a book/a building to someone** jemandem ein Buch/ein Gebäude widmen

**de·duct** [dɪ'dʌkt] abziehen (**from** von); einbehalten *Betrag*

**de·duc·tion** [dɪ'dʌkʃn] ① Abzug ② *vom Preis:* Rabatt, Nachlass ③ Schlussfolgerung

**deed** [diːd] Tat

**deep** [diːp] ① tief; **she stood knee-deep in mud** sie stand bis zum Knie im Matsch ② (*extrem*) **deep sleep** Tiefschlaf; **deep green** dunkelgrün; **take a deep breath** tief einatmen; **he was deep in thought** er war in Gedanken verloren ③ [tief]sinnig, tiefgründig

**deep-freeze** [ˌdiːp'friːz] Tiefkühlschrank, Tiefkühltruhe

**deep·ly** ['diːplɪ] [zu]tief[st]; **breathe deeply** atme tief ein; **she was deeply hurt by his**

**remark** sie war durch seine Bemerkung schwer verletzt

**deer** [dɪəʳ] <*plural* deer> Hirsch, Reh; **red deer** Rotwild

**de·feat**[1] [dɪˈfiːt] ① (*im Krieg, Sport*) **defeat someone** jemanden schlagen
② ablehnen *Vorschlag*
③ zunichte machen *Plan*

**de·feat**[2] [dɪˈfiːt] Niederlage; **suffer a defeat** eine Niederlage erleiden; **admit defeat** eine Niederlage gestehen

**de·fect** [ˈdiːfekt] Fehler, Defekt (**in** an)

**de·fence**, USA **defense** [dɪˈfens] ① (*auch beim Sport*) Verteidigung; **in someone's defence** zu jds Rechtfertigung
② Befestigung, Schutzmaßnahme
③ (*juristisch*) Verteidigung

**de·fend** [dɪˈfend] ① (*auch juristisch*) **defend someone** jemanden verteidigen (**against** gegen)
② rechtfertigen *Handeln, Politik*

**de·fend·ant** [dɪˈfendənt] Angeklagte(r)

**de·fense** [dɪˈfens] USA ① (*auch beim Sport*) Verteidigung; **in someone's defence** zu jds Rechtfertigung
② Befestigung, Schutzmaßnahme
③ (*juristisch*) Verteidigung

**de·fens·ive** [dɪˈfensɪv] ① **defensive measures** Schutzmaßnahmen; **defensive weapon** Verteidigungswaffe
② **be defensive** sich rechtfertigen

**de·fiant** [dɪˈfaɪənt] aufsässig; *Antwort:* trotzig

**de·fine** [dɪˈfaɪn] ① **define something** etwas näher bestimmen
② definieren *Wort*
③ **be clearly defined** sich klar abzeichnen

**defi·nite** [ˈdefɪnət] ① bestimmt, sicher; **it's definite that...** es ist sicher, dass...; **for a definite period** für eine bestimmte Zeit
② *Plan:* fest
③ *Aussage:* klar, deutlich
④ **definite article** bestimmter Artikel

**defi·nite·ly** [ˈdefɪnətlɪ] sicherlich; **are you going to accept? — definitely!** wirst du akzeptieren? — na klar!

**defi·ni·tion** [ˌdefɪˈnɪʃn] Definition

**de·frost** [ˌdiːˈfrɒst] ① auftauen *Essen, Tiefkühltruhe*
② enteisen *Windschutzscheibe*

**defy** [dɪˈfaɪ] <defied> **defy someone/something** [sich] jemandem/etwas widersetzen, trotzen

**de·gree** [dɪˈgriː] ① Grad; **it's 25 degrees Celsius** es ist 25 Grad Celsius
② (*Landeskunde*) **degree of latitude** Breitengrad; **degree of longitude** Längengrad
③ Maß; **by degrees** nach und nach, allmählich; **to some degree** einigermaßen
④ **get one's degree** seinen Universitätsabschluss machen; **he has a degree in geography** er ist Diplomgeograph

**de·lay**[1] [dɪˈleɪ] ① **delay doing something** etwas verschieben, aufschieben etwas zu tun; **he delayed writing the letter** er schob den Brief auf
② **delay someone** jemanden aufhalten
③ verspäten *Abfahrt, Ankunft*

**de·lay**[2] [dɪˈleɪ] ① Verzögerung; **without delay** sofort, unverzüglich
② *vom Zug:* Verspätung

**del·egate**[1] [ˈdelɪgət] ① **delegate something** [**to someone**] etwas [an jemanden] delegieren
② erteilen *Vollmacht*

**del·egate**[2] [ˈdelɪgət] Delegierte(r), bevollmächtigte(r) Vertreter(in)

**de·lete** [dɪˈliːt] ① streichen (**from** aus)
② löschen *Daten*

**de·lib·er·ate**[2] [dɪˈlɪbərət] ① bewusst, absichtlich
② bedächtig

**deli·cacy** [ˈdelɪkəsɪ] ① Feinheit, Zartheit
② *der Gesundheit:* Anfälligkeit
③ (*Takt*) Zart-, Feingefühl; **of great delicacy** heikel, schwierig
④ (*Essen*) Delikatesse

**deli·cate** [ˈdelɪkət] ① fein, zart, empfindlich
② *Gesundheit:* anfällig
③ *Situation:* heikel, schwierig
④ (*übertragen*) feinfühlig, zartfühlend
⑤ *Essen:* delikat

**deli·ca·tessen** [ˌdelɪkəˈtesn] Delikatessengeschäft

**de·li·cious** [dɪˈlɪʃəs] *Essen:* köstlich, lecker

**de·light** [dɪˈlaɪt] Freude, Vergnügen; **to my delight** zu meiner Freude

**de·light·ful** [dɪˈlaɪtfl] entzückend, reizend, bezaubernd

**de·liver** [dɪˈlɪvəʳ] ① [ab-, aus]liefern *Ware;* zustellen *Post*
② halten *Rede, Vortrag*

**de·liv·ery** [dɪˈlɪvərɪ] [Aus]Lieferung; *von Post:* Zustellung; **on delivery** bei Lieferung

**de·mand**[1] [dɪˈmɑːnd] ① *Person:* fordern, verlangen; **he demanded to see his lawyer** er verlangte nach seinem Rechtsanwalt
② *Sache:* erfordern, verlangen

**de·mand**[2] [dɪˈmɑːnd] ① Forderung, Verlangen

(**for** nach); **on demand** auf Verlangen
2 (*Geschäft, Industrie*) Bedarf, Nachfrage (**for** nach)
**democ·racy** [dɪ'mɒkrəsɪ] Demokratie
**demo·crat** ['deməkræt] Demokrat(in)
**demo·cratic** [ˌdemə'krætɪk] demokratisch
**de·mol·ish** [dɪ'mɒlɪʃ] niederreißen *Gebäude*
**de·mon·strate** ['demənstreɪt] 1 vorführen *Gerät, Vorrichtung*
2 **demonstrate something** etwas be-, nachweisen; (*mit Experimenten*) etwas zeigen
3 (*politisch*) demonstrieren
**dem·on·stra·tion** [ˌdemən'streɪʃn] 1 Beweis[führung]; *von Gerät:* Vorführung
2 (*politisch*) Demonstration
**dem·on·stra·tor** ['demənstreɪtə^r] (*politisch*) Demonstrant(in)
**de·nial** [dɪ'naɪəl] **give an official denial** [**to something**] [etwas] offiziell dementieren
**denim** ['denɪm] Jeansstoff
**Den·mark** ['denmɑːk] Dänemark
**dense** [dens] dicht, eng
**den·sity** ['densətɪ] Dichte
**dent** [dent] Beule, Delle
**den·tal** ['dentl] Zahn-
**den·tist** ['dentɪst] Zahnarzt, Zahnärztin; **at the dentist**[**'s**] beim Zahnarzt
**deny** [dɪ'naɪ] <denied> 1 bestreiten *Aussage;* (*vor Gericht*) leugnen
2 verweigern, abschlagen *Wunsch*
**de·odor·ant** [diː'əʊdərənt] Deo[dorant]
**de·part** [dɪ'pɑːt] abreisen, wegfahren; *Flugzeug:* abfliegen; **be ready to depart** startbereit sein
**de·part·ment** [dɪ'pɑːtmənt] 1 *von Laden, Firma:* Abteilung
2 Amt; *von Regierung:* Ministerium
3 (*an Universität*) Institut
**department store** Waren-, Kaufhaus
**de·par·ture** [dɪ'pɑːtʃə^r] 1 Abreise, -fahrt, Abflug
2 **departures** ⚠ *plural* Abfahrt, Abflug
3 Abweichen (**from** von)
**de·pend** [dɪ'pend] 1 abhängen, abhängig sein (**on** von); **that** [*oder* **it all**] **depends** das kommt drauf an
2 sich verlassen (**on, upon** auf)
**de·pend·ent** [dɪ'pendənt] abhängig (**on** von); **be dependent on** abhängen von, abhängig sein von
**de·pict** [dɪ'pɪkt] 1 abbilden *Landschaft, Person*
2 schildern, beschreiben *Ort, Zeitalter*
**de·port** [dɪ'pɔːt] ausweisen, abschieben *Immigrant*
**de·port·ation** [ˌdiːpɔː'teɪʃn] Deportation, Abschiebung
**de·pose** [dɪ'pəʊz] absetzen *Regierung* (**from** von)
**de·posit**[1] [dɪ'pɒzɪt] 1 **deposit something** etwas hinlegen, etwas hinstellen; absetzen *Mitfahrer*
2 **deposit money in a bank account** Geld auf ein Konto einzahlen
3 (*geologisch*) ablagern (**on** auf)
**de·posit**[2] [dɪ'pɒzɪt] 1 (*im Bank*) Guthaben; **make a deposit** etwas einzahlen
2 Sicherheit, Kaution; **leave** [*oder* **pay**] **a deposit** eine Anzahlung machen
3 *von Kalk etc.:* Ablagerung
**de·press** [dɪ'pres] **depress someone** jemanden deprimieren, bedrücken
**de·pressed** [dɪ'prest] *Person:* deprimiert, niedergeschlagen
**de·press·ion** [dɪ'preʃn] 1 (*auch medizinisch*) Depression
2 (*wirtschaftlich*) Flaute, Krise; **the Depression** die Weltwirtschaftskrise
**de·prive** [dɪ'praɪv] **deprive someone of something** jemandem etwas entziehen
**depth** [depθ] 1 Tiefe; **at a depth of** in einer Tiefe von
2 **in depth** eingehend, intensiv
**dep·uty** ['depjʊtɪ] 1 Stellvertreter(in)
2 (*politisch*) Delegierte(r)
**der·el·ict** ['derəlɪkt] baufällig, verfallen, verlassen
**de·roga·tory** [dɪ'rɒgətrɪ] abfällig *Bemerkung*
**de·scend** [dɪ'send] herab-, hinabsteigen; hinunter-, heruntergehen *Treppe;* **the lift descended slowly** der Aufzug fuhr langsam nach unten
**de·scend·ant** [dɪ'sendənt] Nachkomme, Abkömmling
**de·scent** [dɪ'sent] 1 *von Person:* Abstieg
2 Abstammung, Herkunft; **she's of Russian descent** sie ist russischer Abstammung
**de·scribe** [dɪ'skraɪb] 1 beschreiben, schildern, darstellen
2 **describe oneself** sich bezeichnen (**as** als)
**de·scrip·tion** [dɪ'skrɪpʃn] 1 Beschreibung, Schilderung
2 Bezeichnung
3 (*umgangsspr*) Sorte; **of every description** jeder Art
**de·sert**[1] [dɪ'zɜːt] 1 verlassen, im Stich lassen *Familie usw.*
2 (*militärisch*) desertieren
**des·ert**[2] ['dezət] 1 Wüste
2 (*übertragen*) Einöde
**desert island** ['dezət aɪlənd] einsame Insel

**de·serve** [dɪ'zɜːv] ① verdienen; **he deserves to be punished** er hat seine Strafe verdient
② (*übertragen*) **deserve a medal** ein Orden verdienen

**de·sign¹** [dɪ'zaɪn] ① Entwurf, Plan
② (*in der Mode*) Muster
③ Konstruktion
④ **by design** mit Absicht, absichtlich

**de·sign²** [dɪ'zaɪn] ① **design something** etwas planen
② entwerfen, konstruieren *Maschine usw.*
③ **this language course is designed for beginners** dieser Sprachkurs ist für Anfänger bestimmt

**de·sign·er** [dɪ'zaɪnəʳ] Designer(in)

**de·sir·able** [dɪ'zaɪərəbl] ① wünschens-, begehrens-, erstrebenswert
② *Person:* begehrenswert

**de·sire¹** [dɪ'zaɪəʳ] ① **desire something** sich etwas wünschen
② begehren, verlangen nach *Person*

**de·sire²** [dɪ'zaɪəʳ] ① Wunsch, Sehnsucht (**for** nach)
② Verlangen, Begehren (**for** nach)

**desk** [desk] ① Schreibtisch
② Rezeption; (*im Hotel*) Empfang; **ask at the information desk** sich bei der Auskunft erkundigen

**des·pair¹** [dɪ'speəʳ] verzweifeln (**of** an); **she despaired of ever seeing him alive again** sie hat die Hoffnung aufgegeben, ihn jemals lebendig wiederzusehen

**des·pair²** [dɪ'speəʳ] Verzweiflung, Hoffnungslosigkeit; **in despair** verzweifelt

**des·per·ate** ['despərət] ① *Person:* verzweifelt
② *Lage:* hoffnungslos, ausweglos
③ (*übertragen*) extrem; **be in desperate need of something** etwas dringend benötigen

**des·per·ation** [ˌdespə'reɪʃn] **in desperation** aus Verzweiflung

**des·pise** [dɪ'spaɪz] **despise someone/something** jemanden verachten/etwas verschmähen

**des·pite** [dɪ'spaɪt] trotz

**des·sert** [dɪ'zɜːt] Nachtisch, Dessert

**des·ti·na·tion** [ˌdestɪ'neɪʃn] *von Waren:* Bestimmung[sort]; *von Person:* Reiseziel; *von Zug:* Zielort

**des·tiny** ['destɪnɪ] Schicksal

**de·stroy** [dɪ'strɔɪ] ① zerstören
② (*übertragen*) zunichte machen *Hoffnungen, Chancen*

**de·struc·tion** [dɪ'strʌkʃn] Zerstörung, Vernichtung

**de·struc·tive** [dɪ'strʌktɪv] zerstörerisch, destruktiv

**de·tached** [dɪ'tætʃt] ① *Meinung:* unvoreingenommen
② *Person:* kühl
③ **detached house** Einfamilienhaus

**de·tail** ['diːteɪl] Detail, Einzelheit; **in detail** im Einzelnen, im Detail; **go into details** auf Einzelheiten eingehen

**de·tailed** ['diːteɪld] ausführlich, detailliert

**de·tect** [dɪ'tekt] **detect something** etwas bemerken; aufdecken *Fehler, Irrtum;* feststellen *Strahlung;* wahrnehmen *Bewegung*

**de·tec·tive** [dɪ'tektɪv] Kriminalbeamte(r), Kriminalbeamtin, Detektiv(in)

**de·ten·tion** [dɪ'tenʃn] ① (*juristisch*) Haft
② (*in der Schule*) Nachsitzen

**de·ter·gent** [dɪ'tɜːdʒənt] Reinigungsmittel; (*für Wäsche*) Waschmittel; (*für Geschirr*) Spülmittel

**de·ter·mi·na·tion** [dɪˌtɜːmɪ'neɪʃn] ① Entschlossenheit
② Bestimmung (**of** von), Festlegung

**de·ter·mine** [dɪ'tɜːmɪn] ① **determine something** etwas beschließen
② festlegen, -setzen *Preis*
③ bestimmen *Datum, Zeit*

**de·ter·mined** [dɪ'tɜːmɪnd] entschlossen

**de·test** [dɪ'test] **detest someone/something** jemanden/etwas verabscheuen

**de·tour** ['diːtʊəʳ] Umleitung

**deuce** [djuːs] (*Tennis*) Einstand

**de·value** [ˌdiː'væljuː] **devalue something** etwas abwerten

**dev·as·tate** ['devəsteɪt] ① verwüsten *Stadt, Land*
② **she was devastated by the news** sie war von den Nachrichten zutiefst geschockt

**de·vel·op** [dɪ'veləp] ① sich entwickeln (**from** aus, **into** zu); entwickeln *Film*
② *Idee:* entfalten, ausweiten
③ bekommen *Krankheit*
④ *Talent:* sich entfalten
⑤ entstehen; **the software has developed a fault** bei der Software ist ein Defekt aufgetreten
⑥ (USA) sich zeigen; **it developed that ...** es stellte sich heraus, dass...

**de·vel·op·ing** [dɪ'veləpɪŋ] **developing country** Entwicklungsland

**de·vel·op·ment** [dɪ'veləpmənt] Entwicklung

**de·vice** [dɪ'vaɪs] Gerät, Vorrichtung

**devil** ['devl] Teufel

**de·vote** [dɪ'vəʊt] widmen *Leben, Energie*

**de·vo·tion** [dɪ'vəʊʃn] Ergebenheit (**to** gegenüber)

**dew** [djuː] Tau

**dia·betes** [ˌdaɪəˈbiːtɪz] ⚠ *mit Singular* Diabetes

**dia·betic**[1] [ˌdaɪəˈbetɪk] Diabetiker(in)

**dia·betic**[2] [ˌdaɪəˈbetɪk] zuckerkrank

**di·ag·nose** [ˈdaɪəgnəʊz] diagnostizieren *Krankheit*

**di·ag·no·sis** [ˌdaɪəgˈnəʊsɪs, *plural* daɪəgˈnəʊsiːz] <*plural* diagnoses> Diagnose

**di·ag·onal** [daɪˈægənl] diagonal

**dia·gram** [ˈdaɪəgræm] grafische Darstellung; (*Mathematik*) Diagramm

**dial**[1] [ˈdaɪəl] ① (*Telefon*) Wählscheibe
② (*Radio, TV*) [Einstell]Skala
③ (*Uhr*) Zifferblatt

**dial**[2] [ˈdaɪəl] <dialled> wählen; **dial direct** durchwählen

**dia·lect** [ˈdaɪəlekt] Dialekt, Mundart

**dial·ling code** [ˈdaɪəlɪŋkəʊd] Vorwahlnummer

**dial·ling tone** [ˈdaɪəlɪŋtəʊn] Amtszeichen, Wählton

**dia·logue**, USA **dia·log** [ˈdaɪəlɒg] Dialog

**di·am·eter** [daɪˈæmɪtəʳ] Durchmesser; **be one metre in diameter** einen Durchmesser von einem Meter haben

**dia·mond** [ˈdaɪəmənd] ① Diamant
② (*Figur*) Rhombus
③ (*Spielkarten*) Karo

**dia·per** [ˈdaɪəpəʳ] USA Windel

**di·ar·rhoea**, USA **di·ar·rhea** [ˌdaɪəˈrɪə] Durchfall

**diary** [ˈdaɪərɪ] ① Tagebuch
② Terminkalender

**dice** [daɪs] ① Würfel
② **no dice!** USA (*umgangsspr*) keine Chance!

**dic·tate** [dɪkˈteɪt] ① diktieren *Brief*
② **dictate to someone** jemandem Vorschriften machen

**dic·ta·tion** [dɪkˈteɪʃn] (*in der Schule, im Büro*) Diktat

**dic·ta·tor** [dɪkˈteɪtəʳ] Diktator(in)

**dic·ta·tor·ship** [dɪkˈteɪtəʳʃɪp] Diktatur

**dic·tion·ary** [ˈdɪkʃənrɪ] Wörterbuch

**did** [dɪd] *2. Form von* **do**

**didn't** [dɪdnt] *Kurzform von* **did not**

**die** [daɪ] <died> ① sterben (**of** an); **die of hunger** verhungern; **be dying** im Sterben liegen
② *Liebe:* vergehen, erlöschen
③ *Sitte:* aussterben
▸ IN WENDUNGEN: **be dying to do something** etwas unbedingt tun wollen
◆ **die away** nachlassen; *Wind, Lärm, Ärger:* sich legen
◆ **die out** aussterben

**die·sel** [ˈdiːzl] ① **diesel** [**engine**] Dieselmotor
② Dieselkraftstoff

**diet**[1] [ˈdaɪət] ① Nahrung
② Diät; **put someone on a diet** jemandem eine Diät verordnen; **he is on a diet** er macht eine Abmagerungskur

**diet**[2] [ˈdaɪət] Diät leben; (*zum Abnehmen*) eine Abmagerungskur machen

**dif·fer** [ˈdɪfəʳ] ① (*in Aussehen, Wesen*) sich unterscheiden
② **we differ on this point** über diesen Punkt sind wir verschiedener Meinung; **agree to differ** verschiedene Meinungen zugestehen

**dif·fer·ence** [ˈdɪfrəns] ① Unterschied (**between** zwischen); **difference in age** Altersunterschied; **does it make any difference if ...?** macht es was aus, wenn ...?
② *von Preis, Summe:* Differenz; **pay the difference** den Rest bezahlen
③ **differences** [**of opinion**] Meinungsverschiedenheiten
④ **what's the difference?** (*umgangsspr*) was macht das schon?; **it makes no difference to me, whether ...** es ist mir egal, ob ...

**dif·fer·ent** [ˈdɪfrənt] ① andere(r, s), anders (**from, to, than** als); **let's do something completely different** lass uns etwas ganz anderes machen
② verschieden, unterschiedlich; **in what way are they different?** wie unterscheiden sie sich?

**dif·fi·cult** [ˈdɪfɪkəlt] ① schwer, schwierig
② *Person:* schwierig

**dif·fi·culty** [ˈdɪfɪkəltɪ] ① Schwierigkeit; **she had difficulty in understanding him** sie hatte Schwerigkeiten, ihn zu verstehen; **with difficulty** mit Mühe
② **be in difficulties** Schwierigkeiten haben; **get into difficulties** in Schwierigkeiten geraten

**dig** [dɪg] <dug> ausgraben; graben *Loch*
◆ **dig out** ① **dig something out** etwas ausgraben
② (*umgangsspr*) **have you dug out that photo yet?** hast du das Foto schon gefunden?
◆ **dig up** ① aufwühlen, umgraben *Erde, Garten*
② (*übertragen*) ausgraben *Vergangenheit*

**di·gest** [dɪˈdʒest, daɪˈdʒest] verdauen *Essen*

**di·ges·tion** [dɪˈdʒestʃən] Verdauung

**digit** [ˈdɪdʒɪt] (*mathematisch*) Ziffer

**digi·tal** [ˈdɪdʒɪtl] digital

**dig·nity** [ˈdɪgnətɪ] Würde

**dike** [daɪk] Deich, Damm

**di·lute** [daɪˈluːt] ① **dilute something** etwas verdünnen (**to** auf)
② (*übertragen*) abschwächen, mildern *Effekt*

**dim** [dɪm] ① *Licht:* schwach, dunkel

(2) *Erinnerung:* blass, verschwommen

**di·men·sion** [dɪ'menʃn, daɪ'menʃn] (1) (*auch mathematisch*) Dimension
(2) Abmessung
(3) **dimensions** *plural* Ausmaße

**dim·in·ish** [dɪ'mɪnɪʃ] nachlassen, [sich] verringern

**dine** [daɪn] speisen; **dine out** auswärts speisen

**diner** ['daɪnəʳ] (USA) Diner

> **i Land & Leute** In den USA ist ein **diner** eine Art Restaurant, das eine Theke und Nischen statt normalen Tischen hat. Ursprünglich hatten die Diners in den 50er Jahren Hamburger, Pommes und ähnliches Fastfood auf der Speisekarte. Heute sind sie dafür bekannt, dass dort die Speisekarte „so lang wie ein Roman" ist und sie auch Sandwiches, Steaks, Hähnchen und Eiergerichte anbieten. Da viele Diners von griechischen Einwanderern betrieben werden, gibt es dort auch griechische Spezialitäten.

**din·ghy** ['dɪŋgɪ] Ding(h)i

**dining room** ['daɪnɪŋruːm] Ess-, Speisezimmer

**din·ner** ['dɪnəʳ] Hauptmahlzeit, [Mittag-/Abend]Essen; **after dinner** nach dem Essen; **at dinner** beim Essen; **for dinner** zum [Mittag-/Abend]Essen; **ask someone to dinner** jemanden zum [Mittag-/Abend]Essen einladen

**dinner jacket** Smoking

**dino·saur** ['daɪnəsɔːʳ] Dinosaurier

**dip**[1] [dɪp] (1) (*Soße*) Dip
(2) (*schwimmen*) **go for a dip** baden gehen

**dip**[2] [dɪp] <dipped> (1) **dip something** etwas [ein]tauchen (**in** in)
(2) abblenden *Scheinwerfer*
◆ **dip into** (1) **dip into something** in etwas greifen
(2) **dip into one's savings** seine Ersparnisse angreifen
(3) **dip one's toe[s] into the water** das Wasser probieren

**di·ploma** [dɪ'pləʊmə] Diplom (**in** in)

**diplo·mat** ['dɪpləmæt] Diplomat(in)

**diplo·matic** [ˌdɪplə'mætɪk] diplomatisch

**di·rect**[1] [dɪ'rekt] (1) direkt
(2) unmittelbar
(3) *Zug:* durchgehend, direkt; **direct flight** Direktflug
(4) *Bemerkung:* offen, deutlich

**di·rect**[2] [dɪ'rekt, daɪ'rekt] (1) **direct something** etwas richten (**towards** auf); **could you direct me to the station, please?** könnten Sie mir bitte sagen wo der Bahnhof ist?
(2) leiten *Organization*
(3) Regie führen bei *Film*
(4) dirigieren, leiten *Orchester*
(5) (*Medicament*) **as directed** wie verordnet

**di·rec·tion** [dɪ'rekʃn] (1) Richtung
(2) Leitung, Führung; **under the direction of** unter [der] Leitung von
(3) (*Theater, Film*) Regie
(4) **directions** ⚠ *plural* Wegbeschreibung; **directions for use** Gebrauchsanweisung

**di·rect·ly** [dɪ'rektlɪ] (1) direkt
(2) sofort, gleich
(3) sobald wie

**di·rec·tor** [dɪ'rektəʳ] (1) Direktor(in), Leiter(in)
(2) (*Theater, Film*) Regisseur(in)

**di·rec·tory** [dɪ'rektərɪ] **telephone directory** Telefonbuch

**directory enquiries** *plural* Telefonauskunft

**dirt** [dɜːt] (*auch übertragen*) Schmutz, Dreck

**dirty** ['dɜːtɪ] (1) schmutzig, verschmutzt
(2) *Witz:* unflätig, zotig

**dis·abil·ity** [ˌdɪsə'bɪlətɪ] Behinderung

**dis·abled**[1] [dɪs'eɪbld] *Person:* behindert; **disabled person** Behinderte(r)

**dis·abled**[2] [dɪs'eɪbld] **the disabled** die Behinderten

**dis·ad·van·tage** [ˌdɪsəd'vɑːntɪdʒ] Nachteil; **at a disadvantage** im Nachteil; **to someone's disadvantage** zu jds Nachteil; **put someone at a disadvantage** jemanden benachteiligen

**dis·agree** [ˌdɪsə'griː] (1) nicht übereinstimmen (**with** mit), nicht einverstanden sein
(2) eine Meinungsverschiedenheit haben

**dis·agree·able** [ˌdɪsə'griːəbl] (1) unangenehm
(2) *Person:* unsympathisch

**dis·agree·ment** [ˌdɪsə'griːmənt] (1) Meinungsverschiedenheit
(2) Uneinigkeit

**dis·ap·pear** [ˌdɪsə'pɪəʳ] verschwinden (**from** von, aus)

**dis·ap·pear·ance** [ˌdɪsə'pɪərəns] Verschwinden

**dis·ap·point** [ˌdɪsə'pɔɪnt] enttäuschen

**dis·ap·pointed** [ˌdɪsə'pɔɪntɪd] enttäuscht; **she was very disappointed with you** sie war von dir sehr enttäuscht

**dis·ap·point·ing** [ˌdɪsə'pɔɪntɪŋ] enttäuschend

**dis·ap·point·ment** [ˌdɪsə'pɔɪntmənt] Enttäuschung

**dis·ap·prove** [ˌdɪsə'pruːv] dagegen sein; **disapprove of someone/something** jemanden ablehnen/etwas missbilligen

**dis·as·ter** [dɪ'zɑːstəʳ] (1) Katastrophe; **disaster**

D d

**area** Katastrophengebiet
2 (*übertragen*) Fiasko
**dis·as·trous** [dɪ'zɑːstrəs] katastrophal, verheerend
**disc**, USA **disk** [dɪsk] 1 (*Computer*) **disk** Diskette; (*hard disk*) Festplatte
2 Scheibe
3 (*Rückgrat*) Bandscheibe
4 CD
**dis·charge** [dɪs'tʃɑːdʒ] 1 entlassen *Patienten*
2 ausströmen lassen *Gas*
3 freisprechen *Angeklagte(r)*
**dis·ciple** [dɪ'saɪpl] Jünger
**dis·ci·pline**[1] ['dɪsɪplɪn] 1 Disziplin
2 (*Universität*) Lehrfach
**dis·ci·pline**[2] ['dɪsɪplɪn] **discipline someone** jemanden disziplinieren, jemanden bestrafen
**disc jockey** ['dɪskdʒɒkɪ] Diskjockey
**disco** ['dɪskəʊ] <*plural* discos> Disko
**dis·con·nect** [ˌdɪskə'nekt] 1 trennen *Verbindung* (**from** von); (*technisch*) auskuppeln
2 aus-, abschalten *Elektrizität*
3 abstellen *Telefon, Wasser*
**dis·count**[1] ['dɪskaʊnt] Nachlass, Rabatt (**on** auf); **at a discount** auf Rabatt
**dis·count**[2] ['dɪskaʊnt] nachlassen
**dis·cour·age** [dɪ'skʌrɪdʒ] 1 **discourage someone** jemanden entmutigen
2 **discourage someone from doing something** jemanden davon abhalten etwas zu tun
**dis·cover** [dɪ'skʌvəʳ] **discover something** etwas entdecken, etwas finden; (*nach Suche*) etwas ausfindig machen
**dis·covery** [dɪ'skʌvərɪ] Entdeckung
**dis·creet** [dɪ'skriːt] diskret, rücksichtsvoll
**dis·crimi·nate discriminate against someone** (*wegen Hautfarbe*) jemanden diskriminieren [*oder* benachteiligen]
**dis·crimi·na·tion** [dɪˌskrɪmɪ'neɪʃn] Diskriminierung; **racial discrimination** Rassendiskriminierung
**dis·cuss** [dɪ'skʌs] **discuss something** etwas diskutieren, besprechen
**dis·cussion** [dɪ'skʌʃn] Diskussion; **be under discussion** zur Diskussion stehen
**dis·ease** [dɪ'ziːz] Krankheit
**dis·eased** [dɪ'ziːzd] krank
**dis·em·bark** [ˌdɪsɪm'bɑːk] von Bord gehen
**dis·grace**[1] [dɪs'greɪs] 1 Ungnade
2 Schande (**to** für); **be in disgrace** in Ungnade sein
**dis·grace**[2] [dɪs'greɪs] 1 **disgrace someone** Schande über jemanden bringen
2 **disgrace oneself** sich blamieren
**dis·grace·ful** [dɪs'greɪsfl] schändlich, skandalös
**dis·guise**[1] [dɪs'gaɪz] 1 **disguise oneself** sich verkleiden (**as** als); verstellen *Stimme*
2 verbergen *Irrtum*
**dis·guise**[2] [dɪs'gaɪz] Verkleidung, Verstellung; **in disguise** verkleidet, maskiert
**dis·gust**[1] [dɪs'gʌst] Ekel (**at** vor)
**dis·gust**[2] [dɪs'gʌst] 1 **disgust someone** jemanden anekeln
2 **be disgusted with someone** über jemanden empört sein
**dis·gust·ing** [dɪs'gʌstɪŋ] ekelhaft, widerlich
**dish** [dɪʃ] 1 Schüssel, Schale
2 Gericht, Speise; **dish of the day** Tagesgericht
3 **dishes** ⚠ *plural* Geschirr; **do the dishes** Geschirr spülen
4 **satellite dish** Satellitenschlüssel
**dis·hon·est** [dɪs'ɒnɪst] unehrlich
**dis·hon·our**, USA **dis·honor** [dɪs'ɒnəʳ] Schande, Unehre
**dish·washer** Geschirrspülmaschine
**dis·in·fec·tant** [ˌdɪsɪn'fektənt] Desinfektionsmittel
**dis·in·te·grate** [dɪs'ɪntɪgreɪt] auflösen, zerfallen
**dis·in·ter·ested** [dɪs'ɪntrəstɪd] 1 desinteressiert
2 unparteiisch, unvoreingenommen
**disk** [dɪsk] USA → **disc**
**disk drive** Diskettenlaufwerk
**diskette** [dɪs'kæt] Diskette
**dis·like**[1] [dɪs'laɪk] nicht gern haben; **dislike doing something** etwas ungern tun
**dis·like**[2] [dɪs'laɪk] Abneigung (**of, for** gegen); **take a dislike to something** eine Abneigung gegen etwas entwickeln
**dis·may** [dɪs'meɪ] Bestürzung; **in dismay** bestürzt
**dis·miss** [dɪs'mɪs] entlassen *Angestellte(r)*
**dis·obedi·ent** [ˌdɪsə'biːdjənt] ungehorsam
**dis·obey** [ˌdɪsə'beɪ] 1 **disobey someone** jemandem nicht gehorchen
2 sich widersetzen *Befehl*
**dis·order** [dɪs'ɔːdəʳ] Unordnung, Durcheinander; **in disorder** durcheinander
**dis·or·gan·ize** [ˌdɪs'ɔːgənaɪz] **disorganize something** etwas durcheinander bringen
**dis·patch** [dɪ'spætʃ] abschicken, -senden *Brief, Paket*
**dis·penser** [dɪ'spensəʳ] (*Automat*) Spender; **cash dispenser** Geldautomat
**dis·play**[1] [dɪ'spleɪ] 1 [offen] zeigen, ausstellen *Waren, Bilder*
2 demonstrieren *Macht*

3 *Computer:* anzeigen

**dis·play²** [dɪ'spleɪ] 1 Ausstellung; **be on display** ausgestellt sein
2 (*Geschäft*) Auslage
3 *vom Computer:* Display, Anzeige
4 Zurschaustellung; **make a display of one's feelings** seine Gefühle zur Schau stellen

**dis·please** [dɪs'pliːz] 1 **displease someone** jemandem missfallen
2 verstimmen; **be displeased with someone** über jemanden verärgert sein

**dis·pos·able** [dɪ'spəʊzəbl] wegwerfbar, Einweg-; **disposable nappy** Wegwerfwindel

**dis·posal** [dɪ'spəʊzl] Beseitigung, Entsorgung; **waste-disposal unit** Müllschlucker

**dis·pose of** beseitigen, entsorgen *Müll*

**dis·prove** [ˌdɪs'pruːv] widerlegen *Beweis, Theorie*

**dis·pute¹** [dɪ'spjuːt] streiten (**with, against** mit, **on, about** über); **dispute something** sich über etwas streiten

**dis·pute²** ['dɪspjuːt, dɪ'spjuːt] Meinungsverschiedenheit; **industrial dispute** Arbeitskonflikt

**dis·quali·fi·ca·tion** [dɪsˌkwɒlɪfɪ'keɪʃn] 1 Disqualifizierung
2 (*Sport*) Ausschluss

**dis·qual·ify** [dɪs'kwɒlɪfaɪ] disqualifizieren, ausschließen *Spieler* (**from** von)

**dis·re·gard¹** [ˌdɪsrɪ'gɑːd] 1 nicht beachten, ignorieren *Rat, Verwarnung*
2 missachten *Gefahr*

**dis·re·gard²** [ˌdɪsrɪ'gɑːd] 1 Nichtbeachtung
2 Missachtung
3 Geringschätzung; **she showed a total disregard for his feelings** ihr waren seine Gefühle völlig egal

**dis·repu·table** [dɪs'repjʊtəbl] verrufen, anrüchig

**dis·re·pute** [ˌdɪsrɪ'pjuːt] schlechter Ruf

**dis·re·spect** [ˌdɪsrɪ'spekt] Respektlosigkeit (**to** gegenüber)

**dis·rupt** [dɪs'rʌpt] stören *Klasse, Sitzung*

**dis·rup·tion** [dɪs'rʌpʃn] Störung, Unterbrechung

**dis·sat·is·fac·tion** [ˌdɪsˌsætɪs'fækʃn] Unzufriedenheit (**with** mit)

**dis·sat·is·fied** [dɪs'sætɪsfaɪd] unzufrieden (**with** mit)

**dis·solve** [dɪ'zɒlv] auflösen *Tablette;* **it dissolves in water** es löst sich im Wasser auf

**dis·tance** ['dɪstəns] 1 Entfernung, Distanz; **at** [*oder* **from**] **a distance** von fern, von weitem; **in the distance** in der Ferne; **it's within walking distance** es ist zu Fuß erreichbar
2 Strecke
3 Abstand; **keep one's distance** Abstand halten; **keep someone at a distance** jemanden auf Distanz halten

**dis·tant** ['dɪstənt] 1 weit entfernt, fern; **in the distant future** in ferner Zukunft
2 *Verwandte(r):* weitläufig, entfernt
3 (*übertragen*) zurückhaltend

**dis·tinct** [dɪ'stɪŋkt] 1 deutlich, ausgeprägt
2 verschieden; **as distinct from** im Unterschied zu
3 (*übertragen*) eigen, individuell

**dis·tinc·tion** [dɪ'stɪŋkʃn] 1 Unterscheidung, Unterschied; **make a distinction between** einen Unterschied machen zwischen
2 Auszeichnung; **of distinction** ausgezeichnet, von Rang

**dis·tinc·tive** [dɪ'stɪŋktɪv] charakteristisch, unverwechselbar

**dis·tin·guish** [dɪ'stɪŋgwɪʃ] 1 erkennen
2 **distinguish between people/things** zwischen Personen/Dinge unterscheiden
3 **distinguish blue from green** Blau und Grün auseinander halten
4 **distinguish oneself** sich auszeichnen

**dis·tin·guished** [dɪ'stɪŋgwɪʃt] 1 hervorragend
2 vornehm

**dis·tract** [dɪ'strækt] ablenken

**dis·trac·tion** [dɪ'strækʃn] Ablenkung, Störung

**dis·tress** [dɪ'stres] 1 Kummer, Verzweiflung; **be in great distress** sehr leiden
2 Elend, Not; **a plane in distress** ein Flugzeug in Not

**dis·trib·ute** [dɪ'strɪbjuːt] 1 verteilen (**to** an, **among** unter)
2 vertreiben *Waren*

**dis·tribu·tion** [ˌdɪstrɪ'bjuːʃn] 1 Verteilung, Zuteilung
2 (*geschäftlich*) Vertrieb

**dis·trict** ['dɪstrɪkt] 1 (*von Land*) Gebiet, Land[strich]
2 (*von Stadt*) [Stadt]Viertel
3 [Verwaltungs]Bezirk

**district attorney** USA Bezirksanwalt, -anwältin

**dis·trust¹** [dɪs'trʌst] Misstrauen (**of, towards** gegen)

**dis·trust²** [dɪs'trʌst] **distrust someone** jemandem misstrauen

**dis·turb** [dɪ'stɜːb] 1 stören; **do not disturb!** bitte nicht stören!; **sorry to disturb you, but …** entschuldigen Sie bitte die Störung, aber …
2 beunruhigen; **he was disturbed by what she said** was sie gesagt hat, hat ihn beunruhigt

**dis·turb·ance** [dɪ'stɜːbəns] 1 Störung

2 **disturbances** *plural* Unruhen
**dis·turb·ing** [dɪ'stɜːbɪŋ] beunruhigend
**ditch** [dɪtʃ] Graben
**dive**[1] [daɪv] <dived *oder* (USA) dove, dived> 1 einen Kopfsprung machen (**into** in)
2 tauchen (**into** in)
◆ **dive in** hineinspringen
**dive**[2] [daɪv] 1 Kopfsprung
2 Tauchgang
3 (*von Flugzeug*) Sturzflug
**diver** ['daɪvəʳ] Taucher(in)
**di·verse** [daɪ'vɜːs] verschieden[artig]
**di·ver·sion** [daɪ'vɜːʃn] 1 Umleitung
2 (*übertragen*) Ablenkung
**di·ver·sity** [daɪ'vɜːsətɪ] Vielfalt
**di·vert** [daɪ'vɜːt] 1 umleiten *Verkehr;* **the plane has diverted** das Flugzeug wurde umgeleitet
2 ablenken; **he tried to divert her from the topic** er versuchte sie vom Thema abzulenken
**di·vide** [dɪ'vaɪd] 1 sich teilen, sich gliedern; **divide something** etwas teilen (**into** in); **divide in half** halbieren; **be divided into** sich gliedern in
2 auf-, verteilen *Geld*
3 **she divided the class into three groups** sie trennte die Klasse in drei Gruppen
4 (*mathematisch*) dividieren; **you can't divide 25 by 3** 25 lässt sich nicht durch 3 dividieren
5 (*übertragen*) entzweien *Familie, Partei;* **be divided over something** über etwas verschiedener Meinung sein

> **? Grammatik** Welche Präpositionen man mit dem Verb **divide** anwendet, hängt davon ab, unter wie vielen Personen man etwas teilt. Bei mehr als zwei Personen wird **among** gebraucht: *the teacher divided the textbooks among the pupils.* Bei nur zwei Personen wird hingegen **between** gebraucht: *Her money was divided between her two sons.*

◆ **divide out divide something out** etwas aufteilen (**among** unter)
◆ **divide up** 1 **divide up a cake** einen Kuchen aufteilen; **the flat is divided up into three rooms** die Wohnung ist in drei Zimmer aufgeteilt
2 **the pupils divided up into groups of three** die Schüler teilten sich in Dreiergruppen ein
**div·ing** ['daɪvɪŋ] Tauchen
**di·vi·sion** [dɪ'vɪʒn] 1 [Ein-, Ver]Teilung; **division of labour** Arbeitsteilung
2 (*mathematisch*) Division
3 (*in einer Firma*) Abteilung
4 (*Fußball*) Liga
**di·vorce**[1] [dɪ'vɔːs] [Ehe]Scheidung
**di·vorce**[2] [dɪ'vɔːs] **get divorced** sich scheiden lassen; **he divorced his wife** er ließ sich von seiner Frau scheiden
**DIY** *Abkürzung von* **do-it-yourself** Heimwerken
**dizzy** ['dɪzɪ] schwind(e)lig; **somebody feels dizzy** jemandem ist schwindlig

> **? Grammatik** Die unregelmäßigen Vergangenheitsformen von **do** lauten **did — done:** *Bill* **did** *the washing-up; what* **have** *you* **done** *to your hair?*

**do** [duː] <does, did, done> 1 tun, machen; **what are you doing now?** was machst du nun?
2 (*ausführen*) **do the housework** die Hausarbeit tun; **do the shopping** einkaufen gehen; **what can I do for you?** was kann ich für Sie tun?
3 durchnehmen, behandeln *Themen*
4 lösen *Rätsel*
5 (*richten*) **do one's hair** sich frisieren
6 fahren, machen *Geschwindigkeit, Entfernung;* **I do twenty lengths of the pool every morning** ich schwimme zwanzig Bahnen jeden morgen
7 vorbereiten *Essen;* **we don't do meals for small children** wir haben kein Essen für Kleinkinder
8 vorankommen; **do well/badly at school** gut/schlecht in der Schule sein
9 **how are you doing?** wie geht es Ihnen?
10 reichen; **that'll do!** jetzt reicht's aber!
11 *zur Bildung von Fragen* **do you understand?** verstehen Sie?; *zur Bildung von verneinten Sätzen;* **I do not** [*oder* **don't**] **understand** ich verstehe nicht
12 *um die Wiederholung des Verbs zu vermeiden* **you speak better Italian than I do** Sie sprechen besser Italienisch als ich
13 *zur Bestätigung* **he lives in London, doesn't he?** er lebt doch in London?; **you don't know him, do you?** Sie kennen ihn nicht, oder?

> **? Grammatik** Die verneinten Formen von **to do** sind **do not** oder kurz **don't; does not** oder kurz **doesn't; did not** oder kurz **didn't**: *I don't know; John doesn't like football; Susan didn't go swimming, did she?*

◆ **do up** 1 **do a zip up** einen Reißverschluss zumachen
2 zusammenpacken *Paket*
◆ **do with** 1 brauchen; **I could do with a cup**

**of tea** ich könnte eine Tasse Tee vertragen
2 **what has that got to do with it?** was hat das damit zu tun?
◆ **do without** 1 **do without something** ohne etwas auskommen
2 (*umgangsspr*) **I can do without his criticism** ich kann auf seine Kritik verzichten

**dock**[1] [dɒk] 1 Dock, Kai
2 **docks** ⚠ *plural* Hafen

**dock**[2] [dɒk] *Schiff:* anlegen

**doc·tor** ['dɒktəʳ] 1 Arzt, Ärztin, Doktor(in); **go to the doctor** zum Arzt gehen
2 (*Person mit akademischer Grad*) Doktor

**doc·tor·ate** ['dɒktərət] Doktorgrad

**docu·ment** ['dɒkjʊmənt] Urkunde, Dokument

**docu·men·tary** [ˌdɒkjʊ'mentərɪ] Dokumentarfilm

**dodge** [dɒdʒ] ausweichen *Schlag, Ball, Frage;* sich drücken vor *Arbeit;* umgehen *Steuer*

**dodgy** ['dɒdʒɪ] (*umgangsspr*) 1 *Fußgelenk, Knie, Rücken etc.:* schwach
2 *Situation:* verzwickt
3 *Maschine:* nicht einwandfrei

**does** [dʌz] *3. Person Singular Präsens von* **do**

**doesn't** ['dʌznt] *Kurzform von* **does not**

**dog** [dɒg] Hund

**dole** [dəʊl] (*umgangsspr*) Stempelgeld; **be on the dole** stempeln gehen

**doll** [dɒl] Puppe

**dol·lar** ['dɒləʳ] Dollar

**dol·phin** ['dɒlfɪn] Delfin, Delphin

**dome** [dəʊm] Kuppel

**do·mes·tic** [də'mestɪk] 1 häuslich; **domestic appliance** Haushaltsgerät
2 (*politisch, wirtschaftlich*) Innen-, Binnen-; **domestic flight** Inlandsflug
3 **domestic animals** Haustiere

**domi·nant** ['dɒmɪnənt] [be]herrschend, bestimmend

**domi·nate** ['dɒmɪneɪt] dominieren; **dominate someone/something** jemanden/etwas beherrschen

**do·nate** [dəʊ'neɪt] spenden *Organe;* spenden, stiften *Geld*

**do·na·tion** [dəʊ'neɪʃn] 1 Stiften
2 Spende

**done** [dʌn] *3. Form von* **do**

**don·key** ['dɒŋkɪ] Esel

**do·nor** ['dəʊnəʳ] Spender(in)

**don't** [dəʊnt] *Kurzform von* **do not**

**door** [dɔːʳ] Tür, Eingang; **next door** nebenan; **who's that at the door?** wer ist an der Tür?; **I'll show you to the door** ich begleite Sie hinaus

**door·bell** ['dɔːbel] Türklingel

**door·step** ['dɔːstep] Türstufe

**door·way** ['dɔːweɪ] 1 Eingang
2 (*übertragen*) Weg

**dope**[1] [dəʊp] (*umgangsspr*) Marihuana; (*allgemeines Rauschgift*) Stoff

**dope**[2] [dəʊp] 1 dopen *Pferde, Sportler*
2 **dope a drink** einem Getränk ein Betäubungsmittel untermischen

**dor·mi·tory** ['dɔːmɪtrɪ] 1 Schlafsaal
2 (USA) [Studenten]Wohnheim

**dose** [dəʊs] Dosis; **in small doses** in kleinen Mengen

**dot** [dɒt] 1 Punkt, Pünktchen
2 **on the dot** auf die Minute

**dou·ble**[1] ['dʌbl] 1 doppelt, zweifach; **see double** doppelt sehen
2 Doppel-

**dou·ble**[2] ['dʌbl] 1 [das] Doppelte, [das] Zweifache
2 Doppelgänger(in)

**dou·ble**[3] ['dʌbl] [sich] verdoppeln
◆ **double up** **double up with laughter** sich vor Lachen krümmen

**dou·ble bed** Doppelbett

**dou·ble-decker** Doppeldecker

**dou·ble glazing** Doppelfenster

**dou·bles** ['dʌblz] *singular oder plural* (*Sport*) Doppel

**doubt**[1] [daʊt] Zweifel (**about** an); **without** [**a**] **doubt** ohne Zweifel; **beyond** [**all**] **doubt** ohne [jeden] Zweifel; **have no doubt about sth** etwas nicht bezweifeln

**doubt**[2] [daʊt] **doubt something** etwas bezweifeln; **she doubted him** sie zweifelte an ihm; **I doubt whether he will come** ich bezweifle, dass er kommen wird

**doubt·ful** ['daʊtfl] unsicher, zweifelhaft; **be doubtful about something** an etwas zweifeln

**doubt·less** ['daʊtlɪs] ohne Zweifel, zweifellos

**dough** [dəʊ] Teig

**dough·nut** ['dəʊnʌt] Berliner

**dove**[1] [dʌv] Taube

**dove**[2] [doʊv] (USA) *2. Form von* **dive**

**down** [daʊn] 1 her-, hinunter, nach unten; **head down** mit dem Kopf nach unten; **up and down** auf und ab; **go down the hill** den Berg hinuntergehen; **he was walking down the street** er ging die Straße entlang
2 (*statische Position*) unten; **down there** da unten
3 (*an einem anderen Punkt*) **on the way down from London** auf dem Weg von London hierher;

**down South** im Süden; **he lives down the street** er wohnt ein Stückchen weiter die Straße entlang
④ (*Computer*) ausgefallen
⑤ (*im Volumen, in der Menge*) **the price of fruit is down** die Obstpreise sind gefallen
⑥ (*in der Stärke*) **the wind died down** der Wind legte sich
⑦ **write something down** etwas aufschreiben
⑧ (*angemeldet*) **be down for the next race** für das nächste Rennen gemeldet sein
► IN WENDUNGEN: **ups and downs** gute und schlechte Zeiten

**down·fall** ['daʊnfɔːl] ① Sturz
② (*übertragen*) Ruin

**down·hill** [ˌdaʊn'hɪl] bergab, abwärts; **go downhill** bergab gehen

**down·load** herunterladen, downloaden *Programm, Daten*

**down·stairs** [ˌdaʊn'steəz] ① die Treppe hinunter; **your slippers are downstairs** deine Pantoffeln sind unten
② Parterre-; **the downstairs rooms** die unteren Zimmer

**down·stream** [ˌdaʊn'striːm] stromabwärts

**down·town** ['daʊntaʊn] (USA) **go downtown** in die Innenstadt gehen; **downtown LA** LA Innenstadt

**down·ward** ['daʊnwəd] nach unten; **lie face downward** [*oder* **downwards**] mit dem Gesicht nach unten liegen

**doze** [dəʊz] [vor sich hin] dösen
◆ **doze off** einnicken

**dozen** ['dʌzn] Dutzend; **dozens of times** x-mal, tausendmal

**draft**[1] [drɑːft] ① Skizze, Entwurf
② (USA) Einberufung zum Wehrdienst

**draft**[2] [drɑːft] ① skizzieren, entwerfen *Plan, Vertrag*
② (USA) einziehen *Wehrpflichtige*

**drafty** (USA) zugig

**drag** [dræg] <dragged> ① schleppen; **drag one's feet** [mit den Füßen] schlurfen
② (*Computer*) [mit der Maus] ziehen
③ *Zeit:* sich hinziehen
◆ **drag away drag one's eyes away from the television** die Augen vom Fernsehen losreißen

**dragon** ['drægən] Drache

**drain**[1] [dreɪn] ① Rohr, Abflussrohr
② **drains** ⚠ *plural* Kanalisation

**drain**[2] [dreɪn] ablaufen; ableiten *Wasser;* entwässern, trockenlegen *Land;* abtropfen lassen *Gemüse, Nudeln*

**drama** ['drɑːmə] Drama

**dra·matic** [drə'mætɪk] ① dramatisch
② schauspielerisch

**drank** [dræŋk] *2. Form von* **drink**

**draught,** (USA) **draft** [drɑːft] ① [Luft]Zug, Zugluft; **there's a draught in here** hier zieht's
② **draughts** ⚠ *mit Singular* (GB) Damespiel
③ **draught beer** Bier vom Fass, Fassbier

**draughty** ['drɑːftɪ] zugig

**draw**[1] [drɔː] <drew, drawn> ① zeichnen, malen *Bild*
② **draw the curtains** die Vorhänge zuziehen
③ erregen *Interesse*
④ anlocken *Menge*
⑤ **draw breath** einatmen
⑥ (*Los*) **draw first prize** den ersten Preis gewinnen
⑦ (*Sport*) unentschieden spielen
⑧ **draw to a close** dem Ende zugehen
◆ **draw up** ① *Auto:* anhalten
② entwerfen, ausarbeiten *Plan, Vertrag;* aufstellen *Liste*
③ **draw up a chair** hol' dir einen Stuhl

**draw**[2] [drɔː] ① (*Lotterie*) Ziehung
② (*beim Sport*) Unentschieden; **end in a draw** unentschieden ausgehen

**draw·back** ['drɔːbæk] Nachteil

**drawer** ['drɔːʳ] Schublade

**draw·ing** ['drɔːɪŋ] Zeichnung

**drawing pin** (GB) Reißzwecke

**drawn** [drɔːn] *3. Form von* **draw**

**dread·ful** ['dredfᵊl] furchtbar, schrecklich

**dream**[1] [driːm] ① Traum; **have a bad dream** schlecht träumen; **have a dream about something** von etwas träumen
② (*übertragen*) Traum; **we had a dream holiday** wir hatten einen Traumurlaub

**dream**[2] [driːm] <dreamed *oder* dreamt, dreamed *oder* dreamt> [von etwas] träumen
◆ **dream up** sich einfallen lassen *Idee*

**dreamer** [driːməʳ] Träumer(in)

**dress**[1] [dres] ① sich anziehen, sich kleiden; anziehen *Kind;* **he's always well dressed** er ist immer gut gekleidet
② verbinden *Wunde*
◆ **dress up** ① sich fein machen
② sich verkleiden

**dress**[2] [dres] ① Kleid
② **evening dress** Abendkleidung; **national dress** Nationalkleidung

**dress·ing** ['dresɪŋ] ① Verband
② [**salad**] **dressing** Salatsoße

**dressing gown** Morgenrock

**drew** [druː] *2. Form von* **draw**
**dribble** ['drɪbl] ① tröpfeln *Soße, Getränk* ② *Baby, Person:* sabbern ③ (*im Sport*) dribbeln
**dried**[1] [draɪd] *2. Form von* **dry**
**dried**[2] [draɪd] getrocknet; **dried fruit** Dörr-, Backobst
**drier**, (USA) **dryer** ['draɪə$^{r}$] **tumbler drier** [Wäsche]Trockner
**drift**[1] [drɪft] [Schnee]Verwehung
**drift**[2] [drɪft] ① getrieben werden, verweht werden ② **drift** [**off-course**] vom Kurs abweichen ③ (*übertragen*) sich treiben lassen
**drill**[1] [drɪl] Bohrer
**drill**[2] [drɪl] bohren (**for** nach); bohren *Loch*
**drink**[1] [drɪŋk] <drank, drunk> ① trinken; **drink to someone/something** auf jemanden/etwas trinken ② *Tier:* saufen
**drink**[2] [drɪŋk] Getränk; **have a drink** ein Gläschen trinken
**drip**[1] [drɪp] <dripped> tropfen, tröpfeln (**from** von)
**drip**[2] [drɪp] ① Tropfen, Tröpfeln ② Tropfgeräusch ③ (*medizinisch*) Tropf
**drive**[1] [draɪv] <drove, driven> ① *Auto, Fahrer:* fahren; **can you drive?** kannst du fahren? [*oder* hast du einen Führerschein?]; **I drove to Cologne yesterday** gestern bin ich mit dem Auto nach Köln gefahren; **she drove him home** sie hat ihn nach Hause gefahren; **drive into a tree** gegen einen Baum fahren ② (*zwingen*) treiben; **she drove him to it** sie trieb ihn dazu ③ *Regen:* peitschen ④ *Strom, Wind:* treiben; antreiben *Maschine* ⑤ treiben *Tier* ⑥ einrammen *Pfahl*

> **? Grammatik** Die unregelmäßigen Vergangenheitsformen von **drive** lauten **drove — driven**: *Mr Lee* **drove** *to Bath; Mrs Lee* **had driven** *for many miles.*

**drive**[2] [draɪv] ① Fahrt; **go for a drive** ein bisschen [raus]fahren ② **drive**[**way**] Ein-, Ausfahrt ③ (*Computer*) [**disk**] **drive** Laufwerk
**driven** ['drɪvn] *3. Form von* **drive**
**driver** ['draɪvə$^{r}$] Fahrer(in), Chauffeur(in)
**driver's license** (USA) Führerschein
**driving** ['draɪvɪŋ] Fahren
**driving instructor** Fahrlehrer(in)
**driving licence** (GB) Führerschein
**drizzle**[1] ['drɪzl] nieseln
**drizzle**[2] ['drɪzl] Sprühregen
**drop**[1] [drɒp] ① Tropfen; **drop of rain** Regentropfen; **drop of blood** Blutstropfen ② ein bisschen, ein wenig, etwas; **would you like another drop of wine?** möchtest du noch einen Schluck Wein? ③ Sinken, Fallen; *von Land:* Abfall, Absturz ④ *von Menge, Qualität:* Rückgang; **drop in temperature** Temperaturrückgang
**drop**[2] [drɒp] <dropped> ① fallen, herunterfallen; **drop something** etwas fallen lassen ② **I dropped everything and rushed to the hospital** ich ließ alles fallen und eilte zum Krankenhaus ③ fallenlassen *Freund, Freundin;* **she was dropped from the team** sie wurde aus der Mannschaft genommen ④ nachlassen; *Wind:* abflauen; *Temperatur:* fallen, sinken ⑤ niederlegen *Arbeit* ⑥ absetzen *Fahrgast* ⑦ **drop a line to someone** jemandem ein paar Zeilen schreiben
◆ **drop by**, **drop in** besuchen; **he dropped in** [*oder* **by**] **for a chat** er kam auf ein Schwätzchen vorbei
◆ **drop off** ① herunterfallen; *Blätter:* abfallen ② **drop something off** etwas abgeben (**at** bei); **drop someone off** jemanden aussteigen lassen
◆ **drop out** ① nicht mehr teilnehmen (**of** an); **he dropped out of university** er hat sein Studium abgebrochen ② [aus der Gesellschaft] aussteigen ③ (*im Sport, Wettbewerb*) ausscheiden
**drop·out** ['drɒpaʊt] Aussteiger(in), Studienabbrecher(in)
**drought** [draʊt] Trockenheit, Dürre[periode, -zeit]
**drove** [drəʊv] *2. Form von* **drive**
**drown** [draʊn] ertrinken
**drowsy** ['draʊzɪ] ① schläfrig ② einschläfernd
**drug**[1] [drʌg] ① Medikament ② Droge, Rauschgift; **be on drugs** drogensüchtig sein
**drug**[2] [drʌg] <drugged> ① **drug somebody's drink/food** jemands Getränk/Essen etwas beimischen [*oder* zufügen] ② **drug somebody** jemanden betäuben

**drum** [drʌm] ① Trommel
② **drums** ⚠ *plural* Schlagzeug
**drum·mer** ['drʌmə(r)] Trommler(in), Schlagzeuger(in)
**drunk**1 [drʌŋk] *3. Form von* **drink**
**drunk**2 [drʌŋk] betrunken; **get drunk** sich betrinken
**drunk**3 [drʌŋk] Betrunkene(r), Säufer(in)
**dry**1 [draɪ] *Boden, Wetter, Humor:* trocken; *Holz:* dürr; *Wein:* herb, trocken
**dry**2 [draɪ] <dried> trocken werden; trocknen *Haare;* abtrocknen *Geschirr;* **dry one's eyes/hands** sich die Tränen abwischen/die Hände abtrocknen

> **? Grammatik** Die unregelmäßigen Vergangenheitsformen von **dry** lauten **dried — dried**: *Helen* **dried** *the dishes; the mud on my shoes* **has dried.**

◆ **dry out** austrocknen
◆ **dry up** ① abtrocknen; *Fluss:* austrocknen
② *Ideen:* versiegen
**dry-cleaner's** (*Geschäft*) chemische Reinigung
**dryer** ['draɪə(r)] Wäschetrockner; **spin dryer** Wäscheschleuder
**dual** ['dju:əl] zweifach, doppelt
**dub** [dʌb] <dubbed> synchronisieren *Film*
**du·bious** ['dju:bɪəs] zweifelhaft, fraglich
**duch·ess** ['dʌtʃɪs] Herzogin
**duck**1 [dʌk] Ente
**duck**2 [dʌk] sich ducken
**due** [dju:] ① (*erwartet*) **when is the train due?** wann soll der Zug ankommen?; **she's due back tomorrow** sie kommt morgen zurück
② *Geld, Miete:* fällig, zahlbar
③ **the car's due for a service** das Auto muss demnächst zur Inspektion
④ **due to** wegen; **there will be long delays due to bad weather** auf Grund schlechten Wetters kommt es zu längeren Wartezeiten
⑤ **he never received the recognition due to him** die ihm gebührende Anerkennung bekam er nicht
⑥ **in due course** zur rechten Zeit
**dug** [dʌg] *2. und 3. Form von* **dig**
**duke** [dju:k] Herzog
**dull** [dʌl] ① *Licht:* trüb, matt
② *Wetter:* grau
③ langweilig
**dumb** [dʌm] stumm
**dummy** ['dʌmɪ] ① Attrappe, Schaufensterpuppe
② (GB) (*für Baby*) Schnuller
③ (USA) (*abwertend*) Dummkopf
**dump**1 [dʌmp] ① Müllhalde, Müllkippe
② (*abwertend umgangsspr*) Drecksloch
**dump**2 [dʌmp] ① (*unordentlich*) hinschmeißen; [hin]werfen, abladen *Abfall*
② ausladen, auskippen *Last*
**dune** [dju:n] Düne
**dun·geon** ['dʌndʒən] Verlies
**dur·ing** ['djʊərɪŋ] während

> **! Vorsicht Falle** **During** oder **for**? Wenn es sich um die Zeitspanne handelt, in der etwas passiert, verwendet man **during:** *it snowed during the night. Please do not smoke during the lesson.* Um zu sagen, wie lange etwas dauert oder passiert ist, verwendet man **for:** *I'm going to Glasgow for the weekend. He waited for two hours.*

**dusk** [dʌsk] Abenddämmerung
**dust**1 [dʌst] Staub
**dust**2 [dʌst] Staub wischen
**dust·bin** ['dʌstbɪn] (GB) Mülltonne
**dust·man** ['dʌstmən] <*plural* dustmen> Müllarbeiter
**dusty** ['dʌstɪ] staubig, verstaubt
**Dutch**1 [dʌtʃ] holländisch, niederländisch
**Dutch**2 [dʌtʃ] ① Niederländisch(e)
② **the Dutch** Niederländer
**duty** ['dju:tɪ] ① Pflicht (**to** gegenüber)
② Aufgabe, Obliegenheit; **be on duty** Dienst haben
**duty-free** zollfrei
**dwarf** [dwɔ:f, *plural* dwɔ:vz] <*plural* dwarves> Zwerg
**dye**1 [daɪ] Farbstoff
**dye**2 [daɪ] färben
**dyke** [daɪk] Deich, Damm
**dy·namic** [daɪ'næmɪk] dynamisch
**dyna·mite** ['daɪnəmaɪt] Dynamit

# Ee

**E, e** [i:] <*plural* E's, e's> ① E, e
② (*Schulnote*) mangelhaft
**each** [i:tʃ] ① jede(r, s); **each** [**and every**] **one** jede(r, s) Einzelne; **each of you** jede(r) von euch
② **each other** einander, sich [gegenseitig]
③ je; **$3 each** $3 pro Stück
**eager** ['i:gə(r)] ① eifrig

② begierig (**about, for** auf, nach); **she's very eager to see you again** sie wartet sehnsüchtig darauf, dich wiederzusehen

**eagle** ['iːgl] Adler

**ear** [ɪəʳ] ① Ohr
② Gehör (**for** für); **play by ear** nach Gehör spielen

**early** ['ɜːlɪ] früh, frühzeitig; **you're early!** du bist aber früh!; **from an early age** von klein auf; **early next month** Anfang nächsten Monats

**earn** [ɜːn] ① verdienen *Geld, Einkommen;* [sich] erwerben *Respekt*
② bringen *Zinsen*

**earn·ings** ['ɜːnɪŋz] *plural* Einkommen, Einkünfte

**ear·phones** ['ɪəfəʊnz] *plural* Kopfhörer

**ear·ring** ['ɪərɪŋ] Ohrring

**earth** [ɜːθ] ① **the earth** [*oder* **Earth**] Erde; **it didn't cost the earth** es hat nicht die Welt gekostet; **why on earth ...?** warum in aller Welt ...?
② [festes] Land, [Erd]Boden, Erde

**earth·quake** ['ɜːθkweɪk] Erdbeben

**ease**[1] [iːz] **at ease** entspannt

**ease**[2] [iːz] ① erleichtern *Arbeit, Last*
② lindern *Schmerz, Sorge*
③ **she eased** [**herself**] **into the chair** sie setzte sich vorsichtig hin

**eas·ily** ['iːzəlɪ] ① leicht, mühelos
② zweifellos, bestimmt, bei weitem

**east**[1] ['iːst] ① Osten; **to the east** im Osten, östlich (**of** von); **the sun rises in the east** die Sonne geht im Osten auf
② **the East** (*die Staaten Osteuropas bzw. Asiens*) der Osten

**east**[2] ['iːst] östlich, Ost-, ostwärts, nach Osten

**Easter** ['iːstəʳ] Ostern

**Easter egg** Osterei

**east·er·ly** ['iːstəlɪ] östlich, nach/von Osten

**east·ern** ['iːstən] östlich; **eastern Germany** die neuen Bundesländer

**east·ward, east·ward**(**s**) ['iːstwəd(z)] östlich, ostwärts, nach Osten

**easy** ['iːzɪ] ① leicht, mühelos; **easy to clean/use** leicht zu reinigen/nutzen; **easier said than done!** leichter gesagt als getan!
② **take it easy!** immer mit der Ruhe!
③ bequem, angenehm; *Stimmung:* zwanglos

**eat** [iːt] <ate, eaten> essen; *Tier:* fressen; **eat lunch/dinner** zu Mittag/Abend essen; **eat in/out** zu Hause essen/essen gehen

**echo**[1] ['ekəʊ] <*plural* echoes> Echo; (*übertragen*) Anklang

**echo**[2] ['ekəʊ] ① widerhallen (**with** von)
② (*übertragen*) wiederholen *Wörter*

**eclipse** [ɪ'klɪps] **eclipse of the sun/moon** Sonnen-/Mondfinsternis

**eco·logi·cal** [ˌiːkə'lɒdʒɪkl] ökologisch, Öko-

**eco·logi·cally** [ˌɪːkə'lɒdʒɪklɪ] **ecologically friendly** umweltfreundlich

**ecol·ogist** [iː'kɒlədʒɪst] Ökologe, Ökologin

**ecol·ogy** [iː'kɒlədʒɪ] Ökologie

**econ·omic** [ˌiːkə'nɒmɪk] ökonomisch, wirtschaftlich, Wirtschafts-

**econ·omi·cal** [ˌiːkə'nɒmɪkl] wirtschaftlich, sparsam

**econ·omics** [ˌiːkə'nɒmɪks] *plural* ⚠ *mit Singular* Wirtschaftswissenschaften, Volkswirtschaft[slehre]

**econ·om·ist** [ɪ'kɒnəmɪst] Wirtschaftswissenschaftler(in), Volkswirt(in)

**econ·om·ize** [ɪ'kɒnəmaɪz] **economize** [**on something**] [mit etwas] sparsam sein

**econ·omy** [ɪ'kɒnəmɪ] ① Wirtschaft
② Wirtschaftlichkeit, Sparsamkeit; **make economies** sparen

**ecosystem** ['iːkəʊˌsɪstəm] Ökosystem

**edge**[1] [edʒ] ① *einer Klinge:* Schneide
② (*von Tisch*) Kante
③ Rand; (*von See, Fluss*) Ufer; **at the edge of** am Rande

**edge**[2] [edʒ] ① säumen *Strasse;* besetzen *Kleidung*
② sich schieben, vorrücken; **edge one's way through a crowd** sich durch eine Menschenmenge drängen

**ed·ible** ['edɪbl] essbar, genießbar

**edit** ['edɪt] ① herausgeben *Buch*
② redigieren *Zeitung, Text*
③ schneiden *Film*
④ editieren, aufbereiten *Daten*

**edi·tion** [ɪ'dɪʃn] ① (*Buch*) Ausgabe
② Auflage

**edi·tor** ['edɪtəʳ] ① Herausgeber(in)
② Redakteur(in)
③ (*Computer*) Editor
④ (*Film*) Cutter(in)

**edu·cate** ['edʒʊkeɪt] erziehen; **she was educated in Mount Leigh** she ging in Mount Leigh zur Schule

**edu·ca·ted** ['edʒʊkeɪtɪd] gebildet

**edu·ca·tion** [ˌedʒʊ'keɪʃn] ① (*an Schule, Uni usw.*) Ausbildung
② (*Prozess*) Erziehung
③ (*kulturelles Wissen*) Bildung

**eerie, eery** ['ɪərɪ] schaurig, gespenstisch

**ef·fect** [ɪ'fekt] ① Wirkung (**on** auf); **take effect** (*auch Gesetz*) in Kraft treten

② Eindruck, Effekt
③ **in effect** in Wirklichkeit

**! Vorsicht Falle** **Effect** nicht mit **affect** verwechseln! **Affect** ist das Verb und bedeutet eine Veränderung zu verursachen: *Her parent's divorce affected her schoolwork.* Spricht man jedoch von der Veränderung oder deren Auslöser selbst, so verwendet man das Substantiv **effect:** *Problems at home can have an effect on your performance at school.*

**ef·fec·tive** [ɪ'fektɪv] ① wirksam
② wirkungs-, eindrucksvoll
③ tatsächlich, effektiv
**ef·fec·tive·ly** [ɪ'fektɪvlɪ] ① erfolgreich
② praktisch, in Effekt
**ef·fi·ciency** [ɪ'fɪʃnsɪ] (*von Person, Betrieb*) Leistungsfähigkeit, Effizienz, Produktivität
**ef·fi·cient** [ɪ'fɪʃnt] *Person, Betrieb:* leistungsfähig, effizient
**ef·fort** ['efət] ① Anstrengung, Mühe, Bemühung; **make an effort** sich bemühen
② Versuch
**e.g.** [ˌiː'dʒiː] *Abkürzung von* **exempli gratia** z. B.
**egg** [eg] ① Ei; **boiled/scrambled/fried egg** gekochtes Ei/Rührei/Spiegelei
② (*biologisch*) Ei[zelle]
**egg·shell** Eierschale
**Egypt** ['iːdʒɪpt] Ägypten
**Egyptian**[1] [ɪ'dʒɪpʃn] ägyptisch
**Egyptian**[2] [ɪ'dʒɪpʃn] Ägypter(in)
**eight** [eɪt] acht
**eight·een** [ˌeɪ'tiːn] achtzehn
**eighth**[1] [eɪtθ] achte(r, s)
**eighth**[2] [eɪtθ] (*Bruchteil*) achtel, Achtel
**eighty** ['eɪtɪ] achtzig
**either** ['aɪðəʳ] ① **take either of the books** nimm irgendeins der Bücher; **either ... or** entweder ... oder
② *mit Verneinung* auch nicht; **I won't go either** ich gehe auch nicht
③ eine(r, s) von beiden; **is either of you interested?** ist einer von euch beiden daran interessiert?
④ jede(r, s), beide(s); **on either side** auf jeder Seite, auf beiden Seiten
**eject** [ɪ'dʒekt] ① hinauswerfen *Person* (**from** aus)
② *Pilot:* den Schleudersitz betätigen
**elas·tic** [ɪ'læstɪk] ① dehnbar, biegsam
② elastisch
③ **elastic band** Gummiband
**el·bow** ['elbəʊ] Ellbogen
**el·der** ['eldəʳ] ältere(r, s)

**? Grammatik** **Elder — eldest** können anstatt **older — oldest** vor Familienmitgliedern verwendet werden: *Bob has two elder brothers and his eldest brother is six years older than him.*

**el·der·ly**[1] ['eldəlɪ] ältere(r, s)
**elderly**[2] ['eldəlɪ] **the elderly** ältere Menschen
**el·dest** ['eldɪst] älteste(r, s)
**elect** [ɪ'lekt] wählen; **elect a president** jemanden zum Präsident wählen
**elec·tion** [ɪ'lekʃn] Wahl; **stand for election** kandidieren
**elec·tric** [ɪ'lektrɪk] *Strom, Rasierapparat:* elektrisch; **electric shock** Stromschlag
**elec·tri·cal** [ɪ'lektrɪkl] elektrisch; **electrical appliances** Elektrogeräte
**elec·tri·cian** [ɪˌlek'trɪʃn] Elektriker(in)
**elec·tric·ity** [ɪˌlek'trɪsətɪ] Elektrizität, Strom
**elec·tronic** [ˌɪlek'trɒnɪk] elektronisch; **electronic mail** elektronische Post
**elec·tronics** [ˌɪlek'trɒnɪks] *plural* Elektronik
**el·egant** ['elɪgənt] elegant
**el·ement** ['elɪmənt] ① (*mathematisch, chemisch*) Element
② **the elements** die Elemente
**ele·men·tary** [ˌelɪ'mentərɪ] ① elementar, einführend; **elementary course** Anfängerkurs
② **elementary school** (USA) Grundschule
③ einfach
**el·eph·ant** ['elɪfənt] Elefant
**el·ev·ator** ['elɪveɪtəʳ] (USA) Aufzug, Fahrstuhl
**eleven** [ɪ'levn] elf
**elev·enth**[1] [ɪ'levnθ] elfte(r, s)
**elev·enth**[2] [ɪ'levnθ] (*Bruchteil*) Elftel
**el·igible** ['elɪdʒəbl] [teilnahme]berechtigt (**for** für), geeignet
**elim·in·ate** [ɪ'lɪmɪneɪt] ① beseitigen *Fehler, Zweifel*
② ausschließen *Möglichkeit*
③ eliminieren *Feind, Gegner*
**else** [els] ① (*zusätzlich*) sonst, weiter, außerdem, noch; **anybody/anything else?** sonst noch jemand/etwas?; **nothing else** nichts weiter; **what else?** was noch?, was sonst?
② (*stattdessen*) andere(r, s); **everybody else** alle anderen; **anybody/somebody else** jemand anders; **everything else** alles andere; **nothing else** nichts anderes
③ **or else** sonst, andernfalls; **do it or else!** (*umgangsspr*) tu doch was ich sage!
**else·where** [ˌels'weəʳ] ① anderswo, sonst wo,

woanders
② anderswohin
**e-mail** ['iːmeɪl] E-Mail
**em·bark** [ɪm'bɑːk] ① an Bord gehen
② abreisen, -fahren (**for** nach)
③ (*übertragen*) anfangen (**on** mit)
**em·bar·rass** [ɪm'bærəs] **embarrass someone** jemanden in Verlegenheit bringen
**em·bar·rassed** [ɪm'bærəst] verlegen
**em·bar·rass·ing** [ɪm'bærəsɪŋ] peinlich, unangenehm
**em·bar·rass·ment** [ɪm'bærəsmənt] Verlegenheit
**em·bassy** ['embəsɪ] Botschaft
**emblem** ['əmbləm] Emblem
**em·brace**[1] [ɪm'breɪs] umarmen
**em·brace**[2] [ɪm'breɪs] Umarmung
**em·bryo** ['embrɪəʊ] <*plural* embryos> Embryo
**em·er·ald** ['emərəld] Smaragd
**emerge** [ɪ'mɜːdʒ] ① auftauchen
② *Problem, Idee:* entstehen (**from, out of** aus)
③ (*übertragen*) sich herausstellen
**emerg·ency** [ɪ'mɜːdʒənsɪ] ① Notfall, Notlage; **in an** [*oder* **in case of**] **emergency** im Notfall, im Ernstfall; **state of emergency** Notstand
② **emergency exit** Notausgang; **emergency room** Notaufnahme
**emi·grant** ['emɪgrənt] Auswanderer, Auswanderin, Emigrant(in)
**emi·grate** ['emɪgreɪt] auswandern, emigrieren (**from** aus, **to** nach)
**emi·gra·tion** [ˌemɪ'greɪʃn] Auswanderung, Emigration
**emi·nent** ['emɪnənt] bedeutend; *Person:* angesehen, berühmt
**emission** [mɪʃn] ① (*Physik*) Emission, Ausstrahlung; *von Wärme, Schall:* Abgabe
② Ausströmen
**emit** [ɪ'mɪt] <emitted> ausstrahlen *Licht;* abgeben *Geräusch;* ausstoßen *Rauch*
**emo·tion** [ɪ'məʊʃn] Gefühl, Emotion
**emo·tional** [ɪ'məʊʃənl] ① *Rede:* gefühlvoll
② *Person:* empfindsam, gefühlsbetont
**em·peror** ['empərəʳ] Kaiser
**em·pha·sis** ['emfəsɪs] Betonung (**on** auf)
**em·pha·size** ['emfəsaɪz] nachdrücklich betonen, hervorheben, unterstreichen
**em·pire** ['empaɪəʳ] ① Reich
② (*übertragen*) Imperium
**em·ploy** [ɪm'plɔɪ] beschäftigen *Person*
**em·ployee** [ˌɪmplɔɪ'iː] Arbeitnehmer(in), Angestellte(r)
**em·ployer** [ɪm'plɔɪəʳ] Arbeitgeber(in)
**em·ploy·ment** [ɪm'plɔɪmənt] Beschäftigung, Arbeit[sverhältnis]; **out of employment** arbeitslos
**empty**[1] ['emptɪ] leer; *Haus:* leer stehend
**empty**[2] ['emptɪ] <emptied> [aus-, ent]leeren
**en·able** [ɪ'neɪbl] ermöglichen, möglich machen
**en·close** [ɪn'kləʊz] ① umgeben, einschließen (**in** in)
② beilegen; **I enclose a price list** als Anlage schicke ich Ihnen eine Preisliste
**en·clos·ure** [ɪn'kləʊʒəʳ] ① Gehege
② (*mit Brief*) Anlage
**en·core** ['ɒŋkɔːʳ] Zugabe
**en·coun·ter**[1] [ɪn'kaʊntəʳ] ① [unerwartet] treffen *Person*
② stoßen auf *Schwierigkeiten*
**en·coun·ter**[2] [ɪn'kaʊntəʳ] Begegnung
**en·cour·age** [ɪn'kʌrɪdʒ] ① ermutigen
② bestärken, unterstützen
③ **I was encouraged by the news** die Nachricht hat mir wieder Auftrieb gegeben
**en·cour·age·ment** [ɪn'kʌrɪdʒmənt] ① Ermutigung
② (*von Vorhaben*) Unterstützung, Bestärkung
**en·cour·ag·ing** [ɪn'kʌrɪdʒɪŋ] ermutigend, viel versprechend
**en·cy·clo·p(a)edia** [ɪnˌsaɪklə'piːdɪə] Enzyklopädie
**end**[1] [end] ① *von Zeitperiode, Ereignis:* Ende, Schluss; **end of the month** Monatsende; **at the end of February** Ende Februar; **in the end** am Ende, schließlich
② Zweck, Ziel
**end**[2] [end] ① enden, zu Ende gehen
② beenden
◆ **end up** landen, enden; **he always ends up doing the washing-up** das Abspülen bleibt immer an ihm hängen
**en·dan·ger** [ɪn'deɪndʒəʳ] gefährden
**end·ing** ['endɪŋ] Ende, Ausgang
**end·less** ['endlɪs] ① endlos, ohne Ende
② unendlich
**en·emy** ['enəmɪ] Feind
**en·er·getic** [ˌenə'dʒetɪk] *Person:* energiegeladen
**en·ergy** ['enədʒɪ] Energie
**en·force** [ɪn'fɔːs] durchsetzen *Gesetz, Anspruch*
**en·gage** [ɪn'geɪdʒ] einstellen *Arbeiter*
**en·gaged** [ɪn'geɪdʒd] ① verlobt; **get engaged to someone** sich mit jemandem verloben
② *Toilette, Telefon:* besetzt; **engaged tone** Besetztzeichen
**en·gage·ment** [ɪn'geɪdʒmənt] ① Verlobung (**to** mit)

② Termin
**en·gine** ['endʒɪn] ① Motor
② (*von Zug*) Lokomotive
**en·gi·neer** [ˌendʒɪ'nɪəʳ] ① (*mit Hochschulabschluss*) Ingenieur(in)
② Techniker(in)
③ USA Lokomotivführer
**en·gin·eer·ing** [ˌendʒɪ'nɪərɪŋ] Ingenieurwesen; **mechanical engineering** Maschinenbau
**Eng·land** ['ɪŋglənd] England
**Eng·lish**[1] ['ɪŋglɪʃ] englisch; **he's English** er ist Engländer
**Eng·lish**[2] ['ɪŋglɪʃ] ① (*Sprache*) [das] Englisch(e), die englische Sprache; **in English** auf Englisch
② **the English** die Engländer
**Englishman** ['ɪŋglɪʃmən] <*plural* Englishmen> Engländer
**Englishwoman** ['ɪŋglɪʃˌwʊmən, *plural* 'ɪŋglɪʃwɪmɪn] <*plural* Englishwomen> Engländerin
**en·joy** [ɪn'dʒɔɪ] ① **she enjoys dancing and swimming** sie tanzt und schwimmt gern; **he enjoys music** er mag Musik; **she enjoyed the film** der Film hat ihr gut gefallen
② **enjoy oneself** sich gut unterhalten, sich amüsieren
③ **enjoy your meal!** guten Appetit!
**en·joy·able** [ɪn'dʒɔɪəbl] *Abend, Empfindung:* angenehm; *Buch, Film:* unterhaltsam
**en·joy·ment** [ɪn'dʒɔɪmənt] Freude, Spaß (**of** an)
**en·large** [ɪn'lɑːdʒ] ① vergrößern *Foto*
② erweitern *Wissen*
**enor·mous** [ɪ'nɔːməs] ① *Menge, Tier:* riesig, enorm
② *Unterschied, Kraft:* gewaltig; *Problem:* ungeheuer
**enough**[1] [ɪ'nʌf] genug, genügend; **is there enough cake?** ist genügend Torte da?; **there's enough room** es ist Platz genug
**enough**[2] [ɪ'nʌf] ① genug; **we've got enough to live on** es reicht uns zum Leben
② (*beim Essen*) **that's enough, thanks** danke, das reicht
**en·quire** [ɪn'kwaɪəʳ] sich erkundigen (**about, after** nach), fragen (**about** nach)
**en·quiry** [ɪn'kwaɪərɪ] ① Anfrage (**about** über)
② *meist plural* Erkundigung
③ (*polizeilich*) Untersuchung
④ **enquiries** ⚠ *plural* Auskunft
**en·rol**, USA **en·roll** [ɪn'rəʊl] <enrolled, enrolled>
① (*für einen Kurs*) sich einschreiben; (*an der Uni*) sich immatrikulieren lassen; **enrol someone on** [*oder* **for**] **a course** jemanden für einen Kurs einschreiben

② (*in einem Verein*) Mitglied werden
**en route** [ˌɒn'ruːt] auf dem Weg (**to, for** nach, zu)
**en·sure** [ɪn'ʃʊəʳ] gewährleisten, sicherstellen; **please ensure that the doors are locked** bitte sorgen Sie dafür, dass die Türen abgeschlossen sind
**en·ter** ['entəʳ] ① hineingehen; (*von innen gesehen*) hereinkommen; **enter!** herein!; **enter a room/building** einen Raum/ein Gebäude betreten
② **enter teaching** den Lehrberuf ergreifen; **enter for an examination** sich einer Prüfung unterziehen
③ **enter a competition** an einem Wettbewerb teilnehmen
④ einreisen *Land*
⑤ eingeben *Daten*
◆ **enter into** ① sich einlassen auf; teilnehmen an *Debatte, Wettbewerb*
② **enter into discussion**[**s**] sich an Diskussionen beteiligen

> **! Vorsicht Falle** Beachte, dass man nach **enter** keine Präposition benötigt: *she entered the room* (und nicht: *she entered in the room!*). Wichtig: **enter** nie in Verbindung mit Fahrzeugen verwenden: *get into the car* (und nicht: *enter into the car!*)

**en·ter·prise** ['entəpraɪz] ① (*Vorhaben*) Unternehmen
② (*Geschäft*) Unternehmen
**en·ter·pris·ing** ['entəpraɪzɪŋ] unternehmungslustig, einfallsreich
**en·ter·tain** [ˌentə'teɪn] ① unterhalten
② bewirten; **they entertain a great deal** sie haben sehr oft Gäste
**en·ter·tain·ing** [ˌentə'teɪnɪŋ] unterhaltend, unterhaltsam
**en·ter·tain·ment** [ˌentə'teɪnmənt] ① Unterhaltung, Vergnügen
② (*öffentliche Darbietung*) Unterhaltungsshow
③ *von Gästen:* Bewirtung
**en·thusi·asm** [ɪn'θjuːzɪæzəm] Begeisterung, Enthusiasmus (**for** für)
**en·thusi·astic** [ɪnˌθjuːzɪ'æstɪk] begeistert (**about** von)
**en·tire** [ɪn'taɪəʳ] ganz; **the entire week** die ganze Woche; **the entire country** das gesamte Land
**en·tire·ly** [ɪn'taɪəʳlɪ] gänzlich
**en·trance** ['entrəns] ① Eingang, Eingangstür

② (*für Fahrzeug*) Einfahrt
③ (*am Theater*) Auftritt
④ (*Eintritt*) Eintritt[sgeld]; **entrance is by ticket only** man kommt nur mit einer Eintrittskarte hinein
⑤ **no entrance!** Zutritt verboten!
⑥ **gain entrance to a university** die Zulassung zu einer Universität erhalten

**en·trance exam·in·ation** ['entrəns ɪɡˌzæmɪ'neɪʃn] Aufnahmeprüfung

**en·try** ['entrɪ] ① Eintritt (**to** in)
② (*Tür*) Eingang[stür]
③ (*für Fahrzeug*) Einfahrt
④ Eingangshalle, Flur
⑤ (*in ein Land*) Einreise
⑥ (*im Telefonbuch*) Eintrag (**in** in); (*im Lexikon*) Stichwort
⑦ **no entry!** (*auf einer Tür*) Zutritt verboten!; (*auf der Straße*) keine Einfahrt!

**en·velop** [ɪn'veləp] [ein]hüllen, einwickeln (**in** in)

**en·vel·ope** ['envələʊp] [Brief]Umschlag

**en·vi·ous** ['envɪəs] neidisch (**of** auf)

**en·vi·ron·ment** [ɪn'vaɪərənmənt] ① (*Natur*) Umwelt
② Umgebung
③ (*soziale Umstände*) Milieu

**en·vi·ron·mental** [ɪnˌvaɪərən'mentl] Umwelt-

**envy**[1] ['envɪ] Neid (**of** auf, über), Missgunst

**envy**[2] ['envɪ] **envy someone something** jemanden um etwas beneiden

**epidemic** [ˌepɪ'demɪk] (*auch übertragen*) Epidemie, Seuche

**epi·sode** ['epɪsəʊd] Episode, Fortsetzung

**equal**[1] ['iːkwəl] ① gleich; **equal in height** gleich hoch
② **equal opportunities for women** Gleichberechtigung der Frauen

**equal**[2] ['iːkwəl] Gleichgestellte(r)

**equal**[3] ['iːkwəl] <equalled, equalled> ① **equal someone/something** jemandem/einer Sache gleichen [*oder* gleichkommen]
② **three times two equals six** drei mal zwei ist [gleich] sechs

**equal·ity** [ɪ'kwɒlətɪ] ① Gleichheit
② Gleichberechtigung

**equal·ize** ['iːkwəlaɪz] ① angleichen
② (*bei Fußball usw*) ausgleichen

**equally** ['iːkwəlɪ] ① gleich; **equally expensive** gleich teuer
② ebenso; **they're equally tall** sie sind genauso hoch

**equa·tion** [ɪ'kweɪʒn] Gleichung

**equa·tor** [ɪ'kweɪtəʳ] Äquator

**equip** [ɪ'kwɪp] <equipped, equipped> ① ausrüsten
② ausstatten *Zimmer*
③ **fully equipped** komplett ausgerüstet/ausgestattet

**equip·ment** [ɪ'kwɪpmənt] ① *Schiff usw:* Ausrüstung
② *Küche usw:* Ausstattung; *von Labor:* Einrichtung
③ **climbing-/diving equipment** Bergsteiger-/Taucherausrüstung

**era** ['ɪərə] Ära, Zeitalter

**erase** [ɪ'reɪz] ① ausradieren *Fehler, Schrift*
② löschen *Daten*

**eraser** [ɪ'reɪzəʳ] Radiergummi

**erect** [ɪ'rekt] ① aufrichten
② aufbauen; errichten *Gebäude*

**erection** [ɪ'rekʃn] Erektion

**erode** [ɪ'rəʊd] ① zerfressen, zernagen
② *Meer:* auswaschen

**ero·sion** [ɪ'rəʊʒn] ① Erosion
② (*übertragen*) langsamer Verlust (**of** an)

**erotic** [ɪ'rɒtɪk] erotisch

**er·ror** ['erəʳ] ① Fehler; **free from error** fehlerfrei, fehlerlos
② Irrtum, Versehen

**erupt** [ɪ'rʌpt] *Vulkan, Streit, Krieg:* ausbrechen

**erup·tion** [ɪ'rʌpʃn] *von Vulkan, Streit, Krieg:* Ausbruch

**es·ca·late** ['eskəleɪt] ① *Preise, Kosten:* ansteigen
② *Krieg:* sich ausweiten

**es·ca·la·tor** ['eskəleɪtəʳ] Rolltreppe

**es·cape**[1] [ɪ'skeɪp] ① entfliehen, flüchten (**from** aus); (*von Gefängnis, Käfig*) ausbrechen
② *Flüssigkeit, Gas:* ausströmen, auslaufen (**from** aus)
③ **escape danger/punishment** einer Gefahr/Strafe entgehen; **he escaped alive** [*oder* **with his life**] er ist mit dem Leben davongekommen; **escape an enemy** einem Feind entkommen; **escape death** dem Tode entgehen

**es·cape**[2] [ɪ'skeɪp] ① Flucht; (*aus Gefängnis*) Ausbruch
② Entkommen, Rettung (**from** von); **have a narrow escape** mit knapper Not entkommen
③ *von Gas:* Ausströmen

**es·cort**[1] ['eskɔːt] ① Begleiter(in)
② (*Bewacher*) Geleitschutz, Eskorte

**es·cort**[2] [ɪ'skɔːt] ① begleiten
② eskortieren, Geleitschutz geben

**es·pecial·ly** [ɪ'speʃəlɪ] [ganz] besonders, vor allem

**espion·age** ['espɪənɑːʒ] Spionage

**es·say** ['eseɪ] Essay; (*in der Schule*) Aufsatz
**es·sence** ['esns] ❶ *aus Fleisch, Pflanzen:* Essenz
❷ *einer Theorie:* das Wesentliche
**es·sen·tial** [ɪ'senʃl] ❶ wesentlich, grundliegend (**to** für); **essential difference** wesentlicher Unterschied
❷ unentbehrlich; *Nahrungsmittel:* [lebens]notwendig (**to** für)
**es·sen·tial·ly** [ɪ'senʃəlɪ] [im] wesentlich[en], in der Hauptsache
**es·sen·tials** [ɪ'senʃl] *plural* **the bare essentials** die Allernotwendigste
**es·tab·lish** [ɪ'stæblɪʃ] ❶ gründen; eröffnen *Geschäft*
❷ einführen *Regelung;* herstellen, aufnehmen *Verbindung*
❸ beweisen, nachweisen *Schuld, Tatsache*
❹ sich etablieren
**es·tab·lish·ment** [ɪ'stæbliʃmənt] ❶ (*Eröffnung*) *einer Firma:* Gründung; *von Regierung:* Bildung
❷ *von Beweis:* Feststellung
❸ Unternehmen, Firma
❹ GB (*Gesellschaft*) [das] Establishment
**es·tate** [ɪ'steɪt] ❶ Besitz, Eigentum, Vermögen
❷ Grund-/Landbesitz, [Land]Gut
❸ GB **housing estate** Wohnsiedlung
❹ **industrial estate** Industriegebiet
**estate agent** Immobilienmakler(in)
**estate car** Kombi[wagen]
**es·ti·mate**[1] ['estɪmeɪt] ❶ schätzen; [ab-/ein]schätzen *Entfernung, Zahl*
❷ **estimate the costs** die Kosten veranschlagen
**es·ti·mate**[2] ['estɪmət] ❶ [Ab]Schätzung, Bewertung
❷ Kostenvoranschlag
❸ **at a rough estimate** grob geschätzt
**es·tu·ary** ['estʃʊərɪ] Mündung
**etc** *Abkürzung von* **et cetera** usw, und so weiter
**eter·nal** [ɪ'tɜːnl] ewig
**eter·nal·ly** [ɪ'tɜːnəlɪ] ❶ für immer
❷ (*umgangsspr*) ununterbrochen
**eter·nity** [ɪ'tɜːnətɪ] (*auch übertragen*) Ewigkeit
**ethi·cal** ['eθɪkl] moralisch, ethisch
**eth·ics** ['eθɪks] *plural* Ethik, Moral
**ethnic** ['eθnɪk] ethnisch; **ethnic minority** ethnische Minderheit
**EU** [ˌiː'juː] *Abkürzung von* **European Union** EU
**eu·ro** ['jʊərəʊ] Euro
**Europe** ['jʊərəp] Europa
**Euro·pean**[1] [ˌjʊərə'pɪən] ❶ europäisch
❷ **European Union, EU** Europäische Union, EU
**Euro·pean**[2] [ˌjʊərə'pɪən] Europäer(in)
**evacu·ate** [ɪ'vækjʊeɪt] ❶ räumen *Haus*
❷ evakuieren *Bevölkerung*
**evap·or·ate** [ɪ'væpəreɪt] verdampfen
**eve** [iːv] Vorabend
**even** ['iːvn] ❶ *Fläche:* eben, flach, glatt
❷ gleich [groß], gleichförmig
❸ *Atmung, Geschwindigkeit:* gleichmäßig; *Zähne:* regelmäßig
❹ *Zahl:* gerade
❺ sogar, selbst; **that's even better** das ist sogar [noch] besser; **even if you were a millionaire** selbst wenn du ein Millionär wärst
❻ **even so** trotzdem
❼ **even if** sogar wenn
**even·ing** ['iːvnɪŋ] Abend; **in the evening** abends, am Abend; **on Sunday evening** Sonntagabend; **this/yesterday/tomorrow evening** heute/gestern/morgen Abend
**event** [ɪ'vent] ❶ Ereignis, Veranstaltung
❷ Geschehnis, Fall; **in the event of illness** im Falle einer Krankheit
❸ (*im Sport*) Wettkampf
**event·ful** [ɪ'ventfl] ereignisreich
**event·ual·ly** [ɪ'ventʃʊəlɪ] letztendlich, schließlich
**ever** ['evəʳ] ❶ je[mals]; **have you ever been to Scotland?** bist du schon einmal in Schottland gewesen?; **it's worse than ever** es ist schlimmer als je zuvor; **it hardly ever snows here** hier schneit es kaum jemals
❷ immer; **for ever** [**and ever**] für alle Zeiten, für immer; **as ever** wie immer
❸ **ever since** seitdem
❹ (*umgangsspr: als Betonung*) **thanks ever so much!** tausendmal Dank!
❺ (*als Betonung*) **what ever shall we do?** was sollen wir bloß machen?
**every** ['evrɪ] ❶ jede(r, s) [mögliche], alle; **every day** alle Tage; **every other day** jeden zweiten Tag; **every other week** alle vierzehn Tage; **every time** jedesmal
❷ **each and every one** jede(r, s) einzelne; **he has every reason** er hat allen Grund; **in every way** in jeder Hinsicht

i **Land & Leute** **Everyone, everybody, everything** und **everywhere** werden immer zusammengeschrieben. Wenn andere Wörter mit **every** zusammenstehen, so werden diese immer auseinander geschrieben: *She does excercises every day; There is cable television in every room. Every time I leave the house I forget something.*

**every·body** ['evrɪbɒdɪ] jeder, alle; **everybody is ready** alle sind bereit; **everybody knows that!** das weiß doch jeder!
**every·day** ['evrɪdeɪ] alltäglich, gewöhnlich; **in everyday life** im Alltag
**every·one** ['evrɪwʌn] jeder, alle
**every·thing** ['evrɪθɪŋ] 1 alles
2 **everything new** alles Neue
3 **everything else** alles andere
**every·where** ['evrɪweəʳ] 1 **everywhere in London** überall in London
2 **everywhere you look ...** wohin du auch schaust ...
**evi·dence** ['evɪdəns] 1 Beweis, Beweisstück; *von Zeugen:* Zeugenaussage; **give evidence** eine Aussage machen
2 **in evidence** offenkundig
**evil**[1] ['i:vl] *Charakter, Einfluss:* schlecht, böse
**evil**[2] ['i:vl] [das] Böse, Übel
**evol·ution** [ˌi:və'lu:ʃn] 1 Entwicklung
2 Evolution; **theory of evolution** Evolutionstheorie
**exact** [ɪg'zækt] 1 genau, exakt
2 **exact fare** passendes Fahrgeld
**exact·ly** [ɪg'zæktlɪ] 1 genau, ganz; **when exactly did she go?** wann genau ging sie?; **not exactly sure** nicht ganz sicher
2 **at six o'clock exactly** Punkt sechs Uhr
3 (*humorvoll*) **not exactly friendly** nicht gerade freundlich
**exag·ger·ate** [ɪg'zædʒəreɪt] übertreiben
**exag·ger·ation** [ɪgˌzædʒə'reɪʃn] Übertreibung
**exam** [ɪg'zæm] Prüfung
**exam·in·ation** [ɪgˌzæmɪ'neɪʃn] 1 Prüfung, Examen (**in** in)
2 (*medizinisch*) Untersuchung
**exam·ine** [ɪg'zæmɪn] untersuchen
**exam·iner** [ɪg'zæmɪnəʳ] Prüfer(in)
**example** [ɪg'zɑ:mpl] 1 Beispiel (**of** für); **for example** zum Beispiel
2 **set an example** mit gutem Beispiel vorangehen; **be a good example to someone** jemandem ein gutes Vorbild sein
**ex·ceed** [ɪk'si:d] 1 überschreiten
2 *Kosten, Anzahl:* übersteigen
**ex·cel·lence** ['eksələns] 1 Vorzüglichkeit
2 hervorragende Leistung (**at, in** in)
**ex·cel·lent** ['eksələnt] ausgezeichnet, hervorragend
**ex·cept** [ɪk'sept] 1 außer, ausgenommen; **the museum is open daily except Mondays** außer Montag ist das Museum täglich geöffnet
2 **except for** bis auf, mit Ausnahme; **the twins are identical except that one has a birthmark** die Zwillinge sind identisch, außer daß einer ein Muttermal hat
3 (*umgangsspr*) [je]doch
**ex·cep·tion** [ɪk'sepʃn] Ausnahme (**to** von)
**ex·cep·tional** [ɪk'sepʃənl] außergewöhnlich; **exceptional case** Ausnahmefall
**ex·cep·tion·ally** [ɪk'sepʃnəlɪ] außergewöhnlich, ungewöhnlich
**ex·cerpt** ['eksɜ:pt] Auszug, Exzerpt (**from** aus)
**ex·cess** [ɪk'ses] Übermaß (**of** an); **in excess of a million** über eine Million
**excess baggage** Übergepäck
**ex·cess·ive** [ɪk'sesɪv] übermäßig, übertrieben
**ex·change**[1] [ɪk'stʃeɪndʒ] 1 tauschen (**with** mit); **exchange addresses** Adressen austauschen
2 wechseln *Geld* (**for** gegen)
**ex·change**[2] [ɪk'stʃeɪndʒ] 1 Tausch; *von Gefangenen, Studenten:* Austausch; *von Geld, Waren:* Umtausch; **in exchange for** im Tausch gegen, für
2 (*für Waren*) Tauschgeschäft; (*für Geld*) Wechselstube
3 [**telephone**] **exchange** [Telefon]Zentrale, Fernamt
4 **exchange of views** Meinungsaustausch
**exchange rate** Wechselkurs
**ex·cite** [ɪk'saɪt] 1 aufregen; **she was excited by the news** die Nachricht hat sie sehr aufgeregt
2 begeistern
3 (*sexuell*) erregen
**ex·cit·ed** [ɪk'saɪtɪd] 1 aufgeregt; **get excited** sich aufregen (**over** über)
2 begeistert
**ex·cite·ment** [ɪk'saɪtmənt] 1 Aufregung
2 Begeisterung
**ex·cit·ing** [ɪk'saɪtɪŋ] aufregend, spannend
**ex·claim** [ɪk'skleɪm] [aus]rufen; **she exclaimed that I was wrong** sie rief, dass ich mich geirrt hatte
**ex·cla·mation** [ˌeksklə'meɪʃn] Ausruf; **exclamation mark,** (USA) **exclamation point** Ausrufezeichen
**ex·clude** [ɪk'sklu:d] ausschließen (**from** aus)
**ex·clud·ing** [ɪk'sklu:dɪŋ] nicht inbegriffen, ausgenommen
**ex·clus·ive** [ɪk'sklu:sɪv] 1 *Kleidung, Verein:* vornehm, elegant
2 **exclusive interview** Exclusivinterview
3 (*umgangsspr*) *Laden:* teuer
**ex·cur·sion** [ɪk'skɜ:ʃn] Ausflug; **go on an excursion** einen Ausflug machen
**ex·cuse**[1] [ɪk'skju:z] 1 verzeihen *Person;* **excuse**

**someone's behaviour** jemandes Benehmen entschuldigen; **excuse someone for being late** jemanden für das Zuspätkommen entschuldigen
2 **excuse me!** entschuldigen Sie!
3 (*befreien*) **excuse someone from something** jemandem etwas erlassen
4 **she excused herself from the meeting** sie entschuldigte sich und verließ das Meeting
5 (USA) **excuse me?** wie bitte?
**ex·cuse**[2] [ɪk'skju:s] 1 Entschuldigung
2 **make an excuse** sich entschuldigen (**to** bei)
3 Ausrede
**ex·ecute** ['eksɪkju:t] 1 ausführen *Arbeit;* durchführen, erledigen *Auftrag*
2 hinrichten
**ex·ecu·tion** [ˌeksɪ'kju:ʃn] Hinrichtung
**execu·tive** [ɪg'zekjʊtɪv] leitende(r) Angestellte(r)
**exempt** [ɪg'zempt] befreit, ausgenommen (**from** von); **exempt from charges** spesen-, kostenfrei
**ex·er·cise**[1] ['eksəsaɪz] 1 (*Aufgabe*) Übung; (*in der Schule*) [Schul]Aufgabe
2 (*körperlich*) Bewegung; **I need to take more exercise** ich sollte mehr Sport machen
**ex·er·cise**[2] ['eksəsaɪz] 1 **exercise the body** den Körper trainieren
2 ausüben *Einfluss, Macht*
3 sich üben (**in** in)
**exercise book** Heft
**ex·haust**[1] [ɪg'zɔ:st] 1 ermüden
2 erschöpfen[d behandeln] *Thema*
**ex·haust**[2] [ɪg'zɔ:st] (*Auto*) 1 Auspuff[rohr]
2 Abgas(e)
**ex·hausted** [ɪg'zɔ:stɪd] erschöpft
**ex·haust·ing** [ɪg'zɔ:stɪŋ] 1 *Bewegung, Person:* anstrengend, ermüdend
2 *Aufgabe:* mühsam
**ex·haus·tion** [ɪg'zɔ:stʃn] Erschöpfung
**ex·hi·bi·tion** [ˌeksɪ'bɪʃn] 1 *von Bilder:* Ausstellung; *von Waren:* Auslage
2 *von Methode:* Vorführung
**exile** ['eksaɪl] 1 Verbannung, Exil
2 (*Person*) Verbannte(r)
**exist** [ɪg'zɪst] 1 existieren
2 *Brauch, Zweifel:* bestehen
3 **do fairies exist?** gibt es Feen?
**exist·ence** [ɪg'zɪstəns] 1 Dasein, Existenz
2 *einer Person:* Leben[sweise], Vorhandensein
3 **come into existence** [plötzlich] auftreten
**exit** ['eksɪt] 1 (*aus einem Gebäude*) Ausgang
2 (*im Theater*) Abgang
3 (*für Fahrzeug*) Ausfahrt
4 (*aus einem Land*) Ausreise
**exotic** [ɪg'zɒtɪk] fremdartig, exotisch

**ex·pand** [ɪk'spænd] 1 ausbreiten, [aus]dehnen
2 vergrößern *Einfluss, Erfahrung*
3 erweitern *Aktivitäten, Wissen* (**into** zu)
**ex·pan·sion** [ɪk'spænʃn] 1 *von Gas:* Ausdehnung
2 *von Wissen, Gebäude:* Erweiterung
3 *der Wirtschaft:* Expansion
**ex·pect** [ɪk'spekt] 1 erwarten
2 **expect something of someone** jemandem etwas zumuten
3 **expect someone to do something** von jemandem erwarten, dass er etwas tut; (*von etwas Negativem*) damit rechnen, dass jemand etwas tut
4 meinen, vermuten; **I expect you'd like to see her** ich nehme an, dass du sie sehen möchtest
5 **I expect so!** ich glaube schon!
**ex·pec·ta·tion** [ˌekspek'teɪʃn] 1 Erwartung
2 **expectations** *plural* Erwartung, Aussicht[en]; **come up to someone's expectations** jemandes Erwartungen entsprechen
**ex·pedi·tion** [ˌekspɪ'dɪʃn] 1 Expedition, Forschungsreise
2 **go on a shopping expedition** eine Einkaufstour machen
**ex·pel** [ɪk'spel] <expelled, expelled> 1 ausweisen
2 (*von der Schule*) verwiesen
**ex·pen·di·ture** [ɪk'spendɪtʃə^r] *von Geld:* Ausgabe[n] (**on** für)
**ex·pense** [ɪk'spens] 1 Kosten; **at little/great cost** mit geringen/hohen Kosten
2 **expenses** *plural* Auslagen, Spesen
3 (*übertragen*) **at someone's expense** auf jemandes Kosten
**ex·pens·ive** [ɪk'spensɪv] kostspielig, teuer
**ex·peri·ence**[1] [ɪk'spɪərɪəns] 1 Erfahrung (**of** von); **from experience** aus Erfahrung; **learn by experience** aus der Erfahrung lernen
2 (*Geschehen*) Erlebnis
**ex·peri·ence**[2] [ɪk'spɪərɪəns] erleben, erfahren
**ex·peri·enced** [ɪk'spɪərɪənst] erfahren
**ex·peri·ment**[1] [ɪk'sperɪmənt] 1 Versuch, Experiment (**on** an, **with** mit)
2 **do an experiment** ein Experiment machen
**ex·peri·ment**[2] [ɪk'sperɪmənt] Versuche anstellen, experimentieren (**on** an, **with** mit)
**ex·pert** ['ekspɜ:t] Experte, Expertin; **be an expert in a field** Fachmann [*oder* Fachfrau] auf einem Gebiet sein
**ex·pire** [ɪk'spaɪə^r] *Amtzeit:* enden; *Vertrag:* auslaufen; *Pass:* ungültig werden
**ex·piry** [ɪk'spaɪərɪ] Ablauf

**expiry date** Ablauftermin, Verfallsdatum
**ex·plain** [ɪk'spleɪn] 1 erklären
2 erläutern *Bild, Gedanken*
**ex·pla·na·tion** [ˌeksplə'neɪʃn] 1 Erklärung
2 *von Bild, Gedanken:* Erläuterung
**ex·plicit** [ɪk'splɪsɪt] 1 *Aussage, Warnung:* eindeutig, klar
2 *Sprache, Filmszene:* ausdrücklich
**ex·plode** [ɪk'spləʊd] 1 *Bombe usw:* explodieren, [zer]platzen
2 sprengen *Bombe, Mine*
**ex·ploit** [ɪks'plɔɪt] 1 (*verwerten*) nutzen *Mittel;* abbauen *Bergwerk*
2 (*abwertend*) ausbeuten *Arbeiter;* ausnutzen *Freund, Unwissenheit*
**ex·ploi·ta·tion** [ˌeksplɔɪ'teɪʃn] Ausbeutung
**ex·plo·ra·tion** [ˌeksplə'reɪʃn] Erforschung
**ex·plore** [ɪk'splɔːʳ] erforschen
**ex·plorer** [ɪk'splɔːrəʳ] Forschungsreisende(r)
**ex·plosion** [ɪk'spləʊʒn] *von Bombe:* Explosion
**ex·plos·ive**[1] [ɪk'spləʊsɪv] explosiv
**ex·plos·ive**[2] [ɪk'spləʊsɪv] Sprengstoff
**ex·port**[1] [ɪk'spɔːt] ausführen, exportieren *Waren*
**ex·port**[2] ['ekspɔːt] 1 Ausfuhr; *von Waren:* Export
2 **exports** *plural* Ausfuhrgüter
**ex·pose** [ɪk'spəʊz] 1 freilegen; entblößen *Körperteil*
2 **expose someone to a danger** jemanden einer Gefahr aussetzen
3 (*übertragen*) offenbaren *Plan;* enthüllen, aufdecken *Missstand, Skandal*
4 belichten *Negativ*
**ex·po·sure** [ɪk'spəʊʒəʳ] 1 Aussetzen; **exposure to the rain** dem Regen Ausgesetztsein
2 **die of exposure** *Person:* erfrieren
3 (*übertragen*) Bloßstellung; *eines Verbrechers:* Entlarvung
4 (*beim Fotografieren*) Belichtung[szeit]
5 Publicity
**ex·press**[1] [ɪk'spres] ausdrücken; **express oneself** sich ausdrücken, sich verständlich machen; zum Ausdruck bringen *Dank, Liebe;* äußern *Meinung*
**ex·press**[2] [ɪk'spres] 1 *Wunsch, Befehl:* ausdrücklich
2 *Brief, Paket:* Eil-, Schnell-, Express-
**ex·press**[3] [ɪk'spres] 1 Eilbote
2 Schnellzug
**ex·press·ion** [ɪk'spreʃn] 1 (*Redewendung*) Ausdruck
2 (*mit Worten*) Äußerung, Ausdruck
3 **the expression on her face** ihr Gesichtsausdruck
**ex·press·way** [ɪk'spresweɪ] (USA) Autobahn
**ex·pul·sion** [ɪk'spʌlʃn] 1 *eines Volkes:* Vertreibung (**from** aus)
2 (*aus einem Land*) Ausweisung
3 (*aus Schule, Verein*) Ausschluss (**from** aus, von)
**ex·tend** [ɪk'stend] 1 ausstrecken *Hand, Bein*
2 (*räumlich*) vergrößern; anbauen [an] *Haus;* [aus]dehnen *Grenze*
3 (*zeitlich*) verlängern; ausdehnen *Besuch;* verlängern lassen *Visum*
4 *Grundstück:* sich erstrecken (**beyond** über, **to** bis)
**ex·ten·sion** [ɪk'stenʃn] 1 (*auch zeitlich*) Verlängerung; **could I have an extension for my essay?** könnte ich den Aufsatz später einreichen?
2 *von Gebäude:* Erweiterungsbau; *von Haus:* Anbau
3 *von Firma:* Vergrößerung
4 *von Telefon:* [Neben]Anschluss, Apparat; (*österreichisch*) Klappe
**ex·ten·sive** [ɪk'stensɪv] 1 ausgedehnt
2 (*übertragen*) umfassend
3 **extensive knowledge** umfangreiches Wissen
**ex·tent** [ɪk'stent] 1 *von Gebäude, Fläche:* Ausdehnung
2 *von Wissen, Macht:* Umfang
3 *von Schaden:* Ausmaß
4 **to a great extent** in hohem Maße; **to some extent** bis zu einem gewissen Grad; **to what extent is he responsible for this problem?** inwieweit ist er für diese Probleme verantwortlich?
**ex·terior**[1] [ɪk'stɪərɪəʳ] äußere(r, s), Außen-
**ex·terior**[2] [ɪk'stɪərɪəʳ] *von Gebäude:* [das] Äußere, Außenseite
**ex·ter·nal** [ɪk'stɜːnl] 1 äußere(r, s)
2 *Prüfung, Kandidat:* extern
3 *Medizin:* **for external use only** nur äußerlich anzuwenden
**ex·tinct** [ɪk'stɪŋkt] 1 *Vulkan:* erloschen
2 *Tier, Pflanze:* ausgestorben; **become extinct** aussterben
**ex·tinc·tion** [ɪk'stɪŋkʃn] *von Tier:* Aussterben, Ausrottung
**ex·tin·guish** [ɪk'stɪŋgwɪʃ] [aus]löschen *Feuer;* ausschalten *Licht*
**extra**[1] ['ekstrə] zusätzlich; **drinks are extra** Getränke kosten extra; **we need an extra chair** wir brauchen noch einen Stuhl
**extra**[2] ['ekstrə] 1 (*für Arbeiter usw.*) Sonderleis-

Ee

tung
② (*im Film, Theater*) Statist
**ex·tract**[1] [ɪk'strækt] [her]ausziehen, herausnehmen (**from** aus)
**ex·tract**[2] ['ekstrækt] *von einem Buch, Film, einer Rede:* Auszug
**ex·trac·tion** [ɪk'strækʃn] ① Ausziehen
② Zahnziehen
③ Herkunft; **she's of foreign extraction** sie ist ausländischer Abstammung
**extra·ordi·nary** [ɪk'strɔːdnrɪ] außerordentlich, außergewöhnlich
**ex·trava·gant** [ɪk'strævəgənt] ① verschwenderisch
② **an extravagant lifestyle** ein aufwendiges Lebensstil
**ex·treme**[1] [ɪk'striːm] ① äußerste(r, s)
② *Gefahr:* höchste(r, s); *Armut, Wichtigkeit:* größte(r, s)
③ (*politisch*) extrem, radikal
**ex·treme**[2] [ɪk'striːm] Extrem, [das] Äußerste
**ex·treme·ly** [ɪk'striːmlɪ] äußerst, höchst
**eye** [aɪ] ① Auge; **keep an eye on something** im Auge behalten
② Blick; **catch someone's eye** jemandes Aufmerksamkeit auf sich lenken
**eye·brow** ['aɪbraʊ] Augenbraue
**eye·lash** ['aɪlæʃ] Wimper
**eye·lid** ['aɪlɪd] Augenlid
**eye·sight** ['aɪsaɪt] **have bad/good eyesight** schlechte/gute Augen haben
**eye·witness** Augenzeuge

# Ff

**F, f** [ef] <*plural* F's, f's> ① (*auch bei Musik*) F, f
② (USA) (*Schulnote*) ungenügend
**fab·ric** ['fæbrɪk] Stoff, Gewebe
**fabu·lous** ['fæbjʊləs] sagenhaft, legendär
**face**[1] [feɪs] ① Gesicht; **come face to face with someone** jemanden treffen
② (*übertragen*) Gesichtsausdruck; **pull a face** das Gesicht verziehen
**face**[2] [feɪs] ① **face** [**someone**] [jemandem] gegenüberstehen
② **the room faces north** der Raum liegt nach Norden
③ (*übertragen*) entgegentreten; **be faced with something** sich einer Sache gegenübersehen; **face danger** sich der Gefahr stellen; **face the facts** den Tatsachen ins Auge blicken; **I can't face doing the washing-up** ich bringe es einfach nicht über mich abzuwaschen
④ **please face the front!** wende dich bitte nach vorne!
◆ **face up to** **face up to responsibility** die Verantwortung auf sich nehmen
**face-cloth** Waschlappen
**fa·cil·ity** [fə'sɪlətɪ] *meist plural* Einrichtung; **cooking facilities** Kochgelegenheit; **shopping facilities** Einkaufsmöglichkeiten
**fact** [fækt] ① Tatsache, Fakt; **facts and figures** Fakten und Zahlen; **fact and fiction** Dichtung und Wahrheit
② **as a matter of fact** eigentlich; **in fact** in Wirklichkeit
③ **tell him about the facts of life** (*umgangsspr*) kläre ihn [sexuell] auf
**fac·tory** ['fæktərɪ] Fabrik[anlage], Werk
**fac·tual** ['fæktʃʊəl] sachlich
**fac·ulty** ['fæklt̬ɪ] ① (*an der Uni*) Fakultät
② (USA) Lehrkörper
③ **mental faculties** ⚠ *plural* geistiges Vermögen
**fade** [feɪd] ① *Farben:* verblassen, verbleichen
② (*übertragen*) **fade** [**away**] schwächer werden, verblassen; *Laut:* verklingen
**fag** [fæg] (GB) (*slang*) Kippe
**fail**[1] [feɪl] ① versagen, keinen Erfolg haben; **fail to do something** etwas nicht tun
② *Plan:* misslingen; *Ehe:* scheitern; *Versuch:* fehlschlagen
③ *Geschäft:* eingehen
④ *Ernte:* schlecht ausfallen
⑤ (*im Examen*) durchfallen
⑥ *Gesundheit:* sich verschlechtern
⑦ *Strom:* ausfallen; *Bremsen, Motor:* versagen
**fail**[2] [feɪl] **without fail** ganz bestimmt
**fail·ure** ['feɪljəʳ] ① Misserfolg
② *von Verhandlungen, Plan:* Fehlschlag; *von Ehe:* Scheitern
③ *von Radio, Strom:* Ausfall; *von Motor:* Versagen
④ (*Mensch*) Versager(in), Niete
⑤ **failure to do something** Versäumnis, etwas zu tun
**faint**[1] [feɪnt] ① schwach, kraftlos
② **he looked faint** er schien einer Ohnmacht nahe
③ *Hoffnung:* gering
④ *Geruch:* schwach; *Ton:* leise; *Spur:* undeutlich
⑤ **I haven't the faintest idea!** ich habe keine Ahnung!

**faint**[2] [feɪnt] Ohnmacht

**faint**[3] [feɪnt] ohnmächtig werden

**fair**[1] [feəʳ] ① fair; **be fair to someone** jemandem gegenüber gerecht sein; **fair enough!** na schön!
② den Regeln entsprechend
③ ziemlich; **a fair amount of work** ziemlich viel Arbeit
④ *Wetter:* schön, heiter, sonnig
⑤ *Haare:* blond, hell

**fair**[2] [feəʳ] ① [Jahr]Markt
② (*Ausstellung usw.*) Messe; **book fair** Buchmesse

**fair·ground** ['feəgraʊnd] Rummelplatz

**fair·ly** ['feəlɪ] ① **it's fairly expensive** es ist ziemlich teuer
② fair; *behandeln:* gerecht

**fair·ness** ['feənɪs] Gerechtigkeit, Fairness

**fairy** ['feərɪ] Fee

**fairy-tale** Märchen

**faith** [feɪθ] ① (*religiös*) Glaube[n] (**in** an)
② Vertrauen; **lose faith in something** das Vertrauen zu etwas verlieren

**faith·ful** ['feɪθfl] ① **be faithful to someone** jemandem treu sein
② (*Abschrift*) genau

**faith·fully** ['feɪθfəlɪ] ① treu
② (*formeller Briefschluss*) **yours faithfully** mit freundlichen Grüßen

**fake**[1] [feɪk] ① fälschen *Unterschrift, Pass*
② erfinden *Geschichte*
③ vortäuschen *Unfall, Interesse*

**fake**[2] [feɪk] Fälschung

**fall**[1] [fɔːl] ① *einer Person:* Fall, Sturz; **my grandma had a fall** meine Oma ist gestürzt
② *einer Stadt:* Einnahme, Eroberung; *einer Regierung:* Sturz
③ **fall of rain/of snow** Regen-/Schneefall
④ *von Preisen:* Sinken, Fallen; *von Temperatur:* Abfall
⑤ USA Herbst
⑥ **fall in price** Preisrückgang

> **? Grammatik** Die unregelmäßigen Vergangenheitsformen von **fall** lauten **fell — fallen**: *Steven tripped over the carpet and* **fell**; *most of the apples* **have fallen** *from the tree.*

**fall**[2] [fɔːl] <fell, fallen> ① *Person:* stürzen; **he fell [over]** er fiel hin
② [herab-, hinunter]fallen
③ **snow/rain is falling** es regnet/schneit
④ *Blätter:* abfallen; *Federn, Haare:* ausfallen
⑤ *Temperatur, Preise:* sinken, fallen
⑥ **fall asleep** einschlafen
⑦ **fall to pieces** verfallen; *Plan:* aus den Fugen geraten

> **! Vorsicht Falle** Die Vergangenheitsformen von **fall** und **feel** werden oft verwechselt! Die Vergangenheit von **fall** ist **fell:** *I fell down the stairs.* Die Vergangenheit von **feel** ist hingegen **felt:** *She felt very nervous before the exam.*

◆ **fall down** ① *Person:* hinfallen; *Gegenstand:* herunterfallen
② hinunterfallen *Treppe*

◆ **fall in** **fall in love with someone** sich in jemanden verlieben

◆ **fall into** **fall into a category** unter eine Kategorie fallen

◆ **fall off** **she fell off her horse** sie fiel von ihrem Pferd herunter

◆ **fall out** **fall out with someone** sich mit jemandem streiten

◆ **fall over** *Person:* hinfallen

◆ **fall through** (*übertragen*) *Plan:* fehlschlagen, ins Wasser fallen

**fall-out** ['fɔːlaʊt] Fallout, radioaktiver Niederschlag

**false** [fɔːls] falsch

**false alarm** (*auch übertragen*) blinder Alarm

**false teeth** *plural* dritte Zähne, [künstliches] Gebiss

**fame** [feɪm] Ruhm

**fam·il·iar** [fə'mɪlɪəʳ] ① *Anblick, Umgebung:* vertraut, gewohnt; **are you familiar with this type of machine?** kennen Sie sich mit solchen Geräten aus?
② *Person:* bekannt
③ vertraulich

**fam·ily** ['fæməlɪ] ① Familie
② Verwandtschaft
③ Herkunft, Abstammung

**family name** Familienname

**family tree** Stammbaum

**fam·ine** ['fæmɪn] Hungersnot

**fa·mous** ['feɪməs] berühmt (**for** durch, wegen)

**fan** [fæn] ① Fächer
② Ventilator
③ (*umgangsspr*) Fan, Verehrer(in)

**fa·natic**[1] [fə'nætɪk] fanatisch

**fa·natic**[2] [fə'nætɪk] Fanatiker(in)

**fa·nati·cal** [fə'nætɪkəl] fanatisch

**fancy**[1] ['fænsɪ] ① kunstvoll, schick
② *Idee:* überspannt

❸ **a big fancy car** ein toller Schlitten
❹ USA Delikatess-

**fancy**[2] ['fænsɪ] ❶ **fancy a cup of tea?** wie wäre es mit einer Tasse Tee?; **what do you fancy doing this evening?** worauf hättest du Lust heute abend?
❷ (*umgangsspr*) **she fancies him** er hat's ihr angetan

**fancy dress** Maskenkostüm

**fan·tas·tic** [fæn'tæstɪk] ❶ (*umgangsspr*) toll
❷ fantastisch; *Geschichte:* unwahrscheinlich

**far** [fɑːʳ] <farther *oder* further, farthest *oder* furthest> ❶ (*auch übertragen: räumlich*) weit, fern; **the far end of the room** das andere Ende des Zimmers; **in the far distance** in weiter Ferne; **far and wide** weit und breit; **so far** so weit, bis dahin, bis hierher
❷ **the train goes as far as York** der Zug fährt bis nach York
❸ **does he live far away?** wohnt er weit weg?
❹ (*zeitlich*) **far into the night** bis spät in die Nacht hinein; **I've done three so far** ich habe bis jetzt drei gemacht
❺ (*als Betonung*) **far too expensive** viel zu teuer; **far longer/better** weit[aus] länger/besser
❻ **as far as I know** soweit ich weiß

**far-away** ['fɑːrəweɪ] ❶ weit entfernt, abgelegen
❷ *Blick:* verträumt

**fare** [feəʳ] Fahrgeld, Fahrpreis; (*im Flugzeug*) Flugpreis

**fare·well** [ˌfeə'wel] Abschied

**farm**[1] [fɑːm] Bauern-, Gutshof, Farm

**farm**[2] [fɑːm] ❶ bewirtschaften *Land*
❷ Landwirtschaft betreiben

**farmer** ['fɑːməʳ] Bauer, Bäuerin, Landwirt(in)

**farm·ing** ['fɑːmɪŋ] Landwirtschaft

**far·ther** ['fɑːðəʳ] weiter entfernt, weiter [weg]; *s. a.* **further**

**far·thest** ['fɑːðɪst] entfernteste(r, s), weiteste(r, s), am weitesten weg [*oder* entfernt]

**fas·ci·nate** ['fæsɪneɪt] faszinieren, begeistern

**fas·ci·nat·ing** ['fæsɪneɪtɪŋ] faszinierend, spannend; *Buch:* fesselnd

**fas·cism** ['fæʃɪzəm] Faschismus

**fas·cist**[1] ['fæʃɪst] Faschist(in)

**fas·cist**[2] ['fæʃɪst] faschistisch

**fashion** ['fæʃn] ❶ Mode; **go out of fashion** unmodern werden
❷ Sitte
❸ Art und Weise; **behave in a strange fashion** sich merkwürdig verhalten

**fashion·able** ['fæʃnəbl] modern, modisch, elegant, schick

**fashion-show** Mode[n]schau

**fast**[1] [fɑːst] ❶ schnell
❷ **my watch is fast** meine Uhr geht vor
❸ **fast food** Imbiss, Fastfood; **fast food restaurant** Schnellimbiss
❹ **fast lane** Überholspur
❺ **be fast asleep** tief schlafen

**fast**[2] [fɑːst] fasten

**fas·ten** ['fɑːsn] ❶ befestigen, festmachen (**to** an)
❷ zumachen *Knopf*
❸ zumachen *Jacke;* **fasten one's seat-belt** sich anschnallen
❹ sich schließen [*oder* zumachen] lassen

**fat**[1] [fæt] fett, dick

**fat**[2] [fæt] Fett

**fatal** ['feɪtl] *Unfall:* tödlich

**fate** [feɪt] Schicksal, Los

**fa·ther** ['fɑːðəʳ] ❶ Vater
❷ [Be]Gründer
❸ Pfarrer
❹ **fathers** USA Väter, Vorfahren

**Father Christmas** Weihnachtsmann

**fa·ther-in-law** ['fɑːðərɪnlɔː] <*plural* fathers-in-law> Schwiegervater

**fat·ten·ing** ['fætnɪŋ] dick machend

**fatty** ['fætɪ] *Essen:* fett[ig], fetthaltig

**fau·cet** ['fɔːsɪt] USA [Wasser]Hahn

**fault** [fɔːlt] ❶ Fehler, Mangel
❷ *von Maschine:* Defekt
❸ **it isn't my fault** es ist nicht meine Schuld
❹ *von Erdkruste:* Verwerfung
❺ (*Tennis*) Fehler

**fault·less** ['fɔːltlɪs] untadelig; *Englisch:* fehlerfrei; *Aussehen:* tadellos

**faulty** ['fɔːltɪ] fehler-, mangelhaft; *Maschine:* defekt

**fa·vor**[1] ['feɪvəʳ] USA ❶ Gefallen, Gefälligkeit; **do someone a favor** jemandem einen Gefallen tun
❷ Gunst
❸ **be in favor of something** für etwas sein

**fa·vor**[2] ['feɪvəʳ] USA ❶ für gut halten, bevorzugen
❷ begünstigen *Person*

**fa·vor·able** USA ❶ günstig, vorteilhaft (**to** für)
❷ *Antwort, Eindruck:* positiv

**fa·vor·ite**[1] ['feɪvərɪt] USA ❶ Liebling
❷ (*bei Sport*) Favorit(in)

**fa·vor·ite**[2] ['feɪvərɪt] USA Lieblings-

**fa·vour**[1], USA **fa·vor** ['feɪvəʳ] ❶ Gefallen, Gefälligkeit; **do someone a favour** jemandem einen Gefallen tun
❷ Gunst
❸ **be in favour of something** für etwas sein

**fa·vour**[2], USA **fa·vor** ['feɪvəʳ] ❶ für gut halten,

bevorzugen
2 begünstigen *Person*
**fa·vour·able**, (USA) **fa·vor·able** ['feɪvərəbl]
1 günstig, vorteilhaft (**to** für)
2 *Antwort, Eindruck:* positiv
**fa·vour·ite**[1], (USA) **fa·vor·ite** ['feɪvərɪt] 1 Liebling
2 (*bei Sport*) Favorit(in)
**fa·vour·ite**[2], (USA) **fa·vor·ite** ['feɪvərɪt] Lieblings-; **favourite food** Lieblingsessen
**fax**[1] [fæks] fernkopieren, [tele]faxen
**fax**[2] [fæks] 1 (*Gerät*) [Tele]Fax
2 Fax, Fernkopie
**fear**[1] [fɪəʳ] 1 Angst, Furcht; **fear of flying/heights** Flug-/Höhenangst
2 Sorge, Befürchtung
**fear**[2] [fɪəʳ] 1 [sich] fürchten, Angst haben; **fear for someone/something** um jemanden/etwas fürchten
2 befürchten
**fear·ful** ['fɪəfl] ängstlich (**of** vor)
**feas·ible** ['fiːzəbl] machbar; *Plan, Vorschlag:* durchführbar
**feast** [fiːst] Festmahl
**feather** ['feðəʳ] Feder
**fea·ture** ['fiːtʃəʳ] 1 Kennzeichen, Merkmal
2 *von Raum, Gebäude:* Besonderheit
3 (*im Fernsehen*) Dokumentarbericht, Feature
4 (*in Zeitung*) Sonderbericht
**feature film** Spielfilm
**Feb·ru·ary** ['februərɪ] Februar
**fed** [fed] *2. und 3. Form von* **feed**
**fed·eral** ['fedərəl] 1 bundesstaatlich, föderativ
2 (USA) **federal state** [Einzel]Staat
3 **the Federal Republic of Germany** die Bundesrepublik Deutschland
**fed·er·ation** [ˌfedə'reɪʃn] 1 **politisch** Zusammenschluss; *von Staaten:* Bündnis
2 (*sportlich*) Föderation, Bund
**fed up** [ˌfed'ʌp] **I'm fed up!** ich habe die Nase voll!
**fee** [fiː] 1 Gebühr
2 **school fees** Schulgeld
**feeble** ['fiːbl] 1 schwach
2 *Stimme:* matt
3 *Versuch:* zaghaft
**feed**[1] [fiːd] 1 *eines Babys:* Mahlzeit, Essen
2 *eines Tieres:* Futter
**feed**[2] [fiːd] <fed, fed> 1 **feed the family** die Familie ernähren
2 *Tier:* fressen; **feed an animal** einem Tier zu fressen geben
3 (*an der Brust*) füttern, stillen *Baby*
4 versorgen *Maschine*
5 **feed oneself** sich selbst verpflegen
**feed·back** ['fiːdbæk] (*Reaktion*) Feedback, Rückmeldung
**feel** [fiːl] <felt, felt> 1 [be]fühlen, betasten
2 spüren; empfinden *Eifersucht, Mitleid, Gefühl;* **feel the cold/heat** unter der Kälte/Hitze leiden
3 glauben; **how do you feel about him?** was halten Sie von ihm?
4 sich fühlen; **feel well** sich wohl fühlen; **I'm feeling much better** es geht mir viel besser; **feel hungry** hungrig sein; **I feel hot** mir ist heiß
5 sich anfühlen; **it feels hard** es fühlt sich hart an; **it feels like leather** es fühlt sich an wie Leder
6 **I feel like an icecream** ich hätte jetzt Lust auf ein Eis

**? Grammatik** Die unregelmäßigen Vergangenheitsformen von **feel** lauten **felt — felt**: *Lisa* **felt** *cold; I* **have** *never* **felt** *so tired before.*

**feel·ing** ['fiːlɪŋ] 1 Empfindung, Gefühl
2 **I have a feeling that ...** ich habe das Gefühl, dass ...
3 Meinung, Ansicht
4 **feelings** Gefühle; **hurt someone's feelings** jemanden verletzen
**feet** [fiːt] *Pluralform von* **foot**
**fell** [fel] *2. Form von* **fall**
**fel·low** ['feləʊ] Bursche, Kerl
**fellow student** Kommilitone, Kommilitonin
**felt**[1] [felt] *2. und 3. Form von* **feel**
**felt**[2] [felt] Filz
**felt-tip (pen)** Filzschreiber, Filzstift
**fe·male**[1] ['fiːmeɪl] weiblich
**fe·male**[2] ['fiːmeɪl] *von Tieren:* Weibchen
**femi·nine** ['femənɪn] feminin, weiblich
**femi·nist** ['femɪnɪst] Feminist(in), Frauenrechtler(in)
**fence**[1] [fens] Zaun
**fence**[2] [fens] fechten
**fenc·ing** ['fensɪŋ] 1 Zaun, Umzäunung
2 Fechten
**ferry** ['ferɪ] Fähre
**fer·tile** ['fɜːtaɪl] *Land:* fruchtbar, ertragreich
**fer·ti·lizer** ['fɜːtəlaɪzəʳ] Dünger
**fes·ti·val** ['festɪvl] 1 Fest
2 (*kulturell*) Festspiele; **the Edinburgh Festival** das Edinburgh Festival
**fetch** [fetʃ] 1 holen, bringen; **he fetched her from the station** er holte sie vom Bahnhof ab
2 **his car fetched $1,000 at auction** sein Auto brachte $1000 bei der Versteigerung
**fête** [feɪt] [Garten]Fest

**fe·tus** ['fiːtəs] (USA) Fötus, Fetus

**fe·ver** ['fiːvəʳ] Fieber

**fe·ver·ish** ['fiːvərɪʃ] 1 fiebernd
2 (*übertragen*) fieberhaft

**few** [fjuː] 1 wenige; **few people** wenige Leute
2 **a few people** ein paar Leute; **quite a few** ziemlich viele
3 **every few days** alle paar Tage

**fewer** ['fjuːəʳ] weniger; **no fewer than …** nicht weniger als …

**fewest** ['fjuːɪst] [**the**] **fewest** die Wenigsten

**fi·ancé** [fɪ'ɒnseɪ] Verlobter

**fi·ancée** [fɪ'ɒnseɪ] Verlobte

**fibre**, (USA) **fiber** ['faɪbəʳ] 1 (*bei Pflanzen usw.*) Faser
2 Ballaststoffe

**fibre·glass** ['faɪbəglɑːs] Fiberglas

**fic·tion** ['fɪkʃn] 1 Erfindung, Fiktion
2 Erzählliteratur

**fic·tion·al** ['fɪkʃənl] erfunden, erdichtet

**fic·ti·tious** [fɪk'tɪʃəs] 1 *Geschichte:* [frei] erfunden; *Figur:* fiktiv
2 falsch

**fiddle**[1] ['fɪdl] 1 Fiedel, Geige
2 (*umgangsspr*) Schiebung

**fiddle**[2] ['fɪdl] geigen
◆ **fiddle about** herumspielen, herumfummeln

**fid·dly** ['fɪdlɪ] (*umgangsspr*) knifflig

**field**[1] [fiːld] 1 Feld, Acker; (*mit Tieren*) Weide
2 (*Sport*) Feld; **playing field** Sportplatz
3 (*militärisch*) Feld
4 (*übertragen*) [Fach]Gebiet, Bereich, Sektor; **in this field** auf diesem Gebiet

**field**[2] [fiːld] 1 (*Kricket, Baseball*) als Fänger spielen
2 **field a team** eine Mannschaft aufstellen

**field·work** ['fiːldwɜːk] 1 Arbeit im Gelände
2 *von Wissenschaftler usw.:* Feldforschung

**fierce** [fɪəs] 1 *Erscheinung:* wild
2 *Blick:* böse
3 *Hund:* scharf
4 *Kampf:* heftig
5 *Konkurrenz:* erbittert

**fiery** ['faɪərɪ] 1 feurig
2 (*übertragen*) erregt, aufwühlend

**fif·teen** [ˌfɪf'tiːn] fünfzehn

**fifth**[1] [fɪfθ] fünfte(r, s)

**fifth**[2] [fɪfθ] 1 (*Bruchteil*) Fünftel
2 Fünfte(r, s)

**fif·ti·eth** ['fɪftɪəθ] fünfzigste(r, s)

**fifty** ['fɪftɪ] 1 fünfzig
2 **go fifty-fifty with someone** mit jemandem halbe-halbe machen

**fig** [fɪg] Feige

**fight**[1] [faɪt] <fought, fought> 1 kämpfen (**for** um); **fight someone/something** gegen jemanden/etwas [*oder* mit jemandem/etwas] kämpfen
2 (*mit Worten*) sich streiten
3 (*mit den Fäusten*) sich prügeln
4 **fight for one's life** um sein Leben kämpfen
◆ **fight back** zurückschlagen, sich wehren

**fight**[2] [faɪt] (*auch übertragen*) Kampf, Gefecht; **have a fight with someone** sich mit jemandem schlagen

**fighter** ['faɪtəʳ] 1 Kämpfer(in)
2 Jagdflugzeug
3 Boxer

**fight·ing** ['faɪtɪŋ] Kampf, Gefecht

**figu·rat·ive** ['fɪgjərətɪv] bildlich, übertragen

**fig·ure**[1] ['fɪgəʳ] 1 Zahl, Ziffer; *von Geld:* Summe
2 (*geometrisch*) Form
3 (*Körper*) Gestalt, Figur; **she has a good figure** sie hat eine gute Figur
4 Persönlichkeit; **a public figure** eine Persönlichkeit des öffentlichen Lebens

**fig·ure**[2] ['fɪgəʳ] 1 in Erscheinung treten; **he figured in a play** er trat in einem Stück auf
2 (USA) meinen; **I figured he'd be late** ich dachte er würde spät ankommen
3 (*umgangsspr*) **that figures!** das hätte ich mir denken können!
◆ **figure out** 1 ausrechnen; **figure out a problem** ein Problem verstehen
2 **figure someone out** aus jemandem schlau werden

**file**[1] [faɪl] 1 Aktenhefter, Aktenordner
2 (*Informatik*) Datei
3 **on file** aktenkundig
4 Feile
5 Reihe; **in single file** im Gänsemarsch

**file**[2] [faɪl] 1 **file something** [**away**] etwas zu den Akten legen
2 **file a report** ein Bericht einsenden
3 feilen
◆ **file in** hereinmarschieren
◆ **file out** hinausgehen

**fill** [fɪl] 1 füllen
2 zustopfen *Loch;* stopfen *Pfeife;* plombieren *Zahn*
3 **the thought filled him with anger** der Gedanke erfüllte ihn mit Zorn
4 einnehmen *Stelle;* **the position is already filled** die Stelle ist schon besetzt
5 voll werden, sich füllen
◆ **fill in** 1 auffüllen *Loch*
2 ausfüllen *Formular*
◆ **fill out** ausfüllen *Formular*

◆ **fill up** ① vollfüllen
② **fill up a car** volltanken
③ sich [an]füllen, voll werden
**fill·ing** ['fɪlɪŋ] (*für Zahn*) Füllung
**filling station** Tankstelle
**film**[1] [fɪlm] ① (*dünner Belag*) Schicht, Film
② (*für Fotoapparat, im Kino*) Film; **make a film** einen Film drehen
**film**[2] [fɪlm] ① [ver]filmen
② sich verfilmen lassen
**film star** Filmstar
**fil·ter**[1] ['fɪltəʳ] Filter
**fil·ter**[2] ['fɪltəʳ] filtern
◆ **filter through** durchsickern
**fil·thy** ['fɪlθɪ] schmutzig, dreckig
**fin** [fɪn] Flosse
**fi·nal**[1] ['faɪnl] ① letzte(r, s)
② *Resultat, Ziel:* End-
③ *Urteil, Entscheidung:* endgültig
**fi·nal**[2] ['faɪnl] ① Abschlussprüfung
② (*im Sport*) Endspiel, Finale
**fi·nal·ize** ['faɪnəlaɪz] festlegen *Plan;* zum Abschluss bringen *Geschäft*
**fi·nal·ly** ['faɪnəlɪ] ① endlich; (*nach langem Warten*) schließlich
② (*zeitlich*) zum Schluss; **firstly, … secondly,… and finally** erstens, … zweitens, … und zuletzt
**fi·nance**[1] ['faɪnæns] ① Finanzwesen
② **finances** Finanzen
**fi·nance**[2] ['faɪnæns] finanzieren
**fi·nan·cial** [faɪ'nænʃl] finanziell
**find**[1] [faɪnd] <found, found> ① finden; (*unerwartet*) etwas entdecken
② (*besorgen*) **find something for someone** jemanden mit etwas versorgen; **did you find what you wanted?** hast du bekommen, was du wolltest?
③ **it has been found that…** es hat sich herausgestellt, dass…
④ (*bemerken*) **you'll find that he's lying** du wirst feststellen, dass er lügt
⑤ (*halten für*) **she found all the questions easy** sie fand, dass die Fragen alle leicht waren
◆ **find out** herausfinden
**find**[2] [faɪnd] Fund
**fine**[1] [faɪn] ① fein; *Wetter:* schön
② *Sportler, Künstler:* ausgezeichnet, hervorragend
③ prächtig
④ *Material:* fein, zart
⑤ **fine words** schöne Worte
⑥ *Werkzeug:* genau; *Nadel, Pinsel:* fein, spitz
⑦ gesund; **I'm feeling fine** mir geht's bestens; **how are you? — fine, thanks!** wie geht's? — gut, danke!
⑧ (*umgangsspr*) prima
**fine**[2] [faɪn] Bußgeld, Geldstrafe
**fine**[3] [faɪn] mit einer Geldstrafe belegen
**finely** [faɪnli] fein; **finely chopped** fein gehackt
**fin·ger** ['fɪŋgəʳ] Finger
**finger·nail** Fingernagel
**finger·print** ['fɪŋgəprɪnt] Fingerabdruck
**fin·ish**[1] ['fɪnɪʃ] ① beenden
② **finish** [**off**] erledigen, vollenden *Arbeit;* auslesen *Buch*
③ **finish doing something** aufhören etwas zu tun; **finish writing** fertig schreiben; **have you finished?** bist du fertig?; **finish your drink** trink aus
④ fertig stellen
⑤ zu Ende sein, aufhören; **when does the concert finish?** wann ist der Konzert aus?
◆ **finish off** **finish something off** etwas fertig machen
◆ **finish up** aufessen *Essen;* austrinken *Getränk*
◆ **finish with** ① **have you finished with the paper?** brauchst du noch die Zeitung?
② (*übertragen*) **finish with someone** mit jemandem fertig sein; (*mit einem Freund/einer Freundin*) Schluss machen
**fin·ish**[2] ['fɪnɪʃ] ① Ende, Schluss
② (*Endpunkt eines Rennens*) Ziel; (*Endphase eines Rennens*) Endkampf, Endspurt
③ Schliff; (*bei Waren*) Verarbeitung
**fin·ished** ['fɪnɪʃt] ① fertig
② *Person:* erledigt *umgangsspr*
③ **finished product** Fertigprodukt
**fir** [fɜːʳ] Tanne, Fichte
**fire**[1] ['faɪəʳ] ① Feuer; **catch fire** Feuer fangen
② (*von Gebäude, Wald*) Brand; **be on fire** in Flammen stehen; **set fire to a house, set a house on fire** ein Haus in Brand stecken
③ Kaminfeuer
④ (*militärisch*) Feuer; **come under fire** unter Beschuss geraten
**fire**[2] ['faɪəʳ] ① (*umgangsspr*) feuern, entlassen
② abfeuern *Feuerwaffe, Geschoss*
**fire alarm** ['faɪərəˌlɑːm] ① Feueralarm
② (*Gerät*) Feuermelder
**fire·arm** Schusswaffe
**fire brig·ade** Feuerwehr
**fire department** (USA) Feuerwehr
**fire engine** Feuerwehrauto
**fire escape** Feuertreppe, Feuerleiter
**fire extinguisher** Feuerlöscher
**fire·fighter** Feuerwehrmann

**fire·man** ['faɪəmən] <*plural* firemen> Feuerwehrmann
**fire·place** ['faɪəpleɪs] Kamin
**fire·woman** ['faɪəwʊmən, *plural* 'faɪəwɪmɪn] <*plural* firewomen> Feuerwehrfrau
**fire·work** ① Feuerwerkskörper
② **fireworks** Feuerwerk
**firm**[1] [fɜːm] ① fest, stabil
② *Freundschaft:* beständig, unaufhörlich
③ *Basis:* standhaft, unerschütterlich
④ *Angebot:* bindend
**firm**[2] [fɜːm] Firma, Unternehmen
**firmly** [fɜːmli] fest
**first**[1] [fɜːst] ① erste(r, s); **first novel** Erstlingsroman; **for the first time** zum erstenmal; **in first place** (*beim Rennen*) an erster Stelle
② zuerst, als Erste(r, s)
③ als Erstes, zunächst; **first of all, I'm going to unpack** zuallererst werde ich auspacken
④ zum erstenmal; **when did you first meet him?** wann hast du ihn das erste Mal getroffen?
⑤ [zu]erst; **I must finish this first** ich muss das erst fertig machen
**first**[2] [fɜːst] ① **the first** der, die, das Erste; **he was the first to arrive** er kam als Erster an
② (GB) (*Note an der Uni*) Eins
③ (*im Fahrzeug*) erster Gang
④ **the first of July** der erste Juli
⑤ **at first** zuerst, zunächst
**first aid** erste Hilfe; **first aid box** Verbandskasten
**first-class** [ˌfɜːst'klɑːs] ① erstklassig
② **send a letter first-class** (GB) einen Brief mit Erster-Klasse-Post schicken
**first·ly** ['fɜːstlɪ] erstens
**first name** ['fɜːst neɪm] Vorname
**first-rate** [ˌfɜːst'reɪt] ① erstrangig, erstklassig
② (*umgangsspr*) prima, großartig
**fish**[1] [fɪʃ] <*plural* fish *oder* fishes> Fisch
**fish**[2] [fɪʃ] ① fischen
② angeln (**for** nach)
**fish·cake** ['fɪʃkeɪk] Fischfrikadelle
**fisher·man** ['fɪʃəmən] <*plural* fishermen> Fischer, Angler
**fish fin·ger** [ˌfɪʃ'fɪŋgəʳ] Fischstäbchen
**fish·ing** ['fɪʃɪŋ] Fischen, Angeln
**fishing rod** Angelrute
**fish·mon·ger** ['fɪʃmʌŋgəʳ] (GB) Fischhändler(in)
**fishy** ['fɪʃɪ] ① *Geruch, Geschmack:* fischartig
② (*umgangsspr*) verdächtig, faul
**fist** [fɪst] Faust
**fit**[1] [fɪt] <fitted *oder* (USA) fit, fitted *oder* (USA) fit>
① **the lid fits the jar** der Deckel passt auf den Topf
② *Kleidung:* passen, sitzen
③ montieren, einbauen *Schloss;* einsetzen *Scheibe, Tür*
④ **the facts fit the description** die Tatsachen entsprechen der Beschreibung
◆ **fit in** ① **fit something in** etwas unterbringen
② **fit someone in** jemandem einen Termin geben
③ einbauen *Scheibe usw.*

> **? Grammatik** **Fit** oder **suit**? Das Wort **fit** sagt aus, ob etwas die richtige Größe oder Form hat: *The square peg does not fit into the round hole; This dress doesn't fit me anymore — it's too tight.* Wenn man jedoch sagen möchte, dass jemandem etwas nicht steht oder ungelegen ist, verwendet man **suit:** *I don't suit that colour; Monday doesn't suit me — can we meet up on Tuesday?*

**fit**[2] [fɪt] ① *Person:* gesund, in Form; **keep fit** in Form bleiben
② geeignet; **this coat isn't fit for use** dieser Mantel ist nicht tauglich
③ **fit for work** arbeitsfähig
**fit**[3] [fɪt] ① (*medizinisch*) Anfall; **fit of coughing** Hustenanfall
② **fit of anger** Wutanfall
**fit·ness** ['fɪtnɪs] Fitness, Kondition
**five** [faɪv] fünf
**fix** [fɪks] ① *mit Schrauben usw:* festmachen, befestigen (**to** an)
② aufhängen *Bild*
③ **fix one's eyes on something** den Blick auf etwas heften
④ fesseln *Aufmerksamkeit*
⑤ festsetzen, festlegen *Preis* (**at** auf)
⑥ abmachen; **fix a date** ein Treffen vereinbaren
⑦ (*umgangsspr*) in Ordnung bringen; **fix the radio** das Radio reparieren
⑧ **fix one's hair** sich frisieren; machen *Essen, Kaffee usw.*
**fixed** [fɪkst] ① fest
② *Idee:* fix
**fizzy** ['fɪzɪ] sprudelnd
**flabby** ['flæbɪ] *Korperteil:* schlaff, schlapp
**flag** [flæg] Fahne; *eines Staates, am Schiff:* Flagge
**flair** [fleəʳ] **have a flair for something** eine Nase für etwas haben
**flake** [fleɪk] *Schnee, Farbe, Seife:* Flocke
**flame** [fleɪm] Flamme
**flam·ing** ['fleɪmɪŋ] flammend, lodernd, glühend
**flan** [flæn] ① (*süß*) Torte
② (*pikant*) Quiche

**flan·nel** ['flænl] ① Waschlappen
② Flanell
**flap**[1] [flæp] Klappe; (*am Briefumschlag*) Lasche
**flap**[2] [flæp] <flapped, flapped> *Flügel:* schlagen; *Fahne, Segel:* flattern
**flare** [fleəʳ] ① [auf]flackern
② (*übertragen*) aufbrausen
◆ **flare up** ① (*auch übertragen*) aufflammen; *Krankheit:* ausbrechen
② aufbrausen
**flash**[1] [flæʃ] ① aufleuchten, aufblitzen [lassen]
② funkeln; **the lightning flashed** es blitzte
③ (*übertragen*) sausen, flitzen
④ **the idea flashed through my mind** der Gedanke schoss mir durch den Kopf
⑤ **flash one's headlights at someone** jemanden anblinken
**flash**[2] [flæʃ] ① Aufblinken, Blitzen
② *am Fotoapparat:* Blitz[licht]
③ **flash of lightning** Blitz
**flash·back** ['flæʃbæk] (*im Buch, Film*) Rückblende
**flashy** ['flæʃɪ] auffallend, auffällig
**flask** [flɑːsk] ① *für Brandy usw:* Flachmann
② Thermosflasche
③ (*im Labor*) Glaskolben
**flat**[1] [flæt] ① *Fläche:* flach, eben; *Reifen:* platt
② *Batterie:* leer
③ *Getränk:* schal, abgestanden
④ (*übertragen*) *Stimmung:* fade, matt, stumpf
⑤ **flat rate of pay** Pauschallohn
⑥ *Note:* erniedrigt; (*beim Singen*) zu tief
**flat**[2] [flæt] (GB) Wohnung
**flat·ten** ['flætn] platt drücken
**flat·ter** ['flætəʳ] schmeicheln
**fla·vor** (USA) Geschmack, Aroma
**fla·vor·ing** (USA) Aroma
**fla·vour** ['fleɪvəʳ] Geschmack, Aroma
**fla·vour·ing** Aroma
**flea** [fliː] Floh
**flea market** Flohmarkt
**flee** [fliː] <fled, fled> ① entfliehen, flüchten (**from** vor)
② **flee someone/something** vor jemandem/aus etwas fliehen
**fleet** [fliːt] *Schiffe:* Flotte
**flesh** [fleʃ] Fleisch
**flew** [fluː] *2. Form von* **fly**
**flexi·ble** ['fleksəbl] ① biegsam, elastisch
② (*übertragen*) anpassungsfähig, flexibel
**flicker**[1] ['flɪkəʳ] ① flattern
② *Flamme:* flackern, zucken
**flicker**[2] ['flɪkəʳ] ① *von Flamme:* Flackern
② **flicker of hope** Hoffnungsschimmer
**flight** [flaɪt] ① Flug, Fliegen
② Flugstrecke
③ **flight of stairs** Treppe
**fling** [flɪŋ] <flung, flung> schleudern
**flip** [flɪp] ① **flip something** [**over**] etwas wenden
② (*umgangsspr*) ausflippen
**flip·per** ['flɪpəʳ] ① (*Tier*) Flosse
② (*beim Taucher*) [Schwimm]Flosse
**float** [fləʊt] schwimmen, treiben; (*in Luft*) schweben
**flock** [flɒk] ① *von Schafen, auch religiös:* Herde
② *von Vögeln:* Schwarm
**flood**[1] [flʌd] Hochwasser, Überschwemmung
**flood**[2] [flʌd] ① überschwemmen, überfluten; **the cellar was flooded** [**out**] der Keller stand unter Wasser
② (*übertragen*) überschütten (**with** mit)
◆ **flood in** hereinstürmen, hineinströmen
**flood·light** ['flʌdlaɪt] Scheinwerfer[licht], Flutlicht
**floor** [flɔːʳ] ① Fußboden
② Tanzboden
③ **we live on the second floor** wir wohnen im zweiten Stock
**flop**[1] [flɒp] ① fallen, sich fallenlassen
② *Theaterstück usw.:* nicht ankommen
**flop**[2] [flɒp] (*umgangsspr*) Reinfall, Misserfolg
**floppy** ['flɒpɪ] ① schlaff, schlapp
② **floppy disk** Floppydisk, Diskette
**flor·ist** ['flɒrɪst] Blumenhändler(in)
**flour** ['flaʊəʳ] Mehl
**flourish** [flʌrɪʃ] *Geschäft:* florieren; *Person, Sache:* gedeihen
**flow**[1] [fləʊ] ① *Fluss:* fließen, strömen; **the river flows into the lake** der Fluss mündet in den See
② *Gas:* strömen
③ *Tränen:* rinnen
**flow**[2] [fləʊ] ① (*auch übertragen*) Strom, Fluss; **flow of traffic** Verkehrsstrom
② **flow of information/ideas/words** Informations-/Ideen-/Redefluss
**flower**[1] ['flaʊəʳ] Blume, Blüte
**flower**[2] ['flaʊəʳ] blühen
**flower·bed** ['flaʊəbed] Blumenbeet
**flower·pot** ['flaʊəpɒt] Blumentopf
**flown** [fləʊn] *3. Form von* **fly**
**flu** [fluː] (*umgangsspr*) Grippe
**flu·ent** ['fluːənt] ① *Stil:* flüssig
② *Redner:* gewandt
③ **speak fluent English** fließend Englisch sprechen

**fluffy** ['flʌfɪ] flaumig
**fluid** ['flu:ɪd] Flüssigkeit
**flung** [flʌŋ] *3. Form von* **fling**
**flush** [flʌʃ] ① **flush the toilet** spülen
② *Person:* rot werden
**flushed** ['flʌʃt] rot, gerötet
**flute** [flu:t] Querflöte
**flut·ter** ['flʌtəʳ] ① *Motte, Fahne:* flattern
② **flutter one's eyelashes** mit den Wimpern klimpern
**fly**[1] [flaɪ] <flew, flown> ① fliegen; fliegen *Flugzeug*
② *Zeit:* vergehen
③ **she flew past him in a great hurry** sie sauste an ihm vorbei
④ *Fahne:* wehen
◆ **fly away** wegfliegen; *Flugzeug:* abfliegen
**fly**[2] [flaɪ] ① Fliege
② **flies** *plural* [Hosen]Schlitz
**fly·ing** ['flaɪɪŋ] Fliegen
**foam** [fəʊm] Schaum
**fo·cus**[1] ['fəʊkəs, *plural* 'fəʊsaɪ] <*plural* focuses *oder* foci> ① (*auch übertragen*) Brennpunkt
② (*beim Fotografieren*) Brennweite; **in/out of focus** scharf/unscharf eingestellt
③ (*übertragen*) Mittelpunkt
**fo·cus**[2] ['fəʊkəs] <focussed, focussed *oder* focused, focused> einstellen; (*übertragen*) konzentrieren (**on** auf)
**fog** [fɒg] Nebel
**foggy** ['fɒgɪ] ① neb(e)lig
② (*übertragen*) undeutlich, verwirrt
③ (*übertragen*) **I haven't the foggiest [idea]** ich habe überhaupt keine Ahnung
**foil** [fɔɪl] Folie
**fold**[1] [fəʊld] ① zusammenfalten; zusammenlegen *Wäsche;* zusammenklappen *Klappstuhl*
② **fold one's arms** die Arme verschränken
◆ **fold up** zusammenklappen *Stuhl*
**fold**[2] [fəʊld] Falte
**folder** ['fəʊldəʳ] ① Schnellhefter, Aktendeckel
② Merkblatt
**folk** [fəʊk] ⚠ *plural* ① Leute
② **my folks** (*umgangsspr*) meine Leute
**folk music** Volksmusik
**fol·low** ['fɒləʊ] ① **please follow me** bitte folgen Sie mir
② (*zeitlich*) **the programme follows the news** die Sendung schließt sich an die Nachrichten an
③ **have someone followed** jemanden verfolgen lassen
④ (*auch übertragen*) folgen *Weg, Trend;* befolgen *Regel, Rat*
⑤ ausüben, nachgehen *Beruf*
⑥ mitmachen, folgen *Mode*
⑦ verfolgen *Serie*
⑧ **do you follow me?** können Sie mir folgen?
⑨ [er]folgen (**from** aus); **it follows that** es ergibt sich, dass
**fol·low·ing**[1] ['fɒləʊɪŋ] folgend
**fol·low·ing**[2] ['fɒləʊɪŋ] ① Anhängerschaft
② **he said the following** er sagte Folgendes
**fond** [fɒnd] ① *Blick:* liebevoll
② **be fond of someone/something** jemanden/etwas gern haben, mögen; **be fond of doing something** etwas gern tun
**food** [fu:d] ① Nahrung, Essen; *von Tieren:* Futter
② Nahrungsmittel; (*im Laden*) Lebensmittel
**food poisoning** Lebensmittelvergiftung
**food processor** Küchenmaschine
**fool**[1] [fu:l] ① Dummkopf, Narr
② **make a fool of oneself** sich lächerlich machen; **make a fool of someone** jemanden zum Narren machen; **April Fool!** April, April!
**fool**[2] [fu:l] **fool someone** jemanden reinlegen, mit jemandem seinen Spaß haben
◆ **fool about, fool around** herumtrödeln, herumalbern; **stop fooling about!** lass den Blödsinn!
**fool·ish** ['fu:lɪʃ] dumm, töricht
**fool·proof** ['fu:lpru:f] *Gerät:* narrensicher, idiotensicher; *Plan:* todsicher
**foot** [fʊt] <*plural* feet> ① Fuß; **on foot** zu Fuß; **get to one's feet** aufstehen
② *von Bett:* Fußende
③ (*altes Längenmaß*) Fuß (*30,48 cm*)
► IN WENDUNGEN: **put one's foot down** ein Machtwort sprechen
**foot·ball** ['fʊtbɔ:l] ① Fußball
② amerikanischer Fußball, Football; *s. a.* **American football**
**foot·path** ['fʊtpɑ:θ] Fußweg, Gehweg
**foot·print** ['fʊtprɪnt] Fußabdruck
**foot·step** ['fʊtstep] Schritt, Tritt
**for** [fɔ:ʳ] ① (*räumlich*) **the train for Glasgow** der Zug nach Glasgow; **we walked for two miles** wir sind zwei Meilen weit gelaufen
② (*zeitlich*) **he's been working there for six months** er arbeitet seit sechs Monaten dort; **I'm going to be here for three weeks** ich bin für drei Wochen hier
③ (*Zweck*) **for example** zum Beispiel; **what's this box for?** wozu dient dieser Kasten?; **go for a walk** spazieren gehen
④ (*Grund*) aus; **for this reason** aus diesem

Grund; **well-known for his work** bekannt wegen seiner Arbeit
5 **have something for breakfast/dessert** etwas zum Frühstück/Nachtisch haben
6 bestimmt; **a letter for you** ein Brief für dich
7 (*dafür*) **are you for or against it?** sind Sie dafür oder dagegen?
8 (*im Wert von*) **a cheque for £200** ein Scheck in Höhe von 200 Pfund
9 (*im Austausch*) **how much did you pay for that?** wieviel hast du dafür bezahlt?
10 **wait for someone** auf jemanden warten

**for·bid** [fə'bɪd] <forbad *oder* forbade, forbidden> 1 **I forbid you to do that again!** ich verbiete dir, sowas nochmal zu tun!
2 (*auf einem Schild*) **use of mobile phones forbidden** das Benutzen von Mobiltelefonen ist untersagt

**force**[1] [fɔːs] 1 Stärke; **in force** in voller Stärke
2 (*übertragen*) Kraft; **force of gravity** Schwerkraft
3 Gewalt, Zwang, Druck; **by force** mit Gewalt
4 *Gesetz:* **come into/be in force** rechtskräftig werden/sein
5 **the forces** die Streitkräfte

**force**[2] [fɔːs] 1 drängen; **I was forced to do it** ich musste es tun
2 **force something open** etwas aufbrechen

**fore·cast**[1] ['fɔːkɑːst] <forecast *oder* forecasted, forecast *oder* forecasted> vorhersehen, voraussagen; vorhersagen *Wetter*

> **? Grammatik** Die unregelmäßigen Vergangenheitsformen von **forecast** lauten **forecast/forecasted — forecast/forecasted**: *the weatherman* **forecast** *thunderstorms; Thunderstorms* **had been forecast.**

**fore·cast**[2] ['fɔːkɑːst] 1 Voraussage; (*wirtschaftlich*) Prognose
2 **[weather] forecast** [Wetter]Vorhersage

**fore·ground** ['fɔːgraʊnd] **in the foreground** im Vordergrund

**fore·hand** ['fɔːhænd] (*Tennis*) Vorhand

**fore·head** ['fɒrɪd] Stirn

**for·eign** ['fɒrən] 1 fremd, nicht [da]zugehörig
2 auswärtig, ausländisch
3 **foreign travel** Reisen ins Ausland

**foreigner** ['fɒrənəʳ] Ausländer(in)

**foreign language** Fremdsprache

**foreign policy** Außenpolitik

**Foreign Secretary** (*in GB*) Außenminister(in)

**fore·name** ['fɔːneɪm] Vorname

**fore·see** [fɔː'siː] <foresaw, foreseen> vorhersehen *Problem;* voraussehen *Ereignis*

**for·est** ['fɒrɪst] Wald, Forst

**for·ever** [fə'revəʳ] 1 für immer
2 (*abwertend*) ständig

**fore·word** ['fɔːwɜːd] Vorwort

**for·gave** [fə'geɪv] *2. Form von* **forgive**

**forge** [fɔːdʒ] fälschen *Banknote*

**forg·ery** ['fɔːdʒərɪ] *von Bild, Banknote:* Fälschung

**for·get** [fə'get] <forgot, forgotten> 1 vergessen; **forget about doing something** vergessen, etwas zu tun; **did you buy any milk? — sorry, I forgot** hast du Milch gekauft? — tut mir Leid, ich habe es vergessen
2 **forget how to ride a bicycle** das Radfahren verlernen

**for·get·ful** [fə'getfl] vergesslich

**for·give** [fə'gɪv] <forgave, forgiven> vergeben, verzeihen; **can you forgive me?** kannst du mir verzeihen?

**for·got** [fə'gɒt] *2. Form von* **forget**

**for·got·ten** [fə'gɒtn] *3. Form von* **forget**

**fork**[1] [fɔːk] 1 Gabel
2 *von Straße:* Gabelung

**fork**[2] [fɔːk] **fork left** *Stasse, Person, Auto:* nach links abbiegen

**form**[1] [fɔːm] 1 (*Art*) Form; **in book form** als Buch
2 Gestalt, Figur
3 Formblatt, Vordruck; **fill in a form** ein Formular ausfüllen
4 (*Kondition*) Form, [körperliche] Verfassung; **be in good form** in guter Verfassung sein; **be out of form** nicht in Form sein
5 GB [Schul]Klasse

**form**[2] [fɔːm] 1 bilden
2 formen, gestalten *Pressform;* (*übertragen*) formen *Charakter*
3 sich bilden, sich entwickeln; **the idea formed in her mind** die Idee nahm feste Gestalt an; entwickeln *Idee*

**for·mal** ['fɔːml] 1 *Einladung, Person:* formell, förmlich
2 offiziell
3 **make a formal apology** sich in aller Form entschuldigen
4 **formal dress** Gesellschaftskleidung

**for·mal·ity** [fɔː'mælətɪ] 1 (*Zeremonie usw.*) Förmlichkeit
2 Formalität, Formsache; **as a formality** der [bloßen] Form wegen

**for·mat**[1] ['fɔːmæt] *von Buch usw.:* Format, Aufmachung

Ff

**for·mat**[2] ['fɔːmæt] <formatted, formatted> **format a disk** ein Diskette formatieren

**for·ma·tion** [fɔː'meɪʃn] ① Bildung; *eines Gegenstands:* Gestalt[ung] ② Struktur; *von Netzwerk, Organisation:* Aufbau ③ *von Gesellschaft:* Gründung ④ *von Erdschichte:* Formation

**for·mer**[1] ['fɔːməʳ] ① früher, ehemalig; **in former times** früher ② erstere(r, s), erstgenannte(r, s); **the former…, the latter…,** der erstere …, der letztere …,

**for·mer**[2] ['fɔːməʳ] **the former** der, die, das Erstere

**for·mer·ly** ['fɔːməlɪ] früher, ehemals

**for·mu·la** ['fɔːmjʊlə, *plural* 'fɔːmjʊliː] <*plural* formulas *oder* formulae> Formel

**fort** [fɔːt] Fort

**forth·com·ing** [ˌfɔːθ'kʌmɪŋ] ① [unmittelbar] bevorstehend ② *Film:* in Kürze anlaufend; **forthcoming books** Neuerscheinungen

**for·ti·eth** ['fɔːtɪəθ] vierzigste(r, s)

**fort·night** ['fɔːtnaɪt] vierzehn Tage, zwei Wochen; **for a fortnight** für vierzehn Tage; **today/tomorrow/next Monday fortnight** heute/morgen/Montag in 14 Tagen

**fort·night·ly** ['fɔːtnaɪtlɪ] ① vierzehntägig, halbmonatlich ② **the magazine appears fortnightly** die Zeitschrift erscheint alle 14 Tage

**for·tu·nate** ['fɔːtʃənət] **it was fortunate that …** es war ein Glück, dass …

**for·tu·nate·ly** ['fɔːtʃənətlɪ] glücklicherweise

**for·tune** ['fɔːtʃuːn] ① Schicksal; **have one's fortune told** sich die Zukunft vorhersagen lassen ② Vermögen

**fortune teller** Wahrsager(in)

**forty** ['fɔːtɪ] vierzig

**for·ward**[1] ['fɔːwəd] ① **forward[s]** vorwärts, nach vorn; **step forward** vortreten; **come forward** sich melden ② **bring a meeting forward** ein Treffen vorbringen

**for·ward**[2] ['fɔːwəd] (*im Sport*) Stürmer(in)

**for·ward**[3] ['fɔːwəd] ① befördern, schicken *Waren* ② nachschicken *Brief;* **please forward!** bitte nachsenden!

**for·wards** ['fɔːwədz] vorwärts; **as she moved forwards …** als sie nach vorne trat …

**fos·ter** ['fɒstəʳ] ① **foster a child** ein Kind in Pflege nehmen ② (*übertragen*) fördern, begünstigen

**fought** [fɔːt] *2. und 3. Form von* **fight**

**foul**[1] [faʊl] ① *Geruch:* übel ② *Person, Verhalten:* gemein, fies ③ *Wetter:* schlecht ④ *Sprache:* anstößig, gemein

**foul**[2] [faʊl] (*im Sport*) Foul

**foul**[3] [faʊl] ① beschmutzen; verpesten *Luft* ② (*im Sport*) foulen

**found**[1] [faʊnd] ① gründen *Schule usw.* ② begründen *Argument, Theorie*

**found**[2] [faʊnd] *2. und 3. Form von* **find**

**foun·da·tion** [faʊn'deɪʃn] ① *einer Schule, einer Firma:* Gründung ② (*wohltätig*) Stiftung ③ **foundations** ⚠ *plural* Grundmauer, Fundament ④ (*übertragen*) *einer Theorie usw.:* Grundlage, Basis

**foun·tain** ['faʊntɪn] Springbrunnen, Fontäne

**fountain pen** Füller, Füllfederhalter

**four** [fɔːʳ] vier

**four·teen** [ˌfɔː'tiːn] vierzehn

**fourth**[1] [fɔːθ] vierte(r, s)

**fourth**[2] [fɔːθ] ① (*Bruchteil*) Viertel ② Vierte(r, s)

**fox** [fɒks] Fuchs

**foyer** ['fɔɪeɪ] (*im Theater*) Foyer, Empfangshalle

**frac·tion** ['frækʃn] ① (*übertragen*) Bruchteil ② (*Mathematik*) Bruch

**frac·ture**[1] ['fræktʃəʳ] ① Bruch ② Fraktur; **fracture of the skull** Schädelbruch

**frac·ture**[2] ['fræktʃəʳ] brechen; **fracture one's leg** sich das Bein brechen

**frag·ile** ['frædʒaɪl] ① zerbrechlich; **fragile — handle with care!** Vorsicht zerbrechlich! ② *Gesundheit:* anfällig ③ *Person:* gebrechlich

**frag·ment** ['frægmənt] Bruchstück; *von Porzellan:* Scherbe; *von Kunstwerk:* Fragment

**frail** [freɪl] gebrechlich, zart

**frame**[1] [freɪm] ① rahmen *Bild;* einrahmen *Gesicht* ② (*formulieren*) ausarbeiten *Plan, Methode;* entwerfen *Gesetz, Politik*

**frame**[2] [freɪm] ① *von Bild, Fahrrad:* Rahmen; *von Bett, Brille:* Gestell ② *von Person, Tier:* Körperbau, Figur, Gestalt ③ **good/bad frame of mind** gute/schlechte Laune

**France** [frɑːns] Frankreich

**frank** [fræŋk] ① frei[mütig], offen ② *Meinung:* ehrlich, aufrichtig; **to be frank** aufrichtig gesagt, offen gestanden

**frankly** [fræŋklɪ] **frankly, I can't stand her** offen gesagt kann ich sie nicht leiden

**fran·tic** ['fræntɪk] ① verzweifelt, rasend ② *Person, Tier:* außer Fassung; **go frantic** außer sich geraten

**fraud** [frɔːd] ① Betrug, Schwindel ② (*Person*) Betrüger(in)

**freckle** ['frekl] Sommersprosse

**free**[1] [friː] ① frei; **free from pain** schmerzfrei ② **set someone free** jemanden freilassen ③ ungehindert, zwanglos; **you're free to choose** die Wahl steht Ihnen frei ④ kostenlos, gratis ⑤ *Platz, Zimmer:* frei, nicht besetzt ⑥ *Bewegung:* ungezwungen, leicht

**free**[2] [friː] <freed, freed> ① freilassen *Tier, Mensch;* (*übertragen*) befreien ② [wieder] freimachen *Straße*

**free·dom** ['friːdəm] ① Freiheit ② *einer Person:* Unabhängigkeit, Ungebundenheit

**free·lance** ['friːlɑːns] freiberuflich

**free·ly** ['friːlɪ] ① reichlich, großzügig ② **speak freely** offen sprechen

**free·way** ['friːweɪ] (USA) [gebührenfreie] Autobahn

**freeze**[1] [friːz] ① Frost[periode] ② **wage/price freeze** Lohn-/Preisstopp

**freeze**[2] [friːz] <froze, frozen> ① frieren ② **it's freezing** es ist bitter kalt; **I'm freezing** mir ist eiskalt ③ *Wasser:* [ge]frieren; *Wasserleitung:* einfrieren ④ einfrieren ⑤ (*übertragen*) einfrieren *Lohn*

**freezer** ['friːzəʳ] Tiefkühltruhe, Gefrierschrank

**freez·ing**[1] ['friːzɪŋ] eisig, eiskalt

**freez·ing**[2] ['friːzɪŋ] Einfrieren; **below freezing** unter dem Gefrierpunkt

**freight** [freɪt] Frachtgut

**French**[1] [frentʃ] französisch; **he is French** er ist Franzose

**French**[2] [frentʃ] ① [das] Französisch(e) ② **the French** die Franzosen

**French fries** *plural* (USA) Pommes frites

**fre·quency** ['friːkwənsɪ] ① Häufigkeit ② (*vom Sender*) Frequenz

**fre·quent** ['friːkwent] häufig; *Theaterbesucher usw.:* eifrig

**fre·quently** ['friːkwentli] oft, häufig

**fresh** [freʃ] ① frisch ② kühl, erfrischend ③ **make a fresh start** neu anfangen ④ **fresh water** Süßwasser

**freshen** ['freʃn] *Wind:* auffrischen

**freshly** [freʃli] frisch

**freshness** [freʃnɪs] Frische

**fric·tion** ['frɪkʃn] ① Reibung ② (*übertragen*) Reibungen, Spannungen

**Fri·day** ['fraɪdɪ] Freitag

**fridge** [frɪdʒ] (GB) (*umgangsspr*) Kühlschrank

**friend** [frend] ① Freund(in) ② Bekannte(r) ③ **make friends with someone** ⚠ *plural* sich mit jemandem anfreunden

**friendliness** [frendlɪnəs] Freundlichkeit

**friend·ly** ['frendlɪ] ① freundschaftlich ② freundlich, angenehm

**friend·ship** ['frendʃɪp] Freundschaft

**fright** [fraɪt] Schreck[en]; **give someone a fright** jemanden erschrecken

**frighten** ['fraɪtn] ① erschrecken ② *Drohung:* jemandem Angst machen, jemanden ängstigen ③ **be frightened of something** vor etwas Angst haben

**fringe** [frɪndʒ] ① (*übertragen*) Rand ② (*Friseur*) Pony ③ (*Teppich*) Fransen

**frisk** [frɪsk] ① *junge Tiere:* herumtollen ② durchsuchen *Person*

**frizzy** ['frɪzɪ] *Haar:* kraus, gekräuselt

**fro** [frəʊ] **to and fro** hin und her

**frock** [frɒk] Kleid

**frog** [frɒg] Frosch

**from** [frɒm] ① (*Ausgangspunkt*) von, aus; **the train from London** der Zug aus London; **drink from a glass** aus einem Glas trinken; **from inside** von innen; **from among the trees** zwischen den Bäumen hervor; **from house to house** von Haus zu Haus; **go from bad to worse** immer schlimmer werden ② (*zeitlich*) seit, ab, von … an; **from his childhood** von Kindheit an; **from time to time** von Zeit zu Zeit ③ (*Entfernung*) von … weg; **their house is 10 km from the city centre** ihr Haus ist 10 km vom Stadtzentrum entfernt ④ (*weg*) **escape from prison** aus dem Gefängnis entkommen ⑤ (*Quellenangabe*) **where are you from?** wo sind Sie her?; **translated from the English** aus dem Englischen übersetzt; **quotations from Shakespeare** Zitate nach Shakespeare ⑥ (*unterste Grenze angebend*) ab; **from the age of 18** ab 18 Jahren; **dresses from £20 upwards** Kleider von zwanzig Pfund aufwärts ⑦ (*Grund*) wegen, infolge; **from experience**

aus Erfahrung; **from what I heard** nach dem was ich gehört habe

**front**[1] [frʌnt] ① Vorderseite, Front
② *von Gebäude:* Vorderfront, Fassade
③ (*militärisch*) Front
④ (*am Meer*) Strandpromenade
⑤ **in front** vorne; **in front of someone** vor jemandem
⑥ **sit in the front of the car** vorne sitzen
⑦ (*Wetter*) **cold front** Kaltluftfront

**front**[2] [frʌnt] ① vorderste(r, s), erste(r, s)
② **front brake** Vorderbremse; **front garden** Vorgarten
③ **move up front** nach vorne rücken

**fron·tier** [ˈfrʌntɪəʳ] Grenze, Landesgrenze, Grenzgebiet

**frost** [frɒst] ① Frost, Raureif
② (*übertragen*) Kühle, Kälte

**frosty** [ˈfrɒstɪ] frostig, eisig

**frothy** [ˈfrɒθɪ] schaumig, schäumend

**frown**[1] [fraʊn] ① die Stirn runzeln (**at** über)
② **frown on someone** jemanden missbilligen

**frown**[2] [fraʊn] Stirnrunzeln

**froze** [frəʊz] *2. Form von* **freeze**

**frozen**[1] [ˈfrəʊzn] *3. Form von* **freeze**

**frozen**[2] [ˈfrəʊzn] ① *Fluss:* [zu]gefroren
② *Körper:* erfroren; **I'm frozen** (*übertragen*) mir ist eiskalt
③ **frozen foods** Tiefkühlkost

**fruit** [fruːt] Frucht, Obst

**frus·trate** [frʌˈstreɪt] ① zunichte machen *Hoffnungen*
② durchkreuzen; *Plan:*
③ frustieren *Person*

**frus·trated** [frʌˈstreɪtɪd] frustriert

**frus·tra·tion** [frʌˈstreɪʃn] ① *von Hoffnungen, Plänen:* Zerschlagung
② *von Person:* Frustration

**fry** [fraɪ] ① in der Pfanne braten, backen
② braten

**fry·ing-pan** [ˈfraɪŋpæn] Bratpfanne

**fuel** [ˈfjuːəl] ① Heiz-, Brennmaterial, Brennstoff
② (*für Auto*) Kraftstoff, Benzin

**ful·fil**, USA auch **ful·fill** [fʊlˈfɪl] <fulfilled, fulfilled> ① erfüllen *Wunsch*
② ausführen *Aufgabe, Befehl*
③ einlösen *Versprechen*
④ einhalten *Verpflichtung*

**full**[1] [fʊl] ① (*gefüllt*) voll; **the bucket is full of water** der Eimer ist voll Wasser
② *Bus:* voll besetzt; **the city was full of people** in der Stadt wimmelte es von Menschen
③ (*vollständig*) voll; **a full day** ein ganzer Tag; *Bericht:* umfassend; **the full details** alle Einzelheiten
④ *Figur:* füllig
⑤ **full house** (*am Theater*) ausverkauft
⑥ **full up** vollbesetzt
⑦ **I'm full up** ich bin satt
⑧ **at full speed** in voller Fahrt; **in full daylight** am hellichten Tag

**full**[2] [fʊl] **in full** ganz, vollständig; **write one's name in full** seinen Namen ausschreiben

**full-length** [ˌfʊlˈleŋθ] ① *Film:* abendfüllend
② *Porträt:* lebensgroß

**full stop** Punkt

**full-time** ganztägig; **work full-time** ganztags arbeiten

**fully** [ˈfʊlɪ] ① völlig, ganz
② **fully qualified** voll qualifiziert

**fumes** [fjuːmz] *plural* Rauch, Dampf; *von Auto:* Abgase

**fun** [fʌn] ① Spaß; **dancing is fun** Tanzen macht Spaß; **have fun!** viel Spaß!; **he is great fun** man hat mit ihm viel zu lachen
② **make fun of someone** sich über jemanden lustig machen

> **! Vorsicht Falle** **Fun** oder **funny**? Wenn einem etwas Spaß macht, verwendet man **fun:** *I like ice hockey — it's fun!* Wenn man etwas lustig findet, verwendet man hingegen **funny:** *They made funny faces to each other; That wasn't a very funny joke!*

**func·tion**[1] [ˈfʌŋkʃn] ① *von Gerät usw.:* Funktion
② *von Person:* Aufgaben, Pflichten
③ Veranstaltung; (*offiziell*) Feier

**func·tion**[2] [ˈfʌŋkʃ] ① *Maschine, System usw.:* funktionieren, laufen
② *Herz usw.:* arbeiten

**func·tional** [ˈfʌŋkʃənl] ① funktionsfähig
② (*nützlich, praktisch*) funktionell, zweckmäßig

**fund**[1] [fʌnd] ① Vorrat, Schatz
② (*von Geld*) Fonds
③ **funds** Gelder, Geldmittel

**fund**[2] [fʌnd] finanzieren

**fun·da·men·tal** [ˌfʌndəˈmentl] grundlegend (**to** für)

**fun·da·men·tal·ly** [ˌfʌndəˈmentəlɪ] im Grunde genommen, im Wesentlichen

**fu·ner·al** [ˈfjuːnərəl] Beerdigung, Begräbnis

**fun·fair** [ˈfʌnfeəʳ] Rummelplatz

**fun·gus** [ˈfʌŋgəs, *plural* ˈfʌŋgaɪ] <*plural* fungi> Pilz

**funnel** [ˈfʌnl] ① Trichter

(2) *von Schiff:* Schornstein
**funny** ['fʌnɪ] (1) *Person, Witz:* lustig, komisch (2) seltsam, merkwürdig
**fur** [fɜːʳ] Fell; (*als Mantel*) Pelz
**furi·ous** ['fjʊərɪəs] wütend; **she was furious with him** sie war zornig auf ihn
**fur·nish** ['fɜːnɪʃ] einrichten *Haus*
**fur·ni·ture** ['fɜːnɪtʃəʳ] Möbel; **a piece of furniture** ein Möbelstück
**furry** ['fɜːrɪ] Pelz-; *Stoff:* haarig; *Zunge:* belegt, pelzig
**fur·ther** ['fɜːðəʳ] *Komparativ von* **far** (1) (*räumlich, zeitlich*) weiter [entfernt]; **till further notice** bis auf weiteres; **further back** weiter zurück, früher
(2) (*übertragen*) weiter, ferner
(3) **further education** Weiter-, Fortbildung

> **? Grammatik** **Further** und **farther** sind austauschbar, wenn man über Distanzen spricht: *He lives further down the street.* Oder: *He lives farther down the street.* In allen anderen Situationen verwendet man jedoch nur **further:** *Prices have increased further; Please write to us for further information.*

**fur·ther·more** [ˌfɜːðə'mɔːʳ] ferner
**fur·thest** ['fɜːðɪst] *Superlativ von* **far** weiteste(r, s), entfernteste(r, s)
**fury** ['fjʊərɪ] Wut, Raserei
**fuse**¹, USA **fuze** [fjuːz] *Sicherung, Licht:* durchbrennen
**fuse**², USA **fuze** [fjuːz] (1) Sicherung
(2) *von Bombe:* Zünder
**fuss** [fʌs] Wirbel, Aufregung; **make** [*oder* **kick up**] **a fuss** ein Theater aufführen
**fussy** ['fʌsɪ] kleinlich, pingelig; **be fussy about food** beim Essen mäklig sein
**fu·ture**¹ ['fjuːtʃəʳ] [zu]künftig
**fu·ture**² ['fjuːtʃəʳ] (1) Zukunft; **in** [**the near**] **future** in [naher] Zukunft
(2) (*in der Grammatik*) Zukunft, Futur
**fuze**¹ [fjuːz] USA *Sicherung:* durchbrennen
**fuze**² [fjuːz] USA Sicherung
**fuzzy** ['fʌzɪ] (1) *Bild:* unklar
(2) *Haar:* kraus

# Gg

**G, g** [dʒiː] <*plural* G's, g's> G, g
**gadget** ['gædʒɪt] (*umgangsspr*) (1) Gerät, Apparat
(2) Dingsda
**gage**¹ [geɪdʒ] USA Messgerät
**gage**² [geɪdʒ] USA (1) messen
(2) beurteilen, abschätzen
**gaily** ['geɪlɪ] fröhlich
**gain**¹ [geɪn] (1) Gewinn, Vorteil
(2) Steigerung, Zunahme; **gain in weight** [Gewichts]Zunahme
**gain**² [geɪn] (1) gewinnen
(2) erwerben *Ruf, Wissen*
(3) erlangen *Freiheit*
(4) erreichen *Ziel*
(5) **gain speed** schneller werden; **gain weight** zunehmen
**gala** ['gɑːlə] (1) Fest[lichkeit]; **swimming gala** Schwimmfest
(2) (*im Theater usw.*) Galaveranstaltung
**gal·axy** ['gæləksɪ] Sternsystem
**gale** [geɪl] Sturm
**gal·lery** ['gælərɪ] (1) (*für Kunst*) Galerie
(2) (*im Theater*) oberster Rang, Galerie
(3) (*einer Kirche*) Empore, Galerie
**gal·lon** ['gælən] Gallone (*4,55 l, Am 3,79 l*)
**gal·lop** ['gæləp] galoppieren
**gamble**¹ ['gæmbl] (1) [um Geld] spielen
(2) (*übertragen*) riskieren, wagen (**on** auf)
(3) (*an der Börse*) spekulieren
(4) **gamble away** verspielen
**gamble**² ['gæmbl] gewagtes Spiel, Risiko
**gam·bling** ['gæmblɪŋ] Spielen; (*auf Pferde, Hunde*) Wetten
**game** [geɪm] (1) Spiel
(2) (*Sport*) Spiel
(3) **a game of chess/tennis** eine Partie Schach/Tennis
(4) **games** ⚠ *plural* (*Schulfach*) Sport
(5) **what's his game?** (*umgangsspr*) was hat er vor?
(6) Wild[bret]
**gang** [gæŋ] (1) *von Arbeitern:* Kolonne, Rotte
(2) *von Gefangenen:* Trupp
(3) *von Verbrechern:* Bande
**gang·ster** ['gæŋstəʳ] Gangster
**gang·way** ['gæŋweɪ] (1) (*zum Flugzeug, Schiff*) Gangway
(2) (*zwischen Sitzreihen*) Gang

**gaol** [dʒeɪl] Gefängnis; **in gaol** im Gefängnis
**gap** [gæp] ① Lücke
② Abstand
**gape** [geɪp] ① **gape at someone** jemanden anstarren
② aufklaffen
**gap·ing** *Wunde:* klaffend; *Loch:* gähnend
**gar·age** ['gærɑːʒ, USA gə'rɑːʒ] ① (*zum Parken*) Garage
② (*zum Tanken*) Tankstelle
③ (*für Reparaturen*) Werkstatt
**gar·bage** ['gɑːbɪdʒ] ① Abfall, Müll
② (*übertragen*) Schund, Unsinn
**garbage can** USA Mülleimer, -tonne
**gar·den** ['gɑːdn] ① Garten
② **gardens** Anlagen, Park
**gar·dener** ['gɑːdnəʳ] Gärtner(in)
**gar·den·ing** ['gɑːdnɪŋ] Gartenarbeit; **Dad's doing the gardening** Papa arbeitet im Garten
**gar·lic** ['gɑːlɪk] Knoblauch
**gas** [gæs] ① Gas
② USA Benzin
**gas cooker** Gasherd
**gaso·line, gaso·lene** ['gæsəliːn] USA Benzin
**gasp¹** [gɑːsp] ① keuchen, nach Luft schnappen; **I gasped in surprise** mir stockte der Atem vor Überraschung
② mühsam hervorbringen *Worte*
**gasp²** [gɑːsp] Keuchen, schweres Atmen; **give a gasp of surprise** vor Überraschung die Luft einziehen
**gas station** ['gæssteɪʃn] USA Tankstelle
**gate** [geɪt] ① Tor (**to** zu)
② (*in Flughäfen*) Flugsteig
**gate·crash** ['geɪtkræʃ] ungebeten erscheinen (**in** bei)
**gate·way** ['geɪtweɪ] Tor (**to** zu)
**gather** ['gæðəʳ] ① sammeln; **gather information** Erkundigungen einziehen
② einbringen *Ernte*
③ pflücken *Blumen*
④ schließen (**from** aus); **as far as I can gather** soweit ich weiß
⑤ zunehmen an *Geschwindigkeit, Kraft*
⑥ *Menschen:* sich versammeln, zusammenkommen
⑦ *Wolken:* sich zusammenziehen
**gather·ing** ['gæðərɪŋ] Versammlung
**gauge** [geɪdʒ] Messgerät; **petrol gauge** Benzinuhr
**gave** [geɪv] *2. Form von* **give**
**gay¹** [geɪ] (*homosexuell*) schwul
**gay²** [geɪ] Schwule(r)
**gaze¹** [geɪz] starren (**at, on, upon** auf)
**gaze²** [geɪz] starrer Blick
**GCSE** *Abkürzung von* **General Certificate of Secondary Education** (*Schulabschluss*) ≈ mittlere Reife

**i Land & Leute** Das **GCSE**, das früher **O-level** (**Ordinary level**) hieß, ist die erste Prüfung, die Schüler im Alter von 16 Jahren in England, Wales und Nordirland ablegen. Es ist möglich jeweils nur ein Fach zu wählen, aber die meisten Schüler versuchen die Prüfung in sieben oder acht Fächern abzulegen. In Schottland heißt diese erste Prüfung **Standard Grade**.

**gear** [gɪəʳ] ① Gang; **change** [*oder* USA **shift**] **gear** schalten; **reverse gear** Rückwärtsgang
② Ausrüstung; (*umgangsspr*) Zeug
③ (*umgangsspr: Kleidung*) Klamotten
**gear lever, gear stick,** USA **gear·shift** Schaltknüppel, Schalthebel
**geese** [giːs] *Pluralform von* **goose**
**gem** [dʒem] [geschliffener] Edelstein
**Gem·ini** ['dʒemɪnɪ] (*Sternbild*) Zwillinge
**gen·der** ['dʒendəʳ] Geschlecht
**gene** [dʒiːn] Gen
**gen·eral¹** ['dʒenrəl] ① allgemein; **as a general rule, in general** im Allgemeinen
② (*weitverbreitet*) üblich, gewöhnlich, normal
③ (*nicht exakt*) unbestimmt, allgemein gehalten
**gen·eral²** ['dʒenrəl] General
**general director, general manager** Generaldirektor(in)
**general election** Parlamentswahlen
**gen·er·al·ize** ['dʒenərəlaɪz] verallgemeinern
**gen·eral·ly** ['dʒenrəlɪ] im Allgemeinen, allgemein
**general practitioner** Arzt , Ärztin für Allgemeinmedizin
**gen·er·ate** ['dʒenəreɪt] ① erzeugen *Energie*
② (*übertragen*) verursachen
**gen·er·ation** [ˌdʒenə'reɪʃn] ① Generation
② *von Energie:* Erzeugung
**gen·er·ous** ['dʒenərəs] ① großzügig; *Person:* freigebig
② *Portion:* reichlich
**gen·etic** [dʒɪ'netɪk] genetisch; **genetic engineering** Gentechnologie
**gen·etics** [dʒɪ'netɪks] Genetik
**geni·tals** ['dʒenɪtlz] *plural* Genitalien
**gen·ius** ['dʒiːnɪəs, *plural* 'dʒiːnɪaɪ] <*plural* geniuses *oder* genii> ① (*Person*) Genie, genialer Mensch

2 (*Fähigkeit*) Genius

**gent** [dʒent] 1 (*umgangsspr*) Gentleman 2 **the Gents** ⚠ *plural* die Herrentoilette

**gentle** ['dʒentl] 1 *Hang, Benehmen:* sanft 2 *Shampoo:* mild 3 *Brise, Übung:* leicht 4 *Berührung:* zart

**gentle·man** ['dʒentlmən] <*plural* gentlemen> 1 (*Mann*) Herr; [**Ladies and**] **Gentlemen!** meine [Damen und] Herren! 2 (*Ehrenmann*) Gentleman

**genu·ine** ['dʒenjʊɪn] 1 (*authentisch*) echt 2 *Gefühl, Person:* aufrichtig

**ge·ogra·phy** [dʒɪ'ɒgrəfɪ] Erdkunde, Geographie

**ge·ol·ogist** [dʒɪ'ɒlədʒɪst] Geologe/Geologin

**ge·ol·ogy** [dʒɪ'ɒlədʒɪ] Geologie

**ge·ometry** [dʒɪ'ɒmətrɪ] Geometrie

**germ** [dʒɜːm] Keim

**Ger·man¹** ['dʒɜːmən] deutsch; **I'm German** ich bin Deutsche(r)

**Ger·man²** ['dʒɜːmən] 1 (*Sprache*) [das] Deutsch(e) 2 (*Person*) Deutsche(r)

**German measles** *plural* Röteln

**Ger·ma·ny** ['dʒɜːmənɪ] Deutschland; **Federal Republic of Germany** Bundesrepublik Deutschland

**ges·ture** ['dʒestʃəʳ] Geste

**get** [get] <got, got *oder* USA gotten> 1 bekommen, kriegen *Geld, Geschenk, Krankheit, Sender;* erhalten *Eindruck* 2 besorgen, beschaffen; **get something for someone** jemandem etwas besorgen; **what can I get you?** was kann ich Ihnen anbieten?; **can I get you a drink?** möchten Sie etwas zu trinken?; **we need to get some more milk** wir müssen mehr Milch kaufen 3 werden; **it's getting warmer** es wird wärmer 4 kommen; **when did you get there?** wann bist du angekommen?; **how do I get to the station?** wie komme ich zum Bahnhof? 5 fassen, schnappen; **get hold of someone** jemanden zu fassen kriegen 6 verstehen, begreifen; **I've got it!** ich hab's! 7 veranlassen, überreden; **get someone to do something** jemanden dazu bewegen etwas zu machen; **get one's hair cut** sich die Haare schneiden lassen 8 **have got** haben; **I've got a headache/boat** ich habe Kopfschmerzen/ein Boot 9 **have got** [**to**] müssen; **I've got to go/say** ich muss gehen/sagen 10 **get to know someone** jemanden kennenlernen 11 **get married** sich verheiraten

> **? Grammatik** Die unregelmäßigen Vergangenheitsformen von **get** lauten **got — got**: *Lena* **got** *a bike for her birthday; he* **has got** *all wet in the rain*

◆**get across** 1 hinüberkommen 2 (*übertragen*) verständlich machen *Idee*

◆**get along** 1 vorankommen (**with** mit); **how are you getting along?** wie kommen Sie zurecht? 2 **get along with someone** mit jemandem auskommen

◆**get around** 1 *Person:* [viel] herumkommen 2 *Nachricht:* sich verbreiten 3 **get around to doing something** dazu kommen, etwas zu tun

◆**get at** 1 **get at something** an etwas herankommen, etwas herausfinden 2 **what are you getting at?** worauf willst du hinaus?

◆**get away** 1 *Person:* davonkommen, sich aus dem Staube machen 2 **get away with something** sich etwas erlauben können

◆**get back** 1 zurückbekommen 2 *Person:* zurückkommen; **she got back home late** sie kam spät nach Hause

◆**get behind** **get behind with one's work** mit seiner Arbeit in Rückstand kommen

◆**get by** 1 (*passieren*) vorbeikommen 2 (*umgangsspr*) durchkommen; **I can just about get by in Italian** mein Italienisch reicht gerade, um mich zu verständigen 3 auskommen (**on** mit); **it's hard to get by on my pension** es ist schwer, mit meiner Rente auszukommen

◆**get down** 1 hinunterbringen 2 *Person:* hinuntersteigen (**from** von) 3 **get down to something** sich auf etwas konzentrieren

◆**get in** 1 hineinbringen 2 *Zug, Flug:* ankommen

◆**get into** 1 einsteigen in *Auto* 2 annehmen *Gewohnheit* 3 **get into a temper** wütend werden 4 **what's got into him?** was ist mit ihm los?

◆**get off** 1 absteigen von *Fahrrad, Pferd* 2 aussteigen aus *Bus, Zug* 3 ausziehen *Kleidung;* etw entfernen *Fleck* 4 **get off with a fine** mit einer Geldstrafe

davonkommen
(5) **when do you get off work?** wann hast du Feierabend?
(6) **get off with someone** (*slang*) mit jemandem knutschen
◆ **get on** (1) anziehen *Kleidung*
(2) aufsitzen; aufsteigen auf *Fahrrad, Pferd*
(3) einsteigen in *einen Bus, Zug*
(4) **get on with one's work** mit der Arbeit weitermachen
(5) **I get on well with Nancy** ich verstehe mich gut mit Nancy
◆ **get out** (1) herauskommen
(2) (*aus einem Fahrzeug*) aussteigen
◆ **get out of** (1) verlassen *Zimmer;* aussteigen aus *Fahrzeug*
(2) entlassen werden aus *Gefängnis*
◆ **get over** hinwegkommen über
◆ **get through** (1) (*am Telefon*) **get through to someone** zu jemandem durchkommen
(2) **I can't get it through to him** ich kann es ihm nicht klarmachen
(3) **we'll get through somehow** wir werden schon irgendwie durchkommen
◆ **get together** (1) *Personen:* zusammenkommen, sich treffen; **let's get together sometime** lass uns doch mal zusammen weggehen
(2) zusammenbringen *Leute*
(3) **get one's things together** seine Sachen zusammenpacken
◆ **get up** aufstehen
**get·away** ['getəweɪ] Entkommen
**gher·kin** ['gɜːkɪn] Essiggurke, Gewürzgurke
**ghost** [gəʊst] (1) Geist, Gespenst
(2) **give up the ghost** den Geist aufgeben
**gi·ant** ['dʒaɪənt] Riese
**giddy** ['gɪdɪ] schwind(e)lig; **I feel giddy** mir ist schwindlig
**gift** [gɪft] (1) Geschenk
(2) (*übertragen*) Begabung, Talent (**for** zu)
**gifted** ['gɪftɪd] begabt, talentiert
**gi·gan·tic** [dʒaɪ'gæntɪk] riesig; *Appetit:* gewaltig
**giggle**¹ ['gɪgl] kichern
**giggle**² ['gɪgl] Kichern, Gekicher
**gin** [dʒɪn] Gin; **gin and tonic** Gin Tonic
**gin·ger**¹ ['dʒɪndʒəʳ] Ingwer
**gin·ger**² ['dʒɪndʒəʳ] (1) *Geschmack:* Ingwer-
(2) *Haare:* rötlichgelb
**gipsy, gypsy** ['dʒɪpsɪ] Zigeuner(in)
**gi·raffe** [dʒɪ'rɑːf] Giraffe
**girl** [gɜːl] Mädchen
**girlfriend** ['gɜːlfrend] Freundin
**Girl Guide** (GB) Pfadfinderin

**give** [gɪv] <gave, given> (1) (*allgemein*) geben
(2) schenken *Geschenk;* spenden *Blut, Spende*
(3) von sich geben *Geräusch;* **she gave a loud cry** sie stieß einen lauten Schrei aus
(4) [an]geben *Grund,* geben; aufführen *Beispiel;* erstatten *Bericht*
(5) **give birth** *Frau:* entbinden; *Tier:* jungen

> **? Grammatik** Die unregelmäßigen Vergangenheitsformen von **give** lauten **gave — given:** *Dave* **gave** *Jenny his phone number;* **have** *you* **given** *him the car key?; I* **was given** *a present*

◆ **give away** (1) weggeben, verschenken
(2) verpassen *Gelegenheit*
(3) verraten *Geheimnis*
◆ **give back** zurückgeben
◆ **give in** (1) einreichen *Aufsatz;* abgeben *Paket*
(2) *Person:* nachgeben; **don't give in to his threats** gehe nicht auf seine Drohungen ein
◆ **give off** (1) abgeben *Wärme*
(2) ausstrahlen *Licht*
(3) ausströmen *Geruch*
◆ **give out** (1) **give something out** etwas ausgeben [*oder* verteilen]
(2) zu Ende gehen *Geduld, Kraft, Vorräte*
◆ **give up** (1) aufgeben; **give up smoking** das Rauchen aufgeben
(2) **give oneself up** sich stellen
**gla·cier** ['glæsɪəʳ] Gletscher
**glad** [glæd] (1) *Person:* froh (**about** über); **I am so glad** das freut mich
(2) **I'd be glad to help** es ist mir eine Freude Ihnen zu helfen
(3) **be glad of something** für etwas dankbar sein
**glad·ly** ['glædlɪ] gern(e)
**glance**¹ [glɑːns] [flüchtiger] Blick; **at a glance** auf einen Blick; **give someone a glance** jemandem einen Blick zuwerfen
**glance**² [glɑːns] schauen, blicken; **glance at someone/something** jemanden/etwas kurz ansehen; **glance round** sich umsehen
**glare**¹ [gleəʳ] (1) *Licht:* grell scheinen
(2) **glare at someone** jemanden [wütend] anstarren
**glare**² [gleəʳ] (1) grelles Licht
(2) wütender, starrer Blick
**glass** [glɑːs] (1) Glas
(2) **glasses** ⚠ *plural,* **a pair of glasses** Brille; **where are my glasses?** wo ist meine Brille?
**glass fibre** Glasfaser
**glide** [glaɪd] (1) *Segelflugzeug:* gleiten, schweben
(2) *Person:* [segel]fliegen

**glider** ['glaɪdəʳ] Segelflugzeug
**glid·ing** ['glaɪdɪŋ] Segelfliegen
**glim·mer**[1] ['glɪməʳ] ① *Feuer:* glimmen
② *Licht:* schimmern
**glim·mer**[2] ['glɪməʳ] ① Glimmen
② **a glimmer of light/hope** ein Hoffnungsschimmer
**glimpse**[1] [glɪmps] kurzer Blick; **catch a glimpse of something** etwas flüchtig zu sehen bekommen
**glimpse**[2] [glɪmps] im Vorübergehen sehen
**glit·ter**[1] ['glɪtəʳ] glitzern, funkeln
**glit·ter**[2] ['glɪtəʳ] Glitzern, Funkeln
**glit·ter·ing** ['glɪtərɪŋ] ① glitzernd
② (*übertragen*) glänzend
**glo·bal** ['gləʊbl] global, weltweit; **global warming** globaler Temperaturanstieg
**globe** [gləʊb] ① (*Form*) Kugel
② (*Welt*) Erdball, Globus
③ (*Karte*) Globus
**gloom** [glu:m] ① Dunkel[heit]
② (*übertragen*) Traurigkeit, Schwermut
**gloomy** ['glu:mɪ] düster, trüb(e), trübselig
**glori·ous** ['glɔ:rɪəs] ① *Sieg:* ruhmreich
② *Wetter:* herrlich
③ *Anblick:* prächtig
**glory** ['glɔ:rɪ] ① (*Berühmtheit*) Ruhm
② (*Schönheit*) Herrlichkeit, Pracht
**glossy** ['glɒsɪ] ① glänzend
② **glossy magazine** Hochglanzmagazin
**glove** [glʌv] Handschuh
**glow**[1] [gləʊ] ① glühen
② *Gesicht:* leuchten (**with** vor)
**glow**[2] [gləʊ] ① Glut
② **her cheeks had a healthy glow** sie hatten eine gesunde Farbe
**glue**[1] [glu:] Klebstoff, Leim
**glue**[2] [glu:] ① leimen, kleben (**on** auf, **to** an)
② (*übertragen*) **his eyes were glued to the screen** er sah wie gebannt auf die Leinwand
**gnaw** [nɔ:] nagen (**at, on** an)

> **? Grammatik** Die unregelmäßigen Vergangenheitsformen von **go** lauten **went — gone:** *Mr Lee* **went** *to the same school as his son; My pen* **has gone**; *Lucy* **has been gone** *for an hour.*

**go**[1] [gəʊ] <goes, went, gone> ① gehen; **go to see someone** jemandenbesuchen
② *Fahrzeug:* fahren, reisen; *Flugzeug:* fliegen; **go by car/train etc.** mit dem Auto/Zug fahren; **go by air** fliegen
③ *Maschine:* in Betrieb sein, funktionieren
④ *Straße:* führen (**to** nach)
⑤ **first prize went to the red team** den ersten Preis erhielt die rote Mannschaft
⑥ *Party, Prüfung, Tag:* verlaufen; **how did the exam go? — it went all right, thanks** wie war die Prüfung? — sie war ganz o.k., danke
⑦ *Zeit:* vergehen, verstreichen
⑧ werden; **go blind/mad** blind/verrückt werden
⑨ *Gegenstand:* kommen, gehören
⑩ **where did my pen go?** wohin ist mein Stift verschwunden?
⑪ (*nachlassen*) *Material, Maschine:* kaputtgehen; *Augen, Gesundheit:* schlechter werden; *Bremsen:* versagen
⑫ (*Geräusche nachahmen*) **a gorilla goes like this** ein Gorilla macht so
⑬ *zur Futurbildung* werden, wollen; **I am going to write soon** ich werde bald schreiben
⑭ *mit der -ing Form* gehen; **go swimming/shopping** schwimmen/einkaufen gehen

> **? Grammatik** Im Englischen benutzt man oft das Partizip Perfekt **been** statt **gone**, wenn man sagen möchte, dass man irgendwo war und wieder zurückgekommen ist oder jemanden besucht hat: *I've just been to the shops to get some more bread* (= Ich bin dort hingegangen und wieder zurückgekommen). Aber: *She has gone to see Jenny* (= sie ist immer noch dort).

◆ **go about** ① herumgehen
② *Gerücht, Krankheit:* umgehen
◆ **go after** ① **go after someone** jemandem nachgehen [*oder* nachlaufen]
② (*übertragen*) anstreben; sich bemühen um *Job*
◆ **go against** widerstreben *Prinzipien*
◆ **go ahead** ① **go ahead of someone** jemandem vorausgehen
② **go ahead with something** etwas durchführen
③ vorangehen; **the meeting went ahead without him** die Besprechung fand ohne ihn statt
◆ **go along** ① **go along with someone** jemanden begleiten, mit jemandem mitgehen
② **I'm happy to go along with whatever you decide** ich schließe mich gerne dem an, was ihr entscheidet
◆ **go away** ① weggehen, verreisen
② *Schmerzen:* weggehen; *Fleck:* herausgehen
◆ **go back** ① zurückgehen, zurückfahren
② (*zeitlich*) sich zurückführen lassen (**to** auf)
③ **the clock goes back an hour tomorrow** die

G

Uhr wird morgen um eine Stunde zurückgestellt

◆**go by** ① *Gelegenheit, Person:* vorbeigehen an
② *Zeit:* vergehen
③ **go by the rules** sich an die Regeln halten

◆**go down** ① hinuntergehen *Treppe usw.*
② *Schiff, Sonne:* untergehen
③ *Fieber, Preise:* sinken, fallen
④ **go down well/badly** [**with someone**] [bei jemandem] gut/schlecht ankommen
⑤ **go down with flu** Grippe bekommen

◆**go for** ① **I'm going for an ice-cream** ich gehe mir ein Eis holen
② **go for a drive/walk** ausfahren/einen Spaziergang machen
③ **that goes for you too** das gilt auch für dich

◆**go in** hineingehen

◆**go into** ① untersuchen; sich befassen mit *Fach, Thema*
② **I won't go into detail now** ich werde jetzt keine Einzelheiten nennen
③ **go into politics** in die Politik gehen

◆**go off** ① weggehen; **he just went off without saying goodbye** er ging einfach, ohne sich zu verabschieden
② *Gewehr:* losgehen; *Bombe:* explodieren
③ **go off to sleep** einschlafen
④ *Lebensmittel:* schlecht werden
⑤ **go off well/badly** auf Zustimmung/Ablehnung stoßen

◆**go on** ① weitermachen, fortfahren (**with** mit); **go on talking** weiterreden; **this can't go on any longer** das kann nicht mehr so weitergehen
② **what's going on here?** was geht hier vor?, was ist hier los?
③ **go on at someone** auf jemandem herumhacken
④ **he went on to say that …** weiterhin sagte er, dass …
⑤ **go on, tell me what happened** komm schon, erzähl mir was passiert ist

◆**go out** ① hinausgehen
② (*zum Vergnügen*) ausgehen
③ *Feuer, Licht:* ausgehen
④ **go out to work** arbeiten gehen
⑤ **go out with someone** mit jemandem gehen

◆**go through** ① durchgehen; durchsehen *Post, Text*
② durchsuchen *Koffer*
③ *Straße:* durchführen
④ *Gesuch, Gesetz:* durchgehen, angenommen werden
⑤ durchmachen *schwierige Situation, Scheidung*
⑥ **go through with something** etwas zu Ende führen [*oder* vollenden]

◆**go together** ① zusammenpassen; **pink and orange don't go very well together** rosa und organge passen nicht so gut zusammen
② USA (*umgangsspr*) *Liebespaar:* miteinander gehen

◆**go under** ① *Schiff:* untergehen, sinken; **go under water** unter Wasser tauchen
② (*übertragen*) *Geschäft:* zugrunde gehen, eingehen

◆**go up** ① hinaufgehen *Treppe;* hinaufsteigen *Leiter*
② *Preis:* steigen
③ **go up in flames/in smoke** in Flammen/in Rauch aufgehen

◆**go with** ① **go with someone** USA (*umgangsspr*) mit jemanden gehen
② **that top goes well with your trousers** das Oberteil passt gut zu deiner Hose

◆**go without** **go without food** nichts essen; **go without sleep** ohne Schlaf auskommen

**go²** [gəʊ] ① Versuch; **have a go at something** etwas versuchen; **let me have a go** lass mich mal
② (*Tatkraft*) Schwung

**goal** [gəʊl] ① Tor; **score a goal** ein Tor schießen
② (*übertragen*) Ziel

**goalie** ['gəʊlɪ] (*umgangsspr*), **goal·keeper** Torwart(in), Torhüter(in)

**goat** [gəʊt] Ziege

**god** [gɒd] Gott; **for God's sake!** (*erbost*) mein Gott!; **thank God!** Gott sei Dank!

**god·child** ['gɒdtʃaɪld] <*plural* godchildren> Patenkind

**god·daughter** ['gɒdˌdɔːtəʳ] Patentochter

**god·dess** ['gɒdɪs] Göttin

**god·father** ['gɒdˌfɑːðəʳ] Pate

**god·mother** ['gɒdˌmʌðəʳ] Patin

**god·parent** ['gɒdˌpeərənt] Pate, Patin

**god·son** ['gɒdsʌn] Patensohn

**goggles** ['gɒglz] Schutzbrille; (*zum Schwimmen*) Schwimm-/Taucherbrille

**gold¹** [gəʊld] Gold

**gold²** [gəʊld] golden, Gold-

**golden** ['gəʊldən] ① golden
② (*übertragen*) *Gelegenheit:* einmalig

**gold·fish** ['gəʊldfɪʃ] Goldfisch

**gold medal** Goldmedaille

**golf** [gɒlf] Golf

**golf course** Golfplatz

**golfer** ['gɒlfəʳ] Golfspieler(in), Golfer(in)

**gone¹** [gɒn] *3. Form von* **go**

**gone²** [gɒn] ① **it's** [**just**] **gone six o'clock** es ist

[gerade] sechs Uhr durch
② **the milk is all gone** die Milch ist alle

**good**[1] [gʊd] <better, best> ① gut; **have a good time** sich gut unterhalten; **good morning/evening!** guten Morgen/Abend!; **no good** nichts wert, unbrauchbar
② *Angebot, Gelegenheit:* günstig
③ *Arbeiter:* tüchtig
④ begabt; **be good at figures** gut im Rechnen sein
⑤ (*wohlerzogen*) artig, brav
⑥ **that's good of you** das ist lieb [*oder* nett] von dir
⑦ erfreulich; **it would be good if …** es wäre erfreulich, wenn …
⑧ **a good deal** ziemlich viel, eine Menge; **a good many** ziemlich viele, eine Menge; **a good hour** eine gute Stunde
⑨ **feel good** sich wohl fühlen
⑩ **that's not good enough** so geht das nicht

**good**[2] [gʊd] ① [das] Gute; **good and evil** Gut und Böse
② Wohl; **for your own good** zu deinem Besten
③ Nutzen; **what's the good of …?** was nützt …?

**good·by** [ˌgʊd'baɪ] (USA), **good·bye** [ˌgʊd'baɪ] ① auf Wiedersehen, Lebewohl; **say goodbye to someone** jemandem auf Wiedersehen sagen
② **Goodbye!** auf Wiedersehen!; (*am Telefon*) auf Wiederhören!

**good-look·ing** [ˌgʊd'lʊkɪŋ] gut aussehend

**good·ness** ['gʊdnɪs] ① Güte
② *von Nahrungsmitteln:* Nährgehalt
③ **for goodness' sake!** um Himmels willen!

**goods** [gʊdz] *plural* Güter, Waren; **goods train** Güterzug

**goose** [guːs] <*plural* geese> Gans

**goose·berry** ['gʊzbərɪ] Stachelbeere

**goose-pimples** *plural* Gänsehaut

**gorg·eous** ['gɔːdʒəs] ① prächtig, prachtvoll
② (*umgangsspr*) sagenhaft, großartig

**gor·illa** [gə'rɪlə] Gorilla

**gos·pel** ['gɒspl] ① Evangelium
② (*Musik*) Gospel

**gos·sip**[1] ['gɒsɪp] ① (*Wörter*) Klatsch
② (*Person*) Klatschbase

**gos·sip**[2] ['gɒsɪp] klatschen, tratschen

**got** [gɒt] *2. und 3. Form von* **get**

**gotten** ['gɒtən] (USA) *3. Form von* **get**

**gov·ern** ['gʌvn] ① regieren *Land, Volk*
② verwalten; leiten *Kolonie, Provinz*
③ *Vorschriften:* bestimmen

**gov·ern·ment** ['gʌvənmənt] ① Regierung
② (*System*) Regierungsform

**gown** [gaʊn] Robe, Abendkleid

**GP** [dʒiː'piː] *Abkürzung von* **General Practitioner** Arzt , Ärztin für Allgemeinmedizin

> **i Land & Leute** In Großbritannien heißen praktische Ärzte **GPs (general practitioners)** . Die GPs arbeiten in der Regel in einer „group practice" (Gemeinschaftspraxis) mit anderen Ärzten zusammen.

**grab** [græb] ① packen, sich schnappen
② **grab at something** nach etwas greifen

**grace** [greɪs] **say grace** das Tischgebet sprechen

**gra·cious** ['greɪʃəs] **gracious me!** ach du liebe Güte!

**grade**[1] [greɪd] ① (*in der Schule*) Note, Zensur
② (USA) [Schul]Klasse
③ **grade school** (USA) Grundschule
④ (*Niveau*) Stufe
⑤ (*Rang*) Grad
⑥ *von Waren:* [Güte]Klasse, Qualität

**grade**[2] [greɪd] ① (USA) (*in der Schule*) zensieren
② einstufen
③ (*nach Größe, Qualität*) sortieren

**grad·ual** ['grædʒʊəl] ① allmählich
② *Steigung:* sanft

**grad·ual·ly** ['grædʒʊlɪ] allmählich

**grad·uate**[1] ['grædʒʊət] ① Universitätsabsolvent(in)
② (USA) Schulabsolvent(in)

**grad·uate**[2] ['grædʒʊeɪt] ① einen Hochschulabschluss machen
② (USA) die [Schul-]Abschlussprüfung bestehen

**gradu·ation** [ˌgrædʒʊ'eɪʃn] Universitätsabschluss, Lehrgangsabschluss; (USA) Schulabschluss

**grain** [greɪn] ① (*Allgemein*) Getreide, Korn
② (*im Holz*) Maserung

**gram** [græm] Gramm

**gram·mar** ['græməʳ] Grammatik

**grammar school** Gymnasium

**gramme** (GB) Gramm

**gran** [græn] (*umgangsspr*) Oma

**grand** [grænd] ① groß; *Person:* bedeutend
② prächtig; *Gebäude, Zeremonie:* prachtvoll
③ (*umgangsspr*) großartig, fantastisch

**grand·child** ['græntʃaɪld] <*plural* grandchildren> Enkelkind

**grand·dad, gran·dad** ['grændæd] Opa

**grand·daughter** ['grænˌdɔːtəʳ] Enkelin

**grand·father** ['grændˌfɑːðəʳ] Großvater

**grand·ma** ['grænmɑː] Oma

**grand·mother** ['grænˌmʌðəʳ] Großmutter

**grand·pa** ['grænpɑː] Opa
**grand·parents** ['græn,peərənts] *plural* Großeltern
**grand·son** ['grænsʌn] Enkel
**granny** ['grænɪ] (*umgangsspr*) Oma
**grant**[1] [grɑːnt] ① erfüllen; gewähren *Wunsch, Bitte*
② erteilen *Erlaubnis*
③ **take something for granted** etwas als selbstverständlich voraussetzen
**grant**[2] [grɑːnt] Stipendium
**grape** [greɪp] Weintraube; **a bunch of grapes** eine Traube
**grape·fruit** ['greɪpfruːt] Grapefruit, Pampelmuse
**grapevine** Weinstock, Weinrebe
▶ IN WENDUNGEN: **hear something on the grapevine** etwas gerüchteweise hören
**graph** [grɑːf] grafische Darstellung, Graph; **graph paper** Millimeterpapier
**graphic** ['græfɪk] ① grafisch; **graphic art**[s] Grafik
② *Darstellung:* anschaulich
**grasp**[1] [grɑːsp] ① [er]greifen, fassen, packen
② (*übertragen*) begreifen, verstehen
**grasp**[2] [grɑːsp] ① Griff
② (*übertragen*) Verständnis; **have a good grasp of something** etwas sehr gut beherrschen
**grass** [grɑːs] ① Gras
② Rasen
**grate**[1] [greɪt] ① reiben *Käse*
② raspeln *Gemüse*
③ *Tür:* knirschen
**grate**[2] [greɪt] [Feuer]Rost
**grate·ful** ['greɪtfl] dankbar
**grati·tude** ['grætɪtjuːd] Dankbarkeit (**to** gegenüber); **in gratitude for** aus Dankbarkeit für
**grave**[1] [greɪv] ernst[haft]
**grave**[2] [greɪv] Grab
**gravel** ['grævl] Kies
**grave·stone** ['greɪvstəʊn] Grabstein
**grave·yard** ['greɪvjɑːd] Friedhof
**grav·ity** ['grævətɪ] ① *von Situation:* Ernst
② Gravitation, Schwerkraft
**gravy** ['greɪvɪ] [Braten]Soße
**gray** (USA) grau
**graze**[1] [greɪz] *Kuh:* grasen, weiden
**graze**[2] [greɪz] ① [auf]schürfen *Knie usw.*
② *Auto:* streifen
**graze**[3] [greɪz] Schramme, Schürfwunde
**grease** [griːs] [Schmier]Fett
**greasy** ['griːsɪ] *Haar:* fettig; *Essen:* fett
**great** [greɪt] ① groß
② *Leistung:* hervorragend
③ *Freund:* sehr gut
④ (*umgangsspr*) **be great at something** [ganz] groß in etwas sein
⑤ (*umgangsspr*) großartig, prima, spitze
⑥ **a great deal** eine [ganze] Menge, viel; **a great many** sehr viele
**great-aunt** Großtante
**Great Britain** Großbritannien
**great-grandchild** <*plural* great-grandchildren> Urenkel(in)
**great-grandparents** *plural* Urgroßeltern
**great-great-grandparents** *plural* Ururgroßeltern
**great·ly** ['greɪtlɪ] sehr; **greatly admired/influenced** stark bewundert/beeinflusst
**great·ness** ['greɪtnɪs] Größe, Bedeutung
**great-uncle** Großonkel
**Greece** [griːs] Griechenland
**greed** [griːd] Gier (**for** nach)
**greedy** ['griːdɪ] ① gierig (**for** nach)
② (*beim Essen*) gefräßig
**Greek**[1] [griːk] griechisch
**Greek**[2] [griːk] ① (*Person*) Grieche, Griechin
② (*Sprache*) [das] Griechisch(e)
**green**[1] [griːn] grün
**green**[2] [griːn] ① Grün
② Grünfläche, Rasen
③ **greens** grünes Gemüse
**green·grocer** ['griːn,grəʊsəʳ] Obst- und Gemüsehändler(in)
**green·house** ['griːnhaʊs] Gewächshaus, Treibhaus
**greenhouse effect** Treibhauseffekt
**greet** [griːt] [be]grüßen
**greet·ing** [griːtɪŋ] Begrüßung, Gruß; **greeting**[s] **card** Glückwunschkarte
**gre·nade** [grɪ'neɪd] [Hand]Granate
**grew** [gruː] *2. Form von* **grow**
**grey**[1] [greɪ] ① grau
② *Person:* grauhaarig
**grey**[2] [greɪ] ① Grau
② (*Pferd*) Grauschimmel
**grey·hound** ['greɪhaʊnd] Windhund
**grid** [grɪd] ① Gitter
② (*beim Autorennen*) Start[platz]
**grief** [griːf] Kummer, Leid, Trauer
**grieve** [griːv] trauern (**for** um)
**grill**[1] [grɪl] (*Gerät*) Grill
**grill**[2] [grɪl] grillen
**grim** [grɪm] ① grimmig
② *Nachricht:* abschreckend; *Anblick:* abstoßend
③ *Kampf:* verbissen
**grin**[1] [grɪn] grinsen

**grin**[2] [grɪn] Grinsen

**grind** [graɪnd] <ground, ground> ① mahlen ② **grind one's teeth** mit den Zähnen knirschen

> **? Grammatik** Die unregelmäßigen Vergangenheitsformen von **grind — ground — ground**: *She* **ground** *the pepper in a pepper mill; The coffee* **has been** *finely* **ground**.

**grip**[1] [grɪp] ① (*am Seil, auf der Straße*) Griff, Halt
② *von Reifen:* Griffigkeit
③ Haarklemmchen
④ (*übertragen*) Herrschaft (**on** über)
⑤ **get to grips with** (*übertragen*) in den Griff bekommen

**grip**[2] [grɪp] ① [er]greifen, packen
② fesseln *das Publikum*

**grip·ping** ['grɪpɪŋ] spannend; *Buch:* fesselnd

**grit**[1] [grɪt] (*für Straßen*) Streusand

**grit**[2] [grɪt] ① mit Sand [*oder* Kies] bestreuen
② **grit one's teeth** die Zähne zusammenbeißen

**groan**[1] [grəʊn] stöhnen (**with** vor)

**groan**[2] [grəʊn] Stöhnen

**grocer** ['grəʊsəʳ] Lebensmittelhändler(in)

**grocery** ['grəʊsərɪ] ① Lebensmittelgeschäft
② **groceries** Lebensmittel

**groin** [grɔɪn] Leiste[ngegend]

**groom** [gruːm] Bräutigam

**gross** [grəʊs] ① dick; *Figur:* feist
② grob; *Benehmen:* unanständig
③ schwer; *Fehler:* grob
④ **gross income** Bruttoverdienst

**grot·ty** ['grɒtɪ] (*slang*) mies

**ground**[1] [graʊnd] *2. und 3. Form von* **grind**

**ground**[2] [graʊnd] ① Boden; **above/below ground** über/unter der Erde
② (*Motiv, Anlass*) Grund (**for** für, zu); **ground[s] for divorce** Scheidungsgrund
③ **grounds** Anlagen, Gelände

**ground floor** Erdgeschoss

> **i Land & Leute** In den USA heißt der 2. Februar **Groundhog Day**. An diesem Tag kommt das **groundhog** [Waldmurmeltier] angeblich aus seinem Erdloch, wo es seinen Winterschlaf gehalten hat. Sieht es seinen Schatten, so dauert der Winter nach dem Volksglauben noch sechs Wochen und das groundhog geht wieder in sein Loch. Aber wenn es bewölkt ist und es seinen Schatten nicht sieht, bleibt es draußen, weil der Frühling kommt.

**group** [gruːp] ① Gruppe
② Unternehmensgruppe, Konzern

**grow** [grəʊ] <grew, grown> ① wachsen; **grow a beard** sich einen Bart wachsen lassen
② (*übertragen*) *Lärm:* zunehmen
③ werden (**into** zu); **she's growing very thin** sie wird immer dünner
④ züchten *Blumen;* anbauen *Gemüse, Getreide*
⑤ **grow on someone** jemandem ans Herz wachsen

> **? Grammatik** Die unregelmäßigen Vergangenheitsformen von **grow** lauten **grew — grown**: *She* **grew** *roses in her garden; You* **have grown** *tall since I last saw you.*

◆ **grow into** ① heranwachsen zu, werden
② hineinwachsen in *Kleidung*

◆ **grow out of** ① herauswachsen aus *Kleidung*
② verlieren *eine Gewohnheit*
③ (*übertragen*) entstehen aus

◆ **grow up** ① aufwachsen; **I grew up in Scotland** ich bin in Schottland aufgewachsen
② (*übertragen*) erwachsen werden

**growl** [graʊl] knurren

**grown** [grəʊn] **fully grown** ausgewachsen

**grown-up**[1] ['grəʊnʌp] erwachsen

**grown-up**[2] ['grəʊnʌp] Erwachsene(r)

**growth** [grəʊθ] ① Wachstum
② (*übertragen*) Zunahme, Zuwachs (**in** an)
③ (*am Körper*) Geschwulst, Gewächs

**grudge** [grʌdʒ] Groll; **bear someone a grudge** jemandem etwas nachtragen

**grumble** ['grʌmbl] murren (**at, about, over** über)

**grumpy** ['grʌmpɪ] mürrisch

**grunt** [grʌnt] *Schwein:* grunzen

**guar·an·tee**[1] [ˌgærən'tiː] Garantie, Bürgschaft, Gewähr[leistung]

**guar·an·tee**[2] [ˌgærən'tiː] garantieren, gewährleisten, bürgen für, Garantie [*oder* Bürgschaft] leisten für; **he cannot guarantee that** dafür kann er nicht garantieren

**guard**[1] [gɑːd] ① Wache; **stand** [*oder* **keep**] **guard** Wache stehen
② (*Gruppe*) Wache, Wachmannschaft; (*einzelne Person*) Wachmann, Posten
③ [Gefangenen]Wärter(in)
④ Schaffner(in); (USA) Bahnwärter(in)

**guard**[2] [gɑːd] ① bewachen
② behüten, beschützen (**from, against** vor)

◆ **guard against** ① sich in Acht nehmen vor, sich hüten vor *Gefahr*
② vorbeugen *Krankheit, Missverständnis*

③ verhüten *Unfall*
**guard dog** Wachhund
**guard·ian** ['gɑːdɪən] ① Hüter(in), Wächter(in) ② *eines Minderjährigen:* Vormund
**guer·(r)illa** [gə'rɪlə] Guerilla, Guerillakämpfer(in)
**guess**[1] [ges] ① raten; (*richtig*) erraten ② schätzen, vermuten, ahnen; **I guess it's about four o'clock** ich schätze es ist ungefähr vier Uhr
③ (*umgangsspr*) annehmen, glauben; **are you coming? — I guess so** kommst du mit? — ich denke schon
**guess**[2] [ges] ① Schätzung
② **at a guess** aufs Geratewohl, schätzungsweise
③ **make a guess at something** etwas raten; **have a guess!** rate mal!
**guess·work** Vermutung
**guest** [gest] Gast
**guesthouse** [Privat]Pension, Gästehaus
**guid·ance** ['gaɪdns] ① (*Anleitung*) Führung, Leitung
② (*Rat*) Beratung
**guide**[1] [gaɪd] ① (*Person*) [Fremden]Führer(in)
② (*Buch*) [Reise]Führer
③ Handbuch (**to** über), Einführung (**to** in)
④ (*Hinweis*) Anhaltspunkt (**to** für)
⑤ (GB) Pfadfinderin
**guide**[2] [gaɪd] ① führen *Menschen*
② leiten, lenken *Diskussion*
**guideline** Richtlinie
**guilt** [gɪlt] Schuld
**guilty** ['gɪltɪ] schuldig; *Blick:* schuldbewusst; **feel guilty** ein schlechtes Gewissen haben; **plead guilty** sich schuldig bekennen
**guilty conscience** schlechtes Gewissen
**guinea-pig** ['gɪnɪ-pɪg] ① Meerschweinchen
② (*übertragen*) Versuchskaninchen
**guitar** [gɪ'tɑːʳ] Gitarre
**guitar·ist** [gɪ'tɑːrɪst] Gitarrist(in)
**gulf** [gʌlf] ① Meerbusen, Golf
② Kluft
**gull** [gʌl] Möwe
**gulp**[1] [gʌlp] ① hinunterschlingen *Essen*
② hinunterstürzen *Getränk*
**gulp**[2] [gʌlp] [großer] Schluck
**gum**[1] [gʌm] *meist plural* Zahnfleisch
**gum**[2] [gʌm] (USA) Kaugummi
**gun** [gʌn] Schusswaffe, Pistole
**gun·fire** Schüsse
**gunman** ['gʌnmən] <*plural* gunmen> Bewaffnete(r)
**gun·powder** ['gʌnˌpaʊdəʳ] Schießpulver
**gun·shot** ['gʌnʃɒt] Schuss; **gunshot wound** Schusswunde
**gurgle** ['gɜːgl] ① *Baby:* glucksen
② *Wasser:* plätschern
**gush** [gʌʃ] ① herausschießen, strömen (**from** aus)
② (*übertragen: überschwenglich reden*) schwärmen (**over** von)
**gust** [gʌst] Windstoß, Bö
**gut** [gʌt] ① Darm
② **guts** (*umgangsspr*) Eingeweide
③ **have guts** (*umgangsspr*) Mumm [*oder* Mut] haben
**guy** [gaɪ] ① (*umgangsspr*) Kerl, Typ
② (GB) Guy-Fawkes-Puppe

> **i Land & Leute** **Guy Fawkes** gehörte der katholischen Verschwörung von 1605 an, die als der **Gunpowder Plot** [Schießpulver-Komplott] bekannt wurde. Sie versuchte das englische **Houses of Parliament** [Parlamentsgebäude] zusammen mit König James I und allen seinen Ministern in die Luft zu sprengen. Guy Fawkes wurde geschnappt, als er am 5. November im Keller Sprengstoff auslegte. Er wurde daraufhin gefoltert, vor Gericht gestellt und dann gehängt. Dieses Ereignis wird immer noch am 5. November mit **bonfire parties** gefeiert, bei denen eine Stoffpuppe, die man als einen **guy** bezeichnet, auf einem Scheiterhaufen verbrannt wird. Außerdem gibt es noch ein großes Feuerwerk.

**gym** [dʒɪm] (*umgangsspr*) ① (*in der Schule*) Turnhalle
② (*Club*) Fitnessstudio
③ (*Schulfach*) Turnen, Turnstunde
**gym·nasium** [dʒɪm'neɪzɪəm] <*plural* gymnasiums *oder* gymnasia> Turnhalle
**gym·nast** ['dʒɪmnæst] Turner(in)
**gym·nas·tics** [dʒɪm'næstɪks] ⚠ *mit Singular*
① Turnen
② (*Leibesübungen*) Gymnastik
**gypsy** ['dʒɪpsɪ] Zigeuner(in)

# H h

**H, h** [eɪtʃ] <*plural* H's, h's> H, h
**habit** ['hæbɪt] Angewohnheit
**hack** [hæk] ① zerhacken
② (*Computer*) hacken
**hacker** [hækəʳ] (*Computer*) Hacker(in)
**had** [həd, *betont* hæd] *2. und 3. Form von* **have**

**? Grammatik** Die verneinte Form von **had** ist **had not** oder kurz **hadn't**: *You* **hadn't told** *him,* **had** *you?*

**hae·mo·phil·iac** [ˌhiːməʊ'fɪlɪæk] Bluter(in)
**hail**[1] [heɪl] Hagel
**hail**[2] [heɪl] hageln
**hair** [heəʳ] ① Haar; **do one's hair** sich frisieren
② [die] Haare
③ (*am Körper*) Behaarung
**hair·brush** ['heəbrʌʃ] Haarbürste
**hair·cut** ['heəkʌt] Haarschnitt; **have a haircut** sich die Haare schneiden lassen
**hair·dresser** ['heəˌdresəʳ] Friseur, Friseurin, Friseuse
**hair-dryer** ['heədraɪəʳ] Föhn
**hair·style** ['heəstaɪl] Frisur
**hairy** ['heərɪ] ① behaart, haarig
② (*übertragen*) *Situation:* haarig
**half**[1] [hɑːf, *plural* 'hɑːvz] <*plural* halves> Hälfte; **cut in half, cut in**[**to**] **halves** halbieren
**half**[2] [hɑːf] ① halb; **half an hour** eine halbe Stunde; **at** [*oder* **for**] **half the price** zum halben Preis
② zur Hälfte; **it's half finished/full** es ist zur Hälfte fertig/voll; **half as long/much** halb so lang/viel
③ **half past three** halb vier
**half-brother** Halbbruder
**half-price** halber Preis; **at half-price** zum halben Preis
**half-sister** Halbschwester
**half-time** [ˌhɑːf'taɪm] (*Sport*) Halbzeit
**half·way** ① auf halbem Weg; **halfway between London and Manchester** auf halbem Wege zwischen London und Manchester
② **halfway point** Mitte
**hall** [hɔːl] ① (*großer Raum*) Halle, Saal
② (*Eingangshalle*) Diele, Flur
③ **hall** [**of residence**] [Studenten-]Wohnheim
**Hal·low·e'en** [ˌhæləʊ'iːn] Halloween

**i Land & Leute** **Hallowe'en** ist am 31. Oktober, dem Tag vor **All Saints' Day** oder **All Hallows** [Allerheiligen] und wird seit alters her mit Geistern und Hexen in Verbindung gebracht. In Schottland und Irland basteln Kinder **turnip lanterns** [Rübenlaternen] und gehen **guising** [d. h. sie verkleiden sich mit **disguises** und gehen von Haus zu Haus und erhalten für ihr Singen oder Aufsagen von Gedichten Geld]. In den USA verkleiden sich Kinder an diesem Abend und gehen mit einem Sack in der Hand von Tür zu Tür. Wenn die Bewohner ihre Haustür aufmachen, rufen die Kinder **'Trick or treat!'**: man soll ihnen einen **treat** [Süßigkeit] geben oder man bekommt einen **trick** [Streich] gespielt. Heutzutage sind die Streiche nicht mehr üblich, denn die Kinder gehen nur noch zu den Häusern, bei denen die Außenbeleuchtung als Willkommensgruß eingeschaltet ist.

**halt** [hɔːlt] **come to a halt** anhalten, stehen bleiben; *Fahrzeug auch:* zum Stillstand kommen
**halve** [hɑːv] ① halbieren
② (*zeitlich*) um die Hälfte verkürzen
**ham** [hæm] Schinken
**ham·burger** ['hæmbɜːgəʳ] flache Frikadelle; (*in Brötchen*) Hamburger
**ham·mer**[1] ['hæməʳ] ① Hammer
② (*Sport*) Hammerwerfen
**ham·mer**[2] ['hæməʳ] hämmern [auf], schlagen
**ham·ster** ['hæmstəʳ] Hamster
**hand**[1] [hænd] ① Hand; **hands off!** Hände weg!; **hands up!** Hände hoch!; **shake hands with someone** jemandem die Hand drücken
② (*an einer Uhr*) Zeiger
③ Beifall, Applaus; **give someone a big hand** jemandem großen Applaus geben
④ (*beim Kartenspiel*) Blatt; **show one's hand** seine Karten aufdecken
⑤ **in hand** (*zu erledigen*) in Bearbeitung; (*unter Kontrolle*) im Griff
⑥ **on hand** in Reichweite; *Waren:* auf Lager, vorrätig
⑦ **on the one hand …,** [**but**] **on the other** [**hand**] … einerseits …, andererseits …, auf der einen Seite …, auf der anderen Seite …
⑧ **give me a hand with this suitcase!** kannst du mir mit dem Koffer helfen!
**hand**[2] [hænd] **hand something to someone** jemandem etwas geben
◆ **hand down** ① hinunterreichen, hinuntergeben *Gegenstand*

2 (*übertragen*) überliefern *Tradition*
3 (*übertragen*) vererben *Erbstück*
◆ **hand in** 1 abgeben *Arbeit, Aufsatz*
2 einreichen *Gesuch*
◆ **hand out** austeilen, verteilen *Sache, Arbeit*
◆ **hand over** 1 hergeben *Geld, Waffen*
2 (*übertragen*) übergeben *Amt, Macht*

**hand·bag** ['hændbæg] Handtasche

**hand·brake** ['hændbreɪk] Handbremse

**hand·cuffs** ['hændkʌfs] *plural* Handschellen

**hand·ful** ['hændfʊl] 1 Hand voll; **a handful of peanuts** eine Hand voll Erdnüsse
2 **a handful of people** ein paar Leute
3 **the children are a real handful** die Kinder halten einen ganz schön in Trab

**handi·cap** ['hændɪkæp] <handicapped, handicapped> 1 behindern, benachteiligen
2 **handicapped people** Behinderte

**hand·ker·chief** ['hæŋkətʃɪf] Taschentuch

**handle**[1] ['hændl] 1 [Hand]Griff
2 *von Besen, Kamm, Topf:* Stiel
3 *von Korb, Tasse:* Henkel

**handle**[2] ['hændl] 1 anfassen; **glass! handle with care!** Vorsicht, Glas!
2 umgehen mit, sich befassen mit *Sache;* behandeln *Menschen;* **how should we handle this problem?** wie sollten wir dieses Problem angehen?
3 erledigen *Geschäft, Korrespondenz*

**handle·bars** ['hændlbɑːz] *plural* Lenkstange

**hand·made** [ˌhænd'meɪd] handgearbeitet

**hand·rail** ['hændreɪl] Geländer

**hand·shake** ['hændʃeɪk] Händedruck

**hand·some** ['hænsəm] 1 *Mensch:* gut aussehend
2 ansehnlich; *Preis, Summe:* beträchtlich

**hand·writing** ['hændˌraɪtɪŋ] Handschrift

**hand·writ·ten** [ˌhænd'rɪtn] handgeschrieben

**handy** ['hændɪ] 1 praktisch, handlich; **come in handy** sich als nützlich erweisen
2 **the house is handy for the station** das Haus liegt günstig zum Bahnhof

**hang** [hæŋ] <hung, hung> 1 *Mantel, Bild:* hängen (**from, on** an)
2 ankleben *Tapete*

> ? **Grammatik** Die unregelmäßigen Vergangenheitsformen von **hang** lauten **hung — hung**: *Paul* **hung** *his coat over the chair; I* **have** *just* **hung** *up the washing.*

◆ **hang around** 1 **hang around somewhere** sich irgendwo herumtreiben
2 (*umgangsspr*) warten; **hang about!** warte mal!, Moment mal!
◆ **hang on** 1 **hang on to something** sich an etwas festhalten; (*übertragen*) etwas behalten
2 durchhalten
3 warten; **hang on [a minute]!** Moment mal!
4 (*am Telefon*) am Apparat bleiben
◆ **hang out** 1 *Zunge:* heraushängen
2 (draußen) aufhängen *Wäsche*
3 (*umgangsspr*) **she hangs out with her friends after school** nach der Schule trifft sie sich mit ihrem Freunden
◆ **hang up** 1 aufhängen
2 auflegen *Hörer*

**hang·er** ['hæŋəʳ] Kleiderbügel

**hang·over** ['hæŋˌəʊvəʳ] (*nach Alkoholkonsum*) Kater

**hap·pen** ['hæpən] 1 sich ereignen, geschehen
2 **happen to do** zufällig tun; **he happened to be there** er war zufällig[erweise] dort
3 **how does it happen that …?** wie kommt es, dass …?

**hap·pily** ['hæpɪlɪ] 1 glücklich; **happily married** glücklich verheiratet
2 glücklicherweise

**hap·pi·ness** ['hæpɪnɪs] Glück

**happy** ['hæpɪ] 1 glücklich; **feel happy about something** über etwas erfreut sein
2 zufrieden (**about, with** mit)
3 **happy birthday!** herzlichen Glückwunsch zum Geburtstag!; **happy Christmas!** frohe Weihnachten!

**har·bour**, (USA) **har·bor** ['hɑːbəʳ] Hafen

**hard** [hɑːd] 1 *Gelee, Zement:* hart, fest; *Droge, Wasser:* hart
2 *Schlag, Tritt:* kräftig; *Regen, Stoß:* stark, heftig
3 *Arbeit:* anstrengend, hart; **work hard** hart arbeiten
4 schwer; *Problem:* schwierig; **hard to believe** kaum zu glauben
5 **be hard on someone** unfair gegenüber jemanden sein; (*zusetzen*) schwer für jemanden sein
6 **try hard** sich bemühen, sich anstrengen
7 *regnen, schneien:* stark
8 *schlagen:* heftig, kräftig
► In Wendungen: **the hard facts** die harten Tatsachen; **hard luck!** Pech [gehabt]!; **hard up** knapp bei Kasse

**hard disk** (*Computer*) Festplatte

**harden** ['hɑːdn] 1 härten *Metall*
2 *Butter, Wachs:* hart werden

**hard·ly** ['hɑːdlɪ] kaum, fast nicht; **hardly any**

**Bildung des Present Perfect mit have:**

► Im Englischen wird das Present Perfect ausschließlich mit dem Verb **have** (*haben*) und nicht auch noch mit dem Verb **be** (*sein*), wie es im Deutschen manchmal der Fall ist, gebildet:

| | |
|---|---|
| I'**ve forgotten** my pen. | Ich *habe* meinen Stift *vergessen.* |
| We'**ve come** from Ireland. | Wir *sind* von Irland *gekommen.* |
| It **hasn't come** yet. | Es *ist* noch nicht *gekommen.* |
| Maybe they'**ve found** it. | Vielleicht *haben* sie es *gefunden.* |
| **Have** you **been** to London yet? | *Sind* Sie schon in London *gewesen?* |

► Im Englischen stellt das Present Perfect die Verbindung der Vergangenheit mit der Gegenwart dar, was im Deutschen jedoch mit der Gegenwart ausgedrückt wird:

| | |
|---|---|
| She'**s lived** in Munich for ten years. | Sie *wohnt* seit zehn Jahren in München. |

► Es gibt aber auch Fälle, bei denen man im Deutschen auch die einfache Vergangenheitsform wählen kann, z. B. wenn man etwas noch nie getan hat:

| | |
|---|---|
| I'**ve** never **been** to Germany. | Ich *war* noch nie in Deutschland. *oder* Ich *bin* noch nie in Deutschland *gewesen* |

fast kein; **hardly ever** kaum [jemals], fast nie

**hardship** [hɑːdʃɪp] Not, Schwierigkeiten

**hardware** [hɑːdweə(r)] (1) Haushaltswaren, Eisenwaren
(2) (*Computer*) Hardware

**hard·work·ing** [ˌhɑːd'wɜːkɪŋ] fleißig

**hare** [heə(r)] Hase

**harm**[1] [hɑːm] Schaden; **do someone harm** jemanden verletzen, jemandem schaden; **there's no harm in trying** ein Versuch schadet nichts

**harm**[2] [hɑːm] schaden

**harm·ful** ['hɑːmfl] schädlich

**harm·less** [hɑːmlɪs] harmlos, unschädlich

**i Land & Leute** **Harry Potter** wurde von J. K. Rowling erfunden, einer Kinderbuchautorin, die mit ihrer Tochter in Edinburgh lebt. Harry hat schwarze Haare, hellgrüne Augen, trägt eine Brille und auf seiner Stirn hat er eine seltsame Narbe in Form eines Blitzes. Er ist Waise und entkommt seiner schrecklichen Tante, Onkel und Cousin, um in einer geheimen Internatsschule Hexerei und Zauberei zu lernen. Dort erlebt er mit seinen Freunden aufregende Abenteuer voller Magie und Hexerei. Bisher sind vier Harry-Potter-Bücher erschienen und drei weitere geplant. Die Bücher wurden in viele Sprachen übersetzt und Harry Potters Abenteuer wurden auch verfilmt.

**harsh** [hɑːʃ] (1) *Klima:* rau
(2) *Licht:* grell
(3) *Stimme:* schrill
(4) *Strafe:* hart

**har·vest**[1] ['hɑːvɪst] Ernte

**har·vest**[2] ['hɑːvɪst] ernten

**has** [həz, *betont* hæz] *3. Person Singular Präsens von* **have**

**hasn't** ['hæznt] *Kurzform von* **has not**

**has·sle**[1] ['hæsl] (*umgangsspr*) ärgern, belästigen

**has·sle**[2] ['hæsl] (*umgangsspr*) Ärger, Mühe; **it's such a hassle** das ist so mühsam

**haste** [heɪst] Hast, Eile

**hasty** ['heɪstɪ] (1) eilig, schnell
(2) *Entscheidung, Reaktion:* hastig, voreilig

**hat** [hæt] Hut

**hatch** [hætʃ] Luke

**hatch·back** ['hætʃbæk] (*Auto*) Schrägheckmodell

**hate**[1] [heɪt] (1) hassen, nicht ausstehen können
(2) **hate doing something** etwas ungern [*oder* nicht gern] tun

**hate**[2] [heɪt] Hass (**for** auf)

**hatred** ['heɪtrɪd] Hass (**for, of** auf, gegen)

**haunt** [hɔːnt] *Gespenst:* umgehen in

**haunt·ed** [hɔːntəd] **haunted house** Spukhaus

**have**[1] [həv, *betont* hæv] <has, had, had> (1) haben; **have got** haben; **a cat has four legs** eine Katze hat vier Beine; **I have** [*oder umgangsspr* **I've got**] **a red car** ich habe ein rotes Auto; **have you got a light?** hast du mal Feuer?
(2) **I have a cold** ich bin erkältet; **I have a headache** ich habe Kopfschmerzen
(3) bekommen, erhalten, kriegen; **she's going to have a baby** sie bekommt [*oder* kriegt] ein Kind; **I had a letter from John** ich habe einen Brief von John bekommen
(4) *mit Substantiven* **have a bath/shower/wash** ein Bad nehmen/[sich] duschen/sich waschen; **have a game** ein Spiel machen; **have a walk** spazieren gehen

❺ haben; **have fun!, have a good time!** viel Spaß!; **did you have a good holiday?** hattet ihr einen schönen Urlaub?

❻ (*zu sich nehmen*) **have breakfast/lunch/dinner/tee** frühstücken/zu Mittag/Abend essen/Tee trinken; **have a cigarette** eine Zigarette rauchen; **have a biscuit!** nimm ein Plätzchen!

❼ [zu]lassen, gestatten; **I won't have pets in the kitchen** ich dulde keine Tiere in der Küche

❽ **have something done** etwas machen lassen; **we had the flat renovated** wir haben die Wohnung renovieren lassen

❾ **have to do with someone/something** mit jemandem/einer Sache zu tun haben

❿ **I've got it!** (*umgangsspr*) ich hab's!

▶ IN WENDUNGEN: **have had it** (*umgangsspr*) die Nase voll haben (**with** von)

◆ **have on** ❶ anhaben *Kleider, Licht, Radio*
❷ vorhaben; **have you got anything on tomorrow?** hast du morgen etwas vor?

**have**[2] [həv, *betont* hæv] <has, had, had> ❶ *zur Bildung der Vergangenheit* haben; *besonders bei Verben der Bewegung* sein; **he has seen** er hat gesehen; **they have gone** sie sind gegangen; **how long have you been here?** seit wann lebst [*oder* wohnst] du hier?; **he has been living there** er hat da gewohnt; **have you finished?** bist du/sind Sie fertig?
❷ *modal, mit Infinitiv* müssen; **you have to do it** du musst das machen; **you had better go** du gehst jetzt besser

**hay** [heɪ] Heu

**hay fever** Heuschnupfen

**hazard** ['hæzəd] Gefahr, Risiko

**haze** [heɪz] Dunst[schleier]

**hazy** ['heɪzɪ] ❶ *Wetter:* dunstig, diesig
❷ *Umriss:* verschwommen, unklar
❸ *Erinnerung:* vage

**he**[1] [hiː] er

**he**[2] [hiː] Männchen; **the baby is a he** das Baby ist ein Junge

**head**[1] [hed] ❶ Kopf; **shake one's head** [**at**] den Kopf schütteln [über]; **a** [*oder* **per**] **head** pro Kopf; **head first** kopfüber
❷ (*übertragen*) Kopf, Verstand
❸ Leiter; (*umgangsspr: in der Schule*) Schulleiter(in); *von Familie, Kirche:* Oberhaupt; **head of state** Staatsoberhaupt
❹ führende Stellung, Spitze; **at the head of the queue** an der Spitze der Schlange
❺ oberes Ende; *von Bett, Tisch:* Kopf[ende]; *von Brief, Hammer, Nagel:* Kopf
❻ *von Münze:* Kopf; **heads or tails?** Kopf oder Zahl

▶ IN WENDUNGEN: **laugh one's head off** sich fast totlachen; **be head over heels in love** bis über beide Ohren verliebt sein

**head**[2] [hed] ❶ anführen *Prozession, Tabelle*
❷ führen, leiten *Organisation*
❸ sich bewegen, fahren; **head home** nach Hause gehen

◆ **head for head for the coast** in Richtung Küste fahren; **head for home** sich auf dem Heimweg machen

**head·ache** ['hedeɪk] ❶ Kopfweh, Kopfschmerzen; **have a bad headache** schlimme Kopfschmerzen haben
❷ (*umgangsspr*) Problem; **that boy's a real headache** der Junge ist ein echter Problemfall

**head·light** ['hedlaɪt], **head·lamp** ['hedlæmp] Scheinwerfer

**head·line** ['hedlaɪn] Schlagzeile

**head·mas·ter** [ˌhed'mɑːstəʳ] Rektor, Schulleiter

**head·mis·tress** [ˌhed'mɪstrɪs] Rektorin, Schulleiterin

**head-on** [ˌhed'ɒn] **head-on collision** Frontalzusammenstoß

**headphones** ['hedfəʊnz] ⚠ *plural* Kopfhörer

**head·quar·ters** [ˌhed'kwɔːtəz] *plural,* ⚠ *Verb oft im Singular* ❶ *von Militär:* Hauptquartier
❷ *von Unternehmen:* Zentrale, Hauptgeschäftsstelle

**heal** [hiːl] ❶ heilen
❷ *Wunde:* heilen

**health** [helθ] Gesundheit[szustand]; **be in poor health** kränklich sein

**health centre** Ärztezentrum

**health club** Fitnesscenter

**health food shop** Naturkostladen

**Health Service** GB [das] Gesundheitswesen

**healthy** ['helθɪ] gesund

**heap** [hiːp] ❶ Haufen
❷ **heaps of** (*umgangsspr*) jede Menge, massig

> **? Grammatik** Die unregelmäßigen Vergangenheitsformen von **hear** lauten **heard — heard:** *Yes, I* **heard** *what you said;* **have** *you* **heard** *the good news yet?*

**hear** [hɪəʳ] <heard, heard> ❶ hören (**about, from, of** von)
❷ erfahren; **hear something** [**about someone/something**] etwas [über jemanden/etwas] erfahren

> **! Vorsicht Falle** **hear — listen to:** *to hear something* heißt etwas hören = mit den Ohren wahrnehmen; *to listen to something* heißt etwas zuhören = aufmerksam hören: *Sorry, I can't* **hear** *you; Peter is* **listening to** *the radio.*

**hear·ing** ['hɪərɪŋ] ① Gehör; **sense of hearing** Gehörsinn
② **within/out of hearing** in/außer Hörweite
③ (*politisch*) Hearing, Anhörung
④ (*zivilrechtlich*) Verhandlung

**heart** [hɑːt] ① Herz
② Mut; **take heart** Mut fassen
③ [das] Wesentliche, [der] Kern; **get to the heart of something** einer Sache auf den Grund kommen
④ **hearts** (*auf Spielkarten*) Herz
⑤ **by heart** auswendig

**heart attack** Herzanfall, Herzinfarkt

**heart·break·ing** ['hɑːtbreɪkɪŋ] herzzerreißend

**heart·broken** ['hɑːtˌbrəʊkən] untröstlich

**heartily** [hɑːtɪli] *lachen:* herzlich; *singen:* kräftig; *essen:* herzhaft

**hearty** [hɑːti] herzlich; **she gave us a hearty welcome** sie hat uns herzlich Willkommen geheißen

**heat**¹ [hiːt] ① Hitze
② (*Sport*) Vorlauf, Vorrunde

**heat**² [hiːt] ① heizen *Raum*
② beheizen *Schwimmbad*
③ erhitzen *Flüssigkeit*
◆ **heat up** aufwärmen, warm machen *Essen*

**heater** ['hiːtəʳ] ① Ofen
② (*im Auto*) Heizung
③ (*für Wasser*) Boiler

**heather** ['heðəʳ] Heide[kraut], Erika

**heat·ing** ['hiːtɪŋ] Heizung

**heat·wave** ['hiːtweɪv] Hitzewelle

**heaven** ['hevn] Himmel
► IN WENDUNGEN: **for heaven's sake!** um Himmels [*oder* Gottes] Willen!

**heavy** ['hevɪ] ① (*nicht leicht*) schwer; *Mantel:* dick; **heavy industry** Schwerindustrie
② *Kampf, Schaden, Schlag, Strafe, Sturm etc.:* schwer; *Wolken:* dicht
③ *Raucher, Wind:* stark; *Regen, Schlag:* heftig; **heavy traffic** starkes Verkehrsaufkommen
④ *Geldstrafe, Schulden, Verluste:* hoch
⑤ *Druck, Kritik:* massiv
⑥ *Speise:* schwer
⑦ *Boden:* schwer
⑧ **this book is heavy going** das Buch liest sich schwer

**heavy·weight** ['hevɪweɪt] Schwergewicht[ler]

**he'd** [hiːd] *Kurzform von* **he had; he would**

**hedge** [hedʒ] Hecke

**hedge·hog** ['hedʒhɒg] Igel

**heel** [hiːl] ① Ferse
② *von Schuh:* Absatz

**height** [haɪt] ① Höhe; **what's the height of Everest?** wie hoch ist Mount Everest?; **be five metres in height** fünf Meter hoch sein
② [Körper]Größe
③ (*übertragen*) Höhepunkt; **height of fashion** neueste Mode
④ **be afraid of heights** nicht schwindelfrei sein

**heir** [eəʳ] Erbe; **heir to the throne** Thronfolger(in)

**heir·ess** ['eərɪs] Erbin

**held** [held] *2. und 3. Form von* **hold**

**heli·cop·ter** ['helɪkɒptəʳ] Hubschrauber, Helikopter

**hell** [hel] ① Hölle
② (*umgangsspr*) [**oh,**] **hell!** verdammt [noch mal]!; **what the hell are you doing here?** was zum Teufel machen Sie denn hier?
③ (*umgangsspr*) **a hell of a lot of money** wahnsinnig viel Gled

**he'll** [hiːl] *Kurzform von* **he will; he shall**

**hello** [hə'ləʊ] hallo!

**hel·met** ['helmɪt] Helm

**help**¹ [help] ① helfen, behilflich sein (**with** bei); **can I help you?** kann ich Ihnen behilflich sein?; (*im Geschäft*) womit kann ich Ihnen dienen?; **help oneself** sich selbst helfen; (*bei Tisch*) sich bedienen; **help yourself!** bedienen Sie sich!
② **I can't help it** ich kann nichts dafür, ich kann nichts daran ändern
◆ **help out** ① aushelfen
② **help someone out** [**with something**] jemandem [mit etwas] helfen

**help**² [help] Hilfe; **thanks for all your help** vielen Dank für all deine Hilfe; **give someone some help** [**with something**] jemandem [bei etwas] helfen

**helper** ['helpəʳ] Helfer(in)

**help·ful** ['helpfl] ① *Person:* hilfsbereit
② *Sache:* hilfreich, nützlich

**help·ing** ['helpɪŋ] Portion

**help·less** ['helplɪs] hilflos

**hen** [hen] Henne, Huhn

**her**¹ [hɜːʳ] ① sie; **he loves her** er liebt sie; **it's her** sie ist es
② ihr; **he gave her a ring** er gab ihr einen Ring

**her**² [hɜːʳ] ihr; **her mother** ihre Mutter

**herb** [hɜːb] ① (*zum Kochen*) Kraut, Küchen-

kraut
2 (*in der Medizin*) Heilkraut
**herbal** [hɜːbl] Kräuter-; **herbal tea** Kräutertee; **herbal remedy** Naturheilmittel
**herd** [hɜːd] Herde, Rudel
**here** [hɪəʳ] 1 hier
2 **come here!** komm her!; **come here, please** kommen Sie bitte [hier]her
3 **look here!** sieh [*oder* schau] mal [her]!
4 **here he comes!** da kommt er [ja]!
5 **here you are!** (*bei der Übergabe von etwas*) bitte schön!; (*wenn man jemanden gefunden hat*) ach, hier bist du!
▶ IN WENDUNGEN: **here and there** hier und da, hier[hin] und dort[hin]
**hero** ['hɪərəʊ] <*plural* heroes> Held
**her·oin** ['herəʊɪn] Heroin
**hero·ine** ['herəʊɪn] Heldin
**hers** [hɜːz] ihre(r, s); **a friend of hers** einer ihrer Freunde, ein Freund von ihr; **the book is hers** das Buch gehört ihr
**her·self** [hɜː'self] 1 sich
2 (*betont*) [sie] selbst; **she herself said it** sie hat es selbst gesagt; **she'll do it herself** sie macht das selbst
3 [**all**] **by herself** [ganz] allein, ohne [fremde] Hilfe
**he's** [hiːz] *Kurzform von* **he is; he has**
**hesi·tant(·ly)** ['hezɪtənt(lɪ)] zögerlich
**hesi·tate** ['hezɪteɪt] 1 zögern; **hesitate to do something** Bedenken haben, etwas zu tun
2 (*beim Sprechen*) stocken
**hesi·ta·tion** [ˌhezɪ'teɪʃn] Zögern; **without** [**a moment's**] **hesitation** ohne [einen Augenblick] zu zögern
**hexa·gon** ['heksəgən] Sechseck
**hex·ag·onal** [heks'ægənl] sechseckig
**hi** [haɪ] (*umgangsspr*) hallo
**hi·ber·nate** ['haɪbəneɪt] Winterschlaf halten
**hi·ber·na·tion** [ˌhaɪbə'neɪʃn] Winterschlaf
**hic·cup**[1] ['hɪkʌp] Schluckauf; **have** [**the**] **hiccups** [den] Schluckauf haben
**hic·cup**[2] ['hɪkʌp] den Schluckauf haben
**hide** [haɪd] <hid, hidden> 1 verstecken (**from** vor); **hide from someone** sich vor jemandem verstecken
2 verbergen *Gefühle* (**from** vor)
3 verheimlichen *Wahrheit* (**from** vor)

> **? Grammatik** Die unregelmäßigen Vergangenheitsformen von **hide** lauten **hid — hidden:** *Sandra* **hid** *in the loft; Where* **have** *you* **hidden** *your report?*

**hid·eous** ['hɪdɪəs] scheußlich
**hid·ing** ['haɪdɪŋ] **go into hiding** untertauchen; **be in hiding** sich versteckt halten
**hi-fi** [ˌhaɪ'faɪ] Hi-Fi-Gerät, Hi-Fi-Anlage
**high**[1] [haɪ] 1 hoch; **a high building** ein hohes Gebäude; **high prices** hohe Preise
2 (*slang: von Drogen*) high
3 **high society** die vornehme Gesellschaft
4 **in high spirits** in guter Laune
**high**[2] [haɪ] 1 Höchststand, Rekord[höhe]
2 (*Wetterlage*) Hoch[druckgebiet]

> **i Land & Leute** In Schottland ist die **Higher Grade** eine Prüfung, die Schüler in ihrem fünften Schuljahr ablegen (ein Jahr nach der **GCSE**). Es ist möglich, nur in einem Fach geprüft zu werden, aber die meisten Schüler versuchen ungefähr fünf **Highers** abzulegen.

**high jump** Hochsprung
**high·light**[1] ['haɪlaɪt] 1 (*übertragen*) Höhepunkt
2 (*im Haar*) Strähne
**high·light**[2] ['haɪlaɪt] 1 **the sentence was highlighted in yellow** der Satz war gelb markiert
2 (*übertragen*) hervorheben *Problem*
**high·ly** ['haɪlɪ] 1 hoch, äußerst; **highly inflammable** leicht entzündlich
2 **speak highly of someone** von jemandem in den höchsten Tönen reden
**high·ness** ['haɪnɪs] **His/Your** [**Royal**] **Highness** Seine/Eure [Königliche] Hoheit
**high-rise building** Hochhaus
**high school** (USA) weiterführende Schule

> **i Land & Leute** In den USA haben die Schüler der **High School** und des **College** bestimmte Bezeichnungen. In der 9. Klasse heißen sie **Freshmen**, Schüler der 10. Klasse heißen **Sophomores**, in der 11. Klasse heißen sie **Juniors** und in der 12. Klasse werden sie **Seniors** genannt.

**high street** Hauptstraße
**high·way** ['haɪweɪ] 1 (GB) Hauptstraße, Landstraße
2 (USA) Fernstraße
**hi·jack**[1] ['haɪdʒæk] 1 entführen *Flugzeug*
2 überfallen *Fahrzeug*
**hi·jack**[2] ['haɪdʒæk] Flugzeugentführung
**hi·jacker** ['haɪdʒækəʳ] Flugzeugentführer(in)
**hike**[1] [haɪk] Wanderung
**hike**[2] [haɪk] wandern
**hiker** ['haɪkəʳ] Wanderer, Wanderin

**hill** [hɪl] Hügel, [An]Höhe; (*höher*) Berg

**hilly** ['hɪlɪ] hüg(e)lig, bergig

**him** [hɪm] ① ihn; **she loves him** sie liebt ihn; **it's him** er ist es
② ihm; **she gave him a book** sie gab ihm ein Buch

**him·self** [hɪm'self] ① sich
② (*betont*) [er] selbst; **he himself said it** er hat es selbst gesagt; **he'll do it himself** er macht es selbst
③ **[all] by himself** [ganz] allein, ohne [fremde] Hilfe

**hinge** [hɪndʒ] [Tür]Angel, Scharnier

**hint**[1] [hɪnt] Hinweis, Wink, Andeutung; **drop a hint** eine Bemerkung fallenlassen

**hint**[2] [hɪnt] andeuten (**at** auf)

**hip** [hɪp] Hüfte

> **i Land & Leute** **Hip-hop** bezeichnet die Kultur der Schwarzen der innerstädtischen Ghettos, die sich in der Bronx, New York City, unter afrikanischen und karibischen Einflüssen entwickelt hat. Hip-Hop besteht aus mehreren Elementen: der Graffitti-Kunst, Breakdancing, einem eigenen Slang, einem Modestil und natürlich aus dem Musikstil Rap, der auch selbst manchmal als Hip-Hop bezeichnet wird. Die erste Rapaufnahme, *Rapper's Delight*, von der Gruppe Sugarhill Gang, erschien 1979 und seitdem haben sich mehrere Richtungen wie Gangsta-Rap, Jazz-Rap oder G-Funk entwickelt.

**hip·po** ['hɪpəʊ] <*plural* hippos> (*umgangsspr*) Nilpferd

**hip·po·pota·mus** [ˌhɪpə'pɒtəməs] <*plural* hippopotamuses *oder* hippopotami> Flusspferd, Nilpferd

**hire**[1] ['haɪəʳ] ① mieten *Auto;* leihen *Anzug*
② engagieren *Anwalt*
③ einstellen *Arbeitskraft*
◆ **hire out** vermieten

**hire**[2] ['haɪəʳ] **for hire** zu vermieten; *Taxi:* frei

**his**[1] [hɪz] sein[e, r]; **a friend of his** einer seiner Freunde, ein Freund von ihm; **the book is his** das Buch gehört ihm

**his**[2] [hɪz] sein; **seine Hose** his trousers; **he cut his hand** er hat sich an der Hand geschnitten

**hiss** [hɪs] zischen; *Katze:* fauchen

**his·toric** [hɪ'stɒrɪk] historisch

**his·tori·cal** [hɪ'stɒrɪkl] historisch, geschichtlich

**his·tory** ['hɪstrɪ] ① Geschichte
② *einer Krankheit:* Vorgeschichte

**hit**[1] [hɪt] <hit, hit> ① schlagen; **hit someone in the stomach/on the head** jemanden in den Bauch/auf dem Kopf schlagen; **hit one's head against something** mit dem Kopf gegen etwas schlagen [*oder* stoßen]
② *Auto:* auffahren; **the car hit the tree** das Auto fuhr [*oder* prallte] gegen den Baum
③ treffen; **be hit by lightning** vom Blitz getroffen werden
④ erreichen *Rekordhöhe*
⑤ **hit the rush hour** in den Stoßverkehr geraten

> **? Grammatik** Die unregelmäßigen Vergangenheitsformen von **hit** lauten **hit — hit:** *Kevin* **hit** *his head* **against** *a lamppost; Bart* **was hit** *by a stone.*

◆ **hit back** zurückschlagen

**hit**[2] [hɪt] ① Schlag
② (*genau auf's Ziel*) Treffer
③ (*übertragen*) Erfolg, Knüller; (*Lied*) Schlager, Hit
④ (*im Internet*) Hit

**hitch**[1] [hɪtʃ] ① **he hitched across Europe** er fuhr per Anhalter [*oder* trampte] durch Europa
② **hitch a lift** [*oder* USA **ride**] per Anhalter fahren

**hitch**[2] [hɪtʃ] Schwierigkeit, Haken; **without a hitch** reibungslos, glatt

**hitch·hike** ['hɪtʃhaɪk] per Anhalter fahren, trampen

**hitch·hiker** ['hɪtʃhaɪkəʳ] Anhalter(in), Tramper(in)

**HIV** [ˌeɪtʃaɪ'viː] *Abkürzung von* **human immunodeficiency virus** HIV

**hive** [haɪv] Bienenstock, Bienenkorb

**hoarse** [hɔːs] rau, heiser

**hoax** [həʊks] (*Falschmeldung*) Schwindel, Ente

**hobby** ['hɒbɪ] Hobby, Steckenpferd

**hockey** ['hɒkɪ] ① Hockey
② USA Eishockey

> **i Land & Leute** **Hogmanay** sagt man in Schottland und Nordengland für **New Year's Eve** (Silvester), den 31. Dezember. Die Schotten sind dafür bekannt, Hogmanay besonders ausgelassen zu feiern. In den letzten Jahren ist es Brauch geworden, dass Tausende von Leuten im Zentrum Edinburghs zusammenkommen, wo dann auf den Straßen eine große Silvesterparty mit Bands und Feuerwerk stattfindet. Das Wort Hogmanay stammt aus Nordfrankreich: hoginané und bedeutet ursprünglich etwa: *bitte ein Geschenk zum neuen Jahr.*

**hold**[1] [həʊld] <held, held> ① [fest]halten; **hold**

**hands** sich an der Hand halten; *Liebespaar:* Händchen halten
② tragen; *Seil:* halten, nicht reißen; **I don't think the bridge will hold our weight** ich glaube nicht, dass die Brücke uns trägt
③ innehaben, ausüben; **hold office** an der Macht [*oder* im Amt] sein
④ abhalten *Versammlung;* führen *Gespräch*
⑤ *Raum, Gefäß:* enthalten, fassen; **the bus holds 36 people** der Bus ist für 36 Personen vorgesehen
⑥ vertreten *Ansicht, Meinung*
⑦ **hold one's breath** den Atem anhalten
⑧ **hold the line** am Apparat bleiben

**? Grammatik** Die unregelmäßigen Vergangenheitsformen von **hold** lauten **held — held**: *Jane* **held** *the puppy in her arms; the assemply* **was held** *in the sports hall.*

◆**hold against** **hold something against someone** jemandem etwas verübeln
◆**hold back** ① **hold something back** zurückhalten; verschweigen *Wahrheit*
② **hold someone back from doing something** jemanden [daran] hindern, etwas zu tun
◆**hold on** ① [sich] festhalten (**to** an)
② (*übertragen*) durchhalten
③ (*umgangsspr*) warten; **hold on!** einen Moment!; (*beim Telefonieren*) bleiben Sie am Apparat!
◆**hold out** ① sich halten, aushalten
② *Vorräte:* reichen
③ **hold out one's hand** die Hand ausstrecken
◆**hold up** ① aufrecht halten, stützen
② **hold up one's hand** die Hand [hoch]heben

**hold**[2] ['həʊld] Griff; **catch/get/take hold of something** etwas fassen/packen/ergreifen

**hold-up** ['həʊldʌp] ① Verzögerung
② (*im Verkehr*) Behinderung, Stau, Stockung
③ [bewaffneter] Raubüberfall

**hole** [həʊl] ① Loch
② *eines Fuchses, Kaninchens:* Bau

**holi·day** ['hɒlədeɪ] ① [arbeits]freier Tag
② [**public**] **holiday** [gesetzlicher] Feiertag
③ **holidays** Urlaub, Ferien; **on holiday** in Urlaub, in den Ferien

**holidaymaker** Feriengast, Urlauber(in)

**Holland** ['hɒlənd] Holland

**hol·low** ['hɒləʊ] hohl

**holly** ['hɒlɪ] Stechpalme

**i Land & Leute** Einen Stadtteil von Los Angeles kennt jeder: **Hollywood**, welches als Zentrum der Filmindustrie berühmt geworden ist. Der erste Hollywood-Film wurde schon 1911 gedreht. In Hollywood befindet sich auch der **Walk of Fame**, wo viele Namen aus der Unterhaltungsindustrie auf dem Gehsteig verewigt sind.

**holy** ['həʊlɪ] heilig

**home**[1] [həʊm] ① Heim, Haus/Wohnung; **at home** daheim, zu Hause
② Heimat; **Hamburg has become his second home** ihm ist Hamburg zur zweiten Heimat geworden
③ (*Anstalt*) Heim; **old people's home** Altenheim
④ **make oneself at home** es sich bequem machen

**home**[2] [həʊm] ① heim, nach Hause; **go home** nach Hause gehen, heimgehen
② daheim, zu Hause

**i Land & Leute** **Homecoming** ist in den USA ein wichtiges Fest an der High School und an der Universität. An diesem Tag kommt die Footballmannschaft zu einem Heimspiel „nach Hause". Es gibt eine Riesenparty und eine beliebte Schülerin bzw. Studentin wird zur **homecoming queen** gekürt.

**home economics** Hauswirtschaft[slehre]

**home·land** ['həʊmlænd] Heimat[land]

**home·less** ['həʊmlɪs] obdachlos

**homemade** [ˌhəʊm'meɪd] selbst gemacht

**Home Of·fice** ['həʊm'ɒfɪs] (GB) Innenministerium

**Home Secretary** (GB) Innenminister(in)

**home·sick** ['həʊmsɪk] **be homesick** Heimweh haben

**home·work** ['həʊmwɜːk] Hausaufgaben; **do one's homework** seine Hausaufgaben machen

**ho·moe·opathy** [ˌhəʊmɪ'ɒpəθɪ] Homöopathie

**homo·sex·ual**[1] [ˌhɒmə'sekʃʊəl] homosexuell

**homo·sex·ual**[2] [ˌhɒmə'sekʃʊəl] Homosexuelle(r)

**hon·est** ['ɒnɪst] ehrlich, aufrichtig

**hon·est·ly** ['ɒnɪstlɪ] ① ehrlich
② (*tatsächlich*) wirklich; **honestly!** ehrlich!; (*verärgert*) also wirklich!

**hon·esty** ['ɒnɪstɪ] Ehrlichkeit, Aufrichtigkeit

**honey** ['hʌnɪ] ① Honig
② (USA) (*umgangsspr*) Schatz, Liebling

**honey·moon** ['hʌnɪmuːn] Flitterwochen

**hon·or·ary** ['ɒnərərɪ] ehrenamtlich, Ehren-

**hon·our**[1], (USA) **honor** ['ɒnəʳ] Ehre

**hon·our**[2], (USA) **honor** ['ɒnəʳ] ehren

**hood** [hʊd] ① Kapuze
② *von Auto:* Verdeck
③ (USA) Motorhaube

**hoof** [huːf] <*plural* hoofs *oder* hooves> Huf

**hook**[1] [hʊk] ① Haken, Kleiderhaken
② **fishhook** Angelhaken

**hook**[2] [hʊk] ① **hook something** etwas mit [einem] Haken befestigen (**to** an); festhaken *Tür*
② angeln *Fisch*
③ (*umgangsspr*) **she's hooked on jazz** sie steht auf Jazz

**hoo·li·gan** ['huːlɪgən] Rowdy

**hoot** [huːt] ① **hoot** [**with laughter**] johlen, sich kaputtlachen
② *Eule:* schreien
③ *Fahrzeug:* hupen

**hoov·er**®[1] ['huːvəʳ] staubsaugen; saugen *Teppich*

**hoov·er**®[2] ['huːvəʳ] Staubsauger

**hop** [hɒp] <hopped> hüpfen; **hop over something** über etwas springen

**hope**[1] [həʊp] Hoffnung (**of** auf); **there's no hope of winning** es besteht keine Hoffnung, dass wir gewinnen

**hope**[2] [həʊp] ① hoffen (**for** auf); **I hope you're right** hoffentlich hast du Recht; **I hope so/not!** hoffentlich/hoffentlich nicht!
② **he hopes to go to Brazil** er hat vor, nach Brasilien zu reisen

**hope·ful** ['həʊpfl] hoffnungsvoll; *Situation:* viel versprechend; **be hopeful** sich Hoffnungen machen, hoffen

**hope·ful·ly** ['həʊpfəlɪ] ① hoffnungsvoll
② **"will you be on time?" — "hopefully"** „kommst du rechtzeitig?" — „hoffentlich"

**hope·less** ['həʊplɪs] ① hoffnungslos
② **she's hopeless at drawing** sie kann überhaupt nicht zeichnen

**hope·less·ly** ['həʊplɪslɪ] hoffnungslos

**hor·izon** [hə'raɪzn] (*auch übertragen*) Horizont

**hori·zon·tal** [ˌhɒrɪ'zɒntl] horizontal, waagerecht

**hor·mone** ['hɔːməʊn] Hormon

**horn** [hɔːn] ① (*von Tier*) Horn
② Sirene; *von Auto:* Hupe
③ (*Musik*) Horn

**hor·net** ['hɔːnɪt] Hornisse

**horo·scope** ['hɒrəskəʊp] Horoskop

**hor·ren·dous** [hɒ'rendəs] ① *Verbrechen:* entsetzlich
② *Preise, Lüge:* horrend

**hor·rible** ['hɒrəbl] ① schrecklich, furchtbar, entsetzlich
② unfreundlich

**hor·rid** ['hɒrɪd] abscheulich, ekelhaft

**hor·rific** [hə'rɪfɪk] schrecklich

**hor·rify** ['hɒrɪfaɪ] ① **horrify someone** jemandem einen Schrecken einjagen
② entsetzen *Person;* **be horrified** schockiert sein (**at, by** von)

**hor·ror** ['hɒrəʳ] ① Schrecken, Entsetzen
② Abscheu, Ekel (**of** vor)

**horse** [hɔːs] Pferd

**horse·back** ['hɔːsbæk] **on horseback** zu Pferde

**horse·pow·er** ['hɔːspaʊəʳ] Pferdestärke

**horse racing** Pferderennsport

**hose** [həʊz] [Gummi]Schlauch

**hos·pi·tal** ['hɒspɪtl] Klinik, Krankenhaus

**hos·pi·tal·ity** [ˌhɒspɪ'tælətɪ] Gastlichkeit; *von Person:* Gastfreundschaft

**host** [həʊst] ① Gastgeber (**to** für)
② (*beim TV*) Showmaster

**hos·tage** ['hɒstɪdʒ] Geisel; **take someone hostage** jemanden als Geisel nehmen

**hos·tel** ['hɒstl] Wohnheim; **youth hostel** Jugendherberge

**host·ess** ['həʊstɪs] ① Gastgeberin
② Empfangsdame, Hostess
③ Stewardess

**hos·tile** ['hɒstaɪl] ① feindlich
② *Person, Atmosphäre:* feindselig (**to** gegen)

**hos·til·ity** [hɒ'stɪlətɪ] ① Feindschaft (**to, towards, against** gegen)
② **hostilities** Feindseligkeiten

**hot** [hɒt] ① heiß; *Wasserhahn, Mahlzeit:* warm; **I'm hot** mir ist heiß
② *Speise:* stark gewürzt, scharf

**ho·tel** [həʊ'tel] Hotel

**hour** ['aʊəʳ] ① Stunde; **by the hour** stundenweise; **for hours** stundenlang
② Zeit, Zeitpunkt; **the rush hour** Stoßzeit; **working hours** Dienststunden, Arbeitszeit; **opening hours** Geschäftszeiten; *von Arzt:* Sprechstunde; **at all hours** zu jeder Stunde

**hour·ly** ['aʊəlɪ] stündlich; **hourly wage** Stundenlohn

**house**[1] ['haʊs] ① Haus
② Dynastie
③ (*im Theater*) Vorstellung, Publikum
④ (*an einer Universität*) College; (*an einem Internat*) Wohngebäude
⑤ Parlament; **the House of Commons/Lords** (GB) das Unterhaus/Oberhaus; **the Houses of Parliament** (GB) das Parlamentsgebäude; **the House of Representatives** (USA) das Repräsentantenhaus

H h

6 **on the house** auf Kosten des Hauses
**house²** ['haʊz] **house someone** jemandem ein Heim geben; unterbringen *Gegenstände, Waren*
**house·hold** ['haʊshəʊld] Haushalt
**house-warm·ing** ['haʊsˌwɔːmɪŋ] Einzugsfest
**house·work** ['haʊswɜːk] Hausarbeit
**hous·ing** ['haʊzɪŋ] 1 Wohnungen 2 Wohnungsbeschaffung 3 *von Waren:* Lagerung 4 Unterkunft
**housing development** (USA), **housing estate** (GB) Wohnsiedlung
**hover** ['hɒvəʳ] 1 schweben (**over** über) 2 sich herumtreiben (**about, near** in der Nähe) 3 (*übertragen*) schwanken
**hover·craft** ['hɒvəkrɑːft] Luftkissenfahrzeug, Hovercraft
**how** [haʊ] 1 wie, wieso; **how about ...?** wie wäre es mit ...?; **how come ...?** wie kommt es ...?; **how many?** wie viele?; **how much?** wie viel?; **how are you?** wie geht's?; **how do you do?** guten Morgen/Tag/Abend 2 **learn how to do something** etwas lernen
**how·ever** [haʊ'evəʳ] 1 wie auch immer; **however big/intelligent** wie groß/intelligent auch immer 2 jedoch, aber, trotzdem
**howl** [haʊl] *Tier, Wind:* heulen
**huddle** ['hʌdl] 1 sich drängen, sich drücken 2 sich schmiegen (**to** an); **huddle together** sich aneinander schmiegen
◆ **huddle up** sich zusammenkauern
**hug¹** [hʌg] <hugged> umarmen
**hug²** [hʌg] Umarmung
**huge** [hjuːdʒ] riesig, ungeheuer; *Interesse, Verbesserung:* gewaltig
**huge·ly** [hjuːdʒlɪ] ungeheuer
**hullo** [hə'ləʊ] hallo! nanu!
**hum¹** [hʌm] <hummed> summen *Lied*
**hum²** [hʌm] Summen; *von Maschine:* Brummen
**hu·man¹** ['hjuːmən] 1 menschlich 2 **human rights** Menschenrechte
**hu·man²** ['hjuːmən] **human [being]** Mensch
**hu·mane** [hjuː'meɪn] menschlich, human
**hu·man·ity** [hjuː'mænətɪ] 1 die Menschheit 2 Menschlichkeit
**hu·man·ly** ['hjuːmənlɪ] **humanly possible** menschenmöglich
**humble** ['hʌmbl] 1 *Person:* demütig, bescheiden 2 *Rang:* einfach 3 *Haus:* einfach, bescheiden
**hu·mid** ['hjuːmɪd] feucht
**hu·mid·ity** [hjuː'mɪdətɪ] Feuchtigkeit
**hu·mili·ate** [hjuː'mɪlɪeɪt] **humiliate someone** jemanden demütigen
**hu·mor** (USA) →**humour**
**hu·mor·ous** ['hjuːmərəs] amüsant, komisch; *Person:* humorvoll
**hu·mour**, (USA) **hu·mor** ['hjuːməʳ] **sense of humour** Humor
**hump** [hʌmp] 1 *eines Kamels:* Höcker 2 *eines Menschen:* Buckel 3 Hügel
**hunch·back** ['hʌntʃbæk] 1 Buckel 2 Bucklige(r)
**hun·dred** ['hʌndrəd] [das] Hundert; **a hundred** hundert; **one hundred** einhundert; **hundreds of ...** Hunderte von ...
**hun·dredth¹** ['hʌndrədθ] hundertste(r, s)
**hun·dredth²** ['hʌndrədθ] 1 Hundertste(r, s) 2 (*Bruchteil*) Hundertstel
**hung** [hʌŋ] *2. Form von* **hang**
**Hun·gar·ian¹** [hʌŋ'geərɪən] ungarisch
**Hun·gar·ian²** [hʌŋ'geərɪən] 1 (*Person*) Ungar(in) 2 (*Sprache*) [das] Ungarisch(e)
**Hun·gary** ['hʌŋgərɪ] Ungarn
**hun·ger** ['hʌŋgəʳ] 1 Hunger 2 (*übertragen*) Verlangen (**for, after** nach); **die of hunger** verhungern; (*übertragen*) vor Hunger sterben; **hunger strike** Hungerstreik
**hun·gry** ['hʌŋgrɪ] 1 hungrig; **be hungry** Hunger haben, hungrig sein 2 (*übertragen*) verlangend, [be]gierig (**for** nach)
**hunt¹** [hʌnt] 1 jagen; **hunt animals** Jagd auf Tiere machen; **go hunting** auf die Jagd gehen 2 [eifrig] suchen *Gegenstand, Verbrecher*
**hunt²** [hʌnt] 1 Jagd, Fuchsjagd 2 (*übertragen*) Jagd, Suche (**for** nach)
**hunter** ['hʌntəʳ] 1 Jäger 2 Jagdpferd
**hunt·ing** [hʌntɪŋ] 1 Jagen, Jagd 2 Suche
**hurdle** ['hɜːdl] 1 Hürde 2 (*Sport*) **hurdles** ⚠ *mit Singular* Hürdenlauf 3 (*übertragen*) Hindernis, Hürde
**hur·ri·cane** ['hʌrɪkən] Wirbelsturm; (*auch übertragen*) Orkan
**hur·ried** ['hʌrɪd] 1 hastig, eilig 2 übereilt
**hurry¹** ['hʌrɪ] <hurried> 1 sich beeilen; **don't hurry** immer mit der Ruhe! 2 **stop hurrying me!** hör auf mich zu drängen!
◆ **hurry up** 1 sich beeilen 2 **hurry something up** etwas vorantreiben
**hurry²** ['hʌrɪ] 1 Eile, Hast; **in a hurry** in [großer]

Eile; **he was in a hurry to leave early** er hat es sehr eilig frühzeitig zu gehen; **be in no hurry to do something** es nicht eilig haben, etwas zu tun
② Übereilung

**hurt**[1] [hɜːt] <hurt, hurt> ① weh tun; **you're hurting me!** du tust mir weh!
② (*seelisch*) verletzen, kränken; **feel hurt** sich gekränkt [*oder* verletzt] fühlen; **hurt someone's feelings** jemanden kränken [*oder* verletzen]
③ **that won't hurt!** das schadet nichts!

> **? Grammatik** Die unregelmäßigen Vergangenheitsformen von **hurt** lauten **hurt — hurt**: *Mike* **hurt** *his knee; two people* **were hurt** *in the accident.*

**hurt**[2] [hɜːt] ① Schmerz
② (*seelisch*) Verletzung
③ Schaden

**hus·band** [ˈhʌzbənd] [Ehe-]Mann; **husband and wife** Eheleute

**hut** [hʌt] Hütte, Baracke

**hy·dro·elec·tric** [ˌhaɪdrəʊɪˈlektrɪk] hydroelektrisch; **hydroelectric power-station** Wasserkraftwerk

**hy·dro·gen** [ˈhaɪdrədʒən] Wasserstoff

**hy·giene** [ˈhaɪdʒiːn] Gesundheitspflege, Hygiene; **personal hygiene** Körperpflege

**hy·gienic** [haɪˈdʒiːnɪk] hygienisch

**hymn** [hɪm] Hymne, Loblied

**hy·per·mar·ket** [ˈhaɪpəmɑːkɪt] GB Großmarkt, Verbrauchermarkt

**hy·phen** [ˈhaɪfn] ① Bindestrich
② Trennstrich

**hyp·ocrite** [ˈhɪpəkrɪt] Heuchler(in), Scheinheilige(r)

**hys·teri·cal** [hɪˈsterɪkl] ① hysterisch
② (*umgangsspr*) irrsinnig komisch

**hys·ter·ics** [hɪˈsterɪks] *plural* ① **go into hysterics** einen hysterischen Anfall bekommen
② **be in hysterics** (*umgangsspr*) sich totlachen

# I i

**I, i** [aɪ] <*plural* I's, i's> I, i

**I** [aɪ] ich

**ice**[1] [aɪs] ① Eis
② Speiseeis

**ice**[2] [aɪs] glasieren *Kuchen*

**ice-cream** Eis, Eiscreme

**ice hockey** Eishockey

**ice lolly** [ˌaɪsˈlɒlɪ] GB Eis am Stil

**ice rink** [ˈaɪsrɪŋk] Schlittschuhbahn

**ice-skate**[1] [ˈaɪsˌkeɪt] Schlittschuh laufen

**ice-skate**[2] [ˈaɪsˌkeɪt] Schlittschuh

**ice-skat·ing** [ˈaɪskeɪtɪŋ] Eislauf, Schlittschuhlaufen

**icing** [ˈaɪsɪŋ] ① Zuckerguss, Glasur
② Vereisung

**icy** [ˈaɪsɪ] ① *Straße:* vereist, gefroren
② *Stimmung:* eisig

**I'd** [aɪd] *Kurzform von* **I had; I would**

**ID card** [aɪˈdiːˌkaːd] Personalausweis

**idea** [aɪˈdɪə] ① Gedanke, Idee; **good idea!** gute Idee!
② Vorstellung
③ Ahnung; **I have no idea** ich habe keine Ahnung
④ **that's the idea** so ist richtig

**ideal**[1] [aɪˈdɪəl] ideal, vorbildlich

**ideal**[2] [aɪˈdɪəl] Ideal

**ident·ical** [aɪˈdentɪkl] identisch, völlig gleich; **identical twins** eineiige Zwillinge

**identi·fi·ca·tion** [aɪˌdentɪfɪˈkeɪʃn] ① Identifizierung
② (*Dokument*) Ausweispapiere

**ident·ify** [aɪˈdentɪfaɪ] ① identifizieren *Leiche, Verbrecher*
② wiedererkennen *Gegenstand*

**ident·ity** [aɪˈdentətɪ] ① Identität
② Gleichheit, Übereinstimmung

**identity card** [Personal]Ausweis

**id·iom** [ˈɪdɪəm] ① idiomatische Redewendung
② Sprache, Ausdrucksweise

**idio·matic** [ˌɪdɪəˈmætɪk] idiomatisch

**id·iot** [ˈɪdɪət] (*umgangsspr*) Idiot, Dummkopf

**idle** [ˈaɪdl] ① *Person:* faul, träge
② (*nicht arbeitend*) untätig; (*an der Arbeit*) unbeschäftigt
③ *Motor, Gerät:* nicht in Betrieb; **stand idle** stillstehen
④ *Worte:* leer, nutzlos, vergeblich

**if** [ɪf] ① wenn, falls; **if it rains tomorrow…** für den Fall, dass es morgen regnet…; **if I were you…** an deiner Stelle…
② ob; **I wonder if he'll come** ich bin gespannt, ob er kommt
③ **as if** als ob, als wenn; **as if by chance** wie zufällig; **if so** wenn ja; **if not** falls nicht; **even if** auch wenn; **if only she'd told me!** wenn sie das nur mir gesagt hätte!

**ig·loo** [ˈɪgluː] Iglu

**ig·nor·ance** ['ɪgnərəns] 1 Unwissenheit, Ignoranz
2 Mangel an Bildung
**ig·nor·ant** ['ɪgnərənt] 1 unwissend
2 nicht informiert
3 unkultiviert
**ig·nore** [ɪg'nɔːʳ] ignorieren, nicht beachten; nicht befolgen *Befehl, Rat*
**ill**[1] [ɪl] 1 krank; **fall ill** erkranken (**with** an), krank werden; **feel ill** sich unwohl fühlen
2 schlecht; **ill feeling** böses Blut
**ill**[2] [ɪl] Übel, [das] Böse; **speak/think ill of someone** Schlechtes über jemanden sagen/denken
**I'll** [aɪl] *Kurzform von* **I will; I shall**
**ill-ad·vised** [ˌɪləd'vaɪzd] **be ill-advised** schlecht beraten sein
**il·legal** [ɪ'liːgl] unerlaubt, ungesetzlich, illegal
**il·leg·ible** [ɪ'ledʒəbl] unleserlich
**il·legit·imate** [ˌɪlɪ'dʒɪtɪmət] 1 *Kind:* unehelich
2 (*juristisch*) unrechtmäßig
**il·lit·er·ate** [ɪ'lɪtərət] des Schreibens und Lesens unkundig
**ill·ness** ['ɪlnɪs] Krankheit
**il·logi·cal** [ɪ'lɒdʒɪkl] unlogisch
**il·lumi·nate** [ɪ'luːmɪneɪt] 1 beleuchten; *Mond, Sonne:* etwas erleuchten
2 (*übertragen*) erhellen *Frage*
**il·lumi·na·tion** [ɪˌluːmɪ'neɪʃn] 1 Beleuchtung
2 **illuminations** ⚠ *plural* Festbeleuchtung
3 Erleuchtung
**il·lu·sion** [ɪ'luːʒn] 1 Illusion, trügerische Hoffnung; **be under the illusion that ...** sich einbilden, dass ...
2 [Sinnes]Täuschung
**il·lus·trate** ['ɪləstreɪt] 1 [bildlich] darstellen
2 illustrieren *Buch*
3 (*übertragen*) erklären, anschaulicher machen *Sache*
**il·lus·tra·tion** [ˌɪlə'streɪʃn] 1 Erklärung
2 Abbildung
3 Illustration
**I'm** [aɪm] *Kurzform von* **I am**
**im·age** ['ɪmɪdʒ] 1 Bild
2 Abbild
3 Vorstellung
4 Image; **improve one's image** sein Image aufbessern
**im·agin·ary** [ɪ'mædʒɪnərɪ] unwirklich, imaginär
**im·agin·ation** [ɪˌmædʒɪ'neɪʃn] 1 Fantasie
2 Einbildung
**im·agin·ative** [ɪ'mædʒɪnətɪv] fantasievoll, einfallsreich
**im·ag·ine** [ɪ'mædʒɪn] 1 sich ausdenken; **imagine something** sich etwas vorstellen
2 glauben; **I imagine so** ich glaube schon
**imi·tate** ['ɪmɪteɪt] 1 nachahmen, imitieren
2 kopieren *Bild, Stil;* fälschen *Unterschrift*
**imi·ta·tion**[1] [ˌɪmɪ'teɪʃn] 1 Nachahmung
2 Imitation
**imi·ta·tion**[2] [ˌɪmɪ'teɪʃn] falsch; **imitation leather** Kunstleder
**im·macu·late** [ɪ'mækjʊlət] 1 fleckenlos
2 untadelig
**im·ma·ture** [ˌɪmə'tjʊəʳ] 1 unreif, unentwickelt
2 *Ideen:* unausgegoren
**im·medi·ate** [ɪ'miːdɪət] 1 unmittelbar, direkt
2 *Nachbarn, Zukunft:* nächste
3 *Antwort:* umgehend
**im·medi·ate·ly** [ɪ'miːdɪətlɪ] 1 direkt, unmittelbar
2 sofort; **immediately after/before** unmittelbar danach/davor
**im·mense** [ɪ'mens] ungeheuer [groß], immens
**im·mi·grant** ['ɪmɪgrənt] Einwanderer, Einwanderin
**im·mi·gra·tion** [ˌɪmɪ'greɪʃn] Einwanderung
**im·mi·nent** ['ɪmɪnənt] nahe bevorstehend
**im·moral** [ɪ'mɒrəl] unmoralisch, sittenlos
**im·mor·tal** [ɪ'mɔːtl] 1 unsterblich
2 *Ruhm:* unvergänglich
**im·mune** [ɪ'mjuːn] 1 immun (**against, to** gegen); **immune system** Immunsystem
2 (*übertragen*) unempfindlich, sicher (**from** vor)
**im·mun·ity** [ɪ'mjuːnətɪ] 1 Immunität
2 (*juristisch*) Straffreiheit
3 (*übertragen*) Unempfindlichkeit, Sicherheit
**im·mu·nize** ['ɪmjʊnaɪz] immunisieren (**against** gegen)
**im·pact** ['ɪmpækt] 1 Aufprall; *von Bombe:* Einschlag
2 (*übertragen*) [Aus]Wirkung; **make an impact on someone/something** Eindruck auf jemanden/etwas machen
**im·par·tial** [ɪm'pɑːʃl] unparteiisch, vorurteilslos
**im·pa·tience** [ɪm'peɪʃns] 1 Ungeduld
2 Unduldsamkeit (**of** gegen)
**im·pa·tient** [ɪm'peɪʃnt] 1 ungeduldig
2 unduldsam (**of** gegen)
**im·per·fect** [ɪm'pɜːfɪkt] 1 unvollständig, unvollkommen
2 mangelhaft
3 *Wettbewerb:* ungleich
**im·perial** [ɪm'pɪərɪəl] 1 Reichs-, kaiserlich
2 (*des British Empire*) Empire-

**im·per·sonal** [ˌɪm'pɜːsənl] unpersönlich, sachlich

**im·per·ti·nent** [ɪm'pɜːtɪnənt] unverschämt

**im·pe·tus** ['ɪmpɪtəs] ① Wucht, Schwung
② (*übertragen*) Impuls

**im·ple·ment**[1] ['ɪmplɪmənt] Gerät, Werkzeug

**im·ple·ment**[2] [ɪmplɪ'ment] ① ausführen, durchführen *Plan*
② erfüllen *Vertrag*
③ vollziehen *Gesetz*

**im·pli·ca·tion** [ˌɪmplɪ'keɪʃn] ① Verwicklung
② Implikation

**im·pli·cit** [ɪm'plɪsɪt] ① stillschweigend, implizit
② *Drohung:* indirekt, unausgesprochen
③ *Gehorsam:* unbedingt

**im·ply** [ɪm'plaɪ] implizieren; **what are you implying?** was wollen Sie damit sagen?

**im·po·lite** [ˌɪmpə'laɪt] unhöflich

**im·port**[1] [ɪm'pɔːt] einführen, importieren *Waren* (**into, in** nach)

**im·port**[2] ['ɪmpɔːt] ① Einfuhr, Import
② **imports** Importartikel
③ (*übertragen*) Bedeutung, Sinn

**im·port·ance** [ɪm'pɔːtns] ① Wichtigkeit
② Grund, Bedeutung; **of no importance** bedeutungslos, belanglos

**im·port·ant** [ɪm'pɔːtnt] ① wichtig (**to** für)
② einflussreich

**im·port·ant·ly** [ɪm'pɔːtntlɪ] ① wichtigtuerisch
② entscheidend

**im·pose** [ɪm'pəʊz] ① erheben *Steuer* (**on** auf)
② auferlegen *Bedingungen*
③ **he didn't want to impose on them** er wollte ihnen nicht zur Last fallen

**im·pos·ing** [ɪm'pəʊzɪŋ] ① imposant
② imponierend

**im·possi·bil·ity** [ɪmˌpɒsə'bɪlətɪ] Unmöglichkeit

**im·poss·ible** [ɪm'pɒsəbl] ① unmöglich
② (*umgangsspr*) unausstehlich, unerträglich

**im·prac·ti·cal** [ɪm'præktɪkl] unpraktisch

**im·press** [ɪm'pres] ① eindrücken *Muster* (**on** auf)
② beeindrucken *Person*
③ **impress something on someone** jemandem etwas einschärfen

**im·pres·sion** [ɪm'preʃn] ① Prägung, Abdruck
② (*übertragen*) Eindruck; **give the impression** den Eindruck erwecken
③ **do an impression of someone** jemanden imitieren

**im·pres·sive** [ɪm'presɪv] eindrucksvoll

**im·prison** [ɪm'prɪzn] **imprison someone** jemanden inhaftieren

**im·prison·ment** [ɪm'prɪznmənt] Inhaftierung, Gefangenschaft; **life imprisonment** lebenslängliche Freiheitsstrafe

**im·prob·able** [ɪm'prɒbəbl] unwahrscheinlich

**im·proper** [ɪm'prɒpəʳ] ① unpassend, unangebracht (**to** für)
② unsachgemäß
③ *Verhalten:* unanständig

**im·prove** [ɪm'pruːv] ① [sich] verbessern
② *Wetter:* schöner werden
③ **improve on something** etwas überbieten

**im·prove·ment** [ɪm'pruːvmənt] Verbesserung

**im·pro·vise** ['ɪmprəvaɪz] improvisieren; improvisieren *Musik*

**im·pulse** ['ɪmpʌls] ① Anstoß, Impuls; **act on impulse** impulsiv handeln
② (*psychologisch*) Drang

**im·pure** [ɪm'pjʊəʳ] ① unrein
② *Motiv:* unsauber
③ *Essen:* verunreinigt

**im·pur·ity** [ɪm'pjʊərətɪ] ① Unreinheit
② *von Wasser:* Verschmutzung

**in** [ɪn] ① *räumlich* in; **in the house** im Hause; **in the street** auf der Straße; **sitting in the window** am Fenster sitzend; **in bed** im Bett
② daheim, zu Hause; **is Michael in?** ist der Michael da?
③ *zeitlich* in, während; **in 1999** 1999; **in July** im Juli; **in the morning/afternoon/evening** morgens/nachmittags/abends; **in the beginning** am Anfang; **in time** zeitlich; **in a week** in einer Woche
④ (*Art, Zustand*) **speak in a loud voice** laut, mit lauter Stimme sprechen; **speak in German** Deutsch reden; **in anger** im Zorn; **dressed in black** in Schwarz gekleidet; **write in ink** mit Tinte schreiben
⑤ (*Ausmaß*) **in part** teilweise
⑥ (*betreffend*) **a rise in prices** ein Preisanstieg
⑦ (*modisch, aktuell*) **green is in** Grün ist in
▸ IN WENDUNGEN: **be in for something** etwas zu erwarten [*oder* zu befürchten] haben; **be in on something** an einer Sache beteiligt sein

**in·abil·ity** [ˌɪnə'bɪlətɪ] Unfähigkeit

**in·ac·cur·ate** [ɪn'ækjərət] unrichtig, ungenau

**in·ad·equate** [ɪn'ædɪkwət] ① unzulänglich
② *Mittel:* unzureichend
③ unangemessen
④ nicht geeignet

**in·ap·pro·pri·ate** [ˌɪnə'prəʊprɪət] ① unangemessen, unangebracht
② *Zeit:* unpassend, ungelegen

**in·aug·ur·ation** [ɪˌnɔːgjʊ'reɪʃn] ① Amtseinführung

2 Einweihung, Eröffnung

**in·cal·cu·lable** [ɪnˈkælkjʊləbl] 1 *Betrag:* unschätzbar, unabsehbar
2 (*mathematisch*) nicht berechenbar

**in·capable** [ɪnˈkeɪpəbl] 1 unfähig, nicht im Stande, nicht in der Lage; **be incapable of doing something** unfähig sein, etwas zu tun
2 untauglich, ungeeignet (**of** für)

**in·cen·tive** [ɪnˈsentɪv] [finanzieller] Anreiz (**to** zu)

**in·cess·ant** [ɪnˈsesnt] unablässig, unaufhörlich

**inch** [ɪntʃ] 1 Zoll (= *2,54 cm*)
2 ein bisschen, [ein] wenig

**in·ci·dent** [ˈɪnsɪdənt] 1 Vorfall, Ereignis
2 Zwischenfall

**in·ci·den·tally** [ˌɪnsɪˈdentlɪ] übrigens, nebenbei gesagt

**in·cin·er·ator** [ɪnˈsɪnəreɪtəʳ] (*für Müll*) Verbrennungsanlage

**in·cli·na·tion** [ˌɪnklɪˈneɪʃn] 1 Hang; (*von Dach*) Neigung
2 (*übertragen*) Vorliebe (**for** für)
3 Gefälle

**in·clined** [ɪnˈklaɪnd] geneigt; **be inclined to do something** Lust haben etwas zu tun, dazu neigen etwas zu tun

**in·clude** [ɪnˈkluːd] 1 einschließen (**in** in); **breakfast is included in the price** Frühstück ist im Preis enthalten
2 **the panel includes 2 students** zu dem Rateteam gehören 2 Studenten; **the children included** einschließlich der Kinder

**in·clud·ing** [ɪnˈkluːdɪŋ] einschließlich, inklusive, inbegriffen

**in·clu·sion** [ɪnˈkluːʒn] Einbeziehung (**in** in)

**in·clus·ive** [ɪnˈkluːsɪv] einschließlich, inklusive; *von Kosten:* eingerechnet; **be inclusive of something** etwas einschließen; **Monday to Friday inclusive** von Montag bis einschließlich Freitag

**in·come** [ˈɪŋkʌm] Einkommen, Einkünfte (**from** aus)

**income tax** Einkommensteuer, Lohnsteuer

**in·com·ing** [ˈɪnˌkʌmɪŋ] 1 *Zug:* einfahrend; *Schiff:* einlaufend
2 hereinkommend; *Mieter, Regierung:* neu

**in·com·par·able** [ɪnˈkɒmprəbl] nicht vergleichbar (**to, with** mit), unvergleichlich

**in·com·pati·ble** [ˌɪnkəmˈpætəbl] unvereinbar (**with** mit), nicht zueinander passend

**in·com·pe·tent** [ɪnˈkɒmpɪtənt] 1 unfähig, untauglich
2 (*juristisch*) unzuständig (**to** für)

**in·com·plete** [ˌɪnkəmˈpliːt] unvollständig

**in·com·pre·hen·sible** [ˌɪnˌkɒmprɪˈhensəbl] unbegreiflich; *Sprache, Theorie:* unverständlich

**in·con·ceiv·able** [ˌɪnkənˈsiːvəbl] 1 unvorstellbar
2 unfassbar

**in·con·clus·ive** [ˌɪnkənˈkluːsɪv] ergebnislos; *Beweis:* nicht schlüssig

**in·con·sider·ate** [ˌɪnkənˈsɪdərət] 1 unaufmerksam
2 rücksichtslos

**in·con·sist·ent** [ˌɪnkənˈsɪstənt] 1 widersprüchlich
2 *Arbeit:* unbeständig
3 **her behaviour is inconsistent with her beliefs** ihr Verhalten stimmt mit ihren Ansichten nicht überein

**in·con·ven·ience** [ˌɪnkənˈviːnɪəns] Unannehmlichkeit

**in·con·ven·ient** [ˌɪnkənˈviːnɪənt] unbequem; *Zeit:* ungelegen; *Lage:* ungünstig; *Design:* unpraktisch

**in·cor·rect** [ˌɪnkəˈrekt] 1 falsch, unrichtig
2 inkorrekt

**in·crease**[1] [ɪnˈkriːs] 1 zunehmen; **increase in size/price** größer/teurer werden
2 **increase something** etwas vergrößern (**to** auf); erhöhen *Preis, Temperatur*
3 verstärken *Bemühung*

**in·crease**[2] [ˈɪŋkriːs] 1 Vergrößerung
2 *von Preis, Kosten:* Erhöhung (**on** gegenüber); **increase in value** Wertsteigerung
3 Zunahme, Zuwachs; **be on the increase** ständig zunehmen; **increase in population** Bevölkerungszunahme

**in·creas·ing** [ˈɪŋkriːsɪŋ] zunehmend, steigend

**in·cred·ible** [ɪnˈkredəbl] 1 unglaubhaft
2 unglaublich

**in·cur·able** [ɪnˈkjʊərəbl] unheilbar; (*übertragen*) unverbesserlich

**in·de·cent** [ɪnˈdiːsnt] 1 unsittlich
2 anstößig, unanständig

**in·de·ci·sion** [ˌɪndɪˈsɪʒn] Unentschlossenheit

**in·de·cis·ive** [ˌɪndɪˈsaɪsɪv] 1 unentschlossen
2 nichts entscheidend; *Diskussion:* ergebnislos

**in·deed** [ɪnˈdiːd] 1 in der Tat, tatsächlich; **thank you very much indeed!** vielen herzlichen Dank!; **are you pleased? — yes, indeed!** bist du zufrieden? — oh ja, natürlich sehr!
2 **indeed** wirklich; **if indeed …** falls … wirklich

**in·defi·nite** [ɪnˈdefɪnət] unbegrenzt, unbestimmt

**in·de·pen·dence** [ˌɪndɪˈpendəns] 1 Unabhän-

gigkeit (**from** von)
② **Independence Day** USA Unabhängigkeitstag (*Jahrestag vom 4. Juli 1776*)

> **i Land & Leute** Am 4. Juli 1776 erklärten die amerikanischen Kolonien ihre Unabhängigkeit von Großbritannien. Der **Fourth of July** oder **Independence Day** ist deshalb der höchste amerikanische Feiertag. Man gedenkt jedes Jahr am 4. Juli der „Declaration of Independence" (Unabhängigkeitserklärung). An diesem Tag unternimmt man Picknicks, trifft sich zu Familienfeiern und es finden professionelle Baseballspiele statt. Abends gibt es dann überall ein großes Feuerwerk.

**in·de·pen·dent**[1] [ˌɪndɪˈpendənt] ① unabhängig (**of** von), selbständig
② (*politisch*) parteilos

**in·de·pen·dent**[2] [ˌɪndɪˈpendənt] ① Unabhängige(r)
② (*politisch*) Parteilose(r)

**in·dex** [ˈɪndeks] ① <*plural* indexes> Register, Index
② <*plural* indices> Hinweiszeichen
③ <*plural* indices> (*mathematisch*) Exponent

**India** [ˈɪndiə] Indien

**Indian**[1] [ˈɪndiən] indisch

**Indian**[2] [ˈɪndiən] Inder(in)

**in·di·cate** [ˈɪndɪkeɪt] ① anzeigen *Person, Gegenstand*
② hinweisen; andeuten, zum Ausdruck bringen *Gefühle*
③ *Maschine:* anzeigen
④ *Auto:* blinken

**in·di·ca·tion** [ˌɪndɪˈkeɪʃn] ① Anzeigen
② Hinweis, Andeutung

**in·di·cator** [ˈɪndɪkeɪtəʳ] ① Anzeiger
② (*Auto*) Fahrtrichtungsanzeiger, Blinker
③ (*übertragen*) Anzeichen

**in·di·ces** [ˈɪndɪsiːz] *Pluralform von* **index**

**in·dif·fer·ent** [ɪnˈdɪfrənt] ① gleichgültig (**to, towards** gegenüber)
② *Beobachter:* unbeteiligt
③ mittelmäßig, durchschnittlich

**in·digen·ous** [ɪnˈdɪdʒɪnəs] einheimisch; *Bevölkerung:* eingeboren (**to** in)

**in·di·ges·tion** [ˌɪndɪˈdʒəstʃən] Magenverstimmung

**indig·nant** [ɪnˈdɪgnənt] entrüstet, empört (**at, about** über)

**in·dig·na·tion** [ˌɪndɪgˈneɪʃn] Entrüstung, Empörung (**at, about, over** über)

**in·direct** [ˌɪndɪˈrekt] ① indirekt, mittelbar
② **by indirect means** auf Umwegen

**in·dis·crimi·nate** [ˌɪndɪˈskrɪmɪnət] ① kritiklos
② wahllos, willkürlich

**in·dis·pens·able** [ˌɪndɪˈspensəbl] unbedingt notwendig, unentbehrlich (**to** für)

**in·dis·tin·guish·able** [ˌɪndɪˈstɪŋgwɪʃəbl]
① nicht zu unterscheiden
② nicht erkennbar

**in·di·vid·ual**[1] [ˌɪndɪˈvɪdʒʊəl] ① *Portion:* einzeln
② **individual cases** Einzelfälle
③ persönlich
④ individuell; *Geschmack:* eigen

**in·di·vid·ual**[2] [ˌɪndɪˈvɪdʒʊəl] ① Einzelne(r)
② Individuum

**individually** [ˌɪndɪˈvɪdʒuəli] einzeln

**in·door** [ˈɪndɔːʳ] Innen-, Haus-; **indoor swimming-pool** Hallenbad

**in·doors** [ˌɪnˈdɔːz] im Hause; **go indoors** nach drinnen gehen

**in·dulge** [ɪnˈdʌldʒ] ① **indulge someone** [**in something**] jemandem [in etwas] nachgeben; verwöhnen *Kind*
② **indulge a wish/desire** einem Verlangen nachgeben
③ **indulge in something** sich etwas gönnen, sich den Luxus zu etwas erlauben

**in·dus·trial** [ɪnˈdʌstrɪəl] ① gewerblich, industriell
② Betriebs-; **industrial action** Streikmaßnahmen; **industrial tribunal** Arbeitsgericht

**in·dus·trial·ist** [ɪnˈdʌstrɪəlɪst] Industrielle(r)

**in·dus·triali·zation** [ɪnˌdʌstrɪəlaɪˈzeɪʃn] Industrialisierung

**in·dus·trial·ize** [ɪnˈdʌstrɪəlaɪz] industrialisieren *Gebiet, Landschaft*

**in·dus·try** [ˈɪndəstrɪ] ① Industrie, Industriezweig; **heavy/light industry** Schwerindustrie/Leichtindustrie; **tourist industry** Touristik
② Fleiß

**in·ed·ible** [ɪnˈedəbl] ungenießbar

**in·ef·fec·tive** [ˌɪnɪˈfektɪv] ① unwirksam, wirkungslos
② *Person:* untauglich, unfähig

**in·ef·fic·ient** [ˌɪnɪˈfɪʃnt] ① *Person:* unfähig, inkompetent
② *Maschine:* unwirtschaftlich
③ *Betrieb:* unrationell

**in·eli·gible** [ɪnˈelɪdʒəbl] ① ungeeignet, nicht qualifiziert; **she's ineligible for the position** sie kommt für die Position nicht in Frage
② (*für Leistungen*) nicht berechtigt

**in·equal·ity** [ˌɪnɪˈkwɒlətɪ] Ungleichheit

**in·evi·table** [ɪnˈevɪtəbl] unvermeidbar, zwangsläufig

**in·ex·cus·able** [ˌɪnɪk'skju:zəbl] unentschuldbar, unverzeihlich

**in·ex·haust·ible** [ˌɪnɪg'zɔ:stəbl] unerschöpflich

**in·ex·pen·sive** [ˌɪnɪk'spensɪv] billig, preiswert

**in·ex·pe·ri·enced** [ˌɪnɪk'spɪərɪənst] unerfahren

**in·ex·plic·able** [ˌɪnɪk'splɪkəbl] unerklärlich, unfasslich

**in·fal·lible** [ɪn'fæləbl] 1 unfehlbar 2 *Methoden:* zuverlässig

**in·fa·mous** ['ɪnfəməs] 1 berüchtigt 2 schändlich, niederträchtig

**in·fant** ['ɪnfənt] 1 Kleinkind, Säugling 2 (*juristisch*) Minderjährige(r)

**in·fect** [ɪn'fekt] 1 infizieren (**with** mit); **the wound became infected** die Wunde hat sich entzündet 2 verseuchen *Wasser* 3 (*übertragen*) anstecken *Person, Stimmung*

**in·fec·tion** [ɪn'fekʃn] 1 Infektion; **throat infection** Halsentzündung 2 *von Wasser:* Verseuchung

**in·fec·tious** [ɪn'fekʃəs] (*auch übertragen*) ansteckend, infektiös; **infectious disease** Infektionskrankheit

**in·fer** [ɪn'fɜ:ʳ] <inferred> 1 **infer something** etwas folgern (**from** aus); ziehen *Schlussfolgerung* 2 andeuten *Idee*

**in·ferior** [ɪn'fɪərɪəʳ] 1 (*im Beruf usw.*) untergeordnet sein 2 *Qualität:* gering[wertig]er (**to** als) 3 *Person:* unterlegen

**in·ferior·ity** [ɪnˌfɪərɪ'ɒrətɪ] Minderwertigkeit; *von Person:* Unterlegenheit

**in·fer·tile** [ɪn'fɜ:taɪl] unfruchtbar

**in·fi·nite** ['ɪnfɪnət] 1 unendlich, unbegrenzt 2 *Vergnügen:* grenzenlos

**in·fin·ity** [ɪn'fɪnətɪ] 1 Unendlichkeit 2 (*mathematisch*) das Unendliche

**in·flame** [ɪn'fleɪm] *Wunde:* sich entzünden

**in·flam·mable** [ɪn'flæməbl] 1 leicht entzündbar, feuergefährlich 2 (*übertragen*) explosiv

**in·flam·ma·tion** [ˌɪnflə'meɪʃn] Entzündung

**in·flat·able** [ɪn'fleitəbl] aufblasbar; *Boot:* Schlauch-

**in·flate** [ɪn'fleɪt] 1 aufblasen, aufpumpen 2 in die Höhe treiben *Preise*

**in·fla·tion** [ɪn'fleɪʃn] Inflation

**in·flex·ible** [ɪn'fleksəbl] 1 steif, starr 2 (*übertragen*) unnachgiebig, starr

**in·flict** [ɪn'flɪkt] 1 zufügen *Schmerz* 2 **inflict a punishment on someone** jemandem eine Strafe auferlegen

**in·flu·ence**[1] ['ɪnflʊəns] Einfluss (**over** auf); **be a good influence [on someone]** einen guten Einfluss [auf jemanden] haben

**in·flu·ence**[2] ['ɪnflʊəns] beeinflussen

**in·flu·ential** [ˌɪnflʊ'enʃl] einflussreich

**in·flu·enza** [ˌɪnflʊ'enzə] Grippe

**in·flux** ['ɪnflʌks] Einfluss, Zustrom, Zufuhr

**in·form** [ɪn'fɔ:m] 1 **inform someone** jemanden informieren (**about** über); **keep someone informed** jemanden auf dem Laufenden halten 2 **inform against someone** jemanden anzeigen [*oder* denunzieren]

**in·for·mal** [ɪn'fɔ:ml] 1 informell, inoffiziell 2 *Party:* zwanglos

**in·for·ma·tion** [ˌɪnfə'meɪʃn] Information; **a piece of information** eine Auskunft; **get information about someone/something** sich über jemanden/etwas informieren; **lack of information** Informationsdefizit

**information technology** Informationstechnologie

**in·forma·tive** [ɪn'fɔ:mətɪv] belehrend, informativ; *Dokument:* aufschlussreich

**in·former** [ɪn'fɔ:məʳ] Denunziant(in), Spitzel

**in·fre·quent** [ɪn'fri:kwənt] gelegentlich

**in·furi·ate** [ɪn'fjʊərɪeɪt] **infuriate someone** jemanden wütend machen

**in·grati·tude** [ɪn'grætɪtju:d] Undank[barkeit]

**in·gredi·ent** [ɪn'gri:dɪənt] 1 (*im Essen*) Zutat 2 Bestandteil, Ingredienz

**in·habit** [ɪn'hæbɪt] bewohnen *Ort*

**in·habit·ant** [ɪn'hæbɪtənt] Bewohner, Einwohner(in)

**in·hale** [ɪn'heɪl] einatmen; inhalieren *Zigarettenrauch*

**in·herit** [ɪn'herɪt] erben

**in·herit·ance** [ɪn'herɪtəns] Erbschaft, Erbe

**in·hi·bi·tion** [ˌɪnɪ'bɪʃn] Hemmung

**in·hu·man** [ɪn'hju:mən] unmenschlich

**in·itial**[1] [ɪ'nɪʃl] anfänglich; **initial letter** Anfangsbuchstabe

**in·itial**[2] [ɪ'nɪʃl] Initiale

**in·itial**[3] [ɪ'nɪʃl] abzeichnen *Dokument, Umlauf;* paraphieren *Vertrag*

**in·itial·ly** [ɪ'nɪʃəlɪ] anfangs, am Anfang

**in·iti·at·ive** [ɪ'nɪʃətɪv] Initiative; **take the initiative** die Initiative ergreifen

**in·ject** [ɪn'dʒekt] einspritzen (**into** in); **inject someone with something** jemandem etwas injizieren

**in·jec·tion** [ɪn'dʒekʃn] Injektion, Spritze

**in·jure** ['ɪndʒəʳ] **injure someone** (*auch übertra-*

## The Computer

## Der Computer

| | | |
|---|---|---|
| 1 | screen | Bildschirm |
| 2 | keyboard | Tastatur |
| 3 | mouse | Maus |
| 4 | mousepad | Mauspad |
| 5 | desktop | Schreibtischplatte |
| 6 | swivel chair | Drehstuhl |
| 7 | joystick | Joystick |
| 8 | scanner | Scanner |
| 9 | processor | Prozessor |
| 10 | web camera | Web Camera |
| 11 | printer | Drucker |
| 12 | speaker | Lautsprecher |
| 13 | disks | Disketten |

## My Desk

## Mein Schreibtisch

| | | |
|---|---|---|
| 1 | (writing) pad | Schreibblock |
| 2 | stapler | Heftgerät |
| 3 | set square (GB), triangle (USA) | Zeichendreieck |
| 4 | (hole)punch | Locher |
| 5 | coloured pencil | Buntstift |
| 6 | felt-tip pen | Filzstift |
| 7 | acrylic glass container | Behälter aus Plexiglas® |
| 8 | cap | Deckel |
| 9 | marker, highlighter | Markierstift |
| 10 | envelope | Briefumschlag |
| 11 | pencil case | Mäppchen |
| 12 | writing paper | Schreibpapier |
| 13 | pencil sharpener | Bleistiftspitzer |
| 14 | rubber (GB), eraser (USA) | Radiergummi |
| 15 | textbook | Lehrbuch |
| 16 | exercise book (GB), notebook (USA) | (Schul)Heft |
| 17 | fountain pen | Füller |
| 18 | cartridge | Patrone |
| 19 | ballpoint (pen), Biro® (GB) | Kugelschreiber |
| 20 | pair of compasses, compass (USA) | Zirkel |
| 21 | ruler | Lineal |
| 22 | pencil | Bleistift |
| 23 | desk pad | Schreibunterlage |

*gen*) jemanden verletzen

**injury** ['ɪndʒərɪ] ① Verletzung (**to** an) ② (*auch übertragen*) **do someone an injury** jemanden verletzen

**in·jus·tice** [ɪn'dʒʌstɪs] ① Ungerechtigkeit ② Unrecht

**ink** [ɪŋk] ① Tinte; **write in ink** mit Tinte schreiben ② Tusche ③ Stempelfarbe

**in·land** ['ɪnlənd] ① Binnen- ② inländisch, Inland(s)- ③ landeinwärts

**Inland Revenue** (GB) Finanzamt

**in-laws** ['ɪnlɔːz] *plural* (*umgangsspr*) ① angeheiratete Verwandte ② Schwiegereltern

**in·mate** ['ɪnmeɪt] Insasse, Insassin

**inn** [ɪn] Gasthof, Wirtshaus

**in·ner** ['ɪnəʳ] ① innere[r,s], Innen- ② (*übertragen*) innere(r, s), verborgen

**in·no·cence** ['ɪnəsns] Unschuld

**inno·cent** ['ɪnəsnt] ① unschuldig (**of** an) ② naiv, ahnungslos

**in·no·va·tion** [ˌɪnə'veɪʃn] ① Innovation ② Neuerung

**in·ocu·late** [ɪ'nɒkjʊleɪt] **innoculate someone** jemanden impfen (**against** gegen)

**inocu·la·tion** [ɪˌnɒkjʊ'leɪʃn] Impfung

**in·put** ['ɪnpʊt] ① (*technisch*) Energiezufuhr ② (*Computer*) Input ③ Arbeitsaufwand

**in·quest** ['ɪnkwest] gerichtliche Untersuchung

**in·quire** [ɪn'kwaɪəʳ] **inquire about something** [*oder* **after**] sich nach etwas erkundigen, nach etwas fragen; **inquire into something** etwas untersuchen

**in·quiry** [ɪn'kwaɪərɪ] ① Anfrage (**about** über); **on inquiry** auf Anfrage ② Erkundigung (**about** über); **make inquiries** [**about someone**] Erkundigungen einziehen, Nachforschungen [über jemanden] anstellen ③ Untersuchung; **hold an inquiry into something** eine Untersuchung über etwas durchführen

**in·sane** [ɪn'seɪn] ① geisteskrank ② wahnsinnig

**in·san·ity** [ɪn'sænətɪ] ① Geisteskrankheit ② (*übertragen*) Wahnsinn

**in·sect** ['ɪnsekt] Insekt

**in·se·cure** [ˌɪnsɪ'kjʊəʳ] ① unsicher ② *Gebäude:* nicht sicher

**in·sen·si·tive** [ɪn'sensətɪv] ① *Person, Benehmen:* gefühllos (**to** gegen) ② (*physisch*) unempfindlich ③ unempfänglich

**in·sep·ar·able** [ɪn'seprəbl] untrennbar; *Freunde, Zwillinge:* unzertrennlich

**in·sert** [ɪn'sɜːt] hineinstecken, einsetzen (**in** in); einwerfen *Münze;* einfügen *Wort, Satz*

**in·side**[1] [ɪn'saɪd] ① [das] Innere, Innenseite ② (*umgangsspr*) Eingeweide

**in·side**[2] ['ɪnsaɪd] ① innere(r, s), Innen- ② innen, im Innern, drin[nen]; **come inside out of the rain!** kommen Sie herein, aus vom Regen! ③ in; **here inside the house** hier drinnen im Haus; **go inside the house** ins Haus gehen ④ **the wind blew her umbrella inside out** der Wind hat ihren Schirm umgestülpt ⑤ **inside an hour** innerhalb einer Stunde

**in·sider** [ɪn'saɪdəʳ] Insider, Eingeweihte(r)

**in·sight** ['ɪnsaɪt] ① Verständnis ② Einblick; **gain an insight into something** einen Einblick in etwas bekommen

**in·sig·nifi·cant** [ˌɪnsɪg'nɪfɪkənt] ① bedeutungslos ② *Summe, Unterschied:* geringfügig

**in·sist** [ɪn'sɪst] bestehen (**on, upon** auf); **if you insist** wenn Sie darauf bestehen; **insist on doing something** darauf bestehen etwas zu tun

**in·sist·ent** [ɪn'sɪstənt] ① beharrlich; *Person:* hartnäckig ② *Forderung, Ton:* nachdrücklich, penetrant

**in·so·lent** ['ɪnsələnt] unverschämt, frech

**in·sol·uble** [ɪn'sɒljʊbl] ① un[auf]löslich ② *Problem:* unlösbar

**in·som·nia** [ɪn'sɒmnɪə] Schlaflosigkeit

**in·spect** [ɪn'spekt] ① kontrollieren, prüfen ② inspizieren *Räumlichkeiten*

**in·spec·tion** [ɪn'spekʃn] ① Prüfung, Kontrolle ② (*militärisch*) Inspektion

**in·spec·tor** [ɪn'spektəʳ] ① Kontrolleur(in), Prüfungsbeamte(r), Aufsichtsbeamte(r) ② Inspektor(in); **inspector** [**of police**] Polizeikommissar(in)

**in·spi·ra·tion** [ˌɪnspə'reɪʃn] Eingebung, Inspiration

**in·spire** [ɪn'spaɪəʳ] ① **inspire someone** jemanden inspirieren ② wecken, hervorrufen *Gefühl*

**in·sta·bil·ity** [ˌɪnstə'bɪlətɪ] Instabilität; (*geistig*) Labilität

**in·stall** [ɪn'stɔːl] installieren *Heizung, Leitung;* einbauen *Kamin;* anschließen *Telefon*

**in·stal·la·tion** [ˌɪnstə'leɪʃn] *von Heizung:* Installation; *von Gerät:* Anlage; *von Badezimmer, Küche:*

I

Einbau

**in·stal·ment**, (USA) **in·stall·ment** [ɪn'stɔːlmənt] ① Ratenzahlung, Teilzahlung; **pay by** [*oder* **in**] **installments** auf Raten zahlen
② *von Roman usw.:* Fortsetzung; *von Film usw.:* Sendefolge

**in·stance** ['ɪnstəns] ① Beispiel; **for instance** zum Beispiel
② Fall

**in·stant**[1] ['ɪnstənt] ① unmittelbar; **an instant success** ein sofortiger Erfolg
② *Suppe, Getränk:* Instant-, Tüten-; **instant coffee** Pulverkaffee, Instantkaffee

**in·stant**[2] ['ɪnstənt] Augenblick, Moment; **at this instant** in diesem Augenblick; **in an instant** im Nu

**in·stant·ly** ['ɪnstəntlɪ] sofort, augenblicklich

**in·stead** [ɪn'sted] stattdessen, dafür; **instead of something** anstelle einer Sache; **instead of going to work** statt zur Arbeit zu gehen

**in·stinct** ['ɪnstɪŋkt] Instinkt; **by** [*oder* **from**] **instinct** instinktiv

**in·stinc·tive** [ɪn'stɪŋktɪv] instinktiv

**in·sti·tute** ['ɪnstɪtjuːt] Institut

**in·sti·tu·tion** [ˌɪnstɪ'tjuːʃn] ① Institut, Anstalt
② *von Reform:* Einführung

**in·struct** [ɪn'strʌkt] ① unterrichten *Klasse,* belehren
② **instruct someone** jemandem [die] Anweisung geben
③ unterrichten, informieren *Person*

**in·struc·tion** [ɪn'strʌkʃn] ① Unterricht, Schulung
② Instruktion, Anweisung; **instructions for use** Gebrauchsanweisung

**in·struc·tor** [ɪn'strʌktəʳ] ① Lehrer(in), Ausbilder(in); **driving instructor** Fahrlehrer(in)
② (USA) Dozent(in)

**in·stru·ment** ['ɪnstrʊmənt] ① Werkzeug, Instrument
② [Musik]Instrument

**in·stru·men·tal** [ˌɪnstrʊ'mentl] ① förderlich; **be instrumental in something** bei etwas behilflich sein
② (*Musik*) instrumental, Instrumental-

**in·suf·fi·cient** [ˌɪnsə'fɪʃnt] ① ungenügend
② unzulänglich

**in·su·late** ['ɪnsjʊleɪt] isolieren *Kabel, Haus* (**from, against** gegen)

**in·su·la·tion** [ˌɪnsjʊ'leɪʃn] (*elektrisch*) Isolierung, Isoliermaterial

**in·sult**[1] ['ɪnsʌlt] Beleidigung

**in·sult**[2] [ɪn'sʌlt] beleidigen

**in·sur·ance** [ɪn'ʃʊərəns] ① Versicherung; **take out an insurance** eine Versicherung abschließen
② Versicherungssumme

**insurance policy** Versicherungspolice

**in·sure** [ɪn'ʃʊəʳ] **insure a building** [**against fire**] ein Gebäude [gegen Feuer] versichern

**in·tact** [ɪn'tækt] unversehrt, intakt

**in·take** ['ɪnteɪk] ① (*in der Schule*) Aufnahme
② *von Wasser, Strom:* Aufnahme
③ **food intake** Nahrungsaufnahme

**in·te·grated** ['ɪntɪgreɪtɪd] ① einheitlich, ein Ganzes bildend
② *Gesellschaft, Schule:* ohne Rassentrennung

**in·tel·lect** ['ɪntəlekt] ① Verstand, Intellekt
② *eines Menschen:* großer Geist

**in·tel·lec·tual**[1] [ˌɪntə'lektʃʊəl] intellektuell

**in·tel·lec·tual**[2] [ˌɪntə'lektʃʊəl] Intellektuelle(r)

**in·tel·li·gence** [ɪn'telɪdʒəns] ① Intelligenz
② Nachricht, Auskunft
③ Nachrichtendienst

**in·tel·li·gent** [ɪn'telɪdʒənt] intelligent, klug

**in·tend** [ɪn'tend] ① beabsichtigen; **they intend him to go to school** sie wollen, dass er an einer Schule geht
② **intend to do something** fest vorhaben, etwas zu tun; **what do you intend doing today?** was haben Sie heute vor?
③ **what did you intend by that joke?** was wolltest du mit diesem Witz sagen?

**in·tense** [ɪn'tens] *Emotionen:* äußerst groß; *Angst, Freude etc:* intensiv; *Schmerz:* heftig; *Diskussion:* lebhaft; *Person:* ernsthaft

**in·ten·sify** [ɪn'tensɪfaɪ] <intensified> ① *Regen:* sich verstärken; *Kampf:* sich verschärfen
② intensivieren *Suche;* vertiefen *Beziehung*

**in·ten·sity** [ɪn'tensətɪ] Intensität

**in·ten·sive** [ɪn'tensɪv] ① intensiv
② **intensive care** Intensivpflege

**in·tent**[1] [ɪn'tent] ① *Blick:* durchdringend
② **be intent on doing something** fest entschlossen sein, etwas zu tun

**in·tent**[2] [ɪn'tent] Absicht

**in·ten·tion** [ɪn'tenʃn] Absicht, Vorhaben

**in·ten·tional** [ɪn'tenʃənl] absichtlich, vorsätzlich

**in·ter·ac·tive** [ˌɪntəræktɪviː'viː] interaktiv

**in·ter·cept** [ˌɪntə'sept] abfangen

**in·ter·cep·tion** [ˌɪntə'sepʃn] Abfangen

**in·ter·change·able** [ˌɪntə'tʃeɪndʒəbl] austauschbar, auswechselbar

**in·ter·course** ['ɪntəkɔːs] **sexual intercourse** Geschlechtsverkehr

**in·ter·est**[1] ['ɪntrəst] ① Interesse (**in** für); **take an interest in someone** sich für jemanden interes-

sieren
② **in your own interests** in deinen eigenen Interesse; **of public interest** von öffentlichem Interesse
③ (*Finanzwesen*) Zinsen; **rate of interest** Zinssatz
④ Bedeutung; **of great interest** von großer Wichtigkeit

**in·ter·est²** ['ɪntrəst] **interest someone** jemanden interessieren (**in** für, an)

**in·ter·ested** ['ɪntrəstɪd] interessiert; **be interested in sport/music** sich für Sport/Musik interessieren; **I'm interested to hear what he says** ich höre mir gerne an was er zu sagen hat

**in·ter·esting** ['ɪntrəstɪŋ] interessant, fesselnd

**in·ter·fere** [ˌɪntə'fɪəʳ] ① sich einmischen (**in** in)
② **interfere** [**with something**] [etwas] beeinträchtigen
③ stören *Radio, Fernseher*

**in·ter·fer·ence** [ˌɪntə'fɪərəns] ① Einmischung
② (*im Radio, TV*) Störung

**in·terior¹** [ɪn'tɪərɪəʳ] Innen-, Binnen-

**in·terior²** [ɪn'tɪərɪəʳ] ① *von Gebäude:* Innere; (*in der Kunst*) Interieur
② *von Land:* Landesinnere
③ (USA) **the Department of the Interior** das Innenministerium; **Interior Minister** Innenminister(in)

**in·ter·medi·ate** [ˌɪntə'mi:dɪət] ① Zwischen-
② (*Schule*) **intermediate** [**level**] Mittelstufe

**in·ter·mis·sion** [ˌɪntə'mɪʃn] Unterbrechung, Pause

**in·ter·nal** [ɪn'tɜ:nl] ① innere(r, s), innerlich; *Blutung, Monolog:* inner
② (*in einem Land*) inner; **internal affairs** innere Angelegenheiten
③ (*in einer Firma*) betriebsintern
④ **Internal Revenue Service, IRS** (USA) Finanzamt

**internally** [ɪn'tɜ:nəlɪ] (*medizinisch*) **not to be taken internally** nur zur äußerlichen Anwendung

**in·ter·na·tional¹** [ˌɪntə'næʃnəl] international; **international call** Auslandsgespräch

**in·ter·na·tional²** [ˌɪntə'næʃnəl] ① (*beim Sport*) Länderspiel
② Nationalspieler(in)

**in·ter·net** ['ɪntənet] Internet

**in·ter·pret** [ɪn'tɜ:prɪt] ① interpretieren
② dolmetschen; dolmetschen *Fremdsprache*

**in·ter·preter** [ɪn'tɜ:prɪtəʳ] Dolmetscher(in)

**in·ter·ro·gate** [ɪn'terəgeɪt] **interrogate someone** jemanden verhören; vernehmen *Zeugen*

**in·ter·ro·ga·tion** [ɪnˌterə'geɪʃn] Verhör

**in·ter·rupt** [ˌɪntə'rʌpt] ① unterbrechen
② **you're always interrupting her!** du fällst ihr immer ins Wort
③ stören, hindern *Arbeit*

**in·ter·rup·tion** [ˌɪntə'rʌpʃn] Unterbrechung

**in·tersec·tion** [ˌɪntə'sekʃn] ① (*mathematisch*) Schnittpunkt
② *einer Straße, Bahn:* Kreuzung; (*Autobahn*) Kreuz

**in·ter·val** ['ɪntəvl] ① Zwischenraum, Abstand; **at intervals** in Abständen
② (*auch im Theater*) Pause
③ **sunny intervals** Aufheiterungen

**in·ter·vene** [ˌɪntə'vi:n] ① eingreifen (**in** in)
② (*politisch*) intervenieren

**in·ter·ven·tion** [ˌɪntə'venʃn] ① Eingreifen
② (*politisch*) Intervention

**in·ter·view¹** ['ɪntəvju:] ① Vorstellungsgespräch
② Interview, Befragung

**in·ter·view²** ['ɪntəvju:] ① (*bei einer Bewerbung*) **interview someone** ein Vorstellungsgespräch mit jemandem führen
② interviewen *Politiker, Filmstar*

**in·tes·tine** [ɪn'testɪn] **intestines** ⚠ *plural* Darm

**in·ti·mate** ['ɪntɪmət] ① *Freund:* vertraut; (*sexuell*) intim
② *Problem:* persönlich; *Gefühl:* privat
③ *Wissen:* gründlich

**in·timi·date** [ɪn'tɪmɪdeɪt] **intimidate someone** [**into doing something**] jemanden einschüchtern [etwas zu tun]

**into** ['ɪntʊ] ① *räumlich* in; **go into the house** ins Haus gehen; **walk into the door** gegen die Tür laufen
② (*umgangsspr*) **he's into jazz** er steht auf Jazz
③ (*mathematisch*) **three into six goes twice** sechs durch drei gibt zwei
④ *zeitlich* **work late into the night** bis tief in die Nacht arbeiten
⑤ **translate into French** ins Französische übersetzen

**intolerance** [ɪn'tɒlərəns] Intoleranz

**in·tol·er·ant** [ɪn'tɒlərənt] intolerant (**of** gegenüber)

**in·toxi·cat·ing** [ɪn'tɒksɪkeɪtɪŋ] berauschend

**in·toxi·ca·tion** [ɪnˌtɒksɪ'keɪʃn] Trunkenheit, Rausch

**in·tri·cate** ['ɪntrɪkət] kompliziert, schwierig

**in·trigue** ['ɪntri:g] Intrige

**in·trigu·ing** [ɪn'tri:gɪŋ] sehr spannend, höchst interessant

**in·tro·duce** [ˌɪntrəˈdjuːs] ① vorstellen *Personen;* **she introduced herself to the director** sie hat sich der Direktorin vorgestellt; **can I introduce you to my partner?** darf ich dich mit meinem Partner bekanntmachen?
② einführen *Tier, Pflanze, Neuerung, Brauch*

**in·tro·duc·tion** [ˌɪntrəˈdʌkʃn] ① *von Neuheit:* Einführung
② *von Personen:* Vorstellung
③ (*bei Buch, Musik*) Einleitung

**in·tro·duc·tory** [ˌɪntrəˈdʌktərɪ] **introductory offer** Einführungsangebot

**in·trude** [ɪnˈtruːd] **intrude on someone** jemanden stören

**in·truder** [ɪnˈtruːdəʳ] Eindringling

**in·tru·sion** [ɪnˈtruːʒn] ① Störung
② Aufdrängen

**in·tu·ition** [ˌɪntjuːˈɪʃn] ① Intuition
② [Vor]ahnung

**in·tu·itive** [ɪnˈtjuːɪtɪv] intuitiv

**in·vade** [ɪnˈveɪd] ① **invade a country** in ein Land einmarschieren
② (*übertragen*) *Kinder, Touristen:* überschwemmen

**in·vader** [ɪnˈveɪdəʳ] Eindringling

**in·valid¹** [ˈɪnvəlɪd] Invalide, Körperbehinderte(r)

**in·valid²** [ɪnˈvælɪd] *Vertrag, Paß, Fahrkarte:* ungültig; *Annahme:* nicht zulässig

**in·valu·able** [ɪnˈvæljʊəbl] unschätzbar

**in·vari·able** [ɪnˈveərɪəbl] unveränderlich, ständig

**in·vasion** [ɪnˈveɪʒn] ① Invasion (**of** in); (*militärisch*) Einmarsch
② Störung

**in·vent** [ɪnˈvent] erfinden

**in·ven·tion** [ɪnˈvenʃn] Erfindung

**in·ven·tive** [ɪnˈventɪv] erfinderisch, einfallsreich

**in·ven·tor** [ɪnˈventəʳ] Erfinder(in)

**in·vert** [ɪnˈvɜːt] ① **invert something** etwas umkehren
② **inverted commas** Anführungszeichen

**in·vest** [ɪnˈvest] ① anlegen, investieren *Geld*
② investieren *Zeit, Mühe*

**in·ves·ti·gate** [ɪnˈvestɪgeɪt] ① Ermittlungen anstellen; untersuchen *Verbrechen;* **investigate a case** in einem Fall ermitteln
② überprüfen *Forderung*

**in·ves·ti·ga·tion** [ɪnˌvestɪˈgeɪʃn] ① Ermittlung, Untersuchung; **he's under investigation** gegen ihn wird ermittelt
② Forschung

**in·vest·ment** [ɪnˈvestmənt] Anlage, Investition

**in·vis·ible** [ɪnˈvɪzəbl] unsichtbar, nicht wahrnehmbar (**to** für)

**in·vi·ta·tion** [ˌɪnvɪˈteɪʃn] Einladung

**in·vite** [ɪnˈvaɪt] ① **invite someone** [**to a party/restaurant**] jemanden [zu einer Party/in ein Restaurant] einladen
② **invite someone to do something** jemanden auffordern etwas zu tun

**in·vit·ing** [ɪnˈvaɪtɪŋ] [ver]lockend, einladend

**in·voice** [ˈɪnvɔɪs] [Waren]Rechnung, Faktura

**in·volve** [ɪnˈvɒlv] ① **involve someone/something** jemanden/etwas verwickeln
② **be involved in a project** an einem Projekt mitarbeiten
③ **get involved with someone** sich mit jemandem einlassen; (*sexuell*) eine Affäre mit jemandem anfangen
④ **what does your job involve?** worin besteht Ihre Arbeit?
⑤ **it would involve a lot of work** das würde viel Arbeit mit sich bringen
⑥ **this involves all of you** dies geht euch allen an; **those involved** die Betroffene

**in·volved** [ɪnˈvɒlvd] ① verwickelt; (*politisch*) engagiert
② *Geschichte, Plan:* kompliziert

**in·ward** [ˈɪnwəd] ① innere(r, s); *Lächeln, Leben:* innerlich
② *Kurve:* nach innen gehend

**in·ward·ly** [ˈɪnwədlɪ] innerlich

**in·wards** [ˈɪnwədz] einwärts; **the door opens inwards** die Tür geht nach innen auf

**Ire·land** [ˈaɪələnd] Irland; **Northern Ireland** Nordirland; **Republic of Ireland** Republik Irland

> **i Land & Leute** Während der nördliche Teil Irlands zum Vereinigten Königreich gehört, ist der größte Teil der irischen Insel ein unabhängiger Staat, die **Irish Republic** oder **Republic of Ireland** (Republik Irland). Mit dem „Anglo-Irish Treaty" (anglo-irisches Abkommen) von 1921 erhielt Irland den dominion status innerhalb des Commonwealth als der **Irish Free State**. 1949 trat Irland jedoch aus dem Commonwealth aus und ist seit 1973 Mitglied der EU.

**Irish¹** [ˈaɪərɪʃ] irisch

**Irish²** [ˈaɪərɪʃ] ① (*Sprache*) [das] Irisch(e)
② (*Personen*) **the Irish** die Iren

**Irish·man** [ˈaɪərɪʃmən] <*plural* Irishmen> Ire

**Irish·woman** [ˈaɪərɪʃwʊmən, *plural* ˈaɪərɪʃwɪmɪn] <*plural* Irishwomen> Irin

**iron¹** [ˈaɪən] ① Eisen

② (*für Kleider*) Bügeleisen

**iron²** ['aɪən] ① eisern
② (*übertragen*) eisern, streng

**iron³** ['aɪən] bügeln *Kleider*

**ironic** [aɪ'rɒnɪk], **ironical** [aɪ'rɒnɪkel] ① ironisch; *Lächeln:* spöttisch
② (*übertragen*) paradox

**iron·ing** ['aɪənɪŋ] **do the ironing** bügeln

**ironing board** Bügelbrett

**irony** ['aɪərənɪ] Ironie

**ir·ra·tional** [ɪ'ræʃənl] unvernünftig, irrational

**ir·regu·lar** [ɪ'regjʊləʳ] ① unregelmäßig
② uneben, ungleichmäßig
③ unvorschriftsmäßig

**ir·re·le·vant** [ɪ'reləvənt] belanglos, irrelevant

**ir·re·sist·ible** [ˌɪrɪ'zɪstəbl] unwiderstehlich

**ir·re·spon·sible** [ˌɪrɪ'spɒnsəbl] unverantwortlich; *Person:* verantwortungslos

**ir·ri·table** ['ɪrɪtəbl] reizbar, gereizt

**ir·ri·tate** ['ɪrɪteɪt] ① **irritate someone** jemanden ärgern, jemanden irritieren; **be irritated by someone/something** sich über jemanden/etwas ärgern
② (*medizinisch*) reizen

**ir·ri·ta·tion** [ˌɪrɪ'teɪʃn] ① Ärger, Verärgerung (**at, against** über)
② (*medizinisch*) Reizung

**is** [ɪz] *3. Person Singular von* **be**

**Is·lam** [ɪz'lɑːm] Islam

**Is·lamic** [ɪz'læmɪk] islamisch

**is·land** ['aɪlənd] Insel

**is·lander** ['aɪləndəʳ] Inselbewohner(in)

**isn't** ['ɪznt] *Kurzform von* **is not**

**iso·late** ['aɪsəleɪt] ① (*auch technisch*) isolieren (**from** von)
② identifizieren, ausarbeiten *Problem*

**iso·lated** ['aɪsəleɪtɪd] ① isoliert, abgeschnitten; *Haus:* einsam
② einzeln; **isolated case** Einzelfall

**issue¹** ['ɪʃuː] ① Frage; **become an issue** zum Problem werden; **make an issue of something** etwas aufbauschen
② Ausgabe, Lieferung; *von Banknoten, Zeitschrift:* Ausgabe; *von Aktien:* Emission

**issue²** ['ɪʃuː] ① **issue something** [**to someone**] etwas [an jemanden] ausgeben; ausstellen *Dokument*
② herausgeben *Bücher*

**it** [ɪt] ① *je nach Geschlecht* (*vorher Genanntes*) er, sie, es, ihn, sie, es, ihm, ihr, ihm
② *Geschlecht unbekannt* (*vorher Genanntes*) es; **see the tree? he's behind/in front of/beside it** siehst du den Baum? er ist dahinter/davor/daneben
③ **who is it? — it's me** wer ist da? — ich bin's; **what is it?** was ist das?
④ **it's raining** es regnet; **it's 12 o'clock** es ist 12 Uhr
⑤ **that's it!** ja, genau!; **that's it! I've had enough!** so, das war es! mir reicht's!

**Ital·ian¹** [ɪ'tæljən] italienisch

**Ital·ian²** [ɪ'tæljən] ① Italiener(in)
② [das] Italienisch(e)

**ital·ic** [ɪ'tælɪk] **in italics** in Kursivschrift

**Italy** ['ɪtəlɪ] Italien

**itch¹** [ɪtʃ] jucken; **my back is itching** es juckt mich am Rücken

**itch²** [ɪtʃ] Jucken, Juckreiz

**itchy** ['ɪtʃɪ] juckend

**item** ['aɪtəm] ① Ding, Gegenstand; (*im Laden*) Artikel
② (*auf einer Rechnung*) Buchung, Posten; (*auf einer Liste, Agenda*) Punkt
③ **item** [**of news**] Nachricht

**it'll** ['ɪtl] *Kurzform von* **it will; it shall**

**its** [ɪts] seine(r, s), ihre(r, s), seine(r, s), der, die, das Seine

**it's** [ɪts] *Kurzform von* **it is**

**it·self** [ɪt'self] ① sich; **look at the cat washing itself!** guck mal wie die Katze sich putzt!
② (*betont*) selbst; **do it yourself!** tu' es doch selbst!
③ **by itself** allein, von selbst

**I've** [aɪv] *Kurzform von* **I have**

**ivory** ['aɪvərɪ] Elfenbein

# Jj

**J, j** [dʒeɪ] <*plural* J's, j's> J, j

**jab¹** [dʒæb] <jabbed> ① stoßen (**into** in); **jab someone/something with a knife** jemanden/etwas mit einem Messer stechen
② **she jabbed her finger** sie stach sich in den Finger

**jab²** [dʒæb] ① Stich, [kurzer] Stoß
② (*umgangsspr*) Spritze

**jacket** ['dʒækɪt] ① Jacke; (*von Anzug*) Jackett
② *von Buch:* Schutzumschlag, Hülle

**jacket potato** [in der Schale] gebackene Kartoffel

**jag·ged** ['dʒægɪd, 'dʒægɪ] ① zackig, gezahnt
② *Küste:* zerklüftet

**jail** [dʒeɪl] Gefängnis; **in jail** im Gefängnis

**jam**[1] [dʒæm] <jammed> ① (*in einer Tür*) einklemmen *Finger*
② *Gegenstand:* festklemmen; *Maschine, Gerät:* klemmen
③ *Radio:* stören

**jam**[2] [dʒæm] ① Marmelade, Konfitüre
② **traffic jam** Stau
③ (*technisch*) Verklemmung

**Jan·uary** ['dʒænjʊərɪ] Januar; **in January** im Januar

**jar** [dʒɑːʳ] *Marmelade:* Glas

**javelin** ['dʒævlɪn] Speer; (*Sport*) Speerwerfen

**jaw** [dʒɔː] ① Kiefer
② **jaws** ⚠ *plural von Hai:* Maul, Rachen

**jazz** [dʒæz] Jazz

**jeal·ous** ['dʒeləs] eifersüchtig (**of** auf)

**jeal·ousy** ['dʒeləsɪ] Eifersucht (**of** auf)

**jeans** [dʒiːnz] ⚠ *plural* Jeans

**jeep** [dʒiːp] Jeep

**jelly** ['dʒelɪ] Gelee

**jerk**[1] [dʒɜːk] ① *Körperteil:* zucken, zusammenzucken
② **the car jerked to a stop** das Auto blieb ruckartig stehen

**jerk**[2] [dʒɜːk] Ruck

**jer·sey** ['dʒɜːzɪ] ① Pullover
② (*Sport*) Trikot

**Jesus** ['dʒiːzəs] Jesus

**jet** [dʒet] ① *von Flüssigkeit:* Strahl
② Düse
③ Düsenflugzeug

**jet en·gine** ['dʒetˌendʒɪn] Düsentriebwerk

**jet lag** ['dʒetlæg] Jetlag

**Jew** [dʒuː] Jude, Jüdin

**jewel** ['dʒuːəl] ① Edelstein; (*auch übertragen*) Juwel
② **jewels** ⚠ *plural* Schmuck

**jeweler** (USA), **jewel·ler** ['dʒuːələʳ] Juwelier

**jewel·lery**, **jewelry** ['dʒuːəlrɪ] (USA) Juwelen, Schmuck

**Jew·ish** ['dʒuːɪʃ] jüdisch

**jig·saw** ['dʒɪgsɔː] **jigsaw [puzzle]** Puzzle

**jingle** ['dʒɪŋgl] klimpern mit *Schlüssel, Münzen*

**job** [dʒɒb] ① Arbeit; **do a job of for someone** für jemanden etwas erledigen; **do a good/bad job** seine Sache gut/schlecht machen; **out of a job** arbeitslos
② Stelle, Job
③ (*zu erfüllen*) Aufgabe; **he's only doing his job** er tut nur seine Pflicht
④ (*umgangsspr*) **it's quite a job!** es ist eine schwierige Sache!
▶ IN WENDUNGEN: **that should do the job** das müsste hinhauen

**job centre** Arbeitsvermittlung[sstelle]

**job·less** ['dʒɒblɪs] arbeitslos

**jockey** ['dʒɒkɪ] Jockei, Jockey, Rennreiter(in)

**jog**[1] [dʒɒg] <jogged> ① anstoßen
② schütteln
③ **jog someone's memory** jemandem das Gedächtnis auffrischen
④ (*Sport*) laufen gehen, joggen

**jog**[2] [dʒɒg] ① leichtes Schütteln, Stoß
② **go for a jog** joggen gehen

**jog·ger** ['dʒɒgəʳ] Läufer(in), Jogger(in)

**join**[1] [dʒɔɪn] ① verbinden (**to, onto** mit)
② **join someone** sich zu jemandem gesellen; **come and join us!** setzt dich doch zu uns!, komm mit uns!; **join a club** in einen Verein eintreten; **join hands with someone** jemandem die Hand geben
③ *Fluss:* sich vereinigen, münden in; *Straße:* zusammenlaufen; *Land, Grundstück:* angrenzen (**to** an)
◆ **join in** mitmachen (**with** bei)
◆ **join up** ① (*beim Militär*) einrücken
② miteinander verbinden

**join**[2] [dʒɔɪn] Verbindungsstelle, Fuge, Naht

**joiner** ['dʒɔɪnəʳ] [Bau]Tischler(in), Schreiner(in)

**joint**[1] [dʒɔɪnt] ① (*anatomisch*) Gelenk
② Keule; **joint of lamb** Lammkeule
③ Naht, Fuge
④ (*umgangsspr*) Kneipe, Spielhölle
⑤ (*umgangsspr: Marihuana*) Joint

**joint**[2] [dʒɔɪnt] gemeinsam, gemeinschaftlich; **joint owner** Mitbesitzer

**joke**[1] [dʒəʊk] ① Spaß, Scherz; **a practical joke** ein Streich; **make a joke of something** etwas ins Lächerliche ziehen; **play a joke on someone** jemandem einen Streich spielen; **he can't take a joke** er versteht keinen Spaß
② **tell a joke** einen Witz erzählen

**joke**[2] [dʒəʊk] Witze machen, scherzen; **you must be joking!** das kann doch wohl nicht dein Ernst sein!

**joker** ['dʒəʊkəʳ] ① Witzbold
② (*umgangsspr*) Kerl, Bursche
③ (*Kartenspiel*) Joker

**jolly** ['dʒɒlɪ] ① fröhlich, lustig
② (*umgangsspr*) mächtig, sehr; **it was a jolly good evening** es war ein prima Abend; **you can jolly well do it yourself!** du kannst es verdammt nochmal selbst tun!

**jolt**[1] [dʒəʊlt] ① [durch]rütteln
② (*übertragen*) **jolt someone** jemanden erschüttern

3 *Auto, Traktor:* holpern

**jolt²** [dʒəʊlt] 1 plötzlicher Stoß
2 Schock

**jour·nal** ['dʒɜːnl] 1 Tagebuch
2 Journal
3 Zeitschrift

**jour·nal·ism** ['dʒɜːnlɪzəm] Journalismus

**jour·nal·ist** ['dʒɜːnlɪst] Journalist(in)

**jour·ney** ['dʒɜːnɪ] Reise; **go on a journey** eine [lange] Reise antreten

**joy** [dʒɔɪ] Freude (**in, of** an, **at** über)

**joy·ful** ['dʒɔɪfl] 1 voller Freude
2 freudig, froh, glücklich

**joy·ride** *Fahrt in einem gestohlenen Auto*

**joy·stick** 1 Steuerknüppel
2 (*für den Computer*) Steuerknüppel, Joystick

**ju·bi·lee** ['dʒuːbɪliː] Jubiläum

**judge¹** [dʒʌdʒ] 1 Richter(in) (**of** über)
2 Schiedsrichter(in), Preisrichter(in)
3 Kenner(in); **he's the best judge of that** er kennt sich am besten damit aus

**judge²** [dʒʌdʒ] 1 (*in einem Gerichtsfall*) richten; **judge a case** einen Fall verhandeln, die Verhandlung über einen Fall führen
2 die Entscheidung treffen in *Wettbewerb*
3 urteilen; **judge someone/something** jemanden/etwas beurteilen; **as far as I can judge** soweit ich das beurteilen kann
4 [ab]schätzen *Situation*

**judge·ment, judg·ment** ['dʒʌdʒmənt] 1 Urteil (**on** über)
2 Richterspruch
3 (*übertragen*) Meinung; **in my judgement** meines Erachtens

**judo** ['dʒuːdəʊ] Judo

**jug** [dʒʌg] Krug, Kanne

**juggle** ['dʒʌgl] (*auch übertragen*) jonglieren

**jug·gler** ['dʒʌgləʳ] Jongleur(in)

**juice** [dʒuːs] Saft

**juicy** ['dʒuːsɪ] saftig

**July** [dʒuː'laɪ] Juli; **in July** im Juli

**jumble¹** ['dʒʌmbl] Mischmasch, Durcheinander

**jumble²** ['dʒʌmbl], **jumble up jumble something [up]** etwas vermischen; (*übertragen*) etwas durcheinander bringen

**jumble sale** 1 Trödelmarkt
2 Wohltätigkeitsbasar

**jumbo** ['dʒʌmbəʊ] riesig; **jumbo jet** Jumbo [Jet]

**jump¹** [dʒʌmp] 1 springen; **jump something** über etwas springen
2 *Person:* zusammenzucken
3 *Preise:* in die Höhe schnellen
▶ IN WENDUNGEN: **jump the queue** sich vordrängeln
◆ **jump at** sich stürzen auf; **he jumped at the chance** er hat eifrig die Chance ergriffen
◆ **jump down** hinabspringen, hinunterspringen (**from** von)
◆ **jump in** 1 hineinspringen *Wasser*
2 hineinsteigen *Auto, Zug*
◆ **jump off** herabspringen; **jump off something** von etwas springen
◆ **jump on** aufspringen; **jump on [to] a train** in einen Zug springen
◆ **jump out** hinausspringen; hinaussteigen *Auto, Zug*
◆ **jump up** aufspringen, hochspringen

**jump²** [dʒʌmp] 1 Sprung; **long/high/triple jump** Weit-/Hoch-/Dreisprung
2 *von Körper:* Zuckung
3 *von Preisen:* plötzliches Ansteigen

**jumper** ['dʒʌmpəʳ] 1 Springer
2 (GB) Pullover

**junc·tion** ['dʒʌŋkʃn] 1 Verbindungspunkt, Schnittpunkt
2 **road junction** [Straßen-]Kreuzung, [Verkehrs-]Knotenpunkt
3 Eisenbahnknoten[punkt]

**June** [dʒuːn] Juni; **in June** im Juni

**jungle** ['dʒʌŋgl] Dschungel, Urwald

**jun·ior¹** ['dʒuːnɪəʳ] 1 jünger
2 von geringerem Dienstalter, von niedrigerem Rang (**to** als)
3 (*nach einem Namen*) **Smith Junior** Smith junior

**jun·ior²** ['dʒuːnɪəʳ] 1 Jüngere(r); **he's her junior by two years** er ist zwei Jahre jünger als ihr
2 Rangniedrigere(r)
3 (USA) *Schüler(in), Student(in) im 3. Schul- bzw Studienjahr*

**junior college** (USA) *College für die beiden ersten Studienjahre*

**junior high school** (USA) *Schule, die das 8. und 9. Schuljahr umfasst*

**junior school** (GB) Grundschule

**i Land & Leute** In Großbritannien ist eine **junior school** eine Art Grundschule für Kinder im Alter von 7–11 Jahren. Davor fangen Kinder in Großbritannien im Alter von 5 Jahren mit der **infant school** an (bis zum 7. Lebensjahr). Die **primary school** ist eine Kombination aus beiden dieser Schulen und wird demnach im Alter von 5–11 Jahren besucht.

**junk** [dʒʌŋk] ① Abfall, Gerümpel
② Ramsch
**junk food** [ˌdʒʌŋk'fu:d] minderwertige Kost
**junk mail** ['dʒʌŋmeɪl] [unerwünschte] Reklamesendung
**jury** ['dʒʊərɪ] ① [die] Geschworenen, [die] Schöffen
② Jury
**just** [dʒʌst] ① *Strafe:* gerecht; *Person:* redlich
② rechtmäßig
③ *Maß:* recht
④ genau; **just as good/bad/interesting** genauso gut/schlecht/interessant; **just as well** auch gut; **that's just it!** das ist ja das Problem; **just so** ganz richtig, genauso
⑤ gerade; **just as he arrived the phone rang** gerade als er ankam hat das Telefon geklingelt; **just then** gerade in diesem Augenblick; **he [only] just made it** er hat es gerade noch [*oder* mit knapper Not] geschafft; **just now** gerade [so] eben; **just after/before** direkt nach/vor; **it's just after/before 10** es ist kurz nach/vor 10 Uhr
⑥ **just enough** gerade genug; **I've just about had enough of this** mir reicht's langsam; **just about** beinahe, ungefähr
⑦ (*umgangsspr*) ganz, einfach; **that's just crazy!** das ist einfach verrückt!
⑧ **just a moment!** einen Augenblick!
⑨ **just tell me!** sag doch mal!
⑩ **just in case** für alle Fälle, für den Fall, dass
⑪ **just the same** trotzdem
**jus·tice** ['dʒʌstɪs] ① Gerechtigkeit
② Recht
③ Richter(in); **Justice of the Peace** Friedensrichter(in)
**jus·ti·fi·ca·tion** [ˌdʒʌstɪfɪ'keɪʃn] Rechtfertigung
**jus·tify** ['dʒʌstɪfaɪ] **justify something** etwas rechtfertigen (**to** vor)
**just·ly** ['dʒʌstlɪ] verdientermaßen, gerechterweise
**ju·ven·ile**[1] ['dʒu:vənaɪl] ① jugendlich, jung
② unreif
**ju·ven·ile**[2] ['dʒu:vənaɪl] Jugendliche(r)
**juvenile crime**, **juvenile delinquency** Jugendkriminalität

# Kk

**K, k** [keɪ] <*plural* K's, k's> K, k
**kan·ga·roo** [ˌkæŋgə'ru:] <*plural* kangaroos> Känguru
**ka·rate** [kə'rɑ:tɪ] Karate
**kayak** ['kaɪæk] Kajak
**keen** [ki:n] ① *Interesse:* lebhaft, stark; *Person:* stark interessiert (**on** an); **she is keen on riding** sie ist eine leidenschaftliche Reiterin
② *Augen, Messer, Verstand:* scharf
**keep** [ki:p] <kept, kept> ① behalten; **keep a promise** ein Versprechen halten; **can you keep a secret?** kannst du etwas für dich behalten?; **keep something in [good] repair** etwas in gutem Zustand [er]halten
② **keep [to the] left** sich links halten; *Auto:* links fahren
③ einhalten, befolgen *Gesetz, Regeln*
④ aufbewahren *Waren;* **keep cool** kühl aufbewahren; *Lebensmittel:* sich halten
⑤ unterhalten *Haus, Familie;* **keep house** haushalten
⑥ halten *Vieh*
⑦ beschäftigen *Personal*
⑧ führen *Waren, Tagebuch*
⑨ feiern *ein Jahrestag*
⑩ betreiben *Hotel*
⑪ aufhalten *Person* (**from** von); **keep someone waiting** jemanden warten lassen
⑫ **keep hold of something** etwas festhalten
⑬ **keep calm** [*oder* **quiet**] ruhig bleiben
⑭ **keep doing something** etwas weiter tun, etwas dauernd tun; **keep going!** gehen Sie weiter!; (*übertragen*) machen Sie weiter!; **keep talking!** reden Sie weiter!
⑮ **keep someone company** jemandem Gesellschaft leisten
⑯ **keep fit** fit bleiben

> **? Grammatik** Die unregelmäßigen Vergangenheitsformen von **keep** lauten **kept — kept:** *Jenny* **kept** *her new perfume in its box; Mr Green* **has kept** *rabbits for the last twenty years.*

◆ **keep away** ① wegbleiben
② fernhalten (**from** von); **he can't keep away from it** er kann die Finger nicht davon lassen
◆ **keep off** **keep off something** von etwas wegbleiben [*oder* fernbleiben]; **keep off [the grass]!** Betreten [des Rasens] verboten!

◆ **keep on** **keep on with your work** arbeitet doch weiter; **he keeps on calling me** er ruft mich immer wieder an; **keep straight on** immer geradeaus

◆ **keep out** ① nicht hereinlassen; abhalten *Kälte* ② sich fernhalten (**of** von); **keep out!** Eintritt verboten!

◆ **keep to** ① **keep to the rules/a diet** sich an die Regeln/einer Diät halten ② **keep to the left** links halten, links fahren

◆ **keep up** ① fortfahren mit, weitermachen [mit] *gute Arbeit, Leistung;* **keep it up!** nur so weiter! nicht nachgeben! ② festhalten an; aufrecht halten *Gewohnheit, Brauch;* aufrechterhalten *Standard, Bemühungen, Freundschaft usw.*

**keeper** ['kiːpəʳ] ① [**zoo**]**keeper** [Tier]Wärter(in) ② [**goal**]**keeper** Torwart

**kept** [kept] *2. und 3. Form von* **keep**

**kerb** [kɜːb] Bordkante

**ketch·up** ['ketʃəp] Ketschup

**kettle** ['ketl] Kessel; **put the kettle on** Tee-/Kaffeewasser aufsetzen

**key**[1] [kiː] ① Schlüssel ② (*übertragen*) Lösung (**of** für) ③ *vom Klavier, Schreibmaschine:* Taste ④ (*in der Musik*) Tonart; **sing off key** falsch singen ⑤ Zeichenerklärung

**key**[2] [kiː] wichtigste(r, s); **key point** springender Punkt; **key position** Schlüsselposition

◆ **key in** eintasten *Daten*

**key·board** ['kiːbɔːd] Klaviatur; *von Computer:* Tastatur

**kick**[1] [kɪk] ① treten; *Baby:* strampeln; **kick someone** jemandem einen Tritt geben ② kicken *Fußball;* schießen *Tor*

◆ **kick off** ① wegschleudern; (*beim Fußball*) anspielen ② (*umgangsspr*) beginnen

◆ **kick out** (*umgangsspr*) **kick someone/something out** jemanden/etwas rauswerfen

**kick**[2] [kɪk] ① [Fuß]Tritt, Stoß ② (*beim Fußball*) Schuss

**kid**[1] [kɪd] (*umgangsspr*) ① Kind ② **kid sister/brother** jüngere Schwester/jüngerer Bruder

**kid**[2] [kɪd] (*umgangsspr*) Spaß machen; **don't kid yourself** mach dir doch nichts vor

**kid·nap** ['kɪdnæp] entführen

**kid·ney** ['kɪdnɪ] Niere

**kill** [kɪl] ① töten; (*absichtlich*) umbringen; **smoking can kill you** das Rauchen kann tödlich sein ② schlachten, erlegen *Tier* ③ **kill time** Zeit vertreiben [*oder* totschlagen]

**killer** ['kɪləʳ] Mörder(in)

**kill·ing** ['kɪlɪŋ] ① Töten, Mord ② *eines Tieres:* Abschlachten

**kilo** ['kiːləʊ] <*plural* kilos> Kilo[gramm]

**kilo·gramme**, (USA) **kilo·gram** ['kɪləgræm] Kilogramm

**kilo·metre**, (USA) **kilo·meter** ['kɪləmiːtəʳ] Kilometer

**kilt** [kɪlt] Kilt, Schottenrock

> **i Land & Leute** Zu besonderen Anlässen, wie Hochzeiten, tragen viele Schotten noch heute einen **kilt**. Dieser kilt oder **Highland dress** stammt aus dem 16. Jh. und bestand damals aus einem einzigen Stück Stoff. Im 17. Jh. wurden daraus zwei getrennte Kleidungsstücke: der kilt und das **plaid** (Umhangtuch aus Wolle). Aus dieser Zeit stammt auch der **sporran**, ein Beutel, der am Gürtel hängt. Erst im 18. Jh. wurden die unterschiedlichen **tartans** (Schottenmuster) für einzelne **clans** (Familien) entworfen.

**kind**[1] [kaɪnd] ① Art; **a kind of toy** eine Art [von] Spielzeug; **this kind of thing** so etwas; **something of the kind** so etwas Ähnliches ② Sorte, Klasse; **what kind of bird is it?** was für ein Vogel ist das?; **I am not that kind of person** so bin ich nicht; **the same kind** von derselben Sorte ③ (*umgangsspr*) **it was kind of funny/stupid** es war irgendwie witzig/dorf

**kind**[2] [kaɪnd] freundlich, nett; **be kind to someone** jemandem gegenüber nett sein; **kind to animals** tierlieb

**kind·ly** ['kaɪndlɪ] ① gütig, freundlich ② nett, liebenswürdig ③ **he very kindly helped us** er hat uns liebenswürdigerweise geholfen

**kind·ness** ['kaɪndnɪs] ① Freundlichkeit, Liebenswürdigkeit ② Gefälligkeit

**king** [kɪŋ] König

**king·dom** ['kɪŋdəm] [König]Reich; **the animal/vegetable/mineral kingdom** das Tier-/das Pflanzen-/das Mineralreich

**kiosk** ['kiːɒsk] Kiosk, Bude; **telephone kiosk** (GB) Telefonzelle

**kiss**[1] [kɪs] küssen

**kiss**[2] [kɪs] Kuss

**kit** [kɪt] ① (*auch militärisch*) Ausrüstung

② (*umgangsspr*) Satz
③ Handwerkszeug
④ **first-aid kit** Verbandszeug

**kitch·en** ['kɪtʃɪn] Küche

**kite** [kaɪt] ① (*Vogel*) Milan
② [Papier]Drachen; **fly a kite** einen Drachen/Versuchsballon steigen lassen

**kit·ten** ['kɪtn] Kätzchen

**knee** [niː] Knie; **on one's knees** auf den Knien; (*übertragen*) kniefällig

**kneel** [niːl] <knelt, knelt> **kneel** [**down**] [nieder]knien

**knew** [njuː] *2. Form von* **know**

**knickers** ['nɪkəz] *plural* (*umgangsspr*) [Damen]Schlüpfer

**knife** [naɪf, *plural* naɪvz] <*plural* knives> Messer; **knives and forks** Besteck

**knight** [naɪt] ① Ritter
② (*beim Schach*) Springer

**knight·hood** ['naɪthʊd] Ritterwürde, Ritterstand

**knit** [nɪt] <knit *oder* knitted, knit *oder* knitted> stricken

**knit·ting** [nɪtɪŋ] ① Strickzeug
② Stricken

**knitting-needle** Stricknadel

**knob** [nɒb] [Griff]Knopf, Knauf

**knock**[1] [nɒk] ① stoßen, schlagen (**on, against** gegen)
② klopfen; **knock at the door** an die Tür klopfen
◆ **knock down** ① **knock someone down** jemanden umstoßen; (*mit Fahrzeug*) jemanden umfahren
② **knock something down** etwas umstürzen; abbrechen *Gebäude*
◆ **knock out** ① (*Boxen*) k.o.-schlagen
② (*umgangsspr*) **I was really knocked out by the news** ich war von der Nachricht verblüfft
◆ **knock over** ① **knock something over** etwas umwerfen
② (*mit einem Fahrzeug*) umfahren *Person*

**knock**[2] [nɒk] ① Schlag, Stoß
② Klopfen

**knockout** ['nɒkaʊt] ① **knock-out blow** K.o.-Schlag
② (*übertragen*) vernichtende Niederlage

**knot** [nɒt] Knoten; **tie/untie a knot** einen Knoten machen/aufmachen

**know** [nəʊ] <knew, known> ① wissen (**about** über); **know something** etwas wissen
② kennen *Person;* **I don't know her** ich kenne sie nicht; **get to know someone** jemanden kennen lernen; **do you know each other?** haben Sie sich schon kennen gelernt?
③ **know someone by his/her voice/walk** jemanden an der Stimme/am Gang erkennen
④ können *Sprache;* sich auskennen mit *Gerät;* **do you know anything about car engines?** verstehst du etwas von Automotoren?; **know how to do something** verstehen, etwas zu tun
⑤ **let someone know** jemanden wissen lassen, jemandem Bescheid geben

> **! Vorsicht Falle** **Know** oder **find out**? Im Englischen verwendet man **know**, wenn man bereits über etwas Bescheid weiß: *Do you know what time the bus goes?; I know that she wants a bike for Christmas.* Wenn man jedoch etwas erfahren möchte, benutzt man **find out:** *I need to find out what time the bus leaves; Can you find out what Emma wants for Christmas?*

**knowl·edge** ['nɒlɪdʒ] ① Kenntnisse (**of** in); **knowledge of English** Englischkenntnisse
② Wissen, Kenntnis; **to** [**the best of**] **my knowledge** soviel ich weiß

**knowl·edge·able** ['nɒlɪdʒəbl] kenntnisreich, bewandert (**about** in)

**knuckle** ['nʌkl] ① Knöchel
② (*Fleisch*) Haxe

# L

**L, l** [el] <*plural* L's, l's> L, l

**lab** [læb] (*umgangsspr*) Labor

**label**[1] ['leɪbl] Schildchen; (*auf Waren*) Etikett(e); (*auf Kleider*) [Anhänge]Zettel

**label**[2] ['leɪbl] <labelled> etikettieren *Ware*

**lab·ora·tory** [lə'bɒrətrɪ, (USA) 'læbrəˌtɔːrɪ] Labor[atorium]

**la·bour**, (USA) **la·bor** ['leɪbə^r] ① Arbeit
② Arbeitskräfte
③ *Frauen:* **be in labour** Wehen haben
④ **Labour** (GB) (*politisch*) die Labour Party

> **i Land & Leute** In den USA wird der Tag der Arbeit, der **Labor Day**, nicht am 1. Mai, sondern am ersten Montag im September gefeiert und ist überall ein gesetzlicher Feiertag.

**la·bourer** ['leɪbərə^r] Arbeiter(in)

**lace** [leɪs] ① (*für Schuh*) Schnürsenkel, Senkel
② *kein Plural* (*Textil*) Spitze

**lack**[1] [læk] Mangel (**of** an); **for lack of love/money** aus Mangel an Liebe/Geld

**lack**[2] [læk] fehlen; **he lacks talent** ihm fehlt es an Talent

**lack·ing** ['lækɪŋ] fehlend; **she's lacking in confidence** ihr fehlt das Selbstvertrauen

**lad** [læd] ① Junge
② Typ; **the lads** (*umgangsspr*) die Jungs

**lad·der** ['lædəʳ] ① Leiter
② GB Laufmasche

**lady** ['leɪdɪ] ① Dame
② (*Adelsprädikat*) **Lady** Lady
③ **Ladies and Gentlemen** meine Damen und Herren
④ **Ladies** Damen[toilette]

**la·ger** ['lɑːgəʳ] helles [Lager]Bier

**laid** [leɪd] *2. und 3. Form von* **lay**

**lain** [leɪn] *3. Form von* **lie**[1]

**lake** [leɪk] See

**lamb** [læm] ① Lamm
② **lamb** ⚠ *kein Plural* Lammfleisch

**lamb chop** Lammkotelett

**lame** [leɪm] ① lahm (**in** auf)
② (*übertragen*) schwach, nicht überzeugend

**lamp** [læmp] Lampe, Laterne

**lamp·post** ['læmppəʊst] Laternenpfahl

**lamp·shade** ['læmpʃeɪd] Lampenschirm

**land**[1] [lænd] ① [Fest]Land; **by land** zu Land(e), auf dem Landweg(e)
② (*Acker, Wald*) Land, Grund u. Boden
③ Land, Staat
④ Landbesitz, Grundbesitz

**land**[2] [lænd] ① landen *Flugzeug;* anlegen *Schiff*
② *Flugpassagiere, Waren:* landen; *Schiffspassagiere:* an Land gehen

**land·ing** ['lændɪŋ] ① Landen, Landung; **emergency landing** Notlandung
② (*im Haus*) Treppenabsatz, Treppenflur

**land·lady** ['læn,leɪdɪ] ① *von Wohnung, Haus:* Vermieterin
② *von Hotel, Gaststätte:* Gastwirtin

**land·lord** ['lænlɔːd] ① *von Wohnung, Haus:* Vermieter, Hauseigentümer
② *von Hotel, Gaststätte:* Gastwirt

**land·mark** ['lændmɑːk] ① Grenzstein
② Seezeichen
③ (*übertragen*) Markstein

**land·owner** ['lænd,əʊnəʳ] Grundbesiter(in), Gutsbesitzer(in)

**land·scape** ['lændskeɪp] Landschaft

**land·slide** ['lændslaɪd] ① Erdrutsch
② (*übertragen: in der Politik*) überwältigender [Wahl]Sieg, Erdrutschsieg

**lane** [leɪn] ① (*in der Stadt*) Gasse
② (*auf dem Land*) schmale Landstraße
③ (*Sport*) [Renn]Bahn
④ (*auf der Straße*) Spur

**lan·guage** ['læŋgwɪdʒ] ① Sprache
② Ausdrucks-, Redeweise; **bad language** unanständige Ausdrücke

**lan·tern** ['læntən] Laterne

**lap**[1] [læp] Schoß

**lap**[2] [læp] (*Sport*) Runde

**lapse** [læps] ① Versehen, Irrtum, Fehler
② *von Zeit:* Zeitspanne, Zeitraum

**lap·top** ['æptɒp] Laptop

**large** [lɑːdʒ] ① groß
② **by and large** im Großen und Ganzen

**large·ly** ['lɑːdʒlɪ] größtenteils

**large-scale** ['lɑːdʒskeɪl] in großem Maßstab, groß angelegt

**laser** ['leɪzəʳ] Laser

**lash** [læʃ] [Augen]Wimper

**last**[1] [lɑːst, USA læst] ① letzte(r, s); **last night** gestern Abend, heute Nacht
② **for the last time** zum letzten Mal
③ **the week before last** vorletzte Woche
④ **last but not least** nicht zuletzt, last, not least
⑤ zuletzt, zum Schluss, am Ende; **come last** letzte(r) sein
⑥ das letzte Mal, zuletzt
⑦ **last of all** zuallerletzt

**last**[2] [lɑːst, USA læst] ① [der, die, das] Letzte
② **at last** schließlich, endlich, zuletzt
③ **to the last** bis zum Letzten [*oder* äußersten]

**last**[3] [lɑːst, USA læst] ① andauern, [an]halten
② aushalten
③ [aus]reichen; **while stocks last** solange Vorrat reicht
④ **the coat has lasted me five years** ich habe den Mantel schon fünf Jahre

**last·ly** ['lɑːstlɪ] zuletzt, schließlich

**last name** Nachname

**late** [leɪt] ① spät
② verspätet, zu spät; **be late for something** zu etwas zu spät kommen
③ [jüngst] verstorben; **the late John Smith** der verstorbene John Smith
④ **as late as last week** erst [*oder* noch] letzte Woche
⑤ **late show** Spätvorstellung

**late·ly** ['leɪtlɪ] in letzter Zeit, neuerdings

**later** ['leɪtəʳ] *Komparativ von* **late** später; **one day later** einen Tag darauf; **later on** später; **sooner or later** früher oder später; **see you later!** bis später! bis nachher!

**lat·est**[1] ['leɪtɪst] *Superlativ von* **late** ① späteste(r, s); **when is the latest flight out in the evening?** wann ist abends der letzte Abflug?
② neueste(r, s); **the latest fashion** die neueste Mode
③ letzte(r, s); **the latest news** die letzten Neuigkeiten

**lat·est**[2] ['leɪtɪst] **the latest** das Allerneueste; **at the latest** spätestens

**Lat·in**[1] ['lætɪn] ① lateinisch
② *Temperament:* südländisch

**Lat·in**[2] ['lætɪn] [das] Latein[ische]

**lati·tude** ['lætɪtjuːd] Breite

**laugh**[1] [lɑːf, (USA) læf] ① lachen (**at** über)
② (*höhnisch*) **laugh at someone** jemanden auslachen

**laugh**[2] [lɑːf, (USA) læf] ① Lachen, Gelächter; **with a laugh** lachend
② Spaß; **do something for a laugh** etwas aus Spaß machen

**laugh·ter** ['lɑːftəʳ, (USA) 'læftəʳ] Gelächter

**launch**[1] [lɔːntʃ] ① vom Stapel lassen *Schiff*
② aussetzen *Boot*
③ abschießen *Rakete, Torpedo*
④ gründen *Firma*
⑤ lancieren *Menschen, Film*
⑥ einführen, auf den Markt bringen *Produkt*
⑦ **launch an attack** zum Angriff übergehen

**launch**[2] [lɔːntʃ] ① *eines Schiffes:* Stapellauf
② *einer Rakete, eines Torpedos:* Abschuss
③ *einer Firma:* Gründung
④ *eines Produktes:* Einführung

**launch(ing) pad** ① Start-, Abschussrampe
② (*übertragen*) Sprungbrett

**laun·der·ette** [lɔːn'dret] Waschsalon

**laun·dry** ['lɔːndrɪ] ① (*Geschäft*) Wäscherei
② (*schmutzige Kleidung*) Wäsche

**lava·tory** ['lævətrɪ] Toilette

**law** [lɔː] ① Gesetz, Recht; **by law** von Rechts wegen
② (*Studienfach*) Jura, Rechtswissenschaft

**law court** Gerichtshof

**law·ful** ['lɔːfl] rechtmäßig, legitim

**lawn** [lɔːn] Rasen

**lawn·mower** ['lɔːnˌməʊəʳ] Rasenmäher

**law school** ['lɔːˌskuːl] (USA) juristische Fakultät

**law·suit** ['lɔːˌs(j)uːt] Rechtsstreit, [Zivil]Prozess

**law·yer** ['lɔːjəʳ] ① Rechtsanwalt, Rechtsanwältin
② (*allgemein*) Jurist(in)

> **? Grammatik** Die unregelmäßigen Vergangenheitsformen von **lay** lauten **laid — laid**: *the hen* **laid** *two eggs yesterday;* **have** *you* **laid** *the table yet.*

**lay**[1] [leɪ] <laid, laid> ① (*allgemein*) legen *auch Eier*
② verlegen *Kabel, Rohr*
③ **lay the table** den Tisch decken
④ **lay the blame on someone** jemandem die Schuld zuschieben

> **! Vorsicht Falle** **Lay** nicht mit **lie** verwechseln!
> Das Verb **lay** bedeutet, etwas vorsichtig irgendwo hinlegen und steht immer zusammen mit einem direkten Objekt: *she layed her coat on the bed.* Das Verb **lie** wird dagegen verwendet, wenn etwas bereits an einem bestimmten Ort oder bereits in einer horizontalen Position liegt. **Lie** steht nie mit einem direkten Objekt zusammen: *her coat was lying on the bed* (und nicht: her coat was laying on the bed!)

◆ **lay down** hinlegen
◆ **lay out** ① auslegen, ausbreiten
② anlegen, gestalten *Gärten*

**lay**[2] [leɪ] *2. Form von* **lie**[1]

**lay-by** ['leɪbaɪ] (GB) Parkbucht

**layer** ['leɪəʳ] Schicht, Lage

**lay·out** ['leɪaʊt] ① *eines Büros, Gartens:* Anlage, Anordnung
② *eines Buchs, einer Zeitschrift:* Lay-out

**lazy** ['leɪzɪ] ① faul, träge
② **we spent a lazy afternoon by the river** wir verbrachten einen gemütlichen Nachmittag am Fluss

**lead**[1] [liːd] <led, led> ① führen, leiten; **lead the way** vorangehen; (*übertragen*) führend sein
② [hin]führen, bringen; **this road leads to the coast** diese Straße führt zur Küste
③ anführen *Abordnung, Revolution;* leiten *Mannschaft, Orchester*
④ (*Sport*) führend sein, an der Spitze stehen, in Führung sein; **he was leading** [**the race**] **until the final bend** er war bis zur letzten Kurve in Führung
⑤ **lead someone to do something** jemanden veranlassen, etwas zu tun; **it leads me to think** es lässt mich meinen
◆ **lead to** zur Folge haben
◆ **lead up to** hinführen zu; **the events which led up to the strike** die Ereignisse, die zum Streik führten

**lead**[2] [liːd] ① (*erste Stelle*) Führung; **he is in the lead by two metres** er hat einen Vorsprung von zwei Metern [*oder* er hat zwei Meter Vorsprung]; **take the lead** die Führung übernehmen

(2) Beispiel; **follow someone's lead** jemands Beispiel folgen
(3) Anhaltspunkt, Hinweis; **the police have a lead** die Polizei hat eine Spur
(4) (*im Theater, Film*) Hauptrolle; (*Person*) Hauptdarsteller(in)
(5) [Hunde]Leine
(6) (*elektrisch*) Leitung[sdraht], Kabel

**lead³** [led] (1) Blei
(2) (*in Bleistift*) Blei[mine]

**leader** ['liːdəʳ] (1) Führer(in)
(2) *einer Expedition:* Leiter(in)
(3) *einer Partei:* Vorsitzende(r)
(4) *einer Bande:* Anführer(in)

**leader·ship** ['liːdəʳʃɪp] Führung, Leitung

**leaf** [liːf, *plural* liːvz] <*plural* leaves> *einer Pflanze:* Blatt

**leaf·let** ['liːflɪt] (1) (*mit Werbung*) Reklamezettel
(2) (*mit Information*) Faltblatt; (*politisch auch*) Flugblatt

**league** [liːg] (1) Bund, Bündnis; **League of Nations** Völkerbund
(2) (*Sport*) Liga; **the league leaders** der Tabellenführer

**leak¹** [liːk] (1) leck, undicht sein
(2) *Wasserhahn:* tropfen
(3) *Flüssigkeit:* durchsickern, auslaufen
(4) **leak something** etwas durchlassen; **the pipe is leaking oil** die Leitung leckt Öl

**leak²** [liːk] Leck, undichte Stelle; **spring a leak** ein Leck bekommen, undicht werden

**lean¹** [liːn] <leant *oder* leaned, leant *oder* leaned> (1) sich neigen
(2) *Person:* sich [an]lehnen (**against** gegen, an)
(3) **lean the ladder against the wall** die Leiter an die Mauer lehnen
◆ **lean back** sich zurücklehnen
◆ **lean forward** sich vorbeugen
◆ **lean on** **she leant her head on his shoulder** sie lehnte ihren Kopf an seine Schulter
◆ **lean out** sich hinauslehnen
◆ **lean over** **lean something over** etwas schräg stellen

**lean²** [liːn] (1) *Fleisch, Ernte:* mager
(2) *Person:* hager

**leap¹** [liːp] Sprung

**leap²** [liːp] <leapt *oder* leaped, leapt *oder* leaped> springen

**leap year** Schaltjahr

**learn** [lɜːn] <learnt *oder* learned, learnt *oder* learned> (1) [er]lernen; **learn something by heart** etwas auswendig lernen
(2) erfahren, hören (**from** von)

> **? Grammatik** Die unregelmäßigen Vergangenheitsformen von **learn** lauten **learnt/learned — learnt/learned**: *Tom* **learnt** *German at school; I* **have learnt** *the new rules by heart*

**learner** ['lɜːnəʳ] (1) Anfänger(in)
(2) *von Sprachen:* Lernende(r), Lerner(in)
(3) (*im Auto*) Fahrschüler(in)

> **i Land & Leute** Wer in Großbritannien gerade das Autofahren lernt, muss am Fahrzeug sowohl vorne als auch hinten ein großes, rotes „L" (= **learner**) anbringen. Damit sollen die anderen Verkehrsteilnehmer gewarnt werden, dass es sich um einen Fahrschüler handelt.

**least¹** [liːst] (1) kleinste(r, s), geringste[r, s], wenigste[r, s]
(2) am wenigsten; **least of all** am allerwenigsten

**least²** [liːst] (1) [der, die, das] Kleinste, Geringste
(2) [das] wenigste, mindeste; **at [the] least** wenigstens, mindestens; **last but not least** last, not least; **not in the least** nicht im Geringsten; **to say the least** gelinde gesagt

**leather** ['leðəʳ] Leder; **leather jacket** Lederjacke

**leave¹** [liːv] <left, left> (1) fortgehen, weggehen, fortfahren
(2) verlassen; **leave school** die Schule verlassen; (*frühzeitig*) von der Schule abgehen; **leave home** von zu Hause weggehen; **leave one's job** seine Stelle aufgeben
(3) *Person:* abreisen von; *Fahrzeug:* abfahren von; **he's leaving in the morning for Australia** morgen früh reist er nach Australien ab
(4) lassen; **she left her cat with her neighbours** sie hat ihre Katze bei den Nachbarn gelassen; **leave open** offen lassen; **leave someone alone** jemanden in Ruhe lassen
(5) hinterlassen *Erbe, Nachricht*
(6) liegen lassen, stehen lassen; **leave the watch [lying] on the table** die Uhr auf dem Tisch liegen lassen; **leave one's dinner** sein Abendessen stehen lassen
(7) **leave some [of it] for me** lass mir etwas [davon] übrig; **be left** übrig bleiben, übrig sein

> **? Grammatik** Die unregelmäßigen Vergangenheitsformen von **leave** lauten **left — left**: *Harry* **left** *the class room; Amanda* **has** *already* **left.**

◆ **leave behind** (1) zurücklassen
(2) (*aus Versehen*) stehen lassen, liegen lassen
◆ **leave out** (1) (*übersehen*) auslassen
(2) draußen lassen
(3) **the books were left out on the table** die

L

Bücher wurden auf dem Tisch gelassen
◆**leave over** übrig lassen; **be left over** übrig [geblieben] sein

**leave**[2] [liːv] ① Urlaub; **on leave** auf Urlaub; **go on leave** in Urlaub gehen
② Abschied

**leaves** [liːvz] *Pluralform von* **leaf**

**lec·ture** ['lektʃəʳ] Vorlesung, Vortrag

**lec·turer** ['lektʃərəʳ] ① Vortragende(r), Redner(in)
② (*an einer Hochschule*) Lehrbeauftragte(r), Dozent(in)

**led** [led] *2. und 3. Form von* **lead**

**ledge** [ledʒ] [Fels]Vorsprung

**leek** [liːk] Lauch, Porree

**left**[1] [left] ① linke(r, s)
② [nach] links; **turn left** links abbiegen

**left**[2] [left] ① linke Seite; **on the left** links; **to the left** [**of**] nach links, links [von]; **keep to the left** links fahren, gehen
② (*politisch*) **the left** die Linke

**left**[3] [left] *2. und 3. Form von* **leave**

**left-hand** ['lefthænd] linke(r, s); **left-hand drive** Linkssteuerung; **take the left-hand turn** links abbiegen

**left-handed** [ˌleft'hændɪd] linkshändig; **be left-handed** Linkshänder (in) sein

**left-lug·gage** [ˌleft'lʌgɪdʒ] **left-luggage office** Gepäckaufbewahrung

**left·overs** ['leftˌəʊvəz] *plural* ① [Essens-]Reste
② Reste, Überbleibsel

**left wing** [ˌleft'wɪŋ] linker Flügel

**left-wing** ['leftwɪŋ] links stehend

**leg** [leg] ① Bein
② Keule; **leg of lamb** Lammkeule
③ *von Reise, Rennen:* Strecke, Etappe
▶In Wendungen: **pull someone's leg** (*umgangsspr*) jemanden auf den Arm nehmen

**legal** ['liːgl] ① (*einem Gesetz entsprechend*) gesetzlich, rechtlich, legal
② (*dem Recht nach*) gesetzmäßig, rechtmäßig
③ **take legal action** den Rechtsweg beschreiten, prozessieren; **legal advice** Rechtsberatung

**legal·ize** ['liːgəlaɪz] legalisieren

**legal·ly** ['liːgəlɪ] ① legal, gesetzlich
② **legally married** rechtmäßig verheiratet

**leg·end** ['ledʒənd] Legende

**leg·gings** ['legɪŋz] *plural* Leggings

**leg·ible** ['ledʒəbl] lesbar, leserlich

**le·git·imate** [lɪ'dʒɪtɪmət] ① recht-, gesetzmäßig, legitim
② *Kind:* ehelich

**lei·sure** ['leʒəʳ] Freizeit

**leisure centre** Freizeitzentrum

**lei·sure·ly** ['leʒəlɪ] ① gemächlich
② ohne Eile

**lemon** ['lemən] Zitrone

**lemon·ade** [ˌlemə'neɪd] Limonade

**lend** [lend] <lent, lent> ① ausleihen, verleihen
② **lend a** [**helping**] **hand** behilflich sein

> **? Grammatik** Die unregelmäßigen Vergangenheitsformen von **lend** lauten **lent — lent**: *Kate* **lent** *him two dollars; Jane* **has** *never* **lent** *him anything.*

**length** [leŋθ] ① Länge; **three feet in length** drei Fuß lang
② *zeitlich* Dauer
③ (*Sport*) Länge; **win by a length** um eine Länge gewinnen

**lengthen** ['leŋθən] ① länger werden
② verlängern

**length·ways** ['leŋθweɪz], **length·wise** ['leŋθwaɪz] der Länge nach

**lengthy** ['leŋθɪ] ① ziemlich lang
② (*abwertend*) weitschweifig

**leni·ent** ['liːnɪənt] mild[e], nachsichtig

**lens** [lenz] ① Linse
② *von Brille:* Glas
③ *von Kamera:* Objektiv

**lent** [lent] *2. und 3. Form von* **lend**

**Lent** [lent] Fastenzeit

**len·til** ['lentl] Linse

**Leo** ['liːəʊ] (*Sternbild*) Löwe

**leop·ard** ['lepəd] Leopard

**les·bian**[1] ['lezbɪən] lesbisch

**les·bian**[2] ['lezbɪən] Lesbierin

**less**[1] [les] ① kleiner, geringer, weniger
② weniger, in geringerem Maße; **none the less** nichtsdestoweniger

**less**[2] [les] [der, die das] Kleinere, Geringere, Weniger; **no** [*oder* **nothing**] **less than** nicht weniger als

**less**[3] [les] (*abzüglich*) weniger; **what is five less three?** was macht fünf minus drei?

**les·sen** ['lesn] ① weniger werden; *Wind:* nachlassen
② verringern, vermindern *Risiko, Schmerz*

**les·ser** ['lesəʳ] kleiner, geringer; **to a lesser extent** in geringerem Maße

**les·son** ['lesn] ① Lehr-, Unterrichtsstunde; **lessons** Unterricht; **give lessons** Unterricht geben, unterrichten; **have a driving lesson** eine Fahrstunde bekommen; **have** [*oder* **take**] **driving lessons** Fahrunterricht nehmen

(2) (*Übung*) Lektion
(3) Lehre; **teach someone a lesson** jemandem eine Lehre erteilen

**let** ['let] <let, let> (1) lassen; **let someone do something** jemanden etwas tun lassen; **let me help you** kann ich Ihnen helfen?
(2) *Absicht und Intention* **let's go!** gehen wir!; **let's talk it over** lass uns darüber reden
(3) **let go of someone/something** jemanden/etwas loslassen
(4) **let someone go** [*oder* **leave**] jemanden gehen lassen
(5) **let someone into a secret** jemanden in ein Geheimnis einweihen
(6) **let someone know** jemandem Bescheid sagen
(7) **let us suppose …** nehmen wir an …
(8) **… let alone …** …, geschweige denn …
(9) vermieten; **to let!** zu vermieten!

> **? Grammatik** Die unregelmäßigen Vergangenheitsformen von **let** lauten **let — let**: *Susan* **let** *me in;* **has** *Peter* **let** *the dog out?*

> **? Grammatik** **let's** ist die Kurzform für **let us**: *Let's go for a walk.*

◆ **let down** (*enttäuschen*) im Stich lassen
◆ **let in** hinein-, hereinlassen
◆ **let off** **let someone off something** jemandem etwas erlassen
◆ **let out** heraus-, hinauslassen

**lethal** ['li:θl] tödlich
**let·ter** ['letəʳ] (1) Buchstabe
(2) Brief, Schreiben (**to** an)
**letterbox** (GB) Briefkasten
**let·tuce** ['letɪs] Kopfsalat
**level**[1] ['levl] (1) Höhe; **at eye level** in Augenhöhe
(2) **sea level** Meeresspiegel; **water level** Pegel, Wasserstand
(3) Niveau, Stand; **on a high/low level** auf hohem/niedrigem Niveau; **level of performance** Leistungsniveau
(4) (*in Gebäude*) Etage, Geschoss
**level**[2] ['levl] (1) *Boden:* eben; *Land:* flach; *Regal:* waagerecht
(2) gleich hoch; **be level with something** so hoch sein wie etwas
(3) **the two riders were level** die zwei Reiter waren auf gleicher Höhe
**lever** ['li:vəʳ, (USA) 'levəʳ] Hebel
**li·able** ['laɪəbl] (1) haftbar (**for** für); **be liable for something** für etwas haften
(2) **be liable to do something** dazu neigen, etwas zu tun; **he is liable to change his mind** es kann durchaus sein, dass er es sich anders überlegt
**liar** ['laɪəʳ] Lügner(in)
**lib·eral**[1] ['lɪbərəl] (1) freigebig, großzügig (**of** mit)
(2) liberal, aufgeschlossen
(3) (*politisch*) liberal
**lib·eral**[2] ['lɪbərəl] Liberale(r)
**lib·er·ate** ['lɪbəreɪt] befreien (**from** von)
**lib·er·ation** [ˌlɪbə'reɪʃn] (1) Befreiung
(2) **women's liberation** [**movement**] Frauenbewegung
**lib·er·ty** ['lɪbətɪ] Freiheit
**Libra** ['li:brə] (*Sternbild*) Waage
**li·brar·ian** [laɪ'breərɪən] Bibliothekar(in)
**li·brary** ['laɪbrərɪ] Bibliothek, Bücherei
**li·cence**, (USA) **li·cense** ['laɪsəns] (1) Genehmigung, Konzession, Lizenz
(2) **driving licence** (GB) Führerschein
**lick** [lɪk] lecken
**lid** [lɪd] (1) Deckel
(2) *von Auge:* Lid
**lie**[1] [laɪ] <lay, lain> liegen
◆ **lie about** herumliegen
◆ **lie down** sich hinlegen
**lie**[2] [laɪ] lügen; **lie to someone** jemanden anlügen
**lie**[3] [laɪ] Lüge; **tell a lie** lügen
**lie-in** [ˌlaɪ'ɪn] **have a lie-in** [sich] ausschlafen
**lieu·ten·ant** [lef'tenənt, (USA) lu:'tenənt] Leutnant; (GB) (*in der Armee*) Oberleutnant; (*in der Marine*) Kapitänleutnant
**life** [laɪf, *plural* laɪvz] <*plural* lives> (1) Leben
(2) Lebenszeit; **for life** auf Lebenszeit, lebenslänglich
(3) Lebensweise; **miners have a hard life** Bergarbeiter haben eine schwere Existenz
(4) (*Lebenskraft*) Schwung; **come to life** in Schwung kommen; **full of life** voller Leben, sehr lebendig
**life·belt** ['laɪfbelt] Rettungsring
**life·boat** ['laɪfbəʊt] Rettungsboot
**life·guard** ['laɪfgɑ:d] (1) Rettungsschwimmer(in)
(2) (*im Schwimmbad*) Bademeister(in)
**life jacket** Schwimmweste
**life sentence** lebenslängliche Freiheitsstrafe
**life·time** ['laɪftaɪm] Lebenszeit; **in** [*oder* **during**] **someone's lifetime** zu jemandes Lebzeiten; **the chance of a lifetime** die Chance meines/deines Lebens
**lift**[1] [lɪft] (1) [auf-, in die Höhe] heben
(2) aufheben *Sperre*
**lift**[2] [lɪft] (1) (GB) Aufzug, Fahrstuhl, Lift

② Mitfahrgelegenheit; **give someone a lift** jemanden mitnehmen, jemanden mitfahren lassen; **do you want a lift?** willst du mitfahren?, kann ich dich mitnehmen?

**lift·off** ['lɪftɒf] *von Rakete:* Abheben, Start

**light**[1] [laɪt] ① Licht, Helligkeit
② (*Lichtquelle*) Licht, Beleuchtung
③ (*am Auto*) **lights** Lichter, Scheinwerfer
④ **lights** (*umgangsspr*) Ampel; **turn right at the lights** an der Ampel rechts abbiegen
⑤ (*für Zigarette*) Feuer; **have you got a light?** haben Sie Feuer?
⑥ **in the light of** angesichts, im Hinblick auf
▸ IN WENDUNGEN: **come to light** an den Tag kommen

**light**[2] [laɪt] ① *auch Essen, Musik:* leicht
② *Farbe:* hell; **light blue** hellblau
③ **light reading** Unterhaltungslektüre
④ **travel light** mit wenig [*oder* leichtem] Gepäck reisen

**light**[3] [laɪt] <lit *oder* lighted, lit *oder* lighted>
① anzünden *Feuer*
② (*mit Scheinwerfern*) anstrahlen, be-, erleuchten; befeuern *Flugplatz*

> **? Grammatik** Die unregelmäßigen Vergangenheitsformen von **light** lauten **lit/lighted — lit/lighted**: *Vivian* **lit** *the candles; the room* **was lit** *only by candles.*

◆ **light up** ① aufleuchten
② beleuchten, erhellen *Himmel, Zimmer*
③ anzünden *Zigarette*

**light bulb** ['laɪtbʌlb] Glühbirne

**lighten**[1] ['laɪtn] ① (*auch übertragen*) heller machen, aufhellen
② hell werden, sich aufhellen

**lighten**[2] ['laɪtn] leichter machen

**lighter** ['laɪtəʳ] Feuerzeug

**light·hearted** [ˌlaɪt'hɑːtɪd] sorglos, unbeschwert

**light·house** ['laɪthaʊs] Leuchtturm

**light·ing** ['laɪtɪŋ] Beleuchtung

**light·ly** ['laɪtlɪ] ① leicht
② **get off lightly** glimpflich davonkommen
③ **treat something** [**too**] **lightly** etwas nicht ernst [genug] nehmen

**light·ning** ['laɪtnɪŋ] Blitz; **flash of lightning** Blitz, Blitzschlag; **be struck by lightning** vom Blitz getroffen werden

**like**[1] [laɪk] ① ähnlich, wie; **they are very like each other** sie sehen sich sehr ähnlich
② **what is it like?** wie ist es? wie sieht es aus?
③ **that's not like her** das ist nicht ihre Art
④ **something like that** so etwas Ähnliches
⑤ **I don't feel like work**[**ing**] **today** ich bin heute nicht zum Arbeiten aufgelegt
⑥ **it looks like rain**[**ing**] es sieht nach Regen aus

**like**[2] [laɪk] ① mögen, gern haben; **I like it** das gefällt mir, das mag ich; **he likes classical music** er mag klassische Musik
② wollen, gerne mögen; **would you like a cup of tea?** möchten Sie eine Tasse Tee?

**like**[3] [laɪk] Vorliebe

**like·li·hood** ['laɪklɪhʊd] Wahrscheinlichkeit

**like·ly** ['laɪklɪ] ① wahrscheinlich; **he is likely to come** es ist wahrscheinlich, dass er kommt; **it's likely to cause problems** das wird wahrscheinlich Probleme mit sich bringen
② *Geschichte:* glaubhaft; **a likely story!** das soll mal einer glauben!
③ **not likely** schwerlich, kaum; **very** [*oder* **most**] **likely** höchstwahrscheinlich, sehr wahrscheinlich

**li·lac** ['laɪlək] ① (*Pflanze*) Flieder
② (*Farbe*) Lila

**limb** [lɪm] [Körper]Glied

**lime** [laɪm] ① (*Frucht*) Limone
② (*Laubbaum*) Linde

**limit**[1] ['lɪmɪt] ① Grenze, Beschränkung; **a 30 mph speed limit** eine Geschwindigkeitsbegrenzung von 30 mph
② **time limit** Frist

**limit**[2] ['lɪmɪt] begrenzen, beschränken, einschränken

**limited** ['lɪmɪtɪd] ① begrenzt
② (*kommerziell*) beschränkt (**to** auf); **limited** [**liability**] **company**, **Ltd** Gesellschaft mit beschränkter Haftung [GmbH]

**limp**[1] [lɪmp] hinken

**limp**[2] [lɪmp] Hinken; **walk with a limp** hinken, humpeln

**limp**[3] [lɪmp] ① schlaff
② *Blumen:* welk

**line**[1] [laɪn] ① (*Schnur, Seil*) Leine
② [**telephone**] **line** [Telefon]Leitung; **bad line** schlechte Verbindung; **hold the line** am Apparat bleiben; **line engaged!** (USA), **line busy!** besetzt!
③ (*Markierung*) Linie, Strich
④ (*Sport*) [Grenz]Linie
⑤ (*in der Hand*) Handlinie; (*auf der Stirn*) Falte, Runzel
⑥ (*Bahnlinie*) Gleis, Strecke
⑦ (USA) [Menschen]Schlange; **stand in line** anstehen, Schlange stehen, sich anstellen (**for** um)
⑧ Reihe; **a line of trees** eine Baumreihe; **keep in line** in Reih und Glied bleiben

9 (*Reihe von Wörtern*) Zeile, Vers; **drop someone a line** jemandem ein paar Zeilen schreiben; **forget one's lines** (*auf der Bühne*) seinen Text vergessen
10 **line of business** Geschäftszweig

**line²** [laɪn] 1 lin[i]ieren *Papier*
2 entlang stehen an, säumen; **lined with trees** Baum bestanden
◆ **line up** 1 aufstellen
2 *Personen:* sich aufstellen; (USA) Schlange stehen
3 (*planen*) sorgen für, organisieren

**lin·en** ['lɪnɪn] 1 (*Material*) Leinen
2 (*Bett-, Tischwäsche*) Wäsche

**line-up** ['laɪnʌp] (*auch Sport*) Aufstellung

**lin·guist** ['lɪŋgwɪst] Linguist(in), Sprachwissenschaftler(in)

**lin·ing** ['laɪnɪŋ] 1 Futter, Futterstoff
2 (*technisch*) Auskleidung

**link¹** [lɪŋk] 1 [Ketten]Glied
2 (*übertragen*) Bindeglied, Verbindung

**link²** [lɪŋk] verbinden; **link arms** sich unterhaken

**link-up** ['lɪŋkʌp] Verbindung

**lion** ['laɪən] Löwe

**lion·ess** [laɪə'nes] Löwin

**lip** [lɪp] 1 Lippe
2 *eines Gefäßes:* Rand

**lip·stick** ['lɪpstɪk] Lippenstift

**liquid¹** ['lɪkwɪd] (*auch finanziell*) flüssig

**liquid²** ['lɪkwɪd] Flüssigkeit

**liquid·ize** ['lɪkwɪdaɪz] im Mixer pürieren

**liquid·izer** ['lɪkwɪdaɪzəʳ] Mixer

**liquor** ['lɪkɚ] (USA) Alkohol

**lisp** [lɪsp] lispeln

**list** [lɪst] Liste, Verzeichnis, Aufstellung; **shopping list** Einkaufszettel; **be on a list** auf einer Liste stehen; **put on a list** auf eine Liste setzen

**lis·ten** ['lɪsn] hören, horchen (**to** auf); **listen [out] for something** auf etwas horchen; **listen to someone** jemandem zuhören; **don't listen to him!** hören Sie nicht auf ihn!; **listen to the radio** Radio hören

**lis·tener** ['lɪsnəʳ] 1 Zuhörer(in); **be a good listener** gut zuhören können
2 *von Radio:* Hörer(in)

**lit** [lɪt] *2. und 3. Form von* **light**

**liter** ['liːtəʳ] (USA) Liter

**lit·er·acy** ['lɪtərəsɪ] Lese- und Schreibfertigkeit

**lit·er·ate** ['lɪtərət] des Lesens und Schreibens kundig

**lit·er·ature** ['lɪtrətʃəʳ] Literatur

**litre** ['liːtəʳ] (GB) Liter

**lit·ter¹** ['lɪtəʳ] 1 Abfall
2 (*neugeborene Tiere*) Wurf

**lit·ter²** ['lɪtəʳ] verstreuen; **be littered with something** mit etwas übersät sein

**little¹** ['lɪtl] 1 klein
2 **of little interest/value** von geringem Interesse/Wert
3 **in a little while** in kurzer Zeit, bald; **a little while ago** vor kurzem
4 wenig; **have little chance/money/time** kaum eine Chance/wenig Geld/Zeit haben; **I know little Spanish** ich kenne [nur] wenig Spanisch; **I go there very little** ich gehe sehr selten dorthin

> **? Grammatik** Als Steigerungsformen von **little** verwendet man im Englischen **smaller** und **smallest,** wenn es sich um Größenangaben handelt: *Kate is very little, but Josey is smaller. Louise is the smallest.* Bei Mengenangaben jedoch sind die Steigerungsformen **less** und **least**: *we have little money, but our friends have less, and our neighbours have (the) least of all.*

**little²** ['lɪtl] 1 **the little I know of him** das Wenige, was ich von ihm weiß
2 **a little** ein [klein] wenig, ein bisschen
3 **little by little** nach und nach, allmählich

**live¹** [laɪv] 1 (*am Leben*) lebend[ig]
2 *Kabel:* stromführend
3 **live broadcast** Originalübertragung, Livesendung
4 **broadcast live** direkt [*oder* live] übertragen

**live²** [lɪv] 1 leben
2 *Patient:* am Leben bleiben, überleben
3 wohnen (**with** bei, **at** in); **where do you live?** wo wohnen Sie?; **live with someone** mit jemandem zusammenleben
◆ **live on** 1 *Erinnerung:* weiterleben
2 leben von; **live on [a diet of] fish** sich von Fisch ernähren
◆ **live together** zusammenleben
◆ **live up to he has a lot to live up to** an ihn werden hohe Erwartungen gestellt

**live·ly** ['laɪvlɪ] 1 lebhaft, lebendig
2 *Beschreibung:* lebendig
3 (*umgangsspr*) aufregend

**liver** ['lɪvəʳ] Leber

**liv·ing¹** ['lɪvɪŋ] 1 lebend
2 **living conditions** Lebensbedingungen, Wohnverhältnisse

**liv·ing²** ['lɪvɪŋ] 1 Lebensunterhalt; **make a living as an artist** sein Auskommen als Maler
2 Leben; **standard of living** Lebensstandard

3 **the living** die Lebenden

**living room** Wohnzimmer

**liz·ard** ['lɪzəd] Eidechse

**load**¹ [ləʊd] 1 (*Fracht*) Ladung, Fuhre
2 *einer Achse:* Belastung, [Trag]Last
3 (*übertragen*) Last, Bürde
4 **a load of nonsense** [*oder* **rubbish**]! (*umgangsspr*) Quatsch! Blödsinn!
5 **loads of …** jede Menge …

**load**² [ləʊd] 1 laden
2 beladen *Transportmittel;* verladen *Ladung*
3 einen Film einlegen in *Fotoapparat*

**loaf** [ləʊf, *plural* 'ləʊvz] <*plural* loaves> 1 Laib, Brot
2 **meat loaf** Hackbraten

**loan**¹ [ləʊn] 1 (*finanziell*) Darlehen, Anleihe
2 Leihgabe; **on loan** leihweise, ausgeliehen; **have something on loan** etwas geliehen haben

**loan**² [ləʊn] [aus-, ver]leihen (**to** an)

**lobby** ['lɒbɪ] 1 *eines Hotels:* Eingangshalle
2 (*im Parlament*) Lobby, Wandelhalle
3 (*übertragen*) Lobby, Interessengruppe

**lo·cal**¹ ['ləʊkl] örtlich, lokal, ortsansässig, hiesig; **local call** Ortsgespräch; **local government** Gemeinde-, Kommunalverwaltung; **local paper** Lokalzeitung; **local time** Ortszeit

**lo·cal**² ['ləʊkl] 1 Ortsansässige(r)
2 (*umgangsspr*) Stammkneipe

**locally** [ləʊkəli] am [*oder* vor] Ort

**lo·cate** [ləʊ'keɪt, USA 'ləʊkeɪt] 1 (*finden*) ausfindig machen
2 (*plazieren*) errichten; einrichten *Firma, Gebäude*
3 **be located** liegen, sich befinden

**lo·ca·tion** [ləʊ'keɪʃn] 1 Lage, Standort
2 (*Tat*) Orts-, Lagebestimmung
3 *von Film:* Drehort

**loch** [lɒx] (*in Schottland*) See, Meeresarm

> **i Land & Leute** Das **Loch Ness Monster** ist ein riesiges, unbekanntes Wesen, das angeblich in den Gewässern des Loch Ness im Nordosten Schottlands lebt. Es soll eine Art Wasserdinosaurier mit einem langen wellenförmigen Schwanz sein. Einige Leute behaupten, das Ungeheuer gesehen zu haben, obwohl es bis heute keinen wirklich ernst zu nehmenden Nachweis dafür gibt. Geschichten darüber gibt es schon seit dem 6. Jh.

**lock**¹ [lɒk] 1 ab-, zuschließen
2 **lock someone in a room** jemanden in ein[em] Zimmer einschließen [*oder* einsperren]
3 *Räder:* blockieren

◆ **lock away** 1 wegschließen *Sache*
2 einsperren *Person*

◆ **lock in** einschließen, einsperren

◆ **lock out** aussperren

◆ **lock up** 1 abschließen *Sache*
2 wegschließen *Wertsachen*
3 einsperren *Person*

**lock**² [lɒk] 1 *von Tür:* Schloss
2 (*in Fluss, Kanal*) Schleuse

**locker** ['lɒkəʳ] Schließfach

**lodge** [lɒdʒ] 1 **lodge with someone** bei jemandem zur Untermiete wohnen
2 *Kugel:* stecken bleiben

**lodger** ['lɒdʒəʳ] Untermieter(in)

**lodg·ing** ['lɒdʒɪŋ] 1 **board and lodging** Kost und Logis
2 **lodgings** möbliertes Zimmer, möblierte Wohnung

**loft** [lɒft] Dachboden

**log** [lɒg] [Holz]Klotz, Block; (*für Feuer*) Holzscheit

**logic** ['lɒdʒɪk] Logik

**logi·cal** ['lɒdʒɪkl] logisch

**logo** ['lɒgəʊ] [Firmen]Logo

**lol·li·pop** ['lɒlɪpɒp] Lutscher

**lone·li·ness** ['ləʊnlɪnɪs] Einsamkeit

**lone·ly** ['ləʊnlɪ] einsam

**long**¹ [lɒŋ] 1 lang
2 **it's a long way to Scotland** bis nach Schottland ist es sehr weit
3 **I haven't seen him for a long time** ich habe ihn seit langem nicht mehr gesehen
4 **have you been waiting long?** warten Sie schon lange?
5 **all night long** die ganze Nacht
6 **take a long time** viel Zeit brauchen/nehmen
7 **don't be long!** beeil dich!
8 **in the long run** auf die Dauer
9 **as** [*oder* **so**] **long as** solange
10 **at the longest** höchstens, längstens
11 **before long** in kurzem
12 **no longer** nicht mehr
13 **long after** lange nachher, viel später; **long before** lange vorher, viel früher
14 **long ago** vor langer Zeit

**long**² [lɒŋ] sich sehnen (**for** nach)

**long-distance** **long-distance call** Ferngespräch; **long-distance flight** Langstreckenflug

**longi·tude** ['lɒŋgɪtju:d] [geographische] Länge

**long jump** Weitsprung

**long-life milk** ['lɒŋlaɪf] H-Milch

**long-sighted** [ˌlɒŋ'saɪtɪd] weitsichtig

**long-term** langfristig; **long-term effect** Langzeitwirkung

**long-winded** [ˌlɒŋˈwɪndɪd] langatmig

**loo** [luː] GB (*umgangsspr*) Klo

**look¹** [lʊk] ① sehen, schauen, gucken
② **look at someone/something** jemanden/etwas ansehen [*oder* anschauen]
③ Acht geben, aufpassen; **look where you're going!** pass auf, wo du gehst!
④ (*suchen*) nachsehen; **look and see** nachsehen
⑤ gehen nach; **this window looks south** dieses Fenster geht nach Süden
⑥ aussehen; **it looks like rain** es sieht nach Regen aus
⑦ **look here!** sieh her!, hör mal gut zu!
⑧ **he looks his age** man sieht ihm sein Alter an

**? Grammatik** **Look**, **see** oder **watch**? Man verwendet **look (at)** wenn man versucht, etwas oder jemanden zu sehen. Es wird nie von einem direkten Objekt gefolgt: *I've looked everywhere but I can't find my keys. Look at those trendy shoes over there!* Das Verb **see** bedeutet etwas oder jemanden mit den Augen wahrnehmen: *I saw your keys on the table. When did you last see Zoe? Das Verb* **watch** bedeutet länger beobachten oder zuschauen: *I like to watch television. She watched them play tennis.*

◆ **look after** sich kümmern um, aufpassen auf
◆ **look ahead** (*übertragen*) die Zukunft planen, vorausschauen
◆ **look at** ① ansehen; **look at one's watch** auf seine Uhr schauen
② sich ansehen, überprüfen *Bücher, Unterlagen*
③ (*überlegen*) betrachten
◆ **look back** **look back on** [*oder* **to**] **something** (*übertragen*) auf etwas zurückblicken
◆ **look for** suchen [nach]; **who are you looking for?** wen suchen Sie?
◆ **look forward to** sich freuen auf; **look forward to doing something** sich darauf freuen, etwas zu tun
◆ **look into** untersuchen, nachgehen
◆ **look on** zusehen
◆ **look out** ① **look out of the window** aus dem Fenster sehen
② aufpassen, Acht geben (**for** auf); **look out!** aufpassen! Achtung! Vorsicht!
◆ **look over** ① sich ansehen *Haus*
② durchsehen *Text*
③ mustern *Person*
◆ **look round** sich umsehen
◆ **look up** ① aufblicken, aufsehen (**at** auf)
② nachschlagen *Wort*

**look²** [lʊk] ① Blick; **have a look at something** [sich] etwas ansehen, einen Blick auf etwas werfen; **give someone a dirty look** jemandem einen vernichtenden Blick zuwerfen
② **the look on his face** sein Gesichtsausdruck
③ **looks** Aussehen; **good looks** gutes Aussehen
④ **I don't like the look of it** es gefällt mir nicht

**loop** [luːp] Schlinge, Schleife

**loop·hole** [ˈluːphəʊl] **a loophole in the law** eine Gesetzeslücke

**loose¹** [luːs] ① *Tier:* lose, frei
② *Knopf, Zahn:* lose, locker; **loose connection** Wackelkontakt
③ *Kleidung:* weit
④ **loose change** Kleingeld
⑤ **break loose** sich losreißen

**! Vorsicht Falle** **Loose** nicht mit **lose** verwechseln! **Loose** ist ein Adjektiv und beschreibt etwas, das nicht fest oder eng ist: *The screw is a bit loose. I like to wear loose trousers.* **Lose** hingegen ist ein Verb und bedeutet verlieren: *He might lose his job.*

**loose²** [luːs] **be on the loose** frei herumlaufen

**loosen** [ˈluːsn] [sich] lösen, [sich] lockern

**loot¹** [luːt] Beute

**loot²** [luːt] plündern

**lord** [lɔːd] ① Herr (**of** über)
② GB Lord; **the House of Lords** das [brit.] Oberhaus
③ **the Lord's Prayer** das Vaterunser
④ **Lord only knows where …** weiß der Himmel wo …

**lorry** [ˈlɒrɪ] GB Last[kraft]wagen, Lkw, Laster

**lose** [luːz] <lost, lost> ① verlieren, einbüßen
② versäumen *Gelegenheit*
③ *Uhr:* nachgehen
④ **be lost** verloren sein; **I'm lost** ich habe mich verlaufen; (*übertragen*) ich verstehe nichts mehr; **the child got lost** das Kind hatte sich verirrt
⑤ **get lost!** verschwinde! hau ab!
⑥ **lose oneself in a book** sich in einem Buch verlieren, ganz in einem Buch aufgehen
⑦ **lose one's temper** die Beherrschung verlieren
⑧ **lose sight of …** aus den Augen verlieren
⑨ **lose one's way** sich verirren, sich verlaufen
◆ **lose out** **lose out on a deal** große Verluste bei einem Geschäft erleiden

**loser** ['luːzəʳ] Verlierer(in)

**loss** [lɒs] 1 Verlust
2 **loss of appetite** Appetitlosigkeit; **loss of time** Zeitverlust; **loss in weight** Gewichtsverlust
3 **be at a loss how to do something** nicht wissen, wie man etwas anfangen soll

**lost**[1] [lɒst] *2. und 3. Form von* **lose**

**lost**[2] [lɒst] 1 verloren
2 verirrt

**lost-property office** Fundbüro

**lot** [lɒt] 1 (*Schicksal*) Los
2 (*bei Verlosung*) Los; **draw lots for something** um etwas losen
3 (*Land*) Parzelle; **parking lot** Parkplatz
4 (*umgangsspr*) Haufen; **you lot** ihr [alle]
5 (*bei Auktion*) Los
6 **a lot of, lots of** viele, eine Menge
7 **a lot** viel; **a lot better** viel besser; **I liked it a lot** es war sehr gut; **have lots** [*oder* **a lot**] **to do** viel zu tun haben
8 **the lot** alles, das Ganze

**lot·tery** ['lɒtərɪ] 1 Lotterie
2 (*übertragen*) Glücksspiel

**loud** [laʊd] 1 laut
2 (*übertragen*) *Farbe:* grell, schreiend; *Kleider:* auffällig
3 **say something out loud** etwas laut sagen

**loud·speaker** [ˌlaʊd'spiːkəʳ] Lautsprecher, Box

**lounge** [laʊndʒ] 1 (*im Hotel*) Gesellschaftsraum
2 (*im Flughafen*) Warteraum; **departure lounge** Abflughalle
3 (*im Haus*) Wohnzimmer

**lout** [laʊt] Lümmel, Flegel

**love**[1] [lʌv] 1 Liebe (**for, of, to, towards** zu); **love of adventure** Abenteuerlust; **love of cooking/life** Freude am Kochen/Leben
2 **be in love with someone** in jemanden verliebt sein; **fall in love with someone/something** sich in jemanden/eine Sache verlieben
3 **make love** sich lieben
4 (*Briefschluss*) [**with**] **love from …** [mit] herzliche[n] Grüße[n] von …
5 (*Grüße*) **send one's love to someone** jemanden grüßen lassen; **give him my love** grüßen Sie ihn von mir
6 (*Anrede*) Liebling, Schatz; **can I help you, love?** (*umgangsspr: im Geschäft*) was darf's denn sein?
7 (*Tennis*) **fifteen love** fünfzehn null

**love**[2] [lʌv] 1 lieben, lieb haben
2 (*übertragen*) [gern] mögen; **love to do something** etwas gern tun; **I'd love to go** ich würde [liebend] gern gehen

**love·ly** ['lʌvlɪ] 1 [wunder]schön, herrlich
2 (*umgangsspr*) toll, großartig; **lovely and warm** schön warm

**lover** ['lʌvəʳ] 1 Liebhaber(in), Geliebte(r); **they are lovers** sie sind ein Liebespaar
2 (*übertragen*) Liebhaber(in), Freund(in)

**love story** Liebesgeschichte

**lov·ing** ['lʌvɪŋ] 1 *Person:* liebend
2 *Blick:* liebevoll

**low**[1] [ləʊ] 1 niedrig
2 *Stimme, Ton, Verbeugung:* tief; **in a low voice** leise
3 *Wolke:* tief hängend
4 **be in low spirits** in gedrückter Stimmung sein, niedergeschlagen sein
5 *Herkunft, Rang:* niedrig, nieder
6 knapp; **we are a bit low on petrol** unser Benzin ist ein bisschen knapp; **our supplies are running low** unsere Vorräte gehen allmählich zur Neige

**low**[2] [ləʊ] 1 Tief[druckgebiet]
2 (*übertragen*) Tiefpunkt, Tiefstand

**lower**[1] ['ləʊəʳ] 1 niedriger; **lower jaw** Unterkiefe
2 tiefer [gelegen]; **lower down** weiter unten

**lower**[2] ['ləʊəʳ] 1 hinunter-, herunterlassen
2 senken *Blick, Stimme*
3 herabsetzen, senken *Preis*

**loyal** ['lɔɪəl] treu, loyal

**loyalty** ['lɔɪəltɪ] Treue, Loyalität

**luck** [lʌk] 1 Glück; **good luck** Glück; **bad luck** Pech, Unglück; **good luck!** viel Glück!; **for luck** als Glückbringer; **be in/out of luck** Glück/kein Glück haben; **tough luck!** (*umgangsspr*) so ein Pech!
2 Zufall, Schicksal; **as luck would have it** wie es der Zufall wollte

**luckily** ['lʌkɪlɪ] glücklicherweise

**lucky** ['lʌkɪ] **be lucky** Glück haben; **that's lucky** das ist ein Glück; **have a lucky escape** glücklich davonkommen; **lucky you!** du Glückliche(r)!

**lug·gage** ['lʌgɪdʒ] GB [Reise]Gepäck; **hand luggage** Handgepäck; **luggage rack** Gepäckablage

**luke·warm** [ˌluːk'wɔːm] *Flüssigkeit:* lauwarm

**lu·mi·nous** ['luːmɪnəs] leuchtend, Leucht-

**lump** [lʌmp] 1 Klumpen
2 (*im Körper*) Beule; (*krebsartig*) Knoten
3 **a lump of sugar** ein Stück Zucker

**lumpy** [lʌmpi] klumpig; **the custard is very lumpy** die Vanillesoße ist voller Klümpchen

**lu·nar** ['luːnəʳ] Mond-

**lu·na·tic**[1] ['luːnətɪk] blödsinnig, verrückt
**lu·na·tic**[2] ['luːnətɪk] Wahnsinnige(r)
**lunch** [lʌntʃ] Mittagessen; **have lunch** zu Mittag essen
**lunch·time** ['lʌntʃtaɪm] Mittag[szeit]
**lung** [lʌŋ] Lunge
**lust** [lʌst] ① Gier; **lust for power** Machtgier ② (*sexuell*) Begierde (**for** nach)
**lux·ury** ['lʌkʃərɪ] ① Luxus ② Luxus[gegenstand]; **luxury goods** Luxusgüter
**lyrics** ['lɪrɪks] *eines Liedes:* Text

# Mm

**ma** [mɑː] (*umgangsspr*) Mama, Mutti
**ma·chine** [mə'ʃiːn] Maschine
**mad** [mæd] ① verrückt; **go mad** verrückt werden; **drive someone mad** jemanden wahnsinnig machen; **like mad** wie verrückt ② **be mad at** [*oder* **with**] **someone** auf jemanden böse sein; **be mad about** [*oder* **at**] **something** über etwas wütend sein ③ **be mad about** [*oder* **on**] **something** auf etwas versessen sein ④ **mad cow disease** Rinderwahnsinn
**madam** ['mædəm] gnädige Frau
**made** [meɪd] *2. und 3. Form von* **make**

> **! Vorsicht Falle** **Made of** oder **made from**?
> **Made of** sagt man, wenn man das Material meint, aus dem ein Gegenstand hergestellt ist: *my desk is made of wood.* **Made from** sagt man dagegen, wenn man den Rohstoff meint, aus dem etwas hergestellt ist: *paper is made from wood.*

**made-up** ['meɪdʌp] ① *Geschichte:* erfunden ② *Gesicht:* geschminkt
**mad·ly** ['mædlɪ] ① wie verrückt ② (*umgangsspr*) wahnsinnig
**mad·ness** ['mædnɪs] Wahnsinn
**maga·zine** [ˌmægə'ziːn, USA 'mægəziːn], **mag** [mæg] (*umgangsspr*) Zeitschrift, Magazin
**magic**[1] ['mædʒɪk] ① Magie, Zauberei ② (*übertragen*) Zauber; **as if by magic** wie durch ein Wunder
**magic**[2] ['mædʒɪk] Zauber-, magisch
**ma·gician** [mə'dʒɪʃn] ① (*literarisch*) Magier(in) ② (*Künstler*) Zauberer, Zauberin
**mag·net** ['mægnɪt] (*auch übertragen*) Magnet
**mag·net·ic** [mæg'netɪk] magnetisch
**mag·nifi·cent** [mæg'nɪfɪsnt] prächtig, prunkvoll, großartig
**mag·nify** ['mægnɪfaɪ] vergrößern; **magnifying glass** Vergrößerungsglas, Lupe
**maiden name** Mädchenname
**mail**[1] [meɪl] Post; **send by** [*oder* **via**] **air mail** mit Luftpost verschicken
**mail**[2] [meɪl] mit der Post [ver]senden, abschicken, aufgeben
**mail·box** ['meɪlbɒks] ① USA Briefkasten ② (*Computing*) Mailbox
**mail·man** ['meɪlmæn] <*plural* mailmen> USA Briefträger
**main** [meɪn] Haupt-; **main thing** Hauptsache
**main·land** ['meɪnlænd] Festland
**main·ly** ['meɪnlɪ] hauptsächlich, in erster Linie
**main road** Haupt[verkehrs]straße
**main·tain** [meɪn'teɪn] ① aufrechterhalten ② warten *Maschine* ③ in Stand halten *Gebäude* ④ unterhalten *Beziehungen, Familie, Straße* ⑤ halten, behaupten *Stellung* ⑥ (*mit Worten*) behaupten, vertreten
**maj·esty** ['mædʒəstɪ] Majestät
**ma·jor**[1] ['meɪdʒəʳ] ① größer, Haupt-, bedeutend[er]; **major road** Hauptverkehrsstraße ② (*Musik*) Dur; **A flat major** As-Dur
**ma·jor**[2] ['meɪdʒəʳ] ① Major ② USA Hauptfach
**ma·jor·ity** [mə'dʒɒrətɪ] Mehrheit; **the majority of cases** die Mehrzahl der Fälle
**make**[1] [meɪk] <made, made> ① machen *Bemerkung, Fehler, Vorschlag etc.;* treffen *Entscheidung;* halten *Rede;* geben *Versprechen* ② anfertigen *Kleidung* ③ (*industriell*) herstellen (**from, of** aus, **into** zu) ④ **make bread/a cake** Brot/einen Kuchen backen ⑤ [zu]bereiten *Mahlzeit, Tee* ⑥ ausdenken, formulieren *Plan* ⑦ ergeben *Summe;* **1 plus 1 makes 2** 1 und 1 ist 2 ⑧ erwerben, verdienen *Geld;* einstreichen, einstecken *Gewinn;* erleiden *Verlust* ⑨ noch erreichen *Zug* ⑩ + *Adjektiv* (*Zustand*) **make oneself useful** sich nützlich machen; **make oneself heard** sich Gehör verschaffen ⑪ **he was made Foreign Secretary** er wurde zum Außenminister ernannt ⑫ + *Infinitiv* **make someone laugh** jemanden zum Lachen bringen; **make someone under-**

**stand** jemandem etwas verständlich machen; **make oneself do something** sich dazu zwingen, etwas zu tun
(13) **it makes no difference to me** es ist mir gleich
(14) **we've made it!** wir haben es geschafft!
(15) **what time do you make it?** wie spät hast du es?

> **? Grammatik** Die unregelmäßigen Vergangenheitsformen von **make** lauten **made — made**: *Jenny* **made** *her own jacket; the puppy* **has made** *a mess in the living-room.*

◆ **make of** halten von; **what do you make of him?** was hältst du von ihm?
◆ **make out** (1) (*verstehen*) herausbekommen, entziffern
(2) aufstellen *Liste*
(3) ausstellen *Rechnung, Scheck*
(4) behaupten
◆ **make up** (1) erfinden, sich ausdenken *Ausrede*
(2) schminken *Gesicht*
(3) **make up one's mind** sich entschließen
(4) sich versöhnen
◆ **make up for** (1) ausgleichen
(2) wettmachen (**with** durch); **make up for the loss of someone/lack of something** jemanden/etwas ersetzen; **make up for lost time** verlorene Zeit wieder aufholen

**make**[2] [meɪk] Marke, Fabrikat

**make-up** ['meɪkʌp] Make-up, Schminke; (*im Theater*) Maske

**male**[1] [meɪl] (1) männlich
(2) Männer-

**male**[2] [meɪl] (1) (*Mensch*) Mann
(2) (*Tier*) Männchen

**mall** [mɔːl] Einkaufszentrum

**mam·mal** ['mæml] Säugetier

**man** [mæn, *plural* men] <*plural* men> (1) Mann
(2) *ohne Artikel* der Mensch; **man evolved from the apes** der Mensch stammt vom Affen ab
(3) **man, that's wicked!** (*slang*) Mensch, das ist ja geil!

**man·age** ['mænɪdʒ] (1) leiten *Betrieb*
(2) managen *Künstler, Sportler*
(3) zurechtkommen mit *Kinder*
(4) bewältigen, schaffen *Aufgabe;* **he managed it very well** er hat das sehr gut gemacht; **manage to do something** es schaffen, etwas zu tun
(5) **manage without something** ohne etwas auskommen

**man·age·ment** ['mænɪdʒmənt] Leitung, Management

**man·ager** ['mænɪdʒəʳ] (1) *einer Firma:* Geschäftsführer(in), Manager(in)
(2) *eines Künstlers, Sportlers:* Manager(in), Trainer(in)

**man·ager·ess** [ˌmænɪdʒə'res] Geschäftsführerin, Managerin

**man·kind** [ˌmæn'kaɪnd] die Menschheit

**man-made** ['mænmeɪd] künstlich [hergestellt], Kunst-

**man·ner** ['mænəʳ] (1) Art, Weise
(2) **manners** Benehmen, Manieren; **it's bad manners** es schickt sich nicht

**manor** ['mænəʳ] **manor house** Herrenhaus

**man·tel·piece** ['mæntlpiːs] Kaminsims

**man·ual**[1] ['mænjʊəl] manuell; **manual labour** körperliche Arbeit

**man·ual**[2] ['mænjʊəl] Handbuch

**manu·fac·ture**[1] [ˌmænjʊ'fæktʃəʳ] Herstellung, Fertigung

**manu·fac·ture**[2] [ˌmænjʊ'fæktʃəʳ] herstellen, fertigen

**manu·fac·turer** [ˌmænjʊ'fækʃərəʳ] Hersteller, Fabrikant

**many** ['menɪ] <more, most> viele; **as many** ebenso viele; **as many as 100** sage und schreibe 100; **a good** [*oder* **great**] **many** sehr viele; **many a time** so manches Mal

**map** [mæp] (1) [Land]Karte
(2) Stadtplan

**mara·thon** ['mærəθən] Marathon[lauf]

**marble** ['mɑːbl] (1) (*Gestein*) Marmor
(2) (*Spielzeug*) Murmel

**March** [mɑːtʃ] März

**march**[1] [mɑːtʃ] (1) marschieren
(2) **march someone off** jemanden abführen

**march**[2] [mɑːtʃ] Marsch

**mar·gar·ine** [ˌmɑːdʒə'riːn], **marge** [mɑːdʒ] (*umgangsspr*) Margarine

**mar·gin** ['mɑːdʒɪn] (1) Rand; **in the margin** am Rande
(2) (*übertragen*) **margin of error** Fehlerspielraum; **by a narrow margin** knapp

**mar·ine**[1] [mə'riːn] See-, Meer[es]-

**mar·ine**[2] [mə'riːn] Marineinfanterist; **the Marines** die Marineinfanterie

**marital status** Familienstand

**mark**[1] [mɑːk] (*Währungseinheit*) Mark

**mark**[2] [mɑːk] (1) Spur; (*auf Kleidung, Teppich*) Fleck
(2) **distinguishing marks** besondere Kennzeichen [*oder* Merkmale]
(3) (*in der Schule*) Note, Zensur

④ Markierung
► In Wendungen: **on your marks! get set! go!** Auf die Plätze! Fertig! Los!

**mark**[3] [mɑːk] ① Flecken machen auf *Teppich, Kleidung*
② kennzeichnen, markieren; **mark something in red** etwas rot anstreichen
③ benoten, zensieren *Prüfungsaufgabe;* **mark something wrong** etwas als Fehler anstreichen
④ (*Sport*) decken, markieren *Gegenspieler*

**marker** [ˈmɑːkəʳ] ① *einer Prüfung:* Korrektor(in)
② (*Sport*) Bewacher(in); *eines Gegenspielers:* Beschatter(in)

**mar·ket**[1] [ˈmɑːkɪt] Markt

**mar·ket**[2] [ˈmɑːkɪt] vertreiben

**market place** Markt[platz]

**mar·ma·lade** [ˈmɑːməleɪd] Marmelade aus Zitrusfrüchten

> **i Land & Leute** In Großbritannien isst man oft zum Frühstück **Marmite**® auf Toast oder auf dem Pausenbrot. Dieser dunkle Brotaufstrich besteht aus Gemüse- und Hefeextrakt und schmeckt sehr streng.

**mar·riage** [ˈmærɪdʒ] ① (*Zustand*) Ehe
② (*Zeremonie*) Heirat, Hochzeit (**to** mit)

**mar·ried** [ˈmærɪd] verheiratet (**to** mit); **get married** [sich ver]heiraten; **married couple** Ehepaar

**marry** [ˈmærɪ] ① **marry someone, get married to someone** jemanden heiraten, sich mit jemandem verheiraten
② *Pfarrer:* **marry someone to someone** jemanden mit jemandem trauen

**mar·vellous**, (USA) **mar·velous** [ˈmɑːvləs] wunderbar, fantastisch

**mas·cu·line** [ˈmæskjʊlɪn] männlich

**mash**[1] [mæʃ] ① Brei
② (*umgangsspr*) Kartoffelbrei

**mash**[2] [mæʃ] [zer]stampfen; **mashed potatoes** Kartoffelbrei

**mask** [mɑːsk] Maske

**mass**[1] [mæs] (*Gottesdienst*) Messe

**mass**[2] [mæs] ① Masse
② *von Menschen:* Menge
③ (*umgangsspr*) **masses of** massenhaft, massig; **we have masses of time** wir haben jede Menge Zeit

**mass·acre** [ˈmæsəkəʳ] Massaker

**mas·sage**[1] [ˈmæsɑːʒ] Massage

**mas·sage**[2] [ˈmæsɑːʒ] massieren

**mass·ive** [ˈmæsɪv] ① massiv, wuchtig
② *Aufgabe:* gewaltig
③ *Schulden:* enorm, riesig

**mas·ter**[1] [ˈmɑːstəʳ] ① Herr
② Meister
③ Lehrer

**mas·ter**[2] [ˈmɑːstəʳ] ① unter Kontrolle bringen
② bewältigen *Aufgabe*
③ beherrschen *Fähigkeit*

**master·piece** [ˈmɑːstəpiːs] Meisterwerk

**mat** [mæt] ① Matte; **door mat** Türvorleger
② (*auf Tisch*) Untersetzer; **beer mat** Bierdeckel

**match**[1] [mætʃ] Spiel, Match; **boxing match** Boxkampf

**match**[2] [mætʃ] zusammenpassen (**with** zu)

**match**[3] [mætʃ] Streichholz, Zündholz

**match·box** Streichholzschachtel

**mate**[1] [meɪt] ① Freund(in), Kamerad(in); **listen, mate!** jetzt hör mal, Freundchen!
② (*bei Tieren*) Männchen, Weibchen

**mate**[2] [meɪt] (*beim Schach*) Matt

**mate**[3] [meɪt] sich paaren

**ma·terial** [məˈtɪərɪəl] Material, Stoff

**math** [mæθ] (USA) (*umgangsspr*) Mathe

**math·emat·ical** [ˌmæθəˈmætɪkl] mathematisch

**math·ema·tician** [ˌmæθəməˈtɪʃn] Mathematiker(in)

**mathe·mat·ics** [ˌmæθəˈmætɪks] ⚠ *mit Singular* Mathematik

**maths** [mæθs] ⚠ *mit Singular* (GB) (*umgangsspr*) Mathe

**mat·ter**[1] [ˈmætəʳ] ① (*in der Physik*) Materie, Stoff
② Sache, Angelegenheit; **to make matters worse** zu allem Unglück; **it's a matter of life and death** es geht um Leben und Tod; **a matter of taste** [eine] Geschmackssache; **a matter of time** eine Frage der Zeit
③ **for that matter, as a matter of fact** eigentlich
④ **no matter what he does** ganz gleich, was er tut
⑤ **no matter!** macht nichts!
⑥ **what's the matter** [**with you**]? was ist [denn] [mit dir] los?

**mat·ter**[2] [ˈmætəʳ] von Bedeutung (**to** für); **it doesn't matter** es macht nichts; **it doesn't matter to me what you do** es ist mir egal, was du machst

**mat·tress** [ˈmætrɪs] Matratze

**ma·ture** [məˈtjʊəʳ] ① *Person:* reif; *Kind:* vernünftig
② *Käse:* reif

**maxi·mum**[1] [ˈmæksɪməm, *plural* ˈmæksɪmə] <*plural* maximums *oder* maxima> Maximum

**maxi·mum**[2] ['mæksɪməm] Höchst-, maximal

**may** [meɪ] <might> ① können; **it may** [*oder* **might**] **rain** es könnte regnen; **it may be that ...** vielleicht ...; **you may be right** Sie könnten Recht haben; **we may** [*oder* **might**] **as well go** ich glaube, wir können gehen
② dürfen; **may I go now?** darf ich jetzt gehen?
③ **may you both be happy!** ich wünsche euch beiden viel Glück; **may the best man win!** auf dass der Beste gewinnt!

> **? Grammatik** Das Verb **may** (= dürfen) verwendet man, um höflicher um Erlaubnis zu bitten: *may I have some more pudding, please?* Man kann jedoch auch mit **can** fragen, ob man etwas darf: *can I borrow your pen, please?*

**May** [meɪ] Mai; **in May** im Mai; **May Day** der 1. Mai, Maifeiertag

**may·be** ['meɪbiː] vielleicht

**mayor** [meəʳ] Bürgermeister

**me** [miː] ① mich; **she is taller than me** sie ist größer als ich
② mir; **give me my pen back!** gib mir meinen Stift zurück!
③ (*umgangsspr*) ich; **it's me** ich bin's

**meal** [miːl] Mahlzeit, Essen; **go for a meal** essen gehen

**mean**[1] [miːn] <meant, meant> ① meinen
② vorhaben, beabsichtigen; **mean to do something** etwas tun wollen; **be meant for someone** für jemanden bestimmt sein
③ ernst meinen; **I/he didn't mean it** das war nicht ernst gemeint
④ sagen wollen (**by** mit); **what do you mean by that?** was willst du damit sagen?; **I meant it as a joke** das sollte ein Witz sein
⑤ *Wort:* bedeuten

> **? Grammatik** Die unregelmäßigen Vergangenheitsformen von **mean** lauten **meant — meant**: *we* **meant** *to go to the park but it started to rain; it* **was meant** *to be a joke*

**mean**[2] [miːn] ① (*mit Geld*) geizig, knauserig
② *Verhalten:* gemein
③ (*umgangsspr*) spitze

**mean·ing** ['miːnɪŋ] Sinn, Bedeutung

**means** [miːnz] ⚠ *im Singular* Möglichkeit, Mittel; **by means of something** durch etwas, mittels einer Sache
▸ IN WENDUNGEN: **by some means or other** auf irgendeine Art und Weise; **by all means** unbedingt, aber selbstverständlich; **by no means** keineswegs

**meant** [ment] *2. und 3. Form von* **mean**

**mean·time** ['miːntaɪm] inzwischen; **in the meantime** in der Zwischenzeit

**mean·while** ['miːnwaɪl] inzwischen

**measles** ['miːzlz] ⚠ *mit Singular* Masern

**measure**[1] ['meʒəʳ] ① Maß, Maßeinheit
② (*übertragen*) Maßstab; **a measure of truth** ein gewisses Maß an Wahrheit
③ Maßnahme; **take measures** Maßnahmen ergreifen

**measure**[2] ['meʒəʳ] ① messen; **measure someone** jemandem Maß nehmen
② abmessen *Länge*
③ ausmessen *Raum*

**measure·ment** ['meʒəmənt] ① (*Vorgang*) Messung
② **measurements** *plural* Maße; **take someone's measurements** bei jemandem Maß nehmen

**meat** [miːt] Fleisch

**medal** ['medl] ① (*im Sport*) Medaille
② (*für Verdienste*) Orden

**medal·list** ['medəlɪst] Medaillengewinner(in)

**medi·cal**[1] ['medɪkl] medizinisch, ärztlich; **medical insurance** Krankenversicherung

**medi·cal**[2] ['medɪkl] ärztliche Untersuchung

**medi·cine** ['medsn, USA 'medɪsn] ① (*Wissenschaft*) Medizin, Heilkunde; **practise medicine** den Arztberuf ausüben
② (*Medikament*) Arznei

**medi·eval** [ˌmedɪ'iːvl] mittelalterlich

**medi·tate** ['medɪteɪt] nachdenken (**on, upon** über), meditieren

**Medi·ter·ra·nean** [ˌmedɪtə'reɪnɪən] Mittelmeer; **the Mediterranean climate** das Mittelmeerklima

**me·dium** ['miːdɪəm] ① mittlere(r, s), mittel-; **of medium height** mittelgroß
② *Steak:* medium, halb durch

**meet** [miːt] <met, met> ① treffen, [sich] begegnen, sich treffen [mit]; **arrange to meet someone** sich mit jemandem verabreden
② bekannt werden mit, kennen lernen; **have you two met before?** kennen Sie sich schon?; **pleased to meet you!** sehr angenehm!
③ abholen
④ (*Sport*) treffen auf *Gegner*
⑤ **their eyes met** ihre Blicke trafen sich
⑥ *Gesellschaft:* sich versammeln, tagen
◆ **meet with** ① stoßen auf *Widerstand*
② erleiden *Unfall*
③ USA treffen *Mensch*

**? Grammatik** **Meet — get to know — know:** Wenn man jemanden zum ersten Mal kennenlernt und/oder mit dieser Person redet, verwendet man **meet someone:** *I met John on holiday in Spain.* Wenn man jemanden dann näher kennen lernt, heißt das im Englischen **get to know someone:** *I got to know him and we became friends.* Jetzt kann man auch sagen, dass man diese Person kennt und verwendet nun das Wort **know:** *I have known John for six months.*

**meet·ing** [ˈmiːtɪŋ] 1 Treffen, Begegnung
2 (*offiziell*) Besprechung, Sitzung, Versammlung
3 (*Sport*) Veranstaltung
**meet·ing place** Treffpunkt
**melon** [ˈmelən] Melone
**melt** [melt] 1 *Schnee, Teer:* schmelzen
2 *Butter:* zergehen
**mem·ber** [ˈmembəʳ] 1 Mitglied
2 **Member of Parliament** (*in GB*) Abgeordnete(r) des Unterhauses; (*in BRD*) Bundestagsabgeordnete(r)
3 **member of staff** (*in Betrieb*) Mitarbeiter(in); (*in Schule*) Kollege/Kollegin
**mem·ber·ship** [ˈmembəʳʃɪp] 1 Mitgliedschaft (**of** in)
2 Mitgliederzahl
**mem·or·ial** [mɪˈmɔːrɪəl] Denkmal, Gedenkstätte

**i Land & Leute** Am **Memorial Day**, am letzten Montag im Mai, gedenken die Amerikaner der Gefallenen aller US-Kriege. Es ist, außer in ein paar Südstaaten, ein gesetzlicher Feiertag.

**mem·or·ize** [ˈmeməraɪz] sich einprägen, auswendig lernen
**mem·ory** [ˈmemərɪ] 1 (*Erinnerungsvermögen*) Gedächtnis; **from memory** aus dem Kopf
2 Erinnerung (**of** an)
3 *von Computer:* Speicher
4 **in memory of** zur Erinnerung an
**men** [men] *Pluralform von* **man**
**mend** [mend] 1 ausbessern, reparieren
2 flicken *Kleidung*
**men's room** [ˈmenzˌruːm] (USA) Herrentoilette
**men·tal** [ˈmentl] geistig, seelisch; **mental arithmetic** Kopfrechnen; **mental breakdown** Nervenzusammenbruch
**men·tal·ly** [ˈmentəlɪ] geistig; **mentally handicapped** geistig behindert
**men·tion** [ˈmenʃn] erwähnen; **not to mention ...** abgesehen von, ganz zu schweigen von; **don't mention it!** keine Ursache! gern geschehen!
**menu** [ˈmenjuː] 1 (*im Restaurant*) Speisekarte
2 (*am Bildschirm*) Menü
**mercy** [ˈmɜːsɪ] Gnade, Erbarmen
**mere** [mɪəʳ] bloß, nichts als, rein; **the merest hint** die kleinste Andeutung; **the mere thought of it** allein der Gedanke daran
**mere·ly** [ˈmɪəlɪ] bloß, nur, lediglich
**merry** [ˈmerɪ] 1 fröhlich, lustig, vergnügt; **Merry Christmas!** fröhliche Weihnachten!
2 (*umgangsspr*) beschwipst
**mess** [mes] 1 Unordnung, Durcheinander; **be in a mess** unordentlich sein, ein Durcheinander sein; **make a mess of something** (*übertragen*) etwas verpfuschen
2 Schmutz, Dreck
3 **get into a mess** in Schwierigkeiten geraten
◆ **mess about**, **mess around** 1 herumpfuschen (**with** an); **mess about with computers** an Computern herumspielen/herumbasteln; **he likes messing about in boats** es macht ihm Spaß, in Booten herumzugondeln
2 **stop messing me about!** hör auf, mich an der Nase herumzuführen
3 herumalbern; **will you stop messing about!** hör endlich mit dem Blödsinn auf!
◆ **mess up** 1 in Unordnung bringen
2 (*übertragen*) verpfuschen, vermasseln
**mes·sage** [ˈmesɪdʒ] 1 Mitteilung, Nachricht
2 **I get the message** (*slang*) [ich hab] schon kapiert
**messy** [ˈmesɪ] 1 unordentlich
2 schmutzig, dreckig
3 (*übertragen*) *Situation:* vertrackt
**met** [met] *2. und 3. Form von* **meet**
**me·tal** [ˈmetl] Metall
**me·ter¹** [ˈmiːtəʳ] Zähler; **gas-meter** Gasuhr; **parking-meter** Parkuhr
**me·ter²** [ˈmiːtəʳ] (USA) Meter
**method** [ˈmeθəd] Methode, Verfahren
**metre** [ˈmiːtəʳ] 1 Meter
2 (*in Gedicht*) Versmaß
**met·ric** [ˈmetrɪk] metrisch
**mice** [maɪs] *Pluralform von* **mouse**
**mickey** [ˈmɪkɪ] **take the mickey** [**out of someone/something**] (*umgangsspr*) jemanden/etwas durch den Kakao ziehen
**micro·phone** [ˈmaɪkrəfəʊn] Mikrofon
**micro·scope** [ˈmaɪkrəskəʊp] Mikroskop
**micro·wave** (**oven**) [ˈmaɪkrəʊweɪv] Mikrowelle[nherd]
**mid** [mɪd] Mittel-; **in mid-morning** mitten am Vormittag; **from mid-May to mid-June** von

Mitte Mai bis Mitte Juni; **in mid-air** in der Luft; **she's in her mid-twenties** sie ist Mitte dreißig; **in the mid-nineties** Mitte der neunziger Jahre

**mid·day** [ˌmɪd'deɪ] Mittag; **at midday** mittags

**middle**[1] ['mɪdl] Mitte, mittlerer Teil; **in the middle of the night** mitten in der Nacht; **in the middle of reading** gerade beim Lesen

**middle**[2] ['mɪdl] mittlere(r, s), Mittel-

**middle-aged** [ˌmɪdl'eɪdʒd] mittleren Alters

**middle-class** [ˌmɪdl'klɑːs] bürgerlich

**Middle East** Naher Osten

**Mid·lands** ['mɪdləndz] **the Midlands** Mittelengland

**mid·night** ['mɪdnaɪt] Mitternacht; **at midnight** um Mitternacht

**mid·way** [ˌmɪd'weɪ] auf halbem Weg[e] (**between** zwischen)

**mid·week** [ˌmɪd'wiːk] Mitte der Woche

**might** [maɪt] **it might rain** es könnte regnen; **you might be right** Sie könnten Recht haben; **we might as well go** ich glaube, wir können gehen; **you might have told me!** du hättest mir das sagen können!; **I might have guessed** [*oder* **known**] das hätte ich mir denken können

**mike** [maɪk] (*umgangsspr*) Mikrofon

**mild** [maɪld] ① *Geschmack:* leicht, mild
② *Klima:* mild

**mild·ly** ['maɪdlɪ] leicht, milde; **to put it mildly** gelinde gesagt

**mile** [maɪl] ① Meile (*1,61 km*); [**for**] **miles and miles** meilenweit; **a 30-mile journey** eine Fahrt von 30 Meilen
② (*übertragen*) **be miles away** mit den Gedanken ganz woanders sein; **miss/win by miles** meilenweit verfehlen/haushoch gewinnen

**mili·tary** ['mɪlɪtrɪ] militärisch; **military service** Militärdienst, Wehrdienst

**milk**[1] [mɪlk] Milch

**milk**[2] [mɪlk] melken

**milk chocolate** [Voll]Milchschokolade

**milk·man** ['mɪlkmən] <*plural* milkmen> Milchmann

**mill** [mɪl] Mühle

**mil·len·ni·um** [mɪ'lenɪəm, *plural* mɪ'lenɪə] <*plural* millennia> Jahrtausend; **at the turn of the millennium** um die Jahrtausendwende

**i Land & Leute** **London Eye** ist der umgangssprachliche Name für das **Millennium Wheel** (Riesenrad), das von British Airways am Südufer der Themse in London errichtet wurde, um den Jahreswechsel 1999/2000 zu feiern. Es besitzt 32 getrennte Abteile, die einen während einer 30-minütigen Fahrt in 135 m Höhe bringen. Von oben kann man dann fast 40 km weit sehen. Im Riesenrad können bis zu 800 Fahrgäste mitfahren. Nach fünf Jahren wird das Rad wieder abgebaut und an einem anderen Ort errichtet.

**mil·ler** ['mɪləʳ] Müller

**mil·li·gram(me)** ['mɪlɪgræm] Milligramm

**mil·li·me·tre**, (USA) **mil·li·me·ter** ['mɪlɪmiːtəʳ] Millimeter

**mil·lion** ['mɪlɪən] Million

**mil·lion·aire** [ˌmɪlɪə'neəʳ] Millionär(in)

**mince** [mɪns] (GB) Hackfleisch

**i Land & Leute** In Großbritannien isst man zu Weihnachten **mince pies**, kleine, runde Gebäckstückchen, die mit **mincemeat** (einer Mischung aus Rosinen, Sultaninen, Zitronat, Äpfeln und Gewürzen) gefüllt sind.

**mince pie** gefüllte [süße] Pastete

**mind**[1] [maɪnd] ① (*Intellekt*) Geist, Verstand; **be out of one's mind** verrückt sein
② Gedanken; **have one's mind on other things** mit den Gedanken woanders sein; **keep one's mind on** achten, aufpassen auf; **that'll take your mind off things** das wird Sie auf andere Gedanken bringen
③ (*Erinnerung*) Gedächtnis; **bear** [*oder* **keep**] **something in mind** etwas nicht vergessen
④ (*Neigung*) Absicht; **have in mind to do something** vorhaben, etwas zu tun
⑤ Meinung, Ansicht; **change one's mind** seine Meinung ändern; **make up one's mind** zu einem Entschluss kommen

**mind**[2] [maɪnd] ① achten, aufpassen auf; **mind what you're doing!** pass doch auf!; **mind the step!** Vorsicht Stufe!; **mind the dog!** Warnung vor dem Hund!
② **mind your own business!** kümmern Sie sich um Ihre [eigenen] Angelegenheiten!
③ **do you mind me smoking** [*oder* **if I smoke**]**?** macht es Ihnen etwas aus, wenn ich rauche?; **would you mind opening the window?** würden Sie bitte das Fenster öffnen?; **no one seemed to mind** niemand schien etwas dagegen zu haben; **... if you don't mind my asking** ... wenn ich fragen darf
④ **mind you** allerdings
⑤ **never mind** macht nichts, ist doch egal, mach dir nichts draus; **never mind about that now!** lass das doch jetzt

**mine**[1] [maɪn] meine(r, s); **this is mine** das gehört mir; **a friend of mine** ein Freund von mir

**mine**[2] [maɪn] ① Bergwerk, Grube, Zeche ② (*Sprengkörper*) Mine

**mine**[3] [maɪn] ① Bergbau treiben, graben (**for** nach) ② abbauen, schürfen *Bodenschätze* ③ fördern *Kohle* ④ (*mit Minen*) verminen

**miner** ['maɪnəʳ] Bergmann, Kumpel

**mini·mum** ['mɪnɪməm] Minimum; **minimum wage** Mindestlohn

**min·ing** ['maɪnɪŋ] Bergbau

**mini·skirt** ['mɪnɪskɜːt] Minirock

**min·ister** ['mɪnɪstəʳ] ① (*politisch*) Minister(in) ② (*religiös*) Pfarrer(in), Pastor(in)

**min·is·try** ['mɪnɪstrɪ] (*politisch*) Ministerium; **Ministry of the Environment** Umweltministerium

**mi·nor** ['maɪnəʳ] ① kleiner, unbedeutend, unwichtig ② *Verletzung:* leicht ③ (*Musik*) Moll-; **C Minor** c-Moll

**mi·nor·ity** [maɪ'nɒrətɪ] Minderheit

**mint** [mɪnt] ① (*Pflanze*) Minze; **mint sauce** Minzsoße ② (*Bonbon*) Pfefferminz[bonbon]

**minus**[1] ['maɪnəs] ① weniger, minus; **minus 10 degrees centigrade** minus 10 Grad Celsius; **I only got C-minus for my homework** für meine Hausaufgaben bekam ich nur ausreichend ② (*umgangsspr*) ohne

**minus**[2] ['maɪnəs] Minuszeichen

**min·ute**[1] ['mɪnɪt] ① Minute ② (*übertragen*) Augenblick; **in a minute** sofort; **any minute** [**now**] jeden Augenblick; **at the last minute** in letzter Minute; **just a minute!** Moment [*oder* Augenblick] mal!; **have you got a minute?** hast du mal einen Moment Zeit?

**mi·nute**[2] [maɪ'njuːt] ① winzig ② *Untersuchung:* minuziös, ganz genau

**mir·acle** ['mɪrəkl] Wunder

**mir·ror** ['mɪrəʳ] Spiegel

**mis·be·have** [ˌmɪsbɪ'heɪv] sich schlecht benehmen

**mis·chief** ['mɪstʃɪf] Unfug, Unsinn

**mis·er·able** ['mɪzrəbl] ① unglücklich; **feel miserable** sich elend [*oder* miserabel] fühlen ② *Behausung, Leben:* armselig, elend, erbärmlich, jämmerlich ③ *Wetter:* trist

**mis·ery** ['mɪzərɪ] Elend

**mis·judge** [ˌmɪs'dʒʌdʒ] falsch beurteilen, falsch einschätzen

**mis·print** ['mɪsprɪnt] Druckfehler

**mis·read** [ˌmɪs'riːd] <misread, misread> ① falsch lesen ② (*übertragen*) missverstehen, missdeuten

**miss**[1] [mɪs] ① verfehlen *Ziel;* **missed** [**me**]! nicht getroffen! ② verpassen, versäumen *Gelegenheit, Zug* ③ übersehen, überhören ④ nicht mitbekommen ⑤ noch ausweichen können *Hindernis* ⑥ vermissen; **I miss you** du fehlst mir ⑦ *Ball, Schuss:* danebengehen

◆ **miss out** ① zu kurz kommen; **miss out on something** etwas verpassen ② **miss something out** etwas auslassen, weglassen; (*aus Versehen*) etwas übersehen

**miss**[2] [mɪs] ① Fehlschuss, Fehlschlag ② **give something a miss** sich etwas schenken

**Miss** [mɪs] ① **Miss Jones** Frau/Fräulein Jones ② **Miss!** (*zur Bedienung*) Fräulein!; (*zur Lehrerin*) Frau X!

**mis·sile** ['mɪsaɪl, (USA) 'mɪsl] ① (*per Hand*) [Wurf]Geschoss ② (*per Antrieb*) Rakete

**miss·ing** ['mɪsɪŋ] fehlend, vermisst; **be missing** fehlen, vermisst werden

**mis·spell** [ˌmɪs'spel] falsch schreiben

**mist** [mɪst] Nebel, Dunst

◆ **mist over, mist up** [sich] beschlagen

**mis·take**[1] [mɪ'steɪk] <mistook, mistaken> ① verwechseln (**for** mit) ② falsch verstehen, missverstehen ③ **be mistaken** sich irren, sich täuschen

**mis·take**[2] [mɪ'steɪk] ① Fehler; **make a mistake** einen Fehler machen, sich irren ② Irrtum, Missverständnis; **by mistake** irrtümlich, versehentlich, aus Versehen

**mis·taken**[1] [mɪ'steɪkən] *3. Form von* **mistake**

**mis·taken**[2] [mɪ'steɪkən] **be mistaken** sich irren; **be mistaken about** [*oder* **in**] **something** sich in einer Sache täuschen

**mis·ter** ['mɪstəʳ] ① Herr ② **listen to me, mister** hören Sie mal zu

> **i Land & Leute** An Weihnachten wird in Großbritannien ein **mistletoe** (= Mistelzweig) aufgehängt, meistens über der Tür. Nach einem alten Brauch trifft man sich unter dem Mistelzweig und gibt sich einen Kuss.

**mis·took** [mɪ'stʊk] *2. Form von* **mistake**

**mis·tress** ['mɪstrɪs] ① Geliebte ② Herrin, Hausherrin ③ Lehrerin

**mis·trust**[1] [ˌmɪs'trʌst] **mistrust someone/something** jemandem/einer Sache misstrauen
**mis·trust**[2] [ˌmɪs'trʌst] Misstrauen (**of** gegen)
**misty** ['mɪstɪ] neblig, dunstig
**mis·un·der·stand** [ˌmɪsˌʌndə'stænd] <misunderstood, misunderstood> missverstehen, falsch verstehen
**mis·un·der·stand·ing** [ˌmɪsˌʌndə'stændɪŋ] Missverständnis
**mix**[1] [mɪks] ① [ver]mischen, [ver]mengen ② verrühren *Zutaten;* anrühren *Teig* ③ (*übertragen*) verbinden; **I never mix business with pleasure** ich verbinde niemals das Angenehme mit dem Nützlichen ④ sich mischen lassen, sich vermischen
◆ **mix up** ① durcheinander bringen; **mix someone up with someone** [**else**] jemanden mit jemandem verwechseln ② **be mixed up in something** in etwas verwickelt sein
**mix**[2] [mɪks] Mischung
**mixed** [mɪkst] ① gemischt; **mixed marriage** Mischehe; **mixed reaction** unterschiedliche Reaktion ② **mixed-up** durcheinander, konfus
**mix·ture** ['mɪkstʃəʳ] Mischung, Gemisch
**mix-up** ['mɪksʌp] ① Durcheinander ② Missverständnis
**moan** [məʊn] ① stöhnen, ächzen ② (*umgangsspr*) meckern
**mo·bile**[1] ['məʊbaɪl] ① Mobile ② (*umgangsspr*) Handy
**mo·bile**[2] ['məʊbaɪl] ① beweglich, mobil ② fahrbar; **mobile home** Wohnwagen; **mobile library** Bücherbus, Fahrbücherei; **mobile phone** Mobiltelefon
**mock** [mɒk] **mock exams** [*oder umgangsspr* **mocks**] Probeklausuren
**model**[1] ['mɒdl] ① Modell ② Model[l], Mannequin, Dressman ③ *eines Autos:* Typ, Modell ④ (*übertragen*) Muster, Vorbild
**model**[2] ['mɒdl] ① **model something on something** etwas als Vorlage [*oder* Muster] für eine Sache benützen ② **model oneself on someone** sich jemanden zum Vorbild nehmen ③ (*in Ton*) modellieren ④ vorführen *Kleider* ⑤ als Model arbeiten, Modell stehen
**mod·er·ate** ['mɒdərət] ① *politische Einstellung:* gemäßigt ② *Appetit:* mäßig; *Trinken:* maßvoll ③ *Erfolg:* [mittel]mäßig, bescheiden
**mod·ern** ['mɒdn] modern
**mod·est** ['mɒdɪst] bescheiden
**moist** [mɔɪst] feucht
**moist·ure** ['mɔɪstʃəʳ] Feuchtigkeit
**moist·uriz·er** ['mɔɪstʃəraɪzəʳ] Feuchtigkeitscreme
**mo·lar** ['məʊləʳ] Backenzahn
**mold** [məʊld] (USA) Schimmel
**mol·dy** ['məʊldɪ] (USA) mod(e)rig, schimm(e)lig, verschimmelt; **get** [*oder* **go**] **mouldy** verschimmeln
**mole**[1] [məʊl] Muttermal, Leberfleck
**mole**[2] [məʊl] Maulwurf
**mole·hill** ['məʊlhɪl] ① Maulwurfshügel ② **make a mountain out of a molehill** aus einer Mücke einen Elefanten machen
**mo·ment** ['məʊmənt] Augenblick, Moment; **at the moment** im Augenblick, momentan; **at any moment** jederzeit, jeden Augenblick; **at the last moment** im letzten Augenblick; **just a moment!** Moment mal!
**mon·arch** ['mɒnək] Monarch(in)
**mon·archy** ['mɒnəkɪ] Monarchie
**mon·as·tery** ['mɒnəstrɪ] [Männer]Kloster
**Mon·day** ['mʌndɪ] Montag; **on Monday** am Montag; **on Mondays** montags
**money** ['mʌnɪ] Geld
**money·box** Sparbüchse
**moni·tor**[1] ['mɒnɪtəʳ] ① (*Schüler/in*) Klassensprecher(in) ② (*Computer, Fernseher*) Monitor
**moni·tor**[2] ['mɒnɪtəʳ] ① beobachten *Bewegung, Wetter;* abhören *Sendung* ② kontrollieren *Kosten*
**monk** [mʌŋk] Mönch
**mon·key** ['mʌŋkɪ] ① Affe ② (*Kind*) Strolch, Schlingel
**mon·ster** ['mɒnstəʳ] ① (*Fabelwesen*) Ungeheuer, Monster ② (*riesiges Ding*) Monstrum
**month** [mʌnθ] Monat; **at the end of the month** am Monatsende; **every two months** alle zwei Monate; **twice a month** zweimal im Monat
**month·ly** ['mʌnθlɪ] monatlich
**moo** [muː] *Kuh:* muhen
**mood** [muːd] Stimmung, Laune; **be in a mood** schlecht aufgelegt sein; **he's in a good mood** er ist gut gelaunt
**moody** ['muːdɪ] ① launisch ② schlecht gelaunt
**moon** [muːn] Mond; **full moon** Vollmond; **new**

moon Neumond
▸ In Wendungen: **be over the moon** überglücklich sein

**moon·light** ['mu:nlaɪt] Mondschein, Mondlicht

**moor** [mʊəʳ] Hochmoor

**mop**[1] [mɒp] Mopp

**mop**[2] [mɒp] <mopped> ① **mop the floor** den Fußboden moppen; **mop up** [feucht] aufwischen
② **mop one's face** sich den Schweiß vom Gesicht wischen

**moral**[1] ['mɒrəl] moralisch, sittlich

**moral**[2] ['mɒrəl] ① *einer Geschichte:* Moral; **draw a moral from something** eine Lehre aus etwas ziehen
② **morals** Moral

**mo·rale** [mə'rɑ:l] Moral, Stimmung

**more** [mɔ:ʳ] <most> ① mehr; **no more money** kein Geld mehr
② (*zusätzlich*) noch; **would you like some more tea?** willst du noch Tee?; **a few more friends** noch ein paar Freunde
③ *zur Bildung von Steigerungsformen* **more beautiful** schöner; **more and more expensive** immer teuerer; **like something more** etwas lieber mögen
④ **more and more** immer mehr; **once more** noch einmal; **not any more** nicht mehr
⑤ **more or less** mehr oder weniger
⑥ **a little more** etwas mehr; **no more** nichts mehr; **some more** noch etwas; **even more** noch mehr
⑦ **what more do you want?** was willst du denn noch?

> **? Grammatik** Das Gegenteil von **more** ist **fewer** bei zählbaren Hauptwörtern und **less** bei unzählbaren Hauptwörtern: *I should smoke fewer cigarettes; He has less hair now.*

**morn·ing** ['mɔ:nɪŋ] Morgen, Vormittag; **good morning!** guten Morgen!; **in the morning** am Morgen, morgens, vormittags; **early in the morning** in der Frühe; **at 8 in the morning** um 8 Uhr morgens; **this morning** heute Morgen; **Friday morning** Freitag früh; **the morning after** am nächsten Tag

**mo·saic** [məʊ'zeɪɪk] Mosaik[arbeit]

**Mos·lem**[1] ['mɒzləm] Moslem[e]

**Mos·lem**[2] ['mɒzləm] mohammedanisch, moslemisch

**mosque** [mɒsk] Moschee

**mos·quito** [mə'ski:təʊ] <*plural* mosquitoes> Stechmücke, Moskito

**mos·quito bite** Mückenstich

**most** [məʊst] <many> ① (*Menge*) meiste(r, s), größte(r, s); **most people** die meisten Leute; **for the most part** größtenteils
② (*Rang*) am meisten; **most of all** am allermeisten
③ *zur Bildung von Superlativen* **the most beautiful** der, die, das schönste
④ **most likely** höchstwahrscheinlich
⑤ das meiste, die meisten; **most of his friends** die meisten seiner Freunde; **most of the time** die meiste Zeit; **most of the holiday** der größte Teil des Urlaubs
⑥ **make the most of something** etwas voll ausnutzen
⑦ **at** [**the**] **most** höchstens

**most·ly** ['məʊstlɪ] ① hauptsächlich, zum größten Teil
② *zeitlich* meist[ens]

**MOT** [ˌeməʊ'ti:] ≈ TÜV

**moth** [mɒθ] Motte

**moth·er** ['mʌðəʳ] Mutter; **Mother's Day** Muttertag

**mother-in-law** ['mʌðərɪnlɔ:] <*plural* mothers-in-law> Schwiegermutter

**mo·tion**[1] ['məʊʃn] Bewegung; **put** [*oder* **set**] **something in motion** etwas in Gang setzen

**mo·tion**[2] ['məʊʃn] **motion** [**to**] **someone to do something** jemandem bedeuten, etwas zu tun

**mo·ti·vate** ['məʊtɪveɪt] motivieren

**mo·tive** ['məʊtɪv] Motiv, Beweggrund (**for** zu)

**mo·tor** ['məʊtəʳ] Motor

**motor·bike** Motorrad

**motor·boat** Motorboot

**motor·cycle** Motorrad

**motor·cyclist** Motorradfahrer(in)

**mo·tor·ing** ['məʊtərɪŋ] ① Autofahren
② **motoring offence** Verkehrsverstoß

**mo·tor·ist** ['məʊtərɪst] Autofahrer(in)

**motor racing** Autorennen

**motor scooter** Motorroller

**mo·tor·way** ['məʊtəweɪ] (GB) Autobahn

**mould**, (USA) **mold** [məʊld] Schimmel

**mouldy**, (USA) **moldy** ['məʊldɪ] mod(e)rig, schimm(e)lig, verschimmelt; **get** [*oder* **go**] **mouldy** verschimmeln

**mound** [maʊnd] ① Erdhügel
② **a mound of books** ein Haufen Bücher

**mount**[1] [maʊnt] **Mount Everest** der Mount Everest; **Mount Vesuvius** der Vesuv

**mount**[2] [maʊnt] ① steigen auf *Plattform, Reittier*
② *Spannung:* steigen
③ **mount up** sich häufen

**moun·tain** ['maʊntɪn] ① (*auch übertragen*) Berg
② **mountains** Gebirge; **in the mountains** im Gebirge

**moun·tain·eer·ing** [ˌmaʊntɪ'nɪərɪŋ] Bergsteigen

**mourn** [mɔːn] **mourn someone** jemanden betrauern; **mourn for** [*oder* **over**] **someone** um jemanden trauern

**mouse** [maʊs] <*plural* mice> Maus

**mouse·trap** Mausefalle

**mous·tache** [mə'stɑːʃ] Schnurrbart

**mouth** [maʊθ] ① Mund; **keep one's mouth shut** den Mund halten; **shut your mouth!** halt den Mund!
② *von Tier:* Maul
③ *von Tunnel:* Eingang
④ *von Fluss:* Mündung

**mouth·ful** ['maʊθfʊl] ① *von Essen:* Mundvoll, Bissen; *von Getränk:* Schluck
② (*umgangsspr*) Zungenbrecher

**move**[1] [muːv] ① sich bewegen; **move something** etwas bewegen, etwas aus dem Weg räumen; **move something to a different place** etwas an einen anderen Platz stellen; **don't move!** keine Bewegung!; **keep moving** nicht stehen bleiben; **move closer to something** sich einer Sache nähern
② bewegen, rühren *Körperteil;* wegziehen *Hand*
③ transportieren *Güter;* vertreiben *Vieh*
④ **move someone** jemanden rühren, bewegen
⑤ **move** [**house**] umziehen
⑥ (*auf einem Brettspiel*) einen Zug machen
◆ **move along** **move along, please!** fahren/gehen Sie bitte weiter!
◆ **move away** ① abgehen/abfahren; **move something away** etwas wegräumen, etwas wegfahren
② aus dem Weg gehen; (*aus einem Ort*) wegziehen (**from** aus)
◆ **move back** ① **move something back** etwas zurückstellen, etwas zurückgehen
② zurückweichen
③ (*zu einem Ort*) sich zurückziehen
◆ **move down** ① nach hinten aufrücken
② **move something down** etwas nach unten stellen
◆ **move forward** ① vorrücken, sich vorwärts bewegen
② **move something forward** etwas vorgehen lassen, etwas vorziehen
◆ **move in** ① **move something in** etwas hineinstellen
② (*in ein Haus*) einziehen; **move in with someone** mit jemandem zusammenziehen
③ sich nähern; *Polizei, Truppen:* anrücken
◆ **move off** ① sich in Bewegung setzen
② *Auto:* abfahren
◆ **move on** ① **move someone/something on** jemanden/etwas zum Weitergehen/-fahren auffordern
② weitergehen/-fahren
③ (*beim Reden*) weitermachen
◆ **move out** *Person:* ausziehen
◆ **move over** ① **move something over** etwas herüberschieben
② zur Seite rücken
◆ **move up** ① aufrücken
② **move something up** etwas nach oben stellen
③ *Aktienpreise:* steigen
④ befördert werden; **move someone up** jemanden befördern

**move**[2] [muːv] ① Bewegung; **be on the move** in Bewegung sein, auf Achse sein
② (*in neues Haus*) Umzug
③ (*bei Brettspielen*) Zug; **it's my move!** ich bin dran!
④ Schritt; **make the first move** den ersten Schritt machen
⑤ **get a move on** sich beeilen

**move·ment** ['muːvmənt] ① Bewegung
② *von Symphonie:* Satz

**movie** ['muːvɪ] (USA) Film; **go to the movies** ins Kino gehen

**mov·ing** ['muːvɪŋ] ① beweglich
② (*übertragen*) rührend, bewegend

**mow** [məʊ] <mowed, mown *oder* mowed> mähen *Rasen*

**mower** ['məʊəʳ] Rasenmäher

**MP** [ˌem'piː] *Abkürzung von* **Member of Parliament** [Parlaments]Abgeordnete(r)

**mph** [ˌempiː'eɪtʃ] *Abkürzung von* **miles per hour** Meilen pro Stunde

**Mr** ['mɪstəʳ] (*Anredeform*) Herr

**Mrs** ['mɪsɪz] (*Anredeform für verheiratate Frau*) Frau

**Ms** [məz] (*Anredeform für alle Frauen*) Frau

**Mt** [maʊnt] *Abkürzung von* **mount**[**ain**]: **Mt Everest** der Mount Everest

**much** [mʌtʃ] ① viel; **how much is this watch?** wie viel kostet diese Uhr?; **that much** so viel; **three times as much** dreimal so viel; **as much as you want** so viel du willst; **as much again** noch einmal so viel
② **it's a bit much!** es ist ein bisschen zu viel; **I'm not much of a cook** ich bin kein besonders

guter Koch; **I don't care much** es ist mir ziemlich egal; **they don't go out much** sie gehen nicht sehr oft aus; **I don't think much of him** ich halte nicht viel von ihm
③ **much better** viel besser; **much more expensive** viel teurer
④ **much to my astonishment** zu meinem großen Erstaunen
⑤ **thank you very much!** vielen Dank!

**muck** [mʌk] (*umgangsspr*) Dreck
◆ **muck about** (*slang*) ① herumalbern, -blödeln
② **muck someone about** jemanden hinhalten, jemanden verarschen
◆ **muck up** **muck something up** etwas vermasseln

**mud** [mʌd] Schlamm, Matsch

**muddle¹** ['mʌdl] **muddle someone/something [up]** jemanden/etwas durcheinander bringen; (*übertragen*) jemanden/etwas verwechseln

**muddle²** ['mʌdl] ① Durcheinander
② (*übertragen*) **be in a muddle** ganz verwirrt sein

**muddy** ['mʌdɪ] schmutzig, schlammig

**mug¹** [mʌg] Becher; (*für Bier*) Krug; **a mug of tea** ein Becher Tee

**mug²** [mʌg] <mugged> überfallen und berauben

**mug·ger** ['mʌgəʳ] Straßenräuber(in)

**muggy** ['mʌgɪ] schwül, drückend

**multi·colo(u)red** [ˌmʌlti'kʌləd] mehrfarbig

**multi·pli·ca·tion** [ˌmʌltɪplɪ'keɪʃn] Multiplikation

**multi·ply** ['mʌltɪplaɪ] ① vervielfältigen *Chancen*
② multiplizieren; **2 multiplied by 3 is 6** 2 mal 3 ist 6
③ *Tiere:* sich vermehren

**multi-storey** mehrgeschossig; **multi-storey car park** Parkhaus

**mum** [mʌm] (*umgangsspr*) Mutti

**mumble** ['mʌmbl] [vor sich hin] murmeln

**mummy** ['mʌmɪ] (*umgangsspr*) Mutti

**Munich** ['mjuːnik] München

**mural** ['mjʊərəl] Wandgemälde, Wandmalerei

**mur·der¹** ['mɜːdəʳ] Mord (**of** an)

**mur·der²** ['mɜːdəʳ] ① **murder someone** jemanden [er]morden, umbringen
② (*übertragen*) verhunzen, verderben *Lied*

**mur·derer** ['mɜːdərəʳ] Mörder

**mur·der·ess** ['mɜːdərɪs] Mörderin

**muscle** ['mʌsl] Muskel; **pull a muscle** eine Muskelzerrung haben

**mu·seum** [mjuː'zɪəm] Museum

**mush·room** ['mʌʃrʊm] [essbarer] Pilz

**mu·sic** ['mjuːzɪk] ① Musik
② Noten

**mu·si·cal¹** ['mjuːzɪkl] ① *Person, Unterhaltung:* musikalisch
② **musical instrument** Musikinstrument

**mu·si·cal²** ['mjuːzɪkl] Musical

**mu·si·cian** [mjuː'zɪʃn] Musiker(in)

**mu·sic stand** ['mjuːzɪkˌstænd] Notenständer

**must** [mʌst] ① müssen; **must I?** ja, wirklich?, muss das sein?
② **must not** nicht dürfen; **you mustn't do that** Sie dürfen das nicht tun
③ **you must be hungry** Sie haben doch bestimmt Hunger
④ **you must be joking!** das soll wohl ein Witz sein!

**mus·tache** ['mʌstæʃ] (USA) Schnurrbart

**mus·tard** ['mʌstəd] Senf

**mustn't** ['mʌsnt] *Kurzform von* **must not**

**mut·ter** ['mʌtəʳ] ① murmeln
② (*sich beklagen*) murren (**at, about** über)

**my** [maɪ] mein

**my·self** [maɪ'self] ① mich, mir; **I hurt myself** ich habe mir weh getan; **I said to myself** ich sagte mir
② *betont* [ich] selbst; [**all**] **by myself** [ganz] allein, ohne Hilfe; **I'll do it myself** das mache ich selbst

**mys·teri·ous** [mɪ'stɪərɪəs] *Fremder, Verhalten:* geheimnisvoll; *Vorfall:* rätselhaft, mysteriös

**mys·tery** ['mɪstərɪ] Geheimnis; **it's a mystery to me** es ist mir ein Rätsel

# Nn

**naff** [næf] (*slang*) ① ätzend
② **naff off!** verschwinde!

**nag** [næg] <nagged> nörgeln; **nag someone** an jemandem [dauernd] herumnörgeln

**nail¹** [neɪl] *von Finger, aus Metall:* Nagel; **bite one's nails** an den Nägeln kauen

**nail²** [neɪl] nageln

**nail file** Nagelfeile

**nail polish** (USA) Nagellack

**nail scissors** *plural* Nagelschere

**nail varnish** (GB) Nagellack

**na·ked** ['neɪkɪd] (*auch übertragen*) nackt

**name¹** [neɪm] ① Name; **what's your name?** wie heißen Sie?
② **put one's name down for something** für

etwas kandidieren, sich zu etwas anmelden
③ Ruf; **get a bad name** in Verruf kommen
④ **call someone names** jemanden beschimpfen

**name²** [neɪm] [be]nennen; **a woman named Linda** eine Frau Namens Linda

**name·ly** ['neɪmlɪ] nämlich

**nan** [næn] (GB) (*umgangsspr*) Omi

**nanny** ['nænɪ] Kindermädchen

**nap** [næp] Schläfchen, Nickerchen; **have** [*oder* **take**] **a nap** ein Nickerchen machen

**nap·kin** ['næpkɪn] Serviette

**nappy** ['næpɪ] (GB) Windel

**nar·rate** [nə'reɪt] erzählen

**nar·rator** [nə'reɪtə^r] Erzähler(in)

**nar·row¹** ['nærəʊ] ① *Straße:* eng, schmal
② *Mehrheit, Sieg:* knapp; **have a narrow escape** mit knapper Not davonkommen

**nar·row²** ['nærəʊ] *Fluss, Straße:* sich verengen, enger [*oder* schmaler] werden

**nar·row·ly** ['nærəʊlɪ] beinahe, fast, mit knapper Not

**nasty** ['nɑːstɪ] ① *Geschmack, Geruch:* ekelhaft
② *Überraschung:* böse, unangenehm
③ *Wetter:* abscheulich
④ *Person:* gemein; **he turned nasty** er wurde unangenehm; **he has a nasty temper** er ist ein jähzorniger Typ
⑤ *Bemerkung:* gehässig, übel
⑥ *Krankheit:* schwer

**na·tion** ['neɪʃn] Nation

**na·tion·al** ['næʃnəl] ① national; **national anthem** Nationalhymne
② staatlich; **national service** Wehrdienst
③ **National Health Service, NHS** (GB) staatlicher Gesundheitsdienst

**na·tion·al·ity** [ˌnæʃə'nælətɪ] Staatsangehörigkeit, Nationalität

**na·tive¹** ['neɪtɪv] ① Heimat-, Mutter-; **native speaker** Muttersprachler(in)
② gebürtig; (*bei Naturvölkern*) eingeboren; **the native inhabitants** die Einheimischen; **she's a native American** sie ist amerikanische Ureinwohnerin
③ *Pflanze, Tier:* einheimisch

**na·tive²** ['neɪtɪv] Einheimische(r), Eingeborene(r); **a native of Germany** ein gebürtiger Deutscher, eine gebürtige Deutsche

**natu·ral** ['nætʃrəl] ① natürlich
② *Fähigkeit:* angeboren
③ *Art, Benehmen:* natürlich
④ *Eltern:* leiblich

**natu·ral·ly** ['nætʃrəlɪ] ① von Natur aus; **something comes naturally to someone** etwas fällt jemandem leicht
② **naturally!** natürlich!

**na·ture** ['neɪtʃə^r] ① Natur
② *eines Menschen:* Wesen, Natur; **by nature** von Natur [aus]; **human nature** die menschliche Natur

**naughty** ['nɔːtɪ] ① unartig, ungezogen, frech
② *Wort:* unanständig

**navi·gate** ['nævɪgeɪt] navigieren

**navy** ['neɪvɪ] ① [Kriegs]Marine
② **navy blue** Marineblau

**near¹** [nɪə^r] ① *räumlich* nahe, nahe an; **she lives near the hospital** sie wohnt in der Nähe vom Krankenhaus; **it's nearest to the door** es ist der Tür am nächsten; **come nearer** näherkommen
② *zeitlich* nahe, gegen; *Ereignis:* kurz bevorstehend; **near the beginning/end of a film** zu Anfang/gegen Ende eines Films; **in the near future** in nächster Zukunft
③ beinahe, fast; **that was a near miss** [*oder* **thing**] das war knapp; **near to tears** den Tränen nahe
④ **it's nowhere near enough** das ist bei weitem nicht genug

**near²** [nɪə^r] **the project is nearing completion** das Projekt ist beinahe fertig gestellt

**near·by** ['nɪəbaɪ] ① in der Nähe
② *Stadt, Straße:* nahe gelegen

**near·ly** ['nɪəlɪ] fast, beinahe; **not nearly** [auch] nicht annähernd

**neat** [niːt] ① *Mensch, Zimmer:* ordentlich, sauber; *Haar:* gepflegt
② *Arbeit:* gelungen; *Stil:* gewandt
③ *alkoholisches Getränk:* pur, unverdünnt
④ (USA) (*umgangsspr*) prima, klasse

**ne·ces·sari·ly** ['nesəsərɪlɪ, ˌnesə'serɪlɪ] notwendigerweise, unbedingt

**ne·ces·sary** ['nesəsərɪ] ① notwendig, nötig, erforderlich (**to, for** für); **it isn't necessary for us all to go** es ist nicht nötig, dass wir alle mitgehen
② *Ergebnis, Folge:* unausweichlich

**necess·ity** [nɪ'sesətɪ] ① Notwendigkeit
② **of** [*oder* **by**] **necessity** notwendigerweise

**neck** [nek] ① *a. von Flasche:* Hals
② *von Kleidung:* Ausschnitt
③ (*bei Rennen*) **be neck and neck** Kopf an Kopf liegen

**neck·lace** ['neklɪs] Halskette

**need¹** [niːd] ① Bedürfnis (**of** nach), Bedarf (**of** an)
② Notwendigkeit; **there is no need for you to come** du brauchst nicht zu kommen; **there is no need to worry** es besteht kein Grund zur Sorge;

**in need of repair** reparaturbedürftig sein; **if need be** nötigenfalls
3 Not[lage], Bedürftigkeit, Armut

**need²** [niːd] 1 **need something** etwas nötig haben, brauchen
2 **need to do something** etwas tun müssen; **the ironing needs doing** [*oder* **to be done**] es muss gebügelt werden
3 brauchen, müssen; **you don't need to go** du brauchst nicht zu gehen; **you needn't have waited** du hättest nicht zu warten brauchen
4 **he needs no introduction** er benötigt keine spezielle Einführung

**needle** [ˈniːdl] Nadel

**need·less** [ˈniːdlɪs] 1 unnötig, überflüssig
2 **needless to say** natürlich

**nega·tive¹** [ˈnegətɪv] 1 negativ
2 *Antwort:* verneinend

**nega·tive²** [ˈnegətɪv] 1 Verneinung; **answer in the negative** eine verneinende Antwort geben, mit Nein antworten
2 *Foto:* Negativ

**ne·glect** [nɪˈglekt] vernachlässigen

**ne·go·ti·ate** [nɪˈgəʊʃɪeɪt] verhandeln (**for, about** um, wegen); **negotiate a contract** einen Vertrag aushandeln

**neigh** [neɪ] *Pferd:* wiehern

**neigh·bor** (USA) →**neighbour**

**neigh·bour** [ˈneɪbəʳ] Nachbar(in)

**neigh·bour·hood** [ˈneɪbəʳhʊd] 1 Nachbarschaft
2 (*in Stadt, Gegend*) Viertel, Wohngegend

**neigh·bour·ing** [ˈneɪbərɪŋ] benachbart, angrenzend

**nei·ther** [ˈniːðəʳ, (USA) ˈnaɪðəʳ] 1 keine(r, s); **neither of you** keiner von euch beiden; **neither of the children** keine der beiden Kinder; **in neither case** in keinem Fall
2 **neither … nor** weder … noch
3 auch nicht; **me neither!** ich auch nicht!

**nephew** [ˈnevjuː] Neffe

**nerve** [nɜːv] 1 (*körperlich*) Nerv
2 (*geistig*) **be all** [*oder* **a bundle of**] **nerves** ein Nervenbündel sein
3 Mut; **have the nerve to do something** sich trauen, etwas zu tun; **lose one's nerve** die Nerven/den Mut verlieren
4 Frechheit, Unverschämtheit; **what a nerve!** so ein Frechheit!
5 **get on someone's nerves** (*umgangsspr*) jemandem auf die Nerven gehen

**nerv·ous** [ˈnɜːvəs] 1 (*geistig, körperlich*) Nerven-, nervös; **nervous breakdown** Nervenzusammenbruch
2 nervös, aufgeregt; **feel nervous** nervös sein; **I am nervous about him** mir ist bange um ihn

**ner·vous·ness** [ˈnɜːvəsnɪs] Nervosität

**nest¹** [nest] [Vogel]Nest

**nest²** [nest] *Vögel:* nisten

**net** [net] 1 Netz
2 (*Computer*) **the Net** das Internet

**net(t)** [net] netto

**net·ball** [ˈnetbɔːl] Korbball

**Nether·lands** [ˈneðələndz] ⚠ *plural* **the Netherlands** die Niederlande

**nettle** [ˈnetl] Nessel

**neu·ter** [ˈnjuːtəʳ] sächlich

**neu·tral¹** [ˈnjuːtrəl] neutral

**neu·tral²** [ˈnjuːtrəl] 1 Neutrale(r)
2 (*im Auto*) Leerlauf

**never** [ˈnevəʳ] 1 nie, niemals; **I have never seen him before** ich habe ihn noch nie gesehen; **he never even apologised** er hat sich nicht einmal entschuldigt
2 **well I never** [**did**]! nein, so was!; **never mind!** macht nichts!

**never-end·ing** [ˌnevərˈendɪŋ] endlos, unaufhörlich

**never·the·less** [ˌnevəðəˈles] nichtsdestoweniger, trotzdem

**new** [njuː] 1 neu; *Mode:* modern, neu; *Ort:* unbekannt
2 **that's nothing new** das ist nichts Neues

**new·comer** [ˈnjuːˌkʌməʳ] (*in Stadt*) Neuankömmling; (*in Beruf*) Neuling

**new·ly** [ˈnjuːlɪ] frisch, neu

**news** [njuːz] ⚠ *nur mit Singular verwendet*
1 Nachricht, Neuigkeit[en]; **the news is bad** es gibt schlechte Neuigkeiten; **a piece of news** eine Neuigkeit, Nachricht; **what's the news?** was gibt's Neues?; **that's news to me** das ist mir neu; **I've had no news from him for a long time** ich habe lange nichts von ihm gehört
2 (*TV, Radio*) Nachrichten; **on the news** in den Nachrichten; **news in brief** Kurznachrichten

**news·agent** [ˈnjuːzˌeɪdʒənt] (GB) Zeitungshändler(in)

**news·let·ter** [ˈnjuːzˌletəʳ] Rundschreiben

**news·paper** [ˈnjuːspeɪpəʳ] Zeitung

**New Year** [ˌnjuːˈjɜːʳ, ˌnjuːˈjɪəʳ] neues Jahr; **New Year's Day** Neujahr[stag]; **New Year's Eve** Silvester[abend]; **a Happy New Year!** ein glückliches neues Jahr!

i **Land & Leute** In Schottland und Nordengland sagt man **Hogmanay** für „New Year's Eve" (Sil-

N n

vester). Das Wort Hogmanay stammt aus Nordfrankreich: „hoginané“ und bedeutet ursprünglich etwa: „bitte ein Geschenk zum neuen Jahr“. Die Schotten feiern Hogmanay besonders ausgelassen.

**next** [nekst] 1 *zeitlich* nächste(r, s); **next time I see him** wenn ich ihn das nächste Mal sehe; **this time next week** nächste Woche um diese Zeit; **the year after next** übernächstes Jahr
2 *räumlich* nächste(r, s); **in the next room** im nächsten Raum; **next to someone** neben jemandem
3 (*Reihenfolge*) **it's my turn next** ich komme als nächste dran; **the next best** der, die, das Nächstbeste; **what shall we do next?** was sollen wir als nächstes machen?; **next please!** der Nächste bitte!
**next door** [ˌneks'dɔːʳ] nebenan; **they live next door to us** sie wohnen direkt neben uns
**next-door** **they are our next-door neighbours** sie wohnen direkt neben uns
**NHS** [ˌenəɪtʃ'es] GB *Abkürzung von* **National Health Service** staatlicher Gesundheitsdienst
**nice** [naɪs] 1 angenehm; **did you have a nice time?** haben Sie sich gut unterhalten?; **how nice to see you!** reizend/schön Sie zu sehen!
2 *Person:* nett, sympathisch; **nice-looking** gut aussehend
3 *Essen:* gut, lecker; *Geruch:* fein, gut
4 **it's nice and warm** es ist angenehm warm; **take it nice and easy** überanstrengen Sie sich nicht; **come nice and early!** komm schön früh!
**nice·ly** ['naɪslɪ] 1 angenehm, nett, liebenswürdig[erweise]
2 gut; **that will do nicely!** das reicht vollauf!
**nick¹** [nɪk] **in the nick of time** gerade noch rechtzeitig
**nick²** [nɪk] (*slang*) klauen
**nick³** [nɪk] (*slang*) Knast, Kittchen
**nick·name** ['nɪkneɪm] Spitzname
**niece** [niːs] Nichte
**night** [naɪt] 1 Nacht; **all night** [**long**] die ganze Nacht [über]; **at/by night** bei Nacht, nachts; **stay the night** die Nacht verbringen (**at** in, **with** bei)
2 [später] Abend; **at night** abends; **late at night** spät am Abend, spät abends; **last night** gestern Abend; **the night before last** vorgestern Abend; **have a night out** ausgehen, einen freien Abend haben
**night·club** ['naɪtklʌb] Nachtlokal, Nachtklub
**night·dress** ['naɪtdres] Nachthemd
**nightie** ['naɪtɪ] (*umgangsspr*) Nachthemd
**night·ly** ['naɪtlɪ] 1 [all]nächtlich, abendlich
2 jeden Abend, jede Nacht
**night·mare** ['naɪtmeəʳ] Albtraum
**night shift** Nachtschicht
**night·shirt** ['naɪtʃɜːt] [Herren]Nachthemd
**night·spot** ['naɪtspɒt] Nachtlokal
**night-time** Nachtzeit; **at night-time** nachts
**nil** [nɪl] null; **two** [**goals to**] **nil** zwei zu null
**nine** [naɪn] neun
**nine·teen** [ˌnaɪn'tiːn] neunzehn
**nine·teenth** [ˌnaɪn'tiːnθ] neunzehnte(r, s)
**nine·ti·eth** ['naɪntɪəθ] neunzigste(r, s)
**ninety** ['naɪntɪ] neunzig
**ninth¹** [naɪnθ] neunte(r, s)
**ninth²** [naɪnθ] 1 (*Bruchteil*) Neuntel
2 Neunte(r, s)
**nip** [nɪp] <nipped> 1 (*umgangsspr*) flitzen; **quickly nip to the shop** kurz ins Geschäft gehen
2 (*umgangsspr*) zwicken
◆ **nip out** (*umgangsspr*) kurz rausgehen
**nippy** ['nɪpɪ] (*umgangsspr*) 1 *Wetter:* frisch, kühl
2 fix, flink
**no¹** [nəʊ] 1 nein; **the answer is no!** die Antwort ist Nein!; **no way!** ich denke nicht daran!
2 nicht; **I have no more money** ich habe kein Geld mehr; **no longer ago than last week** erst letzte Woche
3 kein; **a person of no intelligence** ein Mensch ohne jede Intelligenz; **it's no use** das hat keinen Zweck; **no smoking!** Rauchen verboten!; **in no time** im Nu; **there is no such thing** so etwas gibt es nicht
**no²** [nəʊ] 1 Nein
2 Neinstimme
**no.** <*plural* nos> *Abkürzung von* **number** Nr.
**noble¹** ['nəʊbl] 1 adlig
2 (*übertragen*) edel, hochherzig
**noble²** ['nəʊbl] Adlige(r)
**no·body** ['nəʊbədɪ] niemand, keiner; **we saw nobody we knew** wir sahen niemanden den wir kannten
**nod¹** [nɒd] <nodded> 1 nicken, wippen; **nod one's head** mit dem Kopf nicken; **nod to someone** jemandem zunicken
2 **nod in agreement** zustimmend nicken
**nod²** [nɒd] Nicken; **give someone a nod** jemandem zunicken
**noise** [nɔɪz] Geräusch; (*unangenehm*) Lärm, Geschrei
**noisy** ['nɔɪzɪ] laut, lärmend
**nomi·nate** ['nɒmɪneɪt] nominieren

**non-** [ˌnɒn] nicht-
**non-alcoholic** alkoholfrei
**none** [nʌn] ① keine(r, s), keine; **none at all** kein Einziger, nur; **none of that!** lass das! Schluss damit!; **that's none of your business** das geht dich nichts an
② **none the less** [*oder* **nonetheless**] nichtsdestoweniger, trotzdem

**! Vorsicht Falle** **None** kann sowohl wie ein Singular als auch wie ein Plural behandelt werden: *none of my friends smoke* oder *none of my friends smokes.*

**non-resident** [ˌnɒnˈrezɪdənt] ① Nichtortsansässige(r)
② (*im Hotel*) nicht im Haus wohnender Gast
**non-re·turn·able** [ˌnɒnrɪˈtɜːnəbl] *Flaschen:* Einweg-
**non·sense** [ˈnɒnsns] Unsinn, Quatsch, dummes Zeug; **make [a] nonsense of something** etwas sinnlos machen; **stand no nonsense** keine Dummheiten dulden; **no more of your nonsense!** Schluss mit dem Unsinn!
**non-shrink** [ˌnɒnˈʃrɪŋk] *Kleider:* nicht einlaufend
**non-smoker** Nichtraucher(in)
**non-smoking** Nichtraucher-
**non-stop** durchgehend, ohne Unterbrechung, Nonstop-
**noodle** [ˈnuːdl] Nudel
**noon** [nuːn] Mittag; **at noon** um zwölf Uhr mittags
**no one** [ˈnəʊwʌn] →**nobody**
**nor** [nɔːʳ] ① noch; **neither ... nor** weder ... noch
② **nor ...** ... auch nicht; **nor I** [*oder* **me**] ich auch nicht
**nor·mal** [ˈnɔːml] ① normal, üblich; **get back to normal** sich normalisieren
② **his temperature is slightly above normal** er hat leicht erhöhte Temperatur
**nor·mally** [ˈnɔːməlɪ] normalerweise, gewöhnlich
**north¹** [nɔːθ] Norden; **the house faces north** das Haus liegt nach Norden
**north²** [nɔːθ] ① nördlich, Nord
② in nördlicher Richtung, nach Norden
**north-east¹** [ˌnɔːθˈiːst] Nordost[en]
**north-east²** [ˌnɔːθˈiːst] nordöstlich, Nordost-, nach Nordosten
**north-easterly** [ˌnɔːθˈiːstəlɪ] nordöstlich, Nordost-
**north-eastern** [ˌnɔːθˈiːstən] Nordost-
**north·er·ly** [ˈnɔːðəlɪ] nördlich, Nord-
**north·ern** [ˈnɔːðən] nördlich, Nord-; **the Northern Lights** das Nordlicht
**north·erner** [ˈnɔːðənəʳ] jemand, der aus dem Norden eines Landes stammt
**Northern Ireland** Nordirland
**North Pole** [ˈnɔːθpəʊl] Nordpol
**North Sea** Nordsee
**north·west¹** [ˌnɔːθˈwest] Nordwest[en]
**north·west²** [ˌnɔːθˈwest] nordwestlich, Nordwest-, nach Nordwesten
**north·west·erly** [ˌnɔːθˈwestəlɪ] nordwestlich, Nordwest-
**north·west·ern** [ˌnɔːθˈwestən] Nordwest-
**nose** [nəʊz] Nase; **blow one's nose** sich die Nase putzen
▶ IN WENDUNGEN: **look down one's nose at someone** auf jemanden herabsehen; **poke** [*oder* **stick**] **one's nose into something** seine Nase in etwas stecken; **turn up one's nose at something** die Nase über etwas rümpfen

**i Land & Leute** Alle zwei Jahre findet der **Red Nose Day** statt, eine große Spendensammelaktion zugunsten von „Comic Relief". Es ist eine Hilfsorganisation, die Arme in Afrika und auch in Großbritannien unterstützt. Sie wurde 1985 von britischen Komikern ins Leben gerufen. Viele Prominente aus Sport und Medien nehmen am „Red Nose Day" teil. Viele tragen dann eine rote Plastiknase, die man überall kaufen kann.

**nose·bleed** [ˈnəʊzbliːd] Nasenbluten
**nose ring** Nasenring
**nosey, nosy** [ˈnəʊzɪ] <nosier, nosiest> (*umgangsspr*) neugierig
**nos·tril** [ˈnɒstrəl] Nasenloch; (*bei Pferd*) Nüster
**not** [nɒt] ① nicht; **she is not a teacher** sie ist keine Lehrerin; **he warned me not to be late** er warnte mich, nicht zu spät zu kommen
② **not a bit** kein bisschen; **not any more** nicht mehr; **not yet** noch nicht; **not in the least** nicht im Geringsten
③ **I'm afraid not** ich fürchte nicht; **you are coming, aren't you?** Sie kommen doch, oder?; **you haven't forgotten, have you? — certainly not!** du hast es nicht vergessen, oder? — gewiss nicht!; **are you tired? — not at all** sind Sie müde? — überhaupt nicht; **thanks a lot! — not at all!** vielen Dank! — keine Ursache!
**note¹** [nəʊt] ① Notiz; **make a note of something** sich etwas aufschreiben; **speak without notes** frei sprechen; **take note of something**

N n

etwas zur Kenntnis nehmen; **take notes** sich Notizen machen (**of** über)
② Brief, kurze Mitteilung
③ (*auf Buchseite*) Anmerkung, Vermerk
④ (*Musik*) Note
⑤ (*Geld*) [**bank**] **note** Banknote, Schein
**note²** [nəʊt] ① bemerken, beachten, zur Kenntnis nehmen
② **note something down** etwas notieren, aufschreiben
**note·book** ['nəʊtbʊk] ① Notizbuch
② (*Computer*) Notebook
③ (USA) Übungsheft
**note·pad** ['nəʊtpæd] Notizblock
**note·paper** ['nəʊtˌpeɪpəʳ] Schreib-, Briefpapier
**noth·ing** ['nʌθɪŋ] ① nichts; **for nothing** umsonst; **he has nothing on** (*nackt*) er hat nichts an; (*ohne Verabredungen*) er hat nichts vor; **that's nothing!** das ist gar nichts!
② **nothing else** sonst nichts; **nothing much** nicht viel; **nothing new** nichts Neues
③ **there is nothing to it** es ist kinderleicht
**no·tice¹** ['nəʊtɪs] ① (*Information*) Benachrichtigung, Mitteilung; (*in Zeitung*) Anzeige; **give someone notice of something** jemanden von etwas benachrichtigen
② (*Zettel*) Bekanntmachung; (*am schwarzen Brett*) Anschlag
③ Beachtung; **bring something to someone's notice** jemandem etwas zur Kenntnis bringen; **take notice of something** etwas beachten, von etwas Notiz nehmen; **take no notice of someone** jemanden ignorieren
④ Kündigung; **hand in one's notice** kündigen
⑤ Frist; **at a moment's notice** sofort, jederzeit; **at short notice** kurzfristig; **at a week's notice** innerhalb einer Woche; **until further notice** bis auf weiteres
**no·tice²** ['nəʊtɪs] bemerken
**no·tice·able** ['nəʊtɪsəbl] ① erkennbar, wahrnehmbar
② *Verbesserung:* merklich
**notice-board** Anschlagbrett, schwarzes Brett
**nought** [nɔːt] (*Ziffer*) Null
**noun** [naʊn] (*bei Sprachen*) Hauptwort, Substantiv
**novel¹** ['nɒvl] Roman
**novel²** ['nɒvl] *Idee:* neu[artig]
**novel·ist** ['nɒvəlɪst] Romanschriftsteller(in)
**No·vem·ber** [nəʊ'vembəʳ] November; **in November** im November
**now** [naʊ] ① jetzt, nun; (*in der Gegenwart*) heute, heutzutage; **just now** gerade eben
② **for now** im Moment, vorläufig; **from now on** von nun an; **from now until then** bis dahin; **up to** [*oder* **till**] [*oder* **until**] **now** bis jetzt; **now and then** [*oder* **again**] ab und zu, von Zeit zu Zeit
③ gleich, sofort; **I'll do it right now** ich mache es jetzt gleich; **it's now or never** jetzt oder nie
④ (*beim Reden*) **well now, tell me what's wrong!** also, sag mir was los ist!; **now then** also jetzt; na; **bye for now!** bis bald!
**now·adays** ['naʊədeɪz] heute, heutzutage
**no·where** ['nəʊweəʳ] ① nirgends, nirgendwo[hin]; **appear from nowhere** ganz plötzlich auftauchen
② **get nowhere** zu nichts, auf keinen grünen Zweig kommen
**nu·clear** ['njuːklɪəʳ] **nuclear power** Kernkraft; **nuclear weapon** Atom-, Nuklearwaffe
**nude¹** [njuːd] nackt
**nude²** [njuːd] ① (*Kunst*) Akt
② **in the nude** nackt
**nu·dist** ['njuːdɪst] Anhänger(in) der Freikörperkultur
**nudist beach** FKK-Strand, Nacktbadestrand
**nui·sance** ['njuːsns] ① (*Person*) Plage, Nervensäge; **make a nuisance of oneself** lästig werden
② (*Geschehen*) Ärgernis, Missstand; **what a nuisance!** wie ärgerlich!
**numb¹** [nʌm] ① taub, gefühllos; **fingers numb with cold** Finger, die vor Kälte taub sind
② (*übertragen*) betäubt
**numb²** [nʌm] betäuben *Schmerz*
**num·ber¹** ['nʌmbəʳ] ① Zahl, Ziffer
② Anzahl; **a number of problems** eine Anzahl von Problemen; **on a number of occasions** des öfteren; **a fair number of times** ziemlich oft
③ (*von Haus, Telefon*) Nummer
④ (*Lied*) Nummer
⑤ *einer Zeitschrift:* Nummer, Ausgabe
⑥ **numbers** Rechnen
**num·ber²** ['nʌmbəʳ] ① zählen *Betrag*
② nummerieren *Seiten, Plätze*
**number·plate** *von Auto:* Nummernschild
**nu·meral** ['njuːmərəl] Ziffer; **Arabic/Roman numerals** arabische/römische Ziffern
**nu·mer·ous** ['njuːmərəs] zahlreich
**nun** [nʌn] Nonne
**nurse¹** [nɜːs] ① Krankenschwester
② **male nurse** Krankenpfleger
**nurse²** [nɜːs] ① pflegen *Kranke;* **nurse someone back to health** jemanden gesundpflegen
② **nurse a baby** ein Baby säugen, stillen

**nurs·ery** ['nɜːsərɪ] 1 Kindertagesstätte 2 (*im Haus*) Kinderzimmer 3 (*für Pflanzen*) Baumschule
**nursery rhyme** Kindervers
**nursery school** Kindergarten
**nursing** ['nɜːsɪŋ] (*Beruf*) Krankenpflege; **nursing home** Pflegeheim
**nut** [nʌt] 1 (*Frucht*) Nuss 2 (*aus Metall*) [Schrauben]Mutter
**nut·cracker** Nussknacker
**nu·tri·tious** [njuː'trɪʃəs] nahrhaft
**nuts** [nʌts] (*slang*) 1 **be nuts** spinnen; **go nuts** durchdrehen 2 **be nuts about someone** von jemandem ganz weg sein
**nutty** ['nʌtɪ] 1 *Essen, Geschmack:* nussig 2 (*slang*) bekloppt, plemplem

# O o

**oak** [əʊk] Eiche[nholz]
**OAP** [ˌəʊeɪ'piː] *Abkürzung von* **old-age pensioner** Rentner(in)
**oar** [ɔːʳ] Ruder, Riemen
**oats** [əʊts] Hafer[flocken]
**obedi·ent** [ə'biːdɪənt] gehorsam, folgsam; **be obedient** [**to someone**] [jemandem] gehorchen [*oder* folgen]
**obey** [ə'beɪ] 1 **obey** [**someone**] [jemandem] gehorchen, [jemandem] folgen 2 sich halten an, befolgen *Regeln*
**ob·ject**[1] ['ɒbdʒɪkt] 1 (*Ding*) Gegenstand 2 (*Ziel*) Zweck
**ob·ject**[2] [əb'dʒekt] dagegen sein, Einwände haben; **do you object to me** [*oder* **my**] **smoking?** stört es Sie, wenn ich rauche?
**ob·jec·tion** [əb'dʒekʃn] Einwand (**to** gegen); (*a. vor Gericht*) Einspruch
**ob·jec·tive**[1] [əb'dʒektɪv] objektiv, sachlich
**ob·jec·tive**[2] [əb'dʒektɪv] Ziel
**ob·li·ga·tion** [ˌɒblɪ'geɪʃn] Verpflichtung; **be under an/no obligation to do something** verpflichtet/nicht verpflichtet sein, etwas zu tun; **there's no obligation to buy** es besteht kein Kaufzwang
**ob·lige** [ə'blaɪdʒ] 1 **oblige someone to do something** jemanden zwingen, etwas zu tun; **you are not obliged to answer** Sie müssen nicht antworten 2 **much obliged!** herzlichen Dank!
**ob·long** ['ɒblɒŋ] Rechteck
**ob·scene** [əb'siːn] unanständig, obszön
**ob·scure** [əb'skjʊəʳ] 1 undeutlich 2 *Hinweis:* unklar; *Text:* schwer verständlich 3 *Dichter, Ort:* unbekannt, obskur
**ob·serv·ant** [əb'zɜːvənt] aufmerksam
**ob·ser·va·tion** [ˌɒbzə'veɪʃn] 1 Beobachtung 2 Bemerkung, Äußerung (**on** über)
**ob·serve** [əb'zɜːv] 1 beobachten; (*polizeilich*) überwachen 2 beachten, befolgen *Vorschrift* 3 halten; feiern *Feiertag* 4 bemerken, feststellen
**ob·server** [əb'zɜːvəʳ] Beobachter(in)
**ob·sess** [əb'ses] **be obsessed by** [*oder* **with**] **someone/something** von jemandem/etwas besessen sein
**ob·sess·ion** [əb'seʃn] 1 Besessenheit (**with** von) 2 fixe Idee
**ob·stacle** ['ɒbstəkl] (*auch übertragen*) Hindernis (**to** für)
**ob·stacle race** Hindernisrennen
**ob·sti·nate** ['ɒbstɪnət] hartnäckig, starrsinnig
**ob·struct** [əb'strʌkt] 1 [ver]sperren, blockieren; **obstruct traffic** Verkehr behindern 2 (*übertragen*) **obstruct someone** jemanden [be]hindern
**ob·struc·tion** [əb'strʌkʃn] 1 Versperren; *einer Straße:* Verstopfung 2 *von Fortschritt, Plan:* Behinderung (**to** für)
**ob·tain** [əb'teɪn] 1 erhalten, erlangen, bekommen; **obtain something for someone** jemandem etwas verschaffen 2 erzielen *Preis, Resultat* 3 erwerben *akademischen Grad, Wissen*
**ob·vi·ous** ['ɒbvɪəs] 1 offenbar, offensichtlich; **it's obvious** das liegt auf der Hand 2 *Unterschied:* offenkundig 3 *Lösung:* einleuchtend, nahe liegend
**oc·ca·sion** [ə'keɪʒn] 1 (*Zeitpunkt*) Gelegenheit, Anlass; **on occasion** gelegentlich; **on that occasion** damals; **on several occasions** mehrmals 2 (*Fest*) Ereignis; **to celebrate the occasion** zur Feier des Tages
**oc·ca·sional** [ə'keɪʒənəl] gelegentlich, hin und wieder
**oc·ca·sionally** [ə'keɪʒənəlɪ] gelegentlich, ab und zu
**oc·cu·pant** ['ɒkjʊpənt] 1 Bewohner(in) 2 *eines Autos:* Insasse, Insassin
**occu·pa·tion** [ˌɒkjʊ'peɪʃn] 1 Beruf, Tätigkeit 2 (*Betätigung, Hobby*) Beschäftigung

3 *eines Landes, einer Stadt:* Besetzung

**oc·cupy** ['ɒkjʊpaɪ] 1 bewohnen; belegen *Haus*
2 (*militärisch, polizeilich*) besetzen *Gebäude, Stadt*
3 **this seat is occupied** dieser Sitz ist besetzt
4 einnehmen *Raum*
5 in Anspruch nehmen *Zeit*
6 **occupy someone, keep someone occupied** jemanden beschäftigen; **occupy oneself** sich beschäftigen

**oc·cur** [ə'kɜːʳ] <occurred> 1 vorkommen; *Unfall, Vorfall:* sich ereignen, geschehen; *Problem:* sich ergeben
2 **occur to someone** jemandem einfallen, in den Sinn kommen

**oc·cur·rence** [ə'kʌrəns] 1 (*Begebenheit*) Ereignis, Vorkommnis
2 *von Pflanzen, Tieren:* Vorkommen

**ocean** ['əʊʃn] Ozean, Meer

**o'clock** [ə'klɒk] **it's 2 o'clock** es ist 2 Uhr

**oc·ta·gon** ['ɒktəgən] Achteck

**Oc·to·ber** [ɒk'təʊbəʳ] Oktober; **in October** im Oktober

**oc·to·pus** ['ɒktəpəs] Tintenfisch, Krake

**odd** [ɒd] 1 *Zahl:* ungerade
2 *Schuh, Socke:* einzeln; **the odd one** [*oder* **man**] **out** das fünfte Rad am Wagen
3 *Ereignis, Mensch:* merkwürdig, seltsam
4 gelegentlich; **odd-job man** Gelegenheitsarbeiter
5 *Stücke:* übrig
6 **for thirty-odd years** um die dreißig Jahre

**odd·ly** ['ɒdlɪ] sonderbar, merkwürdig; **oddly enough** seltsamerweise

**odds** [ɒdz] *plural* 1 (*beim Wetten*) Gewinnchancen; **the odds are 2 to 1** die Chancen stehen 2 zu 1
2 **the odds are against us** alles spricht gegen uns; **the odds are in his favour** der Vorteil ist auf seiner Seite
3 **odds and ends** Überbleibsel, Krimskrams

**of** [əv, *betont* ɒv] 1 *Besitzverhältnis* von; **a friend of mine** ein Freund von mir; **the works of Shakespeare** Shakespeares Werke; **the boot of the car** der Kofferraum des Autos
2 *örtlich* **the city of Birmingham** die Stadt Birmingham; **north of London** nördlich von London; **the Battle of Waterloo** die Schlacht von [*oder* bei] Waterloo
3 *zeitlich* **your letter of 10th June** Ihr Brief vom 10. Juni; **today of all days** ausgerechnet heute; **a quarter of six** USA Viertel vor sechs
4 *Angabe des Grundes, der Ursache* **die of hunger** verhungern; **be proud of something** stolz auf etwas sein; **what has become of him?** was ist aus ihm geworden?
5 *Angabe des Geruchs, Materials* **it smells of leather** es riecht nach Leder; **a table made of wood** ein Holztisch
6 *Angabe der Beschäftigung, Qualität* **doctor of medicine** Doktor der Medizin; **man of courage** mutiger Mensch; **of no importance** bedeutungslos; **he's afraid of the dark** er fürchtet sich vor der Dunkelheit; **love of money** Liebe zum Geld; **you of all people ought to know** gerade Sie sollten das wissen
7 *mit Quantität* **the five of us** wir fünf; **many of them came** viele kamen; **one of the best** einer der Besten; **a glass of wine** ein Glas Wein; **a pound of oranges** ein Pfund Orangen

**off** [ɒf] 1 *Entfernung* abgelegen von; **far off** weit weg [*oder* entfernt]; **be off the main road** von der Hauptstraße abliegen
2 *Angabe eines Weggangs* fort, weg; **he's gone off** er ist weggegangen; **it's time I was off** es ist Zeit, dass ich gehe
3 *Angabe einer Bewegung* **fall off a ladder** von einer Leiter fallen; **get off the bus** aus dem Bus aussteigen
4 *zeitlich* **how are we off for time?** wie viel Zeit haben wir noch?; **it rained off and on** es regnete ab und an; **the holidays are not far off** es ist nicht mehr lang bis zu den Ferien
5 (*an der Arbeit, Schule*) frei; **get a day off** einen Tag freibekommen; **be off sick** wegen Krankheit fehlen
6 *Gerät, Licht:* aus; **switch** [*oder* **turn**] **the light off** das Licht ausschalten
7 **get the lid off** den Deckel abbekommen
8 (*umgangsspr*) **be off one's food** keinen Appetit haben; **he's off drugs now** er ist nicht mehr rauschgiftsüchtig
9 *Speisen:* verdorben, schlecht; *Milch:* sauer
10 **I'm afraid the veal is off now** das Kalbfleisch ist leider ausgegangen
11 *Spiel, Streik:* abgesagt; **the party is off** die Party fällt aus
12 **be badly/well off** nicht gut/gut gestellt sein

**of·fence**, USA **of·fense** [ə'fens] 1 (*vor dem Gericht*) Straftat, Vergehen (**against** gegen)
2 Kränkung, Beleidigung; **cause** [*oder* **give**] **offence to someone** jemanden kränken; **take offence at something** wegen etwas gekränkt sein, an etwas Anstoß nehmen
3 (*sportlich*) Angriff

**of·fend** [ə'fend] 1 **offend someone** jemanden

beleidigen, kränken
(2) verstoßen (**against** gegen)

**of·fense** (USA) →**offence**

**of·fen·sive**[1] [ə'fensɪv] (1) offensiv, Angriffs-
(2) *Film:* anstößig
(3) *Benehmen:* beleidigend, kränkend

**of·fen·sive**[2] [ə'fensɪv] Angriff, Offensive; **on the offensive** in der Offensive

**of·fer**[1] ['ɒfəʳ] (1) anbieten; **offer to help** seine Hilfe anbieten
(2) **offer an explanation** eine Erklärung geben; **offer an opinion** sich äußern; [an]bieten *Rat*
(3) aussetzen *Belohnung, Preis*
(4) leisten *Widerstand*
(5) **Scotland has a lot to offer** Schottland hat eine Menge zu bieten

**of·fer**[2] ['ɒfəʳ] (1) Angebot
(2) (*Waren*) **on offer** [zum Verkauf] angeboten, im Sonderangebot; **the house is under offer** für das Haus liegt ein Kaufangebot vor

**of·fice** ['ɒfɪs] (1) Büro; **at the office** im Büro
(2) Amt; **hold office** im Amt sein; **take office** das Amt antreten; (*von Partei*) die Regierung übernehmen
(3) **Home Office** (GB) Innenministerium

**office block** Bürohaus, Bürokomplex

**of·fi·cer** ['ɒfɪsəʳ] (1) (*militärisch*) Offizier
(2) (*polizeilich*) Beamte(r), Beamtin

**of·fi·cial**[1] [ə'fɪʃl] amtlich, dienstlich, offiziell

**of·fi·cial**[2] [ə'fɪʃl] (1) Beamte(r), Beamtin
(2) *von Verein:* Funktionär(in)

**of·fi·cial·ly** [ə'fɪʃəlɪ] offiziell

**off-licence** ['ɒflaɪsns] (GB) Wein- und Spirituosenhandlung

**off-peak** ['ɒfpiːk] **off-peak charges** verbilligter Tarif; **during off-peak hours** außerhalb der Stoßzeiten

**off-put·ting** [ˌɒf'pʊtɪŋ] (*umgangsspr*) wenig einladend; *Person, Verhalten:* abstoßend

**off·side** [ˌɒf'saɪd] (*Sport*) im Abseits; **be offside** abseits stehen

**of·ten** ['ɒfn] oft, häufig; **as often as not** [*oder* **more often than not**] meistens; **every so often** öfters, von Zeit zu Zeit

**oh** [əʊ] oh! ach!; **oh well** na ja!; **oh dear!** o je!; **oh yes?** ach ja?

**oil**[1] [ɔɪl] (1) Öl
(2) Erdöl
(3) (*zum Malen*) **oils** Ölfarben

**oil**[2] [ɔɪl] [ein]ölen, schmieren

**oil painting** (1) (*Bild*) Ölgemälde
(2) (*Beschäftigung*) Ölmalerei

**oil slick** Ölteppich

**oil well** Ölquelle

**oint·ment** ['ɔɪntmənt] Salbe

**OK**[1], **okay** [ˌəʊ'keɪ] (1) okay! einverstanden! in Ordnung!
(2) in Ordnung, okay; **that's okay with me** das ist mir recht; **be okay for money** genug Geld haben
(3) gut; **he's doing OK** er macht seine Sache gut

**OK**[2], **okay** [ˌəʊ'keɪ] gutheißen, billigen *Plan*

**OK**[3], **okay** [ˌəʊ'keɪ] Zustimmung; **I gave the plan my OK** ich gab dem Plan mein OK

**old** [əʊld] (1) alt; **he's forty years old** er ist 40 [Jahre alt]; **a seven-year-old** [**girl**] eine Siebenjährige; **an old friend of his** ein alter Freund von ihm
(2) früher, ehemalig; **in the old days** früher; **his old school** seine ehemalige Schule

**old age** [das] Alter; **old age pension** Altersrente; **old age pensioner, OAP** Rentner(in)

**old-fashioned** [ˌəʊld'fæʃnd] altmodisch

**old people's home** Altersheim

**ol·ive** ['ɒlɪv] Olive; **olive tree** Olivenbaum

**Olym·pic** [ə'lɪmpɪk] **the Olympic Games, the Olympics** die Olympischen Spiele

**om·elette**, (USA) **om·elet** ['ɒmlɪt] Omelett(e)

**omit** [ə'mɪt] <omitted> auslassen (**from** aus)

**on** [ɒn] (1) *räumlich* auf, an; **on the table** auf dem Tisch; **pictures on the wall** Bilder an der Wand; **on the right/left** rechts/links; **a house on the coast** ein Haus am Meer
(2) *zeitlich* an; **on Sunday** am Sonntag; **on the evening of May the first** am Abend des ersten Mai; **from that day on** von diesem Tag an
(3) (*mit Transportmittel*) **go on the train** mit dem Zug fahren; **on foot** zu Fuß; **on a bicycle** mit dem Fahrrad
(4) (*mit Thema*) über; **a lecture on Shakespeare** ein Vortrag über Shakespeare
(5) (*Mittel*) **live on bread** sich von Brot ernähren
(6) bei; **on my arrival** bei meiner Ankunft; **on request** auf Wunsch
(7) (*mit Beschäftigung, Arbeit*) **work on a project** an einem Projekt arbeiten; **he is on the committee** er gehört dem Ausschuss an; **be on duty** im Dienst sein
(8) (*mit Geld*) **this is on me** das geht auf meine Kosten; **he has no money on him** er hat kein Geld bei sich
(9) **have nothing on** nichts anhaben, nackt sein; **I have nothing on tonight** ich habe heute Abend nichts vor; **I put a hat on** ich setzte einen Hut auf; **keep on talking** immer weiterreden
(10) **on and on** ununterbrochen, andauernd;

**what's he on about?** wovon redet er nun schon wieder?
⑪ *Gerät, Licht:* an
⑫ **on the radio** im Radio; **who's on tonight?** wer spielt heute Abend?; **what's on in town?** was läuft in der Stadt?
⑬ **it's just not on** das gibt es einfach nicht

**once** [wʌns] ① (*zahlenmäßig*) einmal; **once a week** einmal in der Woche; **once more** noch einmal; **once and for all** ein für allemal; **once or twice** ein- oder zweimal
② (*vergangen*) früher einmal, einst; **once upon a time there was ...** es war einmal ...
③ **at once** sofort, auf einmal; **all at once** ganz plötzlich
④ wenn, als

**on·com·ing** ['ɒnkʌmɪŋ] **oncoming traffic** der Gegenverkehr

**one**[1] [wʌn] ① (*Zahl*) ein, eine, ein; **the baby is one [year old]** das Kind ist ein Jahr [alt]; **it is one o'clock** es ist ein Uhr; **one hundred pounds** hundert Pfund
② (*unbestimmt*) **one morning** eines Morgens; **one day next week** irgendwann nächste Woche
③ **my one [and only] hope** meine einzige Hoffnung
④ eine(r, s); **she is one of us** sie ist eine von uns; **the one who ...** derjenige, der ...; **a bigger one** ein größerer; **not one of these people** keiner dieser Leute; **any one** irgendeine(r, s); **every one** jede(r, s); **this one** diese(r, s); **the little ones** die Kleinen; **I'm not one to go out often** ich bin nicht der Typ, der oft ausgeht; **one by one** einzeln; **one after the other** einer nach dem anderen
⑤ *unpersönlich* **wash one's face** sich das Gesicht waschen

**one**[2] [wʌn] Eins

**one·self** [wʌn'self] ① sich; **cut oneself** sich schneiden
② *betont* [man] selbst; **by oneself** ganz allein, ohne Hilfe

**one-way** ['wʌnweɪ] ① *Fahrkarte:* einfach
② **one-way street** Einbahnstraße

**on·go·ing** ['ɒngəʊɪŋ] *Problem:* laufend; *Situation:* andauernd; *Suche:* im Gang befindlich

**onion** ['ʌnɪən] Zwiebel

**on·looker** ['ɒnlʊkəʳ] Zuschauer(in)

**only** ['əʊnlɪ] ① einzige(r, s); **he's an only child** er ist ein Einzelkind; **the only thing** das einzige
② nur; **only last week** erst letzte Woche; **if only** wenn doch nur; **if only that hadn't happened** wenn das bloß nicht passiert wäre; **not only ... but also** nicht nur ... sondern auch; **only just** eben erst
③ **I'd love to go, only I'm busy** ich würde gern gehen, ich habe nur viel zu tun

**on·side** ['ɒnsaɪd] (*Sport*) nicht im Abseits

**onto** ['ɒntʊ, USA 'ɒntə] ① auf
② **be onto someone** jemandem auf die Schliche kommen

**on·ward** ['ɒnwəd], **on·wards** ['ɒnwədz] voran, vorwärts, weiter; **from today/January onwards** von heute an/ab Januar

**open**[1] ['əʊpən] ① *Augen, Buch, Fenster:* offen; **keep the door open** die Tür offenlassen
② *Bank, Geschäft:* geöffnet; **open [on Sundays]** [Sonntags] geöffnet; **open to the public** der Öffentlichkeit zugänglich
③ **be open to advice** Ratschlägen zugänglich sein
④ *Feuer, Gelände:* offen; **in the open air** im Freien; **road open to traffic** Durchfahrt frei
⑤ *Frage:* offen, ungeklärt; *Geheimnis:* offen; **leave something open** (*übertragen*) etwas offen lassen

**open**[2] ['əʊpən] ① *Fenster, Tür:* sich öffnen, aufgehen
② öffnen, aufmachen *Mund;* aufschlagen *Buch, Zeitung*
③ *Laden:* öffnen, aufmachen; **doors open at 6 o'clock** Einlass ab 18 Uhr
④ eröffnen *Ausstellung, Konto*
⑤ (*übertragen*) eröffnen, beginnen *Debatte, Diskussion*
⑥ *Zimmer:* führen (**into, onto** in)
◆ **open out** ① *Landschaft:* sich verbreitern
② *Karte:* sich ausfalten lassen; auseinander falten *Karte*
◆ **open up** ① *Knospe:* sich öffnen
② aufmachen *Kiste, Paket*
③ aufschließen *Tür*
④ eröffnen *Geschäft*
⑤ (*übertragen*) *Person:* gesprächiger werden

**open**[3] ['əʊpən] ① **in the open** im Freien
② **bring/force something out into the open** (*übertragen*) etwas zur Sprache bringen

**open-air** [ˌəʊpn'eəʳ] im Freien; **open-air swimming pool** Freibad; **open-air theatre** Freilichttheater

**opener** ['əʊpənəʳ] Öffner

**open·ing**[1] ['əʊpənɪŋ] ① *von Loch:* Öffnung
② *von Ausstellung, Parlament:* Eröffnung
③ *von Buch, Film:* Beginn, Anfang
④ *von Paket:* Aufmachen

5 Möglichkeit, Chance
6 (*Arbeit*) freie Stelle

**open·ing²** ['əʊpənɪŋ] erste(r, s), Eröffnungs-; **opening hours** Öffnungszeiten; **opening time** Öffnungszeit

**open·ly** ['əʊpənlɪ] **speak openly** offen reden

**op·era** ['ɒprə] Oper; **go to the opera** in die Oper gehen

**op·er·ate** ['ɒpəreɪt] 1 *Maschine:* in Betrieb, in Gang sein, funktionieren; *Bus, Zug:* verkehren
2 bedienen *Maschine;* betreiben, führen *Geschäft*
3 **operate on someone** jemanden operieren; **be operated on** operiert werden

**op·er·at·ing** ['ɒpəreɪtɪŋ] 1 Betriebs-
2 (*medizinisch*) Operations-

**op·er·ation** [ˌɒpə'reɪʃn] 1 *von Maschine:* Gang, Lauf; **be in/out of operation** in/außer Betrieb sein
2 (*medizinisch*) Operation; **have an operation** operiert werden (**for** wegen)
3 (*militärisch*) Operation, Aktion
4 **come into operation** in Kraft treten

**op·er·ator** ['ɒpəreɪtəʳ] 1 (*am Telefon*) Vermittlung
2 Maschinenarbeiter(in), Operator(in)

**opin·ion** [ə'pɪnɪən] Meinung, Ansicht (**about, on** zu); **in my opinion** meiner Ansicht nach; **it's a matter of opinion** das ist Ansichtssache; **public opinion** die öffentliche Meinung

**opinion poll** Meinungsumfrage

**op·po·nent** [ə'pəʊnənt] (*Sport*) Gegner(in), Gegenspieler(in)

**op·por·tun·ity** [ˌɒpə'tjuːnətɪ] Gelegenheit; **at the first opportunity** bei der erstbesten Gelegenheit; **take the opportunity to do** [*oder* **of doing**] **something** die Gelegenheit nutzen, etwas zu tun

**op·pose** [ə'pəʊz] **oppose something** sich einer Sache widersetzen; ablehnen *Plan*

**op·po·site¹** ['ɒpəzɪt] 1 *Richtung:* entgegengesetzt
2 gegenüber; *Seite:* gegenüberliegend
3 (*übertragen*) entgegengesetzt; **the opposite sex** das andere Geschlecht

**op·po·site²** ['ɒpəzɪt] Gegenteil, Gegensatz; **quite the opposite!** ganz im Gegenteil!

**op·po·si·tion** [ˌɒpə'zɪʃn] 1 Gegensatz (**to** zu)
2 Widerstand, Opposition
3 GB (*politisch*) **the Opposition** die Opposition

**op·ti·cian** [ɒp'tɪʃn] Optiker(in)

**op·ti·mism** ['ɒptɪmɪzəm] Optimismus

**op·ti·mist** ['ɒptɪmɪst] Optimist(in)

**op·ti·mis·tic** [ˌɒptɪ'mɪstɪk] optimistisch

**op·tion** ['ɒpʃn] 1 Wahl, Möglichkeit; **I have little/no option** mir bleibt kaum eine/keine andere Wahl; **she had no option but to leave** ihr blieb nichts anderes übrig als zu gehen; **leave one's options open** sich alle Möglichkeiten offen lassen
2 (*an Schule/Uni*) Wahlfach

**op·tional** ['ɒpʃənl] freiwillig, fakultativ; **optional subject** Wahlfach

**or** [ɔːʳ] 1 oder; **a minute or two** ein paar Minuten; **he could not read or write** er konnte weder lesen noch schreiben
2 **either … or** entweder … oder; **whether … or not** ob … oder; **or else** sonst, andernfalls; **or even** oder sogar; **or rather** oder vielmehr

**oral¹** ['ɔːrəl] 1 mündlich
2 (*medizinisch*) oral

**oral²** ['ɔːrəl] (*umgangsspr*) mündliche Prüfung

**or·ange¹** ['ɒrɪndʒ] 1 (*Frucht*) Apfelsine, Orange; **orange juice** Orangensaft
2 (*Farbe*) Orange

**or·ange²** ['ɒrɪndʒ] orange[farben]

**or·bit¹** ['ɔːbɪt] *von Planeten:* Kreisbahn, Umlaufbahn, Orbit; **put a satellite into orbit** einen Satelliten in die Umlaufbahn schießen

**or·bit²** ['ɔːbɪt] umkreisen

**or·chard** ['ɔːtʃəd] Obstgarten

**or·ches·tra** ['ɔːkɪstrə] Orchester

**or·der¹** ['ɔːdəʳ] 1 [An]Ordnung, [Reihen]Folge; **in order of preference** in der bevorzugten Reihenfolge; **put something in order** etwas ordnen
2 (*geordneter Zustand*) Ordnung; **be out of order** nicht funktionieren, außer Betrieb sein; **keep order** Ordnung wahren; **law and order** Recht und Ordnung
3 (*im Restaurant*) Bestellung; **last orders, please!** (*in einer Kneipe*) letzte Runde bitte!
4 *von Waren:* Auftrag, Bestellung, Order
5 (*militärisch*) Kommando, Befehl
6 **in order to do something** um etwas zu tun; **in order that** damit

**or·der²** ['ɔːdəʳ] 1 (*im Geschäft, Restaurant*) bestellen; **are you ready to order?** darf ich Ihre Bestellung aufnehmen?
2 befehlen, anordnen; **the doctor ordered me to stay in bed** der Arzt verordnete mir Bettruhe
3 **order someone about** jemanden herumkommandieren
4 ordnen *Bücher, Dokumente*

**or·di·nary** ['ɔːdɪnrɪ] 1 gewöhnlich, normal
2 durchschnittlich, alltäglich

O

③ **nothing out of the ordinary** nichts Außergewöhnliches

**or·gan** ['ɔːgən] ① Organ
② (*Musikinstrument*) Orgel

**or·ganic** [ɔː'gænɪk] organisch; **organic farming** biologisch-dynamische Landwirtschaft; **organic waste** Biomüll

**or·gan·ism** ['ɔːgənɪzəm] Organismus

**or·gan·iz·ation** [ˌɔːgənaɪ'zeɪʃn] Organisation

**or·gan·ize** ['ɔːgənaɪz] ① organisieren
② einteilen *Arbeit, Zeit;* planen *Leben*

**or·gan·ized** ['ɔːgənaɪzd] organisiert, geregelt; **he isn't very organized** bei ihm geht alles drunter und drüber

**ori·gin** ['ɒrɪdʒɪn] Ursprung, Herkunft, Abstammung; **country of origin** Ursprungsland, Herkunftsland

**orig·inal**[1] [ə'rɪdʒənl] ① ursprünglich, anfänglich; **original inhabitants** Ureinwohner
② *Gemälde:* original
③ *Idee:* originell

**orig·inal**[2] [ə'rɪdʒənl] Original

**orig·inal·ly** [ə'rɪdʒənəlɪ] ① ursprünglich, anfänglich
② originell

**or·na·ment** ['ɔːnəmənt] Schmuck, Verzierung

**or·phan** ['ɔːfn] Waise, Waisenkind

**other** ['ʌðəʳ] ① andere(r, s); **the others** die anderen; **in other words** mit anderen Worten
② weitere(r, s); **are there any others there?** sind sonst noch welche da?; **do you have any other questions?** haben Sie sonst noch Fragen?
③ **each other** einander, sich; **they kissed each other** sie küssten sich
④ **the other day** neulich; **some other time** ein andermal, ein anderes Mal
⑤ **every other** jede(r, s) zweite
⑥ **somehow/someone/sometime/somewhere or other** irgendwie/irgendjemand/irgendwann/irgendwo
⑦ anders; **there is no other way** es geht nicht anders; **other than** anders als
⑧ außer; **anyone other than you[rself]** jeder außer dir

**other·wise** ['ʌðəwaɪz] ① anders
② **he was otherwise engaged** er war anderweitig beschäftigt
③ sonst; **she must study even harder, otherwise she'll fail** sie muss noch fleißiger studieren, sonst wird sie durchfallen
④ ansonsten; **he's got a cold, but otherwise he's OK** er hat eine Erkältung, aber ansonsten geht es ihm nicht schlecht

**OTT** [ˌəʊtiː'tiː] *Abkürzung von* **over the top** übertrieben

**ouch** [aʊtʃ] au! autsch!

**ought** [ɔːt] ① **I ought to go** ich sollte [hin]gehen; **he ought to have come** er hätte kommen sollen
② *vorschlagend* **you ought to see that film** den Film sollten Sie sehen
③ (*wahrscheinlich*) **he ought to win the race** er müsste [eigentlich] das Rennen gewinnen

**ounce** [aʊns] (*Gewicht*) Unze (= *28,35 g*)

**our** ['aʊəʳ] unser

**ours** ['aʊəz] unsere(r, s), der, die, das Unsere; **this house is ours** das ist unser Haus; **that is ours** das gehört uns; **a friend of ours** ein Freund von uns, einer unserer Freunde

**our·selves** [aʊə'selvz] ① uns
② *betont* [wir] selbst; **we did it ourselves** wir haben es selbst gemacht; [**all**] **by ourselves** [ganz] allein, ohne Hilfe
③ **by ourselves** unter vier Augen

**out** [aʊt] ① *Richtung* hinaus, heraus, aus; **out!** raus!; **go out** hinausgehen; **look out of the window** aus dem Fenster sehen; **throw someone out** jemanden hinauswerfen
② *Position* außen, draußen; **I'm afraid she's out** leider ist sie nicht zu Hause; **out of the country** im Ausland
③ (*übertragen*) **the sun is out** die Sonne scheint; **the secret is out** das Geheimnis ist bekannt geworden; **the tide is out** es ist Ebbe; **out with it!** heraus mit der Sprache!
④ *Feuer, Licht:* aus
⑤ *Buch:* heraus, erschienen
⑥ (*nicht richtig*) **my watch is five minutes out** meine Uhr geht fünf Minuten falsch
⑦ **we have run out of** [*oder* **we're out of**] **cheese** der Käse ist ausgegangen, wir haben keinen Käse mehr
⑧ **out of breath** außer Atem; **out of curiosity** aus Neugier; **out of date** überholt, veraltet; *Kleider:* altmodisch; **out of doors** draußen, im Freien; **out of order** außer Betrieb; **out of reach** außer Reichweite; **out of sight** außer Sicht; **made out of wood** aus Holz gemacht; **out of work** arbeitslos; **three out of four Australians** drei von vier Australiern
⑨ **have it out with someone** (*umgangsspr*) etwas mit jemandem ausdiskutieren

**out·break** ['aʊtbreɪk] *von Krieg, Seuche:* Ausbruch

**out·burst** ['aʊtbɜːst] *von Zorn:* Ausbruch

**out·come** ['aʊtkʌm] Ergebnis, Resultat

**out·door** ['aʊtdɔːʳ] **outdoor clothes** wärmere Kleidung; **outdoor games** Spiele im Freien; **out-**

**door [swimming] pool** Freibad

**out·doors** [ˌaʊt'dɔːz] draußen, im Freien; **go outdoors** nach draußen gehen

**outer** ['aʊtəʳ] äußere(r, s), Außen-; **outer space** der tiefe Weltraum

**out·fit** ['aʊtfɪt] Kleidung

**out·go·ing** [ˌaʊt'gəʊɪŋ] ❶ (*übertragen*) *Mensch:* gesellig, kontaktfreudig
❷ *Beamter:* scheidend
❸ **outgoing flight** Abflug; **outgoing tide** Ebbe

**out·ing** ['aʊtɪŋ] Ausflug; **go for** [*oder* **on**] **an outing** einen Ausflug machen

**out·line**[1] ['aʊtlaɪn] ❶ Umriss, Silhouette
❷ (*übertragen*) *von Plan:* Grundriss, Abriss; *von Aufsatz:* Entwurf

**out·line**[2] ['aʊtlaɪn] ❶ die Umrisse zeichen
❷ (*übertragen*) skizzieren, umreißen *Plan*

**out·look** ['aʊtlʊk] ❶ **his outlook [up]on life** seine Einstellung zum Leben
❷ **the weather outlook** die Wetteraussichten

**out·num·ber** [ˌaʊt'nʌmbəʳ] zahlenmäßig überlegen sein; **we were outnumbered 4 to 1** die anderen waren viermal so viele wie wir

**out-of-date** [ˌaʊtəv'deɪt] veraltet; *Stil:* unmodern, altmodisch; *Karte:* ungültig

**out-of-work** [ˌaʊtəv'wɜːk] arbeitslos

**out·patient** ['aʊtpeɪʃnt] Kranke(r) in ambulanter Behandlung; **outpatients' [department]** Ambulanz

**out·rage·ous** [aʊt'reɪdʒəs] ❶ *Verbrechen:* abscheulich, verabscheuungswürdig
❷ *Verhalten:* empörend, unerhört, unverschämt
❸ *Kleider:* ausgefallen, unmöglich

**out·side**[1] [ˌaʊt'saɪd] Außenseite

**out·side**[2] ['aʊtsaɪd] ❶ Außen-, äußere(r, s); **the outside world** die Außenwelt
❷ **an outside chance** eine kleine Chance
❸ draußen; **go outside** nach draußen gehen; **outside the town** außerhalb der Stadt; **the car outside the house** das Auto vor dem Haus

**out·sider** [ˌaʊt'saɪdəʳ] Außenseiter(in)

**out·skirts** ['aʊtskɜːts] *plural* Außengebiete; **on the outskirts of Glasgow** am Stadtrand von Glasgow

**out·stand·ing** [ˌaʊt'stændɪŋ] ❶ hervorragend; **of outstanding ability** außerordentlich begabt
❷ **a lot of work is still outstanding** viel Arbeit ist noch unerledigt

**out·ward** ['aʊtwəd] ❶ äußerlich; *Erscheinung:* äußere(r, s)
❷ **outward journey** Hinfahrt
❸ **open outward[s]** nach außen aufgehen

**out·ward·ly** ['aʊtwədlɪ] nach außen hin

**out·wards** ['aʊtwədz] nach außen

**oven** ['ʌvn] Backofen

**over** ['əʊvəʳ] ❶ *mit Bewegung, Richtung* hin-, herüber; **they swam over to us** sie schwammen zu uns herüber
❷ *räumlich* über; **the bridge over the river** die Brücke über den Fluss; **spread a cloth over the table** ein Tischtuch auf den Tisch legen; **over there** da drüben; **she is over here** sie ist hier; **I am aching all over** mir tut alles weh
❸ um; **turn over the page** die Seite umblättern
❹ (*zu Ende*) **the rain is over** der Regen hat aufgehört
❺ übrig; **there is a lot of meat [left] over** es ist viel Fleisch übrig
❻ (*mehr*) **children of 14 and over** Kinder über 14; **he spoke for over an hour** er sprach über eine Stunde
❼ (*mehrmals*) **over and over again** immer und immer wieder
❽ *zeitlich* während, in; **stay over the weekend** über das Wochenende bleiben; **over the summer** den Sommer über
❾ **come over tonight** kommen Sie heute Abend vorbei; **he is famous all over the world** er ist in der ganzen Welt berühmt; **they talked over a cup of tea** sie unterhielten sich bei einer Tasse Tee

**over·all**[1] [ˌəʊvər'ɔːl] ❶ gesamt, insgesamt; **overall majority** absolute Mehrheit; **overall situation** Gesamtlage; **overall it cost £18** die Gesamtkosten waren 18 Pfund
❷ im Großen und Ganzen; *Verbesserung, Wirkung:* allgemein

**over·all**[2] ['əʊvərɔːl] **overalls** Overall, Arbeitsanzug

**over·board** ['əʊvəbɔːd] über Bord

**over·cast** [ˌəʊvə'kɑːst] *Himmel:* bedeckt, bewölkt

**over·charge** [ˌəʊvə'tʃɑːdʒ] **overcharge someone** jemandem zu viel berechnen

**over·crowded** [ˌəʊvə'kraʊdɪd] ❶ (*mit Menschen*) überfüllt, übervölkert
❷ (*mit Sachen*) überladen

**over·dose** ['əʊvədəʊs] Überdosis

**over·draft** ['əʊvədrɑːft] Kontoüberziehung

**over·due** [ˌəʊvə'djuː] überfällig

**over·flow** [ˌəʊvə'fləʊ] ❶ *Bad, Topf:* überlaufen
❷ *Fluss:* über die Ufer treten

**over·head** [ˌəʊvə'hed] ❶ oben, in der Luft
❷ **a plane flew overhead** ein Flugzeug flog über uns hinweg

**over·hear** [ˌəʊvə'hɪəʳ] <overheard> zufällig

[mit]hören
**over·joyed** [ˌəʊvə'dʒɔɪd] überglücklich
**over·night**[1] [ˌəʊvə'naɪt] über Nacht; **stay overnight with someone** bei jemandem übernachten
**over·night**[2] ['əʊvənaɪt] **overnight bag** Reisetasche; **overnight stay** Übernachtung
**over·re·act** [ˌəʊvərɪ'ækt] überreagieren
**over·seas** [ˌəʊvə'si:z] ① überseeisch, in Übersee ② **go overseas** nach Übersee gehen
**over·sleep** [ˌəʊvə'sli:p] <overslept, overslept> verschlafen
**over·take** [ˌəʊvə'teɪk] <overtook, overtaken> (GB) überholen
**over·throw** [ˌəʊvə'θrəʊ] <overthrew, overthrown> stürzen *Regierung*
**over·time** ['əʊvətaɪm] Überstunden; **be on** [*oder* **do**] [*oder* **work**] **overtime** Überstunden machen
**over·turn** [ˌəʊvə'tɜ:n] ① *Auto, Gegenstand:* umkippen; *Boot:* kentern; **overturn something** etwas umwerfen, umstoßen, umstürzen ② stürzen *Regierung*
**over·weight** [ˌəʊvə'weɪt] zu schwer; **he is overweight** er hat Übergewicht
**over·whelm·ing** [ˌəʊvə'welmɪŋ] überwältigend
**over·work** [ˌəʊvə'wɜ:k] ① sich überarbeiten ② überanstrengen
**owe** [əʊ] ① **owe someone money** jemandem Geld schulden; **how much do I owe you?** was bin ich schuldig?; **you owe me an explanation** du bist mir eine Erklärung schuldig ② **I owe my life to him** ich verdanke ihm mein Leben
**ow·ing** ['əʊɪŋ] ① unbezahlt; **how much is still owing?** wie viel steht noch aus? ② **owing to** wegen, infolge
**owl** [aʊl] Eule
**own**[1] [əʊn] ① eigen; **his own car** sein eigenes Auto; **that's my own** das ist mein eigenes; **I have money of my own** ich habe selbst Geld ② **get one's own back on someone** es jemandem heimzahlen ③ **all on one's own** ganz allein, selbst ④ **own goal** Eigentor
**own**[2] [əʊn] besitzen; **who owns this car?** wem gehört dieses Auto?
◆ **own up to** **own up to something** etwas zugeben
**owner** ['əʊnəʳ] ① Besitzer(in), Eigentümer(in) ② *einer Firma:* Inhaber(in)
**owner·ship** ['əʊnəʳʃɪp] Besitz
**oxy·gen** ['ɒksɪdʒən] Sauerstoff
**oy·ster** ['ɔɪstəʳ] Auster
**ozone layer** Ozonschicht

# Pp

**pa** [pɑ:] (*umgangsspr*) Papa
**pace**[1] [peɪs] ① Schritt ② Tempo; **set the pace** das Tempo angeben
**pace**[2] [peɪs] **pace up and down** [**the room**] auf- und abgehen [im Zimmer]
**Pa·ci·fic** [pə'sɪfɪk] [der] Pazifik; **a Pacific island** eine Insel im Pazifik
**paci·fist** ['pæsɪfɪst] Pazifist(in)
**pack**[1] [pæk] ① packen ② **pack something in plastic** etwas in Plastik verpacken ③ füllen *Raum;* **be packed out** gerammelt voll sein
◆ **pack in** ① einpacken; hineinpferchen *Menschen* ② (GB) (*umgangsspr*) **pack a job in** eine Stelle hinschmeißen; **pack it in!** hör auf!
◆ **pack up** ① verpacken ② zusammenpacken *Sachen* ③ (*umgangsspr*) *Motor:* stehen bleiben
**pack**[2] [pæk] ① Bündel ② (USA) (*Zigaretten*) Schachtel ③ *von Wölfen:* Rudel; *von Jagdhunden:* Meute ④ [**back**]**pack** Rucksack ⑤ **a pack of cards** ein Kartenspiel ⑥ **a pack of lies** lauter Lügen
**pack·age** ['pækɪdʒ] (*auch übertragen*) Paket
**package holiday** Pauschalreise
**packet** ['pækɪt] ① [Post]Paket, Päckchen ② *von Zigaretten:* Packung ③ (GB) (*umgangsspr*) **make a packet** eine Stange Geld verdienen; **cost a packet** ein Heidengeld kosten
**pack·ing** ['pækɪŋ] ① **do one's packing** packen ② Packmaterial
**pad** [pæd] ① Polster ② **writing-pad** Schreibblock ③ (*für Sport*) Beinschützer ④ (*slang*) Wohnung, Bude
**paddle**[1] ['pædl] ① Paddel ② **go for a paddle** im Wasser planschen gehen
**paddle**[2] ['pædl] ① paddeln ② im Wasser planschen
**pad·lock** ['pædlɒk] Vorhängeschloss

**page** [peɪdʒ] Blatt; *von Buch:* Seite
**paid** [peɪd] *2. und 3. Form von* **pay**
**pain** [peɪn] ① (*körperlich*) Schmerz[en]; **be in/feel pain** Schmerzen haben/empfinden; **be a pain [in the neck]** (*umgangsspr*) jemandem auf den Wecker gehen
② (*seelisch*) Kummer, Qualen
**pain·ful** ['peɪnfl] ① schmerzhaft, schmerzend; **be painful** weh tun
② (*übertragen*) peinlich, unangenehm
**pain·killer** schmerzstillendes Mittel
**paint**[1] [peɪnt] malen *Bild;* anstreichen *Wand;* lackieren *Auto, Tür*
**paint**[2] [peɪnt] ① Farbe, Anstrich
② (*für Auto*) Lack
③ **wet paint!** frisch gestrichen!
**paint·box** Malkasten
**paint·brush** ['peɪntbrʌʃ] Pinsel
**painter** ['peɪntəʳ] ① Maler(in)
② **[house] painter** Anstreicher(in), Maler[meister](in)
**paint·ing** ['peɪntɪŋ] ① Malen, Anstreichen
② (*Kunst*) Malerei
③ (*Kunstwerk*) Bild, Gemälde
**pair** [peəʳ] ① Paar; **in pairs** paarweise
② **a pair of gloves/shoes** ein Paar Handschuhe/Schuhe; **a pair of scissors/trousers** eine Schere/Hose
③ (*Tiere, Spielkarten*) Pärchen
**pa·ja·mas** [pə'dʒɑːməz] *plural* (USA) Schlafanzug, Pyjama
**pal** [pæl] (*slang*) Kumpel
**pal·ace** ['pælɪs] Palast
**pale** [peɪl] ① bleich, blass; **turn pale** blass, bleich werden, erbleichen
② **pale blue** blassblau
③ *Licht:* schwach
**palm** [pɑːm] ① **palm [tree]** Palme
② (*Körperteil*) Handteller, Handfläche; **read someone's palm** jemandem aus der Hand lesen
**pamph·let** ['pæmflɪt] Broschüre, Flugblatt
**pan** [pæn] Pfanne, Kochtopf
**pan·cake** ['pænkeɪk] Pfannkuchen; **Pancake Day** Fastnachtsdienstag

> **i Land & Leute** Der **Pancake Day** oder **Shrove Tuesday** (Fastnachtsdienstag) ist der Tag vor dem **Ash Wednesday** (Aschermittwoch). Man isst Pfannkuchen, weil es früher üblich war, noch alle Eier im Haus aufzubrauchen, bevor die Fastenzeit (Lent) begann.

**p and p** [ˌpiːən'piː] →**postage and packing** Porto und Verpackung
**panel** ['pænl] ① (*aus Glas, Holz*) Platte, Tafel
② (*bei Radioprogramm*) Podium
③ **panel of experts** Sachverständigenausschuss
**panel game** Ratespiel
**pan·ic**[1] ['pænɪk] Panik; **get into a panic about something** wegen etwas in Panik geraten
**pan·ic**[2] ['pænɪk] <panicking, panicked> in Panik geraten; **don't panic!** keine Panik!
**pant** [pænt] *Person:* keuchen; *Hund:* hecheln
**pan·ties** ['pæntɪz] *plural* **[pair of] panties** Schlüpfer; (*für Kinder*) Höschen
**pan·to·mime** ['pæntəmaɪm] (GB) *weihnachtliche Aufführung von Märchen im Theater*
**pants** [pænts] *plural* ① (USA) Hose
② (GB) Unterhose
**panty·hose** (USA) Strumpfhose
**panty liner** Slipeinlage
**pa·per** ['peɪpəʳ] ① Papier; **a piece of paper** ein Blatt Papier
② Zeitung; **do a paper round** Zeitungen austragen
③ (*akademischer Bericht*) Abhandlung, Vortrag (**on** über)
④ **examination paper** Prüfungsarbeit
⑤ **papers** (*Ausweis*) Papiere
⑥ **papers** (*im Büro*) Akten, Papiere
⑦ **on paper** auf dem Papier; (*übertragen*) in der Theorie
**pa·per·back** ['peɪpəbæk] Taschenbuch
**paper bag** Tüte
**paper·boy** Zeitungsjunge
**paper·clip** Büroklammer
**paper cup** Pappbecher
**paper·work** ['peɪpəwɜːk] Schreibarbeit
**para·chute**[1] ['pærəʃuːt] Fallschirm; **parachute jump** Fallschirmabsprung
**para·chute**[2] ['pærəʃuːt] abspringen
**par·ade**[1] [pə'reɪd] ① *von Truppen:* Parade
② (*bei Festlichkeiten*) Aufzug, Festzug, Prozession
③ **a parade of shops** eine Ladenreihe
**par·ade**[2] [pə'reɪd] ① marschieren
② (*übertragen*) stolzieren
③ *Demonstranten:* ziehen (**through** durch)
**para·dise** ['pærədaɪs] [das] Paradies
**para·graph** ['pærəgrɑːf, (USA) 'pærə græf] Absatz, Abschnitt
**par·al·lel**[1] ['pærəlel] parallel (**with, to** mit); **parallel bars** (*Gymnastik*) Barren
**par·al·lel**[2] ['pærəlel] (*auch übertragen*) Parallele (**to** zu)
**para·lyse**, (USA) **para·lyze** ['pærəlaɪz] ① lähmen

2 (*übertragen*) lahmlegen *Verkehr,* zum Erliegen bringen; **paralysed with fear** starr vor Schrecken

**para·med·ic** [ˌpærəˈmedɪk] Sanitäter(in)

**para·phrase** [ˈpærəfreɪz] umschreiben

**para·site** [ˈpærəsaɪt] Schmarotzer, Parasit

**para·troops** [ˈpærətruːps] *plural* Fallschirmjäger

**par·cel** [ˈpɑːsl] Paket, Päckchen

**par·don**[1] [ˈpɑːdn] 1 vergeben, verzeihen; (*juristisch*) begnadigen
2 **pardon me!** Entschuldigung!; **pardon me?** USA wie bitte?

**par·don**[2] [ˈpɑːdn] 1 Verzeihung, Vergebung
2 (*juristisch*) Begnadigung
3 **I beg your pardon!** Entschuldigung!; [**I beg your**] **pardon?** wie bitte?

**par·ent** [ˈpeərənt] 1 Elternteil; **single parent** Alleinerziehende(r)
2 **parents** Eltern; **parents-in-law** Schwiegereltern

**par·ish** [ˈpærɪʃ] Gemeinde

**park**[1] [pɑːk] 1 Park; **national park** Nationalpark; **theme park** Freizeitpark
2 USA Sportplatz

**park**[2] [pɑːk] parken, abstellen *Auto*

**park·ing** [ˈpɑːkɪŋ] 1 Parken; **no parking** Parken verboten
2 (*Platz*) Parkplätze

**parking lot** USA Parkplatz

**parking meter** Parkuhr

**parking space** Parklücke

**parking ticket** Strafzettel (*für falsches Parken*)

**park keeper** [ˈpɑːk kiːpəʳ] Parkwächter(in)

**par·lia·ment** [ˈpɑːləmənt] Parlament

**par·rot** [ˈpærət] Papagei

**pars·ley** [ˈpɑːslɪ] Petersilie

**pars·nip** [ˈpɑːsnɪp] Pastinake

**part**[1] [pɑːt] 1 Teil; **part of the body** Körperteil
2 (*technisch*) Teil, Bauteil
3 *einer Serie:* Folge, Fortsetzung
4 (*beim Theater, im Film*) Rolle
5 (*Musik*) Stimme, Partie
6 Seite, Partei; **on the part of** vonseiten, seitens
7 (*Region*) **which part of Austria is he from?** woher in Österreich kommt er?; **in these parts** in dieser Gegend, hierzulande
8 **for the most part** meist[ens], größtenteils
9 **in part**[**s**] teilweise, zum Teil
10 **part of speech** Wortart
11 **take part** teilnehmen, sich beteiligen (**in** an)
12 **the nice part of it is** das Nette daran ist

**part**[2] [pɑːt] teils, teilweise; **she's part English, part German** sie ist teils Engländerin, teils Deutsche

**part**[3] [pɑːt] 1 teilen; scheiteln *Haar*
2 trennen (**from** von)
3 *Personen, Paar:* sich trennen (**with** von); **part as friends** in Freundschaft auseinandergehen
4 *Lippen, Vorhang:* sich öffnen

**par·tial** [ˈpɑːʃl] teilweise; **partial success** Teilerfolg

**par·tial·ly** [ˈpɑːʃəlɪ] teilweise

**par·tici·pant** [pɑːˈtɪsɪpənt] Teilnehmer(in)

**par·tici·pate** [pɑːˈtɪsɪpeɪt] teilnehmen, sich beteiligen (**in** an)

**par·tici·pa·tion** [pɑːˌtɪsɪˈpeɪʃn] Teilnahme (**in** an), Beteiligung

**par·ti·ciple** [ˈpɑːtɪsɪpl] Partizip

**par·ticle** [ˈpɑːtɪkl] 1 *Staub:* Teilchen
2 (*Grammatik*) Partikel

**par·ticu·lar** [pəˈtɪkjʊləʳ] 1 besondere(r, s); bestimmt *Grund;* **in particular** insbesondere; **nothing in particular** nichts Besonderes
2 *Mensch:* wählerisch; **she's very particular about cleanliness** sie nimmt es mit der Sauberkeit sehr genau

**par·ticu·lar·ly** [pəˈtɪkjʊləlɪ] im Besonderen, insbesondere

**par·ticu·lars** [pəˈtɪkjʊləʳs] *plural* 1 Näheres, Einzelheiten (**about, of** über)
2 Personalien

**part·ing** [ˈpɑːtɪŋ] 1 Abschied
2 GB Scheitel

**part·ly** [ˈpɑːtlɪ] teilweise, zum Teil

**part·ner** [ˈpɑːtnəʳ] Partner(in)

**part-time** [ˌpɑːtˈtaɪm] Teilzeit-; **he is only part-time** er arbeitet nur Teilzeit

**party** [ˈpɑːtɪ] 1 (*politisch*) Partei
2 (*Feier*) Party
3 **a party of five** eine Gruppe von fünf Personen

**party·goer** [ˈpɑːtɪˌgəʊəʳ] Partygänger(in)

**pass**[1] [pɑːs, USA pæs] 1 *Person:* vorbeigehen; *Fahrzeug:* vorbeifahren (**by** an); **let someone pass** jemanden vorbeilassen
2 (*geben*) herumreichen *Snack;* **can you pass me the butter please?** kannst du mir bitte die Butter reichen?
3 **don't worry, it'll pass** keine Angst, das geht vorbei
4 *Zeit:* vergehen, verstreichen; **pass the time** die Zeit verbringen
5 bestehen *Prüfung*
6 verabschieden *Gesetz*
7 (*im Kartenspiel*) passen
8 (*Sport*) den Ball weitergeben; **pass the ball to someone** jemandem den Ball zuspielen

⑨ **let something pass** *Ereignis, Bemerkung:* etwas durchgehen lassen; **pass unnoticed** nicht bemerkt werden

◆ **pass away** (*sterben*) *Mensch, Tier:* entschlafen, hinscheiden

◆ **pass by** ① vorbeigehen; *Fahrzeug:* vorbeifahren ② *Zeit:* vergehen

◆ **pass down** weitergeben *Tradition, Brauch* (**to** an)

◆ **pass on** ① weitersagen *Geheimnis, Information* ② weitergeben *Krankheit* ③ weiterreichen; **could you pass the papers on to the next row?** könntest du die Papiere an die nächste Reihe weitergeben?

◆ **pass out** in Ohnmacht fallen

◆ **pass through** ① **I'm just passing through** ich bin nur auf der Durchreise ② **you'll pass through London** Sie werden durch London fahren

**pass**[2] [pɑːs, (USA) pæs] ① Ausweis; (*beim Militär*) Passierschein; **free bus pass** Freikarte für den Bus ② **he got a pass in maths** er hat die Matheprüfung bestanden ③ (*beim Sport*) Pass ④ (*im Gebirge*) Pass

**pas·sage** [ˈpæsɪdʒ] ① (*in einem Gebäude*) [Durch]Gang, Korridor; (*zwischen Gebäuden*) Gasse, Weg ② [Text]Stelle ③ (*Musik*) Passage, Stück

**pas·sen·ger** [ˈpæsɪndʒəʳ] Reisende(r); (*im Bus, Taxi*) Fahrgast; (*auf einem Schiff*) Passagier; (*im Flugzeug*) Fluggast, Passagier; (*im Auto*) Mitfahrer(in), Beifahrer(in)

**passer-by** [ˌpɑːsəˈbaɪ] <*plural* passers-by> Passant(in)

**passing place** Ausweichstelle

**pas·sion** [ˈpæʃn] Leidenschaft

**passion·ate** [ˈpæʃənət] leidenschaftlich

**pass·ive**[1] [ˈpæsɪv] (*Grammatik*) Passiv

**pass·ive**[2] [ˈpæsɪv] ① passiv ② (*Grammatik*) **passive voice** Passiv ③ **passive smoking** Passivrauchen

**pass·port** [ˈpɑːspɔːt, (USA) ˈpæspɔːt] ① [Reise]Pass; **passport control** [*oder* **inspection**] Passkontrolle; **passport holder** Passinhaber(in); **passport photo** Passbild ② (*übertragen*) Weg, Schlüssel (**to** zu)

**pass·word** [ˈpɑːswɜːd] ① (*Internet*) Passwort ② Kennwort

**past**[1] [pɑːst] ① *räumlich* vorüber, vorbei; **walk/drive/run past something** an etwas vorbeigehen/-fahren/-laufen; **the supermarket is past the post office** der Supermarkt ist hinter [*oder* nach] der Post ② *zeitlich* nach; **ten past three** zehn nach drei; **half past three** halb vier; **past fifty** über fünfzig ③ (*Grammatik*) **past tense** Vergangenheit; **past perfect** Plusquamperfekt

▸ IN WENDUNGEN: **I'm past caring** das ist mir jetzt egal; **be past something** für etwas zu alt sein; **this machine is getting past it** die Maschine taugt langsam nichts mehr; **I wouldn't put it past him** (*umgangsspr*) das würde ich ihm zutrauen

**past**[2] [pɑːst] Vergangenheit; **in the past** früher, in der Vergangenheit

**pas·ta** [ˈpæstə] Teigwaren, Nudeln

**pas·try** [ˈpeɪstrɪ] ① Kuchenteig ② Backwerk, Gebäck; **Danish pastry** Teilchen

**pasty**[1] [ˈpeɪstɪ] *Gesicht:* bleich, blass, käsig

**pasty**[2] [ˈpæstɪ] (GB) Pastete *mit Fleisch und Kartoffeln*

**pat**[1] [pæt] leichter Schlag, Klaps; **give yourself a pat on the back** klopf' dich auf die Schulter

**pat**[2] [pæt] ① tätscheln ② festklopfen *Erde, Sand* ③ **pat someone on the back** jemandem auf die Schulter klopfen

**patch**[1] [pætʃ] ① (*zum Reparieren*) Flicken ② [Augen]Klappe ③ Fleck, Stelle; *Land:* Stück; **icy patches** stellenweise Glatteis; **vegetable patch** Gemüsebeet ④ (*zeitlich*) Phase; **go through a bad patch** eine schlechte Phase durchleben ⑤ (*umgangsspr*) Revier

**patch**[2] [pætʃ] flicken

◆ **patch up** ① zusammenflicken *Kleidungsstück* ② beilegen *Streit;* **patch up a relationship** eine Beziehung kitten

**patchy** [ˈpætʃɪ] ① *Qualität, Arbeit:* unregelmäßig, ungleichmäßig ② *Kenntnisse:* lückenhaft ③ *Stoff:* gefleckt ④ **there will be patchy showers** es gibt hin und wieder Regen

**pâté** [ˈpæteɪ] Pastete

**path** [pɑːθ] ① Pfad; [**foot**]**path** [Fuß]Weg ② (*astrologisch*) Bahn ③ (*übertragen*) Weg; **cross someone's path** jemanden zufällig treffen

**pa·thetic** [pəˈθetɪk] ① Mitleid erweckend ② armselig, jämmerlich; **that's really pathetic!** das ist ja zum Heulen!

**pa·tience** [ˈpeɪʃns] ① Geduld; **lose one's patience** die Geduld verlieren

Pp

② (*Kartenspiel*) Patience; **play patience** eine Patience legen

**pa·tient**[1] ['peɪʃnt] geduldig

**pa·tient**[2] ['peɪʃnt] Patient(in)

**patio** ['pætɪəʊ] <*plural* patios> (*am Haus*) Terrasse

**pa·trol**[1] [pə'trəʊl] ① *von Polizei:* Streife, Runde
② *von Militär:* Patrouille

**pa·trol**[2] [pə'trəʊl] *Polizist:* auf Streife sein; *Soldat:* [ab]patrouillieren; *Wächter:* die Runde machen

**pat·tern** ['pætn] ① (*auf Papier, Stoff*) Muster
② **paper pattern** Schnittmuster
③ (*übertragen*) Vorbild, Muster
④ *von Verhalten:* Schema

**pause**[1] [pɔːz] Pause; **without a pause** ununterbrochen

**pause**[2] [pɔːz] ① (*während einer Aktivität*) stehen bleiben, anhalten, innehalten
② (*zum Entspannen*) eine Pause machen; **pause for breath** eine Atempause machen

**pave·ment** ['peɪvmənt] ① GB Bürgersteig, Gehweg, Trottoir
② USA Fahrbahn

**paw** [pɔː] ① *von Tier:* Pfote, Tatze
② (*umgangsspr*) Pfote, Hand

**pawn** [pɔːn] ① (*beim Schach*) Bauer
② (*übertragen*) Schachfigur

**pay**[1] [peɪ] <paid, paid> ① zahlen, bezahlen; **pay as you go** immer gleich bezahlen; **pay through the nose** Wucherpreise bezahlen; **pay by credit card** mit Kreditkarte bezahlen
② begleichen *Rechnung, Schulden*
③ (*übertragen*) sich lohnen [für]
④ **pay someone a visit** [*oder* **call**] jemanden besuchen, jemandem einen Besuch abstatten
⑤ **pay attention** aufpassen
⑥ büßen (**for** für)
◆ **pay back** ① zurückzahlen
② (*übertragen*) **pay someone back** es jemandem heimzahlen
◆ **pay for** ① bezahlen
② büßen
◆ **pay in** einzahlen
◆ **pay off** ① abbezahlen, tilgen *Schulden*
② auszahlen *Arbeiter*
③ sich rentieren [*oder* lohnen]
◆ **pay up** [voll] bezahlen

**pay**[2] [peɪ] Bezahlung, Lohn, Gehalt

**pay desk** Kasse

**pay·ment** ['peɪmənt] Zahlung, Bezahlung; **in payment of** als Bezahlung für; **on payment of** bei Bezahlung von

**pay·phone** Münzfernsprecher

**pay rise** Gehalts-, Lohnerhöhung

**PC** [piː'siː] ① *Abkürzung von* **personal computer** PC
② GB *Abkürzung von* **Police Constable** Polizeibeamte(r), -beamtin

**PE** [ˌpiː'iː] (*in der Schule*) *Abkürzung von* **physical education** Sport

**pea** [piː] Erbse

**peace** [piːs] ① Friede(n)
② (*gesetzlich*) Ruhe [und Ordnung]; **breach of the peace** Ruhestörung
③ (*übertragen*) Ruhe, Stille; **peace and quiet** Ruhe und Frieden; **leave someone in peace** jemanden in Ruhe lassen

**peace·ful** ['piːsfəl] ① friedlich
② *Schlaf, Zeit:* ruhig

**peace·keeping** ['piːskiːpɪŋ] **peace-keeping force** Friedenstruppe

**peach** [piːtʃ] Pfirsich, Pfirsichbaum

**peak** [piːk] ① Spitze
② *eines Berges:* Gipfel
③ *einer Mütze:* Schirm
④ (*übertragen*) *der Konjunktur:* Höchstpunkt, Höhepunkt

**peak hours** *plural von Verkehr:* Hauptverkehrzeiten; *vom Stromnetz:* Hauptbelastungszeiten

**peak season** Hochsaison

**pea·nut** ['piːnʌt] ① Erdnuss
② **peanuts** (*umgangsspr*) lächerliche Summe, Peanuts

**peanut butter** Erdnussbutter

**pear** [peəʳ] Birne, Birnbaum

**pearl** [pɜːl] Perle

**pebble** ['pebl] Kiesel[stein]

**peck** [pek] *Vogel:* picken

**pe·cu·liar** [pɪ'kjuːlɪəʳ] ① sonderbar, eigenartig, seltsam
② eigen, eigentümlich (**to** für)

**pedal**[1] ['pedl] Pedal

**pedal**[2] ['pedl] in die Pedale treten

**pedalo** ['pedələʊ] Tretboot

**pe·des·trian** [pɪ'destrɪən] Fußgänger(in); **pedestrian crossing** [Fußgänger]Überweg; **pedestrian precinct** Fußgängerzone

**pee** [piː] (*umgangsspr*) **go for/have a pee** pinkeln

**peel**[1] [piːl] ① schälen, die Haut abziehen
② sich häuten, sich abschälen; **the paintwork is peeling** die Farbe geht [*oder* blättert] ab
◆ **peel back** abziehen
◆ **peel off** abziehen, abschälen, abstreifen

**peel**[2] [piːl] Schale

**peeler** ['piːləʳ] Schäler

**peep**[1] [piːp] ❶ [verstohlen] gucken (**at** nach)
❷ allmählich sichtbar werden, zum Vorschein kommen
❸ *Vogel, Tier:* piepen, piepsen

**peep**[2] [piːp] ❶ flüchtiger, heimlicher Blick; **take a peep at something** verstohlen nach etwas schauen
❷ (*Geräusch*) Piepen

**peer** [pɪəʳ] starren, angestrengt schauen (**at** auf, **into** in, **for** nach)

**peg** [peg] ❶ (*für Kleider*) Haken
❷ (*für Zelt*) Hering
❸ GB Wäscheklammer
◆ **peg out** ❶ abgrenzen, abstecken
❷ **peg out the washing** die Wäsche aufhängen
❸ (*umgangsspr*) *Mensch:* abkratzen; *Maschine:* den Geist aufgeben

**pelt** [pelt] ❶ werfen; **they pelted him with mud** sie bewarfen ihn mit Matsch
❷ **the rain pelted [down] on the roof** der Regen trommelte [*oder* prasselte] auf das Dach; **it was pelting with rain** es schüttete

**pen** [pen] ❶ Füllfederhalter, Füller
❷ Kugelschreiber
❸ Filzstift
❹ (*für Tiere*) Pferch

**pen·alty** ['penltɪ] ❶ Strafe
❷ (*Sport*) Strafpunkt; (*beim Fußball*) Elfmeter
❸ (*übertragen*) **pay the penalty** die Folgen tragen

**penalty area** (*Fußball*) Strafraum

**penalty kick** (*Fußball*) Elfmeter

**pence** [pens] GB (*Währungseinheit*) Pence

**pen·cil** ['pensl] Bleistift; **write in pencil** mit Bleistift schreiben

**pencil case** Federmäppchen

**pencil sharpener** Bleistiftspitzer

**pen·etrate** ['penɪtreɪt] ❶ *Armee:* vor-, eindringen in
❷ *Strahlen:* durchdringen, durchstoßen
❸ (*übertragen*) infiltrieren *Organisation*

**pen·friend** ['penfrend] Brieffreund(in)

**pen·knife** ['pennaɪf, *plural* 'pennaɪvz] <*plural* penknives> Taschenmesser

**penny** ['penɪ, *plural* 'peniːz] <*plural* pennies *oder* pence> Penny
▶ IN WENDUNGEN: **the penny [has] dropped** der Groschen ist gefallen; **a penny for your thoughts** woran denkst du?; **spend a penny** (*umgangsspr*) mal verschwinden

**! Vorsicht Falle** Die Pluralform von **penny** heißt **pence**: *the newspaper costs 50 pence.* Wenn man aber einzelne Penny-Stücke meint, sagt man **pennies**: *There are ten pennies in my purse.*

**pen·pal** ['penpæl] USA Brieffreund(in)

**pen·sion** ['penʃn] Altersrente, Pension

**pen·sioner** ['penʃənəʳ] Pensionär(in), Rentner(in)

**pen·ta·gon** ['pentəgən, USA 'pentəgɒn]
❶ (*Form*) Fünfeck, Pentagon
❷ **the Pentagon** USA das Pentagon

**pen·tath·lon** [pen'tæθlən] Fünfkampf

**pen·ul·ti·mate** [pen'ʌltɪmət] vorletzte(r, s)

**people** ['piːpl] ⚠ *plural* ❶ Leute, Menschen
❷ **how many people are there in Germany?** wieviel Einwohner gibt es in Deutschland?; **local people** Einheimische
❸ **the [common] people** das [gemeine] Volk
❹ *mit Possessivpronomen* **my people** meine Familie [*oder* Leute]
❺ **people say** man sagt
❻ **you! of all people!** ausgerechnet du!

**pep·per** ['pepəʳ] ❶ (*Gewürz*) Pfeffer; **pepper mill** Pfeffermühle; **pepper pot** Pfefferstreuer
❷ (*Gemüse*) Paprika

**pep·per·mint** ['pepəmɪnt] ❶ (*Pflanze*) Pfefferminze
❷ (*Bonbon*) Pfefferminz

**per** [pɜːʳ] pro, je; **per annum** pro Jahr; **per hour** in der Stunde; **50 km per hour** 50 Stundenkilometer; **as per sample** gemäß dem Muster; **as per usual** (*umgangsspr*) wie gewöhnlich

**per cent**, **per·cent** [pə'sent] Prozent; **[at] what per cent?** [zu] wieviel Prozent?

**per·cus·sion** [pə'kʌʃn] **percussion instruments** Schlaginstrumente

**per·cus·sion·ist** [pə'kʌʃnɪst] Schlagzeuger(in)

**per·fect**[1] ['pɜːfɪkt] ❶ vollendet, vollkommen
❷ *Leistung:* tadellos, fehlerlos
❸ vollständig, völlig, gänzlich; **perfect strangers** wildfremde Menschen
❹ **practice makes perfect** Übung macht den Meister

**per·fect**[2] [pə'fekt] vervollkommnen

**per·fec·tion** [pə'fekʃn] ❶ Vervollkommnung
❷ Vollkommenheit

**per·fect·ly** ['pɜːfɪktlɪ] ❶ vollkommen, völlig, durchaus
❷ tadellos
❸ (*umgangsspr*) **perfectly awful** ganz furchtbar

**per·form** [pə'fɔːm] ❶ ausführen, verrichten *Aufgabe*
❷ durchführen *Operation*

3 vollziehen *Zeremonie*
4 *Künstler:* auftreten, spielen; aufführen, spielen *Stück, Konzert;* vortragen *Solo, Duett;* spielen *Rolle;* vorführen *Kunststück;* vollbringen *Wunder*
**per·form·ance** [pə'fɔːməns] 1 Leistung
2 (*im Theater*) Aufführung, Vorstellung; (*im Kino*) Vorstellung
3 *einer Rolle:* Darstellung
4 (*umgangsspr*) Umstand, Theater
**per·fume** ['pɜːfjuːm] 1 Parfüm
2 Duft
**per·haps** [pə'hæps] vielleicht
**period** ['pɪərɪəd] 1 Periode, Zeitraum, Dauer; **for a period of** für die Dauer von
2 (*historisch*) Epoche
3 [**menstrual**] **period** Periode; **I've got my period** ich habe meine Tage
4 [Unterrichts]Stunde
5 USA (*Satzzeichen*) Punkt
6 USA (*slang*) Schluss! [und damit] basta!
**perm**[1] [pɜːm] Dauerwelle
**perm**[2] [pɜːm] **have one's hair permed** sich Dauerwellen machen lassen
**per·ma·nent** ['pɜːmənənt] 1 ständig, dauerhaft
2 *Stelle:* fest
**per·mission** [pə'mɪʃn] Genehmigung, Erlaubnis; **without permission** unbefugt, unerlaubt; **ask someone's** [*oder* **someone for**] **permission** jemanden um Erlaubnis bitten; **give someone permission to do something** jemandem erlauben, etwas zu tun
**per·mit**[1] [pə'mɪt] 1 erlauben, gestatten; **permit someone to do something** jemandem erlauben, etwas zu tun
2 **weather permitting** wenn das Wetter mitmacht
**permit**[2] ['pɜːmɪt] 1 Genehmigung
2 **hunting/fishing permit** Jagd-/Angelschein
**per·se·cute** ['pɜːsɪkjuːt] verfolgen
**per·se·cu·tion** [ˌpɜːsɪ'kjuːʃn] Verfolgung, Belästigung
**per·sist·ent** [pə'sɪstənt] 1 *Mensch:* beharrlich, unnachgiebig
2 [an]dauernd, beständig
**per·son** ['pɜːsn] <*plural* people> Mensch, Person; **in person** in Person, persönlich; **there is no such person** so jemanden gibt es nicht
**per·sonal** ['pɜːs(ə)nl] persönlich; (*auf einem Brief*) privat; *Daten:* personenbezogen; **personal matter** Privatangelegenheit
**per·son·al·ity** [ˌpɜːsə'nælətɪ] Persönlichkeit; **personality cult** Personenkult
**per·son·al·ly** ['pɜːsənəlɪ] persönlich
**personal organizer** Terminplaner
**personal pronoun** Personalpronomen, persönliches Fürwort
**per·son·nel** [ˌpɜːsə'nel] Personal, Belegschaft; (*im Flugzeug, Schiff*) Besatzung
**per·spec·tive** [pə'spektɪv] 1 (*in der Kunst*) Perspektive
2 (*übertragen*) Standpunkt, Blick; **get something out of perspective** etwas verzerrt sehen; **see something in perspective** mit Abstand betrachten
**per·suade** [pə'sweɪd] 1 überreden
2 überzeugen
**per·sua·sion** [pə'sweɪʒn] 1 Überredung
2 Überzeugung
**per·sua·sive** [pə'sweɪsɪv] überzeugend
**pessi·mism** ['pesɪmɪzəm] Pessimismus
**pes·si·mist** ['pesɪmɪst] Pessimist(in)
**pessi·mis·tic** [ˌpesɪ'mɪstɪk] pessimistisch
**pest** [pest] 1 (*umgangsspr: Mensch*) Nervensäge, Plage
2 Schädling
**pes·ter** ['pestəʳ] belästigen, plagen (**with** mit)
**pet**[1] [pet] 1 Haustier
2 Liebling
**pet**[2] [pet] 1 Tier-; **pet shop** Tierhandlung
2 Lieblings-; **pet name** Kosename; **that's my pet hate** das ist mir ein Gräuel
**petal** ['petl] 1 Blütenblatt
2 (*umgangsspr*) Schätzchen
**pet·rol** ['petrəl] GB Benzin
**petrol pump** (*an der Tankstelle*) Zapfsäule
**petrol station** Tankstelle
**pew** [pjuː] Kirchenbank
**phar·ma·cist** ['fɑːməsɪst] Apotheker(in)
**phar·macy** ['fɑːməsɪ] 1 Pharmazie
2 Apotheke
**phase** [feɪz] Phase, Stadium, Abschnitt
◆ **phase in** stufenweise einführen
◆ **phase out** 1 allmählich abbauen
2 (*Produktion*) auslaufen lassen
**phil·os·opher** [fɪ'lɒsəfəʳ] Philosoph(in)
**philo·sophic**(**al**) [ˌfɪlə'sɒfɪk(l)] philosophisch
**phil·os·ophy** [fɪ'lɒsəfɪ] 1 Philosophie
2 **philosophy** [**of life**] Weltanschauung
**phone**[1] [fəʊn] Telefon
**phone**[2] [fəʊn] telefonieren, anrufen
◆ **phone back** zurückrufen
**phone box**, USA **phone booth** Telefonzelle
**phone call** 1 Telefongespräch
2 Anruf
**phone·card** ['fɜʊnkɑːd] Telefonkarte
**phone-in** ['fəʊnɪn] Hörersendung

**pho·netic** [fə'netɪk] phonetisch; **phonetic script** Lautschrift
**photo** ['fəʊtəʊ] <*plural* photos> Foto
**photo·copier** ['fəʊtəʊˌkɒpɪəʳ] Fotokopiergerät, Fotokopierer
**photo·copy**¹ ['fəʊtəʊˌkɒpɪ] Fotokopie
**photo·copy**² ['fəʊtəʊˌkɒpɪ] fotokopieren
**photo·graph**¹ ['fəʊtəgrɑːf, (USA) 'fəʊtəgræf] Fotografie; **take a photograph** eine Aufnahme machen
**photo·graph**² ['fəʊtəgrɑːf, (USA) 'fəʊtəgræf] (1) fotografieren (2) sich fotografieren lassen
**photo·grapher** [fə'tɒgrəfəʳ] Fotograf(in)
**photo·graphic** [ˌfəʊtə'græfɪk] fotografisch; **photographic equipment** Fotoausrüstung
**photo·gra·phy** [fə'tɒgrəfɪ] Fotografie
**phrase** [freɪz] (1) Ausdruck, Redewendung (2) Satzteil, Wortgruppe
**phrase·book** ['freɪzbʊk] Sprachführer
**physi·cal** ['fɪzɪkl] (1) physisch (2) körperlich; **physical condition** Gesundheitszustand; **physical education** Sport[unterricht]; **physical training** Leibesübungen (3) **physical science**[s] Naturwissenschaften
**physi·cian** [fɪ'zɪʃn] Arzt, Ärztin
**physi·cist** ['fɪzɪsɪst] Physiker(in)
**phys·ics** ['fɪzɪks] ⚠ *Singular* Physik
**pia·nist** ['pɪənɪst] Pianist(in)
**pi·ano** ['pjɑːnəʊ] <*plural* pianos> Klavier; **play** [**on**] **the piano** Klavier spielen; **grand piano** Flügel
**pick**¹ [pɪk] (1) auswählen; aufstellen *Mannschaft;* **pick one's way** vorsichtig gehen, sich durchschlängeln; **pick and choose** wählerisch sein (2) zupfen an; kratzen an *Pickel, Haut* (3) pflücken *Obst, Blumen;* lesen *Trauben* (4) **pick a lock** einen Schloss knacken (5) **pick one's nose** in der Nase bohren; **pick one's teeth** in den Zähnen stochern (6) **pick a fight** [*oder* **quarrel**] einen Streit vom Zaun brechen
◆ **pick off** (1) abpflücken; wegzupfen *Obst, Blätter* (2) abschießen *Mensch, Tier*
◆ **pick on** herumhacken auf; **why pick on me?** warum gerade ich?
◆ **pick out** (1) heraussuchen, auswählen (2) ausmachen, entdecken
◆ **pick up** (1) aufheben, auflesen; **pick up the bill** die Rechnung bezahlen (2) mitnehmen *Fahrgast* (3) abholen; **can you pick me up from school?** kannst du mich nach der Schule abholen? (4) einholen *Schnäppchen* (5) herausfinden; erfassen *Information* (6) sich aneignen *Kenntnisse* (7) (*umgangsspr*) **pick someone up** jemanden aufgabeln (8) aufnehmen *Radiosendung* (9) sich erholen, wieder zu Kräften kommen (10) *Börse:* anziehen, sich befestigen (11) **pick up speed** an Geschwindigkeit gewinnen
**pick**² [pɪk] (1) Auswahl, Auslese; **the pick of the bunch** das Beste [von allem]; **have** [*oder* **take**] **one's pick** seine Wahl treffen (2) Spitzhacke (3) (*Musik*) Plektrum
**pickle**¹ ['pɪkl] [**mixed**] **pickle**[s] eingelegtes Gemüse, Mixed Pickles
**pickle**² ['pɪkl] einlegen *Gurken, Zwiebeln*
**pick·pocket** ['pɪkpɒkɪt] Taschendieb(in); **beware of pickpockets!** vor Taschendieben wird gewarnt!
**pick-up** ['pɪkʌp] **pick-up point** Treffpunkt, Haltestelle
**pic·nic**¹ ['pɪknɪk] Picknick; **have a picnic** ein Picknick machen
**pic·nic**² ['pɪknɪk] <picnicking, picnicked> picknicken
**pic·ture**¹ ['pɪktʃəʳ] (1) Bild, Gemälde (2) (*Foto*) Aufnahme; **take a picture** [**of**] fotografieren, aufnehmen (3) Film; **go to the pictures** ins Kino gehen (4) Vorstellung, Darstellung
**pic·ture**² ['pɪktʃəʳ] (1) abbilden, darstellen (2) (*übertragen*) sich vorstellen
**picture book** Bilderbuch, Bildband
**pie** [paɪ] (1) Pastete; **meat pie** Fleischpastete (2) **apple pie** gedeckter Apfelkuchen
▶ IN WENDUNGEN: **as easy as pie** (*umgangsspr*) kinderleicht
**piece** [piːs] (1) Stück; **piece of chocolate** Stück Schokolade; **piece by piece** Stück für Stück; **a piece of music** ein Musikstück (2) **a piece of news** eine Neuigkeit; **a fine piece of work** eine saubere Arbeit (3) (*in einem Buch*) Abschnitt, Stelle (4) *eines Services, Sets:* Einzelteil (5) **in pieces** entzwei, kaputt (6) **in one piece** (*umgangsspr*) unbeschädigt; *Person:* unverletzt (7) **to pieces** in Stücke, kaputt; **fall to pieces** auseinander fallen; **go to pieces** (*umgangsspr*) *Person:* durchdrehen; **take to pieces** (*auch übertragen*) zerlegen, auseinander nehmen; **tear to**

**pieces** (*auch übertragen*) zerreißen, zerpflücken
⑧ (*Brettspiel*) Stein; (*beim Schach*) Figur
⑨ (*Musik, Theater*) Stück
⑩ **a piece of advice** ein Rat
▸ IN WENDUNGEN: **it was a piece of cake** es war ein Kinderspiel

**pier** [pɪəʳ] Landesteg, Pier

**pierce** [pɪəs] ① eindringen in
② *Dolch, Messer:* durchbohren
③ *Schall, Licht:* durchdringen
④ (*übertragen*) durchdringen

**pierc·ing** [pɪəsɪŋ] ① *Geräusch:* durchdringend; *Schrei:* gellend
② *Kälte:* schneidend
③ *Blick:* stechend

**pig** [pɪg] Schwein; **make a pig of oneself** zu viel essen

**pigeon** ['pɪdʒɪn] Taube

**piggy·back** ['pɪgɪ bæk] huckepack

**piggy bank** Sparschweinchen

**pig·sty** ['pɪgstaɪ] (*auch übertragen*) Schweinestall

**pig·tail** ['pɪgteɪl] Zopf

**pile**[1] [paɪl] ① Haufen, Stoß, Stapel; **put in a pile** stapeln, auf einen Haufen legen
② (*umgangsspr*) [großer] Haufen, Menge, Masse; **piles of food** eine Menge Essen

**pile**[2] [paɪl] stapeln
◆ **pile in** (*umgangsspr*) *Menschen:* hereinströmen, hineindrängen
◆ **pile up** ① sich anhäufen, stapeln; *Schnee, Arbeit:* sich türmen; *Schulden:* anhäufen
② *Autos:* aufeinander auffahren

**pile-up** ['paɪlʌp] Massenkarambolage

**pill** [pɪl] Pille, Tablette; **be on the pill** (*umgangsspr*) die Pille nehmen

**pillar-box** (GB) Briefkasten

**pil·low** ['pɪləʊ] Kopfkissen

**pi·lot**[1] ['paɪlət] ① Pilot(in)
② Lotse
③ (*Radio, TV*) Probesendung

**pi·lot**[2] ['paɪlət] ① fliegen *Flugzeug*
② lotsen *Schiff*

**pimple** ['pɪmpl] Pickel, Pustel

**pin**[1] [pɪn] ① Stecknadel
② Reißzwecke
③ Anstecknadel, Brosche
④ (*beim Bowling*) Kegel
⑤ **I've got pins and needles in my feet** (*übertragen*) mir sind die Füße eingeschlafen

**pin**[2] [pɪn] ① festmachen, anstecken, [an]heften (**to** an)
② (*übertragen*) **pin the blame on someone** jemandem die Schuld anhängen; **pin one's hopes on** seine Hoffnung setzen auf
◆ **pin down** (*übertragen*) festnageln, festlegen

**pin·ball ma·chine** ['pɪnbɔːlməˈʃiːn] Flipper

**pinch** [pɪntʃ] ① kneifen, zwicken
② (*umgangssspr*) klauen, stibitzen

**pine** ['paɪn] Kiefer, Pinie

**pine·apple** ['paɪnæpl] Ananas

**pink** [pɪŋk] rosa, rosig

**pint** [paɪnt] Pint

**pip** [pɪp] *von Obst:* Kern

**pipe** [paɪp] ① Pfeife
② Rohr, Leitung

**pi·rate** ['paɪərət] ① Seeräuber, Pirat
② **pirate copy** Raubdruck

**pit** [pɪt] ① Grube
② (*Bergbau*) Grube, Zeche
③ (*beim Autorennen*) Box

**pitch** [pɪtʃ] ① Platz; **football pitch** Fußballplatz
② Wurf, Stoß

**pitch-black** pechschwarz

**pitch-dark** stockfinster

**pitcher** ['pɪtʃəʳ] Werfer

**pity**[1] ['pɪtɪ] ① Mitleid; **have** [*oder* **take**] **pity on** Mitleid haben mit
② **what a pity!** wie schade!; **it's a pity that …** es ist schade, dass …

**pity**[2] ['pɪtɪ] bemitleiden, bedauern; **I pity you** Sie tun mir leid

**place**[1] [pleɪs] ① Platz, Ort, Stelle; **place of birth** Geburtsort; **place of work** Arbeitsplatz; **all over the place** überall, an allen Orten; **in places** stellenweise
② Platz, Sitzplatz
③ **in place** am richtigen Platz; **out of place** nicht am [rechten] Platz, fehl am Platz; (*übertragen*) unangebracht
④ (*Sport*) Platz
⑤ (*übertragen: in einer Ordnung, Reihenfolge*) Stelle, Platz; **in the first place** in erster Linie
⑥ **take someone's place** jemandes Stelle einnehmen, an jemandes Stelle treten; **in place of someone** an jemandes Stelle, stellvertretend für jemanden
⑦ **my place or yours?** zu mir oder zu dir?; **at my place** bei mir
⑧ **take place** stattfinden

**place**[2] [pleɪs] ① setzen, stellen, legen
② setzen *Anzeige*
③ erteilen *Auftrag*
④ **I can't place him** ich weiß nicht, woher ich ihn kenne; ich kann ihn nicht einordnen

**plain**[1] [pleɪn] ① *Kleidung:* einfach, schlicht; **in**

**plain clothes** *Polizist, Soldat:* in Zivil
2 *Farbe:* uni, einfarbig
3 **plain chocolate** Bitterschokolade
4 (*unmissverständlich*) *Frage, Antwort:* klar; *Wahrheit:* rein; *Aussage:* deutlich; **in plain English** geradeheraus
5 *Aussehen:* nicht überwältigend, alltäglich

**plain²** [pleɪn] Ebene

**plainly** [pleɪnlɪ] 1 einfach, klar; **to put it plainly** um es klar auszudrücken
2 offensichtlich

**plait¹** [plæt] Zopf

**plait²** [plæt] flechten

**plan¹** [plæn] 1 Plan, Entwurf
2 Plan, Absicht; **go according to plan** planmäßig verlaufen; **change one's plans** umdisponieren

**plan²** [plæn] 1 planen; **plan for something** etwas einplanen; **plan on something** mit etwas rechnen; etwas vorhaben
2 entwerfen, skizzieren
3 planen, vorhaben, beabsichtigen

**plane** [pleɪn] Flugzeug

**plane crash** Flugzeugabsturz

**planet** [plænɪt] Planet

**plant¹** [plɑːnt] 1 Pflanze
2 Fabrik, Werk

**plant²** [plɑːnt] 1 pflanzen
2 bepflanzen *Gelände*
3 legen *Bombe*

**plas·ter** ['plɑːstəʳ, (USA) 'plæstəʳ] 1 (*Baumaterial*) Putz, Bewurf
2 **plaster** [**of Paris**] Gips
3 (GB) (*für Wunden*) Pflaster

**plas·tic** ['plæstɪk] Plastik, Kunststoff

**plastic bag** Plastikbeutel, Plastiktüte

**plate** [pleɪt] 1 (*für Essen*) Teller
2 (*auch technisch*) Platte
3 **door** [*oder* **name**] **plate** Türschild; **number** [*oder* **licence**] **plate** Nummernschild

**plat·form** ['plætfɔːm] 1 Podium, Plattform
2 (*im Bahnhof*) Bahnsteig, Gleis

**play¹** [pleɪ] 1 **play** [**a game**] spielen; **they're playing Manchester United** sie spielen gegen Manchester United
2 ausspielen *Karte*
3 (*Theater, Musik*) spielen; **play the piano** Klavier spielen
4 **play for money** um Geld spielen; **play for time** Zeit rausschinden wollen
5 **play a joke on someone** jemandem einen Streich spielen; **play a** [**dirty**] **trick on someone** jemanden hereinlegen; **play the fool** herumalbern
◆ **play at what do you think you're playing at?** was soll denn das?

**play²** [pleɪ] 1 Spiel; **at play** beim Spielen
2 (*Sport*) **in/out of play** im Spiel/im Aus
3 Theaterspiel, Theaterstück; **radio play** Hörspiel

**player** ['pleɪəʳ] Spieler(in)

**play·ful** ['pleɪfl] *Kind:* verspielt

**play·ground** ['pleɪgraʊnd] 1 Spielplatz
2 Schulhof

**play·ing field** ['pleɪɪŋ'fiːld] Sportplatz

**play-off** ['pleɪɒf] Entscheidungsspiel

**play·room** ['pleɪrʊm] Spielzimmer

**play·school** ['pleɪskuːl] Kindergarten

**play·time** ['pleɪtaɪm] (*in der Schule*) Pause

**play·wright** ['pleɪraɪt] Bühnenschriftsteller(in), Dramatiker(in)

**plc** [ˌpiːel'sɪː] *Abkürzung von* **public limited company** ≈ AG

**pleas·ant** ['pleznt] 1 *Erfahrung:* angenehm, erfreulich
2 *Mensch:* umgänglich, liebenswürdig

**please¹** [pliːz] 1 gefallen
2 zufriedenstellen; **to please his parents** seinen Eltern zuliebe; **he is hard to please** man kann es ihm schwer recht machen
3 eine Freude machen
4 **as you please** [*oder* **please yourself!**] wie du willst

**please²** [pliːz] bitte!; **please do!** bitte sehr!

**pleased** ['pliːzd] 1 erfreut; **be pleased about something** sich über etwas freuen; **pleased to meet you!** angenehm! freut mich!
2 zufrieden; **be pleased with** [*oder* **about**] **something** mit etwas zufrieden sein; **be pleased with oneself** (*auch abwertend*) selbstgefällig sein

**pleas·ure** ['pleʒəʳ] 1 Vergnügen, Freude; **for pleasure** zum Vergnügen; **take pleasure in** Gefallen finden an; **it gives me no pleasure** es ist für mich kein Vergnügen
2 **thank you — my pleasure** danke — gern geschehen

**plenty** ['plentɪ] 1 **plenty of** eine Menge …, reichlich …, sehr viel …; **plenty more** viel mehr
2 (*umgangsspr*) **it's plenty big enough** es ist wirklich groß genug

**plough¹**, (USA) **plow** [plaʊ] Pflug

**plough²**, (USA) **plow** [plaʊ] pflügen; ziehen *Furche*

**pluck** [plʌk] 1 rüpfen *Geflügel*
2 zupfen *Augenbrauen*
3 zerren, zupfen, ziehen (**at** an)

◆**pluck up** **pluck up courage** Mut fassen

**plug¹** [plʌg] ① Stöpsel
② (*elektrisch*) Stecker; (*umgangsspr*) Steckdose

**plug²** [plʌg] **plug** [**up**] zustopfen
◆**plug in** einstecken, anschließen *Gerät*

**plug·hole** [plʌghəʊl] Abfluss

**plum** [plʌm] Pflaume, Zwetsch[g]e

**plumber** ['plʌməʳ] Klempner(in), Installateur(in)

**plumbing** ['plʌmɪŋ] ① Klempnerarbeit
② Leitungen
③ sanitäre Anlagen

**plump** [plʌmp] ① rundlich, mollig
② gut gefüttert *Tier*

**plu·ral** ['plʊərəl] Plural, Mehrzahl

**plus¹** [plʌs] plus, und

**plus²** [plʌs] ① Plus, Mehr
② **plus-sign** Pluszeichen

**pm** [piː'em] *Abkürzung von* **post meridiem** nachmittags; **at 4 pm** um 16 Uhr

**PM** [piː'em] *Abkürzung von* **Prime Minister** Premierminister(in)

**poach** [pəʊtʃ] ① pochieren *Ei;* **poached eggs** verlorene Eier
② wildern

**PO Box** [ˌpiː'ə ʊbɒks] *Abkürzung von* **post office box** Postfach

**pocket¹** ['pɒkɪt] ① Tasche
② (*Billard*) Loch

**pocket²** ['pɒkɪt] ① in die Tasche stecken, einstecken
② sich aneignen

**pocket·book** ① Notizbuch
② (USA) Brieftasche
③ (USA) Handtäschchen

**pocket·knife** <*plural* pocketknives> Taschenmesser

**pocket money** Taschengeld

**poem** ['pəʊɪm] Gedicht

**poet** ['pəʊɪt] Dichter(in), Poet(in)

**po·etry** ['pəʊɪtrɪ] ① Dichtung, Poesie
② Gedichte

**point¹** [pɔɪnt] ① (*Note, Bewertung*) Punkt; **win on points** nach Punkten gewinnen
② *von Messer:* Spitze, spitzes Ende
③ (*Dezimalpunkt*) Komma; **three point two, 3.2** drei Komma zwei, 3,2
④ (*genaue*) Stelle, Platz; **at this point** (*auch übertragen*) an dieser Stelle
⑤ Zeitpunkt; **be on the point of doing something** im Begriff sein, etwas zu tun
⑥ **up to a certain point** bis zu einem gewissen Grade
⑦ (*eines Arguments*) Punkt; **the point is ...** der Hauptpunkt/springende Punkt ist ...; **that's beside the point** das ist irrelevant [*oder* nicht der Punkt], das gehört nicht zur Sache; **point by point** Punkt für Punkt; **that's just** [*oder* **exactly**] **the point!** genau das ist es [eben]!; **come** [*oder* **get**] **to the point** zur Sache kommen; **keep to the point** bei der Sache bleiben; **get the point** verstehen, kapieren; **miss the point** nicht verstehen, worum es wirklich geht; **he's got a point** er hat nicht so unrecht; **make one's point** seine Auffassung überzeugend darlegen; **I don't see your point** ich weiß nicht, worauf Sie hinauswollen
⑧ **point of view** Ansicht, Standpunkt
⑨ (*übertragen*) **strong point** Stärke
⑩ Sinn, Zweck; **there is no point in that** das hat keinen Sinn; **what's the point?** wozu?
⑪ **make a point of something** auf etwas bestehen, Wert legen; **make a point of doing something** darauf achten, etwas zu tun

**point²** [pɔɪnt] ① zeigen (**at** auf)
② richten *Waffe* (**at** auf)
③ hinweisen (**to** auf)
◆**point out** ① zeigen auf
② hinweisen auf *Tatsache;* **we'll have to point out to them that ...** wir müssen sie darauf aufmerksam machen, dass ...

**pointed** ['pɔɪntɪd] ① spitz
② (*übertragen*) scharf, treffend

**point·less** ['pɔɪntlɪs] sinnlos, zwecklos

**poi·son¹** ['pɔɪzn] (*auch übertragen*) Gift

**poi·son²** ['pɔɪzn] vergiften

**poi·son·ous** ['pɔɪzənəs] giftig, Gift-

**poke¹** [pəʊk] ① [an]stoßen; **poke someone in the ribs** jemandem einen Rippenstoß geben
② stochern mit (**at** in)
③ **poke one's nose into** (*übertragen*) seine Nase stecken in
◆**poke about, poke around** (*umgangsspr*) herumstöbern, herumwühlen (**in** in)

**poke²** [pəʊk] Stoß; **give him a poke** schubs ihn doch an

**polar bear** ['pəʊləʳ beəʳ] Eisbär

**pole** [pəʊl] ① Pfahl, Stange
② (*Sport*) Stab, Skistock
③ (*Geographie, Elektrizität*) Pol

**pole-vault** ['pəʊlvɔːlt] Stabhochsprung

**po·lice¹** [pə'liːs] Polizei

**po·lice²** [pə'liːs] polizeilich überwachen

**police car** Polizei-, Streifenwagen

**police force** Polizei

**po·lice·man** [pə'liːsmən] <*plural* policemen> Polizist

**police officer** Polizeibeamte(r), -beamtin
**police station** Polizeirevier, Polizeiwache
**po·lice·woman** <*plural* policewomen> Polizistin
**pol·icy** ['pɒləsɪ] 1 Politik; **foreign policy** Auslandspolitik
2 (*übertragen*) Grundsatz, Ziel
3 **insurance policy** Versicherungspolice
**Polish**[1] ['pəʊlɪʃ] polnisch; **he's Polish** er ist Pole
**Polish**[2] ['pəʊlɪʃ] (*Sprache*) [das] Polnisch(e)
**polish**[1] ['pɒlɪʃ] 1 polieren
2 bohnern *Boden*
**polish**[2] ['pɒlɪʃ] 1 Politur, Schuhcreme
2 (*übertragen umgangsspr*) Schliff
**pol·ite** [pə'laɪt] höflich
**pol·iti·cal** [pə'lɪtɪkl] politisch
**poli·ti·cian** [ˌpɒlɪ'tɪʃn] Politiker(in)
**poli·tics** ['pɒlɪtɪks] 1 *plural* [die] Politik, politische Ansichten
2 ⚠ *Verb im Singular* (*Fach*) Politik
**poll**[1] [pəʊl] 1 Umfrage; **opinion poll** Meinungsumfrage
2 (*politisch*) Wahl, Abstimmung; **be defeated at the polls** eine Wahlniederlage erleiden; **go to the polls** zur Wahl gehen
**poll**[2] [pəʊl] befragen
**polling day** Wahltag
**polling station** Wahllokal
**pol·lut·ant** [pəl'uːtənt] Schadstoff
**pol·lute** [pə'luːt] verunreinigen, verschmutzen
**pol·lu·tion** [pə'luːʃn] Verschmutzung, Verunreinigung, Schadstoffbelastung
**polo neck**, **polo-neck sweater** Rollkragenpullover
**poly·styrene** [ˌpɒlɪ'staɪriːn] Styropor
**pom·pous** ['pɒmpəs] wichtigtuerisch, aufgeblasen
**pond** [pɒnd] Teich
**pony** ['pəʊnɪ] Pony
**pony·tail** (*Frisur*) Pferdeschwanz
**pool** [puːl] 1 Teich
2 Pfütze, Lache
3 **[swimming] pool** Schwimmbecken
4 Poolbillard
5 **pools** Toto
**poor**[1] [pʊəʳ] 1 arm
2 *Zeugnis, Arbeit:* schlecht
3 *Ernte, Ergebnis:* mager
4 *Boden:* dürftig
5 bedauernswert, arm; **poor you!** du Ärmster!
**poor**[2] [pʊəʳ] **the poor** ⚠ *plural* die Armen
**poor·ly** ['pʊəlɪ] 1 (*übertragen*) schlecht, mangelhaft, dürftig
2 (*umgangsspr*) kränklich; **feel poorly** sich nicht wohl fühlen
**pop**[1] [pɒp] 1 knallen
2 [zer]springen, platzen
3 **his eyes almost popped out of his head** ihm fielen fast die Augen aus dem Kopf
4 (*umgangsspr*) **pop one's head round the corner** den Kopf um die Ecke stecken
5 (*umgangsspr*) schnell gehen; **pop round the shops** schnell einkaufen gehen; **pop next door** kurz nach nebenan gehen
◆ **pop in** **pop in on someone** bei jemanden auf einen Sprung vorbeikommen; **pop in for a coffee** auf einen Kaffee vorbeikommen
◆ **pop off** (*umgangsspr*) 1 weggehen
2 abkratzen, sterben
◆ **pop up** 1 in die Höhe fahren, auffahren
2 plötzlich auftauchen
**pop**[2] [pɒp] 1 Popmusik
2 *einer Sektflasche:* Knall
3 (*umgangsspr*) Limo
**Pope** [pəʊp] Papst
**poppy** ['pɒpɪ] Mohnblume
**Poppy Day** (*am 11. November*) ≈ Volkstrauertag
**popu·lar** ['pɒpjʊləʳ] 1 beliebt, populär (**with** bei)
2 weit verbreitet
**popu·lar·ity** [ˌpɒpjʊ'lærətɪ] Popularität, Beliebtheit (**with** bei)
**popu·la·tion** [ˌpɒpjʊ'leɪʃn] 1 Bevölkerung
2 Einwohnerschaft, Einwohnerzahl
**porch** [pɔːtʃ] Vorbau, Veranda
**pork** [pɔːk] Schweinefleisch
**pork chop** Schweinskotelett
**pork pie** Schweinefleischpastete
**por·ridge** ['pɒrɪdʒ] Haferbrei
**porridge oats** *plural* Haferflocken
**port** [pɔːt] 1 Hafen; **leave port** auslaufen
2 Hafenstadt
3 *eines Schiffs:* Backbord
4 Portwein
**port·able** ['pɔːtəbl] tragbar
**por·ter** ['pɔːtəʳ] 1 (*im Hotel*) Portier, Gepäckträger
2 (USA) Schlafwagenschaffner
3 Pförtner, Portier
**por·tion** ['pɔːʃn] 1 Teil (**of** an)
2 *einer Karte:* Abschnitt
3 *von Essen:* Portion
**por·trait** ['pɔːtrɪt] Porträt; **have one's portrait painted** sich malen lassen
**por·tray** [pɔː'treɪ] 1 malen
2 (*übertragen*) schildern, beschreiben
3 (*Theater*) darstellen

Pp

**poser** ['pəʊzəʳ] ① schwierige Frage, schwieriges Problem
② affektierter Mensch, Angeber(in)

**posh** [pɒʃ] (*umgangsspr*) piekfein, vornehm

**po·si·tion** [pə'zɪʃn] ① Platz, Stelle, Standort; (*auch übertragen*) Lage; **in/out of position** am rechten/falschen Platz
② (*übertragen*) Lage; **legal position** Rechtslage
③ (*übertragen*) Haltung, Stellung, Position
④ Standpunkt
⑤ (*Sport*) Platz
⑥ gesellschaftliche Stellung
⑦ Stelle, Stellung (**with** bei)

**posi·tive** ['pɒzətɪv] ① positiv
② *Einstellung:* positiv, bejahend; *Kritik:* konstruktiv
③ *Beweis:* eindeutig, definitiv
④ **are you positive?** bist du ganz sicher?

**pos·sess** [pə'zes] ① besitzen
② **be possessed by** ergriffen [*oder* besessen] sein von, [ganz] eingenommen sein von; **what possessed you to do that?** was ist in Sie gefahren, so etwas zu tun?

**pos·ses·sion** [pə'zeʃn] ① Besitz; **be in possession of** im Besitz sein
② Eigentum

**pos·ses·sive** [pə'zesɪv] ① besitzergreifend
② **possessive pronoun** Possessivpronomen, besitzanzeigendes Fürwort

**pos·si·bil·ity** [ˌpɒsə'bɪlətɪ] ① Möglichkeit (**of doing** zu tun)
② (*umgangsspr*) **she's a possibility** sie kommt schon in Frage

**pos·sible** ['pɒsəbl] ① möglich; **as early/as soon as possible** so früh/so bald wie möglich; **if [it is] possible** wenn möglich
② denkbar, geeignet

**pos·sib·ly** ['pɒsəblɪ] ① möglicherweise, eventuell; **I cannot possibly come** ich kann unmöglich kommen; **how could he possibly have been so stupid?** wie konnte er so dumm gewesen sein?
② vielleicht

**post**¹ [pəʊst] ① Pfosten, Pfahl, Mast
② Stelle; (*auch beim Militär*) Posten
③ (GB) Post; **by [today's] post** mit der [heutigen] Post; **by separate post** mit getrennter Post; **by return of post** postwendend; **is there any post for me?** ist Post für mich da?

**post**² [pəʊst] ① aufgeben, abschicken, einwerfen *Brief*
② **post no bills** Plakate ankleben verboten!
③ (*Militär*) [ab]kommandieren
④ **she was posted to London** sie wurde nach London versetzt

**post·age** ['pəʊstɪdʒ] Porto; **postage and packing** Porto und Verpackung

**postage stamp** Briefmarke

**postal** ['pəʊstl] Post-, postalisch; **postal code** Postleitzahl; **postal order** (GB) Postanweisung; **postal vote** Briefwahl

**post·box** (GB) Briefkasten

**post·card** ['pəʊstkɑːd] Postkarte; **picture postcard** Ansichtskarte

**postcode** (GB) Postleitzahl

**post·man** ['pəʊstmən] <*plural* postmen> Briefträger

**post·mark** ['pəʊstmɑːk] Poststempel

**post of·fice** ['pəʊstˌɒfɪs, ˌpiː'əʊ] Postamt; **the Post Office** die Post; **post office box** Postfach

**post·pone** [pə'spəʊn] verlegen, verschieben *Termin*

**post·pone·ment** [pə'spəʊnmənt] Verschiebung

**post·war** ['pəʊstwɔː] Nachkriegs-

**pot** [pɒt] Topf, Kanne; **a small pot of tea** ein Kännchen Tee

**po·tato** [pə'teɪtəʊ] <*plural* potatoes> Kartoffel; **baked** [*oder* **jacket**] **potato** in der Schale gebackene Kartoffel; **boiled potatoes** Salzkartoffeln; **fried potatoes** Brat-, Röstkartoffeln; **mashed potato** Kartoffelbrei; **roast potatoes** im Backofen gebratene Kartoffeln

**potato crisps**, (USA) **potato chips** *plural* Kartoffelchips

**po·ten·tial**¹ [pə'tenʃl] potenziell, möglich

**po·ten·tial**² [pə'tenʃl] Potenzial

**pot·tery** ['pɒtərɪ] ① Töpferei
② Töpferwaren

**poul·try** ['pəʊltrɪ] Geflügel

**pound**¹ [paʊnd] ① Pfund (*16 Unzen = 453,592 g*); **by the pound** pfundweise
② **pound sterling** Pfund

**pound**² [paʊnd] ① [zer]stoßen, [zer]stampfen
② **she pounded on the door** sie trommelte an die Tür
③ *Maschine:* stampfen
④ *Herz:* heftig schlagen
⑤ *Wellen:* donnern, klatschern
⑥ (*militärisch*) unter Beschuss nehmen, bombardieren

**pour** [pɔːʳ] ① gießen, schütten; **could you pour the tea?** könntest du den Tee einschenken?
② (*auch übertragen*) **pouring rain** strömender Regen; **it's pouring** es gießt in Strömen
◆ **pour out** ① *Menschen:* herausströmen
② ausgießen

3 einschenken *Tee, Kaffee*
**pov·erty** ['pɒvətɪ] Armut
**pov·erty-stricken** ['pɒvətɪˌstrɪkən] verarmt
**pow·der** ['paʊdəʳ] 1 Puder
2 Pulver
**power** ['paʊəʳ] 1 Kraft, Stärke, Wucht; (*übertragen*) Überzeugungskraft
2 Macht; **be in power** an der Macht sein
3 Herrschaft (**over** über)
4 (*technisch*) Kraft, Energie, Leistung, Strom; **electric power** elektrische Energie; **nuclear power** Kernkraft; (*Staat*) Atommacht
**power·boat** Rennboot
**power cut** Stromausfall
**power·ful** ['paʊəfl] 1 mächtig, stark, einflussreich
2 leistungsfähig, leistungsstark
**power·less** ['paʊəlɪs] machtlos
**power point** Steckdose
**power station** Kraftwerk
**power steering** Servolenkung
**prac·ti·cable** ['præktɪkəbl] durchführbar
**prac·ti·cal** ['præktɪkl] 1 praktisch; *Mensch:* praktisch [veranlagt]; *Lösung, Idee:* praxisnah, praxisorientiert
2 **practical joke** Streich
**prac·ti·cal·ly** ['præktɪk(ə)lɪ] 1 in der Praxis
2 praktisch, so gut wie, nahezu; **it's practically the same** es ist fast dasselbe
**prac·tice** ['præktɪs] 1 Gewohnheit, Brauch
2 (*geschäftlich*) Verfahrensweise, Praxis
3 *eines Arztes, eines Anwaltes:* Praxis
4 (*nicht Theorie*) Praxis; **put in[to] practice** in die Tat umsetzen
5 Übung; **out of practice** aus der Übung; **practice makes perfect** Übung macht den Meister; (*Sport*) Training
**prac·tise**, USA **prac·tice** ['præktɪs] 1 üben; proben *Lied, Stück*
2 praktisch tätig sein, praktizieren
3 ausüben *Beruf*
4 (*Sport*) trainieren
**praise**[1] [preɪz] loben (**for** wegen)
**praise**[2] [preɪz] Lob
**pram** [præm] GB Kinderwagen
**prawn** [prɔːn] Garnele
**prawn cocktail** Krabbencocktail
**pray** [preɪ] beten (**to** zu, **for** um)
**prayer** [preəʳ] Gebet; **say one's prayers** beten; **the Lord's Prayer** das Vaterunser
**pre·caution** [prɪ'kɔːʃn] Vorsicht[smaßnahme]; **take the precaution of doing** etwas vorsichtshalber tun
**pre·cede** [prɪ'siːd] voraus-, vorangehen
**pre·cinct** ['priːsɪŋkt] 1 **shopping precinct** Einkaufsviertel
2 **pedestrian precinct** Fußgängerzone
3 Bezirk
**pre·cious** ['preʃəs] 1 wertvoll (**to** für), kostbar
2 **precious stone** Edelstein
**pre·cise** [prɪ'saɪs] genau, exakt; **to be precise** genau gesagt
**pre·cise·ly** [prɪ'saɪslɪ] genau; **precisely!** stimmt! so ist es!
**pre·de·cessor** ['priːdɪsesəʳ] Vorgänger(in)
**pre·dict** [prɪ'dɪkt] vorhersagen
**pre·dict·able** [prɪ'dɪktəbl] vorhersehbar
**pre·dic·tion** [prɪ'dɪkʃn] Vorhersage, Prognose
**pref·ace** ['prefɪs] Vorwort
**pre·fect** ['priːfekt] GB Vertrauensschüler(in)
**pre·fer** [prɪ'fɜːʳ] vorziehen, bevorzugen; **he prefers red to white wine** Rotwein ist ihm lieber als Weißwein; **I'd prefer going to the cinema** ich würde lieber ins Kino gehen
**pre·fer·able** ['prefrəbl] **be preferable to** vorzuziehen sein
**pre·fer·ably** ['prefrəblɪ] am liebsten
**pref·er·ence** ['prefrəns] Vorliebe (**for** für); **by preference, from preference** vorzugsweise; **in preference to** lieber als; **give preference to someone** jemandem den Vorzug geben
**pre·fix** ['priːfɪks] (*Grammatik*) Vorsilbe
**preg·nancy** ['pregnənsɪ] 1 (*einer Frau*) Schwangerschaft
2 (*eines Tiers*) Trächtigkeit
**preg·nant** ['pregnənt] 1 schwanger; **she's eight months pregnant** sie ist im achten Monat [schwanger]
2 *Tier:* trächtig
**preju·dice** ['predʒʊdɪs] Vorurteil
**preju·diced** ['predʒʊdɪst] voreingenommen
**pre·limi·nary** [prɪ'lɪmɪnərɪ] Vor-
**pre·ma·ture** [premə'tjʊəʳ, USA ˌpriːmə'tʊər] 1 vorzeitig, zu früh; **premature baby** Frühgeburt
2 (*übertragen*) voreilig
**pre·mier**[1] ['premɪəʳ, USA 'priːmɪəʳ] führend, oberste(r, s)
**pre·mier**[2] ['premɪəʳ, USA 'priːmɪəʳ] Premierminister(in)
**prep·ara·tion** [ˌprepə'reɪʃn] Vorbereitung; **make preparations** Vorbereitungen treffen (**for** für); **in preparation for** als Vorbereitung auf
**pre·para·tory** [prɪ'pærətrɪ] vorbereitend, einführend

Pp

**i Land & Leute** In Großbritannien können Jungen zwischen 7 und 13 Jahren oder Mädchen zwischen 7 und 11 Jahren eine **preparatory school** besuchen, in der sie vor allem für eine **public school** (⚠ = Privatschule) vorbereitet werden. In Amerika hingegen dient die **prep school** als Vorbereitung aufs College oder auf die Universität.

**pre·pare** [prɪ'peəʳ] ① [sich] vorbereiten (**for** auf); **prepare yourself for a shock** mach dich auf einen Schock gefasst
② zubereiten *Essen*
**pre·pos·it·ion** [prepə'zɪʃn] Präposition
**prep school** [prep sku:l] (*umgangsspr*) →**preparatory school**
**pre·scribe** [prɪ'skraɪb] *Arzt:* verschreiben, verordnen
**pre·scrip·tion** [prɪ'skrɪpʃn] (*medizinisch*) Rezept; **only available on prescription** rezeptpflichtig; **prescription charge** Rezeptgebühr
**pres·ence** ['prezns] Gegenwart, Anwesenheit
**pres·ent¹** ['preznt] ① (*räumlich*) anwesend, vorhanden
② (*räumlich u. zeitlich*) gegenwärtig
③ (*zeitlich*) augenblicklich, momentan; **up to the present time** bis zum heutigen Tage, bis heute; **present tense** Präsens, Gegenwart
**pres·ent²** ['preznt] ① Gegenwart; **at present** zurzeit, im Augenblick
② (*Grammatik*) Gegenwart, Präsens
③ Geschenk
**pres·ent³** [ˌprɪ'zent] ① übergeben, überreichen
② schenken
③ unterbreiten *Vorschlag*
④ bieten *Sicht, Möglichkeit*
⑤ (*Radio, TV*) präsentieren, moderieren; (*Theater*) zeigen
⑥ **present itself** *Gelegenheit:* sich ergeben
**pres·en·ta·tion** [ˌprezn'teɪʃn, USA ˌpri:zen'teɪʃn] ① (*Theater*) Aufführung, Darstellung
② Überreichung, Schenkung
③ (*Rede, Arbeit*) Präsentation, Darbietung
**pres·ent·ly** ['prezntlɪ] ① bald, in Kürze
② gegenwärtig, zur Zeit
**pre·serv·ative** [prɪ'zɜ:vətɪv] Konservierungsstoff
**pre·serve** [prɪ'zɜ:v] ① bewahren, erhalten
② konservieren; einmachen, einkochen *Nahrungsmittel*
**presi·dency** ['prezɪdənsɪ] USA Präsidentschaft
**presi·dent** ['prezɪdənt] ① (*politisch*) Präsident(in)
② Vorsitzende(r)
**presi·den·tial** [ˌprezɪ'denʃl] Präsidentschafts-, Präsidenten-
**press¹** [pres] ① [fest] drücken (**to** an)
② pressen; auspressen *Obst*
③ plätten, bügeln
④ aufdrängen
⑤ **be pressed for time** unter Zeitdruck stehen
**press²** [pres] ① Druck
② Andrang, Gedränge
③ [Frucht-, Öl-, Druck]Presse
④ Presse, Zeitungswesen
**press conference** Pressekonferenz
**press-up** ['presˌʌp] Liegestütz
**pres·sure** ['preʃəʳ] ① Druck; **blood pressure** Blutdruck
② (*übertragen*) Druck, Zwang; **put pressure on someone** jemanden unter Druck setzen
**pre·sum·ably** [prɪ'zju:məbli] vermutlich
**pre·sume** [prɪ'zju:m] annehmen, vermuten
**pre·tend** [prɪ'tend] vorgeben, vortäuschen; **pretend** [**that**] so tun [als ob]; **he's just pretending** er tut nur so
**pretty** ['prɪtɪ] ① nett, hübsch
② ziemlich, [ganz] ordentlich, ganz schön; **pretty much** so ziemlich; **pretty near** [*oder* **well**] **finished** beinah(e), fast fertig; **I'm pretty well** es geht mir ganz gut
**pre·vent** [prɪ'vent] ① verhindern, verhüten
② ab-, zurückhalten
**pre·ven·tion** [prɪ'venʃn] Verhinderung, Verhütung; **prevention is better than cure** Vorbeugen ist besser als Heilen
**pre·view** ['pri:vju:] (*Theater*) Probeaufführung; (*Ausstellung*) Vorbesichtigung; (*Film*) Vorschau
**pre·vi·ous** ['pri:vɪəs] (*zeitlich*) voraus-, vorhergehend, vorherig; **previous experience** Vorkenntnisse, Vorbildung
**pre·vi·ous·ly** ['pri:vɪəslɪ] früher, vorher
**price¹** [praɪs] Preis
**price²** [praɪs] ① einen Preis festsetzen für
② mit einem Preis versehen, auszeichnen
**price·less** ['praɪslɪs] ① unbezahlbar, unschätzbar
② GB (*übertragen umgangsspr*) köstlich
**price list** Preisliste
**price tag** Preisschild
**prick¹** [prɪk] (*durch eine Nadel*) [Ein]Stich
**prick²** [prɪk] [sich] stechen
**pride** [praɪd] ① Stolz
② Hochmut
③ *von Löwen:* Rudel
④ **she takes** [a] **pride in her work** sie ist sehr stolz auf ihre Arbeit

**priest** [priːst] 1 (*katholisch*) Priester
2 (*protestantisch*) Pfarrer(in)
**pri·mary**[1] ['praɪmərɪ] 1 Haupt-, wesentlich; **primary colour** Grundfarbe
2 Primär-, primär; **primary school** Grundschule, Elementarschule
**pri·mary**[2] ['praɪmərɪ] USA (*bei Wahlen*) Vorwahl

> **i Land & Leute** Staatliche Schulen für Kinder im Alter von 5 bis 11 Jahren heißen in Großbritannien **primary schools**. Anschließend besuchen die Kinder dann eine **secondary school**.

**prime** [praɪm] 1 wesentlich, Haupt-; **of prime importance** von höchster Wichtigkeit
2 *Qualität:* erstklassig
3 **prime number** Primzahl
**prime minister** Premierminister(in), Ministerpräsident(in)

> **i Land & Leute** In der „Number 10 **Downing Street**" wohnt der britische **Prime Minister**. Das Haus stammt aus dem 17. Jh. und wurde von Sir George Downing gebaut. Der Premierminister wohnt in einem oberen Stockwerk und im übrigen Gebäude befinden sich die Regierungsbüros sowie die Sitzungsräume des Kabinetts. Der **Chancellor of the Exchequer** (Finanzminister) wohnt im Haus nebenan, in „Number 11"; außerdem gibt es in der Downing Street noch weitere Regierungsgebäude.

**prince** [prɪns] 1 (*Herrscher*) Fürst
2 (*in Königsfamilie*) Prinz; **Prince of Wales** Prinz von Wales
**prin·cess** [prɪn'ses] 1 (*Frau eines Fürsten*) Fürstin
2 (*in Königsfamilie*) Prinzessin
**prin·ci·pal**[1] ['prɪnsəpl] Haupt-, wichtigste(r, s)
**prin·ci·pal**[2] ['prɪnsəpl] 1 *einer Schule:* Rektor(in)
2 (*im Theater*) Hauptdarsteller(in)
**prin·ciple** ['prɪnsəpl] Grundsatz, Prinzip; **in principle** im Prinzip, grundsätzlich; **on principle** aus Prinzip, grundsätzlich, prinzipiell
**print**[1] [prɪnt] 1 Druck; **in big** [*oder* **large**] **print** groß gedruckt; **in print** gedruckt; **out of print** vergriffen
2 [das] Gedruckte
3 (*Foto*) Abzug
4 (*Kunst*) Druck
5 *von Hand, Fuß:* Abdruck
**print**[2] [prɪnt] 1 drucken *Dokument;* **printed matter** Drucksache
2 bedrucken *Stoff*
3 veröffentlichen *Roman, Artikel*
4 in Druckschrift schreiben
5 abziehen *Foto*
**printer** ['prɪntə^r] 1 (*Gerät, Beruf*) Drucker
2 (*Werk*) Druckerei
**print-out** ['prɪnt,aʊt] (*Computer*) Ausdruck
**prior** ['praɪə^r] 1 vorherig, früher
2 **prior to** vor
**pri·or·ity** [praɪ'ɒrətɪ] Priorität, Vorrang; **have** [*oder* **take**] **priority** den Vorrang haben
**prison** ['prɪzn] Gefängnis; **in prison** im Gefängnis
**prisoner** ['prɪznə^r] Gefangene(r), Häftling; **hold** [*oder* **keep**] **someone prisoner** jemanden gefangen halten; **take someone prisoner** jemanden gefangen nehmen; **prisoner of war** Kriegsgefangene(r)
**priv·acy** ['prɪvəsɪ, USA 'praɪvəsɪ] 1 Privatsphäre
2 Zurückgezogenheit; **there is no privacy here** man kann hier nichts unbeobachtet tun
**pri·vate**[1] ['praɪvɪt] privat, Privat-; **private property** Privateigentum; **private and confidential** streng vertraulich; **for private use** für den eigenen Gebrauch; **in private** privat, unter vier Augen
**pri·vate**[2] ['praɪvɪt] [einfacher] Soldat
**pri·vate·ly** ['praɪvɪtlɪ] 1 privat; **privately owned** in Privathand
2 vertraulich; **speak to someone privately** mit jemandem unter vier Augen sprechen
**pri·vi·lege** ['prɪvəlɪdʒ] 1 Privileg, Vorrecht
2 Ehre
**prize** [praɪz] 1 Preis
2 (*in der Lotterie*) Gewinn
**prize·winner** Preisträger(in), Gewinner(in)
**pro** [prəʊ] <*plural* pros> (*umgangsspr*) Profi
**pro-** [prəʊ] für, pro-; **pro-democracy** [*oder* **pro-democratic**] prodemokratisch
**prob·abil·ity** [,prɒbə'bɪlətɪ] Wahrscheinlichkeit; **in all probability** aller Wahrscheinlichkeit nach
**prob·able** ['prɒbəbl] wahrscheinlich
**pro·ba·tion** [prə'beɪʃn] 1 Probe[zeit]
2 (*juristisch*) Bewährung
**prob·lem** ['prɒbləm] 1 Problem; **what's the problem?** (*umgangsspr*) wo fehlt's denn?
2 (*mathematisch*) Aufgabe
**pro·cedure** [prə'siːdʒə^r] Verfahren, Vorgehen
**pro·ceed** [prə'siːd] 1 weitergehen; (*mit einer Reise*) weiterreisen; (*mit dem Auto*) weiterfahren
2 (*mit einer Beschäftigung*) weitermachen, fortfahren (**with** mit)
3 anfangen, beginnen

Pp

4 übergehen
5 verfahren, vorgehen
**pro·cess**[1] ['prəʊses] 1 Prozess
2 [Arbeits]Verfahren
**pro·cess**[2] ['prəʊses] 1 verarbeiten *Atommüll, Daten*
2 konservieren *Nahrungsmittel;* **process[ed] cheese** Schmelzkäse
3 entwickeln *Film*
4 bearbeiten *Akte, Antrag*
**pro·cession** [prə'seʃn] 1 (*religiös*) Prozession
2 (*festlich*) [feierlicher] Umzug, [Fest]Zug
**pro·duce**[1] [prə'dju:s] 1 produzieren, herstellen, erzeugen
2 schaffen *Kunstwerk*
3 vorzeigen, vorweisen, vorlegen *Papiere;* beibringen *Zeugen;* erbringen, führen *Nachweis;* anführen *Gründe*
4 (*verursachen*) bewirken, hervorrufen
5 inszenieren *Theaterstück, TV Programm;* produzieren *Film*
**pro·duce**[2] ['prɒdju:s] Erzeugnis, Produkt
**pro·ducer** [prə'dju:səʳ] 1 Erzeuger; *von Waren:* Hersteller
2 *eines Theaterstücks:* Regisseur(in); *eines Films:* Produzent(in); *eines Hörspiels:* Sendeleiter(in)
**prod·uct** ['prɒdʌkt] 1 Produkt, Erzeugnis
2 (*übertragen*) Produkt, Ergebnis
**pro·duc·tion** [prə'dʌkʃn] 1 Erzeugung, Herstellung, Produktion
2 (*im Theater*) Aufführung, Inszenierung; *von Film:* Produktion
3 *eines Dokuments:* Vorlage, Beibringung
**pro·fes·sion** [prə'feʃn] 1 Beruf; **by profession** von Beruf
2 Berufsstand; **the legal/medical profession** die Anwaltschaft/Ärzteschaft
**pro·fes·sional**[1] [prə'feʃnəl] 1 beruflich, Berufs-; **turn professional** Profi werden
2 fachmännisch, professionell
**pro·fes·sional**[2] [prə'feʃnəl] Profi
**prof·it**[1] ['prɒfɪt] Gewinn, Profit; **sell at a profit** mit Gewinn verkaufen
**prof·it**[2] ['prɒfɪt] profitieren (**by, from** von), Nutzen ziehen (**from, by** aus)
**prof·it·able** ['prɒfɪtəbl] 1 Gewinn bringend, rentabel; **be profitable** sich rentieren
2 (*übertragen*) lohnend, nützlich
**pro·found** [prə'faʊnd] *Bemerkung, Gedanken:* tiefgründig, tiefschürfend
**pro·gram**[1] ['prəʊgræm] 1 (*Computer*) Programm
2 USA (*Radio, TV*) Sendung
**pro·gram**[2] ['prəʊgræm] programmieren *Computer*
**pro·gramme**[1], USA **pro·gram** ['prəʊgræm] 1 Programm
2 (*Radio, TV*) Sendung
**pro·gramme**[2], USA **pro·gram** ['prəʊgræm] 1 programmieren
2 (*übertragen*) vorprogrammieren
**pro·gram·mer** ['prəʊgræməʳ] Programmierer(in)
**prog·ress** ['prəʊgres, USA 'prɒgres] 1 Fortschritt; **make progress** Fortschritte machen, vorankommen
2 **in progress** im Gange
**pro·gres·sive** [prə'gresɪv] 1 fortschreitend, zunehmend
2 (*im Denken*) fortschrittlich, progressiv
**pro·hibit** [prə'hɪbɪt] **prohibit someone from doing something** jemandem verbieten, etwas zu tun, jemanden daran hindern, etwas zu tun
**pro·ject** ['prɒdʒekt] Projekt
**pro·jec·tor** [prə'dʒektəʳ] Projektor
**prom** [prɒm] 1 GB Promenadenkonzert; **the Proms** *klassische Sommerkonzertreihe in der Londoner Royal Albert Hall*
2 GB Promenade
3 USA Schülerball
**promi·nent** ['prɒmɪnənt] 1 *Backenknochen:* vorstehend
2 *Fels, Nase:* vorspringend
3 *Kennzeichen:* auffällig
4 (*übertragen*) [wohl]bekannt, prominent
**prom·ise**[1] ['prɒmɪs] 1 Versprechen
2 [feste] Aussicht, Hoffnung (**of** auf); **show great promise** zu großen Hoffnungen berechtigen, viel versprechend sein
**prom·ise**[2] ['prɒmɪs] versprechen; **promise someone something, promise something to someone** jemandem etwas versprechen
**prom·is·ing** ['prɒmɪsɪŋ] viel versprechend
**pro·mote** [prə'məʊt] 1 (*beruflich*) befördern
2 (*Sport*) **be promoted** aufsteigen (**to** in)
3 (*unterstützen*) fördern
4 werben für *ein Produkt*
**pro·mo·tion** [prə'məʊʃn] 1 (*beruflich*) Beförderung
2 (*Sport*) Aufstieg
3 (*Unterstützung*) Förderung
4 (*kommerziell*) Werbung, Werbekampagne
**prompt**[1] [prɒmpt] *Tat:* umgehend, unverzüglich
**prompt**[2] [prɒmpt] (*im Theater*) **prompt someone** jemandem soufflieren
**prompt·ly** ['prɒmptlɪ] pünktlich; **start**

promptly at eight Punkt 8 Uhr anfangen
**pro·noun** ['prəʊnaʊn] Pronomen, Fürwort
**pro·nounce** [prə'naʊns] 1 verkünden; (*feierlich*) erklären
2 aussprechen *Wort*
**pro·nun·ci·ation** [prəˌnʌnsɪ'eɪʃn] Aussprache
**proof** [pruːf] Beweis, Nachweis
**proper** ['prɒpəʳ] 1 richtig, passend, geeignet; **at the proper time** zur rechten Zeit
2 (*umgangsspr*) echt, richtig
3 (*umgangsspr*) anständig, gehörig
**proper·ly** ['prɒpəʳlɪ] 1 korrekt, richtig
2 anständig, ordentlich
**proper name, proper noun** Eigenname
**prop·erty** ['prɒpətɪ] 1 Eigentum, Besitz
2 (*Land und Gebäude*) Grundbesitz, Landbesitz
3 **get off my property** verlassen Sie mein Grundstück
4 (*geschäftsbringend*) Immobilien
5 Eigenschaft
**pro·por·tion** [prə'pɔːʃn] 1 [An]Teil, Quote
2 Verhältnis; (*auch mathematisch*) Proportion; **out of all proportion to** in gar keinem Verhältnis zu; **keep a sense of proportion** (*übertragen*) die Dinge im richtigen Licht sehen
**pro·por·tional** [prə'pɔːʃənl] proportional; **proportional representation** Verhältniswahlrecht
**pro·po·sal** [prə'pəʊzl] 1 Vorschlag
2 **proposal** [**of marriage**] [Heirats]Antrag
**pro·pose** [prə'pəʊz] 1 vorschlagen; **propose doing something** anregen, etwas zu tun
2 beabsichtigen, vorhaben; **propose to do something** beabsichtigen, etwas zu tun
3 **propose to someone** jemandem einen Heiratsantrag machen
4 **propose a toast to someone** einen Toast auf jemanden ausbringen
**prose** [prəʊz] Prosa
**pros·ecute** ['prɒsɪkjuːt] 1 strafrechtlich verfolgen (**for** wegen)
2 *Anwalt:* die Anklage vertreten
**pros·ecu·tion** [ˌprɒsɪ'kjuːʃn] 1 Strafverfolgung; **liable to prosecution** strafbar
2 **the prosecution** die Anklage[behörde], die Staatsanwaltschaft
**pros·pect** ['prɒspekt] Aussicht
**pros·ti·tute** ['prɒstɪtjuːt] Prostituierte(r)
**pros·ti·tu·tion** [ˌprɒstɪ'tjuːʃn] Prostitution
**pro·tect** [prə'tekt] 1 [be]schützen (**from** vor, **against** gegen)
2 wahren *Interessen, Rechte*
**pro·tec·tion** [prə'tekʃn] Schutz (**from** vor)
**pro·tec·tive** [prə'tektɪv] 1 schützend, Schutz-; **protective clothing** Schutzkleidung
2 fürsorglich (**towards** gegenüber)
**pro·test**[1] [prə'test] 1 protestieren [gegen]; **protest to someone** bei jemandem Einspruch [*oder* Protest] erheben
2 beteuern *Unschuld*
**pro·test**[2] ['prəʊtest] Einspruch, Protest (**against** gegen); **as a** [*oder* **in**] **protest** aus Protest
**pro·tester** [prə'testəʳ] Protestierende(r), Demonstrant(in)
**pro·trac·tor** [prə'træktəʳ] Winkelmesser
**proud** [praʊd] 1 stolz (**of** auf)
2 (*abwertend*) hochmütig
**prove** [pruːv] <proved, proved *oder* proven>
1 beweisen, nachweisen; **prove one's identity** sich ausweisen
2 **prove** [**to be**] sich erweisen, sich herausstellen als
**proven** ['pruːvn] *3. Form von* **prove**
**prov·erb** ['prɒvɜːb] Sprichwort
**pro·vide** [prə'vaɪd] 1 besorgen, sorgen für
2 heranschaffen, liefern
3 zur Verfügung stellen *Dienst;* bereitstellen *Geld*
4 **provide someone with something** jemanden mit etwas versorgen/ausstatten/beliefern
5 **provide for someone** jemanden versorgen
6 **provide for the future** für die Zukunft vorsorgen
**pro·vided** [prə'vaɪdɪd] **provided** [**that**] vorausgesetzt, [dass]
**pro·vid·ing** [prə'vaɪdɪŋ] **providing** [**that**] vorausgesetzt, dass
**prov·ince** ['prɒvɪns] 1 Provinz
2 **the provinces** die Provinz
**prov·in·cial** [prə'vɪnʃl] 1 Provinz-
2 (*abwertend*) provinziell
**pro·vi·sion** [prə'vɪʒn] **provisions** Lebensmittel, Proviant
**pro·vi·sional** [prə'vɪʒənl] vorläufig, provisorisch
**pro·voke** [prə'vəʊk] 1 provozieren, [auf]reizen
2 hervorrufen *Ärger, Kritik, Lächeln*
**psy·chia·trist** [saɪ'kaɪətrɪst] Psychiater(in)
**psy·chia·try** [saɪ'kaɪətrɪ] Psychiatrie
**psy·cho·logi·cal** [ˌsaɪkə'lɒdʒɪkl] psychologisch
**psy·chol·ogist** [saɪ'kɒlədʒɪst] Psychologe, Psychologin
**psy·chol·ogy** [saɪ'kɒlədʒɪ] Psychologie
**PT** [ˌpiː'tiː] *Abkürzung von* **physical training** (*in der Schule*) Sport
**pt** *Abkürzung von* **pint** Pint
**pto** [ˌpiːtiː'əʊ] *Abkürzung von* **please turn over** b.w.
**pub** [pʌb] Kneipe, Wirtshaus

**pub·lic**[1] ['pʌblɪk] ① öffentlich ② allgemein bekannt

**pub·lic**[2] ['pʌblɪk] Öffentlichkeit; **in public** öffentlich, in der Öffentlichkeit; **be open to the public** für den Publikumsverkehr geöffnet sein

**public convenience** öffentliche Bedürfnisanstalt

**public holiday** gesetzlicher Feiertag

**public house** (GB) (*gehoben*) Wirtshaus, Gasthaus, Gaststätte

**pub·lic·ity** [pʌb'lɪsətɪ] ① Publizität, Publicity ② Werbung, Reklame; **publicity campaign** Werbeaktion, Werbekampagne

**pub·lic·ize** ['pʌblɪsaɪz] ① bekannt machen ② werben für, Reklame machen für

**public library** Volksbücherei

**public opinion** die öffentliche Meinung

**public property** Staatseigentum

**public school** ① (GB) Privatschule ② (USA) öffentliche, staatliche Schule

> **i Land & Leute** In Großbritannien ist eine **public school** eine Privatschule, oft ein Internat für Jungen ab 13 und für Mädchen ab 11 Jahren. Die meisten dieser Schulen stammen aus dem 19. Jh. Die ältesten Schulen begannen als **grammar schools** für arme Studenten, z. B. Winchester (im 14. Jh.), Eton (im 15. Jh.) und Harrow (im 16. Jh.) und werden heute meist von Kindern reicher Eltern besucht. In Amerika ist eine **public school** dagegen eine Staatsschule.

**public transport** öffentliche Verkehrsmittel

**pub·lish** ['pʌblɪʃ] ① [öffentlich] bekannt geben, bekannt machen ② veröffentlichen, herausgeben *Buch, Zeitschrift; Verlag:* verlegen ③ *Autor:* publizieren, veröffentlichen *Forschungsarbeit*

**pub·lisher** ['pʌblɪʃəʳ] ① Verleger(in) ② Verlag

**pub·lish·ing** ['pʌblɪʃɪŋ] Verlagswesen; **publishing company** Verlag[shaus]

**pud·ding** ['pʊdɪŋ] ① (*süß*) Nachspeise, Nachtisch ② (*pikant*) [Fleisch]Pastete, Pudding

**puddle** ['pʌdl] Pfütze

**puff**[1] [pʌf] ① **puff of air/wind** Atemstoß/Windstoß ② (*an einer Zigarette*) Zug ③ (*umgangsspr*) Puste

**puff**[2] [pʌf] ① schnaufen, keuchen ② *Raucher:* paffen (**at** an)

**puke** [pju:k] (*slang*) kotzen

**pull**[1] [pʊl] ① (*zerren*) ziehen ② (*reißen*) ziehen an *Glocke, Seil;* **pull someone's hair** jemanden an den Haaren ziehen ③ zerren *Muskel* ④ **pull to pieces** in Stücke reißen, zerreißen; (*übertragen*) kein gutes Haar lassen an ⑤ **the train pulled into the station** der Zug fuhr in den Bahnhof ein

▶ IN WENDUNGEN: **pull someone's leg** jemanden auf den Arm nehmen

◆ **pull apart** ① auseinander ziehen ② trennen *Streitende* ③ auseinander nehmen *Apparat* ④ (*übertragen*) kein gutes Haar lassen an

◆ **pull away** ① wegziehen ② *Auto:* anfahren ③ *Läufer:* sich absetzen

◆ **pull down** ① abreißen, demolieren *Gebäude* ② (USA) verdienen *Geld*

◆ **pull in** ① einziehen *Krallen* ② (*übertragen*) anziehen *Zuschauer* ③ *Zug:* einfahren ④ *Auto:* anhalten

◆ **pull off** ① ausziehen *Kleider* ② [mit Erfolg] abwickeln; an Land ziehen *Geschäft*

◆ **pull out** ① [her]ausziehen ② ausziehen *Tisch* ③ ziehen *Zahn* ④ abziehen *Truppen* ⑤ *Zug:* abfahren ⑥ *Auto:* ausscheren ⑦ *Truppen:* abziehen

◆ **pull over** ① *Fahrer, Wagen:* an die Seite fahren ② anhalten

◆ **pull through** ① [hin] durchziehen ② *Kranker:* durchkommen

◆ **pull together** ① (*übertragen*) am gleichen Strang ziehen ② **pull oneself together** (*übertragen*) sich zusammennehmen, sich zusammenreißen

◆ **pull up** ① hochziehen ② herausreißen *Unkraut* ③ anhalten, zum Stehen bringen *Fahrzeug* ④ *Fahrzeug:* anhalten, stehenbleiben (**at** an, bei, vor) ⑤ heranziehen *Stuhl*

**pull**[2] [pʊl] ① Zug, Ruck; **give a pull** ziehen ② (*auch übertragen*) Anziehungskraft ③ *einer Strömung:* Sog

**pull·over** ['pʊləʊvəʳ] Pullover

**pull-up** ['pʊlʌp] Klimmzug

**pulse** (*auch übertragen*) Puls; **feel** [*oder* **take**]

someone's pulse jemandem den Puls fühlen
**pump**[1] [pʌmp] Pumpe
**pump**[2] [pʌmp] pumpen
◆ **pump out** 1 auspumpen, leer pumpen *Boot, Keller*
2 ausstoßen *Abgase*
◆ **pump up** 1 aufpumpen *Reifen*
2 hochpumpen *Flüssigkeit;* heraufpumpen *Öl*
**pump·kin** ['pʌmpkɪn] Kürbis
**pun** [pʌn] Wortspiel
**punch**[1] [pʌntʃ] 1 mit der Faust schlagen
2 lochen *Karte, Papier;* stanzen *Loch*
**punch**[2] [pʌntʃ] 1 Faustschlag
2 Locher, Lochzange
3 Punsch
**punch-up** ['pʌntʃʌp] (*umgangsspr*) Schlägerei
**punc·tual** ['pʌŋktʃʊəl] pünktlich
**punc·tu·ation** [ˌpʌŋktʃʊ'eɪʃn] Interpunktion, Zeichensetzung; **punctuation mark** Satzzeichen
**punc·ture** ['pʌŋktʃəʳ] [Reifen]Panne
**pun·ish** ['pʌnɪʃ] [be]strafen
**pun·ish·ment** ['pʌnɪʃmənt] 1 Bestrafung
2 Strafe; **as a punishment** zur Strafe
**pu·pil** ['pju:pl] 1 Schüler(in)
2 (*im Auge*) Pupille

> **i Land & Leute** In Großbritannien tragen die meisten **pupils** eine Schuluniform. Der Unterricht dauert von 8.30 Uhr oder 9.00 Uhr bis etwa 15.30 Uhr. So müssen die Schüler in der Schule Mittag essen. Entweder sie bringen ihre eigenen Lunchpakete mit oder sie kaufen das Mittagessen, das von der Schule angeboten wird.

**pup·pet** ['pʌpɪt] [Hand]Puppe; (*auch übertragen*) Marionette
**puppy** ['pʌpɪ] junger Hund
**pur·chase**[1] ['pɜ:tʃəs] [an]kaufen, erwerben
**pur·chase**[2] ['pɜ:tʃəs] Kauf, Anschaffung
**pure** [pjʊəʳ] 1 rein
2 (*übertragen*) *Unsinn, Wahnsinn:* hell, reinste(r, s)
**purée** ['pjʊəreɪ] Püree; **tomato purée** Tomatenmark
**pu·rify** ['pjʊərɪfaɪ] reinigen
**purple** ['pɜ:pl] 1 violett, lila
2 *Gesicht:* hochrot
**pur·pose** ['pɜ:pəs] 1 Absicht; **on purpose** absichtlich, mit Absicht
2 Zweck; **for what purpose?** weshalb?
**purr** [pɜ:ʳ] 1 *Katze:* schnurren
2 *Motor:* surren
**purse** [pɜ:s] 1 GB Geldbeutel, Portemonnaie
2 USA Handtasche
**pur·sue** [pə'sju:] 1 verfolgen
2 betreiben, nachgehen *Tätigkeit, Beruf*
**pur·suit** [pə'sju:t] 1 Verfolgung
2 (*übertragen*) Streben (**of** nach)
**push**[1] [pʊʃ] 1 stoßen, schieben; **push** [**start**] **a car** ein Auto anschieben
2 drücken *Knopf, Tür*
3 (*übertragen*) drängen, [an]treiben *Person*
4 intensiv werben für, propagieren
5 pushen *Drogen*
6 *Mensch[enmenge]:* drängen, drängeln; **stop pushing!** hören Sie auf zu drängeln!
▶ IN WENDUNGEN: **be pushed for time** in Zeitschwierigkeiten sein; **don't push your luck!** treib's nicht zu weit!
◆ **push around** herumkommandieren, schlecht behandeln
◆ **push away** wegstoßen, wegschieben
◆ **push back** 1 zurückschieben, zurückstoßen
2 zurückdrängen *Menschen*
3 **push one's hair back** sich das Haar zurückstreichen
◆ **push in** (*in einer Schlange*) sich vordrängeln
◆ **push off** 1 wegdrücken *Deckel*
2 abstoßen *Boot*
3 (*umgangsspr*) abhauen; **push off!** hau ab!
◆ **push out** (*übertragen*) hinausdrängen
◆ **push over** umstoßen
◆ **push through** 1 durchschieben, durchstoßen; **push** [**one's way**] **through the crowd** sich durch die Menge schieben [*oder* drängen]
2 durchsetzen *Forderung*
3 durchbringen, durchdrücken *Gesetz, Vorschlag*
◆ **push up** 1 hinaufschieben
2 (*übertragen*) hochtreiben *Preise*
**push**[2] [pʊʃ] 1 Stoß, Schubs; **my car won't start — can you give me a push?** mein Auto springt nicht an — kannst du mich anschieben?
2 (*auch militärisch*) Vorstoß (**for** auf)
3 **get the push** (*umgangsspr*) *Arbeitnehmer[in]:* entlassen werden, rausfliegen; *Freund[in]:* den Laufpass bekommen; **give someone the push** (*umgangsspr*) *Arbeitgeber:* jemanden rausschmeißen; *Freund[in]:* jemandem den Laufpass geben
**push·chair** ['pʊʃtʃeəʳ] GB (*für Kleinkinder*) Sportwagen
**push·over** ['pʊʃəʊvəʳ] (*umgangsspr*) Kinderspiel
**push·pin** ['pʊʃpɪn] USA Reißzwecke
**push-up** ['pʊʃʌp] Liegestütz
**pushy** ['pʊʃɪ] (*abwertend*) aufdringlich
**puss** [pʊs], **pussy** [pʊsɪ] [Mieze]Katze

**put** [pʊt] <put, put> ① legen, setzen, stellen, tun; **she put her head round the door** sie streckte den Kopf zur Tür herein
② stecken (**into** in); **put one's hands in one's pockets** die Hände in die Taschen stecken
③ (*übertragen*) bringen, versetzen; **put someone in a bad mood** jemandem schlechte Laune machen; **put someone out of action** jemanden außer Betrieb setzen
④ (*umsetzen*) **put in order** in Ordnung bringen; **put into practice** in die Praxis umsetzen; **put right** verbessern, in Ordnung bringen; **put an end to something** einer Sache ein Ende machen; **put a stop to something** etwas abstellen; **put to the vote** zur Abstimmung stellen
⑤ (*auferlegen*) **put pressure on someone** auf jemanden Druck ausüben; **put the blame on someone** jemandem die Schuld zuschieben
⑥ (*ausdrücken*) **put something into words** etwas in Worte fassen; **how shall I put it?** wie soll ich es sagen?; **put it differently** es anders formulieren; **put something into French** etwas ins Französische übersetzen
⑦ stellen *Frage;* unterbreiten *Vorschlag;* **put it to someone** jemandem vorschlagen
⑧ ansetzen, schätzen *Kosten* (**at** mit, auf)
⑨ schreiben; machen *Komma;* **put something on a list** etwas auf eine Liste setzen; **put a tick in the box** ein Häckchen in das Kästchen machen; **put a cross against something** etwas ankreuzen; **put in writing** schriftlich machen
⑩ **put the shot** die Kugel stoßen
⑪ (*umganggsspr*) **I wouldn't put it past him** ich traue es ihm zu
⑫ **stay put** sich nicht von der Stelle rühren

> **? Grammatik** Die unregelmäßigen Vergangenheitsformen von **put** lauten **put — put**: *Sally* **put** *her bag on the desk; where* **have** *you* **put** *my mug?*

◆ **put aside** ① **put something aside [for someone]** [jemandem] etwas zurücklegen, aufheben
② auf die Seite legen *Geld*

◆ **put away** ① wegräumen, einräumen
② zurücklegen *Geld*
③ einstellen *Auto*
④ (*umgangsspr*) einsperren *Kriminellen*
⑤ (*umgangsspr*) verdrücken *Essen*

◆ **put back** ① zurücklegen *an seinen Platz*
② zurückstellen *Uhr*
③ verzögern, verschieben *Termin*

◆ **put by** zurücklegen *Geld*

◆ **put down** ① hinstellen, hinlegen; auflegen *Hörer;* **the book was so exciting I couldn't put it down** das Buch war so spannend, ich konnte es nicht weglegen; **you can put your hands down now** ihr könnt eure Hände jetzt runternehmen
② einschieben *Antenne*
③ niederschlagen *Aufstand*
④ demütigen, herabsetzen
⑤ einschläfern *Haustier*
⑥ aufschreiben, notieren
⑦ **put someone down for something** jemanden für etwas eintragen/anmelden/vormerken
⑧ absetzen *Fahrgäste*
⑨ **put down a deposit** eine Anzahlung machen

◆ **put forward** ① **put someone forward** jemanden vorschlagen
② unterbreiten, vorlegen *Vorschlag*
③ vorstellen *Uhr*
④ vorverlegen *Termin*

◆ **put in** ① installieren, einbauen
② einsetzen *Glasscheibe*
③ vorlegen, unterbreiten, einreichen *Antrag*
④ **put in a claim** Anspruch erheben
⑤ einlegen *Zeit*
⑥ setzen *Anzeige, Geld*
⑦ **put in a good word for** ein gutes Wort einlegen für

◆ **put into** ① hineinstecken *Anstrengung*
② stecken *Geld*

◆ **put off** ① ablenken, abschrecken
② **put someone off doing something** jemanden davon abbringen, etwas zu tun
③ **put someone off their food** jemandem den Appetit verderben
④ **put someone off until** jemanden vertrösten auf
⑤ verschieben *Termin*

◆ **put on** ① anmachen *Licht*
② anziehen *Kleidung;* aufsetzen *Hut*
③ einsetzen *Sonderzug*
④ aufsetzen *Essen*
⑤ aufführen *Schauspiel;* veranstalten *Ausstellung*
⑥ **put on an act/show** eine Show abziehen
⑦ **put on speed** schneller fahren, beschleunigen
⑧ **put on weight/four pounds** zunehmen/vier Pfund zunehmen

◆ **put out** ① hinausbringen, hinausstellen *Abfall;* vor die Tür setzen *Katze*
② **put the washing out** die Wäsche raushängen
③ ausstrecken *Hand*

## Colours and patterns

| | | |
|---|---|---|
| 1 | dogtooth check (GB), houndstooth check (USA) | Hahnentrittmuster |
| 2 | striped; with stripes | gestreift; mit Streifen |
| 3 | checked; check pattern | kariert; Karomuster |
| 4 | blue | blau |
| 5 | pink | rosa |
| 6 | red | rot |
| 7 | with a floral pattern floral print | geblümt mit Blumenmuster |
| 8 | with polka dots | mit Tupfen |
| 9 | wavy pattern | Wellenmuster |

## Farben und Muster

| | | |
|---|---|---|
| 10 | purple | violett, lila |
| 11 | orange | orange |
| 12 | with a green check (pattern) | grün kariert |
| 13 | yellow | gelb |
| 14 | green | grün |
| 15 | brown | braun |
| 16 | light blue | hellblau |
| 17 | light green | hellgrün |
| 18 | zigzag | Zickzack(muster) |
| 19 | tartan, plaid (USA) | Schottenkaro |
| 20 | paisley | türkisches Muster |

## Clothes

| | | |
|---|---|---|
| 1 | (pair of) flares | Hose mit Schlag |
| 2 | trench coat | Trenchcoat |
| 3 | coat, overcoat | Mantel |
| 4 | scarf | Schal |
| 5 | raincoat | Regenmantel |
| 6 | blouse | Bluse |
| 7 | sleeveless top, tanktop (USA) | ärmelloses Top |
| 8 | kilt | Schottenrock |
| 9 | skirt | Rock |
| 10 | (pair of) jeans | Jeans |
| 11 | jacket | Jakett |
| 12 | blazer | Blazer |
| 13 | windcheater (GB), Windbreaker® (USA) | Windjacke |
| 14 | quilted jacket (GB), down jacket (USA) | Daunenjacke |

## Kleidung

| | | |
|---|---|---|
| 15 | cardigan | Strickjacke |
| 16 | woollen hat (GB), woolen hat (USA) | Wollmütze |
| 17 | sweater, jumper (GB) | Pullover |
| 18 | (pair of) shorts | Shorts, kurze Hose |
| 19 | (pair of) trousers (GB)/pants (USA) | Hose |
| 20 | short-sleeved shirt | kurzärmeliges Hemd |
| 21 | shirt | Hemd |
| 22 | tanktop (GB), knit vest (USA) | Pullunder |
| 23 | cap, hat (USA) | Mütze |
| 24 | T-shirt | T-Shirt |
| 25 | waistcoat (GB), vest (USA) | Weste |
| 26 | sweatshirt | Sweatshirt |
| 27 | gloves | Handschuhe |

## Shoes

| | | |
|---|---|---|
| 1 | heavy-duty boots, work boots | Arbeitsstiefel |
| 2 | rubber boots, wellingtons (GB) | Gummistiefel |
| 3 | sandals | Sandalen |
| 4 | lace-ups (GB), shoes with laces (USA) | Schnürschuhe |
| 5 | trainers (GB), sneakers (USA) | Turnschuhe |
| 6 | court shoes (GB), pumps (USA) | Pumps |

## Schuhe

| | | |
|---|---|---|
| 7 | moccasins | Mokassins |
| 8 | boots | Stiefel |
| 9 | slip-ons | Slipper |
| 10 | high-heeled shoes, high heels | Schuhe mit hohen Absätzen |
| 11 | sling-backs | Slingpumps |

## Hair and hairstyles

## Haare und Frisuren

| | | |
|---|---|---|
| 1 | curly brown hair | lockiges braunes Haar |
| 2 | straight blond hair | glattes blondes Haar |
| 3 | frizzy black hair | krauses schwarzes Haar |
| 4 | thick red hair | dichtes rotes Haar |
| 5 | side parting (GB), side part (USA) | Seitenscheitel |
| 6 | bald head | Glatze |

| | | |
|---|---|---|
| 7 | crew cut | Bürstenschnitt |
| 8 | fringe (GB), bangs (USA) | Pony |
| 9 | pony-tail | Pferdeschwanz |
| 10 | bob | Pagenkopf |
| 11 | (full) beard | Vollbart |
| 12 | moustache (GB), mustache (USA) | Schnurrbart |

4 ausrenken *Schulter*
5 ausmachen *Licht;* löschen *Feuer*
6 aussenden *Hilferuf*
7 **be put out [by something]** [über etwas] verärgert sein
8 **put someone/oneself out** jemandem/sich Umstände machen
◆ **put through** 1 (*am Telefon*) **put someone through [to someone]** jemanden [mit jemandem] verbinden
2 durchmachen lassen; **the course instructors really put us through it** die Kursleiter haben uns wirklich stark beansprucht
◆ **put together** 1 (*an einem Ort*) zusammensetzen, zusammenlegen
2 (*montieren*) zusammensetzen, zusammenbauen
3 **better than all the others put together** besser als alle anderen zusammen
◆ **put up** 1 [hoch]heben *Hand*
2 aufstellen *Zelt;* errichten, [auf]bauen *Bauwerk*
3 erhöhen *Preis*
4 **put up a fight/struggle** sich wehren
5 **put something up for sale** etwas zum Verkauf anbieten
6 **put someone up** jemanden unterbringen
7 **put up with something** sich mit einer Sache abfinden; **I won't put up with it any longer!** das lasse ich mir nicht länger gefallen!
8 **put someone up to something** jemanden zu etwas anstiften

**puzzle**[1] ['pʌzl] 1 verblüffen; **just one thing puzzles me ...** nur eins ist mir rätselhaft
2 rätseln, sich den Kopf zerbrechen (**about, over** über), knobeln (**over** an)

**puzzle**[2] ['pʌzl] 1 (*auch übertragen*) Rätsel
2 Geduldspiel, Puzzle

**py·ja·mas**, (USA) **pa·ja·mas** [pə'dʒɑːməz] *plural* Schlafanzug, Pyjama

**pyra·mid** ['pɪrəmɪd] Pyramide

# Qq

**quack** [kwæk] *Ente:* schnattern, quaken

**quali·fi·ca·tion** [ˌkwɒlɪfɪ'keɪʃn] 1 Qualifikation, Voraussetzung
2 (*Sport*) Qualifikation
3 Einschränkung, Vorbehalt

**quali·fied** ['kwɒlɪfaɪd] 1 ausgebildet, qualifiziert
2 bedingt, nicht uneingeschränkt; **a qualified success** kein voller Erfolg

**qual·ify** ['kwɒlɪfaɪ] 1 berechtigen (**for** zu)
2 seine Ausbildung abschließen, sich qualifizieren; **qualify as a teacher** die Lehrbefähigung erhalten
3 (*beim Sport*) sich qualifizieren

**qual·ity** ['kwɒlətɪ] 1 Qualität, Güteklasse
2 (*Merkmal*) Eigenschaft

**quan·tity** ['kwɒntətɪ] 1 Quantität, Menge
2 (*in der Mathematik*) Größe

**quar·rel**[1] ['kwɒrəl] Streit, Auseinandersetzung; **they have had a quarrel** sie haben sich gestritten

**quar·rel**[2] ['kwɒrəl] sich streiten (**with** mit, **about, over** über)

**quarry** ['kwɒrɪ] Steinbruch

**quar·ter** ['kwɔːtəʳ] 1 Viertel; **a quarter of a mile** eine Viertelmeile
2 Vierteljahr, Quartal
3 (*in Uhrzeiten*) **a quarter of an hour** eine Viertelstunde; **a quarter to seven** (GB), **a quarter of seven** (USA) Viertel vor sieben; **a quarter past seven** (GB), **a quarter after seven** (USA) Viertel nach sieben
4 Vierteldollar, 25-Centstück
5 **quarters** *plural* Quartier, Unterkunft

**quarter-final** ['kwɔːtəʳˌfaɪnəl] Viertelfinale

**quay** [kiː] Kai

**queen** [kwiːn] 1 Königin
2 (*beim Schach, Kartenspiel*) Dame; **queen of spades** Pikdame

**queen mother** Königinmutter

**queer**[1] [kwɪəʳ] 1 eigenartig, komisch, seltsam
2 (*abwertend slang*) schwul

**queer**[2] [kwɪəʳ] (*abwertend slang*) Schwule(r)

**query**[1] ['kwɪərɪ] Frage

**query**[2] ['kwɪərɪ] in Frage stellen; **I query whether ...** ich bezweifle, ob ...

**ques·tion**[1] ['kwestʃən] 1 Frage; **ask someone a question** jemandem eine Frage stellen; **what a question!** was für eine Frage!
2 Zweifel; **beyond [all]** [*oder* **without [any]**] **question** ohne [jeden] Zweifel; **there's no question of a strike** von einem Streik kann keine Rede sein; **that's out of the question** das kommt nicht in Frage
3 Frage, Problem; **that's another question altogether** das ist etwas völlig anderes; **that's not the question** darum geht es nicht

**ques·tion**[2] ['kwestʃən] 1 befragen (**about** nach)
2 *Polizei:* vernehmen, verhören

③ *Prüfer:* prüfen
④ bezweifeln, in Frage stellen

**question mark** Fragezeichen

**ques·tion·naire** [ˌkwestʃə'neəʳ] Fragebogen

**queue**[1] [kju:] Schlange; **stand in a queue** Schlange stehen, anstehen; **join the queue** sich hinten anstellen; **jump the queue** sich vordrängeln

**queue**[2] [kju:] **queue** [**up**] sich anstellen; **we queued for an hour** wir haben eine Stunde angestanden

**quick** [kwɪk] ① schnell; **be quick!** schnell!; **be quick about it** aber ein bisschen dalli; **what's the quickest way to the station?** wie komme ich am schnellsten zum Bahnhof?; **we had a quick meal** wir haben schnell etwas gegessen
② *Antwort:* prompt
③ *Kuss:* flüchtig
④ *Rede:* kurz
⑤ **she's very quick** sie kapiert schnell

**quick·ly** ['kwɪklɪ] schnell

**quid** [kwɪd] GB (*umgangsspr: Geldsumme*) Pfund

**quiet**[1] ['kwaɪət] ① ruhig, still; **be quiet!** Ruhe!; **go quiet** still werden; **keep quiet** still/leise sein
② *Fahrzeug, Musik, Schritte, Stimme:* leise
③ *Abend:* geruhsam
④ **keep quiet about something** nichts über etwas sagen

> **! Vorsicht Falle** **Quiet** nicht verwechseln mit **quite** — diese Wörter sind sich sehr ähnlich in Schreibweise und Aussprache, haben jedoch sehr verschiedene Bedeutungen! **Quiet** bedeutet ‚still, wenig Lärm erzeugend': *It was very quiet after everyone left the house*, während **quite** ‚ein wenig' oder ‚ziemlich' bedeutet: *He's quite good at maths.*

**quiet**[2] ['kwaɪət] ① Ruhe, Stille
② **on the quiet** (*umgangsspr*) heimlich

**quieten down** ① leiser werden, sich beruhigen
② **quieten someone down** jemanden beruhigen

**quiet·ly** ['kwaɪətlɪ] leise, ruhig

**quilt** [kwɪlt] Steppdecke, Federbett

**quit** [kwɪt] <quitted, quit *oder* quitted> ① kündigen, aufgeben *Stelle*
② aufhören [mit]; **quit smoking** das Rauchen aufgeben

**quite** [kwaɪt] ① ganz, völlig; **I quite agree with you** ich stimme völlig mit Ihnen überein; **that's quite another matter** das ist doch etwas ganz anderes; **not quite** nicht ganz; **quite** [**so**]! genau!
② ziemlich; **quite likely** sehr wahrscheinlich; **quite a few people** ziemlich viele Leute; **it was quite a shock** es war ein ziemlicher Schock

**quiz** [kwɪz] <*plural* quizzes> ① Quiz
② USA (*in der Schule*) kleiner Test

**quo·ta·tion** [kwəʊ'teɪʃn] ① Zitat; **a quotation from Shakespeare** ein Shakespeare-Zitat
② (*finanziell*) Kostenanschlag

**quotation marks** *plural* Anführungszeichen

**quote**[1] [kwəʊt] ① zitieren (**from** aus)
② **quote someone as an example** jemanden als Beispiel anführen
③ nennen *Preis*

**quote**[2] [kwəʊt] (*umgangsspr*) ① Zitat
② **quotes** Anführungszeichen
③ Kostenanschlag

# Rr

**rab·bit** ['ræbɪt] Kaninchen

**race**[1] [reɪs] Rennen, [Wett]Lauf; (*beim Schwimmen*) Wettschwimmen; **have a race with someone** mit jemandem um die Wette laufen/schwimmen/fahren

**race**[2] [reɪs] ① **race** [**against**] **someone** mit jemandem um die Wette laufen/schwimmen/fahren
② rasen, jagen, rennen; **race after someone** hinter jemandem herjagen

**race**[3] [reɪs] Rasse

**race·horse** Rennpferd

**racial** ['reɪʃl] rassisch; **racial discrimination** Rassendiskriminierung

**rac·ing** ['reɪsɪŋ] [Pferde-, Motor]Rennen; **racing bicycle** Rennrad; **racing car** Rennwagen; **racing driver** Rennfahrer(in)

**rac·ism** ['reɪsɪzəm] Rassismus

**rac·ist**[1] ['reɪsɪst] Rassist(in)

**rac·ist**[2] ['reɪsɪst] rassistisch

**rack** [ræk] ① (*für Toast, Zeitschriften*) Ständer
② (*für Flaschen, Teller*) Gestell
③ (*für Werkzeuge*) Regal
④ (*für Gepäck*) Ablage

**racket** ['rækɪt] ① (*beim Sport*) Schläger
② (*umgangsspr*) Krach, Lärm
③ (*umgangsspr*) Schiebung, Gaunerei

**ra·di·ation** [ˌreɪdɪ'eɪʃn] ① *von Hitze:* Ausstrahlung

(2) [radioaktive] Strahlung

**ra·di·ator** ['reɪdɪeɪtəʳ] (1) Heizkörper
(2) *(am Auto)* Kühler

**radio¹** ['reɪdɪəʊ] <*plural* radios> (1) *(Medium)* Rundfunk; *(privat)* Funk; **listen to the radio** Radio hören; **on the radio** im Radio
(2) *(Apparat)* Radio, Funkgerät

**radio²** ['reɪdɪəʊ] funken; **radio for help** per Funk einen Hilferuf durchgeben

**radio·ac·tive** [ˌreɪdɪəʊ'æktɪv] radioaktiv

**radio play** Hörspiel

**radio station** Rundfunkstation

**radius** ['reɪdɪəs] <*plural* radii> (1) *(in der Mathematik)* Halbmesser, Radius
(2) **within a two-mile radius** [*oder* **a radius of two miles**] in einem Umkreis von zwei Meilen

**RAF** ['ɑːʳeɪ'ef] *Abkürzung von* **Royal Air Force** britische Luftwaffe

**raffle¹** ['ræfl] Tombola

**raffle²** ['ræfl] verlosen

**raft** [rɑːft] Floß

**rag** [ræg] Lumpen, Lappen, Fetzen

**rage** [reɪdʒ] Wut, Zorn; **be in a rage** wütend sein

**raid¹** [reɪd] (1) Überfall
(2) *(militärisch)* [Überraschungs]Angriff
(3) *von Polizei:* Razzia

**raid²** [reɪd] (1) überfallen *Bank*
(2) *Polizei:* eine Razzia durchführen in
(3) *(humorvoll)* plündern *Kühlschrank*

**rail** [reɪl] (1) *einer Treppe:* Geländer
(2) *(für Gardinen)* Schiene
(3) *(für Handtücher)* [Handtuch]Halter
(4) *(für Züge)* Schiene; **rails** *plural* Gleis(e)
(5) **travel by rail** mit der Bahn fahren

**rail·ing** ['reɪlɪŋ] *meist plural* (1) *einer Treppe:* Geländer
(2) *eines Schiffes:* Reling
(3) Zaun, Gitter

**rail·road** ['reɪlrəʊd] (USA) Eisenbahn

**rail strike** Bahnstreik

**rail·way** ['reɪlweɪ] (GB) Eisenbahn

**railway line** (1) Eisenbahnlinie
(2) [Eisenbahn]Gleise

**railway station** Bahnhof

**rain¹** [reɪn] Regen

**rain²** [reɪn] regnen
◆ **rain off** wegen Regens abgesagt/abgebrochen werden

**rain·bow** ['reɪnbəʊ] Regenbogen

**rain·coat** ['reɪnkəʊt] Regenmantel

**rain·fall** ['reɪnfɔːl] Niederschlag

**rain forest** Regenwald

**rainy** ['reɪnɪ] regnerisch, verregnet

**raise** [reɪz] (1) [hoch]heben, hochziehen
(2) heben *Glas*
(3) erhöhen *Mauer*
(4) erhöhen, anheben, heraufsetzen *Gehalt, Preise*
(5) schaffen, aufwerfen *Problem;* erheben *Einwand*
(6) aufziehen, großziehen *Kinder*
(7) aufbringen, auftreiben *Geld*
(8) **raise someone's hopes** jemandem Hoffnung[en] machen
(9) **raise one's voice** lauter sprechen

**raisin** [reɪzn] Rosine

**rally** ['rælɪ] (1) Versammlung; *(politisch)* Kundgebung
(2) *(beim Tennis)* Ballwechsel
(3) *(im Motorsport)* Rallye
(4) *(wirtschaftlich)* Aufschwung, Erholung

**ram·bler** [ræmbləʳ] Wanderer(in)

**ran** [ræn] *2. Form von* **run**

**ran·dom** ['rændəm] (1) willkürlich, Zufalls-
(2) **at random** aufs Geratewohl

**rang** [ræŋ] *2. Form von* **ring**

**range¹** [reɪndʒ] **range from … to** von … bis gehen [*oder* reichen]

**range²** [reɪndʒ] (1) *eines Fernglases, einer Rakete:* Reichweite; *eines Gewehrs:* Schussweite; **out of range** außer Hör-/Reich-/Schussweite
(2) **at close/long range** aus kurzer/großer Entfernung
(3) Skala, Palette; **in this price range** in dieser Preislage
(4) *an Waren:* Angebot, Auswahl, Sortiment; **a wide range** eine große Auswahl, ein breites Spektrum
(5) **mountain range, range of mountains** Bergkette

**rank¹** [ræŋk] (1) *(militärisch)* Rang
(2) [soziale] Stellung
(3) Reihe; **taxi rank** Taxistand

**rank²** [ræŋk] **she's ranked number 3 in the world** sie steht an 3. Stelle der Weltrangliste

**ran·som** ['rænsəm] Lösegeld

**rape¹** [reɪp] Vergewaltigung

**rape²** [reɪp] vergewaltigen

**rapid** ['ræpɪd] schnell, rasch

**rare** [reəʳ] (1) selten, rar
(2) *Fleisch:* blutig, leicht gebraten

**rare·ly** ['reəlɪ] selten

**rash¹** [ræʃ] unbesonnen, voreilig

**rash²** [ræʃ] [Haut]Ausschlag

**rasher** ['ræʃəʳ] **rasher** [**of bacon**] Speckscheibe

**rasp·berry** ['rɑːzbrɪ] Himbeere

**rat** [ræt] Ratte

**rate**[1] [reɪt] ❶ Rate
❷ (*Geschwindigkeit*) Tempo
❸ (*finanziell*) Satz, Kurs; **rate of exchange** Wechselkurs; **rate of interest** Zinssatz
❹ **at any rate** auf jeden Fall

**rate**[2] [reɪt] ❶ einschätzen
❷ **something rates as** etwas gilt als

**rather** ['rɑːðəʳ] ❶ lieber, eher; **I'd rather not** lieber nicht; **I would rather you came yourself** mir wäre es lieber, Sie kämen selbst
❷ [**or**] **rather** [oder] vielmehr, genauer gesagt
❸ ziemlich

**ratio** [reɪʃɪəʊ] <*plural* ratios> Verhältnis

**rat race** beruflicher Existenzkampf

**rattle**[1] ['rætl] Rassel, Klapper

**rattle**[2] ['rætl] ❶ *Fenster, Schlüssel:* klappern
❷ *Ketten:* rasseln, klirren

**rave**[1] [reɪv] (*umgangsspr*) schwärmen (**about, over** von)

**rave**[2] [reɪv] (*Party*) Rave

**raw** [rɔː] ❶ roh
❷ *Haut:* wund
❸ (*übertragen*) unerfahren; *Anfänger:* blutig

**ray** [reɪ] ❶ [Licht]Strahl
❷ (*übertragen*) Schimmer; **ray of hope** Hoffnungsschimmer

**razor** ['reɪzəʳ] Rasierapparat

**Rd** [rəʊd] *Abkürzung von* **Road** Str.

**RE** [ˌɑːr'iː] *Abkürzung von* **religious education** Religionsunterricht

**re-** [ˌriː] wieder[-], neu, erneut

**reach**[1] [riːtʃ] ❶ erreichen, [her]ankommen an
❷ erzielen, gelangen zu *Einigung*
❸ reichen, gehen bis zu; **the lead won't reach the plug** das Kabel reicht nicht bis zum Stecker
❹ **be able to reach something** an etwas heranreichen können
❺ **reach for something** nach etwas greifen
◆ **reach down** ❶ hinunterreichen
❷ **reach something down to someone** jemandem etwas herunterreichen
◆ **reach out** die Hände ausstrecken; **reach out for something** nach etwas greifen

**reach**[2] [riːtʃ] Reichweite; **within/beyond** [*oder* **out of**] **someone's reach** in/außer jemandes Reichweite; **within easy reach of the sea** in unmittelbarer Nähe des Meers

**re·act** [rɪ'ækt] reagieren (**to** auf); **react against** negativ reagieren auf

**re·ac·tion** [rɪ'ækʃn] Reaktion (**to** auf, **against** gegen)

**read**[1] [riːd] <read, read> ❶ lesen; **read aloud** laut lesen; **read to oneself** für sich lesen; **read to someone** jemandem vorlesen
❷ ablesen *Zähler*
❸ *Messgerät:* anzeigen
❹ *Text:* lauten
◆ **read out** vorlesen
◆ **read over, read through** durchlesen
◆ **read up** sich informieren (**on** über)

**read**[2] [riːd] ❶ **have a quiet read** ungestört [*oder* in Ruhe] lesen
❷ **be a good read** sich gut lesen

**read**[3] [red] *2. und 3. Form von* **read**

**read·able** ['riːdəbl] ❶ lesbar, leserlich
❷ lesbar, lesenswert

**reader** ['riːdəʳ] ❶ Leser(in)
❷ (*Schulbuch*) Lesebuch

**read·ily** ['redɪlɪ] ❶ bereitwillig
❷ ohne weiteres; **readily available** umgehend erhältlich

**read·ing** ['riːdɪŋ] ❶ Lesen
❷ Lektüre; **reading matter** Lesestoff
❸ (*auch im Parlament*) Lesung; **poetry reading** Dichterlesung
❹ *eines Messgeräts, Zählers:* Stand

**reading glasses** ⚠ *plural* Lesebrille

**reading lamp** Leselampe

**ready** ['redɪ] ❶ bereit, fertig; **ready to leave** abfahrtbereit; **ready for anything** zu allem bereit; **are you ready to go?** sind Sie soweit?; **ready when you are!** bist du auch soweit?; **get ready** [**to do something**] sich fertig machen[, um etwas zu tun]; **get ready for something** sich auf etwas vorbereiten; **get something ready** etwas vorbereiten
❷ (*willens*) bereit (**to** zu); **ready to do something** bereit, etwas zu tun
❸ **be ready with an excuse** eine Entschuldigung parat haben
❹ **ready, steady, go!** Achtung [auf die Plätze], fertig, los!

**real** [rɪəl] ❶ *Gefühle, Gold, Notfall:* echt
❷ *Ereignis, Grund, Welt:* wirklich
❸ *Name, Vater:* richtig; **a real idiot** ein richtiger [*oder* kompletter] Idiot
❹ (USA) echt, wirklich; **get real!** machen wir uns doch nichts vor!
❺ **for real** echt, im Ernst

**real·istic** [ˌrɪə'lɪstɪk] ❶ realistisch
❷ *Preis:* reell

**re·al·ity** [rɪ'ælətɪ] Wirklichkeit, Realität

**real·ize** ['rɪəlaɪz] ❶ erkennen, begreifen; **I've just realized** das ist mir eben klar geworden; **I hadn't realized how late it was** ich habe gar nicht gemerkt, wie spät es war

② verwirklichen, realisieren *Plan*

**really** [ˈrɪəlɪ] wirklich, tatsächlich; **not really** eigentlich nicht; **I really must say …** ich muss schon sagen …; **really glad** richtig froh; **not really!** ach wirklich?; **really, Peter!** also wirklich, Peter!

**rear**[1] [rɪəʳ] ① hinterer Teil; **at** [*oder* **to**] **the rear of the house** hinter dem Haus; **from the rear** von hinten
② (*umgangsspr*) Hintern

**rear**[2] [rɪəʳ] hintere(r, s); **rear light** Rücklicht; **rear wheel** Hinterrad; **rear window** Heckscheibe

**re·ar·range** [ˌriːəˈreɪndʒ] ① umgruppieren, neu ordnen *Möbel*
② erneut vereinbaren *Termin*

**rea·son**[1] [ˈriːzn] ① Grund (**for** für); **the reason for my going** weshalb ich gehe; **the reason why** weswegen; **for that very reason** eben deswegen; **without any reason** grundlos; **for no reason at all** ohne ersichtlichen Grund; **for what reason?** aus welchem Grund?
② Verstand
③ Vernunft; **listen to reason** Vernunft annehmen

**rea·son**[2] [ˈriːzn] ① logisch denken
② **reason with someone** mit jemandem vernünftig reden

**rea·son·able** [ˈriːznəbl] ① vernünftig
② *Preis:* angemessen
③ *Zweifel:* berechtigt
④ ordentlich, ganz gut; **with a reasonable amount of luck** mit einigem [*oder* einer Portion] Glück

**rea·son·ably** [ˈriːznəblɪ] ① vernünftig; **reasonably priced** preisgünstig, preiswert
② einigermaßen, ziemlich

**re·as·sure** [ˌriːəˈʃʊəʳ] ① beruhigen
② **reasure someone of something** jemandem etwas versichern

**re·bound** [rɪˈbaʊnd] ① *Ball:* ab-, zurückprallen
② (*übertragen*) zurückfallen ((**up**)**on** auf)

**re·call** [rɪˈkɔːl] ① zurückrufen *Produkt*
② sich erinnern an

**re·ceipt** [rɪˈsiːt] ① Empfang, Erhalt, Eingang
② Empfangsbestätigung, Quittung

**re·ceive** [rɪˈsiːv] ① erhalten, bekommen
② empfangen *Sender, Programm*
③ empfangen, aufnehmen *Besucher*
④ (*beim Tennis*) rückschlagen, den Aufschlag nehmen

**re·ceiver** [rɪˈsiːvəʳ] ① Empfänger(in)
② [Telefon]Hörer
③ (*beim Tennis*) Rückschläger(in)

**re·cent** [ˈriːsnt] neueste[r,s], letzte[r,s]

**re·cent·ly** [ˈriːsntlɪ] ① kürzlich, vor kurzem; **until quite recently** bis vor kurzem; **as recently as** erst
② in letzter Zeit

**re·cep·tion** [rɪˈsepʃn] ① Aufnahme, Empfang
② (*offizieller Anlass*) Empfang
③ (*Rundfunk, TV*) Empfang
④ (*im Hotel*) Rezeption, Empfang

**re·cep·tion·ist** [rɪˈsepʃnɪst] ① (*im Hotel*) Empfangschef(in), Empfangsdame
② (*im Büro*) Empfangssekretär(in)
③ (*beim* [*Zahn*]*Arzt*) Sprechstundenhilfe

**re·cession** [rɪˈseʃn] Rezession

**re·charge** [ˌriːˈtʃɑːdʒ] aufladen *Batterie*

**re·charge·able** [ˌriːˈtʃɑːdʒəbl] *Batterie:* aufladbar

**recipe** [ˈresəpɪ] Rezept

**re·cite** [rɪˈsaɪt] vortragen, rezitieren

**reckon** [ˈrekən] ① (*umgangsspr*) glauben, schätzen; **what do you reckon?** was meinen Sie?
② ausrechnen, berechnen *Kosten*
◆ **reckon with** rechnen mit
◆ **reckon without** nicht rechnen mit

**re·claim** [rɪˈkleɪm] ① abholen *Gepäck*
② [wieder]gewinnen, urbar machen *Land*

**rec·og·ni·tion** [ˌrekəgˈnɪʃn] ① Anerkennung
② Erkennen

**rec·og·nize** [ˈrekəgnaɪz] ① [wieder] erkennen (**by** an)
② (*offiziell*) anerkennen
③ einsehen *Fehler*

**rec·ol·lect** [ˌrekəˈlekt] sich erinnern [an]

**rec·ol·lec·tion** [ˌrekəˈlekʃn] Erinnerung (**of** an)

**rec·om·mend** [ˌrekəˈmend] ① empfehlen (**as** als)
② sprechen für; **the island has much/little to recommend it** es spricht viel/wenig für die Insel, die Insel ist sehr/nicht gerade empfehlenswert

**rec·om·men·da·tion** [ˌrekəmenˈdeɪʃn] Empfehlung

**rec·on·cili·ation** [ˌrekənˌsɪlɪˈeɪʃn] Versöhnung, Aussöhnung

**re·cord**[1] [rɪˈkɔːd] ① (*auf Tonband*) aufnehmen, aufzeichnen
② aufzeichnen, verzeichnen *Ereignisse*
③ (*offiziell*) dokumentieren, eintragen; (*in das Protokoll*) protokollieren

**rec·ord**[2] [ˈrekɔːd] ① Schallplatte; **record player** Plattenspieler
② (*im Sport*) Rekord; **record holder** Rekordhalter(in)

3 (*Rechenschaft*) Aufzeichnung; **keep a record of something** über etwas Buch führen
4 *von Anwesenden:* Liste
5 (*offizieller Bericht*) Protokoll; **for the record** der Ordnung halber; **off the record** inoffiziell
6 **medical records** medizinische Unterlagen
7 **have a criminal record** vorbestraft sein
8 **have an excellent record** ausgezeichnete Leistungen vorweisen

**re·corder** [rɪˈkɔːdəʳ] 1 (*Messinstrument*) Registriergerät
2 (*Musikinstrument*) Blockflöte
3 **cassette/video recorder** Kassetten-/Videorekorder; **tape recorder** Tonbandgerät

**re·cording** [rɪˈkɔːdɪŋ] 1 *von Film:* Aufzeichnung
2 [Ton]Aufnahme; **recording studio** Aufnahmestudio, Tonstudio

**re·cover** [rɪˈkʌvəʳ] 1 sich erholen, wieder zu sich kommen
2 (*wirtschaftlich*) sich wieder beleben
3 wieder finden *Verlorenes*
4 **recover consciousness** wieder zu Bewusstsein gelangen
5 wiederbekommen *Vermögen*
6 bergen *Wrack*

**re·cov·ery** [rɪˈkʌvərɪ] 1 *von Verlorenem:* Wiederfinden, Wiedergewinnung
2 *von Krankheit:* Erholung, Genesung; **make a good recovery** sich gut erholen
3 (*wirtschaftlich*) konjunktureller Aufschwung

**rec·re·ation** [ˌrekrɪˈeɪʃn] 1 Erholung, Entspannung
2 Freizeitbeschäftigung, Hobby

**rec·tangle** [ˈrektæŋgl] Rechteck

**rec·tangu·lar** [rekˈtæŋgjʊləʳ] rechteckig, rechtwinklig

**re·cycle** [rɪˈsaɪkl] wieder verwerten, recyceln; **recycled paper** Umweltpapier, Recyclingpapier

**red**[1] [red] rot

**red**[2] [red] 1 Rot
2 (*umgangsspr*) Rotwein

**Red Cross** Rotes Kreuz

**redcurrant** [rote] Johannisbeere

**red·den** [ˈredn] rot werden

**red·dish** [ˈredɪʃ] rötlich

**re·de·vel·op** [ˌriːdɪˈveləp] sanieren

**re·de·vel·op·ment** [ˌriːdɪˈveləpmənt] Sanierung

**red-haired** [ˌredˈheəʳd] rothaarig

**red-handed** [ˌredˈhændɪd] ▸ In Wendungen: **catch someone red-handed** jemanden auf frischer Tat ertappen

**red·head** [ˈredhed] Rothaarige(r)

**re·di·rect** [ˌriːdɪˈrekt] 1 umadressieren, nachsenden *Brief*
2 umleiten *Anruf, Verkehr*

**red light** 1 (*Verkehrsampel*) Rotlicht; **go** [*oder* **drive**] **through a red light** bei Rot über die Ampel fahren
2 (*Warnsignal*) rotes Licht

**re·do** [ˌriːˈduː] neu machen

**red pep·per** [ˌredˈpepəʳ] roter Paprika

**red tape** (*übertragen*) Papierkrieg, Behördenkram

**re·duce** [rɪˈdjuːs] 1 verringern, reduzieren; **reduce speed** langsamer fahren
2 herabsetzen *Preis*

**re·duc·tion** [rɪˈdʌkʃn] 1 Verringerung, Reduzierung
2 **reduction in price**[**s**] Preissenkung, Preisermäßigung; **a reduction of £50** ein Preisnachlass von 50 Pfund
3 **reduction in salary** Gehaltskürzung
4 **reduction in speed** Verminderung der Geschwindigkeit
5 **reduction in staff** Personalabbau

**re·dun·dancy** [rɪˈdʌndənsɪ] 1 Arbeitslosigkeit
2 **redundancies** Entlassungen

**re·dun·dant** [rɪˈdʌndənt] arbeitslos; **become** [*oder* **be made**] **redundant** den Arbeitsplatz verlieren

**reef** [riːf] [Felsen]Riff

**reel** [riːl] Rolle, Spule

**ref**[1] [ref] *Abkürzung von* **referee** Schiri

**ref.**[2] [ref] *Abkürzung von* **reference**: **your/our ref.** Ihr/unser Zeichen

**re·fer** [rɪˈfɜːʳ] 1 **refer something to someone** etwas an jemanden weiterleiten
2 **refer someone to someone/something** jemanden an jemanden/auf eine Sache verweisen
3 **refer to someone/something** sich auf jemanden/etwas berufen [*oder* beziehen]; **refer back to** sich beziehen auf
4 nachschauen in, konsultieren *Buch;* **he referred to his notes** er hielt sich an seine Notizen

**ref·eree**[1] [ˌrefəˈriː] 1 Schiedsrichter(in)
2 (*beim Boxen*) Ringrichter
3 (*für Bewerbung*) Referenz

**ref·eree**[2] [ˌrefəˈriː] Schiedsrichter sein [bei]

**ref·er·ence** [ˈrefrəns] 1 **make a reference to something** etwas erwähnen
2 Referenz, Zeugnis
3 (*im Buch*) Verweis (**to** auf)
4 (*in Geschäftskorrepondenz*) Zeichen
5 **in** [*oder* **with**] **reference to** in Bezug auf, was … anbetrifft

**reference book** Nachschlagewerk
**reference library** Präsenzbibliothek
**reference number** Aktenzeichen
**ref·er·en·dum** [ˌrefəˈrendəm] Volksentscheid, Referendum
**re·fill**[1] [ˌriːˈfɪl] wieder füllen, nachfüllen
**re·fill**[2] [ˈriːfɪl] Nachfüllpatrone
**re·flect** [rɪˈflekt] (1) reflektieren, widerspiegeln, zurückwerfen; **the moon was reflected in the lake** der Mond spiegelte sich im See
(2) **reflect well/badly [up]on someone/something** ein gutes/schlechtes Licht auf jemanden/etwas werfen
(3) nachdenken (**on, upon** über)
**re·flec·tion** [rɪˈflekʃn] (1) Reflexion, [Wider]Spiegelung
(2) Spiegelbild
(3) Nachdenken, Überlegung (**on** über); **on reflection** wenn man sich das recht überlegt
**re·flex·ive** [rɪˈfleksɪv] rückbezüglich, reflexiv
**re·form**[1] [rɪˈfɔːm] (1) reformieren; verbessern *Welt*
(2) bessern *Menschen*
(3) sich bessern
**re·form**[2] [rɪˈfɔːm] Reform
**re·frac·tion** [rɪˈfrækʃn] Lichtbrechung
**re·frain** [rɪˈfreɪn] **refrain from something** etwas unterlassen
**re·fresh** [rɪˈfreʃ] erfrischen
**re·fresh·ing** [rɪˈfreʃɪŋ] erfrischend
**re·fresh·ment** [rɪˈfreʃmənt] Erfrischung
**re·frig·er·ate** [rɪˈfrɪdʒəreɪt] kühlen; **“refrigerate after opening”** „nach dem Öffnen kühl aufbewahren“
**re·frig·er·ator** [rɪˈfrɪdʒəreɪtəʳ] Kühlschrank
**re·fuel** [ˌriːˈfuːəl] auftanken
**ref·uge** [ˈrefjuːdʒ] Zuflucht (**from** vor)
**refu·gee** [ˌrefjʊˈdʒiː] Flüchtling
**re·fund**[1] [rɪˈfʌnd] zurückzahlen, zurückerstatten, rückvergüten
**re·fund**[2] [ˈriːfʌnd] Rückvergütung, [Rück]Erstattung
**re·fusal** [rɪˈfjuːzl] (1) Ablehnung
(2) Verweigerung; **refusal to do something** Weigerung, etwas zu tun
**re·fuse**[1] [reˈfjuːz] (1) ablehnen
(2) verweigern *Antrag*
(3) **refuse to do something** sich weigern, etwas zu tun
**ref·use**[2] [ˈrefjuːs] Müll, Abfall; **refuse collection** Müllabfuhr; **refuse collector** Müllwerker; (*umgangsspr*) Müllmann
**re·gard**[1] [rɪˈɡɑːd] (1) betrachten; **regard someone/something as something** jemanden/etwas für etwas halten; **be regarded as …** als … angesehen werden
(2) **as regards someone/something** was jemandem/etwas angeht [*oder* betrifft]
**re·gard**[2] [rɪˈɡɑːd] (1) Rücksicht (**for** auf); **show little regard for someone** wenig Rücksichtnahme für jemanden zeigen
(2) [Hoch]Achtung
(3) **in this regard** in diesem Zusammenhang; **in** [*oder* **with**] **regard to** in Bezug auf
(4) **regards** ⚠ *plural* Grüße; **give him my regards** grüßen Sie ihn von mir
**re·gard·ing** [rɪˈɡɑːdɪŋ] in Bezug auf, bezüglich
**re·gard·less** [rɪˈɡɑːdlɪs] (1) **regardless of** ohne Rücksicht auf
(2) trotzdem
**re·gion** [ˈriːdʒən] (1) Gebiet, Region
(2) **in the region of** um, etwa
**reg·is·ter**[1] [ˈredʒɪstəʳ] (1) Register, Verzeichnis
(2) (*im Hotel*) Gästebuch
(3) (*in der Schule*) Klassenbuch; **take the register** die Namen aufrufen
**reg·is·ter**[2] [ˈredʒɪstəʳ] (1) registrieren, [sich] eintragen [lassen]
(2) anmelden *neuen Wohnsitz;* **register with the police** sich polizeilich anmelden
(3) *Messgerät:* registrieren
(4) einschreiben *Brief*
(5) *Student:* sich einschreiben
**reg·is·tra·tion** [ˌredʒɪˈstreɪʃn] (1) Registrierung, Eintrag[ung]
(2) Anmeldung, Einschreibung
**registration number** polizeiliches Kennzeichen
**reg·is·try office** [ˈredʒɪstrɪˌɒfɪs] (GB) Standesamt
**re·gret**[1] [rɪˈɡret] bedauern; **I regret to say that …** ich muss Ihnen leider mitteilen, dass …; **you won’t regret it** Sie werden es nicht bereuen
**re·gret**[2] [rɪˈɡret] Bedauern (**at** über); **have no regrets** nichts bereuen
**re·gret·ful·ly** [rɪˈɡretfəlɪ] mit Bedauern
**re·gret·table** [rɪˈɡretəbl] bedauerlich
**regu·lar**[1] [ˈreɡjʊləʳ] (1) (*auch grammatisch*) regelmäßig; **at regular intervals** in regelmäßigen Abständen
(2) *Anstellung, Einkommen:* fest, regulär
(3) **regular size** Standardgröße
(4) **regular customer** Stammkunde, -kundin
**regu·lar**[2] [ˈreɡjʊləʳ] Stammkunde, -kundin
**regularly** [ˈreɡjʊləʳlɪ] regelmäßig
**regu·la·tion** [ˌreɡjʊˈleɪʃn] (1) Regelung, Regulierung
(2) Vorschrift; **according to regulations** laut

Vorschrift

**re·hearsal** [rɪ'hɜːsl] *eines Theaterstücks:* Probe

**re·hearse** [rɪ'hɜːs] proben

**reign¹** [reɪn] Regentschaft, Herrschaft

**reign²** [reɪn] herrschen (**over** über); **the reigning world champion** der/die amtierende Weltmeister(in)

**rein** [reɪn] Zügel

**rein·deer** ['reɪndɪəʳ] Ren[tier]

**re·ject** [rɪ'dʒekt] 1 ablehnen, ausschlagen
2 verwerfen *Plan*
3 durchfallen lassen *Kandidaten*

**re·jec·tion** [rɪ'dʒekʃn] 1 *eines Antrags, Bewerbers:* Ablehnung, Zurückweisung
2 *einer Klage:* Abweisung, Verwerfen

**re·joice** [rɪ'dʒɔɪs] sich freuen (**at, over** über, an)

**re·joic·ing** [rɪ'dʒɔɪsɪŋ] Jubel

**re·late** [rɪ'leɪt] 1 erzählen *Geschichte*
2 in Verbindung bringen (**to, with** mit)
3 **relate to something** mit etwas zusammenhängen
4 **relate to someone** eine Beziehung zu jemandem finden

**re·lated** [rɪ'leɪtɪd] 1 *Familie:* verwandt (**to** mit)
2 (*verbunden*) zusammenhängend

**re·la·tion** [rɪ'leɪʃn] 1 Beziehung; **in relation to** in Bezug auf
2 Verwandte(r); **she's a relation of mine** sie ist mit mir verwandt

**re·la·tion·ship** [rɪ'leɪʃnʃɪp] Beziehung, Verhältnis

**rela·tive¹** ['relətɪv] relativ

**rela·tive²** ['relətɪv] Verwandte(r)

**rela·tive·ly** ['relətɪvlɪ] relativ, verhältnismäßig

**re·lax** [rɪ'læks] 1 lockern
2 [sich] entspannen
3 sich beruhigen

**re·lax·ation** [ˌriːlæk'seɪʃn] 1 Lockerung
2 Entspannung, Erholung

**re·lay** ['riːleɪ] (*Sport*) Staffel[lauf]

**re·lease¹** [rɪ'liːs] 1 freilassen *Tier, Menschen*
2 *von Gefängnis:* entlassen
3 lösen *Bremse*
4 herausbringen *Film*
5 veröffentlichen *Nachricht*
6 freisetzen, ablassen *Gas*
7 loslassen

**re·lease²** [rɪ'liːs] 1 Freilassung, Befreiung; *vom Gefängnis:* Entlassung
2 *eines Films:* Herausbringen, Veröffentlichung; **on general release** in allen Kinos; **a new release** eine Neuerscheinung

**rel·egate** ['relɪgeɪt] (*beim Sport*) **be relegated to the second division** in die zweite Liga absteigen

**rel·evant** ['reləvənt] 1 relevant (**to** für)
2 *Behörde:* zuständig

**re·liable** [rɪ'laɪəbl] zuverlässig, verlässlich

**re·lief** [rɪ'liːf] 1 Erleichterung (**from** von)
2 Hilfe, Entlastung

**relief worker** Katastrophenhelfer(in)

**re·lieve** [rɪ'liːv] 1 jemanden erleichtern
2 lindern *Schmerz*
3 abbauen *Spannung*

**re·lig·ion** [rɪ'lɪdʒən] Religion, Glaube[n]

**re·lig·ious** [rɪ'lɪdʒəs] 1 religiös; **religious education** [**RE**], **religious instruction** Religionsunterricht
2 gläubig, fromm

**re·luc·tant** [rɪ'lʌktənt] unwillig, widerwillig; **he was reluctant to leave** er ging ungern

**rely** [rɪ'laɪ] sich verlassen, angewiesen sein (**on, upon** auf); **he can be relied on** man kann sich auf ihn verlassen

**re·main** [rɪ'meɪn] 1 bleiben; **that remains to be seen** das wird sich zeigen; **remain silent** weiterhin schweigen
2 übrig bleiben

**re·mains** [rɪ'meɪnz] *plural* 1 Reste, Überreste
2 **Roman remains** Relikte aus der Römerzeit

**re·mark¹** [rɪ'mɑːk] 1 bemerken
2 **nobody remarked on it** niemand hat etwas dazu gesagt [*oder* geäußert]

**re·mark²** [rɪ'mɑːk] Bemerkung

**re·mark·able** [rɪ'mɑːkəbl] bemerkenswert, beachtlich

**re·mem·ber** [rɪ'membəʳ] 1 sich erinnern [an]; **if I remember right**[**ly**] wenn ich mich recht erinnere; **I remember doing it** ich erinnere mich daran, dass ich es getan habe
2 denken an; **remember to do something** daran denken, etwas zu tun; **that's easy to remember** das kann man leicht merken
3 **please remember me to your gran** grüß bitte deine Oma von mir

**re·mind** [rɪ'maɪnd] erinnern (**of** an); **remind someone to do something** jemanden daran erinnern, etwas zu tun; **that reminds me!** dabei fällt mir etwas ein!

**re·minder** [rɪ'maɪndəʳ] 1 Erinnerung, Andenken
2 (*kommerziell*) Mahnung

**re·morse** [rɪ'mɔːs] Reue (**for, about** über)

**re·mote** [rɪ'məʊt] 1 (*auch übertragen*) entfernt
2 *Dorf, Gebiet:* abgelegen, entlegen
3 *Art, Person:* unnahbar, unzulänglich

4 *Chance:* gering
**remote control** 1 Fernsteuerung
2 (*für TV etc.*) Fernbedienung
**re·moval** [rɪ'muːvl] 1 Entfernung
2 Umzug
**re·move** [rɪ'muːv] 1 entfernen
2 beseitigen *Spur*
3 forträumen, wegnehmen, wegschaffen *Papiere*
4 ausziehen, ablegen *Kleidung;* abnehmen *Hut, Deckel*
5 beseitigen *Schwierigkeiten*
6 streichen *Namen*
7 entlassen, absetzen *Beamte*
**re·new** [rɪ'njuː] 1 erneuern
2 verlängern *Vertrag*
**rent**¹ [rent] 1 (*für Haus, Wohnung*) Miete
2 (*für Land*) Pacht
**rent**² [rent] 1 mieten *Haus, Wohnung*
2 pachten *Land*
3 **rent** [**out**] vermieten, verpachten
**rep** [rep] *Abkürzung von* **representative** Vertreter(in)
**re·pair**¹ [riː'peəʳ] 1 ausbessern, reparieren
2 (*übertragen*) wieder gutmachen
**re·pair**² [riː'peəʳ] Reparatur; **beyond repair** nicht mehr zu reparieren; **closed for repairs** wegen Reparaturarbeiten geschlossen
**re·pay** [rɪ'peɪ] 1 zurückzahlen
2 abzahlen *Schuld*
3 erwidern *Gefälligkeit, Besuch*
4 **repay someone for something** jemandem etwas vergelten
**re·peat**¹ [rɪ'piːt] 1 wiederholen; **repeat after me** sprecht mir nach
2 **repeat something to someone** jemandem etwas weitersagen
**re·peat**² [rɪ'piːt] Wiederholung
**re·pel·lent** [rɪ'pelənt] **insect repellent** Insektenschutzmittel
**rep·eti·tion** [ˌrepɪ'tɪʃn] Wiederholung
**re·peti·tive** [rɪ'petətɪv] sich wiederholend; (*abwertend*) eintönig
**re·place** [rɪ'pleɪs] 1 zurückstellen, zurücklegen, zurücksetzen; **replace the receiver** den Hörer auflegen
2 **replace someone/something** jemanden/etwas ersetzen (**with** durch)
3 (*erneuern*) austauschen *Teile;* auswechseln *Glühbirne*
**re·place·ment** [rɪ'pleɪsmənt] 1 Ersatz
2 (*Person auch*) Vertretung
**re·play**¹ [ˌriː'pleɪ] 1 (*im Sport*) wiederholen
2 nochmals abspielen *Tonband*
**re·play**² ['riːpleɪ] 1 (*im Sport*) Wiederholungsspiel
2 (*TV*) Wiederholung
**re·ply**¹ [rɪ'plaɪ] antworten, erwidern; **reply to someone/something** jemandem/auf eine Sache antworten; **reply to a letter** einen Brief beantworten
**re·ply**² [rɪ'plaɪ] Antwort, Erwiderung; **in reply to your letter** in Beantwortung Ihres Briefes
**reply-paid envelope** Freiumschlag
**re·port**¹ [rɪ'pɔːt] 1 berichten über; (*offiziell*) melden; **she is reported to have said ...** sie soll gesagt haben ...; **report someone missing** jemanden als vermisst melden
2 melden *Verbrechen;* anzeigen *Person* (**for** wegen)
3 sich melden (**to** bei)
**re·port**² [rɪ'pɔːt] 1 Bericht (**on** über); **official report** Gutachten
2 (*in den Medien*) Reportage
3 [Schul]Zeugnis
**rep·re·sent** [ˌreprɪ'zent] 1 (*stehen für*) darstellen
2 (*juristisch*) vertreten
**rep·re·sen·ta·tive**¹ [ˌreprɪ'zentətɪv] repräsentativ (**of** für)
**rep·re·sen·ta·tive**² [ˌreprɪ'zentətɪv] 1 (*kommerziell*) Vertreter(in)
2 (*juristisch*) Bevollmächtigte(r), Beauftragte(r)
3 (*politisch*) Abgeordnete(r)
**re·pro·duce** [ˌriːprə'djuːs] 1 wiedergeben, reproduzieren
2 (*biologisch*) sich fortpflanzen
**re·pro·duc·tion** [ˌriːprə'dʌkʃn] 1 (*Prozess*) Reproduktion, Wiedergabe
2 (*biologisch*) Fortpflanzung
3 (*Kopie*) Reproduktion
**re·ptile** [reptaɪl] Reptil
**re·pub·lic** [rɪ'pʌblɪk] Republik
**re·pub·lican**¹ [rɪ'pʌblɪkən] republikanisch
**re·pub·lican**² [rɪ'pʌblɪkən] Republikaner(in)
**re·pul·sive** [rɪ'pʌlsɪv] abstoßend, widerwärtig
**repu·ta·tion** [ˌrepjʊ'teɪʃn] Ruf; **he has a reputation for being difficult** er steht im Ruf, schwierig zu sein
**re·quest**¹ [rɪ'kwest] Bitte, Wunsch; **at someone's request** auf jemandes Bitte; **on** [*oder* **by**] **request** auf Wunsch; **make a request for something** um etwas bitten
**re·quest**² [rɪ'kwest] bitten, ersuchen; **request something from someone** jemanden um etwas bitten
**request stop** (*für Bus*) Bedarfshaltestelle

**re·quire** [rɪ'kwaɪəʳ] ① brauchen, benötigen; **as required** nach Bedarf; **if required** falls notwendig; **when required** auf Wunsch
② erfordern *Arbeit, Sorgfalt*
③ wünschen, mögen; **do you require anything else?** wünschen Sie außerdem noch etwas?
④ verlangen; **require someone to do something** von jemandem verlangen, dass er etwas tut; **be required to do something** etwas tun müssen; **required reading** Pflichtlektüre

**re·quire·ment** [rɪ'kwaɪəʳmənt] ① Bedürfnis, Bedarf
② Erfordernis; **fit the requirements** den Anforderungen entsprechen

**re·sale** ['riːseɪl] **not for resale** nicht zum Weiterverkauf bestimmt

**res·cue**[1] ['reskjuː] ① retten (**from** aus, vor)
② befreien

**res·cue**[2] ['reskjuː] ① Rettung; **come to someone's rescue** jemandem zu Hilfe kommen
② Befreiung

**re·search**[1] [rɪ'sɜːtʃ] Forschung (**into, on** über)

**re·search**[2] [rɪ'sɜːtʃ] [er]forschen

**re·searcher** [rɪ'sɜːtʃəʳ] Forscher(in)

**re·sent** [rɪ'zent] übel nehmen, sich ärgern über

**re·sent·ment** [rɪ'zentmənt] Ärger, Groll

**res·er·va·tion** [ˌrezə'veɪʃn] ① Vorbehalt
② Reservierung; **make a reservation at the hotel** ein Zimmer im Hotel reservieren

**re·serve**[1] [rɪ'zɜːv] reservieren [lassen] *Buch, Tisch*

**re·serve**[2] [rɪ'zɜːv] ① Reserve; (*kommerziell auch*) Vorrat
② Reservat; **nature reserve** Naturschutzgebiet
③ (*kühles Verhalten*) Reserve, Zurückhaltung
④ (*militärisch*) **the reserves** die Reservetruppen
⑤ (*im Sport*) Reservespieler(in); **play in the reserves** bei der Reserve spielen

**re·served** [rɪ'zɜːvd] ① *Person:* zurückhaltend, reserviert
② *Tisch, Zimmer:* reserviert

**res·er·voir** ['rezəvwɑːʳ] Reservoir, Stausee

**resi·dence** ['rezɪdəns] ① Wohnsitz
② *eines Staatsoberhauptes:* Residenz
③ Aufenthalt; **residence permit** Aufenthaltsgenehmigung; **place of residence** Wohnort

**resi·dent**[1] ['rezɪdənt] wohnhaft, ansässig (**in** in)

**resi·dent**[2] ['rezɪdənt] ① *eines Hauses:* Bewohner(in)
② *einer Stadt:* Einwohner(in); **local resident** Anwohner(in); **residents only** Anlieger frei
③ Hotelgast

**resi·den·tial** [ˌrezɪ'denʃl] Wohn-; **residential area** Wohngegend; **residential course** mehrtägiger Kurs [mit Unterkunft]

**re·sign** [rɪ'zaɪn] ① kündigen (**from** von)
② zurücktreten (**from** von)
③ **resign oneself to something** sich mit etwas abfinden

**res·ig·na·tion** [ˌrezɪg'neɪʃn] ① Rücktritt, Kündigung
② Amtsniederlegung
③ (*übertragen*) Resignation

**re·sist** [rɪ'zɪst] ① widerstehen; **resist a plan** sich einem Plan widersetzen
② **resist an enemy** Widerstand gegen einen Feind leisten

**re·sis·tance** [rɪ'zɪstəns] Widerstand (**to** gegen); **offer [no] resistance** [keinen] Widerstand leisten

**re·sis·tant** [rɪ'zɪstənt] ① *Person:* widerstandsfähig (**to** gegen)
② **heat-/water-resistant** hitze-/wasserbeständig

**re·sit** ['riːsɪt] <resat> wiederholen *Prüfung*

**res·ol·ution** [ˌrezə'luːʃn] ① Beschluss
② (*übertragen*) Entschlossenheit
③ **make New Year's resolutions** gute Vorsätze fürs Neue Jahr fassen

**re·sort**[1] [rɪ'zɔːt] greifen (**to** zu)

**re·sort**[2] [rɪ'zɔːt] [**holiday**] **resort** Urlaubsort; **health resort** [Luft]Kurort; **seaside resort** Seebad

**re·source** [rɪ'sɔːs] *meist plural* Mittel, Ressourcen

**re·spect**[1] [rɪ'spekt] achten, respektieren

**re·spect**[2] [rɪ'spekt] ① Achtung, Respekt (**for** vor)
② Rücksicht (**for** auf); **treat with respect** rücksichtsvoll behandeln; **out of respect for someone** aus Rücksicht auf jemanden
③ **in many/some respects** in vieler/gewisser Hinsicht; **with respect to …** was … anbetrifft

**re·spect·able** [rɪ'spektəbl] ① *Mensch:* geachtet
② *Beschäftigung:* anständig
③ *Summe:* beachtlich

**re·spect·ed** [rɪ'spektəd] angesehen

**re·spect·ive·ly** [rɪ'spektɪvlɪ] beziehungsweise

**re·spond** [rɪ'spɒnd] ① antworten (**to** auf)
② reagieren (**to** auf)

**re·sponse** [rɪ'spɒns] ① Antwort
② Reaktion (**to** auf)

**re·spon·si·bil·ity** [rɪˌspɒnsə'bɪlətɪ] ① Verantwortung (**for, of** für); **sense of responsibility** Verantwortungsgefühl
② **responsibilities** Verpflichtung

**re·spon·sible** [rɪ'spɒnsəbl] ① verantwortlich

(**for** für)
② *Haltung:* verantwortungsvoll; *Person:* verantwortungsbewusst
③ **be responsible to someone for something** jemandem gegenüber für etwas verantwortlich sein; **hold someone responsible for something** jemanden für etwas verantwortlich machen

**rest**[1] [rest] ① Ruhe[pause]
② *von Person:* Rast, Erholung; **have** [*oder* **take**] **a rest** sich ausruhen
③ **put someone's mind at rest** jemanden beruhigen
④ **come to rest** zum Stillstand kommen
⑤ **give it a rest!** (*umgangsspr*) hör doch mal auf!

**rest**[2] [rest] ① [sich] ausruhen
② *Leiter:* lehnen (**on** an)
③ stützen *Ellbogen* (**on** auf)

**rest**[3] [rest] Rest; **the rest of the money** das übrige Geld

**res·taur·ant** ['restrɒnt] Restaurant, Gaststätte

**restaurant car** Speisewagen

**rest·less** ['restlɪs] ① rastlos
② *Person, Nacht:* unruhig

**re·store** [rɪ'stɔːʳ] ① wiederherstellen *Vertrauen, Gesundheit*
② restaurieren *Gebäude*
③ **restore to power** wieder an die Macht bringen

**re·strain** [rɪ'streɪn] ① **restrain someone from doing something** jemanden davon abhalten, etwas zu tun
② bändigen *Tier*
③ **restrain oneself** sich beherrschen

**re·strict·ed** [rɪ'strɪktɪd] ① eingeschränkt, begrenzt
② *Dokument:* geheim
③ **restricted area** Sperrgebiet

**re·stric·tion** [rɪ'strɪkʃn] Be-, Einschränkung

**rest·room** ['restruːm] (USA) [öffentliche] Toilette

**re·sult**[1] [rɪ'zʌlt] ① sich ergeben, resultieren (**from** aus)
② **result in something** zu etwas führen

**re·sult**[2] [rɪ'zʌlt] ① Ergebnis, Resultat
② Folge
③ **as a result of my inquiry** auf meine Anfrage hin
④ **get results** Erfolge erzielen

**re·sume** [rɪ'zjuːm] ① wieder aufnehmen *Arbeit*
② weitermachen mit *Tätigkeit*
③ fortsetzen *Karriere, Reise*

**ré·su·mé** ['rezjuːmeɪ] ① Resümee, Zusammenfassung
② (USA) Lebenslauf

**re·take** [ˌriː'teɪk] ① wiederholen *Prüfung*
② zurückerobern *Stadt*

**re·tire** [rɪ'taɪəʳ] ① in Rente gehen
② ausscheiden, zurücktreten (**from** aus, **to** in)

**re·tire·ment** [rɪ'taɪəmənt] ① Ausscheiden [aus dem Arbeitsleben]
② (*Periode*) Ruhestand

**re·train** [rɪ'treɪn] umschulen

**re·treat**[1] [rɪ'triːt] ① Rückzug
② (*übertragen*) Zuflucht[sort]

**re·treat**[2] [rɪ'triːt] ① den Rückzug antreten
② (*übertragen*) zurückweichen

**re·turn**[1] [rɪ'tɜːn] ① zurückkommen, zurückkehren; **return to school** wieder in die Schule gehen
② wiederkehren; *Krankheit:* wiederauftreten
③ **return something** [**to someone**] [jemandem] etwas zurückgeben; (*mit der Post*) etwas zurückschicken
④ erwidern *Gruß, Besuch*

**re·turn**[2] [rɪ'tɜːn] ① Rückkehr; **on my return** bei meiner Rückkehr; **return home** Heimkehr
② **by return** [**of post**] postwendend
③ (*übertragen*) Wiederkehr
④ *von Eigenschaft:* Rückgabe
⑤ **return** [**ticket**] Rückfahrkarte
⑥ *von Ball:* Rückschlag
⑦ **in return** dafür; **in return for** für
⑧ **many happy returns** [**of the day**] herzlichen Glückwunsch zum Geburtstag

**return journey** Rückreise

**return match** Rückspiel

**return ticket** Rückfahrkarte, Rückflugkarte

**re·uni·fica·tion** [riːˌjuːnɪfɪ'keɪʃn] Wiedervereinigung

**re·un·ion** [ˌriː'juːnɪən] (*Feier*) Treffen

**re·unite** [ˌriːjuː'naɪt] ① **reunite a family** eine Familie wieder zusammenbringen
② **reunite a country** ein Land wiedervereinigen
③ wieder zusammenkommen

**re·us·able** [ˌriː'juːzəbl] wiederverwendbar

**re·veal** [rɪ'viːl] ① zum Vorschein bringen
② enthüllen, aufdecken *Tatsachen*
③ preisgeben *Identität*

**re·venge**[1] [rɪ'vendʒ] ① rächen
② **revenge oneself on someone** sich an jemandem rächen

**re·venge**[2] [rɪ'vendʒ] ① Rache; **out of/in revenge** [**for something**] aus/als Rache [für etwas]
② **get** [*oder* **take**] **one's revenge** [**on**

**someone**] sich [an jemandem] rächen

**re·verse**[1] [rɪ'vɜːs] ① umgekehrt (**to** zu); *Richtung:* entgegengesetzt
② **reverse gear** Rückwärtsgang
③ **reverse charge call** R-Gespräch

**re·verse**[2] [rɪ'vɜːs] ① Gegenteil
② *von Münze:* Rückseite
③ (*im Auto*) Rückwärtsgang

**re·verse**[3] [rɪ'vɜːs] ① umkehren
② umstoßen *Entscheidung*
③ **reverse** [**a car**] [**into the garage**] rückwärts [in die Garage] fahren
④ **reverse the charges** (*beim telefonieren*) ein R-Gespräch führen

**re·view**[1] [rɪ'vjuː] ① Überprüfung; **be under review** überprüft werden
② *von Vergangenheit:* Rückblick (**of** auf)
③ (USA) *von Schulstoff:* Wiederholung
④ *von Buch:* Kritik, Rezension

**re·view**[2] [rɪ'vjuː] ① überdenken *Politik*
② zurückblicken auf *Vergangenheit*
③ besprechen, rezensieren *Buch*

**re·vise** [rɪ'vaɪz] ① wiederholen *Lernstoff;* **I've got to revise this evening** ich muss noch heute Abend lernen
② überarbeiten, revidieren *Text*
③ überholen, revidieren *Meinung*

**re·vi·sion** [rɪ'vɪʒn] ① *von Lernstoff:* Wiederholung
② Revision

**re·vive** [rɪ'vaɪv] ① **revive someone** jemanden wieder beleben
② wieder aufleben lassen *Brauch*

**re·volt·ing** [rɪ'vəʊltɪŋ] ekelhaft, widerlich, abstoßend

**re·volve** [rɪ'vɒlv] sich drehen

**re·ward**[1] [rɪ'wɔːd] Belohnung; **as a reward for** als Belohnung für; **reward offered for the return of ...** Finderlohn für ...

**re·ward**[2] [rɪ'wɔːd] belohnen

**re·ward·ing** [rɪ'wɔːdɪŋ] lohnend; *Aufgabe:* dankbar

**re·wind** [ˌriː'waɪnd] <rewound> ① wieder aufziehen *Uhr*
② zurückspulen *Tonband*

**rhi·noc·eros** [raɪ'nɒsərəs], *umgangsspr* **rhino** ['raɪnəʊ] Nashorn, Rhinozeros

**rhyme**[1] [raɪm] ① Reim
② Gedicht

**rhyme**[2] [raɪm] [sich] reimen (**with** auf)

**rhythm** ['rɪðəm] Rhythmus

**rib** [rɪb] Rippe

**rib·bon** ['rɪbən] Band

**rice** [raɪs] Reis

**rice pud·ding** Milchreis

**rich**[1] [rɪtʃ] ① reich
② *Essen:* schwer; *Kost:* reichhaltig
③ *Farben:* satt
④ *Stimme:* voll, klangreich
⑤ **rich in minerals** reich an Bodenschätzen

**rich**[2] [rɪtʃ] ① **the rich** ⚠ *plural* die Reichen
② **riches** Reichtümer

**rid** [rɪd] <rid, rid> **be/get rid of someone/something** jemanden/etwas los sein/loswerden

**rid·den** ['rɪdn] *3. Form von* **ride**

**riddle** ['rɪdl] Rätsel

**ride**[1] [raɪd] <rode, ridden> ① reiten *Pferd* (**on** auf)
② fahren *Fahrrad;* **can she ride a bike yet?** kann sie schon Rad fahren?
③ **ride on a bus/in a train** in einem Bus/Zug fahren

> **? Grammatik** Die unregelmäßigen Vergangenheitsformen von **ride** lauten **rode — ridden** : *Tessa* **rode** *ten miles on her bicycle;* **have** *you ever* **ridden** *a pony?*

◆ **ride away**, **ride off** ① wegreiten
② (*im Auto*) wegfahren

**ride**[2] [raɪd] ① (*zu Pferd*) Ritt; **go for a ride** ausreiten
② (*mit dem Auto*) Fahrt; (*mit dem Fahrrad*) Radfahrt
③ **give someone a ride** jemanden mitnehmen

**rider** ['raɪdər] ① *von Pferd:* Reiter(in)
② *von Fahrrad:* Fahrer(in)

**ridge** [rɪdʒ] ① *von Stoff:* Rippe
② *im Gebirge:* Kamm, Grat

**rid·icu·le** ['rɪdɪkjuːl] **ridicule someone** jemanden verspotten

**rid·icu·lous** [rɪ'dɪkjʊləs] lächerlich

**rid·ing** ['raɪdɪŋ] Reiten; **she goes riding every Sunday** sie reitet jeden Sonntag

**riding school** Reitschule

**rifle** ['raɪfl] Gewehr

**rig** [rɪg] ① auftakeln *Schiff*
② (*übertragen*) manipulieren *Wahlen*

**right**[1] [raɪt] ① (*wahr, korrekt*) *Antwort, Zeit:* richtig; **that's right!** das stimmt!; **you're quite right** Sie haben ganz recht; **put someone right** jemanden berichtigen; **do something the right way** etwas richtig machen; **nothing is going right for me** bei mir klappt nichts
② (*moralisch gut*) recht, richtig
③ (*geeignet*) richtig
④ (*in Ordnung*) richtig, korrekt; **put** [*oder* **set**]

**something right** etwas richtig stellen
5 (*nicht links*) rechte(r, s)
6 rechts; **turn right** biegen Sie rechts ab
7 **right!** [*oder* **right-oh!**] gut, schön, okay; **all right** in Ordnung
8 genau; **right in front of you** direkt vor Ihnen; **right here** genau hier
9 (*völlig*) ganz
10 **right away** sofort; **right now** in diesem Augenblick, sofort

**right²** [raɪt] 1 Recht; **know right from wrong** Recht von Unrecht unterscheiden können
2 Anrecht, Anspruch; **have a right to something** einen Anspruch auf etwas haben; **right to strike** Streikrecht; **by what right?** mit welchem Recht?
3 rechte Seite; **drive on the right** rechts fahren; **keep to the right** sich rechts halten; **a sharp bend to the right** eine scharfe Rechtskurve
4 **the Right** (*politisch*) die Rechte

**right angle** rechter Winkel; **at right angles** rechtwinklig (**to** zu)

**rightful** ['raɪtfl] rechtmäßig

**right-hand** ['raɪthænd] rechte(r, s)

**right-hand drive** rechtsgesteuert

**right-handed** [ˌraɪt'hændɪd] rechtshändig

**right-hander** [ˌraɪt'hændəʳ] Rechtshänder(in)

**right·ly** ['raɪtlɪ] 1 richtig
2 mit [*oder* zu] Recht

**right of way** Vorfahrt, Durchgangsrecht

**right-wing** (*politisch*) rechtsgerichtet; **right-wing extremism** Rechtsextremismus

**ri·gid** ['rɪdʒɪd] 1 starr, steif
2 (*übertragen*) unbeugsam, streng

**rim** [rɪm] *von Tasse usw.:* Rand

**ring¹** [rɪŋ] <rang, rung> 1 *Glocke:* klingen, schallen; **the doorbell rang** es hat geläutet; **ring the doorbell** an der Tür läuten
2 **my ears are ringing** mir klingen die Ohren
3 (*telefonieren*) **ring** [**someone**] [**up**] [jemanden] anrufen

> **? Grammatik** Die unregelmäßigen Vergangenheitsformen von **ring lauten rang — rung**: *Peter* **rang** *the doorbell;* **has** *Mary* **rung** *yet?*

◆ **ring back** zurückrufen
◆ **ring off** aufhängen, den Hörer auflegen
◆ **ring up** anrufen

**ring²** [rɪŋ] 1 Ring
2 [Box]Ring; *von Zirkus:* Manege

**ring³** [rɪŋ] 1 *von Glocken:* Läuten, Klingeln; **there was a ring at the door** es klingelte an der Tür
2 **give someone a ring** jemanden anrufen

**ringing tone** Freizeichen, Rufzeichen

**rink** [rɪŋk] Eisbahn, Rollschuhbahn

**rinse** [rɪns] [ab-, aus]spülen

**riot¹** ['raɪət] 1 Aufruhr, Krawall
2 **run riot** randalieren

**riot²** ['raɪət] randalieren

**rioter** ['raɪətəʳ] Aufrührer(in), Randalierer(in)

**rip¹** [rɪp] 1 **rip something** etwas zerreißen; **rip open** aufreißen
2 *Stoff:* reißen
◆ **rip down** herunterreißen
◆ **rip off** 1 abreißen, herunterreißen
2 (*umgangsspr*) **rip someone off** jemanden neppen
◆ **rip out** herausreißen
◆ **rip up** zerreißen

**rip²** [rɪp] Riss

**ripe** ['raɪp] reif

**rip-off** ['rɪpɒf] Nepp, Wucher

**rise¹** [raɪz] <rose, risen> 1 *Rauch:* aufsteigen; *Vogel, Flugzeug:* sich erheben
2 *Preis:* ansteigen
3 *Lift:* hochfahren, nach oben fahren
4 *Vorhang:* sich heben
5 *Mond:* aufgehen
6 *Stimme:* höher werden
7 *Hoffnung:* steigen, zunehmen
8 *Berg:* sich erheben
9 **rise up** (*auch übertragen*) sich erheben

**rise²** [raɪz] 1 *von Sonne:* Aufgang; *von Vorhang:* Aufgehen
2 *von Preisen:* Anstieg; *von Temperatur:* Zunahme
3 (*Hügel*) Erhebung, Steigung
4 [**pay**] **rise** Gehaltserhöhung

**risen** ['rɪzn] *3. Form von* **rise**

**risk¹** [rɪsk] 1 Gefahr; **at one's own risk** auf eigene Gefahr; **at risk** gefährdet
2 Risiko; **take** [*oder* **run**] **a risk doing something** ein Risiko eingehen, etwas zu tun

**risk²** [rɪsk] riskieren; **risk one's life** sein Leben aufs Spiel setzen

**risky** ['rɪskɪ] riskant, gewagt

**ri·val** ['raɪvl] Rivale, Rivalin

**river** ['rɪvəʳ] 1 Fluss, Strom
2 **down river** flussabwärts; **up river** flussaufwärts

**road** [rəʊd] 1 [Land]Straße; **the Oxford road** die Straße nach Oxford; **is this the road to ...?** geht es hier nach ...?; **by road** *von Güter:* per Spedition; *von Menschen:* mit dem Auto/Bus; **just across the road** gerade gegenüber
2 **be on the road** unterwegs sein; *von Theater:*

auf Tournee sein
3 (*übertragen*) Weg; **be on the right road** auf dem richtigen Weg sein
**road·block** Straßensperre
**road rage** aggressive Fahrweise
**road·side** ['rəʊdsaɪd] Straßenrand
**road sign** [Straßen]Verkehrsschild
**road·works** ['rəʊdwɜːks] *plural* Straßenbauarbeiten
**roar**[1] [rɔːʳ] 1 *Tier, Mensch:* brüllen; **roar with laughter** vor Lachen brüllen
2 *Wasser:* tosen
3 *Gewehr:* donnern
**roar**[2] [rɔːʳ] 1 *von Tier:* Gebrüll
2 *von Wasser:* Tosen
3 *von Gewehr:* Donner
4 **roars of laughter** brüllendes Gelächter
**roast**[1] [rəʊst] 1 braten *Fleisch*
2 rösten *Kaffee*
3 (*übertragen*) *Mensch:* irrsinnig schwitzen, in der Sonne braten
**roast**[2] [rəʊst] Braten; **pork roast** Schweinebraten
**roast**[3] [rəʊst] gebraten; **roast beef** Roastbeef; **roast chicken** Brathuhn; **roast pork** Schweinebraten
**rob** [rɒb] <robbed> 1 ausrauben *Bank*
2 berauben *Person;* **I've been robbed** ich bin bestohlen worden; **rob someone of something** jemanden einer Sache berauben, jemandem etwas rauben
**rob·ber** ['rɒbəʳ] Räuber(in)
**rob·bery** ['rɒbərɪ] Raub
**robin** ['rɒbɪn] Rotkehlchen
**ro·bot** ['rəʊbɒt] Roboter
**rock**[1] [rɒk] 1 Gestein, Fels[en]
2 Felsbrocken, großer Stein
3 Lutschstange, Kandis
4 **on the rocks** *Getränk:* mit Eiswürfeln; *Ehe:* kaputt
**rock**[2] [rɒk] 1 wiegen, schaukeln; **rock someone to sleep** jemanden in den Schlaf wiegen
2 (*auch übertragen*) erschüttern
**rock**[3] [rɒk] **rock [music]** Rock[musik]
**rock climbing** Klettern, Klettersport
**rocket** ['rɒkɪt] Rakete
**rocky** ['rɒkɪ] 1 felsig
2 (*umgangsspr*) schwankend, wackelig
**rod** [rɒd] 1 **[fishing] rod** [Angel]Rute
2 Stab, Stange
**rode** [rəʊd] *2. Form von* **ride**
**role** [rəʊl] (*auch übertragen*) Rolle
**roll**[1] [rəʊl] 1 *von Film, Papier:* Rolle
2 *von Stoff:* Ballen
3 *von Banknoten:* Bündel
4 **[bread] roll** Brötchen
5 (*Bewegung*) Rollen; **do a roll** eine Rolle machen
6 *von Donner:* Grollen
7 **roll of honour** Ehrenliste
**roll**[2] [rəʊl] 1 *auch Augen, Wogen:* rollen; **roll down the hill** den Berg hinunterkugeln, -rollen
2 *Trommel:* wirbeln
3 *Schiff:* schlingern
4 *Donner:* grollen
5 drehen *Zigarette*
◆ **roll in** *Briefe, Geld:* hereinströmen
◆ **roll on** 1 weiterrollen
2 *Zeit:* verfliegen
3 **roll on the weekend!** wenn es doch schon Wochenende wäre!
◆ **roll over** 1 *Fahrzeug:* umkippen
2 *Person:* sich umdrehen; **roll something over** etwas umdrehen
◆ **roll up** 1 auf-, zusammenrollen
2 hochkrempeln *Ärmel*
3 (*umgangsspr*) kommen, erscheinen
**roll call** ['rəʊlkɔːl] Namensaufruf
**roller** ['rəʊləʳ] 1 Rolle, Walze
2 **hair roller** Lockenwickler
3 (*Welle*) Brecher
**rollerblade**[1] ['rəʊləbleɪd] Inliner
**rollerblade**[2] ['rəʊləbleɪd] inlineskaten
**roller blind** Springrollo
**roller coaster** Achterbahn
**roller-skate**[1] ['rəʊləskeɪt] Rollschuh
**roller-skate**[2] ['rəʊləskeɪt] Rollschuh laufen
**roll·neck** ['rəʊlnek] Rollkragen
**Ro·man**[1] ['rəʊmən] römisch; **Roman Catholic** römisch-katholisch
**Ro·man**[2] ['rəʊmən] Römer(in)
**ro·mance** [rəʊ'mæns] 1 Romanze
2 Ritter-, Abenteuer-, Liebesroman
3 (*übertragen*) Romantik
**Ro·mance** [rəʊ'mæns] *Sprachen:* romanisch
**ro·man·tic** [rəʊ'mæntɪk] romantisch
**Rome** ['rəʊm] Rom
**roof** [ruːf] 1 Dach
2 **hit the roof** (*übertragen*) an die Decke gehen
**roof rack** Dachgepäckträger
**rook** [rʊk] 1 Saatkrähe
2 (*beim Schach*) Turm
**rookie** ['rʊkɪ] USA (*slang*) Neuling, Grünschnabel
**room** [ruːm] 1 Zimmer, Raum; **rooms to let** Zimmer zu vermieten

2 Platz; **there is room for two** es ist genügend Platz für zwei; **make room for someone** jemandem Platz machen
3 (*übertragen*) Spielraum; **there is room for improvement** es ließe sich noch manches verbessern
**room·mate** USA Zimmergenosse, -genossin
**room service** Zimmerservice
**rooster** [ˈruːstəʳ] USA Hahn
**root** [ruːt] 1 *von Pflanze, Haar, Zahn:* Wurzel; **by the roots** mit der Wurzel
2 (*übertragen*) Grundlage, Ursache; **get to the root of the problem** dem Problem auf den Grund gehen

**i Land & Leute** **Root beer** nennt man eine amerikanische Art Limonade mit verschiedenen Wurzelextrakten. Daraus kann man auch einen **root beer float** machen: Man gibt Milchspeiseeis in das root beer und trinkt es mit einem Strohhalm.

**rope**[1] [rəʊp] 1 Seil; *von Schiff:* Tau
2 (*übertragen*) **show someone the ropes** jemanden in alles einweihen
**rope**[2] [rəʊp] 1 verschnüren
2 **rope someone in[to something]** jemanden [in eine Sache] einfangen
3 **rope an area off** ein Gebiet mit einem Seil abgrenzen
**rose**[1] [rəʊz] *2. Form von* **rise**
**rose**[2] [rəʊz] Rose
**rosy** [ˈrəʊzɪ] rosig
**rot** [rɒt] <rotted> verfaulen [lassen], verrotten [lassen]
**ro·tate** [rəʊˈteɪt] 1 sich drehen
2 rotieren [lassen]
3 (*übertragen*) [sich] turnusmäßig [ab]wechseln
**ro·ta·tion** [rəʊˈteɪʃn] 1 Drehung, Rotation
2 (*übertragen*) **by** [*oder* **in**] **rotation** abwechselnd, im Turnus
**rot·ten** [ˈrɒtn] 1 *Zahn, Ei:* faul
2 *Holz:* morsch
3 *Früchte:* verdorben
4 (*übertragen*) korrupt, verdorben
5 *Wetter, Zustand:* mies
**rough**[1] [rʌf] 1 rau; *Gelände:* uneben; *Straße:* holprig; *See:* rau, stürmisch
2 *Geschmack:* rau, kratzig; *Wein:* sauer
3 *Ton:* hart; *Worte:* grob, hart
4 *Benehmen:* ungehobelt, roh; *Behandlung:* grob, hart
5 *Sport:* hart
6 *Rechnung:* grob, ungefähr
7 *Entwurf, Manuskript:* roh; **rough book** (*in der Schule*) Schmierheft; **rough paper** Konzeptpapier
8 **he had a rough time** (*umgangsspr*) es ging ihm ziemlich dreckig
9 **she feels rough today** (*umgangsspr*) heute fühlt sie sich mies
10 wüst, wild; **sleep rough** im Freien übernachten
**rough**[2] [rʌf] **write it out in rough first** schreib es erst vor
**rough**[3] [rʌf] **rough it** primitiv leben
**rough·ly** [ˈrʌflɪ] 1 rau, grob, barsch
2 ungefähr
**round**[1] [raʊnd] 1 rund
2 *Körperteil:* rundlich
3 **in round figures** rund gerechnet
**round**[2] [raʊnd] 1 *Verhandlungen:* Runde; **round of talks** Gesprächsrunde
2 (*Rundgang*) Runde
3 (*beim Sport, Spiel*) Runde; **a round of golf** eine Runde Golf
4 (*in der Musik*) Kanon
5 **a round of toast** eine [ganze] Scheibe Toast
6 **pay for a round [of drinks]** eine Runde bezahlen
7 **a round of applause** Applaus
8 *von Munition:* Ladung
**round**[3] [raʊnd] 1 [rings]herum, rund[her]um; **all** [*oder* **right**] **round** ganz herum; **round and round** rundherum; **the long way round** der längere Weg
2 **the other way round** umgekehrt
3 **he'll be round at 2 o'clock** er wird um 2 Uhr da sein
4 **for the second time round** zum zweiten Mal; **all [the] year round** das ganze Jahr über
5 um … herum; **round the table** um den Tisch; **all round the house** im ganzen Haus; **go round a corner** um eine Kurve/Ecke gehen; **look round a house** sich ein Haus ansehen; **show someone round a town** jemandem eine Stadt zeigen; **trip round the world** Weltreise; **does he live round here?** wohnt er hier in der Nähe?
6 ungefähr; **round [about] 4 o'clock** ungefähr um 4 Uhr; **somewhere round £50** so um die 50 Pfund
**round**[4] [raʊnd] herumgehen, herumfahren um *Kurve*
◆ **round down** abrunden *Preis*
◆ **round off** 1 abrunden *Preis, Zahl*
2 beschließen *Mahlzeit*

◆ **round up** ① zusammentrommeln *Leute;* hochnehmen *Verbrecher*
② zusammentreiben *Vieh*
③ aufrunden *Preis*

**round·about** [ˈraʊndəbaʊt] ① Karussell
② (GB) Kreisverkehr, Kreisel

**round-the-clock** rund um die Uhr

**round trip** Rundreise; (USA) Hin-und-Rückfahrt

**round-up** [ˈraʊndʌp] Zusammenfassung

**route** [ruːt, (USA) raʊt] ① Strecke, Route
② **bus route** Buslinie

**row**[1] [rəʊ] ① Reihe
② **in a row** hintereinander

**row**[2] [rəʊ] rudern; **row someone across a river** jemanden einen Fluss hinüberrudern

**row**[3] [rəʊ] **go for a row** rudern gehen

**row**[4] [raʊ] ① Lärm, Krach
② Streit; **have a row with someone** mit jemandem Krach haben

**row**[5] [raʊ] sich streiten

**row·boat** [ˈrəʊbəʊt] (USA) Ruderboot

**rower** [ˈrəʊəʳ] Ruderer, Ruderin

**row·ing** [ˈrəʊɪŋ] Rudern, Rudersport

**row·ing boat** [ˈrəʊɪŋbəʊt] (GB) Ruderboot

**royal**[1] [ˈrɔɪəl] königlich

**royal**[2] [ˈrɔɪəl] (*umgangsspr*) Mitglied der königlichen Familie

**Royal Highness** **Your/His Royal Highness** Eure/Seine Königliche Hoheit

**roy·alty** [ˈrɔɪəltɪ] ① Mitglieder der königlichen Familie, Königshaus
② **royalties** Tantiemen

**rub**[1] [rʌb] <rubbed> ① reiben, scheuern (**on, against** an); **rub one's hands** [**together**] sich die Hände reiben
② **rub something dry** etwas trockenreiben
◆ **rub down** ① abreiben
② striegeln *Pferd*
◆ **rub in** ① einreiben *Salbe*
② **rub it in** (*übertragen*) darauf herumreiten
◆ **rub off** ① *Farbe, Schmutz:* abgehen; **rub the dirt off** den Schmutz ab-, wegreiben
② **rub off on someone** (*übertragen*) auf jemanden abfärben
◆ **rub out** ① ausradieren *Fehler*
② (USA) (*slang*) auslöschen *Person*

**rub**[2] [rʌb] **give it a rub** streichele es besser

**rub·ber** [ˈrʌbəʳ] ① Gummi
② (GB) Radiergummi
③ (USA) (*umgangsspr*) Kondom

**rubber band** Gummiband

**rub·bish** [ˈrʌbɪʃ] ① Abfall, Abfälle
② (*übertragen*) Blödsinn, Quatsch

**rubbish bin** Abfalleimer, Mülleimer

**rubbish dump, rubbish tip** Müllkippe

**rubble** [ˈrʌbl] Trümmer

**ruby** [ˈruːbɪ] Rubin

**ruck·sack** [ˈrʌksæk] Rucksack

**rud·der** [ˈrʌdəʳ] Ruder

**rude** [ruːd] ① *Person:* unhöflich, unverschämt, grob; **it's rude to stare** man starrt andere Leute nicht an
② *Witz:* unanständig

**rug** [rʌg] ① Teppich, Brücke, Vorleger
② Wolldecke

**ruin**[1] [ˈruːɪn] ① *von Gebäude:* Verfall; **go to** [*oder* **fall into**] **ruin** verfallen
② **ruin**[**s**] Ruine[n], Trümmer
③ Ruin; *von Hoffnung:* Ende

**ruin**[2] [ˈruːɪn] ① verwüsten, zerstören *Gebäude, Leben*
② ruinieren *Ruf*
③ verderben *Gesundheit*

**rule**[1] [ruːl] ① Regel; **as a rule** in der Regel; **against the rules** regelwidrig; **play by the rules** die Spielregeln einhalten
② (*Verwaltung*) Vorschrift, Bestimmung
③ Herrschaft, Regierungszeit

**rule**[2] [ruːl] ① beherrschen, regieren, herrschen über
② *Gericht:* entscheiden
③ linieren *Papier*
◆ **rule out** ① ausschließen *Fehler*
② unmöglich machen *Idee*

**ruler** [ˈruːləʳ] ① Herrscher(in) (**of** über)
② Lineal

**rumble** [ˈrʌmbl] ① *Donner:* grollen
② *Magen:* knurren
③ *Fahrzeuge:* rumpeln

**ru·mour,** (USA) **ru·mor** [ˈruːməʳ] Gerücht (**of** über)

**run**[1] [rʌn] <ran, run> ① laufen, rennen; **he came running out** er kam herausgelaufen; **run for the bus** zum Bus laufen; **she ran to help him** sie kam ihm schnell zur Hilfe
② (*Leistungssport*) laufen
③ davonlaufen; **run for one's life** um sein Leben rennen
④ *Fahrzeug:* rollen, gleiten; **it runs on wheels** es fährt auf Rädern
⑤ **he ran her home** er brachte sie nach Hause
⑥ *Verkehrsmittel:* verkehren; **the buses run once an hour** die Busse fahren stündlich; **all the trains are running late** alle Züge haben Verspätung
⑦ *Wasser:* laufen; **tears ran down her cheeks** Tränen liefen ihr übers Gesicht; **run a bath** ein

Bad einlaufen lassen

8 *Farbe:* zerfließen, ineinander fließen

9 *Fluss, Strom:* fließen; **run dry** austrocknen; **the river runs into the sea** der Fluss mündet ins Meer

10 *Straße:* führen, gehen; *Berge:* sich ziehen, sich erstrecken

11 (*funktionieren*) *Fabrik:* arbeiten; *Geschäft, Maschine:* gehen, laufen, in Betrieb sein, arbeiten; betreiben *Maschine;* **the radio runs off the mains/on solar power** das Radio läuft auf Netz/wird mit Solarenergie betrieben

12 sich aufstellen lassen; **run for President** für die Präsidentschaft kandidieren

13 *Worte:* lauten

14 **run down the list** die Liste durchgehen

15 **it runs in the family** es liegt in der Familie

16 führen, leiten *Hotel*

> **? Grammatik** Die unregelmäßigen Vergangenheitsformen von **run** lauten **ran — run**: *Rupert* **ran** *to the door; Mrs Smith* **has run** *the shop for ten years.*

◆ **run about**, **run around** herum-, umherlaufen

◆ **run across** 1 hinüberlaufen

2 zufällig treffen *Leute*

◆ **run after** **run after someone** jemandem hinterherlaufen

◆ **run along** (*umgangsspr*) **run along!** ab mit dir!

◆ **run away** wegrennen; **run away from home** von zu Hause weglaufen

◆ **run down** 1 hinunterlaufen

2 *Batterie:* leer werden

3 **run someone down** jemanden überfahren; (*übertragen*) jemanden schlecht machen

4 abbauen, auflösen *Lagerbestand*

◆ **run in** 1 hineinlaufen

2 einfahren *Auto*

3 (*umgangssspr*) hoppnehmen *Verbrecher*

◆ **run into** 1 **run into someone** jemanden zufällig treffen

2 *Auto:* fahren gegen

3 **run into difficulties** Schwierigkeiten bekommen

◆ **run off** 1 weglaufen, wegrennen

2 *Wasser:* ablassen

◆ **run on** 1 weiterlaufen

2 *Veranstaltung:* sich hinziehen

◆ **run out** 1 hinausgehen, herauslaufen

2 *Ware:* ausgehen, zu Ende gehen

3 *Bescheinigung:* ablaufen

◆ **run out of** **I've run out of money** mir ist das Geld ausgegangen, ich habe kein Geld mehr

◆ **run over** 1 kurz hinüberlaufen

2 **run someone over** jemanden überfahren

◆ **run through** 1 **run through the park** durch den Park laufen

2 durchgehen *Texten*

3 durchspielen *Theaterstück*

**run**[2] [rʌn] 1 (*auch sportlich*) Lauf; **make a run for it** weglaufen; **on the run** [**from the police**] auf der Flucht [vor der Polizei]

2 (*mit Fahrzeug*) Fahrt, Ausflug

3 (*bekannte Straße*) Strecke

4 Reihe, Serie; **a run of bad luck** eine Pechsträhne

▸ In Wendungen: **in the long run** auf [die] Dauer

**run·away** ['rʌnəweɪ] 1 *Pferd, Mensch:* durchgebrannt, entlaufen

2 *Inflation:* unkontrollierbar

3 *Erfolg:* überwältigend; *Sieg:* leicht

**run-down** [ˌrʌn'daʊn] 1 *Gebäude:* heruntergekommen

2 *Person:* abgespannt

**rung**[1] [rʌŋ] *3. Form von* **ring**

**rung**[2] [rʌŋ] *von Leiter:* Sprosse

**run·ner** ['rʌnə$^{r}$] 1 Läufer(in)

2 [Schlitten]Kufe

**runner-up** [ˌrʌnər'ʌp] <*plural* runners-up> (*im Rennen*) Zweite(r)

**run·ning**[1] ['rʌnɪŋ] 1 Laufen, Rennen; **running shoe** Laufschuh

2 *von Firma:* Leitung, Führung

3 **be out of the running** (*übertragen*) aus dem Rennen sein

**run·ning**[2] ['rʌnɪŋ] 1 *Wasser:* fließend

2 **four days running** vier Tage hintereinander

**runny** ['rʌnɪ] 1 flüssig

2 **I've got a runny nose** mir läuft die Nase

**run-up** ['rʌnʌp] 1 **take a run-up** Anlauf nehmen

2 **the run-up to an event** das Vorfeld eines Ereignisses

**run·way** ['rʌnweɪ] Start- und Landebahn, Runway

**ru·ral** ['rʊərəl] ländlich, Land-

**rush**[1] [rʌʃ] 1 **make a rush for something** sich auf etwas stürzen

2 Ansturm (**for** auf, nach)

3 Eile; **be in a rush** in Eile sein; **what's** [**all**] **the rush?** wozu diese Hast?

4 **the Christmas rush** der Weihnachtsbetrieb

**rush**[2] [rʌʃ] 1 hasten, hetzen; **rush to help** zu Hilfe eilen; **he rushed off** er raste davon

2 **rush someone to hospital** jemanden schnell ins Krankenhaus bringen
3 hastig machen *Arbeit*
4 **rush someone into a decision** jemanden zu einer schnellen Entscheidung treiben; **rush someone into doing something** jemanden dazu treiben, etwas überstürzt zu tun
◆ **rush at** losstürzen auf
◆ **rush out** hinauseilen, hinausstürzen
**rush hour** ['rʌʃaʊə] Hauptverkehrszeit, Stoßzeit
**Rus·sia** ['rʌʃə] Russland
**Rus·sian**[1] ['rʌʃn] 1 Russe, Russin
2 (*Sprache*) [das] Russisch[e]
**Rus·sian**[2] ['rʌʃn] russisch
**rust** [rʌst] Rost
**rusty** ['rʌstɪ] 1 *Auto:* rostig, verrostet
2 **I'm a bit rusty** ich bin etwas aus der Übung; **my German is a bit rusty** mein Deutsch ist etwas eingerostet

# S s

**sack**[1] [sæk] 1 Sack
2 (*umgangsspr*) **get the sack** entlassen werden; **give someone the sack** jemanden entlassen
**sack**[2] [sæk] (*umgangsspr*) entlassen
**sac·ri·fice** ['sækrɪfaɪs] (*auch übertragen*) Opfer
**sad** [sæd] 1 *Person:* traurig, betrübt (**about** über); **feel sad** traurig sein
2 *Verlust:* schmerzlich
3 *Fehler:* bedauerlich
4 *Farbe:* trist
5 *Ort:* düster
**sad·den** ['sædn] betrüben
**saddle**[1] ['sædl] *von Pferd, Fahrrad:* Sattel
**saddle**[2] ['sædl] satteln *Pferd*
**sad·ness** ['sædnəs] Traurigkeit
**s.a.e.** [ˌeseɪ'iː] *Abkürzung von* **stamped addressed envelope** frankierter Rückumschlag
**safe**[1] [seɪf] Safe, Tresor
**safe**[2] [seɪf] 1 sicher, unverletzt; **be safe** in Sicherheit sein
2 ungefährlich; *Fahrer, Methode:* sicher, zuverlässig; **the beach is safe for bathing** an dem Strand kann man gefahrlos baden
3 **keep something safe** etwas sicher aufbewahren
4 *Politik:* vorsichtig, risikolos
**safe·guard**[1] ['seɪfgɑːd] Schutz
**safe·guard**[2] ['seɪfgɑːd] schützen (**against** vor)
**safety** ['seɪftɪ] Sicherheit
**safety belt** Sicherheitsgurt
**safety pin** Sicherheitsnadel
**said** [sed] *2. und 3. Form von* **say**
**sail**[1] [seɪl] 1 Segel
2 Schifffahrt, Seefahrt; **go for a sail** segeln gehen
**sail**[2] [seɪl] 1 segeln, fahren; segeln mit *Schiff*
2 abfahren, auslaufen (**for** nach)
3 **sail through an exam** eine Prüfung spielend schaffen
**sail·boat** (USA) Segelboot
**sail·ing** ['seɪlɪŋ] 1 Segeln, Segelsport
2 *von Schiff:* Abfahrt
**sailing boat** (GB) Segelboot
**sailor** ['seɪləʳ] Seemann, Matrose
**saint, St** [seɪnt, *vor Namen* snt] Heilige(r); **Saint** [*oder* **St**] **Anne** die heilige Anna
**sake** [seɪk] 1 **for my sake** meinetwegen
2 **for goodness** [*oder* **heaven's**] **sake!** um Himmels willen!
3 **... and all for the sake of a few pounds ...** und alles wegen ein paar Pfund
**salad** ['sæləd] Salat; **fruit salad** Obstsalat
**salad cream** Salatmayonnaise
**salad dressing** Salatsoße
**sal·ary** ['sælərɪ] Gehalt
**sale** [seɪl] 1 Verkauf; **for sale** zu verkaufen; **put something up for sale** etwas zum Verkauf anbieten; **not for sale** nicht verkäuflich; **be on sale** verkauft werden
2 (*im Laden*) Ausverkauf, Schlussverkauf
3 **sales** *plural* (*Verkaufszahlen*) Absatz
**sales assistant** ['seɪlzəˌsɪstənt] Verkäufer(in)
**sales·man** ['seɪlzmən, *plural* 'seɪlzmen] <*plural* salesmen> Verkäufer
**sales·woman** ['seɪlzwʊmən, *plural* 'seɪlzwɪmɪn] <*plural* saleswomen> Verkäuferin
**salmon** ['sæmən] <*plural* salmon> Lachs
**sa·loon** [sə'luːn] 1 (USA) Saloon
2 (GB) **saloon** [**car**] Limousine
**salt** [sɔːlt] Salz; **salted peanuts** gesalzene Erdnüsse
**salt·cellar** Salzstreuer
**salty** ['sɔːltɪ] salzig
**sa·lute**[1] [sə'luːt] (*militärisch*) **salute someone** vor jemandem grüßen, salutieren
**sa·lute**[2] [sə'luːt] (*militärisch*) Salut[schuss]
**same** [seɪm] 1 **the same** der, die, das Gleiche, der-, die-, dasselbe; **they are all the same** sie sind alle gleich; **she's much the same** sie hat

sich kaum verändert; **it's not the same as before** es ist nicht wie früher; **it's all the same to me** es ist mir egal
② **all** [*oder* **just**] **the same** trotzdem
③ **at the same time** zur selben Zeit
④ **same to you** ebenfalls, gleichfalls

**sample** [sɑːmpl] ① Probe
② (*in der Statistik*) Stichprobe, Auswahl
③ (*übertragen*) Beispiel
④ *von Waren:* Muster

**sand** [sænd] ① Sand
② **sands** ⚠ *plural* Sandstrand

**san·dal** ['sændl] Sandale

**sand castle** Sandburg

**sand dune** Sanddüne

**sand·paper** ['sændpeɪpəʳ] Sandpapier, Schmirgelpapier

**sand·pit** Sandkasten

**sand·wich** ['sænwɪdʒ] Sandwich

**sandy** ['sændɪ] ① sandig
② (*Farbe*) rötlich, rotblond

**sane** [seɪn] ① geistig normal
② (*übertragen*) vernünftig, sinnvoll, gesund

**sang** [sæŋ] *2. Form von* **sing**

**sani·tary** ['sænɪtrɪ] ① hygienisch
② **sanitary towel** [*oder* (USA) **napkin**] Damenbinde, Monatsbinde

**sani·ty** ['sænətɪ] ① geistig Gesundheit
② (*übertragen*) Vernünftigkeit

**sank** [sæŋk] *2. Form von* **sink**

**Santa Claus** [ˌsæntə'klɔːz] Nikolaus, Weihnachtsmann

**sar·cas·tic** [sɑː'kæstɪk] sarkastisch

**sat** [sæt] *2. und 3. Form von* **sit**

**sat·chel** ['sætʃəl] Schulranzen, Schultasche

**sat·el·lite** ['sætəlaɪt] Satellit

**satellite dish** (*für Fernseher*) Parabolantenne, Satellitenschüssel

**sat·is·fac·tion** [ˌsætɪs'fækʃn] ① Befriedigung
② (*Zustand*) Zufriedenheit (**at** mit); **feel a sense of satisfaction at something** Genugtuung über etwas empfinden

**sat·is·fac·tory** [ˌsætɪs'fæktərɪ] ① zufriedenstellend, befriedigend (**to** für)
② (*Schulnote*) ausreichend

**sat·isfy** ['sætɪsfaɪ] ① stillen *Hunger, Durst*
② erfüllen, nachkommen *Bedingungen, Verpflichtungen;* genügen *Anforderungen*
③ **be satisfied with something** mit etwas zufrieden sein
④ **satisfy oneself about something** sich von etwas überzeugen

**sat·is·fy·ing** ['sætɪsfaɪɪŋ] ① befriedigend
② sättigend

**Sat·ur·day** ['sætədɪ] Sonnabend, Samstag; **on Saturday** am Sonnabend

**sauce** [sɔːs] Soße, Sauce

**sauce·pan** ['sɔːspən] Kochtopf

**sau·cer** ['sɔːsəʳ] Untertasse

**saus·age** ['sɒsɪdʒ] Wurst

**sausage roll** Würstchen im Schlafrock

**save**[1] [seɪv] ① retten (**from** vor); **save someone's life** jemandem das Leben retten
② sparen *Geld* (**for** auf)
③ sparsam umgehen mit *Wasser, Mittel;* aufsparen *Kraft*
④ sichern, abspeichern *Daten*
⑤ [ein]sparen *Mühe, Zeit, Geld*
◆ **save up** sparen

**save**[2] [seɪv] (*beim Sport*) Ballabwehr

**sav·ings** ['seɪvɪŋz] ⚠ *plural* Ersparnisse; **savings account** Sparkonto

**sa·voury** ['seɪvərɪ] (*nicht süß*) pikant; **savoury biscuits** Salzgebäck

**saw**[1] [sɔː] Säge

**saw**[2] [sɔː] *2. Form von* **see**

**saw**[3] [sɔː] <sawed, sawed *oder* sawn> sägen

**saxo·phone** ['sæksəfəʊn] Saxophon

**say**[1] [seɪ] <said, said> ① sagen; **that says a lot for him** das spricht für ihn; **she is said to be clever** sie soll klug sein; **what do you say?** was meinen Sie?; **it goes without saying that …** es ist selbstverständlich, dass …, es versteht sich von selbst, dass …
② aussprechen *Text*
③ **it says in the papers that …** in den Zeitungen steht, dass …; **the weather forecast said that …** es hieß im Wetterbericht, dass …, laut Wetterbericht …
④ *Uhr:* zeigen; *Thermometer:* anzeigen
▶ IN WENDUNGEN: **it's easier said than done** das ist leichter gesagt als getan; **that is to say …** das heißt …; mit anderen Worten …; **you can say that again!** Sie haben völlig recht!

**say**[2] [seɪ] **let him have his say** lass ihn mal reden; **have a say in something** bei etwas etwas zu sagen haben

**say·ing** ['seɪɪŋ] Redensart, Sprichwort

**scab** [skæb] Schorf, Grind

**scaf·fold·ing** ['skæfəldɪŋ] [Bau]Gerüst

**scald** [skɔːld] verbrühen

**scale** [skeɪl] ① Skala, Gradeinteilung
② (*übertragen*) Ausmaß; **on a national scale** auf nationaler Ebene; **plan on a large scale** in großem Rahmen planen
③ *von Musik:* Tonleiter

4 (*technisch*) Maßstab; **on the scale of one to ten** im Maßstab eins zu zehn; **[not] to scale** [nicht] maßstabgerecht

**scales** [skeɪlz] ⚠ *plural* Waage

**scan·dal** [skændl] Skandal

**scape·goat** [skeɪpgəʊt] (*übertragen*) Sündenbock

**scar** [skɑːʳ] Narbe

**scarce** [skeəs] 1 *Pflanzensorte:* selten, spärlich
2 *Essen, Mittel:* knapp, nicht ausreichend vorhanden

**scarce·ly** ['skeəslɪ] kaum

**scare**[1] [skeəʳ] 1 **scare someone** jemandem einen Schrecken einjagen; (*plötzlich*) jemanden erschrecken
2 **I don't scare easily** ich bekomme nicht so schnell Angst
3 **be scared to death** Todesängste ausstehen
◆ **scare away, scare off** verscheuchen, verjagen

**scare**[2] [skeəʳ] 1 Schreck[en]
2 Panikstimmung

**scare·crow** ['skeəkrəʊ] Vogelscheuche

**scarf** [skɑːf, *plural* skɑːvz] <*plural* scarves>
1 Schal
2 Halstuch

**scar·let** ['skɑːlət] scharlachrot

**scary** ['skeərɪ] (*umgangsspr*) unheimlich, gruselig

**scath·ing** ['skeɪðɪŋ] 1 *Person, Humor:* bissig
2 *Bemerkung:* schneidend
3 *Kritik:* beißend, scharf

**scat·ter** ['skætəʳ] 1 [sich] zerstreuen
2 **scattered showers** vereinzelte Regenschauer

**scene** [siːn] 1 Schauplatz; **the scene of the crime** der Tatort
2 *von Theater, Roman:* Ort der Handlung
3 (*im Theater*) [Bühnen]Bild; **behind the scenes** hinter den Kulissen
4 (*übertragen*) Szene
5 (*Landschaft*) Anblick

**scen·ery** ['siːnərɪ] 1 (*im Theater*) Bühnenbild
2 Landschaft

**scent** [sent] 1 Geruch, Duft
2 GB Parfüm

**scep·ti·cal** ['skeptɪkl] skeptisch

**sched·ule**[1] ['ʃedjuːl, USA 'skedʒʊl] 1 Programm, Zeitplan
2 USA *von Schüler:* Stundenplan
3 Fahrplan, Flugplan; **the train is behind schedule** der Zug hat Verspätung; **be on schedule** pünktlich sein

**sched·ule**[2] ['ʃedjuːl, USA 'skedʒʊl] 1 planen
2 ansetzen *Termin*
3 **scheduled departure** planmäßiger Abflug; **scheduled flight** Linienflug

**scheme** [skiːm] 1 (*Plan*) Programm, Projekt
2 System; **pension scheme** Rentenversicherung

**scholar** ['skɒləʳ] 1 Stipendiat(in)
2 Gelehrte(r)

**schol·ar·ship** ['skɒləʃɪp] 1 Stipendium
2 Gelehrsamkeit

**school** [skuːl] 1 Schule; **at school** in der Schule; **go to school** in die Schule gehen; **there is no school tomorrow** morgen ist schulfrei
2 USA College, Universität; **go to law/medical school** Jura/Medizin studieren; *s. a.* **boarding school, comprehensive school, elementary school, grammar school, high school, junior school, preparatory school**

> **i Land & Leute** In den riesigen und dünn besiedelten, ländlichen Gegenden Australiens gehen die Kinder nicht zur Schule, sondern sie haben ihren Unterricht in der **school of the air** über Funk. Ein Dutzend dieser Schulen deckt ein Gebiet von 2,5 Millionen km$^2$ ab und erreicht Hunderte von Kindern. Die Schüler bekommen ihre Unterrichtsmaterialien per Post zugeschickt und senden ihre erledigten Hausaufgaben zurück. Die Kinder sprechen über Funk mit ihren Lehrern und Klassenkameraden und werden meistens von ihren Eltern oder einer Hauslehrerin beaufsichtigt.

**school bag** Schultasche

**school·boy** ['skuːlbɔɪ] Schuljunge, Schüler

**school·child** ['skuːltʃaɪld, *plural* 'skuːltʃɪldrən] <*plural* schoolchildren> Schulkind

**school·girl** ['skuːlgɜːl] Schulmädchen, Schülerin

**school hall** Aula

**school leaver** ['skuːlliːvəʳ] Schulabgänger(in)

**school·mate** Schulkamerad(in)

**school·room** ['skuːlrʊm] Klassenzimmer

**school·teacher** Lehrer(in)

**science** ['saɪəns] 1 [Natur]Wissenschaft
2 (*übertragen*) Kunst, Lehre

**scien·tific** [ˌsaɪən'tɪfɪk] [natur]wissenschaftlich

**scien·tist** ['saɪəntɪst] [Natur]Wissenschaftler(in)

**scis·sors** ['sɪzəz] ⚠ *plural* Schere; **a pair of scissors** eine Schere

**scone** [skɒn] GB *brötchenartiges Gebäck, welches mit Marmelade bestrichen zum Tee serviert wird*

**scoop**[1] [skuːp] 1 Schaufel

② *von Eis:* Kugel
③ (*für eine Zeitung*) Knüller
**scoop[2]** [skuːp] schaufeln *Kohlen, Zucker;* schöpfen *Schaum, Suppe*
**scooter** ['skuːtəʳ] ① [Tret]Roller
② [Motor]Roller
**scope** [skəʊp] ① *von Suche, Sitzung:* Rahmen
② Kompetenzbereich
③ Entfaltungsmöglichkeit, Spielraum
**scorch** [skɔːtʃ] versengen
**scorcher** ['skɔːtʃəʳ] (*umgangsspr*) **yesterday was a scorcher** gestern war eine Knallhitze
**score[1]** [skɔːʳ] ① (*im Sport*) Punktestand, Spielstand; **what's the score?** wie steht's?; **there was no score at half-time** zur Halbzeit stand es 0 : 0; **keep** [**the**] **score** Punkte zählen
② (*Musik*) Partitur; *von Filmen:* [Film]musik
③ **scores of ...** Hunderte von ...
**score[2]** [skɔːʳ] schießen *Tor;* erzielen *Punkt;* **score well/badly** gut/schlecht abschneiden
**score·board** Anzeigetafel
**scorer** ['skɔːrəʳ] Torschütze
**Scot** [skɒt] Schotte, Schottin
**Scotch[1]** [skɒtʃ] *Whisky:* schottisch
**Scotch[2]** [skɒtʃ] schottischer Whisky, Scotch
**Scot·land** ['skɒtlənd] Schottland

> **i Land & Leute** Seit 1999 haben die Schotten ihr eigenes **Scottish Parliament**, nachdem sie fast 300 Jahre darauf verzichten mussten. Bei einer Volksabstimmung am 11. September 1997 entschieden sich die meisten Schotten für diese Art größerer Sebstständigkeit gegenüber England. Das neue **Scottish Parliament** besteht aus 129 Abgeordneten und hat seinen Sitz in Edinburgh. Es darf Gesetze erlassen und auch Steuern erheben.

**Scots** [skɒts] ① schottisch
② **the Scots** *plural* die Schotten
**Scots·man** [skɒtsmən] <*plural* Scotsmen> Schotte
**Scots·woman** [skɒtswʊmən, *plural* skɒtswɪmɪn] <*plural* Scotswomen> Schottin
**Scot·tish[1]** ['skɒtɪʃ] schottisch
**Scot·tish[2]** ['skɒtɪʃ] ① (*Dialekt*) [das] Schottisch[e]
② **the Scottish** ⚠ *plural* die Schotten
**scout** [skaʊt] Pfadfinder(in)
**scramble[1]** ['skræmbl] ① klettern, krabbeln
② sich balgen, sich reißen (**for** um)
③ **scrambled eggs** Rührei[er]
**scramble[2]** ['skræmbl] ① Klettern
② Gedrängel, Balgerei (**for** um)

**scrap[1]** [skræp] ① Stück[chen]; **scrap of paper** [Papier]Fetzen
② **scraps** *plural* Reste
③ **scrap metal** Schrott; **scrap paper** Schmierpapier
④ **not a scrap of evidence** nicht der geringste Beweis
**scrap[2]** [skræp] <scrapped> ① verschrotten *Auto*
② (*übertragen*) fallen lassen *Plan*
**scrap·book** ['skræpbʊk] Sammelalbum
**scrape** [skreɪp] ① [ab]kratzen
② schrammen *Auto*
③ [wund] scheuern, aufschürfen *Knie*
④ abstreifen *Schuhe*
◆ **scrape off** abkratzen
◆ **scrape through** mit Ach und Krach durchkommen
◆ **scrape together** zusammenkratzen *Geld*
**scrappy** ['skræpɪ] ① zusammengestückelt
② *Wissen:* lückenhaft
**scratch[1]** [skrætʃ] ① [zer]kratzen; **he scratched his name in the wood** er ritzte seinen Namen ins Holz
② **scratch one's head** sich am Kopf kratzen
**scratch[2]** [skrætʃ] ① Kratzer
② (*kleine Verletzung*) Kratzen, Scharren
**scratch card** ['skrætʃkɑːd] Rubbelkarte
**scratchy** ['skrætʃɪ] *Pullover:* kratzig
**scrawl[1]** [skrɔːl] schmieren, kritzeln
**scrawl[2]** [skrɔːl] Gekritzel, Kritzelei
**scream[1]** [skriːm] schreien; **scream at someone** jemanden anschreien; **scream with pain** vor Schmerzen schreien; **scream one's head off** sich die Lunge aus dem Leib schreien
**scream[2]** [skriːm] ① Schrei
② (*umgangsspr*) **be a scream** zum Schreien sein
**screech[1]** [skriːtʃ] ① *Affe, Kind:* kreischen
② *Fahrzeug:* quietschen
**screech[2]** [skriːtʃ] ① Schrei
② *von Bremsen:* Kreischen
**screen[1]** [skriːn] ① *von Fernseher:* Bildschirm
② (*Möbelstück*) Trennwand
③ (*im Kino*) Leinwand
**screen[2]** [skriːn] ① abschirmen (**from** vor)
② überprüfen; (*medizinisch*) untersuchen
**screw[1]** [skruː] Schraube
**screw[2]** [skruː] ① schrauben (**to** an, **onto** auf)
② (*slang*) bumsen
◆ **screw up** ① zusammenknüllen *Papier*
② zusammenkneifen *Augen*
③ (*slang*) vermasseln *Plan*
**screw·driver** Schraubenzieher

**scribble**[1] ['skrɪbl] kritzeln
**scribble**[2] ['skrɪbl] Gekritzel
**scroll** [skrəʊl] (*am Computer*) blättern
**scrounge** [skraʊndʒ] (*umgangsspr*) schnorren, abstauben
**scrub** [skrʌb] <scrubbed> [ab]schrubben, scheuern
**scruffy** ['skrʌfɪ] (*umgangsspr*) *Mensch:* vergammelt, verlottert
**scuba diving** ['sku:bə 'daɪvɪŋ] Sporttauchen
**scuffle**[1] ['skʌfl] sich raufen
**scuffle**[2] ['skʌfl] Balgerei, Handgemenge
**sculp·ture** ['skʌlptʃəʳ] ① (*Kunstform*) Bildhauerei
② Skulptur
**scum** [skʌm] ① Schaum, Rand
② (*übertragen*) Abschaum
**sea** [si:] See; (*auch übertragen*) Meer; **at sea** auf [hoher] See; **by sea** auf dem Seeweg; **by the sea** am Meer
**sea·food** ['si:fu:d] Meeresfrüchte
**sea·gull** ['si:gʌl] Seemöwe
**seal**[1] [si:l] ① Seehund
② (*für Dokument*) Siegel
③ (*für Rohr*) Dichtung
④ (*aus Metall*) Plombe
**seal**[2] [si:l] ① versiegeln *Dokument*
② zukleben *Briefumschlag*
③ luftdicht verschließen *Kiste;* abdichten *Rohr*
◆ **seal off** abriegeln
**seam** [si:m] Saum, Naht
**search**[1] [sɜ:tʃ] ① suchen (**for** nach); **search someone/something** jemanden/etwas durchsuchen
② **search me!** (*umgangsspr*) keine Ahnung!
**search**[2] [sɜ:tʃ] ① Suche (**for** nach)
② *von Gebäude:* Durchsuchung
**search party** Suchmannschaft
**search warrant** Durchsuchungsbefehl
**sea·shell** Muschel[schale]
**sea·shore** ['si:ʃɔ:ʳ] Strand

> **! Vorsicht Falle** **Seashore** oder **seaside**? **Seashore** bedeutet das Strandufer: *We walked along the seashore collecting shells*; und — **seaside** bedeutet ein Ort am Meer: *we went to the seaside this summer.*

**sea·sick** ['si:sɪk] seekrank
**sea·side** ['si:saɪd] **at the seaside** am Meer; **go to the seaside** ans Meer fahren
**sea·son** ['si:zn] ① Jahreszeit
② Saison; **holiday season** Ferienzeit
③ **strawberries are in season** jetzt ist die Saison für Erdbeeren
**sea·sonal** ['si:zənl] saisonbedingt
**sea·son·ing** ['si:znɪŋ] (*auch übertragen*) Würze
**season ticket** GB Zeitkarte, Dauerkarte
**seat**[1] [si:t] ① Sitz, Sitzgelegenheit; **please take a seat** bitte nehmen Sie Platz
② (*im Theater*) [Theater]Platz
③ (*im Parlament*) Sitz
**seat**[2] [si:t] ① **please be seated** bitte nehmen Sie Platz; **remain seated** sitzen bleiben
② **the bus seats 40** der Bus hat 40 Sitzplätze
**seat belt** *von Auto, Flugzeug:* Sicherheitsgurt; **fasten one's seat belt** sich anschnallen
**seating arrangements** *plural* Sitzordnung
**sea·weed** ['si:wi:d] Seetang
**sec·ond**[1] ['sekənd] ① zweite(r, s); **the second of May** der zweite Mai; **in second place** an zweiter Stelle; **come/lie second** an zweiter Stelle kommen/liegen; **be second** Zweite(r, s) sein
② **have second thoughts about something** sich etwas anders überlegen
**sec·ond**[2] ['sekənd] ① Sekunde, Augenblick; **just a second!** einen Augenblick!
② *von Auto:* der zweite Gang
③ **seconds** Waren zweiter Wahl
④ (*beim Essen*) **can I have seconds?** kann ich noch etwas nachbekommen?
**sec·ond·ary** ['sekəndrɪ] zweitrangig, untergeordnet
**secondary school** GB höhere Schule (*für Schüler vom 11. bis zum 15./18. Lebensjahr*)
**sec·ond-best** [ˌsekənd'best] zweitbeste(r, s)
**second-class** *Fahrkarte/Post:* zweiter Klasse
**second floor** **on the second floor** im zweiten, USA ersten Stock
**second-hand** ① *Information:* aus zweiter Hand
② *Ware:* gebraucht
**second hand** Sekundenzeiger
**second language** erste Fremdsprache
**sec·ond·ly** ['sekəndlɪ] zweitens
**se·cret**[1] ['si:krɪt] ① geheim
② *Bewunderer, Trinker:* heimlich
**se·cret**[2] ['si:krɪt] Geheimnis; **in secret** heimlich, im Geheimen
**sec·re·tary** ['sekrətrɪ] ① Sekretär(in)
② (*in der Politik*) Minister(in); **Secretary-General** Generalsekretär; **Secretary of State** GB Minister(in); USA Außenminister(in)
**sect** [sekt] Sekte
**sec·tion** ['sekʃn] ① Teil
② *von Gebäude:* Trakt

3 *von Buch:* Abschnitt
4 *von Gesetz:* Absatz, Paragraph

**sec·tor** ['sektəʳ] Sektor

**se·cure**[1] [sɪ'kjʊəʳ] 1 sicher
2 *Zukunft:* gesichert
3 *Knoten:* fest

**se·cure**[2] [sɪ'kjʊəʳ] fest verschliessen

**se·cur·ity** [sɪ'kjʊərətɪ] Sicherheit, Schutz (**against, from** vor)

**security guard** Wache, Wächter(in)

**se·duce** [sɪ'dju:s] verführen, verleiten

**see** [si:] <saw, seen> 1 sehen; **see someone do something** sehen, wie jemand etwas macht; **I saw it happen** ich habe gesehen, wie es passiert ist; **see for yourself!** sieh doch selbst!; **it's too late, [you] see** weißt du, es ist zu spät; **I must be seeing things!** ich sehe wohl Gespenster!
2 ansehen *Film*
3 **see someone** jemanden sprechen (**about** wegen), jemanden besuchen; **see a doctor** zum Arzt gehen; **she refused to see us** sie wollte uns nicht empfangen; **be seeing you! see you later!** bis später! bis nachher!
4 sich vorstellen; **I can't see that working** ich kann mir kaum vorstellen, dass das klappt
5 verstehen, erkennen; **I see what you mean** ich verstehe, was du meinst; **as I see it** so, wie ich es sehe
6 **that remains to be seen** das wird sich zeigen
7 **let me see** lass mich überlegen
◆ **see about see about something** sich um etwas kümmern; **I'll see about it** ich will mal sehen
◆ **see off see someone off** jemanden verabschieden; (*übertragen*) jemandem Beine machen
◆ **see out** hinausbegleiten; **see oneself out** allein hinausfinden
◆ **see through** 1 durchschauen
2 zu Ende bringen *Arbeit*
◆ **see to** sich kümmern um; **see to it that …** sieh zu, dass …

**seed**[1] [si:d] 1 *von Pflanzen:* Same[n], Samenkorn
2 (*in der Landwirtschaft*) Saatgut
3 (*im Sport*) gesetzte(r) Spieler(in), gesetzte Mannschaft

**seed**[2] [si:d] (*im Sport*) setzen, plazieren

**see·ing** ['si:ɪŋ] **seeing that** [*oder* **as**] da

**seek** [si:k] <sought, sought> 1 suchen
2 streben nach *Amt, Posten*

**seem** [si:m] 1 [er]scheinen, vorkommen; **he seems younger than he is** er wirkt jünger, als er ist
2 **it seems as if** es sieht so aus, als ob

**seen** [si:n] *3. Form von* **see**

**see-through** ['si:θru:] durchsichtig

**seg·re·gate** ['segrɪgeɪt] (*nach Rassen, Geschlechtern*) trennen

**seize** [si:z] 1 packen, ergreifen; **seize someone's arm** jemanden am Arm packen
2 beschlagnahmen *Schmuggelware*
3 ergreifen *Gelegenheit, Macht*

**sel·dom** ['seldəm] selten

**se·lect** [sɪ'lekt] auswählen (**from** aus)

**se·lec·tion** [sɪ'lekʃn] Auswahl (**from** aus)

**self** [self, *plural* selvz] <*plural* selves> Selbst

**self-catering** für Selbstversorger

**self-confidence** Selbstvertrauen

**self-conscious** befangen, gehemmt

**self control** Selbstbeherrschung

**self-defence** Selbstverteidigung; **in self-defence** in Notwehr

**self-employed** selbständig, freiberuflich

**self·ish** ['selfɪʃ] selbstsüchtig, egoistisch

**self·ish·ness** ['selfɪʃnɪs] Selbstsucht, Egoismus

**self-respect** Selbstachtung

**self-service** Selbstbedienungs-, SB-

**sell** [sel] <sold, sold> 1 verkaufen; **sell someone something** [*oder* **sell something to someone**] jemandem etwas [*oder* etwas an jemanden] verkaufen; **the book is selling well** das Buch verkauft sich gut
2 kosten; **what are they selling at?** wie viel kosten sie?
3 **be sold on something** von etwas begeistert sein
◆ **sell out** 1 ausverkaufen; **we've sold out of tickets** die Karten sind ausverkauft
2 (*umgangsspr*) sich verkaufen (**to** an)

**sell-by date** ['selbaɪˌdeɪt] Haltbarkeitsdatum

**seller** ['seləʳ] Verkäufer(in)

**sell·ing** ['selɪŋ] Verkauf[en]

**Sel·lo·tape**® ['seləteɪp] Tesafilm®

**sell-out** ['selaʊt] 1 (*Spiel, Show*) **it was a sell-out** es war ausverkauft
2 (*umgangsspr*) fauler Kompromiss

**selves** [selvz] *Pluralform von* **self**

**semi-** ['semɪ] halb-

**semi** →**semi-detached** (**house**) Doppelhaushälfte

**semi·circle** ['semɪˌsɜ:kl] Halbkreis

**semi·co·lon** [ˌsemɪ'kəʊ lən] Semikolon, Strichpunkt

**semi-·de·tached** [ˌsemɪdɪ'tætʃt] **semi-detached house** Doppelhaushälfte

**semi-·final** (*im Sport*) Halbfinale, Semifinalspiel

**sen·ate** ['senɪt] Senat
**sena·tor** ['senətəʳ] Senator(in)
**send** [send] <sent, sent> ① schicken (**for** nach)
② übersenden, versenden *Ware*
③ **send him my best wishes** grüßen Sie ihn von mir
④ **the blow sent him sprawling** der Schlag schleuderte ihn zu Boden
◆ **send away** ① wegschicken, fortschicken
② **send away for something** etwas anfordern
◆ **send back** zurückschicken
◆ **send for** ① kommen lassen; rufen *Polizei*
② anfordern *Katalog*
◆ **send in** einschicken, einsenden, einreichen *Brief, Nennung*
◆ **send off** ① abschicken
② **send someone off** jemanden verabschieden; wegschicken *Kinder*
③ (*im Sport*) vom Platz verweisen *Spieler*
④ **send off for something** etwas bestellen, anfordern
◆ **send on** ① nachschicken *Brief*
② **send on** [**ahead**] vorausschicken *Gepäck*
③ aufs Feld schicken, einsetzen *Spieler*
◆ **send out** ① hinausschicken
② verschicken *Einladungen, Prospekte*
③ **send out for something** etwas holen lassen
**sender** ['sendəʳ] Absender(in)
**sen·ior**[1] ['siːnɪəʳ] ① älter (**to** als); **senior citizens** Senioren
② dienstälter, ranghöher; *Position:* höher, leitend; **he is senior to me** er ist mir übergeordnet
③ **senior school** [*oder* USA **senior high school**] Oberstufe
**sen·ior**[2] ['siːnɪəʳ] ① Senior(in)
② USA Student(in) des letzten Studienjahres
**sen·sa·tion** [sen'seɪʃn] ① Gefühl, Empfindung; **a sensation of falling** das Gefühl zu fallen
② (*Ereignis*) Sensation
③ (*Aufregung*) Aufsehen
**sen·sa·tional** [sen'seɪʃnl] sensationell, Aufsehen erregend
**sense**[1] [sens] ① **sense of hearing/smell/taste/touch** Gehör-/Geruchs-/Geschmacks-/Tastsinn
② **senses** Verstand; **come to one's senses** zur Vernunft kommen
③ **there is no sense in doing that** es hat keinen Sinn das zu tun
④ (*übertragen*) Gefühl, Sinn (**of** für); **sense of duty** Pflichtbewusstsein
⑤ Sinn; *von Wort:* Bedeutung; **the arguments just don't make sense** diese Argumente ergeben einfach keinen Sinn; **I can't make sense of it** ich kann mir darauf keinen Reim machen
⑥ **in a/every sense** in gewisser/jeder Hinsicht
**sense**[2] [sens] spüren, empfinden, fühlen
**sense·less** ['senslɪs] ① *Mensch:* bewusstlos
② *Handlung:* unvernünftig, unsinnig
③ *Diskussion:* sinnlos
**sen·sible** ['sensəbl] vernünftig

> **! Vorsicht Falle** **Sensible** nicht verwechseln mit dem deutschen ‚sensibel'! Diese beiden Wörter werden zwar ähnlich geschrieben, haben jedoch sehr unterschiedliche Bedeutungen: Das englische **sensible** bedeutet ‚vernünftig': *It would be more sensible to leave on Saturday morning when there is less traffic. He's very sensible for his age.* Wenn jemand sensibel (sprich: empfindlich, einfühlsam) ist, heißt das englische Wort hierfür **sensitive:** *He's very sensitive, — he doesn't take criticism very well.*

**sen·si·tive** ['sensətɪv] ① *Körperteil:* empfindlich
② *Person:* **be sensitive about something** empfindlich auf etwas reagieren
③ *Verständnis:* einfühlsam
④ (*übertragen*) *Thema:* heikel, prekär
**sent** [sent] *3. Form von* **send**
**sen·tence**[1] ['sentəns] ① Satz
② *von Gericht:* Strafe
**sen·tence**[2] ['sentəns] verurteilen (**to** zu)
**sen·ti·men·tal** [ˌsentɪ'mentl] ① empfindsam, gefühlsselig
② **for sentimental reasons** aus Sentimentalität
**sen·try** ['sentrɪ] [Wach]Posten, Wache
**sep·ar·able** ['sepərəbl] trennbar
**sep·ar·ate**[1] ['sepəreɪt] ① aufteilen (**into** in)
② trennen *Leute* (**from** von)
③ *Ehepaar:* sich trennen
**sep·ar·ate**[2] ['seprət] ① [ab]getrennt, gesondert (**from** von)
② *Teil:* extra, einzeln
③ *Wohnung:* separat; *Zimmer:* getrennt
④ *Rechnung:* gesondert
⑤ *Frage, Gelegenheit:* andere(r, s)
**sep·ar·ated** ['sepəreɪtɪd] getrennt [lebend]
**Sep·tem·ber** [sep'tembəʳ] September; **in September** im September
**sep·tic** ['septɪk] septisch
**se·quel** ['siːkwəl] *von Roman, Film:* Fortsetzung
**se·quence** ['siːkwəns] ① *von Ereignissen:* Folge
② Reihenfolge; *von Zahlen:* Reihe
**ser·geant** ['sɑːdʒənt] ① (*militärisch*) Feldwebel
② Polizeimeister(in)

**ser·ial** ['sɪərɪəl] (*im Radio, TV*) Serie
**series** ['sɪəri:z] <*plural* series> 1 Serie
2 *von Zahlen:* Reihe
3 **radio/TV series** Sendereihe/Sendefolge
**seri·ous** ['sɪərɪəs] 1 ernst, ernsthaft; **be serious about doing something** etwas im Ernst tun wollen; **I'm serious** [**about it**] ich meine das ernst
2 *Interesse:* seriös
3 *Frage, Zweifel:* ernsthaft
4 *Verlust:* schwer, schlimm
5 *Gefahr:* ernstlich; *Situation:* ernst, bedenklich
**seri·ous·ly** ['sɪərɪəslɪ] 1 ernst, im Ernst
2 *krank:* ernstlich; *verletzt:* schwer
3 **take someone seriously** jemanden ernst nehmen
4 **seriously now!** jetzt mal ganz im Ernst!
**ser·mon** ['sɜ:mən] Predigt
**ser·vant** ['sɜ:vənt] Diener(in)
**serve**[1] [sɜ:v] 1 **serve someone/something** jemandem/etwas dienen
2 *Gegenstand:* sich verwenden lassen; **serve as** [*oder* **for**] **something** als etwas dienen; **serve its purpose** seinen Zweck erfüllen; **if my memory serves me right** wenn ich mich recht erinnere
3 (*zeitlich*) durchmachen, durchlaufen *Lehre;* verbüßen *Strafe*
4 (*im Laden, Restaurant*) bedienen *Gast, Kunden;* einschenken *Wein;* **are you being served?** werden Sie schon bedient?; servieren *Essen;* **serve someone with something** jemandem etwas servieren
5 *Gericht:* **serves 4** für 4 Personen
6 (*beim Tennis*) aufschlagen; **serve an ace** ein Ass schlagen
7 **it serves him right** es geschieht ihm ganz recht
**serve**[2] [sɜ:v] (*beim Tennis*) Aufschlag
**server** ['sɜ:vəʳ] 1 (*beim Tennis*) Aufschläger(in)
2 (*Computer*) Server
**ser·vice**[1] ['sɜ:vɪs] 1 Dienst; **do someone a service** jemandem einen Dienst erweisen; **be of service** nützlich sein
2 (*im Hotel*) Service, Bedienung
3 Betrieb; **be out of service** außer Betrieb sein
4 **bus service** Busverbindung
5 **services** *plural* Dienstleistungen, Versorgungsnetz
6 (*kirchlich*) Gottesdienst
7 *von Maschinen:* Wartung; *von Auto:* Inspektion
8 (*beim Tennis*) Aufschlag
**ser·vice**[2] ['sɜ:vɪs] warten *Maschine*
**service area** Tankstelle und Raststätte
**service charge** Bedienungsgeld, Bearbeitungsgebühr
**service station** Tankstelle [mit Reparaturwerkstatt]
**ser·vi·ette** [ˌsɜ:vɪ'et] Serviette
**serv·ing** ['sɜ:vɪŋ] Portion; **serving spoon** Vorlegelöffel
**ses·sion** ['seʃn] 1 *von Parlament:* Sitzung[speriode], Legislaturperiode
2 (*beim Arzt*) Sitzung, Behandlung
**set**[1] [set] <set, set> 1 stellen, legen, setzen
2 einstellen *Maschine, Gerät* (**at** auf); stellen *Uhr* (**to** auf)
3 **the book is set in Paris** das Buch spielt in Paris
4 festlegen *Ziel;* festsetzen *Termin, Preis*
5 decken *Tisch*
6 ansetzen *Hund* (**on** auf)
7 **set someone free** jemanden freilassen
8 geben *Beispiel*
9 aufstellen *Rekord*
10 *Sonne:* untergehen
11 *Zement:* hart werden

> **? Grammatik** Die unregelmäßigen Vergangenheitsformen von **set** lauten **set — set**: *Ben* **set** *the table; the sun* **has set.**

◆ **set aside** 1 beiseite legen *Gegenstand, Geld*
2 einplanen *Zeit*
◆ **set back** 1 zurücksetzen *Haus*
2 verzögern, behindern *Plan, Fortschritt*
3 **it's set me back £100** (*umgangsspr*) es hat mich 100 Pfund gekostet
◆ **set in** *Winter:* einsetzen
◆ **set off** 1 auslösen *Alarmanlage;* losgehen lassen *Feuerwerk*
2 führen zu *Reaktion*
3 *Person:* sich auf den Weg machen; *Bus, Zug:* losfahren
◆ **set out** 1 ausbreiten *Ware*
2 darlegen *Gedanke*
3 *Person:* aufbrechen, sich auf den Weg machen
4 **set out to do something** sich daran machen, etwas zu tun
◆ **set up** 1 errichten *Denkmal*
2 eröffnen, gründen *Geschäft*
3 arrangieren, vorbereiten
4 **set oneself up as a therapist** sich als Therapeut niederlassen
5 **set someone up** (*umgangsspr*) jemandem etwas anhängen
**set**[2] [set] 1 Satz; **set** [**of two**] Paar; **tea set** Teeservice; **set of teeth** Gebiss

② (*Radio, Fernseher*) Gerät, Apparat
③ (*im Theater*) Bühnenbild
④ *von Fragen:* Reihe
⑤ *von Menschen:* Kreis
⑥ (*beim Tennis*) Satz
⑦ **shampoo and set** Waschen und Legen

**set**³ [set] ① fertig, bereit; **be all set for something** für etwas gerüstet sein
② *Zeit:* festgesetzt, bestimmt
③ **set book** Pflichtlektüre; **set menu** Tageskarte; **set price** Fixpreis, festgesetzter Preis
④ **be dead set on** [**doing**] **something** etwas auf Biegen und Brechen haben/tun wollen

**set·back** ['setbæk] Rückschlag

**set·tee** [se'tiː] Sofa

**set·ting** ['setɪŋ] ① *von Sonne:* Untergang
② (*übertragen*) Rahmen; *von Roman:* Schauplatz

**settle** ['setl] ① sich niederlassen (**on** auf)
② **settle into a routine** sich an eine Routine gewöhnen
③ besiedeln *Land*
④ entscheiden; klären *Problem;* in Ordnung bringen *Angelegenheiten;* **that settles it!** damit wäre der Fall erledigt!
⑤ bezahlen, begleichen *Rechnung*
⑥ *Person:* sich beruhigen; versorgen *Baby*
⑦ *Flüssigkeit:* sich klären
◆ **settle down** ① es sich gemütlich machen
② sich legen
③ *Person:* sich beruhigen
④ **settle down at school** sich an der Schule eingewöhnen
⑤ häuslich werden
◆ **settle in** sich einleben, sich eingewöhnen
◆ **settle up** abrechnen (**with** mit)

**set·tled** ['setld] *Wetter:* beständig

**set·tle·ment** ['setlmənt] ① *von Streit:* Beilegung, Schlichtung; **reach a settlement** sich einigen
② Siedlung

**set·tler** ['setləʳ] Siedler(in)

**set-up** ['setʌp] ① Organisation, System; **what's the set-up here?** wie läuft das hier?
② (*slang*) abgekartetes Spiel

**seven** ['sevn] sieben

**seven·teen** [ˌsevn'tiːn] siebzehn

**seven·teenth**¹ [ˌsevn'tiːnθ] siebzehnte(r, s)

**seven·teenth**² [ˌsevn'tiːnθ] ① Siebzehnte(r, s)
② (*Bruchteil*) Siebzehntel

**sev·enth**¹ ['sevnθ] sieb[en]te(r, s)

**sev·enth**² ['sevnθ] ① Siebte(r, s)
② (*Bruchteil*) Siebtel

**sev·en·ty** ['sevntɪ] ① siebzig
② **the seventies** die Siebzigerjahre
③ **he's in his seventies** er ist [so] um die siebzig

**sev·eral** ['sevrəl] einige, mehrere; **several times** mehrmals

**se·vere** [sɪ'vɪəʳ] ① *Person, Winter:* streng
② *Kritik:* hart, scharf
③ *Test:* schwer
④ *Krankheit:* schwer, schlimm

**sew** [səʊ] <sewed, sewed *oder* sewn> ① nähen
② **sew something on/up** etwas annähen/zunähen

**sew·age** ['sjuːɪdʒ] Abwasser

**sewer** ['sjuːəʳ] Abwasserkanal

**sewing machine** Nähmaschine

**sewn** [səʊn] *3. Form von* **sew**

**sex** [seks] ① Geschlecht
② Sex, Geschlechtsverkehr

**sex·ist** ['seksɪst] sexistisch

**sex·ual** ['sekʃʊəl] ① sexuell, geschlechtlich
② **sexual intercourse** Geschlechtsverkehr

**sexy** ['seksɪ] (*umgangsspr*) sexy, aufreizend

**shabby** ['ʃæbɪ] schäbig

**shade**¹ [ʃeɪd] ① Schatten; **give shade** Schatten spenden
② [**lamp**]**shade** [Lampen]Schirm
③ Farbton
④ Nuance
⑤ **shades** ⚠ *plural* (*umgangsspr*) Sonnenbrille

**shade**² [ʃeɪd] abschirmen (**from** gegen)

**shad·ow** ['ʃædəʊ] (*auch übertragen*) Schatten

**shadow cabinet** (GB) (*in der Politik*) Schattenkabinett

**shady** ['ʃeɪdɪ] ① schattig, Schatten spendend
② (*übertragen*) *Geschäft:* zweifelhaft, anrüchig

**shake**¹ [ʃeɪk] <shook, shaken> ① schütteln; erschüttern *Gebäude,* beben; **shake with cold/laughter** vor Kälte zittern/sich vor Lachen schütteln
② **shake hands with someone** jemandem die Hand geben; **shake one's head** den Kopf schütteln; **shake one's fist at someone** jemandem mit der Faust drohen
③ *Ereignis, Nachricht:* erschüttern; **they were badly shaken by the news** die Nachricht hatte sie sehr mitgenommen
◆ **shake off** abschütteln
◆ **shake out** ausschütteln *Staubtuch*
◆ **shake up** ① aufschütteln
② **she was badly shaken up by the accident** der Unfall hat ihr einen schweren Schock versetzt
③ umkrempeln *Betrieb*

**shake**² [ʃeɪk] ① Zittern, Beben; **give something a good shake** etwas kräftig schütteln

2 (*Milchgetränk*) Shake

**shaken** ['ʃeɪkn] *3. Form von* **shake**

**shaky** ['ʃeɪkɪ] 1 *Hand:* zitterig; *Position:* wackelig 2 *Beweis:* fragwürdig, unsicher 3 *Englisch usw.:* holprig

**shall** [ʃæl] <should> 1 werden; **I shall arrive tomorrow** ich werde morgen ankommen; **I shan't** [*oder* **shall not**] **have time** ich werde keine Zeit haben 2 sollen; **what shall we do?** was sollen wir machen? was machen wir?

> **? Grammatik** Die Kurzform für **I shall** heißt **I'll;** für **we shall — we'll;** für **shall not — shan't.**

**shal·low** ['ʃæləʊ] 1 flach; *Wasser auch:* seicht 2 *Mensch, Unterhaltung:* oberflächlich

**shame** [ʃeɪm] 1 (*Ungnade*) Schande; **shame on you!** du solltest dich schämen! 2 (*Gefühl*) Scham; **blush with shame** vor Scham erröten 3 **what a shame!** [wie] schade!

**shame·less** ['ʃeɪmlɪs] schamlos, unverschämt

**sham·poo¹** [ʃæm'puː] shamponieren

**sham·poo²** [ʃæm'puː] Shampoo

**shandy** ['ʃændɪ] GB (*Mischgetränk*) Radler

**shan't** [ʃɑːnt] *Kurzform von* **shall not**

**shape¹** [ʃeɪp] 1 Form, Gestalt 2 (*gesundheitlich*) Zustand, [gesundheitliche] Verfassung; **be in great shape** glänzend in Form sein; **be in bad shape** in schlechter Verfassung sein; **be out of shape** (*körperlich*) nicht in Form sein

**shape²** [ʃeɪp] 1 bearbeiten, formen *Holz, Ton* (**into** zu) 2 (*übertragen*) formen, prägen *Charakter;* gestalten, bestimmen *Leben;* formen *Gesellschaft*

**share¹** [ʃeəʳ] teilen
◆ **share out** austeilen, verteilen

**share²** [ʃeəʳ] 1 Anteil, Teil; **do one's share of the housework** seinen Beitrag zur Hausarbeit leisten 2 *einer AG:* Aktie

**shark** [ʃɑːk] 1 Hai[fisch] 2 (*übertragen*) Schurke, Wucherer

**sharp** [ʃɑːp] 1 scharf 2 *Nadel, Bleistift:* spitz 3 *Kurve:* scharf 4 *Abhang, Preisanstieg:* steil 5 *Bild:* scharf umrissen, deutlich 6 *Geschmack:* beißend, stechend; *Geruch:* scharf, herb 7 *Schmerz:* heftig 8 *Tonfall:* hart, streng 9 **at 3 o'clock sharp** um Punkt 3 Uhr 10 (*Musik*) **C/D/F sharp** Cis/Dis/Fis

**sharpen** ['ʃɑːpən] schärfen; spitzen *Bleistift;* schleifen, wetzen *Axt, Messer*

**sharp·ener** ['ʃɑːpnəʳ] [Bleistift]Spitzer

**shat·ter** ['ʃætəʳ] 1 zerschmettern, zerbrechen 2 (*übertragen*) zerstören; **she was shattered by his death** sein Tod hat sie erschüttert 3 (*umgangsspr*) **I'm/I feel shattered** ich bin kaputt

**shave¹** [ʃeɪv] <shaved, shaved *oder* shaven> [sich] rasieren; **shave off** abrasieren

**shave²** [ʃeɪv] Rasur; **I need a shave** ich muss mich rasieren

**shaver** ['ʃeɪvəʳ] Rasierapparat

**she** [ʃiː] 1 sie 2 **our dog is a she** unser Hund ist eine Sie

**shed** [ʃed] Schuppen

**she'd** [ʃiːd] *Kurzform von* **she had; she would**

**sheep** [ʃiːp] <*plural* sheep> Schaf

**sheep·dog** ['ʃiːpdɒg] Schäferhund

**sheer** [ʃɪəʳ] 1 rein 2 (*übertragen*) bloß, rein; **by sheer chance/coincidence** rein zufällig

**sheet** [ʃiːt] 1 Betttuch 2 **a sheet of paper** ein Blatt Papier 3 *Glas:* Scheibe; **sheet of ice** [Eis]Fläche

**shelf** [ʃelf, *plural* ʃelvz] <*plural* shelves> Brett; **shelves** Regal

**shell¹** [ʃel] 1 Schale 2 *eines Weichtiers:* Muschel; *einer Schnecke:* Haus; *einer Schildkröte:* Panzer 3 *einer Waffe:* Granate; USA Patrone

**shell²** [ʃel] 1 schälen; enthülsen *Erbsen* 2 mit Granaten beschießen *Ort, Soldaten*

**she'll** [ʃiːl] *Kurzform von* **she will**

**shell·fish** ['ʃelfɪʃ] <*plural* shellfish> Schaltier, Schalentier, Meeresfrüchte

**shel·ter¹** ['ʃeltəʳ] 1 Unterschlupf; (*für Obdachlose*) Obdach 2 (*auch übertragen*) Schutz; **take shelter** Schutz suchen (**from** vor) 3 **bus shelter** Wartehäuschen

**shel·ter²** ['ʃeltəʳ] 1 schützen (**from** vor) 2 **they sheltered under the trees** sie stellten sich unter die Bäume

**shelves** [ʃelvz] *Plural von* **shelf**

**shield¹** [ʃiːld] Schild; (*auch übertragen*) Schutz

**shield²** [ʃiːld] schützen (**from** vor)

**shift¹** [ʃɪft] 1 schieben, bewegen 2 (*übertragen*) [von sich] abwälzen *Schuld* (**on** auf) 3 USA (*am Auto*) **shift gear** schalten

**shift**[2] [ʃɪft] ① (*übertragen*) Veränderung, Verlagerung
② (*Arbeit*) Schicht; **in shifts** umschichtig
**shift key** Umschalttaste, Shifttaste
**shine**[1] [ʃaɪn] <shone, shone> ① *Sonne:* scheinen
② *Lampe:* leuchten; **shine the torch over here** leuchte [mit der Taschenlampe] hierher
③ *Mond, Stern:* glänzen, funkeln
④ (*übertragen*) glänzen, sich hervortun (**at** bei)
⑤ (USA) putzen, wichsen *Schuh*
**shine**[2] [ʃaɪn] ① Schein, Glanz
② Politur
③ (USA) Schuhputzen
**shiny** ['ʃaɪnɪ] glänzend, [glatt]poliert
**ship**[1] [ʃɪp] Schiff; **by ship** mit dem Schiff
**ship**[2] [ʃɪp] verschiffen *Waren;* (USA) [ver]senden, befördern, verladen
**ship·wreck**[1] ['ʃɪprek] Schiffbruch
**ship·wreck**[2] ['ʃɪprek] **be shipwrecked** Schiffbruch erleiden
**ship·yard** ['ʃɪpjɑːd] [Schiffs]Werft
**shirt** [ʃɜːt] ① Hemd
② (*für Damen*) Hemdbluse
**shit**[1] [ʃɪt] <shit, shit *oder* shat> (*slang*) scheißen
**shit**[2] [ʃɪt] (*umgangsspr*) ① Scheiße
② (*übertragen: Blödsinn*) Scheiß
**shitty** ['ʃɪtɪ] (*slang*) beschissen
**shiver**[1] ['ʃɪvəʳ] zittern (**with** vor)
**shiver**[2] ['ʃɪvəʳ] ① Zittern, Schauder
② **shivers** *plural* Schüttelfrost, Fieberschauer
**shock**[1] [ʃɒk] ① Schock; **be in [a state of] shock** unter Schock stehen
② heftiger Stoß, Erschütterung
③ [elektrischer] Schlag
**shock**[2] [ʃɒk] ① erschüttern, bestürzen
② schockieren (**by** über)
**shock·ing** ['ʃɒkɪŋ] ① erschütternd
② schockierend
③ (*umgangsspr*) schrecklich
**shoe** [ʃuː] ① Schuh
② *von Pferd:* [Huf]Eisen
▸ IN WENDUNGEN: **I wouldn't like to be in his shoes!** ich möchte nicht in seiner Haut stecken!
**shoe·lace** ['ʃuːleɪs] Schnürsenkel
**shoe polish** Schuhputzmittel
**shone** [ʃɒn] *2. und 3. Form von* **shine**
**shoo** [ʃuː] **shoo [away** [*oder* **off**]] verscheuchen
**shook** [ʃʊk] *2. Form von* **shake**
**shoot**[1] [ʃuːt] <shot, shot> ① schießen; abfeuern *Waffe*
② (*verletzen*) anschießen *Mensch;* **he was shot in the arm** er wurde in den Arm getroffen
③ (*töten*) erschießen *Mensch;* **he was shot dead** er wurde erschossen
④ (*Sport*) schießen *Tor*
⑤ drehen *Film, Szene*
◆ **shoot down** abschießen
◆ **shoot off** (*umgangsspr*) wegrasen
◆ **shoot past** vorbeischießen [an]
◆ **shoot up** ① *Kind, Pflanze:* in die Höhe schießen, schnell wachsen; *Gebäude:* aus dem Boden schießen
② *Flammen:* herausschlagen (**from** aus)
③ *Preisen:* in die Höhe schnellen
**shoot**[2] [ʃuːt] ① Jagd
② *von Pflanzen:* Trieb, Keim, Schössling
**shop**[1] [ʃɒp] Laden, Geschäft
**shop**[2] [ʃɒp] ① **shop** [*oder* **go shopping**] einkaufen [gehen]
② **shop around [for something]** Preise [für etwas] vergleichen
③ (*slang*) verpfeifen
**shop as·sist·ant** Verkäufer(in)
**shop·keeper** ['ʃɒpkiːpəʳ] Ladenbesitzer(in)
**shop·lifter** ['ʃɒplɪftəʳ] Ladendieb(in)
**shop·lift·ing** ['ʃɒplɪftɪŋ] Ladendiebstahl
**shop·per** ['ʃɒpəʳ] Käufer(in)
**shop·ping** ['ʃɒpɪŋ] Einkauf[en]; **do one's shopping** Einkäufe machen
**shopping bag** Einkaufstasche
**shopping centre** Einkaufszentrum
**shopping list** Einkaufszettel
**shopping mall** (USA) Einkaufszentrum
**shopping trolley** Einkaufswagen
**shop win·dow** [ˌʃɒp'wɪndəʊ] (*auch übertragen*) Schaufenster
**shore** [ʃɔːʳ] ① Küste[nstreifen]
② *eines Sees:* Ufer
③ **on shore** an Land
**short**[1] [ʃɔːt] ① (*räumlich*) kurz
② (*zeitlich*) kurz; **a short time ago** vor kurzem; **at short notice** kurzfristig; **time is getting short** es wird knapp
③ *Mensch:* klein
④ knapp (**of** an); **be in short supply** knapp sein; **be short of money** knapp bei Kasse sein
⑤ kurz angebunden; (*übertragen*) barsch (**with** gegen); **have a short temper** unbeherrscht sein
⑥ **she's called Liz for short** sie wird kurz Liz genannt
⑦ **in short** kurzum, kurz gesagt
⑧ plötzlich, unerwartet; **stop short** plötzlich anhalten [*oder* abbrechen]; (*beim Reden*) plötzlich innehalten
⑨ **short of breath** außer Atem, kurzatmig
⑩ **cut short** [vorzeitig] abbrechen *Rede, Reise*

**short**[2] [ʃɔːt] (*umgangsspr*) **the lamp has shorted** die Lampe hat einen Kurzschluss

**short**[3] [ʃɔːt] ① (*Elektrizität*) Kurzschluss
② (*Getränk*) Schnapps

**short·age** [ˈʃɔːtɪdʒ] Mangel, Knappheit (**of** an); **there is no shortage of money** es fehlt nicht am Geld

**short cut** [ˈʃɔːtˌcʌt] ① Abkürzung, Schleichweg
② (*übertragen*) abgekürztes Verfahren

**shorten** [ˈʃɔːtn] ① kürzen
② kürzer werden

**short·hand** [ˈʃɔːthænd] Kurzschrift, Stenografie

**short-list** [ˈʃɔːtlɪst] Auswahlliste

**short·ly** [ˈʃɔːtlɪ] ① (*zeitlich*) in Kürze, bald
② (*im Umgang*) scharf, barsch

**shorts** [ʃɔːts] *plural* Shorts, kurze Hose

**short-sighted** [ˌʃɔːtˈsaɪtɪd] (*auch übertragen*) kurzsichtig

**short-sleeved** [ˌʃɔːtˈsliːvd] kurzärmelig

**short-staffed** [ˌʃɔːtˈstɑːft] unterbesetzt

**short story** Kurzgeschichte

**short-tem·pered** [ˌʃɔːtˈtempəd] reizbar, leicht aufgebracht

**short-term** kurzfristig

**shot**[1] [ʃɒt] *2. und 3. Form von* **shoot**

**shot**[2] [ʃɒt] ① (*im Sport*) Schuss; (*mit Ball*) Wurf; (*beim Tennis, Golf*) Schlag; (*bei der Leichtathletik*) Kugel[stoßen]
② (*übertragen*) Versuch; **have a shot at something** etwas probieren, versuchen
③ **he's a good shot** er ist ein guter Schütze; **good shot!** gut getroffen!
④ (*Foto, Film*) Aufnahme
⑤ (*umgangsspr*) Spritze, Impfung
► IN WENDUNGEN: **like a shot** sofort, wie der Blitz; **a big shot** (*umgangsspr*) ein hohes Tier

**shot·gun** [ˈʃɒtgʌn] Schrotflinte

**shot-put** Kugelstoßen

**shot-put·ter** [ˈʃɒtˌpʊtəʳ] Kugelstoßer(in)

**should** [ʃʊd] ① (*Pflicht*) **he/we should do that** er sollte/wir sollten das tun; **I should have** ich hätte sollen; **I should think so** das will ich meinen; **how should I know?** wie soll ich das wissen?
② (*Vermutung*) **we should arrive soon** wir müssten bald da sein; **this should be enough for you** das müsste Ihnen eigentlich reichen
③ (*Möglichkeit*) **if he should come** wenn er kommen sollte; **I don't know why it shouldn't work out** ich weiß nicht, warum das nicht klappen sollte; **I shouldn't worry about it** darüber würde ich mir keine Sorgen machen
④ (*Einschränkung*) **I shouldn't like to say** dazu möchte ich mich nicht äußern

> **? Grammatik** Die Kurzform für **I should** heißt **I'd**; für **we should — we'd**; für **should not — shouldn't**.

**shoul·der** [ˈʃəʊldəʳ] Schulter

**shoulder bag** Umhängetasche

**shout**[1] [ʃaʊt] Schrei, Ruf

**shout**[2] [ʃaʊt] schreien, rufen (**for** nach); **shout for help** um Hilfe rufen; **shout at someone** jemanden anbrüllen; **shout to someone** jemandem zurufen

**shove**[1] [ʃʌv] Stoß, Schubs; **give someone a shove** jemanden schubsen, stoßen

**shove**[2] [ʃʌv] (*umgangsspr*) ① schubsen
② **stop shoving!** hör auf zu drängeln!
◆ **shove off** ① vom Ufer abstoßen *Boot*
② (*umgangsspr*) abhauen

**show**[1] [ʃəʊ] <showed, shown> ① zeigen, vorzeigen; **show someone the way** jemandem den Weg zeigen; **that showed him!** dem habe ich's aber gezeigt!
② zur Schau stellen, ausstellen
◆ **show around** herumführen
◆ **show off** ① angeben
② **show something off** mit etwas protzen (**to** vor)
③ zur Geltung bringen, hervorheben *Vorteilhaftes*
◆ **show up** ① hinaufführen, hinaufbringen
② bloßstellen *Mensch*
③ aufkreuzen; **I was surprised he showed up** ich war überrascht, dass er sich blicken lassen hat

**show**[2] [ʃəʊ] ① Schau, Darbietung; **on show** zur Besichtigung, ausgestellt
② Ausstellung, Messe
③ Schau, falscher Schein; **for show** zum Schein, nur fürs Auge
④ (*im Theater*) Aufführung, Show
⑤ (*im Radio, TV*) Sendung

**shower**[1] [ˈʃaʊəʳ] ① [Regen-, Schnee]Schauer
② Dusche; **take** [*oder* **have**] **a shower** sich duschen

**shower**[2] [ˈʃaʊəʳ] sich duschen

**show-jump·ing** [ˈʃəʊˌdʒʌmpɪŋ] Springreiten

**shown** [ʃəʊn] *3. Form von* **show**

**show-off** [ˈʃəʊɒf] Angeber(in)

**shrank** [ʃræŋk] *2. Form von* **shrink**

**shriek**[1] [ʃriːk] kreischen; **shriek with laughter** vor Lachen schreien

**shriek**[2] [ʃriːk] [gellender, durchdringender] Schrei

**shrimp** [ʃrɪmp] Nordseekrabbe, Schrimp

**shrink** [ʃrɪŋk] <shrank, shrunk> ① schrumpfen [lassen], einlaufen

❷ (*übertragen*) abnehmen, nachlassen

**shrug¹** [ʃrʌg] **give a shrug** mit den Achseln zucken

**shrug²** [ʃrʌg] **shrug** [**one's**] **shoulders** mit den Achseln [*oder* Schultern] zucken

**shrunk** [ʃrʌŋk] *2. Form von* **shrink**

**shud·der¹** ['ʃʌdəʳ] [er]schaudern (**at** bei)

**shud·der²** ['ʃʌdəʳ] Schauder

**shuffle** ['ʃʌfl] ❶ (*gehen*) schlurfen ❷ mischen *Karten*

**shut¹** [ʃʌt] <shut, shut> ❶ schließen, zumachen; *Fenster, Tür:* zugehen ❷ verriegeln *Tür, Fenster* ❸ **shut one's mouth** den Mund halten

◆ **shut down** ❶ *Fabrik:* [vorübergehend] schließen, den Betrieb einstellen ❷ abschalten *Kraftwerk, Computer*

◆ **shut in** ❶ einschließen, einsperren ❷ **shut one's finger in the door** sich den Finger in der Tür einklemmen

◆ **shut off** ❶ ausschalten, abdrehen; abstellen *Motor* ❷ **shut oneself off** sich absondern

◆ **shut out** ❶ ausschließen, aussperren ❷ (*übertragen*) ausschalten

◆ **shut up** ❶ verschließen, zuschließen ❷ zum Schweigen bringen, den Mund halten; **shut up!** halt die Klappe!

**shut²** [ʃʌt] geschlossen, zu; **we are shut** wir haben geschlossen

**shut·ter** ['ʃʌtəʳ] ❶ Fensterladen ❷ *einer Kamera:* Verschluss

**shut·tle** ['ʃʌtl] Pendelflugzeug, Pendelzug

**shut·tle bus** Autobus im Pendelverkehr, Zubringer[bus]

**shut·tle service** Pendelverkehr

**shy** [ʃaɪ] schüchtern, scheu; **don't be shy!** nur keine Hemmungen!

**sick** [sɪk] ❶ krank (**with** vor); **be sick** krank sein; (*bei Übelkeit*) sich erbrechen; **fall** [*oder* **be taken**] **sick** krank werden; **I feel sick** mir ist übel ❷ (*übertragen*) **be sick** [**to death**] **of something** etwas satt, leid haben; **it makes me sick** das macht mich ganz krank ❸ (*umgangsspr*) *Witz:* geschmacklos, makaber; *Mensch:* abartig ❹ **I'm worried sick about it** ich bin darüber höchst beunruhigt

**! Vorsicht Falle** Im britischen Englisch verwendet man üblicherweise das Wort **ill**, wenn jemand krank ist: *She was too ill to travel.* **To be sick** bedeutet im britischen English ‚sich übergeben': *I was sick all over the floor.* Wenn es jemandem übel ist, sagt man **feel sick:** *The smell made her feel sick.*

**sick bag** Spucktüte

**sicken·ing** ['sɪkənɪŋ] ❶ Ekel erregend ❷ (*übertragen*) entsetzlich, widerlich, ekelhaft

**sick leave** ['sɪkli:v] **be on sick leave** krank geschrieben sein

**sick·ness** ['sɪknɪs] ❶ Krankheit ❷ Übelkeit, Erbrechen

**side¹** [saɪd] ❶ Seite; **side by side** Seite an Seite; **this side up!** Vorsicht, nicht stürzen!; **at the side of the road** am Straßenrand; **I've got a pain in my side** ich habe Seitenstechen; **on the side** (*umgangsspr*) nebenbei, nebenher; **put on** [*oder* **to**] **one side** vorübergehend zurückstellen ❷ (*übertragen*) Seite, Standpunkt; **take sides** parteiisch sein, Partei ergreifen; **whose side are you on?** auf welcher Seite stehen Sie? ❸ Seite, Partei, Mannschaft

▶ IN WENDUNGEN: **to be on the safe side** um sicher zu gehen

**side²** [saɪd] Seiten-, Neben-

**side³** [saɪd] Partei ergreifen (**with** für)

**side dish** Beilage

**side effect** Nebenwirkung

**side salad** Salat [als Beilage]

**side street** Nebenstraße

**side·walk** ['saɪdwɔ:k] (USA) Gehweg

**side·ways** ['saɪdweɪz] seitlich, seitwärts

**sieve** [sɪv] Sieb

**sigh¹** [saɪ] seufzen (**with** vor); **sigh with relief** erleichtert durchatmen

**sigh²** [saɪ] Seufzer; **heave a sigh of relief** einen Seufzer der Erleichterung ausstoßen

**sight** [saɪt] ❶ Blick, Anblick; **at first sight** auf den ersten Blick; **within sight** in Sicht; **out of sight** außer Sicht, weit weg; (*umgangsspr*) unerschwinglich; **know by sight** vom Sehen [her] kennen; **lose sight of something** (*auch übertragen*) etwas aus den Augen verlieren ❷ Sehvermögen; **his sight is very good** er sieht sehr gut ❸ **sights** *plural* Sehenswürdigkeiten ❹ **be unable to bear** [*oder* **stand**] **the sight of someone** jemanden nicht ausstehen können

**sight·see·ing** ['saɪtˌsi:ɪŋ] Besuch von Sehenswürdigkeiten, Sightseeing; **sightseeing tour** Stadtrundfahrt

**sign¹** [saɪn] ❶ Zeichen, Vorzeichen; **there was no sign of it** es war keine Spur davon zu entde-

cken
② Schild; **road sign** Wegweiser

**sign**[2] [saɪn] ① unterzeichnen, unterschreiben; **sign the register** sich eintragen
② (*Sport*) verpflichten *Spieler*
◆ **sign in** sich einschreiben, [sich] eintragen
◆ **sign off** ① (*im Radio, TV*) das Programm beenden
② (*im Brief*) Schluss machen
③ (*am Computer*) sich abmelden
◆ **sign on** ① sich verpflichten, sich melden; (*für einen Kurs*) sich einschreiben; **sign on** [**the dole**] sich arbeitslos melden, stempeln gehen
② (*am Computer*) sich anmelden
◆ **sign out** ① sich abmelden
② [sich] austragen
◆ **sign up** ① anstellen, verpflichten
② sich verpflichten; (*für einen Kurs*) [sich] einschreiben

**sig·nal**[1] [ˈsɪgnəl] (*auch übertragen*) Zeichen, Wink, Signal (**for** zu)

**sig·nal**[2] [ˈsɪgnəl] ① [ein] Zeichen geben, winken
② signalisieren, ankündigen

**sig·na·ture** [ˈsɪgnətʃəʳ] Unterschrift

**sig·nifi·cant** [sɪgˈnɪfɪkənt] ① bedeutungsvoll, wichtig (**for** für)
② *Blick:* vielsagend

**sign lan·guage** [ˈsaɪnˌlæŋgwɪdʒ] Zeichensprache

**sign·post** Wegweiser

**si·lence**[1] [ˈsaɪləns] Schweigen, Stille; **in silence** schweigend; **silence!** Ruhe!

**si·lence**[2] [ˈsaɪləns] zum Schweigen bringen

**si·lent** [ˈsaɪlənt] ① schweigend
② stumm
③ schweigsam, still

**si·lent·ly** [ˈsaɪləntlɪ] lautlos, schweigend

**silk** [sɪlk] Seide

**silly** [ˈsɪlɪ] dumm, albern

**sil·ver**[1] [ˈsɪlvəʳ] ① Silber
② Silbergeld
③ [Tafel]Silber, Silbergeschirr
④ (*Sport*) Silber[medaille]

**sil·ver**[2] [ˈsɪlvəʳ] silbern, silberhaltig, versilbert

**simi·lar** [ˈsɪmɪləʳ] [**in a**] **similar** [**way**] ähnlich, genauso

**simi·lar·ity** [ˌsɪməˈlærətɪ] Ähnlichkeit, Gleichartigkeit (**to** mit)

**sim·ple** [ˈsɪmpl] ① einfach
② *Problem, Aufgabe:* unkompliziert, leicht
③ *Stil, Mensch:* schlicht
④ *Wahrheit:* rein, nackt
⑤ (*abwertend*) einfältig, dumm

**sim·ply** [ˈsɪmplɪ] ① [ganz] einfach
② bloß, nur
③ (*umgangsspr*) **simply wonderful/dreadful** einfach toll/grausam

**sin** [sɪn] Sünde

**since** [sɪns] ① seit[dem]
② **ever since** seither; **have you seen him since?** hast du ihn seither gesehen?
③ (*bei Begründung*) **since he's always late....** da er immer zu spät kommt....
④ (*mittlerweile*) inzwischen; **but they've since become vegetarian** aber sie sind inzwischen Vegetarier geworden

**sin·cere** [sɪnˈsɪəʳ] ehrlich, aufrichtig

**sin·cere·ly** [sɪnˈsɪəʳlɪ] aufrichtig, ehrlich; **Yours sincerely** mit freundlichen Grüßen

**sing** [sɪŋ] <sang, sung> singen

**singer** [ˈsɪŋəʳ] Sänger(in)

**sing·ing** [ˈsɪŋɪŋ] Singen, Gesang

**sin·gle**[1] [ˈsɪŋgl] ① einzig; **not a single person said 'Hello'** kein Einziger begrüßte uns; **every single one** jeder [Einzelne]
② unverheiratet, allein stehend; **single parent** Alleinerziehende(r)
③ *Fahrkarte:* einfach
④ **single bed** Einzelbett; **single bedroom** Einzelzimmer

**sin·gle**[2] [ˈsɪŋgl] ① einfache Fahrkarte
② (*im Hotel*) Einzelzimmer
③ (*Schallplatte*) Single
④ (*Alleinstehende*(*r*)) Single

**single-handed** [ˌsɪŋgl ˈhændɪd] ohne Hilfe, allein

**sin·gu·lar** [ˈsɪŋgjʊləʳ] Singular, Einzahl

**sink**[1] [sɪŋk] <sank, sunk> ① sinken, untergehen
② versenken *Schiff*

> **? Grammatik** Die unregelmäßigen Vergangenheitsformen von **sink** lauten **sank — sunk**: *the ship* **sank** *in the storm; the houseboat* **was sunk.**

**sink**[2] [sɪŋk] Ausguss, Spüle

**sip**[1] [sɪp] nippen

**sip**[2] [sɪp] Schlückchen

**sir** [sɜːʳ] ① (*Anrede ohne Namen*) Herr; **yes, sir** jawohl [mein Herr]!; **Dear Sir or Madam** sehr geehrte Damen und Herren
② (*Titel*) Sir

**sis·ter** [ˈsɪstəʳ] ① (*auch im Kloster*) Schwester
② (*im Krankenhaus*) [Ober]Schwester

**sis·ter-in-law** [ˈsɪstərɪnlɔː] <*plural* sisters-in-law> Schwägerin

**sit** [sɪt] <sat, sat> ① sitzen, sich setzen
② *Versammlung, Gericht:* tagen
③ sich befinden, stehen
④ (*technisch*) aufliegen
⑤ *Kleidungsstück:* sitzen (**on** bei)
⑥ ablegen *Prüfung*
⑦ (*übertragen*) liegen, ruhen (**on** auf)
◆ **sit about**, **sit around** herumsitzen [und nichts tun]
◆ **sit back** sich zurücklehnen; (*übertragen*) abwarten
◆ **sit down** sich [hin]setzen, Platz nehmen
◆ **sit on** ① sitzen in, Mitglied sein bei *Ausschuss*
② hinauszögern, sitzen auf *Entscheidung, Arbeit*
③ unterdrücken *Nachricht*
◆ **sit out** ① im Freien sitzen
② auslassen *Tanz*
◆ **sit through** bis zum Ende anhören, durchhalten
◆ **sit up** ① aufrecht sitzen, aufrichten
② aufbleiben

**sit·com** ['sɪtkɒm] (*umgangsspr*) Situationskomödie

**site** [saɪt] ① Lage, Gelände
② Standort; *einer Firma:* Sitz
③ **building site** Bauplatz, Baustelle; **camping site** Campingplatz

**sitting-room** Wohnzimmer

**situ·ated** ['sɪtʃʊeɪtɪd] **be situated** gelegen sein, liegen

**situ·ation** [ˌsɪtʃʊ'eɪʃn] ① Lage
② (*übertragen*) Situation, Umstände
③ **situations vacant/wanted** Stellenangebote/Stellengesuche

**sit-up** ['sɪtʌp] Situp

**six** [sɪks] sechs

**six·teen** [sɪk'stiːn] sechzehn

**six·teenth** [sɪk'stiːnθ] sechzehnte(r, s)

**sixth**[1] [sɪksθ] ① sechste(r, s)
② (*Schulklasse*) **sixth form** Abschlussklasse

**sixth**[2] [sɪksθ] Sechstel, Sechste(r, s)

**six·ti·eth** ['sɪkstɪəθ] sechzigste(r, s)

**sixty** ['sɪkstɪ] sechzig; **the sixties** die Sechzigerjahre; **be in one's sixties** über sechzig sein

**size** [saɪz] ① Größe, Umfang
② *von Kleidung:* Größe, Nummer
③ (*übertragen*) Ausmaß, Bedeutung

**skate**[1] [skeɪt] ① Schlittschuh
② Rollschuh

**skate**[2] [skeɪt] Schlittschuh/Rollschuh laufen

> **i Land & Leute** Obwohl Kinder in den USA schon in den 30er Jahren Rollschuhräder auf Bretter festgenagelt und diese zum Fahren benutzt haben, wurde das **skateboard** zum ersten Mal in den frühen 60er Jahren in Kalifornien an Surfer verkauft, die auch noch bei flachen Wellen surfen wollten. Damals wurde **skateboarding** auch **sidewalk surfing** (Gehweg-Surfen) genannt. Fünfzehn Jahre später, nach der Erfindung von Rädern aus Polyurethan und den Kunststücken wie dem **ollie** (Springen), wurde Skateboarding zu einer beliebten Sportart.

**skater** ['skeɪtəʳ] Schlittschuhläufer(in), Rollschuhläufer(in)

**skat·ing rink** ['skeɪtɪŋrɪŋk] Eisbahn, Rollschuhbahn

**skel·eton** ['skelɪtn] Skelett, Gerippe

**sketch**[1] [sketʃ] ① Skizze
② (*im Theater*) Sketch

**sketch**[2] [sketʃ] skizzieren

**ski**[1] [skiː] Ski

**ski**[2] [skiː] Ski fahren

**skid** [skɪd] rutschen, schleudern

**skier** ['skiːəʳ] Skiläufer(in), Skifahrer(in)

**ski·ing** ['skiːɪŋ] Skifahren; **skiing holiday** Skiurlaub

**ski instructor** ['skiːɪnˌstrʌktəʳ] Skilehrer(in)

**ski jump** Sprungschanze

**ski jumping** Skispringen

**skil·ful**, (USA) **skill·ful** ['skɪlfl] geschickt, erfahren (**at** in)

**skill** [skɪl] ① Geschick, Geschicklichkeit
② (*im Beruf*) Fähigkeit, Fertigkeit (**in, at** in)

**skim·med milk** ['skɪmd'mɪlk] Magermilch

**skin** [skɪn] ① Haut
② *von einem Tier:* Fell
③ *von Obst, Gemüse:* Schale, Rinde

**skinny** ['skɪnɪ] mager, dürr

**skip**[1] [skɪp] ① hüpfen
② seilspringen, seilhüpfen
③ (*übertragen*) springen *Thema;* auslassen, überspringen *Abschnitt, Frage;* ausfallen lassen *Mahlzeit*
④ schwänzen *Schule*

**skip**[2] [skɪp] Container

**skip·ping-rope** ['skɪpɪŋrəʊp] Springseil

**ski resort** Wintersportort

**skirt** [skɜːt] Rock

**skive** [skaɪv] (*umgangsspr*) **skive** [**off**] sich vor der Arbeit drücken, blaumachen; schwänzen *Schule*

**skull** [skʌl] Schädel

**sky** [skaɪ] Himmel; **in the sky** am Himmel

**sky·scraper** ['skaɪskreɪpəʳ] Wolkenkratzer

**slack** [slæk] ① *Seil:* schlaff, locker
② *Zeit:* flau, ruhig; *Wirtschaft:* flau; *Geschäft:* stagnierend
③ (*übertragen*) träge, nachlässig
**slacker** ['slækəʳ] Bummelant
**slam** [slæm] ① zuschlagen *Tür*
② **slam on the brakes** in die Eisen steigen
◆ **slam down** aufknallen *Telefonhörer*
**slang** [slæŋ] Slang, Jargon
**slap**[1] [slæp] Klaps, Schlag
**slap**[2] [slæp] schlagen, einen Klaps geben
**slash**[1] [slæʃ] ① aufschlitzen
② (*übertragen*) [drastisch] kürzen, zusammenstreichen *Preise*
**slash**[2] [slæʃ] ① Schnitt
② Schrägstrich
③ **have a slash** (*slang*) pinkeln
**slaugh·ter** ['slɔːtəʳ] ① schlachten *Vieh*
② niedermetzeln *Menschen*
③ (*übertragen: beim Spiel*) haushoch schlagen
**slave** [sleɪv] Sklave, Sklavin
◆ **slave away** schuften, sich abplagen (**at** mit)
**slav·ery** ['sleɪvərɪ] Sklaverei
**sleazy** ['sliːzɪ] (*umgangsspr*) schäbig, anrüchig
**sledge** [sledʒ], **sled** [sled] Schlitten; **go sledging** Schlitten fahren
**sleep**[1] [sliːp] <slept, slept> ① schlafen; **sleep late** lange [aus]schlafen; **sleep rough** draußen schlafen
② **the boat sleeps six** im Boot können sechs Leute schlafen
◆ **sleep around** (*umgangsspr*) herumbumsen
◆ **sleep in** ① ausschlafen
② verschlafen
◆ **sleep off sleep it off** einen Rausch ausschlafen
◆ **sleep on** ① weiterschlafen
② überschlafen *Entscheidung, Idee*
◆ **sleep over** *Kind:* bei einer Freundin/einem Freund übernachten
**sleep**[2] [sliːp] Schlaf; **go/get to sleep** einschlafen; **get** [*oder* **have**] **a good night's sleep** richtig gut schlafen; **put a dog to sleep** einen Hund einschläfern [lassen]
**sleeping bag** Schlafsack
**sleeping policeman** Bodenschwelle
**sleepover** ['sliːpˌəʊvə] **Mum, can I have a sleepover?** Mutti, kann ich einige Freunde zum Übernachten einladen?
**sleepy** ['sliːpɪ] ① schläfrig, müde
② verschlafen
③ (*übertragen*) *Stadt, Dorf:* still, ruhig, tot
**sleet** [sliːt] Schneeregen
**sleeve** [sliːv] ① Ärmel
② Schallplattenhülle
**sleigh** [sleɪ] [Pferde]Schlitten
**slept** [slept] *2. und 3. Form von* **sleep**
**slice**[1] [slaɪs] ① *Brot, Kuchen:* Scheibe
② (*übertragen*) Stück, [An]Teil
**slice**[2] [slaɪs] ① in Scheiben schneiden
② anschneiden *Ball*
**slide**[1] [slaɪd] ① [sich] schieben [lassen], gleiten [lassen], rutschen
② **he slid into the room** er schlich in das Zimmer

> **? Grammatik** Die unregelmäßigen Vergangenheitsformen von **slide** lauten **slid — slid**: *he* **slid** *the glass towards me; the ring* **has slid** *down the side of the armchair.*

**slide**[2] [slaɪd] ① Rutschbahn, Rutsche
② Dia[positiv]; *von Mikroskop:* Objektträger
③ (*an einem Gerät*) Schlitten, Schieber
④ (GB) Haarspange
**slide rule** Rechenschieber
**slid·ing** [slaɪdɪŋ] gleitend; *Tür, Dach:* Schiebe-
**slight** [slaɪt] ① geringfügig, belanglos; *Erkältung:* leicht; *Unterschied:* klein
② *Eindruck:* oberflächlich
③ **I haven't got the slightest** [**idea**] ich habe überhaupt keine Ahnung
④ **not in the slightest** nicht im Geringsten
**slight·ly** ['slaɪtlɪ] ein wenig, leicht
**slim**[1] [slɪm] ① *Mensch:* schlank
② *Chance:* gering[fügig], schwach
**slim**[2] [slɪm] abnehmen
**slimy** ['slaɪmɪ] (*auch übertragen*) schleimig
**sling**[1] [slɪŋ] ① (*Verband*) Schlinge
② Babytragetasche
**sling**[2] [slɪŋ] <slung, slung> (*umgangsspr*) schleudern, schmeißen

> **? Grammatik** Die unregelmäßigen Vergangenheitsformen von **sling** lauten **slung — slung**: *Kate* **slung** *her jacket over her shoulder; Her jacket* **was slung** *over her shoulder.*

**slip**[1] [slɪp] ① ausgleiten, ausrutschen
② hineinstecken; **she quickly slipped the money into her bag** unbemerkt steckte sie das Geld in ihre Tasche
③ (*vergessen*) **slip someone's mind** jemandem entfallen
◆ **slip away** ① sich davonstehlen
② *Zeit:* vergehen; *Chance:* schwinden
◆ **slip off** ① hinausschlüpfen aus *Kleidungsstück*
② herunterrutschen

③ sich davonmachen
◆ **slip out** ① kurz weggehen
② *Geheimnis:* herausrutschen
◆ **slip up** einen Fehler machen
**slip²** [slɪp] ① Ausgleiten, Ausrutschen
② (*übertragen*) Irrtum, Versehen
③ Unterrock
④ **give someone the slip** jemandem entwischen
⑤ **slip** [**of paper**] Zettel
**slip·per** ['slɪpəʳ] Hausschuh, Pantoffel
**slip·pery** ['slɪpərɪ] ① schlüpfrig, glatt
② (*übertragen*) unzuverlässig
**slip road** ['slɪprəʊd] (*auf der Autobahn*) Auffahrt, Ausfahrt
**slit¹** [slɪt] <slit, slit> [auf]schlitzen
**slit²** [slɪt] Schlitz
**slog** [slɒg] (*umgangsspr*) [**hard**] **slog** (*bei Arbeit*) Schufterei; (*beim Spazieren*) Fußmarsch
**slo·gan** ['sləʊgən] ① Wahlspruch, Schlagwort
② Werbespruch
**slope¹** [sləʊp] ① *von Berg:* [Ab]Hang, Böschung
② (*Dach, Straße*) Neigung, Gefälle, Schräge
**slope²** [sləʊp] sich neigen, abfallen
**sloppy** ['slɒpɪ] ① (*umgangsspr*) schlampig, nachlässig
② (*umgangsspr*) sentimental
**slot** [slɒt] ① Schlitz, [Münz]Einwurf
② (*umgangsspr: in einer Liste*) Platz, Lücke
**slot ma·chine** ['slɒtməʃi:n] [Waren-, Spiel]Automat
**slow** [sləʊ] ① langsam; **it's slow work** das geht langsam [voran]
② *Börse:* flau
③ *Uhr:* **be slow** nachgehen
◆ **slow down** langsamer werden, verlangsamen; **slow down!** fahr [*oder* geh] langsam!
**slow·ly** ['sləʊlɪ] langsam
**slow-motion** Zeitlupe
**slow train** Ⓖⓑ Bummelzug
**slum** [slʌm] **slum**[**s**] Elendsviertel
**slump¹** [slʌmp] ① **slump** [**down**] zusammensinken, zusammensacken
② (*übertragen*) *Preise:* [plötzlich] fallen, nachlassen; *Absatz:* abnehmen, fallen
**slump²** [slʌmp] [Preis-, Kurs]Sturz, Konjunktureinbruch
**slur** [slɜ:ʳ] undeutlich [aus]sprechen
**slush** [slʌʃ] Schneematsch, Matsch
**sly** [slaɪ] ① schlau, verschlagen
② falsch, hinterhältig
**smack¹** [smæk] [klatschend] schlagen; **smack someone's bottom** jemandem den Hintern versohlen
**smack²** [smæk] ① Klaps, Schlag
② (*umgangsspr: Kuss*) Schmatz
**small** [smɔ:l] ① klein; **on the small side** etwas klein; **feel small** sich klein vorkommen; (*übertragen*) sich schämen
② *Zahl:* niedrig; *Menge:* gering; *Vermögen:* bescheiden
**small print** [das] Kleingedruckte
**smalls** [smɔ:lz] *plural* Ⓖⓑ (*umgangsspr*) Unterwäsche
**smart** [smɑ:t] ① *Aussehen:* schick, gepflegt
② *Mensch, Plan:* klug, gewitzt, raffiniert; (*abwertend*) besonders gescheit
③ **get smart with someone** (*umgangsspr*) jemandem frech kommen
**smash¹** [smæʃ] ① zerschmettern, zerschlagen; **he's smashed** [**up**] **his car** er hat sein Auto zu Schrott gefahren
② zerbrechen
③ einschlagen *Fenster*
④ (*übertragen*) [vernichtend] schlagen, [schwer] treffen
⑤ (*beim Tennis*) schmettern
◆ **smash into** prallen gegen
**smash²** [smæʃ] ① heftiger Schlag
② (*beim Tennis*) Schmetterball
③ Knall
④ Zusammenstoß
**smash·ing** ['smæʃɪŋ] (*umgangsspr*) toll, fantastisch
**smear¹** [smɪəʳ] ① schmieren *Farbe, Creme*
② verschmieren *Fenster, Spiegel*
**smear²** [smɪəʳ] ① Fleck
② **smear campaign** Schmutzkampagne, Verleumdungskampagne
③ **smear test** Abstrich
**smell¹** [smel] <smelled *oder* smelt, smelt *oder* smelled> ① riechen; **the flowers smell wonderful** die Blumen duften ganz toll
② stinken

> **? Grammatik** Die unregelmäßigen Vergangenheitsformen von **smell** lauten **smelt/ smelled — smelt/ smelled**: *the red roses* **smelt** *beautiful; he* **smelt** *her perfume in the lift.*

**smell²** [smel] ① Geruch, Duft
② (*abwertend*) Gestank
**smelly** ['smelɪ] (*umgangsspr*) stinkend
**smelt** [smelt] *2. und 3. Form von* **smell**
**smile¹** [smaɪl] lächeln; **smile at someone** jemanden anlächeln, anlachen; **smile at some-**

thing über etwas lächeln
▶ In Wendungen: **keep smiling!** lass dich nicht unterkriegen!

**smile²** [smaɪl] Lächeln; **give someone a smile** jemandem zulächeln

**smoke¹** [sməʊk] ① Rauch
② **have a smoke** [eine] rauchen

**smoke²** [sməʊk] ① rauchen, qualmen
② räuchern *Schinken, Fisch*

**smoked** [sməʊkt] geräuchert, Räucher-

**smoke detector** Rauchmelder

**smoker** ['sməʊkəʳ] ① Raucher(in)
② (*im Zug*) Raucherabteil

**smoke-stained** ['sməʊksteɪnd] rauchgeschwärzt

**smok·ing** ['sməʊkɪŋ] Rauchen; **no smoking!** Rauchen verboten!

**smoking compartment**, (USA) **smoking car** Raucherabteil

**smoky** ['sməʊkɪ] ① *Feuer:* qualmend
② *Raum:* rauchig, verräuchert

**smooth** [smuːð] ① *Oberfläche:* glatt, eben; *See:* ruhig
② *Haare:* weich
③ *Überfahrt, Flug:* ruhig; *Start, Landung:* glatt, weich
④ *Ablauf:* reibungslos, glatt
⑤ *Stil:* flüssig, glatt; *Ton:* sanft; *Redeweise:* flüssig; (*abwertend*) glatt
⑥ (*abwertend*) *Benehmen, Verkäufer:* glatt, aalglatt
⑦ (*umgangsspr*) gepflegt, fesch

**smudge¹** [smʌdʒ] Schmutzfleck, Klecks

**smudge²** [smʌdʒ] verschmieren

**smudge-proof** *Lippenstift, Mascara:* nicht schmierend

**smuggle** ['smʌgl] schmuggeln

**snack** [snæk] Imbiss, Snack, Kleinigkeit zu essen

> **i Land & Leute** In Großbritannien sind **fish and chips** (Backfisch mit handgeschnittenen Pommes frites) immer noch sehr beliebt — trotz Hamburger, Brathähnchen und Pizza. Die Briten geben auch gerne etwas **vinegar** (Essig) über die Pommes frites und über den Backfisch.

**snack bar** Imbissstube

**snag** [snæg] (*übertragen*) Schwierigkeit, Haken

**snail** [sneɪl] Schnecke

**snake** [sneɪk] Schlange

**snap¹** [snæp] ① schnappen (**at** nach)
② **snap shut** *Tür, Schloss:* zuschlagen, zuschnappen
③ [zer]springen, [zer]reißen
④ anfahren
⑤ knipsen *Foto*
⑥ **snap one's fingers** mit den Fingern schnalzen
◆ **snap off** ① abreißen, abbrechen
② (*übertragen*) **snap someone's head off** jemanden anfahren
◆ **snap up** wegschnappen *Angebot*

**snap²** [snæp] ① Foto, Schnappschuss
② **cold snap** Kälteeinbruch

**snap³** [snæp] ① *Entschluss:* plötzlich; **snap vote** Blitzabstimmung
② **go snap** schnapp machen

**snarl** [snɑːl] (*auch übertragen*) knurren

**snatch** [snætʃ] ① greifen, entreißen; **she snatched it out of my hand!** sie hat es mir aus der Hand gerissen!; **don't snatch!** hör auf zu schnappen!
② (*umgangsspr*) stehlen *Tasche;* kidnappen *Mensch*
◆ **snatch at** greifen nach

**sneak¹** [sniːk] (*umgangsspr*) Petzer, Petzliese

**sneak²** [sniːk] ① schleichen; **sneak out** sich herausschleichen (**of** aus)
② (*slang*) petzen
◆ **sneak up** (*auch übertragen*) sich heranschleichen (**on** an)

**sneak·ers** ['sniːkəz] *plural* (USA) Turnschuhe

**sneer** [snɪəʳ] ① höhnisch lächeln
② spotten (**at** über)

**sneeze¹** [sniːz] niesen

**sneeze²** [sniːz] Niesen

**sniff** [snɪf] ① schniefen
② schnüffeln, schnuppern

**snig·ger** ['snɪgəʳ] [gemein] kichern (**at, about** über)

**snog** [snɒg] (*slang*) [rum]knutschen

**snoop about, snoop around** (*umgangsspr*) herumschnüffeln, herumspionieren

**snooty** ['snuːtɪ] (*umgangsspr*) hochnäsig

**snooze¹** [snuːz] (*umgangsspr*) Nickerchen

**snooze²** [snuːz] (*umgangsspr*) dösen

**snore** [snɔːʳ] schnarchen

**snort** [snɔːt] schnauben

**snot** [snɒt] (*umgangsspr*) Rotz

**snow¹** [snəʊ] Schnee, Schneefall

**snow²** [snəʊ] schneien; **we were snowed in** wir waren eingeschneit

**snow·ball** ['snəʊbɔːl] Schneeball

**snow·fall** ['snəʊfɔːl] Schneefall

**snow·flake** ['snəʊfleɪk] Schneeflocke

**snow·man** ['snəʊmæn] <*plural* snowmen>

S

Schneemann

**snowy** ['snəʊɪ] verschneit, schneebedeckt

**snub** [snʌb] schneiden, ignorieren

**snug** [snʌg] behaglich, gemütlich

**snuggle up** sich zusammenkuscheln, sich anschmiegen (**against** an)

**so** [səʊ] 1 so, dermaßen; **not so ... as** nicht so ... wie
2 **I'm tired — so am I** ich bin müde — ich auch
3 **so they say** so heißt es, man sagt so; **and so on** [**and so forth**] und so weiter [und so fort]; **so I see** ich seh's, das sehe ich; **so to speak** sozusagen
4 **three weeks or so** drei Wochen oder so
5 **so far** bis jetzt, bisher, soweit; **so far, so good** so weit ganz gut
6 **so long as** solange; **so long!** (*umgangsspr*) tschüss!
7 **I hope/think so** ich hoffe [es]/glaube ich; **I told you so** ich sagte es doch!
8 deshalb; **it's raining so take your umbrella** es regnet also nimm deinen Regenschirm mit
9 **we left a note so [that] they'd know where we are** wir haben einen Zettel hingelegt, so dass [*oder* damit] sie wissen wo wir sind
10 **so that's that** (*umgangsspr*) so, das wär's!
11 **so what?** (*umgangsspr*) na und?

**soak** [səʊk] 1 einweichen
2 **you're soaked!** du bist patschnass!
◆**soak through** durchdringen, durchsickern
◆**soak up** 1 aufsaugen
2 (*übertragen*) genießen *Sonne*

**soak·ing** ['səʊkɪŋ] **soaking [wet]** klatschnass

**soap** [səʊp] Seife

**soap opera** Seifenoper

**soar** [sɔːʳ] 1 aufsteigen, sich in die Lüfte schwingen
2 *Gebäude:* hochragen
3 *Preise:* in die Höhe schnellen; *Hoffnung, Ruf:* zunehmen; *Stimmung:* sich heben

**sob** [sɒb] schluchzen

**so·ber** ['səʊbəʳ] nüchtern

**so-called** [ˌsəʊ'kɔːld] sogenannt

**soc·cer** ['sɒkəʳ] Fußball[spiel]

**so·cial** ['səʊʃl] 1 gesellschaftlich
2 sozial; **social democrat** Sozialdemokrat(in); **social science** Sozialwissenschaften; **social security** Sozialhilfe; **social services** (*staatlich*) Sozialleistungen; **social studies** Gemeinschaftskunde; **social worker** Sozialarbeiter(in)

**so·cial·ist**[1] ['səʊʃəlɪst] Sozialist(in)

**so·cial·ist**[2] ['səʊʃəlɪst] sozialistisch

**so·ciety** [sə'saɪətɪ] 1 Gesellschaft
2 Gesellschaft, Verein[igung]

**so·ci·ol·ogy** [ˌsəʊsɪ'ɒlədʒɪ] Soziologie

**sock** [sɒk] Socke, Kniestrumpf

**socket** ['sɒkɪt] Steckdose; (*für Birne*) Fassung

**sofa** ['səʊfə] Sofa

**sofa bed** Bettcouch, Schlafsofa

**soft** [sɒft] 1 weich
2 mild, sanft
3 *Farbe:* sanft
4 *Licht:* gedämpft
5 *Ton:* leise; *Stimme:* weich
6 *Getränk:* alkoholfrei
7 **you're too soft on your children!** du gehst zu nachsichtig mit den Kindern um!
8 **soft toy** Plüschtier

**soft-boiled** [ˌsɒft'bɔɪld] (*auch übertragen*) weichgekocht

**soft·ly** ['sɒftlɪ] 1 sanft
2 leise, leicht

**soggy** ['sɒgɪ] durchweicht, durchnässt

**soil** [sɔɪl] Boden, Erde

**so·lar** ['səʊləʳ] Sonnen-, Solar-

**solar eclipse** Sonnenfinsternis

**solar energy** Sonnen-, Solarenergie

**solar heating** Solarheizung

**solar power** Sonnen-, Solarkraft

**solar system** Sonnensystem

**sold** [səʊld] *2. und 3. Form von* **sell**

**sol·dier** ['səʊldʒəʳ] Soldat

**sole**[1] [səʊl] 1 Sohle
2 Seezunge

**sole**[2] [səʊl] 1 einzig
2 *Verantwortung:* alleinig

**sole·ly** ['səʊlɪ] einzig und allein

**sol·emn** ['sɒləm] 1 *Zeremonie:* feierlich, festlich
2 *Stimmung:* ernst

**sol·ici·tor** [sə'lɪsɪtəʳ] 1 Rechtsanwalt, -anwältin
2 (USA) Werber(in)

**solid**[1] ['sɒlɪd] 1 *Körper:* fest
2 massiv
3 *Bauweise:* solid
4 (*übertragen*) *Grund:* triftig
5 (*übertragen*) *Unterstützung:* zuverlässig, verlässlich

**solid**[2] ['sɒlɪd] (*in der Mathematik, Physik*) Körper

**soli·tary** ['sɒlɪtrɪ] 1 einsam; **solitary confinement** Einzelhaft
2 *Bemerkung, Fehler:* einzig

**sol·uble** ['sɒljʊbl] löslich

**sol·ution** [sə'luːʃn] Lösung

**solve** [sɒlv] 1 lösen *Rätsel, Aufgabe*

2 aufklären *Mord*

**some** [sʌm] 1 einige, ein paar; **try some** probieren Sie doch mal; **would you like some?** möchten Sie welche?
2 *mit Singular* etwas, ein wenig; **would you like some cheese** möchten Sie Käse?; **some more tea?** noch etwas Tee?
3 manche(r, s); **some of them** einige
4 (*unbestimmt*) irgendein; **some woman phoned up** da hat irgendsoeine Frau angerufen; **in some way or other** irgendwie; [**at**] **some time before lunch** irgendwann vor dem Mittagessen; **some other time** ein andermal; **some day** eines Tages
5 *verstärkend* **that was some party!** was für ein Fest!; (*abwertend*) **some teacher you are!** du bist vielleicht ein Lehrer!
6 **to some extent** in gewisser Weise
7 **quite some time** ganz schön lange
8 **for some time** [für] einige Zeit, eine Zeitlang; **some time ago** vor einiger Zeit

> **? Grammatik** Die Steigerungsformen von **some** sind **more** und **most**: *Susy ate some ice-cream, Sandra ate more and Norman ate (the) most of all.*

**some·body** ['sʌmbədɪ] jemand; **somebody else** jemand anders; **somebody or other** irgendjemand

**some·how** ['sʌmhaʊ] **somehow** [**or other**] irgendwie

**some·one** ['sʌmwʌn] →**somebody** jemand

**some·place** ['sʌmpleɪs] USA irgendwo[hin]

**som·er·sault** ['sʌməsɔːlt] Purzelbaum, Salto

**some·thing** ['sʌmθɪŋ] 1 etwas; **something nice** etwas Nettes; **something or other** irgendetwas; **it was quite something, it was something else** USA das war toll
2 **or something like that** oder so
3 **something like** ungefähr

**some·time** ['sʌmtaɪm] irgendwann; **at sometime or other** irgendwann [ein]mal

> **! Vorsicht Falle** **sometime** (= irgendwann) wird *ohne* ein s am Ende geschrieben: *We'll go on holiday sometime in August.* — **sometimes** (= manchmal) wird *mit* einem s am Ende geschrieben: *Sometimes Helen likes to sing very loudly.*

**some·times** ['sʌmtaɪmz] manchmal, ab und zu

**some·what** ['sʌmwɒt] etwas, ein wenig

**some·where** ['sʌmweəʳ] 1 irgendwo, irgendwohin; **somewhere else** anderswo, irgendwo anders
2 **get somewhere** zu positiven Ergebnissen gelangen
3 **somewhere around forty** so um [die] vierzig

**son** [sʌn] Sohn

**song** [sɒŋ] 1 Lied
2 Gesang

**son-in-law** ['sʌnɪnlɔː] <*plural* sons-in-law> Schwiegersohn

**soon** [suːn] 1 bald; **soon after his arrival** kurz nach seiner Ankunft; **as soon as I said that** sobald ich das gesagt habe; **as soon as possible** so bald wie möglich
2 **how soon can you be here?** wann kannst du hier sein?; **it's too soon to say** es ist zu früh zu sagen

**sooner** ['suːnəʳ] *Komparativ von* **soon** 1 eher, früher; **no sooner … than** kaum …, [als]
2 lieber

**sore** [sɔːʳ] 1 schmerzhaft; **my knee is sore** mir tut das Knie weh
2 wund, entzündet; **have a sore throat** Halsweh haben
3 USA (*umgangsspr*) beleidigt, verärgert

**sor·row** ['sɒrəʊ] Kummer, Leid (**at** über, **for** um); (*über Tod*) Trauer

**sorry** ['sɒrɪ] 1 **sorry!** Verzeihung!; **sorry?** wie bitte?; **I'm really sorry** es tut mir wirklich Leid; **I'm sorry I'm late** Entschuldigung, dass ich zu spät komme
2 **feel sorry for someone** jemanden bedauern; **I feel sorry for you** Sie tun mir leid
3 **do you have a light? — [no,] sorry!** haben Sie Feuer? — leider nicht!

**sort**[1] [sɔːt] 1 Sorte, Art; **all sorts of things** alles Mögliche; **what sort of …?** was für ein …?
2 **sort of** (*umgangsspr*) gewissermaßen, eigentlich, irgendwie

**sort**[2] [sɔːt] sortieren
◆ **sort out** 1 [aus]sortieren
2 (*übertragen*) in Ordnung bringen; lösen *Problem;* klären *Situation;* **it'll sort itself out** das wird sich schon geben; **sort oneself out** zur Ruhe kommen; **sort someone out** (*umgangsspr*) jemandem den Kopf waschen

**sought** [sɔːt] *2. und 3. Form von* **seek**

**soul** [səʊl] 1 (*auch übertragen*) Seele
2 (*Musik*) Soul

**sound**[1] [saʊnd] 1 *Mensch, Tier:* gesund
2 *Gegenstand:* einwandfrei, fehlerfrei
3 *Grund:* stichhaltig, triftig
4 *Charakterzug:* zuverlässig, vernünftig
5 *Rat:* gut

6 *Schlaf:* tief, fest; **sound asleep** fest eingeschlafen

**sound**[2] [saʊnd] 1 Geräusch; **not a sound was heard** es war kein Ton zu hören; **sounds of laughter** Gelächter
2 (*Physik*) Schall
3 (*Musik*) Klang; (*umgangsspr*) Sound
4 (*TV, Radio*) Ton
5 (*übertragen*) **I don't like the sound of it** das hört sich gar nicht gut an

**sound**[3] [saʊnd] 1 ertönen, erklingen [lassen]; **sound the alarm** Alarm schlagen; **sound the horn** hupen
2 (*auch übertragen*) sich anhören, klingen; **that sounds fishy to me** das klingt nicht ganz geheuer; **she sounds angry** sie hört sich verärgert an; **he sounds like a nice person** er scheint ein netter Mensch zu sein

**soup** [suːp] Suppe

**sour** ['saʊəʳ] 1 sauer, säuerlich
2 (*übertragen*) verärgert, missmutig

**source** [sɔːs] (*auch übertragen*) Quelle

**south**[1] [saʊθ] Süd[en]; **the South of France** Südfrankreich

**south**[2] [saʊθ] 1 südlich, Süd-
2 nach Süden, in südlicher Richtung

**south·east**[1] [ˌsaʊθ'iːst] Südost[en]

**south·east**[2] [ˌsaʊθ'iːst] südöstlich, Südost-, nach Südosten

**south·easter·ly** [ˌsaʊθ'iːstəlɪ] südöstlich, Südost-

**south·eastern** [ˌsaʊθ'iːstən] Südost-

**south·er·ly** ['sʌðəlɪ] südlich, Süd-

**south·ern** ['sʌðən] südlich, Süd-

**south·erner** ['sʌðənəʳ] jemand, der aus dem Süden eines Landes stammt

**South Pole** Südpol

**south·west**[1] [ˌsaʊθ'west] Südwest[en]

**south·west**[2] [ˌsaʊθ'west] südwestlich, Südwest-, nach Südwesten, südwestwärts

**south·wester·ly** [ˌsaʊθ'westəlɪ] südwestlich, Südwest-

**south·western** [ˌsaʊθ'westən] Südwest-

**sou·venir** [ˌsuːvə'nɪəʳ] [Reise]Andenken (**of** an)

**sow**[1] [səʊ] <sowed, sowed *oder* sown> [aus]säen

> **? Grammatik** Die unregelmäßigen Vergangenheitsformen von **sow** lauten **sowed — sown:** *the gardener* **sowed** *grass in the back garden; this field* **has been sown** *with wheat.*

**sow**[2] [saʊ] Sau

**sown** [səʊn] *3. Form von* **sow**

**space** [speɪs] 1 Raum, Platz; **parking space** Parklücke
2 [**outer**] **space** der Weltraum
3 **within the space of three hours** innerhalb drei Stunden

**space·craft** ['speɪsˌkrɑːft] Raumfahrzeug

**space shuttle** Raumfähre

**spa·cious** ['speɪʃəs] geräumig

**spade** [speɪd] 1 Spaten
2 **spades** (*Kartenspiel*) Pik; **Queen of Spades** Pikdame

**spa·ghetti** [spə'getɪ] Spaghetti

**Spain** [speɪn] Spanien

**Span·iard** ['spænɪəd] Spanier(in)

**span·ner** ['spænəʳ] Schraubenschlüssel

**spare**[1] [speəʳ] 1 übrig; **if you have a spare minute** wenn du mal eine Minute Zeit hast
2 *Teil:* Ersatz-; **spare battery** Reservebatterie; **spare tyre** (*Auto*) Ersatzreifen; (*humorvoll: Bauch*) Rettungsring
3 **spare time** Freizeit
4 *Bett, Zimmer:* Gäste-
5 **spare rib** Rippchen

**spare**[2] [speəʳ] 1 (*technisch*) Ersatzteil
2 *von Auto:* Ersatzreifen, Ersatzteil

**spare**[3] [speəʳ] 1 übrig haben; **can you spare me five minutes** hast du fünf Minuten für mich?
2 entbehren; **I can't spare her/that** ich kann auf sie/das nicht verzichten, ich brauche sie/das unbedingt
3 **they spared no expense** sie haben keine Kosten gescheut
4 verschonen

**spark** [spɑːk] Funke[n]

**sparkle** ['spɑːkl] 1 funkeln, glitzern (**with** vor)
2 *Flüssigkeit:* sprudeln, perlen, schäumen

**spark·ler** ['spɑːkləʳ] Wunderkerze

**spar·kling** ['spɑːklɪŋ] 1 funkelnd, glitzernd
2 *Flüssigkeit:* sprudelnd, perlend; **sparkling wine** Schaumwein
3 (*übertragen*) *Geist:* sprühend

**spar·row** ['spærəʊ] Spatz, Sperling

**spat** [spæt] *2. und 3. Form von* **spit**

**speak** [spiːk] <spoke, spoken> 1 sprechen (**of** von, **on, about** über, **to** mit, zu, **for** für); **not to speak of** ganz zu schweigen von; **so to speak** sozusagen, gewissermaßen
2 reden (**of** von, über), sich äußern (**of** über)
3 **speak** [**to a group**] [vor einer Gruppe] eine Rede, einen Vortrag halten
4 **speaking!** am Apparat!
5 sprechen *Sprache*

◆ **speak out** sich äußern (**against** gegen)

◆ **speak up** ① laut[er] reden
② (*übertragen*) **speak up for someone/something** für jemanden/etwas eintreten

**speaker** ['spi:kəʳ] ① Sprecher(in), Redner(in)
② **[loud]speaker** Lautsprecher[box]

**spear** [spɪəʳ] Speer, Spieß

**special** ['speʃl] ① besondere(r, s), Sonder-
② außergewöhnlich

**spe·cial·ist** ['speʃəlɪst] ① Spezialist(in), Fachmann/Fachfrau
② Facharzt/Fachärztin

**spe·ci·al·ity** [ˌspeʃɪ'ælətɪ], **spe·ci·al·ty** ['speʃəltɪ] (USA) Spezialität

**spe·cial·ize** ['speʃəlaɪz] sich spezialisieren (**in** in, auf)

**spe·cial·ly** ['speʃəlɪ] besonders, insbesondere

> **! Vorsicht Falle** **specially** bedeutet ‚extra zu diesem Zweck': *Lisa got the pink dress specially for the party;* — **especially** bedeutet ‚besonders': *I like dogs, especially labradors.*

**spe·ci·fic** [spə'sɪfɪk] ① spezifisch
② konkret, genau

**spe·cifi·cal·ly** [spə'sɪfɪklɪ] ausdrücklich

**speci·men** ['spesɪmɪn] ① Exemplar, Muster
② *von Blut, Harn:* Probe

**speck** [spek] Fleck[chen]; **speck of dust** Staubkörnchen

**specs** [speks] *plural* (*umgangsspr*) Brille

**spec·tacles** ['spektəklz] ⚠ *plural* Brille; **a pair of spectacles** eine Brille

> **! Vorsicht Falle** **spectacles** werden immer im Plural gebraucht: *where* **are** *my spectacles?* — **a pair of spectacles** wird aber im Singular verwendet: *this* **is** *Dad's pair of spectacles.*

**spec·tacu·lar** [spek'tækjʊləʳ] sensationell, atemberaubend

**spec·ta·tor** [spek'teɪtəʳ] Zuschauer(in)

**specu·la·tion** [ˌspekjʊ'leɪʃn] ① Vermutung
② (*in der Wirtschaft*) Spekulation

**sped** [sped] *2. und 3. Form von* **speed**

**speech** [spi:tʃ] ① (*wie jemand spricht*) Sprache, Sprechweise; **power of speech** Sprachvermögen
② Rede; **deliver** [*oder* **make**] **a speech** eine Rede halten (**on, about** über, **to** vor)

**speech·less** ['spi:tʃlɪs] sprachlos (**with** vor)

**speed**[1] [spi:d] ① Geschwindigkeit, Tempo; **at full** [*oder* **top**] **speed** mit Höchstgeschwindigkeit
② *von Fahrrad:* Gang
③ *von Film:* Empfindlichkeit

**speed**[2] [spi:d] <speeded *oder* sped, speeded *oder* sped> ① zu schnell fahren
② jagen, sausen

> **? Grammatik** Die unregelmäßigen Vergangenheitsformen von **speed** lauten **sped/ speeded** — **sped/ speeded**: *Tim* **sped** *along on his bike; the car* **has sped** *out of sight.*

◆ **speed up** ① schneller werden; *Auto:* beschleunigen
② antreiben *Mensch, Arbeit*

**speed·boat** ['spi:dbəʊt] Rennboot

**speed bump** Bodenschwelle

**speed·ing** ['spi:dɪŋ] Überschreiten der zulässigen Höchstgeschwindigkeit

**speed limit** Geschwindigkeitsbegrenzung, Tempolimit

> **i Land & Leute** Auf allen Landstraßen und Autobahnen in Großbritannien beträgt die **speed limit** 70 mph (etwa 110 km/h). Innerhalb von Ortschaften darf man 30 mph (etwa 50 km/h) fahren. Und, wie jeder weiß, wird links gefahren!

**speedy** ['spi:dɪ] ① *Auto:* schnell
② *Antwort:* prompt

**spell**[1] [spel] <spelled *oder* spelt, spelled *oder* spelt> ① buchstabieren, [sich] [richtig] schreiben (**with** mit); **he can't spell** (*umgangsspr*) er kann keine Rechtschreibung
② (*übertragen*) bedeuten

◆ **spell out** ① [laut] buchstabieren
② (*übertragen*) klarmachen

**spell**[2] [spel] ① (*auch übertragen*) Zauber, Zauberwort; **be under someone's spell** von jemandem verzaubert, gebannt sein
② [kurze] Zeit, [Zeit]Dauer, Periode; **for a spell** eine Weile
③ (*Wetter*) **cold/hot spell** Kälte-/Hitzeperiode

**spellcheck** ['spelˌtʃek] Rechtschreibprüfung

**spell·ing** ['spelɪŋ] ① Buchstabieren
② Rechtschreibung

**spelt** [spelt] *2. und 3. Form von* **spell**

**spend** [spend] <spent, spent> ① ausgeben *Geld*
② verbringen *Zeit*

**spent** [spent] *2. und 3. Form von* **spend**

**sphere** [sfɪəʳ] ① (*mathematisch*) Kugel
② Lebensbereich, Wirkungskreis

**spice** [spaɪs] ① Gewürz
② (*übertragen*) Würze

**spicy** ['spaɪsɪ] ① [stark] gewürzt, scharf
② (*übertragen*) pikant

**spi·der** ['spaɪdəʳ] Spinne; **spider['s] web** Spinnennetz
**spike** [spaɪk] ① [Metall]Spitze
② großer Nagel
③ **spikes** Rennschuhe, Spikes
**spill** [spɪl] <spilled *oder* spilt, spilled> ① verschütten
② *Flüssigkeit:* überlaufen
**spilt** [spɪlt] *2. und 3. Form von* **spill**
**spin** [spɪn] <spun, spun> ① *Mensch, Spinne:* spinnen
② [sich] [schnell] drehen, herumwirbeln; **my head is spinning** mir dreht sich alles im Kopf
③ schleudern *Wäsche*
◆ **spin round** sich [schnell] drehen, herumwirbeln
**spin·ach** ['spɪnɪdʒ, (USA) 'spɪnɪtʃ] Spinat
**spin-drier, spin-dryer** [ˌspɪn'draɪəʳ] Trockenschleuder
**spine** [spaɪn] ① *von Pflanze, Tier, Insekt:* Dorn
② *von Mensch:* Rückgrat
③ [Buch]Rücken
**spirit** ['spɪrɪt] ① Geist
② **have a lot of spirit** viel Mut beweisen, tatkräftig sein
③ *einer Mannschaft, einer Fete:* Stimmung
④ **spirits** Spirituosen
**spiri·tual** ['spɪrɪtʃʊəl] ① geistig, innerlich
② (*in der Religion*) geistlich
**spit** [spɪt] <spat, spat> ① spucken (**at, on** auf)
② (*übertragen*) herausspucken *Worte*
◆ **spit out** ① ausspucken
② (*übertragen*) hervorstoßen *Worte*

> **? Grammatik** Die unregelmäßigen Vergangenheitsformen von **spit** lauten **spat — spat**: *Tom* **spat** *out the cherry stones; the baby* **has spat** all over it's mother

**spite** [spaɪt] ① Bosheit (**against** gegen)
② **in spite of** trotz
**spite·ful** ['spaɪtfl] boshaft
**splash**[1] [splæʃ] ① Spritzen; **with a splash** mit einem Plumps
② Schuss, Spritzer
③ Farbfleck
**splash**[2] [splæʃ] ① [ver]spritzen
② bespritzen
◆ **splash about, splash around** herumplatschen, herumplanschen
**splen·did** ['splendɪd] ① großartig, glanzvoll
② (*umgangsspr*) herrlich, ausgezeichnet
**splin·ter** ['splɪntəʳ] Splitter
**split**[1] [splɪt] <split, split> ① [sich] zerreißen, [sich] spalten, [sich] teilen; **split open** aufplatzen
② aufteilen *Kosten* (**among** unter)
◆ **split up** ① aufteilen; *Partei:* sich spalten
② *Paar:* [sich voneinander] trennen
③ *Menge:* zerstreuen
**split**[2] [splɪt] ① Spalt, Riss
② (*übertragen*) Entzweiung, Spaltung
③ **splits** ⚠ *plural* Spagat
**split·ting** ['splɪtɪŋ] ① *Kopfschmerzen:* stark
② **ear-splitting** *Krach:* ohrenbetäubend
**spoil** [spɔɪl] <spoiled *oder* spoilt, spoilt *oder* spoiled> ① vernichten, zerstören
② (*auch übertragen*) verderben
③ verwöhnen, verziehen *Kind*

> **? Grammatik** Richtiges Konjugieren von **spoil — spoilt/ spoiled — spoilt/ spoiled**: *His bad behaviour* **spoilt** *the party; Our holiday* **was spoilt** *by the accident.*

**spoil·sport** Spielverderber(in), Spaßverderber(in)
**spoilt** [spɔɪlt] *2. und 3. Form von* **spoil**
**spoke** [spəʊk] *2. Form von* **speak**
**spoken** ['spəʊkən] *3. Form von* **speak**
**spokes·per·son** ['spəʊkspɜːsn] Sprecher(in)
**sponge** [spʌndʒ] ① Schwamm
② **sponge bag** (GB) Waschbeutel, Kulturbeutel
③ **sponge [cake]** (GB) Biskuitkuchen
**spon·ta·neous** [spɒn'teɪnɪəs] spontan
**spoon** [spuːn] Löffel
**spoon·ful** ['spuːnfʊl] Löffel
**sport** [spɔːt] ① Sport[art]; **be good at sport[s]** gut im Sport sein
② **be a [good] sport** alles mitmachen

> **i Land & Leute** Ungewöhnliche Sportarten wie Bungeejumping, Skateboarding oder Snowboarding bezeichnet man als **extreme sports** oder **alternative sports**. Auch Heliskiing, Cave-Diving, Wakeboarding und the Street-Luge gehören zu den **extreme sports** und sind in Mode, gerade weil sie als gefährlicher, schneller oder ausgefallener gelten als Sportarten wie z. B. Fußball oder Tennis.

**sport·ing** ['spɔːtɪŋ] ① sportlich, Sports-
② fair
**sports car** ['spɔːtskɑːʳ] Sportwagen
**sports day** Schulsportfest
**sports field** Sportplatz
**sports·man** ['spɔːtsmən] <*plural* sportsmen> Sportler
**sports·wear** ['spɔːtsweəʳ] Sportkleidung

**sports·woman** ['spɔːtswʊmən, *plural* 'spɔːtswɪmɪn] <*plural* sportswomen> Sportlerin

**sporty** ['spɔːtɪ] 1 sportbegeistert, sportlich
2 (*übertragen*) *Kleidung, Aussehen:* flott

**spot**[1] [spɒt] 1 Tupfen, Punkt
2 Pickel
3 (*Standort*) Platz, Stelle, Ort

**spot**[2] [spɒt] entdecken

**spot check** Stichprobe

**spot·less** ['spɒtlɪs] 1 tadellos
2 *Ruf:* makellos, untadelig

**spot·light** ['spɒtlaɪt] Scheinwerfer[licht], Strahler

**spotty** ['spɒtɪ] pickelig

**sprain** [spreɪn] verrenken, verstauchen; **sprain one's ankle** sich den Fuß verstauchen

**sprang** [spræŋ] *2. Form von* **spring**

**spray**[1] [spreɪ] 1 *von Wasser:* Gischt, Sprühnebel
2 *für Haare:* Spray

**spray**[2] [spreɪ] 1 spritzen
2 besprühen *Pflanzen*
3 sprühen *Wasser*

**spread**[1] [spred] <spread, spread> 1 ausbreiten; ausstrecken *Beine, Arme*
2 bestreichen *Brot*
3 verbreiten *Nachrichten, Tratsch*
4 (*auch übertragen*) verteilen *Zahlungen, Risiko*
5 sich erstrecken (**over, across** über); *Krankheit:* sich verbreiten

> **? Grammatik** Die unregelmäßigen Vergangenheitsformen von **spread** lauten **spread** — **spread**: *Kate* **spread** *jam on her piece of toast; the books* **were spread** *out on the floor.*

**spread**[2] [spred] 1 *von Krankheiten:* Verbreitung
2 Brotaufstrich; **cheese spread** Streichkäse

**spread·sheet** ['spredʃiːt] Tabellenkalkulation

**spring**[1] [sprɪŋ] 1 Quelle
2 Frühling; **in spring** im Frühjahr
3 (*technisch*) Feder

**spring**[2] [sprɪŋ] <sprang, sprung> 1 springen
2 **spring to mind** einem einfallen

> **? Grammatik** Die unregelmäßigen Vergangenheitsformen von **spring** lauten **sprang** — **sprung**: *the cat* **sprang** *onto the wall;* **have** *you ever* **sprung** *out of bed?*

**spring·board** Sprungbrett

**spring-clean** gründlich putzen, Frühjahrsputz machen

**sprinkle** ['sprɪŋkl] 1 sprenkeln
2 bestreuen *Kuchen*
3 streuen *Salz*

**sprint**[1] [sprɪnt] sprinten

**sprint**[2] [sprɪnt] Sprint, Spurt

**sprout** [spraʊt] 1 Trieb
2 **sprouts** *plural* Rosenkohl

**sprung** [sprʌŋ] *3. Form von* **spring**

**spud** [spʌd] (*umgangsspr*) Kartoffel

**spun** [spʌn] *2. und 3. Form von* **spin**

**spur** [spɜːʳ] **on the spur of the moment** ganz spontan

**spy**[1] [spaɪ] spionieren; **spy on someone** jemandem nachspionieren

**spy**[2] [spaɪ] Spion(in)

**squad** [skwɒd] 1 (*Polizei*) Kommando, Dezernat
2 (*Sport*) Kader

**square**[1] [skweəʳ] 1 Quadrat
2 Quadratzahl
3 (*Muster*) Karo
4 (*in der Stadt*) Platz

**square**[2] [skweəʳ] 1 quadratisch, viereckig
2 *Winkel:* recht
3 *Klammer:* eckig
4 (*Mathematik*) rechtwinklig, Quadrat-; **2 square metres** 2 Quadratmeter
5 **ba [all] square** quitt sein

**square**[3] [skweəʳ] **3 squared is 9** 3 hoch 2 ist 9

**squared paper** Millimeterpapier

**square root** Quadratwurzel

**squash**[1] [skwɒʃ] 1 zerdrücken, zerquetschen
2 [sich] einquetschen

**squash**[2] [skwɒʃ] 1 Fruchtsaftgetränk
2 Gedränge
3 (*Sport*) Squash

**squat** [skwɒt] 1 hocken, kauern
2 ein Haus besetzt halten

**squat·ter** ['skwɒtəʳ] Hausbesetzer(in)

**squeak** [skwiːk] 1 *Tür:* quietschen, knarren
2 *Tier:* quieken, piepsen

**squeal**[1] [skwiːl] 1 *Tier, Kind:* schreien, quieken
2 *Reifen:* kreischen

**squeal**[2] [skwiːl] 1 Schrei
2 *von Reifen:* Kreischen
3 *von Tier:* Quieken

**squeeze**[1] [skwiːz] 1 drücken; **squeeze past someone** sich an jemandem vorbeidrücken
2 auspressen, ausquetschen *Apfelsine*
3 [sich] zwängen (**into** in)
◆ **squeeze out** 1 auspressen *Saft*
2 ausdrücken *Schwamm*

**squeeze**[2] [skwiːz] 1 **give something a squeeze** etwas drücken

② Gedränge; **it was a tight squeeze** es war fürchterlich eng

**squid** [skwɪd] Tintenfisch

**squint** [skwɪnt] ① schielen (**at** nach) ② die Augen zusammenkneifen

**squir·rel** ['skwɪrəl] Eichhörnchen

**squirt** [skwɜːt] ① spritzen ② bespritzen

**St** *Abkürzung von* **Saint** St., Sankt

**St.** *Abkürzung von* **street** Str., Straße

**stab**[1] [stæb] ① stechen ② niederstechen; **stab to death** erstechen

**stab**[2] [stæb] Stich; **stab wound** Stichwunde

**stab·bing**[1] ['stæbɪŋ] Messerstecherei

**stab·bing**[2] ['stæbɪŋ] *Schmerz:* stechend

**sta·bil·ity** [stə'bɪlətɪ] Stabilität

**sta·bil·ize** ['steɪbəlaɪz] [sich] stabilisieren

**stable**[1] ['steɪbl] (*auch übertragen*) stabil

**stable**[2] ['steɪbl] Stall

**stack**[1] [stæk] ① Stapel, Stoß ② **have stacks of time** (*umgangsspr*) jede Menge Zeit haben

**stack**[2] [stæk] stapeln; **stack up** aufstapeln

**sta·dium** ['steɪdɪəm] Stadion

**staff** [stɑːf] ① Personal, Mitarbeiterstab ② *einer Schule:* Lehrkörper ③ Stab, Stock

**staff room** Lehrerzimmer

**stage** [steɪdʒ] ① (*im Theater*) Bühne ② (*in einer Halle*) Podium ③ *einer Entwicklung:* Stadium, Phase ④ (*auch übertragen*) Etappe, Abschnitt ⑤ *einer Rakete:* Stufe

**stag·ger** ['stægəʳ] ① staffeln *Ferien* ② [sch]wanken, taumeln, torkeln

**stag·ger·ing** ['stægərɪŋ] (*übertragen*) atemberaubend, umwerfend

**stagn·ant** ['stægnənt] ① *Wasser:* stehend, abgestanden ② (*übertragen*) stagnierend

**stain**[1] [steɪn] ① beflecken ② färben, beizen *Holz* ③ Flecken hinterlassen ④ fleckig werden ⑤ **stained glass** Glasmalerei

**stain**[2] [steɪn] ① Fleck ② (*übertragen*) Schandfleck

**stain·less** ['steɪnlɪs] *Stahl:* rostfrei

**stair** [steəʳ] ① [Treppen]Stufe ② **stairs** Treppe

**stair·case** Treppe, Treppenhaus

**stake** [steɪk] ① Pfahl, Pfosten ② Anteil (**in** an) ③ **be at stake** auf dem Spiel stehen

**stale** [steɪl] ① *Brot:* altbacken ② *Wasser, Luft:* abgestanden, verbraucht

**stalk** [stɔːk] Stengel, Stiel

**stall**[1] [stɔːl] ① (*im Stall*) Box, Bucht ② [Markt]Bude, [Verkaufs]Stand ③ **stalls** *plural* (GB) (*im Theater*) Parkett

**stall**[2] [stɔːl] ① überziehen *Flugzeug* ② abwürgen *Motor* ③ *Auto:* absterben ④ (*übertragen*) aufschieben, hinhalten, vertrösten ⑤ Zeit schinden

**stam·mer** ['stæməʳ] ① stammeln ② stottern

**stamp**[1] [stæmp] ① Briefmarke ② [Stempel]Marke ③ (*Gerät*) Stempel

**stamp**[2] [stæmp] ① stampfen, trampeln; **stamp one's foot** mit dem Fuß aufstampfen ② frankieren *Brief;* **stamped addressed envelope, s.a.e.** frankierter Rückumschlag ③ stempeln *Papier,* [auf]prägen

**stand**[1] [stænd] <stood, stood> ① stehen ② aufstehen ③ **stand the pressure** *Objekt:* dem Druck standhalten; *Mensch:* dem Druck gewachsen sein ④ ertragen, aushalten *Lärm;* **I can't stand him** ich kann ihn nicht ausstehen ⑤ vertragen *Klima;* verkraften *Verlust* ⑥ *Angebot, Versprechen:* gelten ⑦ *Rekord:* stehen ⑧ *Thermometer:* stehen (**at** auf) ⑨ **stand as a candidate** kandidieren

◆ **stand by** ① danebenstehen, herumstehen ② sich bereithalten ③ halten zu

◆ **stand for** ① stehen für ② hinnehmen, sich gefallen lassen

◆ **stand in** einspringen (**for** für)

◆ **stand out** ① [her]vorstehen, vorragen ② (*in Kontrast*) hervorstechen, auffallen ③ sich abheben (**against** von)

◆ **stand up** ① aufstehen ② stehen ③ **stand something up** etwas hinstellen ④ **stand someone up** (*umgangsspr*) jemanden versetzen ⑤ **stand up for someone** für jemanden eintreten ⑥ **stand up to someone** sich jemandem gegenüber behaupten

**stand**[2] [stænd] ① [Verkaufs]Stand

2 Ständer
3 (*für Taxis*) Stand
4 (*Sport*) Tribüne
5 USA (*bei Gericht*) Zeugenstand
6 (*übertragen*) Standpunkt, Einstellung; **take** [*oder* **make**] **a stand** klar Stellung beziehen (**against** gegen)

**stan·dard** ['stændəd] 1 Norm, Maßstab
2 Niveau; **standard of living** Lebensstandard

**stand·by** ['stændbaɪ] 1 Ersatz, Reserve
2 **standby ticket** Standby-Ticket
3 **on standby** in Bereitschaft

**stand·ing** ['stændɪŋ] 1 stehend; **standing room only** nur Stehplätze; **standing stone** aufrechtstehender Stein, Menhir
2 *Start:* aus dem Stand

**stand·point** ['stændpɔɪnt] Standpunkt

**stand·still** ['stændstɪl] Stillstand

**stank** [stæŋk] *2. Form von* **stink**

**staple**[1] ['steɪpl] Heftklammer

**staple**[2] ['steɪpl] heften

**sta·pler** ['steɪpləʳ] Heftmaschine, Hefter

**star**[1] [stɑːʳ] 1 Stern
2 (*Zeichen*) Sternchen
3 (*Person*) Star
4 **the Stars and Stripes** das Sternenbanner

> **i Land & Leute** Es gibt verschiedene Namen für die Amerikanische Flagge. **The Stars and Stripes** bezieht sich auf die inzwischen 50 Sterne, die die heutigen US-Staaten symbolisieren und die 13 Streifen für die ursprünglich 13 US-Staaten. Die patriotische Bezeichnung **Glory** stammt von dem Schiffskapitän William Driver. Der Titel der amerikanischen Nationalhymne, **The Star-spangled Banner**, bezieht sich auch auf die Flagge.

**star**[2] [stɑːʳ] 1 **the film starred Tom Hanks** die Hauptrolle spielte Tom Hanks; **starring …** in der Hauptrolle …
2 **Tom Hanks starred in …** Tom Hanks spielte die Hauptrolle in …

**star·board** ['stɑːbəd] Steuerbord

**stare** [steəʳ] 1 starren; **stare at someone in horror** jemanden entsetzt anstarren
2 **the answer was staring us in the face** (*übertragen*) die Antwort lag klar auf der Hand

**stark** [stɑːk] 1 *Kontrast:* krass
2 *Armut, Wahrheit:* nackt
3 *Licht:* grell
4 völlig, gänzlich; **stark-naked** splitter[faser]nackt

**star-stud·ded** [ˌstɑː'stʌdɪd] mit zahlreichen Stars in den Hauptrollen

**start**[1] [stɑːt] 1 beginnen, anfangen; **get started** anfangen; **start smoking** mit dem Rauchen anfangen; **start talking** zu sprechen beginnen; **starting from …** ab …
2 *Maschine:* anspringen, starten
3 (*losfahren*) anfahren
4 *Bus:* abfahren
5 *Boot:* ablegen
6 *Gerücht:* in Umlauf kommen
7 **to start off with** erstens, zunächst
8 **start something** mit etwas anfangen, etwas beginnen
9 antreten *Reise, neue Stelle, Strafe*
10 starten *Rennen*
11 abfahren lassen *Zug*
12 in Umlauf setzen *Gerücht*
13 auslösen *Reaktion*
14 anzünden *Feuer*
15 gründen *Firma*
16 anlassen *Motor*
17 **start work** anfangen zu arbeiten
◆ **start off** 1 anfangen, losgehen
2 *Reise:* aufbrechen
3 (*Sport*) starten
◆ **start out** 1 sich auf den Weg machen, aufbrechen
2 anfangen, beginnen
◆ **start up** 1 *Motor:* anspringen
2 *Geräusch:* anfangen
3 anlassen *Auto*
4 gründen *Firma*
5 schließen *Freundschaft*
6 beginnen *Gespräch*

**start**[2] [stɑːt] 1 Beginn, Anfang; **from the start** von Anfang an; **make a start on something** mit etwas anfangen
2 (*Sport*) Start
3 *einer Reise:* Aufbruch; **make an early start** frühzeitig aufbrechen

**starter** ['stɑːtəʳ] 1 (*im Rennen*) Teilnehmer(in)
2 *eines Rennens:* Starter(in)
3 Vorspeise

**start·ing** ['stɑːtɪŋ] Start-, Anfangs-

**startle** ['stɑːtl] erschrecken

**star·va·tion** [stɑː'veɪʃn] Verhungern, Hunger; **die of starvation** verhungern

**starve** [stɑːv] verhungern, hungern; **starve to death** verhungern; **I'm starving!** (*umgangsspr*) ich sterbe vor Hunger!

**state**[1] [steɪt] 1 Zustand; **state of the economy** Wirtschaftslage

2 (*politisch*) Staat
3 **get into a state [about something]** [wegen etwas] durchdrehen
4 **the States** die Vereinigten Staaten

**state**² [steɪt] 1 darlegen, vortragen *Fakten*
2 angeben, nennen *Einzelheiten*
3 feststellen

**State Department** (*in den USA*) Außenministerium

**state·ment** ['steɪtmənt] 1 *von Fakten:* Darstellung
2 Feststellung; (*offiziell*) Erklärung, Stellungnahme
3 (*bei Polizei, vor Gericht*) Aussage
4 [Konto]Auszug

**sta·tion** ['steɪʃn] 1 Station
2 (*Polizei*) Wache
3 Bahnhof, Station; **at the station** auf dem Bahnhof
4 (*TV*) Sender, Sendestation

**sta·tion·ary** ['steɪʃənrɪ] stehend; **be stationary** stehen

> **! Vorsicht Falle** **Stationary** oder **stationery**? **Stationary** (mit 2 ‚a‘) bedeutet stehend, geparkt: *a stationary car*, **stationery** dagegen bedeutet Schreibwaren: *we need to order more stationery*

**sta·tion·ery** ['steɪʃənrɪ] 1 Briefpapier
2 Schreibwaren

**sta·tion wagon** (USA) Kombi[wagen]

**stat·is·tics** [stə'tɪstɪks] *plural* Statistik

**statue** ['stætʃuː] Statue, Standbild

**sta·tus** ['steɪtəs] 1 Stellung
2 Status; **marital status** Familienstand

**stay**¹ [steɪ] 1 bleiben; **stay for supper** zum Abendessen bleiben
2 wohnen, übernachten; **stay at a hotel** im Hotel wohnen; **stay with someone** bei jemandem wohnen
◆ **stay away** wegbleiben, sich fernhalten (**from** von)
◆ **stay behind** zurückbleiben
◆ **stay down** 1 unten bleiben
2 (*in der Schule*) eine Klasse wiederholen
3 *Preise:* stabil bleiben
◆ **stay in** 1 drinbleiben
2 zu Hause, daheim bleiben
3 **stay in [after school]** nachsitzen
◆ **stay on** 1 *Hut:* sitzen bleiben
2 *Deckel:* haften, kleben bleiben
3 *Licht:* anbleiben
4 noch bleiben, noch nicht fortgehen
5 **stay on [at school]** [mit der Schule] weitermachen
◆ **stay out** 1 draußen bleiben
2 (*nicht nach Hause kommen/gehen*) wegbleiben
3 **stay out [on strike]** weiterstreiken
4 **stay out of something** sich aus etwas heraushalten
◆ **stay up** 1 (*nicht zu Bett gehen*) aufbleiben
2 *Zelt:* stehen bleiben
3 *Bild:* hängen bleiben
4 **his socks won't stay up** seine Socken rutschen ständig

**stay**² [steɪ] Aufenthalt

**steadily** ['stedɪlɪ] 1 fest
2 ständig
3 *regnen:* ununterbrochen
4 *steigen:* stetig

**steady** ['stedɪ] 1 *Hand, Nerven:* ruhig; **hold the ladder steady** halt die Leiter fest
2 *Blick:* fest, unverwandt
3 *Wind:* ständig
4 *Zuwachs:* stetig
5 *Job, Freund(in):* fest; **go steady** einen festen Freund/eine feste Freundin haben
6 *Tempo:* gleichmäßig
7 **steady!** vorsichtig!

**steak** [steɪk] 1 Steak
2 [Fisch]Filet

**steal** [stiːl] <stole, stolen> stehlen; **steal something from someone** jemandem etwas stehlen

**steam**¹ [stiːm] Dampf, Dunst

**steam**² [stiːm] 1 *Essen, Pferd, Schiff:* dampfen
2 dämpfen; dünsten *Essen*
◆ **steam up** *Scheibe:* beschlagen

**steel** [stiːl] Stahl

**steep** [stiːp] 1 steil
2 *Preisanstieg, Preissenkung:* stark
3 (*umgangsspr*) *Preis:* gesalzen, unverschämt

**steeplechase** ['stiːpltʃeɪs] 1 (*für Athlet[inn]en*) Hindernislauf
2 (*für Pferde*) Hindernisrennen

**steer** [stɪəʳ] steuern, lenken; **steer for something** etwas ansteuern, auf etwas zusteuern

**steer·ing wheel** Lenkrad, Steuerrad

**step**¹ [step] 1 Schritt, Tritt
2 Stufe; (*mehrere*) Treppe; **mind the step!** Vorsicht, Stufe!
3 (*übertragen*) **step by step** Schritt für Schritt
4 (*übertragen*) **take steps to do something** Maßnahmen ergreifen, um etwas zu tun

**step**² [step] treten; **step onto the bus/plane/train** in den Bus/das Flugzeug/den Zug steigen;

**step onto the boat/platform** das Schiff/den Bahnsteig betreten; **step off the boat/scales** vom Schiff/von der Waage heruntergehen; **step off the bridge/cliff** von der Brücke/Klippe springen; **step out of the bath/car** aus dem Bad/Auto steigen; **step [out] in front of something** vor eine Sache treten; **step over someone** über jemanden steigen; **step this way, please** hier entlang, bitte!; **step inside** hineintreten; **step outside** hinaustreten

◆ **step aside** Platz machen, zur Seite treten

◆ **step down** 1 hinabsteigen
2 *von einem Amt:* zurücktreten

◆ **step in** 1 eintreten
2 (*übertragen*) eingreifen, einschreiten

◆ **step up** 1 **step up on[to] something** auf eine Sache steigen
2 vortreten
3 intensivieren *Kampagne*
4 steigern *Produktion*
5 verschärfen *Sicherheitsmaßnahmen*

**step-** [step] Stief-; **stepsister** Stiefschwester

**stereo** ['sterɪəʊ] 1 Stereo
2 (*Gerät*) Stereoanlage

**ster·ile** ['steraɪl] steril

**ster·il·ize** ['sterəlaɪz] sterilisieren

**ster·ling** ['stɜːlɪŋ] **in [pounds] sterling** in Pfund Sterling

**stern**[1] [stɜːn] 1 streng
2 *Warnung:* ernst

**stern**[2] [stɜːn] *eines Boots:* Heck

**stew**[1] [stjuː] schmoren, dünsten; **stewed apple[s]** Apfelkompott

**stew**[2] [stjuː] Eintopf

**stick**[1] [stɪk] <stuck, stuck> 1 kleben (**to** an, **on** auf)
2 stecken; **she stuck a needle into her finger** sie stach sich mit einer Nadel in den Finger
3 (*umgangsspr*) tun, stecken; **stick one's hands in one's pockets** die Hände in die Taschen stecken; **stick one's head out of the window** den Kopf aus dem Fenster strecken; **stick one's head round the door** den Kopf zur Tür reinstrecken [*oder* rausstrecken]; **stick it on the table!** stell's [*oder* leg's] auf dem Tisch!
4 (*umgangsspr*) aushalten, durchhalten
5 *Auto:* stecken bleiben
6 **I'm stuck!** ich stecke fest!; (*mit einer Aufgabe*) ich komme nicht weiter
7 *Schublade, Tür:* klemmen

? **Grammatik** Die unregelmäßigen Vergangenheitsformen von **stick** lauten **stuck** — **stuck**: *Harry* **stuck** *the stamp on the envelope; I* **have stuck** *the photos in an album.*

◆ **stick down** 1 ankleben; zukleben *Umschlag*
2 (*umgangsspr*) abstellen; **just stick it down anywhere** stelle [*oder* lege] es einfach irgendwohin

◆ **stick on** 1 aufkleben
2 (*umgangsspr*) **stick the kettle on!** kannst du das Wasser anstellen/aufstellen?
3 kleben, haften

◆ **stick out** 1 *Nagel:* herausstehen
2 *Ohren:* abstehen
3 **there was a pair of legs sticking out from underneath the car** zwei Beine streckten unter dem Auto hervor
4 (*übertragen*) auffallen
5 hinausstrecken; **don't stick your tongue out at me!** streck mir ja nicht die Zunge raus!
6 (*umgangsspr*) durchhalten

◆ **stick to** 1 bleiben bei *einer Entscheidung, Meinung*
2 bleiben an *einer Aufgabe*

◆ **stick together** 1 zusammenkleben
2 (*übertragen*) zusammenhalten

◆ **stick up** 1 *Kragen:* hochstehen
2 *Nagel:* herausstehen
3 zukleben
4 **stick one's hand up** die Hand heben; **stick 'em up!** Hände hoch!
5 (*umgangsspr*) anschlagen *Poster*
6 (*umgangsspr*) aufschlagen *Zelt*
7 (*umgangsspr*) überfallen *Bank*

◆ **stick up for** eintreten für; **stick up for oneself** sich behaupten

**stick**[2] [stɪk] 1 *von Baum:* Zweig
2 [Spazier]Stock
3 (*Sport*) Schläger
4 *Dynamit, Rhabarber, Sellerie:* Stange
5 *Kreide:* Stück

**sticker** ['stɪkəʳ] Aufkleber, Sticker

**stick·ing plas·ter** ['stɪkɪŋˌplɑːstəʳ] Heftpflaster

**sticky** ['stɪkɪ] 1 klebrig
2 *Wetter:* schwül, drückend
3 *Farbe:* feucht
4 *Haut:* verschwitzt
5 *Problem:* schwierig
6 *Situation:* heikel

**stiff** [stɪf] 1 steif; **the lock is stiff** das Schloss klemmt
2 *Bürste:* hart
3 *Teig:* fest
4 *Kampf:* zäh, hart

⑤ *Brise, Drink:* steif
⑥ *Examen:* schwer, schwierig

**still**[1] [stɪl] ① still, ruhig
② *Getränk:* ohne Kohlensäure

**still**[2] [stɪl] ① [immer] noch, noch immer
② trotzdem
③ *mit Komparativ* noch

**sting**[1] [stɪŋ] <stung, stung> ① *Insekt:* stechen
② *Augen, Nessel, Qualle, Rauch:* brennen

**sting**[2] [stɪŋ] ① *eines Insekts:* Stachel
② (*Verletzung durch Insekt*) Stich; *von Nessel, Qualle:* Quaddel
③ stechender Schmerz

**stink**[1] [stɪŋk] <stank, stunk> stinken

**stink**[2] [stɪŋk] Gestank (**of** nach)

**stir**[1] [stɜːʳ] ① [um]rühren
② bewegen, rühren *Glieder*
③ (*übertragen*) anregen *Phantasie*
④ sich regen, sich rühren
◆ **stir up** (*übertragen*) schüren *Hass;* stiften *Unruhe*

**stir**[2] [stɜːʳ] ① **give something a stir** etwas [um]rühren
② **cause** [*oder* **create**] **a stir** Aufsehen erregen

**stitch**[1] [stɪtʃ] ① (*beim Nähen, auch medizinisch*) Stich; **the cut needed stitches** die Wunde musste genäht werden; **she had her stitches taken out** ihr wurden die Fäden gezogen
② (*beim Stricken*) Masche
③ Seitenstechen

**stitch**[2] [stɪtʃ] (*auch medizinisch*) nähen

**stock**[1] [stɒk] ① Vorrat, Bestand (**of** an); **have something in stock** etwas vorrätig haben
② Viehbestand
③ (*Essen*) Brühe
④ **stocks and shares** Wertpapiere

**stock**[2] [stɒk] ① führen *Waren*
② ausstatten *Laden*
③ mit einem Viehbestand versehen
◆ **stock up** sich eindecken (**on, with** mit)

**stock·broker** [ˈstɒkˌbrəʊkəʳ] Börsenmakler(in)

**stock·ing** [ˈstɒkɪŋ] Strumpf

**stock market** Börse

**stole** [stəʊl] *2. Form von* **steal**

**stolen** [ˈstəʊlən] *3. Form von* **steal**

**stom·ach** [ˈstʌmək] ① Magen, Bauch
② (*übertragen*) Lust (**for** auf), Interesse (**for** an)

**stomach-ache** Magenschmerzen

**stone** [stəʊn] ① Stein
② GB (*Gewichtseinheit*) = *6,35 kg*

**stony** [ˈstəʊnɪ] ① *Boden:* steinig
② *Substanz:* steinartig
③ (*übertragen*) *Miene:* steinern; *Schweigen:* eisig

**stood** [stʊd] *2. und 3. Form von* **stand**

**stool** [stuːl] ① Hocker, Schemel
② (*medizinisch*) Stuhl[gang]

**stop**[1] [stɒp] ① anhalten, stoppen *Person, Fahrzeug;* **stop thief!** haltet den Dieb!
② abstellen *Maschine*
③ zum Stehen bringen *Arbeit, Verkehr;* zum Stillstand bringen *Produktion*
④ stillen, unterbinden *Blutung*
⑤ beenden *Krieg, Spiel, Treffen, Versuch;* ein Ende machen *einem Gerücht*
⑥ aufhalten *Fortschritt, Verbrecher*
⑦ aufhören mit *Lärm, Unsinn;* **stop doing something** aufhören, etwas zu tun, etwas nicht mehr tun; **stop smoking** mit dem Rauchen aufhören
⑧ einstellen *Zahlung;* sperren *Scheck;* abbestellen *Zeitung*
⑨ verhindern *Unfall, Verbrechen*
⑩ abhalten; **stop someone** [**from**] **doing something** jemanden davon abhalten, etwas zu tun
⑪ *Fahrzeug:* halten, stoppen
⑫ *Fußgänger, Uhr:* stehen bleiben; **stop dead** plötzlich stehen bleiben
⑬ *Maschine:* nicht mehr laufen; *Herz:* aufhören zu schlagen
⑭ *Person:* Halt machen
⑮ aufhören; **it has stopped raining** es hat aufgehört zu regnen
⑯ *Schmerzen:* vergehen
⑰ (*umgangsspr*) bleiben (**at** in)

> **! Vorsicht Falle** *To* **stop to do** *something* bedeutet eine Pause machen, um etwas anderes zu tun: *we stopped to have tea. To* **stop doing** *something* heißt mit etwas aufhören: *the pupils stopped talking when the teacher came into the classroom.*

◆ **stop off** einen kurzen Halt machen, [unterwegs] kurz anhalten

**stop**[2] [stɒp] ① Halt; **come to a stop** anhalten; **put a stop to something** einer Sache einen Riegel vorschieben
② Haltestelle
③ Pause
④ Aufenthalt
⑤ Zwischenlandung

**stopover** [ˈstɒpəʊvəʳ] ① *einer Person:* Zwischenstation, Zwischenstopp
② *eines Flugzeugs:* Zwischenlandung

**stop sign** Stoppschild

**stop·watch** ['stɒpwɒtʃ] Stoppuhr

**stor·age** ['stɔːrɪdʒ] ① [Ein]Lagerung ② *von Dokumenten:* Aufbewahrung ③ *von Daten, Elektrizität, Wasser:* Speicherung ④ (*im Computer*) Speicher

**store**[1] [stɔːʳ] ① Vorrat (**of** an) ② Lager ③ Kaufhaus, Warenhaus ④ (USA) Laden ⑤ (*Computing*) Speicher ⑥ **be in store for someone** jemandem bevorstehen

**store**[2] [stɔːʳ] ① lagern, aufbewahren ② speichern *Wärme* ③ (*Computing*) abspeichern

**store card** Kundenkarte

**sto·rey** ['stɔːrɪ] Stockwerk, Etage; **on the second storey** im zweiten Stock; (USA) im ersten Stock

**-storeyed** ['stɔːrɪd], (USA) **-stor·ied** -stöckig; **multi-storey[ed]** mehrstöckig

**storm**[1] [stɔːm] ① (*mit starkem Wind*) Sturm ② (*mit Regen*) Unwetter ③ (*mit Donner*) Gewitter ④ (*übertragen*) *von Beschimpfungen:* Flut; *von Beifall, Protest:* Sturm; *von Schlägen, Wurfgeschossen:* Hagel

**storm**[2] [stɔːm] stürmen

**stormy** ['stɔːmɪ] stürmisch

**story**[1] ['stɔːrɪ] ① Geschichte, Erzählung ② (*in der Presse*) Artikel, Story ③ Handlung, Story

**story**[2] ['stɔːrɪ] (USA) Stockwerk, Etage; **on the second story** (USA) im ersten Stock

**stove** [stəʊv] Ofen, Herd

**straight**[1] [streɪt] ① gerade; *Hosen:* gerade geschnitten; *Haar:* glatt ② *Pass, Schuss:* direkt ③ *Denken:* klar ④ *Antwort:* offen, direkt, ehrlich; *Ablehnung:* ohne Umschweife ⑤ *Drink:* pur, unverdünnt ⑥ *Verhandlungen:* direkt ⑦ ununterbrochen; **win in straight sets** ohne Satzverlust gewinnen; **have five straight wins** fünfmal hintereinander gewinnen ⑧ (*umgangsspr*) *Mensch:* hetero ⑨ **straight A's** (*in der Schule*) glatte Einsen ⑩ direkt ⑪ sofort ⑫ **look straight ahead** geradeaus sehen; **drive straight on** geradeaus weiterfahren

**straight**[2] [streɪt] **the back/final straight** die Gegengerade/Zielgerade

**straight·away** [ˌstreɪtə'weɪ] sofort, geradewegs

**straighten** ['streɪtn] ① gerade machen ② begradigen *Fluss, Straße* ③ glatt ziehen *Tuch* ④ gerade biegen *Draht* ⑤ gerade hängen *Bild* ⑥ (*übertragen*) in Ordnung bringen *Zimmer* ⑦ straffen *Schultern* ⑧ *Pflanze, Straße:* gerade werden ⑨ *Haar:* glatt werden ⑩ *Person:* sich aufrichten

◆ **straighten up** ① gerade machen ② gerade hängen *Bild* ③ (*übertragen*) in Ordnung bringen *Zimmer* ④ sich aufrichten

**straight·for·ward** [ˌstreɪt'fɔːwəd] ① *Person:* aufrichtig ② *Blick:* offen, freimütig ③ *Problem:* einfach

**strain**[1] [streɪn] ① belasten *Freundschaft;* strapazieren *Geduld, Nerven* ② zerren *Muskel* ③ [über]anstrengen, strapazieren *Augen, Rücken;* belasten *Herz* ④ **strain [oneself]** sich anstrengen ⑤ [durch]seihen; abgießen *Gemüse*

**strain**[2] [streɪn] ① (*technisch*) Belastung, Spannung; **put a strain on something** etwas belasten; **take the strain off something** etwas entlasten ② (*seelisch*) Belastung (**on** für) ③ (*medizinisch*) Zerrung

**strange** [streɪndʒ] ① seltsam, sonderbar, merkwürdig ② *Umgebung:* fremd ③ **strangely enough** seltsamerweise

**stran·ger** ['streɪndʒəʳ] Fremde(r); **I'm a stranger here** ich bin hier fremd

**strangle** ['stræŋgl] ① erwürgen, erdrosseln ② (*übertragen*) abwürgen, ersticken

**strap**[1] [stræp] ① Riemen, Gurt ② (*in Bus*) Haltegriff, Schlaufe ③ (*an Kleid*) Träger ④ (*an Armbanduhr*) [Arm]Band

**strap**[2] [stræp] ① festschnallen (**to** an) ② **strap [up]** bandagieren *Bein*

**straw** [strɔː] ① Stroh ② Strohhalm ③ Trinkhalm

**straw·berry** ['strɔːbrɪ] Erdbeere

**stray** [streɪ] ① sich verirren ② (*übertragen*) *Gedanken:* abschweifen

Ss

**streak** [striːk] ① Streifen
② *von Licht:* Strahl
③ (*im Haar*) Strähne
④ **a winning streak** eine Glückssträhne

**stream**[1] [striːm] ① Bach
② *von Flüssigkeit, Luft, Menschen:* Strom
③ Strömung
④ *von Licht:* Flut
⑤ *von Worten:* Schwall
⑥ (*in der Schule*) Leistungsgruppe

**stream**[2] [striːm] ① strömen
② *Augen:* tränen
③ *Licht:* fluten
④ *Fahne:* wehen
⑤ in Leistungsgruppen einteilen *Schüler*

**street** [striːt] Straße; **in** [*oder* (USA) **on**] **the street** auf der Straße

**street·car** ['striːtkɑːʳ] (USA) Straßenbahn

**strength** [streŋθ] ① Kraft, Stärke
② *einer Konstruktion:* Stabilität
③ *einer Meinung:* Überzeugtheit
④ *eines Arguments:* Überzeugungskraft
⑤ *einer Farbe:* Intensität
⑥ **be at full strength** vollzählig sein

**strengthen** ['streŋθn] ① stärken
② (*übertragen*) bestärken
③ *Wind:* stärker werden

**strenu·ous** ['strenjʊəs] ① anstrengend
② *Bemühungen, Versuch:* unermüdlich, energisch
③ *Ablehnung:* hartnäckig
④ *Protest:* heftig

**stress**[1] [stres] ① Stress, Belastung; **put someone under great stress** jemanden großen Belastungen aussetzen
② Betonung; **put the stress on something** etwas betonen
③ (*technisch*) Belastung

**stress**[2] [stres] ① betonen, großen Wert legen auf
② betonen *Silbe*
③ (*technisch*) belasten

**stress·ful** ['stresfʊl] anstrengend, stressig

**stretch**[1] [stretʃ] ① strecken *Arm, Hand;* **stretch one's legs** sich die Beine vertreten
② [aus]dehnen *Gummiband, Jeans;* **become stretched** ausleiern
③ ausbreiten *Decke, Flügel*
④ spannen *Seil*
⑤ voll ausnutzen *Reserven*
⑥ es nicht so genau nehmen mit *Gesetz, Wahrheit*
⑦ *Person, Tier:* sich strecken, sich dehnen, sich recken
⑧ *Ebene, Zeit:* sich erstrecken (**to** bis (zu))
⑨ *Essen, Geld:* reichen

◆ **stretch out** ① ausstrecken *Arm, Bein*
② ausbreiten *Decke, Flügel*
③ *Person:* sich ausstrecken
④ (*räumlich*) sich ausbreiten
⑤ (*zeitlich*) sich erstrecken

**stretch**[2] [stretʃ] ① **have a stretch** sich strecken, sich dehnen; **give something a stretch** etwas dehnen
② *von Material:* Elastizität, Dehnbarkeit
③ *einer Straße, eines Flusses:* Stück; *einer Reise:* Abschnitt
④ (*zeitlich*) Zeitraum; **at a stretch** ohne Unterbrechung; **for hours at a stretch** stundenlang

**strict** [strɪkt] ① streng, strikt
② *Katholik:* strenggläubig
③ *Neutralität:* absolut
④ *Übersetzung:* genau

**strict·ly** ['strɪktlɪ] ① streng
② genau; **strictly speaking** genau genommen

**stride**[1] [straɪd] <strode, stridden> schreiten

**stride**[2] [straɪd] Schritt

**strike**[1] [straɪk] <struck, struck> ① schlagen
② *Geschoss, Unglück:* treffen
③ anzünden *Streichholz*
④ *Schmerz:* durchzucken
⑤ *Person:* stoßen gegen
⑥ *Auto:* fahren gegen
⑦ *Blitz:* einschlagen in *Baum;* treffen *Person*
⑧ (*übertragen*) in den Sinn kommen; **that strikes me as a good idea** das kommt mir sehr vernünftig vor
⑨ stoßen auf *Öl*
⑩ **be struck off a list** von einer Liste gestrichen werden
⑪ (*militärisch*) zuschlagen, angreifen
⑫ *Panik:* ausbrechen
⑬ *Uhr:* schlagen
⑭ *Arbeiter:* streiken

◆ **strike back** ① zurückschlagen
② (*übertragen*) sich wehren

> **? Grammatik** Die unregelmäßigen Vergangenheitsformen von **strike** lauten **struck — struck**: *Fergus* **struck** *a match; the school* **was struck** *by lightning.*

**strike**[2] [straɪk] ① Streik, Ausstand; **be on strike** streiken, im Ausstand sein; **go on strike** in den Streik treten
② *von Gold, Öl:* Fund
③ (*militärisch*) Angriff

**striker** ['straɪkəʳ] ① Streikende(r)
② (*Sport*) Stürmer(in)

**strik·ing** ['straɪkɪŋ] ① *Ähnlichkeit:* auffallend
② *Unterschied:* verblüffend
③ *Schönheit:* eindrucksvoll
④ *Arbeiter:* streikend

**string** [strɪŋ] ① Schnur, Bindfaden
② *einer Puppe, Bohne:* Faden
③ (*übertragen*) Serie, Reihe
④ (*Musik, Sport*) Saite; **the strings** die Streichinstrumente

**strip¹** [strɪp] ① ausziehen *Person*
② abziehen *Bett, Tapete*
③ abkratzen *Farbe*
④ abbeizen *Holzoberfläche*
⑤ ausräumen *Schrank*
⑥ (*technisch*) demontieren, auseinander nehmen *Maschine*
⑦ **strip off** ausziehen *Kleidung;* entfernen *Blätter, Dekorationen*
⑧ *Person:* **strip** [**off**] sich ausziehen; (*beim Arzt*) sich freimachen; **strip to the waist** den Oberkörper freimachen

**strip²** [strɪp] ① Streifen
② (*Sport*) Trikot, Dress

**stripe** [straɪp] Streifen

**striped** [straɪpt] gestreift

**strode** [strəʊd] *2. Form von* **stride**

**stroke¹** [strəʊk] ① Schlag, Hieb
② (*beim Kricket, Golf, Rudern, Tennis*) Schlag; (*einzelne Bewegung beim Schwimmen*) Zug; **what's your best stroke?** was ist dein stärkster Schwimmstil?
③ *eines Pinsels:* Strich
④ (*übertragen*) Schlag
⑤ (*medizinisch*) Schlaganfall
⑥ **a stroke of luck** ein Glücksfall
⑦ **give someone a stroke** jemanden streicheln

**stroke²** [strəʊk] streicheln

**stroll¹** [strəʊl] spazieren, bummeln

**stroll²** [strəʊl] Spaziergang, Bummel

**strong** [strɒŋ] ① stark, kräftig
② *Wand:* stabil, solide
③ *Konstitution:* robust
④ *Charakter:* fest
⑤ *Einfluss:* groß, stark
⑥ *Argument:* überzeugend
⑦ *Protest:* energisch
⑧ (*zahlenmäßig*) stark
⑨ *Akzent, Parfüm:* stark
⑩ *Geruch:* stark, streng
⑪ *Farbe:* kräftig
⑫ *Lösung:* konzentriert
⑬ *Währung:* stark

**strong·ly** ['strɒŋlɪ] ① *vermuten:* stark
② *scheinen, treten:* kräftig
③ *protestieren:* energisch
④ **strongly believe that …** fest daran glauben, dass …
⑤ **I strongly advise you …** ich möchte Ihnen dringendst raten …
⑥ **strongly built** *Ding:* solide gebaut; *Person:* kräftig gebaut
⑦ **I feel very strongly about this** es liegt mir viel daran

**struck** [strʌk] *2. und 3. Form von* **strike**

**struc·ture** ['strʌktʃəʳ] ① Struktur, Aufbau
② Bauwerk, Konstruktion

**struggle¹** ['strʌgl] ① kämpfen
② (*finanziell*) in Schwierigkeiten sein
③ (*übertragen*) sich abmühen, sich quälen

**struggle²** ['strʌgl] ① Kampf (**for** um); **put up a struggle** sich wehren; **without a struggle** kampflos
② Mühe

**stub·born** ['stʌbən] ① stur, störrisch
② *Ablehnung, Husten, Widerstand:* hartnäckig

**stuck¹** [stʌk] *2. und 3. Form von* **stick**

**stuck²** [stʌk] ① **I'm stuck**[**!**] ich stecke fest!; (*mit einer Aufgabe*) ich komme nicht weiter
② **the car got stuck** das Auto ist stecken geblieben
③ **the door is stuck** die Tür klemmt
④ **he was stuck at the airport without any money** er saß ohne Geld am Flughafen fest
⑤ **get stuck into something** etwas in Angriff nehmen
⑥ **be stuck with something** etwas am Hals haben

**stud** [stʌd] [Ohr-, Nasen]Stecker

**stu·dent** ['stjuːdnt] ① Student(in)
② (USA) Schüler(in)

**stu·dio** ['stjuːdɪəʊ] <*plural* studios> ① Studio
② *eines Malers:* Atelier

**study¹** ['stʌdɪ] ① Studium, Lernen
② Studie, Untersuchung (**of** über)
③ Arbeitszimmer

**study²** ['stʌdɪ] ① studieren; (*in der Schule*) lernen
② beobachten, untersuchen

**stuff¹** [stʌf] ① Zeug
② (*umgangsspr*) Kram, Sachen; **books and stuff** Bücher und so

**stuff²** [stʌf] ① voll stopfen *Behälter*
② zustopfen *Ohren*
③ füllen *Gans, Kissen*
④ **stuff oneself** (*umgangsspr*) sich voll stopfen
⑤ stecken

S

6 **stuff it!** (*slang*) Scheiß drauf!; **get stuffed!** (*slang*) du kannst mich mal!
**stuff·ing** ['stʌfɪŋ] 1 (*Essen*) Füllung
2 Polstermaterial, Füllung
**stuffy** ['stʌfɪ] 1 *Raum:* stickig, dumpf
2 (*übertragen*) spießig, prüde
**stumble** ['stʌmbl] stolpern
**stun** [stʌn] 1 betäuben
2 (*übertragen*) aus der Fassung bringen
**stung** [stʌŋ] *2. und 3. Form von* **sting**
**stunk** [stʌŋk] *3. Form von* **stink**
**stun·ning** ['stʌnɪŋ] 1 *Schlag:* wuchtig, betäubend
2 (*umgangssprachl*) prächtig, toll, blendend; **stunningly beautiful** umwerfend schön
**stu·pid** ['stju:pɪd] 1 dumm
2 blöd(e)
**stu·pid·ity** [stju:'pɪdətɪ] Dummheit
**stut·ter**[1] ['stʌtə^r] stottern
**stut·ter**[2] ['stʌtə^r] Stottern; **have a stutter** stottern
**style**[1] [staɪl] 1 Stil
2 Art
**style**[2] [staɪl] 1 entwerfen, gestalten
2 stylen *Frisur*
**styl·ish** ['staɪlɪʃ] 1 modisch, elegant
2 *Möbel:* stilvoll
**sty·list** ['staɪlɪst] Friseur(in), Friseuse
**sub** [sʌb] (*umgangssprachl*) 1 →**submarine** U-Boot
2 →**substitute** Ersatzspieler(in)
3 →**subscription** Beitrag, Abo
**sub·con·scious** [ˌsʌb'kɒnʃəs] unterbewusst
**sub·ject**[1] ['sʌbdʒɪkt] 1 anfällig (**to** für); **prices are subject to change without notice** Preisänderungen vorbehalten
2 abhängig (**to** von); **subject to availability** solange Vorrat reicht
**sub·ject**[2] ['sʌbdʒɪkt] 1 Thema
2 (*in Schule*) Fach
3 (*grammatisch*) Subjekt
4 Gegenstand
5 Staatsbürger(in); *einer Monarchie:* Untertan(in)
**sub·ject**[3] [səb'dʒekt] 1 unterwerfen
2 **subject someone/oneself to something** jemanden einer Sache aussetzen/etwas hinnehmen, sich einer Sache unterziehen
**sub·jec·tive** [səb'dʒektɪv] subjektiv
**sub·junc·tive** [səb'dʒʌŋktɪv] Konjunktiv
**sub·mar·ine** [ˌsʌbmə'ri:n] Unterseeboot, U-Boot
**sub·merge** [səb'mɜ:dʒ] 1 untertauchen; **submerge something in water** etwas in Wasser [ein]tauchen
2 *Wasser:* überschwemmen, überfluten
3 *Taucher, U-Boot:* tauchen
**sub·mit** [səb'mɪt] 1 einreichen, einsenden *Antrag, Bewerbung*
2 nachgeben
3 (*Sport*) aufgeben
**sub·scribe** [səb'skraɪb] **subscribe to a magazine** eine Zeitschrift abonnieren
**sub·scriber** [səb'skraɪbə^r] Abonnent(in)
**sub·scrip·tion** [səb'skrɪpʃn] 1 Abonnement
2 Beitrag
**sub·se·quent** ['sʌbsɪkwənt] 1 folgend
2 (*zeitlich*) später
**sub·se·quent·ly** ['sʌbsɪkwəntlɪ] später, anschließend
**sub·sidi·ary** [səb'sɪdɪərɪ] 1 **subsidiary [company]** Tochtergesellschaft
2 **subsidiary subject** Nebenfach
**sub·si·dize** ['sʌbsɪdaɪz] 1 subventionieren *Firma*
2 finanziell unterstützen *Person*
**sub·sidy** ['sʌbsədɪ] Subvention, Zuschuss
**sub·stance** ['sʌbstəns] 1 (*Materie*) Substanz, Stoff
2 (*Gehalt*) Substanz, Kern
**sub·stan·tial** [səb'stænʃl] 1 *Mahlzeit, Mensch:* kräftig
2 *Gebäude:* solide, fest
3 *Beweis:* schlüssig
4 *Grund:* stichhaltig
5 *Einkommen:* beträchtlich, bedeutend, umfangreich
**sub·stan·tially** [səb'stænʃəlɪ] 1 erheblich, beträchtlich, wesentlich
2 im Wesentlichen
**sub·sti·tute**[1] ['sʌbstɪtju:t] 1 Ersatz, Vertretung
2 (*Sport*) Ersatzspieler(in)
**sub·sti·tute**[2] ['sʌbstɪtju:t] 1 **substitute something for something** etwas durch etwas ersetzen
2 **substitute for someone/something** jemanden vertreten; etwas ersetzen
**sub·sti·tu·tion** [ˌsʌbstɪ'tju:ʃn] 1 Ersetzen
2 (*Sport*) Austausch
**sub·title** ['sʌbtaɪtl] Untertitel
**subtle** ['sʌtl] 1 *Geschmack, Humor, Unterschied:* fein
2 *Hinweis, Parfüm:* zart
3 *Charme:* unaufdringlich
4 *Bemerkung:* scharfsinnig
5 *Plan:* raffiniert
**sub·tract** [səb'trækt] abziehen, subtrahieren (**from** von)

**sub·trac·tion** [səb'trækʃn] Subtraktion
**sub·urb** ['sʌbɜːb] Vorort; **in the suburbs** am Stadtrand
**sub·way** ['sʌbweɪ] (1) [Fußgänger]Unterführung (2) USA Untergrundbahn, U-Bahn
**suc·ceed** [sək'siːd] (1) erfolgreich sein, Erfolg haben; **I succeeded in doing it** es gelang mir, es zu tun (2) *Plan:* gelingen (3) nachfolgen; **succeed to the throne** die Thronfolge antreten (4) **succeed someone** jemandes Nachfolger(in) werden
**suc·cess** [sək'ses] Erfolg
**suc·cess·ful** [sək'sesfl] erfolgreich
**suc·ces·sion** [sək'seʃn] (1) Folge; **a succession of visitors** eine Serie von Besuchern; **in succession** nacheinander, hintereinander (2) **in succession to someone** als jemandes Nachfolger(in); **succession to the throne** Thronfolge
**suc·cessor** [sək'sesəʳ] (1) *Person:* Nachfolger(in) (**to** für) (2) *Produkt:* Nachfolgemodell
**such**[1] [sʌtʃ] (1) solche(r, s); **such a book** so ein Buch; **all such people** all solche Leute; **such a thing** so etwas; **no such thing** nichts dergleichen; **in such a case** in einem solchen Fall; **such as** wie [zum Beispiel] (2) so, solch; **it's such a long time ago** es ist so lange her
**such**[2] [sʌtʃ] **such is life!** so ist das Leben!; **as such** an sich
**suck** [sʌk] (1) saugen an *dem Brust, Trinkhalm* (2) lutschen *Bonbon;* lutschen an *einem Eis;* **suck one's thumb** am Daumen lutschen (3) *Baby:* saugen, nuckeln
**sud·den**[1] ['sʌdn] plötzlich
**sud·den**[2] ['sʌdn] **all of a sudden** [ganz] plötzlich
**sud·den·ly** ['sʌdnlɪ] plötzlich
**sue** [sjuː] (1) **sue someone for damages** jemanden auf Schadensersatz verklagen (2) klagen; **sue for divorce** die Scheidung einreichen
**suede** [sweɪd] Wildleder
**suf·fer** ['sʌfəʳ] (1) leiden (**from** an, unter) (2) erleiden *Rückschlag, Schmerz, Verlust* (3) tragen *Folgen*
**suf·fer·ing** ['sʌfərɪŋ] Leiden
**suf·fi·cient** [sə'fɪʃnt] genügend, ausreichend
**suf·fix** ['sʌfɪks] Nachsilbe, Suffix
**suf·fo·cate** ['sʌfəkeɪt] ersticken
**sugar** ['ʃʊgəʳ] (1) Zucker; **sugar lump** Stück Würfelzucker (2) (*umgangsspr*) Liebling, Schätzchen
**sug·gest** [sə'dʒest] (1) vorschlagen (2) vorbringen, nahelegen *Theorie* (3) andeuten, unterstellen; **what are you trying to suggest?** worauf wollen Sie hinaus? (4) *Gedicht, Musik:* denken lassen an; *Farben:* andeuten
**sug·ges·tion** [sə'dʒestʃən] (1) Vorschlag; **at the suggestion of** auf Anregung von (2) Vermutung (3) Andeutung, Anspielung (4) Spur, Anflug (5) Eindruck, Vorstellung
**sui·cide** ['sjuːɪsaɪd] Selbstmord, Suizid
**suit**[1] [suːt] (1) (*für Männer*) Anzug; (*für Frauen*) Kostüm; **suit of armour** Rüstung (2) (*juristisch*) Prozess, Verfahren (3) *von Karten:* Farbe
**suit**[2] [suːt] (1) **suit someone** *Termin:* jemandem passen (2) **suit someone** *Klima:* jemandem bekommen (3) **to be suited to** geeignet sein für; **they are well suited [to each other]** sie passen gut zusammen (4) **suit someone** *Farbe, Frisur, Kleider:* jemandem gut stehen (5) **suit yourself!** wie du willst!
**suit·able** ['suːtəbl] passend, geeignet, angemessen; **be suitable for someone** *Termin:* jemandem passen; *Film, Stelle:* für jemanden geeignet sein; **she's not suitable for him** sie passt nicht zu ihm
**suit·case** ['suːtkeɪs] Koffer
**sulk** [sʌlk] schmollen, eingeschnappt sein
**sul·try** ['sʌltrɪ] (1) schwül (2) (*übertragen*) sinnlich, aufreizend
**sum** [sʌm] (1) [Geld]Summe, Betrag (2) Rechenaufgabe; **do sums [in one's head]** [im Kopf] rechnen
◆ **sum up** (1) zusammenfassen (2) einschätzen, taxieren
**sum·mar·ize** ['sʌməraɪz] zusammenfassen
**sum·mary** ['sʌmərɪ] Zusammenfassung
**sum·mer** ['sʌməʳ] Sommer; **in [the] summer** im Sommer; **a summer's day** ein Sommertag

**i Land & Leute** Die **summer vacation** dauern in den USA drei Monate — von Mitte Juni bis Mitte September. Ursprünglich waren die Ferien so lang, damit die Kinder auf einem Bauernhof oder einer Ranch arbeiten konnten. Um die Jahrhundertwende, als immer mehr Leute in die Städte

S

zogen, wurden **summer camps** (Ferienlager), auf denen die Stadtkinder die Natur erleben konnten, immer beliebter. Heutzutage kann man ein Ferienlager für Musik, Baseball, Pferdereiten, usw. besuchen.

**sum·mit** ['sʌmɪt] 1 Gipfel
2 Gipfelkonferenz
**sun** [sʌn] Sonne
**sun·bathe** ['sʌnbeɪð] sonnenbaden
**sun block(er)** Sonnenblocker
**sun·burn** ['sʌnbɜ:n] Sonnenbrand
**sun·burnt** ['sʌnbɜ:nt] **be/get sunburnt** einen Sonnenbrand haben/bekommen
**sun·cream** Sonnenschutzcreme
**sun·dae** ['sʌndeɪ] Eisbecher mit Früchten
**Sun·day** ['sʌndɪ] Sonntag; **on Sunday** am Sonntag; **on Sundays** sonntags
**sung** [sʌŋ] *3. Form von* **sing**
**sun·glasses** ['sʌnˌglɑ:sɪz] ⚠ *plural* Sonnenbrille
**sun hat** Sonnenhut
**sunk** [sʌŋk] *3. Form von* **sink**
**sun·light** ['sʌnlaɪt] Sonnenlicht
**sun·lit** ['sʌnlɪt] von der Sonne beschienen
**sunny** ['sʌnɪ] 1 sonnig
2 (*übertragen*) heiter, freundlich
**sun·rise** ['sʌnraɪz] Sonnenaufgang
**sun·roof** Schiebedach
**sun·room** Wintergarten
**sun·set** ['sʌnset] Sonnenuntergang
**sun·shade** ['sʌnʃeɪd] 1 Sonnenschirm
2 (USA) Markise
**sun·shine** ['sʌnʃaɪn] Sonnenschein
**sun·stroke** ['sʌnstrəʊk] Sonnenstich
**sun·tan** ['sʌntæn] Sonnenbräune; **suntan lotion** Sonnenmilch
**su·per** ['su:pəʳ] (*umgangsspr*) super, klasse, prima
**su·perb** [su:'pɜ:b] 1 großartig, prächtig
2 *Qualität:* ausgezeichnet, hervorragend
**super·fi·cial** [ˌsu:pə'fɪʃl] 1 oberflächlich
2 *Ähnlichkeit:* äußerlich
**super·flu·ous** [su:'pɜ:flʊəs] überflüssig
**super·glue** ['su:pəglu:] Sekundenkleber
**su·perior**¹ [su:'pɪərɪəʳ] 1 *Qualität:* besser (**to** als)
2 *Fähigkeit, Intelligenz:* überlegen; **be superior to someone** jemandem überlegen sein
3 *Arbeit, Hotel, Technik:* großartig, hervorragend
4 *Verstand:* überragend
5 (*im Rang*) höher
6 *Kraft:* stärker
7 (*abwertend*) *Art:* überheblich
**su·perior**² [su:'pɪərɪəʳ] 1 Vorgesetzte(r)
2 Überlegene(r)
**su·perior·ity** [su:ˌpɪərɪ'ɒrətɪ] 1 *von Waren:* bessere Qualität
2 *von Fähigkeit:* Überlegenheit
3 *von Rang:* höhere Stellung
4 (*zahlenmäßig*) Überlegenheit
5 (*abwertend*) Überheblichkeit
**su·per·la·tive** [su:'pɜ:lətɪv] Superlativ
**super·mar·ket** ['su:pəmɑ:kɪt] Supermarkt
**super·sti·tious** [ˌsu:pə'stɪʃəs] abergläubisch
**super·store** ['su:pəstɔ:ʳ] Verbrauchermarkt
**super·vise** ['su:pəvaɪz] 1 beaufsichtigen
2 Aufsicht führen
**super·vi·sion** [ˌsu:pə'vɪʒn] Aufsicht, Beaufsichtigung
**super·vi·sor** [ˌsu:pə'vaɪzəʳ] 1 Aufseher(in), Aufsicht[sperson]
2 (*in der Schule*) Fachbereichsleiter(in), Tutor(in)
**sup·per** ['sʌpəʳ] Abendessen; **have supper** zu Abend essen
**supple·ment**¹ ['sʌplɪmənt] 1 Ergänzung, Zusatz (**to** zu)
2 (*im Buch*) Nachtrag, Anhang; (*extra*) Ergänzungsband
3 (*zu einer Zeitung*) Beilage
4 (*zu einem Preis*) Zuschlag
**supple·ment**² ['sʌplɪment] ergänzen
**sup·plier** [sə'plaɪəʳ] Lieferant(in), Anbieter(in)
**sup·ply**¹ [sə'plaɪ] 1 sorgen für *Getränke, Unterkunft*
2 liefern *Beweis, Elektrizität, Waren*
3 [zur Verfügung] stellen *Arbeitskleidung, Schreibmaterial*
4 beliefern *Fabrik, Kunden*
5 versorgen *Stadt, System* (**with** mit)
**sup·ply**² [sə'plaɪ] 1 Versorgung
2 Lieferung (**to** an); **supply and demand** Angebot und Nachfrage
3 Vorrat, Proviant; **be in short supply** knapp sein; **medical supplies** Arzneimittel
**supply teacher** Aushilfslehrer(in)
**sup·port**¹ [sə'pɔ:t] 1 [ab]stützen, tragen *Gewicht*
2 (*übertragen*) unterstützen
3 (*übertragen*) fördern *Kunst*
4 erhärten, untermauern *Theorie*
5 befürworten *Antrag*
**sup·port**² [sə'pɔ:t] 1 Stütze
2 (*übertragen*) Unterstützung; **in support of** zur Unterstützung
**sup·porter** [sə'pɔ:təʳ] 1 Anhänger(in)
2 *einer Theorie:* Befürworter(in)
3 (*Sport*) Fan

**sup·pose** [sə'pəʊz] 1 annehmen, denken; **I suppose so** ich glaube schon; **I don't suppose so** ich glaube kaum; **I suppose not** wohl kaum
2 *in Passivkonstruktion* sollen; **she is supposed to be intelligent** sie soll intelligent sein; **you are not supposed to know that** das solltest du eigentlich nicht wissen; **what's that supposed to mean?** was soll das bedeuten?

**sup·pos·ed·ly** [sə'pəʊzɪdlɪ] angeblich

**sup·pos·ing** [sə'pəʊzɪŋ] angenommen

**su·prem·acy** [sʊ'preməsɪ] Vormachtstellung

**su·preme** [suː'priːm] 1 höchste(r, s), oberste(r, s); **Supreme Court** oberstes Gericht
2 größte(r, s), äußerste(r, s) *Mut, Gleichgültigkeit*

**sure** [ʃʊəʳ] 1 sicher; **are you sure you won't come?** wollen Sie wirklich nicht kommen?; **I'm not sure why/how** ich weiß nicht genau, warum/wie
2 **be sure of something** etwas sicher wissen; **be sure of oneself** sich seiner Sache sicher sein, selbstsicher sein
3 **make sure** nachsehen, kontrollieren, sich vergewissern; **make sure you …** achten Sie darauf, dass Sie …; **be sure not to forget your book** vergessen Sie ja ihr Buch nicht
4 bestimmt; **for sure** sicher, gewiss; **sure thing** USA (*umgangsspr*) klar, sicher
5 sicher, klar, gewiss; **sure enough** tatsächlich, bestimmt

**sure·ly** ['ʃʊəlɪ] sicher[lich], gewiss; **he surely ought to know that** das müsste er doch wissen

**surf**[1] [sɜːf] Brandung

**surf**[2] [sɜːf] surfen

**sur·face** ['sɜːfɪs] Oberfläche

**sur·geon** ['sɜːdʒən] 1 Chirurg(in)
2 **dental surgeon** Zahnarzt/Zahnärztin

**sur·gery** ['sɜːdʒərɪ] 1 Chirurgie; **have surgery** operiert werden
2 Sprechzimmer; **dental surgery** Zahnarztpraxis
3 Sprechstunde; **surgery hours** Sprechstunden

**sur·name** ['sɜːneɪm] Familienname, Nachname

**sur·prise**[1] [sə'praɪz] 1 überraschen; **be surprised at something** sich über etwas wundern, über etwas staunen; **I'm surprised at you!** Sie überraschen mich!
2 [plötzlich] überfallen, überrumpeln *Feind*

**sur·prise**[2] [sə'praɪz] 1 Überraschung; **catch** [*oder* **take**] **by surprise** überraschen, plötzlich überfallen
2 Verwunderung (**at** über)
3 **surprise, surprise!** (*ironisch*) was du nicht sagst!

**sur·pris·ing** [sə'praɪzɪŋ] erstaunlich, überraschend; **surprisingly** [**enough**] überraschenderweise

**sur·ren·der**[1] [sə'rendəʳ] 1 übergeben, ausliefern *Waffen*
2 *Soldat:* kapitulieren, sich ergeben

**sur·ren·der**[2] [sə'rendəʳ] (*auch übertragen*) Kapitulation (**to** vor)

**sur·round** [sə'raʊnd] 1 umgeben
2 (*auch militärisch*) umzingeln, umstellen

**sur·round·ing** [sə'raʊndɪŋ] umliegend

**sur·round·ings** [sə'raʊndɪŋs] *plural* Umgebung

**sur·vival** [sə'vaɪvl] (*auch übertragen*) Überleben

**sur·vive** [sə'vaɪv] 1 überleben, am Leben bleiben
2 überstehen *Katastrophe, Unfall*
3 *Artefakt, Tradition:* erhalten bleiben

**sur·vivor** [sə'vaɪvəʳ] Überlebende(r)

**sus·pect**[1] ['sʌspekt] Verdächtigte(r)

**sus·pect**[2] ['sʌspekt] verdächtig

**sus·pect**[3] [sə'spekt] 1 **suspect someone of something** jemanden einer Sache verdächtigen; **he is a suspected member** er steht im Verdacht Mitglied zu sein
2 vermuten *Betrug, Verschwörung*
3 anzweifeln *Motiv*
4 vermuten; **I suspected as much** das habe ich mir doch gedacht

**sus·pend** [sə'spend] 1 [zeitweilig] ausschließen *Schüler*
2 sperren *Sportler*
3 suspendieren *Beamten*
4 [zeitweilig] einstellen *Erscheinen, Zahlungen*
5 aussetzen *Verhandlung, Urteil, Rechte;* **be given a suspended sentence** seine Strafe zur Bewährung ausgesetzt bekommen
6 [frei] [auf]hängen *Lampe* (**from** an)

**sus·pense** [sə'spens] Spannung; **don't keep me in suspense any longer** spanne mich nicht länger auf die Folter!

**sus·pen·sion** [sə'spenʃn] 1 [zeitweilige] Einstellung
2 *von Verein:* [zeitweiliger] Ausschluss
3 *von Sportler:* Sperre
4 *von Beamten:* [vorläufige] Suspendierung
5 (*technisch*) Federung, [Rad]Aufhängung

**sus·pi·cion** [sə'spɪʃn] 1 Verdacht, Argwohn (**of, about** gegen); **be under suspicion** unter Verdacht stehen
2 (*übertragen*) Andeutung, Spur, Hauch (**of** von)

**sus·pi·cious** [sə'spɪʃəs] 1 *Verhalten:* verdächtig
2 **be suspicious of someone/of** [*oder* **about**]

S

**something** gegenüber jemandem/gegen eine Sache misstrauisch [*oder* argwöhnisch] sein

**swal·low** ['swɒləʊ] schlucken; (*aus Versehen*) verschlucken

**swam** [swæm] *2. Form von* **swim**

**swamp**[1] [swɒmp] Sumpf

**swamp**[2] [swɒmp] (*auch übertragen*) überschwemmen

**swan** [swɒn] Schwan

**swap, swop** [swɒp] ① tauschen (**with** mit), eintauschen (**for** für, gegen); **swap places with someone** mit jemandem [die Plätze] tauschen
② austauschen *Geschichten, Erinnerungen*

**sway** [sweɪ] ① schwanken
② *Bäume:* sich wiegen

**swear** [sweəʳ] <swore, sworn> ① schwören
② **swear [at someone/something]** [auf [*oder* über] jemanden/etwas] fluchen
③ **I wouldn't like to swear to it** ich könnte es nicht beschwören, schwören

> **? Grammatik** Die unregelmäßigen Vergangenheitsformen von **swear** lauten **swore — sworn**: *the thief* **swore** *to tell the truth; he* **has sworn** *an oath.*

**swear-word** Fluch

**sweat**[1] [swet] ① (*auch übertragen*) schwitzen (**with** vor)
② (*umgangsspr*) schwer arbeiten

**sweat**[2] [swet] ① Schweiß
② (*umgangsspr*) Plackerei
③ **no sweat!** (*umgangsspr*) kein Problem!

**sweater** ['swetəʳ] Pullover

**sweaty** ['swetɪ] verschwitzt; *Hände:* schweißig; **sweaty feet** Schweißfüße

**sweep**[1] [swi:p] <swept, swept> ① kehren, fegen
② *Wind:* fegen über
③ **sweep past someone** an jemandem vorbeirauschen

> **? Grammatik** Die unregelmäßigen Vergangenheitsformen von **sweep** lauten **swept — swept**: *Laura* **swept** *the kitchen floor;* **have** *you* **swept** *the kitchen?*

◆ **sweep away** ① wegfegen
② *Lawine:* wegreißen
③ *Flut:* wegschwemmen
④ (*übertragen*) zunichte machen, abschaffen

◆ **sweep up** zusammenfegen, zusammenkehren *Blätter*

**sweep**[2] [swi:p] ① **give something a sweep** etwas kehren/fegen
② Schornsteinfeger(in)

**sweeper** ['swi:pəʳ] ① Straßenkehrer(in)
② Kehrmaschine
③ (*beim Fußball*) Libero

**sweet**[1] [swi:t] ① (*auch übertragen*) süß; **sweet dreams!** träum süß!, träum was Schönes!
② lieb, freundlich (**to** gegenüber, zu)
③ (*umgangsspr*) reizend, goldig *Kind, Lächeln*

**sweet**[2] [swi:t] ① Süßigkeit, Bonbon
② Süßspeise, Nachtisch
③ (*übertragen*) Liebling

**sweet corn** Zuckermais

**sweeten** ['swi:tn] süßen, zuckern

**sweet·ener** ['swi:tnəʳ] Süßstoff

**swell** [swel] <swelled, swollen *oder* swelled> *Körperteil, Fluss:* anschwellen

> **? Grammatik** Die unregelmäßigen Vergangenheitsformen von **swell** lauten **swelled — swollen**: *Helen's finger* **swelled** *up; the river* **has swollen** *with rain.*

**swell·ing** ['swelɪŋ] Schwellung

**swept** [swept] *2. und 3. Form von* **sweep**

**swerve** [swɜ:v] ① **swerve to the right/left** nach rechts/links [aus]schwenken; **swerve round something** einen Bogen um etwas machen
② *Ball:* **swerve in the air** in der Luft abdrehen

**swift** [swɪft] schnell, rasch, flink

**swim**[1] [swɪm] <swam, swum> ① schwimmen
② durchschwimmen
③ **my head is swimming** es schwimmt mir alles vor den Augen

**swim**[2] [swɪm] **have a swim** schwimmen; **go for a swim** schwimmen gehen

**swim·mer** ['swɪməʳ] Schwimmer(in)

**swim·ming** ['swɪmɪŋ] Schwimmen; **I like swimming** ich schwimme gern

**swimming baths** Schwimmbad, Hallenbad

**swimming costume** Badeanzug

**swimming pool** ① Schwimmbecken
② (*Gebäude*) Schwimmbad, Schwimmhalle
③ (*öffentlich, drinnen*) Hallenbad
④ (*öffentlich, draußen*) Freibad
⑤ (*privat*) Swimming-Pool

**swimming trunks** *plural* Badehose

**swim·suit** Badeanzug

**swing**[1] [swɪŋ] ① (*für Kinder*) Schaukel
② Schwung, Schwingen; *von Zeiger:* Ausschlag
③ (*beim Boxen*) Schwinger; (*beim Golf*) Schwung

4 (*übertragen*) [Meinungs]Umschwung
5 (*Rhythmus*) Schwung; (*Musik-, Tanzart*) Swing

**swing²** [swɪŋ] <swung, swung> 1 [sich] schwingen
2 schlenkern, baumeln, schaukeln
3 (*übertragen*) Schwung haben, auf Zack sein
4 **swing open** sich öffnen; **swing shut** zuschlagen
5 (*übertragen*) umschwenken lassen *öffentliche Meinung*

◆ **swing round** 1 *Person:* sich [schnell] umdrehen, herumfahren
2 *Auto, Boot, Kran:* herumschwenken
3 *Zeiger:* ausschlagen
4 (*übertragen*) *öffentliche Meinung:* umschwenken
5 **swing someone round** jemanden herumschleudern; (*übertragen*) jemanden umstimmen

**Swiss¹** [swɪs] Schweizer[...], schweizerisch; **Swiss franc** Schweizer Franken; **Swiss German** Schweizerdeutsch

**Swiss²** [swɪs] Schweizer(in); **the Swiss** ⚠ *plural* die Schweizer

**switch¹** [swɪtʃ] 1 wechseln, ändern
2 umschalten *Gerät* (**to** auf)
3 verlegen, umstellen *Produktion*
4 lenken *Aufmerksamkeit* (**to** auf)
5 (*umgangsspr*) tauschen, vertauschen
6 *Person:* überwechseln (**to** zu)

◆ **switch off** 1 ausschalten *Licht*
2 abschalten *Gerät*
3 abstellen *Gas, Wasser*
4 (*übertragen*) *Person:* abschalten

◆ **switch on** 1 anschalten, einschalten *Licht, Gerät*
2 anstellen *Gas, Wasser*
3 (*automatisch*) sich einschalten

◆ **switch over** 1 umschalten
2 verlegen, umstellen *Produktion* (**to** auf)
3 (*übertragen*) *Person:* überwechseln (**to** zu)

**switch²** [swɪtʃ] 1 [Licht]Schalter
2 (*übertragen*) Wechsel

**Swit·zer·land** [ˈswɪtsələnd] die Schweiz

**swol·len** [ˈswəʊlən] *3. Form von* **swell**

**swoop** [swuːp] 1 *Person:* sich stürzen (**on** auf)
2 *Polizei:* eine Razzia machen (**on** in, bei)
3 *Raubvogel:* herabstoßen (**on** auf)

**swop** [swɒp] → **swap**

**sword** [sɔːd] Schwert

**swore** [swɔː] *2. Form von* **swear**

**sworn** [swɔːn] *3. Form von* **swear**

**swot¹** [swɒt] GB (*umgangsspr*) ochsen, büffeln, pauken (**for** für)

**swot²** [swɒt] GB (*abwertend*) Streber(in)

**swum** [swʌm] *3. Form von* **swim**

**swung** [swʌŋ] *2. und 3. Form von* **swing**

**syl·lable** [ˈsɪləbl] Silbe

**syl·la·bus** [ˈsɪləbəs] Lehrplan

**sym·bol** [ˈsɪmbl] Sinnbild, Symbol, Zeichen (**of** für)

**sym·bolic(al)** [sɪmˈbɒlɪk(l)] symbolisch (**of** für)

**sym·bol·ize** [ˈsɪmbəlaɪz] symbolisieren

**sym·met·ri·cal** [sɪˈmetrɪkl] symmetrisch

**sym·me·try** [ˈsɪmətrɪ] Symmetrie

**sym·path·etic** [ˌsɪmpəˈθetɪk] 1 mitfühlend
2 verständnisvoll
3 empfänglich (**to** für)

**sym·path·ize** [ˈsɪmpəθaɪz] 1 mitfühlen, Mitleid haben (**with** mit)
2 Verständnis haben (**with** für)
3 sympathisieren (**with** mit)

**sym·pathy** [ˈsɪmpəθɪ] 1 Mitleid, Mitgefühl (**for** mit)
2 (*im Todesfall*) Beileid; **our deepest sympathies** unser aufrichtiges Beileid
3 Sympathie; **come out** [*oder* **strike**] **in sympathy** in Sympathiestreik treten

**sym·phony** [ˈsɪmfənɪ] Sinfonie

**symp·tom** [ˈsɪmptəm] Symptom, Anzeichen (**of** für)

**syna·gogue** [ˈsɪnəgɒg] Synagoge

**syn·thetic** [sɪnˈθetɪk] 1 synthetisch; **synthetic material** Kunststoff
2 (*übertragen*) künstlich

**syr·inge** [sɪˈrɪndʒ] Spritze

**sys·tem** [ˈsɪstəm] System

# Tt

**ta** [tɑː] (*umgangsspr*) danke

**tab** [tæb] 1 Lasche
2 Schildchen
3 (*umgangsspr*) Rechnung; **pick up the tab** [die Rechnung] bezahlen
4 USA (*umgangsspr*) Dosenring

**table** [ˈteɪbl] 1 Tisch; **lay/clear the table** den Tisch decken/abräumen
2 Tabelle; **table of contents** Inhaltsverzeichnis; **multiplication tables** Einmaleins

**table·cloth** Tischtuch

**table·spoon** [ˈteɪblspuːn] Esslöffel

**tab·let** ['tæblɪt] Tablette
**table tennis** Tischtennis
**tab·loid** ['tæblɔɪd] (*kleinformatige*) Boulevardzeitung
**tackle¹** ['tækl] ① Ausrüstung; (*umgangsspr*) Angelzeug
② (*Sport*) Angriff, Tackling
**tackle²** ['tækl] ① (*Sport*) angreifen
② ergreifen, packen *Dieb*
③ anpacken, in Angriff nehmen *Problem, Arbeit*
**tact·ful** ['tæktfl] taktvoll
**tac·tics** ['tæktɪks] ⚠ *plural* Taktik
**tag** [tæg] ① Etikett, Schild[chen]
② (*am Tier*) Ohrmarke
③ (*Kinderspiel*) Fangen
**tail** [teɪl] ① Schwanz
② *eines Kometen:* Schweif
③ **tails** *einer Münze:* Zahl[seite]; **heads or tails?** Kopf oder Zahl?
**tail·back** ['teɪlbæk] *von Autos:* Rückstau
**tailor** ['teɪləʳ] Schneider(in)
**take** [teɪk] <took, taken> ① nehmen
② mitnehmen
③ **take someone home** jemanden nach Hause bringen [*oder* begleiten]
④ machen *Foto, Prüfung, Reise, Spaziergang*
⑤ *Lehrer:* unterrichten *Klasse; Schüler:* nehmen *Fach*
⑥ einnehmen *Arznei*
⑦ messen *Temperatur*
⑧ **take someone's picture** jemanden aufnehmen, fotografieren
⑨ annehmen *Stelle*
⑩ vertragen *Alkohol*
⑪ (*verkraften*) fertig werden mit *Enttäuschung;* reagieren auf *Nachricht;* **I find that hard to take** es fällt mir schwer, das hinzunehmen [*oder* zu verkraften] [*oder* zu ertragen]
⑫ (*grammatisch*) **'mit' takes the dative** nach ‚mit' steht Dativ
⑬ (*einnehmen*) **take a seat** sich setzen, Platz nehmen; **take a deep breath** tief Atem holen
⑭ **take a look at** einen Blick werfen auf
⑮ (*in Anspruch nehmen*) **take someone's advice** jemandes Rat folgen; **take legal advice** zum Rechtsanwalt, zur Rechtsberatung gehen
⑯ **take cover** Schutz suchen, in Deckung gehen
⑰ **take notes** sich Notizen machen; **take notice of** beachten, Notiz nehmen von
⑱ **take turns** [sich] abwechseln
⑲ **take to pieces** auseinander nehmen
⑳ **take part in** teilnehmen an
㉑ **take place** stattfinden
㉒ **take someone's place** an jemandes Stelle treten
㉓ **take responsibility for something** die Verantwortung für etwas übernehmen
㉔ **be taken ill** krank werden
㉕ (*benötigen*) **it takes 5 hours** man braucht 5 Stunden; **take long** lange dauern; **he takes a size nine [shoe]** er hat [Schuh]Größe 9

> **? Grammatik** Die unregelmäßigen Vergangenheitsformen von **take** lauten **took — taken**: *Kate* **took** *the books back to library; Tom* **has taken** *a shower.*

◆ **take away** ① **take something away from someone** jemandem etwas wegnehmen
② (*mathematisch*) abziehen
③ mitnehmen *Essen*
◆ **take back** ① zurücknehmen
② zurückbringen *Ware*
◆ **take down** ① herunternehmen
② herunterlassen, herunterziehen *Hose*
③ abnehmen *Gardinen, Plakat, Weihnachtsschmuck*
④ abbauen *Gerüst, Zelt*
⑤ aufschreiben, notieren *Notizen*
◆ **take for** halten für
◆ **take in** ① einholen *Wäsche*
② [bei sich] aufnehmen *Person*
③ enger machen *Kleidungsstück*
④ (*verstehen*) begreifen
⑤ täuschen, hereinlegen; **be taken in by someone/something** auf jemanden/etwas hereinfallen
◆ **take off** ① ausziehen *Kleidung;* abnehmen *Hut*
② abnehmen *Telefonhörer, Deckel*
③ abziehen *Bettwäsche*
④ (*mathematisch*) abziehen, subtrahieren; (*vom Preis*) nachlassen
⑤ **take someone off** jemanden nachmachen, nachäffen
⑥ **take someone's mind off something** jemanden von etwas ablenken
⑦ freinehmen *Tag*
⑧ mitnehmen *Person;* abführen *Verbrecher*
⑨ *Person:* sich entfernen
⑩ *Flugzeug:* starten
⑪ *Springer:* abspringen
◆ **take on** ① einstellen *Arbeiter*
② annehmen *Arbeit*
③ auf sich nehmen *Verantwortung*
④ spielen gegen, kämpfen gegen, sich auseinander setzen mit
⑤ bekommen, annehmen *Farbe, Ausdruck*

◆ **take out** ① herausnehmen; ziehen *Zahn;* entfernen *Blinddarm*
② hinausbringen; hinausfahren *Auto*
③ abheben *Geld*
④ nehmen, erwirken *Patent;* abschließen *Versicherung*
⑤ (USA) mitnehmen *Essen*
⑥ **take someone out** mit jemandem ausgehen; **take someone out for a meal** [*oder* **to a restaurant**] jemanden zum Essen einladen; **take the dog out for a walk** den Hund ausführen
⑦ **take it out on someone** seinen Ärger an jemandem auslassen
◆ **take over** ① übernehmen *Geschäft, Amt*
② hinüberbringen *Person*
③ an die Macht, Regierung kommen; (*umgangsspr*) das Heft an sich reißen
④ **take over from someone** jemanden ablösen
◆ **take up** ① aufnehmen, hochheben
② hinaufbringen
③ aufnehmen *Flüssigkeit*
④ in Anspruch nehmen *Zeit;* einnehmen *Platz*
⑤ übernehmen *Pflicht*
⑥ aufnehmen *Beschäftigung*
⑦ sich zulegen *Hobby;* **take up pottery** anfangen zu töpfern
⑧ annehmen *Einladung, Kredit*
⑨ kürzer machen *Rock*
⑩ eingehen auf *Angelegenheit*
⑪ wieder aufnehmen *Thema*
⑫ aufgreifen *Gedanken, Thema*
⑬ fördern, sich einsetzen für *Sache*

**take·away** ['teɪkəweɪ] ① Essen zum Mitnehmen
② Imbissstube

**taken** ['teɪkn] *3. Form von* **take**

**take-off** ['teɪkɒf] ① Start, Abheben
② (*Sport*) Absprung
③ (*umgangsspr*) Nachmachen, Nachahmung

**take-out** ['teɪkaʊt] (USA) Fertiggericht zum Mitnehmen

**take·over** ['teɪkˌəʊvəʳ] Übernahme

**tale** [teɪl] ① Erzählung, Geschichte
② **tell tales** petzen

**tal·ent** ['tælənt] Talent, Begabung

**talk**[1] [tɔːk] ① sprechen, reden (**to, with** mit, **about, of** über, von)
② **talking of football** da wir gerade vom Fußball sprechen
③ **you can talk!** du hast gut reden!
④ **talk someone into doing something** jemanden überreden, etwas zu tun; **talk someone out of something** jemanden von etwas abbringen; **talk one's way out of something** sich aus etwas herausreden
◆ **talk back** [scharf] erwidern, antworten, frech sein
◆ **talk down talk down to someone** mit jemandem herablassend reden
◆ **talk over** bereden, besprechen
◆ **talk round** umstimmen
◆ **talk through** diskutieren, durchsprechen

**talk**[2] [tɔːk] ① Gespräch, Unterhaltung; **could I have a talk with you?** könnte ich Sie [ein]mal sprechen?
② (*Diskussion*) Aussprache, Besprechung
③ Gerede, Geschwätz; **there is talk of** man spricht von, man sagt
④ Vortrag

**tall** [tɔːl] hoch; *Person, Tier:* groß

> **! Vorsicht Falle** **tall** wird besonders für die Größe von Personen und schmalen, aufragenden Gegenständen gebraucht: *Tim is tall; the office is that tall building on the corner.* — **high** wird für sehr hohe Objekte gebraucht: *a high shelf/wall/mountain.*

**tame**[1] [teɪm] ① zahm
② matt, fade, schal
③ langweilig, uninteressant

**tame**[2] [teɪm] zähmen

**tan**[1] [tæn] [Sonnen]Bräune

**tan**[2] [tæn] braun werden

**tangle**[1] ['tæŋgl] ① verwirren
② **get tangled** [**up**] sich verwickeln, sich verwirren, sich verheddern; (*übertragen*) verwickelt werden (**in** in)

**tangle**[2] ['tæŋgl] ① Gewirr
② (*übertragen*) Wirrwarr, Durcheinander

**tank** [tæŋk] ① Tank, Behälter
② Tank, Panzer

**tanned** [tænd] ① *Person:* braun
② *Tierhäute:* gegerbt

**tan·trum** ['tæntrəm] Wutanfall

**tap**[1] [tæp] ① Hahn; **cold/hot tap** Kalt-/Warmwasserhahn; **tap water** Leitungswasser
② Klopfen; **give someone a tap on the shoulder** jemandem auf die Schulter klopfen; **there was a tap on** [*oder* **at**] **the window** es klopfte an das Fenster

**tap**[2] [tæp] klopfen; **tap someone on the shoulder** jemandem auf die Schulter klopfen [*oder* tippen]; **tap one's foot** [ungeduldig] mit dem Fuß auf dem Boden klopfen; **tap one's foot in time to the music** mit dem Fuß den Takt schlagen

**tap-dance** ['tæpdɑːns] Stepptanz

**tape**[1] [teɪp] ① Band
② Klebeband, Klebestreifen
③ Tonband, Videoband
④ (*Sport*) Zielband
⑤ **red tape** Bürokratie, Amtsschimmel

**tape**[2] [teɪp] ① mit einem Band befestigen
② mit einem Klebestreifen verkleben
③ auf Band aufnehmen

**tape measure** Bandmaß

**tape re·corder** ['teɪprɪ'kɔːdəʳ] Tonbandgerät

**tape re·cording** ['teɪprɪ'kɔːdɪŋ] Bandaufnahme

**tar·get**[1] ['tɑːgɪt] zielen auf, richten auf

**tar·get**[2] ['tɑːgɪt] ① (*Sport*) Schießscheibe, Zielscheibe; **be on/off target** treffen/daneben gehen
② (*politisch, wirtschaftlich*) Ziel

**tart** [tɑːt] ① Törtchen
② (*abwertend slang*) Schlampe

**tar·tan** ['tɑːtn] Schottenmuster

**task** [tɑːsk] Aufgabe

**taste**[1] [teɪst] ① kosten, versuchen *Speise*
② [ab]schmecken
③ (*übertragen*) erfahren, erleben
④ *Speise:* schmecken (**of** nach)

**taste**[2] [teɪst] ① *einer Speise:* Geschmack
② (*übertragen*) Geschmack; **in good taste** geschmackvoll, taktvoll; **in bad** [*oder* **poor**] **taste** geschmacklos
③ [**sense of**] **taste** Geschmackssinn
④ Kostprobe; **have a taste — what do you think?** probieren Sie mal — was meinen Sie dazu?
⑤ (*übertragen*) Vorgeschmack
⑥ (*übertragen*) Vorliebe

**taste·ful** ['teɪstfl] geschmackvoll

**taste·less** [teɪstlɪs] ① fade, nach nichts schmeckend
② (*übertragen*) geschmacklos

**tasty** ['teɪstɪ] ① wohlschmeckend
② (*slang*) interessant

**tat·too** [tə'tuː] Tätowierung

**taught** [tɔːt] *2. und 3. Form von* **teach**

**tax**[1] [tæks] ① besteuern
② (*übertragen*) strapazieren *Geduld, Kräfte*

**tax**[2] [tæks] Steuer, Abgabe (**on** auf)

**taxi** ['tæksɪ] Taxe, Taxi

**taxi rank, taxi stand** Taxistand

**tea** [tiː] Tee; **have tea** Tee trinken; **a cup of tea** eine Tasse Tee; **three teas please** drei[mal] Tee, bitte
▸ IN WENDUNGEN: **not my cup of tea** (*umgangsspr*) nicht mein Fall

> **i Land & Leute** **Tea** trinkt man in Großbritannien gewöhnlich stark und mit frischer Milch und nach Belieben auch mit Zucker.

**tea bag** Teebeutel

**tea break** Teepause

**teach** [tiːtʃ] <taught, taught> ① lehren, unterrichten
② **teach someone to do something** jemandem etwas beibringen
③ **this has taught him a lot** er hat viel daraus gelernt; **teach someone a lesson** jemandem eine Lektion erteilen

> **? Grammatik** Die unregelmäßigen Vergangenheitsformen von **teach** lauten **taught — taught:** *Mrs King* **taught** *history in our school; I* **have** *not* **taught** *for five years.*

**teacher** ['tiːtʃəʳ] Lehrer(in)

**teach·ing** ['tiːtʃɪŋ] ① Unterricht[en]
② Lehrberuf

**tea·cup** ['tiːkʌp] Teetasse

**team** [tiːm] ① (*Sport*) Mannschaft, Team
② Arbeitsgruppe, Team
③ *von Ochsen, Pferden:* Gespann

**team-mate** Mannschaftskamerad(in)

**tea·pot** ['tiːpɒt] Teekanne

**tear**[1] [teəʳ] <tore, torn> ① [zer]reißen
② **tear to pieces** [*oder* **bits**] in Stücke reißen
③ **tear something open** etwas aufreißen; **tear here** hier aufreißen/abtrennen
④ *Person:* rasen, sausen

> **? Grammatik** Die unregelmäßigen Vergangenheitsformen von **tear** lauten **tore — torn:** *Dave* **tore** *the paper into small pieces; this picture* **was torn** *out of a magazine.*

◆ **tear down** ① abreißen, abbrechen *Haus*
② herunterreißen *Plakat*
③ *Person:* hinunterrasen *Straße*

◆ **tear off** ① abreißen
② sich vom Leib reißen *Kleider*
③ *Person:* davonrasen

◆ **tear out** [her]ausreißen

◆ **tear up** zerreißen *Papier*

**tear**[2] [tɪəʳ] Träne; **in tears** in Tränen [aufgelöst]; **burst into tears** in Tränen ausbrechen

**tear**[3] [teəʳ] Riss

**tea·room** ['tiːrʊm] Teestube

**tease** [tiːz] ① hänseln, necken (**about** wegen)
② ärgern, reizen *Tier*

**tea·spoon** ['tiːspuːn] Teelöffel

**tea strainer** Teesieb

**tea·time** ['ti:taɪm] Teestunde
**tea towel** Geschirrtuch
**tech·ni·cal** ['teknɪkl] ① technisch
② fachlich, Fach-
**tech·ni·cian** [tek'nɪʃn] Techniker(in)
**tech·nique** [tek'ni:k] Technik, Verfahren
**tech·nol·ogy** [tek'nɒlədʒɪ] Technologie, Technik
**teen·ager** ['ti:neɪdʒəʳ] Teenager, Jugendliche(r)
**teens** [ti:nz] *plural* **she is still in her teens** sie ist noch im Teenageralter
**tee-shirt** ['ti:ʃɜ:t] T-Shirt
**teeth** [ti:θ] *Pluralform von* **tooth**
**tee·total** [ti:'təʊtl] abstinent
**tele·phone**¹ ['telɪfəʊn] Telefon; **by telephone** telefonisch; **on/over the telephone** am Telefon
**tele·phone**² ['telɪfəʊn] anrufen, telefonieren
**telephone book**, **telephone directory** Telefonverzeichnis, Telefonbuch
**telephone call** [Telefon]Anruf, Telefongespräch
**telephone number** Telefonnummer, Rufnummer
**tele·scope** ['telɪskəʊp] Teleskop, Fernrohr
**tele·vise** ['telɪvaɪz] im Fernsehen übertragen; **televised debate** Fernsehdebatte
**tele·vi·sion** ['telɪˌvɪʒn] ① Fernsehen; **watch television** fernsehen; **on television** im Fernsehen
② **television** [**set**] Fernseher, Fernsehapparat
**tell** [tel] <told, told> ① sagen; **tell someone the time** jemandem sagen, wie spät es ist; **I told you** ich habe es Ihnen doch gesagt; **you are telling me!** wem sagen Sie das!
② erzählen, berichten *Geschichte, Neuigkeit* (**of** von, **about** über), mitteilen; **tell lies** lügen
③ erkennen, feststellen; **tell the time** die Uhr kennen
◆ **tell apart** auseinander halten
◆ **tell off** ausschimpfen (**for** wegen)
◆ **tell on** verraten, verpetzen
**tell·ing-off** ['telɪŋ'ɒf] Schimpfe
**telly** ['telɪ] (*umgangsspr*) ① Fernsehen
② Fernseher
**tem·per** ['tempəʳ] Laune, Stimmung; [**bad**] **temper** Wut; **be in a temper** wütend sein; **keep** [*oder* **control**] **one's temper** sich beherrschen; **lose one's temper** die Beherrschung verlieren
**tem·pera·ture** ['temprətʃəʳ] Temperatur; **have** [*oder* **run**] **a temperature** Fieber haben; **take someone's temperature** die Temperatur messen
**temple** ['templ] ① (*Kultstätte*) Tempel
② (*Kopfteil*) Schläfe
**tem·por·ar·ily** ['temprərəlɪ, USA ˌtempə'rerəlɪ] vorübergehend
**tem·por·ary** ['temprərɪ, USA 'tempərerɪ] ① vorübergehend, zeitweilig; **temporary work** Zeitarbeit
② *Konstruktion, Maßnahme:* provisorisch
**tempt** [tempt] versuchen, verlocken; **tempt someone into doing something** jemanden dazu verführen, etwas zu tun
**temp·ta·tion** [temp'teɪʃn] Versuchung
**ten** [ten] zehn
**ten·ant** ['tenənt] Pächter(in), Mieter(in)
**tend** [tend] **he tends to come early** er kommt meist früh
**ten·dency** ['tendənsɪ] (*übertragen*) Hang, Neigung, Tendenz (**to, towards** zu); **have a tendency to do something** dazu neigen, etwas zu tun
**ten·der**¹ ['tendəʳ] **tender exact fare** Fahrgeld abgezählt bereithalten
**ten·der**² ['tendəʳ] ① *Körperteil:* empfindlich
② *Fleisch:* zart
③ *Blick, Zuwendung:* zärtlich, liebevoll
**ten·nis** ['tenɪs] Tennis; **tennis court** Tennisplatz; **tennis racket** Tennisschläger
**tense**¹ [tens] ① *Gesicht, Muskel, Stille:* [an]gespannt
② *Lage:* gespannt
③ *Person:* [über]nervös
**tense**² [tens] Tempus, Zeit[form]
**ten·sion** ['tenʃn] ① (*technisch*) Spannung
② (*übertragen*) Anspannung
**tent** [tent] Zelt; **tent peg** Zeltpflock, Hering
**tenth**¹ [tenθ] zehnte(r, s)
**tenth**² [tenθ] ① Zehnte(r, s)
② (*Bruchteil*) Zehntel
**tepid** ['tepɪd] lau[warm]
**term** [tɜ:m] ① Dauer, Zeitraum; *eines Vertrags:* Laufzeit; **in the long/short term** auf lange/kurze Sicht, langfristig/kurzfristig
② *an Schule, Hochschule:* Trimester, Semester
③ Ausdruck, [Fach]Begriff
④ **terms** *plural* Bedingungen
⑤ **be on good/bad terms with someone** ein gutes/schlechtes Verhältnis zu jemandem haben; **come to terms with a situation** sich mit einer Situation abfinden
**ter·minal** ['tɜ:mɪnl] ① (*am Flughafen, Bahnhof, Kai*) Terminal
② (*für* [*Reise*]*Busse, Züge*) Endstation
③ (*Computer*) Terminal
④ *einer Batterie:* Pol
**ter·mi·nus** ['tɜ:mɪnəs] Endstation
**ter·race** ['terəs] ① Terrasse

② Häuserreihe
③ **terraces** (*Sport*) Ränge

**ter·raced house** ['terəst'haʊs] Reihenhaus

**ter·rible** ['terəbl], **ter·ribly** ['terəblɪ] furchtbar, fürchterlich, schrecklich

**ter·rific** [tə'rɪfɪk] ① *Idee, Party:* sagenhaft, toll
② *Kraft, Geschwindigkeit, Spaß:* unheimlich, enorm, Mords-

**ter·rify** ['terɪfaɪ] **terrify someone** jemandem schreckliche Angst einjagen; **be terrified** [**of something**] fürchterliche Angst [vor einer Sache] haben; **a terrified look** ein angsterfüllter Blick

**ter·rify·ing** ['terɪfaɪɪŋ] erschreckend, grauenvoll

**ter·ri·tory** ['terɪtrɪ, USA 'terɪtɔːrɪ] ① [Staats]Gebiet, Territorium
② *eines Tiers:* Revier

**ter·ror** ['terə^r] ① Entsetzen, Schreck[en]; **in terror** in panischer Angst
② (*politisch*) Terror
③ (*Person*) Schrecken, Landplage

**ter·ror·ism** ['terərɪzəm] Terrorismus; **act of terrorism** Terrorakt

**ter·ror·ist** ['terərɪst] Terrorist(in)

**test**[1] [test] ① Probe, Prüfung, Test, Untersuchung, Versuch; **put to the test** auf die Probe stellen; **take a test** eine Prüfung ablegen, sich einer Prüfung unterziehen; **blood test** Blutprobe; **driving test** Fahrprüfung
② Klassenarbeit

**test**[2] [test] ① testen *Augen, Gehör, Intelligenz*
② untersuchen *Wasser*
③ erproben *Medikament*
④ prüfen *Schüler*

**test tube** Reagenzglas

**text** [tekst] Text

**text·book** ['tekstbʊk] Lehrbuch

**Thames** [temz] Themse

**than** [ðən, ðæn] als

**thank** [θæŋk] **thank someone** [**for something**] jemandem [für etwas] danken, sich bei jemandem [für etwas] bedanken; **thank you** danke; **thank you very much** vielen Dank

**thank·ful** ['θæŋkfl] froh

**thank·fully** ['θæŋkflɪ] glücklicherweise, zum Glück

**thanks** [θæŋks] *plural* ① Dank; **thanks very much!** danke [schön]! vielen Dank!
② **thanks to** dank; (*negativ*) wegen

**thanks·giv·ing** [ˌθæŋks'gɪvɪŋ] Danksagung; **Thanksgiving Day** USA Thanksgiving Day (*letzter Donnerstag im November*), ≈ Erntedankfest

**i Land & Leute** Einer der höchsten Feiertage in den USA ist **Thanksgiving** und wird am vierten Donnerstag im November gefeiert. Man trifft sich mit seiner Familie zu einem Festessen, bei dem es traditionell **stuffed turkey** (= gefüllten Truthahn), **cranberry sauce** (= Preiselbeersoße), **sweet potato** (= Süßkartoffeln) und **corn** (Mais) gibt. Der erste Thanksgiving Day wurde 1621 von den ‚Pilgrims' in Plymouth Colony gefeiert. Sie hatten schwere Zeiten überlebt und wollten Gott dafür danken. In Kanada wird **Thanksgiving** am zweiten Montag im Oktober gefeiert.

**thank-you** ['θæŋkjuː] Dankeschön

**that**[1] [ðæt, ðət] <*plural* those> ① das
② (*hinweisend*) das da, jenes
③ **as stupid as that** so dumm
④ **like that** so
⑤ **that's it!** das ist es! richtig! das wär's!
⑥ **after/before/over that** danach/davor/darüber

**that**[2] [ðæt, ðət] <*plural* those> ① der, die, das, jene(r, s); **that poor dog** der arme Hund
② **everything/nothing that** alles/nichts was; **the man that told me** der Mann, der mir erzählte; **the minute that he arrived** in dem Augenblick, als er ankam

**that**[3] [ðæt, ðət] dass; **I told you that I couldn't come** ich habe dir gesagt, dass ich nicht kommen kann

**thatch** [θætʃ] mit Stroh decken; **thatched roof** Strohdach

**thaw** [θɔː] ① [auf]tauen
② (*übertragen*) auftauen

**the** [ðə, *vor Vokal, betont* ðiː] ① *bestimmter Artikel* der, die, das
② **the … the …** je … desto …
③ **all the better/worse** umso besser/schlimmer

**the·atre** ['θɪətə^r], USA **the·ater** ['θiːətə^r] ① Theater, Schauspielhaus
② [**operating**] **theatre** Operationssaal
③ (*übertragen*) Schauplatz

**theft** [θeft] Diebstahl

**their** [ðeə^r] ihr

**theirs** [ðeəz] ihre(r, s); **a friend of theirs** einer ihrer Freunde, ein Freund von ihnen; **it's theirs** es gehört ihnen

**them** [ðem, ðəm] ① sie; **that's them** das sind sie; **with their children around them** mit ihren Kindern um sich
② ihnen

**theme** [θiːm] Thema
**theme park** Vergnügungspark
**them·selves** [ðəm'selvz] ① sich
② *betont* [sie] selbst; **to themselves** für sich [allein]; [**all**] **by themselves** [ganz] allein, ohne Hilfe
**then**[1] [ðen] ① dann; **before then** zuvor; **by/until then** bis dahin; [**every**] **now and then** dann und wann; **from then onwards** von da an
② damals, da
**then**[2] [ðen] damalig
**the·ory** ['θɪərɪ] Theorie; **in theory** theoretisch
**thera·pist** ['θerəpɪst] Therapeut(in)
**ther·apy** ['θerəpɪ] Therapie, Behandlung
**there**[1] [ðeəʳ] ① dort, da, dorthin, dahin; **there you are!** da sind Sie [bist du] ja!; **over there** dort drüben
② **there is/are** es ist/sind, es gibt; **there is no one there** es ist niemand da
③ **there you are!** da hast du's [haben Sie's]!
④ **there and then** auf der Stelle
**there**[2] [ðeəʳ] nanu! na also! da haben wir es!; **there, that's enough** so, nun ist's aber genug!
**there·fore** ['ðeəfɔːʳ] ① deshalb, deswegen
② folglich, also
**ther·mom·eter** [θə'mɒmɪtəʳ] Thermometer
**these** [ðiːz] *Pluralform von* **this**
**they** [ðeɪ] ① sie
② man; **they say that …** man sagt, dass …
**they'd** [ðeɪd] *Kurzform von* **they had; they would**
**they'll** [ðeɪl] *Kurzform von* **they shall; they will**
**they're** [ðeɪr] *Kurzform von* **they are**
**they've** [ðeɪv] *Kurzform von* **they have**
**thick** [θɪk] ① dick
② *Nebel, Haar, Gestrüpp:* dicht
③ *Flüssigkeit, Sahne:* dickflüssig
④ *Luft:* schlecht
⑤ *Akzent:* stark, breit
⑥ (*umgangsspr*) dumm, stupide
⑦ (*umgangsspr*) dick, eng befreundet
**thicken** [θɪkən] ① eindicken *Sauce*
② *Nebel:* sich verdichten, dichter werden
**thief** [θiːf] <*plural* thieves> Dieb(in); **stop thief!** haltet den Dieb!
**thieves** ['θiːvz] *Pluralform von* **thief**
**thigh** [θaɪ] [Ober]Schenkel
**thin** [θɪn] ① dünn
② mager, hager
③ *Gesicht:* schmal
**thing** [θɪŋ] ① Ding, Sache, Gegenstand
② (*umgangsspr*) Ding, Dingsda, Dingsbums
③ **things** Sachen, Kleider
▶ IN WENDUNGEN: **among other things** unter anderem; **do one's own thing** (*umgangsspr*) tun, was man will; **for one thing** einmal, vor allem; **just the thing** genau das Richtige; **no such thing** nichts dergleichen; **a thing like that** so etwas; **it's a funny thing, but …** es ist seltsam, aber …; **that was a near thing!** das ist noch mal gut gegangen; **how are things?** wie geht's?; **there is no such thing** so was gibt es nicht; **the thing is …** die Sache ist die, …; **the nice thing about it** das Schöne daran; **another thing** noch etwas, etwas anderes; **you poor thing!** du Arme(r)!; **you must be seeing things!** du siehst wohl nicht richtig!
**think** [θɪŋk] <thought, thought> ① denken; **who would have thought it!** wer hätte das gedacht!
② glauben, meinen; **that's what you think!** das meinst du wohl!; **what do you think?** was meinen Sie [dazu]?
③ sich vorstellen, sich einbilden; **just think** stell dir mal vor
④ halten für, ansehen als; **you must think me rude** Sie müssen mich für unhöflich halten
⑤ **I should think not!** das will ich auch nicht hoffen!
⑥ **think nothing of it!** das ist nicht der Rede wert!
⑦ **think nothing of something** von etwas nichts halten
⑧ denken (**of** an, **about** über); **I think so** ich denke schon
⑨ **think of doing something** planen [*oder* beabsichtigen], etwas zu tun
⑩ nachdenken (**about, on, upon** über); **let me think** lass mich überlegen
⑪ **think about something** [sich] etwas überlegen, sich etwas durch den Kopf gehen lassen
⑫ halten (**of** von)
⑬ sich erinnern (**of** an), sich besinnen (**of** auf)

> **? Grammatik** Die unregelmäßigen Vergangenheitsformen von **think** lauten **thought — thought**: *I never* **thought** *Mike would come to the party;* **have** *you ever* **thought** *what might happen?*

◆ **think about** ① nachdenken über
② sich überlegen
③ **think about doing something** vorhaben, etwas zu tun
◆ **think of** ① denken an; **think of doing something** daran denken, etwas zu tun; **I'll think of**

**something** ich werde mich etwas einfallen lassen
2 sich vorstellen
3 sich ausdenken *Idee, Lösung*
4 **what do you think of him/it?** was halten Sie von ihm/davon?
5 **I can't think of her name** ich komme nicht auf ihren Namen, mir fällt ihr Name nicht ein
◆ **think over** sich überlegen, nachdenken [über]
◆ **think up** sich ausdenken

**third**[1] [θɜːd] dritte(r, s)

**third**[2] [θɜːd] 1 Dritte(r, s)
2 Drittel
3 *von Auto:* dritter Gang

**third·ly** [θɜːdlɪ] drittens

**third-party insurance** Haftpflichtversicherung

**thirst** [θɜːst] Durst; **die of thirst** verdursten

**thirsty** ['θɜːstɪ] durstig

**thir·teen** [ˌθɜː'tiːn] dreizehn

**thir·teenth** [ˌθɜː'tiːnθ] dreizehnte(r, s)

**thir·ti·eth** ['θɜːtɪəθ] dreißigste(r, s)

**thirty** ['θɜːtɪ] dreißig

**this**[1] [ðɪs] <*plural* these> 1 diese(r, s); **this one is smaller** diese(r, s) ist kleiner
2 **this morning/evening/night** heute Morgen/Abend/Nacht; **this time** diesmal; **this time last month** letzten Monat um diese Zeit; **these days** heutzutage; **what are you doing these days?** was machen Sie [so] in letzter Zeit?
3 **come here this minute!** komm sofort hierher!

**this**[2] [ðɪs] <*plural* these> 1 *substantivisch* dies, das; **what/who is this?** was/wer ist das?; **these are my friends** das sind meine Freunde; **this and that** dieses und jenes; **this is Anna [speaking]** [hier ist] Anna
2 **it's like this** es ist so

**this**[3] [ðɪs] so; **this late/much** so spät/viel

**thistle** ['θɪsl] Distel

**thorn** [θɔːn] Dorn

**thor·ough** ['θʌrə, 'θʌrəʊ] 1 *Untersuchung:* gründlich, genau
2 *Nervensäge:* ausgemacht

**thor·ough·fare** ['θʌrəfeəʳ] **no thoroughfare!** keine Durchfahrt!

**thor·ough·ly** ['θʌrəʊlɪ] 1 *untersuchen:* gründlich
2 *durchnässt:* völlig; *erschöpft, verwöhnt:* total; *langweilig:* ausgesprochen; *beschämt:* zutiefst

**those** [ðəʊz] *Pluralform von* **that**

**though** [ðəʊ] 1 obgleich, wenn auch; **as though** als ob; **even though** obwohl
2 doch; **she did do it though** sie hat es aber doch getan

**thought**[1] [θɔːt] *2. und 3. Form von* **think**

**thought**[2] [θɔːt] 1 [Nach]Denken, Überlegung; **after serious thought, on second thoughts** nach reiflicher Überlegung; **have second thoughts about something** sich etwas noch einmal überlegen; **give some thought to** nachdenken über; **[lost] in thought** in Gedanken [versunken]
2 Gedanke; **I've had a sudden thought** mir ist gerade etwas eingefallen; **that's a thought** das ist eine gute Idee
3 Rücksicht; **she has no thought for others** sie nimmt keine Rücksicht auf andere

**thought·ful** ['θɔːtfl] 1 *Person:* nachdenklich
2 *Bemerkung:* wohl überlegt
3 aufmerksam, rücksichtsvoll

**thought·less** [θɔːtlɪs] 1 gedankenlos, unbesonnen
2 rücksichtslos (**of** gegen), unachtsam

**thou·sand**[1] ['θaʊznd] tausend; **a thousand times** tausendmal

**thou·sand**[2] ['θaʊznd] Tausend; **thousands of birds/pounds** Tausende Vögel/von Pfund; **one thousand** eintausend

**thou·sandth** ['θaʊzntθ] tausendste(r, s)

**thread**[1] [θred] 1 (*auch übertragen*) Faden
2 *einer Schraube:* Gewinde

**thread**[2] [θred] 1 einfädeln *Nadel*
2 aufreihen *Perlen*
3 **thread one's way through [something]** sich [durch etwas] durchschlängeln [*oder* durchwinden]

**threat** [θret] 1 Drohung
2 Bedrohung (**to** für), Gefahr (**to** für)

**threaten** ['θretn] 1 **threaten someone [with something]** jemandem [mit etwas] drohen, jemandem [etwas] androhen
2 **threaten someone with a knife** jemanden mit einem Messer bedrohen
3 **the river threatened to burst its banks** der Fluss drohte über die Ufer zu treten
4 **be threatened with extinction** vom Aussterben bedroht sein

**three** [θriː] drei

**three-quarter(s)** [ˌθriː'kwɔːtəʳ(s)] dreiviertel; **three-quarters of an hour** eine Dreiviertelstunde

**threw** [θruː] *2. Form von* **throw**

**thrill**[1] [θrɪl] **be thrilled about** [*oder* **at**] [*oder* **by**] **something** von etwas begeistert [*oder* hingerissen] sein

**thrill**[2] [θrɪl] Nervenkitzel; **a thrill of excitement** prickelnde Erregung

**thriller** ['θrɪləʳ] Reißer, Krimi
**thrill·ing** ['θrɪlɪŋ] ① aufregend
② *Buch, Film:* spannend
③ *Ereignis:* packend
**throat** [θrəʊt] ① Kehle, Gurgel
② Rachen, Schlund; **sore throat** Halsweh
**throne** [θrəʊn] Thron
**through**[1] [θruː] ① *räumlich* durch
② *zeitlich* über; **through the night** die Nacht über; **all through her life** ihr ganzes Leben lang; **Monday through Friday** von Montag bis [einschließlich] Freitag
③ *kausal* durch, infolge, mit [Hilfe]
**through**[2] [θruː] ① durch; **wet through** patschnass
② **get through** durchkommen
③ **put someone through to someone** jemanden mit jemandem verbinden
**through**[3] [θruː] ① fertig; **I'm through with him** der ist für mich gestorben
② *Zug:* durchgehend; **through traffic** Durchgangsverkehr; **no through road** Durchfahrt verboten
**through·out**[1] [θruː'aʊt] ① überall in; **throughout the world** in der ganzen Welt
② während; **throughout his stay** seinen ganzen Aufenthalt über; **throughout his life** sein ganzes Leben lang
**through·out**[2] [θruː'aʊt] ① überall; **carpeted throughout** ganz mit Teppichboden ausgelegt
② die ganze Zeit [über]
**throw**[1] [θrəʊ] <threw, thrown> ① werfen (**at** nach); **throw someone something** jemandem etwas zuwerfen
② *Pferd:* abwerfen
③ **throw dice** würfeln

> **? Grammatik** Die unregelmäßigen Vergangenheitsformen von **throw** lauten **threw — thrown**: *she* **threw** *the empty carton away; Tom* **was thrown** *off the horse.*

◆ **throw away** ① wegwerfen
② verschwenden *Geld*
③ verpassen *Gelegenheit*
◆ **throw in** ① einwerfen *Ball, Bemerkung*
② [gratis] dazugeben; **with … thrown in** mit … als Zugabe
◆ **throw out** ① hinauswerfen *Person*
② wegwerfen *Abfall*
③ ablehnen, verwerfen *Gesetzesvorlage*
④ äußern *Bemerkung, Gedanken*
⑤ abgeben *Hitze*
◆ **throw up** ① hochwerfen *Ball, Hände*
② hervorbringen *Führer, Ideen*
③ aufgeben *Arbeit*
④ ausbrechen *Essen*
⑤ sich übergeben
**throw**[2] [θrəʊ] Wurf
**throw-in** ['θrəʊɪn] (*Sport*) Einwurf
**thrown** [θrəʊn] *3. Form von* **throw**
**thru** [θruː] (USA) (*umgangsspr*) → **through**
**thud** [θʌd] [dumpfer] Schlag, [dumpfes] Geräusch, Bums
**thug** [θʌg] Schläger[typ]
**thumb** [θʌm] Daumen
**thumbtack** (USA) Heftzwecke, Reißnagel
**thump** [θʌmp] ① schlagen
② dumpf aufschlagen
③ *Herz:* heftig pochen (**with** vor)
**thun·der**[1] ['θʌndəʳ] Donner
**thun·der**[2] ['θʌndəʳ] ① donnern
② [an]brüllen
**thun·der·storm** ['θʌndəstɔːm] Gewitter
**Thurs·day** ['θɜːzdɪ] Donnerstag; **on Thursday** am Donnerstag; **on Thursdays** donnerstags
**thus** [ðʌs] ① so, auf diese Weise
② folglich
**tick**[1] [tɪk] ① *einer Uhr:* Ticken
② (*Zeichen*) Häkchen
③ (*umgangsspr*) Augenblick; **in a tick** gleich, sofort
④ Zecke
**tick**[2] [tɪk] ① *Uhr:* ticken
② abhaken *Antwort*
◆ **tick off** ① abhaken
② (*umgangsspr*) abkanzeln
**ticket** ['tɪkɪt] ① [Eintritts]Karte
② [Fahr]Karte, Fahrschein, [Flug]Karte, Ticket
③ [Gepäck]Schein, Parkschein
④ **lottery ticket** Lotterielos
⑤ Etikett, Schildchen, Preiszettel
⑥ (USA) Kandidatenliste, Wahlprogramm
⑦ Strafzettel
**ticket collector** Fahrkartenkontrolleur(in), Schaffner(in)
**ticket counter** Fahrkartenschalter
**ticket holder** Karteninhaber(in)
**ticket machine** Fahrscheinautomat
**ticket office** Fahrkartenschalter
**tickle** ['tɪkl] kitzeln
**tide** [taɪd] ① Ebbe und Flut, Gezeiten; **the tide is** [**coming**] **in**/[**going**] **out** es ist Flut/Ebbe; **ebb** [*oder* **low**] **tide** Ebbe, Niedrigwasser; **flood** [*oder* **high**] **tide** Flut, Hochwasser; **at high tide** bei Flut

**WHAT TIME IS IT?**

| | | | |
|---|---|---|---|
| 5:15 | It's (a) **quarter past five.** | It's **fifteen minutes past five.** | It's **five fifteen.** |
| 8:25 | It's **twenty-five past eight.** | It's **twenty-five minutes past eight.** | It's **eight twenty-five.** |
| 9:30 | It's **half past nine.** | It's **nine thirty.** | |
| 11:10 | It's **ten past eleven.** | It's **ten minutes past eleven.** | It's **eleven ten** precisely. |
| 11:40 | It's **twenty to twelve.** | It's **twenty minutes to twelve.** | It's **eleven forty.** |
| 13:45 | It's **(a) quarter to two.** | It's **fifteen minutes to two.** | It's **one forty-five.** |
| 17:55 | It's **five to six.** | It's **five minutes to six.** | It's **five fifty-five.** |

2 (*übertragen*) Trend, Strömung

**tidy**[1] ['taɪdɪ] ordentlich, sauber, aufgeräumt

**tidy**[2] ['taɪdɪ] in Ordnung bringen; **tidy up** aufräumen

**tie**[1] [taɪ] 1 binden (**to** an)
2 zusammenschnüren *Paket*
3 **tie a knot in something** einen Knoten in etwas machen
4 (*Sport*) punktgleich sein (**with** mit), unentschieden spielen

> **? Grammatik** Die unregelmäßigen Vergangenheitsformen von **tie** lauten **tied — tied**: *Lisa* **tied** *her pony to the fence; the old suitcase* **was tied** *with string.*

◆ **tie on** anbinden
◆ **tie up** 1 verschnüren *Paket;* binden *Schnürsenkel*
2 anbinden *Tier;* fesseln *Gefangene;* festmachen *Boot*
3 (*umgangsspr*) **be tied up with something** mit etwas beschäftigt sein; **I was tied up in a meeting** ich war die ganze Zeit in einem Meeting

**tie**[2] [taɪ] 1 Krawatte, Schlips
2 Band, Schnur
3 **ties** *plural* (*übertragen*) [Ver]Bindungen
4 (*Sport*) Unentschieden

**ti·ger** ['taɪgəʳ] Tiger

**tight** [taɪt] 1 *Deckel, Schraube:* fest [sitzend]
2 *Kleidungsstück, Platz:* eng
3 *Kontrolle:* streng
4 *Seil, Haut:* straff
5 *Zeit, Geld, Rennen:* knapp
6 (*umgangsspr*) geizig
7 **airtight/watertight** luftdicht/wasserdicht
8 **hold tight** fest halten
9 **sleep tight!** schlaf gut!

**tighten** ['taɪtn] 1 anziehen *Schraube, Knoten*
2 straffen *Seil*
3 enger schnallen *Gürtel*
4 verschärfen *Bestimmungen*
5 *Seil:* sich straffen

**tights** [taɪts] ⚠ *plural* GB Strumpfhose

**tile**[1] [taɪl] 1 [Dach]Ziegel
2 Kachel, Fliese
3 [Kork]Platte
4 [Teppich]Fliese

**tile**[2] [taɪl] 1 mit Fliesen belegen *Fußboden*
2 mit Ziegeln decken *Dach*
3 kacheln *Wand*

**till**[1] [tɪl] *zeitlich* bis [zu]; **not till** nicht vor, erst

**till**[2] [tɪl] [Laden]Kasse

**tiller** ['tɪləʳ] [Ruder]Pinne

**time**[1] [taɪm] 1 Zeit; **time is up** die Zeit ist [her]um, vorbei; **local time** Ortszeit; **a matter of time** eine Frage der Zeit; **spare time** Freizeit; **waste of time** Zeitverschwendung; **time of arrival/of departure** Ankunftszeit/Abflugzeit, Abfahrtszeit; **the time of day** die Tageszeit; **all the time** die ganze Zeit [über]; **at the same time** zur gleichen Zeit, gleichzeitig; **at that time** damals, zu der Zeit; **by that time** bis dahin, unterdessen; **in half the time** in der halben Zeit; **in no time** im Nu; **in time** rechtzeitig; **on time** pünktlich; **have a good time** sich gut unterhalten, sich amüsieren; **take time** Zeit erfordern; **take your time over it** lassen Sie sich Zeit dazu
2 Mal; **another time** ein andermal; **at times** manchmal, hin und wieder; **at all times** immer; **every time** jedesmal; **for the time being** im Augenblick, zurzeit; **from time to time** von Zeit zu Zeit; **many times** oft[mals]; **next time** das nächste Mal; **once upon a time [there was]** ... es war einmal ...; **this time** diesmal; **three times** dreimal; **three times three is** [*oder* **equals**] **nine** drei mal drei ist neun
3 **ask someone the time** jemanden nach der Uhrzeit fragen; **what time does it start?** um wie viel Uhr fängt es an?
4 Takt; **beat/keep time** den Takt schlagen/halten
5 *meist plural* Zeiten; **in Roman times** im

römischen Zeitalter

> **? Grammatik** **In time** bedeutet ‚rechtzeitig': *Ben arrived in time for lunch.* **On time** heißt dagegen ‚pünktlich': *please be on time for my party.*

**time[2]** [taɪm] ① **time something well** den richtigen Zeitpunkt für etwas aussuchen
② *mit einer (Stopp)Uhr:* stoppen, timen
③ **well-timed** gut getimt *Ball*

**time limit** Zeitbeschränkung, Frist

**time·table** [ˈtaɪmˌteɪbl] ① Fahrplan, Flugplan
② Stundenplan
③ (*auf einem Kongress*) Programm

**tin** [tɪn] ① (*Metall*) Zinn; (*raffiniert*) Weißblech
② GB [Konserven]Büchse, [Konserven]Dose

**tin·foil** [ˈtɪnfɔɪl] Alufolie, Stanniol

**tinned** [tɪnd] **tinned fruit** Obstkonserven; **tinned meat** Büchsenfleisch

**tin-opener** [ˈtɪnəʊpənəʳ] Dosenöffner, Büchsenöffner

**tin·sel** [ˈtɪnsl] Lametta

**tint** [tɪnt] ① Färbung, Tönung
② Farbton

**tiny** [ˈtaɪnɪ] winzig

**tip[1]** [tɪp] ① *von Eisberg, Zunge:* Spitze
② Trinkgeld
③ Tipp, Hinweis
④ GB Schuttabladeplatz, Müllhalde; (*übertragen*) Schweinestall

**tip[2]** [tɪp] ① **tip someone** jemandem ein Trinkgeld geben
② tippen auf, wetten auf, setzen auf *Pferd*
③ kippen, umkippen; schütten *Flüssigkeit, Sand;* **"no tipping"** Schutt [*oder* Müll] abladen verboten

◆ **tip off** **tip someone off** jemandem einen Tipp [*oder* Wink] geben

**tip·toe[1]** [ˈtɪptəʊ] auf Zehenspitzen gehen

**tip·toe[2]** [ˈtɪptəʊ] **on tiptoe** auf Zehenspitzen

**tire[1]** [ˈtaɪəʳ] ermüden, müde machen/werden

**tire[2]** [ˈtaɪəʳ] USA Reifen

**tired** [ˈtaɪəd] ① müde (**with** von)
② **tired out** erschöpft
③ **be tired of something** einer Sache überdrüssig sein; **I'm tired of it** ich habe es satt

> **! Vorsicht Falle** Vorsicht bei der Wahl der Präposition mit **tired**! **Tired of** verwendet man, wenn man von einer Sache genug hat, weil sie langweilig oder ärgerlich ist: *I'm tired of your excuses!* Wenn etwas müde gemacht hat, verwendet man tired **from:** *She's tired from the long train journey.*

**tired·ness** [ˈtaɪədnɪs] Müdigkeit

**tir·ing** [ˈtaɪrɪŋ] anstrengend, ermüdend

**tis·sue** [ˈtɪʃuː] ① (*Zellen*) Gewebe
② Papiertaschentuch
③ **tissue paper** Seidenpapier

**tit** [tɪt] ① (*Vogel*) Meise
② (*slang: Brust*) Titte

**title** [ˈtaɪtl] ① *von Buch, Person:* Titel
② *eines Kapitels:* Überschrift

**to[1]** [tuː] ① (*Richtung*) zu; (*bei Länder, Städte*) nach; **go to school** zur Schule gehen; **go to the theatre/cinema** ins Theater/Kino gehen; **to Switzerland** in die Schweiz; **go to bed** ins [*oder* zu] Bett gehen
② (*Erstreckung*) bis; [**up**] **to the age of 10** bis 10 Jahre; [**from**] **30 to 40** 30 bis 40; **10 kms to Stuttgart** 10 km nach Stuttgart
③ *als Dativobjekt* **give something to someone** jemandem etwas geben; **sing to oneself** vor sich hin singen; **addressed to me** an mich adressiert
④ (*Widmung*) an; (*Trinkspruch*) auf
⑤ (*Nähe, Berührung*) an; **close to something** dicht an etwas; **nail something to the wall** etwas an die Wand nageln
⑥ (*Uhrzeit*) vor; **20** [**minutes**] **to 3** 20 [Minuten] vor 3
⑦ (*Vergleich*) als; **superior to** besser als
⑧ (*Beziehung*) zu; **3 goals to 1** 3 zu 1 Toren

**to[2]** [tuː] ① *zur Bildung des Infinitivs* zu; **to go** gehen
② (*Vorhaben*) **I hope to succeed** ich hoffe, Erfolg zu haben; **I want you to do that** ich möchte, dass Sie das tun; **do you want to do that?** möchten Sie das tun?
③ **to tell the truth** um ehrlich zu sein
④ **he is not the type to do that** er ist nicht der Typ, der so etwas tun würde; **you'll be the first to hear it** Sie werden der Erste sein, der das erfährt
⑤ *anstelle des vorangegangenen Verbs* **does he want to?** will er denn?; **I would like to but I can't** ich würde ja gerne, aber ich kann nicht

**to[3]** [tuː] ① *Tür:* angelehnt; (*geschlossen*) zu
② **to and fro** hin und her, auf und ab

**toad·stool** [ˈtəʊdstuːl] [Gift]Pilz

**toast[1]** [təʊst] ① (*Brot*) Toast
② Trinkspruch, Toast

**toast[2]** [təʊst] ① toasten, rösten
② **toast someone** jemandem zutrinken

**to·bog·gan** [təˈbɒgən] [Rodel]Schlitten

**to·day** [təˈdeɪ] heute; **a week today** heute in einer Woche; **a year ago today** heute vor einem Jahr; **today's paper** die Zeitung von heute [*oder*

die heutige Zeitung]
**toe** [təʊ] Zehe
**toe·nail** Zehennagel, Fußnagel
**tof·fee** ['tɒfɪ, USA 'tɔːfɪ] Karamellbonbon
**to·gether** [tə'geðə^r] 1 zusammen (**with** mit) 2 miteinander, gemeinsam 3 zugleich, zu gleicher Zeit 4 **close together** nahe beieinander
**toi·let** ['tɔɪlɪt] Toilette

> i **Land & Leute** Im Englischen gibt es mehrere Ausdrücke für die Toilette. Im britischen Englisch verwendet man oft das umgangssprachliche Wort **loo:** *I need to go to the loo.* In Amerika sagt man häufig **bathroom**, vor allem zu Hause: *I have to go to the bathroom.* Öffentliche Toiletten nennt man in Amerika **restrooms** (allgemein), **ladies' room** (= Damentoilette) oder **men's room** (= Herrentoilette). In Großbritannien sagt man entweder **the ladies** (= Damentoilette) oder **the gents** (= Herrentoilette).

**toilet paper** Toilettenpapier
**toilet roll** Rolle Toilettenpapier
**to·ken** ['təʊkən] 1 Zeichen 2 (*Geschenk*) Andenken, Erinnerung[sstück] 3 [Wert]Marke, Gutschein, Bon
**told** [təʊld] *2. und 3. Form von* **tell**
**toll** [təʊl] 1 Autobahngebühr, Maut 2 USA Fernsprechgebühr 3 **the death toll** die Zahl der Opfer [*oder* Toten]
**tom·ato** [tə'mɑːtəʊ, USA tə'meɪtəʊ] <*plural* tomatoes> Tomate
**tomb** [tuːm] Grab[mal]
**to·mor·row** [tə'mɒrəʊ] morgen; **tomorrow morning/afternoon/night** morgen früh/Nachmittag/Abend; **tomorrow week** morgen in acht Tagen; **the day after tomorrow** übermorgen; **tomorrow's headlines** die Schlagzeilen von morgen [*oder* die morgigen Schlagzeilen]; **see you tomorrow!** bis morgen!
**ton** [tʌn] Tonne
▸ IN WENDUNGEN: **tons of** eine Menge, Masse
**tone** [təʊn] 1 Ton, Klang 2 Farbton 3 (*Stimmung*) Ton
**tongue** [tʌŋ] 1 Zunge; **stick one's tongue out at someone** jemandem die Zunge herausstrecken 2 Sprache
**tongue-twister** ['tʌŋˌtwɪstə^r] Zungenbrecher
**to·night** [tə'naɪt] 1 heute Abend; **see you tonight!** bis heute Abend!; **tonight's performance** die heutige Abendvorstellung 2 heute Nacht; **tonight's weather** das Wetter heute Nacht
**too** [tuː] 1 zu, allzu, gar zu; **too bad** zu schade, bedauerlich; **too much** zu viel; (*umgangsspr*) toll; **it's too much for him** es geht über seine Kräfte; **I'm not too sure** ich bin mir nicht ganz sicher 2 auch; **me too** ich auch 3 auch noch; **he not only passed the exam but got the top grade too** er hat die Prüfung nicht nur bestanden, sondern auch noch das beste Resultat erzielt
**took** [tʊk] *2. Form von* **take**
**tool** [tuːl] (*auch übertragen*) Werkzeug
**tool·shed** ['tuːlʃed] Geräteschuppen
**tooth** [tuːθ, *plural* tiːθ] <*plural* teeth> Zahn
**tooth·ache** ['tuːθeɪk] Zahnschmerzen
**tooth·brush** ['tuːθbrʌʃ] Zahnbürste

> i **Land & Leute** Wenn einem Kind ein Milchzahn ausfällt, ist es in Großbritannien üblich, diesen Milchzahn unter das Kopfkissen zu legen. Die **Tooth Fairy** (Zahnfee) holt ihn dann in der Nacht und hinterlässt dafür eine Münze.

**tooth·paste** ['tuːθpeɪst] Zahnpasta
**tooth·pick** ['tuːθpɪk] Zahnstocher
**top**[1] [tɒp] 1 oberer Teil, Spitze 2 *eines Baums:* Wipfel 3 *eines Bergs:* Gipfel 4 *einer Welle:* Kamm 5 *von Gemüse:* Kraut 6 *eines Tisches, Betts:* Kopfende 7 *einer Straße:* oberes Ende 8 (*Kleidungsstück*) Top; *eines Kleids, Bikinis:* Oberteil 9 Oberfläche; *eines Schranks:* obere Seite 10 Deckel, Kappe, [Flaschen]Kapsel 11 (*übertragen*) Gipfel, Höhepunkt, höchste Stellung 12 **at the top of the list/page/table** oben auf der Liste/Seite/Tabelle; **at the top of the stairs/wall** oben an der Treppe/Wand; **at the top of the hill/tree** oben am Berg/Baum 13 **from top to bottom** von oben bis unten, von vorn bis hinten 14 **in top [gear]** mit dem höchsten Gang 15 **on top** oben; (*übertragen*) obenauf 16 **on top of** auf, über; (*übertragen*) über … hinaus 17 **over the top** übertrieben
**top**[2] [tɒp] 1 *Schicht, Stockwerk:* oberste(r, s)

② *Äste, Auszeichnung, Preis, Priorität, Ton:* höchste(r, s); [**at**] **top speed** [mit] Höchstgeschwindigkeit; *Maschine:* auf Hochtouren; *Person:* im Schnellverfahren
③ *Noten, Schüler, Spieler:* beste(r, s); **top quality** Spitzenqualität

**top**[3] [tɒp] ① bedecken; **topped with cream** mit Sahne obendrauf
② an der Spitze stehen; **top the bill** Star der Show sein; **top the table** die Tabelle anführen
③ übersteigen

**top hat** Zylinder

**topic** [ˈtɒpɪk] Thema

**topi·cal** [ˈtɒpɪkl] aktuell

**top·less** [ˈtɒplɪs] oben ohne, Oben-ohne-, topless

**top·ping** [ˈtɒpɪŋ] Belag; **with a topping of cream** mit einer Sahnehaube, mit Sahne

**torch** [tɔːtʃ] ① GB Taschenlampe
② Fackel

**tore** [tɔːʳ] *2. Form von* **tear**

**torn** [tɔːn] *3. Form von* **tear**

**tor·toise** [ˈtɔːtəs] [Land]Schildkröte

**tor·ture**[1] [ˈtɔːtʃəʳ] ① Folter
② (*übertragen*) Qual

**tor·ture**[2] [ˈtɔːtʃəʳ] ① foltern
② (*übertragen*) quälen

**Tory** [ˈtɔːrɪ] GB (*politisch*) Konservative(r), Tory

**toss**[1] [tɒs] ① werfen *Ball*
② hochwerfen *Münze*
③ [durch Hochwerfen] wenden *Pfannkuchen*
④ *Pferd:* abwerfen *Reiter*
⑤ (*mit einer Münze*) **toss for something** etwas auslosen
⑥ **toss and turn** sich [unruhig] hin und her werfen [*oder* wälzen]
◆ **toss up** ① [hoch]werfen
② (*mit einer Münze*) losen (**for** um)

**toss**[2] [tɒs] ① Wurf; **toss of a coin** Hochwerfen einer Münze
② [Aus]Losen; **win/lose the toss** beim Losen gewinnen/verlieren

**to·tal**[1] [ˈtəʊtl] ① völlig; *Finsternis:* total
② gesamt; **total amount** Gesamtbetrag

**to·tal**[2] [ˈtəʊtl] Gesamtbetrag, Gesamtmenge, [End]Summe; **in total** insgesamt

**to·tal**[3] [ˈtəʊtl] sich belaufen auf

**to·tal·ly** [ˈtəʊtəlɪ] völlig

**touch**[1] [tʌtʃ] ① [sich] berühren, streifen
② anfassen, rühren
③ (*emotional*) rühren
④ anrühren *Alkohol*
⑤ (*übertragen*) erreichen, heranreichen an
◆ **touch down** *Flugzeug:* aufsetzen, landen

**touch**[2] [tʌtʃ] ① [leichte] Berührung
② [**sense of**] **touch** Tastsinn; **be soft to the touch** sich weich anfühlen
③ **be/keep in touch with** in Verbindung stehen/bleiben mit
④ Spur, Anflug; **a touch higher** eine Idee [*oder* ein bisschen] höher
⑤ **a personal touch** eine persönliche Note
⑥ (*beim Fußball, Rugby*) **in touch** im Aus

**touch·ing** [ˈtʌtʃɪŋ] rührend, ergreifend

**tough** [tʌf] ① *Fleisch, Person:* zäh
② *Haltung, Konkurrenz:* hart
③ *Material:* widerstandsfähig, robust
④ schwierig, schwer
⑤ **tough** [**luck**]! Pech!

**tour**[1] [tʊəʳ] ① Tour (**of** durch), [Rund]Reise, [Rund]Fahrt; **tour guide** Reiseleiter(in); **tour operator** Reiseveranstalter
② Rundgang (**of, round** durch); **guided tour** Führung; **tour guide** Fremdenführer(in)
③ (*Sport, Theater*) Tournee

**tour**[2] [tʊəʳ] ① bereisen, reisen durch *Gegend*
② einen Rundgang machen durch; besichtigen *Gebäude, Stadt*
③ (*Sport, Theater*) eine Tournee machen durch, auf Tournee sein

**tour·ism** [ˈtʊərɪzəm] Fremdenverkehr, Tourismus

**tour·ist** [ˈtʊərɪst] Tourist(in); **tourist office** Fremdenverkehrsbüro; **tourist visa** Touristenvisum

**tour·na·ment** [ˈtɔːnəmənt, USA ˈtɜːnəmənt] Turnier

**tow** [təʊ] ① ziehen *Anhänger, Wasserskiläufer*
② [ab]schleppen *Auto*

**to·ward**(s) [təˈwɔːd(z), USA tɔːrd(z)] ① auf ... zu, nach ... zu, in Richtung auf
② gegenüber; **his attitude towards his father** seine Haltung seinem Vater gegenüber
③ *zeitlich* gegen; **towards the end of the week** gegen Ende der Woche
④ zu; **a contribution towards the costs** ein Beitrag zu den Kosten; **some coursework counts towards your final grade** ein Teil der Arbeiten dient zur Ermittlung der Endnote

**towel** [ˈtaʊəl] Handtuch, Badetuch

**tower** [ˈtaʊəʳ] Turm

**tower block** Hochhaus

**town** [taʊn] Stadt; **in town** in der Stadt; **be out of town** verreist sein; **go to town** in die Stadt gehen/fahren

**town centre** Stadtzentrum, Stadtmitte

**town hall** Rathaus

**tow truck** (USA) Abschleppwagen

**toy** [tɔɪ] Spielzeug; **toys** *plural* (*im Geschäft*) Spielwaren

**trace**[1] [treɪs] Spur; **without a trace** spurlos

**trace**[2] [treɪs] 1 (*finden*) aufspüren, ausfindig machen
2 **trace** [**back**] [zurück]verfolgen, zurückführen *Ereignisse* (**to** auf)
3 (*nachzeichnen*) [durch]pausen

**track**[1] [træk] 1 Spur, Fährte
2 Pfad, Weg
3 (*übertragen*) Bahn
4 (*Sport*) [Renn]Bahn
5 (*für Züge*) Gleis, Schienenstrang
6 [Musik]Stück, Track
▸ IN WENDUNGEN: **keep track of someone** jemanden im Auge behalten; **keep track of something** sich etwas genau merken, etwas verfolgen

**track**[2] [træk] verfolgen
◆ **track down** aufspüren, ausfindig machen

**track and field** Leichtathletik

**track shoe** Laufschuh, Rennschuh, Turnschuh

**track·suit** Trainingsanzug, Jogginganzug

**trade**[1] [treɪd] 1 Gewerbe, Handwerk; **by trade** von Beruf
2 (*kommerziell*) Handel
3 Branche, Gewerbe

**trade**[2] [treɪd] 1 eintauschen
2 **trade in something** mit einer Sache handeln [*oder* Handel treiben]; **trade with someone** mit jemandem handeln [*oder* Geschäfte machen]

**trade·mark** Warenzeichen

**trade union** [ˌtreɪd'juːnjən] Gewerkschaft

**tra·di·tion** [trə'dɪʃn] Tradition, Brauch

**tra·di·tional** [trə'dɪʃənl] traditionell, herkömmlich, üblich

**traf·fic**[1] ['træfɪk] 1 Verkehr, Flugverkehr, Luftverkehr
2 Handel (**in** in, mit)

**traf·fic**[2] ['træfɪk] <trafficking, trafficked> [Schwarz-, Schleich]Handel treiben, handeln (**in** mit)

**traffic circle** (USA) Kreisverkehr

**traffic jam** [Verkehrs]Stau

**traffic lights** ⚠ *plural* Verkehrsampel

**traffic warden** Politesse, Hilfspolizist(in)

**tra·gedy** ['trædʒədɪ] Tragödie

**tra·gic** ['trædʒɪk] tragisch

**trail**[1] [treɪl] 1 Spur; *eines Tieres:* Fährte; **trail of blood** Blutspur; **trail of dust/smoke** Staubfahne/Rauchfahne
2 *eines Meteors:* Schweif
3 Pfad; **nature trail** Naturlehrpfad

**trail**[2] [treɪl] 1 [ver]folgen *Mensch, Tier*
2 ziehen *Anhänger*
3 (*Sport*) [weit] zurückliegen; **be trailing by two goals to nil** mit zwei zu null im Rückstand liegen [*oder* sein]

**trailer** ['treɪləʳ] 1 Anhänger, Trailer
2 (USA) Wohnwagen
3 [Film]Vorschau, Trailer

**train**[1] [treɪn] 1 Zug; **by train** mit dem Zug, mit der Bahn; **get into** [*oder* **on**] [*oder* **board**] **a train** in einen Zug einsteigen; **on the train** im Zug; **change trains** umsteigen; **train driver** Zugführer(in), Lokführer(in)
2 (*übertragen*) *von Ereignissen:* Kette, Folge; **train of thought** Gedankengang
3 *eines Hochzeitskleids:* Schleppe

**train**[2] [treɪn] 1 ausbilden, schulen *Menschen;* **train someone as something** jemanden zu etwas ausbilden; **train someone/oneself to do something** jemanden/sich dazu erziehen, etwas zu tun; **train as a teacher** eine Lehrerausbildung machen, für das Lehramt studieren
2 einweisen, unterweisen *Auszubildende(n), Anfänger*
3 (*Sport*) trainieren
4 abrichten, dressieren *Tier*
5 richten *Gewehr, Fernglas* (**on** auf)

**trainee** [treɪ'niː] Auszubildende(r), Azubi, Praktikant(in); **trainee teacher** Referendar(in)

**trainer** ['treɪnəʳ] 1 Trainer(in)
2 *von Tieren:* Dresseur(in), Dompteur(in)
3 Turnschuh

**train·ing** ['treɪnɪŋ] 1 Schulung, Ausbildung
2 *von Tieren:* Dressur
3 (*Sport*) Training

**trai·tor** ['treɪtəʳ] Verräter(in) (**to** an)

**tram** [træm] Straßenbahn

**tramp** [træmp] Wohnsitzlose(r), Landstreicher(in)

**trans·fer**[1] [træns'fɜː] 1 verlegen *Betrieb, Gefangene(n), Konto*
2 versetzen *Angestellte(n), Arbeiter, Schüler* (**to** nach)
3 (*Sport*) transferieren *Spieler*
4 übertragen *Eigentum, Recht BED….: Eigentum, Recht* (**to** auf)
5 überweisen *Geld* (**to** auf)
6 *Person:* überwechseln (**to** zu); (*Sport*) wechseln (**to** zu)
7 (*auf Reisen*) umsteigen

**trans·fer**[2] ['trænsfɜːʳ] 1 *eines Betriebs:* Verlegung
2 *einer Person:* Versetzung (**to** nach)

3 (*juristisch*) Übertragung (**to** auf)
4 (*finanziell*) Überweisung, Transfer, Umbuchung
5 (*auf Reisen*) Umsteigen; USA (*Fahrkarte*) Umsteige[fahr]karte
6 (*Sport*) Transfer, Wechsel
7 Abziehbild

**tran·sit** ['trænsɪt] **in transit** auf dem Transport, unterwegs; **transit lounge** Transitraum; **transit passenger** Transitreisende(r)

**trans·late** [trænz'leɪt] übersetzen; **translate from English into German** aus dem Englischen ins Deutsche übersetzen

**trans·la·tion** [trænz'leɪʃn] Übersetzung

**trans·la·tor** [trænz'leɪtəʳ] Übersetzer(in)

**trans·mission** [trænz' mɪʃn] 1 *von Nachrichten:* Übersendung, Übermittlung
2 (*biologisch, physikalisch*) Übertragung
3 (*technisch*) Transmission; (*im Auto*) Getriebe
4 (*Radio*) Sendung

**trans·mit** [trænz'mɪt] 1 übersenden, übermitteln *Nachricht*
2 übertragen *Krankheit, Recht*
3 übertragen *Druck, Schall;* leiten *Elektrizität, Wärme*
4 senden *Programm*

**trans·par·ent** [træns'pærənt] 1 durchsichtig
2 (*übertragen*) durchschaubar, offenkundig, offensichtlich

**trans·port**[1] [træn'spɔ:t] befördern, transportieren

**trans·port**[2] ['trænspɔ:t] 1 Beförderung, Transport
2 Verkehrsmittel

**trap**[1] [træp] 1 Falle
2 (*slang*) Schnauze; **shut your trap!** halt die Schnauze!

**trap**[2] [træp] 1 (*in einer Falle*) fangen *Tier*
2 (*übertragen*) in die Falle locken *Menschen*
3 **the miners were trapped** die Bergleute waren eingeschlossen

**trash** [træʃ] USA 1 Abfall
2 (*umgangsspr*) Schund, Plunder
3 (*abwertend*) Gesindel

**trash can** USA Abfalleimer

**trav·el**[1] ['trævl] 1 reisen
2 fahren; **travel at 125 mph** 125 mph fahren
3 *Licht, Schall:* sich ausbreiten, sich fortpflanzen
4 bereisen *Land*
5 zurücklegen, fahren *Strecke*

**trav·el**[2] ['trævl] 1 Reisen
2 **travels** *plural* Reisen

**travel agency** Reisebüro

**travel·card** ['trævlkɑ:d] Netzkarte, Zeitkarte; **weekly travelcard** Wochenkarte

**travel insurance** ['trævlɪn'ʃʊərens] Reiseversicherung

**trav·el·ler**, USA **trave·ler** ['trævləʳ] Reisende(r); **traveller's cheque** [*oder* USA **check**] Reisescheck

**travel-sick** ['trævlsɪk] reisekrank

**tray** [treɪ] 1 Tablett
2 (*im Büro*) Ablage[korb]

**tread** [tred] <trod, trodden> treten (**on** auf)

> **? Grammatik** Die unregelmäßigen Vergangenheitsformen von **tread** lauten **trod — trodden:** *Larry* **trod** *on Jenny's toes by mistake; The flowers* **had been trodden** *on.*

**treas·ure**[1] ['treʒəʳ] (*auch übertragen*) Schatz

**treas·ure**[2] ['treʒəʳ] (*übertragen*) sehr schätzen

**treasure hunt** Schatzsuche

**treas·urer** ['treʒərəʳ] 1 *eines Vereins:* Kassenwart(in)
2 *einer Partei, eines Klubs:* Schatzmeister(in)

**Treas·ury** ['treʒərɪ] Finanzministerium, Schatzamt

**treat**[1] ['tri:t] 1 behandeln *Person, Tier;* umgehen mit *Bücher*
2 (*medizinisch*) behandeln (**for** wegen, **with** mit)
3 ansehen, betrachten (**as** als)
4 (*im Buch*) behandeln, sich befassen mit *Thema*
5 behandeln *Material;* klären *Abwasser*
6 freihalten, einladen; **treat oneself to something** sich etwas gönnen; **treat someone to something** jemandem etwas spendieren

**treat**[2] ['tri:t] 1 besondere Freude, besonderes Vergnügen; **it's a real treat** das ist ein wahrer Genuss
2 **it's my treat** das geht auf meine Rechnung

**treat·ment** ['tri:tmənt] Behandlung (**for** wegen)

**treaty** ['tri:tɪ] Vertrag

**treble**[1] ['trebl] 1 dreifach
2 dreimal

**treble**[2] ['trebl] [sich] verdreifachen

**treble**[3] ['trebl] 1 [das] Dreifache
2 Diskant, Sopran; **treble clef** Violinschlüssel

**tree** [tri:] Baum

**tre·men·dous** [trɪ'mendəs] 1 gewaltig, riesig
2 (*übertragen*) toll, hervorragend

**tremor** ['treməʳ] Zittern, Beben

**trench** [trentʃ] 1 Graben
2 (*militärisch*) Schützengraben

**trend** [trend] 1 Trend, Tendenz

(2) Mode, Trend
**trendy** ['trendɪ] modisch; (*umgangsspr*) schickimicki
**tres·pass** ['trespəs] widerrechtlich betreten; **no trespassing!** Betreten verboten!
**trial** ['traɪəl] (1) Versuch, Probe; **on trial** auf [*oder* zur] Probe
(2) (*juristisch*) Gerichtsverfahren, [Gerichts]Verhandlung; **be on trial** angeklagt sein
**trial exams** Probeklausuren
**tri·angle** ['traɪæŋgl] (1) Dreieck
(2) (*Musikinstrument*) Triangel
**tribe** [traɪb] [Volks]Stamm
**trick**[1] [trɪk] (1) List, Trick
(2) Kunststück, Trick
(3) Streich; **play a trick on someone** jemandem einen Streich spielen
(4) Eigenheit; **have a trick of doing something** die Eigenheit haben, etwas zu tun
(5) (*Kartenspiel*) Stich
**trick**[2] [trɪk] beschwindeln, betrügen, hereinlegen; **trick someone into doing something** jemanden mit einem Trick [*oder* einer List] dazu bringen, etwas zu tun
**tricky** ['trɪkɪ] (1) *Person, Plan:* gerissen, durchtrieben
(2) *Problem:* schwierig; *Situation:* kitzlig
**trig·ger**[1] ['trɪgə^r] Abzug; **pull the trigger** abdrücken
**trig·ger**[2] ['trɪgə^r] **trigger something** [**off**] etwas auslösen
**tril·lion** ['trɪlɪən] Billion
**trim**[1] [trɪm] (1) beschneiden, stutzen *Bart, Hecke*
(2) nachschneiden *Haare*
(3) (*schmücken*) besetzen *Kleid*
**trim**[2] [trɪm] **give something a trim** etwas zurechtschneiden, etwas stutzen
**trip**[1] [trɪp] Reise, Ausflug

> **i Land & Leute** **Float trips** sind eine beliebte Freizeitbeschäftigung im Midwest der USA. Man kann sich z. B. ein Kanu mieten, den Fluss entlang paddeln und sich später vom Kanuvermieter wieder abholen lassen. Manche setzen sich auch nur auf den Gummischlauch eines Lkw-Reifens und lassen sich auf dem Wasser treiben. Mit selbst gebauten Flößen veranstaltet man im Sommer oft auch **raft races** (Floßrennen).

**trip**[2] [trɪp] (1) stolpern (**over** über)
(2) **trip someone** [**up**] jemandem das Bein stellen, jemanden stolpern lassen
**triple**[1] ['trɪpl] dreifach; **triple jump** Dreisprung
**triple**[2] ['trɪpl] [sich] verdreifachen
**tri·umph**[1] ['traɪʌmf] Triumph, Sieg (**over** über)
**tri·umph**[2] ['traɪʌmf] triumphieren (**over** über)
**triv·ial** ['trɪvɪəl] belanglos, unwichtig, trivial
**trod** [trɒd] *2. Form von* **tread**
**trodden** ['trɒdn] *3. Form von* **tread**
**trol·ley** ['trɒlɪ] (1) **luggage trolley** Kofferkuli
(2) **shopping/supermarket trolley** Einkaufswagen
(3) **tea trolley** Teewagen
**trom·bone** [trɒm'bəʊn] Posaune
**troop** [tru:p] (1) Gruppe, Schar
(2) *von Pfadfindern:* Stamm
(3) **troops** Truppen; **1000 troops** 1000 Soldaten
**trophy** ['trəʊfɪ] Trophäe
**tropi·cal** ['trɒpɪkl] tropisch
**tropics** ['trɒpɪks] *plural* Tropen
**trot** [trɒt] *Pferd:* traben
**trouble**[1] ['trʌbl] (1) beunruhigen, bedrücken, aufregen
(2) belästigen, bemühen (**for** um); **I am sorry to trouble you** es tut mir leid, dass ich Sie stören muss
**trouble**[2] ['trʌbl] (1) Schwierigkeiten, Ärger, Unannehmlichkeiten; **ask** [*oder* **look**] **for trouble** sich Ärger einhandeln; **get into trouble** in Schwierigkeiten geraten; **get someone into trouble** jemanden in Schwierigkeiten bringen
(2) Mühe, Umstände; [**it will be**] **no trouble** [**at all**] das ist nicht der Rede wert
(3) (*medizinisch*) Leiden; **liver/heart trouble** Leber-/Herzleiden
(4) **troubles** (*politisch*) Unruhen
(5) **what's the trouble?** was ist los?; **the trouble is that ...** das Problem ist, dass ...
**trouble·maker** ['trʌbl,meɪkə^r] Unruhestifter(in)
**trouble spot** Krisenherd
**trousers** ['traʊzəz] *plural* Hose; **a pair of trousers** eine Hose
**trout** [traʊt] Forelle
**tru·ant** ['tru:ənt] Schulschwänzer(in); **play truant** [die Schule] schwänzen
**truck** [trʌk] (1) (USA) Lastwagen
(2) *eines Zuges:* offener Güterwagen
**true** [tru:] (1) wahr
(2) *Bericht, Beschreibung:* wahrheitsgemäß; *Kopie:* getreu
(3) *Gefühle:* wahr, echt; *Grund:* wirklich
(4) *Freund:* treu
(5) **come true** Wirklichkeit werden
**truly** ['tru:lɪ] (1) aufrichtig, wahrhaftig
(2) **Yours truly** Hochachtungsvoll
**trum·pet** ['trʌmpɪt] Trompete

**trunk** [trʌŋk] 1 [Baum]Stamm
2 *eines Menschen:* Rumpf
3 *eines Elefanten:* Rüssel
4 großer Koffer
5 USA Kofferraum
6 **trunks** *plural* Badehose; **a pair of trunks** eine Badehose

**trust**[1] [trʌst] 1 Vertrauen (**in** zu), Zutrauen (**in** zu); **put one's trust in someone** auf jemanden sein Vertrauen setzen
2 (*finanziell*) Treuhand[vermögen]; **family trust** Familienstiftung

**trust**[2] [trʌst] 1 **trust someone** jemandem vertrauen; **trust in someone/something** auf jemanden/etwas vertrauen; **trust someone with something** jemandem etwas anvertrauen; **trust someone to do something** sich darauf verlassen, dass jemand etwas tut
2 **trust something** einer Sache trauen
3 **trust you!** typisch!
4 hoffen

**truth** [truːθ, *plural* truːðz] <*plural* truths> Wahrheit; **to tell the truth** ehrlich gesagt; **there is no truth in it** es ist nichts Wahres daran

**truth·ful** ['truːθfl] ehrlich

**try**[1] [traɪ] 1 versuchen; **I'll try** ich werde es versuchen
2 probieren; **try it and see what you think** probier mal, ob es dir schmeckt
3 (*juristisch*) vor Gericht stellen *Menschen;* verhandeln *Fall*
◆ **try on** anprobieren *Kleidungsstück;* aufprobieren *Hut*
◆ **try out** ausprobieren

**try**[2] [traɪ] Versuch; **give something a try** etwas versuchen

**tub** [tʌb] 1 Kübel, Zuber
2 (*für Eiskreme, Margarine*) Becher
3 (*umgangsspr*) [Bade]Wanne

**tube** [tjuːb] 1 Rohr, Schlauch
2 (*für Zahnpasta*) Tube
3 (*in London*) U-Bahn

**tuck** [tʌk] stecken
◆ **tuck in** 1 hineinstecken; **tuck one's shirt in** das Hemd in die Hose stecken
2 zudecken *Kind*
3 (*umgangsspr: beim Essen*) zulangen

**Tues·day** ['tjuːzdɪ] Dienstag; **on Tuesday** am Dienstag; **on Tuesdays** dienstags

**tug** [tʌg] [heftig] ziehen, zerren (**at, on** an)

**tu·ition** [tjuː'ɪʃn] Unterricht; **extra tuition** Nachhilfe

**tu·lip** ['tjuːlɪp] Tulpe

**tumble** ['tʌmbl] 1 stürzen, fallen (**off** von)
2 *Preise:* fallen

**tumble-drier** Wäschetrockner

**tummy** ['tʌmɪ] (*umgangsspr*) Bauch

**tummy-ache** (*umgangsspr*) Bauchweh

**tune**[1] [tjuːn] 1 Melodie
2 **sing in/out of tune** richtig/falsch singen; **be in/out of tune** *Instrument:* richtig gestimmt/verstimmt sein

**tune**[2] [tjuːn] 1 stimmen *Musikinstrument*
2 einstellen *Radio*
3 tunen *Motor*

**tun·nel** ['tʌnl] Tunnel, Unterführung

**tur·key** ['tɜːkɪ] Truthahn

**Turkey** ['tɜːkɪ] die Türkei

**turn**[1] [tɜːn] 1 sich drehen; *Mensch auch:* sich umdrehen
2 *Fahrer, Auto:* abbiegen, wenden; **he turned left** er ist links abgebogen; **turn the corner** um die Ecke biegen
3 drehen *Lenkrad, Schlüssel;* drehen, wenden *Kopf;* umdrehen *Magen;* **turn one's head towards/one's back on someone** jemandem den Kopf/Rücken zudrehen [*oder* zuwenden]
4 wenden *Auto*
5 umblättern *Seite*
6 richten *Blick, Gewehr* (**on** auf)
7 werden; **she has just turned 14** sie ist gerade 14 geworden
8 (*in einen anderen Zustand*) sich verwandeln; **his hair turned grey** sein Haar wurde grau; **the witch turned the prince into a frog** die Hexe verzauberte den Prinz in einen Frosch
9 *Wetter:* umschlagen
10 **turn to someone/something** sich an jemanden wenden/sich einer Sache zuwenden
◆ **turn against** 1 **turn someone against someone** jemanden gegen jemanden aufbringen
2 **turn against someone** sich gegen jemanden wenden
◆ **turn away** 1 **turn someone away** jemanden wegschicken/abweisen
2 abwenden *Gesicht*
3 *Person:* sich abwenden
◆ **turn back** 1 **turn someone back** jemanden zurückschicken/zurückweisen
2 zurückstellen *Uhr;* (*übertragen*) zurückdrehen
3 zurückschlagen *Bettdecke;* umknicken *Buchseite*
4 *Person:* umkehren, sich umdrehen
5 (*im Buch*) zurückblättern
◆ **turn down** 1 herunterklappen, herunterschlagen *Hutkrempe, Kragen;* umlegen *Kragen*

❷ herunterdrehen, klein stellen *Flamme;* leiser stellen *Radio*
❸ ablehnen, abschlagen *Angebot;* abweisen, zurückweisen *Person*
❹ **turn down a street** einbiegen in eine Straße
◆ **turn into** [sich] verwandeln in
◆ **turn off** ❶ abschalten *Strom;* abstellen *Wasser, Gas*
❷ ausschalten *Licht;* zudrehen *Wasserhahn*
❸ **turn someone off** jemanden anwidern
❹ vom Wege abbiegen; (*von der Straße*) abzweigen, abbiegen
◆ **turn on** ❶ anmachen *Licht;* einschalten *elektrisches Gerät*
❷ aufdrehen *Gas, Wasser(hahn)*
❸ **turn on someone** sich gegen jemanden wenden
❹ **turn someone on** (*slang*) jemanden anturnen [*oder* scharf machen]
◆ **turn out** ❶ ausmachen *Licht*
❷ ausräumen *Schrank*
❸ stürzen *Kuchen*
❹ **turn out one's pockets** seine Taschen umdrehen; **turn something inside out** etwas umdrehen [*oder* nach außen kehren]
❺ hinauswerfen *Person*
❻ produzieren, herstellen *Waren*
❼ *Person:* [heraus]kommen, erscheinen (**for** zu)
❽ sich erweisen, sich herausstellen
❾ ausgehen, ausfallen; **the evening turned out fine** das Wetter wurde am Abend schön
◆ **turn over** ❶ umdrehen
❷ umblättern *Seite*
❸ **turn someone/something over to the police** jemanden/etwas der Polizei übergeben [*oder* ausliefern]
❹ umsetzen, verkaufen *Waren*
❺ **turn something over [in one's mind]** über etwas nachdenken
❻ laufen lassen *Motor*
❼ *Person:* sich umdrehen
❽ *Gegenstand:* umkippen
❾ *Motor:* laufen
❿ (*im Buch*) umblättern; **please turn over** bitte wenden
◆ **turn round** ❶ drehen *Kopf*
❷ umdrehen *Stuhl*
❸ sanieren, in die Gewinnzone bringen *Unternehmen*
❹ *Person:* sich umdrehen, umkehren
❺ **turn round the corner** um die Ecke biegen
◆ **turn to turn to someone** sich an jemanden wenden; **turn to something** sich einer Sache zuwenden; **turn to page 10** schlagt Seite 10 auf
◆ **turn up** ❶ hochschlagen *Kragen;* hochkrempeln *Ärmel*
❷ höher stellen *Gas, Heizung;* lauter stellen *Radio;* aufdrehen *Lautstärke;* heller machen *Licht*
❸ finden, entdecken, ausfindig machen
❹ **turn up one's nose at something** die Nase über etwas rümpfen
❺ (*erscheinen*) auftauchen
❻ sich ergeben; **something will/is sure to turn up** irgend etwas wird sich [schon] finden
❼ *Nase:* nach oben gebogen sein; **a turned-up nose** eine Himmelfahrtsnase

**turn**[2] [tɜːn] ❶ [Um]Drehung
❷ Wende; **make a right turn** rechts einbiegen/abbiegen; **the turn of the century** die Jahrhundertwende; **turn of the tide** Gezeitenwechsel
❸ **by turns, in turn** abwechselnd; **in turn** der Reihe nach; **out of turn** außer der Reihe; **it's your turn** du bist an der Reihe, du bist dran; **miss a turn** einmal aussetzen; **take turns at doing something** sich bei etwas abwechseln, etwas abwechselnd tun

**turn·ing** ['tɜːnɪŋ] Abzweigung

**turning point** Wendepunkt

**turn-off** ['tɜːnɒf] ❶ Abzweigung; *von der Autobahn:* Ausfahrt
❷ **it's a real turn-off** (*umgangsspr*) da vergeht einem doch alles

**turn·over** ['tɜːnˌəʊvəʳ] (*wirtschaftlich*) Umsatz; *von Personal:* Fluktuation

**turn-up** ['tɜːnʌp] ❶ (GB) (*an Hosen*) Aufschlag
❷ (*umgangsspr*) Überraschung

**turtle** ['tɜːtl] [Wasser]Schildkröte

**tu·tor** ['tjuːtəʳ] ❶ [Privat]Lehrer(in)
❷ Nachhilfelehrer(in)
❸ (*an einer Universität*) Tutor(in)

**TV** [tiːˈviː] *Abkürzung von* **television** ❶ Fernsehen; **on TV** im Fernsehen; **watch TV** fernsehen
❷ (*Gerät*) Fernseher

**TV guide** Fernsehzeitschrift

**twelfth** [twelfθ] zwölfte(r, s)

**twelve** [twelv] zwölf

**twen·ti·eth** ['twentɪəθ] zwanzigste(r, s)

**twenty** ['twentɪ] zwanzig

**twice** [twaɪs] zweimal; **twice as much/many** doppelt [*oder* zweimal] so viel/so viele; **twice the amount** der doppelte Betrag

**twig** [twɪg] [kleiner] Zweig

**twin**[1] [twɪn] ❶ Zwillings-
❷ **twin beds** zwei Einzelbetten
❸ **twin town** Partnerstadt

**twin**[2] [twɪn] ❶ (*Person*) Zwilling

2 (*Gegenstand*) Gegenstück, Pendant

**twin³** [twɪn] durch Partnerschaft verbinden; **Konstanz is twinned with Richmond upon Thames** Konstanz und Richmond upon Thames sind Partnerstädte

**twin·kle** ['twɪŋkl] funkeln, glitzern

**twist¹** [twɪst] 1 Drehung
2 *einer Straße:* Kurve, Biegung
3 (*übertragen*) *einer Geschichte:* Wendung
4 (*Tanz*) Twist

**twist²** [twɪst] 1 drehen, wickeln (**around** um)
2 verbiegen *Metall*
3 verrenken *Körperteil;* **twist one's ankle** sich den Fuß vertreten; **twist someone's arm** jemandem den Arm verdrehen
4 *Fluss, Person:* sich winden
5 (*tanzen*) twisten

**two¹** [tuː] zwei; **the two families** die beiden Familien; **one or two** ein paar

**two²** [tuː] Zwei; **the two of us** wir beide; **by twos, in twos, two and two** zu zweit, zu zweien, paarweise; **break in two** in zwei Teile brechen; **in a day or two** in ein paar Tagen

**type¹** [taɪp] 1 Art, Sorte; (*Menschenart auch*) Typ; **this type of car** dieser Autotyp; **that type of behaviour** solches Benehmen
2 Type; **small type** kleine Buchstaben; **bold type** Fettdruck

**type²** [taɪp] [mit der] Maschine schreiben, tippen

**typi·cal** ['tɪpɪkl] typisch (**of** für)

**tyre** ['taɪəʳ] Reifen

# U u

**ugly** ['ʌglɪ] hässlich

**UK** [ˌjuː'keɪ] *Abkürzung von* **United Kingdom** Vereinigtes Königreich

**ul·ti·mate·ly** ['ʌltɪmətlɪ] schließlich, letzten Endes, im Grunde

**um·brella** [ʌm'brelə] [Regen]Schirm, Sonnenschirm

**um·pire** ['ʌmpaɪəʳ] Schiedsrichter(in)

**UN** [juː'en] *Abkürzung von* **United Nations** UNO, UN

**un·able** [ʌn'eɪbl] **be unable to do something** etwas nicht tun können; **unable to pay** zahlungsunfähig

**un·ac·cept·able** [ˌʌnək'septəbl] unannehmbar (**to** für)

**un·ac·com·panied** [ˌʌnə'kʌmpənɪd] ohne Begleitung

**unani·mous** [juː'nænɪməs] einstimmig, einmütig

**un·an·swered** [ˌʌn'ɑːnsəd] unbeantwortet

**un·armed** [ˌʌn'ɑːmd] unbewaffnet

**un·at·trac·tive** [ˌʌnə'træktɪv] unschön, unattraktiv, unsympathisch

**un·auth·or·ized** [ˌʌn'ɔːθəraɪzd] unbefugt, nicht ermächtigt

**un·avail·able** [ˌʌnə'veɪləbl] 1 *Produkt:* nicht erhältlich
2 *Person:* nicht zu erreichen

**un·avoid·able** [ˌʌnə'vɔɪdəbl] 1 unvermeidlich
2 *Folgerung:* unausweichlich

**un·aware** [ˌʌnə'weəʳ] **be unaware of something** sich einer Sache nicht bewusst sein, etwas nicht bemerken

**un·bear·able** [ˌʌn'beərəbl] unerträglich, unausstehlich

**un·beat·able** [ˌʌn'biːtəbl] unschlagbar, unbesiegbar

**un·bea·ten** [ˌʌn'biːtn] 1 ungeschlagen
2 *Rekord:* ungebrochen

**un·be·liev·able** [ˌʌnbɪ'liːvəbl] unglaublich

**un·break·able** [ˌʌn'braɪkəbl] unzerbrechlich

**un·but·ton** [ˌʌn'bʌtn] aufknöpfen

**un·cer·tain** [ʌn'sɜːtn] 1 ungewiss
2 *Wetter:* unbeständig

**un·cer·tainty** [ʌn'sɜːtntɪ] Ungewissheit, Unsicherheit

**uncle** ['ʌŋkl] Onkel

**un·com·fort·able** [ʌn'kʌmftəbl] 1 *Gegenstand:* unbequem
2 *Person:* unbehaglich

**un·con·scious** [ʌn'kɒnʃəs] 1 bewusstlos, ohnmächtig
2 **be unconscious of something** sich einer Sache nicht bewusst sein
3 unbewusst, unabsichtlich

**un·con·scious·ly** [ʌn'kɒnʃəslɪ] unbewusst

**un·con·scious·ness** [ʌn'kɒnʃəsnɪs] Bewusstlosigkeit

**un·con·trol·lable** [ˌʌnkən'trəʊləbl] 1 unkontrollierbar
2 *Kind:* nicht zu bändigen[d]
3 *Drang:* unbezwingbar

**un·co·op·er·ative** [ˌʌnkəʊ'ɒpərətɪv] nicht entgegenkommend, wenig hilfsbereit

**un·cork** [ˌʌn'kɔːk] entkorken

**un·cover** [ʌn'kʌvəʳ] 1 aufdecken
2 (*übertragen*) enthüllen, aufdecken

**under¹** ['ʌndəʳ] 1 *räumlich* unter

② *zeitlich, in Mengenangaben* **under an hour/twenty pounds** weniger als eine Stunde/zwanzig Pfund
③ (*Zustand*) **under construction/repair** im Bau [befindlich]/in Reparatur
④ **be under the impression that …** den Eindruck haben, dass …
⑤ **under the terms of the agreement** gemäß [*oder* nach] den Vertragsbestimmungen

**under**[2] [ˈʌndəʳ] darunter

**under·clothes** [ˈʌndəkləʊðz] Unterwäsche

**under·esti·mate** [ˌʌndərˈestɪmeɪt] unterschätzen

**under·go** [ˌʌndəˈgəʊ] <underwent, undergone> ① durchmachen, erleben
② sich unterziehen [müssen] *Operation*

**under·grad·uate** [ˌʌndəˈgrædʒʊət] Student(in)

**under·ground**[1] [ˈʌndəgraʊnd] (GB) Untergrundbahn, U-Bahn

**under·ground**[2] [ˈʌndəgraʊnd] ① unterirdisch; **underground car park** Tiefgarage
② (*übertragen: geheim*) Untergrund-

**under·line** [ˌʌndəˈlaɪn] (*auch übertragen*) unterstreichen

**under·neath**[1] [ˌʌndəˈniːθ] unter; darunter

**under·neath**[2] [ˌʌndəˈniːθ] Unterseite

**under·pants** [ˈʌndəpænts] *plural* Unterhose; **a pair of underpants** eine Unterhose

**under·stand** [ˌʌndəˈstænd] <understood, understood> ① verstehen (**by** unter), begreifen
② **I understand that …** ich habe gehört, dass …
③ **am I to understand that …?** soll das heißen, dass …?
④ **make oneself understood** sich verständlich machen; **is that understood?** ist das klar?

**under·stand·able** [ˌʌndəˈstændəbl] verständlich

**under·stand·ing**[1] [ˌʌndəˈstændɪŋ] ① Verständnis (**of** für); **show** [**some**] **understanding for someone** Einsicht mit jemandem haben
② Übereinkommen, Verständigung
③ Voraussetzung; **on the understanding that …** unter der Voraussetzung, dass …

**under·stand·ing**[2] [ˌʌndəˈstændɪŋ] verständnisvoll

**under·stood** [ˌʌndəˈstʊd] *2. und 3. Form von* **understand**

**under·take** [ˌʌndəˈteɪk] <undertook, undertaken> ① unternehmen *Arbeit, Reise*
② übernehmen *Aufgabe*
③ auf sich nehmen *Pflicht*
④ **undertake to do something** sich verpflichten, etwas zu tun
⑤ (*garantieren*) sich verbürgern

**under·takers** [ˈʌndəteɪkəʳz] Beerdigungsinstitut

**under·tak·ing** [ˌʌndəˈteɪkɪŋ] ① Unternehmen, Projekt
② Zusicherung; **give an undertaking that …/to do something** zusichern, dass …/sich verpflichten, etwas zu tun

**under·water** [ˈʌndəwɔːtəʳ] Unterwasser-

**under·wear** [ˈʌndəweəʳ] Unterwäsche

**under·went** [ˌʌndəˈwent] *2. Form von* **undergo**

**un·did** [ʌnˈdɪd] *2. Form von* **undo**

**undo** [ʌnˈduː] <undid, undone> ① aufmachen; lösen *Knoten;* öffnen *Paket*
② ungeschehen machen *Tat*

**un·done**[1] [ˌʌnˈdʌn] *3. Form von* **undo**

**un·done**[2] [ˌʌnˈdʌn] ① **with his shoelaces undone** mit offenen Schnürsenkeln; **come undone** aufgehen
② *Aufgabe:* unerledigt

**un·doubted** [ʌnˈdaʊtɪd] unzweifelhaft, unbestritten

**un·doubted·ly** [ʌnˈdaʊtɪdlɪ] zweifellos

**un·dress** [ʌnˈdres] [sich] ausziehen; **get undressed** sich ausziehen

**un·easy** [ʌnˈiːzɪ] ① unbehaglich; **I feel uneasy about …** mir ist wegen … unbehaglich [zu Mute]
② *Schlaf:* unruhig
③ *Frieden:* unsicher

**un·em·ployed** [ˌʌnɪmˈplɔɪd] arbeitslos, erwerbslos; **the unemployed** die Arbeitslosen

**un·em·ploy·ment** [ˌʌnɪmˈplɔɪmənt] Arbeitslosigkeit; **unemployment benefit** Arbeitslosengeld, Arbeitslosenhilfe

**un·equal** [ˌʌnˈiːkwəl] ① *Maße:* unterschiedlich
② *Kampf:* ungleich
③ *Verteilung:* unausgeglichen

**un·even** [ˌʌnˈiːvn] ① *Fläche:* uneben
② *Linie:* ungerade
③ *Dicke:* ungleich
④ *Atmung, Pulsschlag:* unregelmäßig
⑤ *Verteilung:* ungleichmäßig
⑥ *Temperament:* unausgeglichen
⑦ *Zahl:* ungerade

**un·ex·pected** [ˌʌnɪkˈspektɪd] unerwartet

**un·fair** [ˌʌnˈfeəʳ] ① unfair, ungerecht[fertigt]
② (*unsportlich*) unfair
③ *Wettbewerb:* unlauter

**un·faith·ful** [ˌʌnˈfeɪθfʊl] untreu

**un·fam·il·iar** [ˌʌnfəˈmɪlɪəʳ] ① *Umgebung:* fremd, unbekannt
② *Tätigkeit:* ungewohnt

3 **be unfamiliar with something** mit etwas nicht vertraut sein

**un·fit** [ˌʌn'fɪt] 1 unfähig; **unfit for work** arbeitsunfähig; **unfit to drive** fahruntüchtig
2 ungeeignet
3 (*Sport*) nicht fit, nicht in Form

**un·for·get·table** [ˌʌnfə'getəbl] unvergesslich

**un·for·giv·able** [ˌʌnfə'gɪvəbl] unverzeihlich

**un·for·tu·nate** [ʌn'fɔːtʃʊnət] 1 *Person:* glücklos, unglücklich
2 *Vorfall:* bedauerlich, unglücklich
3 *Zeit:* ungünstig
4 *Bemerkung:* unpassend

**un·for·tu·nate·ly** [ʌn'fɔːtʃʊnətlɪ] leider, unglücklicherweise

**un·friend·ly** [ˌʌn'frendlɪ] unfreundlich (**to** zu)

**un·grate·ful** [ʌn'greɪtfl] undankbar

**un·happy** [ʌn'hæpɪ] 1 (*traurig*) unglücklich
2 nicht zufrieden (**about, with** mit)

**un·healthy** [ʌn'helθɪ] 1 ungesund
2 *Einfluss:* schädlich; *Angewohnheit:* schlecht

**un·heard-of** [ʌn'hɜːdɒv] [völlig] unbekannt; unvorstellbar

**un·hurt** [ʌn'hɜːt] unverletzt

**uni·fi·ca·tion** [ˌjuːnɪfɪ'keɪʃn] [Ver]Einigung

**uni·form** ['juːnɪfɔːm] Uniform

**unify** ['juːnɪfaɪ] 1 [ver]einigen *Länder, Volk*
2 vereinheitlichen *System*

**un·in·ten·tional** [ˌʌnɪn'tenʃənl] unabsichtlich, unbeabsichtigt

**un·in·ter·ested** [ʌn'ɪntrɪstɪd] uninteressiert (**in** an)

**un·in·ter·est·ing** [ʌn'ɪntrɪstɪŋ] uninteressant

**union** ['juːnɪən] 1 Vereinigung, Zusammenschluss
2 (*Staatenbund*) Union
3 Gewerkschaft

**Union Jack** ['juːnɪən'dʒæk] britische Nationalflagge

**unique** [juː'niːk] einzigartig, einmalig

**unit** ['juːnɪt] 1 Einheit, Stück
2 (*Möbelstück*) Element
3 (*in einer Organisation*) Abteilung
4 (*mathematisch*) Einer

**unite** [juː'naɪt] 1 vereinigen, verbinden
2 sich vereinigen, sich zusammenschließen

**United Kingdom** Vereinigtes Königreich (*Großbritannien und Nordirland*)

**United Nations** ⚠ *mit Singular* Vereinte Nationen

**United States**, **United States of America** Vereinigte Staaten [von Amerika]

**uni·ver·sity** [ˌjuːnɪ'vɜːsətɪ] Universität; **be at** [*oder* **go to**] **university** die Universität besuchen, studieren

**un·kind** [ʌn'kaɪnd] unfreundlich

**un·known** [ˌʌn'nəʊn] unbekannt

**un·lead·ed** [ˌʌn'ledɪd] bleifrei, unverbleit

**un·less** [ən'les] 1 wenn [...] nicht
2 es sei denn

**un·like** [ˌʌn'laɪk] 1 **be unlike someone/something** jemandem/einer Sache nicht ähnlich sein; **she's very unlike her sister** sie ist ganz anders als ihre Schwester
2 **it's very unlike her to lose her temper** das sieht ihr gar nicht ähnlich, dass sie ihre Beherrschung verliert
3 **unlike you, I ...** im Gegensatz zu dir, ich ...

**un·like·ly** [ʌn'laɪklɪ] 1 unwahrscheinlich
2 *Geschichte:* unglaubwürdig

**un·load** [ʌn'ləʊd] 1 ausladen *Gepäck*
2 entladen *Fahrzeug*
3 löschen *Schiff(sladung)*
4 (*übertragen*) abladen *Kinder, Probleme*

**un·lock** [ˌʌn'lɒk] aufschließen

**un·locked** [ˌʌn'lɒkt] unverschlossen

**un·lucky** [ʌn'lʌkɪ] **be unlucky** *Person:* Pech haben; *Umstand:* Unglück bringen

**un·mar·ried** [ˌʌn'mærɪd] unverheiratet, ledig

**un·natu·ral** [ʌn'nætʃrəl] 1 unnatürlich
2 (*abnorm*) widernatürlich

**un·nec·es·sary** [ʌn'nesəsrɪ] unnötig

**un·of·fi·cial** [ˌʌnə'fɪʃl] inoffiziell

**un·pack** [ˌʌn'pæk] auspacken

**un·paid** [ˌʌn'peɪd] unbezahlt

**un·pleas·ant** [ʌn'pleznt] 1 *Person:* unangenehm, unfreundlich
2 *Bemerkung:* unfreundlich
3 *Nachricht:* unerfreulich

**un·plug** [ˌʌn'plʊg] den Stecker herausziehen

**un·popu·lar** [ˌʌn'pɒpjʊlə^r] unbeliebt, unpopulär

**un·real** [ʌn'rɪəl] 1 unwirklich
2 (*slang*) unglaublich

**un·reas·on·able** [ʌn'riːznəbl] 1 unvernünftig
2 *Ansprüche, Forderung:* übertrieben, unangemessen, unzumutbar

**un·rest** [ʌn'rest] Unruhen

**un·sat·is·fac·tory** ['ʌnˌsætɪs'fæktrɪ] unbefriedigend

**un·self·ish** [ˌʌn'selfɪʃ] selbstlos, uneigennützig

**un·sha·ven** [ˌʌn'ʃeɪvn] unrasiert

**un·skilled** [ˌʌn'skɪld] ungelernt

**un·suc·cess·ful** [ˌʌnsək'sesfl] erfolglos; *Versuch:* vergeblich; *Ergebnis:* nicht erfolgreich; **be unsuccessful** keinen Erfolg haben

**un·sure** [ˌʌn'ʃʊə^r] unsicher

**un·tidy** [ʌn'taɪdɪ] unordentlich

**un·tie** [ˌʌn'taɪ] ① lösen *Knoten*
② aufbinden *Schnürsenkel*
③ aufknoten *Paket*
④ losbinden *Person, Tier*

**un·til** [ən'tɪl] bis, bis zu; **until further notice** bis auf Widerruf, bis auf weiteres; **not until** nicht vor, erst, nicht bevor, erst als/wenn

**un·true** [ˌʌn'tru:] unwahr, falsch; **that's untrue** das ist nicht wahr

**un·usual** [ʌn'ju:ʒl] ungewöhnlich

**un·well** [ʌn'wel] unwohl; **feel** [*oder* **be**] **unwell** sich nicht wohl fühlen

**un·wind** [ˌʌn'waɪnd] <unwound, unwound>
① [sich] abwickeln
② (*umgangsspr*) abschalten, sich entspannen

**un·wrap** [ˌʌn'ræp] auswickeln, auspacken

**un·zip** [ˌʌn'zɪp] **unzip a bag** den Reißverschluss einer Tasche öffnen

**up**[1] [ʌp] ① *räumlich* oben, nach oben; **up here/there** hier/da oben; **up and down** auf und ab, hin und her; **up and up** immer höher
② *örtlich* **up in Scotland** oben in Schottland; **up to London** nach London
③ *mit Verben der Bewegung* hinauf, hoch; **jump up** hinaufspringen; **look up** hochsehen; **stand up!** steh auf!
④ (*nicht im Bett*) auf; **get up** aufstehen
⑤ *Preise:* gestiegen
⑥ **be up** stehen; *Gerüst:* aufgestellt sein; *Bild, Mitteilung, Tapete, Vorhänge:* hängen
⑦ aufwärts; **from $3 up** von $3 aufwärts, ab $3; **from the age of 18 up** ab 18 Jahren
⑧ bis; **up to here/now/20 pounds** bis hier/jetzt/20 Pfund
⑨ (*Sport*) in Führung; **England are 2–0 up** England führt zwei zu null
⑩ zu Ende, vorüber, um; **time's up** die Zeit ist um
⑪ **be** [*oder* **feel**] **up to something** einer Sache gewachsen sein
⑫ **it's up to him to do that** es liegt bei ihm, das zu tun
⑬ **I know what we're up against** ich weiß, was uns bevorsteht
⑭ **lean something up against the wall** etwas an die Wand lehnen
⑮ **what are you up to?** was machst du?, was hast du vor?; **he is up to something** er führt irgendetwas im Schilde
⑯ **what's up?** (*umgangsspr*) was ist los?
⑰ **be up for sale** zu verkaufen sein, zum Verkauf stehen

**up**[2] [ʌp] ① hinauf, oben auf; **go up the hill** den Berg hinaufgehen; **run up and down the stairs** die Treppe rauf und runter rennen; **further up the street** weiter die Straße entlang; **row up the river** flussaufwärts rudern
② **travel up and down the country** durch das ganze Land [*oder* landauf, landab] reisen

**up·bring·ing** ['ʌpbrɪŋɪŋ] Erziehung

**up·com·ing** ['ʌpˌkʌmɪŋ] (USA) bevorstehend

**up·grade** [ˌʌp'greɪd] höher einstufen; befördern *Beschäftigte;* erweitern, nachrüsten *Computer;* aufstufen *Fluggast;* aufbessern, aufwerten *Image, Verdienst*

**up·hill** [ˌʌp'hɪl] ① *Straße:* [an]steigend, bergauf führend
② **uphill ski** Bergski
③ (*übertragen*) mühselig, hart
④ bergan, bergauf

**upon** [ə'pɒn] ① (*gehoben*) auf
② **once upon a time …** es war einmal …

**up·per** ['ʌpəʳ] höhe(r, s), obere(r, s); **upper deck** Oberdeck

**upper-class** der Oberschicht, vornehm, fein

**up·right**[1] ['ʌpraɪt] ① aufrecht, senkrecht
② (*übertragen*) *Mensch:* aufrecht, ehrlich

**up·right**[2] ['ʌpraɪt] Ständer, Pfosten

**up·set** [ˌʌp'set] <upset, upset> ① umstoßen, umwerfen
② **upset someone** *Ereignis, Tod:* jemanden bestürzen, mitnehmen
③ verletzen; **now you've upset him** (*auch humorvoll*) jetzt ist er beleidigt
④ aufregen
⑤ durcheinander bringen *Pläne;* umstoßen *Theorie*
⑥ verderben *Magen*

**up·side down** [ˌʌpsaɪd 'daʊn] verkehrt herum; **turn something upside down** (*auch übertragen*) etwas auf den Kopf stellen

**up·stairs**[1] [ˌʌp'steəz] ① oben, im oberen Stock
② [die Treppe] hinauf, in den oberen Stock; **go upstairs** nach oben gehen

**up·stairs**[2] [ˌʌp'steəz] oberes Stockwerk

**up·stream** [ˌʌp'stri:m] flussaufwärts, stromaufwärts

**up-to-date** [ˌʌptə'deɪt] ① auf dem neuesten Stand, hochaktuell
② modern

**up·ward** ['ʌpwəd] ① (*auch übertragen*) Aufwärts-, nach oben
② (*auch übertragen*) **upward**[s] aufwärts
③ **from $3 upwards** ab $3; **upwards of $3** mehr als $3

**ur·ban** [ˈɜːbən] städtisch

**urge** [ɜːdʒ] ① drängen
② (*auch übertragen*) **urge** [**on**] vorantreiben

**ur·gency** [ˈɜːdʒənsɪ] Dringlichkeit

**ur·gent** [ˈɜːdʒənt] ① dringend, eilig; **be urgent** eilen; **be in urgent need of something** etwas dringend brauchen
② *Ton, Bitte:* dringlich

**urine** [ˈjʊərɪn] Urin, Harn

**us** [əs, *betont* ʌs] uns; **all of us** wir alle; **both of us** wir beide; **it's us** wir sind es

**use**[1] [juːz] ① benutzen, verwenden, gebrauchen; anwenden *Methode, Gewalt, Fähigkeit;* **how to use something** wie man mit etwas umgeht
② ausnutzen; nutzen *Vorteil;* verwerten *Abfall*
③ (*abwertend*) ausnutzen
④ *nur in der Vergangenheit* **he used to play tennis** früher spielte er [regelmäßig] Tennis; **he didn't use to smoke, he used not to smoke** er hat früher nicht geraucht
◆ **use up** [ver]brauchen

**use**[2] [juːs] ① Verwendung, Benutzung, Gebrauch; (*juristisch*) Nutznießung; **be in use** in Betrieb sein; **have no use for something** etwas nicht gebrauchen können, für etwas keine Verwendung haben
② *einer Methode, Fähigkeit, von Gewalt:* Anwendung
③ *eines Vorteils:* Nutzung; *von Abfallprodukt:* Verwertung
④ **be of use** von Nutzen sein; **what use is it?** wofür ist das denn gut?; **it's no use looking at me like that!** es hat keinen Zweck mich so anzusehen!; **what's the use?** was nützt das schon?

**used**[1] [juːzd] gebraucht; *Waren, Auto:* Gebraucht-

**used**[2] [juːst] **be used to something** etwas gewohnt sein; **get used to something** sich an etwas gewöhnen

> **? Grammatik** **Used to — be used to**: Redet man über eine Angewohnheit oder eine Situation aus der Vergangenheit, verwendet man **used to** zusammen mit einem Verb: *I used to smoke but I stopped two months ago; She used to live in Stuttgart, but now she lives in Hamburg.* Wenn es sich um etwas handelt, an das man gewöhnt ist, dann verwendet man **be used to** zusammen mit einem Substantiv oder einem Verb in der -ing form: *She's not used to the hot weather; I'm used to driving long distances.*

**use·ful** [ˈjuːsfl] nützlich, brauchbar

**use·less** [ˈjuːslɪs] ① nutzlos
② *Gegenstand:* unbrauchbar

**user** [ˈjuːzəʳ] ① Benutzer(in)
② (*wirtschaftlich*) Verbraucher(in)
③ (*Computer*) Anwender(in)

**user-friendly** [ˈjuzəˈfrendlɪ] benutzerfreundlich

**usual** [ˈjuːʒl] gewöhnlich, üblich; **as usual** wie gewöhnlich

**usu·ally** [ˈjuːʒəlɪ] gewöhnlich, normalerweise

**util·ity** [juːˈtɪlətɪ] **utility room** Abstellraum

**ut·ter** [ˈʌtəʳ] völlig, total

**U-turn** [ˈjuːtɜːn] (*auch übertragen*) Kehrtwendung; **no U-turn**[**s**]! Wenden verboten!

# Vv

**va·cancy** [ˈveɪkənsɪ] ① (*Arbeit*) offene Stelle
② freies Zimmer
③ **Vacancies** (*im Hotel*) Zimmer frei; (*Zeitungsrubrik*) Stellenangebote, Stellenmarkt

**va·cant** [ˈveɪkənt] ① leer
② *Raum, Wohnung, Haus:* leer stehend, unbewohnt
③ *Toilette, Zimmer, Platz:* frei
④ *Stelle:* unbesetzt, frei
⑤ (*übertragen*) geistesabwesend

**va·ca·tion** [vəˈkeɪʃn, USA veɪˈkeɪʃn] ① [Schul-, Semester-, Gerichts]Ferien
② USA Urlaub; **on vacation** im Urlaub

**vac·ci·nate** [ˈvæksɪneɪt] impfen (**against** gegen)

**vac·ci·na·tion** [ˌvæksɪˈneɪʃn] Impfung

**vac·uum** [ˈvækjʊəm] staubsaugen

**vacuum cleaner** Staubsauger

**vacuum flask** Thermosflasche®, Isolierkanne

**vague** [veɪg] ① vage, verschwommen; **not the vaguest idea** nicht die leiseste Ahnung
② geistesabwesend

**vain** [veɪn] ① eitel, eingebildet
② *Versuch, Hoffnung:* vergeblich; **in vain** vergeblich

**valid** [ˈvælɪd] ① *Pass:* gültig; *Vertrag:* rechtskräftig; *Anspruch:* berechtigt; **valid for three months** drei Monate gültig
② *Grund:* stichhaltig, triftig; *Einwand:* berechtigt

**val·ley** [ˈvælɪ] Tal

**valu·able** [ˈvæljʊəbl] wertvoll, kostbar

**valu·ables** [ˈvæljʊəblz] *plural* Wertgegenstände, Wertsachen

**value**[1] [ˈvæljuː] ① Wert; **of no/little value** nichts/wenig wert; **be good value** preiswert

sein; **to the value of** im Wert von; **get value for money** etwas für sein/das Geld bekommen
❷ (*mathematisch*) Wert
❸ **values** *plural* sittliche Werte

**value**[2] ['vælju:] ❶ [ab]schätzen, bewerten *Haus, Eigentum* (**at** auf)
❷ (*übertragen*) [wert]schätzen *Arbeit, Mühe*

**vam·pire** ['væmpaɪəʳ] Vampir

**van** [væn] GB Lieferwagen, Kleintransporter

**van·dal** ['vændl] (*übertragen*) Rowdy

**van·dal·ism** ['vændəlɪzəm] Vandalismus

**van·dal·ize** ['vændəlaɪz] mutwillig zerstören

**va·nilla** [və'nɪlə] Vanille

**van·ish** ['vænɪʃ] verschwinden; *Angst, Sorgen:* sich legen; *Hoffnung:* schwinden; *Rasse, Kultur:* untergehen

**varia·ble** ['veərɪəbl] ❶ veränderlich, variabel
❷ (*technisch*) regulierbar, einstellbar
❸ (*übertragen*) *Wetter, Stimmung:* unbeständig

**vari·ation** [ˌveərɪ'eɪʃn] ❶ Veränderung, Variation; *von Wetter, Aktienkurs:* Schwankung
❷ (*Musik*) Variation (**on** zu)
❸ (*auch biologisch*) Variante

**var·ied** ['veərɪd] ❶ unterschiedlich
❷ *Leben:* abwechslungsreich
❸ *Arbeit, Stil:* vielseitig

**var·iety** [və'raɪətɪ] ❶ Vielfalt; **a variety of colours** die verschiedensten Farben; **for a variety of reasons** aus verschiedenen Gründen
❷ Abwechslung
❸ (*botanisch, zoologisch*) Art, Sorte

**vari·ous** ['veərɪəs] ❶ verschiedene; **at various times** zu verschiedenen Zeiten; **for various reasons** aus verschiedenen Gründen
❷ (*umgangsspr*) mehrere

**var·nish** ['vɑ:nɪʃ] Lack

**vary** ['veərɪ] ❶ variieren
❷ **opinions vary** die Meinungen gehen auseinander
❸ sich wandeln, sich [ver]ändern; unterschiedlich sein

**vase** [vɑ:z, USA veɪs] [Blumen]Vase

**vast** [vɑ:st] ❶ *Größe:* riesig; *Fläche:* weit
❷ (*übertragen*) enorm; **vast amount of time/money** enorm viel Zeit/Geld; *Mehrheit:* überwiegend

**VAT** [ˌvi:eɪ'ti:] *Abkürzung von* **value-added tax** MwSt

**vault**[1] [vɔ:lt] (*Sport*) Sprung

**vault**[2] [vɔ:lt] [über]springen

**veal** [vi:l] Kalbfleisch

**veg** [vedʒ] (*umgangsspr*) [gekochtes] Gemüse

**veg·etable** ['vedʒtəbl] Gemüse

**vegetable oil** Pflanzenöl

**veg·etar·ian**[1] [ˌvedʒɪ'teərɪən] Vegetarier(in)

**veg·etar·ian**[2] [ˌvedʒɪ'teərɪən] vegetarisch

**ve·hicle** ['vi:ɪkl] Fahrzeug

**veil** [veɪl] Schleier

**vein** [veɪn] ❶ (*auch bei Pflanzen*) Ader
❷ (*medizinisch auch*) Vene

**Vel·cro**® ['velkrəʊ] **velcro fastener** Klett[en]verschluss

**vel·vet** ['velvɪt] Samt

**ven·ison** ['venɪzn] Reh[fleisch]

**venue** ['venju:] ❶ Treffpunkt, Begegnungsstätte
❷ (*Sport*) Austragungsort

**verb** [vɜ:b] Verb, Zeitwort

**ver·bal** ['vɜ:bl] mündlich

**ver·dict** ['vɜ:dɪkt] ❶ Urteil; **verdict of guilty** Schuldspruch; **verdict of not guilty** Freispruch
❷ Meinung

**verge** [vɜ:dʒ] ❶ (*auch übertragen*) Rand; **on the verge of** (*übertragen*) am Rande, nahe an
❷ *einer Straße:* Seitenstreifen

**ver·ify** ['verɪfaɪ] ❶ [über]prüfen *Echtheit, Richtigkeit*
❷ bestätigen *Aussage*
❸ beglaubigen *Zeugnis*

**ver·sa·tile** ['vɜ:sətaɪl, USA 'vɜ:sətl] vielseitig

**verse** [vɜ:s] ❶ *eines Liedes:* Strophe
❷ *eines Gedichtes:* Dichtung
❸ *der Bibel:* Vers
❹ **in verse** in Versform

**ver·sion** ['vɜ:ʃn] ❶ Version; *von Geschehnis, Text:* Darstellung
❷ *von Auto, Gerät:* Modell, Ausführung

**ver·sus** ['vɜ:səs] gegen

**ver·te·bra** ['vɜ:tɪbrə, *plural* 'vɜ:tɪbri:] <*plural* vertebrae> Rückenwirbel

**ver·ti·cal** ['vɜ:tɪkl] senkrecht

**ver·tigo** ['vɜ:tɪgəʊ] **suffer from vertigo** nicht schwindelfrei sein

**very** ['verɪ] ❶ sehr; **thank you very much** Danke sehr [*oder* vielen Dank]
❷ äußerste(r, s); **the very best** der, die, das Allerbeste; **at the very latest** allerspätestens; **at the very end** am äußersten Ende, ganz am Ende
❸ **the very same** genau derselbe; **the very next day** gleich am nächsten Tag; **the very same day** noch am selben Tag; **the very thing** genau das Richtige
❹ **it's very possible** es ist gut möglich
❺ **how very peculiar!** wie eigenartig!
❻ **very well** na, nun gut, sehr wohl
❼ **the very thought** der bloße Gedanke

**vessel** ['vesl] ❶ Schiff

② Gefäß
**vest** [vest] ① (GB) Unterhemd
② (USA) Weste
**vet** [vet] Tierarzt, Tierärztin
**vet·eran** ['vetərən] Veteran(in)
**vet·eri·nar·ian** [ˌvetərɪ'neərɪən] (USA), **vet·erin·ary sur·geon** ['vetrɪnrɪ 'sɜːdʒən] (GB) Tierarzt, Tierärztin
**veto**[1] ['viːtəʊ] <*plural* vetoes> Veto, Einspruch
**veto**[2] ['viːtəʊ] sein Veto einlegen gegen
**via** ['vaɪə] über, via
**vi·brate** [vaɪ'breɪt] vibrieren, zittern (**with** vor)
**vi·bra·tion** [vaɪ'breɪʃn] Schwingung, Vibration
**vicar** ['vɪkəʳ] Pfarrer(in), Pastor(in)
**vicar·age** ['vɪkərɪdʒ] Pfarrhaus
**vice**[1] [vaɪs] ① Laster
② Schraubstock
**vice**[2] [vaɪs] Vize-, stellvertretend; **vice-chancellor** Vizekanzler(in); (*an Universität*) Rektor(in)
**vice versa** [ˌvaɪsɪ'vɜːsə] umgekehrt
**vi·cious** ['vɪʃəs] ① *Mensch, Taten:* bösartig, boshaft
② *Hund:* bissig
**vic·tim** ['vɪktɪm] Opfer
**vic·tori·ous** [vɪk'tɔːrɪəs] siegreich (**over** über)
**vic·tory** ['vɪktərɪ] Sieg
**video**[1] ['vɪdɪəʊ] <*plural* videos> auf Band aufnehmen
**video**[2] ['vɪdɪəʊ] ① Video
② Videorecorder
**video camera** Videokamera
**video cassette** Videokassette
**video game** Videospiel, Telespiel
**video·phone** Bildtelefon
**video recorder** Videorecorder
**video tape** Videoband
**Vi·en·na** [vɪ'enə] Wien
**view**[1] [vjuː] ① Sicht; **come into view** in Sicht kommen; **in full view of all these people** vor den Augen all dieser Leute; **hidden from view** nicht zu sehen
② Aussicht; **on view** ausgestellt, zur Ansicht; **a view of the mountains** ein Blick auf die Berge
③ Meinung, Ansicht; **in my view** meines Erachtens, meiner Ansicht nach
④ **with a view to doing something** mit der Absicht, etwas zu tun
⑤ **in view of** (*übertragen*) im Hinblick auf
**view**[2] [vjuː] ① ansehen, betrachten
② besichtigen
③ (*übertragen*) sehen, beurteilen *Problem*
**viewer** ['vjuːəʳ] [Fernseh]Zuschauer(in)
**vig·or·ous** ['vɪgərəs] energisch
**vile** [vaɪl] abscheulich; (*umgangsspr*) scheußlich
**vil·lage** ['vɪlɪdʒ] Dorf
**vil·lain** ['vɪlən] ① Bösewicht
② (*umgangsspr*) Verbrecher
**vin·egar** ['vɪnɪgəʳ] Essig
**vine·yard** ['vɪnjəd] Weinberg
**vin·tage**[1] ['vɪntɪdʒ] (*Wein*) Jahrgang
**vin·tage**[2] ['vɪntɪdʒ] ① hervorragend; **vintage year** guter Jahrgang
② alt; **vintage car** Oldtimer
**vi·ola** [vɪ'əʊlə] Bratsche
**vi·ol·ation** [ˌvaɪə'leɪʃn] ① Verletzung; (*gegen Recht, Gesetz*) Verstoß
② *von Ort, Grab:* Schändung
③ *von Frieden, Stille:* Störung
**vi·ol·ence** ['vaɪələns] ① Gewalt, Gewalttätigkeit
② *vom Wetter:* Heftigkeit
**vi·ol·ent** ['vaɪələnt] ① gewaltsam, gewalttätig
② heftig, stark; **have a violent temper** jähzornig sein
**vi·olin** [ˌvaɪə'lɪn] Geige, Violine; **play the violin** Geige spielen
**vi·olin·ist** ['vaɪəlɪnɪst] Geiger(in)
**vir·gin**[1] ['vɜːdʒɪn] Jungfrau
**vir·gin**[2] ['vɜːdʒɪn] (*übertragen*) *Land, Schnee:* unberührt
**vir·tual** ['vɜːtʃʊəl] ① **it's a virtual certainty** es ist so gut wie sicher
② virtuell
**vir·tual·ly** ['vɜːtʃʊəllɪ] praktisch, so gut wie
**vir·tue** ['vɜːtʃuː] ① Tugend
② Tugendhaftigkeit
**vi·rus** ['vaɪərəs] Virus
**visa** ['viːzə] Visum
**vis·ibil·ity** [ˌvɪzə'bɪlətɪ] ① Sichtbarkeit
② Sicht[weite]
**vis·ible** ['vɪzəbl] ① sichtbar
② (*übertragen*) sichtlich
**vi·sion** ['vɪʒn] ① Sehkraft
② (*übertragen*) Vision; **vision of the future** Zukunftsvision
③ **I had visions of having to do it all again** ich sah mich schon das alles noch einmal machen
**visit**[1] ['vɪzɪt] ① besuchen
② besichtigen *Sehenswürdigkeit*
③ **we're just visiting** wir sind nur auf Besuch
**visit**[2] ['vɪzɪt] Besuch (**to** bei); **for** [*oder* **on**] **a visit** auf Besuch
**visit·ing** ['vɪzɪtɪŋ] ① **visiting hours** Besuchszeit
② **visiting professor** Gastprofessor(in); **the visiting team** die Gäste
**visi·tor** ['vɪzɪtəʳ] ① Besucher(in)
② Gast; **visitors' book** Gästebuch; **have visi-**

tors Besuch haben

**vis·ual** ['vɪʒʊəl] ① visuell ② Seh- ③ **visual aids** Anschauungsmaterial

**vi·tal** ['vaɪtl] ① lebenswichtig ② (*übertragen*) wesentlich, unerlässlich (**to** für); **of vital importance** äußerst wichtig; **it is vital that …** es ist unbedingt notwendig, dass …

**vit·amin** ['vɪtəmɪn, USA 'vaɪtəmɪn] Vitamin

**vivid** ['vɪvɪd] ① lebhaft, lebendig ② *Farbe:* kräftig, leuchtend ③ *Erinnerung:* frisch, lebhaft

**vo·cabu·lary** [və'kæbjʊlərɪ] ① Wörterverzeichnis, Vokabular ② Wortschatz

**vo·cal** ['vəʊkl] ① Stimm- ② (*übertragen*) lautstark

**vo·cal·ist** ['vəʊkəlɪst] Sänger(in)

**vo·ca·tion** [vəʊ'keɪʃn] ① Berufung ② Eignung (**for** für) ③ Beruf

**vo·ca·tional** [vəʊ'keɪʃənl] beruflich, Berufs-

**voice**[1] [vɔɪs] ① Stimme; **in a loud voice** mit lauter Stimme ② Mitspracherecht

**voice**[2] [vɔɪs] äußern, zum Ausdruck bringen

**void** [vɔɪd] ① leer ② (*juristisch*) ungültig, nichtig ③ **void of** ohne

**vol·canic** [vɒl'kænɪk] vulkanisch, Vulkan-

**vol·cano** [vɒl'keɪnəʊ] <*plural* volcano(e)s> Vulkan

**vol·ley**[1] ['vɒlɪ] ① Salve ② (*übertragen*) *von Fragen, Bemerkungen:* Hagel ③ (*Sport*) Flugball, Volley

**vol·ley**[2] ['vɒlɪ] (*Sport*) volley nehmen/schießen

**volt** [vəʊlt] Volt

**volt·age** ['vəʊltɪdʒ] Spannung

**vol·ume** ['vɒljuːm] ① Lautstärke ② Rauminhalt, Volumen ③ Ausmaß, Umfang; **volume of traffic** Verkehrsaufkommen ④ (*Buch*) Band

**volume control** Lautstärkeregler

**vol·un·tary** ['vɒləntrɪ] ① freiwillig ② ehrenamtlich

**voluntary organization** Wohltätigkeitsorganisation

**vol·un·teer**[1] [ˌvɒlən'tɪəʳ] Freiwillige(r)

**vol·un·teer**[2] [ˌvɒlən'tɪəʳ] ① anbieten *Hilfe* ② machen *Vorschlag;* geben *Auskunft* ③ sich freiwillig melden, etwas freiwillig tun

**vomit**[1] ['vɒmɪt] [das] Erbrochene

**vomit**[2] ['vɒmɪt] [sich] erbrechen

**vote**[1] [vəʊt] ① Abstimmung; **put to the vote** zur Abstimmung bringen; **take a vote on** abstimmen über ② Stimme; **cast one's vote** seine Stimme abgeben; **by 5 votes to 3** mit 5 gegen 3 Stimmen ③ Wahlrecht, Stimmrecht; **have a/the vote** Stimmrecht haben ④ **vote of confidence** Vertrauensvotum; **vote of no confidence** Misstrauensvotum

**vote**[2] [vəʊt] ① abstimmen (**on** über) ② wählen, seine Stimme abgeben (**for/against** für/gegen)

**voter** ['vəʊtəʳ] Wähler(in)

**vot·ing** ['vəʊtɪŋ] ① Wahlbeteiligung ② **voting booth** Wahlkabine; **voting right** Stimmrecht

**voucher** ['vaʊtʃəʳ] Gutschein; **credit voucher** Gutschrift; **luncheon voucher** Essen(s)marke, Essensbon

**vow**[1] [vaʊ] Gelöbnis; **take** [*oder* **make**] **a vow** ein Gelöbnis ablegen

**vow**[2] [vaʊ] geloben, feierlich erklären

**vowel** ['vaʊəl] Vokal, Selbstlaut

**voy·age** ['vɔɪɪdʒ] Reise

**vul·gar** ['vʌlgəʳ] vulgär, ordinär

**vul·ner·able** ['vʌlnərəbl] ① verwundbar, verletzlich ② anfällig ③ leicht angreifbar

# Ww

**wade** [weɪd] ① waten (**through** durch) ② (*übertragen*) **wade through a report** sich [mühsam] durch einen Bericht (hin)durcharbeiten ③ **wade into someone** (*umgangsspr*) auf jemanden losgehen

**waffle**[1] ['wɒfl] ① Waffel ② GB (*abwertend*) Gequassel, Geschwafel

**waffle**[2] ['wɒfl] GB (*umgangsspr*) quasseln, schwafeln

**wag** [wæg] <wagged, wagged> ① wedeln mit ② **wag one's finger at someone** jemandem mit dem Finger drohen

**wage**[1] [weɪdʒ] *oft plural* [Arbeits]Lohn

**wage**[2] [weɪdʒ] führen *Krieg*

**wag(·g)on** ['wægən] Wagen

**waist** [weɪst] Taille
**waist·coat** ['weɪstkəʊt] GB Weste
**wait¹** [weɪt] 1 warten (**for** auf, **until** bis); **wait a minute!** Augenblick!; **wait one's turn** abwarten, bis man an der Reihe ist; **wait and see** abwarten; **I can't wait** ich kann's kaum erwarten, ich bin gespannt; **keep someone waiting** jemanden warten lassen; **what are you waiting for?** worauf wartest du?
2 **wait** [**on someone**] [**at table**] [jemanden] [bei Tisch] bedienen
◆ **wait behind** zurückbleiben [und warten]
◆ **wait up** aufbleiben (**for** wegen)
**wait²** [weɪt] 1 Wartezeit; **have a long wait** lange warten müssen
2 **lie in wait for someone** jemandem auflauern
**waiter** ['weɪtəʳ] Kellner; (*Anrede*) Herr Ober!
**wait·ing** ['weɪtɪŋ] **no waiting** (*Schild*) Halteverbot
**waiting list** Warteliste
**waiting room** (*beim Arzt, Zahnarzt*) Wartezimmer
**wait·ress** ['weɪtrɪs] Kellnerin; (*Anrede*) Fräulein!
**wake** [weɪk] <woke, woken> 1 **wake** [**up**] aufwachen; **I woke up at 6** ich wurde um 6 wach
2 **wake someone** [**up**] jemanden [auf]wecken

> **? Grammatik** Die unregelmäßigen Vergangenheitsformen von **wake** lauten **woke — woken**: *on her first day at her new school Lisa* **woke** *up early; Peter* **was woken** *by a loud clap of thunder.*

**walk¹** [wɔːk] 1 [zu Fuß] gehen
2 wandern, spazieren gehen
3 **walk the dog** mit dem Hund spazieren gehen, den Hund spazieren führen
4 gehen, laufen *Strecke*
5 **walk someone home** jemanden [zu Fuß] nach Hause bringen, begleiten
◆ **walk away** 1 weggehen; **he walked away unhurt** er ist unverletzt davongekommen
2 **walk away with something** etwas mitnehmen, etwas leicht gewinnen
◆ **walk into** 1 hineingehen in
2 laufen gegen
3 (*übertragen*) zufällig treffen *Freund*
◆ **walk off** 1 weggehen
2 **walk off with** einfach mitnehmen; leicht gewinnen *Preis*
◆ **walk out on** im Stich lassen
◆ **walk up** 1 hinaufgehen
2 **walk up to someone** auf jemanden zugehen
**walk²** [wɔːk] 1 Spaziergang, Wanderung; **go for** [*oder* **take**] **a walk** einen Spaziergang machen
2 (*Sport*) Gehen, Geherwettkampf
3 Gang[art]
4 Weg; **it's a 5 minute walk** es sind 5 Minuten zu Fuß
**walker** ['wɔːkəʳ] 1 Spaziergänger(in)
2 (*Sport*) Geher(in)
**walk·ing** ['wɔːkɪŋ] Gehen, Spazierengehen, Wandern; **within walking distance** zu Fuß erreichbar
**walking shoes** *plural* Wanderschuhe
**walking stick** Spazierstock
**wall** [wɔːl] Wand, Mauer
**wal·let** ['wɒlɪt] 1 GB Brieftasche
2 USA Geldbeutel
**wall·pa·per¹** ['wɔːlpeɪpəʳ] Tapete
**wall·pa·per²** ['wɔːlpeɪpəʳ] tapezieren
**wal·nut** ['wɔːlnʌt] 1 Walnuss
2 Nussbaum[holz]
**wal·rus** ['wɔːlrəs] Walross
**waltz¹** [wɔːls] Walzer
**waltz²** [wɔːls] Walzer tanzen
**wand** [wɒnd] Zauberstab
**wan·der** ['wɒndəʳ] 1 umherwandern
2 **wander off the topic** vom Thema abschweifen
3 **wander** [**away**] sich verlaufen, sich verirren
**want** [wɒnt] 1 wollen, mögen; **want to do something** etwas tun wollen; **I want you to do it** ich möchte, dass du das machst; **if you want** [**to**] wenn Sie möchten
2 nötig haben, brauchen
3 sollen, müssen; **you want to get professional advice** Sie sollten einen Fachmann befragen; **your hair wants cutting** du solltest zum Friseur gehen
4 **wanted by the police** polizeilich gesucht
5 **you are wanted on the telephone** Sie werden am Telefon verlangt
**war** [wɔːʳ] 1 Krieg; **at war** im Krieg[szustand]
2 (*übertragen*) Kampf
**ward** [wɔːd] 1 (*im Krankenhaus*) Station
2 (*Mensch*) Mündel
**war·den** ['wɔːdn] 1 *einer Jugendherberge:* Herbergsvater, Herbergsmutter
2 *im Museum:* Aufseher(in)
3 USA Gefängnisdirektor(in)
**war·der** ['wɔːdəʳ] Gefängniswärter(in)
**ward·robe** ['wɔːdrəʊb] 1 Kleiderschrank
2 (*Kleidung*) Garderobe
**ware·house** ['weəhaʊs] [Waren]Lager, Lager-

haus

**war·fare** ['wɔːfeəʳ] Krieg[führung]

**warm¹** [wɔːm] warm; **I feel** [*oder* **am**] **warm** mir ist warm

**warm²** [wɔːm] [er]wärmen

◆ **warm up** ❶ [er]wärmen; **the room's warmed up now** das Zimmer ist jetzt wärmer ❷ aufwärmen *Speise* ❸ (*übertragen*) *Stimmung:* in Schwung kommen ❹ (*beim Sport*) sich warm laufen/bewegen

**warmth** [wɔːmθ] Wärme

**warm-up** ['wɔːmʌp] Aufwärmen

**warn** [wɔːn] ❶ warnen (**of, about, against** vor); **warn someone not to do something** jemanden davor warnen, etwas zu tun ❷ **warn someone that …** jemanden darauf hinweisen, dass …; **you might have warned us** du hättest [auch] vorher Bescheid sagen können ❸ (*juristisch*) verwarnen

**warn·ing¹** [wɔːnɪŋ] ❶ Warnung; **without** [**any**] **warning** überraschend, unerwartet ❷ **give me a few days' warning** sagen Sie mir einige Tage vorher Bescheid ❸ (*juristisch*) Verwarnung

**warn·ing²** [wɔːnɪŋ] **warning light** Warnlicht; **warning sign** Warnzeichen; (*übertragen*) erstes Anzeichen

**war·rant** ['wɒrənt] **arrest warrant** Haftbefehl; **search warrant** Durchsuchungsbefehl

**war·ranty** ['wɒrəntɪ] Garantie

**war·ship** ['wɔːʃɪp] Kriegsschiff

**wart** [wɔːt] Warze

**wary** ['weərɪ] vorsichtig; *Blick:* misstrauisch; **be wary of something** sich vor etwas vorsehen

**was** [wɒz] →**be**

**wash¹** [wɒʃ] ❶ waschen; abwaschen, spülen *Geschirr;* aufwischen *Boden;* sich waschen *Körperteil;* **wash your hands!** wasch dir die Hände! ❷ *Fluss, See:* [weg]spülen; **the body was washed ashore** die Leiche wurde an Land gespült [*oder* geschwemmt]

◆ **wash out** ❶ **it'll wash out** es wird sich auswaschen lassen ❷ **be washed out** *Party, Spiel:* wegen schlechtem Wetter abgesagt/abgebrochen werden ❸ (*übertragen*) **he's washed out** er ist totmüde

◆ **wash up** ❶ abwaschen, spülen *Geschirr* ❷ *Meer:* anspülen

**wash²** [wɒʃ] Wäsche; **have a wash** sich waschen; **give something a wash** etwas waschen

**wash·basin** ['wɒʃˌbeɪsn] Waschbecken

**wash·cloth** (USA) Waschlappen

**washer** ['wɒʃəʳ] ❶ (USA) Waschmaschine ❷ (*technisch*) Dichtungsring

**wash·ing** ['wɒʃɪŋ] Wäsche; **do the washing** Wäsche waschen

**washing machine** Waschmaschine

**washing powder** Waschpulver

**wash·ing-up** [ˌwɒʃɪŋ'ʌp] Abwaschen, Geschirrspülen; **do the washing-up** [das] Geschirr spülen

**washing-up bowl** Spülschüssel

**washing-up liquid** [Geschirr]Spülmittel

**wash·room** ['wɒʃrʊm] ❶ Waschraum ❷ (USA) Toilette

**wasn't** [wɒznt] *Kurzform von* **was not**

**wasp** [wɒsp] Wespe

**waste¹** [weɪst] verschwenden, vergeuden; **all our efforts were wasted** alle Mühe war umsonst [*oder* vergeblich]

**waste²** [weɪst] ❶ überschüssig, ungenutzt ❷ Abfall-

**waste³** [weɪst] ❶ Abfall, Müll ❷ Verschwendung; **go to waste** vergeudet werden; **a waste of time** Zeitverschwendung

**waste·basket, waste·bin** Papierkorb

**waste·ful** ['weɪstfl] verschwenderisch (**of** mit)

**wastepaper basket** Papierkorb

**watch¹** [wɒtʃ] ❶ aufpassen (**over** auf); **watch your health** achte auf deine Gesundheit; **watch it** [*oder* **yourself**]**!** sei vorsichtig! ❷ zusehen, beobachten ❸ Wache halten ❹ **watch your language!** drück dich bitte etwas gepflegter aus!

◆ **watch for** Ausschau halten nach

◆ **watch out** ❶ aufpassen ❷ **watch out for someone** sich vor jemandem hüten

**watch²** [wɒtʃ] ❶ [Armband]Uhr ❷ Wache ❸ Wache, Wachmannschaft

**watch·strap** Uhrarmband

**water¹** ['wɔːtəʳ] ❶ Wasser ❷ **waters** *plural* Gewässer

**water²** ['wɔːtəʳ] ❶ bewässern, begießen ❷ tränken *Vieh* ❸ *Augen:* tränen ❹ **my mouth is watering** mir läuft das Wasser im Munde zusammen

◆ **water down** [mit Wasser] verdünnen; (*übertragen*) abschwächen, mildern

**water bottle** Wasserflasche

**water·colour,** (USA) **water·color** ❶ Wasserfarbe, Aquarellfarbe

❷ Aquarell
**water·fall** ['wɔːtəfɔːl] Wasserfall
**watering can** Gießkanne
**water·melon** ['wɔːtəmelən] Wassermelone
**water·proof**[1] ['wɔːtəpruːf] wasserdicht, wasserfest
**water·proof**[2] ['wɔːtəpruːf] Regenmantel
**water-ski·ing** ['wɔːtəˌskiːɪŋ] Wasserskilaufen
**water·tight** ['wɔːtətaɪt] ❶ wasserdicht
❷ (*übertragen*) stichhaltig
**wat·ery** ['wɔːtərɪ] ❶ wässerig
❷ *Sonne:* blass
**watt** [wɒt] Watt
**wave**[1] ['weɪv] ❶ **wave** [**at** [*oder* **to**] **someone**] [jemandem] winken; **wave someone goodbye** jemandem zum Abschied winken
❷ *Fahne:* wehen; *Korn:* wogen; *Äste:* sich bewegen
❸ *Haare:* [sich] wellen
❹ schwenken *Fahne*
◆ **wave through** ❶ durchwinken
❷ (*übertragen*) ohne Einwände annehmen *Antrag*
**wave**[2] ['weɪv] ❶ (*auch übertragen*) Welle
❷ **give someone a wave** jemandem [zu]winken
**wavy** ['weɪvɪ] wellenförmig, wellig; **wavy line** Schlangenlinie
**wax**[1] [wæks] ❶ Wachs
❷ [Ohren]Schmalz
**wax**[2] [wæks] [ein]wachsen, bohnern
**wax·works** ['wæksw3ːks] *plural* Wachsfigurenkabinett
**way**[1] [weɪ] ❶ Weg; **ask the way** nach dem Weg fragen; **lose one's way** sich verlaufen; *Autofahrer:* sich verfahren; **on the way** auf dem Weg, unterwegs (**to** nach); **way in/way out** Eingang/Ausgang; **way home** Heimweg
❷ Entfernung; **a long way from** weit entfernt von; **a long way off** weit weg; **be out of the way** *Haus, Ort:* abgelegen sein; *Problem:* erledigt sein
❸ Richtung; **which way is it?** in welcher Richtung ist es?; **this way** hierher, hier entlang, hindurch; **"this way up"** „hier oben"; **lead the way** vorangehen; (*übertragen*) ein Beispiel geben
❹ **give way** nachgeben, Platz machen; *Auto:* die Vorfahrt beachten; **have right of way** Vorfahrt haben; **make way** Platz machen (**for** für)
❺ (*übertragen*) Art, Weise, Art und Weise; **way of life** Lebensweise; **in a way** in gewisser Weise, gewissermaßen; **one way or another** irgendwie; **this/that way** so, auf diese Weise; **have a way with children** mit Kindern umzugehen verstehen; **that's the way he wants it** so will er es haben
❻ **ways** *plural* Sitten
❼ (*Wille*) **get** [*oder* **have**] **one's** [**own**] **way** seinen Willen durchsetzen; **have it your own way!** wie du willst!; **if I had my way** wenn es nach mir ginge; **no way!** (*slang*) ich denke nicht daran!
❽ **by the way** übrigens
▶ IN WENDUNGEN: **be under way** vorankommen, Fortschritte machen
▶ IN WENDUNGEN: **go out of one's way** sich große Mühe geben (**for** wegen)
**way**[2] [weɪ] (*umgangsspr*) ❶ **way back** weit zurück; (*zeitlich*) vor langer Zeit
❷ **way behind** ganz hinten; **way out** weit draußen; *Schätzung:* weit daneben
❸ **way to go!** (USA) (*umgangsspr*) gut gemacht! super!
**way out** [ˌweɪ'aʊt] Ausgang; (*für Fahrzeuge*) Ausfahrt
**way-out** [ˌweɪ'aʊt] (*slang*) irre
**we** [wiː] wir
**weak** [wiːk] ❶ schwach
❷ *Spieler:* schlecht
❸ *Flüssigkeit:* dünn
❹ *Charakter:* labil
❺ *Argument:* nicht überzeugend
**weaken** ['wiːkən] ❶ schwächen
❷ schwächer werden
❸ (*übertragen*) *Mensch:* nachgeben
**weak·ly** ['wiːklɪ] schwach
**weak·ness** ['wiːknɪs] (*auch übertragen*) Schwäche (**for** für)
**wealth** [welθ] ❶ Reichtum, Vermögen
❷ (*übertragen*) Fülle (**of** von)
**wealthy** ['welθɪ] vermögend, wohlhabend
**weapon** ['wepən] Waffe
**wear**[1] [weəʳ] <wore, worn> ❶ tragen *Kleidung, Brille, Schmuck;* **what was she wearing?** was hatte sie an?; **what shall I wear?** was soll ich anziehen?
❷ *Kleidung, Reifen:* sich abnutzen
❸ **wear a hole in one's trousers** seine Hose durchwetzen
◆ **wear away** ❶ *Stein, Fels:* abtragen; *Stufen:* austreten; *Inschrift:* verwischen, verwittern [lassen]
❷ (*übertragen*) schwinden
◆ **wear down** ❶ abnutzen *Gegenstand*
❷ ermüden *Mensch*
❸ zermürben *Widerstand*

**TALKING ABOUT THE WEATHER**

| | |
|---|---|
| *Sally:* | Hi, Susan; what's it doing out there? **What's it like out today**? |
| *Susan:* | **What's the weather like**, you mean? |
| *Sally:* | Yes, is it raining? |
| *Susan:* | **It's raining heavily** – absolutely **pouring** – it's really **wet. Freezing cold**, too. But at least it's not **snowing**. |
| *Sally:* | Oh dear, I thought it looked like **rain**; just when the weather was **improving** too. It was a **lovely**, **sunny day** yesterday. |
| *Susan:* | Yes, a bit **chilly**, though; there was a bitterly cold wind. |
| *Sally:* | Yes, it was **rather windy**; but I like it **bright** and **breezy** like that. It wasn't bad for late February. |
| *Susan:* | I prefer it **warm** and **calm**, or better still, **boiling hot**. |
| *Sally:* | Yes, but when it's too hot it gets **stormy** and **thundery**; I don't like **thunderstorms**; I'm scared of **thunder and lightning**. |
| *Jenny:* | Morning, girls! What **dreadful weather**! |
| *Susan:* | Yes, **ghastly day**, isn't it? |
| *Sally:* | Well, it **is** not **raining** quite so hard, now; it's only **drizzling**; and it's not as **cloudy** as it was. The **mist's clearing**. It's **brightening** a little. I think it may be going to **clear** *up* after all. |

◆ **wear off** *Kopfschmerzen:* vergehen; *Aufregung:* sich legen

◆ **wear out** ❶ abtragen, abnutzen *Gegenstand* ❷ erschöpfen, ermüden *Mensch*

**wear**[2] [weəʳ] ❶ **wear** [**and tear**] Abnutzung, Verschleiß ❷ **suit for everyday wear** Alltagsanzug

**weary** ['wɪərɪ] ❶ abgespannt, erschöpft (**with** von) ❷ ermüdend, lästig, unangenehm

**weather** ['weðəʳ] Wetter
▶ IN WENDUNGEN: **under the weather** (*umgangsspr*) nicht auf dem Posten

**weather forecast** Wettervorhersage

**weave** [wi:v] <wove, woven> ❶ weben ❷ [ein]flechten (**into** in) ❸ *Auto:* ständig Spur wechseln; **weave one's way** *Mensch, Auto:* sich durchlavieren (**through** durch)

> **? Grammatik** Die unregelmäßigen Vergangenheitsformen von **weave** lauten **wove — woven**: *Paul* **wove** *a small basket;* **have** *you ever* **woven** *a piece of cloth?*

**web** [web] [Spinnen]Netz

**web page** Web-Seite

**web site** Web-Site

**we'd** [wi:d] *Kurzform von* **we had; we would**

**wed·ding** ['wedɪŋ] Hochzeit

**wedding anniversary** Hochzeitstag

**wedding ring** Trauring, Ehering

**wedge** [wedʒ] ❶ Keil ❷ *von Torte, Kuchen:* keilförmiges Stück

**Wed·nes·day** ['wenzdɪ] Mittwoch; **on Wednesday** am Mittwoch; **on Wednesdays** mittwochs

**wee** [wi:] winzig [klein]; **a wee bit** ein bisschen, ein wenig

**weed**[1] [wi:d] Unkraut

**weed**[2] [wi:d] (*im Garten*) [Unkraut] jäten
◆ **weed out** (*übertragen*) aussondern (**from** aus)

**week** [wi:k] Woche; **for weeks** wochenlang; **tomorrow/Sunday week** morgen/Sonntag in 8 Tagen; **once a week** [einmal] wöchentlich; **week in, week out** [*oder* **week after week**] Woche für Woche; **a week or two** ein paar Wochen

**week·day** ['wi:kdeɪ] Wochentag; **on weekdays** werktags

**week·end** [ˌwi:k'end] Wochenende; **long weekend** verlängertes Wochenende

**week·ly** ['wi:klɪ] wöchentlich; **weekly travelcard** Wochenkarte

**weep** [wi:p] <wept, wept> weinen (**for** um, **at, over** über)

**weigh** [weɪ] ❶ wiegen ❷ (*übertragen*) abwägen (**against** gegen)
◆ **weigh down** (*auch übertragen*) niederdrücken
◆ **weigh out** abwiegen
◆ **weigh up** abwägen; einschätzen *Mensch, Situation*

**weight** [weɪt] ❶ Gewicht; **lose weight** abnehmen; **put on weight** zunehmen ❷ (*übertragen*) [schwere] Last, Bürde

**weird** [wɪəd] ❶ unheimlich, übernatürlich ❷ (*umgangsspr*) seltsam

**wel·come**[1] ['welkəm] ❶ *Pause, Besuch:* willkom-

men, gern gesehen
② *Nachricht:* erfreulich
③ **you're welcome to use my car** mein Wagen steht zu Ihrer Verfügung, Sie können gerne mein Auto benutzen; **you're welcome!** bitte sehr! gern geschehen!

**wel·come**[2] ['welkəm] ① Willkomm[en], Willkommensgruß; **give someone a warm welcome** jemandem einen herzlichen Empfang bereiten
② **welcome!** herzlich willkommen!

**wel·come**[3] ['welkəm] ① willkommen heißen
② (*übertragen*) begrüßen, gern sehen

**wel·com·ing** ['welkəmɪŋ] *Drink, Komitee:* Begrüßungs-; *Stimmung:* freundlich

**wel·fare** ['welfeəʳ] ① Wohlergehen
② Wohlfahrt
③ (USA) Sozialhilfe; **be on welfare** Sozialhilfe beziehen

**welfare state** Wohlfahrtsstaat

**we'll** [wiːl] *Kurzform von* **we shall; we will**

**well**[1] [wel] ① Brunnen[schacht]
② [Öl]Quelle
③ **well!** also; **well, I think so** naja, glaube ich zumindest; **well, well!** na so etwas!; **very well [then]** na schön
④ **wish someone well** jemandem alles Gute wünschen

**well**[2] [wel] <better, best> ① gut; **do well** seine Sache gut machen, gut vorankommen; **the patient is doing well** der Patient ist wohlauf; **business is doing well** die Geschäfte gehen gut
② **I can well understand it** ich kann es durchaus verstehen; **it was well worth it** es hat sich sehr gelohnt; **he may well have said that** es kann gut sein, dass er das gesagt hat; **you may well ask!** das kann man wohl fragen!
③ **well past/over/under** weit nach/über/unter
④ **well done!** bravo!; **well played!** gut gespielt!
⑤ **as well** auch; **go as well** mitgehen; **as well as** ebenso wie; **I might as well** warum eigentlich nicht?; **I might as well not be there** ich könnte ebensogut nicht da sein
⑥ gesund; **get well soon!** gute Besserung!; **she is not well** es geht ihr nicht gut
⑦ **that's all very well but ...** das ist ja gut und schön, aber ...; **it's all very well for you to talk** Sie haben gut reden; **just as well you asked** nur gut, dass Sie gefragt haben
⑧ **you're well out of it** sei froh, dass du damit nichts zu tun hast

**well-behaved** [ˌwelbɪ'heɪvd] wohlerzogen, artig

**well-done** [ˌwel'dʌn] *Fleisch:* gar, gut durch

**well-earned** [ˌwel'ɜːnd] wohlverdient

**wel·ling·ton (boot)** ['welɪŋtən (buːt)] (GB) Gummistiefel

**well-known** [ˌwel'nəʊn] [wohl] bekannt

**well-off** [ˌwel'ɒf] ① reich, wohlhabend
② gut daran

**well-worn** [ˌwel'wɔːn] ① *Kleidung:* abgetragen; *Teppich:* abgelaufen; *Weg:* ausgetreten
② (*übertragen*) *Spruch:* abgedroschen

**welly** ['welɪ] (GB) (*umgangsspr*) Gummistiefel

**Welsh**[1] [welʃ] walisisch; **she's Welsh** sie ist Waliserin

**Welsh**[2] [welʃ] ① (*Sprache*) [das] Walisisch(e)
② **the Welsh** (*Volk*) die Waliser

**Welsh·man** ['welʃmən, *plural* 'welʃmen] <Welshmen> *plural* Waliser

**Welsh·woman** ['welʃwʊmən, *plural* 'welʃwɪmɪn] <Welshwomen> *plural* Waliserin

**went** [went] *2. Form von* **go**

**wept** [wept] *2. und 3. Form von* **weep**

**were** [wɜːʳ] ① *2. Form von* **be**: **you were** du warst, Sie waren, ihr wart; **we were** wir waren; **they were** sie waren
② *zur Bildung des Konditionals* **if I were to do that** wenn ich das tun würde

**we're** [wɪəʳ] *Kurzform von* **we are**

**weren't** [wɜːnt] *Kurzform von* **were not**

**west**[1] [west] ① Westen; **to the west of** westlich von
② (*in den USA*) die Weststaaten

**west**[2] [west] westlich, nach Westen; **west of** westlich von

**west·er·ly** ['westəlɪ] westlich, West-

**west·ern**[1] ['westən] westlich, West-; **western Germany** der westliche Teil Deutschlands, die alten Bundesländer

**west·ern**[2] ['westən] Western

**West Indies** [west'ɪndiːz] Westindische Inseln

**wet**[1] [wet] ① nass, feucht (**with** von)
② *Wetter:* regnerisch
③ **wet paint!** frisch gestrichen!
④ (GB) (*umgangsspr*) weichlich

**wet**[2] [wet] ① Nässe, Feuchtigkeit
② (GB) (*abwertend*) Waschlappen

**wet**[3] [wet] <wet *oder* wetted, wet *oder* wetted> nass machen

**? Grammatik** Die unregelmäßigen Vergangenheitsformen von **wet** lauten **wet/wetted — wet/wetted**: *Jenny* **wet** *her hair and put shampoo on it; the puppy* **has wet** *the floor.*

**we've** [wiːv] *Kurzform von* **we have**

**whale** [weɪl] Wal[fisch]

**what**[1] [wɒt] ① *fragend und ausrufend* was, wie; **what are you doing?** was tust du?; **what's your name?** wie heißt du?; **what about ...?** (*Vorschlag*) wie wäre es mit ...?; (*nachfragend*) was ist mit ...?; **what for?** wozu? warum?; **what's this for?** wozu ist das gut?; **what if ...?** was ist wenn ...?; **what next?** was nun?; **what's that to you?** was geht Sie das an?; **so what?** na und?
② *relativ* was; das, was
▸ IN WENDUNGEN: **and what is more** und außerdem

**what**[2] [wɒt] ① *fragend* welche(r, s); **what good would that be?** wozu sollte das gut sein?; **what time is it?** wie viel Uhr ist es?; **what sort of ...?** was für ein(e) ...?; **what else?** was noch?
② *relativ* der, die, das
③ *ausrufend* **what glorious weather!** was für ein fantastisches Wetter!; **what an idiot I have been!** was war ich doch für ein Idiot!

**what·ever**[1] [wɒt'evəʳ] was [auch immer], egal was; **whatever does he want?** was will er wohl?; (*ungeduldig*) was will er denn?; **whatever does he mean?** was meint er bloß?

**what·ever**[2] [wɒt'evəʳ] ① egal welche(r, s); **whatever reason** welcher Grund auch immer
② *verneint* überhaupt; **nothing whatever** überhaupt nichts
③ *fragend* was denn, was wohl; **whatever good can that be?** was kann das schon helfen?

**what·so·ever**[1] [ˌwɒtsəʊ'evəʳ] was [auch immer], egal was

**what·so·ever**[2] [ˌwɒtsəʊ'evəʳ] ① egal welche(r, s)
② *verneint* überhaupt; **none whatsoever** überhaupt keine

**wheat** [wiːt] Weizen

**wheel** [wiːl] ① Rad
② **at the wheel** am Steuer

**wheel·bar·row** ['wiːlˌbærəʊ] Schubkarren

**wheel·chair** Rollstuhl

**wheel clamp** Parkkralle

**when**[1] [wen] ① *fragend* wann; **since/until when?** seit/bis wann?
② *relativ* als, wo, da

**when**[2] [wen] ① wenn, als
② *mit Verlaufsform* beim; **when using the equipment, ...** beim Benutzen des Gerätes ...
③ **say when!** (*beim Einschenken*) sag wenn es genug ist!

**when·ever** [wen'evəʳ] ① wann auch immer
② jedesmal wenn

**where**[1] [weəʳ] wo; **where [to]** wohin; **where shall I put it?** wohin damit?; **where from** woher

**where**[2] [weəʳ] wo, da, wo; **this is where we were** da waren wir; **where this is concerned** was das betrifft

**where·abouts**[1] [ˌweərə'baʊts] wo, wohin

**where·abouts**[2] ['weərəbaʊts] ⚠ *plural* Aufenthalt[sort]

**where·as** [weər'æz] während, wohingegen

**wher·ever** [ˌweər'evəʳ] ① (*Ort*) egal wo, wo auch immer
② (*Richtung*) wohin [auch immer]
③ (*allgemein*) überall wo

**whether** ['weðəʳ] ob; **I don't know whether to go or not** ich weiß nicht, ob ich gehen soll oder nicht

**which**[1] [wɪtʃ] ① *relativ* der, die, das, welche(r, s), was
② *fragend* welche(r, s); **which [one] of you ...?** wer von euch ...?

**! Vorsicht Falle** **Which** oder **who**? Für ein Objekt verwendet man **which:** *The car which is parked outside is mine.* In Bezug auf Personen verwendet man **who:** *The girl who sat next to me was Jenny.* Es ist auch möglich, sowohl **which** als auch **who** durch **that** zu ersetzen, oder sie ganz wegzulassen: *Jenny's the girl (that) I sat next to; This is the car (that) I borrowed from my friend.*

**which**[2] [wɪtʃ] welche(r, s)

**which·ever** [wɪtʃ'evəʳ] welche(r, s) auch immer

**while**[1] [waɪl] Weile; **a long while ago** vor langer Zeit; **for a while** eine Zeitlang; **in a little while** bald, in Kürze; **once in a while** gelegentlich

**while**[2] [waɪl] ① während, solange
② zwar, obwohl
③ *gegenüberstellend* während

**whine** [waɪn] ① *Hund:* winseln
② jammern (**about** über)

**whinge** [wɪndʒ] (*umgangsspr*) meckern

**whip**[1] [wɪp] ① Peitsche
② (*Süßspeise*) Creme

**whip**[2] [wɪp] ① peitschen, schlagen
② [zu Schaum, Schnee] schlagen *Sahne, Eiweiß*
③ (*umgangsspr oder übertragen*) schlagen
◆ **whip out** herausholen
◆ **whip up** ① (*beim Kochen*) schlagen, verrühren; (*umgangsspr*) schnell zubereiten *Essen*
② (*übertragen*) entfachen *Interesse;* mitreißen *Publikum*

**whipped cream**, **whipping cream** Schlagsahne

**whirl** [wɜːl] wirbeln
**whisk**[1] [wɪsk] Schneebesen
**whisk**[2] [wɪsk] schlagen *Sahne, Eiweiß*
◆ **whisk away** rasch [weg]nehmen
**whiskers** ['wɪskəz] *plural einer Katze:* Schnurrhaare
**whis·per**[1] ['wɪspəʳ] flüstern; **whisper to someone** jemandem zuflüstern
**whis·per**[2] ['wɪspəʳ] ① Geflüster; **talk in a whisper** im Flüsterton reden
② Gerücht
**whistle**[1] ['wɪsl] pfeifen *Melodie, Lied*
**whistle**[2] ['wɪsl] ① Pfeife
② Pfiff
**white**[1] [waɪt] ① weiß; **a white person** ein Weißer, eine Weiße
② (*übertragen*) *Mensch:* bleich, blass
③ **black or white?** *Kaffee:* mit oder ohne Milch?
**white**[2] [waɪt] ① (*Farbe*) Weiß; **dressed in white** in weißer Kleidung
② **white of the/an egg** Eiweiß
**White·hall** [waɪt'hɔːl] (*übertragen*) die britische Regierung
**white wine** Weißwein
**Whit·sun** ['wɪtsn] Pfingsten
**whiz(z) by/past** vorbeisausen
**who** [huː] ① *fragend* wer, wen, wem; **who would have thought it?** wer hätte das gedacht?; **who are you thinking of?** an wen denkst du?
② *relativ* der, die, das, welche(r, s)
**who·ever** [huː'evəʳ] ① wer/wen/wem auch immer
② *fragend* **whoever's calling at this time of night?** wer ruft denn zu dieser Zeit an?
③ (*ärgerlich*) **whoever did such a stupid thing?** wer zum Kuckuck hat sowas blödes getan?
④ egal wer/wen/wem
**whole**[1] [həʊl] ganz
**whole**[2] [həʊl] das Ganze; **the whole of** der, die, das Ganze; alle(s); **on the whole** im Großen und Ganzen
**whole·sale** ['həʊlseɪl] Großhandel
**who'll** [huːl] *Kurzform von* **who will; who shall**
**wholly** ['həʊlɪ] ganz, vollständig, völlig
**whom** [huːm] ① *fragend* wen; **to whom** wem
② *relativ* den, dem
**whoops** [wuːps] hoppla!
**who's** [huːz] *Kurzform von* **who is; who has**
**whose** [huːz] ① *fragend* wessen; **whose is this?** wem ist dieses?
② *relativ* dessen, deren
**why** [waɪ] ① warum, weshalb, wofür
② wieso, aus welchem Grunde
**wicked** ['wɪkɪd] ① böse
② *Sache:* gemein, übel
③ (*slang*) geil
**wide** [waɪd] ① breit, groß
② (*übertragen*) umfangreich, umfassend; *Interessen:* vielseitig
③ weit
④ (*Sport*) **shoot wide** daneben schießen
**wide·ly** ['waɪdlɪ] ① weit
② in hohem Maße, sehr
**widen** ['waɪdn] ① verbreitern
② breiter werden, sich ausbreiten
**wide·spread** ['waɪdspred] weit verbreitet
**widow** ['wɪdəʊ] Witwe
**wid·owed** ['wɪdəʊd] verwitwet
**wid·ower** ['wɪdəʊəʳ] Witwer
**width** [wɪdθ] Weite, Breite; **be 10 metres in width** 10 Meter breit sein
**wife** [waɪf, *plural* waɪvz] <*plural* wives> [Ehe]Frau, Gattin
**wig** [wɪg] Perücke
**wild**[1] [waɪld] ① wild; *Gebiet:* unbewohnt
② *Kind:* unbändig, zügellos
③ **go wild** *Mensch:* kein Maß mehr kennen, ausflippen
④ **run wild** *Tier:* frei herumlaufen; *Kind:* herumtoben; *Garten:* verwildern
⑤ *Applaus, Wetter:* stürmisch
**wild**[2] [waɪld] Wildnis, [freie] Natur; **in the wild** in freier Wildbahn
**wild·life** ['waɪldlaɪf] Tierwelt
**wild·ly** ['waɪldlɪ] ① wild, heftig
② stark, übermäßig
**will**[1] [wɪl] <would> ① *zur Bildung des Futurs* werden; **I will go there tomorrow** ich werde morgen dort hingehen; **will you come with me?** wirst du mit mir mitkommen?
② (*Bereitschaft*) **he won't let me in** er lässt mich nicht herein; **I won't be a minute** ich bin gleich wieder da
③ *betonend* **he will keep interrupting me** er muss mich dauernd unterbrechen
④ *mahnend* **will you be quiet!** sei gefälligst ruhig!
⑤ *bittend* **open the door, will you?** mach die Tür bitte auf

> **? Grammatik** Die Kurzform für **I will** heißt **I'll**; für **you will — you'll … they will — they'll**; für **will not — won't**.

**will**[2] [wɪl] ① Wille; **against someone's will** gegen jemandes Willen; **of one's own free will**

W

aus freiem Willen; **will to live** Lebenswille
2 **at will** nach Wunsch, nach Belieben
3 Testament

**will·ing** ['wɪlɪŋ] 1 willig, geneigt
2 bereitwillig

**wil·low** ['wɪləʊ] (*Baum*) Weide

**will·power** ['wɪl,paʊəʳ] Willenskraft

**win**[1] [wɪn] <won, won> 1 gewinnen, siegen
2 bekommen *Vertrag, Stipendium*
◆ **win over, win round** für sich gewinnen, bekehren

**win**[2] [wɪn] Sieg

**wind**[1] [wɪnd] 1 Wind
2 Atem
3 Blähungen

**wind**[2] [waɪnd] <wound, wound> 1 drehen, kurbeln
2 wickeln (**round** um)
3 aufziehen *Uhr*
4 *Weg, Straße:* sich winden (**about, around** um), sich schlängeln

> **? Grammatik** Die unregelmäßigen Vergangenheitsformen von **wind** lauten **wound — wound**: *Mrs Brown* **wound** *the wool into a ball;* **have** *you* **wound** *the old clock?*

◆ **wind back** zurückspulen *Film*
◆ **wind down** 1 herunterkurbeln *Scheibe*
2 reduzieren *Produktion*
3 *Uhr:* ablaufen
4 (*übertragen*) *Mensch:* sich beruhigen
◆ **wind on** weiterspulen *Film*
◆ **wind up** 1 aufwickeln, hochwinden
2 aufziehen *Uhr*
3 auflösen *Geschäft*
4 zu Ende bringen *Meeting;* abschließen *Rede*
5 (*umgangsspr*) enden, landen
6 (*übertragen*) auf den Arm nehmen; **get wound up** sich aufregen

**wind in·stru·ment** ['wɪnd 'ɪnstrʊmənt] Blasinstrument

**wind·mill** ['wɪndmɪl] Windmühle

**win·dow** ['wɪndəʊ] Fenster; **shop window** Schaufenster

**window cleaner** Fensterputzer(in)

**window pane** Fensterscheibe

**window shopping** Schaufensterbummel; **go window shopping** einen Schaufensterbummel machen

**window sill** Fensterbank, Fenstersims

**wind·screen** ['wɪndskriːn] Windschutzscheibe

**windscreen wiper** Scheibenwischer

**wind·shield** (USA) Windschutzscheibe

**windy** ['wɪndɪ] windig

**wine** [waɪn] Wein

**wine list** Weinkarte

**wine tasting** Weinprobe

**wing** [wɪŋ] 1 Flügel
2 *Flugzeug:* Tragfläche
3 *Auto:* Kotflügel

**winger** ['wɪŋəʳ] (*Sport*) Außenstürmer(in)

**wink**[1] [wɪŋk] [mit den Augen] zwinkern; **wink at someone** jemandem zuzwinkern

**wink**[2] [wɪŋk] Blinzeln, Zwinkern
► IN WENDUNGEN: **not sleep a wink/not get a wink of sleep** kein Auge zutun

**win·ner** ['wɪnəʳ] Gewinner(in), Sieger(in)

**win·ning** ['wɪnɪŋ] 1 siegreich; **winning ticket** Gewinnlos
2 (*übertragen*) *Lächeln:* gewinnend

**win·ter** ['wɪntəʳ] Winter

**winter sports** *plural* Wintersport

**wipe**[1] [waɪp] 1 [ab]wischen
2 **wipe your nose** putz dir die Nase
◆ **wipe down** [nass] abwischen
◆ **wipe off** wegwischen
◆ **wipe out** 1 auslöschen *Mensch;* völlig vernichten *Volk*
2 auswischen *Schrift*
◆ **wipe up** 1 aufwischen
2 abtrocknen *Geschirr*

**wipe**[2] [waɪp] [Ab]Wischen; **give something a wipe** etwas abwischen, etwas putzen

**wiper** ['waɪpəʳ] Scheibenwischer

**wire** ['waɪəʳ] 1 Draht
2 (USA) Telegramm

**wis·dom** ['wɪzdəm] Weisheit, Klugheit

**wisdom tooth** <*plural* wisdom teeth> Weisheitszahn

**wise** [waɪz] weise, klug, vernünftig; **be none the wiser for something** durch etwas nicht schlauer geworden sein

**wish**[1] [wɪʃ] 1 [sich] wünschen, wollen
2 **wish someone [good] luck** jemandem Glück wünschen; **wish someone happy birthday** jemandem zum Geburtstag gratulieren

**wish**[2] [wɪʃ] Wunsch; **with best wishes** mit herzlichen Glückwünschen

**wish·ful** ['wɪʃfl] **wishful thinking** Wunschdenken

**wit** [wɪt] 1 Geist, Witz
2 **wits** *plural* Verstand, geistige Fähigkeiten; **scared out of one's wits** verrückt vor Angst

**witch** [wɪtʃ] Hexe

**witch·craft** ['wɪtʃkrɑːft] Hexerei, Zauberei

**with** [wɪð, wɪθ] ❶ mit; **his hat doesn't go with his coat** sein Hut passt nicht zu seinem Mantel; **are you still with me?** sind Sie mitgekommen?; **with that, he left** und damit ging er weg
❷ bei; **with the window open** bei offenem Fenster; **with all his faults** bei all seinen Fehlern; **have something with one** etwas bei sich haben
❸ vor; **with anger/love** vor Ärger/Liebe
❹ **be with it** (*umgangsspr*) auf Draht sein
❺ **part with** sich trennen von
❻ **handle with care** vorsichtig behandeln

**with·draw** [wɪð'drɔː] ❶ zurückziehen, zurücknehmen *Angebot*
❷ abheben; entnehmen *Geld*
❸ sich zurückziehen
❹ zurücktreten

**with·drawal** [wɪð'drɔːəl] ❶ Zurücknahme *Angebot*
❷ Entnahme; *von Geld:* Abhebung
❸ Rücktritt (**from** von)
❹ (*militärisch*) Rückzug

**withdrawal symptoms** *plural* Entzugserscheinungen

**with·in** [wɪð'ɪn] ❶ in
❷ *zeitlich* innerhalb, binnen
❸ **be within walking distance** zu Fuß erreichbar sein

**with·out** [wɪð'aʊt] ohne

**with·stand** [wɪð'stænd] widerstehen, sich widersetzen

**wit·ness**[1] ['wɪtnɪs] Zeuge, Zeugin (**to** für)

**wit·ness**[2] ['wɪtnɪs] ❶ bezeugen
❷ beglaubigen *Urkunde*
❸ Augenzeuge sein

**witty** ['wɪtɪ] geistreich, witzig

**wiz·ard** ['wɪzəd] ❶ Zauberer, Hexenmeister
❷ Genie

**wob·bly** ['wɒblɪ] [sch]wankend, wack(e)lig

**woke** ['wəʊk] *2. Form von* **wake**

**woken** ['wəʊkn] *3. Form von* **wake**

**wolf** [wʊlf, *plural* wʊlvz] <*plural* wolves> Wolf

**wom·an** ['wʊmən, *plural* 'wɪmɪn] <*plural* women> Frau

**woman doctor** Ärztin

**won** [wʌn] *2. und 3. Form von* **win**

**wonder**[1] ['wʌndəʳ] ❶ Verwunderung, Erstaunen; **in wonder** voller Staunen
❷ Wunder

**wonder**[2] ['wʌndəʳ] ❶ sich fragen; **wonder what/how** gespannt sein, was/wie; **I wonder!** na ja, mal sehen!
❷ sich wundern (**at** über)
❸ **I was just wondering** das war nur so ein Gedanke; **wonder about something** sich über etwas Gedanken machen
❹ **I was wondering if you would like one** möchten Sie vielleicht eines?

**won·der·ful** ['wʌndəfl] wundervoll, wunderbar

**won't** [wəʊnt] *Kurzform von* **will not**

**wood** [wʊd] ❶ Holz
❷ Wald
► IN WENDUNGEN: **touch wood!** auf Holz geklopft!

**wood·ed** ['wʊdɪd] bewaldet

**wood·en** ['wʊdn] hölzern, Holz-

**wood·wind** ['wʊdwɪnd] *auch plural* [Holz]Blasinstrument[e]

**wood·work** ['wʊdwɜːk] Holzarbeiten

**wool** [wʊl] Wolle

**wool·len**, (USA) **woolen** ['wʊlən] wollen

**wool·ly** ['wʊlɪ] ❶ wollen, Woll-
❷ wollig
❸ (*übertragen*) nebelhaft; *Gedanke, Äußerung:* verworren

**word**[1] [wɜːd] ❶ Wort; **in a** [*oder* **one**] **word** mit einem Wort; **in other words** mit anderen Worten
❷ **have a word with someone** kurz mit jemandem sprechen
❸ (*Versprechen*) **break/give/keep one's word** sein Wort brechen/geben/halten; **take someone's word for it** jemandem glauben
❹ **have words with someone** sich mit jemandem streiten
❺ **words** *eines Lieds, Gedichts:* Text

**word**[2] [wɜːd] in Worte kleiden, formulieren

**word·ing** [wɜːdɪŋ] Formulierung, Wortlaut

**word order** Wortstellung

**word processor** Textverarbeitungssystem

**wore** [wɔːʳ] *2. Form von* **wear**

**work**[1] [wɜːk] ❶ arbeiten (**on** an); **who does he work for?** wo ist er beschäftigt [*oder* bei wem arbeitet er]?; **she works at Smith's** sie arbeitet bei Smith's; **work towards something** auf etwas hinarbeiten; **work oneself hard** hart arbeiten; **work one's way through something** sich durch etwas durcharbeiten
❷ *Gerät, Plan:* funktionieren; **it won't work** das klappt nicht
❸ *Pläne:* glücken, gelingen
❹ **work loose** lose werden, los-, abgehen
❺ bedienen *Maschine*
❻ bewirtschaften *Gut*
◆ **work away** vor sich hinarbeiten
◆ **work out** ❶ ausrechnen

2 ausarbeiten, entwickeln *Plan, Idee*
3 (*übertragen*) sich zusammenreimen
4 (*mathematisch*) lösen
5 (*umgangsspr*) *Aufgabe, Rätsel:* aufgehen
6 **work someone out** jemanden verstehen
7 funktionieren, klappen
8 (*sportlich*) trainieren
◆ **work up** 1 **get worked up about something** sich über etwas aufregen; **work up to a climax** sich zu einem Höhepunkt steigern, ausarbeiten
2 sich machen *Appetit*
3 **work one's way up** sich hocharbeiten

**work**² [wɜːk] 1 Arbeit; **at work** im Büro, bei der Arbeit; **out of work** arbeitslos
2 [Arbeits]Leistung
3 (*geistlich*) Werk; **works of Shakespeare** Werke von Shakespeare; **work of art** Kunstwerk

**work·bench** ['wɜːkbentʃ] Werkbank

**work·book** ['wɜːkbʊk] Arbeitsheft

**work·day** ['wɜːkdeɪ] Arbeitstag, Werktag

**worker** ['wɜːkəʳ] Arbeiter(in), Arbeitnehmer(in)

**work·force** ['wɜːkfɔːs] *eines Werkes:* Belegschaft; *eines Landes:* Arbeitskräfte

**work·ing** ['wɜːkɪŋ] 1 arbeitend, werktätig, berufstätig
2 *Bedingungen, Kleidung:* Arbeits-; **working hours** Arbeitszeit; *Mehrheit:* arbeitsfähig
3 **a working knowledge of computers** Grundkenntnisse am Computer

**working-class** der Arbeiterklasse, Arbeiter-

**working class**(**es**) *plural* Arbeiterklasse

**work·man** ['wɜːkmən] <*plural* workmen> Handwerker

**work-out** ['wɜːkaʊt] Training

**work permit** Arbeitserlaubnis

**work·place** ['wɜːkpleɪs] Arbeitsplatz

**works** [wɜːks] *plural* 1 (*technisch*) Getriebe, Uhrwerk
2 ⚠ *mit Singular* Anlage, Werk(e), Fabrik

**works committee**, **works council** Betriebsrat

**work·shop** ['wɜːkʃɒp] 1 Werkstatt
2 Arbeitsgruppe, Workshop

**works outing** Betriebsausflug

**work station** Arbeitsplatz, Fertigungsstation; (*Informatik*) Workstation

**work·top** Arbeitsplatte

**world** [wɜːld] Welt; **in the world** auf der Welt; **all over the world** in der ganzen Welt; **round the world** [rund] um die Welt; **it's not the end of the world** deshalb geht die Welt nicht unter; **out of this world** (*umgangsspr*) sagenhaft

**World Cup** Fußballweltmeisterschaft, Worldcup

**world-famous** weltberühmt

**world record** Weltrekord

**world war** Weltkrieg

**world·wide** [ˌwɜːld'waɪd] weltweit

**world·wide web** ['wɜːldˌwaɪd'web] (*Informatik*) Internet

**worm** [wɜːm] Wurm

**worn** [wɔːn] *3. Form von* **wear**

**worn-out** [ˌwɔːn'aʊt] 1 *Gegenstand:* verbraucht, abgenutzt
2 *Kleidung:* abgetragen
3 *Mensch:* erschöpft
4 (*übertragen*) *Phrase:* abgedroschen

**wor·ried** ['wʌrɪd] besorgt, beunruhigt (**about** über)

**worry**¹ ['wʌrɪ] 1 beunruhigen, Sorgen machen
2 besorgt sein, sich Sorgen machen (**about** um); **don't worry!** machen Sie sich keine Sorgen!
3 **worry someone with something** jemanden wegen etwas stören [*oder* belästigen]

**worry**² ['wʌrɪ] Sorge[n]

**worry·ing** ['wʌrɪɪŋ] beunruhigend

**worse**¹ [wɜːs] *Komparativ von* **bad, badly**
1 schlechter, übler; **you're worse than I am!** du bist noch schlimmer als ich!; **go from bad to worse** immer schlimmer werden
2 **be worse off** schlechter dran

**worse**² [wɜːs] [das] Schlimmmere; **he's none the worse for it** es hat ihm nichts geschadet

**worsen** ['wɜːsn] [sich] verschlimmern, [sich] verschlechtern

**wor·ship**¹ ['wɜːʃɪp] 1 Verehrung, Anbetung
2 Gottesdienst

**wor·ship**² ['wɜːʃɪp] 1 verehren, anbeten
2 vergöttern
3 den Gottesdienst abhalten

**worst**¹ [wɜːst] *Superlativ von* **bad, badly**
1 schlechteste(r, s), übelste(r, s), schlimmste(r, s)
2 am schlimmsten

**worst**² [wɜːst] [das] Schlechteste, Schlimmste; **at** [**the**] **worst** schlimmstenfalls; **if the worst comes to the worst** im allerschlimmsten Fall; **the worst is yet to come** das dicke Ende kommt noch [nach]

**worth**¹ [wɜːθ] Wert; **twenty pounds' worth of petrol** für zwanzig Pfund Benzin; **did you get your money's worth?** sind Sie auf Ihre Kosten gekommen?

**worth**² [wɜːθ] wert; **it's worth a lot of money** es ist viel Geld wert; **it's not worth it!** es lohnt sich nicht!; **it's worth the trouble** die Mühe lohnt sich; **it's worth a lot to me** es ist mir viel wert; (*übertragen*) es bedeutet mir sehr viel;

**worth seeing/mentioning** sehenswert/der Rede wert

**worth·less** [wɜːθlɪs] wertlos

**worth·while** [ˌwɜːθ'waɪl] lohnend; **be worthwhile** sich lohnen, der Mühe wert sein

**worthy** ['wɜːðɪ] würdig, wert

**would** [wʊd] 1 *zur Bildung des Konditionals* **she would prefer tea** sie hätte lieber Tee; **they said they would leave early** sie sagten sie würden früh losfahren; **we would have eaten it if …** wir hätten es gegessen wenn …; **would he do it?** würde er es vielleicht tun?; **would he have done it?** hätte er es getan?; **how would she know?** wie will sie das wissen?; **I wouldn't know** was weiß ich
2 *betont* **but he would do it** aber er musste es unbedingt machen; **you would be the one who …** typisch, dass ausgerechnet du …; **he would, wouldn't he?** das sieht ihm ähnlich
3 *vergangene Gewohnheit* **he would go there every year** er fuhr jedes Jahr dahin
4 *Bereitschaft* **the car wouldn't start** das Auto wollte nicht anspringen; **they would rather not speak to him** sie würden lieber nicht mit ihm sprechen
5 **who would have thought it?** wer hätte das gedacht?; **you would think …** man sollte meinen …

> **? Grammatik** Die Kurzform für **I would** heißt **I'd**; für **you would — you'd …** für **they would — they'd**; für **would not —wouldn't**.

**wouldn't** [wʊdnt] *Kurzform von* **would not**

**would've** [wʊdv] *Kurzform von* **would have**

**wound¹** [wuːnd] Wunde

**wound²** [wuːnd] verwunden, verletzen

**wound³** [waʊnd] *2. und 3. Form von* **wind**

**wove** ['wəʊv] *2. Form von* **weave**

**woven** ['wəʊvn] *3. Form von* **weave**

**wrap** [ræp] 1 **wrap something [up]** etwas einwickeln, verpacken (**in** in)
2 wickeln (**round** um)
◆ **wrap up** 1 einpacken
2 (*umgangsspr*) unter Dach und Fach bringen
3 **wrap up [warm]** sich warm anziehen

**wrap·per** ['ræpəʳ] 1 Verpackung, [Bonbon]Papier
2 *von Buch:* Schutzumschlag

**wrapping paper** 1 Packpapier
2 Geschenkpapier

**wreath** [riːθ ⚠ *plural* riːðz] Kranz

**wreck¹** [rek] 1 (*Schiff*) Wrack
2 (*übertragen: Mensch*) [elendes] Wrack

**wreck²** [rek] 1 zerstören, zertrümmern
2 (*übertragen*) ruinieren, zunichte machen

**wreck·age** ['rekɪdʒ] Trümmer

**wrestle** ['resl] 1 (*Sport*) ringen
2 (*übertragen*) sich herumschlagen, sich abquälen (**with** mit)

**wres·tler** ['resləʳ] Ring[kämpf]er(in)

**wres·tling** ['reslɪŋ] Ringen

**wriggle** ['rɪgl] sich unruhig hin- u. herbewegen, zappeln
◆ **wriggle out** ▶ IN WENDUNGEN: **wriggle out of something** sich bei etwas drücken

**wrinkle¹** ['rɪŋkl] Falte, Runzel

**wrinkle²** ['rɪŋkl] 1 *Stoff:* [zer]knittern
2 runzeln *Stirn;* rümpfen *Nase*

**wrinkled** ['rɪŋkld, 'rɪŋklɪ] 1 *Haut:* runz(e)lig, faltig
2 *Stoff:* zerknittert

**wrist** [rɪst] Handgelenk

**wrist·watch** ['rɪstwɒtʃ] Armbanduhr

**write** [raɪt] <wrote, written> 1 schreiben
2 verfassen
3 ausstellen *Scheck, Bescheinigung*
4 aufsetzen *Vertrag*
◆ **write down** niederschreiben, aufschreiben
◆ **write in** 1 eintragen
2 **write in for something** etwas anfordern
3 (USA) ausfüllen *Wahlschein*
◆ **write off** 1 **write off for something** etwas anfordern
2 abschreiben *Schulden*
3 zu Schrott fahren; als Totalschaden abschreiben *Auto*
◆ **write out** 1 [voll] ausschreiben *Namen*
2 ausfüllen, ausstellen *Scheck, Quittung*
◆ **write up** 1 *Journalist:* berichten über
2 ausarbeiten *Notizen*

**write-off** ['raɪtɒf] Totalschaden

**writer** ['raɪtəʳ] 1 *von Brief:* Schreiber(in), Verfasser(in)
2 (*Beruf*) Schriftsteller(in)

**writ·ing** ['raɪtɪŋ] 1 Schreiben, Schriftstück; **in writing** schriftlich
2 [Hand]Schrift
3 Schriftstellerei

**writing desk** Schreibtisch

**writing paper** Schreibpapier

**writ·ten¹** ['rɪtn] *3. Form von* **write**

**writ·ten²** ['rɪtn] schriftlich

**wrong¹** [rɒŋ, (USA) rɔːŋ] 1 falsch, nicht richtig; **do something wrong** etwas falsch, verkehrt machen; **get something/someone wrong** etwas/jemanden falsch verstehen

2 unrecht, unangebracht; **be wrong** Unrecht haben, sich irren
3 **there's something wrong with the copier** etwas stimmt nicht mit dem Kopierer; **what's wrong?** stimmt etwas nicht?; **what's wrong with you?** was ist mit dir los?; **go wrong** schief gehen, scheitern
4 **sorry, wrong number!** Sie haben sich verwählt!, Entschuldigung, ich habe mich verwählt!

**wrong**² [rɒŋ, USA rɔːŋ] Unrecht, Ungerechtigkeit; **be in the wrong** im Unrecht sein

**wrong·ly** ['rɒŋlɪ] falsch, zu Unrecht, fälschlicherweise

**wrote** [rəʊt] *2. Form von* **write**

# Xx

**Xmas** ['eksməs, 'krɪsməs] (*umgangsspr*) Weihnachten

**X-ray**¹ ['eksreɪ] Röntgenaufnahme; **have an X-ray** geröntgt werden

**X-ray**² ['eksreɪ] röntgen

# Yy

**yacht** [jɒt] [Segel-, Motor]Jacht

**yacht·ing** [jɒtɪŋ] Segeln

**Yank** [jæŋk] (*meist abwertend*) Ami

**yap** [jæp] 1 *Hund:* kläffen
2 (*umgangsspr*) quatschen

**yard** [jɑːd] 1 (*Maßeinheit*) Yard (= *0,914 m*)
2 Hof
3 USA Garten (*ohne Gemüse*)

**yawn**¹ [jɔːn] gähnen

**yawn**² [jɔːn] Gähnen

**yeah** [jeə] (*umgangsspr*) ja

**year** [jɜːʳ, jɪəʳ] 1 Jahr; **all the year round** das ganze Jahr über; **for years** seit Jahren, jahrelang; **last/this/next year** letztes/dieses/nächstes Jahr; **years ago** vor Jahren; **year in, year out** jahraus, jahrein
2 Jahrgang; **what year were you born?** welcher Jahrgang bist du?

**year·ly** ['jɜːlɪ, 'jɪəlɪ] jährlich

**yell**¹ [jel] Schrei; **give me a yell when you're ready** sag Bescheid, wenn du fertig bist

**yell**² [jel] **yell** [**out**] schreien; **yell at someone** jemanden anbrüllen

**yel·low**¹ ['jeləʊ] gelb; **park on the yellow lines** im Parkverbot parken

**yel·low**² ['jeləʊ] 1 Gelb
2 Eigelb

**yel·low**³ ['jeləʊ] gelb werden, vergilben

**yellow pages** *plural* Gelbe Seiten, Branchenverzeichnis

**yes** [jes] ja, jawohl, doch

**yes·ter·day** ['jestədɪ, 'jestədeɪ] gestern; **the day before yesterday** vorgestern; **yesterday morning/afternoon** gestern Morgen/Nachmittag; **yesterday week** vor acht Tagen; **yesterday's paper** die gestrige Zeitung, die Zeitung von gestern

**yet** [jet] 1 *zeitlich* **not yet** noch nicht; **have**[**n't**] **you finished yet?** bist du immer noch nicht fertig?
2 *zeitlich* schon; **has she gone yet?** ist sie schon weg?
3 *zeitlich* bisher; **it's her best book yet** es ist ihr bestes Buch bisher
4 *vor Komparativ* **it's yet more expensive** es ist noch [*oder* sogar] teurer
5 dennoch, trotzdem

**yob** [jɒb], **yob·bo** ['jɒbəʊ] (*umgangsspr*) Lümmel

**yoga** ['jəʊgə] Yoga, Joga

**yog·**(**h**)**urt** ['jɒgət] Jogurt

**yolk** [jəʊk] Dotter, Eigelb

**you** [juː] 1 du, Sie, ihr; **do you children want an ice cream?** wollt ihr Kinder ein Eis?; **all of you** ihr alle, Sie alle; **if I were you** ich an deiner/Ihrer/eurer Stelle; **it's you!** du bist es!, ihr seid's!, Sie sind es!
2 *Akkusativ* dich, Sie, euch
3 *Dativ* dir, Ihnen, euch; **that hairstyle just isn't you** die Frisur passt einfach nicht zu dir
4 *unbestimmt* man, einen, einem

**you'll** [juːl] *Kurzform von* **you will**, **you shall**

**young**¹ [jʌŋ] jung

**young**² [jʌŋ] **the young** die Jungen, die jungen Leute

**your** [jɔːʳ, jʊəʳ] 1 dein, euer; *Höflichkeitsform* Ihr; **one of your friends** einer deiner/Ihrer Freunde

2 *unbestimmt* sein; **you register and then you get your form** man meldet sich an, und dann bekommt man sein Formular
3 **your average German** (*umgangsspr*) der durchschnittliche Deutsche

**you're** [jʊəʳ] *Kurzform von* **you are**

**yours** [jɔːz, jʊəz] 1 deine(r, s); der, die, das Deine; *plural* eure(r, s); der, die, das Eure; *Höflichkeitsform* Ihre(r, s); der, die, das Ihre; **a friend of yours** einer deiner/eurer/Ihrer Freunde; **it's yours!** es ist dir/euch/Ihnen!; **this book is yours** dies Buch gehört dir/euch/Ihnen
2 **yours sincerely/faithfully** mit freundlichen Grüßen

**your·self** [jɔː'self, jə'self, (USA) jʊər'self] <*plural* yourselves> 1 *Akkusativ* **you can see yourself in the mirror** du kannst dich im Spiegel sehen
2 *Dativ* **did you hurt yourself?** hast du dir wehgetan?
3 *betont* [du, ihr, Sie] selbst; **will you do it yourself?** machst du das selbst? machen Sie das selbst?; **you said it yourself** das hast du/habt ihr/haben Sie selbst gesagt
4 [**all**] **by yourself** [ganz] allein, ohne Hilfe
5 **you don't seem to be yourself today** Sie sind heute wohl nicht ganz auf der Höhe

**youth** [juːθ, *plural* juːðz] <*plural* youths> 1 Jugend
2 Jugendlichkeit
3 *mit Singular oder plural* Jugend, junge Leute
4 junger Mann, Jugendlicher; **youths** (*meist abwertend*) Jugendliche

**youth centre, youth club** Jugendzentrum, Jugendklub

**youth hostel** Jugendherberge

**you've** [juːv] *Kurzform von* **you have**

**Yu·go·sla·via** ['juːgəʊ'slɑːvɪə] Jugoslawien

# Zz

**zap** [zæp] (*umgangsspr*) 1 löschen; (*beim Computerspiel*) killen
2 (*beim Fernsehen*) zappen

**zebra** ['ziːbrə] Zebra

**zebra crossing** Zebrastreifen

**zero**[1] ['zɪərəʊ] <*plural* zero(e)s> 1 Null; **be at zero** auf Null stehen
2 *einer Skala:* Nullpunkt
3 **fall to zero** auf null Grad fallen

**zero**[2] ['zɪərəʊ] null, Null-; **zero degrees** null Grad; **zero hour** die Stunde Null

**zig·zag**[1] ['zɪgzæg] Zickzack, Zickzacklinie

**zig·zag**[2] ['zɪgzæg] im Zickzack [ver]laufen

**zip** [zɪp] Reißverschluss
◆ **zip up** den Reißverschluss [von etwas] zumachen

**zip code, ZIP code** (USA) Postleitzahl

**zip·per** ['zɪpəʳ] (USA) Reißverschluss

**zo·diac** ['zəʊdɪæk] **sign of the zodiac** Tierkreiszeichen

**zone** [zəʊn] Zone; **danger zone** Gefahrenzone

**zoo** [zuː] Zoo

**zo·ol·ogi·cal** [ˌzəʊə'lɒdʒɪkl] **zoological gardens** zoologischer Garten, Tierpark

**zo·ol·ogist** [zəʊ'ɒlədʒɪst] Zoologe, Zoologin

**zo·ol·ogy** [zəʊ'ɒlədʒɪ] Zoologie

**zoom**[1] [zuːm] **zoom** [**lens**] Zoom[objektiv]

**zoom**[2] [zuːm] 1 (*umgangsspr*) sausen, rasen
2 (*umgangsspr*) **he just zoomed through the work** er hatte die Arbeit im Nu fertig
◆ **zoom in** 1 (*beim Fotografieren*) nah herangehen
2 (*umgangsspr*) hereinsausen

# Übersicht über die wichtigsten unregelmäßigen englischen Verben

| Infinitiv | Präteritum | Partizip Perfekt | Deutsch |
|---|---|---|---|
| arise | arose | arisen | entstehen |
| awake | awoke | awaked, awoken | aufwecken; aufwachen |
| be | was *sing*, were *pl* | been | sein |
| bear | bore | borne | tragen; ertragen |
| beat | beat | beaten | schlagen |
| become | became | become | werden |
| begin | began | begun | beginnen |
| bend | bent | bent | biegen, beugen |
| beseech | besought | besought | anflehen |
| beset | beset | beset | bedrängen |
| bet | bet, betted | bet, betted | wetten |
| bid | bid | bid | bieten |
| bind | bound | bound | binden |
| bite | bit | bitten | beißen |
| bleed | bled | bled | bluten |
| blow | blew | blown | blasen |
| break | broke | broken | (zer)brechen |
| breed | bred | bred | züchten |
| bring | brought | brought | bringen |
| build | built | built | bauen |
| burn | burnt, burned | burnt, burned | verbrennen |
| burst | burst | burst | bersten |
| buy | bought | bought | kaufen |
| can | could | – | können |
| cast | cast | cast | werfen; formen |
| catch | caught | caught | fangen |
| choose | chose | chosen | (aus)wählen |
| cling | clung | clung | haften |
| come | came | come | kommen |
| cost | cost | cost | kosten |
| creep | crept | crept | kriechen |
| cut | cut | cut | schneiden |
| deal | dealt | dealt | verteilen; ausgeben |
| dig | dug | dug | graben |

| Infinitiv | Präteritum | Partizip Perfekt | Deutsch |
|---|---|---|---|
| do | did | done | tun |
| draw | drew | drawn | zeichnen; ziehen |
| dream | dreamed, dreamt | dreamed, dreamt | träumen |
| drink | drank | drunk | trinken |
| drive | drove | driven | fahren |
| dwell | dwelt | dwelt | wohnen, leben |
| eat | ate | eaten | essen |
| fall | fell | fallen | fallen |
| feed | fed | fed | füttern; ernähren |
| feel | felt | felt | fühlen |
| fight | fought | fought | kämpfen |
| find | found | found | finden |
| flee | fled | fled | fliehen |
| fling | flung | flung | schleudern |
| fly | flew | flown | fliegen |
| forbid | forbad(e) | forbidden | verbieten |
| forget | forgot | forgotten | vergessen |
| freeze | froze | frozen | (ge)frieren |
| get | got | got, *Am* gotten | bekommen |
| give | gave | given | geben |
| go | went | gone | gehen; fahren |
| grind | ground | ground | (zer)mahlen |
| grow | grew | grown | wachsen |
| hang | hung, *jur* hanged | hung, *jur* hanged | hängen |
| have | had | had | haben |
| hear | heard | heard | hören |
| hide | hid | hidden | verstecken |
| hit | hit | hit | schlagen |
| hold | held | held | halten |
| hurt | hurt | hurt | verletzen; weh tun |
| keep | kept | kept | halten; aufbewahren |
| kneel | knelt | knelt | knien |
| know | knew | known | wissen |
| lay | laid | laid | legen |
| lead | led | led | führen |
| lean | leaned, leant | leaned, leant | sich (an)lehnen |

| Infinitiv | Präteritum | Partizip Perfekt | Deutsch |
|---|---|---|---|
| leap | leaped, leapt | leaped, leapt | springen, hüpfen |
| learn | learned, learnt | learned, learnt | lernen |
| leave | left | left | verlassen |
| lend | lent | lent | leihen |
| let | let | let | lassen |
| lie | lay | lain | liegen |
| light | lit, lighted | lit, lighted | anzünden |
| lose | lost | lost | verlieren |
| make | made | made | machen |
| may | might | - | dürfen |
| mean | meant | meant | meinen; vorhaben |
| meet | met | met | treffen |
| mistake | mistook | mistaken | missverstehen |
| mow | mowed | mown, mowed | mähen |
| pay | paid | paid | zahlen |
| put | put | put | setzen, stellen, legen |
| quit | quit, quitted | quit, quitted | kündigen; verlassen |
| read | read | read | lesen |
| rid | rid | rid | befreien |
| ride | rode | ridden | reiten |
| ring | rang | rung | klingeln; läuten |
| rise | rose | risen | aufstehen; steigen |
| run | ran | run | rennen, laufen |
| saw | sawed | sawed, sawn | sägen |
| say | said | said | sagen |
| see | saw | seen | sehen |
| seek | sought | sought | suchen |
| sell | sold | sold | verkaufen |
| send | sent | sent | senden, schicken |
| set | set | set | setzen |
| sew | sewed | sewed, sewn | nähen |
| shake | shook | shaken | schütteln; erschüttern |
| shave | shaved | shaved, shaven | rasieren |
| shed | shed | shed | vergießen |
| shine | shone | shone | scheinen; leuchten |
| shit *vulg* | shit *vulg* | shit *vulg* | scheißen *vulg* |

| Infinitiv | Präteritum | Partizip Perfekt | Deutsch |
|---|---|---|---|
| shoot | shot | shot | schießen |
| show | showed | shown | zeigen; ausstellen |
| shrink | shrank | shrunk | schrumpfen, eingehen |
| shut | shut | shut | schließen, zumachen |
| sing | sang | sung | singen |
| sink | sank | sunk | sinken |
| sit | sat | sat | sitzen |
| sleep | slept | slept | schlafen |
| slide | slid | slid | rutschen |
| sling | slung | slung | schleudern |
| slit | slit | slit | (auf)schlitzen |
| smell | smelled, smelt | smelled, smelt | riechen |
| sow | sowed | sowed, sown | (aus)säen |
| speak | spoke | spoken | sprechen |
| speed | speeded, sped | speeded, sped | sausen, jagen |
| spell | spelled, spelt | spelled, spelt | buchstabieren |
| steal | stole | stolen | stehlen |
| swell | swelled | swollen | (an)schwellen |
| swim | swam | swum | schwimmen |
| swing | swung | swung | schwingen; schaukeln |
| take | took | taken | nehmen |
| teach | taught | taught | lehren, unterrichten |
| tear | tore | torn | zerreißen |
| tell | told | told | erzählen |
| think | thought | thought | denken |
| throw | threw | thrown | werfen, schleudern |
| thrust | thrust | thrust | stoßen; drängen |
| tread | trod | trodden | schreiten; treten |
| wake | woke | woken | aufwachen; wecken |
| wear | wore | worn | (*Kleidung*) tragen |
| weave | wove | woven | weben |
| weep | wept | wept | weinen |
| win | won | won | gewinnen |
| wind | wound | wound | drehen, kurbeln |
| wring | wrung | wrung | auswringen |
| write | wrote | written | schreiben |

# Zahlwörter – Numerals

## 1. Grundzahlen – Cardinal Numbers

0 null *zero, nought*
1 eins *one*
2 zwei *two*
3 drei *three*
4 vier *four*
5 fünf *five*
6 sechs *six*
7 sieben *seven*
8 acht *eight*
9 neun *nine*
10 zehn *ten*
11 elf *eleven*
12 zwölf *twelve*
13 dreizehn *thirteen*
14 vierzehn *fourteen*
15 fünfzehn *fifteen*
16 sechzehn *sixteen*
17 siebzehn *seventeen*
18 achtzehn *eighteen*
19 neunzehn *nineteen*
20 zwanzig *twenty*
21 einundzwanzig *twenty-one*
22 zweiundzwanzig *twenty-two*
23 dreiundzwanzig *twenty-three*
30 dreißig *thirty*
31 einunddreißig *thirty-one*
32 zweiunddreißig *thirty-two*
33 dreiunddreißig *thirty-three*
40 vierzig *forty*
41 einundvierzig *forty-one*
50 fünfzig *fifty*
51 einundfünfzig *fifty-one*
60 sechzig *sixty*
61 einundsechzig *sixty-one*
70 siebzig *seventy*
71 einundsiebzig *seventy-one*
80 achtzig *eighty*
81 einundachtzig *eighty-one*
90 neunzig *ninety*
91 einundneunzig *ninety-one*
100 hundert *one hundred*
101 hundert(und)eins *hundred and one*
102 hundert(und)zwei *hundred and two*
110 hundert(und)zehn *hundred and ten*
200 zweihundert *two hundred*
300 dreihundert *three hundred*
451 vierhundert(und)einundfünfzig *four hundred and fifty-one*
1000 tausend *one thousand*
2000 zweitausend *two thousand*
10 000 zehntausend *ten thousand*
1 000 000 eine Million *one million*
2 000 000 zwei Millionen *two million*

## 2. Ordnungszahlen – Ordinal Numbers

1. erste *first*
2. zweite *second*
3. dritte *third*
4. vierte *fourth*
5. fünfte *fifth*
6. sechste *sixth*
7. siebente *seventh*
8. achte *eighth*
9. neunte *ninth*
10. zehnte *tenth*
11. elfte *eleventh*
12. zwölfte *twelfth*
13. dreizehnte *thirteenth*
14. vierzehnte *fourteenth*
15. fünfzehnte *fifteenth*
16. sechzehnte *sixteenth*
17. siebzehnte *seventeenth*
18. achtzehnte *eighteenth*
19. neunzehnte *nineteenth*
20. zwanzigste *twentieth*

## 3. Bruchzahlen – Fractional Numbers

| | |
|---|---|
| $^1/_2$ ein halb *one half* | $^3/_4$ drei Viertel *three fourths, three quarters* |
| $^1/_3$ ein Drittel *one third* | $^2/_5$ zwei Fünftel *two fifths* |
| $^1/_4$ ein Viertel *one fourth (oder a quarter)* | $^3/_{10}$ drei Zehntel *three tenths* |
| $^1/_5$ ein Fünftel *one fifth* | $1^1/_2$ anderthalb *one and a half* |
| $^1/_{10}$ ein Zehntel *one tenth* | $2^1/_2$ zwei(und)einhalb *two and a half* |
| $^1/_{100}$ ein Hundertstel *one hundredth* | 1,1 eins Komma eins *one point one (1.1)* |
| $^2/_3$ zwei Drittel *two thirds* | |

## 4. Vervielfältigungszahlen – Multiples

| | |
|---|---|
| einfach *single* | vierfach *fourfold, quadruple* |
| zweifach *double* | fünffach *fivefold* |
| dreifach *threefold, treble, triple* | hundertfach *(one) hundredfold* |

# Englische und amerikanische Maße und Gewichte

### Längenmaße – Linear Measures

| | | |
|---|---|---|
| 1 inch (in) 1″ | | = 2,54 cm |
| 1 foot (ft) 1′ | = 12 inches | = 30,48 cm |
| 1 yard (yd) | = 3 feet | = 91,44 cm |
| 1 furlong (fur) | = 220 yards | = 201,17 m |
| 1 mile (m) | = 1760 yards | = 1,609 km |
| 1 league | = 3 miles | = 4,828 km |

### Nautische Maße – Nautical Measures

| | | |
|---|---|---|
| 1 fathom | = 6 feet | = 1,829 m |
| 1 cable | = 608 feet | = 185,31 m |
| 1 nautical, sea mile | = 10 cables | = 1,852 km |
| 1 sea league | = 3 nautical miles | = 5,550 km |

### Feldmaße – Surveyors' Measures

| | | |
|---|---|---|
| 1 link | = 7,92 inches | = 20,12 cm |
| 1 rod, perch, pole | = 25 links | = 5,029 m |
| 1 chain | = 4 rods | = 20,12 m |

### Flächenmaße – Square Measures

| | | |
|---|---|---|
| 1 square inch | | = 6,452 $cm^2$ |
| 1 square foot | = 144 sq inches | = 929,029 $cm^2$ |
| 1 square yard | = 9 sq feet | = 0,836 $m^2$ |
| 1 square rod | = 30,25 sq yards | = 25,29 $m^2$ |
| 1 acre | = 4840 sq yards | = 40,47 Ar |
| 1 square mile | = 640 acres | = 2,59 $km^2$ |

### Raummaße – Cubic Measures

| | | |
|---|---|---|
| 1 cubic inch | | = 16,387 $cm^3$ |
| 1 cubic foot | = 1728 cu inches | = 0,028 $m^3$ |
| 1 cubic yard | = 27 cu feet | = 0,765 $m^3$ |
| 1 register ton | = 100 cu feet | = 2,832 $m^3$ |

## Britische Hohlmaße – Measures of Capacity

### Flüssigkeitsmaße – Liquid Measures of Capacity

| | | |
|---|---|---|
| 1 gill | | = 0,142 l |
| 1 pint (pt) | = 4 gills | = 0,568 l |
| 1 quart (qt) | = 2 pints | = 1,136 l |
| 1 gallon (gal) | = 4 quarts | = 4,546 l |
| 1 barrel | = *(für Öl)* 35 gallons | = 159,106 l |
| | *(Bierbrauerei)* 36 gallons | = 163,656 l |

### Trockenmaße – Dry Measures of Capacity

| | | |
|---|---|---|
| 1 peck | = 2 gallons | = 9,092 l |
| 1 bushel | = 4 pecks | = 36,368 l |
| 1 quarter | = 8 bushels | = 290,935 l |

## Amerikanische Hohlmaße – Measues of Capacity

### Flüssigkeitsmaße – Liquid Measures of Capacity

| | | |
|---|---|---|
| 1 gill | | = 0,118 l |
| 1 pint | = 4 gills | = 0,473 l |
| 1 quart | = 2 pints | = 0,946 l |
| 1 gallon | = 4 quarts | = 3,785 l |
| 1 barrel | = *(für Öl)* 42 gallons | = 159,106 l |

### Handelsgewichte – Avoirdupois Weights

| | | |
|---|---|---|
| 1 grain (gr) | | = 0,0648 g |
| 1 dram (dr) | = 27,3438 grains | = 1,772 g |
| 1 ounce (oz) | = 16 drams | = 28,35 g |
| 1 pound (lb) | = 16 ounces | = 453,59 g |
| 1 stone | = 14 pounds | = 6,348 kg |
| 1 quarter | = 28 pounds | = 12,701 kg |
| 1 hundredweight (cwt) | = (Brit *long cwt*) 112 pounds | = 50,8 kg |
| | (Am *short cwt*) 100 pounds | = 45,36 kg |
| 1 ton | = (Brit *long ton*) 20 cwt | = 1016 kg |
| | (Am *short ton*) 2000 pounds | = 907,185 kg |

## Temperaturumrechnung

**Fahrenheit – Celsius**

| °F | °C |
|---|---|
| 0 | –17,8 |
| 32 | 0 |
| 50 | 10 |
| 70 | 21,1 |
| 90 | 32,2 |
| 98,4 | 37 |
| 212 | 100 |

zur Umrechnung 32 abziehen und mit $^5/_9$ multiplizieren

**Celsius – Fahrenheit**

| °C | °F |
|---|---|
| –10 | 14 |
| 0 | 32 |
| 10 | 50 |
| 20 | 68 |
| 30 | 86 |
| 37 | 98,4 |
| 100 | 212 |

zur Umrechnung mit $^9/_5$ multiplizieren und 32 addieren

# Notizen

# Notizen

# Notizen

## Notizen

# Notizen

# Notizen

# Notizen

## Notizen

# Notizen

Notizen

British Isles
Britische Inseln
0 50 100 150 200 km
0 50 100 150 miles
1 : 7 700 000
Shetland Islands
Shetland-Inseln
Orkney Islands
Orkney-Inseln
Outer Hebrides
Äußere Hebriden
Spey
Scotland
Schottland
Tay
ATLANTIC
OCEAN
ATLANTSCHER
OZEAN
North Sea
Nordsee
Glasgow
Edinburgh
Tweed
North Channel/Nordkanal
UNITED KINGDOM
VEREINIGTES
KÖNIGREICH
England
Northern Ireland
Nordirland
Belfast
Isle of Man
IRELAND
IRLAND
Irish Sea
Irische See
Dublin
Manchester
Liverpool
Trent
Shannon
Barrow
Suir
Wales
St George's Channel
St.-Georgs-Kanal
Birmingham
Ouse
Severn
Oxford
Thames
Themse
Cardiff
London
Isle of Wight
English Channel
Kanal
Scilly Isles
Scilly-Inseln
Channel Is. (U. K.)
Kanalinseln
Alderney
Guernsey
Sark
Jersey
Seine
FRANCE
FRANKREICH

# The English-Speaking World
# Die englischsprachige Welt

1 : 127 000 000

0 1000 2000 3000 km

0 1000 2000 miles

Countries where English is the official language
Staaten, in denen Englisch die offizielle Landessprache ist

Countries where English is one of the official languages
Staaten, in denen Englisch eine der offiziellen Landessprachen ist

)TSWANA
)TSUANA
ritish Virgin Islands
ritische Jungferninseln (U. K.)
AMEROON
AMERUN
E GAMBIA
AMBIA
braltar (U. K.)
am (USA)
rthern Mariana Is.
rdliche Marianen (USA)

P. PAPUA NEW GUINEA
PAPUA NEUGUINEA
P. R. Puerto Rico (USA)
S. SINGAPORE
SINGAPUR
S. A. SOUTH AFRICA
SÜDAFRIKA
S. I. SOLOMON ISLANDS
SALOMONEN
S. L. SIERRA LEONE
ST K. ST KITTS AND NEVIS
ST. KITTS UND NEVIS

ST V. ST VINCENT AND THE GRENADINES
ST. VINCENT UND DIE GRENADINEN
U. UGANDA
U. A. E. UNITED ARAB EMIRATES
VEREINIGTE ARABISCHE EMIRATE
Z. ZAMBIA
SAMBIA
ZI. ZIMBABWE
SIMBABWE

**Countries in the Pacific Ocean:**
**Staaten im Pazifischen Ozean:**

1. Midway (USA)
2. Hawaii (USA)
3. MARSHALL ISLANDS
MARSHALLINSELN
4. NAURU
5. KIRIBATI
6. TUVALU
7. Western Samoa
Samoa-West
8. FIJI
FIDSCHI
9. TONGA
10. Cook Islands
Cookinseln

Canada
Kanada
1 : 60 000 000
0 500 1000 1500
0 500 1000 miles
RUSSIA
RUSSLAND
Bering Sea
Beringmeer
Alaska
(USA)
Yukon
Beaufort Sea
Beaufortsee
Greenland
(Denm.)
Grönland
(Dän.)
ICELAND
ISLAND
Arctic Circle
Nördlicher Polarkreis
Baffin Bay
Yukon Territory
Yukon-territorium
Whitehorse
Mackenzie
Gt. Bear L.
Gr. Bärensee
Northwest Territories
Nordwestterritorien
Yellowknife
Gt.Slave L.
Gr. Sklavensee
Nunavut
Iqaluit
Labrador Sea
Labradorsee
ATLANTIC OCEAN
ATLANTISCHER OZEAN
Gulf of Alaska
Golf von Alaska
Newfoundland
Neufundland
Hudson Bay
British Columbia
British Columbia
Peace R.
Peace
Athabasca
L. Athabasca
Athabascasee
PACIFIC OCEAN
PACIFISCHER OZEAN
Alberta
Edmonton
Manitoba
Nelson
Québec
St. John's
St. Lawrence R.
St.-Lorenz-Strom
St. Pierre and Miquelon (Fr.)
St. Pierre und Miquelon (Fr.)
L. Winnipeg
Winnipegsee
Saskatchewan
Regina
Ontario
N. B.
P. E. I.
Charlottetown
Victoria
Columbia
Winnipeg
Québec
Fredericton
Halifax
N. S.
Missouri
L. Superior
Oberer See
Ottawa
Toronto
L. Huron
Huronsee
L. Ontario
Ontariosee
UNITED STATES OF AMERICA
VEREINIGTE STAATEN VON AMERIKA
Mississippi
L. Michigan
Michigansee
L. Erie
Eriesee
N. B. New Brunswick
Neubraunschweig
N. S. Nova Scotia
Neuschottland
P. E. I. Prince Edward Island
Prinz-Eduard-Insel
50
60
50
40
120
110
100
90
80

C. Connecticut
D. C. District of Columbia
M. Maryland
Ma. Massachusetts
N. H. New Hampshire
R. I. Rhode Island
S. C. South Carolina
Südkarolina
V. Vermont
W. V. West Virginia
Westvirginia
CANADA
KANADA
120
110
100
90
80
70
L. Superior
Oberer See
St. Lawrence R.
St.-Lorenz-Strom
Olympia
Washington
Missouri
Montana
Helena
North Dakota
Bismarck
Norddakota
Minnesota
Maine
Augusta
Salem
Oregon
Boise
Idaho
South Dakota
Pierre
Süddakota
St. Paul
Wisconsin
Michigan
Michigansee
L. Michigan
Huronsee
L. Huron
L. Ontario
Ontariosee
M.
V.
N.H.
C.
Boston
Ma.
Albany
New York
C. P. R.I.
Hartford
Wyoming
Madison
Lansing
L. Erie
Eriesee
Pennsylvania
Trenton
New Jersey
Harrisburg
Dover
Kalifornien
California
Nevada
Cheyenne
Nebraska
Iowa
Des Moines
Mississippi
Illinois
Indiana
Ohio
Columbus
A.
M.
Delaware
Washington D.C.
Sacramento
Carson City
Salt Lake City
Denver
Lincoln
Springfield
Indianapolis
W. V.
Charleston
Richmond
PACIFIC OCEAN
Utah
Colorado
Topeka
Jefferson City
Ohio
Frankfort
Virginia
Raleigh
Rio Grande
Arkansas
Kansas
Missouri
Kentucky
North Carolina
Nordkarolina
PAZIFISCHER OZEAN
Nashville
Tennessee
ATLANTIC OCEAN
A. Annapolis
C. Concord
J. Jackson
M. Montpelier
P. Providence
Arizona
Santa Fe
Oklahoma
Oklahoma City
Arkansas
Little Rock
S. C.
Columbia
Phoenix
New Mexico
Atlanta
Alabama
Georgia
Midway (USA)
Hawaii (USA)
PACIFIC OCEAN
Tropic of Cancer
Nördl. Wendekreis
Honolulu
PAZIFISCHER OZEAN
0 500 1000 km
Louisiana
J.
Montgomery
ATLANTISCHER OZEAN
Texas
Tallahassee
Austin
Baton Rouge
Florida
BAHAMAS
RUSSIA
RUSSLAND
Alaska (USA)
Yukon
CANADA
KANADA
Bering Sea
Beringmeer
Juneau
0 500 1000 km
MEXICO
MEXIKO
Rio Grande
Gulf of Mexico
Golf von Mexiko
Straits of Florida
Floridastraße
1 : 41 000 000
0 200 400 600 km
0 200 400 miles
Tropic of Cancer
Nördlicher Wendekreis
United States of America
Vereinigte Staaten von Amerika

Australia and New Zealand
Australien und Neuseeland
1 : 45 000 000
0 500 1000 1500 2000 km
0 500 1000 miles
INDONESIA
INDONESIEN
PAPUA NEW GUINEA
PAPUA-NEUGUINEA
SOLOMON ISLANDS
SALOMONEN
TUVALU
VANUATU
FIJI
FIDSCHI
Ashmore and Cartier Is. (Austr.)
Ashmore und Cartier-In. (Austr.)
Darwin
Coral Sea
Korallenmeer
Coral Sea Is. (Austr.)
Korallenmeerinseln (Austr.)
New Caledonia (Fr.)
Neukaledonien (Fr.)
Tropic of Capricorn
Südlicher Wendekreis
INDIAN OCEAN
INDISCHER OZEAN
PACIFIC OCEAN
PAZIFISCHER OZEAN
Norfolk I. (Austr.)
Norfolk-I. (Austr.)
AUSTRALIA
AUSTRALIEN
Northern Territory
Nordterritorium
Western Australia
Westaustralien
Queensland
South Australia
Südaustralien
New South Wales
Neusüdwales
Australian Capital Territory
Victoria
Tasmania
Tasmanien
Cooper
Darling
Murray
Brisbane
Sydney
Canberra
Adelaide
Melbourne
Perth
Hobart
Tasman Sea
Tasmansee
NEW ZEALAND
NEUSEELAND
Wellington

**Deutschland**
**Germany**

1 : 6 400 000

0 50 100 150 200 km
0 50 100 150 miles

BELG. BELGIEN
BELGIUM
L. LIECHTENSTEIN
LUX. LUXEMBURG
LUXEMBOURG

Österreich
Austria
1 : 5 800 000
0 25 50 75 km
0 25 50 miles
L. LIECHTENSTEIN
TSCHECHISCHE REP.
CZECH REP.
DEUTSCHLAND
GERMANY
SLOWAKEI
SLOVAKIA
UNGARN
HUNGARY
KROATIEN
CROATIA
SLOWENIEN
SLOVENIA
ITALIEN
ITALY
SCHWEIZ
SWITZERLAND
Niederösterreich
Lower Austria
Oberösterreich
Upper Austria
Wien
Vienna
Burgenland
Steiermark
Styria
Kärnten
Carinthia
Salzburg
Tirol
Tyrol
Voralberg
L.
Donau
Danube
Inn
Enns
Mur
Salzach
Drau
Drava
Linz
St. Pölten
St Pölten
Eisenstadt
Salzburg
Graz
Klagenfurt
Innsbruck
Bregenz

A. A.-R. Appenzell Ausser-Rhoden
Appenzell Outer Rhodes
A. I.-R. Appenzell Inner-Rhoden
Appenzell Inner Rhodes
B.-L. Basel-Landschaft
Basel District
B.-St. Basel-Stadt
Basel City
N. Neuenburg
Neuchâtel
Nidw. Nidwalden
Obw. Obwalden
S. Solothurn
Sch. Schaffhausen
DEUTSCHLAND
GERMANY
ÖSTERREICH
AUSTRIA
LIECHTENSTEIN
FRANKREICH
FRANCE
ITALIEN
ITALY
Rhein
Rhine
Bodensee
Lake Constance
Aare
Doubs
Rhône
Inn
Neuenburger See
Lake Neuchâtel
Vierwaldstätter See
Lake Lucerne
Genfer See
Lake Geneva
Lago Maggiore
Lake Maggiore
Luganer See
Lake Lugano
Sch.
Schaffhausen
Basel
B.-St.
Liestal
B.-L.
Jura
Delémont
S.
Solothurn
Aarau
Aargau
Zürich
Zurich
Thurgau
Frauenfeld
St. Gallen
St Gallen
Herisau
A. A.-R.
Appenzell
A. I.-R.
Zug
Schwyz
Glarus
Luzern
Lucerne
Neuenburg
Neuchâtel
N.
Bern
Stans
Nidw.
Sarnen
Obw.
Altdorf
Uri
Chur
Coire
Graubünden
Grisons
Freiburg
Fribourg
Waadt
Vaud
Lausanne
Genf
Geneva
Tessin
Ticino
Bellinzona
Sion
Wallis
Valais
Die Schweiz
Switzerland
1 : 4 000 000
0 25 50 75 km
0 25 50 miles

# A a

**ab** ① from; **London ab 8.35 Uhr** leaving London 8:35
② (*räumlich*) **auf und ab gehen** walk up and down
③ (*zeitlich*) **von nun ab, von jetzt ab** from now on; **ab heute** from today; **ab sofort** as of now; **ab und zu** now and again
④ (*entfernt*) off; **der Knopf ist ab** the button has come off

**abartig** ① abnormal [æb'nɔːməl]
② (*umgangsspr*) kinky

**abbauen** ① mine [maɪn] *Kohle;* (*über Tage*) quarry ['kwɒri]
② (*demontieren*) dismantle [dɪs'mæntl]
③ (*chemisch*) decompose [diːkəmpəʊz]
④ (*erlahmen*) flag, wilt

**abbestellen** cancel ['kæntsəl]; **jemanden abbestellen** tell someone not to come

**abbezahlen** pay off

**abbiegen** ① bend off *Gegenstand*
② turn off (**in** into)
③ *Straße:* bend; **nach links abbiegen** turn [to the] left

**abbilden** portray

**Abbildung** (*Illustration*) illustration [ɪlə'streɪʃən]; **mit Abbildungen versehen** illustrated [ɪlə'streɪtɪd]

**abblasen** (*umgangsspr*) call off

**abblitzen** **jemanden abblitzen lassen** (*umgangsspr*) give someone the brush-off ['brʌʃɒf]

**abbrechen** ① break off *Gegenstand*
② tear down, demolish *Häuser*
③ (*aufhören mit*) stop; break off *Aktivität;* **die Schule abbrechen** drop out of school

**abbringen** get off; **jemanden von etwas abbringen** make someone change his [*oder* her] mind about something

**Abbruch** *von Gebäude:* demolition [demə'lɪʃən]

**abbuchen** debit *Konto*

**abdanken** *Herrscher:* abdicate ['æbdɪkeɪt]

**Abdankung** (CH) funeral ['fjuːnərəl] service

**abdecken** ① untile [ʌn'taɪl] *Dach*
② tear the roof off *Haus*
③ clear *Tisch*

**Abdeckstift** concealer [kən'siːləʳ] stick

**abdrehen** ① turn off *Gas, Wasser*
② *Flugzeug:* veer off [vɪəʳ ɑf]

**Abdruck** imprint; *von Finger, Fuß:* print

**abdrucken** print

**abdrücken** fire, pull the trigger

**Abend** ① evening; **am Abend** in the evening; **am nächsten Abend** the next evening; **gegen Abend** towards evening; **heute Abend** this evening
② (*später*) tonight; **gestern Abend** last night
③ **zu Abend essen** have supper ['sʌpəʳ] [*oder* dinner]

**Abendbrot, Abendessen** supper ['sʌpəʳ]

**abends** in the evening

**Abenteuer** adventure

**abenteuerlich** adventurous [əd'ventʃərəs]

**aber** ① but; **oder aber** or else; **aber trotzdem** but still
② (*jedoch*) although [ɔːl'ðəʊ], though [ðəʊ]; **schönes Wetter — aber ziemlich kalt** nice weather — rather cold, though
③ (*verstärkend*) **aber, aber!** come, come!; **aber ja!** oh, yes!; **bist du aber braun!** aren't you brown!; **nun ist aber Schluss!** now that's enough! [ɪ'nʌf]
④ **ohne Wenn und Aber** without any ifs and buts

**Aberglaube** superstition [suːə'stɪʃən]

**abergläubisch** superstitious [suːə'stɪʃəs]

**abfahren** leave (**nach** for)

**Abfahrt** ① departure
② (*beim Skifahren*) descent ['dɪsent]

**Abfall** ① (*allgemein*) waste; (*Hausmüll*) rubbish (GB), garbage (USA)
② (*Abfalleimer*) waste bin, dustbin (GB), trashcan (USA); **in den Abfall kommen** go into the rubbish bin [*oder* (USA) trashcan]
③ (*auf den Straßen*) litter

**Abfalleimer** dustbin (GB), garbage can (USA), trashcan (USA)

**abfällig** disparaging [dɪs'pærɪdʒɪŋ], derogatory [dɪ'rɒgətəri]; **von jemandem abfällig sprechen** speak disparagingly [dɪs'pærɪdʒɪŋli] of someone

**abfärben** ① *Wäschestück:* run
② **auf jemanden abfärben** (*übertragen*) rub off on someone

**abfertigen** ① check [in] *Gepäck*
② (*an Grenze*) clear
③ deal with, attend to *Kundschaft*

**abfinden** ① **sich mit etwas schwer abfinden** find it hard to accept something
② pay off *Person*

**Abfindung** ① (*Entschädigung*) compensation
② *von Mitarbeiter:* redundancy [rɪ'dʌndəntsi] payment

**abflauen** ① *Wind:* die down [daɪ 'daʊn], subside [səb'saɪd]
② *Nachfrage, Geschäft:* fall off
**Abflughalle** departure lounge [dɪ'pɑːtʃəʳ ˌlaʊndʒ]
**Abfluss** drain[pipe]
**abfragen** ① question (**über** on)
② (*in der Schule*) test [orally]
**Abfuhr** (*Rüge*) rebuff [rɪ'bʌf], snub [snʌb]; **jemandem eine Abfuhr erteilen** snub someone
**abführen** lead away *Mensch*
**abfüllen** (*in Flaschen*) bottle
**abgängig** Ⓐ missing
**Abgangszeugnis** leaving certificate; (*für Mitarbeiter*) reference
**Abgase** (*Auto*) exhaust fumes
**abgeben** ① hand in *Heft, Arbeit, Fundsachen*
② (*fortgeben*) give away
③ (*im Sport*) concede [kən'siːd] *Punkte;* pass *Ball*
④ **sich mit etwas abgeben** bother oneself with something; **sich mit jemandem abgeben** associate [ə'səʊʃiət] with someone
**abgehen** ① *von Schule:* leave
② *Knopf:* come off; **es ist alles gut abgegangen** everything went off well
**abgelaufen** *Zeit:* expired [ɪk'spaɪəʳd]
**abgelegen** remote
**abgenutzt** worn; *Reifen:* worn-down
**Abgeordnete(r)** representative; (*im Parlament*) member of parliament
**abgeschieden** (*abgelegen*) remote, solitary
**abgesehen** **abgesehen von …** apart from …
**abgestanden** stale; *Bier:* flat
**abgewöhnen** **sich etwas abgewöhnen** give up doing something; **jemandem etwas abgewöhnen** cure someone of something
**Abgrund** precipice ['presɪpɪs]; (*übertragen*) abyss [ə'bɪs]
**abhaken** (*von Liste*) tick off Ⓖⓑ, check off Ⓤⓢⓐ
**abhalten** (*verhindern*) stop; **jemanden davon abhalten, etwas zu tun** keep someone from doing something; **lass dich nicht abhalten!** don't let me stop you!
**abhanden** **abhanden kommen** get lost, go missing
**Abhang** slope
**abhängen** ① (*nach dem Überholen*) shake off *Auto*
② (*übertragen*) **abhängen von** depend on; **das hängt davon ab!** that depends!
**abhängig** *Person:* dependent (**von** on)
**abhärten** **sich abhärten** (*übertragen*) harden oneself (**gegen** to)
**abhauen** (*slang: weggehen*) push off; **hau ab!** get lost!
**abheben** ① withdraw *Geld*
② lift *Hörer*
③ *Flugzeug:* take off; *Rakete:* lift off
**abholen** ① call for *Person;* **jemanden am Bahnhof abholen** meet someone at the station
② collect, fetch *Gegenstand;* **etwas abholen lassen** send for something
**abhören** ① **einen Schüler abhören** test a pupil [orally]
② bug *Gespräch*
**Abitur** ≈ A-Levels ⚠ *Plural;* (*in Schottland*) ≈ Highers ⚠ *Plural;* (*in USA*) ≈ Highschool Diploma
**abklingen** ① *Krankheit:* ease off
② *Effekt, Wirkung:* wear off
**Abkommen** agreement; **ein Abkommen treffen** come to an agreement
**abkommen** ① get away; **vom Weg abkommen** lose one's way
② **von etwas abkommen** give up something
③ **von einem Thema abkommen** get off a subject
**abkratzen** ① scrape off
② (*vulgär: sterben*) kick the bucket
**abkühlen** (*auch übertragen*) cool down
**abkürzen** ① abbreviate [ə'briːvieɪt] *Wort*
② (*verkürzen*) cut short
**Abkürzung** ① (*Grammatik*) abbreviation [əbriːvi'eɪʃᵊn]
② (*Weg*) short cut
**abladen** unload *Last;* dump *Müll*
**Ablage** storage place; (*im Büro*) filing ['faɪlɪŋ]
**Ablagerung** (*auch geol*) deposit
**ablassen** let off *Dampf*
**Ablauf** *einer Frist:* expiry [ɪk'spaɪəri]; **nach Ablauf von …** at the end of …
**ablaufen** *Frist:* run out
**ablegen** ① take off *Kleidung, Hut*
② give up *Gewohnheiten*
③ file *Akten;* **eine Prüfung ablegen** take an examination
**ablehnen** decline, reject *Angebot, Stelle*
**ablenken** ① (*zerstreuen*) distract
② **vom Thema ablenken** change the subject
**Ablenkung** (*Zerstreuung*) diversion [daɪ'vɜːʃᵊn]
**ablesen** read
**abliefern** ① (*übergeben*) hand over (**bei** to)
② deliver *Waren*
**ablösen** ① (*entfernen*) take off
② **jemanden ablösen** take over from someone
③ **sich ablösen** come off; *Haut:* peel off; *Kolle-*

*gen:* take turns

**ABM** *Abkürzung von* **Arbeitsbeschaffungsmaßnahme** job creation scheme

**abmachen** agree on

**Abmachung** agreement

**abmehren** CH (*abstimmen*) take a vote [vəʊt]

**abmelden** cancel [kæntsᵊl] *Abonnement;* **sein Telefon abmelden** have one's telephone disconnected; **sich bei jemandem abmelden** tell someone that one is leaving/not coming

**Abnahme** 1 (*Verringerung*) decrease [dɪ'kri:s]
2 (*wirtschaftlich*) decline [dɪ'klaɪn]

**abnehmen** 1 take off; **den Hörer abnehmen** lift the receiver [rɪ'si:vəʳ]
2 (*an Zahl*) decrease [dɪ'kri:s]
3 (*an Gewicht*) lose weight
4 **das nehme ich dir nicht ab!** (*umgangsspr*) I don't buy that!

**Abneigung** dislike (**gegen** of), aversion [ə'vɜ:ʃᵊn] (**gegen** to)

**abnutzen** wear out

**Abonnement** subscription [səb'skrɪpʃᵊn]

**abonnieren** subscribe to [səb'skraɪb tu]

**abordnen** delegate

**Abordnung** delegation [delɪ'geɪʃᵊn]

**abprallen** (*auch übertragen*) bounce off

**abraten** warn (**von** against)

**abräumen** clear away; **den Tisch abräumen** clear the table

**abreagieren** let off steam *umgangsspr*

**abrechnen** 1 (*abziehen*) deduct
2 (*wirtschaftlich*) cash up; **mit jemandem abrechnen** settle up with someone *auch übertragen*

**Abreise** departure (**nach** for)

**abreisen** depart, leave (**nach** for)

**abreißen** 1 tear off
2 pull down *Haus*

**abrufen** 1 withdraw *Geld*
2 retrieve *Daten*

**abrunden** 1 (*auch übertragen*) round off
2 round down *Summe*

**Abrüstung** (*militärisch*) disarmament

**Absage** refusal; **jemandem eine Absage erteilen** reject someone

**absagen** 1 cancel *Veranstaltung;* decline *Einladung*
2 **jemandem absagen** tell someone that one cannot come

**Absatz** 1 (*Abschnitt*) paragraph
2 *vom Schuh:* heel
3 *von Waren:* sales ⚠ *Plural*
4 *einer Treppe:* landing

**abschaffen** abolish, do away with

**abschalten** switch off *auch übertragen*

**abschätzen** assess; **ein abschätzender Blick** an appraising look

**abschauen** 1 copy (**bei** from)
2 (*umgangsspr: in der Schule*) **jemandem etwas abschauen** copy something from somebody

**Abschaum** (*auch übertragen*) scum

**abscheulich** (*widerlich*) disgusting; (*heimtückisch*) heinous

**abschieben** 1 (*deportieren*) deport
2 (*loswerden*) get rid of
3 (*umgangsspr*) push off

**Abschied** farewell, parting; **von jemandem Abschied nehmen** say goodbye to someone

**abschirmen** shield

**abschlagen** 1 cut off *Gegenstand*
2 (*verweigern*) turn down *Bitte*

**abschleppen** 1 tow *Auto*
2 (*umgangsspr*) pick up *Person*

**abschließen** 1 lock up *Tür*
2 (*beenden*) complete
3 **eine Versicherung abschließen** take out an insurance; **einen Vertrag abschließen** conclude a contract

**abschließend** *Bemerkung:* final

**Abschluss** 1 (*Ende*) end
2 (*Qualifikation*) qualification

**Abschlussprüfung** (*in der Schule*) final examination

**Abschlusszeugnis** (*in der Schule*) leaving certificate, diploma USA

**abschminken** **sich abschminken** take off one's make up

**abschneiden** 1 cut off; cut *Haar*
2 **jemandem das Wort abschneiden** cut someone short
3 (*übertragen*) **bei etwas gut/schlecht abschneiden** come off [*oder* do] well/badly in something

**Abschnitt** 1 (*Sektion*) section
2 (*Mathematik*) segment ['segmənt]
3 (*in Buch*) passage
4 (*zeitlich*) period

**abschrauben** unscrew [ʌn'skru:]

**abschrecken** deter [dɪ'tɜ:ʳ]

**abschreiben** 1 copy out *Text*
2 (*bei einer Klassenarbeit*) copy, crib *umgangsspr* (**bei** off)
3 (*wirtschaftlich*) deduct

**Abschrift** copy

**abschütteln** (*auch übertragen*) shake off

**abschweifen** digress [daɪ'gres]; **vom Thema**

**abschweifen** deviate ['di:vieɪt] from the subject
**absehbar** foreseeable [fɔ:'siəbl]
**absehen** 1 **ein Ende ist noch nicht abzusehen** the end is not yet in sight
2 **ich will [einmal] davon absehen** I'm going to dispense with it
**Abseits** (*im Sport*) offside
**abseits** 1 (*im Sport*) offside
2 **abseits der Straße** away from the road
**absenden** 1 send, post GB *Brief;* mail USA *Brief*
2 dispatch *Waren*
**Absender(in)** sender
**absetzen** 1 (*entlassen*) dismiss; depose *Herrscher*
2 drop [off] *Fahrgast*
3 (*von der Steuer*) deduct
**Absicht** intention; **die Absicht haben etwas zu tun** intend to do something
**absichtlich** intentional [ɪn'tentʃənəl]; **etwas absichtlich tun** do something on purpose
**absolut** absolute
**absondern** 1 separate *Personen;* (*isolieren*) isolate
2 **sich absondern** cut oneself off
**abspeichern** (*Informatik*) save, file
**absperren** 1 block *Straße*
2 (*technisch*) turn off *Wasser, Gas*
3 lock *Tür*
**abspielen** 1 play *Tonmedien*
2 **sich irgendwo abspielen** happen somewhere
**Absprache** arrangement
**absprechen** 1 arrange *Termin*
2 **sich mit jemandem absprechen** arrange things with someone
**abspülen** 1 rinse *Geschirr*
2 (*Geschirr spülen*) do the dishes
**abstammen** 1 *Mensch:* be descended (**von** from)
2 (*sprachlich*) be derived (**von** from)
**Abstand** 1 (*räumlich*) distance; **kurzer Abstand** short gap; **Abstand halten** keep one's distance
2 (*zeitlich*) interval
3 **mit Abstand** by far
**abstechen** (*sich abheben*) **von etwas abstechen** stand out against something
**Abstecher** (*Reise*) excursion [ɪk'skɜ:ʃən]
**abstehen** stick out
**absteigen** 1 get off, dismount; **vom Fahrrad absteigen** get off the bike
2 **in einem Hotel absteigen** put up at a hotel
**abstellen** 1 put down *Gegenstand*
2 (*technisch*) stop *Maschine;* (*abdrehen*) turn off *Wasser, Gas*
3 park *Fahrzeug*
**abstempeln** 1 stamp
2 (*übertragen*) brand (**zu** as)
**absterben** (*auch übertragen*) die
**Abstieg** 1 descent
2 (*übertragen*) decline
**abstimmen** 1 (*in Einklang bringen*) match (**auf** with); coordinate *Termine* (**auf** with)
2 (*in der Politik*) take a vote (**über** on); **über etwas abstimmen lassen** put something to the vote
3 **sich mit jemandem abstimmen** come to an agreement with someone
**Abstimmung** vote
**abstoßen** 1 (*beim Fußball*) take a goal kick
2 (*übertragen*) repel; reject *Organ*
3 (*übertragen*) be repulsive
**abstoßend** repulsive
**abstrakt** abstract
**abstreiten** (*leugnen*) deny
**Absturz** 1 fall
2 *von Flugzeug:* crash
**abstürzen** 1 *Mensch:* fall
2 *Flugzeug:* crash
**absuchen** 1 search *Gelände*
2 (*mit Scheinwerfern*) sweep
**absurd** absurd
**Abt** abbot
**abtasten** 1 feel; (*medizinisch*) palpate
2 (*elektrisch*) scan
**abtauen** 1 defrost *Gefrierfach*
2 *Schnee:* thaw [θɔ:]
**Abtei** abbey
**Abteil** *von Zug:* compartment
**Abteilung** 1 department
2 (*militärisch*) unit
**Abteilungsleiter(in)** head of department
**Äbtissin** abbess
**abtreiben** 1 *Schiff, Flugzeug:* be driven off course
2 (*medizinisch*) have an abortion
**Abtreibung** (*medizinisch*) abortion
**abtrennen** 1 take off; detach *Abschnitt*
2 (*räumlich*) divide off
**abtreten** 1 cede *Ansprüche, Gebiet*
2 (*vom Amt*) resign [rɪ'zaɪn]
**abtrocknen** dry *Geschirr, Haare*
**Abverkauf** Ⓐ (*Ausverkauf*) [clearance]sale
**abwägen** (*übertragen*) weigh up
**abwälzen** (*übertragen*) shift (**auf** onto)
**abwandern** migrate (**aus** from)
**Abwart, Abwärtin** CH caretaker, janitor
**abwarten** 1 wait; **warte nur ab!** just you wait!

② **etwas abwarten** wait something out
**abwärts** down; **es geht mit ihm abwärts** he is on the decline
**Abwasch** ① (*Geschirr*) dishes ⚠ *Plural*
② Ⓐ (*Spülstein*) sink
**abwaschen** ① wash off *Schmutz*
② do the washing up
**Abwaschmaschine** Ⓒⓗ dishwasher
**Abwasser** sewage [ˈsuːɪdʒ]
**Abwasserkanal** sewer [sʊər]
**abwechseln** ① **sich abwechseln** alternate, change, vary
② **sich miteinander abwechseln** *Personen:* take turns
**abwechselnd** alternately
**Abwechslung** change; **zur Abwechslung** for a change
**abwehren** ① ward off, repulse *Angriff*
② (*im Sport*) clear *Ball*
**abweichen** ① (*von Kurs*) deviate
② *Weg:* swerve [swɜːv]
③ *Meinungen:* differ
**abweisen** ① turn away *Person*
② reject, turn down *Antrag*
**abweisend** *Haltung:* cold
**abwenden** ① avert *Unglück*
② **sich abwenden** turn away *auch übertragen*
**abwerfen** (*aus der Luft*) drop
**abwerten** ① (*im Finanzwesen*) devaluate [diˈvæljueɪt]
② (*übertragen*) cheapen
**abwesend** ① absent
② (*übertragen*) far-away
**Abwesenheit** absence
**abwickeln** ① (*übertragen*) deal with *Angelegenheit*
② (*wirtschaftlich*) conclude *Geschäft*
**abwischen** wipe off *Schmutz;* wipe *Gesicht;* dry *Tränen*
**abwürgen** ① (*umgangsspr*) stifle [staɪfl], squash
② stall *Motor*
**abzahlen** pay off
**abzeichnen** ① stand out (**gegen** against)
② **sich abzeichnen** become apparent
**abziehen** ① take out *Schlüssel*
② strip *Bett*
③ take away, substract *Zahl;* take off *Betrag*
④ *Truppen:* withdraw
**abzielen** (*übertragen*) **abzielen auf** be aimed at
**Abzug** ① (*wirtschaftlich*) discount; *vom Lohn:* deduction; **nach Abzug der Kosten** after deducting costs
② *von Fotos:* print
③ *von Truppen:* withdrawal
**Abzweigung** junction
**ach** oh!; **ach so!** I see!
**Achse** ① (*Auto*) axle
② (*Mathematik*) axis [ˈæksɪs]; **auf Achse sein** (*umgangsspr*) be on the road
**Achsel** armpit; **die Achseln zucken** shrug one's shoulders
**Achselhöhle** armpit
**Acht außer Acht lassen** disregard; **sich in Acht nehmen** watch out
**acht** eight [eɪt]; **vor acht Tagen** a week ago; **heute in acht Tagen** a week today
**Achtel** eighth [eɪtθ]
**achten** ① (*schätzen*) respect
② **auf etwas achten** pay attention to something; **achte auf deine neuen Schuhe!** mind your new shoes!; **achte darauf, dass ...** be careful [*oder* take care] that ...
**Achterbahn** roller coaster
**achtlos** careless
**achttägig** lasting a week
**Achtung** ① respect (**vor** for); **sich Achtung verschaffen** gain respect for oneself; **alle Achtung!** good for you!
② **Achtung!** attention!
**achtzehn** eighteen [eɪˈtiːn]
**achtzehnte** eighteenth [eɪˈtiːnθ]
**achtzig** eighty [eɪti]
**achtzigste** eightieth [ˈeɪtiəθ]
**ächzen** groan (**vor** with)
**Acker** field
**Ackerland** arable land
**Adapter** adaptor
**adaptieren** Ⓐ (*herrichten*) fix up
**addieren** add
**Addition** addition [ədɪʃən]
**Adel** nobility
**ad(e)lig** noble
**Ad(e)lige(r)** nobleman, noblewoman
**Ader** ① (*anatomisch*) blood vessel
② *von Pflanze, von Gestein:* vein
**Adjektiv** adjective [ˈædʒəktɪv]
**Adler** eagle
**adoptieren** adopt
**Adoption** adoption [əˈdɒpʃən]
**Adoptiveltern** adoptive parents
**Adoptivkind** adopted child
**Adressbuch** directory
**Adresse** (*auch inform*) address

**! Vorsicht Falle** Vorsicht: **address** wird mit 2 d und 2 s geschrieben: *Tim's address is ...*

**adressieren** address (**an** to)
**Advent** Advent ['ædvənt]
**Adverb** adverb
**Advokat** 1 advocate ['ædvəkəɪt]
2 Ⓐ, CH (*Rechtsanwalt*) lawyer
**Advokatur** CH 1 (*Büro*) lawyer's office
2 (*Amt*) legal profession
**Affe** monkey; (*Menschenaffe*) ape
**Affekt** **im Affekt handeln** act in the heat of the moment
**affektiert** affected
**Agenda** CH 1 notebook
2 (*Tagesordnung*) agenda [ə'dʒendə]
**Agent(in)** agent ['eɪdʒənt]
**Agentur** agency
**Agglomeration** CH (*Ballungsraum*) conurbation
**ähneln** be like, resemble; **sie ähneln sich sehr** they are very alike
**ahnen** foresee, know; **das konnte ich doch nicht ahnen!** I couldn't be expected to know that!
**ähnlich** similar; **jemandem ähnlich sehen** resemble someone; **das sieht ihm ähnlich** (*umgangsspr*) that is just like him
**Ähnlichkeit** similarity; **mit etwas Ähnlichkeit haben** resemble something
**Ahnung** 1 (*Vorgefühl*) presentiment
2 (*Wissen*) idea; **hast du eine Ahnung!** [a] fat lot you know about it!; **keine Ahnung!** no idea!
**ahnungslos** unsuspecting
**Ahorn** (*Laubbaum*) maple [tree]
**Aids, AIDS** *Abkürzung von* **Acquired Immune Deficiency Syndrome** aids, AIDS
**Akademie** academy
**Akademiker(in)** (*Hochschulabsolvent*) university graduate
**akademisch** academic
**Akkord** 1 (*Musik*) chord
2 (*Stücklohn*) piece rate; **im Akkord arbeiten** do piecework
**Akkordeon** (*Musik*) accordion
**akkurat** precise
**Akkusativ** (*Grammatik*) accusative
**Akne** acne
**Akrobat(in)** acrobat
**akrobatisch** acrobatic
**Akt** 1 (*Tat*) act, action
2 (*im Theater*) act
3 (*Malerei*) nude
4 Ⓐ (*Akte*) file, record
**Akten** files, records; **zu den Akten legen** file away
**Aktentasche** brief-case
**Aktie** share; **in Aktien anlegen** invest in shares
**Aktiengesellschaft** public limited company
**Aktion** 1 action; (*Einsatz*) operation; **in Aktion treten** go into action
2 **das war eine geniale Aktion!** (*umgangsspr*) that was a great event
**aktiv** active
**aktivieren** 1 (*chemisch*) activate
2 (*in Bewegung setzen*) get moving
**Aktivität** activity
**aktualisieren** update
**Aktualität** topicality; **Aktualitäten** current events
**Aktuar(in)** CH (*Schriftführer*) secretary
**aktuell** 1 relevant; *Frage, Thema:* topical; **das ist nicht mehr aktuell** that's no longer relevant
2 (*gegenwärtig*) *Problem, Thema:* current

> **! Vorsicht Falle** Das englische Wort **actual** bedeutet ‚wirklich, tatsächlich': *We call her J-J, but her actual name is Julie-Jane.* Das deutsche ‚aktuell' heißt im Englischen dagegen **current**: *his current girfriend is called Rachel; the current political situation in Afghanistan is unstable.*

**Akustik** acoustics ⚠ *Plural*
**akustisch** acoustic; **ich habe Sie akustisch nicht verstanden** I didn't catch what you said
**akut** 1 (*medizinisch*) acute
2 (*vordringlich*) urgent
**Akzent** (*sprachlich*) accent
**akzeptieren** accept
**Alarm** alarm; **Alarm schlagen** sound the alarm
**Alarmanlage** alarm system
**alarmieren** alert
**albern** (*kindisch*) silly
**Albtraum** nightmare
**Album** album
**Alge** alga ['ælgə], ⚠ *Plural* algae ['ældʒiː]
**Algebra** (*Mathematik*) algebra ['ældʒɪbrə]
**Alibi** alibi ['ælɪbaɪ]
**Alkohol** alcohol
**alkoholfrei** non-alcoholic; **alkoholfreie Getränke** soft drinks
**Alkoholiker(in)** alcoholic
**Alkoholismus** alcoholism
**All** space; (*in der Philosophie*) universe
**alle** **alle werden** run out
**alle(r, s)** 1 all; **alle Eltern sind willkommen** all parents are welcome
2 (*bestimmte Menge, Anzahl*) **alle Schüler in der Klasse 6c** all the pupils in form 6c; **alles Geld der Welt** all the money in the world; **alle meine Bücher** all [of] my books

❸ everything; **alles, was Sie wollen** anything you like; **alles, was …** all that …
❹ **alle 2 Tage** every other day; **alle 8 Tage** once a week
❺ (*substantivisch:* ⚠ *im Englischen oft verneint*) **wir haben alle kein Geld mehr** none of us have any money left; **sie haben mir alle nicht gefallen** I didn't like any of them
▶ IN WENDUNGEN: **auf alle Fälle** in any case; **vor allem** above all; **ein für allemal** once and for all; **alles in allem** on the whole; **was soll das alles?** what's all this about?; **was es nicht alles gibt!** well, now I've seen everything!

**Allee** avenue

**allein** ❶ alone; (*einsam*) lonely
❷ **eine allein erziehende Mutter** a single mother; **allein stehend** single
❸ (*selbstständig*) **das habe ich alleine gemacht** I did that by myself; **von allein** by oneself; **das Gerät ist von alleine ausgegangen** the machine switched off by itself; **das weiß ich von allein!** you don't have to tell me that!

**allerdings** ❶ (*aber*) but
❷ **allerdings!** certainly!

**Allergie** (*medizinisch*) allergy

**allergisch** allergic (**gegen** to)

**allerlei** all sorts of [things]

**allerletzte**(**r**, **s**) very last

**allerneueste**(**r**, **s**) very latest

**allerwenigst** least of all; **das wissen die Allerwenigsten** very few people know that

**allfällig** (CH) ❶ (*eventuell*) possible
❷ (*gegebenenfalls*) possibly

**allgemein** general; **im Allgemeinen** generally, in general

**Allgemeinbildung** general education

**Allgemeinheit** general public

**allmählich** gradual

**Alltag** everyday life

**alltäglich** (*gewöhnlich*) everyday

**allzu** **allzu oft** much too often; **allzu sehr** too much; **allzu viel** too much

**Alpen** **die Alpen** the Alps

**Alphabet** alphabet

**alphabetisch** alphabetical

**Alptraum, Albtraum** nightmare

**als** ❶ (*nach Komparativen*) than; **sie ist schöner/größer als Helen** she is prettier/taller than Helen
❷ (*bei Vergleich*) **soweit als möglich** as far as possible
❸ (*in Modalsätzen*) as if [*oder* though]; **es sieht so aus, als würde es regnen** it looks as though it might rain
❹ (*temporal*) when; **gerade, als …** just as …
❺ (*in der Eigenschaft*) **als Beweis** as proof; **als Kind** as a child
❻ **alles andere als …** anything but …

**also** ❶ so; **dir geht es also besser** so you are feeling better; **also doch** so … after all; **du gehst also doch?** so you are going after all?
❷ (*als Füllwort*) well; **also gut!** well all right then!; **also nein!** oh no!; **also so eine Frechheit!** what a cheek!
❸ (*daher*) so, therefore; **sie bat mich darum, also bin ich gegangen** she asked me to, [and] so I left

**alt** ❶ *Person:* old; **wie alt bist du?** how old are you?; **ich bin siebzehn Jahre alt** I'm seventeen years old
❷ (*historisch*) ancient; *Sprachen:* classical

> **? Grammatik** Man kann **senior to** oder **older than** für „älter als" sagen: *Tom is five years senior to me* oder *Tom is five years older than me.*

**Altar** altar

**Altenheim** old people's home

**Alter** age; **im Alter von …** at the age of …; **das ist doch kein Alter!** that's no age at all!

**altern** *Mensch:* get older

**alternativ** ❶ alternative; (*in der Politik*) unconventional
❷ (*umweltbewusst*) ecologically minded

**Alternativ-** (*in Zusammensetzungen*) alternative

**Alternative** alternative

**Altersasyl** (CH) (*Altersheim*) old people's home

**Altersgruppe** age group

**Altersheim** old people's home

**Altersversorgung** provision for old age

**Altglascontainer** bottle bank

**Altjahresabend** (CH) (*Silvester*) New Year's Eve

**altmodisch** old-fashioned

**Altpapier** wastepaper

**Aluminium** aluminium (GB), aluminum (USA)

**am** ❶ (*Zeitangabe*) **am 1. November** on November 1st; **Frankfurt am Main** Frankfurt on the Main; **am Abend** in the evening; **am Anfang** at the beginning; **am Tag darauf** on the following day
❷ (*räumlich, örtlich*) on the; **am Fluss/Meer** by the river/sea; **am Eingang** at the entrance; **am Lager** in stock
❸ (*zur Bildung des Superlativs*) **am besten** best; **er war am tapfersten** he was [the] bravest; **am liebsten gehe ich Inline-Skaten** I like

going rollerblading best
4 (*umgangsspr: Verlauf*) **ich war am Arbeiten, als er anrief** I was working when he called; **sie war gerade am Weggehen** she was just about to leave
5 (*Zustand*) **am Leben** alive

**Amateur(in)** amateur

**Ameise** ant

**Amerika** America; **die Vereinigten Staaten von Amerika** the United States of America

**Amerikaner(in)** American

**Ammann** (CH) 1 mayor
2 (*Beamter des Gerichts*) local magistrate

**Amnestie** (*in der Politik*) amnesty

**Ampel** traffic lights ⚠ *Plural*

**amputieren** amputate

**Amsel** blackbird

**Amt** 1 (*öffentliches*) office
2 (*Aufgabe*) duty, task
3 (*Behörde*) department
4 (*Telefonamt*) exchange

**amtlich** official; **amtliches Kennzeichen** registration number (GB), license number (USA)

**Amtsentsetzung** (A) dismissal from office

**Amtszeit** period of office

**amüsant** amusing

**amüsieren** 1 amuse
2 **sich amüsieren** enjoy oneself
3 **sich über etwas amüsieren** find something funny

**an** 1 (*räumlich*) to; **sie ging ans Fenster** she went to the window; **ans Telefon gehen** answer the phone
2 (*auf*) on; **sie hatte etwas an ihrer Jacke** she had something on her jacket
3 (*zeitlich*) on; **an einem Dienstag** on a Tuesday; **an diesem Abend** that evening; **es ist an der Zeit** the time has come
4 (*Grund*) **jemanden an etwas erkennen** recognize someone by something; **an etwas schuld sein** be to blame for something
5 (*etwa*) **an die 500 Schüler** about five hundred pupils
6 **von nun an** from now on
7 (*Ankunft*) **Heidelberg an 16.25** arriving Heidelberg 16:25

**Analphabet(in)** illiterate [ɪ'lɪtᵊrət]

**Analyse** analysis [ə'næləsɪs]

**analysieren** analyze [ænᵊlaɪz]

**Ananas** pineapple ['paɪnæpl]

**Anatomie** anatomy [ənætəmi]

**anatomisch** anatomical [ænə'tɒmɪkl]

**Anbau** 1 (*Gebäude*) extension
2 (*landwirtschaftlich*) cultivation

**anbauen** 1 add, build on *Gebäude*
2 (*landwirtschaftlich*) cultivate, grow

**anbelangen** concern; **was mich/das anbelangt …** as far as I am/that's concerned …

**anbeten** 1 (*religiös*) worship
2 (*übertragen*) adore

**anbieten** 1 **jemandem etwas anbieten** offer someone something, offer something to someone
2 *Mensch:* offer one's services
3 *Gelegenheit:* present itself

**anbinden** 1 tie [up]
2 **kurz angebunden sein** be curt

**Anblick** sight

**Anbot** (A) offer

**anbrennen** *Essen:* get burnt; **etwas anbrennen lassen** burn something

**anbringen** 1 (*installieren*) install
2 make *Bitte, Beschwerde* (**bei** to)

**andauern** continue

**andauernd** (*ständig*) continuous; (*anhaltend*) continual; **jemanden andauernd unterbrechen** keep on interrupting someone; **sie erhielt andauernd Anrufe** she kept getting phonecalls

**Andenken** 1 memory; **zum Andenken an …** in memory of …
2 (*Gegenstand*) keepsake (**an** from); (*von einer Reise*) souvenir

**andere** 1 (*verschieden*) different; **ein anderer Mann/eine andere Bluse** a different man/blouse; (*noch eine(r)*) another man/blouse; **das ist etwas Anderes** that is different; **ein anderes Mal** another time
2 (*folgend*) **am anderen Morgen** the next morning
3 (*substantivisch: Person*) **ein anderer/eine andere** a different person; **jeder andere/kein anderer** anyone/no-one else; (*Sache*) a different one
4 **nichts anderes** nothing else; **nichts anderes als** nothing but; **alles andere als** anything but
5 **unter anderem** among other things *Plural*
6 **einer nach dem anderen** one at a time

**andererseits** on the other hand

**ändern** 1 (*wechseln*) change; **ich kann es nicht ändern** I can't do anything about it
2 **sich ändern** change

**andernfalls** otherwise

**anders** 1 differently; **ich hätte es anders gemacht** I would have done it differently
2 **jemand anders** someone else
3 **es sich anders überlegen** change one's

mind
4 **es geht nicht anders** there's no other way
**andersherum** the other way round
**anderswo** elsewhere
**anderthalb** one and a half
**Änderung** alteration, change
**andeuten** **[jemandem] etwas andeuten** (*erkennen lassen*) indicate something [to someone]; (*zu verstehen geben*) hint something [to someone]
**Andeutung** **eine Andeutung über etwas machen** hint at something
**Andrang** *von Menschen:* crowd, rush; *von Blut:* rush
**andrehen** 1 turn on *Gas*
2 **jemandem etwas andrehen** palm something off on someone
**aneignen** **sich etwas aneignen** acquire something; (*widerrechtlich*) appropriate something
**aneinander** each other; **sich aneinander gewöhnen** get used to each other
**anekeln** disgust
**anerkennen** 1 recognize, acknowledge
2 (*lobend*) appreciate; **ein anerkennender Blick** an appreciative look
**anfahren** 1 *Auto:* start; *Zug:* pull up
2 (*zusammenstoßen*) run into
3 **jemanden anfahren** shout at someone
**Anfahrt** (*Reise*) journey
**Anfall** (*medizinisch*) attack; (*epileptisch*) fit; **in einem Anfall von …** in a fit of …
**anfallen** 1 **jemanden anfallen** attack someone
2 *Kosten:* arise
**anfällig** 1 (*gesundheitlich*) delicate
2 **für etwas anfällig sein** be susceptible to something
**Anfang** beginning; **Anfang Mai** at the beginning of May; **für den Anfang** for the present; **von Anfang an** right from the beginning; **den Anfang machen** begin, start, make a start
**anfangen** begin, start; **von vorn anfangen** begin [*oder* start] again; **fang nicht wieder damit an!** don't start all that again!; **ich weiß nicht, was ich damit anfangen soll** I don't know what to do with it
**Anfänger(in)** beginner
**anfänglich** 1 *Schwierigkeiten:* initial
2 (*zunächst*) at first
**anfangs** at first
**Anfangsbuchstabe** first letter; **großer Anfangsbuchstabe** capital initial
**anfassen** touch
**anfechten** contest; appeal against *Urteil;* dispute *Vertrag*
**anfertigen** make
**anflehen** implore (**um** for)
**Anflug** *eines Flugzeugs:* approach
**anfordern** request
**Anforderung** demand; **hohe Anforderungen an jemanden stellen** demand a lot of someone; **den Anforderungen genügen** be able to meet the demands
**Anfrage** 1 inquiry
2 (*Informatik*) query
**anfragen** inquire (**bei** of)
**anfreunden** **sich mit jemandem anfreunden** make friends with someone; **sich mit etwas anfreunden** get to like something
**anführen** 1 (*als Führer*) lead
2 (*zitieren*) cite, quote, give *Beispiel*
**Anführer** leader; (*Anstifter*) ringleader
**Anführungszeichen** inverted commas, quotation marks
**Angabe** 1 (*Aussage*) statement
2 (*Auskunft*) information ⚠ *kein Plural*
3 **nähere** [*oder* **genauere**] **Angaben** details, particulars
4 **Angaben zur Person** personal details
**angeben**[1] 1 (*nennen*) give; **Gründe angeben** state reasons
2 (*behaupten*) maintain
**angeben**[2] (*prahlen*) boast, show off
**Angeber(in)** show-off
**angeblich** 1 so-called
2 **er hat angeblich Geld gestohlen** he allegedly stole money
**Angebot** offer; *von Waren:* supply; **Angebot und Nachfrage** supply and demand
**angebracht** (*sinnvoll*) reasonable
**angebrannt** burnt
**angehen** (*betreffen*) concern; **das geht Sie nichts an!** that's none of your business!; **was geht das mich an?** what's that got to do with me?; **was mich angeht …** for my part …
**angehören** be a member of
**Angehörige(r)** relative
**Angeklagte(r)** accused, defendant
**Angel** (*Fischangel*) rod and line (GB), fishing pole (USA)
**Angelegenheit** matter; **kümmere dich um deine eigenen Angelegenheiten!** mind your own business!
**angeln** **angeln gehen** go fishing; **nach etwas angeln** fish for something
**angeloben** (A) swear in
**Angelobung** (A) swearing in
**Angelrute** fishing rod

**angemessen** appropriate; *Preis:* reasonable
**angenehm** agreeable, pleasant; **angenehme Reise!** have a pleasant journey!
**angenommen** **angenommen, dass …** assuming that …
**angesehen** respected
**angesichts** in view of, considering
**Angestellte(r)** employee
**angetan** **von jemandem/etwas angetan sein** be impressed by s.o/something; **es jemandem angetan haben** appeal to someone
**angewiesen** **angewiesen sein auf** be dependent on
**angewöhnen** get accustomed to
**Angewohnheit** habit; **die Angewohnheit haben etwas zu tun** be in the habit of doing something
**Angler(in)** angler
**Anglistik** (*Studienfach*) English philology
**angreifen** 1 (*feindlich*) attack
2 (*schwächen*) weaken; (*beeinträchtigen*) affect
**Angriff** attack (**auf** to); **etwas in Angriff nehmen** tackle something
**Angst** anxiety (**um** about); (*Furcht*) fear (**vor** of); **vor etwas Angst haben** be afraid of something; **um jemanden Angst haben** be anxious about someone; **keine Angst!** don't worry!
**ängstlich** (*angstvoll*) anxious
**angurten** fasten one's seat belt
**anhaben** 1 *Kleidungsstücke:* have on, wear
2 (*beeinträchtigen*) **sie können mir nichts anhaben** they can't touch me
**anhalten** 1 stop; **die Luft anhalten** hold one's breath; **jemanden zu etwas anhalten** encourage someone to do something
2 (*stehen bleiben*) stop
3 (*andauern*) last
**anhaltend** incessant
**Anhalter(in)** hitch-hiker; **per Anhalter fahren** hitch-hike
**Anhang** 1 appendix
2 (*umgangsspr: Familie*) family
**anhängen** 1 (*hinzufügen*) add
2 (*Informatik*) attach
3 **jemandem etwas anhängen** (*umgangsspr*) blame something on someone
**Anhänger** 1 (*Person*) follower, supporter
2 (*Schmuckstück*) pendant
3 (*Auto*) trailer
**anhänglich** affectionate
**anheben** 1 raise *Gehalt*
2 (*hochheben*) lift up
**Anhieb** **auf Anhieb** (*umgangsspr*) straight away [*oder* off]
**anhören** 1 listen to
2 (*erhören*) **jemanden/jemand's Bitte anhören** hear someone/someone's plead
3 **das hört sich ja gut an!** that sounds good!
**animieren** encourage
**Ankauf** purchase
**Anker** anchor
**anketten** chain up (**an** to)
**Anklage** 1 (*juristisch*) charge; **gegen jemanden Anklage erheben** bring charges against someone
2 (*Staatsanwalt*) prosecution
**anklagen** charge (**wegen** with); **jemanden anklagen etwas getan zu haben** accuse someone of having done something
**Anklang** **[bei jemandem] Anklang finden** be well received [by someone], meet with approval [from someone]
**anklopfen** knock (**an** at)
**anknüpfen** 1 tie on (**an** to)
2 (*übertragen*) start up; **an etwas anknüpfen** take something up
**ankommen**[1] 1 arrive; **ich komme um 8:30 an** I arrive at 8:30
2 (*bei Bewerbungen*) be taken on (**bei** by)
3 (*Anklang finden*) go down (**bei** with); **bei jemandem ankommen** (*umgangsspr*) have success with someone
**ankommen**[2] 1 (*wichtig sein*) **es kommt darauf an, wie schnell man ist** it depends on how fast you are
2 **es darauf ankommen lassen** chance it
**ankündigen** announce
**Ankündigung** announcement
**Ankunft** arrival; **bei Ankunft** on arrival
**ankurbeln** (*übertragen*) boost
**anlächeln** **jemanden nett/fies anlächeln** give someone a nice/evil smile
**Anlage** 1 (*Fabrik*) plant
2 (*Park*) public park, gardens ⚠ *Plural*
3 (*Stereoanlage*) system
4 (*im Finanzwesen*) investment
5 **als Anlage erhalten Sie …** enclosed please find …
**Anlass** 1 (*Ursache*) cause (**zu** for); **es besteht kein Anlass** there is no reason; **beim geringsten Anlass** for the slightest reason
2 (*Gelegenheit*) occasion; **etwas zum Anlass nehmen zu …** use something as an opportunity to …
**anlassen** 1 (*in Gang setzen*) start *Auto*

2 (*nicht ausziehen*) keep on *Kleidung, Hut*
3 leave on *Gerät*
**anlässlich** on the occasion of
**Anlauf** **einen Anlauf nehmen** take a run-up; **erst beim zweiten Anlauf** only at the second go
**anlaufen** 1 *Film:* open
2 (*beschlagen*) *Glas:* steam up; *Metall:* tarnish
**anlegen** 1 (*räumlich*) lay (**an** next to)
2 (*anziehen*) don
3 invest *Geld*
4 start *Kartei*
▶ In Wendungen: **sich mit jemandem anlegen** pick a quarrel with someone
**anlehnen** 1 lean (**an** against); **die Tür anlehnen** leave the door ajar
2 **sich an etwas anlehnen** follow something
**anleiten** instruct
**Anleitung** (*auch tech*) instructions ⚠ *Plural;* **unter Anleitung von ...** under the guidance of ...
**anlocken** attract *auch Kunden;* lure *Tiere*
**anmachen** 1 (*befestigen*) put up (**an** on)
2 dress *Salat*
3 turn on *Licht, Radio*
4 (*ansprechen*) chat up
5 (*umgangsspr: erregen*) turn on
6 light *Feuer*
**anmaßend** presumptuous
**anmelden** 1 **sich anmelden** announce one's arrival
2 (*für einen Kurs*) **sich/jemanden anmelden** enrol oneself/someone (**für** for); **jemanden bei einer Schule anmelden** enrol someone at a school
**Anmeldung** 1 (*Ankündigung*) announcement
2 (*zu einem Kurs*) enrolment
**anmerken** 1 (*bemerken*) say
2 (*schriftlich*) note
3 **sich nichts anmerken lassen** keep a straight face
**Anmerkung** 1 (*schriftlich*) note
2 (*Bemerkung*) remark
**anmutig** graceful
**annähen** sew on (**an** to)
**annähernd** 1 approximate
2 (*etwa*) about, approximately; **nicht annähernd so viel ...** not nearly as much ...
**Annäherung** approach (**an** towards)
**Annahme** acceptance; (*Vermutung*) assumption
**annehmbar** acceptable (**für** to); *Preis:* reasonable
**annehmen** 1 accept *Angebotenes*
2 (*aufnehmen*) take
3 (*vermuten*) presume, assume; **ich nehme an, er wollte ins Kino** I presume he wanted to go to the cinema; **etwas von jemandem annehmen** expext something of someone
4 **sich einer Sache annehmen** see to a matter
**Annonce** advertisement
**anonym** anonymous
**Anorak** anorak
**anordnen** 1 (*aufstellen*) arrange
2 (*befehlen*) order
**anpacken** 1 (*anfassen*) grab
2 (*übertragen*) tackle; **kannst du mal mit anpacken?** can you lend me a hand?
**anpassen** 1 (*technisch*) fit [to]
2 **sich an etwas anpassen** adapt oneself to something
**anpassungsfähig** adaptable
**anpflanzen** grow
**anprangern** denounce
**anprobieren** try on
**Anrainer(in)** Ⓐ [local] resident
**anrechnen** 1 (*berechnen*) charge
2 (*gutschreiben*) take into account
3 **jemandem etwas hoch anrechnen** think highly of someone for something
**anregen** 1 (*stimulieren*) stimulate
2 (*ermuntern*) prompt (**zu** to)
**anregend** stimulating; (*körperlich*) envigorating
**Anregung** (*Vorschlag*) idea; **auf Anregung von** on the suggestion of
**anreichern** 1 (*auch übertragen*) enrich
2 (*vergrößern*) enlarge
**Anreiz** incentive
**anrichten** 1 prepare *Mahlzeit*
2 (*verursachen*) bring about
**anrüchig** notorious
**Anruf** call
**Anrufbeantworter** answerphone
**anrufen** phone, ring (GB), call (USA)
**anrühren** mix *Farbe;* blend *Sauce*
**ansagen** 1 announce
2 **angesagt sein** (*modisch*) be in fashion; *Lokal, Disco:* be the place to go; (*erforderlich*) be the thing to do
**Ansager(in)** (*Radio*) announcer
**ansammeln** accumulate; *Vorräte:* build up
**Ansatz** (*Philosophie*) approach
**anschaffen** 1 (*kaufen*) buy, purchase
2 (*slang*) *Prostituierte:* be on the game
**Anschaffung** acquisition
**anschalten** switch on *Gerät, Fernseher*
**anschauen** look at
**anschaulich** (*klar*) clear, graphic; (*lebendig*)

vivid; *Beispiel:* concrete

**Anschein** appearance; **allem Anschein nach** to all appearances ⚠ *Plural;* **sich den Anschein geben** pretend to be

**anscheinend** apparently

**Anschlag** (*Mordversuch*) murderous attempt

**anschließen** ① (*technisch*) connect ② **sich jemanden anschließen** join someone ③ **ich schließe mich Ihnen/Ihrer Meinung an** I share your opinion

**Anschluss** ① (*Bahn*) connection; **Anschluss haben nach ...** *Bahn:* have a connection to ... ② (*Telefonanschluss*) telephone ③ **im Anschluss an** following

**anschnallen** ① fasten *Sicherheitsgurt;* clip on *Skier* ② **sich anschnallen** fasten one's seat belt

**anschneiden** ① cut ② touch on *Thema*

**anschreiben** ① (*an Tafel*) chalk something up ② (*auf Kredit anschreiben*) chalk up; **anschreiben lassen** (*umgangsspr*) buy on tick

**anschreien** shout at

**Anschrift** address

**Ansehen** (*Achtung*) reputation; **an Ansehen verlieren** lose credit

**ansehen** ① look at ② (*besichtigen*) have a look at; **sich etwas genau ansehen** take a close look at something ③ **das sieht man ihr nicht an** she doesn't look it ④ watch *Fernsehprogramm, Film* ▶IN WENDUNGEN: **sieh mal [einer] an!** well, I never!

**ansehnlich** (*beträchtlich*) considerable; **ein ansehnlicher Betrag** a tidy sum

**ansetzen** (*übertragen: bestimmen*) fix; (*veranschlagen*) estimate *Betrag;* put on *Fett, Pfunde*

**Ansicht** (*übertragen*) opinion; **meiner Ansicht nach** in my opinion

**Ansichtskarte** picture [post]card

**ansiedeln** **sich irgendwo ansiedeln** settle somewhere; *Firma:* establish itself somewhere

**Anspannung** strain

**anspielen** ① (*Fußball*) kick off ② **auf etwas anspielen** allude to something

**Anspielung** allusion (**auf** to)

**Ansprache** address

**ansprechen** ① speak to (**auf** about); **ein Mann hat mich in der Straße angesprochen** a man approached me in the street ② (*gefallen*) appeal to; **das spricht mich nicht so an** that doesn't appeal to me much ③ (*reagieren*) respond (**auf** to)

**ansprechend** attractive

**anspringen** *Auto:* start

**Anspruch** ① (*Recht*) claim (**auf** to); **auf etwas Anspruch haben** have a right to something ② **jemanden völlig in Anspruch nehmen** take up all of someone's time

**anspruchsvoll** (*viel verlangend*) demanding; (*hohe Anforderungen stellend*) ambitious

**Anstalt** institution

**Anstand** **keinen Anstand haben** have no manners ⚠ *Plural*

**anständig** (*auch übertragen*) decent; (*umgangsspr*) *Essen auch:* square

**anstarren** stare at

**anstatt** instead of

**anstecken** ① **sie hat mich mit ihrer Erkältung angesteckt** she's given me her cold ② **ich habe mich bei James angesteckt** I got it from James

**ansteckend** contagious, infectious *auch übertragen*

**anstehen** ① (*Schlange stehen*) queue [up] (GB), line up (USA) (**nach** for) ② **was steht noch an?** what's left on the agenda?

**ansteigen** rise, go up

**anstelle** instead (**von** of)

**anstellen** ① turn on *Radio, Gerät* ② (*einstellen*) employ ③ (*machen*) manage; **wie stellt sie das nur an?** how does she manage it? ④ **sich anstellen** (*in Schlange*) queue up (**für** for) ⑤ **sich anstellen** (*sich verhalten*) act up; **stell dich nicht so an!** don't make such a fuss!

**Anstellung** employment; **eine feste Anstellung** a permanent position

**anstiften** incite

**Anstoß** ① (*im Sport*) kick-off ② **Anstoß erregen** cause offence

**anstoßen** (*mit Gläsern*) touch glasses; **auf etwas anstoßen** drink to something

**Anstößer(in)** (CH) [local] resident

**anstößig** offensive

**anstreichen** ① (*markieren*) mark ② (*mit Farbe*) paint

**Anstreicher(in)** painter

**anstrengen** ① strain; **sein Gedächtnis anstrengen** rack one's brains ⚠ *Plural* ② **sich anstrengen** make an effort

**anstrengend** ① strenuous; **das ist anstrengend für die Augen** it's a strain on the eyes ② *Mensch:* difficult

**Anstrengung** effort; (*groß*) strain; **große**

**Anstrengungen machen** make every effort ⚠ *Singular*

**Ansturm** rush

**ansuchen** Ⓐ **bei jemandem um etwas ansuchen** ask somebody for something, apply to somebody for something

**Antarktis** Antarctic

**antarktisch** antarctic

**antasten** question *Rechte*

**Anteil** 1 share (**an** of)
2 **an etwas Anteil nehmen** take [*oder* show] an interest in something; (*mitfühlend sein*) be sympathetic over something

**Anteilnahme** interest (**an** in); (*Mitgefühl*) sympathy (**an** with)

**Antenne** (*Radio*) aerial

**Antibiotikum** (*medizinisch*) antibiotic

**antik** 1 *Möbel:* antique
2 (*aus der Antike*) ancient

**Antiquitäten** antiques

**antönen** Ⓐ (*andeuten*) hint

**Antrag** application; **einen Antrag auf etwas stellen** make an application for something; (*im Parlament*) propose a motion for something; **auf Antrag von** at the request of

**antreffen** 1 find; (*zufällig*) come across
2 **jemanden irgendwo antreffen** meet someone somewhere

**antreiben** (*drängen*) urge

**antreten** 1 begin *Reise;* take up *neue Stelle*
2 (*im Sport*) **gegen jemanden antreten** compete against someone

**Antrieb** 1 (*übertragen*) drive; (*plötzlicher*) impetus
2 *von Auto, Maschine:* drive
3 **aus eigenem Antrieb** on one's own initiative

**antun** 1 do; **warum tust du dir/mir das an?** why are you doing this to yourself/me?
2 **tun Sie sich keinen Zwang an!** don't stand on ceremony!

**Antwort** answer, reply; **jemandem eine Antwort geben** reply to someone; **als Antwort auf etwas** in response to something

**antworten** answer, reply; **auf etwas antworten** answer something

**anvertrauen** **jemandem etwas anvertrauen** entrust someone with something; (*übertragen*) confide something to someone

**Anwalt**, **Anwältin** lawyer; (*übertragen*) advocate

**anweisen** (*anleiten*) instruct

**Anweisung** 1 (*Anleitung*) instructions ⚠ *Plural*
2 (*Anordnung*) instruction; **auf Anweisung von ...** on the instructions of ...

**anwenden** use (**auf** on)

**Anwendung** 1 use
2 (*in der informatik*) application

**anwesend** present

**Anwesenheit** presence; **in Anwesenheit von ...** in the presence of ...

**anwidern** disgust; **es widert mich an** it makes me feel sick

**Anzahl** number; **die Anzahl der Leute** the number of people

**Anzahlung** deposit; **eine Anzahlung auf etwas machen** pay a deposit on something

**Anzeige** 1 (*bei der Polizei*) report (**wegen** of)
2 (*in der Zeitung*) advertisement
3 (*Bildschirmanzeige*) display

**anzeigen** 1 **jemanden anzeigen** report someone to the police
2 **etwas anzeigen** (*auf Skala*) indicate something

**anziehen** 1 put on *Kleidung*
2 (*technisch*) tighten *Schraube*
3 attract *Staub*
4 **sich anziehen** get dressed
5 *Preise:* go up

**Anziehungskraft** 1 (*physisch*) force of attraction
2 (*übertragen*) appeal

**Anzug** suit

**anzünden** light *Feuer, Streichholz;* set on fire *Gebäude*

**aper** Ⓒⓗ (*schneefrei*) snowless

**Apfel** apple

**Apfelsine** orange

**Apostroph** apostrophe [əˈpɒstrəfi]

**Apotheke** chemist's [shop] [kemɪsts [ʃɒp]] Ⓖⓑ, pharmacy [ˈfɑːməsi] Ⓤⓢⓐ

**Apotheker(in)** chemist [ˈkemɪst], pharmacist [ˈfɑːməsɪst], druggist [ˈdrʌgɪst] Ⓤⓢⓐ

**Apparat** 1 (*auch übertragen*) apparatus [æpəˈreɪtəs]
2 (*Vorrichtung*) appliance [əpˈlaɪəns]
3 (*Gerät*) set
4 (*Telefon*) telephone; **am Apparat!** speaking!; **bleiben Sie am Apparat!** hold the line, please!

**Appell** appeal

**Appellation** Ⓒⓗ **in die Appelation gehen** appeal [əˈpiːl]

**appellieren** appeal (**an** to)

**Appetit** appetite (**auf** for); **Appetit bekommen** get an appetite; **Appetit auf etwas haben** feel like something

**i Land & Leute** Die Briten kennen keinen entsprechenden Ausdruck für *„Guten Appetit"* oder

*„Mahlzeit"*. Den Wunsch *„Enjoy your meal"* bekommt man nur in einem Restaurant zu hören. Zu Hause sagt man allenfalls *„Bon appétit!"*

**appetitlich** appetizing
**applaudieren** applaud
**Applaus** applause
**Aprikose** apricot
**April** April; **der 1. April** April Fools' Day; **April, April!** April fool!
**Aquarell** watercolour
**Äquator** equator
**Ära** era
**Araber** Arab
**Araberin** Arabian woman
**arabisch** Arabic
**Arbeit** 1 work; **an die Arbeit gehen** get down to work
2 (*Lohnarbeit*) labour
3 (*Stellung, Job*) job; **ohne Arbeit sein** be out of work
4 (*Klassenarbeit*) test; (*Aufsatz*) Essay; **eine Arbeit schreiben** (*Klassenarbeit*) do a test; **eine Arbeit über etwas schreiben** (*Aufsatz*) write an essay on something

? **Grammatik** Im Englischen gibt es mehrere Begriffe für die berufliche Arbeit. **Work** bedeutet die Arbeit, die man ausübt, um Geld zu verdienen: *I enjoy my work as a technician.* **Work** bedeutet auch der Ort, wo man beruflich arbeitet: *you can call me at work.* Das Wort **work** wird im Übrigen nie mit **a** verwendet! Wenn man über eine Stelle spricht, verwendet man **job:** *he lost his job last week; I'm looking for a job in marketing.* Auf Formularen und Ämtern wird für die Berufsbezeichnung oft das Wort **occupation** benutzt.

**arbeiten** 1 work (**an** on)
2 (*technisch*) operate; (*laufen*) run
**Arbeiter(in)** worker; (*ungelernter*) labourer
**Arbeitgeber(in)** employer
**Arbeitnehmer(in)** employee
**Arbeitsamt** job centre (GB)
**Arbeitsbedingungen** working conditions
**Arbeitsbeschaffungsmaßnahme** job-creation scheme, job scheme
**Arbeitskleidung** working clothes ⚠ *Plural*
**Arbeitskräfte** labour ⚠ *Singular*
**arbeitslos** out of work, unemployed
**Arbeitslose(r)** unemployed person
**Arbeitslosigkeit** unemployment
**Arbeitsplatz** 1 (*im Betrieb*) workplace
2 (*Stelle*) job
**Arbeitstag** working day
**Arbeitszeit** working hours ⚠ *Plural;* **gleitende** [*oder* **variable**] **Arbeitszeit** flexible working hours ⚠ *Plural,* flexitime *umgangsspr*
**Arbeitszimmer** study
**Archäologe(in)** archaeologist
**Archäologie** archaeology
**Architekt(in)** architect
**Architektur** architecture
**Archiv** archives ⚠ *Plural*
**Arena** arena; (*Zirkusarena*) ring
**arg** 1 (*böse*) wicked
2 (*stark, schlimm*) terrible; **mein ärgster Feind** my worst enemy
3 (*sehr*) awfully, very
**Ärger** 1 (*Wut*) anger
2 (*Unannehmlichkeit*) trouble; **jemandem Ärger machen** cause someone a lot of trouble; **Ärger kriegen** get into trouble; **mach keinen Ärger!** (*umgangsspr*) cool it!; **so ein Ärger!** what a nuisance!
**ärgerlich** 1 (*verärgert*) annoyed, cross
2 (*Ärger erregend*) annoying; **das ist ärgerlich** that is a nuisance
**ärgern** 1 annoy, irritate
2 (*belästigen*) pester
3 **sich über etwas ärgern** get annoyed about something; **sich über jemanden ärgern** get angry with someone
**Argument** argument
**argumentieren** argue
**Aristokrat(in)** aristocrat
**aristokratisch** aristocratic
**Arktis** Arctic
**arktisch** arctic; (*Kaltluft*) polar
**Arm** 1 (*anatomisch*) arm; **jemanden in den Arm nehmen** take someone in one's arms ⚠ *Plural,* give someone a hug *umgangsspr*
2 *von Leuchter:* branch
▶ IN WENDUNGEN: **jemanden auf den Arm nehmen** pull someone's leg *umgangsspr,* take someone for a ride *umgangsspr*
**arm** 1 poor; **die Armen** the poor
2 **arm dran sein** (*umgangsspr*) have a hard time of it
**Armband** 1 *von Uhr:* strap
2 (*Schmuckstück*) bracelet
**Armbanduhr** wrist watch
**Armee** army; **bei der Armee sein** be in the army
**Ärmel** sleeve
**Ärmelkanal** [English] Channel

**Armlehne** armrest
**ärmlich** 1 poor
2 *Kleidung:* shabby
3 *Verhältnisse:* humble
**armselig** 1 (*elend*) miserable
2 *Ausrede:* pathetic
**Armut** poverty
**Aroma** 1 (*Duft*) aroma
2 (*Geschmack*) flavour
**arrogant** arrogant ['ærəgənt]
**Arroganz** arrogance ['ærəgəns]
**Art** 1 (*Sorte*) kind, sort, type
2 (*biol*) species *Singular, Plural* species
3 (*Benehmen*) behaviour
4 (*Wesen*) nature; **das ist eigentlich nicht seine Art** he's not usually like this; **es ist eigentlich nicht seine Art, …** it's not like him to …
5 (*Methode*) way; **auf diese Art** [in] this way; **auf die eine oder andere Art** some way or other
**artig** *Kinder:* good, well-behaved
**Artikel** 1 (*Grammatik*) article
2 (*Ware*) article
3 (*in der Zeitung*) article, feature
**Arznei** medicine ['medsᵊn]
**Arzneimittel** drug [drʌg]
**Arzt** doctor, physician [fɪ'zɪʃn]; **praktischer Arzt** general practitioner [dʒenərəl præktɪʃᵊnəʳ], GP [dʒiː'piː]
**Ärztin** [female] doctor
**ärztlich** medical; **in ärztlicher Behandlung sein** be under medical care
**Asche** ash

? **Grammatik** Die Mehrzahl von **ash** ist **ashes**.

**Aschenbecher** ashtray
**Aschermittwoch** Ash Wednesday
**Asiat(in)** Asian
**asiatisch** Asian
**asozial** *Verhalten:* antisocial
**Asphalt** asphalt
**Ass** ace *auch übertragen*
**Assistent(in)** assistant
**assistieren** **bei etwas assistieren** assist in doing something
**Ast** branch
**Asthma** asthma
**Astrologe, Astrologin** astrologer
**Astrologie** astrology
**astrologisch** astrologic[al]
**Astronom(in)** astronomer
**Astronomie** astronomy
**astronomisch** astronomic[al]
**Asyl** 1 (*in der Politik*) asylum [ə'saɪləm]
2 (*übertragen: Schutzort*) sanctuary ['sæŋtʃʊəri]
**Asylant(in)** asylum seeker [ə'saɪləm siːkəʳ]
**Atem** breath [breθ]; **wieder zu Atem kommen** regain breath; **den Atem anhalten** hold one's breath; **außer Atem sein** be out of breath
**atemberaubend** breath-taking ['breθteɪkɪŋ]
**atemlos** breathless ['breθləs]
**Atemzug** breath [breθ]
**Athlet(in)** athlete ['æθliːt]
**athletisch** athletic [əθ'letɪk]
**Atlas** 1 (*geologisch*) Atlas ['ætləs]
2 (*Kartenwerk*) atlas ['ætləs]
**atmen** breathe [briːð], respire [rɪ'spaɪəʳ]; **wieder atmen können** recover one's breath [breθ]
**Atmosphäre** atmosphere ['ætməsfɪəʳ]
**Atmung** breathing ['briːðɪŋ]
**Atom** atom ['ætəm]
**Atombombe** atomic bomb [æ'tɒmɪk bɒm], A-bomb ['eɪbɒm]
**Atomenergie** atomic [*oder* nuclear] energy
**Atomreaktor** nuclear reactor
**atomwaffenfrei** nuclear-free
**Attentat** attempt on someone's life
**Attentäter(in)** assassin, assailant
**Attest** certificate; **ein Attest ausstellen** grant a certificate; **ärztliches Attest** medical certificate
**Attrappe** dummy; (*leere Packung*) show piece
**au(a)** ouch!
**Aubergine** aubergine [əʊbəʒiːn], egg-plant (USA)
**auch** 1 too [tuː], as well; **ich auch!** me too!
2 (*verneint*) **auch nicht** not … either ['iːðəʳ, 'aɪðəʳ]; **sie mag auch keinen Fisch** she doesn't like fish either; **es wird auch nicht besser** it's not going to get better either; **sie möchte kein Eis — [und] ich auch nicht** she doesn't want an icecream [and] neither ['niːðəʳ] do I
3 (*zudem*) also; **es ist auch sehr kalt** it's also very cold
4 (*sogar*) even; **auch du kannst das** even you can do it
5 **auch wenn** even if
6 **sie ist nicht nur schön sondern auch sehr begabt** not only is she pretty, but she's also very talented
7 **was auch kommen mag** whatever happens; **wo auch immer** wheresoever; **was auch immer** whatever
8 (*fragend*) **wozu auch?** what is the good of it?

? **Grammatik** **also** klingt im Englischen ziemlich gespreizt und sollte besser durch **as well** oder

**too** ersetzt werden: *Susan plays tennis and her sister does as well/too.*

**Audienz** audience (**bei** with)

**auf** ❶ (*örtlich*) at, in; **auf der Post** at the post office; **auf dem Land** in the country; **auf der Straße** in the street (GB), on the street (USA); **auf der Welt** in the world
❷ (*räumlich*) on; **auf dem Tisch** on the table; **auf der Insel Wight** on the Isle of Wight
❸ (*bei*) **auf Anfrage** on inquiry; **auf Befehl von** by order of
❹ **auf Deutsch** in German
❺ **auf keinen Fall** on no account
❻ **auf diese Weise** in this manner
❼ (*offen*) open; **auf haben** have open *Augen, Mund; Laden:* be open
❽ (*tragen*) **auf haben** have on, wear *Hut, Brille*
❾ (*wach*) **noch auf sein** be still up
❿ **auf und davon** up and away
⓫ **auf und ab** up and down
⓬ **auf!** come along!

**Aufbau** ❶ *einer Organisation:* set-up
❷ (*Struktur*) structure

**aufbauen** ❶ (*errichten*) put up *Zelt*
❷ (*übertragen*) build up; structure *Aufsatz, Organisation*
❸ **aufbauen auf** be based on *Idee, Theorie, Tatsache*
❹ (*übertragen*) **das baut mich jetzt wieder auf** that's making me feel better

**aufbereiten** process, condition; treat *Wasser;* edit *Daten*

**aufbewahren** keep; store *Lebensmittel*

**Aufbewahrung** storage

**aufblasbar** inflatable

**aufblasen** (*mit Luft füllen*) blow up *Ballon;* inflate *Reifen*

**aufbleiben** ❶ (*offen bleiben*) stay open
❷ (*nicht schlafen gehen*) stay up

**aufbrauchen** use up

**aufbrechen** ❶ force open *Tür;* pick *Schloss*
❷ (*fortgehen*) leave, set off (**nach** for)

**aufbringen** ❶ (*umgangsspr*) get open *Tür*
❷ summon up *Mut*
❸ raise *Geld*
❹ (*reizen*) irritate; **jemanden gegen jemanden aufbringen** set someone against someone

**aufdecken** (*übertragen*) uncover *Geheimnis;* show *Karten*

**aufdrängen** ❶ **jemandem etwas aufdrängen** force something on someone
❷ **sich jemandem aufdrängen** impose oneself on someone

**aufdrehen** ❶ turn on *Hahn*
❷ (*lauter machen*) turn up *Radio*

**aufdringlich** obtrusive; *Person:* pushy

**aufeinander** ❶ (*folgend*) one after another; **aufeinander folgend** successive
❷ (*körperlich*) one on top of each other

**Aufenthalt** stay (**bei** with); **wie lange haben wir hier Aufenthalt?** how long are we stopping here?

**Aufenthalter(in)** (CH) foreign resident

**Aufenthaltsgenehmigung** residence permit

**aufessen** eat up

**auffallend** ❶ conspicuous, striking
❷ **auffallend schön** strikingly beautiful
❸ **auffallend gekleidet** showily dressed

**auffällig** striking

**auffangen** ❶ catch [up]
❷ cushion *Stöße*
❸ collect *Regenwasser*

**auffassen** ❶ (*ansehen*) understand, interpret (**als** as); **wie soll ich das auffassen?** how am I to understand that?
❷ (*begreifen*) grasp, understand

**Auffassung** (*Meinung*) opinion, view

**auffordern** ❶ (*bitten*) ask
❷ **Ärzte fordern zur Blutspende auf** doctors are appealing for blood donations

**Aufforderung** ❶ (*Bitte*) request
❷ (*nachdrücklich*) demand

**auffrischen** ❶ freshen up
❷ replenish *Vorräte*
❸ brush up [on] *Kenntnisse;* refresh *Erinnerungen*

**aufführen** ❶ (*im Theater*) perform
❷ (*auflisten*) list
❸ **sich unmöglich/schlecht aufführen** behave abominably/badly; **sich aufführen wie …** behave like …

**Aufführung** (*im Theater*) performance

**Aufgabe** ❶ task, job
❷ (*in der Schule*) exercise; (*Hausaufgabe*) homework
❸ (*Pflicht*) duty

**aufgeben** ❶ give up
❷ **Hausaufgaben aufgeben** give homework
❸ **Gepäck aufgeben** register ['redʒɪstəʳ] luggage
❹ **einen Brief aufgeben** post a letter (GB), mail a letter (USA)
❺ **eine Anzeige aufgeben** place an advert
❻ **ich hab's satt, ich geb'[s] auf!** I've had enough, I give up!

**aufgehen** ❶ *Sonne, Mond:* rise

(2) *Knopf, Schnürsenkel:* come undone
(3) *Teig:* rise
(4) *Saat:* come up
(5) **in Flammen aufgehen** go up in flames; **jetzt geht mir ein Licht auf!** now the penny's dropped!

**aufgelegt** (1) **gut/schlecht aufgelegt sein** be in a good/bad mood
(2) **ich bin heute nicht zum Spaßen aufgelegt** I'm not in the mood for jokes today

**aufgeregt** (1) excited
(2) (*nervös*) nervous; (*durcheinander*) flustered

**aufgeweckt** (*übertragen*) bright [braɪt], quick-witted

**aufgreifen** (1) **jemanden aufgreifen** apprehend somebody
(2) (*übertragen*) take up *Thema, Gedanke*

**aufgrund** because [bɪ'kɒz] of

**aufhalten** (1) **die Tür aufhalten** keep the door open
(2) stop *Unglück, Person, Auto*
(3) delay, hold up; **ich will Sie nicht länger aufhalten** don't let me keep you
(4) **sich irgendwo aufhalten** stay somewhere

**aufhängen** (1) **etwas aufhängen** hang up something
(2) **jemanden aufhängen** hang somebody

**aufheben** (1) (*vom Boden*) pick up
(2) keep *Souvenir*
(3) **ein Gesetz aufheben** abolish [ə'bɒlɪʃ] a law; **ein Exportverbot aufheben** lift an embargo

**aufheitern** (1) brighten ['braɪtᵊn] *Zimmer, Leben*
(2) **jemanden aufheitern** cheer somebody up
(3) *Wetter:* clear up

**aufhellen** (1) **ein Zimmer aufhellen** brighten ['braɪtᵊn] a room; **sich die Haare aufhellen lassen** to have one's hair lightened
(2) **sich aufhellen** *Wetter, Miene:* brighten up

**aufhetzen** stir [stɜːʳ] up

**aufholen** (1) **Zeit aufholen** make up time
(2) **eine Verspätung aufholen** *Zug:* make up for a delay
(3) (*in einem Fach*) catch up
(4) (*im Sport*) make up ground

**aufhorchen** prick up one's ears

**aufhören** stop; **sie hörte nicht auf zu singen** she kept on singing; **hör doch endlich auf!** will you stop it!

**aufklären** (1) clear up *Irrtum, Missverständnis*
(2) solve *Verbrechen*
(3) **jemanden über etwas aufklären** inform somebody about something
(4) **jemanden aufklären** (*sexualkundlich*) explain the facts of life
(5) **sich aufklären** *Irrtum:* be resolved

**Aufkleber** sticker

**aufkommen** (1) **für den Schaden aufkommen** pay for the damage
(2) (*entstehen*) arise; **es kam starker Wind auf** a strong wind was springing up
(3) **Zweifel aufkommen lassen** give rise to doubts

**aufkrempeln** roll up

**aufladen** (1) load
(2) **jemandem eine Bürde aufladen** burden [bɜːdᵊn] someone with something; **sich etwas aufladen** to burden oneself with something
(3) **eine Batterie aufladen** [re-]charge a battery

**Auflage** *von Buch:* edition [ɪ'dɪʃᵊn]; *von Zeitung:* circulation [ˌsɜːkjə'leɪʃᵊn]

**auflassen** (1) **die Tür auflassen** leave the door open
(2) **den Hut auflassen** leave on one's hat

**aufleben** liven up

**auflegen** (1) replace; put down *Hörer*
(2) put on *Schallplatte*

**auflehnen** **sich auflehnen** revolt (**gegen** against)

**auflesen** pick up [from the ground]

**aufleuchten** light [laɪt] up

**auflockern** (1) **den Boden auflockern** break [breɪk] up the soil
(2) **den Unterricht [durch etwas] auflockern** give relief to the lesson [with something]

**auflösen** (1) **etwas [in Wasser] auflösen** dissolve [dɪ'zɒlv] something [in water]
(2) (*schließen*) **ein Geschäft auflösen** wind [waɪnd] up a shop/business; **ein Konto auflösen** close an account
(3) (*sich aufklären*) **ein Problem löst sich auf** a problem is being dissolved; **Zweifel lösen sich auf** doubts [daʊts] are being dispersed

**Auflösung** *von Aufgabe, Rätsel:* solution [sə'luːʃᵊn]; *von Problem:* resolution [ˌrezᵊl'uːʃᵊn]

**aufmachen** (1) (*öffnen*) open
(2) (*sich auf den Weg machen*) **sich aufmachen** set out (**nach** for)

**Aufmachung** (1) *einer Person:* rig-out
(2) *eines Buches:* presentation

**aufmerksam** attentive; **jemanden auf etwas aufmerksam machen** draw someone's attention to something

**Aufmerksamkeit** attention; **das ist nur eine kleine Aufmerksamkeit** that's just a little something

**aufmuntern** cheer up

**Aufnahme** ① reception [rɪ'sepʃᵊn]; **jemandem eine freundliche Aufnahme bereiten** give somebody a warm reception
② reaction [ri'ækʃᵊn]; **wie war die Aufnahme beim Elternbeirat?** how did the parents' association react?
③ admission [əd'mɪʃᵊn] (**in** to)
④ (*Foto*) photo
⑤ (*auf Tonband*) recording
⑥ **Achtung, Aufnahme!** action!

**Aufnahmeprüfung** entrance examination

**aufnehmen** ① (*zulassen*) **jemanden aufnehmen** admit somebody (**in** to)
② (*empfangen*) **jemanden/etwas [gut/kritisch] aufnehmen** receive [rɪ'siːv] somebody/something [well/critically]; **seine Kritik wurde nicht gut aufgenommen** his criticism ['krɪtɪsɪzᵊm] was ill received
③ (*in der Tontechnik*) **etwas [auf Band] aufnehmen** record something
④ (*etwas beginnen*) begin; **[s]ein Studium aufnehmen** take up one's studies
⑤ (*finanziell*) **Geld aufnehmen** to borrow money; **eine Hypothek aufnehmen** take out a mortgage ['mɔːgɪdʒ]

**aufpassen** watch out; **pass auf!** watch out!; **pass bloß auf, was du sagst!** watch your language!; **auf jemanden aufpassen** keep an eye on someone; **aufpassen, dass jemand etwas [nicht] tut** watch out for somebody to [not] do something

**Aufprall** impact

**aufprallen** ① **auf den Boden aufprallen** hit the floor/ground
② **aufprallen auf** *Fahrzeug:* collide [kə'laɪd] with, run into, hit

**aufpumpen** inflate *Luftballon;* pump up *Reifen, Ball, etc*

**aufraffen** ① **sich [vom Sofa/Bett] aufraffen** pull oneself up [from the settee/one's bed]
② (*übertragen umgangsspr*) **sich zu etwas aufraffen** rouse [raʊz] oneself to do something

**aufräumen** ① (*sauber machen*) **[sein Zimmer] aufräumen** tidy up [one's room]
② (*übertragen: durchgreifen*) **mit etwas aufräumen** do away with something

**aufrecht** erect [ɪ'rekt], upright; **aufrecht sitzen** sit up

**aufrechterhalten** maintain *Behauptung;* keep up *Kontakt*

**aufregen** ① **jemanden [tierisch] aufregen** annoy somebody [terribly]
② **sich [tierisch] aufregen** get worked up (**über** about)

**Aufregung** excitement

**aufreißen** ① **eine Tüte/ein Geschenk aufreißen** tear [teəʳ] open a bag/a present
② **eine Tür/ein Fenster aufreißen** fling open a door/ a window
③ (*slang*) **jemanden aufreißen** to pull someone

**aufrichten** ① **etwas aufrichten** set something upright
② **sich aufrichten** straighten ['streɪtᵊn] up; (*aufsitzen*) sit up

**aufrichtig** sincere [sɪnsɪəʳ] (**zu** towards); **mein aufrichtiges Beileid** my sincere condolences

**Aufruf** ① appeal [ə'piːl] (**an** to); **einen Aufruf an jemanden richten** to appeal to somebody
② (*für Passagiere*) call [kɔːl]

**aufrufen** ① **einen Namen/etc aufrufen** call a name/etc; **einen Schüler/eine Schülerin aufrufen** ask a pupil a question
② **eine Datei aufrufen** call up a file

**Aufruhr** ① rebellion [rɪ'beliən]
② (*übertragen*) turmoil ['tɜːmɔɪl]

**aufrunden** **einen Betrag aufrunden** round up a figure

**aufsagen** **ein Gedicht aufsagen** recite a poem [rɪ'saɪt]

**aufsammeln** **die Blätter/Teile aufsammeln** pick up the leaves/the pieces

**Aufsatz** essay; (*in der Schule*) composition

**aufschieben** (*übertragen*) **eine Entscheidung/eine Begegnung aufschieben** put off a decision/an encounter

**Aufschlag** ① (*Aufprall*) impact
② (*beim Ballsport*) service
③ (*Preisaufschlag*) surcharge ['sɜːtʃɑːdʒ]

**aufschlagen** ① (*beim Sport*) **wer schlägt auf?** whose serve is it?; **der Ball schlug hart [auf dem Boden] auf** the ball hit the ground real hard
② **ein Zelt aufschlagen** pitch a tent
③ **ein Buch [auf Seite 10] aufschlagen** open a book [on page 10]
④ **sich den Kopf/das Knie aufschlagen** to cut open one's head/one's knee

**aufschließen** ① **die Tür aufschließen** unlock the door
② **die Mannschaft schloss zum Gegner auf** the team caught [kɔːt] up with the opponent

**aufschnappen** **ein Wort/eine Information aufschnappen** pick up a word/a piece of information

**aufschneiden** cut open; **ein Geschwür aufschneiden** lance an ulcer

**Aufschnitt** sliced cold meat
**aufschrauben** unscrew
**aufschrecken** 1 startle [stɑːtl]; **aus dem Schlaf aufschrecken** wake up with a start
2 **jemanden aufschrecken** give somebody a start
**Aufschrei** outcry
**aufschreiben** [**sich**] **einen Namen/etc aufschreiben** put [*oder* write] down somebody's name/etc [raɪt]
**Aufschub** delay, postponement
**Aufschwung** 1 boom, upturn, upswing
2 (*übertragen*) *von Laune, Seele:* upswing
**Aufsehen** **Aufsehen erregen** cause a sensation; **ohne großes Aufsehen** without any fuss
**aufsetzen** 1 **den Hut/die Brille aufsetzen** put on one's hat/one's glasses
2 **Kaffee aufsetzen** make coffee
3 **einen Brief aufsetzen** draft a letter
4 *Flugzeug:* touch down
**Aufsicht** 1 supervision; **unter ärztlicher/polizeilicher Aufsicht stehen** be under medical/police supervision; **über jemanden/etwas Aufsicht führen** be in charge of somebody/something; **einen Patienten unter ständige Aufsicht stellen** keep a patient under constant supervision; **ein Kind ohne Aufsicht lassen** leave a child unsupervised
2 (*Person*) person in charge
**Aufsichtsrat** board of directors
**aufspringen** 1 **er sprang auf** he jumped to his 's feet
2 *Haut, Lippen:* chap
**aufspüren** **einen Verdächtigen/ein Schnäppchen aufspüren** track down a suspect/a bargain
**Aufstand** rebellion [rɪ'beliən]
**aufstehen** 1 **die Tür steht auf** the door is open
2 (*sich erheben*) get up
**aufstellen** 1 put up; **eine Falle aufstellen** set a trap; **eine Maschine aufstellen** install a machine
2 **eine Mannschaft aufstellen** draw up a team; **einen Rekord aufstellen** set up a record
3 **eine Kandidatin aufstellen** nominate a candidate
4 **sich aufstellen** stand; **sich hintereinander aufstellen** line up; **sich im Kreis aufstellen** form a circle
**Aufstellung** 1 (*einer Mannschaft*) line-up
2 *eines Rekords:* setting
3 (*Liste*) list
4 *von Kandidaten:* nominating
**Aufstieg** 1 ascent [ə'sent]
2 (*beruflich*) advancement [əd'vɑːnsmənt], promotion
**auftauchen** 1 appear [ə'pɪəʳ]; (*aus dem Wasser*) surface ['sɜːfɪs]; (*aus dem Nebel*) emerge [ɪ'mɜːdʒ]
2 (*übertragen*) *Probleme, Konflikte, Zweifel:* arise [ə'raɪz]
**auftauen** 1 **ein Hähnchen/einen Laib Brot auftauen** defrost a chicken/a loaf of bread
2 *Eingefrorenes:* thaw
**aufteilen** 1 (*an Personen*) share [ʃeəʳ] out (**an** between); **einen Kuchen unter zehn Leuten aufteilen** share a cake between ten people
2 (*einteilen*) split up (**in** into); **einen Kuchen in zehn Stücke aufteilen** split a cake into ten pieces
**Auftrag** 1 (*Anweisung*) instructions *Plural,* orders *Plural;* **jemandem den Auftrag geben, etwas zu tun** instruct someone to do something
2 (*Bestellung*) order; **etwas** [**bei einer Firma**] **in Auftrag geben** order something [from a company]
**auftragen** 1 **Speisen** [*oder* **das Essen**] **auftragen** serve [sɜːv] food
2 **Farbe auftragen** put on paint
3 **jemandem etwas auftragen** instruct someone to do something
**auftreiben** **etwas auftreiben** get hold of something
**Auftreten** 1 appearance [ə'pɪərᵊns]
2 (*Benehmen*) behaviour [bɪ'heɪvjəʳ]; **ein sicheres Auftreten haben** have a self-assured manner
**auftreten** 1 *Symptome, Schwierigkeiten, etc:* arise [ə'raɪz]
2 (*im Theater*) make a stage [steɪdʒ] appearance; (*im Fernsehen*) appear on television
3 (*sich verhalten*) behave [bɪ'heɪv]; **sicher/bescheiden/arrogant auftreten** behave in a self-assured/modest/arrogant manner
**Auftritt** 1 appearance [ə'pɪərᵊns]
2 (*im Theater*) **er hat seinen Auftritt im dritten Akt** he comes on in the third act
3 (*Theaterszene*) scene [siːn]
**aufwachen** wake up

> **? Grammatik** Im Deutschen gibt es den Unterschied zwischen **aufwecken** und **aufwachen**, im Englischen wird beides mit **wake up** übersetzt

**aufwachsen** grow up
**Aufwand** 1 expenditure [ɪk'spendɪtʃəʳ] (**an** of);

(*Kosten*) expense (**an** of)
2 (*Mühe*) effort
3 (*Prunk*) extravagance
**aufwärmen** 1 heat up *Speisen*
2 (*übertragen*) bring up *Thema, etc*
3 **sich aufwärmen** warm oneself up
**aufwärts** up, upward[s]
**aufwenden** use [juːz]; **Geld aufwenden** spend money; **Zeit/Energie aufwenden** expend time/energy; **Mühe aufwenden** take trouble ['trʌbl]
**aufwerfen** **eine Frage aufwerfen** raise a question; **das wirft viele Fragen auf** this gives rise to a lot of questions
**aufzählen** list, enumerate [ɪ'njuːməreɪt]
**Aufzeichnung** recording
**aufziehen** 1 **die Uhr aufziehen** wind up the clock
2 **den Vorhang aufziehen** draw back the curtain[s]
3 (*übertragen*) **jemanden aufziehen** make fun of somebody (**mit** about)
4 *Wolken, Gewitter:* gather
**Aufzug** 1 (*Fahrstuhl*) lift (GB), elevator (USA)
2 **in dem Aufzug kommst du mir nicht in die Kirche!** you're not going to church dressed like that!
**Auge** eye; **mit den Augen zwinkern** wink
▶ IN WENDUNGEN: **ein Auge zudrücken** (*umgangsspr*) turn a blind eye [to]; **das kann leicht ins Auge gehen!** (*umgangsspr*) it might easily go wrong!; **unter vier Augen** in private; **jemanden aus den Augen verlieren** lose sight of someone; **aus den Augen, aus dem Sinn** out of sight, out of mind
**Augenblick** moment; **Augenblick mal!** just a second!; **im letzten Augenblick** at the last moment
**augenblicklich** 1 (*umgehend*) at once [wʌns]
2 (*zurzeit*) at present, presently (USA)
**Augenbraue** eyebrow ['aɪbraʊ]
**Augengläser** (A) glasses ⚠ *Plural*
**Augenlid** eyelid
**Augenzeuge**, **Augenzeugin** eyewitness (**bei** to)
**August** August

> **! Vorsicht Falle** Im Deutschen wird bei **Monaten** ‚der' verwendet: *im August; der August ist ein heißer Monat*, im Englischen dagegen nicht: *in August; August is a hot month.*

**Auktion** auction ['ɔːkʃən]
**Aula** hall
**aus** 1 (*örtlich, zeitlich*) from; **ich komme aus Deutschland** I'm from Germany; **aus dem Haus/der Kälte** out of the house/the cold
2 (*begründend*) **aus Versehen** by mistake; **aus Spaß** out of fun, for a laugh *umgangsspr;* **aus Liebe [zu jemandem/etwas]** for love [of somebody/something]; **aus Erfahrung** from experience [ɪk'spɪəriəns]; **aus Mitleid** out of sympathy
3 **aus Stein/Metall** [made out] of stone/metal
4 (*ausgeschaltet*) off; **das Licht ist aus** the light [laɪt] is off
▶ IN WENDUNGEN: **was ist aus ihr geworden?** what has become of her?; **von mir aus!** I don't care!; **aus sein** be over; **aus und vorbei** over and done with
**ausatmen** breathe [briːð] out
**Ausbau** 1 *von Motor, Gerät:* removal
2 (*Erweiterung*) extension [ɪk'stenʃən]
**ausbauen** 1 remove *Motor, Gerät* (**aus** from)
2 fit out *Dachboden*
3 extend *Vorsprung*
**ausbessern** mend *Kleidung;* correct *Fehler*
**ausbeuten** exploit
**Ausbeutung** exploitation
**ausbilden** 1 (*beruflich*) train (**zu** as); **sich als KFZ-Mechaniker ausbilden lassen** train as a car mechanic; (*mit abschließender Qualifikation*) qualify as a car mechanic
2 (*geistig, akademisch*) educate
**Ausbildung** training; (*mit Qualifikation*) qualification [ˌkwɒlɪfɪ'keɪʃən]; (*geistige Ausbildung*) education
**Ausblick** view [vjuː] (**auf** of)
**ausbrechen** 1 **dem aus Gefängnis ausbrechen** escape from prison
2 *Vulkan:* erupt
3 **in Tränen ausbrechen** burst into tears; **in Schweiß ausbrechen** break [breɪk] into a sweat
**ausbreiten** 1 **ein Handtuch/eine Karte ausbreiten** spread out a towel/a map
2 **sich ausbreiten** *Feuer, Nachricht, Klatsch, etc:* spread [spred]; **sich wie ein Lauffeuer ausbreiten** spread like wildfire
3 **sich ausbreiten** *Person:* spread out
**Ausbruch** 1 **Ausbruch aus dem Gefängnis** escape from prison
2 **Ausbruch des Kriegs** outbreak of war
3 **Ausbruch eines Vulkans** eruption [ɪ'rʌpʃən] of a volcano
**Ausdauer** 1 (*körperlich*) endurance [ɪn'djʊərəns]
2 (*Beharrlichkeit*) perseverance [ˌpɜːsɪ'vɪərəns]

**ausdehnen** ❶ (*räumlich*) expand; (*zeitlich*) extend
❷ (*übertragen*) extend *Macht, Einfluss* (**auf** to)
❸ **sich ausdehnen** *Abend, Besprechung:* extend; *Material:* stretch
**ausdenken** **sich etwas ausdenken** think something up; (*in der Fantasie*) imagine something
**Ausdruck** ❶ (*Begriff*) term
❷ **etwas zum Ausdruck bringen** express [ɪk'spres] something
❸ (*Computerausdruck*) print-out
**ausdrucken** print [out]
**ausdrücken** **sich ausdrücken** express oneself [ɪk'spres]
**ausdrücklich** expressly [ɪk'spresli]; (*besonders*) particularly
**ausdruckslos** inexpressive [ˌɪnɪk'spresɪv]
**ausdrucksvoll** expressive [ɪk'spresɪv]
**auseinander** apart; **weit auseinander liegen** lie wide apart; **etwas auseinander schreiben** write something as two words
**Auseinandersetzung** (*Streit*) argument
**Ausfahrt** (*für Fahrzeuge*) exit
**ausfallen** ❶ (*nicht stattfinden*) be cancelled; **die Schule fällt morgen aus** there's no school tomorrow
❷ (*nicht funktionieren*) fail; **der Anlasser fiel aus** the ignition failed
**ausfindig** **jemanden/etwas ausfindig machen** find somebody/something; (*aufspüren*) trace somebody/something
**Ausflug** trip; **einen Ausflug machen** go on a trip
**ausfragen** **jemanden** [**nach etwas**] **ausfragen** question somebody [about something]
**Ausfuhr** export, exportation
**ausführen** ❶ (*exportieren*) export
❷ carry out *Bestellung, Auftrag*
**ausführlich** ❶ **ein ausführlicher Bericht** a detailed report
❷ **etwas ausführlich**[**er**] **beschreiben** go into something in [greater] detail
**ausfüllen** fill in *Formular*
**Ausgabe** ❶ (*Buch*) edition
❷ (*Datenausgabe*) output
❸ **Ausgaben** costs
**Ausgang** ❶ exit
❷ (*Ergebnis*) outcome
**Ausgangssperre** curfew ['kɜːfjuː]
**ausgeben** ❶ spend *Geld*
❷ (*aushändigen*) issue ['ɪʃuː] *Befehle, Aktien, Banknoten, Fahrkarten*
❸ deal *Spielkarten*
❹ (*verteilen*) give out, distribute [dɪ'strɪbjuːt]
❺ **einen ausgeben** (*umgangsspr*) stand a round; **ich gebe einen aus** this one's on me, it's my round
❻ **sich für etwas/als jemand ausgeben** pass oneself off as something/someone
**ausgedehnt** ❶ *Bericht, Recherche:* extensive
❷ *Spaziergang:* long
**ausgefallen** extravagant
**ausgenommen** except
**ausgeprägt** distinct
**ausgerechnet** (*übertragen*) **ausgerechnet du/er/sie!** you/he/she of all people!; **ausgerechnet Bananen!** bananas, of all things!; **ausgerechnet ich musste darauf reinfallen** of all people, I had to fall for it; **ausgerechnet im Juni war das Schwimmbad geschlossen** in June, of all times, the swimming pool was shut
**ausgeschlossen** ❶ (*nicht möglich*) impossible
❷ **er fühlte sich ausgeschlossen** he felt excluded
**ausgesprochen** really; **es war ein ausgesprochen kalter Winter** it was an extremely [ɪk'striːmli] cold winter
**ausgestorben** ❶ *Tier-, Pflanzengattung:* extinct
❷ (*übertragen*) *Straßen, Dorf:* deserted
**ausgewogen** balanced
**ausgezeichnet** excellent; **es geht mir ausgezeichnet!** I'm feeling marvellous!
**ausgiebig** substantial [səb'stænʃəl]; **ausgiebig frühstücken** have a substantial breakfast
**ausgießen** pour out
**Ausgleich** *von Konto:* balancing; *von Schulden:* settling; *von Verlust:* compensation; **zum Ausgleich für etwas** [in order] to compensate for something
**ausgleichen** ❶ level out *Fläche*
❷ **das Konto ausgleichen** balance the account
❸ **Schulden ausgleichen** settle the debts
❹ (*im Sport*) **Manchester United hat ausgeglichen!** Manchester United has equalized!
**ausgraben** dig up
**Ausgrabungen** excavations
**aushalten** (*ertragen*) bear; stand *Mühe, Schmerz, etc;* **es ist nicht zum Aushalten!** it's unbearable!; **hier lässt's sich aushalten!** (*umgangsspr oder humorvoll*) not a bad place at all!
**Aushang** notice
**aushelfen** **jemandem aushelfen** help somebody out (**bei, mit** in, with)
**Aushilfe** temporary ['tempərəri] worker; (*im Büro*) temp; **als Aushilfe arbeiten** to temp
**aushöhlen** (*übertragen: sabotieren*) undermine
**auskennen** **sich** [**gut**] **auskennen** know a lot (**in** about)

**auskommen** ① **ohne etwas auskommen** do without something; **mit sehr wenig auskommen** manage on very little
② **mit jemandem gut auskommen** get along well with someone

**Auskunft** ① information ⚠ *kein Plural;* **könnten Sie mir bitte eine Auskunft geben?** could I ask you for some information, please?
② (*Telefonauskunft*) directory inquiries [dəˈrektəri ɪnˌkwaɪəriz] ⚠ *Plural*
③ (*Auskunftsschalter*) information desk

**auslachen** **jemanden** [**wegen etwas**] **auslachen** laugh [lɑːf] at somebody [because of something]

**ausladen** ① unload *Ladung*
② uninvite *Gast*

**Auslage** *von Waren:* display

**Ausland** **das Ausland** foreign [ˈfɒrən] countries ⚠ *Plural ohne ‚the';* **aus dem Ausland** from abroad; **ins Ausland gehen/reisen** go/travel abroad; **im Ausland sein** be abroad

**Ausländer(in)** foreigner [fɒrənə]; (*in der Rechtssprache*) alien

**ausländerfeindlich** hostile to foreigners, xenophobic [ˌzenəˈfəʊbɪk]

**ausländisch** foreign [ˈfɒrən]

**Auslandsaufenthalt** stay abroad [əˈbrɔːd]

**Auslandsreise** trip abroad

**auslassen** ① (*weglassen*) leave out
② **sich über etwas auslassen** go on about something

**auslaufen** ① (*Flüssigkeit*) run out; *Farbe, Stoff:* bleed, run; (*lecken*) leak
② *Schiff:* sail
③ (*zum Ende kommen*) **der Vertrag läuft bald aus** the contract is soon running out; **die Saison läuft bald aus** the season is coming to an end

**ausleeren** empty

**auslegen** ① **Waren auslegen** display merchandise
② (*interpretieren*) **eine Text/eine Stelle/ein Zitat auslegen** explain a text/a passage/a quotation; **etwas falsch auslegen** misinterpret something
③ (*ausstaffieren*) **einen Raum mit Teppich auslegen** carpet a room

**ausleihen** **jemandem etwas ausleihen** lend somebody something; [**sich**] **etwas von jemandem ausleihen** borrow something from someone

> **? Grammatik** Im Englischen wird ein Unterschied gemacht zwischen *jemandem* etwas ausleihen = **lend**, und *sich* etwas ausleihen = **borrow**!

**ausliefern** ① **Waren ausliefern** deliver goods
② **jemanden an die Behörden ausliefern** hand over somebody to the authorities; **einen Verdächtigen ausliefern** extradite a suspect
③ (*übertragen*) **jemandem ausgeliefert sein** be at somebody's mercy

**Auslieferung** *von Waren:* delivery

**auslöschen** (*ein Ende bereiten*) extinguish [ɪkˈstɪŋgwɪʃ]

**auslosen** **eine Entscheidung auslosen** draw lots for a decision; **es wurde ausgelost, wer als erste gehen sollte** they drew lots as to who had to go first; **einen Preis auslosen** draw a price

**ausmachen** ① put out *Feuer, Zigarette, Kerze*
② turn off *Radio, Fernseher;* switch off *Licht, Motor*
③ (*vereinbaren*) **einen Termin ausmachen** arrange a [date and] time
④ (*bedeuten*) **das macht viel aus** it matters a lot; **das macht nichts aus** that doesn't matter
⑤ **macht es Ihnen etwas aus, wenn ich rauche? — sehr wohl!** do you mind if I smoke? — I do indeed!

**ausmalen** **sich** [**etwas**] **ausmalen** imagine [something]; **sich ausmalen, wie es wohl wird** imagine how it will be

**Ausmaß** ① (*von räumlicher Größe*) size; **in größerem Ausmaß** on a bigger scale
② (*übertragen: Tragweite*) extent; **das Ausmaß des Schadens/ihres Verrats/seiner Liebe** the extent of the damage/her deceit/his love; **das Ausmaß der Veränderungen/seines Verlusts** the scale of the changes/his loss

**ausmessen** measure [ˈmeʒəʳ] out

**Ausnahme** exception; **mit Ausnahme von** with the exception of; **Ausnahmen bestätigen die Regel** the exception proves the rule

**Ausnahmezustand** state of emergency; **den Ausnahmezustand verhängen** declare a state of emergency

**ausnahmslos** ① without exception
② **eine ausnahmslose Entscheidung/Zustimmung** a unanimous [juːˈnænɪməs] decision/agreement

**ausnahmsweise** as an exception; **„darf ich mitgehen?" — „ausnahmsweise"** "may I go too?" — "just this once!"

**ausnutzen** **eine Situation ausnutzen** make use of a situation; **jemanden ausnutzen** take advantage of somebody

**auspacken** ① **ein Geschenk auspacken** unwrap a present

2 unpack *Koffer;* **hast du schon ausgepackt?** have you unpacked yet?
3 (*slang: alles sagen*) talk; **los, pack aus!** come on, out with it!

**ausplaudern** **ein Geheimnis ausplaudern** let out a secret

**ausprobieren** try out

**Auspuff** exhaust [ɪɡ'zɔːst]

**ausradieren** (*mit Radiergummi*) erase

**ausrauben** **jemanden ausrauben** mug somebody; **eine Bank ausrauben** rob a bank

**ausräumen** 1 **einen Schrank/eine Wohnung ausräumen** clear out a cupboard/a flat; **die Möbel ausräumen** move out the furniture
2 (*übertragen*) **Missverständnisse ausräumen** clear up any misunderstandings; **Zweifel ausräumen** dispel doubts

**ausrechnen** work out; (*berechnen*) calculate

**Ausrede** excuse

**ausreichen** be enough [ɪ'nʌf]; **keine Sorge, mein Geld reicht aus** don't worry, I've got enough money [to pay for this]

**ausreißen** 1 **einen Faden ausreißen** pull out a thread [θred]; **sich/jemandem die Haare ausreißen** tear out one's/somebody's hair
2 (*umgangsspr: weglaufen*) run away

**Ausreißer(in)** runaway

**ausrichten** 1 (*übermitteln*) tell; **jemandem etwas ausrichten** give somebody a message; **richten Sie ihr [meine] Grüße aus** give her my regards
2 **ein Fest/eine Hochzeit ausrichten** organize a party/a wedding

**ausrotten** 1 exterminate *Ungeziefer*
2 (*übertragen*) stamp out *Vorurteile, Ideen*

**ausrufen** exclaim; **jemanden ausrufen lassen** have someone called out

**Ausrufezeichen** exclamation mark

**ausruhen** **sich ausruhen** have a rest

**Ausrüstung** equipment

**ausrutschen** slip

**Ausrutscher** (*umgangsspr*) gaffe, slip [of the tongue]

**Aussage** 1 statement; **nach Aussage von** according to
2 (*Zeugenaussage*) evidence ⚠ *kein Plural*

**aussagen** say; (*in der Rechtssprache*) state; **gegen jemanden aussagen** testify against someone

**ausschaffen** (CH) **jemanden ausschaffen** expel [ɪk'spel] someone

**ausschalten** 1 **das Gas ausschalten** turn off the gas; **das Licht/den Fernseher/das Radio ausschalten** switch off the light/the television/the radio
2 (*übertragen*) **jemanden ausschalten** eliminate somebody

**Ausschau** **nach jemandem Ausschau halten** be on the lookout for someone

**ausscheiden** 1 (*weggehen*) **aus einem Verein/einer Firma ausscheiden** leave a club/a company; **aus einem Amt ausscheiden** retire from a post
2 (*im Sport*) be disqualified, drop out
3 (*nicht in Betracht kommen*) be ruled out

**Ausscheidungskampf** qualifying ['kwɒlɪfaɪɪŋ] contest

**ausschlafen** (*lang schlafen*) have a good [night's] sleep

**Ausschlag** 1 (*Hautausschlag*) rash
2 (*übertragen: entscheidend sein*) **den Ausschlag geben** be the decisive factor

**ausschlagen** 1 **ein Angebot ausschlagen** turn down an offer
2 **jemandem die Zähne ausschlagen** to smash someone's teeth

**ausschlaggebend** decisive

**ausschließen** 1 (*im Sport, Wettbewerb*) **jemanden ausschließen** disqualify [dɪ'skwɒlɪfaɪ] somebody (**von** from)
2 **eine Möglichkeit/einen Irrtum ausschließen** rule out a possibility/an error
3 (*übertragen: ausstoßen*) expel; **er wurde aus dem Unterricht ausgeschlossen** he was excluded from class

**ausschließlich** exclusively; **ich sag das ausschließlich dir** I am telling you, and you only

**Ausschluss** 1 **unter Ausschluß der Öffentlichkeit stattfinden** be closed to the public
2 (*im Sport*) disqualification [dɪˌskwɒlɪfɪ'keɪʃᵊn]

**ausschneiden** cut out

**Ausschnitt** 1 (*Teil*) part, section
2 *eines Buches, eines Films:* excerpt [ek'sɜːpt]
3 *eines Kleidungsstücks:* neckline; **V-Ausschnitt** V-neck [ˌviː'nek]

**ausschöpfen** exhaust [ɪɡ'zɔːst] *Thema, Ressourcen*

**Ausschreitung** riot [raɪət]

**Ausschuss** 1 (*Komitee*) committee
2 (*minderwertige Ware*) rejects ⚠ *Plural*

**ausschütten** 1 empty *Behälter;* tip out *Flüssigkeit*
2 (*übertragen*) **jemandem sein Herz ausschütten** pour one's heart out to someone

**Aussehen** appearance [ə'pɪərᵊns]

**aussehen** 1 **chic/schön aussehen** look smart/

lovely; **gut siehst du aus** you're looking well; **du siehst aber schlecht aus** you're not looking well at all
② **so siehst du aus!** (*ironisch gemeint*) that's what you think!
**außen** ① (*räumlich*) outside; **von außen** from the outside
② **etwas außen vor lassen** ignore something
**Außenbezirk** fringe area, outskirts ⚠ *Plural*
**Außendienst** external duty
**Außenhandel** foreign ['fɒrən] trade
**Außenminister(in)** foreign ['fɒrən] minister (GB), Foreign Secretary (USA), Secretary of State (USA)
**Außenpolitik** foreign policy
**Außenquartier** (CH) suburb
**Außenseiter(in)** outsider
**außer** ① (*ausgenommen*) except; **außer montags** except Mondays
② (*abgesehen von*) apart from; **ich kenne keinen außer ihm** I don't know anybody apart from him
③ **außer Atem sein** be out of breath; **außer sich sein vor Wut/Freude** be beside oneself with rage/joy
④ (*räumlich*) **außer Haus sein** be out
**außerdem** besides
**Äußere** exterior; *von Personen:* outward appearance [ə'pɪərəns]
**äußere(r,s)** ① (*außenliegend*) outer; **der äußere Durchmesser** the external diameter
② (*übertragen*) **der äußere Eindruck** outward appearance [ə'pɪərəns]
**außergewöhnlich** ① (*besondere(r, s)*) **ein außergewöhnlicher Mensch** a remarkable person
② (*ungewöhnlich*) **eine außergewöhnliche Erscheinung** an unusual appearance [ə'pɪərəns]
③ (*sehr*) extremely [ɪk'stri:mli]; **ein außergewöhnlich angenehmer Mensch** an extremely pleasant person
**außerhalb** ① (*zeitlich*) outside; **außerhalb der Geschäftszeiten** out of office hours
② (*räumlich*) outside; **außerhalb wohnen** live out of town; **von außerhalb kommen** be from out of town
**äußerlich** ① (*die Außenseite betreffend*) external
② (*oberflächlich*) superficial [ˌsu:pə'fɪʃəl]; **rein äußerlich betrachtet** on the face of it
**äußern** ① (*sagen*) **etwas äußern** say something; **Worte äußern** utter some words; **Kritik äußern** voice criticism ['krɪtɪsɪzəm]; **seine Wünsche äußern** express one's wishes; **seine Meinung äußern** give one's opinion
② **ich will mich dazu nicht äußern** I don't want to comment on that
**außerordentlich** ① (*ungewöhnlich*) unusual; (*bemerkenswert*) extraordinary [ɪk'strɔ:dənəri]
② (*sehr*) exceptionally, extraordinarily [ɪk'strɔ:dənərɪli]; **außerordentlich schön** of exceptional beauty; **der Sommer ist dieses Jahr außerordentlich heiß** this summer has been exceptionally hot
**äußerst** exceedingly [ɪk'si:dɪŋli], extremely [ɪk'stri:mli]
**äußerste(r,s)** ① *Planet, Schicht:* outermost; **der äußerste Norden des Landes** the far north of the country
② (*zeitlich*) latest possible
③ (*übertragen: extrem*) extreme, utmost; **im äußersten Falle** if the worst [wɜ:st] comes to the worst; **mit äußerster Kraft** with all one's strength
**Äußerung** comment, remark
**aussetzen** ① abandon *Kind, Haustier*
② **eine Belohnung aussetzen** offer a reward
③ (*kritisieren*) **an jemandem etwas auszusetzen haben** find fault [fɔ:lt] with someone; **daran ist doch [nun wirklich] nichts auszusetzen!** there's nothing wrong [rɒŋ] with it [at all]!
④ (*aufhören*) stop; (*beim Spiel oder Sport*) **setz mal aus** you'd better sit this one out
⑤ *Motor:* fail
**Aussicht** ① (*Blick*) view [vju:] (**auf** of)
② (*übertragen: Verheißung*) prospect (**auf** of); **jemandem etwas in Aussicht stellen** promise someone something; **[das sind ja] schöne Aussichten!** (*umgangsspr: ironisch gemeint*) what a prospect!
**aussichtslos** (*zwecklos*) pointless; (*hoffnungslos*) hopeless
**aussöhnen** **sich aussöhnen** reconcile ['rekənsaɪl]; **sich mit jemandem aussöhnen** become reconciled with someone; **sie haben sich endlich ausgesöhnt** they have finally made it up [again]
**ausspannen** ① (*sich erholen*) have a break, relax; **spann mal aus!** have a break!, relax!
② **jemandem den Freund/die Freundin ausspannen** pinch someone's boyfriend/girlfriend *umgangsspr*
**aussperren** lock out
**Aussprache** ① (*Art des Sprechens*) pronunciation [prəˌnʌnsi'eɪʃən]; (*Artikulation*) articula-

tion
② (*Akzent*) accent
③ (*Gespräch*) talk; **wir hatten eine Aussprache** we had a talk
**aussprechen** ① **ein Urteil/ein Wort aussprechen** pronounce [prəˈnaʊns] a sentence/a word; **eine Warnung aussprechen** give a warning
② **sich [mit jemanden] aussprechen** (*ein Problem klären*) have it out [with someone]
③ **sich für/gegen etwas aussprechen** declare oneself in favour of/against something
**ausstatten** equip
**ausstehen** ① (*ertragen*) bear [beəʳ]; **Strapazen ausstehen** endure [ɪnˈdʒʊəʳ] the strain; **ich kann sie nicht ausstehen** I can't stand her
② (*nicht eingetroffen sein*) *Geld:* be due; **eine Antwort steht noch aus** an answer is still to come
**aussteigen** ① **aus dem Auto austeigen** get out of the car; **aus dem Bus/dem Zug/dem Schiff steigen** get off the bus/train/boat
② (*umgangsspr: sich absetzen*) drop out
**Aussteiger(in)** (*umgangsspr*) dropout
**ausstellen** ① exhibit; show *Bilder;* display *Waren*
② issue *Pass, Zeugnis;* write *Rezept;* make out *Rechnung, Quittung*
**Ausstellung** exhibition [ˌeksɪˈbɪʃᵊn]
**aussterben** *Tiere, Pflanzen:* become extinct
**Ausstieg** ① exit
② (*aus einer Verpflichtung*) withdrawal [wɪðˈdrɔːᵊl] (**aus** from)
**ausstoßen** eject; emit *Gas, Dampf*
**Ausstrahlung** ① *von Wärme, etc:* radiation [ˌreɪdiˈeɪʃᵊn]
② (*im Radio oder Fernsehen*) broadcasting [brɔːdkɑːstɪŋ]
③ (*übertragen*) charisma [kəˈrɪzmə]
**ausstrecken** ① (*räumlich*) extend (**nach** towards); **er streckte seine Hand aus nach dem Glas** he reached out for the glass
② (*sich dehnen*) **sich ausstrecken** stretch oneself out
**aussuchen** choose, pick; **darf ich mir etwas aussuchen?** can I pick what I want?
**Austausch** exchange; *von Ideen:* interchange
**austauschen** ① exchange (**gegen** for)
② (*ersetzen*) replace (**durch** with)
**austeilen** distribute (**an** among); **Spielkarten austeilen** deal out cards; **Essen austeilen** serve food
**austragen** ① deliver *Briefe, Waren*
② argue out *Meinungsverschiedenheit*
③ (*im Sport*) **einen Wettkampf austragen** hold a competition
**Austragungsort** (*im Sport*) venue [ˈvenjuː]
**austreten** ① *Flüssigkeit:* come out (**aus** of); *Gas:* escape (**aus** from)
② **aus der Kirche austreten** leave the Church
**austricksen** (*umgangsspr*) outwit
**ausüben** ① **einen Beruf ausüben** practise a profession [prəˈfeʃᵊn]; **ein Amt ausüben** perform an office
② **Druck [auf jemanden/etwas] ausüben** put pressure [on somebody/something]
**Ausverkauf** [clearance] sale; (*wegen Geschäftsaufgabe*) closing-down sale; **im Ausverkauf** in the sales
**ausverkauft** sold out
**Auswahl** ① selection (**an** of); **viel Auswahl haben** have a large selection; (*Vielfalt*) variety; **eine große Auswahl an Waren** a wide range of goods
② (*im Sport*) **die deutsche Auswahl** the German team
**auswählen** choose, select (**unter** from among)
**Auswanderer**, **Auswanderin** emigrant
**auswandern** *Einzelne(r):* emigrate (**nach** to); *Volk:* migrate
**auswärtig** ① non-local; **die auswärtigen Schüler** the pupils from out of town
② **der auswärtige Dienst** the foreign service; **das Auswärtige Amt** the Foreign Office (GB), the State Department (USA)
**auswärts** ① (*nach außen*) outwards
② (*außerhalb des Wohnsitzes*) away from home; **auswärts essen** eat out
**Auswärtsspiel** (*im Sport*) away game
**auswechseln** ① change *Reifen* (**gegen** for)
② (*austauschen*) exchange (**gegen** for)
③ (*ersetzen*) replace (**gegen** by)
④ (*im Sport*) substitute [ˈsʌbstɪtjuːt] (**gegen** for)
**Ausweg** (*übertragen*) way out (**aus** of); **ich weiß [mir] keinen Ausweg mehr** I don't know any way out
**ausweichen** ① **einem Auto/einem Radfahrer ausweichen** make way for a car/a cyclist
② **jemandem ausweichen** avoid somebody
**Ausweis** (*Personalausweis, Mitgliedsausweis*) [identity/membership] card, ID *umgangsspr*
**ausweisen** ① (*verweisen*) **jemanden ausweisen** expel somebody; (*aus dem Land*) deport somebody
② **sich ausweisen** identify oneself; **können Sie sich ausweisen?** have you got any ID on you?

**Ausweispapiere** identity papers
**Ausweisung** expulsion [ɪk'spʌlʃən]
**auswendig** by heart [hɑːt]; **das kenne ich schon auswendig!** (*ironisch*) I know that inside out!
**auswirken** **sich auswirken** have an effect (**auf** on); **sich günstig auswirken** have a favourable ['feɪvərəbl] effect
**Auswirkung** ① (*Wirkung*) effect
② (*Folge*) consequence ['kɒnsɪkwəns]
**auswischen** ① (*weg wischen*) wipe out
② **jemandem eins auswischen** (*umgangsspr*) get one over on someone
**auszahlen** ① **den Lohn auszahlen** pay out the wages [weɪdʒɪz]; **sie bekommt 1.500 Euro ausgezahlt** her net pay is 1,500 euros
② (*sich bezahlt machen*) **etwas zahlt sich aus** something pays
**auszeichnen** ① **Waren auszeichnen** label merchandise ['mɜːtʃəndaɪs]
② **jemanden auszeichnen** honour ['ɒnər] somebody
③ **sich auszeichnen** distinguish oneself
**Auszeichnung** (*Ehrung*) honour (GB), honor (USA); **eine Prüfung mit Auszeichnung bestehen** pass an examination with distinction
**ausziehen** ① **eine Schublade ausziehen** pull out a drawer [drɔːr]; **den Tisch ausziehen** extend the table
② **den Pulli ausziehen** take off one's jumper
③ **sich ausziehen** get undressed
④ **von zu Hause ausziehen** leave home for good
**Auszubildende(r)** trainee
**Auszug** (*in der Literatur*) *eines Werkes:* excerpt [ek'sɜːpt]; *des Inhalts:* summary
**authentisch** authentic [ɔː'θentɪk]
**Auto** car; **Auto fahren** [**lernen**] [learn to] drive; **mit dem Auto fahren** go by car
**Autobahn** motorway
**Autobahndreieck** motorway merging point
**Autobahngebühr** motorway toll
**Autobahnkreuz** motorway intersection
**Autobahnraststätte** motorway service area
**Autobiografie**, **Autobiographie** autobiography [ˌɔːtəbaɪ'ɒgrəfi]
**Autobus** bus
**Autofahrer(in)** driver
**Autogramm** autograph
**Autolenker(in)** (CH) driver
**Automat** (*für Getränke, etc*) vending machine; (*Spielautomat*) slot-machine
**Automatik** ① *eines Fahrzeugs:* automatic transmission
② *eines Systems:* automatic system
**automatisch** automatic
**Automobilist(in)** (CH) driver
**Autor(in)** author ['ɔːθər]
**Autorennen** car race
**Autorität** authority [ɔː'θɒrəti]
**Autovermietung** car hire [*oder* rental] firm
**Axt** axe (GB), ax (USA)
**Azubi** trainee

# B b

**Baby** baby; **meine Frau bekommt ein Baby** my wife is expecting a baby
**Babysitter** baby-sitter
**Bach** brook
**Backe** cheek
**backen** bake
**Bäcker(in)** baker
**Bäckerei** bakery
**Backofen** oven
**Bad** ① (*in der Wanne*) bath; [**sich**] **ein Bad einlaufen lassen** run a bath; **ein Bad nehmen** have a bath
② (*Badezimmer*) bathroom
③ (*Badeort*) spa
**Badeanzug** swimsuit ['swɪmsuːt]
**Badehose** [bathing] trunks ⚠ *Plural*
**Badekappe** bathing cap
**Bademantel** beach robe; (*Morgenmantel*) bathrobe
**Bademeister(in)** pool attendant
**baden** ① (*in der Wanne*) [**warm/kalt**] **baden** have a [hot/cold] bath; **hast du schon gebadet?** have you had your bath yet?
② (*im Meer oder Schwimmbad*) have a swim; **baden gehen** go swimming
③ **jemanden/eine Wunde baden** bathe somebody/a wound
**Badeort** ① (*Heilbad*) spa
② (*Seebad*) resort
**Badetuch** bath towel
**Badewanne** bathtub
**Badezimmer** bathroom
**Bagger** excavator
**baggern** ① excavate *Graben etc.*
② (*umgangsspr: arbeiten*) slog
③ (*slang: flirten*) pull

**Bahn** ① (*Eisenbahn*) railway (GB), railroad (USA); **mit der Bahn [fahren/reisen]** [go/travel] by train
② (*Weg, Kurs*) path, track
③ *der Sonne, eines Planeten:* orbit
**bahnbrechend** pioneering [ˌpaɪəˈnɪəʳɪŋ]
**Bahnhof** train station (GB), railroad station (USA)
**Bahnsteig** platform
**Bahnübergang** level crossing (GB), grade crossing (USA)
**Bahre** stretcher; (*Totenbahre*) bier [bɪəʳ]
**Bakterien** bacteria [bækˈtɪərɪə] *Plural*
**balancieren** balance [ˈbæləns]
**bald** ① (*gleich*) soon; **möglichst bald** as soon as possible; **bis bald!** see you soon!
② (*fast*) almost, nearly; **ich hab's bald geschafft!** I'm almost done!

**! Vorsicht Falle** Das englische Wort **bald** bedeutet ‚mit wenig oder ohne Haare': *He started to go bald at the age of 46.*

**Balken** (*Holzbalken*) beam; (*Stützbalken*) prop
**Balkenkode** bar code
**Balkon** ① balcony
② (*im Theater*) dress circle
**Ball** (*zum Spielen*) ball
**Ballaststoffe** roughage ⚠ *kein Plural*
**Ballett** ballet
**Balletttänzer(in)** ballet dancer
**Ballon** balloon

**! Vorsicht Falle** Das Englische **balloon** wird mit 2 l und 2 o geschrieben.

**Ballungsgebiet** conurbation [ˌkɒnɜːˈbeɪʃᵊn]
**Banane** banana
**Band**[1] das ① (*Stoffband*) ribbon; (*Maßband*) tape
② (*Tonband*) tape
③ (*Fließband*) conveyor [kənˈveɪəʳ] belt
④ **am laufenden Band** (*umgangsspr*) continuously [kənˈtɪnjuəsli]
**Band**[2] das (*Buch*) volume
**Band**[3] die (*Musikband*) band
**Bande** (*Verbrecherbande*) gang
**bändigen** ① tame *Tier*
② (*unter Kontrolle bringen*) control *Kinder, Leidenschaft, Wut*
**Bandmaß** tape measure [ˈmeʒəʳ]
**Bank**[1] die ① (*Sitz- oder Gartenbank*) bench
② (*Untiefe*) sandbank
▸ IN WENDUNGEN: **etwas auf die lange Bank schieben** put something off
**Bank**[2] die (*Geldinstitut*) bank
**Bankangestellte(r)** bank employee
**Bankier** banker; **sie ist Bankier [von Beruf]** she is a banker [by profession]
**bar** ① (*Geld*) cash; **bar zahlen** pay cash [down]
② (*völlig*) pure; **barer Unsinn** utter nonsense
**Bär** bear
**Baracke** shack
**barfuß** barefoot[ed]
**Bargeld** cash
**Barren** ① (*Edelmetallbarren*) ingot
② (*im Sport*) parallel bars ⚠ *Plural*
**Barriere** (*Hindernis*) barrier [ˈbæriəʳ]
**Barrikade** barricade
**Bart** beard [bɪəd]
**Basar** bazaar [bəˈzɑːʳ]
**basieren** **auf etwas basieren** rest upon something
**Basis** (*Grundlage*) basis
**Bass** bass [beɪs]
**basteln** do handicrafts; **ich bastele gern** I love doing handicrafts
**Batterie** battery
**Bau** ① (*das Bauen*) construction; **im Bau** under construction
② (*Gebäude*) building
③ (*Baustelle*) building site; **ich arbeite auf dem Bau** (*umgangsspr*) I work as a construction worker
④ (*Kaninchenbau*) burrow
**Bauarbeiter(in)** construction worker
**Bauch** stomach [ˈstʌmək], tummy *umgangsspr;* (*Dickbauch*) paunch [pɔːntʃ]; **einen Bauch haben** have a potbelly *umgangsspr*
**Bauchschmerzen** stomach ache ⚠ *Singular*
**bauen** ① build, construct [kənˈstrʌkt] *Haus, Modellauto*
② (*selber bauen*) **bauen** build a house
**Bauer** ① (*in der Landwirtschaft*) farmer
② (*Schachfigur*) pawn
③ (*Kartenfigur*) knave [neɪv]
**Bäuerin** farmer; (*Frau des Bauern*) farmer's wife
**Bauernhaus** farmhouse
**Bauernhof** farm
**baufällig** dilapidated
**Baufirma** building contractor
**Baugerüst** scaffolding
**Baujahr** *eines Autos:* year of construction, model
**Baukasten** building kit
**Baum** tree
**baumeln** dangle (**an** from); **mit den Beinen baumeln** dangle one's legs
**Baumnuss** (CH) (*Walnuss*) walnut [ˈwɔːlnʌt]
**Baumstamm** tree trunk

**Baumwolle** cotton
**Bausparkasse** building society (GB), building and loan association (USA)
**Baustelle** (*Hausbaustelle*) building site; (*Straßenbaustelle*) roadworks ⚠ *Plural* (GB), construction work (USA)
**Bauunternehmer(in)** building contractor
**Bauwerk** building
**beabsichtigen** intend
**beachten** ① (*aufmerksam beachten*) pay attention to
② observe *Vorschrift*
**beachtlich** considerable
**Beachtung** **Beachtung finden** receive attention; **jemandem/etwas keine Beachtung schenken** take no notice of someone/something
**Beamte(r)**, **Beamtin** civil servant
**beängstigend** alarming
**beanspruchen** ① **ein Recht [zu etwas] beanspruchen** claim a right [to something]
② **[jemandens] Aufmerksamkeit beanspruchen** demand [somebody's] attention
③ **[viel] Zeit beanspruchen** take [a lot of] time; **[wenig/viel] Platz beanspruchen** take up [little/a lot of] space
④ (*abnutzen*) **etwas stark beanspruchen** use something heavily
**beanstanden** complain about
**beantragen** (*um Erlaubnis bitten*) apply for (**bei** to)
**beantworten** answer
**bearbeiten** ① (*arbeiten an*) work on
② edit *Buch*
③ process *Daten, Datei*
④ **einen Fall bearbeiten** work on a case
⑤ (*umgangsspr*) **jemanden bearbeiten** work on somebody
**beaufsichtigen** supervise
**beauftragen** ① **jemanden/eine Firma [mit etwas] beauftragen** engage somebody/a company [to do something]
② **jemanden beauftragen[, etwas zu tun]** instruct somebody [to do something]
**bebauen** ① build on *Baugrundstück*
② cultivate *Land*
**beben** tremble
**bebildern** illustrate
**Becher** cup; (*aus Glas*) tumbler; (*aus Ton*) mug; (*aus Plastik*) plastic cup
**Becken** ① basin; (*Küchenbecken*) sink; (*Schwimmbecken*) pool
② (*Körperteil*) pelvis
③ (*Musikinstrument*) cymbal
**bedanken** **sich [bei jemandem für etwas] bedanken** thank somebody [for something]
**Bedarf** ① (*Bedürfnis*) need (**an** for); **bei Bedarf** when required; **je nach Bedarf** according to demand
② (*an Waren*) requirements ⚠ *immer Plural*
**bedauerlich** unfortunate
**bedauerlicherweise** unfortunately, regrettably
**bedauern** **etwas bedauern** regret something; **jemanden bedauern** be sorry for somebody
**bedauernswert** **ein bedauernswerter Mensch** a pitiful person; **ein bedauernswerter Zustand** a deplorable state
**bedeckt** *Himmel:* clouded, overcast
**Bedenken** doubts [daʊts] ⚠ *Plural;* **ohne Bedenken** without a doubt
**bedenken** consider
**bedenkenlos** unhesitating
**bedenklich** *Lage:* alarming, serious ['sɪəriəs]
**bedeuten** mean; **was hat das zu bedeuten?** what does this mean?
**bedeutend** ① (*gewichtig*) **ein bedeutender Mensch/eine bedeutende Entscheidung** an important person/an important decision
② (*groß*) **eine bedeutende Menge** a considerable amount
③ (*sehr, erheblich*) **bedeutend größer/kleiner sein** be considerably larger/smaller
**Bedeutung** ① (*Wortsinn*) meaning
② (*Wichtigkeit*) importance; **von Bedeutung sein** be important
**bedeutungslos** (*unwichtig*) insignificant
**bedienen** ① (*in einem Geschäft*) **jemanden bedienen** serve somebody; **werden Sie schon bedient?** are you being served?
② (*in der Gastronomie*) **jemanden bedienen** wait on somebody
③ **sich bedienen** help oneself (**mit** to)
④ **eine Maschine bedienen** operate a machine
**Bedienerin** (A) (*Putzfrau*) cleaning lady, cleaner
**Bedienung** ① (*im Geschäft*) service; **die Bedienung ist hier ausgezeichnet** the service here is excellent
② (*Kellnerin*) waitress
③ *von Geräten:* operation
**Bedienungsanleitung** operating instructions ⚠ *Plural*
**bedingt** partially ['pɑːʃəli]
**Bedingung** condition; **unter der Bedingung, dass du auch mithilfst** on condition that you help out as well; **unter keiner Bedingung** under no circumstances
**bedingungslos** unconditional

**bedrohen** threaten ['θretᵊn]
**bedrohlich** threatening
**bedrücken** **jemanden bedrücken** depress someone
**bedrückt** depressed
**Bedürfnis** need
**bedürftig** needy
**beeilen** **sich beeilen** hurry up
**beeindrucken** impress
**beeinflussen** **jemanden/eine Entscheidung beeinflussen** influence somebody/a decision; **jemanden beeinflussen** persuade [pə'sweɪd] somebody
**beeinträchtigen** **den Wert/den Absatz beeinträchtigen** reduce the value/the sales; **den Spaß beeinträchtigen** spoil the fun
**beenden** ❶ (*zu Ende führen*) finish; **etwas vorzeitig beenden** cut something short ❷ (*ein Ende setzen*) **einen Streit/eine Beziehung beenden** end a quarrel/a relationship ❸ (*in der Informatik*) exit, quit
**beerdigen** bury ['beri]
**Beerdigung** ❶ (*Bestattung*) burial ['beriəl] ❷ (*Feier*) funeral
**Beere** berry
**Beet** bed
**befähigen** enable
**befahren** drive on; **diese Straße ist viel befahren** this road is very busy
**befallen** ❶ *Krankheit, Fieber:* attack, strike ❷ **von etwas befallen sein** be affected by something; **von Schädlingen befallen sein** be infested with pests
**befangen** ❶ (*scheu*) bashful ❷ (*voreingenommen*) prejudiced
**befassen** **sich mit etwas befassen** deal with something
**Befehl** command, order; (*in der Informatik*) instruction, command
**befehlen** order
**befestigen** ❶ fix, fasten (**an** to) ❷ (*mit Kleber*) stick (**an** on, onto)
**befinden** (*sein*) **sich [an einem bestimmten Ort] befinden** be [at a certain place]
**befolgen** ❶ **ein Beispiel/einen Ratschlag befolgen** follow an example/a piece of advice ❷ **die Vorschriften befolgen** comply with regulations
**befördern** ❶ (*transportieren*) carry; **Waren befördern** transport goods ❷ **jemanden befördern** promote somebody; **jemand wird befördert** somebody is being promoted
**Beförderung** ❶ (*Warentransport*) transport ❷ (*im Job*) promotion
**befragen** (*ausfragen*) question
**befreien** free (**von** from); (*freistellen*) exempt (**von** from)
**Befreiung** liberation; (*Erleichterung*) relief; (*Freistellung*) exemption
**befreundet** **miteinander befreundet sein** be friends
**befriedigen** ❶ satisfy; **Ansprüche/Forderungen befriedigen** meet expectations/demands ❷ **sich befriedigen** (*sexuell*) masturbate
**befriedigend** ❶ *Ergebnis:* satisfactory; *Gefühl:* satisfying; *Antwort:* adequate ['ædɪkwət]; *Lösung, Vorschlag:* acceptable ❷ *Schulzensur:* fair
**befristet** restricted; **befristet sein** be valid for a limited time; **ein befristetes Arbeitsverhältnis** a temporary ['tempᵊrᵊri] appointment
**befugt** **befugt sein, etwas zu tun** be authorized to do something
**Befund** (*Ergebnisse*) findings ⚠ *Plural;* (*in der Medizin*) diagnosis [ˌdaɪəg'nəʊsɪs]
**befürchten** fear
**befürworten** approve [ə'pruːv]
**begabt** talented (**für** at); (*geistig, musisch*) gifted (**für** for)
**Begabung** talent
**begeben** **sich begeben** (*aufbrechen nach*) go [to], set out [for]
**begegnen** meet
**Begegnung** meeting; (*im Sport*) encounter
**begehren** desire
**begehrenswert** desirable
**begehrt** in demand; *Person:* popular
**begeistern** ❶ **jemanden begeistern** fill somebody with enthusiasm [ɪn'θjuːziˈæzᵊm]; **ich bin begeistert!** I am over the moon! ❷ **sich [für etwas] begeistern** be enthusiastic [about something]
**begeistert** enthusiastic [ɪnˌθjuːzi'æstɪk] (**von** about)
**Begeisterung** enthusiasm [ɪn'θjuːzi'æzᵊm]
**Begier(de)** desire (**nach** for)
**Beginn** beginning; **bei Beginn** at the beginning
**beginnen** begin, start

> **? Grammatik** Die unregelmäßigen Vergangenheitsformen von **begin** lauten **began — begun**: *Suzy* **began** *to dance; I* **have begun** *my homework.*

**beglaubigen** (*durch Gutachten*) attest; **etwas**

**beglaubigen lassen** have something attested; **ein Schriftstück beglaubigen** witness a document; **eine Kopie beglaubigen** authenticate [ɔː'θentɪkeɪt] a copy
**begleichen** (*bezahlen*) settle
**begleiten** (*auch übertragen*) accompany
**Begleiter(in)** companion; (*musikalisch*) accompanist
**Begleitung** ❶ (*Gesellschaft*) company; **in Begleitung seiner Mitarbeiter** in the company of his employees
❷ (*Begleiter(in)*) companion; **in Begleitung von ihrem Mann** accompanied by her husband
❸ (*musikalisch*) accompaniment [ə'kʌmpənimənt]
**beglückwünschen** congratulate (**zu** on)
**begnadigen** reprieve [rɪ'priːv]
**begnügen** ❶ **sich mit etwas begnügen** (*zufrieden sein*) be satisfied with something
❷ **sich mit etwas begnügen** (*auskommen*) make do with something
**begraben** ❶ **die Toten begraben** bury ['beri] the dead
❷ (*übertragen*) **die Hoffnung begraben** abandon all hope
**Begräbnis** ❶ (*das Begraben*) burial ['beriəl]
❷ (*Feier*) funeral
**begreifen** understand; **begreifen, dass/wie etwas geschah** realize that/how something happened
**begreiflich** understandable; **jemandem etwas begreiflich machen** make something clear to someone
**begrenzen** ❶ (*räumlich*) mark the boundary ['baʊndᵊri] of
❷ (*übertragen*) restrict (**auf** to)
**Begriff** ❶ (*Vorstellung*) idea; **sein Begriff von Liebe/von Freiheit** his idea of freedom/of love; **das geht über meine Begriffe** this is beyond me; **für meine Begriffe** in my opinion
❷ (*Ausdruck*) term; **was verstehst du unter dem Begriff „Gleichheit"?** what do you think the term 'equality' means?
❸ **schwer von Begriff sein** (*abwertend*) be slow on the uptake; **im Begriff sein, etwas zu tun** be about to do something
**begründen** ❶ (*Gründe geben*) **eine Entscheidung begründen** give reasons for a decision
❷ establish; found *Firma, Verein*
**begründet** ❶ justified; **wohl begründet** well-founded; **nicht begründet** unfounded; **ein begründeter Vorwurf** a justified reproach
❷ (*bewiesen*) **eine begründtet Tatsache** a proven fact
**Begründung** reason; *einer Anklage, einer Behauptung:* grounds ⚠ *Plural*
**begrüßen** ❶ **jemanden begrüßen** greet somebody
❷ (*übertragen*) **eine Entscheidung/etc begrüßen** welcome a decision/etc

> **i Land & Leute** Im Englischen ist **hello** oder in den USA **hi** als Begrüßung für jede Tageszeit durchaus akzeptiert. Obwohl **hello** oder **hi** in sehr vielen Situationen verwendet wird, hast du auch die Möglichkeit, formeller zu sein. Vormittags kannst du **good morning**, nachmittags **good afternoon** und abends **good evening** sagen. Zum Abschied kann man außerdem **goodbye** bzw. **[bye-]bye** (= auf Wiedersehen) sagen; unter Freunden ist die Floskel **see you!** bzw. **see you soon!** (= bis bald!) durchaus üblich.

**Begrüßung** welcome
**begutachten** **etwas begutachten lassen** get expert advice about something
**behäbig** CH ❶ (*reich*) rich, wealthy
❷ (*stattlich*) splendid, magnificent
**behaglich** ❶ (*gemütlich*) **ein behaglicher Sessel** a cosy chair
❷ **behaglich sitzen** sit comfortably
**behalten** ❶ (*aufbewahren*) keep
❷ **etwas [im Gedächtnis/in Erinnerung] behalten** remember something
❸ (*nicht loswerden*) **eine Verletzung behalten** suffer an injury ['ɪndʒᵊri]; **eine Narbe behalten** be left with a scar
❹ (*übertragen*) **etwas für sich behalten** keep something to oneself
**Behälter** container
**behandeln** **eine Krankheit/einen Patienten behandeln** treat an illness/a patient; **der behandelnde Arzt** the doctor in attendance; **ein Problem/ein Thema behandeln** deal with a problem/a subject
**Behandlung** treatment
**beharren** **auf seiner Meinung/seinem Standpunkt beharren** insist on one's opinion/one's point of view [vjuː]
**beharrlich** insistent
**behaupten** ❶ (*aussagen*) claim
❷ **seine Stellung behaupten** maintain one's position; **seine Meinung behaupten** assert one's opinion
❸ **sich behaupten** assert oneself
**Behauptung** claim; (*unbewiesen*) assertion

**beheben** ① **einen Schaden beheben** repair the damage
② Ⓒⓗ **Geld beheben** withdraw money
**beherbergen** house *Räume;* accommodate *Gäste*
**beherrschen** ① control; govern, rule *Volk;* **den Markt beherrschen** dominate the market
② master *Fremdsprache, Instrument*
③ **sich beherrschen** control oneself
**behindern** hinder (**bei** in)
**behindert** handicapped
**Behinderte(r)** handicapped person; **schwer behindert** seriously handicapped person
**Behinderung** ① (*Störung*) hindrance
② (*im Sport oder Verkehr*) obstruction
③ (*Körperbehinderung, auch Nachteil*) handicap
**Behörde** authority
**behutsam** careful, cautious ['kɔːʃəs]
**bei** ① (*räumlich, örtlich*) at, near, with; **bei mir/uns zu Hause** at home; **ich war bei meinen Eltern** I was at my parents' [home]; **beim Bäcker/Friseur** at the baker's/the hairdresser's
② (*an der Person*) **hast du Geld bei dir?** have you any money on you?
③ (*an*) **jemanden bei der Hand fassen** take somebody by the hand
④ (*zeitlich*) at, during, on; **bei Tag/bei Nacht** by day/at night
⑤ (*als Bedingung*) **bei zwanzig Grad unter Null** when it's twenty degrees below zero; **bei offenem Fenster schlafen** sleep with the window open; **bei Feuer/Gefahr den Alarmknopf drücken** in case of fire/an emergency press the alarm
⑥ (*als Grund*) **bei ihrem Talent/seinem Aussehen** with her talent/his looks
**beibringen** ① (*lehren*) **jemandem etwas beibringen** teach [tiːtʃ] somebody something
② (*mitteilen*) **jemandem etwas [schonend] beibringen** break the news [gently] to somebody
**Beichte** confession; **die Beichte ablegen** go to confession; **jemandem die Beichte abnehmen** hear somebody's confession
**beichten** (*auch übertragen*) confess; **ich muss dir da was beichten** I have to make a confession
**beide** both, the two; **alle beide** both of them; **keiner von beiden** neither of them
**beidseits** Ⓒⓗ on both sides
**beieinander** together
**Beifahrer(in)** ① [front-seat] passenger
② (*auf einem Motorrad*) pillion ['pɪliən] rider
**Beifall** ① (*Applaus*) applause [ə'plɔːz]; **Beifall spenden** [*oder* **klatschen**] applaud [ə'plɔːd]
② (*übertragen: Billigung*) approval; **Beifall finden** meet with approval
**beifügen** enclose
**beige** beige [beɪʒ]
**Beige** Ⓒⓗ (*Stapel*) pile
**Beihilfe** (*finanziell*) financial assistance
**Beilage** ① (*in der Zeitung*) insert; (*in einem Buch*) insertion
② (*Essensbeilage*) side-dish, side order Ⓤⓢⓐ
**beiläufig** casual ['kæʒjuəl]; **etwas beiläufig erwähnen** mention something in passing
**beilegen** ① **einem Brief etwas beilegen** enclose something in a letter
② (*schlichten*) **einen Streit beilegen** settle a dispute [dɪ'spjuːt]
**Beileid** **mein aufrichtiges Beileid** my heartfelt condolences ⚠ *Plural*
**beiliegend** enclosed
**Bein** leg; **jemandem ein Bein stellen** trip someone up; **die Beine übereinander schlagen** cross one's legs
▸ IN WENDUNGEN: **jemandem Beine machen** (*umgangsspr*) make someone get a move on; **etwas auf die Beine stellen** (*umgangsspr*) get something going; **wieder auf den Beinen sein** (*nach Krankheit*) be back on one's feet again
**beinahe** almost, nearly
**Beiried** Ⓐ beef
**beiseite** ① aside; **Spaß beiseite** seriously ['sɪəriəsli], joking apart
② (*aus dem Weg*) **etwas beiseite legen** put something aside; put down *Brille, Buch;* **jemanden/etwas beiseite schaffen** get rid of somebody/something
**Beis(e)l** Ⓐ pub Ⓖⓑ, bar Ⓤⓢⓐ
**beisetzen** (*beerdigen*) bury ['beri]
**Beisetzung** funeral
**Beispiel** ① example (**für** of); **zum Beispiel** for instance; **wie zum Beispiel** such as
② **sich ein Beispiel an jemandem/etwas nehmen** take someone as an example; **mit gutem Beispiel vorangehen** set a good example
**beispiellos** ① (*nie dagewesen*) unprecedented [ʌn'presɪdᵊntɪd]
② (*unerhört*) outrageous [ˌaʊt'reɪdʒəs]
**beißen** ① bite (**in** into); **der Hund hat mir ins Bein gebissen** the dog's bitten my leg; **ich habe mir auf die Zunge gebissen** I bit my tongue [tʌŋ]
② **sich beißen** *Farben:* clash
**beißend** **beißende Kälte** biting cold; **beißender**

**Rauch/beißende Dämpfe** stinging smoke/fumes; **ein beißender Geschmack/Geruch** a sharp taste/smell; **eine beißende Bemerkung** a cutting remark

**beistehen** **jemandem beistehen** stand by somebody

**beistellen** Ⓐ make available

**Beitrag** ❶ (*Geldsumme*) contribution; (*Mitgliedsbeitrag*) [member's] fee; (*Versicherungsbeitrag*) premium
❷ (*Anteil*) contribution [ˌkɒntrɪ'bjuːʃᵊn]; **einen Beitrag [zu etwas] leisten** make a contribution [to something]

**beitreten** join *Partei, Verein*

**bekämpfen** fight; **Schädlinge bekämpfen** control pests

**bekannt** well-known (**für, wegen** for); **das ist mir bekannt** I know about that; **es ist [allgemein] bekannt, dass Rauchen krank macht** it is a well-known fact that smoking causes disease; **bekannt geben** announce; **jemanden mit jemandem bekannt machen** introduce someone to someone; **etwas bekannt machen** announce something

**Bekannte(r)** acquaintance [ə'kweɪntᵊns]

**bekanntlich** as is [well] known

**Bekanntschaft** **seine/ihre/etc Bekanntschaft machen** make his/her/etc acquaintance; **eine nette Bekanntschaft machen** meet a nice person; **mit etwas Bekanntschaft machen** come into closer contact with something

**bekennen** confess; **sich schuldig bekennen** admit one's guilt

**beklagen** ❶ **einen Verlust/eine Entscheidung beklagen** lament somebody's loss/a decision
❷ **sich beklagen [über jemanden/etwas]** complain [about somebody/something]

**Bekleidung** clothes ⚠ *Plural*

**bekommen** ❶ (*erhalten*) **ein Geschenk/eine Nachricht bekommen** receive [rɪ'siːv] a present/message
❷ (*gut tun*) **jemandem gut bekommen** do someone good; **trink schon, die Milch tut dir bestimmt gut** drink up, the milk will do you good

> **! Vorsicht Falle** Das deutsche *bekommen* ist nicht dasselbe wie das englische **become**: *bekommen* wird mit **get** übersetzt, **become** bedeutet *werden*!

**bekümmert** worried ['wʌrid]

**beladen** ❶ (*voll machen*) **ein Auto/einen Einkaufswagen [mit etwas] beladen** load a car/a trolley [with something]
❷ **ein [voll]beladenes Auto/ein [voll]beladener Einkaufswagen** a loaded car/trolley; **ein [voll]beladener Mensch** a laden person

**Belag** ❶ (*Überzug*) coating
❷ (*Straßenbelag*) surface
❸ (*Zahnbelag*) plaque [plɑːk]

**belasten** ❶ (*mit einem Gewicht*) put weight [weɪt] on; **ein Fahrzeug belasten** load a vehicle
❷ (*übertragen: seelisch, geistig*) **jemanden [mit Verantwortung/Problemen] belasten** burden somebody [with responsibility/problems]; **diese Situation belastet mich** this situation is a strain on me

**belästigen** ❶ (*lästig sein*) **jemanden belästigt etwas** something bothers somebody
❷ (*zudringlich werden*) **jemanden belästigen** pester somebody

**Belästigung** ❶ (*Ärgernis*) annoyance
❷ (*Zudringlichkeit*) molesting; **sexuelle Belästigung** sexual harassment

**Belastung** ❶ strain
❷ *eines Fahrzeugs:* load

**belaufen** **sich belaufen** amount (**auf** to)

**beleben** ❶ (*anregen*) liven up *Hoffnungen*, stimulate
❷ **sich beleben** liven up; *Konjunktur:* be stimulated

**belebt** **eine belebte Straße** a busy street

**Beleg** receipt [rɪ'siːt]

**belegen** ❶ (*nachweisen*) verify
❷ (*reservieren*) reserve

**Belegschaft** staff

**belegt** ❶ *Leitung:* busy ['bɪzi]; *Sitz:* occupied
❷ **belegtes Brot** sandwich
❸ *Stimme:* hoarse [hɔːs]
❹ *Zunge:* furred

**belehren** instruct, teach

**beleidigen** insult; *Verhalten:* offend

**Beleidigung** insult

**beleuchten** (*erhellen*) light [up]; (*festlich auch*) illuminate

**Beleuchtung** (*Lichtanlage*) lights ⚠ *Plural*

**beliebig** any; **jeder x-beliebige …** any old …

**beliebt** popular

**Beliebtheit** popularity

**beliefern** supply

**bellen** bark

**belohnen** reward

**Belohnung** reward; **zur Belohnung** as a reward

**bemängeln** **etwas bemängeln** find fault [fɔːlt]

with something

**bemerkbar** noticeable ['nəʊtɪsəbl], perceptible

**bemerken** 1 (*merken*) notice
2 (*sagen*) remark; **nebenbei bemerkt** by the way

**bemerkenswert** remarkable

**Bemerkung** comment, remark

**bemitleiden** pity

**bemühen** **sich bemühen** try; **er bemüht sich sehr** he's trying hard; **sich um eine Stelle bemühen** try for a position; **sich um jemanden bemühen** try to help someone

**benachbart** neighbouring ['neɪbərɪŋ]

**benachrichtigen** inform (**von** of)

**Benachrichtigung** notification

**benachteiligen** **jemanden benachteiligen** discriminate against somebody

**Benachteiligung** (*Chancenungleichheit*) discrimination

**Benehmen** behaviour [bɪ'heɪvjər]

**benehmen** **sich benehmen** behave

**beneiden** **jemanden um etwas beneiden** envy someone something

**benennen** name

**benommen** dazed [deɪzd]

**benötigen** need, require [rɪ'kwaɪər]

**benutzen** use

**Benutzer(in)** user

**Benutzung** use; **etwas in Benutzung haben** be using something

**Benzin** petrol (GB), gasoline (USA)

**Benzintank** fuel tank ['fju:əl] (GB), gasoline tank (USA)

**beobachten** observe, watch

**Beobachter(in)** observer

**Beobachtung** observation

**bequem** 1 (*angenehm*) **ein bequemer Stuhl** a comfortable ['kʌmftəbl] chair; **es sich bequem machen** make oneself comfortable; **machen Sie es sich bequem** do make yourself feel at home
2 (*träge*) **ein bequemer Mensch** an idle ['aɪdl] person
3 (*übertragen: leicht*) easy; **eine bequeme Ausrede/eine bequeme Methode** a convenient excuse/method

**Bequemlichkeit** 1 (*Annehmlichkeit*) comfort ['kʌmfət]
2 (*Faulheit*) idleness ['aɪdlnəs]

**beraten** 1 (*Rat geben*) **jemanden [zu etwas] beraten** advise somebody [on something]; **sich von jemandem/einem Anwalt beraten lassen** consult somebody/a lawyer
2 (*beratschlagen*) **etwas beraten** discuss something
3 **sich beraten** discuss; **da müssen wir uns erst einmal noch beraten** we'll have to discuss things first

**Berater(in)** adviser

**Beratung** 1 (*Konsultation*) consultation
2 (*Besprechung*) discussion

**berechenbar** (*vorauszusehen*) predictable

**berechnen** 1 (*auch übertragen*) calculate
2 (*in Rechnung stellen*) charge

**Berechnung** calculation

**berechtigen** entitle

**berechtigt** legitimate [lɪ'dʒɪtəmət]; **zu etwas berechtigt sein** be entitled to something; **berechtigt sein, etwas zu tun** be entitled to do something

**Bereich** 1 (*Gebiet*) area
2 (*Sachgebiet*) field [fi:ld], area

**bereichern** 1 (*übertragen: schöner machen*) enrich
2 increase *Wissen*
3 **sich an etwas bereichern** make a lot of money out of something

**bereit** ready; (*bereitwillig*) prepared, willing

**bereiten** 1 (*zubereiten*) prepare
2 (*verursachen*) cause [kɔ:z]; **[jemandem] Schwierigkeiten bereiten** cause difficulties [for somebody]; **jemandem Ärger/Kummer bereiten** cause somebody trouble/grief; **es bereitet mir großes Vergnügen[, etwas zu tun]** it gives me the greatest pleasure [to do something]

**bereithalten** have ready ['redi]; (*übertragen*) have in store

**bereits** already [ɔ:l'redi]

**Bereitschaftsdienst** emergency service

**bereitstellen** get ready; (*zur Lieferung*) provide, supply

**bereitwillig** eager

**bereuen** regret

**Berg** 1 mountain; (*Hügel*) hill
2 (*übertragen: Haufen*) heap, pile; **ich hab einen Berg Wäsche [zu waschen]** I've got heaps of washing [do to]

**bergab** 1 (*den Berg hinunter*) downhill; **Achtung, es geht berab!** we're going downhill!
2 (*übertragen*) **mit mir/der Firma geht's bergab** I am going/the company is going downhill

**Bergarbeiter** miner

**bergauf** 1 (*den Berg hoch*) uphill
2 (*übertragen*) **es geht mit ihm bergauf** things are looking up for him

**Bergbau** mining

**bergen** ① (*retten*) **jemanden bergen** rescue [*oder* save] somebody
② **eine Leiche/einen Toten bergen** recover [rɪ'kʌvəʳ] a body/a dead man; **ein Schiff/eine Ladung bergen** salvage a ship/a cargo
**Bergmann** miner
**Bergsteigen** mountaineering
**Bergsteiger(in)** mountain climber, mountaineer
**Bergwerk** mine
**Bericht** report
**berichten** report
**berichtigen** correct
**berüchtigt** infamous [ɪnfəməs], notorious [nə'tɔːriəs]
**berücksichtigen** ① (*in Betracht ziehen*) consider [kən'sɪdəʳ]
② (*bedenken*) take into consideration
**Beruf** ① (*Tätigkeit*) occupation; **was sind Sie von Beruf?** what do you do for a living?; **ich bin von Beruf Ärztin** I'm a doctor by profession
② (*Handwerk*) trade; **ich bin Klempner von Beruf** I'm a plumber by trade
**beruflich** professional [prə'feʃənəl]
**Berufsausbildung** training
**Berufsberater(in)** careers adviser
**Berufsschule** vocational college; **technische Berufsschule** technical college
**berufstätig** working
**Berufsverkehr** commuter traffic
**Berufung** ① (*starke Neigung*) vocation; (*spirituell*) calling
② **in die Berufung gehen** (*im Rechtswesen*) appeal
**beruhen** ① (*gründen*) **auf Tatsachen beruhen** be based on facts
② **etwas auf sich beruhen lassen** let something rest
**beruhigen** ① **jemanden beruhigen** calm [kɑːm] somebody [down]; **ich kann Sie [da] beruhigen!** I can reassure you!
② **sich beruhigen** calm down; *Verkehr:* subside [səb'saɪd]; **so beruhigen Sie sich doch!** do calm down!
**Beruhigungsmittel** tranquillizer ['træŋkwɪlaɪzəʳ]
**berühmt** famous ['feɪməs]
**Berühmtheit** celebrity
**berühren** ① (*anfassen*) touch [tʌtʃ]; **Berühren verboten!** don't touch!
② (*übertragen: nahe angehen*) move; **deine Anteilnahme berührt mich sehr** I am very touched by your compassion
**besammeln** Ⓒⓗ ① assemble, gather
② **sich besammeln** assemble
**Besammlung** Ⓒⓗ assembly [ə'sembli]
**Besatzung** ① (*Mannschaft*) crew
② (*Besatzungsarmee*) the occupying forces ⚠ *Plural*
**beschädigen** damage ['dæmɪdʒ]
**Beschädigung** damage (**von** to)
**beschaffen** get hold of; obtain *auch Erlaubnis*
**beschäftigen** ① **sich beschäftigen mit** be busy with *Aktivität;* play with *Kinder;* deal with *Thema*
② **jemanden beschäftigen** employ somebody
③ (*im Sinne sein*) **jemanden sehr beschäftigen** weigh [weɪ] heavy on someone's mind
**beschäftigt** busy, occupied; **viel beschäftigt** very busy; **ich bin ein viel beschäftigter Mann** I'm a very busy man
**Beschäftigung** ① (*Tätigkeit*) occupation
② (*Beruf*) job, employment
**beschatten** (*übertragen: überwachen*) **jemanden beschatten** shadow somebody; **jemanden beschatten lassen** have somebody followed; **ich werde beschattet!** I am being followed!
**Bescheid** ① (*Antwort*) answer ['ɑːnsəʳ], reply; (*Auskunft*) information; **jemandem über etwas Bescheid geben** let someone know about something
② (*Entscheidung*) decision; **jemandem über etwas Bescheid geben** let someone know about something
**bescheiden** ① (*genügsam*) modest
② (*mittelmäßig*) mediocre [ˌmiːdi'əʊkəʳ]
**bescheinigen** certify; **den Empfang eines Schreibens bescheinigen** acknowledge [ək'nɒlɪdʒ] receipt [rɪ'siːt] of a letter; **hiermit wird bescheinigt, dass ...** this is to certify that ...; **können Sie mir das bescheinigen?** can you confirm that in writing?
**Bescheinigung** certificate; (*Quittung*) receipt [rɪ'siːt]
**beschenken** **jemanden/sich gegenseitig beschenken** give somebody/each other presents
**Bescherung** ① (*zu Weihnachten*) distribution of Christmas presents; **wir machen die Bescherung an Heiligabend** we open our presents on Christmas Eve
② (*ironisch*) [**das ist ja**] **eine schöne Bescherung!** this is a nice mess!; **da haben wir die Bescherung!** what did I tell you!
**beschimpfen** abuse [ə'bjuːz], swear [sweəʳ] at
**Beschlag** (*in Anspruch nehmen*) **etwas mit Beschlag belegen** monopolize something; **jemanden in Beschlag nehmen** monopolize

somebody

**beschlagnahmen** ① (*im Rechtswesen*) confiscate
② (*übertragen: in Anspruch nehmen*) **jemanden/etwas beschlagnahmen** monopolize somebody/something

**beschleunigen** accelerate [ək'seləreɪt], speed [up]

**Beschleunigung** acceleration [əkˌselə'reɪʃᵊn], speeding up

**beschließen** pass *Gesetz;* decide on *Resolution*

**Beschluss** decision, resolution

**beschönigen** gloss over

**beschränken** ① limit, restrict (**auf** to)
② **sich [auf etwas] beschränken** confine oneself [to something]

**beschränkt** ① (*eingeschränkt*) limited, restricted
② (*geistig*) limited, narrow

**Beschränkung** limitation, restriction

**beschreiben** (*schildern*) describe

**Beschreibung** description; (*Anleitung*) instructions ⚠ *Plural*

**beschriften** (*etikettieren*) label

**beschuldigen** **jemanden [einer Sache] beschuldigen** accuse [ə'kjuːz] someone [of something]; (*rechtlich, gerichtlich*) **jemanden [einer Straftat] beschuldigen** charge someone [with an offense]

**Beschuldigung** accusation; (*rechtlich, gerichtlich*) charge

**beschützen** protect, shelter (**vor** from)

**Beschwerde** ① **Beschwerden** (*körperlich*) aches [eɪks] and pains, trouble ['trʌbl] ⚠ *Singular* (**mit** with)
② (*Klage*) complaint [kəm'pleɪnt]; **eine Beschwerde einlegen** lodge a complaint

**beschweren** **sich [über jemanden/etwas] beschweren** complain [about somebody/something]

**beschwerlich** arduous ['ɑːdjuəs]

**beseitigen** ① (*entfernen*) **etwas beseitigen** get rid of something
② (*töten*) **jemanden beseitigen [lassen]** do away with somebody

**Besen** broom

**besessen** obsessed (**von** with)

**besetzen** ① (*einnehmen*) occupy, take; **ein Haus besetzen** squat [skwɒt] [in a house]
② fill *Stelle;* cast *Rolle*

**besetzt** ① *Sitzplatz:* taken; **ist dieser Platz besetzt?** is this seat taken?
② *Toilette:* occupied
③ *Telefonleitung:* engaged (GB), busy (USA)

**Besetztzeichen** engaged tone (GB), busy tone (USA)

**besichtigen** have a look at; visit *Stadt*

**Besichtigung** visit [to]; *von Sehenswürdigkeiten:* sight-seeing tour

**Besinnung** ① (*Bewusstsein*) consciousness ['kɒnʃəsnəs]; **die Besinnung verlieren** loose consciousness; **wieder zur Besinnung kommen** regain consciousness
② (*das Sich-Besinnen*) reflection, contemplation
③ (*übertragen*) **die Besinnung verlieren** loose one's senses; **wieder zur Besinnung kommen** come to one's senses

**Besitz** ① (*Eigentum*) possession [pə'zeʃᵊn]; **etwas in Besitz nehmen** take possession of something
② (*Grundbesitz*) property, [real] estate

**besitzanzeigend** (*in der Grammatik*) possessive [pə'zesɪv]

**besitzen** (*haben*) have; (*gehoben*) own, possess

**Besitzer(in)** owner, proprietor

**besondere(r,s)** special ['speʃəl]; (*außergewöhnlich*) exceptional [ɪk'sepʃᵊnᵊl]

**Besonderheit** peculiarity [pɪˌkjuːli'ærəti]

**besonders** ① (*hauptsächlich*) especially [ɪ'speʃᵊli], particularly; **die Show war sehr gut, besonders die Tänzer** the show was excellent, especially the dancers
② (*sehr*) **besonders schön/groß** particulary beautiful/big; **sie hat besonders hart gearbeitet** she worked particularly hard
③ **nicht besonders lustig/gut** not very funny/good; **der Film war nicht besonders** the film was nothing special

**besorgen** ① (*beschaffen*) get
② (*erledigen*) see to

**besorgt** anxious ['æŋʃəs], worried ['wʌrid] (**wegen** about)

**besprechen** ① **etwas besprechen** discuss something, talk something over
② (*rezensieren*) review [rɪ'vjuː] *Buch, Film, Theaterstück*

**Besprechung** ① (*Unterredung*) discussion
② (*Sitzung*) conference

**besser** better; **umso besser!** so much the better!

**bessern** **sich bessern** *Zustand:* get better, improve [ɪm'pruːv]; *Person:* mend one's ways; **sie hat sich nicht gebessert** she hasn't changed

**Besserung** improvement [ɪm'pruːvmənt]; **[ich wünsche dir] gute Besserung!** [I hope you] get well soon!

**Bestand** ① (*Fortdauer*) continued existence; **von Bestand sein** be permanent
② (*Lagerbestand*) stock (**an** of)

**beständig** 1 (*ständig*) constant ['kɒnstənt], continual [kən'tɪnjuəl]
2 (*gleichbleibend*) constant; *Wetter:* settled
3 (*dauerhaft*) resistant (**gegen** to)

**Bestandteil** 1 *eines Ganzen:* component [kəm'pəʊnənt], part
2 (*übertragen: etwas Dazugehöriges*) integral part

**bestätigen** 1 confirm *Buchung, Flug, Antwort;* **den Empfang bestätigen** acknowledge [ək'nɒlɪdʒ] receipt
2 **sich bestätigen** *Verdacht etc:* prove true

**Bestätigung** 1 confirmation
2 (*Empfangsbestätigung*) acknowledg[e]ment [ək'nɒlɪdʒ] of receipt

**Bestattung** burial ['beriəl]

**beste(r,s)** best; **besten Dank!** many thanks!; **der erste Beste** the first that comes along

**bestechen** bribe, corrupt; **sich bestechen lassen** take bribes

**Besteck** cutlery (GB), flatware (USA)

**bestehen** 1 (*existieren*) **es besteht der Verdacht/die Gefahr, dass ...** there's the suspicion/a risk that ...; **es besteht kein Zweifel, dass ...** there's no doubt, that; **der Unterschied besteht darin, dass ...** the difference is that ...; **bestehen bleiben** remain [rɪ'meɪn]
2 (*zusammengesetzt sein*) **aus etwas bestehen** consist of something
3 (*erfolgreich beenden*) **eine Prüfung bestehen** pass a test; **einen Kampf bestehen** win a fight [faɪt]
4 (*fordern*) **bestehen auf** insist on

**besteigen** 1 **einen Berg besteigen** climb a mountain
2 **ein Pferd besteigen** mount a horse

**bestellen** 1 **Waren bestellen** order goods
2 (*ausrichten*) [**jemandem**] **etwas bestellen** leave a message [for somebody]
3 (*eine Verabredung treffen*) **jemanden für zehn Uhr bestellen** make an appointment for somebody for ten o'clock; **ich bin für zehn Uhr bestellt** I have an appointment for ten o'clock

**Bestellung** (*Auftrag*) order

**bestenfalls** at best

**Bestie** 1 (*Tier*) beast
2 (*Mensch*) brute

**bestimmen** 1 determine; **eine Zeit/einen Ort bestimmen** fix a time/a place
2 **über etwas bestimmen** decide on something
3 (*prägen*) characterize ['kærəktᵊraɪz]

**bestimmt** 1 (*festgelegt*) fixed, set
2 (*gewiss*) **eine** [**ganz**] **bestimmte Art** a certain way
3 (*entschieden*) *Stimme:* firm
4 (*sicher*) certainly, definitely; **ich komme ganz bestimmt** I'm definitely coming; **ich weiß bestimmt, dass ...** I know for certain that ...
5 (*wahrscheinlich*) **ganz bestimmt kommt er noch** he's bound [baʊnd] to come; **das ist bestimmt für dich!** (*bei Anruf oder Besuch*) it's bound to be for you!; **bestimmt hat sie mein Buch vergessen** she's probably forgotten my book
6 **bestimmter Artikel** definite article

**Bestimmung** 1 (*Vorschrift*) regulation
2 (*Schicksal*) destiny ['destɪni]

**bestrafen** punish (**für, wegen** for)

**Bestrafung** punishment

**bestreiken** **dieser Betrieb wird bestreikt** this factory is on strike

**bestreiten** (*leugnen*) deny [dɪ'naɪ]

**bestsituiert** (A) well-off

**bestürzt** dismayed (**über** at)

**Besuch** 1 visit; **ist das dein erster Besuch in Stuttgart?** is this your first trip to Stuttgart?
2 (*Teilnahme*) attendance (**bei** at)
3 **Besuch haben** have visitors ⚠ *Plural*
4 **bei jemandem zu Besuch sein** be visiting someone; **meine Tante kommt zu Besuch** my aunt is coming to see me/us

**besuchen** 1 visit
2 (*kurz*) **jemanden besuchen** go and see someone, call on someone
3 (*teilnehmen*) attend [ə'tend] *Kurs;* go to *Schule, Konzert*

**Besucher(in)** visitor

**Besuchszeit** visiting time

**betätigen** 1 operate *Maschine*
2 **sich betätigen** busy ['bɪzi] oneself

**betäuben** 1 (*narkotisieren*) anaesthetize [ə'niːsθətaɪz]
2 (*benommen machen*) stun

**beteilen** (A), (CH) (*beschenken*) give presents ['prezənts] to

**beteiligen** 1 **sich beteiligen** participate, take part (**an** in)
2 **sich an den Kosten beteiligen** contribute to the expenses
3 **jemanden beteiligen** give someone a share

**beteiligt** **an etwas beteiligt sein** be involved in something

**Beteiligung** 1 (*an Wettbewerb, etc*) participation (**an** in)
2 (*an Wahlen*) turnout (**an** in)

3 (*Anteil*) share (**an** in)
**beten** pray, say a prayer (**zu, für** to, for)
**beteuern** declare
**Beton** concrete ['kɒŋkri:t]
**betonen** 1 stress *Wort*
2 (*nachdrücklich sagen*) emphasize ['emfəsaɪz]
**Betonung** 1 *von Wort:* stress
2 (*Nachdruck*) emphasis ['emfəsɪs]
**Betracht nicht in Betracht kommen** be out of the question; **in Betracht ziehen** take into consideration; **etwas außer Betracht lassen** disregard something
**betrachten** 1 (*anschauen*) look at
2 (*ansehen als*) consider, regard
**beträchtlich** 1 *Summe, Vorsprung:* considerable
2 **beträchtlich höher/niedriger/mehr** considerably higher/lower/more
**Betrag** amount, sum; **Betrag dankend erhalten** payment received [rɪ'si:vd] with thanks
**betragen** 1 *Kosten, Rechnung:* amount to
2 **sich betragen** behave [bɪ'heɪv]
**betreffen** (*angehen*) concern, relate to; **was das betrifft** as far as that goes
**betreffend** 1 (*erwähnt*) concerned, in question; **die betreffenden Personen** those [people] concerned
2 (*gemeint*) referred to
**betreiben** (*ausüben*) pursue [pə'sju:] *Studien;* carry on *Geschäft*
**Betreibung** (CH) collection [kə'lekʃən]
**betreten** 1 (*hineingehen*) enter; go into *Raum*
2 (*daraufgehen*) walk on [to] *Boden;* **Betreten verboten!** keep off!
**betreuen** look after
**Betrieb** 1 (*Geschäft*) business, concern [kən'sɜ:n]; **jemand ist im Betrieb/nicht im Betrieb** somebody is at work/not at work
2 (*Tätigkeit*) work; *einer Fabrik, Maschine:* operation
3 **außer Betrieb** out of order
4 (*Betriebsamkeit*) bustle ['bʌsl]; **in der Stadt war viel Betrieb** the town was very busy
**Betriebsanleitung** operating instructions ⚠ *Plural*
**Betriebsferien** annual holiday ⚠ *Singular*
**Betriebskosten** 1 *einer Maschine:* running costs
2 *einer Firma:* overheads ⚠ *Plural*
**Betriebsrat** (*Institution*) works committee
**Betriebsrat, Betriebsrätin** (*Angehörige(r) des Betriebsrates*) works committee member
**Betriebssystem** operating system
**Betriebswirtschaft** business management
**betrinken sich betrinken** get drunk
**betroffen** 1 (*bestürzt*) full of consternation (**von** by)
2 (*in Mitleidenschaft gezogen*) affected (**von** by)
**betrübt** distressed; **tief betrübt** deeply distressed
**Betrug** deceit [dɪ'si:t], deception
**betrügen** 1 (*beim Spiel*) cheat, deceive [dɪ'si:v]
2 (*in einer Beziehung*) be unfaithful to
**Betrüger(in)** 1 (*beim Spiel*) cheat; **du Betrüger!** you're a cheat!
2 (*geschäftlich*) swindler; (*Hochstapler*) con-man
**betrunken** drunk
**Bett** 1 bed
2 (*Bettdecke*) quilt [kwɪlt]
**Bettbezug** quilt-cover
**Bettdecke** 1 (*aus Wolle*) blanket ['blæŋkɪt]
2 (*Steppdecke*) quilt
**betteln** beg (**um** for)
**Bettler(in)** beggar
**Betttuch** sheet
**Bettzeug** bedding
**beugen** 1 bend; bow *Kopf*
2 **sich [nach vorne/über etwas] beugen** bend [forward/over sth]
**Beule** 1 (*am Kopf*) bump; (*Schwellung*) swelling; (*aus Eiter*) boil
2 (*im Blech*) dent
**beunruhigen** worry; (*stärker*) alarm
**beurteilen** judge (**nach** by/from)
**Beute** *eines Diebes:* loot
**Beutel** bag
**bevor** before; **ich gehe nicht, bevor du dich nicht entschuldigst hast** I'm not leaving until you apologise
**bevorstehen** 1 *Schwierigkeiten:* lie ahead
2 *Gefahr, Unwetter:* be imminent
**bevorzugen** prefer; (*begünstigen*) favour *Mitbewerber, Mitschüler*
**bewachen** guard [gɑ:d]
**bewaffnet** armed; **schwer bewaffnet** heavily armed
**bewahren** 1 (*erhalten*) keep
2 (*beschützen*) protect (**vor** from)
**bewähren** 1 **sie hat sich als Lehrerin bewährt** she's proved [pru:vd] to be a good teacher
2 *Gerät:* prove [pru:v] worthwhile
**Bewährung** probation; **eine Strafe zur Bewährung aussetzen** impose a suspended sentence
**bewältigen** 1 (*meistern*) manage
2 (*überwinden*) get over
**bewandert** expert, knowledgeable ['nɒlɪdʒəbl];

**auf einem Gebiet bewandert sein** be an expert in a subject

**bewässern** irrigate

**bewegen** ① move, set in motion
② **jemanden zu etwas bewegen** induce someone to do something
③ **sich bewegen** move; (*sich Bewegung verschaffen*) get some exercise
④ **es bewegt sich etwas** things are happening

**beweglich** ① (*bewegbar*) movable ['mu:vəbl], mobile ['məʊbaɪl]
② (*leicht manövrierbar*) manoevrable [mə'nu:vᵊrəbl]
③ *Person, Tier:* agile ['ædʒaɪl]
④ *Verstand:* nimble

**bewegt** ① (*ergriffen*) moved; **tief bewegt** deeply moved
② *Vergangenheit:* eventful

**Bewegung** ① movement, motion
② (*körperlich*) exercise
③ (*politisch*) movement

**Beweis** ① proof (**für** of)
② (*Rechtssprache*) evidence ['evɪdəns]; **den Bewies erbringen** prove [pru:v] evidence (**für** of)

**beweisen** prove [pru:v]; **jemandem etwas beweisen** prove something to somebody

**bewerben** **sich** [**um etwas**] **bewerben** apply [for sth]

**Bewerber(in)** applicant

**Bewerbung** application

**Bewerbungsgespräch** [job] interview

**bewerten** ① assess [ə'ses] *Aufsatz;* judge *sportliche Leistung*
② (*schätzen auf*) value; **etwas zu hoch/niedrig bewerten** overvalue/undervalue something

**Bewertung** *eines Aufsatzes:* assessment [ə'sesmənt]; *einer sportlichen Leistung:* judg[e]ment

**bewilligen** ① (*zugestehen*) allow [ə'laʊ]
② grant *Kredit*

**bewirken** bring about, cause

**bewohnen** live in; **bewohnt sein** be inhabited

**Bewohner(in)** *eines Hauses:* occupant; *eines Gebiets:* inhabitant

**bewundern** admire [əd'maɪəʳ] (**wegen** for)

**bewundernswert** admirable ['ædmᵊrəbl]

**Bewunderung** admiration [ˌædmə'reɪʃᵊn]

**bewusst** ① (*überlegt*) conscious ['kɒnʃəs]; **jemandem etwas bewusst machen** make someone aware of something
② (*absichtlich*) *Beleidigung:* deliberate [dɪ'lɪbᵊrət]
③ (*mit Absicht*) deliberately [dɪ'lɪbᵊrətli]; **das hast du bewusst getan!** you did that deliberately!

**bewusstlos** unconscious [ʌn'kɒnʃəs]; **bewusstlos werden** lose consciousness ['kɒnʃəsnəs]

**Bewusstsein** consciousness ['kɒnʃəsnəs]; **das Bewusstsein verlieren** lose consciousness; **wieder zu Bewusstsein kommen** regain consciousness

**bezahlen** pay

> **? Grammatik** Die unregelmäßigen Vergangenheitsformen von **pay** lauten **paid — paid**: *David* **paid** *$5 for the book;* **have** *you* **paid** *for the tickets?*

**Bezahlung** pay[ment]

**bezaubern** charm, fascinate ['fæsɪneɪt]

**bezaubernd** charming

**bezeichnen** ① (*beschreiben*) describe
② (*benennen*) call

**beziehen** ① cover *Sessel;* **die Betten beziehen** change the beds
② move into *Haus*
③ (*bekommen*) get; obtain [əb'teɪn] *Gelder, Waren*
④ **etwas auf sich beziehen** take something personally
⑤ **sich beziehen auf …** refer to …

**Beziehung** ① (*Verhältnis*) relationship; **die Beziehung zu meiner Mutter** the relationship with my mother
② **diplomatische Beziehungen/intime Beziehungen** diplomatic/intimate relations
③ (*Verbindung*) connections; **er hat Beziehungen** he knows the right people
④ **in jeder Beziehung** in every respect

**beziehungsweise** ① respectively; **zwei Briefmarken zu einer beziehungsweise zwei Mark bitte** two stamps please — one for one Mark, and one for two Marks
② (*genauer gesagt*) or rather; (*oder*) **ich gehe zuerst nach Hause, beziehungsweise gehe direkt dort hin** I'll <u>either</u> stop off at home first <u>or</u> go straight there

**Bezirk** district

**Bezirksschule** (CH) secondary [*oder* (USA) high] school

**Bezirksspital** (CH) district hospital

**Bezug** ① (*Überzug*) cover
② **Bezug nehmen auf …** refer to …

**Bezüger(in)** (CH) ① (*Abonnent*) subscriber; (*von Rente*) drawer

2 (*von Steuern*) collector
**bezüglich** regarding, with regard to
**bezweifeln** doubt [daʊt]
**BH** bra
**Bibel** Bible ['baɪbl]
**Bibliografie, Bibliographie** bibliography [ˌbɪbli'ɒgrəfi]
**Bibliothek** library ['laɪbrᵊri]
**Bibliothekar(in)** librarian [laɪ'breəriən]
**biegen** 1 [**sich**] **biegen** bend
2 **um die Ecke biegen** turn the corner
3 **gerade biegen** straighten
▸ IN WENDUNGEN: **das biegen wir schon wieder hin** we'll sort things out
**biegsam** 1 *Material:* flexible
2 *Körper:* supple
**Biegung** bend
**Biene** bee
**Bienenstock** beehive
**Bier** beer
**bieten** 1 (*anbieten*) offer; **hier ist was geboten!** this place rocks! *umgangsspr*
2 (*bei Versteigerung*) bid; **wer bietet mehr?** any more bids?
3 **das lasse ich mir nicht bieten!** I won't stand for that!
4 **so eine Gelegenheit bietet sich nicht wieder** an opportunity like that won't turn up again soon
**Bikini** bikini
**Bild** picture; **sich von etwas ein Bild machen** get an idea of something
**bilden** 1 (*gestalten*) form
2 (*schaffen*) create [kri'eɪt]
3 constitute ['kɒnstɪtju:t] *Bestandteil*
4 form *Regierung*
5 **sich bilden** (*wachsen*) develop, form; (*intellektuell*) improve one's mind
6 **sich ein Urteil/eine Meinung bilden** form a judgment/an opinion

**! Vorsicht Falle** Das englische Wort **build** bedeutet ‚bauen'!

**Bildhauer(in)** sculptor
**Bildhauerei** sculpture
**bildlich** **bildlich gesprochen** figuratively ['fɪgjᵊrətɪvli] speaking; **sich etwas bildlich vorstellen** picture something in one's mind
**Bildschirm** screen
**Bildschirmgerät** visual display unit, VDU
**Bildschirmtext** viewdata
**Bildung** 1 (*geistig, schulisch*) education
2 (*Formung*) formation
**Billard** billiards ⚠ *Singular*
**billig** cheap
**billigen** approve of [ə'pru:v]
**Billion** trillion
**Binde** 1 bandage
2 (*Damenbinde*) sanitary towel (GB), napkin (USA)
**binden** 1 tie *Knoten, Schlips*
2 **jemanden an sich binden** tie somebody to oneself
3 **sich** [**an jemanden**] **binden** commit oneself [to sb]
**Bindestrich** hyphen
**Bindfaden** piece of string
**Bindung** 1 relationship
2 (*Skibindung*) binding
**binnen** within; **binnen kurzem** before long
**Biochemie** biochemistry
**biodynamisch** biodynamic
**Biografie, Biographie** biography [baɪ'ɒgrəfi]
**Biologe, Biologin** biologist [baɪ'ɒlədʒɪst]
**Biologie** biology [baɪ'ɒlədʒi]
**biologisch** biological [ˌbaɪə'lɒdʒɪkᵊl]; **biologisch abbaubar** biodegradable
**Birne** 1 (*Frucht*) pear [peəʳ]
2 (*Glühbirne*) bulb
3 (*umgangsspr: Kopf*) nut
**bis** 1 (*räumlich*) to; **bis hierher** [to] here; **bis hierher und nicht weiter** this far and no further
2 (*zeitlich*) till, until; (*spätestens*) by; **bis einschließlich 2. Oktober** up to and including 2. October
3 **bis dann/bald/Montag!** see you then/soon/on Monday!
4 **alle bis auf einen** all except for one
5 **nass bis auf die Haut** soaked to the bone
**Bischof** bishop
**bisher** until now; **bisher noch nicht** not as yet
**Biss** bite
**bisschen** 1 **ein bisschen** a little bit; **kein bisschen** not a bit
2 **ein bisschen Brot** a bit of bread; **ein bisschen länger** a little longer; **ein bisschen mehr** a little bit more
**Bissen** mouthful
**bissig** 1 *Hund:* snappy
2 *Bemerkung:* biting
**Bit** bit
**Bitte** request; **ich habe eine Bitte an Sie** I have a favour to ask [of] you
**bitte** 1 (*bittend, auffordernd*) please!; **gibst du mir bitte die Zeitung?** would [wʊd] you pass

me the paper, please?
❷ **wie bitte?** sorry?
❸ (*nach „danke“*) not at all, you're welcome
❹ (*nach „Entschuldigung“*) it's okay
❺ (*beim Anbieten*) there you go
❻ (*was möchten Sie?*) **bitte** [**schön**]? can I help you?
❼ **na bitte!** there you are!

**bitten** ❶ ask; **jemanden um etwas bitten** ask someone for something
❷ **aber ich bitte Sie!** not at all!

**bitter** bitter; *Wahrheit:* sad

**bizarr** bizarre [bɪˈzɑːʳ]

**Blamage** disgrace

**blamieren** ❶ **jemanden blamieren** disgrace somebody
❷ **sich blamieren** make a fool of oneself

**blank** ❶ (*glänzend*) shining
❷ (*blank gescheuert*) shiny
❸ *Unsinn:* sheer
❹ **ich bin blank** I am dead broke

**Blase** ❶ bubble
❷ (*Hautblase*) blister
❸ (*Harnblase*) bladder

**blasen** blow

**Blasinstrument** wind instrument

**Blaskapelle** brass band

**blass** pale

**Blatt** ❶ *einer Pflanze:* leaf
❷ (*Blatt Papier*) sheet
❸ (*Zeitung*) paper

**blättern** browse [braʊz]

**blau** ❶ (*Farbe*) blue
❷ (*umgangsspr: betrunken*) canned
❸ **ein blaues Auge** a black eye; **blaue Flecken** bruises

**Blaulicht** flashing blue light

**blaumachen** (*von der Arbeit*) skip work; (*von der Schule*) skive off school/college

**Blech** metal, tin

**Blechschaden** damage to the bodywork

**Blei** lead

**Bleibe** place to stay

**bleiben** ❶ remain, stay
❷ (*übrig bleiben*) be left
❸ **bleibt's dabei?** so we'll stick to this?

**bleibend** lasting

**bleich** pale

**Bleichmittel** bleaching agent

**bleifrei** unleaded [ʌnˈledɪd]

**Bleistift** pencil

**Bleistiftspitzer** pencil sharpener

**blenden** ❶ **jemanden blenden** blind somebody
❷ **das Licht blendet** the light is dazzling

**blendend** (*wunderbar*) splendid

**Blick** ❶ look; **Liebe auf den ersten Blick** love at first sight
❷ (*Aussicht*) view

**blicken** ❶ look
❷ **sich blicken lassen** drop in

**blind** ❶ blind
❷ **blind** [**sein**] **für die Gefahr** [be] oblivious to the danger; **blind** [**sein**] **vor Wut** [be] blind with rage
❸ **blinder Passagier** stowaway

**Blinddarm** appendix

**Blinde**(**r**) blind woman/man

**Blindheit** blindness

**blindlings** blindly

**blinken** ❶ *Sterne:* glitter, sparkle
❷ (*beim Fahren*) indicate

**Blinker**, **Blinklicht** indicator

**blinzeln** ❶ (*vor Helligkeit*) squint [skwɪnt]
❷ (*Augenzeichen geben*) wink

**Blitz** ❶ lightning
❷ *einer Kamera:* flash

> **! Vorsicht Falle** Das Wort **lightning** wird nie in der Mehrzahl gebraucht: *there were flashes of lightning; a tree was struck by lightning.*

**blitzen** **es hat gestern Nacht geblitzt** there was lightning last night

**Blitzgerät** flash gun

**Blitzlicht** flash

**Block** ❶ (*auch Häuserblock*) block
❷ (*Holzblock*) log
❸ (*Schreibblock*) pad

**Blockade** blockade

**Blockflöte** recorder

**blockieren** ❶ block *Straße*
❷ **eine Entscheidung/jemanden blockieren** block a decision/someone

**blöd** silly, stupid

**Blödsinn** nonsense; **mach keinen Blödsinn!** don't mess about!

**blond** blond, fair

> **! Vorsicht Falle** Bei blonden Jungen und Männern gebraucht man **blond**: *he is blond* oder *he has blond hair*, bei blonden Mädchen und Frauen gebraucht man aber **blonde**: *she is blonde; she is a blonde; she has blonde hair.*

**bloß** ❶ (*nackt*) bare; **mit bloßen Füßen** barefoot[ed]; **mit bloßem Auge** with the naked eye
❷ (*nichts als*) **bloßes Gerede** empty talk

❸ (*nur*) only; **ich hab bloß Spaß gemacht** I was only joking
❹ **bloß nicht!** God forbid!
**bloßlegen** ❶ uncover
❷ (*übertragen*) reveal *Geheimnis*
**bloßstellen** **jemanden/sich bloßstellen** show sb/oneself up
**bluffen** (*umgangsspr*) bluff
**blühen** ❶ *Blumen:* bloom; *Bäume:* blossom
❷ *Wirtschaft, Geschäfte:* flourish ['flʌrɪʃ], prosper, thrive
**Blume** flower
**Blumenbeet** flower bed
**Blumenkohl** cauliflower ['kɒlɪˌflaʊəʳ]
**Blumentopf** flowerpot
**Bluse** blouse
**Blut** blood [blʌd]
**Blutdruck** blood pressure
**Blüte** ❶ (*Blumenblüte*) bloom; (*Baumblüte*) blossom
❷ (*umgangsspr: falsche Banknote*) dud
**bluten** bleed (**aus** from)

> **? Grammatik** Die unregelmäßigen Vergangenheitsformen von **bleed** lauten **bled — bled**: *his nose* **bled** *for ages.*

**Blütenblatt** petal
**Blütenstaub** pollen
**Bluter** haemophiliac [ˌhiːməˈfɪliə]
**blutig** bloody; *Anfänger:* absolute
**Blutprobe** blood test
**blutrünstig** bloodthirsty
**Blutspender(in)** blood donor
**Bock** ❶ (*männlicher Nager, Rotwild*) buck; (*männliches Schaf*) ram; (*männliche Ziege*) he-goat
❷ **ich hab keinen Bock!** I can't be bothered!
**Boden** ❶ (*Erdboden*) ground
❷ (*Ackerboden*) soil
❸ (*Fußboden*) floor
❹ (*Dachboden*) loft
❺ *von Gefäß, Meeresboden:* bottom
**Bogen** ❶ (*Kurve*) curve
❷ (*Waffe*) bow
❸ (*Papierbogen*) sheet
**Bohne** bean; **dicke Bohnen** broad beans
**Bohnenkaffee** real coffee
**bohren** ❶ bore *Tunnel;* (*mit Bohrer*) drill
❷ (*nachfragen*) keep on
**Bohrer** (*elektrisch*) drill
**Bohrinsel** oil rig
**Boiler** boiler
**bombardieren** ❶ bomb
❷ (*mit Fragen, Wünschen*) bombard
**Bombe** bomb [bɒm]
**Bonbon** sweet (GB), candy (USA)
**Bonus** bonus
**Boot** boat
**Bord** ❶ (*Regal*) shelf
❷ *von Schiff, Flugzeug:* board; **an Bord gehen** board the plane/ship; **von Bord gehen** disembark
❸ **über Bord werfen** throw overboard
**Bordstein** kerb[stone]
**borgen** borrow (**von** from)
**Börse** ❶ stock market
❷ (*Gebäude*) the stock exchange
**bösartig** ❶ *Mensch:* malicious [məˈlɪʃəs]
❷ *Tier:* vicious [ˈvɪʃəs]
❸ *Tumor:* malignant
**Böschung** ❶ *einer Straße:* embankment
❷ *von Fluss:* bank
**böse** ❶ *Verletzung:* bad
❷ (*moralisch allerschlimmst*) evil
❸ *Bemerkung, Beleidigung:* nasty
❹ **böse sein** [**auf jemanden**] be angry [with someone]
❺ **er meinte es nicht böse** he meant no harm
**boshaft** malicious [məˈlɪʃəs], spiteful
**Bosheit** nastiness
**Boss** boss
**Bostitch** (CH) stapler
**böswillig** malevolent; **böswillige Absicht** malicious prepense
**botanisch** botanical [bəˈtænɪkəl]; **botanischer Garten** botanic [bəˈtænɪk] gardens ⚠ *Plural*
**Bote, Botin** messenger
**Botschaft** ❶ (*Nachricht*) message
❷ (*Botschaftsgebäude*) embassy
**Botschafter(in)** ambassador
**Boulevardpresse** popular press
**Boutique** boutique
**Bowling** [ten-pin] bowling
**Box** (*Lautsprecher*) speaker
**boxen** box
**Boxer** (*auch Hunderasse*) boxer
**Boxhandschuh** boxing glove
**Boxkampf** boxing match
**boykottieren** boycott
**Branche** ❶ (*Wirtschaftszweig*) branch [brɑːnʃ]
❷ (*Fach*) department, field
**Brand** (*Feuer*) fire; **in Brand geraten** catch fire; **etwas in Brand setzen** set fire to something
**brandneu** brand new
**Brandstifter(in)** arsonist, fire-raiser (GB)

**Brandstiftung** arson, fire-raising
**Brandung** surf
**Brandwache** (CH) fire service
**Brandwunde** ① (*durch Verbrennen*) burn ② (*durch Verbrühen*) scald
**Braten** roast [meat]
**braten** ① (*im Ofen*) roast ② (*in der Pfanne*) fry

> **? Grammatik** Die unregelmäßigen Vergangenheitsformen von **fry** lauten **fried — fried**: *I first* **fried** *some onions, then I added the meat; the potatoes* **have been fried.**

**Brathähnchen** roast chicken
**Brathering** fried herring
**Bratkartoffeln** fried potatoes
**Bratpfanne** frying pan
**Bratsche** viola
**Bratwurst** ① (*gebraten*) fried sausage ② (*zum Braten*) frying sausage
**Brauch** custom; **das ist bei uns so Brauch** that's traditional with us
**brauchbar** ① (*nützlich*) useful ② (*verwendungsfähig*) usable ③ (*gut, vernünftig*) decent
**brauchen** ① (*nötig haben*) need, require; **Zeit brauchen** take time ② (*gebrauchen*) use
**brauen** brew [bruː]
**Brauerei** brewery ['bruːᵊri]
**braun** ① brown ② *Haut:* tanned; **braun werden** tan; **braun sein** be tanned
**bräunen** ① (*in Fett*) brown ② **sich bräunen** tan
**brausen** ① *Applaus:* roar; *Wasser:* foam ② *Beifall:* thunder ③ *Auto:* race
**Braut** bride
**Bräutigam** [bride]groom
**Brautjungfer** bridesmaid
**Brautkleid** wedding dress
**Brautpaar** bride and [bride]groom
**brav** (*artig*) good, well-behaved
**brechen** ① (*auch übertragen*) break *Willen, Menschen, Rekord;* cut *Steine* ② (*erbrechen*) vomit, be sick; **ich musste brechen** I was sick
**Brei** mash
**breit** ① (*weit*) wide, broad; **20 Meter breit** 20 metres wide ② **breiter machen** widen ③ *Angebot, Auswahl:* wide ④ **die breite Masse** the masses ⚠ *Plural*
**Breite** ① breadth; (*bei Maßen*) width; **eine Breite von 10 Metern haben** be 10 metres in width ② (*Breitengrad*) latitude
▶ IN WENDUNGEN: **in die Breite gehen** put on weight
**Breitengrad** latitude
**breitschlagen** (*umgangsspr*) **jemanden breitschlagen** talk somebody round; **sich breitschlagen lassen** let oneself be talked round
**Bremse** (*an Fahrzeug*) brake
**bremsen** ① brake ② (*übertragen*) slow down
**brennbar** combustible; (*entzündlich*) inflammable
**brennen** ① *Feuer:* burn; **es brennt!** fire! fire! ② *Verletzung:* sting; *Druckstelle:* hurt ③ bake *Ziegel* ④ distil *Schnaps*
**brennend** ① *Kerze:* burning; *Pfeife, Zigarette:* lighted ② *Hitze:* scorching ③ *Schmerz:* smarting ④ *Frage:* urgent
**Brennnessel** stinging nettle
**Brennpunkt** focus
**brenzlig** (*umgangsspr: gefährlich*) dicey, precarious; **die Sache wird für mich zu brenzlig** the matter is getting too hot for me
**Brett** ① board; (*dicker*) plank ② (*Spielbrett*) board ③ **schwarzes Brett** notice board
**Brettspiel** board game
**Brief** letter
**Brieffreund(in)** pen-friend
**Briefkasten** ① (*am Haus*) letter box (GB), mail box (USA) ② (*in Säule*) pillar box, post box (GB), mail box (USA)
**Briefmarke** stamp
**Briefpapier** writing-paper
**Brieftasche** wallet (GB), billfold (USA)
**Briefträger(in)** postman/postwoman (GB), mailman/mailwoman (USA)
**Briefumschlag** envelope
**Brigade** brigade
**Brille** ① (*Lesebrille*) glasses ⚠ *Plural;* **eine Brille tragen** wear glasses ② (*Schutzbrille*) goggles ⚠ *Plural* ③ *von Toilettensitz:* [toilet] seat

**! Vorsicht Falle** Das Wort **glasses** (= Brille) wird nur in der Mehrzahl gebraucht: *where* **are** *my glasses?*

**Brillenetui** spectacle case
**bringen** 1 (*herbringen*) bring; (*wegbringen*) take
2 (*veröffentlichen*) publish
3 **auseinander bringen** be able to get [someone/something] apart
4 **jemanden dazu bringen, etwas zu tun** get someone to do something
5 **[Geld] auf die Seite bringen** put aside [some money]; **Gewinn bringen** yield [jiːld] a profit; **in Erfahrung bringen** get to know, learn
6 **jemanden wieder zu sich bringen** bring someone round; **jemanden zur Vernunft bringen** bring someone to reason
7 **fertig bringen** (*vollenden*) get done; (*imstande sein*) manage
8 **vorwärts bringen** advance
9 **das bringt nichts!** that's pointless!

**! Vorsicht Falle** **bring** oder **take**? Das Verb **to bring** bedeutet ‚etwas herbringen': *Tom, bring me some tea, please;* — **to take** bedeutet dagegen ‚etwas weg- oder hinbringen': *Bill, take your comics to your bedroom, please;* — **to fetch** bedeutet ‚etwas holen': *Jack, fetch me my glasses from the kitchen, please.*

**Brise** breeze
**Brite, Britin** Briton; **die Briten** the British
**britisch** British; **die Britischen Inseln** the British Isles
**bröckeln** crumble
**Brocken** 1 (*aus Stein*) chunk
2 (*Klumpen*) lump
**Brokkoli** broccoli
**Brombeere** blackberry, bramble
**Bronze** bronze [brɒnz]
**Bronzemedaille** bronze medal
**Brosche** brooch [brəʊtʃ]
**Broschüre** booklet
**Brösel** crumb [krʌm]
**Brot** 1 bread
2 (*Brotlaib*) loaf of bread; **zwei Brote** two loaves of bread
**Brötchen** roll [rəʊl]; **belegtes Brötchen** filled roll
**Bruch** 1 (*auch übertragen*) break
2 (*Knochenbruch*) fracture
3 (*mathematisch*) fraction
4 **in die Brüche gehen** *Beziehung:* break up
**Bruchbude** dump
**brüchig** 1 (*spröde*) brittle [ˈbrɪtl]
2 (*rissig*) cracked
3 *Beziehung:* crumbling
**Bruchstück** fragment
**Bruchteil** fraction; **im Bruchteil einer Sekunde** in a split second
**Brücke** 1 bridge
2 (*Zahnbrücke*) bridge
3 (*Teppich*) rug
**Bruder** brother
**Brühe** 1 broth
2 (*trübe Flüssigkeit*) sludge
**brüllen** roar; *Mensch:* shout; *Stier:* bellow; *Kind:* bawl
**brummen** 1 (*summen*) hum
2 *Käfer, Fliege:* buzz
3 *Motor:* drone, purr
**Brunnen** 1 (*Schöpfbrunnen*) well
2 (*Springbrunnen*) fountain
**Brust** 1 (*Busen*) breast [brest]
2 (*Brustkorb*) chest
**brüsten sich [mit etwas] brüsten** boast [about sth]
**Brustschwimmen** breaststroke
**brutal** brutal [ˈbruːtᵊl]
**Brutalität** brutality
**brutto** gross
**Bruttoeinkommen** gross income
**Bub(e)** 1 (*Junge*) boy, lad
2 (*bei Kartenspiel*) jack, knave [neɪv]
**Buch** 1 book
2 **über etwas Buch führen** keep a record of something
**Bücherei** library [ˈlaɪbrᵊri]
**Bücherregal** bookshelf
**Bücherschrank** bookcase
**Bücherwurm** bookworm
**Buchführung** accounting, book-keeping
**Buchhalter(in)** bookkeeper
**Buchhaltung** 1 (*Sparte*) accounting, book-keeping
2 (*Abteilung*) accounts department
**Buchhandlung** bookshop (GB), bookstore (USA)
**Büchse** 1 (*Dose*) can
2 (*Konservenbüchse*) tin
**Buchstabe** character, letter
**buchstabieren** spell; **falsch buchstabieren** misspell

**? Grammatik** Die unregelmäßigen Vergangenheitsformen von **spell** lauten **spelt/ spelled** —

**spelt/ spelled:** *Jenny* **spelt** *'hippopotamus' correctly; Ziggy's name* **has been spelt** *wrong again!*

**buchstäblich** literal
**Bucht** bay
**Buchung** booking
**Buckel** (*buckliger Rücken*) hump[back]
**bücken sich bücken** bend, stoop
**Bude** 1 (*Bretterbude*) hut
2 (*Verkaufsstand*) stall [stɒːl]
3 (*umgangsspr: Zimmer*) room
**Büfett** 1 (*Möbel*) sideboard
2 **kaltes Büfett** cold buffet ['bʊfeɪ]
**Büffel** buffalo
**büffeln** 1 swot up [on] *Lernstoff*
2 [**für Mathe/Chemie**] **büffeln** cram [for a maths/chemistry test]
**Bügelbrett** ironing ['aɪənɪŋ] board
**Bügeleisen** iron ['aɪən]
**bügeln** iron *Wäsche;* press *Hose;* **glatt bügeln** iron smooth
**Bühne** 1 (*im Theater*) stage
2 (*das Theater*) theatre
**Bühnenbild** stage set
**Bühnenstück** play
**Buhruf** boo; **es gab viele Buhrufe** there was a lot of booing
**Bulle** 1 (*männliches Rind*) bull
2 (*slang: Polizist*) cop
**Bummel** stroll [strəʊl]
**bummeln** 1 (*umherschlendern*) stroll
2 (*trödeln*) dawdle ['dɔːdl]
**Bund**[1] **ein Bund Karotten/Petersilie** a bunch of carrots/parsley
**Bund**[2] 1 (*Vereinigung*) association
2 (*Staatenbund*) alliance [ə'laɪəns]
3 (*umgangsspr: Bundeswehr*) the services ⚠ *Plural;* **beim Bund** in the army
4 (*Bundesrepublik*) Federal Government; **Bund, Länder und Gemeinden** Federal Government, Länder and municipal authorities
**Bündel** *von Kleidern:* bundle; (*Bund*) bunch
**bündeln** 1 bundle up *Reisig*
2 focus *Strahlen*
**Bundesbürger(in)** citizen of the Federal Republic [of Germany]
**Bundesgericht** ⒸⒽ Federal Appeals Court
**Bundeshauptstadt** capital of the Federal Republic [of Germany]
**Bundeshaus** ⒸⒽ Federal House of Parliament
**Bundesheer** Ⓐ [Austrian] Federal Armed Forces ⚠ *Plural*
**Bundeskanzler(in)** German Chancellor ['tʃɑːnsələ]
**Bundesland** federal state, Land
**Bundespräsident(in)** 1 (*in Deutschland*) Federal President
2 (*in der Schweiz*) President of the Federal Council
**Bundesrat** 1 (*in Deutschland*) Bundesrat
2 (*in der Schweiz*) Federal Government [ˌgʌᵊn'mənt]
**Bundesrat, Bundesrätin** ⒸⒽ, Ⓐ Minister of State
**Bundesregierung** Federal Government [ˌgʌᵊn'mənt]
**Bundesrepublik** Federal Republic; (*Deutschland*) Federal Republic of Germany
**Bundesstaat** federal state
**Bundesstraße** federal highway
**Bundestag** Bundestag
**Bundestagspräsident(in)** President of the Bundestag
**Bundestagswahl** elections ⚠ *Plural* to the Bundestag
**Bundeswehr** Federal Armed Forces ⚠ *Plural*
**Bündnis** alliance [ə'laɪəns]
**Bunker** bunker; (*Schutzbunker*) air-raid shelter
**bunt** 1 (*vielfarbig*) colourful
2 (*farbig*) coloured
3 (*verschiedenartig*) varied; **ein buntes Durcheinander** a jumble
**Buntstift** coloured pencil, crayon ['kreɪɒn]
**Burg** castle
**bürgen** 1 **für etwas bürgen** guarantee something
2 **für jemanden bürgen** vouch [vaʊtʃ] for someone
**Bürger(in)** citizen
**Bürgerinitiative** citizens' action group
**Bürgerkrieg** civil war
**bürgerlich** civil; **das bürgerliche Gesetzbuch** the Civil Code
**Bürgermeister(in)** mayor [meəʳ]; (*Frau*) mayoress [ˌmeə'res]
**Bürgersteig** pavement ⒼⒷ, sidewalk ⓊⓈⒶ
**Büro** office
**Büroangestellte(r)** office worker
**Büroklammer** paper clip
**Bürokratie** bureaucracy [bjʊ'rɒkrəsi]
**bürokratisch** bureaucratic [ˌbjʊərə'krætɪk]
**Bürste** brush
**bürsten** brush; **sich die Haare bürsten** brush one's hair *Singular*

**Bus** bus [bʌs]
**Busbahnhof** bus [*oder* coach] station [kəʊtʃ]
**Busch** 1 bush
2 (*einzelner Strauch*) shrub
3 (*Urwald*) jungle
► IN WENDUNGEN: **da ist etwas im Busch** there's something up
**Busen** breast
**Busfahrer(in)** bus driver
**Bushaltestelle** bus stop
**büßen** 1 **das wirst du mir [noch] büßen!** I'll make you pay for that!
2 (CH) **jemanden büßen** fine somebody, impose a fine on somebody
**Bußgeld** fine
**Büste** bust
**Butter** butter
► IN WENDUNGEN: **alles in Butter!** everything ok!
**Butterbrot** bread and butter
**Byte** byte

# C c

**Café** café
**Camion** (CH) heavy goods vehicle
**Campingplatz** camping site
**Car** (CH) coach (GB), bus
**CD** *Abkürzung von* **Compact Disc** CD [ˌsiːˈdiː], compact disc
**CD-Spieler** compact disc player, CD player
**Cello** cello [ˈtʃeləʊ]
**Celsius** centigrade
**Cent** eurocent
**Chalet** (CH) chalet [ˈʃæleɪ]
**Champignon** mushroom
**Chance** chance [tʃɑːns]; **eine/keine Chance haben** to stand/not stand a chance (**bei** with); **bei der hast du keine Chancen** you don't stand a chance with her
**Chancengleichheit** equal opportunities
**Chaos** chaos [ˈkeɪɒs]
**chaotisch** chaotic
**Charakter** 1 (*Wesenszüge eines Menschen*) character [ˈkærəktəʳ]
2 (*Persönlichkeit*) personality
3 *einer Sache:* nature
**Charakterzug** characteristic trait
**charmant** charming
**Charme** charm [tʃɑːm]
**Charta** charter
**Charterflug** charter flight
**Chauffeur(in)** chauffeur [ˈʃəʊfəʳ]
**checken** 1 (*überprüfen*) check
2 (*umgangsspr: begreifen*) get it; **ich check das nicht!** I just don't get it!
**Chef(in)** 1 boss
2 *der Polizei:* chief

> **! Vorsicht Falle** Das englische Wort **chef** bedeutet ‚der Küchenchef'!

**Chemie** chemistry [ˈkemɪstri]
**Chemikalien** chemicals [ˈkemɪkᵊlz]
**Chemiker(in)** chemist
**chemisch** chemical; **chemische Reinigung** dry cleaner's
**Chip** 1 (*Kartoffelchip*) crisp (GB), potato chip (USA)
2 (*Spielmarke, auch in Informatik*) chip

> **! Vorsicht Falle** Das Wort **chips** im britischen Englisch sind Pommes frites!

**Chirurg(in)** surgeon [ˈsɜːdʒᵊn]
**Chirurgie** surgery
**chirurgisch** surgical; **chirurgischer Eingriff** surgery
**Chlor** chlorine
**Chor** 1 (*Musikchor*) choir [kwaɪəʳ]
2 (*im Theater*) chorus
**Christ(in)** Christian
**Christbaum** Christmas tree
**Christentum** Christianity
**Christkind** Christ Child
**christlich** Christian
**Christus** 1 Christ
2 **vor Christi Geburt** before Christ, B.C.; **nach Christi Geburt** A.D.; **700 nach Christus** in the year 700 of our Lord [*oder* [in] 700 A.D.]
**Chromosom** chromosome
**chronisch** chronic
**chronologisch** chronological
**Citro** (CH) lemonade [ˌleməˈneɪd]
**Clique** group, set
**Clown** clown
**Code** code
**Comicheft** comic
**Computer** computer
**Container** 1 (*zum Transport*) container
2 (*für Bauschutt*) skip
**Cord** cord[uroy]
**Couch** couch
**Couchtisch** coffee table
**Cousin, Cousine** cousin [ˈkʌzᵊn]

**Crack** (*Droge*) crack
**Creme** cream
**cremig** creamy
**Curry** curry

# D d

**da** ① (*dort*) there; **das Haus da** the house over there
② (*hier*) here
③ (*mit dabei*) **hast du deinen Geldbeutel da?** have you got your purse at hand?
④ (*im Anschluß*) **und da sagte er ...** and then he said ...
⑤ (*anwesend*) **da sein** be there; **ist da jemand?** anybody there?
⑥ **ist die Post schon da?** has the post come yet?
⑦ (*weil*) as, since
⑧ **he, du da!** hey, you there!
⑨ **die da ist es gewesen** it was her who did it
⑩ **da haben wir den Salat!** now we're in for it!
⑪ **siehe da!** lo and behold!
⑫ **sie hatten den Hund gerade eingefangen, da lief er auch schon wieder weg** they had only just caught the dog, when he ran away again
⑬ **ich weiß nicht, ob ich da Zeit habe** I'm not sure, whether I'll have time then
⑭ **was soll man da noch sagen?** what else can you say?
⑮ **nichts da!** nothing doing!
**dabei** ① (*beigefügt*) **ist die Beschreibung dabei?** are the instructions attached?
② **dabei darf man [allerdings] nicht vergessen, dass...** it shouldn't be forgotten here that ...
③ **... und dabei bleibt's!** ... and that's that!; **lassen wir es dabei!** let's leave it at that!
④ **was ist schon dabei?** so what of it?; **ich finde nichts dabei** I can't see any harm in it
⑤ **er aß und rauchte dabei** he ate and smoked at the same time
⑥ **dabei fühle ich mich nicht wohl** it doesn't feel right [to me]
⑦ **dabei kommt doch nichts raus!** but that's completely pointless!
⑧ **sie bleibt dabei** (*Aussage, Meinung*) she sticks with it
⑨ **sie ist nicht gekommen, dabei hat sie's versprochen** she didn't come, although she promised to
**dableiben** stay; **bleib doch noch etwas da!** do stay a little longer!
**Dach** roof
**Dachboden** attic
**Dachgepäckträger** roof rack
**Dachgleiche** Ⓐ (*Richtfest*) topping-out ceremony
**Dachkännel** Ⓒⓗ (*Dachrinne*) gutter
**Dachziegel** roofing tile
**dadurch** ① (*dort durch*) that way, through there
② (*als Grund*) by that, in that way
③ **dadurch, dass er krank ist, kann er seine neue Stelle nicht antreten** as he's ill, he can't start his new job
④ **dadurch, dass ich ihren Computer benutzen durfte, wurde ich mit dem Aufsatz rechtzeitig fertig** thanks to her letting me use her computer, I managed to finish the essay in time
**dafür** ① (*für diese Sache*) for it, for that; (*für diesen Zweck*) for that; **das ist dafür da, dass man es isst** it's there to be eaten; **das ist dafür da, dass man sich die Füsse abstreift** it's there, so people can wipe their shoes
② **ich werde dafür sorgen, dass ...** I'll see to it that ...
③ **dafür sein** be [all] for it
④ (*andererseits*) but then; **er ist schon erfolgreich, dafür aber arrogant** he's successful alright, but arrogant with it
⑤ **dafür habe ich kein Verständnis** I don't understand that
⑥ **er ist dafür bekannt, dass er stiehlt** he's known for thieving ['θiːvɪŋ]
**dagegen** ① (*gegen etwas*) against that, against it; **ich habe nichts dagegen** I don't object, I've no objections; **haben Sie etwas dagegen, wenn ich gehe?** do you mind if I leave?; **dagegen kann man nichts machen** nothing can be done about it
② (*verglichen mit*) compared with
③ (*andererseits*) on the other hand
**daher** ① (*örtlich*) from there
② (*deshalb*) that's why ..., hence
③ (*deswegen*) that's why ...
**daherbringen** Ⓐ ① bring along
② (*abwertend*) say without thinking
**dahin** ① (*örtlich*) there
② (*zeitlich*) by that time, by then, until then
**dahinter** ① behind that [*oder* it]
② **es steckt etwas dahinter** there is something in it; **sich dahinter klemmen** put one's back

into it; **dahinter kommen** find out

**Dame** 1 (*Frau*) lady; **meine Damen und Herren!** Ladies and Gentlemen!
2 (*im Damespiel*) king
3 (*im Kartenspiel*) queen
4 (*Brettspiel*) draughts [drɑ:fts] ⚠ *mit Singular oder Plural* GB, checkers ⚠ *Singular* USA

**damit** 1 (*mit dieser Sache*) **was willst du damit?** what do you want with that?; **was ist damit?** what about it?; **hör auf damit!** stop it!; **sind Sie damit einverstanden?** do you agree to that?; **damit kann ich nichts anfangen** I don't know what to do with it; **warum fängst du schon wieder damit an?** why do you have to drag that up again?; **heraus damit!** out with it!
2 (*als Begründung*) so that; **ich hab dir nichts davon gesagt, damit du nicht böse wirst** I didn't tell you about it so that you wouldn't get angry

**dämlich** dumb [dʌm], stupid

**Damm** 1 (*Uferdamm*) embankment
2 (*Deich*) dyke [daɪk]

**dämmern** 1 *Morgen:* dawn; *Abend:* fall
2 (*übertragen*) **es dämmerte ihr** it dawned upon her

**Dämmerung** twilight

**Dampf** (*Wasserdampf*) steam; (*Dunst*) vapour

**dampfen** steam

**dämpfen** 1 muffle *Geräusch;* lower *Stimme*
2 dampen *Freude*

**danach** 1 (*zeitlich*) after, after that
2 (*demgemäß*) accordingly
3 **mir ist nicht danach zumute** I don't feel like it

**Däne**, **Dänin** Dane

**Dänemark** Denmark

**Dank** (*Dankbarkeit*) gratitude; **vielen Dank!** thanks a lot!

**dank** **dank deiner Bemühungen ...** thanks to your efforts ...

**dankbar** grateful; **jemandem für etwas dankbar sein** be grateful to someone for something

**Dankbarkeit** gratitude

**danke** thanks!; **danke schön** thank you!

**danken** 1 **jemandem [für etwas] danken** thank somebody [for something]; **nichts zu danken!** don't mention it!
2 **dankend ablehnen** decline with thanks

**dann** 1 (*danach, also*) then; **und was geschah dann?** and what happened next?
2 **dann und wann** now and then; **selbst dann nicht, wenn ...** not even if ...
3 **dann eben nicht!** well, suit yourself!

**daran** 1 (*an etwas festmachen*) to
2 (*zeitlich*) **im Anschluss daran** following it
3 **nahe daran sein etwas zu tun** very nearly do something
4 **da ist was dran** there's something to it
5 **lass mich mal daran riechen** let me smell it
6 **daran kann ich nichts ändern** I can't do anything about it
7 **es liegt mir viel daran** it is very important to me
8 **sie ist daran gestorben** she died of it

**daranmachen** **sich daranmachen, etwas zu tun** (*umgangsspr*) get down to doing something

**darauf** 1 (*räumlich*) on
2 (*zeitlich*) after that; **am Tag darauf** the next day
3 **etwas darauf sagen** say something to that

**daraus** 1 (*heraus*) out of
2 (*aus Material*) from
3 (*aus etwas folgend*) **daraus ergibt sich, ...** from that it follows that ...
4 **daraus wird nichts!** forget it!
5 **daraus mache ich mir nichts** I'm not very keen on that

**darbieten** 1 perform *Aufführung*
2 **sich darbieten** present itself

**Darbietung** performance

**darin** 1 (*räumlich*) in
2 (*übertragen*) in that respect; **der Unterschied liegt darin, dass ...** the difference is that ...

**darlegen** **jemandem etwas darlegen** explain something to somebody

**Darm** (*Körperteil*) bowel, intestines [ɪn'testɪnz] ⚠ *Plural*

**darstellen** 1 (*schildern*) describe *Tatsachen, Ereignis*
2 (*bedeuten*) constitute, represent; **was stellt dieses Zeichen dar?** what does this symbol mean?

**Darstellung** 1 (*bildlich*) portrayal
2 (*Beschreibung*) description

**darüber** 1 (*räumlich*) over something; (*quer darüber*) across something
2 **darüber spreche ich nicht gern** I don't like to talk about it
3 **darüber hinweg sein** have got over it; **darüber hinaus** over and above that

**darum** 1 (*deshalb*) that's why
2 **also, es geht darum, dass ich morgen nicht kann** the thing is that I can't make it tomorrow; **darum geht es gar nicht** that isn't the point

D d

(3) *(örtlich)* round something; **darum herum fahren** drive round it

**darunter** (1) *(räumlich)* underneath
(2) *(mit dabei)* among them; **es gab zehn Verletzte, darunter 3 Kinder** there were ten people injured, among them three children
(3) *(weniger)* less; **alles was darunter ist …** anything less than that …; **Schüler im Alter von 15 und darunter** pupils aged 15 and under
(4) **was verstehen Sie darunter?** what do you mean by that?

**das** (1) the
(2) **das ist genau das, was ich meine** this is exactly what I mean
(3) **siehst du das Haus, das ich meine?** do you see the house [which] I'm talking about?

**Dasein** *(Existenz)* existence

**dass** that; **so dass** so that

**dasselbe** the same

**Datei** file

**Daten** data ⚠ *mit Singular oder Plural*

**Datenbank** data bank

**datieren** date

**Dativ** dative

**Datum** date

**Dauer** (1) duration
(2) *(Zeitspanne)* length
(3) **für die Dauer von …** for a period of …; **auf die Dauer** in the long term; **von kurzer Dauer sein** be short-lived

**dauerhaft** (1) durable, lasting
(2) *(ständig)* permanent

**Dauerlauf** jogging

**dauern** (1) *(lang sein)* go on, last; **die Vorstellung dauert zwei Stunden** the performance lasts two hours
(2) *(Zeitaufwand)* take; **dauert das noch lange?** will it take much longer?; **das dauert mir zu lange** it takes too long; **das dauert!** this is taking ages!; **es hat zwei Stunden gedaurt bis die Feuerwher kam** it took two hours for the fire brigade to arrive

**dauernd** (1) *(andauernd)* lasting; **etwas dauernd tun** keep doing something
(2) *(ständig)* permanent

**Daumen** (1) thumb
(2) **drücken Sie mir die Daumen!** keep your fingers crossed for me!

**davon** (1) *(räumlich)* from [sth]; **Stuttgart liegt nicht weit davon** Stuttgart isn't far from it
(2) *(dadurch)* from [sth]; **davon kriegst du Karies** you'll get caries from that
(3) **das hängt davon ab, ob …** that depends on whether …
(4) **das kommt davon!** I told you so!
(5) **davon werde ich nicht satt** I'll still be hungry after that

**davonkommen** escape, get away

**davonlaufen** run away (**vor** from)

**davonmachen** **sich davonmachen** make off

**davor** (1) *(örtlich)* in front of
(2) *(zeitlich)* before
(3) **hast du Angst davor?** are you afraid of it?

**dazu** (1) *(räumlich)* there; **wozu gehört das? — das gehört dazu!** what does this belong to? — it belongs to that!
(2) *(Zweck)* for that; **wozu dient das? — dazu!** what's this good for? — that!
(3) **wie komme ich dazu!** why on earth should I!
(4) **ich habe keine Lust dazu** I don't feel like it
(5) **dazu fällt dir wohl nichts mehr ein?** don't know what to say now? *umgangsspr*

**dazwischen** (1) *(räumlich: zwischen)* between; **es ist kaum noch Platz dazwischen** there's hardly any room left in between
(2) *(mittendrin)* amongst them

**dazwischenkommen** **wenn nichts dazwischenkommt** if nothing crops up; **mir ist etwas dazwischen gekommen** something came up

**Debatte** (1) debate
(2) **das steht nicht zur Debatte** that's not the issue

**Deck** deck

**Decke** (1) *(Wolldecke)* blanket; *(Steppdecke)* quilt
(2) *(Zimmerdecke)* ceiling

**Deckel** (1) *von Topf:* cover ['kʌvə$^r$], lid
(2) *von Buch:* cover

**decken** (1) lay; set *Tisch*
(2) *(übertragen)* **jemanden decken** cover ['kʌvə$^r$] for somebody
(3) **sich decken** *Aussagen:* correspond

**Deckung** *(Schutz)* cover ['kʌvə$^r$]; **in Deckung gehen** take cover

**Defekt** defect [dɪ'fekt], fault [fɒlt]

**defekt** defective, faulty

**definieren** define

**Definition** definition [ˌdefɪ'nɪʃ$^ə$n]

**definitiv** (1) *(eindeutig)* definite
(2) *(endgültig)* definitive [də'fɪnətɪv]

**dehnen** stretch

**Deich** dyke (GB), dike (USA)

**dein(e)** your

**deine(r, s)** **das ist deine(r, s)** this is yours

**Dekoration** decoration, set

**dekorativ** decorative ['dek$^ə$rətɪv]

**Delegierte(r)** delegate
**Delfin, Delphin** dolphin
**delikat** 1 (*köstlich*) delicious
2 (*heikel*) delicate ['delɪkət]
**Delikatesse** delicacy
**Delikt** (*Vergehen*) offence; (*Verbrechen*) crime
**Delle** dent
**delogieren** CH, A (*raussetzen*) evict *Mieter*
**dem wie dem auch sei** be that as it may
**dementieren** deny; *Meldung, Aussage:*
**demnächst** soon
**Demokrat(in)** democrat
**Demokratie** democracy [dɪmɒkrəsi]
**demokratisch** democratic
**Demonstrant(in)** demonstrator ['demənstreɪtəʳ]
**Demonstration** demonstration [ˌdemən'streɪʃᵊn]
**demonstrieren** demonstrate; [**für/gegen etwas**] **demonstrieren** demonstrate [in support of/against sth]
**demütig** humble
**demütigen** humiliate
**denken** 1 think; **an etwas denken** think of something; **denk nach!** think!; **sie denkt praktisch** she's practically minded; **ich kann schon nicht mehr klar denken** I can't even think straight anymore; **dabei muss man ganz schön denken** it requires quite a lot of brainpower
2 (*eine Meinung haben*) **ich denke schon** I think so; **er denkt nur Gutes über sie** he only thinks the best of her
3 (*vorstellen*) **ich denke mir die Sache so: …** that's how I imagine it: …; **das kann ich mir denken** I can imagine
4 (*wissen*) **das habe ich mir gleich gedacht** I thought that all along; **dacht' ich's mir doch!** I knew it!
5 **laut denken** think aloud
6 (*vorhaben*) **ich denke gar nicht daran das zu tun!** I wouldn't dream of doing that!
7 **den Laden gibt es schon, solange ich denken kann** the shop has been there as long as I can remember
**Denkmal** 1 (*Monument*) monument
2 (*Statue*) statue
**denkwürdig** memorable ['memᵊrəbl]
**denn** 1 (*weil*) for
2 **es sei denn** unless
3 (*nachdrücklich*) **wen meinst du denn?** who do you mean?; **wieso denn?** how come?; **warum denn nicht?** why not?; **was soll das denn?** what's all this then?
**dennoch** nevertheless [ˌnevəðə'les], still
**Deo, Deodorant** deodorant
**Deponie** dump
**deponieren** deposit
**Depression** depression [dɪ'preʃᵊn]
**depressiv** depressive
**deprimieren** depress
**der** 1 the
2 **der arme Philip!** poor Philip!
3 (*derjenige*) the one; **das ist der** [**Typ**], **von dem ich dir erzählt habe** this is the guy I told you about; **der mit dem Hut** the one with the hat
4 (*als Relativpronomen*) who; **jeder der ein Eis möchte** anyone who wants an icecream
**derb** 1 (*kräftig*) *Stoff:* strong; *Leder:* tough [tʌf]
2 (*grob*) *Witz, Sprache:* coarse, crude
**dergleichen** of that kind, such; **und dergleichen** and the like
**derjenige derjenige welcher …** he who …
**derselbe** 1 *Sache, Gegenstand:* the same
2 *Person:* the same person; **das ist derselbe, der mich geschlagen hat** it's the same guy, who hit me
**derzeit** at present
**desertieren** desert
**deshalb** 1 therefore
2 **deshalb also!** so that's why!
**Desinfektionsmittel** disinfectant [ˌdɪsɪn'fektənt]
**desinfizieren** disinfect
**dessen** 1 *einer Personen:* of whom, whose [huːz]
2 *einer Sache, eines Tieres:* of which
**Dessert** dessert
**desto** all the
**Detail** detail ['diːteɪl]; **ins Detail gehen** go into details *Plural*
**detailliert** detailed
**Detaillist** CH retailer, retail trader
**Detektiv(in)** private investigator
**deuten** 1 **ein Zeichen/die Zukunft deuten** interpret a sign/predict the future
2 (*mit dem Finger zeigen*) **auf etwas deuten** point something out
3 **alles deutet auf einen Wirtschaftsaufschwung hin** everything seems to indicate an economic upswing
**deutlich** clear; **muss ich deutlicher werden?** have I not made myself plain enough?
**Devise** 1 (*Wahlspruch*) motto
2 (*Währung*) foreign currency
**Dezember** December
**Dia** slide

Dd

**Diabetes** diabetes
**Diabetiker(in)** diabetic
**Diagnose** diagnosis
**diagnostizieren** diagnose
**diagonal** diagonal [daɪ'æɡənəl]
**Diagramm** diagram
**Dialekt** dialect ['daɪəlekt]
**Dialog** dialogue, dialog ['daɪəlɒɡ] Ⓐ
**Diamant** diamond
**Diät** diet ['daɪət]; **Diät halten** be on a diet
**dich** ❶ **ich mag dich** I like you
❷ **magst du dich?** do you like yourself?
**dicht** ❶ *Haar, Hecke:* thick; *Laub:* dense
❷ **dicht gefolgt von** closely followed by
❸ **dicht besiedelt** densely populated
► IN WENDUNGEN: **du bist wohl nicht ganz dicht!** you must be daft!
**Dichter(in)** poet[ess]
**Dichtung** (*Technik*) seal
**dick** ❶ *Nebel, Baumstamm:* thick
❷ *Mensch, Brieftasche:* fat
❸ *Gehalt, Belohnung:* hefty
❹ **dicke Freunde** (*umgangsspr*) close friends
**dickköpfig** (*übertragen*) obstinate, stubborn
**die** ❶ the
❷ **die arme Conny!** poor Conny!
❸ (*diejenige*) the one; **die mit der gelben Tasche** the one with the yellow bag
❹ (*als Relativpronomen*) **das ist die, die ich gestern gesehen habe** that's the one, who I saw yesterday
**Dieb(in)** thief
**Diebstahl** theft
**Diele¹** (*Brett*) floorboard
**Diele²** (*Hausflur*) hall, hallway
**dienen** ❶ (*bedienen, ergeben sein*) **jemandem/einer Sache/seinem Land dienen** serve somebody/a cause/one's country
❷ **zu etwas dienen** serve for something; **wozu dient das?** what's the use of this?
❸ **womit kann ich dienen?** can I help you?
**Diener** ❶ servant
❷ (*Verbeugung*) bow
**Dienerin** maid
**Dienst** ❶ service; **öffentlicher Dienst** public service
❷ (*Berufsausübung*) duty; **Dienst haben** *Arzt:* be on duty; *Apotheke:* be open; **die Dienst habende Ärztin/der Dienst habende Beamte** the doctor/officer on duty
**Dienstag** Tuesday
**Dienstgrad** rank
**Dienstleistung** service
**Dienstreise** business trip
**diesbezüglich** regarding this
**diese** ❶ this
❷ this one; **welche von diesen Hosen steht mir besser? — diese** which one of these trousers suits me better? — this one; **ich möchte aber diese** but I want this one
**Diesel** ❶ (*Motor*) diesel [engine]
❷ **ich fahre einen Diesel** I drive a diesel
❸ (*Kraftstoff*) diesel oil
**dieselbe** ❶ *Gegenstand:* the same
❷ *Person:* the same person; **das ist dieselbe, die ich im Park gesehen habe** it's the same girl/woman, who I saw in the park
**dieser** ❶ this
❷ **dieser ist es** this is the one
**dieses** ❶ (*einzeln*) this; **dieses Pferd möchte ich reiten** I want to ride this horse
❷ (*mehrere*) these; **diese Schuhe reiben** these shoes hurt
❸ **dieses hier** this one here
❹ **dies und das** this and that
**diesig** *Wetter:* hazy, misty
**differenzieren** make distinctions
**digital** digital ['dɪdʒɪtəl]
**Digitaluhr** ❶ digital clock
❷ (*Armbanduhr*) digital watch
**Diktat** (*in der Schule*) dictation; **wir schreiben heute ein Diktat** we've got a dictation today
**Diktator** dictator [dɪk'teɪtəʳ]
**Diktatur** dictatorship
**diktieren** dictate
**Dimension** dimension [ˌdaɪ'menʃən]
**Ding** thing
**Dinosaurier** dinosaur
**Diplom** diploma
**Diplomarbeit** diploma thesis, dissertation
**Diplomat(in)** diplomat
**diplomatisch** diplomatic
**Diplomingenieur(in)** academically qualified engineer
**dir** [to] you
► IN WENDUNGEN: **mir nichts dir nichts** just like that
**direkt** ❶ *Weg:* direct
❷ *Antwort:* straight
❸ **direkt gegenüber** straight across
❹ (*unverzüglich*) directly Ⓖⓑ, right [away], straight Ⓤⓢⓐ; **direkt nach Hause kommen** come home right away
**Direktion** Ⓒⓗ cantonal department
**Direktor(in)** ❶ *einer Firma:* director
❷ *einer Schule:* headmaster [headmistress] Ⓖⓑ,

principal USA
**Direktübertragung** live broadcast
**Dirigent(in)** conductor
**dirigieren** (1) conduct
(2) direct *Verkehr*
**Diskette** [floppy] disk, diskette
**Diskettenlaufwerk** disk drive
**Diskothek** discotheque
**diskret** (1) (*unauffällig*) discreet
(2) (*zurückhaltend*) reserved
**diskriminieren** discriminate
**Diskriminierung** discrimination
**Diskus** discus
**Diskussion** discussion [ˌdɪˈskʌʃᵊn]
**diskutieren** discuss; **über etwas diskutieren** discuss something
**disqualifizieren** disqualify (**von** from)
**Dissertation** (*Doktorarbeit*) thesis
**Dissident(in)** dissident
**Distanz** (1) distance
(2) (*übertragen*) **auf Distanz gehen** become distant
**distanzieren** **sich von etwas distanzieren** dissociate oneself from something
**Distel** thistle
**Disziplin** discipline
**diszipliniert** disciplined
**dividieren** divide
**doch** (1) (*dennoch*) nevertheless; **sie ist doch gekommen** she came after all
(2) (*aber*) but, and yet; **er wollte gehen, doch er konnte nicht** he wanted to leave, and yet he couldn't
(3) **nicht doch!** don't do that!, stop it!; **komm doch!** oh, come-on!; **hör doch auf!** stop it now!
(4) **du kommst nicht mit? — doch!** you're not coming? — no, I am!; **möchtest du nicht mitkommen? — doch schon, aber …** don't you want to come? — I do, but …
(5) **sie hat doch recht** she's right after all
(6) **wie heißt sie doch gleich?** what was her name again?
**Dock** dock
**Doktor(in)** doctor; **seinen Doktor machen** do a doctorate
**Doktorarbeit** thesis
**Dokument** document
**Dokumentarfilm** documentary
**dokumentieren** document
**Dolch** dagger
**Dollar** dollar, buck *umgangsspr*
**dolmetschen** interpret
**Dolmetscher(in)** interpreter
**Dom** cathedral
**dominieren** (1) *Eigenschaft:* be predominant
(2) *Mensch:* dominate
**Donner** thunder
**donnern** thunder; **es hat gedonnert und geblitzt** there was thunder und lightning
**Donnerstag** Thursday
**doof** daft, thick
**Doppel** (1) (*Duplikat*) duplicate
(2) (*beim Tennis*) doubles ⚠ *Plural*
**Doppelbett** double-bed
**Doppeldecker** (1) (*Flugzeug*) biplane
(2) (*Bus*) double-decker
**Doppelgänger(in)** double
**Doppelpunkt** colon [ˈkəʊlɒn]
**doppelt** (1) double; **die doppelte Menge** twice [*oder* double] the amount; **doppelt so viel** twice as much
(2) **etwas doppelt zählen** count something twice
**Doppelzimmer** double room
**Dorf** village [ˈvɪlɪdʒ]
**Dorfschaft** CH hamlet [ˈhæmlət]
**Dorn** thorn [θɔːn]
**dort** there
**dorthin** there
**Dose** (*Konservenbüchse*) tin GB, can USA
**dösen** doze
**Dosenöffner** tin opener GB, can opener USA
**Dosis** dose
**Dotter** yolk [jəʊk]
**Double** substitute
**Dozent(in)** lecturer GB, assistant professor USA
**Drache** (*Fabeltier*) dragon
**Drachen** (1) (*Papierdrachen*) kite; **einen Drachen steigen lassen** fly a kite
(2) (*Sportgerät*) hang-glider
**Draht** wire
**Drama** drama
**dramatisch** dramatic
**dramatisieren** dramatize; (*hochspielen*) make a to-do about
**dran** **du bist dran!** it's your turn!
► In Wendungen: **sie ist arm dran** she's badly off; **drauf und dran sein, etwas zu tun** be on the verge of doing something
**Drang** urge
**drängen** (1) (*sich vordrängen*) push; **jemanden zur Seite drängen** push someone aside
(2) **jemanden [zu etwas] drängen** pressure someone [into doing something]
(3) **die Zeit drängt** time's running out
(4) **er drängte darauf, den besten Platz zu**

**bekommen** he insisted on getting the best seat

**drastisch** drastic

**drauf** (*umgangsspr*) **der hat schwer 'was drauf!** he knows his trade!

**draußen** 1 outside; **Kinder, geht draußen spielen** go and play outside kids
2 (*im Freien*) in the open air, out of doors
3 (*irgendwo*) **da draußen** out there

**Dreck** dirt

**dreckig** 1 dirty
2 **es geht ihm dreckig** (*umgangsspr*) he's badly off

**Dreh** (*umgangsspr: Trick*) trick; **den Dreh heraushaben** have got the hang of it

**Drehbuch** script

**drehen** 1 turn *Schraube, Knauf, etc*
2 (*rotieren*) rotate
3 roll [rəʊl] *Zigarette*
4 shoot *Film, Szene*
5 **ein Ding drehen** (*umgangsspr: Streich*) pull off a prank; (*Verbrechen*) pull a job
6 **sich drehen** (*sich wenden*) turn (**um** about)
7 **mir dreht sich alles** my head is spinning
8 **sich im Kreise drehen** turn round and round; (*übertragen: nicht weiter kommen*) be going round in circles ['sɜːklz]
9 **es dreht sich um meinen Sohn** it's about my son; **es dreht sich darum, ob ...** the point is whether ['weðər]...

**drei** three

**Dreieck** triangle ['traɪæŋgl]

**dreifach** 1 threefold, triple
2 **die dreifache Menge** three times the amount; **Groß, der dreifache Olympiameister** three-times olympic champion Groß

**dreißig** thirty ['θɜːti]

**dreist** 1 (*kühn*) bold
2 (*frech*) cheeky, impudent

**dreizehn** thirteen [θɜː'tiːn]

**dressieren** train

**Drillinge** triplets

**drin** (*umgangsspr*) 1 (*in etwas*) in it
2 (*im Haus*) inside
▸ IN WENDUNGEN: **das ist nicht drin!** that's not on!

**dringend, dringlich** pressing, urgent ['ɜːdʒənt]

**drinnen** inside

**dritt wir waren zu dritt** there were three of us; **wir sind zu dritt hingegangen** three of us went there

**dritte(r, s)** 1 third [θɜːd]
2 **die Dritte Welt** the Third World
3 **Elisabeth die Dritte** (*geschrieben*) Elizabeth III; (*gesprochen*) Elizabeth the third
4 **sie war Dritte** she came in third
5 **am dritten Oktober** (*geschrieben*) on 3rd October; (*gesprochen*) on the third of October

**Drittel** third

**drittens** thirdly

**Droge** drug

**Drogerie** chemist's [shop] ['kemɪsts] GB, drugstore USA

**Drogist(in)** chemist ['kemɪst] GB, druggist USA

**drohen** 1 **jemandem drohen** threaten somebody
2 *Gewitter, Krieg, Streit:* be imminent
3 **der Firma droht der Ruin** the company is on the brink of financial [faɪ'nænʃəl] ruin; **sie drohte zu erfrieren** she was in danger of freezing to death

**drohend** 1 *Katastrophe:* imminent
2 *Gebärde:* threatening, menacing ['menəsɪŋ]

**dröhnen** 1 *Triebwerk:* roar [rɔːr]
2 *Lautsprecher:* boom
3 (*widerhallen*) resound [rɪ'zaʊnd]

**Drohung** threat [θret]; **eine Drohung aussprechen/wahrmachen** make/carry out a threat

**drüben** over there

**drüber** → **darüber**

**Druck**¹ 1 (*auch übertragen*) pressure
2 **jemanden unter Druck setzen** put pressure on someone

**Druck**² 1 (*Buchdruck*) printing
2 (*Druckerzeugnis*) copy
3 (*Schriftart*) print

**drucken** print

**drücken** 1 press *Türklinke, Hand*
2 force down; lower *Preise*
3 *Schuhe:* pinch
4 **sich [vor etwas] drücken** shirk [something], get out of something

**Drucker** printer

**Druckfehler** misprint, printer's error

**Druckschrift** block capitals ⚠ *Plural*

**drunter** underneath

**Dschungel** jungle

**du** you; **bist du's?** is that you?; **ich geh jetzt, und du?** I'm off now, what about you?

**ducken sich [vor etwas] ducken** duck [something]

**Dudelsack** bagpipes ⚠ *Plural ohne ‚a'*; **Dudelsack spielen** play the bagpipes

**Duell** duel [djuːəl]

**Duett** duet [dju'et]; **im Duett singen** sing a duet

**Duft** 1 (*angenehm*) scent [sent]
2 *von Kaffee:* smell

③ *von Blume:* fragrance ['freɪgrəns]
④ *von Parfüm:* perfume
**duften** smell (**nach** of)
**dumm** ① stupid ['stjuːpɪd] GB, dumb [dʌm] USA
② **das ist gar nicht so dumm** that's not such a bad idea [aɪ'dɪə]
③ (*unangenehm*) annoying [ə'nɔɪɪŋ]; **so was Dummes!** what a nuisance ['njuːsəns]!
④ **dummes Zeug reden** talk nonsense ['nɒnsəns]
**dummerweise** ① (*aus Dummheit*) foolishly; **ich hab dummerweise abgesagt** I was foolish enough to decline [dɪ'klaɪn]
② (*unglücklicherweise*) unfortunately [ʌn'fɔːtʃənətli]
**Dummheit** ① (*geistig*) stupidity [stjuː'pɪdəti]
② (*dummer Fehler*) stupid thing; **mach keine Dummheiten!** don't do anything stupid!
**Dummkopf** (*umgangsspr*) blockhead
**dumpf** ① *Ton:* hollow; *Geräusch:* muffled
② *Gefühl:* vague [veɪg]
**Düne** dune [dʒuːn]
**düngen** ① (*natürlich*) dung
② (*künstlich*) fertilize
**Dünger** ① (*natürlicher*) dung
② (*künstlicher*) fertilizer
**dunkel** ① *Farbe, Helligkeit:* dark; **es wird dunkel** it's getting dark
② (*tief*) *Ton:* deep
③ *Erinnerung, Gefühl:* vague [veɪg]
**Dunkelheit** darkness; **bei Eintritt der Dunkelheit** at nightfall
**dünn** ① *Figur:* thin
② *Haar:* fine
③ **dünn besiedelt** sparsely ['spɑːsli] settled
**Dunst** ① (*Dampf*) steam
② (*diesige Luft*) haze
**dünsten** steam
**dunstig** hazy, misty
**durch** ① (*räumlich*) through [θruː]
② (*mit Hilfe von*) through
③ (*mittels*) by means of; **sie machte ein Vermögen durch den Verkauf ihrer Firma** she made a fortune [by] selling her business
④ (*wegen*) due to, owing to; **die Narbe habe ich durch einen Unfall bekommen** I got the scar [skɑːʳ] from an accident
⑤ **durch Zufall** by chance
⑥ **die ganze Nacht durch** all night [long]
**durcharbeiten** work through
**durchaus** ① **es ist durchaus möglich** it's perfectly possible
② **er ist durchaus nicht dumm** he is by no means stupid
**durchblicken** ① look through [θruː]
② (*umgangsspr oder übertragen: verstehen*) understand; **ich blicke [da] nicht durch** I don't get it
**durchbrennen** (*umgangsspr: abhauen*) run away
**durchbringen** ① (*umgangsspr: verschwenden*) blow *Geld*
② pull through *einen Kranken, Verletzten*
**Durchbruch** (*übertragen*) breakthrough ['breɪkθruː]
**durchdenken** think through
**durchdrehen** (*umgangsspr*) go berserk [bə'zɜːk]
**durchdringen** penetrate ['penɪtreɪt]
**Durcheinander** mess, muddle
**Durchfahrt** ① (*das Durchfahren*) thoroughfare ['θʌrəfeəʳ]; **Durchfahrt verboten!** no thoroughfare!
② (*Tor*) gateway
③ (*Durchreise*) way through
**Durchfall** diarrhoea [ˌdaɪə'rɪə] GB, diarrhea USA
**durchfallen** ① (*durch Öffnung*) fall through
② (*im Examen*) fail
**Durchgang** ① (*Verbindungsgang*) gateway
② (*Weg*) way; **Durchgang verboten!** no entry!
**durchgeben** put out *Meldung*
**durchgehen** ① (*hindurch*) go [*oder* walk] through
② (*umgangsspr: durchpassen*) go through [θruː]
③ *Pferd:* bolt
**durchgehend** ① *Zug:* through [θruː]
② **durchgehend geöffnet** open 24 hours
**durchgreifen** ① (*durchfassen*) reach through [θruː]
② (*übertragen: sich durchsetzen*) take vigorous action
**durchhalten** ① survive [sə'vaɪv] *Kampf*
② hold out *Streik*
③ stand *Belastung*
④ **er hat durchgehalten** he held out
**durchkommen** ① (*hindurch*) come through
② (*übertragen: Erfolg haben*) succeed (**mit** with); **damit kommst du mir nicht durch!** I won't let you get away with that!
③ (*genesen*) pull through [θruː]
④ (*in Prüfung*) get through, pass
**durchlesen** read through [θruː]
**durchmachen** ① (*erleben*) go through [θruː]; **sie hat viel durchgemacht** she's been through a lot
② **eine Entwicklung/Wandlung durchmachen** undergo a development/changes

③ (*durcharbeiten*) work through
④ (*feiern*) **wir haben gestern Nacht durchgemacht** we had an all-nighter last night *umgangsspr*
**Durchmesser** diameter [daɪ'æmɪtəʳ]
**durchnehmen** (*in der Schule*) go through [θruː]
**Durchsage** announcement [ə'naʊnsmənt]
**durchsagen** announce
**durchschauen jemanden durchschauen** see through [θruː] somebody
**durchschneiden** cut in two [*oder* through] [θruː]
**Durchschnitt** average ['ævərɪdʒ]; **im Durchschnitt** on average
**durchschnittlich** ① (*mittelmäßig*) average
② (*im Durchschnitt*) on average; **er verdient durchschnittlich 2000 Mark im Monat** he earns an average of 2000 marks a month
**durchsehen** ① look through [θruː]
② (*prüfen*) check through
**durchsetzen** ① (*erzwingen*) push through; **seinen Willen [bei jemandem] durchsetzen** impose one's will [on somebody]
② **sich [bei jemandem] durchsetzen** assert [ə'sɜːt] oneself [with somebody]
**durchsichtig** ① *Material, Argument:* transparent [træn'spærənt]
② *Kleidungsstück:* see-through
**durchstehen** stand, bear [beəʳ]
**durchstreichen** cross out, delete [dɪ'liːt]
**durchsuchen** search [sɜːtʃ] (**nach** for)
**durchweg(s)** without exception [ɪk'sepʃən]
**durchziehen** ① (*umgangsspr*) get on with; go ahead [ə'hed] with *Plan, Hochzeit;* **das musst du jetzt einfach durchziehen!** you just have to get on with it!
② *Truppen:* go through [θruː]
**dürfen** ① (*Erlaubnis haben*) **darf ich mitgehen?** can I go along?; (*höflicher*) may I go along?; **ich darf nicht auf die Party** I'm not allowed to go to the party; **darf man hier rauchen?** are you allowed to smoke here?; **darf ich rauchen?** may I smoke?, do you mind if I smoke?
② (*sollen*) **du darfst es nicht kaputt machen** you mustn't break [breɪk] it; **wir dürfen den Flug nicht verpassen** we mustn't ['mʌsənt] [*oder* can't] miss that flight!
③ **das dürfte reichen** that should [ʃʊd] be enough
**dürftig** ① (*armselig*) *Behausung:* wretched ['retʃɪd]
② (*unzulänglich*) *Kenntnisse:* scanty
**dürr** ① (*trocken*) dry
② (*abwertend: mager*) scrawny
**Dürre** (*Trockenzeit*) drought [draʊt]
**Durst** thirst [θɜːst] (**nach** for); **Durst haben** be thirsty; **seinen Durst löschen** quench [kwentʃ] one's thirst
**durstig** thirsty ['θɜːsti]
**Dusche** shower ['ʃaʊəʳ]
**duschen** take a shower
**Düse** ① nozzle
② (*Kraftstoffdüse*) jet
**Düsenflugzeug** jet [plane]
**düster** ① *Miene, Stimmung:* dark, gloomy
② (*drohend*) *Wetter:* dismal [dɪzməl], sinister ['sɪnɪstəʳ]
**Dutzend** dozen ['dʌzən]
**Dynamit** dynamite ['daɪnəmaɪt]
**Dynastie** dynasty ['dɪnəsti]

# Ee

**Ebbe** ① (*sinkender Wasserspiegel*) ebb [tide]; **Ebbe und Flut** ebb and flow
② (*gesunkener Wasserspiegel*) low tide
**eben** ① (*flach*) flat; **auf ebener Strecke** on the flat
② (*gerade noch*) just; **er hat es eben noch geschafft** he just made it
③ (*genau*) exactly [ɪg'zæktli], precisely [prɪ'saɪsli]; **eben!** exactly!; **das ist es ja eben!** that's precisely the point!
④ (*einfach, nun einmal*) just, simply; **so ist das eben** that's just the way it is
⑤ (*kurz*) **ich geh eben mal raus** I'm just going to go out for a little while
**ebenbürtig jemandem [an etwas] ebenbürtig sein** be someone's equal [in something]; **einander ebenbürtig sein** be equals
**Ebene** ① (*Tiefland*) plain; (*Hochland*) plateau ['plætəʊ]
② **auf höchster/gleicher Ebene** at the highest/same level
**ebenfalls** ① (*bei Bejahung*) too, as well *nachgestellt*
② (*bei Verneinung*) not … either ['aɪðəʳ]; **ich mag das ebenfalls nicht** I don't like it either
③ **guten Appetit — ebenfalls!** enjoy your meal — you too!
**ebenso** ① (*genauso*) just as
② (*ebenfalls*) as well; **ebenso sehr, ebenso viel** just as much

**Echo** echo ['ekəʊ]

**echt** 1 (*nicht gefälscht*) genuine ['dʒenjuɪn]; *Urkunde, Unterschrift:* authentic [ɔː'θentɪk]; *Gold, Marke:* real
2 **du hast echt Glück gehabt** you were really lucky
3 (*typisch*) typical ['tɪpɪkᵊl]; **das ist echt Edgar!** that's typical of Edgar!
4 (*umgangsspr*) **das ist echt geil!** that's really wicked! *umgangsspr*

**Eck** 1 (*im Sport*) **langes/kurzes Eck** far/near corner of the goal
2 **über Eck** crosswise; (*räumlich*) diagonally [daɪ'ægᵊnᵊli] across

**Ecke** 1 (*auch im Sport*) corner
2 (*Kante, Rand*) edge

**eckig** 1 angular ['æŋgjʊləʳ]; *Klammer:* square [skweəʳ]
2 (*übertragen*) *Gesicht, Bewegung:* jerky ['dʒɜːki]

**edel** 1 (*adlig, vornehm*) noble ['nəʊbl]
2 (*hochwertig*) precious ['preʃᵊs]

**Edelstein** precious stone; (*geschliffen*) gem [dʒem], jewel ['dʒuːəl]

**EDV** *Abkürzung von* **elektronische Datenverarbeitung** EDP, electronic data processing

**Effekt** effect [ɪ'fekt]

**effektiv** 1 (*wirkungsvoll*) effective
2 (*tatsächlich*) actual ['æktʃuəl]

**egal** (*umgangsspr*) **das ist mir ganz egal** it's all the same to me, I couldn't care [keəʳ] less

**Egoist(in)** egotist ['iːgətɪst]

**egoistisch** egotistical [ˌiːgə'tɪstɪkᵊl]

**ehe** 1 (*bevor*) before; **eh[e] ich es vergesse ...** before I forget ...
2 (*bis*) until; (*bei Verneinungen auch*) before; **ich kann nichts tun, ehe ich nicht von ihm höre** I can't do anything before I hear from him

**Ehe** marriage ['mærɪdʒ]

**Ehebruch** adultery [ə'dʌltᵊri]

**Ehefrau** wife

> **? Grammatik** Die Mehrzahl von **wife** ist **wives**:
> *King Henry VIII had six wives.*

**ehelich** *Kind:* legitimate [lɪ'dʒɪtəmət]

**ehemalig** 1 *Chef, Schüler:* former, onetime
2 **mein ehemaliger Freund** my ex-boyfriend

**Ehemann** husband

**Ehepaar** married couple

**eher** 1 (*früher*) earlier ['ɜːliəʳ], sooner; **je eher, desto besser** the sooner the better
2 (*lieber*) rather; **eher würde ich ins Kino gehen** I'd rather go to the cinema
3 (*vielmehr*) more; **er ist eher ein Bekannter als ein Freund** he's more an acquaintance [ə'kweɪntᵊns] than a friend
4 (*wahrscheinlicher*) more likely; **das wird eher der Grund sein** that's more likely to be the reason
5 **umso eher** the more so

**Ehering** wedding ring

**Eheverkündung** (CH) marriage announcement

**Ehre** honour ['ɒnəʳ]; **zu Ehren von ...** in honour of ...

**ehren** honour ['ɒnəʳ]

**ehrenamtlich** 1 *Mitglied:* honorary ['ɒnᵊrəri]
2 **etwas ehrenamtlich tun** do something in an honorary capacity

**Ehrengast** guest [gest] of honour

**Ehrenmitglied** honorary member

**Ehrenplatz** 1 (*auf Tribüne*) place of honour
2 (*für Geschenk, Medaille, etc*) special place

**Ehrensache** point of honour

**ehrenvoll**, **ehrenwert** honourable

**Ehrenwort** word of honour; **ich gebe mein Ehrenwort** I promise on my honour

**Ehrgeiz** ambition

**ehrgeizig** ambitious [æm'bɪʃəs]

**ehrlich** 1 honest ['ɒnɪst]; **sei mal ehrlich!** be honest!
2 **ehrlich!** honestly!, really!; **ehrlich gesagt ...** frankly speaking ...

**Ehrlichkeit** honesty

**Ei** egg

**Eiche** oak [əʊk]

**Eichel** (*Frucht der Eiche*) acorn ['eɪkɔːn]

**Eichhörnchen** squirrel ['skwɪrᵊl]

**Eid** oath; **einen Eid leisten/schwören** take/swear an oath (**auf** on)

**Eidechse** lizard

**Eierbecher** eggcup

**Eierschale** eggshell

**Eifer** 1 (*Eifrigkeit*) eagerness, zeal
2 (*Begeisterung*) enthusiasm

**Eifersucht** jealousy ['dʒeləsi] (**auf** of)

**eifersüchtig** jealous ['dʒeləs] (**auf** of)

**eifrig** eager

**Eigelb** egg yolk

**eigen** 1 **meine eigene Wohnung** my own flat
2 **ich brauche mein eigenes Zimmer** I need a room to myself
3 **eine eigene Meinung** an opinion of one's own; **in eigener Sache** on one's own account
4 *Eingang:* separate ['sepᵊret]

**Eigenart** 1 (*Besonderheit*) peculiarity [pɪˌkjuːli'ærəti]

2 (*charakteristische Eigenschaft*) characteristic
**eigenartig** 1 (*sonderbar*) odd, strange
2 (*eigentümlich*) peculiar
**Eigenheim** house of one's own
**Eigenschaft** 1 (*positiv*) quality ['kwɒlɪti]
2 (*Merkmal*) characteristic; **gute und schlechte Eigenschaften** good and bad points
3 (*Funktion*) capacity; **in meiner Eigenschaft als ...** in my capacity as ...
**Eigenschaftswort** adjective
**eigensinnig** obstinate, stubborn
**eigentlich** 1 (*wirklich*) actually, really; **was ist eigentlich los?** what's actually going on?
2 **eigentlich wollte ich nicht lange bleiben** I wasn't really going to stay long; **eigentlich nicht** not really
3 (*überhaupt*) anyway; **was willst du eigentlich hier?** what do you want here anyway?
**Eigentor** own goal; **ein Eigentor schießen** score an own goal
**Eigentum** property
**Eigentümer(in)** owner
**eigentümlich** (*sonderbar*) odd, peculiar
**Eigentumswohnung** owner-occupied flat
**eigenwillig** 1 (*eigensinnig*) self-willed
2 (*unkonventionell*) unconventional
**eignen** 1 **sich eignen für/als** [*oder* **zu**] be suitable ['su:təbl] for/as
2 **er würde sich als Kindergärtner eignen** he'd make a good nursery school teacher
**Eiklar** Ⓐ egg white
**Eile** hurry; **in Eile** in a hurry
**eilen** **es eilt!** it's urgent!; **es eilt nicht** there's no hurry
**eilig** 1 (*rasch, hastig*) hasty ['heɪsti], hurried; **ein eiliger Abgang** a hasty retreat
2 **es eilig haben** be in a hurry [*oder* rush]
3 (*dringend*) **es ist eilig!** this is urgent!
**Eimer** 1 bucket; **ein Eimer Wasser** a bucket[ful] of water
2 (*umgangsspr*) **mein Fahrrad ist im Eimer** my bike's had it *umgangsspr;* **ich bin total im Eimer** I'm totally whacked [wækt] *umgangsspr*
**ein**[1] (*auf Elektrogeräten*) **ein/aus** on/off
**ein**[2], **eine**, **eines**, **einer** 1 (*bei Mengenangaben*) one; **das kostet eine Mark** it costs one mark; **es ist ein Uhr** it is one o'clock
2 (*unbestimmter Artikel*) a *vor Mitlaut,* an *vor gesprochenem Eigenlaut;* **ein Auto** a car; **eine Stunde/ein Ei** an hour/an egg
3 **ein gewisser Herr ...** a certain ['sɜ:tᵊn] Mr ...
4 (*Person*) **einer von uns** one of us; **einer nach dem anderen** one after the other; **du bist mir eine[r]!** (*umgangsspr*) you're a one!
5 **das ist ein und dasselbe** it is one and the same thing; **das ist ein und derselbe** this is one and the same person

> **? Grammatik** **an** wird vor Wörter, die mit den Vokalen a, e, i, o, u beginnen, gesetzt: *an apple, an egg, an ice-cream, an oyster, an umbrella*; und auch vor h, wenn man das h nicht hört: *an hour, an honest man.* — Wird aber ein u als [ju] ausgesprochen, dann wird vor das Wort ein **a** gesetzt: *a unit, a university.*

**einander** each other, one another
**einatmen** breathe in
**Einbahnstraße** one-way street
**einbauen** (*installieren*) install
**einberufen** 1 convene *Versammlung;* summon *Parlament*
2 (*zum Militär*) call up Ⓖⓑ, draft ⓊⓈⒶ
**einbeziehen** include (**in** in)
**einbiegen** **in eine Straße/nach links einbiegen** turn off into a street/to the left
**einbilden** 1 (*fantasieren*) imagine; **das bildest du dir alles nur ein!** you're just imagining things!
2 **er bildet sich viel auf sein Aussehen ein** he is conceited [kən'si:tɪd] about his looks
3 **bilden Sie sich nur nicht ein, dass ...!** don't go thinking that ...!
4 **was bildest du dir eigentlich ein?** who do you think you are?
**Einbildung** 1 (*Fantasie*) imagination
2 (*Illusion*) illusion [ɪ'lu:ʒᵊn]; **das ist pure Einbildung!** it's just your imagination!
**Einblick** (*übertragen*) insight ['ɪnsaɪt] (**in** into); **sich [einen] Einblick in etwas verschaffen** gain an insight into something
**einbrechen** 1 (*Einbruch begehen*) break [breɪk] in, burgle, burglarize ⓊⓈⒶ; **man hat bei mir eingebrochen** I've been burgled; **in der Schule wurde eingebrochen** the school has been broken into
2 **auf dem Eis einbrechen** fall through [θru:] the ice
**Einbrecher(in)** burglar
**einbringen** 1 introduce *Antrag;* bring in *Gesetzentwurf*
2 earn [ɜ:n] *Zinsen;* bring in *Nutzen, Geld,* yield [ji:ld]
**Einbruch** 1 burglary
2 **bei Einbruch der Dunkelheit/Nacht** at

dusk/nightfall

**einbürgern** 1 **jemanden einbürgern** naturalize somebody; **sie ist in Kanada eingebürgert worden** she has become a naturalized Canadian; **sich einbürgern lassen** become naturalized
2 (*übertragen*) *Wort, Sitte:* become a habit

**eindecken** **sich eindecken** stock up (**mit** on)

**eindeutig** 1 (*nicht mehrdeutig*) unambiguous [ˌʌnæm'bɪgjuəs]
2 (*offensichtlich*) clear
3 **das war eindeutig deine Schuld** it was clearly your fault

**eindringen** penetrate (**in** into)

**Eindringling** intruder

**Eindruck** 1 impression; **den Eindruck haben, dass ...** be under the impression that ...
2 **er macht mir einen netten Eindruck** he seems quite nice to me

**eindrücklich** (CH) impressive

**eindrucksvoll** impressive

**eineiig** *Zwillinge:* identical

**einerseits** on the one hand

**einfach** 1 (*nicht schwierig*) simple, easy
2 (*schlicht*) *Kleidung, Feier:* plain
3 *Essen:* plain
4 *Fahrt, Fahrkarte:* single
5 (*geradezu*) simply; **das ist einfach spitze!** that's so excellent!
6 **so etwas tut man einfach nicht** that simply isn't done

**einfädeln** 1 (*umgangsspr*) set up *Komplott, Intrige*
2 thread [θred] in *Nadel, Faden*

**Einfahrt** entrance

**Einfall** (*Idee*) [sudden] idea

**einfallen** 1 **jemandem einfallen** occur to somebody; **mir fällt einfach nichts ein** I just can't think of anything
2 **dabei fällt mir ein, wie ich ...** that reminds me of how I ...; **jetzt fällt mir ein, wie ...** I just thought of how ...
3 **da musst du dir was/eine Ausrede einfallen lassen** you'll have to think of something/an excuse
4 **was fällt Ihnen ein!** how dare you!
5 *Licht:* come in

**einfältig** 1 (*naiv*) simple
2 (*dumm*) simple-minded

**einfangen** (*auch übertragen*) catch

**einfarbig** *Stoff:* self-coloured

**Einfluss** influence ['ɪnfluəns]; **Einfluss auf jemanden haben/ausüben** have/exert an influence on someone; **sie hat einen schlechten Einfluss auf ihn** she is a bad influence on him

**einflussreich** influential [ˌɪnflu'enʃəl]

**einfrieren** 1 freeze *Lebensmittel*
2 *Rohr:* freeze up

**einfügen** 1 (*einpassen*) fit (**in** into)
2 (*nachträglich hinzufügen*) insert (**in** in)
3 **sich einfügen** (*sich anpassen*) adapt (**in** to)

**Einfuhr** import

**einführen** 1 (*importieren*) import
2 introduce *neue Produkte, Ideen* (**in** to)

**Einführung** 1 (*Einleitung*) introduction (**in** to)
2 (*in ein Amt*) installation

**Eingabe** *von Daten:* input

**Eingabetaste** return key

**Eingang** 1 (*Tür*) entrance (**in** to)
2 (*auch übertragen: Zutritt*) entry (**in** into, **zu** to); **Eingang verboten!** no entry!

**eingeben** enter; key in *Daten, Befehl;* **Daten in den Computer eingeben** enter data into the computer

**eingebildet** conceited [kən'si:tɪd]; **sie ist total eingebildet** she is full of herself

**Eingeborene(r)** native

**Eingebung** inspiration

**eingehen** 1 *Kleidungsstück, Wäsche:* shrink
2 *Pflanzen:* die (**an** of)
3 (*umgangsspr*) *Betrieb:* fold up
4 **auf eine Frage eingehen** go into a question; **auf etwas näher eingehen** go into the particulars of something; **auf jemanden eingehen** give one's time and attention to somebody
5 take *Risiko*

**eingeschnappt** (*umgangsspr*) cross, in a huff *nachgestellt;* **er ist immer gleich eingeschnappt** he goes into a huff easily

**Eingeständnis** admission

**eingestehen** admit to, confess to *Schuld, Diebstahl*

**eingestellt** 1 **auf etwas eingestellt sein** be prepared for something
2 **sozial eingestellt** socially ['səʊʃəli] minded [*oder* oriented] ['ɔ:rientɪd]

**eingewöhnen** **sich eingewöhnen** settle down

**eingreifen** intervene [ˌɪntə'vi:n]

**Eingriff** 1 (*operativer*) operation
2 (*übertragen: Einmischung*) intervention

**Einhalt** **Einhalt gebieten** put a stop to

**einhalten** 1 keep *Versprechen*
2 keep to *Vereinbarung*
3 follow *Regeln*
4 **eine Frist/einen Termin einhalten** meet a deadline ['dedlaɪn]

**einheimisch** 1 *Tiere, Pflanzen:* native
2 *Industrie, Produkt:* local

3 (*Mensch*) **die Einheimischen** the locals

**Einheit** 1 (*staatlich, national*) unity ['ju:nəti]
2 (*Ganzes*) whole [həʊl]
3 (*Truppe, Maßeinheit, Telefoneinheit*) unit

**einheitlich** 1 (*genormt*) standard[ized]
2 (*gleichförmig*) uniform

**einholen** 1 **jemanden einholen** catch up with somebody
2 **verlorene Zeit einholen** make up for lost time

**einig** 1 *Meinung:* in agreement, agreed (**in, über** on, about)
2 **sich nicht einig sein** disagree (**über** about)
3 **sich [über etwas] einig werden** agree [on something]

**einige(r,s)** 1 (*ein paar*) a few; **in einigen Tagen** in a few days
2 (*mehrere*) several; **ich hab's einige Male probiert** I tried several times
3 (*ein paar Leute*) some [people]; **einige sind schon vorgegangen** some have gone ahead [ə'hed] already; **einige andere** several others
4 **in einiger Entfernung** some distance away
5 **das wird dich einiges kosten** it's going to cost you

**einigen** **sich einigen** agree, come to an agreement (**über** on, about)

**einigermaßen** 1 quite [kwaɪt]; **ein einigermaßen gutes Hotel** a fairly good hotel
2 (*nicht schlecht*) so-so

**Einigkeit** 1 (*Eintracht*) unity ['ju:nɪti]
2 (*Übereinstimmung*) agreement (**in, über** on)

**Einigung** 1 (*Übereinstimmung*) agreement
2 (*politisch*) unification [ˌju:nɪfɪ'keɪʃᵊn]

**Einkauf** 1 (*das Kaufen*) buying ['baɪɪŋ]
2 **Einkäufe machen** go [*oder* do some] shopping; **machst du heute den Einkauf?** would you do the shopping today?

**einkaufen** buy 1 **etwas einkaufen** buy something
2 **einkaufen gehen** go shopping
3 **sich [in eine Firma, etc] einkaufen** buy oneself [into a company, etc]

**Einkaufspassage** shopping arcade

**Einkaufswagen** shopping cart (USA), trolley

**Einkaufszentrum** shopping centre/center

**Einklang** **in Einklang bringen** bring into accord

**einklemmen** jam

**Einkommen** income

**Einkünfte** income ⚠ *Singular,* revenue ['revᵊnju:] ⚠ *Singular*

**einladen** 1 load *Waren* (**in** into)
2 invite *Gast* (**zu** to)
3 (*bezahlen*) **ich lade Sie ein** I'm treating you, this is my treat

**Einladung** invitation

**einlangen** (A) (*eintreffen*) arrive

**einlassen** 1 (*hereinlassen*) let in
2 **ein Bad einlassen** run a bath
3 **sich auf etwas einlassen** let oneself in for something; **sich auf einen Streit einlassen** get into an argument
4 **sich mit jemandem einlassen** get mixed up with someone

**einlaufen** 1 *Wasser:* run in
2 *Kleidungsstück, Stoff:* shrink

**einleben** **sich einleben** settle down

**einlegen** 1 **eine Pause einlegen** have a break [breɪk]
2 **eine Schicht einlegen** put on an extra shift
3 **ein gutes Wort für jemanden/bei jemandem einlegen** put in a word for/with somebody
4 **den ersten Gang einlegen** engage first [gear]
5 **einen Film einlegen** load the camera

**einleiten** 1 (*beginnen*) start
2 (*in Gang setzen*) initiate [ɪ'nɪʃieɪt]

**einleitend** introductory

**Einleitung** 1 *eines Buches:* introduction
2 (*musikalisch*) prelude

**einliefern** (*bringen*) deliver; **jemanden ins Krankenhaus einliefern** admit someone to hospital

**einloggen** to log in

**einlösen** 1 cash [in] *Wechsel, Scheck*
2 keep *Versprechen, Wort*

**einmachen** 1 preserve [prɪ'zɜ:v] *Obst*
2 (*in Gläser*) bottle

**einmal** 1 (*nicht zweimal*) once
2 (*ehemals*) once [upon a time]; **es war einmal ein Prinz ...** once upon a time there was a prince ...
3 (*in Zukunft*) one day
4 (*jemals*) ever
5 **auf einmal** all of a sudden
6 **noch einmal** (*wieder*) again, once more; (*ein letztes Mal*) one last time
7 **nicht einmal** not even ...

**einmalig** 1 (*einzigartig*) unique [ju:'nik]
2 **einmalig!** fantastic!
3 **eine einmalige Zahlung/Gelegenheit** a one-off payment/opportunity

**Einmischung** interference [ˌɪntə'fɪərᵊns], meddling (**in** in)

**einmütig** unanimous [ju:'nænɪməs]

**Einnahmen** income *Singular; einer Firma, etc:* takings

**einnehmen** 1 take *Arznei, Mittel*
2 (*verdienen*) earn *Geld;* take *Geschäftseinnahmen*
3 (*auch übertragen*) occupy *Platz*
4 **jemanden für sich einnehmen** win someone over
**einnicken** (*umgangsspr*) nod off
**einordnen** 1 file *Karteikarten, etc*
2 (*klassifizieren*) classify
3 **sich [rechts/links] einordnen** *Auto:* get in[to the right/left] lane
4 **ich kann ihn nicht einordnen** I can't place him
**einpacken** 1 (*als Geschenk, Paket*) wrap [ræp] up (**in** in)
2 (*in Koffer*) pack (**in** in)
**einplanen** 1 (*planen*) include in one's plans
2 (*berücksichtigen*) allow for
**einprägen** **jemandem prägt sich etwas ein** something makes an impression on someone
**einräumen** 1 (*verstauen*) put away
2 fill *Schrank, Regal*
3 put [the] furniture in *Zimmer, Wohnung*
**einrechnen** include
**einreden** 1 **jemandem etwas einreden** talk somebody into believing something
2 **jemandem/sich einreden, dass ...** persuade [pə'sweɪd] somebody/oneself that ...
3 **auf jemanden einreden** keep on and on at someone
**einreichen** 1 submit *Unterlagen* (**bei** to)
2 apply for *Pensionierung, Versetzungsgesuch* (**bei** to)
**einreihen** 1 (*einordnen*) put in
2 **sich [in etwas] einreihen** join [something]
**Einreise** entry (**in** to); **bei der Einreise** on entry
**einreisen** enter the country ['kʌntri]
**einrichten** 1 open *Bankkonto*
2 (*möblieren*) furnish
3 (*hinkriegen*) arrange [ə'reɪndʒ]; **können Sie es irgendwie einrichten, dass ...?** could you possibly arrange things so that ...?
4 **sich einrichten** (*Wohnung möblieren*) furnish one's flat
**Einrichtung** 1 (*Möbel*) furnishings ⚠ *Plural*
2 (*Ausstattung*) fittings ⚠ *Plural*
3 (*Institution*) institution [ˌɪnstɪ'tjuːʃᵊn]; **kulturelle/öffentliche/soziale Einrichtungen** cultural/public/social facilities
**Eins** 1 (*Zahl*) one
2 (*Schulnote*) A; **eine Eins schreiben** get an A
3 **die Eins/der Einser** (*Straßenbahn, Bus*) the number one tram/bus

**eins** 1 (*Zahl*) one; (*Uhrzeit*) **viertel vor eins** a quarter to one
2 **eins a** (*umgangsspr*) A1 [ˌeɪ'wʌn]
**einsam** 1 *Mensch, Leben:* lonely
2 (*vereinzelt*) **ein einsamer Wanderer** a solitary hiker
3 (*abgelegen*) *Haus, Insel:* secluded
4 (*leer*) *Strand:* empty
**einsammeln** collect [in] *Geld*
**Einsatz** 1 (*eingesetztes Stück*) inset
2 (*beim Glücksspiel*) stake
3 (*militärisch, polizeilich*) action
4 *von Arbeitskräften:* employment [ɪm'plɔɪmənt]
5 **unter Einsatz ihres Lebens** at the risk of her life
**einsatzbereit** 1 *Gerät:* ready [redi] for use
2 *Einsatztruppe:* ready for action
**einschalten** 1 switch on *Maschine, Licht*
2 **jemanden [bei etwas] einschalten** bring someone in [on something]
**einschätzen** 1 (*beurteilen*) assess *Situation, Aufsatz;* judge [dʒʌdʒ] *Person*
2 **etwas falsch einschätzen** misjudge something; **etwas richtig einschätzen** be right [raɪt] about something
3 **wie schätzen Sie die Lage ein?** how do you judge the situation?
4 **das ist schwer einzuschätzen** that's difficult to say
**einschenken** pour [out]
**einschiffen** **sich einschiffen** embark
**einschlafen** 1 *Person, Tier:* fall asleep
2 *Fuß, Arm, etc:* go to sleep
3 (*übertragen*) *Freundschaft, etc:* peter out
**einschläfern** put to sleep *Tier*
**einschlagen** 1 smash *Scheibe, Tür*
2 knock out *Zähne*
3 hammer in *Nagel*
4 take *Weg, Kurs, auch fig*
5 *Geschoss:* hit
6 *Blitz:* strike
7 (*umgangsspr: gut ankommen*) be a big hit
**einschleichen** *Fehler:* creep in
**einschließen** 1 (*in Zimmer, Schrank*) lock up; **sich einschließen** lock oneself in
2 (*übertragen*) include
**einschließlich** 1 including, inclusive of; **einschließlich Mehrwertsteuer/Porto** V.A.T./postage included
2 **von Mittwoch bis einschließlich Freitag** from Wednesday to Friday inclusive
**einschnappen** 1 *Türschloss:* click shut

E e

② **sie schnappt immer gleich ein** she goes into a huff easily

**einschränken** ① (*reduzieren*) reduce *Ausgaben, etc*
② (*begrenzen*) limit *Rechte, Freiheit*
③ **sich einschränken** economize

**Einschränkung** ① (*Reduzierung*) reduction
② **ohne Einschränkung** without reservations ⚠ *Plural*

**Einschreibebrief**, **Einschreiben** registered ['redʒɪstəd] letter (GB), certified ['sɜːtɪfaɪd] letter (USA)

**einschreiben** **sich einschreiben** (*an Universität*) register; (*in Verein*) enrol[l]

**einschreiten** ① (*Maßnahmen ergreifen*) take action (**gegen** against)
② (*eingreifen*) intervene [ˌɪntə'viːn]

**einschüchtern** intimidate

**einsehen** ① (*begreifen*) see
② **das sehe ich nicht ein** I don't see why
③ **seine Schuld einsehen** admit to being guilty [gɪlti]; **einen Fehler einsehen** admit to a mistake

**einseitig** ① (*auch übertragen: von einer Seite*) one-sided
② *Nahrung:* unbalanced
③ *Abmachung, Kündigung, etc:* unilateral [ˌjuːnɪ'lætᵊrᵊl]

**einsenden** send in

**einsetzen** ① (*einfügen*) fit in
② (*beim Spiel, Wetten*) stake *Geld*
③ (*gebrauchen*) use *Mittel, etc*
④ bring into action *Truppen*
⑤ *Regen, etc:* start
⑥ **sich** [**für etwas**] **einsetzen** commit oneself [to something]
⑦ (*sich* (*für jemanden*) *einsetzen*) give one's support [to somebody]

**einspannen** ① harness *Pferd*
② (*umgangsspr: zu Arbeiten heranziehen*) rope in; **jemanden einspannen, etwas zu tun** rope somebody in to do something

**Einspänner** Ⓐ (*Kaffee mit Sahnehaube*) black coffee with whipped [wɪpt] cream

**einsparen** ① save *Geld*
② reduce *Kosten, Ausgaben*

**einsperren** ① (*in Zimmer*) lock in
② (*umgangsspr: ins Gefängnis*) put away

**einspielen** **aufeinander eingespielt sein** be a good team

**Einsprache** Ⓐ, (CH) (*Einspruch*) objection [əb'dʒekʃᵊn]; **Einsprache einlegen** file an objection

**einspringen** (*helfen*) stand in (**für** for)

**Einspruch** objection [əb'dʒekʃᵊn]; **gegen etwas Einspruch erheben** object to something; (*Rechtssprache*) appeal against something

**einst** (*früher*) once [wʌns]

**einstecken** ① (*hineinstecken*) put in
② (*auch übertragen: in Tasche*) pocket
③ **er muss viel einstecken** he has to put up with a lot

**einsteigen** ① (*ins Auto*) get in; **einsteigen in** get into
② (*in Zug, Bus*) get on; **in den Zug einsteigen** get on the train
③ **in die Politik einsteigen** go into politics

**einstellen** ① hire *Arbeiter;* take on staff *Angestellte*
② (*beenden*) stop; (*zeitweilig*) suspend
③ cease [siːs] *Feuer, Gefecht*
④ adjust [ə'dʒʌst] *Gerät* (**auf** to)
⑤ tune in to *Sender*
⑥ focus ['fəʊkəs] *Kamera* (**auf** on)
⑦ **sich einstellen** (*sich anpassen*) adapt oneself (**auf** to)

**Einstellung** ① (*Haltung, Ansicht*) attitude
② (*Gesinnung*) views [vjuːz] ⚠ *Plural*
③ *von Arbeitskräften:* employment

**einstufen** classify

**Einsturz** collapse [kə'læps]; *einer Höhle, eines Stollens:* caving-in

**einstürzen** ① (*zusammenfallen*) collapse
② *Decke, Stollen:* cave in

**eintauchen** ① (*in Wasser*) immerse [ɪ'mɜːs] (**in** to)
② (*in Kakao, etc*) dunk
③ *Schwimmer:* dive

**einteilen** ① (*aufteilen*) divide (**in** into)
② organize *Zeit, Arbeit*
③ budget ['bʌdʒɪt] *Gelder, Mittel;* **du musst dein Geld besser einteilen** you must learn to budget
④ **jemanden** [**zu/für etwas**] **einteilen** detail somebody [for something]

**eintönig** monotonous [mə'nɒtᵊnəs]

**Eintopf**(**gericht**) stew [stjuː]

**Eintrag** (*in Buch*) entry (**in** in)

**eintragen** ① (*in Liste, Buch*) enter
② (*amtlich*) register ['redʒɪstəʳ]
③ **sich** [**in eine Liste**] **eintragen** put one's name down [on a list]

**eintreffen** ① (*ankommen*) arrive
② (*sich bestätigen*) *Vorraussage, Ahnung:* come true
③ (*geschehen*) happen

**eintreten** ① kick in *Tür*
② **in ein Zimmer eintreten** enter a room

③ **in einen Club/eine Partei eintreten** join a club/party
④ **für jemanden/eine Sache eintreten** stand for somebody/a cause
⑤ (*geschehen*) happen; *Tod:* occur
**Eintritt** ① (*Zutritt*) admittance
② (*Eintrittsgeld*) admission (**in** to)
③ (*Beginn*) onset; **bei Eintritt der Dunkelheit** at nightfall
**Eintrittskarte** ticket
**Einvernahme** Ⓐ, ⒸⒽ ① *von Zeugen, Angeklagten:* examination
② *durch die Polizei:* questioning
**einverstanden** **einverstanden sein** agree (**mit** with); **einverstanden!** agreed!
**Einwand** objection
**Einwanderer, Einwanderin** immigrant
**einwandfrei** ① (*fehlerfrei*) perfect
② (*unanfechtbar*) indisputable
③ **einwandfrei!** brilliant!
**einweisen** ① (*in eine Arbeit*) introduce
② (*in eine Klinik*) admit (**in** to)
**einwenden** object [əb'dʒekt] (**gegen** to)
**einwerfen** ① post (GB); mail (USA) *Brief*
② throw in *Ball*
③ (*einwenden*) object *Bemerkung, etc*
**einwickeln** ① wrap [ræp] up *Geschenk, etc*
② **jemanden einwickeln** (*umgangsspr*) take somebody in
**einwilligen** agree, consent (**in** to)
**Einwohner(in)** inhabitant
**Einzahl** singular
**einzahlen** **Geld auf ein Konto einzahlen** pay money ['mʌni] into an account
**Einzahlungsschein** ⒸⒽ giro transfer form
**Einzelhandel** retail trade
**Einzelhändler** retailer
**Einzelheit** detail; **in allen Einzelheiten** in great detail
**Einzelkind** only child; **als Einzelkind aufwachsen** be brought [brɔːt] up an only child
**einzeln** ① (*individuell*) individual [ˌɪndɪ'vɪdʒuəl]
② (*abgetrennt*) separate ['sepᵊret]
③ **einzelne** (*einige, wenige*) some
④ **der/die Einzelne** the individual; **jeder Einzelne** each and every one
⑤ **im Einzelnen aufführen** list in detail; **einzeln aufführen** list separately ['sepᵊretli]
**Einzelteil** ① (*Bestandteil*) component [part]
② (*einzelnes Teil*) separate ['sepᵊret] part
**Einzelzimmer** single room
**einziehen** ① retract *Fahrgestell*
② draw in *Bauch*
③ lower *Segel, Flagge*
④ withdraw *Geldscheine*
⑤ confiscate ['kɒnfɪskeɪt] *Führerschein*
⑥ call up (GB); draft (USA) *Wehrpflichtige*
⑦ **[in eine Wohnung/bei jemandem] einziehen** move in[to a flat/with somebody]
**einzig** ① **meine einzige Freundin** my only friend
② **ich habe keinen einzigen Anruf bekommen** I haven't had a single phonecall
③ **einzig und allein** simply and solely
④ **ein/kein einziges Mal** just once/not once
**einzigartig** unique [juː'nik]
**Eis** ① ice
② (*Speiseeis*) ice-cream
③ **etwas auf Eis legen** (*übertragen*) put something on ice
**Eisbahn** icerink ['aɪsrɪŋk]
**Eisbär** polar bear
**Eisberg** iceberg ['aɪsbɜːg]
**Eiscreme** ice-cream
**Eisen** iron [aɪən]
**Eisenbahn** railway (GB), railroad (USA)
▸ IN WENDUNGEN: **es ist höchste Eisenbahn** (*umgangsspr*) it's high time
**Eishockey** ice hockey (GB), hockey (USA)
**eisig** icy
**eiskalt** ① (*kalt wie Eis*) icy-cold
② (*kaltblütig*) cold-blooded
③ *Blick:* as cold as you please
④ **jemanden eiskalt umbringen** kill somebody in cold blood
**Eiskasten** Ⓐ refrigerator [rɪ'frɪdʒᵊreɪtəʳ], fridge, icebox (USA)
**Eiskunstlauf** figure ['fɪgəʳ] skating
**Eisläufer(in)** ice-skater
**eitel** vain
**Eiweiß** ① (*beim Kochen*) egg-white
② (*in Bio-Chemie*) protein ['prəʊtiːn]
**Ekel**[1] der disgust, loathing
**Ekel**[2] das (*umgangsspr: Scheusal*) creep
**ekelhaft, ekelig** ① (*widerlich*) disgusting, revolting
② (*gemein*) *Chef, etc:* horrid
**ekeln** **das ekelt mich** it gives me the creeps; **sie ekelt sich vor ihr** she finds her disgusting
**elastisch** elastic
**Elefant** elephant ['elɪfənt]
**elegant** elegant
**Elektriker(in)** electrician [ˌelɪk'trɪʃᵊn]
**elektrisch** electric; **elektrische Geräte** electrical appliances

E

**Elektrizität** electricity
**Elektroherd** electric cooker
**Elektronik** electronics ⚠ *Singular*
**elektronisch** electronic
**Element** element
**elementar** elementary
**Elend** ❶ (*Unglück*) distress, misery
❷ (*Armut*) poverty; **soziales Elend** social ['səʊʃᵊl] hardship
❸ **es ist ein Elend mit dir** you're hopeless
**elend** ❶ (*krank, übel*) awful, ill; **mir ist elend** [**zumute**] I feel really awful
❷ (*niederträchtig*) wretched ['retʃɪd]
**Elendsviertel** slums ⚠ *Plural*
**elf** eleven
**Elfenbein** ivory ['aɪvᵊri]; **eine Statue aus Elfenbein** an ivory statue
**Elfmeter** penalty kick; **einen Elfmeter schießen** take a penalty
**elfte(r,s)** eleventh
**Ellbogen** elbow
**Eltern** parents
**Elternabend** parents' evening
**E-Mail** e-mail
**Emanzipation** emancipation [ɪˌmænsɪ'peɪʃᵊn]
**emanzipieren** **sich emanzipieren** emancipate oneself
**Embargo** embargo
**Embryo** embryo ['embriəʊ]
**Emigrant(in)** emigrant
**emigrieren** emigrate
**Emission** *von Schadstoffen, etc:* emission
**Emotion** emotion [ɪ'məʊʃᵊn]
**emotional** emotional
**Empfang** ❶ *von Personen:* reception [rɪ'sepʃᵊn]
❷ *von Sachen:* receipt [rɪ'siːt]
❸ **in Empfang nehmen** receive [rɪ'siːv]
**empfangen** ❶ (*erhalten*) receive
❷ (*begrüßen*) greet
**Empfänger(in)** recipient; *von Brief:* addressee
**empfänglich** susceptible [sə'septəbl] (**für** to)
**Empfängnis** conception
**Empfängnisverhütung** contraception
**Empfangsdame** receptionist
**empfehlen** recommend; **es ist nicht zu empfehlen** it's not to be recommended
**Empfehlung** ❶ (*Rat*) recommendation
❷ **auf Empfehlung von ...** on the recommendation of ...
**empfinden** feel
**empfindlich** ❶ (*empfindungsvoll*) sensitive
❷ (*leicht gekränkt*) touchy ['tʌtʃi]
**empören** ❶ outrage ['aʊtreɪdʒ]
❷ **sich empören** be indignant (**über** at)
**empört** indignant (**über** at)
**Ende** ❶ (*räumlich*) end
❷ (*zeitlich*) end; **gegen Ende Mai** towards the end of May; **sie ist Ende dreißig** she is in her late thirties
❸ **zu Ende sein** be at an end; **zu Ende gehen** come to an end; **etwas zu Ende bringen** finish off something
**enden** ❶ (*zu Ende gehen*) end, finish
❷ **sie endete im Gefängnis** she ended up in prison
**endgültig** definite ['defɪnət]; **jetzt ist endgültig Schluss!** that's it!
**endlich** ❶ **hör endlich auf!** will you stop that!; **komm jetzt endlich!** get a move on!
❷ **na endlich!** at last!
**endlos** endless
**Energie** energy
**energisch** ❶ (*tatkräftig*) energetic
❷ **energisch durchgreifen** take vigorous ['vɪgᵊrəs] action
**eng** ❶ (*schmal*) narrow
❷ *Kleidungsstück, Schuhe:* tight [taɪt]; **enger machen** take in
❸ *Freundschaft:* close
❹ **in der engeren Wahl sein** be on the short list
**Engagement** engagement [ɪn'geɪdʒmənt]
**engagieren** ❶ engage *Mitarbeiter, Schauspieler, etc*
❷ **sich engagieren** become committed (**für** to)
**engagiert** committed
**Engel** ❶ angel
❷ (*als Kosewort*) darling, sweetheart ['swiːthɑːt]
**Engländer(in)** Englishman ['ɪŋglɪʃmən] [Englishwoman]
**englisch** English ['ɪŋglɪʃ]

**? Grammatik** Es gibt im **American English** ein paar Unterschiede in der Schreibweise zum **British English**: Die meisten Wörter, die im britischen Englisch mit — *-our* aufhören, hören im amerikanischen Englisch mit **-or** auf: *colour — color*, *humour — humor*, Einige Verben, besonders die, die mit l oder p enden, werden im britischen Englisch in den Formen mit -ed und -ing verdoppelt, im amerikanischen Englisch jedoch nicht: *kidnapped — kidnaped*, *travelling — traveling*. Viele Wörter, die im britischen Englisch mit **-re** aufhören, werden im amerikanischen Englisch mit **-er** geschrieben: *centre — center*, *metre* — *meter*, *theatre* — *theater*. Im amerikanischen Englisch werden einige Wörter verkürzt: *axe* — *ax*, *catalogue* — *catalog*, *cheque* — *check*, *programme* — *program*, *doughnut* — *donut*.

**Engpass** 1 (*in Natur*) narrow pass
2 (*auch übertragen*) bottleneck
**engstirnig** narrow-minded
**Enkel(in)** grandson/granddaughter; (*Enkelkind*) grandchild
**enorm** enormous [ɪ'nɔːməs]
**Ensemble** cast
**entbehren** do without
**Entbindung** delivery
**entdecken** 1 discover [dɪs'kʌvəʳ] *Kontinent, etc.*
2 (*herausfinden*) find out
3 (*sehen*) spot
**Entdecker(in)** discoverer [dɪs'kʌvᵊrəʳ]
**Entdeckung** discovery [dɪs'kʌvᵊri]
**Ente** duck
**entfalten** **sich entfalten** develop [dɪ'veləp]
**entfernen** 1 remove [rɪ'muːv] (**aus, von** from)
2 **sich entfernen** (*fortgehen*) go away (**von** from)
**entfernt** 1 (*räumlich, zeitlich*) distant
2 (*übertragen*) *Verdacht:* remote [rɪ'məʊt], vague [veɪg]
3 **entfernt verwandt sein** be distantly related; **ein entfernter Verwandter** a distant relative
**Entfernung** 1 (*Distanz*) distance; **auf eine Entfernung von** at a range of
2 (*das Entfernen*) removal [rɪ'muːvᵊl]
**entführen** 1 kidnap *Person*
2 hijack ['haɪdʒæk] *Flugzeug, etc*
**Entführer(in)** 1 *einer Person:* kidnapper
2 *eines Flugzeugs, etc:* hijacker
**Entführung** 1 *einer Person:* kidnapping
2 *eines Flugzeuges, etc:* hijacking
**entgegengesetzt** 1 *Richtung:* opposite
2 (*übertragen*) *Meinung:* opposing
**entgegenkommen** 1 come to meet, meet halfway [ˌhɑːf'weɪ]
2 **jemandem entgegenkommen** oblige someone [ə'blaɪdʒ]
**entgehen** 1 **das ist mir entgangen** I missed that; **mir ist nicht entgangen, dass …** it didn't escape me that …
2 **lass dir das nicht entgehen!** don't miss your chance!
3 **einer Gefahr entgehen** escape danger
**entgleisen** *Zug:* be derailed
**entgleiten** *Seife, etc:* slip away
**enthalten** 1 (*beinhalten*) contain
2 (*fassen*) hold
3 **sich enthalten** abstain
**Enthüllung** (*übertragen*) disclosure [dɪs'kləʊʒəʳ], revelation
**entkommen** escape [ɪ'skeɪp]; **mit knapper Not entkommen** have a narrow escape
**entladen** **sich entladen** *Batterie:* discharge [dɪs'tʃɑːdʒ]; (*übertragen*) *Ärger:* vent itself
**entlang** along
**entlassen** 1 (*aus Stellung*) dismiss
2 (*aus einer Klinik*) discharge [dɪs'tʃɑːdʒ]
**entlaufen** run away
**entlegen** remote [rɪ'məʊt]
**entlöhnen** CH **jemanden eine Sache entlöhnen** pay someone for something
**Entlöhnung** CH pay[ment]
**entmutigen** discourage [dɪ'skʌrɪdʒ]
**entnehmen** 1 (*wegnehmen*) take out (**aus** of)
2 (*einem Buch*) take (**aus** from)
**entpuppen** **sich entpuppen als …** turn out to be …
**entreißen** snatch away from
**entrüstet** indignant, outraged
**Entschädigung** compensation
**entschärfen** 1 defuse [ˌdiː'fjuːz] *Bombe*
2 (*übertragen*) alleviate [ə'liːvieɪt] *Situation*
**Entscheid** CH 1 decision
2 (*richterlich oder amtlich*) ruling
**entscheiden** decide [dɪ'saɪd]; **jetzt wird es sich entscheiden** now we'll see
**entscheidend** decisive [dɪ'saɪsɪv]
**Entscheidung** decision [dɪ'sɪʒᵊn]; **eine Entscheidung treffen** make a decision
**Entscheidungsspiel** decider [dɪ'saɪdəʳ]
**entschließen** **sich entschließen[, etwas zu tun]** decide [to do something]
**entschlossen** 1 determined, resolute ['rezᵊluːt]; **fest entschlossen sein** be absolutely determined
2 **kurz entschlossen** without further ado
**Entschluss** decision [dɪ'sɪʒᵊn]; **einen Entschluss fassen** make a decision
**entschuldigen** 1 **jemanden entschuldigen** excuse [ɪk'skjuːz] somebody
2 **entschuldigen Sie bitte!** (*vor Frage oder Bitte; beim Eintreten*) excuse me!; (*als Entschuldigung*) [I am] sorry!
3 **sich [bei jemandem für etwas] entschuldigen** apologize [to somebody for something]
4 **würdest du mich entschuldigen?** would you excuse me please?

**Entschuldigung** ① **eine Entschuldigung haben** have an excuse [ɪk'skjuːs]
② (*Brief*) excuse note
③ **Entschuldigung!** (*vor Frage oder Bitte; beim Eintreten*) excuse me!; (*als Entschuldigung*) [I am] sorry!
**entsenden** dispatch, send off
**Entsetzen** horror ['hɒrəʳ]
**entsetzlich** ① (*furchtbar*) appalling, dreadful ['dredfəl]
② **entsetzlich kalt** awfully cold
**entsetzt** horrified (**über** at)
**Entsorgung** waste management
**entspannen** ① relax *Muskeln, Nerven*
② **sich entspannen** relax; *Lage:* ease
**entsprechen** ① (*übereinstimmen mit*) correspond to
② comply with, conform to *Forderung, Vorstellung*
**entsprechend** ① (*angemessen*) appropriate [ə'prəʊpriət]
② **dem Alter entsprechend** according to age; **den Erwartungen entsprechend** as was expected
③ (*jeweilig*) respective; **das entsprechende englische Wort dafür** the English equivalent [ɪ'kwɪvᵊlənt]
**entstehen** ① (*seinen Ursprung haben*) originate [ə'rɪdʒᵊneɪt] (**aus** from); **diese Burg entstand im 15. Jahrhundert** this castle was build in the 15th century
② *Schwierigkeiten:* arise (**aus** from)
③ **durch das Unwetter entstand großer Schaden** the bad weather has caused a great deal of damage
④ **den Eindruck entstehen lassen, dass ...** give the impression that ...
**entstellen** ① (*verunstalten*) disfigure [dɪs'fɪgəʳ] *Gesicht*
② (*auch übertragen*) distort [dɪ'stɔːt] *Gesichtszüge, Tatsachen, Wahrheit*
**enttäuschen** disappoint
**enttäuscht** disappointed; **von jemandem enttäuscht sein** be disappointed in someone
**Enttäuschung** disappointment
**entweder** **entweder ... oder ...** either ['aɪðəʳ] ... or ...
**entwerfen** ① sketch *Zeichnung*
② design [dɪ'zaɪn] *Modell*
③ draft *Schriftstück*
**entwickeln** ① develop *Methode, Film, etc*
② **sich entwickeln** develop (**zu** into); **das Projekt entwickelt sich gut** the project is coming along
**Entwicklung** development
**Entwicklungshilfe** foreign ['fɒrən] aid
**Entwicklungsland** developing country
**Entwurf** ① (*Zeichnung, Plan*) outline, sketch
② (*Modell*) design [dɪ'zaɪn]
③ (*schriftlich*) draft
**entziehen** ① take away *Führerschein, Sorgerecht*
② **sich einer Sache entziehen** evade something
**entziffern** decipher [dɪ'saɪfəʳ] *Geheimschrift*
**entzücken** **entzückt sein über** be in raptures over [about]
**entzückend** charming
**Entzug** withdrawal [wɪð'drɔːᵊl]
**Entzugserscheinung** withdrawal symptom
**entzündbar** inflammable; **leicht entzündbar** highly inflammable
**entzünden** ① light [laɪt] *Feuer*
② **sich entzünden** (*Feuer fangen*) catch fire [faɪəʳ]
③ *Wunde, etc:* become inflamed
**entzündet** *Wunde, etc:* inflamed
**Entzündung** inflammation
**entzweien** **sich entzweien** fall out with each other
**Enzyklopädie** encyclop[a]edia
**Epidemie** epidemic [ˌepɪ'demɪk]
**Epilepsie** epilepsy ['epɪlepsi]
**Epileptiker(in)** epileptic [ˌepɪ'leptɪk]
**Epoche** epoch ['iːpɒk]
**er** ① he
② **ich bin größer als er** I am taller than him
③ **er ist es** it is him [*oder* he]
**Erbanlage** hereditary [hɪ'redɪtᵊri] disposition
**Erbarmen** ① (*Mitleid*) pity, compassion; **mit jemandem Erbarmen haben** feel pity for someone
② (*Gnade*) mercy ['mɜːsi] (**mit** on); **kein Erbarmen mit jemandem kennen** be merciless ['mɜːsɪləs] with somebody
**erbärmlich** ① (*übertragen: niederträchtig*) *Lügner, Lüge, etc:* miserable ['mɪzᵊrəbl]
② (*mitleiderregend*) wretched ['retʃɪd]; **in erbärmlichem Zustand** in a wretched state
**erbauen** build [bɪld]
**Erbe** heir [eəʳ]
**erben** inherit (**von** from)
**Erbin** heiress ['eəres]
**erbittert** bitter
**erblich** hereditary [hɪ'redɪtᵊri]
**erblinden** go blind
**erbrechen** ① throw up *Mageninhalt*
② **sich erbrechen** vomit

## Mein Zimmer

## My Bedroom

| | | |
|---|---|---|
| 1 | Bücher | books |
| 2 | Spiegel | mirror |
| 3 | Tischlampe | table lamp |
| 4 | Becher | mug |
| 5 | Radiorecorder | radio cassette recorder |
| 6 | Nachttisch | bedside table |
| 7 | Kommode | chest of drawers |
| 8 | Teppichboden | fitted carpet |
| 9 | Trainingsschuh | trainer |
| 10 | Tenisschläger | tennis racket |
| 11 | Schultasche | school bag |
| 12 | Bettdecke | duvet, quilt (GB), comforter (USA) |
| 13 | Kopfkissen | pillow |
| 14 | Wecker | alarm clock |
| 15 | Fensterbrett | window sill |
| 16 | Rollo | blind |
| 17 | CD-Portable | portable CD player |
| 18 | Schreibtischlampe | desk lamp |
| 19 | Handy | mobile (phone) (GB), cell phone (USA) |
| 20 | Schreibtisch | desk |
| 21 | Tastatur | keyboard |
| 22 | Bildschirm | screen |

## Das Bad

## The Bathroom

| | | |
|---|---|---|
| 1 | Duschkopf | shower head |
| 2 | Stange | rail |
| 3 | Schlauch | hose |
| 4 | Kachel | tile |
| 5 | Wasserhahn | tap (GB), faucet (USA) |
| 6 | Schwamm | sponge |
| 7 | Badewanne | bath(tub) |
| 8 | Abfluss | plughole |
| 9 | Stück Seife | bar of soap |
| 10 | Duschvorhang | shower curtain |
| 11 | Wäschepuff | dirty clothes basket |
| 12 | Badetuch | bath towel |
| 13 | Badematte | bath mat |
| 14 | Hausschuhe | slippers |
| 15 | Hocker | stool |
| 16 | Toilettenbürste | toilet brush |
| 17 | Toilettenschüssel | toilet bowl |
| 18 | Toilettensitz | toilet seat |
| 19 | Deckel | lid |
| 20 | Spülkasten | cistern |
| 21 | Toilettenpapier | toilet paper (GB), bathroom tissue (USA) |
| 22 | Bademantel | bathrobe |
| 23 | Körperpuder | talcum powder |
| 24 | Deospray | deodorant spray |
| 25 | Rollo | blind |

## Der Körper

## The Body

| | | |
|---|---|---|
| 1 | Spiegel | mirror |
| 2 | Stirn | forehead |
| 3 | Augenbraue | eyebrow |
| 4 | Auge | eye |
| 5 | Nase | nose |
| 6 | Backe | cheek |
| 7 | Ohr | ear |
| 8 | Mund | mouth |
| 9 | Kopf | head |
| 10 | Ellenbogen | elbow |
| 11 | Arm | arm |
| 12 | Rücken | back |
| 13 | Brust | breast |
| 14 | Hand | hand |
| 15 | Bauch | stomach |
| 16 | Bauchnabel | navel |
| 17 | Hintern | bottom, backside |
| 18 | Oberschenkel | thigh |
| 19 | Kniekehle | back/hollow of the knee |
| 20 | Wade | calf |
| 21 | Knöchel | ankle |
| 22 | Ferse | heel |
| 23 | Fuß | foot |
| 24 | Pantoffel | slipper |
| 25 | Waschbecken | washbasin |
| 26 | Wasserhahn | tap (GB), faucet (USA) |
| 27 | Waschlappen | flannel (GB), washcloth (USA) |
| 28 | Haarbürste | hairbrush |
| 29 | Zahnbürste | toothbrush |
| 30 | Zahnpasta | toothpaste |
| 31 | Wattestäbchen | cotton buds |
| 32 | Rasierapparat | electric razor |
| 33 | Rasierpinsel | shaving brush |
| 34 | Rasierschaum | shaving foam |
| 35 | Rasierer | razor |
| 36 | Lockenstab | (electric) curling tongs |
| 37 | Schalter | switch |
| 38 | Föhn | hair dryer |
| 39 | Bord | shelf |
| 40 | Handtuch | towel |
| 41 | Handtuchhalter | towel rail |
| 42 | Fußboden | floor |

## In der Küche

## In the Kitchen

| | | |
|---|---|---|
| 1 | Spülbecken | sink |
| 2 | Spülschüssel | washing-up bowl/basin |
| 3 | Spülmittel | washing-up liquid |
| 4 | Wasserhahn | tap (GB), faucet (USA) |
| 5 | Besteck | cutlery |
| 6 | Sieb | sieve |
| 7 | Schöpflöffel | ladle |
| 8 | Löffel | spoon |
| 9 | Kaffeemaschine | coffee machine/maker |
| 10 | Brotkasten | bread bin |
| 11 | Steckdose | socket |
| 12 | Wasserkocher | electric kettle |
| 13 | Hängeschrank | wall-cupboard |
| 14 | Arbeitsfläche | work surface/worktop |
| 15 | Geschirrtuch | tea towel/dish towel (USA) |
| 16 | Waschmaschine | washing machine |
| 17 | Kühlschrank | refrigerator |
| 18 | Schrank | cupboard |
| 19 | Abfalleimer | (rubbish)bin, trashcan (USA) |
| 20 | Küchenherd | cooker |
| 21 | Backofen | oven |

| | | |
|---|---|---|
| 22 | Kochtopf | (sauce)pan |
| 23 | Bratpfanne | frying pan |
| 24 | Schublade | drawer |
| 25 | Küchenstuhl | kitchen chair |
| 26 | Krug | jug |
| 27 | Milchflasche | milk bottle |
| 28 | Teekanne | teapot |
| 29 | Set | table mat |
| 30 | Glas | glass |
| 31 | Scheibe Toast | piece of toast |
| 32 | Teller | plate |
| 33 | Becher | mug |
| 34 | Messer | knife |
| 35 | Gabel | fork |
| 36 | Spiegelei | fried egg |
| 37 | Speckstreifen | rashers of bacon |
| 38 | Glas Orangenmarmelade | jar of marmalade |
| 39 | Schüssel | bowl |
| 40 | Zuckerdose | sugar bowl/basin |
| 41 | Deckel | lid |
| 42 | Tischdecke | table cloth |

**Erbschaft** inheritance [ɪn'herɪtᵊns]; **eine Erbschaft machen** come into an inheritance

**Erbse** pea

**Erdapfel** Ⓐ potato [pə'teɪtəʊ]

**Erdbeben** earthquake ['ɜːθkweɪk]

**Erdbeere** strawberry

**Erde** ① (*Planet*) earth [ɜːθ]; (*Welt*) world [wɜːld]; **auf der Erde** on earth
② (*Boden*) ground; **über/unter der Erde** above/below ground
③ (*Bodenart*) soil

**Erdgeschoss** ground floor Ⓖⓑ, first floor ⓊⓈⒶ; **im Erdgeschoss** on the ground/first floor

**Erdkugel** globe

**Erdkunde** geography [dʒi'ɒgrəfi]

**Erdnuss** peanut

**Erdöl** oil, petroleum [pə'trəʊliəm]

**erdrücken** (*übertragen*) overwhelm [ˌəʊvə'welm]

**Erdrutsch** (*auch übertragen*) landslide

**Erdstoß** seismic ['saɪzmɪk] shock

**Erdstrahlen** field [fiːld] lines

**Erdteil** continent ['kɒntɪnənt]

**ereignen** **sich ereignen** happen, occur [ə'kɜːʳ]

**Ereignis** event

**erfahren**[1] ① (*hören*) hear [hɪəʳ], learn [lɜːn] (**von** from)
② (*herausfinden*) find out
③ (*erleben*) experience [ɪk'spɪəriəns]

**erfahren**[2] *Person:* experienced [ɪk'spɪəriənst]

**Erfahrung** experience; **etwas aus Erfahrung wissen** know something by experience

**erfassen** ① (*begreifen*) grasp
② (*statistisch*) record, register
③ gather *Daten, Information*

**erfinden** ① (*eine Erfindung machen*) invent
② (*sich etwas ausdenken*) fabricate

**Erfinder(in)** inventor

**erfinderisch** inventive

**Erfindung** invention

**Erfolg** ① (*Gelingen*) success [sək'ses]
② **viel Erfolg!** wishing you every success!; **Erfolg haben** meet with success; **ein voller Erfolg sein** be entirely successful; **Erfolg versprechend** promising
③ **mit Erfolg** successfully; **ohne Erfolg** unsuccessfully
④ (*Ergebnis*) result; **mit dem Erfolg, dass ...** with the result, that ...

**erfolgreich** successful

**erforderlich** necessary ['nesəsᵊri]; **falls erforderlich** if required

**erfordern** require [rɪ'kwaɪəʳ]

**erforschen** ① (*erkunden*) explore
② (*untersuchen*) research [rɪ'sɜːtʃ]; **ein Gebiet erforschen** do some research into an area

**erfreuen** ① delight [dɪ'laɪt], please
② **sich [an etwas] erfreuen** delight [in something]

**erfreulich** pleasant ['plezᵊnt]

**erfreut** ① **sehr erfreut!** pleased to meet you!
② **über etwas erfreut sein** be delighted [dɪ'laɪtɪd] about something

**erfrieren** ① *Mensch:* freeze to death
② *Finger, etc:* get frostbitten
③ *Pflanze:* be killed by frost

**erfrischen** refresh

**erfrischend** (*auch übertragen*) refreshing

**Erfrischung** refreshment

**erfüllen** ① (*ausführen*) fulfil *Aufgabe, Erwartungen*
② comply with; meet *Bedingungen*
③ **jemandem einen Wunsch erfüllen** grant someone a wish

**ergänzen** complete, supplement

**Ergänzung** ① (*Zusatz*) addition
② (*zu einem Gesetz*) amendment
③ (*zu einem Buch*) supplement

**ergattern** (*umgangsspr*) get hold of

**ergeben** ① amount to *Betrag, Summe*
② *Untersuchung:* show, prove [pruːv]
③ **sich ergeben** (*aufgeben*) surrender, yield [jiːld]
④ (*resultieren*) result [rɪ'zʌlt] (**aus** from); **hieraus ergibt sich, dass ...** it follows from this that ...

**Ergebnis** result [rɪ'zʌlt]; **zu keinem Ergebnis führen** lead nowhere

**ergreifen** ① grasp, seize [siːz]
② (*übertragen*) take *Initiative, Maßnahmen;* take up *Beruf*
③ (*übertragen*) **das hat mich sehr ergriffen** I was deeply moved by that

**ergreifend** (*übertragen*) moving ['muːvɪŋ]

**Erhalt** receipt [rɪ'siːt]

**erhalten** ① (*bekommen*) get, receive [rɪ'siːv]; **dankend erhalten** received with thanks
② (*bewahren*) preserve; **gut/schlecht erhalten** well/poorly preserved

**erhältlich** available [ə'veɪləbl]

**erheben** ① raise *Gegenstand*
② levy *Steuern*
③ **[gegen jemanden] Anklage erheben** bring a charge [against someone]
④ **sich [gegen jemanden/ein Regime] erheben** revolt [against somebody/a regime]

**erheblich** ① (*beträchtlich*) considerable

2 (*ernstlich*) serious ['sɪərəs]

**erhellen** (*durch Licht*) illuminate [ɪ'lu:mɪneɪt], light [laɪt] up

**erhitzen** heat up (**auf** to)

**erhöhen** increase [ɪn'kri:s]

**erholen** **sich erholen** (*sich entspannen*) relax; **ich hab mich im Urlaub so gut erholt** I had such a relaxing holiday; (*von Krankheit, Krise*) recover [rɪ'kʌvəʳ]

**erholsam** restful

**Erholung** 1 (*Ruhe*) rest
2 (*Entspannung, Genesung*) recovery

**erinnern** 1 **jemanden an etwas erinnern** remind somebody of something; **erinnere mich daran, sie anzurufen** remind me to phone her
2 **sich an jemanden/etwas erinnern** remember somebody/something

> **! Vorsicht Falle** **remember** oder **remind**? Wenn man sich an etwas aus der Vergangenheit oder an eine wichtige Sache erinnert, verwendet man **remember:** *I remember the time we went camping in the woods and how scared I was.* Auch wenn man jemanden an etwas erinnern möchte: *Did you remember to water the plants while I was away?* Wenn man dagegen an etwas erinnert werden will oder soll, das man auf keinen Fall vergessen sollte, verwendet man **remind:** *Remind me to water Lucy's plants.* (und nicht: Remember me to water Lucy's plants.) *I have to remind you to keep silent during the exam.* (und nicht: I have to remember you to keep silent during the exam.)

**Erinnerung** 1 memory; **zur Erinnerung an …** in memory of …
2 (*Andenken*) souvenir [ˌsu:vᵊn'ɪəʳ]; (*an eine Person*) keepsake

**erkälten** **sich erkälten** catch a cold; **erkältet sein** have a cold

**Erkältung** cold; **sich eine Erkältung holen** catch a cold

**erkämpfen** win; **sich etwas hart erkämpfen** to fight [faɪt] hard for something

**erkennen** 1 (*wiedererkennen*) recognize ['rekəgnaɪz] (**an** by)
2 (*deutlich sehen*) see
3 (*einsehen*) realize ['rɪəlaɪz] *Fehler, etc*

**Erkenntnis** 1 (*Wissen*) knowledge ['nɒlɪdʒ]
2 (*Einsicht*) realization

**erklären** 1 [**jemandem etwas**] **erklären** explain [something to somebody]
2 declare *Unabhängigkeit, Bekanntmachung, etc*
3 (*sagen*) say; **erklär mir mal, was du dir dabei gedacht hast?** tell me what you thought [θɔ:t] you were doing?
4 **das erklärt sich von selbst** that's self-explanatory; **ich kann mir nicht erklären, warum …** I just don't understand why …

**Erklärung** 1 (*Begründung*) explanation; **als Erklärung …** by way of explanation …
2 (*Bekanntgabe*) declaration
3 (*Aussage*) statement; **eine Erklärung abgeben** make a statement

**erkranken** be taken sick, fall ill

**erkunden** explore

**erkundigen** 1 **sich nach jemanden erkundigen** enquire [ɪn'kwaɪəʳ] after somebody; **sich über etwas erkundigen** enquire about something
2 **erkundige dich mal** try and find out

**erlauben** 1 (*gestatten*) allow [ə'laʊ], permit; **erlauben Sie mir, …** allow me to …
2 **was erlauben Sie sich!** how dare [deəʳ] you!
3 **erlauben Sie mal!** well I must say!

**Erlaubnis** permission [pə'mɪʃᵊn]; **jemanden um Erlaubnis bitten** ask permission of someone

**erläutern** 1 (*erklären*) explain
2 (*veranschaulichen*) illustrate

**Erläuterung** 1 (*Erklärung*) explanation
2 (*Veranschaulichung*) illustration

**erleben** 1 (*durchmachen*) experience [ɪk'spɪəriəns] *schwere Zeiten, Krise*
2 have *Abenteuer, schöne Tage, Urlaub*
3 (*lebend sehen*) live to see
4 **ich möchte mal erleben, dass …** I'd like to see the day …
5 **du kannst was erleben!** you're going to be in for it!

**Erlebnis** experience [ɪk'spɪəriəns]

**erledigen** 1 (*ausführen*) settle
2 (*umgangsspr: umbringen*) do in
3 **er ist erledigt** he's done for; **sie ist für mich erledigt** I'm finished with her
4 **die Sache hat sich erledigt** it's all sorted now

**erleichtern** 1 (*leichter machen*) make easier ['i:ziəʳ]
2 (*übertragen: lindern*) relieve [rɪ'li:v]; **erleichtert sein** feel relieved

**erleiden** suffer

**erlernen** learn [lɜ:n]

**erleuchten** illuminate [ɪ'lu:mɪneɪt]

**erliegen** succumb [sə'kʌm] to

**Erlös** proceeds ⚠ *Plural*

**erlöschen** *Vulkan:* extinct
**ermahnen** reprove [rɪ'pruːv] (**wegen** for)
**ermäßigen** reduce [rɪ'djuːs]
**Ermäßigung** reduction [rɪ'dʌkʃən]
**Ermessen** **das liegt in Ihrem Ermessen** that's within your discretion [dɪ'skreʃən]; **nach menschlichem Ermessen** as far as anyone can judge
**ermitteln** 1 (*feststellen*) establish *Tatsache, Identität*
2 (*polizeilich*) investigate; **in einem Fall ermitteln** investigate a case
**Ermittlung** **Ermittlungen anstellen** make inquiries [ɪn'kwaɪəriz] (**über** about)
**ermöglichen** facilitate [fə'sɪlɪteɪt]
**ermorden** murder
**ermüden** tire
**ermutigen** encourage [ɪn'kʌrɪdʒ]
**ernähren** 1 feed *Kinder, Familie*
2 **sich ernähren** live (**von** on)
**Ernährung** (*Nahrung*) food, nourishment ['nʌrɪʃmənt]
**ernennen** appoint; **sie wurde zur Rektorin ernannt** she was appointed headmistress
**Ernennung** appointment (**zu** as)
**erneuern** 1 replace [rɪ'pleɪs] *Reifen*
2 (*übertragen*) renew *Freundschaft*
**erniedrigen** humiliate [hjuː'mɪliəɪt]; **erniedrigend** humiliating
**Ernst** 1 (*Charakterzug*) earnestness ['ɜːnɪstnəs]
2 **im Ernst** in earnest; **ganz im Ernst** in all seriousness ['sɪəriəsnəs]; **das ist mein Ernst** I'm serious about it
**ernst** 1 *Mensch, Gesichtsausdruck:* earnest, serious ['sɪəriəs]
2 (*bedrohlich*) *Situation:* serious
3 **das meinst du doch nicht ernst!** you can't be serious!; **es wird ernst** it's getting serious; **etwas/jemanden ernst nehmen** take something/somebody seriously
**ernsthaft** earnest, serious
**Ernte** 1 (*auch übertragen*) harvest
2 (*Ertrag*) crop
**ernten** 1 harvest; reap *Getreide, etc*
2 (*übertragen*) reap *Erfolg, Ruhm*
3 (*übertragen*) get *Applaus; Spott, Undank*
**ernüchtern** (*zur Vernunft bringen*) sober ['səʊbər] up
**erobern** (*auch übertragen*) conquer ['kɒŋkər]
**Eroberung** (*auch übertragen*) conquest ['kɒŋkwest]
**Eröffnung** 1 (*Beginn*) opening
2 (*feierlich*) inauguration [ɪ'nɔːgjə'reɪʃən]
**erörtern** discuss [dɪ'skʌs]
**erotisch** erotic
**erpicht** **auf etwas erpicht sein** be keen on something
**erpressen** 1 blackmail *Person*
2 **von jemandem ein Geständnis/Geld erpressen** extort a confession/money from somebody
**Erpressung** blackmail
**erraten** guess [ges]
**erregen** 1 (*bewirken*) cause [kɔːz], create [kri'eɪt]
2 provoke *Mitleid*
3 attract *Aufsehen, Neugier*
**erreichen** 1 (*zustande bringen*) manage ['mænɪdʒ]
2 achieve [ə'tʃiːv] *Ziel, Absicht*
3 reach *Alter, Gegenstand, Geschwindigkeit*
4 catch *Zug*
5 (*kontaktieren*) reach, get hold of; **wann kann ich Sie erreichen?** when can I get in touch with you?
**errichten** 1 (*bauen*) erect
2 (*gründen*) establish
**erringen** achieve [ə'tʃiːv], gain
**erröten** blush (**vor** with)
**Errungenschaft** (*Leistung*) achievement [ə'tʃiːvmənt]
**Ersatz** replacement, substitute; **als Ersatz** as a substitute
**Ersatzmann** substitute
**Ersatzreifen** spare tyre ['taɪər]
**Ersatzteil** spare [speər]
**erschaffen** create [kri'eɪt]
**erscheinen** 1 (*veröffentlicht werden*) be published, come out
2 (*sichtbar werden*) appear [ə'pɪər]
**Erscheinung** 1 (*Naturerscheinung*) phenomenon [fɪ'nɒmɪnən]
2 (*Äußeres*) appearance [ə'pɪərəns]
3 *eines Geistes:* apparition [ˌæpər'ɪʃən]
4 **in Erscheinung treten** appear
**erschießen** **jemanden/sich erschießen** shoot somebody/oneself
**erschlagen**[1] slay; **vom Blitz erschlagen werden** be struck by lightning
**erschlagen**[2] (*umgangsspr*) worn out
**erschließen** 1 tap *Rohstoffquelle*
2 develop; open up *Gelände, Markt*
**erschöpfen** exhaust [ɪg'zɔːst]
**Erschöpfung** exhaustion
**erschrecken** 1 **jemanden erschrecken** frighten ['fraɪtən] somebody; **hast du mich**

**erschreckt!** you gave me such a fright!
2 **erschrick nicht** don't get a fright [fraɪt]; **bin ich erschrocken!** what a fright that gave me!
3 **es war erschreckend** [*oder* **es hat mich erschrocken**], **ihn so zu sehen** it was frightening to see him like that

**erschüttern** 1 (*erzittern lassen*) shake
2 (*übertragen: aus der Fassung bringen*) upset; (*umgangsspr*) shatter

**erschweren** 1 (*schwieriger machen*) make more difficult
2 (*verschlimmern*) aggravate ['ægrəveɪt]

**erschwinglich** within one's means

**ersetzen** 1 replace [rɪ'pleɪs] *Ding*
2 **jemandem einen Schaden ersetzen** compensate sombody for the damage
3 **jemanden ersetzen** take the place of somebody

**ersichtlich** 1 obvious ['ɒbviəs]; **ohne ersichtlichen Grund** for no apparent reason
2 **hieraus ist ersichtlich, dass ...** this shows that ...

**ersparen** 1 save *Geld*
2 **erspar mir deine Belehrungen** spare me your lectures
3 **mir bleibt auch nichts erspart!** why does everything have to happen to me!

**Ersparnisse** savings

**erst** 1 (*zuerst*) at first
2 **ich muss das erst fertig machen** I must finish this first
3 (*nicht eher als*) not until; **sie fingen erst an, als wir da waren** they didn't start until we came
4 **erst gestern** only yesterday; **es ist erst elf Uhr** it's only eleven o'clock
5 **das ist fürs Erste genug** that's enough to begin with

**erstatten** **jemandem seine/ihre Auslagen erstatten** refund somebody for his/her expenses

**Erstaufführung** first-night [performance]

**Erstaunen** astonishment [ə'stɒnɪʃmənt], amazement; **in Erstaunen setzen** amaze

**erstaunen** 1 amaze; astonish *jemanden, Publikum*
2 **erstaunt sein** be astonished (**über** at)

**erstaunlich** amazing, astonishing

**erste** 1 first; **erste Hilfe** first aid
2 **er war der Erste, der das gemacht hat** he was the first to do that; **er war als Erster zu Hause** he was the first home
3 **in erster Linie** first and foremost

**ersticken** 1 **jemanden** [**mit einem Kissen, etc**] **ersticken** suffocate somebody [with a pillow, etc]
2 **sie erstickte** she suffocated; (*an einer Gräte*) she choked

**erstklassig** first-class, first-rate

**erstrecken** 1 **sich erstrecken** (*räumlich*) extend, stretch, reach (**bis** to, as far as, **auf, über** over)
2 **sich über Jahre erstrecken** last for years

**ertappen** catch; **auf frischer Tat ertappt** caught [kɔːt] in the act, caught red-handed

**erteilen** give; grant *Erlaubnis*

**ertragen** bear [beəʳ], endure

**erträglich** bearable ['beərəbl]

**ertrinken** drown

**erübrigen** **sich erübrigen** *Worte, Gesten, etc:* be superfluous [suː'pɜːfluəs]; **alles weitere erübrigt sich** there's no more to be said

**erwachen** awake, wake [up]

**erwachsen** *Person:* adult, grown-up

**Erwachsene(r)** grown-up [person], adult

**erwägen** consider [kən'sɪdəʳ]

**erwähnen** mention ['menʃᵊn]

**erwärmen** 1 heat, warm [wɔːm]
2 **sich erwärmen** heat up
3 (*übertragen*) **sich für etwas erwärmen** take to something

**erwarten** 1 (*annehmen*) expect
2 (*entgegensehen*) await [ə'weɪt]; **ich weiß, was mich erwartet** I know what to expect

**Erwartung** expectation; **das entpricht ganz meinen Erwartungen** this comes up to my expectations

**erwartungsvoll** expectant

**erweisen** 1 (*beweisen*) prove [pruːv]
2 **jemandem einen Gefallen erweisen** do someone a favour
3 **sich als unfähig erweisen** show oneself to be incompetent; **er erwies sich als fähig** he proved to be competent; **sich als nützlich erweisen** prove useful; **sich als falsch erweisen** prove to be wrong
4 **es hat sich erwiesen, dass ...** it turned out that ...

**erweitern** 1 (*vergrößern*) enlarge
2 (*verbreitern*) widen

**erwerben** acquire [ə'kwaɪəʳ]

**erwidern** 1 (*antworten*) answer ['ɑːnsəʳ], reply [rɪ'plaɪ]; (*scharf*) retort
2 return *Gefallen, Gruß, Kompliment*

**erwischen** 1 (*fangen*) catch
2 (*zufällig bekommen*) get hold of

**Erz** ore

**erzählen** tell; **gut Geschichten erzählen können** be a good storyteller

▸ IN WENDUNGEN: **wem erzählst du das!** you're telling me!
**Erzähler(in)** narrator [nə'reɪtəʳ]
**Erzählung** story; (*formeller*) tale
**Erzbischof** archbishop [ˌɑːtʃ'bɪʃəp]
**erzeugen** produce [prə'djuːs]; generate ['dʒenəreɪt] *Energie*
**Erzeugnis** produce
**erziehen** 1 (*aufziehen*) bring up; **allein erziehende/r Mutter/Vater** single parent
2 (*ausbilden*) educate ['edʒʊkeɪt]
**Erziehung** 1 (*Erziehungszeit*) upbringing
2 (*Bildung*) education [ˌedʒʊ'keɪʃən]
**erzielen** 1 reach [riːtʃ] *Einigung*
2 achieve [ə'tʃiːv] *Erfolg*
3 obtain [əb'teɪn] *Ergebnis*
**erzwingen** force [fɔːs]
**es** 1 it; (*für Haustiere*) he/she
2 **es gibt** there are; **es gibt keine Erdbeeren** there are no strawberries ['strɔːbəriz]
3 **es war niemand da** there was nobody
4 **es ist kalt** it's cold; **mir ist es kalt** I am cold
5 **es sei denn, dass …** unless …
6 **ich bin es** it's me
7 **es regnet** it is raining
8 **es wurde getanzt** there was dancing
**Esel** 1 (*Tier*) donkey
2 (*als Schimpfwort*) ass, fool
**eskalieren** escalate ['eskəleɪt]
**Eskimo** Eskimo
**essbar** *Pilz:* edible ['edɪbl]
**Essen** 1 (*Nahrung*) food
2 (*Mahlzeit*) meal
3 **komm[t] zum Essen!** lunch/dinner is ready!; **gerade beim Essen sein** be having lunch/dinner
**essen** 1 eat; **essen gehen** eat out
2 **zu Mittag/Abend essen** have lunch/dinner

> **? Grammatik** Die unregelmäßigen Vergangenheitsformen von **eat** lauten **ate — eaten**: *Norman* **ate** *four ham sandwiches; he* **has eaten** *nothing for three days.*

**Essig** vinegar; **Essig und Öl** oil and vinegar
**Esslöffel** soup spoon
**Esstisch** dining table
**Esszimmer** dining-room
**Etage** floor [flɔːʳ]
**Etappe** stage
**Etat** budget ['bʌdʒɪt]
**Ethik** ethics ['eθɪks] ⚠ *Plural*
**ethisch** ethical ['eθɪkəl]
**Etikett** label ['leɪbəl]
**etliche** **etliche Male** quite a few times; **etliche tausend Tote** several thousand casualties ['kæʒjuəltiz]
**Etui** case
**etwa** 1 (*ungefähr*) about, approximately [ə'prɒksɪmətli]; **wann etwa?** roughly ['rʌfli] when?
2 **sind Sie etwa nicht einverstanden?** do you mean to say that you don't agree?
**etwas** 1 **etwas tun** do something
2 (*mit Frage, Bedingung, Verneinung*) anything
3 **etwas Brot/Geld** some bread/money; **hast du etwas Brot/Geld?** have you got any bread/money?
4 **etwas Nettes** something nice
5 **kaum etwas** hardly anything
6 **noch etwas Tee?** some more tea?
7 **etwas mehr/weniger** a little more/less; **etwas Zeit** a little bit of time
**euch** 1 **sie hat euch gesagt …** she told you …
2 **er hat es euch gegeben** he gave it to you
3 **für/mit euch** for/with you
4 **wohnt sie jetzt bei euch?** is she staying with you now?
**euer, eure** 1 your
2 **sind das eure?** are these yours?
**Eule** owl
**Euro** euro; **5 Euro** 5 euro
**europäisch** European; **Europäische Union** European Union; **Europäisches Währungssystem, EWS** European Monetary System, EMS
**evangelisch** Protestant ['prɒtɪstənt]
**eventuell** 1 (*etwaig*) possible; **eventuelle Nachteile** possible disadvantages
2 (*vielleicht*) perhaps; **eventuell [schon]** (*als Antwort*) possibly; **ich werde eventuell später dazukommen** I'll perhaps join you later
**Evolution** evolution [ˌiːvə'luːʃn]
**ewig** 1 eternal [ɪ'tɜːnl], everlasting [ˌevə'lɑːstɪŋ]
2 forever; **das dauert ja ewig!** (*umgangsspr*) it's taking ages!
**Ewigkeit** eternity [ɪ'tɜːnətɪ]
**exakt** exact; **exakt arbeiten** work accurately ['ækjərətli]
**Examen** examination [ɪgˌzæmɪ'neɪʃn]; (*umgangsspr*) exam; **Examen machen** take one's exams ⚠ *Plural*
**Exemplar** 1 (*Buch*) copy
2 (*Muster*) sample
3 (*Pflanze*) specimen ['spesəmɪn]
**Exil** exile ['eksaɪl]; **im exil** in exile

**Existenz** existence [ɪg'zɪstəns]; **sich eine Existenz aufbauen** make a life for oneself
**existieren** ① (*bestehen*) exist; **davon existiert nur ein Exemplar** there is only one copy of this ② (*leben können*) live, subsist [səb'sɪst] (**von** on)
**exklusiv** exclusive [ɪk'sklu:sɪv]
**Exkursion** excursion [ɪk'skɜ:ʃn]
**exotisch** exotic [ɪg'zɒtɪk]
**Experiment** experiment [ɪk'sperɪmənt]
**experimentieren** experiment [ɪk'sperɪment]
**Experte, Expertin** expert ['ekspɜ:t] (**für** in)
**explodieren** explode [ɪk'spləʊd]
**Explosion** explosion [ɪk'spləʊʒn]
**explosiv** explosive [ɪk'spləʊsɪv]
**Export** export [ɪk'spɔ:t]
**Exporteur(in)** exporter
**exportieren** export
**extern** external
**extra** ① **das kostet extra** there's an extra [*oder* additional] charge for this ② **das hat er extra gemacht** he's done that on purpose ['pɜ:pəs] ③ **ich hätte gerne eine extra Rechnung** I'd like a separate bill, please ④ **das habe ich extra für meine Schwester gebastelt** I made that specially for my sister
**Extrafahrt** (CH) special excursion [*oder* trip]
**Extrakt** extract ['ekstrækt]
**Extrazug** (CH) special train
**Extrem** extreme; **von einem Extrem ins andere fallen** go from one extreme to the other
**extrem** extreme
**Extremist(in)** extremist [ɪk'stri:mɪst]
**exzentrisch** eccentric

# Ff

**Fabel** fable
**fabelhaft** (*wunderbar*) fabulous
**Fabelwesen** mythical creature
**Fabrik** factory ['fæktri]; (*Werk*) works ⚠ *Singular oder Plural;* (*Anlage*) plant
**Fabrikant(in)** (*Besitzer*) factory-owner
**Fach** ① (*Abteil*) compartment, division ② (*Unterrichtsfach*) subject [sʌbdʒekt] ③ (*Zweig*) branch; **er versteht sein Fach** he knows his business
**Facharbeiter(in)** skilled worker
**Fachausdruck** technical ['teknɪkl] term
**Fächer** fan
**Fachfrau** expert ['ekspɜ:t]
**Fachhochschule** college, polytechnic
**fachlich** technical ['teknɪkl]
**Fachmann** expert ['ekspɜ:t]
**Fackel** torch [tɔ:tʃ]
**fade** ① *Essen:* tasteless; **fade schmecken** have no taste, not tast of anything ② (*langweilig*) dull, flat
**Faden** thread [θred]
▸ In Wendungen: **den Faden verlieren** lose the thread
**fadenscheinig** threadbare
**Fagott** bassoon
**fähig** ① (*begabt*) able, capable ② **er ist zu allem fähig** he is capable of anything
**Fähigkeit** ability, capability
**fahl** fallow; *Gesicht:* pale
**fahnden** search [sɜ:tʃ] (**nach** for)
**Fahne** flag
**Fahrausweis** ① ticket ② (CH) driving licence
**Fahrbahn** lane
**fahrbar** (*beweglich*) mobile ['məʊbaɪl]
**Fähre** ferry
**fahren** ① go (**mit** by); (*mit dem Rad*) ride; (*mit einem Schiff*) sail; **mit dem Bus fahren** go by bus; **Auto/Motorrad fahren** drive a car/ride a motorcycle; **per Anhalter fahren** hitch[hike]; **rechts fahren!** keep right! ② **dieses Auto fährt mit Diesel** this car runs on diesel ③ (*befördern*) take, drive; **ich fahre dich zum Flughafen** I'll take you to the airport ④ **Peter fährt gut** Peter is a good driver

**! Vorsicht Falle** **Drive** oder **ride**? Fährt man ein Auto, LKW oder Bus, benutzt man das Wort **drive:** *What car do you drive? I drive to work every day by car.* Fährt man mit dem Fahrrad oder Motorrad oder reitet man auf einem Pferd, so benutzt man **ride:** *I learned to ride a bike at the age of 5.*

**Fahrer(in)** driver
**Fahrgast** passenger
**Fahrgeld** fare [feəʳ]
**Fahrkarte** ticket
**fahrlässig** negligent ['neglɪdʒənt], careless
**Fahrlehrer(in)** driving instructor
**Fahrplan** time-table (GB), [railroad] schedule ['ʃedju:l] (USA)

**Fahrpreis** fare [feəʳ]
**Fahrrad** bicycle ['baɪsɪkl]; (*umgangsspr*) bike
**Fahrschein** ticket
**Fahrschule** driving school
**Fahrschüler(in)** learner [driver], student driver (USA)
**Fahrspur** lane
**Fahrstuhl** lift (GB), elevator ['elɪveɪtə] (USA)
**Fahrt** 1 (*im Wagen*) drive, ride
2 (*Reise*) journey ['dʒɜːni], trip
**Fährte** track, trail
**Fahrzeug** vehicle ['vɪəkl]
**Fakultät** faculty
**Fall** 1 (*Sturz*) fall
2 (*Sachverhalt*) case, instance
3 *eines Anwalts/Arztes:* case
4 **gesetzt den Fall, dass ...** supposing that ...; **in diesem Fall** in this case; **auf jeden/keinen Fall** at any rate/on no account; **für den Fall, dass er ...** in case he ...; **auf alle Fälle** anyway; **im besten/schlimmsten Fall** at best/worst
5 **klarer Fall!** (*umgangsspr*) sure thing!
6 **das ist nicht mein Fall** (*umgangsspr*) that's not my cup of tea
**Falle** 1 trap
2 **jemandem eine Falle stellen** set a trap for someone
**fallen** 1 fall
2 *Preise, Temperatur:* drop
3 *Schuss:* be fired
4 make *Entscheidung*
5 **im Krieg fallen** be killed in action
6 **über etwas fallen** trip over something
▶ IN WENDUNGEN: **jemandem leicht fallen** be easy for someone
**fällen** 1 fell *Bäume*
2 make *Entscheidung;* **ein Urteil fällen** pass sentence ['sentəns]
**fällig** due [djuː]; **fällig zum Ende des Jahres** due by the end of the year; **fällig werden** fall due
**falls** 1 (*wenn*) if; **falls du nicht kommen kannst** if you're not able to come
2 (*für den Fall, dass*) in case ...
**Fallschirm** parachute ['pærəʃuːtɪŋ]; **mit dem Fallschirm abspringen** parachute
**Fallstudie** case study
**falsch** 1 (*verkehrt*) wrong [rɒŋ]; **etwas falsch aussprechen** mispronounce something
2 (*unecht*) *Name, Zähne:* false [fɔːls]
3 *Pass, Alibi:* fake, forged; *Geld:* counterfeit ['kaʊntəfɪt]
4 (*unehrlich*) false
5 **falsch gehen** *Uhr:* be wrong
6 **etwas falsch verstehen** misunderstand something
7 **falsch spielen** (*beim Musizieren*) play the wrong note[s]; (*beim Kartenspiel*) cheat
8 **falscher Alarm** false alarm
**fälschen** 1 fake, forge; *Geld:* counterfeit ['kaʊntəfɪt]
2 *Rechnung, Bilanz:* falsify ['fɔːlsɪfaɪ]
**Falschgeld** counterfeit ['kaʊntəfɪt] money
**Fälschung** fake, forgery
**Falte** 1 fold
2 (*Bügelfalte*) crease; *von Rock:* pleat
3 (*im Gesicht*) wrinkle ['rɪŋkl]; **Falten werfen** crease [kriːs], pucker
**falten** fold; **die Hände falten** clasp one's hands
**familiär** (*zwanglos*) informal
**Familie** family; **Familie Clark** the Clark family; **es liegt in der Familie** it runs in the family; **eine vierköpfige Familie** a family of four

> **! Vorsicht Falle** Die Form **family** kann sowohl für die Einzahl als auch für die Mehrzahl stehen: *Maria's family comes from Italy; Are your family all well?*

**Familienname** surname ['sɜːneɪm] (GB), last name (USA)
**Familienstand** marital status
**Fan** (*umgangsspr*) fan [fæn]
**Fanatiker(in)** fanatic
**fanatisch** fanatical
**fangen** 1 catch *auch übertragen;* (*mit einer Falle*) trap
2 **sich fangen** steady oneself
**Fantasie** fantasy ['fæntəsi], imagination
**fantasievoll** imaginative
**fantastisch** 1 fantastic
2 (*großartig*) excellent, swell (USA)
3 (*unglaublich*) incredible
4 **fantastischer Roman** fantasy novel
**Farbe** 1 colour (GB), color (USA); (*zum Malen*) paint; (*zum Färben*) dye [daɪ]; *von Gesicht:* complexion; **Farbe bekommen** get a bit of colour
2 *von Kartenspiel:* suit
**färben** colour, dye [daɪ] *Stoff, Haare;* **sich gelb färben** turn yellow

> **? Grammatik** Die unregelmäßigen Vergangenheitsformen von **dye** lauten **dyeing — dyed — dyed**: *The hairdresser* **is dyeing** *my hair black; Harry* **dyed** *his hair blue.*

**farbenblind** colour-blind
**farbenfroh** colourful
**Farbfernseher** colour TV

FALSCHE FREUNDE

| Bedeutung des englischen Ausdrucks: | English | Deutsch | englische Übersetzung des deutschen Ausdrucks: |
|---|---|---|---|
| eigentlich | **actual** | **aktuell** | current; topical |
| den ganzen Tag | **all day** | **alltäglich** | everyday |
| auch | **also** | **also** | so; (*Füllwort*) well |
| werden | **become** | **bekommen** | get |
| unbeschrieben | **blank** | **blank** | shining; (*übertragen*) sheer |
| blinzeln | **blink** | **blinken** | *Auto:* signal, indicate |
| mutig | **brave** | **brav** | (*Kind*) good, well-behaved |
| hell | **bright** | **breit** | broad; (*weit*) wide |
| Hütte | **cabin** | **(Umkleide)kabine** | changing room |
| Koch/Köchin | **chef** | **Chef** | boss |
| Pommes frites | **chips** (GB) | **Chips** | crisps |
| Begriff | **concept** | **Konzept** | (*für Aufsatz*) rough copy |
| zubereiten | **cook** | **kochen** | *Wasser:* boil |
| Getreide | **corn** | **Korn** | seed; (*Sand-*) grain |
| Handwerk | **craft** | **Kraft** | strength; force, power |
| knapp; barsch | **curt** | **kurz** | short; (*bündig*) brief |
| stumm | **dumb** (GB) | **dumm** | stupid |
| schließlich | **eventually** | **eventuell** | possible; perhaps, possibly |
| Stoff | **fabric** | **Fabrik** | factory |
| befestigen | **fasten** | **fasten** | fast |
| schnalzen mit | **flick** | **flicken** | mend |
| Fußboden | **floor** | **Flur** | hall |
| Formel | **formula** | **Formular** | form |
| Messgerät | **gage** (USA) | **Gage** | fee |
| heiter | **genial** | **genial** | (*umgangsspr*) brilliant |
| dienstbarer Geist | **genie** | **Genie** | genius |
| Geschenk | **gift** | **Gift** | poison; (*Tier-*) venom |
| Blick | **glance** | **Glanz** | shine |
| kurz ansehen | **glance** | **glänzen** | shine |
| gütig | **gracious** | **graziös** | graceful |
| belanglos | **inconsequential** | **inkonsequent** | inconsistent |
| Vorstellungsgespräch | **(job) interview** | **Interview** | interview |
| Insel | **island** | **Island** | Iceland |
| Art | **kind** | **Kind** | child |
| Arbeit | **labo(u)r** | **Labor** | lab(oratory) |
| Mangel | **lack** | **Lack** | varnish; *von Auto:* paint |
| Festland | **land** | **Land** | country |
| Zitrone | **lemon** | **Limone** | lime |
| Liste | **list** | **List** | cunning; (*Trick*) ruse, trick |
| Ortsansässige(r) | **local** | **Lokal** | pub (GB); restaurant |
| Begierde | **lust** | **Lust haben** | feel like |
| Mann | **man** | **(Ehe)mann** | husband |
| Landkarte | **map** | **Mappe** | briefcase; (*Hefter*) folder |
| Orangenmarmelade | **marmalade** | **Marmelade** | jam |
| Bedeutung | **meaning** | **Meinung** | opinion |
| Landkarte | **map** | **Mappe** | briefcase; (*Hefter*) folder |

| | | | |
|---|---|---|---|
| Mitte | **middle** | **Mittel** | preparation; (*Hilfs-*) means |
| mittleren Alters | **middle-aged** | **mittelalterlich** | medieval |
| Dunst | **mist** | **Mist** | dung; (*umgangsspr*) rubbish |
| Art | **mode** | **Mode** | fashion |
| edel; adlig | **noble** | **nobel** | generous |
| Benachrichtigung | **notice** | **Notiz** | (*Vermerk*) note |
| gewöhnlich | **ordinary** | **ordinär** | (*vulgär*) vulgar |
| Backofen | **oven** | **Ofen** | stove; (*Heiz-*) heater |
| zufällig hören | **overhear** | **überhören** | (*absichtlich*) ignore |
| überwachen | **oversee** | **übersehen** | fail to notice |
| Aufsicht; Versehen | **oversight** | **Übersicht** | overall view |
| Mitleid erregend | **pathetic** | **pathetisch** | emotive |
| Benzin | **petrol** | **Petroleum** | paraffin |
| Foto | **photograph** | **Fotograf** | photographer |
| Arzt/Ärztin | **physician** | **Physiker(in)** | physicist |
| eingelegtes Gemüse | **pickles** *plural* | **Pickel** *plural* | spots, pimples |
| mollig | **plump** | **plump** | clumsy; (*roh*) crude |
| Beute | **plunder** | **Plunder** | junk |
| Polizei | **police** | **Police** | (insurance) policy |
| wichtigste(r, s) | **principal** | **prinzipiell** | on principle |
| kündigen | **quit** | **quittieren** | give a receipt for |
| voreilig | **rash** | **rasch** | speedy, swift |
| vernünftig | **rational** | **rationell** | efficient |
| Quittung | **receipt** | **Rezept** | prescription; (*Koch-*) recipe |
| wiedergewinnen | **reclaim** | **reklamieren** | query; make a complaint |
| Wiedergewinnung | **reclamation** | **Reklamation** | complaint |
| mieten | **rent** | **(sich) rentieren** | be worth it |
| rostig | **rusty** | **rüstig** | sprightly |
| Sauce | **sauce** | **Soße** | (*Braten-*) gravy |
| Plan | **scheme** | **Schema** | (*Muster*) pattern |
| gewissenhaft | **scrupulous** | **skrupellos** | unscrupulous |
| Meer | **sea** | **See** | lake |
| Geheimnis | **secret** | **Sekret** | secretion |
| vernünftig | **sensible** | **sensibel** | sensitive |
| ernst | **serious** | **seriös** | (*anständig*) respectable |
| scharf; spitz | **sharp** | **scharf** | (*gewürzt*) hot; (*streng*) severe |
| Schnitzer; Zettel | **slip** | **Slip** | briefs *plural* |
| Rauchen | **smoking** | **Smoking** | dinner-jacket, tuxedo (USA) |
| ausgeben | **spend** *Geld* | **spenden** | donate |
| entdecken | **spot** *vt* | **spotten** | mock |
| bleiben | **stay** | **stehen** | stand; (*gut passen*) suit |
| noch | **still** | **still** | quiet, silent |
| Hocker | **stool** | **Stuhl** | chair |
| Strähne | **strand** | **Strand** | beach |
| Bach | **stream** | **Strom** | current |
| mitfühlend | **sympathetic** | **sympathisch** | pleasant, nice |
| Mitleid | **sympathy** | **Sympathie** | (*Zuneigung*) liking |
| Tablette | **tablet** | **Tablett** | tray |
| Geschmack | **taste** | **Taste** | key |
| Landstreicher(in) | **tramp** | **Tramper(in)** | hitchhiker |

| | | | |
|---|---|---|---|
| Leichenbestatter | **undertaker** | **Unternehmer(in)** | employer |
| gefühllos | **unsympathetic** | **unsympathisch** | unpleasant |
| Unterhemd | **vest** (GB) | **Weste** | (*Herren-*) waistcoat; (*Strick-*) cardigan |
| Lagerhaus | **warehouse** | **Warenhaus** | (department) store |
| sich fragen | **wonder** | **(sich) wundern** | be surprised |

**farbig** coloured

**i Land & Leute** Die Bezeichnung **coloured** für eine(n) Farbige(n) gilt allgemein als abwertend. In Großbritannien ist **black** die korrekte Form. Als *politically correct* gilt in den USA zudem die Bezeichnung **African American**, wenn man über Farbige im Allgemeinen spricht.

**Farbstoff** colouring
**Farbton** hue [hjuː], shade
**Faschierte(s)** (A) mince[d meat] (GB), ground meat (USA)
**Fasching** carnival ['kɑːnɪvl]
**Faschingsdienstag** Shrove Tuesday
**Faschismus** fascism ['fæʃɪzm]
**Faschist(in)** fascist ['fæʃɪst]
**Faser** fibre ['faɪbə] (GB), fiber (USA)
**Fass** barrel ['bærəl]; **Bier vom Fass** draught [drɑːft] beer
**fassen** 1 (*ergreifen*) take hold of; (*packen*) grab; (*festnehmen*) apprehend
2 set *Edelsteine*
3 (*enthalten*) hold
4 (*begreifen*) grasp, understand; **es ist nicht zu fassen** it's unbelievable
5 take *Entschluss, Mut;* **etwas ins Auge fassen** contemplate something
6 **etwas in Worte fassen** express something in words
7 (*sich sammeln*) compose oneself
8 **sich kurz fassen** be brief
**Fassung** 1 *von Juwelen:* setting; (*Birnenfassung*) socket
2 *von Mensch:* composure; **jemanden aus der Fassung bringen** disconcert someone; **die Fassung verlieren** lose one's composure; **etwas mit Fassung tragen** take something calmly
3 (*Version, Bearbeitung*) version
**fassungslos** stunned
**Fassungsvermögen** capacity
**fast** 1 almost, nearly
2 **fast dasselbe** much the same
3 **fast nichts** hardly anything
4 **fast nie** hardly ever
**fasten** fast
**Fastenzeit** Lent ⚠ *ohne ‚a' oder ‚the'*
**Fastnacht** Shrovetide
**Fastnachtsdienstag** Shrove Tuesday ⚠ *ohne ‚a' oder ‚the'*
**faszinieren** fascinate ['fæsɪneɪt] (**an** about); **fasziniert sein** be fascinated (**von, durch** by)
**faszinierend** fascinating
**fatal** 1 (*verhängnisvoll*) disastrous, fatal
2 **fatale Situation** embarrassing [ɪm'bærəsɪŋ] situation

**! Vorsicht Falle** Das englische Wort **fatal** bedeutet ‚tödlich'!

**fauchen** hiss
**faul** 1 (*träge*) idle, lazy ['leɪzi]
2 (*verdorben*) rotten *auch übertragen; Zahn:* decayed
3 (*umgangsspr: verdächtig*) fishy; **an der Sache ist etwas faul** there's something fishy about the whole business
**faulenzen** laze [*oder* loaf] about
**Faulheit** idleness, laziness [leɪzɪnəs]
**Faust** 1 fist
2 **auf eigene Faust** (*umgangsspr*) off one's own bat
**Fausthandschuh** mitt[en]
**Fax** fax
**faxen** fax
**Feber** (A) February ['februəri]
**Februar** February ['februəri]
**fechten** fence, fight
**Feder** 1 feather ['feðə]; (*Hutfeder*) plume
2 (*in Polsterung*) spring
**Federball** 1 (*Ball*) shuttlecock
2 (*Federballspiel*) badminton
**Federbett** quilt (GB), feather comforter ['kʌmfətə] (USA)
**Fee** fairy ['feəri]
**fegen** 1 (*mit Besen*) sweep clean
2 (CH) (*feucht wischen*) wipe clean
**fehlen** 1 (*nicht da sein*) be missing; (*in der Schule*) be away (**in** from)
2 (*mangeln*) be lacking; **du fehlst mir** I am mis-

sing you

▶ IN WENDUNGEN: **das hat uns gerade noch gefehlt!** that was all we needed!; **wo fehlt es?** what's the trouble?

**Fehler** 1 mistake; (*Irrtum*) error ['erə]; **das war nicht mein Fehler** that was not my fault 2 (*Defekt*) defect ['di:fekt], fault [fɔ:lt] 3 (*im Sport*) **Fehler!** fault!

**fehlerfrei** perfect ['pɜ:fɪkt]; (*makellos*) faultless ['fɔ:ltləs], flawless

**fehlerhaft** defective [dɪ'fektɪv], faulty [fɔ:lti]

**Fehlschlag** failure ['feɪljə]

**Feier** 1 celebration 2 (*zeremonielle Feier*) ceremony 3 (*Party*) party 4 **zur Feier des Tages** in honour of the occasion

**Feierabend** (*Arbeitsschluss*) end of work; (*Geschäftsschluss*) closing time (GB), quitting time (USA); **Feierabend machen** finish work; **machen wir Feierabend für heute!** let's call it a day!

**feierlich** 1 (*erhebend*) solemn ['sɒləm] 2 (*festlich*) festive; **eine feierliche Angelegenheit** a festive occaision 3 (*förmlich*) formal

**Feierlichkeiten** celebrations

**feiern** celebrate ['seləbreɪt]

**Feiertag** 1 holiday; (*kirchlich*) feast 2 **gesetzlicher Feiertag** public holiday (GB), legal ['li:gl] holiday (USA)

**i Land & Leute** In England, Irland, Schottland und Wales gibt es jeweils einen Feiertag für den **patron saint** (Schutzpatron). St George (in England) wird am 23. April gefeiert; St Patrick (in Irland) am 17. März, St David (in Wales) am 1. März und St Andrew (in Schottland) am 30. November. Da der Apostel Andreas an ein X-förmiges Kreuz genagelt wurde, zeigt die schottische Flagge ein weißes **St Andrew's cross** auf blauem Grund.

**feig(e)** cowardly ['kaʊədli]; (*umgangsspr*) gutless

**Feigheit** cowardice ['kaʊədɪs]

**Feigling** coward ['kaʊəd]

**Feile** file

**feilen** file; **an etwas feilen** file away at something

**fein** 1 (*nicht grob*) fine 2 (*vornehm*) refined, posh *umgangsspr* 3 (*einfühlsam*) sensitive; *Gehör, Geruchssinn:* acute [ə'kju:t] 4 **fein säuberlich** nice and neat 5 **du hast dich heute aber fein gemacht!** you're dressed up today!

**Feind(in)** enemy ['enəmi]; **unversöhnlicher Feind** foe [fəʊ]

**feindlich** 1 hostile ['hɒstaɪl] (**gegen** to) 2 (*gegnerisch*) enemy

**Feindschaft** enmity ['enməti]

**feindselig** hostile

**Feindseligkeit** hostility [hɒ'stɪləti]

**feinfühlend** sensitive ['sensətɪv]; (*taktvoll*) tactful

**Feinkostgeschäft** delicatessen [ˌdelɪkə'tesn]

**Feld** 1 field 2 *eines Schachbretts:* square 3 (*Arbeitsbereich*) area, field 4 **auf freiem Feld** in the open country

**Feldweg** path [across the fields]

**Feldzug** campaign [kæm'peɪn]

**Fell** 1 coat 2 (*Pelz*) fur [fɜ:] 3 **ein dickes Fell haben** have a thick skin

**Fels(en)** rock

**Felsblock** boulder ['bəʊldəʳ]

**feminin** feminine ['femənɪn]

**Feminismus** feminism ['femənɪzm]

**Feminist(in)** feminist ['femənɪst]

**Fenster** window

**Fensterbank** window-sill

**Fensterladen** shutter

**Fensterscheibe** [window] pane

**Ferien** holidays (GB), vacation (USA); **die großen Ferien** the summer holidays (GB), the long vacation (USA); **Ferien haben** be on holidy (GB), be on vacation (USA); **in die Ferien fahren** go on holiday (GB), go on vacation (USA)

**Ferienhaus** holiday cottage ['kɒtɪdʒ]

**Ferienlager** holiday camp

**fern** 1 (*räumlich*) distant, faraway 2 (*zeitlich*) far-off 3 **von fern** from a distance ['dɪstəns], from afar 4 **sich von etwas fern halten** keep away from something 5 **fern von** far [away] from

**Fernbedienung** remote control

**fernbleiben** stay away; **jemandem/etwas fernbleiben** stay away from someone/something

**Ferngespräch** trunk call (GB), long-distance call [ˌlɒŋdɪstəns'kɔ:l] (USA)

**Fernglas** [pair of] field glasses

**Fernrohr** telescope ['telɪskəʊp]

**Fernsehen** television ['telɪˌvɪʒn]; **im Fernsehen** on television

**! Vorsicht Falle** Denke daran, für **television** die richtige Präposition zu wählen: *there's a good film* **on** *television tonight.*

**fernsehen** watch TV
**Fernseher** television ['telɪˌvɪʒn], TV
**Fernsehgerät** television [*oder* TV] set
**Fernsehprogramm** 1 (*Kanal*) channel GB, station USA
2 (*Sendefolge*) programme GB, program USA
**Fernsehsendung** television program[me]
**Fernsprecher** telephone; **öffentlicher Fernsprecher** public telephone
**Fernsteuerung** remote control; (*drahtlos*) radio control
**Fernverkehr** long-distance traffic
**Ferse** heel
**fertig** 1 (*bereit*) ready
2 (*vollendet*) finished; (*mit der Ausbildung*) qualified
3 (*erschöpft*) *Mensch:* done in, shattered
4 **das Essen ist fertig** dinner is ready; **bist du mit deiner Arbeit fertig?** have you finished your work?
5 **mit dir bin ich fertig** I am through with you
6 **mit jemandem/etwas fertig werden** cope with someone/something
7 **fertig bringen** (*vollenden*) get done; (*imstande sein*) manage; **der bringt es glatt fertig und …** he's quite capable of …
8 **etwas fertig stellen** complete something
9 **etwas fertig machen** (*vollenden*) finish something; (*bereitmachen*) get something ready
10 **jemanden fertig machen** (*umgangsspr: schlagen*) lay into someone; (*ermüden*) *Arbeit, Probleme:* take it out of someone
**Fertigkeit** skill
**fesseln** 1 (*binden*) bind; (*mit Fesseln*) fetter, shackle
2 *Film, Buch:* grip
**fesselnd** (*packend*) gripping
**Fest** celebration; (*Party*) party
**fest** 1 (*hart, stabil*) solid ['sɒlɪd]
2 (*nicht nachgebend*) firm; *Schlag:* hard; *Schuhe:* sturdy
3 (*nicht locker*) tight; *Schlaf:* sound
4 (*ständig*) regular; *Lohn, Gehalt, Preise:* fixed; *Stellung, Beruf, Wohnsitz:* permanent ['pɜːmənənt]
5 **fest angestellt** permanently employed
6 **fest versprechen** promise faithfully; **ich bin fest entschlossen** I am absolutely determined
7 **fester Freund/feste Freundin** steady boyfriend/girlfriend
**festen** CH (*feiern*) celebrate [seləbreɪt]
**Festessen** banquet ['bæŋkwɪt]
**festhalten** 1 **etwas festhalten** hold something [tightly]
2 **an etwas festhalten** *Meinung:* stick to something
3 **sich festhalten an** hold on to something
**festigen** strengthen ['streŋθn]
**festklammern** cling on (**an** to)
**Festland** 1 **das europäische Festland** the European continent
2 (*keine Insel*) mainland
**festlegen** 1 (*festsetzen*) fix
2 (*sich verpflichten*) commit oneself (**auf** to); (*sich verbindlich entscheiden*) tie oneself down (**auf** to)
**festlich** 1 festive
2 (*feierlich*) solemn ['sɒləm]
**festmachen** 1 (*festbinden*) fasten (**an** onto)
2 (*befestigen*) fix (**an** onto)
**Festnahme** arrest
**festnehmen** [put under] arrest
**Festplatte** hard disk
**festsetzen** (*bestimmen*) fix (**auf** at)
**festsitzen** (*nicht weiterkönnen*) be stuck (**an, bei** on, with)
**feststellen** 1 (*herausfinden*) ascertain, find [out]
2 (*entdecken*) discover; (*einsehen*) realize
3 (*betonend äußern*) emphasize
**Festung** fort[ress]
**Fett** 1 fat
2 (*Schmiere*) grease
**fett** 1 fat
2 *Gewinn, Beute:* rich
3 *Essen:* fatty
4 **fett gedruckt** printed in bold [face]
**fettarm** with a low fat content
**fettig** greasy; *Haut:* oily
**Fettnäpfchen** ►IN WENDUNGEN: **ins Fettnäpfchen treten** put one's foot in it
**Fetzen** shred; (*Lumpen*) rag; *von Papier, Gespräch:* scrap
**feucht** damp, moist; *Klima:* humid ['hjuːmɪd]; *Hände:* sweaty
**Feuchtigkeit** (*Zustand*) damp[ness], moistness; *von Klima:* humidity [hjuːˈmɪdəti]
**Feuer** 1 fire
2 (*für Zigarette*) light; **können Sie mir Feuer geben?** could you give me a light?
3 **am Feuer** by the fire
4 **Feuer [an]machen** light a fire; **Feuer fangen** catch fire; (*übertragen*) be really taken (**bei** with)

**Feueralarm** fire alarm
**Feuerleiter** fire escape
**Feuerlöscher** fire extinguisher [ɪk'stɪŋgwɪʃə]
**feuern** (*umgangsspr: entlassen*) fire, sack
**Feuerwache** fire station
**Feuerwehr** fire brigade (GB), fire department (USA)
**Feuerwehrauto** fire engine (GB), fire truck (USA)
**Feuerwehrfrau** firewoman
**Feuerwehrmann** fireman
**Feuerwerk** 1 fireworks ⚠ *immer Plural*
2 (*übertragen*) cavalcade [ˌkævl'keɪd]
**Feuerwerkskörper** firework
**Feuerzeug** [cigarette] lighter
**feurig** fiery ['faɪri]
**Fiaker** (A) (*Kutsche*) cab; (*Kutscher*) coachman ['kəʊtʃmən]
**Fiche** (CH) file, record
**Fieber** 1 fever ['fiːvə]
2 (*bei Krankheit*) temperature; **jemandem das Fieber messen** take someone's temperature; [**39 °C**] **Fieber haben** have a temperature [of 39 °C]
**fieberhaft** feverish ['fiːvərɪʃ]
**Fieberthermometer** [clinical] thermometer [θə'mɒmɪtə]
**fiebrig** feverish, febrile
**fies** (*umgangsspr*) nasty ['nɑːsti]
**Figur** figure ['fɪgə]
**Filiale** branch [brɑːntʃ]
**Filialleiter(in)** branch manager
**Film** 1 film; **einen Film** [**in eine Kamera**] **einlegen** load [a film into] a camera
2 (*Kinofilm*) film (GB), movie ['muːvi] (USA), motion picture; **in einen Film gehen** go and see a film (GB), go and see a movie (USA)
3 (*Filmbranche*) films (GB), movies (USA); **einen Film drehen** shoot a film (GB), shoot a movie (USA)
**filmen** film
**Filter** filter
**filtern** filter
**Filz** felt
**Filzschreiber, Filzstift** felt-tip pen
**Finale** 1 finals ['faɪnlz] ⚠ *Plural*
2 *von Musikstück:* finale [fɪnɑːli]
**Finanzamt** tax office
**Finanzen** finances ['faɪnænsɪz]
**finanziell** financial [faɪ'nænʃl]
**finanzieren** finance ['faɪnæns]
**Finanzminister(in)** (*in GB*) Chancellor of the Exchequer; (*in den USA*) Secretary of the Treasury ['treʒəri]; (*in anderen Ländern*) minister ['mɪnɪstə] of finance ['faɪnæns]
**Finanzministerium** (*in GB*) the Exchequer; (*in den USA*) Treasury Department; (*in anderen Ländern*) ministry of finance
**finden** 1 find
2 (*meinen*) think; **ich finde nichts dabei** I think nothing of it; **etwas gut finden** think something is good
3 **sich finden** be found; (*in Ordnung kommen*) sort itself out; **es wird sich schon alles finden** it will all sort itself out

> **? Grammatik** Die unregelmäßigen Vergangenheitsformen von **find** lauten **found — found**: *Bill* **found** *a snake in the park; I* **have** *just* **found** *what I was looking for.*

**Finger** finger ['fɪŋgə]
**Fingerabdruck** fingerprint
**Fingernagel** fingernail ['fɪŋgəneɪl]
**finster** 1 (*dunkel*) dark
2 (*unheimlich*) sinister
3 (*mürrisch, verdrossen*) grim, sullen
**Firma** company, firm
**Fisch** 1 fish
2 (*Sternbild*) Pisces ['paɪsiːz] ⚠ *Singular;* **ich bin Fische** I'm [a] Pisces

> **? Grammatik** Die Mehrzahl von **fish** bleibt in den meisten Fällen unverändert **fish**: *the fishermen caught hundreds of fish*; wenn man jedoch von verschiedenen Fischarten spricht, verwendet man **fishes**: *cod, haddock, herring and other fishes.*

**fischen** fish
**Fischer** fisherman ['fɪʃəmən]
**Fischstäbchen** fish finger
**Fisole** (A) French bean, green bean
**fit** fit, in good shape
**Fitness** fitness
**fix** 1 (*feststehend*) fixed
2 (*umgangsspr: flink*) quick
3 **fix und fertig sein** (*umgangsspr*) be finished
**fixieren** (CH) fix
**flach** 1 (*niedrig*) flat; *Haus:* low
2 (*nicht tief*) shallow
3 (*seicht*) shallow.
**Fläche** area; (*Oberfläche*) surface ['sɜːfɪs]
**flackern** flicker
**Flagge** flag
**Flamme** 1 flame
2 **etwas auf kleiner Flamme kochen** cook something on a low flame
**Flasche** 1 bottle
2 (*umgangsspr: Versager*) loser

Ff

③ **in Flaschen füllen** bottle
**flattern** ① *Vogel, Herz:* flutter
② *Fahne:* stream, wave
**flau** ① (*schwach*) weak
② *Wind:* slack
③ **mir ist ganz flau** I feel queasy ['kwi:zi]
**Flaum** fluff
**flauschig** fluffy
**Flaute** ① (*Windstille*) calm
② *der Konjunktur:* slack period
**flechten** plait [plæt] *Haar;* weave [wi:v] *Korb, Matte*
**Fleck** ① (*Stelle*) spot
② (*Schmutzfleck*) blot, stain
③ **nicht vom Fleck kommen** (*auch übertragen*) not to make any headway
④ **Flecken machen** stain
⑤ **blauer Fleck** bruise; **er hatte überall blaue Flecken** he was bruised all over
**Fleckerlteppich** Ⓐ rag rug
**fleckig** stained
**Fledermaus** bat
**Flegel** lout [laʊt]
**Fleisch** ① (*Nahrung*) meat
② (*lebendig*) flesh
③ **Fleisch fressend** carnivorous [kɑ:'nɪvərəs]
**Fleischer(in)** butcher ['bʊtʃə]
**fleischlos** meatless
**Fleischvogel** Ⓒⓗ (*Roulade*) beef olive
**fleißig** diligent ['dɪlɪdʒənt], industrious; (*arbeitsam*) hard-working
**flexibel** flexible ['fleksəbl]; **flexible Arbeitszeit** flexitime
**Flicken** patch
**flicken** mend; (*mit Flicken*) patch
**Fliege** ① (*Insekt*) fly
② (*Krawatte*) bow tie
**fliegen** ① fly; *Raumschiff:* travel
② (*slang: entlassen werden*) be kicked out (**aus, von** of)
▶ In Wendungen: **durch eine Prüfung fliegen** flunk one's exam *umgangsspr*

? **Grammatik** Die unregelmäßigen Vergangenheitsformen von **fly** lauten **flew — flown:** *the sparrow* **flew** *away; the pilot* **had** *never* **flown** *a jumbo before.*

**fliehen** flee (**vor** from); **zu jemandem fliehen** take refuge with someone
**Fliese** tile
**Fließband** assembly line
**fließen** flow
**fließend** ① flowing
② *Grenze, Übergang:* fluid
③ **fließendes Wasser** running water
④ **fließend Englisch sprechen** speak English fluently
**flimmern** *Bildschirm:* flicker; *Hitze:* shimmer; *Licht:* glimmer
**flink** (*schnell*) quick
**Flinte** rifle; (*Schrotflinte*) shot gun
**Flitterwochen** honeymoon ⚠ *kein Plural;* **sie fahren in die Flitterwochen** they are going on their honeymoon
**Flocke** flake; (*Staubflocke*) ball of fluff
**flockig** fluffy
**Floh** flea [fli:]
**Flohmarkt** flea market
**florieren** flourish
**Floß** raft
**Flosse** *eines Tauchers, Delfins:* flipper
**Flöte** flute
**flott** ① (*schnell*) quick
② *Kleidung:* smart; *Stil, Artikel:* racy
**Flotte** fleet
**Fluch** ① (*Verfluchung*) curse [kɜ:s]
② (*Kraftausdruck*) swearword ['sweəwɜ:d]
**fluchen** swear [sweə^r] (**über** about)
**Flucht** flight; (*erfolgreiche Flucht*) escape; **in die Flucht schlagen** put to flight; **die Flucht ergreifen** flee, take flight; **auf der Flucht sein** *Flüchtling:* be fleeing; (*vor der Polizei*) be on the run
**flüchtig** ① (*auf der Flucht*) fugitive
② (*oberflächlich*) cursory ['kɜ:sri]; **ich habe es nur flüchtig gelesen** I only skimmed through it; **jemanden flüchtig kennen** know someone slightly; **ein flüchtiger Bekannter** a passing acquaintance
**Flüchtigkeitsfehler** careless mistake
**Flüchtling** refugee [ˌrefjʊ'dʒi:]
**Flug** ① flight
② **im Flug** in flight; (*schnell*) in a flash
**Flügel** ① *von Vogel, Haus, Tragfläche:* wing
② *einer Windmühle:* vane
③ (*Piano*) grand piano [pi'ænəʊ]
**Fluggast** [airline] passenger ['pæsɪndʒə]
**Fluggesellschaft** airline
**Flughafen** airport; (*Militärflughafen*) aerodrome Ⓖⓑ, airdrome Ⓤⓢⓐ
**Fluglotse** air traffic controller
**Fluglotsin** air traffic controller
**Flugplatz** airfield
**Flugverkehr** air traffic
**Flugwaffe** Ⓒⓗ air force

**Flugzettel** Ⓐ (*Flugblatt*) leaflet
**Flugzeug** aircraft, plane
**Flugzeugträger** aircraft carrier
**Flur** hall; (*Korridor*) corridor
**Fluss** river
**flussabwärts** downstream
**flussaufwärts** upstream
**flüssig** (*nicht fest*) liquid; *Metall, Glas:* molten ['məʊltən]
**Flüssigkeit** (*flüssiger Stoff*) liquid
**Flusspferd** hippopotamus [ˌhɪpə'pɒtəməs]
**flüstern** whisper
**Flut** 1 flood tide; **es ist Flut** the tide is coming in
2 (*Menge*) floods [flʌdz] ⚠ *Plural*
**Föhn** (*Haartrockner*) hair-dryer
**föhnen** blow-dry
**Folge** 1 (*Aufeinanderfolge*) succession [sək'seʃn]; (*Reihenfolge*) order; (*Serie*) series ⚠ *Singular*
2 (*im Radio, TV*) episode
3 (*Konsequenz*) consequence ['kɒnsɪkwəns]; (*Ergebnis*) result; **als Folge davon** as a result; **dies hatte zur Folge, dass ...** the consequence of this was that ...; **die Folgen tragen** take the consequences
**folgen** 1 (*verstehen*) follow
2 (*resultieren*) follow (**aus** from); **es folgt daraus, dass ...** hence it follows that ...
3 (*gehorchen*) do as one is told
4 **Fortsetzung folgt** to be continued
**folgende(r,s)** following; **am folgenden Tag** the following day; **er schreibt Folgendes ...** he writes [as follows] ...; **es handelt sich um Folgendes ...** the matter is this ...
**folgendermaßen** as follows
**folgern** conclude from
**folglich** consequently ['kɒnsɪkwəntlɪ]
**Folie** (*Metallfolie, Schicht*) foil; (*Plastikfolie*) film
**Folklore** folklore
**Folter** torture ['tɔːtʃə]
**foltern** torture
**Fonds** (*Geldreserve*) funds ⚠ *Plural*
**fordern** 1 (*verlangen*) demand [dɪ'mɑːnd] (**von** of); (*Anspruch erheben*) claim
2 **richtig** [*oder* **wirklich**] **gefordert werden** be faced with a real challenge
3 **etwas fordert Mühe** something demands an effort
4 **der Unfall forderte viele Leben** the accident claimed many lives
**fördern** 1 (*unterstützen*) support; (*finanziell*) sponsor
2 extract *Bodenschätze;* mine *Erz, Kohle*
3 **zu Tage fördern** bring to light
**Forderung** (*Verlangen*) demand (**nach** for); *von Lohn:* claim (**nach** for)
**Förderung** 1 (*Unterstützung*) support; (*finanzielle*) sponsorship
2 (*Bergbau*) extraction; *von Kohle, Erz:* mining
**Forelle** trout [traʊt]
**Form** 1 form; (*Umriss, Gestalt*) shape
2 (*Gießform*) mould [məʊld]; (*Backform*) baking tin Ⓖ, baking pan Ⓤ
3 (*Kondition*) condition, form
**Formalität** formality
**Format** 1 format
2 (*Niveau*) quality; (*Rang*) stature; **ein Staatsmann von Format** a statesman of high calibre [*oder* Ⓤ caliber]
**formatieren** format
**Formel** 1 formula
2 **Formel-1-Rennen** Formula-One race
**formell** formal
**formen** form, shape
**förmlich** 1 (*formell*) formal
2 (*regelrecht*) positive, real
**Förmlichkeit** formality
**formlos** 1 (*gestaltlos*) formless
2 *Antrag:* unaccompanied by any forms
**Formular** form Ⓖ, blank Ⓤ; **ein Formular ausfüllen** fill in a form Ⓖ, fill out a blank Ⓤ
**forschen** 1 (*suchen*) search [sɜːtʃ] (**nach** for)
2 (*wissenschaftlich*) research [rɪ'sɜːtʃ]
**Forscher(in)** (*Wissenschaftler*) research scientist
**Forschung** research [rɪ'sɜːtʃ] ⚠ *ohne ‚a' oder ‚the';* **Forschung betreiben** do research ['riːsɜːtʃ]
**Forst** forest
**Förster(in)** forester ['fɒrɪstə] Ⓖ, forest ranger Ⓤ
**fort** 1 (*weg*) away; (*verschwunden*) gone
2 (*weiter*) on; **ich muss fort** I must be off
3 **in einem fort** without a break
4 **und so fort** and so on, and so forth
**fortbewegen** move [muːv]
**fortbilden** continue someone's/one's education
**Fortbildung** further education; **berufliche Fortbildung** further training
**fortfahren** 1 (*wegfahren*) go away
2 **in** [*oder* **mit**] **etwas fortfahren** continue [kən'tɪnjuː] with something; **fortfahren etwas zu tun** continue doing something
**fortführen** (*fortsetzen*) continue [kən'tɪnjuː] *Geschäft;* continue, go on with *Beschäftigung;* carry on *Geschäft, Krieg*
**fortgeschritten** advanced [əd'vɑːnst]; (*Stunde*)

late

**fortkommen** 1 (*wegkommen*) get away
2 (*vorankommen*) get on well
3 (*abhanden kommen*) disappear [ˌdɪsəˈpieʳ]

**fortlaufend** ongoing; (*andauernd*) continual [kənˈtɪnjuəl]

**fortpflanzen** reproduce [ˌriːprəˈdjuːs]

**Fortpflanzung** reproduction [ˌriːprəˈdʌkʃn]; *von Pflanzen:* propagation [ˌprɒpəˈgeɪʃn]

**Fortschritt** 1 progress [ˈprəʊgres]
2 (*wissenschaftlich*) advance [ədˈvɑns]
3 **Fortschritte machen** [*oder* **erzielen**] make progress

**fortschrittlich** progressive [prəˈgresɪv]

**fortsetzen** (*fortführen*) continue [kənˈtɪnjuː]; **wird fortgesetzt** to be continued

**Fortsetzung** instal[l]ment; **Forsetzung folgt** to be continued

**Foto** photo [ˈfəʊtəʊ]; **ein Foto** [**von jemandem/etwas**] **machen** take a photo [of someone/something]

**Fotoapparat** camera [kæmərə]

**Fotograf(in)** photographer [fəˈtɒgəfə]

**Fotografie** 1 (*Technik*) photography [fəˈtɒgrəfi]
2 (*Foto*) photograph [ˈfəʊtəgrɑːf]

**fotografieren** 1 take pictures ⚠ *Plural*
2 **jemanden fotografieren** take a photo[graph] of someone; **sich fotographieren lassen** have one's photo[graph] taken

**Fotokopie** photocopy [ˈfəʊtəˌkɒpi]

**fotokopieren** photocopy

**Fotokopiergerät** photocopying machine

**Fötus** fetus

**Fötzel** CH (*Taugenichts*) good-for-nothing

**foulen** foul

**Fracht** (*Ladung*) freight [freɪt]; (*Schiffsfracht*) cargo

**Frage** 1 question
2 (*Problem*) problem
3 **in Frage kommen** be considered; **nicht in Frage kommen** be out of the question
4 **ohne Frage** without doubt

> **! Vorsicht Falle** Denke daran, mit dem Wort **question** das Verb **ask** zu verwenden — also: *can I ask a question?* (und nicht: can I make a question?)

**Fragebogen** questionnaire [ˌkwestʃəˈneə]

**fragen** 1 ask; **etwas fragen** ask a question; **nach jemandem/etwas fragen** ask after someone/about something
2 **sich etwas fragen** wonder [ˈwʌndə]; **da fragt man sich doch wirklich, ob …** one can't help wondering if …

**Fragewort** interrogative

**Fragezeichen** question mark

**fraglich** 1 (*in Frage stehend*) in question; (*attributiv*) questionable [ˈkwestʃənəbl]
2 (*zweifelhaft*) doubtful [ˈdaʊtfl]
3 (*ungewiss*) uncertain

**fragwürdig** 1 doubtful [ˈdaʊtfl]
2 (*dubios*) dubious [ˈdjuːbiəs]

**Fraktion** parliamentary party GB, congressional party USA

**frankieren** (*manuell*) stamp; (*maschinell*) frank

**Franse** fringe; *von Haar:* strand of hair

**Frau** woman; (*Ehefrau*) wife; (*Anrede*) Mrs[.] [ˈmɪsɪz]; (*unverheiratet oder geschieden*) Miss; (*Familienstand unbekannt*) Ms[.] [məz]

> **? Grammatik** Die Mehrzahl von **woman** (= Frau) ist **women**: *there were four women working in the office.*

> **i Land & Leute** Die Anrede **Ms** zeigt nicht, ob eine Frau verheiratet ist oder nicht. Viele Frauen bevorzugen daher diese Anrede gegenüber **Miss** oder **Mrs**, wenn sie ihren Familienstand nicht unbedingt nennen wollen.

**Frauenbewegung** feminist movement

**Fräulein** (*Anrede*) Miss; (*Kellnerin*) waitress

**frech** cheeky GB, fresh USA, sassy USA; **sei nicht so frech!** don't be cheeky!

**Frechheit** 1 (*Verhalten*) cheek[iness]
2 **so eine Frechheit!** what a cheek!

**frei** 1 (*unabhängig*) free; (*privat, nicht-staatlich*) private
2 *Posten, Amt, Wohnung:* vacant; *Taxi:* for hire
3 (*kostenlos*) free; **Eintritt frei!** admission free!
4 **frei verfügbar** available
5 **einen Tag frei bekommen/haben/nehmen** get/have/take a day off; **sie hat heute Abend frei** she is off tonight
6 **unter freiem Himmel** in the open air; **auf freier Strecke** (*bei einer Bahnfahrt*) between stations ⚠ *Plural*
7 **freie Marktwirtschaft** free-market economy

**Freibad** open-air [swimming] pool

**freiberuflich** self-employed; *Journalist, Autor:* freelance

**freigeben** 1 release (**für, an** to)
2 (*eröffnen*) open; **für die Öffentlichkeit freigeben** open to the public
3 pass *Film*

**Freiheit** freedom

**Freiheitsstrafe** prison ['prɪzn] sentence; **eine Freiheitsstrafe von vier Jahren** four years' imprisonment [ɪm'prɪzənmənt]

**freilassen** set free; (*Häftling*) release [rɪ'liːs] (**aus** from); **gegen Kaution freilassen** release on bail

**freilegen** (*auch übertragen*) expose

**freilich** ① (*natürlich*) certainly, of course, sure (USA) ② (*allerdings*) admittedly ③ **ja freilich!** to be sure! yes, of course!

**Freilichtbühne** open-air theatre

**freimachen** ① (*frankieren*) stamp ② (*nicht arbeiten*) take time off ③ **sich freimachen** take one's clothes off

**freimütig** candid, frank, open

**freisprechen** **jemanden von etwas freisprechen** acquit [ə'kwɪt] someone of something

**Freispruch** acquittal [ə'kwɪtl]; **die Verteidigung plädierte auf Freispruch** the defence pleaded not guilty

**freistehen** ① *Wohnung:* be empty ② **etwas steht jemandem frei** something is up to someone

**Freistoß** (*Fußball*) free kick

**Freitag** Friday ['fraɪdeɪ]

**freiwillig** voluntary ['vɒləntri]; *Schulbesuch, Krankenversicherung:* optional

**Freiwillige(r)** volunteer [ˌvɒlən'tiə]

**Freizeit** leisure ['leʒə] time, free time

**Freizeitkleidung** ① casual clothes ⚠ *Plural* ② (*Warengattung*) leisure wear ['leʒəweə]

**Freizeitpark** amusement park

**fremd** ① (*anders, unvertraut*) strange; (*ausländisch*) foreign ② **jemandem** [*oder* **für jemanden**] **fremd sein** be unknown to someone ③ (*jemand anderem gehörend*) someone else's ④ **ich bin hier fremd** I am a stranger here

**Fremde(r)** ① (*unbekannte Person*) stranger ② (*Ausländer*) foreigner ['fɒrɪnəʳ]

**Fremdenführer(in)** guide

**Fremdenverkehr** tourism

**Fremdenverkehrszentrum** tourist centre [*oder* (USA) center]

**Fremdsprache** foreign ['fɒrən] language

**Fremdsprachensekretärin** bilingual [baɪ'lɪŋgwl] secretary

**Fremdwort** foreign ['fɒrən] word

**Frequenz** (*Häufigkeit*) frequency ['friːkwənsi]

**fressen** ① *Tiere:* eat, feed; (*slang*) *Menschen:* eat, nosh *slang* ② **etwas fressen** *Tiere:* feed on something; (*slang*) *Menschen:* scoff something *slang* ③ (*verbrauchen*) gobble up *umgangsspr*

**Freude** ① joy (**über** at) ② (*Entzücken*) delight (**über** at) ③ (*Vergnügen*) pleasure ['pleʒəʳ] ④ **vor Freude außer sich sein** be mad with joy ⑤ **jemandem eine Freude machen** do something to please someone

**freudig** ① (*froh*) joyful ② **ein freudiges Ereignis** *Geburt:* a happy event

**freuen** ① **das freut mich** I'm really pleased; **es freut mich zu ..., [dass ...]** I'm pleased to ... [that ...] ② **sich über etwas freuen** be pleased about something ③ **sich auf etwas freuen** look forward to something; **sich auf jemanden freuen** look forward to seeing someone

**Freund** ① friend [frend]; **jemanden zum Freund haben** have someone for a friend, be friends with someone ② (*Liebhaber*) boyfriend

**Freundin** ① friend [frend] ② (*Liebhaberin*) girlfriend

**freundlich** ① (*wohlgesonnen*) friendly ② (*gütig, nett*) kind (**zu** to) ③ **wären Sie wohl so freundlich zu ...?** would you be so kind as to ...?

**Freundlichkeit** ① friendliness ['frendlɪnəs] ② (*nette Art*) kindliness

**Freundschaft** friendship [frenʃɪp]; **mit jemandem Freundschaft schließen** make friends with someone

**Friede(n)** ① peace ② **Frieden schließen** make peace ③ **lass mich in Frieden!** leave me alone!

**Friedensbewegung** peace movement

**Friedensverhandlungen** peace negociations [nɪˌgəʊʃi'eɪʃn]

**Friedensvertrag** peace treaty

**Friedhof** cemetery ['semətri]

**friedlich** ① peaceful ['piːsfl] ② **nun sei doch endlich friedlich!** (*umgangsspr*) now, give it a rest!

**frieren** freeze; **ich friere** I am cold

**Frikadelle** meatball

**frisch** ① fresh; *Obst:* fresh-picked; (*noch feucht*) wet ② (*kühl*) chilly ['tʃɪli], cool; **ein frischer Wind** a fresh wind; (*übertragen*) a wind of change ③ (*munter*) bright, cheery ④ **frisch gestrichen!** wet [*oder* (USA) fresh] paint! ⑤ **frisch verheiratet** newly married

**Frischhaltefolie** cling film

**Friseur(in)** hairdresser; (*für Herren auch*) barber ['bɑːbə]

**frisieren** ① **jemanden frisieren** do someone's hair; (*kämmen*) comb someone's hair
② (*umgangsspr: manipulieren*) fiddle; **die Bilanz frisieren** (*umgangsspr*) cook the books ⚠ *Plural*
③ soup up *Auto*
④ **sich frisieren** do one's hair

**Frist** ① (*Zeitraum*) period ['pɪerɪəd]; **jemandem mit einer Frist von einer Woche kündigen** to give someone a week's notice
② (*Zeitpunkt*) deadline ['dedlaɪn] (**für, zu** for); **eine Frist einhalten/versäumen** meet/miss a deadline

**Frisur** hairstyle

**froh** ① glad; (*erfreut*) pleased; **über etwas froh sein** be glad about something
② **frohe Ostern/Weihnachten!** Happy Easter/ Merry Christmas ['krɪsməs]!

**fröhlich** cheerful ['tʃɪəfl]

**fromm** (*gläubig*) religious [rɪ'lɪdʒəs]; **ein frommer Christ/Jude** a devout Christian/Jew

**Fronarbeit** (CH) voluntary work

**Front** front [frʌnt]

**frontal** frontal [frʌntl]; **frontal zusammenstoßen** *Auto:* crash head-on

**Frosch** frog

**Frost** frost; **strenger/eisiger Frost** heavy/crisp frost

**frostig** frosty

**Frucht** fruit [fruːt]

**fruchtbar** ① fertile ['fɜːtaɪl]; (*übertragen auch*) prolific
② (*nutzbringend*) productive

**Fruchtfleisch** flesh [of a fruit]

**Fruchtsaft** fruit [fruːt] juice

**früh** early ['ɜːli]; **früh aufstehen** rise early; **heute/morgen früh** this/tomorrow morning; **es ist noch früh am Tag** it's still early in the day; **von früh bis spät** from morning till night

**früher** ① once
② (*ehemalig*) former; (*vorherig*) previous ['priːvɪəs]
③ **ich habe ihn früher einmal gekannt** I used to know him; **es ist alles genau wie früher** everything's just as it used to be
④ **früher oder später** sooner or later

**frühestens** at the earliest; **wann kannst du frühestens kommen?** what is the earliest you can come?; **das Kleid ist frühestens in zwei Wochen fertig** it will take at least two weeks to make the dress

**Frühgeburt** ① (*zu frühe Geburt*) premature birth [ˌpremətʃə'bɜːθ]
② (*zu früh geborenes Kind*) premature baby

**Frühjahr** spring

**Frühling** spring

**Frühstück** breakfast ['brekfəst]; **zum Frühstück** for breakfast; **Übernachtung und Frühstück** bed and breakfast

**frühstücken** have breakfast

**frühzeitig** ① (*früh*) early
② **frühzeitig buchen** book in good time

**Frust** (*umgangsspr*) frustration

**frustrieren** frustrate

**Fuchs** (*auch Pelz*) fox

**fühlen** feel; (*Puls*) take

**Fühler** *von Insekten, Schnecken:* antenna, feeler

**führen** ① (*anführen, vorangehen*) lead
② (*bringen, geleiten*) take; guide *Touristen, Blinde*
③ (*im Sortiment haben*) carry, keep
④ drive *Fahrzeug;* sail *Schiff;* fly *Flugzeug;* operate *Fahrstuhl, Bagger*
⑤ run *Unternehmen;* command *Armee, Kompanie*
⑥ (*tragen, transportieren*) carry
⑦ **was führt Sie zu mir?** what brings you here?
⑧ (*bewirken*) **zu etwas führen** lead to something; **zu nichts führen** come to nothing
⑨ (*an der Spitze, in Führung sein*) lead; (*im Sport*) be in the lead (**um, mit** by)
⑩ *Weg, Straße, Fahrstuhl:* go; *Leitung, Kabel:* run
⑪ **wohin soll das bloß führen?** where is this leading us?
⑫ **sich gut/schlecht führen** conduct oneself well/misconduct oneself

> **? Grammatik** Die unregelmäßigen Vergangenheitsformen von **lead** lauten **led — led**: *Anna* **led** *her pony into the stable; the old cat* **has led** *a pleasant life.*

**Führer(in)** ① leader; (*Oberhaupt, Anführer*) head
② (*Fremdenführer*) guide
③ (*Buch*) guide

**Führerausweis** (CH) driving licence

**Führerflucht** (CH) hit-and-run [driving]

**Führerschein** driving licence (GB), driver's license (USA); **er macht gerade den Führerschein** he is learning to drive

**Führung** ① (*Vorsprung*) lead; **in Führung liegen** be in the lead
② (*Verantwortung*) direction, guidance; (*Armee*) command [kə'mɑːnd]; (*Unternehmensführung*) management; (*Parteiführung*)

leadership
③ (*Verhalten*) conduct
④ (*Besichtigung*) guided tour (**durch** of)

**Fülle** (*Überfülle*) abundance [əˈbʌndəns]; **in Hülle und Fülle** in abundance; **eine Fülle von Problemen/Fragen** a whole host of problems/questions

**füllen** ① fill; stuff *Gans, Huhn*
② **eine Lücke füllen** stop a gap; **etwas voll füllen** fill something up, fill up something
③ **sich füllen** fill up

**Füller, Füllfederhalter** fountain pen

**Füllung** filling; *von Essen a.:* stuffing; *von Praline:* centre (GB), center (USA)

**fummeln** (*umgangsspr*) fumble (**an** with)

**Fundament** foundation; **das Fundament für etwas schaffen** lay the foundations for something

**Fundbüro** lost-property office (GB), lost and found office [*oder* (USA) department]

**Fundsachen** lost property ⚠ *nur im Singular*

**fünf** five

**Fünfeck** pentagon

**Fünftel** fifth

**fünfzehn** fifteen

**fünfzig** fifty

**Funk** radio

**funkeln** sparkle; *Edelstein:* glitter; *Augen:* gleam; (*vor Zorn*) flash; *Stern:* twinkle

**Funken** spark

**funken** ① **SOS funken** radio an SOS
② (*senden*) radio

**Funkgerät** radio set; (*umgangsspr*) walkie-talkie

**Funktion** (*Amt*) office; **eine Funktion übernehmen** take up a position

**funktionieren** function, work

**für** ① for
② (*anstatt*) instead of, for
③ (*zugunsten von*) in favour of, for
④ (*als Gegenleistung*) [in exchange] for
⑤ **was für ein Mann ist er?** what kind of a man is he?
⑥ **Schritt für Schritt** step by step; **Tag für Tag** day after day; **Wort für Wort** word for word
⑦ **an und für sich** actually

**Furcht** fear; **Furcht erregend** fearful, terrifying

**furchtbar** awful [ˈɔːfl], dreadful [ˈdredfl], terrible [ˈterəbl]

**fürchten** ① **etwas fürchten** be afraid of something, fear something
② fear (**um, für** for)
③ **sich vor etwas fürchten** be afraid of something

**fürchterlich** dreadful [ˈdredfl], terrible [ˈterəbl]

**Fürsorge** ① (*Betreuung*) care
② (*Sozialfürsorge*) welfare [ˈwelfeə]

**Fürsorgeamt** (CH) social security office

**fürsorglich** careful

**Fürsprecher(in)** (CH) barrister

**Fürst** prince

**Fürstin** princess [ˌprɪnˈses]

**Fusion** ① fusion
② (*in der Wirtschaft*) merger

**Fuß** ① (*auch Längenmaß*) foot
② *von Stuhl, Tisch:* leg
③ **zu Fuß** on foot
▶ IN WENDUNGEN: **kalte Füße bekommen** get cold feet; **auf eigenen Füßen stehen** stand on one's own two feet

**Fußabdruck** footprint

**Fußball** ① [association] football (GB), soccer (USA)
② (*der Ball*) football (GB), soccer ball (USA)

**Fußballer(in)** (*umgangsspr*) footballer

**Fußballplatz** football pitch (GB), soccer ground (USA)

**Fußboden** floor

**Fußel** (*umgangsspr*) fluff

**Fußgänger(in)** pedestrian [pəˈdestrɪən]

**Fußgängerstreifen** (CH) pedestrian crossing

**Fußgängerüberweg** pedestrian crossing

**Fußgängerzone** pedestrian precinct [ˈpriːsɪŋkt]

**Fußgelenk** ankle joint

**Fußnagel** toenail

**Fußnote** footnote

**Fußstapfen** footprints
▶ IN WENDUNGEN: **in jemands Fußstapfen treten** follow in someone's footsteps

**Fußweg** (*für Fußgänger*) footpath

**Futter**[1] (*für Tiere*) food; (*Viehfutter*) fodder

**Futter**[2] das *von Kleidungsstück:* lining

**füttern**[1] feed *Mensch, Tier*

> **? Grammatik** Die unregelmäßigen Vergangenheitsformen von **feed** lauten **fed — fed**: *Penny* **fed** *her baby with a spoon;* **have** *you* **fed** *the dog yet?*

**füttern**[2] line *Jacke, Rock*

**Futur** (*Grammatik*) future [tense] [ˈfjuːtʃə]

Ff

# Gg

**Gabe** (*Begabung*) gift, talent ['tælənt]
**Gabel** fork
**gabeln** fork
**Gabelung** fork
**gähnen** yawn
**Galerie** gallery
**galoppieren** gallop (**auf** at)
**Gams** Ⓐ chamois
**Gang** ❶ (*Besorgung*) errand
❷ *von Personen:* gait
❸ (*Flur*) hallway; (*in Eisenbahnwagen*) corridor
❹ (*beim Essen*) course [kɔːs]
❺ (*von Auto*) gear [gɪə]; **in den zweiten Gang schalten** change into second [gear] GB, shift into second [gear] USA
▶ IN WENDUNGEN: **etwas in Gang halten** keep something moving; **etwas in Gang setzen** set something going
**Gangart** gait, walk
**gängig** ❶ (*viel verlangt*) in demand
❷ (*gebräuchlich*) current ['kʌrənt]
**Gangster** gangster
**Gans** goose

> ? **Grammatik** Die Mehrzahl von **goose** (= Gans) ist **geese**: *the three geese are making a lot of noise.*

**Gänseblümchen** daisy ['deɪzi]
**Gänsefüsschen** (*umgangsspr*) inverted commas, quotation marks
**Gänsehaut** goose-pimples ⚠ *Plural;* **eine Gänsehaut bekommen** get goose-pimples
**Gänsemarsch** **im Gänsemarsch** in single file
**ganz** ❶ (*vollständig*) entire, whole
❷ (*umgangsspr: heil*) intact
❸ **die ganze Zeit** all the time
❹ **ich bin ganz deiner Meinung** I quite agree
❺ (*völlig*) quite
❻ (*umgangsspr: wirklich*) really
❼ **ganz und gar nicht** by no means, not at all
❽ **im Großen und Ganzen** on the whole
❾ **ganz wie Sie meinen** just as you think
**Ganze** whole
**gänzlich** completely, totally
**gar**[1] *Essen:* cooked, done
**gar**[2] (*sogar*) even; **gar nicht/nichts** not/nothing at all
**Garage** garage ['gærɪdʒ]
**garagieren** Ⓐ, CH (*parken*) park *Auto*
**Garantie** guarantee
**garantieren** guarantee [ˌgærn'tiː]
**Garderobe** ❶ (*Kleiderablage*) hall-stand; (*Raum*) cloakroom GB, checkroom USA
❷ (*Kleidung*) wardrobe
**Gardine** curtain GB, drape USA; **die Gardinen aufziehen/zuziehen** draw the curtains
**gären** ferment [fə'ment]
**Garette** CH (*Schubkarren*) barrow
**Garn** thread; (*Wollgarn*) yarn
**Garnele** shrimp
**Garnitur** (*Satz*) set
**Garten** garden
**Gartenarbeit** gardening
**Gartensitzplatz** CH (*Terrasse*) patio
**Gärtner(in)** gardener
**Gärtnerei** market garden
**Gas** ❶ gas
❷ **Gas geben** accelerate [ək'seləreɪt]; (*im Leerlauf*) rev up
**Gasherd** gas cooker
**Gaspedal** accelerator GB, gas pedal USA
**Gasse** lane
**Gast** guest; **bei jemandem zu Gast sein** be someone's guest
**Gastarbeiter(in)** foreign ['fɒrən] worker
**Gästezimmer** guest room
**Gastfreundschaft** hospitality [ˌhɒspɪ'tælətɪ]
**Gastgeber(in)** host [həʊst][hostess]
**Gasthaus** inn
**Gastronomie** gastronomy [gæs'trɒnəmi]
**gastronomisch** gastronomic[al] [ˌgæstrə'nɒmɪk]
**Gatte** husband ['hʌzbənd]
**Gatter** trellis
**Gattin** wife
**Gattung** (*Art*) kind, sort; *von Pflanzen:* genus ['dʒiːnəs]; *von Tieren:* species ['spiːʃiːz] *Singular*
**Gauner** (*Schwindler*) crook, spiv
**Gebäck** pastries ⚠ *Plural*
**gebären** give birth to
**Gebärmutter** womb [wuːm]
**Gebäude** building
**geben** ❶ give
❷ (*im Theater aufführen*) put on
❸ deal *Karten*
❹ **das gibt's doch nicht!** that can't be true!
❺ **das wird sich geben** it'll all work out

> ? **Grammatik** Die unregelmäßigen Vergangenheitsformen von **give** lauten **gave — given**: *Dave* **gave** *Jenny his phone number;* **have** *you* **given** *him the car key?*

**Gebet** prayer [preəʳ]
**Gebiet** 1 area, region
2 (*Arbeitsgebiet*) field
**gebildet** educated ['edjʊkeɪtɪd]
**Gebirge** mountains ['maʊntɪnz] ⚠ *Plural,* mountain chain
**gebirgig** mountainous ['maʊntɪnəs]
**Gebiss** 1 (*Zähne*) teeth
2 (*künstliches*) dentures ['dentʃəz] ⚠ *Plural;* **ein Gebiss tragen** have got false [fɔ:ls] teeth
**geblümt** flowered; *Tapete:* floral ['flɔ:rəl]
**geboren** 1 born; **sie ist in Schottland geboren** she was born in Scotland; **tot geboren** still-born
2 **Maria Braun geborene** [*oder* **geb.**] **Schmidt** Maria Braun, née Schmidt
3 (*übertragen*) **sie ist eine geborene Schauspielerin** she's a born actress
**Gebot** 1 **das Gebot der Stunde** the order of the day; **etwas ist oberstes Gebot** something is of the utmost importance, something is top priority [praɪ'ɒrəti]
2 (*Auktionsangebot*) bid[ding]
3 **die Zehn Gebote** the Ten Commandments
**Gebrauch** 1 (*Benutzung*) use [ju:s]; **von etwas Gebrauch machen** make use of something; **in Gebrauch sein** being used; **vor Gebrauch schütteln** shake before use
2 *eines Wortes:* usage ['ju:sɪdʒ]
**gebrauchen** 1 (*benutzen*) use
2 (*anwenden*) apply
3 **ich könnte jetzt einen Kaffee gebrauchen** I could do with a cup of coffee now
4 **er ist zu nichts zu gebrauchen!** he is hopeless!
**Gebrauchsanweisung** 1 (*für Arznei*) directions [ju:s] for use ⚠ *Plural*
2 (*für Geräte*) instructions ⚠ *Plural*
**gebraucht** 1 *Papier, Verpackung:* used
2 *Auto, Kleidung:* second-hand; **etwas gebraucht kaufen** buy something second-hand
**Gebrauchtwagen** second-hand car
**gebrechlich** infirm
**gebrochen** broken *auch übertragen*
**Gebühr** 1 (*für Benutzung*) charge
2 (*Beitrag, Honorar*) fee; **Studiengebühren** fees
**Geburt** 1 birth; **von Geburt an** from birth
2 **das war eine schwere Geburt!** that was a tough job *übertragen*
**gebürtig** 1 **aus München gebürtig sein** be born in Munich
2 **er ist gebürtiger Ire** he is Irish-born
**Geburtsdatum** date of birth
**Geburtstag** 1 birthday; **wann hast du Geburtstag?** when's your birthday?; **ich habe am 28. März Geburtstag** my birthday is on the 28th of March; **ich habe heute Geburtstag** it's my birthday today; **herzlichen Glückwunsch zum Geburtstag!** happy birthday!; **was wünschst du dir zum Geburtstag?** what would you like for your birthday?; **jemandem etwas zum Geburtstag schenken** give somebody something for his/her birthday
2 (*auf Formular*) date of birth
**Geburtsurkunde** birth certificate [sə'tɪfɪkət]
**Gebüsch** bushes ['bʊʃɪz] ⚠ *Plural*
**Gedächtnis** 1 memory; **zum Gedächtnis an …** in memory of …
2 **das ist mir im Gedächtnis geblieben** it stuck in my mind
**gedämpft** 1 *Schall:* muffled
2 *Stimmung:* subdued [səb'dju:]; *Farben auch:* muted
**Gedanke** 1 thought ['θɔ:t]; **ich kann doch nicht Gedanken lesen!** I'm not a mind-reader!; **der Gedanke an Milch macht mich ganz krank** the thought of milk makes me ill
2 (*Idee*) idea [aɪ'dɪə]; **da kommt mir ein Gedanke** I've got an idea; **wer hat dich auf den Gedanken gebracht?** who gave you that idea?
3 **sich Gedanken** [**zu etwas**] **machen** (*nachdenken*) think [about something]; (*sich sorgen*) worry [about something]; **mach dir keine Gedanken** [**darüber**] don't worry [about it]
4 **auf andere Gedanken kommen** be distracted [dɪ'strӕktɪd]
5 **mit dem Gedanken spielen, etwas zu tun** toy with the idea of doing something
**gedankenlos** 1 (*rücksichtslos*) thoughtless
2 (*zerstreut*) absent-minded
**Gedankenstrich** dash
**Gedeck** cover; **ein Gedeck auflegen** lay a place
**gedeihen** thrive
**gedenken einer Sache gedenken** commemorate something
**Gedenktafel** commemorative [kə'memᵊrətɪv] plaque
**Gedicht** poem; **ein Gedicht aufsagen** say a poem ['pəʊɪm]
**Gedränge** 1 (*Menschenmenge*) crowd
2 (*Drängelei*) jostling ['dʒɒslɪŋ]
**gedrückt** *Stimmung:* depressed
**Geduld** patience ['peɪʃᵊns]; **Geduld haben** be patient; **keine Geduld haben** be impatient; **die Geduld verlieren** lose one's patience

**geduldig** patient

**geehrt** 1 (*geschätzt*) esteemed
2 (*in Rede*) **sehr geehrte Damen und Herren!** Ladies and Gentlemen!
3 (*im Brief*) **sehr geehrter Herr ...!** Dear Mr ...,; **Sehr geehrte Frau ...!** Dear Mrs/Ms ...,

**geeignet** 1 (*passend*) suitable ['suːtəbl]
2 **er ist für diesen Posten nicht geeignet** he is not the right person for the job
3 [*Ehe*]*Mann*/[*Ehe*]*Frau:* right
4 *Maßnahmen:* appropriate

**Gefahr** 1 danger ['deɪndʒə]; **es besteht die Gefahr, dass ...** there's the danger that ...; **außer/in Gefahr sein** be out of/in danger
2 (*Risiko*) risk; **es besteht die Gefahr, dass ...** there's a risk that ...; **Gefahr laufen, etwas zu tun** run the risk of doing something; **auf eigene Gefahr** at one's own risk

**gefährden** endanger [ɪn'deɪndʒə]

**gefährlich** dangerous ['deɪndʒərəs]; (*gewagt*) risky

**gefallen** 1 **es gefällt mir** [**nicht**] I [don't] like it; **hat dir der Film gefallen?** did you enjoy the film?
2 **wie gefällt dir meine Wohnung?** how do you like my flat?
3 **was mir an ihr gefällt, ist ihr Lächeln** what I like about her is the way she smiles
4 **sich etwas gefallen lassen** put up with something; **ich lass mir das nicht länger gefallen!** I won't put up with it any longer!

**Gefallen** favour ['feɪvə]; **jemandem einen Gefallen tun** do someone a favour; **jemanden um einen Gefallen bitten** ask someone a favour

**gefangen** 1 **gefangen nehmen/gefangen genommen** *Flüchtender, Tier:* capture/captured
2 **ich war** [**wie**] **gefangen von seiner Stimme** I was captivated by his voice

**Gefangene**(**r**) prisoner ['prɪznə]

**Gefangenschaft** 1 captivity [kæp'tɪvəti]; **in Gefangenschaft geboren** born in captivity
2 **in Gefangenschaft geraten** be taken prisoner

**Gefängnis** 1 jail [dʒeɪl], prison ['prɪzᵊn]; **ins Gefängnis kommen** be sent to prison
2 (*Strafe*) imprisonment; **fünf Jahre Gefängnis bekommen** get five years' imprisonment

**Gefäß** 1 (*Behälter*) container, receptacle [rɪ'septəkl]
2 (*Blutbahn*) vessel

**gefasst** 1 (*ruhig*) calm [kɑːm], composed
2 **du kannst dich auf was gefasst machen!** I'll give you something to think about!

**Gefecht** (*Schlacht*) battle; **außer Gefecht setzen** put out of action *auch übertragen*

**gefinkelt** Ⓐ (*durchtrieben*) cunning, crafty

**Geflügel** poultry ['pəʊltri]

**gefräßig** gluttonous ['glʌtᵊnəs]

**Gefreite**(**r**) lance corporal (GB), private ['praɪvət] first class (USA)

**gefrieren** freeze

**Gefrierpunkt** freezing point; **unter dem Gefrierpunkt** below zero

**Gefrierschrank** [upright] freezer

**Gefriertruhe** deep freeze, freezer

**Gefühl** 1 (*seelische/körperliche Empfindung*) feeling; **mit gemischten Gefühlen** with mixed feelings; **ich habe kein Gefühl in den Fingern** my fingers are numb
2 (*Ahnung*) **ein ungutes Gefühl** [**bei etwas**] **haben** have a funny feeling [about something]; **ich habe das Gefühl, dass ...** I have a feeling that ...; **etwas im Gefühl haben** have a feel for something

**gefühllos** 1 (*herzlos*) unfeeling
2 *Körperteil:* numb

**gefühlvoll** sensitive

**gegen** 1 (*Gegenteil von: für*) against [ə'genst]; **gegen etwas sein** be against something; **ich habe nichts gegen sie** I've got nothing against her
2 **eine Leiter gegen eine Wand lehnen** prop a ladder against a wall
3 **gegen einen Baum fahren/rennen** crash/run into a tree
4 **gegen ein Uhr** towards one o'clock
5 **gut gegen Kopfschmerzen** good for headaches

**Gegend** area ['eərɪə]; **hier in der Gegend** in this area, around here; **eine schöne Gegend Schottlands** a beautiful part of Scotland

**gegeneinander** against one another

**Gegenleistung** **als Gegenleistung für ...** in return for ...

**Gegenmehr** (CH) vote against

**Gegensatz** 1 contrast; **im Gegensatz zu ...** in contrast to ...
2 **Gegensätze ziehen sich an** opposites attract
3 **Gegensätze** (*Meinungsverschiedenheiten*) differences

**gegensätzlich** contrasting; *Meinung:* different

**gegenseitig** 1 mutual ['mjuːtʃuəl], reciprocal [rɪ'sɪprəkᵊl]; **in gegenseitigem Einverständnis** by mutual agreement
2 **sich gegenseitig helfen/kaputtmachen**

help/destroy one another

**Gegenstand** ① object ['ɒbʤekt], thing ② (*als Thema*) subject ['sʌbʤekt], topic

**Gegenteil** opposite ['ɒpəsɪt]; **im Gegenteil!** on the contrary ['kɒntrəri]; **ganz im Gegenteil!** quite the reverse!; **das Gegenteil bewirken** have the opposite effect

**gegenüber** ① opposite; **sie wohnt gegenüber von mir** she lives opposite me; **die Nachbarn von gegenüber** the neighbours opposite ② **sie saß mir gegenüber** she sat facing me ③ (*auf der anderen Straßenseite*) across the street ④ **mir gegenüber hat er nichts gesagt** he didn't say anything to me ⑤ **ihrem Mann gegenüber ist sie sehr nett** she is very nice towards her husband

**gegenüberliegend** opposite

**gegenüberstehen** stand opposite

**gegenüberstellen** ① confront [kən'frʌnt]; **man hat ihn seinem Angreifer gegenübergestellt** he was confronted with his attacker ② (*vergleichen*) compare

**Gegenwart** ① (*Anwesenheit*) presence ['prez$^{ə}$ns] ② (*Jetztzeit*) present ['prez$^{ə}$nt]

**gegenwärtig** ① *Minister, Trainer:* present ['prez$^{ə}$nt] ② (*in diesem Moment*) at present

**Gegner(in)** opponent [ə'pəʊnənt]

**gegnerisch** (*im Sport*) opposing [ə'pəʊzɪŋ]

**Gehalt**[1] das salary

**Gehalt**[2] der content

**Gehaltserhöhung** rise in salary

**gehässig** spiteful

**geheim** ① secret ['siːkrət]; **streng geheim** top secret ② *Gedanken, Wünsche:* innermost ③ **vor jemandem etwas geheim halten** keep something secret from someone; **geheim tun** be secretive

**Geheimagent(in)** secret agent

**Geheimdienst** secret service

**Geheimnis** ① secret ['siːkrət]; **ein Geheimnis verraten** disclose a secret; **ein Geheimnis aus etwas machen** make a big secret about something; **kein Geheimnis aus etwas machen** make no secret of something ② (*Rätselhaftes*) mystery ['mɪst$^{ə}$ri]

**geheimnisvoll** mysterious [mɪ'stɪəriəs]; **tu nicht so geheimnisvoll!** don't be so mysterious!

**Gehen** (*auch als Sport*) walking

**gehen** ① go; (*zu Fuß*) walk; **gehen wir!** let's go!; **schwimmen gehen** go swimming ② (*funktionieren*) work; *Uhr:* go, run ③ *Waren:* be selling well; **gut gehend** *Geschäft:* flourishing ['flʌrɪʃɪŋ], thriving ④ **was geht hier vor?** what's going on here?; **das geht zu weit** that's going too far ⑤ **worum geht's?** what's the problem?; (*stärker*) what's all this about?; **es geht darum, dass …** it's about …; **darum geht es nicht** that's not the point ⑥ **das geht doch nicht!** you can't do that! ⑦ **geht es morgen?** will tomorrow be all right? ⑧ **solange es geht** as long as possible ⑨ **wie geht's?** how are you?; **es geht** so-so ⑩ **vorwärts gehen** come on, progress; **geht es vorwärts mit deinem Pojekt/deiner Arbeit?** how is your project/work coming on? ⑪ **sich gehen lassen** let oneself go

**geheuer** **er/es ist mir nicht ganz geheuer** I feel uneasy about him/it

**Gehirn** brain

**Gehirnwäsche** brain-washing; **jemanden einer Gehirnwäsche unterziehen** brainwash someone

**Gehör** hearing

**gehorchen** obey [ə'beɪ]

**gehören** ① belong; **das gehört mir** this belongs to me, this is mine; **wem gehört der Computer?** whose computer is it?; **gehört er dir?** is it yours? ② **dazu gehört viel/viel Mut** it takes a lot/a lot of courage ③ (*Teil sein von*) be part of; **das gehört zu meiner Arbeit** it's part of my job ④ (*räumlich*) **das gehört hier hin** this goes here; **der Hund gehört nicht ins Haus!** the house is no place for a dog! ⑤ **das gehört sich einfach nicht!** that's just not done!

**gehörig** ① (*gebührend*) *Respekt:* proper ② **eine gehörige Tracht Prügel** a good thrashing ③ **jemandem gehörig die Meinung sagen** give somebody a piece of one's mind

**gehorsam** obedient [ə'biːdɪənt]

**Geige** violin [ˌvaɪə'lɪn]

**Geisel** hostage ['hɒstɪʤ]; **jemanden als Geisel nehmen** take someone hostage

**Geist** ① (*Gemüt, Verstand*) mind ② (*Gespenst*) ghost ③ (*Gesinnung*) spirit; **der Geist der Zeit** the spirit of the times ⚠ *Plural*

4 (*Seele*) spirit
5 **von allen guten Geistern verlassen sein** have taken leave of one's senses
**geistesabwesend** absent-minded
**Geistesblitz** brainwave
**geistesgestört** mentally deranged
**geisteskrank** mentally ill [ˌmentəli'ɪl]
**Geisteskrankheit** mental illness
**Geisteswissenschaften** the arts; (*als Studium*) the humanities
**geistig** 1 (*intellektuell*) intellectual [ˌɪntə'lektʃʊəl]
2 **geistig behindert** mentally handicapped
3 (*seelisch*) spiritual ['spɪrɪtʃʊəl]
**geistlich** 1 *Angelegenheit, Führer, etc:* spiritual ['spɪrɪtʃʊəl]
2 (*kirchlich*) ecclesiastical [ɪˌkli:zi'æstɪkəl]
**Geistliche** clergywoman
**Geistlicher** clergyman
**geistlos** 1 (*langweilig*) dull
2 (*dumm*) stupid
**geistreich** witty
**geizig** 1 mean
2 (*sparsam, knauserig*) stingy ['stɪndʒi]
**Gel** gel [dʒel]
**Gelaber** rabbiting on
**Gelächter** laughter ['lɑ:ftə]
**gelähmt** 1 paralyzed ['pærəlaɪzd]
2 **ich war wie gelähmt vor Angst** I was paralyzed with fear
**Gelände** 1 (*Grundstück*) grounds ⚠ *Plural*
2 (*freies Land*) open country
**Geländer** 1 *von Treppe:* banisters ['bænɪstərs] ⚠ *Plural*
2 (*als Begrenzung*) railing
**gelassen** calm [kɑ:m]
**gelaunt gut gelaunt** in a good mood; **schlecht gelaunt** in a bad mood
**gelb** 1 yellow; *Verkehrsampel:* amber ['æmbə]
2 **Gelbe Seiten®** Yellow Pages®
**Geld** 1 money
2 **ins Geld gehen** cost a pretty penny; **Geld wie Heu haben** have money to burn; **sein Geld wert sein** be good value; **das ist rausgeschmissenes Geld!** that's money down the drain!
**Geldautomat** (*zum Geldabheben*) cash dispenser, automatic teller (USA)
**Geldbeutel** purse (GB), wallet (USA)
**Geldschein** banknote (GB), bill (USA)
**Geldstrafe** fine
**Gelee** jelly ['dʒeli]
**gelegen** 1 (*örtlich*) situated (GB), located (USA)
2 (*günstig*) opportune ['ɒpətju:n]
3 **Sie kommen mir sehr gelegen** you are just the person I want to see; **das kommt mir gelegen** that suits me [fine]
**Gelegenheit** 1 (*Anlass*) occasion [ə'keɪʒən]
2 (*günstiger Umstand*) opportunity; **die Gelegenheit ergreifen[, etwas zu tun]** take the opportunity [to do something]; **sobald sich die Gelegenheit ergibt** as soon as I get the opportunity
3 **bei erster Gelegenheit** at the first opportunity
**Gelegenheitsarbeiter(in)** casual worker
**gelegentlich** now and again, occasionally [ə'keɪʒənəli]; **er raucht gelegentlich ganz gern eine Zigarre** he likes an occasional cigar
**Gelehrte(r)** scholar ['skɒlə]
**Gelenk** joint
**Geliebte(r)** lover
**gelingen** succeed; **es ist mir gelungen!** I did it!; **es gelang mir, ihn umzustimmen** I managed to change his mind
**geloben** vow [vaʊ]; **ich habe mir gelobt, das Rauchen aufzugeben** I've sworn to give up smoking
**Gelse** (A) (*Stechmücke*) gnat [næt], mosquito
**gelten** 1 (*Gültigkeit haben*) *Münze:* be legal tender; *Pass:* be valid; *Regel:* apply
2 (*eingeschätzt werden*) go for; **sie gilt als Expertin** she's considered to be an expert
3 *Angebot:* accept; **das lasse ich gelten!** I accept that!
4 (*im Sport, beim Spiel*) *Tor, Zug, etc:* count
**geltend** 1 **[Ansprüche] geltend machen** assert [claims]
2 **geltende Meinung** prevailing opinion
**Geltung etwas zur Geltung bringen** show something to advantage
**Gelübde** vow [vaʊ]; **ein Gelübde ablegen** take a vow
**gelungen** 1 *Scherz:* capital; *Essen:* excellent
2 **das war ein gelungener Abend** the evening was a success
**gemächlich** 1 *Tempo:* unhurried; (*langsam*) slow
2 **etwas gemächlich tun** do something at a leisurely ['leʒəli] pace
**Gemälde** painting
**gemäß** in accordance with; **gemäß den Bestimmungen** under the regulations
**gemäßigt** 1 *Worte:* moderate ['mɒdərət]
2 *Klima:* temperate ['tempərət]
**gemein** 1 (*bösartig*) mean, wicked; *Lüge:* dirty
2 **das gemeine Volk** the common people
3 **sie haben nichts miteinander gemein** they

have nothing in common
**Gemeinde** 1 (*städtische*) community, municipality [mjuːˌnɪsɪ'pæləti]
2 (*Kirchengemeinde*) parish
**Gemeindeammann** CH head of the district council
**Gemeindepräsident(in)** CH mayor [meə$^r$]
**Gemeindeversammlung** CH district council
**Gemeindezentrum** community centre
**gemeinsam** 1 *Eigenschaft, Interesse:* common
2 *Freund:* mutual ['mjuːtʃʊəl]
3 *Anstrengung, Ausflug, Erklärung, Konto:* joint
4 **mit jemandem gemeinsame Sache machen** join up with someone
5 **etwas gemeinsam tun** do something together
**Gemeinschaft** 1 (*Gemeinde*) community
2 (*Zusammengehörigkeitsgefühl*) sense of community
**gemischt** mixed
**Gemüse** 1 vegetable ['vedʒtəbl]
2 **ich liebe Gemüse** I love vegetables ⚠ *Plural*
**gemustert** patterned ['pætənd]
**gemütlich** 1 (*bequem*) comfortable ['kʌmftəbl], cosy; **es sich gemütlich machen** make oneself comfortable; **sich [zuhause] einen gemütlichen Abend machen** have a nice night in
2 (*schnuckelig*) snug
3 (*gelassen*) easy-going
**Gen** gene ['dʒiːn]
**genau** 1 (*exakt*) exact [ɪg'zækt]
2 (*detailliert*) detailed
3 (*sorgfältig*) careful ['keəfəl]
4 **genau das meine ich!** that's exactly what I mean!; **[stimmt] genau!** exactly!; **passt genau!** fits perfectly!, it's a perfect fit!
5 **etwas genau machen** do something accurately ['ækjərətli]; **meine Uhr geht genau** my watch keeps accurate time
6 **genau genommen** strictly speaking
**Genauigkeit** exactness [ɪg'zæktnəs]
**genauso** 1 **genauso gut/nett/viel/viele/wenig [wie]** just as well/nice/much/many/little [as]
2 **ich mag ihn genauso gern wie sie** I like him just as much as [I like] her
**genehmigen** 1 (*amtlich*) approve [ə'pruːv] *Antrag, Bauplan*
2 (*zugestehen*) grant
**Genehmigung** 1 (*amtlich*) *von Antrag, Bauplan:* approval [ə'pruːvəl]
2 (*Ermächtigung*) authorization
**General(in)** general
**Generaldirektor** chairman GB, chair USA, president ['prezɪdənt] USA
**Generaldirektorin** chairwoman GB, chair USA, president ['prezɪdənt] USA
**Generalprobe** dress-rehearsal [rɪ'hɜːsəl]
**Generation** generation
**Genesung** recovery; **ich wünsche [Ihnen] baldige Genesung** I wish you a speedy recovery
**Genetik** genetics ⚠ *Plural*
**genetisch** genetic
**Genforschung** genetic research
**genial** 1 (*einfallsreich*) ingenious [ɪn'dʒiːnɪəs]
2 **[einfach] genial!** [just] brilliant!
**Genick** neck; **sich das Genick brechen** break one's neck
**Genie** genius
**genießen** 1 enjoy *Leben, Ruf, Vorteil, Wein, etc;* **ich genoss jeden Augenblick** I savoured every moment
2 **sie genießt es, berühmt zu sein** she enjoys being famous
**Genitiv** genitive ['dʒenɪtɪv]
**Genosse, Genossin** comrade ['kɒmreɪd]
**Genossenschaft** co-operative [kəʊ'ɒpərətɪv]
**Gentechnik** genetic engineering
**genug** 1 enough [ɪ'nʌf]; **danke, das ist genug** enough, thank you
2 **ich hab' genug!** I've had enough!
**genügen** 1 (*ausreichen*) be enough [ɪ'nʌf], suffice; **das genügt [mir]** that'll do [me]
2 fulfil *Erwartungen, Wünsche*
**genügend** (*ausreichend*) sufficient
**Genugtuung** satisfaction
**Genus** gender ['dʒendə]
**Genuss** 1 (*Vergnügen*) pleasure ['pleʒə]; **in den Genuss von etwas kommen** enjoy something
2 (*Verbrauch*) consumption
**Geografie** geography [dʒɪ'ɒgrəfi]
**geografisch** geographical
**geologisch** geological
**Geometrie** geometry
**geometrisch** geometric
**Gepäck** luggage ['lʌgɪdʒ] GB, baggage ['bægɪdʒ] USA
**Gepäckabfertigung** luggage GB [*oder* USA baggage] check in
**Gepäckausgabe** luggage GB [*oder* USA baggage] reclaim
**Gepäckträger** (*am Fahrrad*) carrier ['kæriə$^r$]
**gepflegt** 1 *Haus, Rasen:* well cared-for
2 *Erscheinung, Person:* well-groomed
**gerade** 1 *Gelände, Zahl:* even

2 (*geradlinig*) straight
3 (*soeben*) **ich wollte gerade gehen** I was just about to leave; **sie war gerade hier** she was here a moment ago
4 **er war nicht gerade freundlich** he wasn't exactly friendly; **das ist es ja gerade!** that's just it!
5 (*ausgerechnet*) **gerade heute** today of all days ⚠ *Plural;* **warum gerade ich?** why me of all people?
6 **gerade sitzen** sit up [straight]
7 **etwas gerade biegen** straighten something; (*wieder gutmachen*) sort something out

**geradeaus** straight ahead

**geradeheraus** frankly

**geradezu** 1 (*beinahe*) almost
2 (*wirklich*) really

**Gerät** 1 (*Apparat*) gadget
2 (*Elektro-, Haushaltsgerät*) appliance
3 (*Fernseher, Radio*) set
4 (*Ausrüstung*) equipment

**geraten** 1 (*gelangen*) get (**in** into)
2 (*ausfallen*) turn out; **nach jemandem geraten** take after someone
3 (*zufällig*) **an etwas geraten** come by something; **an jemanden geraten** find someone
4 **an den Falschen/die Falsche geraten** pick the wrong man/woman
5 **in Vergessenheit geraten** fall into oblivion [əˈblɪviən]

**Geratewohl** **aufs Geratewohl** at random, on the off-chance

**geräumig** spacious [ˈspeɪʃᵊs]

**Geräusch** noise

**geräuschlos** silent

**gerecht** 1 just; *Lohn, Strafe:* fair
2 **jemandem/einer Sache gerecht werden** do justice [ˈdʒʌstɪs] to someone/something

**Gerechtigkeit** justice [ˈdʒʌstɪs]

**Gerede** 1 talk
2 (*Geschwätz*) gossip

**gereizt** 1 (*wütend*) irritated
2 (*reizbar*) irritable
3 *Atmosphäre:* strained

**Gericht**[1] das (*Essen*) dish

**Gericht**[2] das 1 (*Behörde*) court [kɔːt]; **jemanden vor Gericht bringen** take someone to court; **mit etwas vor Gericht gehen** take legal action about something
2 **das Jüngste Gericht** the Last Judgment

**Gerichtssaal** courtroom

**Gerichtsschreiber(in)** (CH) clerk [klɑːk] of the court

**Gerichtsverfahren** court proceedings *Plural;* **gegen jemanden ein Gerichtsverfahren einleiten** institute court proceedings *Plural* against someone

**Gerichtsverhandlung** 1 (*zivilrechtlich*) hearing
2 (*strafrechtlich*) trial

**gering** 1 (*niedrig*) low
2 (*wenig*) little
3 **geringe Chance** slight chance; **geringe Entfernung** short distance; **nicht das Geringste** nothing at all

**geringfügig** 1 (*klein*) minor
2 (*unwichtig*) insignificant

**Gerippe** skeleton [ˈskelɪtən]

**gern** 1 gladly, with pleasure [ˈpleʒə]
2 **aber gern!** of course!
3 **gern geschehen!** don't mention it! (GB), you're welcome! (USA)
4 **das glaube ich gern** I can well believe it
5 **gern haben** like

**Geruch** smell

**Geruchssinn** sense of smell

**Gerücht** rumour

**Gerümpel** junk

**Gerüst** scaffolding [ˈskæfəʊldɪŋ]

**gesamt** entire, whole

**Gesamtschule** comprehensive school [ˌkɒmprɪˈhensɪv skuːl]

**Gesang** 1 (*das Singen*) singing
2 (*Choral*) chant

**Geschäft** 1 (*Laden*) shop (GB), store (USA)
2 (*Gewerbe*) business; **mit jemandem Geschäfte machen** do business with someone; **mit etwas Geschäfte machen** deal in something
3 **ein gutes Geschäft machen** make a good deal; **das Geschäft geht gut** business is good
4 **ins Geschäft gehen** go to work

**geschäftlich** 1 **eine geschäftliche Angelegenheit** a business matter
2 **ich muss ihn geschäftlich sprechen** I must see him on business; **geschäftlich unterwegs** [*oder* **verreist**] away on business

**Geschäftsfrau** businesswoman

**Geschäftsführer(in)** 1 (*einer Firma*) managing director
2 (*eines Vereins*) secretary [ˈsekrətri]

**Geschäftsliste** (CH) agenda [əˈdʒendə], order of the day

**Geschäftsmann** businessman

**Geschäftsreise** business trip

**Geschäftsschluss** closing time; **nach Geschäftsschluss** *eines Ladens:* after closing time

**geschehen** ❶ (*passieren*) happen; **es muss etwas geschehen** something must be done; **was soll damit/mit ihm/mit ihr, etc geschehen?** what's supposed to be done about it/with him/with her, etc. ?
❷ (*stattfinden*) take place
❸ **es wird dir nichts geschehen** nothing will happen to you, you'll be all right; **das geschieht dir recht** that serves you right
❹ **gern geschehen!** you're welcome!
**gescheit** clever
**Geschenk** gift, present ['prezᵊnt]; **jemandem ein Geschenk machen** give someone a present
**Geschenkpapier** wrapping ['ræpɪŋ] paper
**Geschichte** ❶ (*Erzählung*) story
❷ history ['hɪstri]; **die Geschichte der Menschheit** the history of mankind; **die Geschichte zeigt uns, …** history tells us …; **in die Geschichte eingehen** go down in history
❸ (*Angelegenheit*) affair; **eine schöne Geschichte!** a fine mess!; **eine böse Geschichte** a nasty business; **die Geschichte mit seiner Frau** the trouble with his wife
**geschichtlich** historical; **von großer geschichtlicher Bedeutung** of great historic importance
**Geschick**[1] das (*Schicksal*) fate
**Geschick**[2] das (*Fertigkeit*) skill
**geschickt** **geschickt sein** be skilful
**geschieden** divorced [dɪ'vɔːst]
**Geschirr** ❶ (*zum Kochen*) kitchenware, pots and pans ⚠ *Plural*
❷ (*schmutziges*) dishes ⚠ *Plural;* **Geschirr spülen** do the dishes
❸ (*Tafelgedeck*) service, crockery
**Geschirrspüler**, **Geschirrspülmaschine** dishwasher
**Geschirrtuch** tea towel
**Geschirrwaschmaschine** Ⓒⓗ dishwasher
**Geschlecht** ❶ sex; **Kinder beiderlei Geschlechts** children of both sexes ⚠ *Plural*
❷ *eines Wortes:* gender [dʒendəʳ]
**Geschlechtsverkehr** sexual intercourse
**geschlossen** ❶ (*zu*) closed
❷ **geschlossene Ortschaft** built-up area
❸ **geschlossen für etwas stimmen** vote unanimously [juː'nænɪməs] in favour of something; **geschlossen hinter jemandem stehen** stand solidly behind someone
**Geschmack** taste *auch übertragen*
**geschmacklos** tasteless *auch übertragen*
**geschmackvoll** tasteful; **geschmackvoll eingerichtet** tastefully furnished
**Geschöpf** creature

**Geschoss** ❶ (*Kugel*) bullet
❷ (*Stockwerk*) floor Ⓖⓑ, stor[e]y Ⓤⓢⓐ; **im zweiten Geschoss** on the second floor
**Geschrei** (*Rufen*) shouting; (*stärker*) screaming
**Geschwätz** ❶ (*abwertend: Unsinn*) nonsense
❷ (*Klatsch*) gossip
**geschweige** **geschweige denn …** let alone …
**Geschwindigkeit** speed; **mit einer Geschwindigkeit von …** at a speed of …
**Geschwindigkeitsbeschränkung** speed limit
**Geschwister** brothers and sisters ⚠ *Plural;* **hast du Geschwister?** have you got any brothers or sisters?; **wir sind vier Geschwister** there are four of us in our family
**geschwollen** ❶ *Knöchel, etc:* swollen ['swəʊlən]
❷ *Stil:* pompous, bombastic
**Geschworene(r)** juror; **die Geschworenen** the jury ⚠ *Singular*
**Geschwulst** (*Krebs*) tumour ['tjuːmə]
**Geselchte** Ⓐ smoked meat
**gesellig** *Mensch:* sociable ['səʊʃəbl]; **geselliges Beisammensein** social gathering
**Gesellschaft** ❶ (*Gesamtheit*) society ⚠ *ohne ‚a' oder ‚the'*
❷ (*Kreis von Menschen*) group of people; (*geladene Gäste*) party
❸ (*Begleitung*) company ['kʌmpəni]; **jemandem Gesellschaft leisten** keep someone company
❹ (*Firma*) company Ⓖⓑ, corporation Ⓤⓢⓐ; **Gesellschaft mit beschränkter Haftung** private limited company Ⓖⓑ, Ltd, incorporated company Ⓤⓢⓐ, Inc
**gesellschaftlich** social ['səʊʃᵊl]
**Gesetz** ❶ law; **nach dem Gesetz** under the law (**über** on)
❷ **ein ungeschriebenes Gesetz** an unwritten rule
**Gesetzentwurf** bill
**Gesetzgebung** legislation [ˌledʒɪ'sleɪʃᵊn]
**gesetzlich** legal ['liːgᵊl]
**gesichert** (*technisch*) secured; *Schraube:* locked
**Gesicht** face
▶ IN WENDUNGEN: **jemanden zu Gesicht bekommen** see someone; **jemandem ins Gesicht schauen** look somebody in the eye; **ich hab es ihm ins Gesicht gesagt** I told him to his face; **ein [langes] Gesicht machen** pull a [long] face; **was machst du für ein Gesicht?** what's up with you?; **sein wahres Gesicht zeigen** show one's true nature; **den Tatsachen ins Gesicht sehen** face the facts
**Gesichtsausdruck** [facial] expression

**Gesichtsfarbe** complexion
**Gesichtspunkt** point of view
**Gesichtszüge** features
**gespannt** 1 (*straff*) taut
2 (*belastet*) *Atmosphäre:* strained
3 (*erwartungsvoll*) eager; (*neugierig*) curious ['kjʊəriəs]; **da bin ich aber gespannt!** that I'd like to see!
**Gespenst** 1 ghost [gəʊst], spectre ['spektəʳ] *auch übertragen*
2 **du siehst Gespenster!** you're imagining things!
**Gespräch** 1 conversation, talk; **ein Gespräch mit jemandem führen** have a talk with someone; **[mit jemandem] ins Gespräch kommen** get talking [to somebody]
2 (*Telefongespräch*) call; **ein Gespräch für Sie!** there's a call for you!
**gesprächig** talkative ['tɔːkətɪv]
**gespreizt** *Redensweise, etc:* affected [ə'fektɪd]
**Gestalt** 1 (*äußere Form*) form; **Gestalt annehmen** take shape
2 (*Körperbau*) build
3 (*im Film, Roman*) character
**gestalten** 1 (*formen*) form, shape
2 **einen Abend gestalten** arrange an evening; **seine Freizeit gestalten** organize one's leisure time
**Geständnis** confession; **ein Geständnis ablegen** make a confession
**Gestank** stench [stentʃ]
**gestatten** allow, permit [pə'mɪt]
**Geste** gesture ['dʒestʃe]
**gestehen** 1 confess
2 **offen gestanden** frankly speaking
**Gestein** rock
**Gestell** 1 (*Regal*) shelf
2 (*Ablage*) rack
3 (*Rahmen*) frame
**gestern** yesterday; **die Zeitung/Nachrichten von gestern** yesterday's [news]paper/news; **gestern früh** yesterday morning; **gestern Abend** last night; **gestern vor acht Tagen** a week ago yesterday

**! Vorsicht Falle** Für **gestern Abend** sagt man **last night**: *what did you do last night?*

**gestreift** striped; **quer getreift** cross-striped
**gestrichen** 1 painted; **frisch gestrichen!** wet paint!
2 **gestrichen voll** full to the brim
3 **ein gestrichener Esslöffel** a level tablespoon
4 **ich hab die Nase gestrichen voll!** I've had it up to here!
**gesund** 1 *Appetit, Klima, Mensch:* healthy ['helθi]; **Milch ist gesund** milk is good for you
2 **sich gesund fühlen** feel well; **gesund werden** get well; **werd' bald wieder gesund!** get well soon!
3 **gesunder Menschenverstand** common sense
**Gesundheit** 1 health; **kalt duschen ist gut für die Gesundheit** cold showers are good for your health
2 **Gesundheit!** [God] bless you!
**Gesundheitsamt** public health department
**Getöse** din
**Getränk** drink; **ein warmes Getränk** a hot drink
**Getreide** grain, cereal
**getrennt** 1 *Zimmer, etc:* separate ['sepᵊrət]
2 **getrennt leben** live apart; **getrennt bezahlen** go Dutch
**Getriebe** gears ⚠ *Plural;* (*im Auto*) gearbox
**Getto** ghetto
**geübt** versed; *Fahrer, Reiter, Segler:* proficient [prə'fɪʃᵊnt]; **geübt im Reden/Schreiben sein** be a proficient speaker/writer
**Gewächshaus** hothouse, greenhouse
**gewagt** risky
**Gewalt** 1 (*Gewaltanwendung*) force; (*stärker*) violence; **Gewalt anwenden** use force
2 (*Macht*) power; **jemanden in seiner Gewalt haben** have someone in one's power
3 (*Kontrolle*) control (**über** of, over); **sich in der Gewalt haben** have oneself under control; **keine Gewalt über etwas haben** have no control over something
4 *eines Aufpralls, Knalls, Sturms:* force
5 **mit Gewalt** by force; **mit aller Gewalt** (*umgangsspr*) for all one is worth
**gewaltig** 1 *Leistung:* tremendous
2 (*heftig*) violent
3 (*riesig*) huge; *Fehler, Irrtum:* big
4 **da täuscht du dich aber gewaltig!** you're way out!
**gewaltsam** 1 *Auseinandersetzung, Tod:* violent; **das gewaltsame Vorgehen** the use of force
2 **gewaltsam eindringen** enter by force
**gewalttätig** violent
**Gewalttätigkeit** 1 (*Eigenschaft*) violence
2 (*Tat*) act of violence
**gewandt** (*geschickt*) skilful
**Gewässer** waters ⚠ *Plural,* stretch of water
**Gewebe** 1 (*biologisch*) tissue
2 (*Stoff*) fabric

**Gewehr** rifle
**Gewerbe** trade; **ein Gewerbe ausüben** carry on a trade
**Gewerkschaft** trade[s] union (GB), labor union (USA)
**Gewicht** 1 weight [weɪt]
2 **nicht ins Gewicht fallen** be of no consequence
**Gewichtszunahme** weight gain
**Gewinn** 1 (*Erlös*) profit; **Gewinn abwerfen** make a profit; **Gewinn bringend** profitable ['prɒfɪtəbl]
2 (*Preis*) prize
3 (*im Glücksspiel*) winnings ⚠ *Plural;* **einen großen Gewinn machen** win a lot
**gewinnen** 1 (*siegen*) win (**bei** at)
2 (*profitieren*) gain
3 (*erzeugen*) produce; (*aus Altware*) reclaim, recover
4 gain *Einfluss, Vorteil, Zeit*
5 **lieb gewinnen** grow fond of

? **Grammatik** Die unregelmäßigen Vergangenheitsformen von **win** lauten **won — won**: who **won** *the match?; Emma* **has won** *first prize in the drawing competition; that was the year we* **won** *the championship*

**Gewinner(in)** winner
**gewiss** 1 (*bestimmt*) certain
2 **ein gewisser Herr Thum** a certain Mr. Thum; **in gewissem Maß** to some extent; **sie hat das gewisse Etwas** she's got that certain something
3 (*sicher*) certainly; **aber gewiss doch!** but of course!
**Gewissen** conscience ['kɒnʃəns]
**gewissenhaft** conscientious [ˌkɒnʃi'enʃəs]
**gewissenlos** unscrupulous [ʌn'skru:pjələs]
**gewissermaßen** as it were, so to speak
**Gewissheit** certainty; **ich muss mir darüber Gewissheit verschaffen** I must be certain about it
**Gewitter** thunderstorm; **es ist ein Gewitter im Anzug** a storm is brewing *auch übertragen*
**gewöhnen** 1 **etwas gewöhnt sein** be used to something; **gewöhnt sein, etwas zu tun** be used to doing something
2 **jemanden an etwas gewöhnen** make somebody get used to something; **sich an etwas gewöhnen** get used to something
**Gewohnheit** habit; **aus Gewohnheit** by habit; **zur Gewohnheit werden** grow into a habit
**gewöhnlich** 1 (*üblich*) usual
2 (*normal*) ordinary
3 (*unfein*) common
**gewohnt** 1 *Routine, Verlauf, etc:* usual
2 **etwas gewohnt sein** be used to something
**Gewürz** spice
**Gezeiten** tides
**gezielt** 1 *Schuss, etc:* purposeful
2 *Kritik:* pointed
3 **etwas gezielt tun** do something with a particular aim in mind
**gezwungen** (*übertragen*) 1 (*gespannt*) forced
2 (*unnatürlich*) stiff
**Gier** greed (**nach** for)
**gierig** greedy (**nach** for)
**gießen** 1 (*in Gefäß*) pour
2 (*wässern*) water
3 (*regnen*) pour; **es goss [in Strömen]** it was pouring [with rain]
**Gießkanne** watering can
**Gift** 1 poison ['pɔɪzən]; *eines Tieres:* venom
2 **darauf kannst du Gift nehmen** you can bet your life on it

! **Vorsicht Falle** Das deutsche Wort **Gift** darf nicht mit dem englischen Wort **gift**(= Geschenk) verwechselt werden!

**giftig** *Pflanze:* poisonous; *Schlange:* venomous; *Substanz:* toxic
**Giftmüll** toxic waste
**Giftstoff** toxic substance
**gigantisch** enormous, gigantic [dʒaɪ'gæntɪk]
**Gipfel** 1 (*Bergspitze*) peak, summit
2 (*Höhepunkt*) height [haɪt]
**Gipfeltreffen** summit [meeting]
**Gips** plaster
**Gipsbein** leg in plaster
**Giraffe** giraffe [dʒɪ'rɑ:f]
**Girokonto** current account
**Gitarre** guitar [gɪ'tɑ:ʳ]; **Gitarre spielen** play the guitar
**Gitter** 1 (*Eisenstangen*) bars ⚠ *Plural;* **hinter Gittern** behind bars
2 (*vor Bodenfenstern, etc*) grid
3 (*aus Holz*) lattice, trellis
**Glanz** gleam; (*von Oberfläche*) shine; (*von Farben*) brilliance
**glänzen** 1 shine; *Augen:* sparkle; (*vor Fett*) be shiny
2 (*übertragen*) be brilliant
**glänzend** 1 shining; *Augen:* sparkling
2 **glänzend aussehen** look brilliant; **mir geht es glänzend** I'm doing great

**Glas** 1 glass; **zwei Glas Bier** two glasses of beer
2 (*Brillenglas*) lens
3 (*Marmeladenglas*) jar; **ein Glas Marmelade/Gurken** a jar of jam/gherkins
**Glasfaserkabel** fibre optic cable
**Glasscheibe** sheet of glass; (*Fenster*) pane of glass
**Glasscherbe** piece of broken glass
**Glasur** 1 (*auf Keramik*) glaze
2 (*auf Kuchen*) icing
**glatt** 1 (*eben*) smooth [smu:ð]; *Fahrbahn:* slippery; *Haar:* straight [streɪt]; *Stoff:* uncreased
2 *Ablauf, Landung:* smooth; *Absage:* flat; **eine glatte Eins** a straight A
3 (*ausgesprochen*) downright; **eine glatte Lüge** an outright lie; **glatter Unsinn** sheer nonsense
4 **glatt gehen** [*oder* **laufen**] go smoothly; **es wird schon glatt gehen!** it'll be all right!
5 **glatt ablehnen/leugnen** flatly refuse/deny; **das habe ich doch glatt vergessen** I clean forgot about it
6 **glatt rasiert** clean shaven; *Beine:* shaved
**Glatteis** [black] ice
**Glatze** bald [bɔ:ld] head; **eine Glatze bekommen** be going bald; **eine Glatze haben** be bald
**glatzköpfig** bald
**Glaube** 1 (*Vertrauen, religiös*) faith (**an** in); **in gutem Glauben** in good faith; **jemandem Glauben schenken** believe somebody; **den Glauben [an jemanden/etwas] verlieren** lose faith [in somebody/something]
2 (*Meinung, Überzeugung*) belief
**glauben** 1 (*meinen*) think; **glaubst du?** do you think so?; **ich glaube, ja** [*oder* **schon**] I think so; **ich glaube, nein** I don't think so
2 (*für wahr halten*) **jemandem glauben** believe somebody; **ich glaube ihr kein Wort!** I don't believe a word she's saying!; **an etwas glauben** believe in something
3 **es ist kaum zu glauben** I can hardly believe it; **ob du es glaubst oder nicht** believe it or not
4 **wer's glaubt, wird selig!** a likely story!; **das glaubst du wohl selbst nicht!** you can't be serious ['sɪəriəs]!
**Glaubensbekenntnis** creed
**glaubwürdig** 1 *Beweis, Geschichte, Person:* credible
2 *Hinweis:* reliable [rɪ'laɪəbl]
**gleich** 1 (*identisch*) same
2 (*ähnlich*) similar
3 (*rechnerisch*) equal; **zur gleichen Zeit** at the same time; **in gleichem Abstand** at an equal distance; **zwei mal zwei ist gleich vier** two times two is four
4 **das ist mir gleich** it's all the same to me; (*negativer*) I don't care at all!
5 (*sofort*) at once; **ich komme gleich** I'll be right there; **bis gleich!** see you [in a minute]!
6 (*direkt*) **gleich gegenüber/hier** right opposite/here
7 (*fast*) **es ist gleich zehn** it is nearly ten o'clock; **wir sind gleich da** we're nearly there
8 (*in gleicher Weise*) equally
9 **das bleibt sich gleich** it doesn't matter
10 **gleich gesinnt sein wie** hold the same views *Plural* as
11 **gleich aussehen** look the same; **gleich alt/groß sein wie ...** the same age/height as ...
**Gleichberechtigung** equal rights ⚠ *Plural*
**gleichen** 1 be like
2 **sich gleichen** be alike
**gleichentags** (CH) [on] the same day
**gleichfalls** (*auch*) also; **danke, gleichfalls!** thanks, the same to you!
**Gleichgewicht** balance ['bæləns] *auch übertragen;* **das Gleichgewicht verlieren, aus dem Gleichgewicht kommen** lose one's balance; **jemanden aus dem Gleichgewicht bringen** throw someone off balance
**gleichgültig** 1 indifferent (**gegenüber** towards)
2 **ist mir doch völlig gleichgültig!** I don't give a damn!
**Gleichgültigkeit** indifference (**gegenüber** towards)
**gleichmäßig** 1 (*zu gleichen Teilen*) equal
2 (*ebenmäßig*) even
3 (*regelmäßig*) *Abstand, Puls:* regular; **in gleichmäßigem Abstand** at regular intervals ⚠ *Plural*
4 **gleichmäßig atmen** breathe regularly; **etwas gleichmäßig auftragen/verteilen** apply/distribute something evenly
**Gleichung** equation [ɪ'kweɪʒᵊn]
**gleichzeitig** at the same time
**Gleis** track, rail ⚠ *meist Plural*
**gleiten** 1 glide
2 **gleitende Arbeitszeit** flexible working hours ⚠ *Plural,* flexitime
**Gletscher** glacier ['glæsɪə]
**Glied** 1 (*Arm, Bein*) limb [lɪm]
2 **an allen Gliedern zittern** be shaking all over
3 (*Penis*) member
4 (*einer Kette*) link *auch übertragen*
**gliedern** 1 subdivide (**in** into)
2 **sich gliedern** be composed, consist (**in** of)
**Gliederung** (*Struktur*) structure
**glimpflich** **glimpflich davonkommen** get off

lightly

**glitschig** slippery

**glitzern** glitter; *Stern:* twinkle

**global** global ['gləʊbᵊl]

**Glocke** bell

**Glotze** (*Fernseher*) goggle-box

**Glück** ① luck; **viel Glück!** good luck!; **was für ein Glück!** what a stroke of good luck!
② **Glück haben** be lucky; **kein Glück haben** be unlucky; **Glück gehabt!** that was lucky!; **da hast du aber Glück gehabt!** you were lucky there!; **ein Glück, dass ...** it's a good thing that ...; **zum Glück** fortunately ['fɔːtʃᵊnətli]
③ **auf gut Glück** on the off-chance
④ **jemandem** [**zu etwas**] **Glück wünschen** congratulate someone [on something]

**glücklich** ① happy; **glücklich machen** make happy; **sich glücklich schätzen** consider oneself lucky
② *Gewinner, Zufall:* lucky; **eine glückliche Hand bei ... haben** have a lucky hand when it comes to ...

**glücklicherweise** fortunately ['fɔːtʃᵊnətli], luckily

**Glücksfall** stroke of luck (GB), lucky break (USA)

**Glückwunsch** congratulations ⚠ *Plural;* **herzlichen Glückwunsch zum Geburtstag!** happy birthday!

**Glühbirne** light bulb

**glühen** ① glow
② **glühen vor Zorn** burn with Anger

**glühend** ① (*intensiv*) *Berge, Farben, Gesicht:* glowing
② *Hitze:* blazing; **glühend heiß** burning hot; *Metall:* red-hot; **rot glühend** red-hot
③ *Leidenschaft, Wunsch:* ardent; *Hass:* burning

**GmbH** *Abkürzung von* **Gesellschaft mit beschränkter Haftung** Ltd (GB), Inc (USA)

**Gnade** mercy; **um Gnade bitten** beg for mercy

**gnädig** ① (*erbarmend*) merciful
② (*herablassend*) condescending

**Gnom** gnome [nəʊm]

**Gold** gold

**golden** ① *Hochzeit:* golden ['gəʊldᵊn]
② *Armband, Uhr, etc:* gold

**Goldfisch** goldfish

**goldgelb** golden

**Goldmedaille** gold medal ['medᵊl]

**Golf**[1] der gulf; **der Golf** the Gulf

**Golf**[2] das golf

**Golfplatz** golf course

**Golfschläger** golf club

**Golfspieler(in)** golfer

**gönnen** ① **sich etwas gönnen** allow oneself something; **gönn dir was!** spoil yourself!
② **ich gönne es ihm** I am happy for him; **sie gönnt mir den Erfolg nicht** she begrudges me my success

**Gorilla** gorilla

**Gott** ① God; **der liebe Gott** the good Lord; **an Gott glauben** believe in God
② **Gott sei Dank!** thank God!; **um Gottes willen!** for heaven's sake!; (*betroffen*) oh no!
③ **leider Gottes** unfortunately

**Götterspeise** fruit jelly

**Gottesdienst** service

**Göttin** goddess

**göttlich** divine

**Grab** grave

**Graben** ① (*am Straßenrand*) ditch
② (*Schützengraben*) trench

**graben** (*mit Spaten*) dig (**nach** for)

**Grabmal** monument

**Grabstein** gravestone

**Grad** ① degree
② **im höchsten Grade** extremely

**Graf** ① (*außerhalb Großbritanniens*) count
② (*innerhalb Großbritanniens*) earl [ɜːl]

**Grafik, Graphik** ① (*Gewerbe*) graphic arts *Plural*
② (*Diagramm*) diagram ['daɪəgræm]

**Gräfin** countess ['kaʊntɪs]

**Grafit, Graphit** graphite ['græfaɪt]

**Grafschaft** county

**Gramm** gram[me]

**Grammatik** grammar

**grammatisch** grammatical

**Granate** shell

**grandios** magnificent [mæg'nɪfɪsənt]

**Gras** grass

**grässlich** ① (*grauenvoll*) hideous, horrible
② (*widerlich*) awful, dreadful

**Gräte** bone

**gratis** free [of charge]

**gratulieren** congratulate (**zu** on); [**ich**] **gratuliere!** [my] congratulations! ⚠ *Plural;* **jemandem zum Geburtstag gratulieren** wish someone a happy birthday

> **! Vorsicht Falle** **congratulations** (= „Herzlichen Glückwunsch") wird nur in der Mehrzahl gebraucht: *congratulations on passing the exam!*

**grau** grey; **graue Haare bekommen** go grey; **grau meliert** *Haare:* greying

**Gräuel** ① (*Grauen*) horror
② (*Schandtat*) outrage

**Gräueltat** atrocity
**grauen** **mir graut es davor** I dread it
**grauenhaft**, **grauenvoll** gruesome ['gru:səm], horrid
**Graupelschauer** sleet
**grausam** cruel ['kru:əl] (**zu** to)
**Grausamkeit** cruelty ['kru:əlti]
**grausig** horrible
**grauslich** Ⓐ (*unangenehm, ekelhaft*) terrible
**graziös** graceful
**greifbar** ❶ (*zur Verfügung*) available
❷ **in greifbarer Nähe** within reach
**greifen** ❶ (*ergreifen*) grasp; take *Gelegenheit, Maßnahme;* **hinter sich/nach etwas greifen** reach behind/for something
❷ (*einrasten*) grip
❸ *Maßnahmen, Strategie, etc:* have an effect (**bei** on)
❹ **zum Greifen nahe liegen** be within one's grasp
❺ **zur Flasche greifen** take to the bottle
❻ **zum Äußersten greifen** go to extremes ⚠ *Plural*
❼ **um sich greifen** *Krankheit, Unsitte:* spread [spred]
**grell** ❶ *Farbe:* loud
❷ *Sonne:* dazzling
**Gremium** body
**Grenze** ❶ (*von Staat*) border; **die Grenze zu Dänemark** the border with Denmark
❷ (*übertragen*) limits ⚠ *Plural;* **sich [noch] in Grenzen halten** keep within limits; **sein Mut kennt keine Grenzen** there's no limit to his courage; **alles hat seine Grenzen** there's a limit to everything
❸ **seine Grenzen kennen** know one's limitations
**grenzen** border *auch übertragen* (**an** on)
**Grenzübergang** border crossing
**Griff** ❶ (*Stiel*) handle
❷ *von Tür:* knob
❸ (*Halten von Hand*) grasp, grip
❹ **etwas im Griff haben** have got the hang of something; **etwas in den Griff bekommen** get to grips with something
**griffbereit** handy
**Grill** (*zum Grillen*) grill; (*im Garten*) barbecue
**grillen** ❶ (*in der Küche*) grill
❷ (*im Garten*) barbecue ['bɑ:bɪkju:]
**Grimasse** grimace ['grɪməs]; **Grimassen schneiden** pull faces
**grimmig** ❶ (*zornig*) grim
❷ *Kälte:* severe [sɪ'vɪə]
**Grinsen** grin
**grinsen** grin
**Grippe** influenza [ˌɪnflʊ'enzə], flu [flu:] *umgangsspr*
**grob** ❶ (*nicht fein*) coarse [kɔ:s]; **grob gemahlen** coarse-ground
❷ (*verletzend*) rude
❸ **grober Fehler** bad mistake
❹ **grob geschätzt** at a rough estimate
❺ **aus dem Gröbsten heraus sein** be out of the woods ⚠ *Plural*
**grö(h)len** bawl
**Groll** anger, wrath [rɒθ]
**grollen** *Donner:* roll
**groß** ❶ (*bedeutend*) great
❷ (*räumlich*) large; (*umfangreich*) big *auch übertragen;* (*riesig*) huge; *Fläche:* extensive, vast
❸ (*hoch gewachsen*) tall
❹ *Hitze:* intense; *Fehler:* bad
❺ **die großen Ferien** the summer holidays Ⓖⓑ [*oder* Ⓤⓢⓐ vacation ⚠ *Singular*]
❻ [**ganz**] **groß rauskommen** make the big time
❼ **meine große Schwester** my big sister
❽ **er ist mal wieder in großer Eile** he's in a terrible rush again
❾ **die Maschine verursachte großen Lärm** the machine [mə'ʃi:n] made a lot of noise
❿ **großen Hunger/große Schmerzen haben** be very hungry/in a lot of pain ⚠ *Singular*
⓫ **sich große Mühe geben** make a big effort
**großartig** ❶ (*wunderbar*) wonderful ['wʌndəfᵊl]
❷ (*hervorragend*) splendid, great
**Großbritannien** Great Britain
**Großbuchstabe** capital
**Größe** ❶ (*Format, Umfang, Kleidung, Schuhe*) size; **welche Größe hast du?** what size are you?
❷ (*Höhe*) *auch eines Betrages:* height [haɪt]; **er hat deine Größe** he is your height
❸ (*Ausdehnung*) dimensions [ˌdaɪ'menʃᵊnz] ⚠ *Plural*
❹ **innere Größe** inner greatness
**Großeltern** grandparents
**Großhandel** wholesale trade
**Großmutter** grandmother
**Großonkel** great-uncle
**Großrat**, **Großrätin** Ⓒⓗ member of a cantonal parliament
**Großtante** great-aunt
**Großteil** large part; **zum Großteil** for the most part
**größtenteils** for the most part

**Großvater** grandfather
**großziehen** raise [reɪz]
**großzügig** ① (*freigebig*) generous ['dʒenᵊrəs]
② (*weiträumig*) spacious ['speɪʃᵊs]
**Großzügigkeit** generosity [ˌdʒenᵊrɒsəti]
**grotesk** grotesque
**Grube** ① hole, hollow
② (*Bergbau*) mine, pit
**grüezi** (CH) hello, good morning/afternoon/evening
**grün** ① green; **grüner Salat** lettuce
② (*nicht reif*) not ripe
▶ IN WENDUNGEN: **grüne Welle** phased traffic lights ⚠ *Plural;* **das ist dasselbe in Grün** (*umgangsspr*) that's one and the same thing
**Grund**[1] der ① (*Ursache*) reason; **aus welchem Grund?** for what reason?; **auf Grund von …** due to …, because of …; **aus gesundheitlichen Gründen** for reasons of health; **ohne jeden Grund** for no apparent reason
② (*Anlaß*) reason; **einen Grund zum Feiern haben** have good cause for celebration; **ich habe keinen Grund zum Klagen** I have no reason to complain
**Grund**[2] der ① *von Gefäß, Grube:* bottom
② (*Grundstück*) land
③ (*Erdboden*) ground
④ **von Grund auf** completely
⑤ **im Grunde** basically
⑥ **einer Sache auf den Grund gehen** get to the bottom of something
⑦ **zu Grunde richten** ruin, destroy
**Grundbegriff** basic principle
**gründen** ① found
② **sich gründen auf** be based on
**Gründer(in)** founder
**Grundgesetz** (*bundesdeutsche Verfassung*) **das Grundgesetz** the German Constitution
**Grundlage** basis, foundation
**grundlegend** ① fundamental, basic (**für** to)
② **grundlegend falsch** fundamentally wrong
**gründlich** thorough
**Gründonnerstag** Maundy Thursday [ˌmɔːndi'θɜːzdi]
**Grundsatz** principle
**grundsätzlich** ① (*im Allgemeinen*) in principle; **grundsätzlich schon** basically yes; **grundsätzlich nicht** absolutely not
② (*stets*) always; **grundsätzlich nein sagen** say no on principle
③ *Frage, Unterschied:* fundamental
**Grundschule** elementary [*oder* primary] school
**Grundstück** (*Parzelle*) plot
**Gründung** foundation
**Grüne(r)** Green [party member]; **die Grünen** the Green Party
**Grünfläche** green space
**grunzen** grunt
**Gruppe** group
**Gruppenarbeit** teamwork
**gruppieren** ① group
② **die Häuser gruppieren sich um den Marktplatz** the houses are grouped around the market square
**Gruß** ① greeting; **viele Grüße** best wishes
② **jemandem herzliche Grüße bestellen** give one's kindest regards to somebody; **jemandem einen Gruß ausrichten** give one's regards ⚠ *Plural* to somebody, say hello to somebody *umgangsspr*
**grüßen** ① greet; **grüß dich!** hi!
② (*beim Militär*) salute
**gucken** look; **guck mal!** just take a look!
**gültig** ① *Pass:* valid
② *Bestimmungen, Preise:* current
③ **gültige Münze** legal tender
**Gummi** rubber
**Gummiband** rubber band
**Gummiknüppel** [rubber] truncheon ['trʌnʃᵊn]
**Gunst** favour ['feɪvə]; **zu deinen Gunsten** in your favour ⚠ *Singular;* **zu Gunsten von …** in favour ⚠ *Singular* of …
**günstig** ① (*vorteilhaft*) favourable ['feɪvᵊrəbl]; *Moment:* right; **im günstigsten Falle** at best; **bei günstiger Witterung** weather permitting; **günstig gelegen** [**für**] well situated [for]
② (*preiswert*) cheap; **etwas günstig erstehen/verkaufen** buy/sell something for a good price
**Gurke** ① (*Salatgurke*) cucumber
② (*Essiggurke*) gherkin ['gɜːkɪn]
**Gurt** ① (*Riemen*) strap
② (*im Auto*) belt
**Gürtel** belt
**Gut** ① (*Landgut*) estate [ɪ'steɪt]
② **Güter** goods
**gut** ① good; **ein guter Mensch** a good person; *Wetter:* nice; **kein guter Tänzer** not much of a dancer
② **wie geht's? — gut!** how are you? — fine!; **ganz gut** not bad; **so gut es geht** as best as possible
③ **gut so!** that's it!; **gut gemacht!** well done!; **mach's gut!** take care!
④ **das ist schön und gut, aber …** it's all very well but …
⑤ **schon gut!** all right!, OK!; **nun gut!** all right

then!
6 **wozu ist das gut?** what's that for?; **das ist gut gegen Grippe** that's good for flu
7 **du siehst gut aus** (*allgemein*) you're good-looking; (*heute*) you're looking good; (*gesundheitlich*) you're looking well
8 **mir ist nicht gut** I'm not feeling [too] well; **das wird dir gut tun** that will do you good
9 **du hast gut lachen/reden!** it's easy for you to laugh/say!; **das kann gut sein** that may well be
10 **jemanden gut finden** like somebody; **das gefällt mir gut** I like it very much
11 **gut bezahlt** well-paid; **gut gehend** flourishing ['flʌrɪʃɪŋ]; **gut gelaunt** cheerful; **gut gemeint** well-meant
12 **das schmeckt gut** that tastes nice
13 **etwas gut können** be good at something
14 **seid ihr gut angekommen?** did you get back alright?
15 **jemandem alles Gute wünschen** wish someone well; (*für Prüfung*) wish someone luck
16 **dabei kann nichts Gutes rauskommen** nothing good can possibly come of it
17 **das ist nochmal gut ausgegangen** that was a close shave
18 **etwas wendet sich zum Guten** something comes right in the end
19 **bis London sind es noch gut 5 Kilometer** it's still a good 5 kilometres to London

> **? Grammatik** **well — better — best:** *Dave knows me well, my brother knows me better, but my mum knows me (the) best.* Vorsicht: *to play the guitar* **well**, aber: *to be a* **good** *guitarist.*

**Gutachten** expert ['ekspɜːt] opinion
**gutbürgerlich** *Küche:* good plain
**Güte** 1 (*Freundlichkeit*) kindness
2 **[ach] du meine Güte!** goodness me!
**Güterzug** goods train (GB), freight [freɪt] train (USA)
**Guthaben** credit
**gutheißen** **etwas gutheißen** approve [ə'pruːv] of something
**gutmütig** good-natured
**Gutschein** 1 (*als Zahlung*) coupon ['kuːpɒn], voucher ['vaʊtʃə$^{r}$]
2 (*für umgetauschte Waren*) credit note
**Gymnasium** grammar school (GB), high school (USA); **auf's Gymnasium gehen** go to grammar school (GB) [*oder* (USA) high school]
**Gymnastik** 1 (*Sport*) gymnastics ⚠ *Singular*
2 **Gymnastik machen** do keep-fit exercises ⚠ *Plural*

# H h

**Haar** 1 hair; **lange/kurze Haare** long/short hair ⚠ *Singular;* **blonde/schwarze Haare** blonde/black hair ⚠ *Singular*
2 **sich die Haare schneiden lassen** have one's hair cut; **sich die Haare kämmen** comb one's hair [kəʊm]; **ich muss [mir] noch die Haare waschen** I've got to wash my hair
► IN WENDUNGEN: **mir standen die Haare zu Berge** my hair stood on end; **kein gutes Haar an jemandem lassen** pick someone to pieces ⚠ *Plural;* **sich in die Haare geraten** pick a quarrel [with each other]; **sich ständig in den Haaren liegen** be constantly quarrel[l]ing; **um ein Haar** (*beinahe*) within a hair's breadth
**Haarbürste** hairbrush
**haarig** hairy *auch übertragen*
**Haarschnitt** haircut
**haarsträubend** hair-raising
**haben** 1 have, have got *umgangsspr*
2 **Durst/Hunger haben** be thirsty/hungry; **Ferien haben** be on holiday; **wann hast du Geburtstag?** when is your birthday?; **ich hab am 22. Februar Geburtstag** my birthday is on the 22nd of February; **ich hab [heute] Geburtstag!** it's my birthday [today]!
3 **den wievielten haben wir heute?** what date is it today?; **heute haben wir den ...** today is the ...
4 **für etwas zu haben sein** be keen on something; **das haben Sie davon!** that'll teach you!
5 **ich kann das eben nicht [ab]haben** (*leiden*) I just can't stand it
6 **ich hab's!** I've got it!; **etwas fertig haben** have finished something
7 **jemanden gern haben** be fond of somebody, like somebody; **jemanden lieb haben** love somebody
8 **es gut/schlecht haben** be lucky/unlucky; **lieber haben** prefer; **nötig haben** need
9 **recht haben** be right; **unrecht haben** be wrong
10 **etwas haben wollen** (*verlangen*) ask for something; (*wünschen*) want something
11 **zu tun haben** (*beschäftigt sein*) be busy; **was haben Sie?** what's the matter with you?; **hab dich nicht so** don't make such a fuss
12 **da haben Sie's!** there you are!; **das haben wir gleich!** we'll have that fixed in a jiffy!
13 **und damit hat sich's!** and that's that!

> **? Grammatik** Im Englischen wird *haben* (= besitzen) durch zwei Wörter ausgedrückt: **have got** — *Jenny* **has got** *an apartment; she* **hasn't got** *a garden.* In den USA wird **have got** meistens ohne **got** benutzt. Man sagt z. B.: *I* **have** *a cat.* Für Fragen verwendet man in Großbritannien **have you got ...?**, in den USA jedoch **do you have ...?**. Verneint wird in den USA mit **I don't have ...**

**hacken** ① chop *Holz*
② (*mit Spitzhacke*) hack; **klein hacken** chop up small
③ (*picken*) *Vogel:* peck (**nach** at)
④ (*in Informatik*) hack (**in** into)

**Hacker(in)** hacker

**Hackfleisch** minced meat (GB), ground meat (USA)

**Hafen** harbour, port; **in einen Hafen einlaufen** enter a harbour

**Hafer** oats ⚠ *Plural*

**Haferflocken** porridge oats; **grobe Haferflocken** rolled oats

**Haft** ① (*Haftstrafe*) imprisonment; **zu zehn Jahren Haft verurteilt werden** be sentenced to ten years' imprisonment; **in Haft** in prison
② (*vor dem Prozess*) custody ['kʌstədi]; **in Haft** in custody; **in Haft nehmen** take into custody

**Haftbefehl** warrant [wɒrənt] of arrest

**haften** ① (*kleben*) adhere, stick (**an** to)
② (*haftbar sein*) be liable (**für** for)

**Häftling** prisoner

**Haftpflichtversicherung** (*für KFZ*) third-party insurance

**Haftung** ① (*Schadenersatz*) liability
② (*Verantwortung für Personen*) responsibility
③ *von Reifen, etc:* adhesion

**Hag** (CH) (*Hecke*) hedge

**Hagel** ① hail
② *von Steinen:* shower

**hageln** hail *auch übertragen;* **es hagelt** it's hailing; **es hagelte Kritik** it was hailing criticism

**Hahn**$^{1}$ der (*Wasserhahn*) tap (GB), faucet ['fɔːsɪt] (USA)

**Hahn**$^{2}$ der (*Gockel*) cock (GB), rooster (USA)

**Hai** shark *auch übertragen*

**häkeln** crochet ['krəʊʃeɪ]

**Haken** ① (*aus Metall; auch beim Boxen*) hook; (*aus Holz*) peg
② (*Zeichen: Häkchen*) tick (GB), check (USA)
③ **die Sache hat einen Haken** there's a catch in it; **der Haken daran ist, ...** the thing is ...

**halb** ① half *auch übertragen;* **eine halbe Stunde** half an hour; **ein halbes Jahr** six months ⚠ *Plural;* **zum halben Preis** at half the price
② **ein einhalb** one and a half; **ein einhalb Stunden** one and a half hours, an hour and a half
③ **es ist halb eins** it is half past twelve
④ **das ist doch halb so schlimm** it's not that bad
⑤ **machen wir halbe-halbe!** let's go halves!; **nichts Halbes und nichts Ganzes** neither ['naɪðəʳ] one thing nor the other; **wir machen keine halben Sachen** we don't do things by halves
⑥ (*in Zusammensetzungen: zur Hälfte*) half-; (*technisch*) semi-; **halb fertig** semi-finished; **halb nackt** half-naked; **halb offen** half-open; **halb tot** half-dead; **halb voll** half-full
⑦ (*beinahe*) almost; **halb so viel** [**wie**] half as much [as]; **noch ein halbes Kind sein** be scarcely ['skeəsli] more than a child

**Halbbruder** half-brother

**halbieren** halve [hɑːv]; (*zerschneiden*) cut in halves *Plural*

**Halbinsel** peninsula [pə'nɪnsjʊlə]

**halbjährlich** ① *Bericht, etc:* half-yearly (GB), semi-annual (USA)
② (*alle halbe Jahr*) every six months *Plural*

**Halbkanton** (CH) sub-canton

**Halbkreis** semicircle ['semɪˌsɜːkl]

**Halbkugel** hemisphere ['hemɪsfɪə]

**Halbmond** ① (*Himmelskörper*) half-moon
② (*im Wappen*) crescent ['krezᵊnt]

**Halbpension** half-board

**Halbschwester** half-sister

**halbtags** **halbtags arbeiten** work part-time

**Halbzeit** ① (*Spielhälfte*) half [hɑːf]
② (*Pause*) half-time

**Hälfte** ① half [hɑːf]
② [**bis**] **zur Hälfte** halfway; **um die Hälfte** by half; **um die Hälfte mehr** half as much again; **mehr als die Hälfte** more than half

**Halle** ① (*großer Raum*) hall
② (*Hotelhalle*) lobby, lounge
③ (*Sporthalle*) gym[nasium]; **in der Halle** [**spielen**] [play] indoors

**hallen** echo ['ekəʊ]; (*widerhallen*) reverberate *auch übertragen*

**Hallenbad** indoor swimming pool

**hallo** hello, hallo ['hæləʊ]

**Halm** ① (*Grashalm*) blade
② (*Strohhalm*) straw

**Hals** ① (*Nacken*) neck; **sich den Hals brechen** break one's neck
② (*Kehle*) throat
▸ IN WENDUNGEN: **Hals über Kopf** in a rush;

**jemandem um den Hals fallen** fling one's arms around someone's neck; **jemanden am Hals haben** be saddled with someone; **das hängt mir zum Hals heraus** I am sick and tired of that; **Hals-und Beinbruch!** break a leg!

**Halsband** (*für Tier*) collar ['kɒləʳ]

**Halskette** (*Schmuck*) necklace ['nekləs]

**Halsschmerzen** sore throat ⚠ *Singular;* **Halsschmerzen haben** have a sore throat ⚠ *Singular*

**Halstuch** scarf

**Halt** 1 (*Festigkeit*) hold; (*Stütze*) support; (*innerer Halt*) stability
2 (*Anhalten, Aufenthalt*) halt, stop; **ohne Halt** non-stop; **Halt machen** [make a] stop
3 **vor nichts Halt machen** stop at nothing

**haltbar** 1 *Zustand:* tolerable
2 **haltbar sein** *Lebensmittel:* keep [well]; **nur begrenzt haltbar** perishable

**Haltbarkeitsdatum** eat-by date

**halten** 1 (*festhalten*) hold
2 (*aufrechterhalten*) maintain *Niveau, Tempo*
3 (*behalten*) hold *Position, Rekord*
4 (*beschäftigen, besitzen*) keep *Chauffeur, Gärtner, Haustier*
5 (*tragen, stützen*) hold up, support
6 (*veranstalten*) hold *Bazar, Gottesdienst;* give *Rede, Vorlesung*
7 save *Torschuss; Torwart:* make a save
8 (*erfüllen*) keep *Versprechen*
9 **halt den Mund!** shut up!
10 **jemanden/etwas fest halten** hold someone/something tight
11 (*haften bleiben*) hold
12 (*anhalten*) stop
13 (*bestehen bleiben*) *Frisur, Preise, Wetter:* last; *Lebensmittel:* keep; *Stoffe:* wear well
14 **sich halten** (*im Kampf*) hold out
15 **er hat sich gut gehalten** (*er sieht jung aus*) he's kept well *umgangsspr,* he's aged well
16 **sich links/rechts halten** keep to the left/right
17 **Schwimmen hält fit** swimming keeps you fit
18 **zu jemandem halten** stand by someone
19 (*erachten, einschätzen*) **jemanden für einen Freund/Feigling/etc halten** think someone [to be] a friend/coward/etc; **wofür halten Sie mich eigentlich?** really, what do you take me for?; **was halten Sie von ihm?** what do you think of him?; **sich für klug/etwas Besonderes halten** think oneself very clever/special
20 **jemanden auf dem Laufenden halten** keep someone posted
21 **sich an jemanden halten** turn to somebody
22 **sich an eine Abmachung halten** stick to an agreement; **sich an die Spielregeln halten** play the game

**Haltestelle** (*Bushaltestelle*) stop

**Haltung** 1 (*Körperhaltung*) posture ['pɒstʃə]
2 (*Einstellung*) attitude

**hämisch** 1 spiteful; *Lächeln:* sardonic
2 **sich hämisch über etwas freuen** gloat over something

**Hammelfleisch** mutton

**Hammer** hammer

**hämmern** 1 hammer *auch übertragen*
2 *Herz, Puls:* pound

**Hamster** hamster

**Hand** 1 hand; **in die Hände klatschen** clap one's hands; **Hände hoch!** hands up!; **von Hand** by hand; (*in Zusammensetzungen*) manual ['mænjuəl]
2 **Hand aufs Herz!** cross your heart!; **das liegt doch wohl auf der Hand** that's obvious, isn't it?; **es lag in ihrer Hand** it was in her hands ⚠ *Plural*
3 **weder Hand noch Fuß haben** not make sense
4 **etwas in die Hand nehmen** (*anfassen*) pick something up; (*in Angriff nehmen*) take something in hand
5 **alle Hände voll zu tun haben** have one's hands full
6 **etwas bei der** [*oder* **zur**] **Hand haben** have something to hand *Gegenstand;* have something ready *Ausrede, Erklärung*
7 **Hand in Hand** hand in hand
8 **eine Hand voll** a handful
► IN WENDUNGEN: **etwas aus erster Hand wissen** know something first hand; **die Situation fest in der Hand haben** have the situation well in hand; **sich mit Händen und Füßen gegen etwas wehren** fight something tooth and nail

**Handarbeit** 1 (*nicht Maschinenarbeit*) handiwork; **dieser Tisch ist Handarbeit** this table is handmade; (*kunsthandwerklich*) handicraft ['hændɪkrɑːft]
2 (*Nähen, Stricken, Häkeln*) needlework

**Handball** (*Sportart*) [European] handball

**Handbewegung** 1 movement of the hand
2 (*Geste*) gesture ['dʒestʃə]

**Handbremse** handbrake

**Handbuch** 1 (*mit Anweisungen*) handbook, manual ['mænjuəl]
2 (*Führer*) guide

**Händchen** 1 little hand

② **Händchen halten** hold hands
**Händedruck** handshake
**Handel** ① (*das Handeln*) trade (**mit** in)
② **im Handel** on the market; **Handel treiben** trade; **etwas in den Handel bringen** put something on the market
③ (*Abmachung*) deal; **mit jemandem in den Handel kommen** do business with somebody
④ (*Wirtschaftszweig*) commerce ['kɒmɜːs]
**handeln** ① (*agieren*) act
② **von etwas handeln** *Buch, Film:* deal with
③ (*feilschen*) haggle (**um** about, over)
④ (*Handel treiben*) trade (**mit** in)
⑤ **worum handelt es sich?** what's it about?; **es handelt sich um ...** it is a matter of ..., it concerns ...; **darum handelt es sich nicht** that is not the issue
**Handelsakademie** Ⓐ commercial college
**Handelsschule** commercial school (GB), business school (USA)
**Handfläche** palm [pɑːm]
**Handgelenk** wrist [rɪst]
**Handgemenge** (*Schlägerei*) scuffle; **in ein Handgemenge verwickelt werden** get into a scuffle
**handgeschrieben** handwritten
**handgreiflich** **handgreiflich werden** get violent
**handhaben** (*auch übertragen*) handle *Waffe, Werkzeug, Situation*
**handicapiert** (CH) (*im Sport*) handicapped
**händisch** Ⓐ (*manuell*) manual ['mænjuəl]
**Händler(in)** ① (*Handeltreibende*) trader, dealer
② (*Ladeninhaber*) shopkeeper (GB), storekeeper (USA)
**handlich** handy
**Handlung** ① action; (*Tat*) act
② (*im Buch, Film*) plot
**Handmehr** (CH) (*Abstimmung durch Handheben*) show of hands ⚠ *Plural*
**Handorgel** (CH) (*Harmonika*) concertina [ˌkɒnsə'tiːnə]
**Handrücken** back of the hand
**Handschelle** handcuff
**Handschrift** ① handwriting ['hændˌraɪtɪŋ]; **eine leserliche/unleserliche Handschrift haben** have a legible/an illegible hand
② (*Text*) manuscript ['mænjʊskrɪpt]
**Handschuh** glove
**Handschuhfach** glove compartment
**Handtasche** [hand]bag (GB), purse (USA)
**Handteller** palm [pɑːm] [of the hand]
**Handtuch** towel ['taʊəl]
**Handwerk** ① (*handgefertigte Arbeit*) [handi]craft
② (*Berufsstand*) trade; **sein Handwerk verstehen** know one's job
**Handwerker(in)** ① [skilled] manual worker
② (*Kunsthandwerker[in]*) craftsperson, craftsman/craftswoman
**Hang** ① (*Abhang*) slope
② **einen Hang zum Übertreiben haben** have a tendency to exaggerate
**hängen** ① hang *Gegenstand; Verbrecher*
② **am Geld hängen** be fond of money
③ **an jemandem hängen** (*gern haben*) be fond of someone; (*wie eine Klette*) cling to someone
④ **im Gedächtnis hängen bleiben** stick in one's memory
⑤ **hängen bleiben** (*sitzen bleiben*) repeat a year
⑥ **an mir bleibt ja doch wieder alles hängen!** I'll get stuck with all that again anyway!
⑦ **sich an etwas hängen** hang on to something
⑧ **sich an jemanden hängen** latch on to someone
**hängend** ① (*baumelnd*) hanging
② *Schultern:* sagging
**Harfe** harp
**harmlos** ① *Mensch, Tier:* harmless
② *Vergnügen:* innocent ['ɪnəsᵊnt]
③ *Unfall, Verletzung:* minor
**Harmonie** harmony *auch übertragen*
**hart** ① hard *auch übertragen*
② *Gesichtszüge, Umrisse:* sharp
③ (*widerstandsfähig*) tough [tʌf]
④ *Winter:* rough [rʌf]
⑤ (*solide, stabil*) stable
⑥ (*streng*) severe [sɪ'vɪə]; **harte Worte** harsh words
⑦ **hart zu jemandem sein** be hard on someone; **hart [gegenüber jemandem] bleiben** remain adamant [towards someone]; **hart werden** harden *auch übertragen*
⑧ **hart arbeiten** work hard
⑨ **hart an der Grenze** close to the limit
⑩ **hart gekochtes Ei** hard-boiled egg
**härten** harden *auch übertragen;* temper *Stahl*
**hartnäckig** ① (*eigensinnig*) obstinate ['ɒbstɪnət], stubborn
② (*beharrlich*) persistent [pə'sɪstᵊnt]
③ *Krankheit:* refractory [rɪ'fræktᵊri]
**Hase** hare; (*Kaninchen*) rabbit
**Hass** ① hate, hatred (**auf, gegen** of, for)
② (*Ärger, Wut*) soreness [sɔːnəs] (USA); **ich habe einen richtigen Hass auf ihn** I'm really sore at him
**hassen** ① hate (**wegen** for)

② (*verabscheuen*) detest (**wegen** for)

**hässlich** ① (*unschön*) ugly
② (*scheußlich*) hideous ['hɪdiəs]
③ (*gemein*) mean, nasty

**Hässlichkeit** ugliness

**Hast** ① (*Eile*) haste, hurry; **in aller Hast** in a great hurry
② (*Überstürzung*) precipitation

**hasten** hurry

**hastig** ① (*eilig*) hasty ['heɪsti], hurried
② (*überstürzt*) precipitate [prɪ'sɪpɪtət]

**Haube** ① cap, hood
② (*Motorhaube*) bonnet (GB), hood (USA)

**Hauch** ① (*Lufthauch*) breeze; (*kalter*) blast
② (*übertragen*) **ein Hauch von ...** a hint of ...

**hauchdünn** ① filmy
② *Alibi:* wafer-thin

**hauen** ① chop *Fleisch, Holz*
② (*schlagen*) hit
③ **sich hauen** scrap, fight [feɪt]

**Haufen** ① heap; (*gleichmäßig*) pile
② (*große Menge*) great number; **ein Haufen Arbeit** a pile of work; **ein Haufen Geld** stacks ⚠ *Plural* of cash, loads ⚠ *Plural* of money *umgangsspr;* **ein Haufen Freunde** lots of friends
③ (*Ansammlung*) accumulation [əˌkjuːmjə'leɪʃᵊn]
④ (*abwertend: Leute*) bunch

**häufig** ① (*oft vorkommend*) frequent
② (*weit verbreitet*) common, widespread
③ **etwas häufig tun** do something often

**Häufigkeit** frequency

**Haupt** ① head
② (*in Zusammensetzungen*) chief, main, principal

**Hauptbahnhof** central station

**Hauptfach** main subject

**Hauptgericht** (*Essen*) main course; **als Hauptgericht** as a main course

**Hauptgewinn** first prize

**Hauptquartier** headquarters *Plural,* H.Q.

**Hauptrolle** ① (*Theater Film*) leading role; **mit ... in der Hauptrolle** starring ...
② **die Hauptrolle spielen** (*Film*) star; (*übertragen*) be all-important

**Hauptsache** main point; **das ist die Hauptsache** that's all that matters

**hauptsächlich** ① chief, main, principal
② **ich beschäftige mich hauptsächlich mit Kindern** I mainly deal with children

**Hauptschule** secondary school (GB) (⚠ *in GB gibt es diese Art von Schule nicht*), ≈ junior high school (USA)

**Hauptstadt** capital; **die Hauptstadt von Schottland ist Edinburgh** the capital of Scotland is Edinburgh

**Hauptstraße** ① (*in der Stadt*) high street (GB), main street (USA)
② (*für Fernverkehr*) arterial road (GB), highway (USA)

**Hauptverkehrszeit** rush hour

**Haus** ① house; (*Gebäude*) building
② (*Heim*) home; **nach Hause** home; **ich möchte nach Hause** I want to go home; **zu Hause** at home; **wenn wir wieder zu Hause sind** when we're back [at] home; **er ist in London zu Hause** his home town is London; **fühlen Sie sich wie zu Hause!** make yourself at home!

> **? Grammatik** Verwendet man **home** zusammen mit Verben der Bewegung, so steht es ohne Präposition: *I decided to walk home; let me drive you home.* Zusammen mit den Verben **stay** oder **be** kann **home** mit oder ohne der Präposition **at** stehen: *I phoned but she wasn't at home; let's stay at home tonight; I phoned but she wasn't home; let's stay home tonight.*

**Hausarbeit** ① (*Haushalt*) chores ⚠ *Plural,* housework
② (*in der Schule*) homework

**Hausarzt, Hausärztin** family doctor

**Hausaufgabe** (*in der Schule*) homework ⚠ *kein Plural;* **seine Hausaufgaben machen** do one's homework ⚠ *Singular*

**Hausbesetzer(in)** squatter

**Häuserblock, Häuserkomplex** block [of buildings]

**Hausfrau** housewife

**Haushalt** ① (*Hausgemeinschaft*) household
② (*Etat*) budget
③ **jemandem den Haushalt führen** keep house for someone

**häuslich** (*das Zuhause liebend*) home-loving

**Hausmann** house-husband

**Hausmeister(in)** caretaker (GB), janitor (USA)

**Hausschuhe** slippers

**Haustier** pet

**Haustür** front door

**Hauswart** (A) caretaker, janitor

**Haut** ① skin
② *einer Frucht:* peel
③ *von Flüssigkeit:* film; *von Milch:* skin
▶ IN WENDUNGEN: **nass bis auf die Haut** soaked to the skin; **ich möchte nicht in seiner Haut**

stecken (*umgangsspr*) I wouldn't like to be in his shoes

**Havarie** Ⓐ (*Unfall*) accident

**Hebamme** midwife

**Hebel** lever

**heben** ❶ (*hochheben*) lift, raise
❷ (*übertragen: verbessern*) improve, raise *Leistung, Niveau*
❸ **sich heben** *Nebel:* lift; *Vorhang:* rise
❹ **sich heben** *Leistung:* improve

**Heck** *von Schiff:* stern; *von Auto:* rear; *von Flugzeug:* tail

**Hecke** hedge

**Heckscheibe** (*Auto*) rear window

**Heer** ❶ (*militärisch*) army
❷ (*übertragen: Schwarm*) swarm

**Hefe** yeast

**Heft** ❶ (*Übungsheft*) exercise book
❷ (*Broschüre*) booklet
❸ *einer Zeitschrift:* issue, number

**heften** ❶ (*mit Heftmaschine*) staple (**an** to)
❷ baste, tack *Saum, Naht*
❸ **etwas an etwas heften** attach something to something

**Hefter** ❶ (*Mappe*) folder
❷ (*Bürogerät*) stapler

**heftig** ❶ (*stark, gewaltig*) violent
❷ (*Intensität*) intense
❸ *Gewitter:* furious; *Regen:* lashing

**Heftklammer** staple

**Heftpflaster** (*medizinisch*) adhesive plaster (GB), adhesive tape (USA)

**Heftzwecke** drawing-pin (GB), thumbtack (USA)

**Heide** (*Landschaft*) heath

**Heidekraut** heather

**heikel** *Sache, Thema:* delicate, tricky; *Person:* fussy, particular

**heilen** ❶ (*auch übertragen*) cure *Krankheit*
❷ *Wunde:* heal

**heilig** ❶ holy; **heilig sprechen** canonize
❷ (*vor Namen*) **der Heilige Petrus** Saint Peter
❸ **das ist mir heilig** that is sacred to me

**Heiligabend** Christmas Eve

**i Land & Leute** **Christmas Eve** ist in Großbritannien und Irland ein normaler Arbeitstag. Vor dem Schlafengehen hängen die Kinder **Christmas stockings** (große Socken) oder auch Kopfkissenbezüge auf, die in der Nacht mit Geschenken gefüllt werden. Gefeiert wird am **Christmas Day** (25. Dezember). Traditionell isst man einen mit Brät gefüllten Truthahn mit Röstkartoffeln und Preiselbeersoße. Danach gibt es den **Christmas pudding** oder **plum pudding**, einen gedämpften Kuchen mit Korinthen, Rosinen und Sultaninen. **Christmas crackers** sind auch eine britische Erfindung aus der Mitte des 19. Jahrhunderts: es sind verzierte Knallbonbons mit einem kleinen Geschenk in der Mitte, einem witzigen Spruch und einer Papierkrone; sie werden meistens während des Mittagessens von jeweils zwei Personen auseinander gerissen. Ebenfalls seit Mitte des 19. Jahrhunderts ist es in Großbritannien üblich, ab Anfang Dezember **Christmas cards** (Weihnachtskarten) an alle Verwandte, Freunde und Bekannte zu verschicken.

**Heilige(r)** saint

**Heilmittel** remedy

**Heilung** ❶ *einer Wunde:* healing; *eines Kranken:* curing
❷ (*Gesundung*) cure

**Heim** home

**Heimat** ❶ (*allgemein*) home; **in der Heimat** back home; **aus der Heimat** from back home
❷ (*Heimatland*) home country

**Heimatschein** (CH) certificate of origin

**heimisch** *Tierart:* native; *Gewässer:* home; **sich heimisch fühlen in …** feel at home in …

**heimlich** ❶ (*geheim*) secret
❷ (*verstohlen*) furtive

**Heimweh** homesickness; **Heimweh haben** be homesick

**heimzahlen** (*übertragen*) **jemandem etwas heimzahlen** pay someone back for something

**Heirat** marriage; (*Hochzeitsfeier*) wedding

**heiraten** get married; **jemanden heiraten** marry someone

**Heiratsantrag** proposal [of marriage]; **jemandem einen Heiratsantrag machen** propose to someone

**heiser** hoarse; (*belegt*) husky

**heiß** ❶ hot; **drückend heiß** oppressively hot; **mir ist heiß** I am hot
❷ **etwas heiß machen** (*erhitzen*) heat something up
❸ (*leidenschaftlich*) hot; **etwas heiß ersehnen** long for something ardently; **heiß geliebt** ardently beloved
❹ (*slang*) **echt heiß** really cool; **der Typ ist echt heiß** that guy is so gorgeous [*oder* (USA) cute]
❺ **das macht mich nicht heiß** that doesn't really tickle my fancy *umgangsspr;* (*erotisch*) that doesn't turn me on
❻ **heißer Draht** hot line; **heißer Tipp** hot tip

**heißen** ① be called; **wie heißen Sie?** what's your name?; **ich heiße Tim** my name's Tim; **wie heißt das?** what do you call this?; **was heißt ... auf Englisch?** what's ... in English?, what's the English word for ...?
② (*bedeuten*) mean; **was heißt das für uns?** what does that mean for us?; **das soll nicht heißen, dass ...** that's not to say that ...
③ **es heißt ...** (*man sagt*) it is said ..., they say ...; (*es steht geschrieben*) it says
④ **das heißt, d.h.** that is, i.e.; (*mit anderen Worten*) that is to say
⑤ **jemanden willkommen heißen** bid someone welcome
**heiter** ① (*sonnig, hell*) bright, fair
② (*fröhlich*) cheerful
③ (*erheiternd*) amusing, funny
▶ In Wendungen: **aus heiterem Himmel** out of the blue; **das kann ja noch heiter werden!** nice prospects indeed!
**heizen** ① heat *Wohnung*
② fire *Ofen*
③ (*die Heizung in Betrieb haben*) have the heating on
④ **mit Öl heizen** use fuel oil for heating
**Heizkörper** radiator
**Heizung** (*technisch*) heating
**Hektar** hectare
**Hektik** hectic pace; **nur keine Hektik!** take it easy!
**hektisch** hectic
**Held(in)** hero[ine]
**heldenhaft** heroic
**helfen** ① help (**bei** with); **kann ich irgendwie helfen?** is there anything I can do?; **du kannst mir beim Spülen helfen** you can help me do the washing-up
② **jemandem aus der Patsche helfen** (*umgangsspr*) help someone out of a jam
③ **sich zu helfen wissen** be able to take care of oneself
④ **ich kann mir nicht helfen, ich liebe ihn** I can't help myself, I love him
⑤ **es hilft nichts** it's no good
**Helfer(in)** ① (*Helfende*) helper
② (*Gehilfe*) assistant
**hell** ① (*nicht dunkel*) light; **es wird langsam hell** it's slowing getting light; **es ist schon hell** it's light already
② *Farbe:* light, pale
③ *Haut:* fair
④ *Klang:* clear
⑤ (*auch übertragen: leuchtend*) bright
⑥ **ein helles Bier** ≈ lager
⑦ (*völlig*) **heller Wahnsinn** (*umgangsspr*) sheer madness
**hellblau** light blue
**hellblond** light blond
**Helligkeit** *auch von Bildschirm:* brightness
**Hellraumprojektor** (CH) overhead projector [prəˈdʒektəʳ]
**hellwach** wide-awake
**Helm** helmet
**Hemd** ① (*Oberhemd*) shirt
② (*Unterhemd*) vest (GB), undershirt (USA)
**Hemmungen** ① inhibitions
② (*Bedenken*) scruples
**hemmungslos** ① (*ungezügelt*) unrestrained
② (*skrupellos*) unscrupulous
**Hendl** (A) chicken
**Henkel** handle
**Henne** hen
**her** ① (*örtlich*) here; **von hier her** from here; **von oben her** from above; **kommen Sie her!** come here [to me]!
② **her damit!** give it here! *umgangsspr*
③ (*zeitlich*) ago; **wie lang ist das her?** how long ago was that?
④ **vom Geld her** as far as money goes
⑤ **hinter jemandem her sein** (*umgangsspr*) be after someone
⑥ **mit ihm ist es nicht weit her** (*umgangsspr*) he's no great shakes
**herab** down, downward[s]; **von oben herab** from above; (*herablassend*) condescendingly
**herabsetzen** ① cut [down], reduce *Preise, Steuern*
② (*schlecht machen*) belittle, disparage
**herankommen** ① (*näher kommen*) come near
② (*übertragen*) *Zeit:* approach, draw near
③ (*erreichen*) reach; **an jemanden/etwas herankommen** reach someone/something
④ **die Dinge an sich herankommen lassen** wait and see what happens
⑤ **man kann nur schwer an ihn herankommen** (*menschlich*) it is difficult to get anywhere near him
**heranziehen** ① (*näher bringen*) pull up (**an** to, **zu** toward[s])
② call in *Arzt*
③ **jemanden zu etwas heranziehen** call [up]on someone to do something
**herauf** up, upwards; **hier herauf** up here; **von unten herauf** from below
**heraus** ① out; **zum Fenster heraus** out of the window
② (*übertragen*) **aus ... heraus** out of ...

3 **von innen heraus** from within
4 **heraus damit!** (*umgangsspr: mit der Sprache*) out with it!; (*her damit!*) hand it over!
5 **das ist noch nicht heraus** (*umgangsspr*) that's not yet been settled

**herausbekommen** 1 get back *Wechselgeld;* **Sie bekommen € 1,20 heraus** you get € 1,20 change
2 get out *Nagel, Flecken*
3 (*herausfinden*) find out; (*lösen*) solve; **sie werden nicht viel aus ihm herausbekommen** they won't get much out of him

**herausbringen** 1 bring out *auch Produkt;* release *CD, Album*
2 get out *Nagel, Flecken*
3 (*übertragen: lösen*) solve; (*herausfinden*) find out
4 (*übertragen: hervorbringen, sagen*) get out; **jemanden/etwas groß herausbringen** give someone/something a big build-up

**herausfinden** 1 (*auch übertragen*) find out
2 **ich finde selber heraus, danke** I'll find my own way out, thanks

**herausfordern** 1 (*auch im Sport*) challenge (**zu** to)
2 (*provozieren*) provoke

**Herausforderung** 1 (*auch im Sport*) challenge
2 (*Provokation*) provocation

**herausgeben** 1 **Wechselgeld herausgeben** give change (**auf** for); **Sie haben mir zu wenig herausgegeben** you gave me too little change; **können Sie mir herausgeben?** can you give me change?
2 (*herausreichen*) pass out
3 edit *Buch; Verleger:* publish

**Herausgeber(in)** 1 (*Verfasser*) editor
2 (*Verleger*) publisher

**herauskommen** 1 (*auch übertragen*) come out
2 *Buch:* be published, come out
3 (*als Ergebnis*) come (**bei** of); (*bei Rechenaufgaben*) be the answer
4 **groß herauskommen** be a big hit
5 **dabei kommt nichts heraus** that doesn't get us anywhere

**herausnehmen** 1 (*auch medizinisch*) take out
2 **sich etwas herausnehmen** (*übertragen*) take liberties ⚠ *Plural*

**herausstellen** 1 put out *Gegenstände*
2 **sich herausstellen** turn out; **wie es sich herausstellte ...** as it turned out ...; **die Aufgabe stellte sich als äußerst schwierig heraus** the exercise turned out to be extremely difficult

**herb** 1 (*bitter*) bitter
2 *Kritik:* harsh
3 *Parfüm:* tangy
4 *Wein:* dry

**herbeieilen** come running [up]

**herbeiführen** (*bewirken*) bring about; (*verursachen*) cause

**Herbergsmutter, Herbergsvater** warden

**Herbst** (*auch übertragen*) autumn (GB), fall (USA); **im Herbst** in autumn (GB), in the fall (USA)

**herbstlich** autumnal; (*attributiv*) autumn

**Herd** (*Küchenherd*) stove, cooker

**Herde** herd; *von Schafen:* flock

**herein** in, into; **herein!** come in!; **immer nur herein!** roll up!

**hereinfallen** (*betrogen werden*) be taken in (**auf** by)

**hereinkommen** come in, come inside

**hereinlassen** let in

**hereinlegen** (*umgangsspr*) **jemanden hereinlegen** take someone for a ride

**hereinplatzen** burst in

**herfallen über jemanden herfallen** (*angreifen*) fall upon someone; (*mit Fragen*) pitch into someone; (*kritisieren*) pull someone to pieces; **über etwas herfallen** pounce upon something

**herkommen** 1 come here; (*sich nähern*) approach
2 (*abstammen*) come (**von** from); **von wo kommst du her?** where do you come from?

**Herkunft** 1 (*Abstammung*) descent; **britischer Herkunft** of British descent
2 (*soziale*) background
3 (*Ursprung*) origin

**Heroin** heroine

**Herr** 1 (*Mann*) gentleman
2 *eines Hundes:* master
3 (*Anrede ohne Namen*) sir; **sehr geehrte Herren** dear Sirs
4 (*Anrede mit Namen*) Mr; **Herr Professor Maier** Professor Maier; **sehr geehrter Herr Beck** dear Mr Beck
5 **meine Damen und Herren!** ladies and gentlemen!

**Herrentoilette** [gentle]men's toilet

**herrlich** 1 (*großartig*) magnificent
2 (*wunderbar*) marvel[l]ous
3 (*prächtig*) splendid

**Herrschaft** 1 (*Staatsgewalt*) rule; (*eines Monarchen*) reign
2 (*Macht*) power; (*Kontrolle*) control
3 **meine Herrschaften!** (*Anrede*) ladies and gentlemen!

**herrschen** ❶ (*die Macht haben*) rule
❷ (*regieren*) govern; *König:* reign
**Herrscher(in)** ruler (**über** of); (*Fürst*) sovereign
**herstellen** (*erzeugen*) make, produce
**Hersteller(in)** (*Produzent*) producer
**Herstellung** production
**herüber** over [here]; (*über Grenze*) across
**herum** ❶ about, [a]round; **um die Taille herum** around the waist; **um das Dorf herum** round about the village; **oben herum** round the top; **falsch herum** the wrong way [a]round
❷ (*ungefähr*) **um sechs Uhr herum** round about six o'clock, at about six o'clock; **um Weihnachten herum** round about Christmas; **es kostet so um die 10 Euro herum** (*umgangsspr*) it costs somewhere round 10 euros
**herumdrehen** ❶ turn round
❷ (*wenden*) turn over
**herumführen** ❶ **jemanden [um etwas] herumführen** lead someone around [something]
❷ (*bei Besichtigung*) **jemanden [in etwas] herumführen** show someone around something
❸ **um etwas herumführen** *Straße, Weg:* go around something
**herumgehen** ❶ (*umhergehen*) **sie gingen in der Stadt herum** they walked around town
❷ (*um ein Grundstück, Raum*) go around
❸ (*zirkulieren*) *Gerücht, Foto:* be passed around
**herumkommen** ❶ (*reisen*) get around; **er ist weit herumgekommen** he has seen a lot of the world
❷ **um etwas herumkommen** (*nicht tun müssen*) get out of something
**herumlaufen** ❶ (*umgangsspr*) run around
❷ **frei herumlaufen** *Verbrecher:* be at large; *Hund:* run free
**herumliegen** (*umgangsspr*) lie around; (*verstreut*) be scattered about; (*faul*) laze around
**herumreichen** pass round
**herumsitzen** sit around
**herumsprechen** **sich herumsprechen** *Gerücht:* get around
**herumstehen** (*umgangsspr*) stand around
**herunten** Ⓐ (*hier unten*) down here
**herunter** ❶ down; **von oben herunter** from above
❷ **die Treppe herunter** down the stairs ⚠ *Plural;* **hier herunter** down here
**herunterfallen** fall down
**heruntergekommen** ❶ (*Person*) down-and-out
❷ (*verfallen*) dilapidated
**herunterlassen** let down; lower *Jalousie etc.*
**hervorgehen** ❶ (*als Sieger*) come out
❷ (*entstehen*) develop, spring (**aus** from)
❸ (*folgen, sich ergeben*) follow (**aus** from); (*herrühren*) result (**aus** from)
**hervorragend** (*ausgezeichnet*) excellent, outstanding
**hervorrufen** ❶ (*verursachen*) cause, give rise to
❷ arouse *Bewunderung*
**Herz** ❶ heart
❷ (*Farbe beim Kartenspiel*) hearts ⚠ *Plural;* (*einzelne Spielkarte*) heart
❸ (*als Kosewort*) sweetheart
► In Wendungen: **ein gutes Herz haben** be good-hearted; **jemandem das Herz brechen** break someone's heart; **das liegt mir [sehr] am Herzen** I am [very] concerned about that; **jemanden ins Herz schließen** take someone to one's heart; **schweren Herzens** with a heavy heart; **mit ganzem Herz** wholeheartedly; **sich etwas zu Herzen nehmen** take something to heart; **ein Herz und eine Seele sein** be bosom friends ⚠ *Plural*
**Herzanfall** heart attack
**herzhaft** (*kräftig*) hearty
**herzlich** ❶ *Empfang:* warm
❷ *Lachen:* hearty; *Grüße:* kind
❸ **herzlichen Dank!** thank you very much indeed!; **herzliches Beileid!** you have my heartfelt sympathy!; **herzliche Grüße** best regards; (*vertrauter*) love (**an** to)
❹ utterly; **herzlich wenig** precious little
**herzlos** heartless
**Herzog** duke
**Herzogin** duchess
**Herzschlag** heartbeat
**heterosexuell** heterosexual
**hetzen** (*eilen, antreiben*) hurry, rush
**Heu** hay
► In Wendungen: **Geld wie Heu haben** be rolling in money *umgangsspr,* have pots of money *umgangsspr*
**Heuchelei** hypocrisy
**heuer** Ⓐ this year
**heulen** ❶ howl; (*laut*) yell
❷ *Tiere:* howl, yelp
❸ *Sirene:* wail
**heurig** Ⓐ, (CH) this year's
**Heuschnupfen** hay fever
**heute** today, this day; **heute Abend** this evening, tonight; **heute früh, heute Morgen** this morning; **heute Mittag** today at twelve o'clock (GB), today noon (USA); **heute vor 8 Tagen** a week ago today; **den Wievielten haben wir heute?** what

date is it today?; **von heute an** from this day on; **es ist bis heute nicht gekommen** it hasn't arrived to date; **bis auf heute** until today

**heutig** 1 of this day, today's
2 (*gegenwärtig*) contemporary; (*neuzeitlich*) modern; **vom heutigen Tag** *Brief:* of today['s date]

**heutzutage** nowadays, these days

**Hexe** witch; **alte Hexe** (*abwertend*) old hag

**Hexerei** sorcery, witchcraft; **das ist doch keine Hexerei** (*umgangsspr*) that's no magic

**Hieb** (*Schlag*) blow; (*Streich*) stroke

**hier** 1 (*räumlich*) here; **dieses Buch hier** this book here; **hier im Garten ist es schön** it's lovely here in the garden; **hier behalten** keep here; **hier bleiben** stay here
2 (*hierzulande*) in this country; **ich bin nicht von hier** I'm not from here
3 (*in dem Fall*) here, in this case
4 **hier und da** (*örtlich*) here and there; (*zeitlich*) now and then

**Hierarchie** hierarchy

**hierher** 1 here, over here; **hierher!** come here!; **das gehört hierher** it goes here
2 **bis hierher und nicht weiter** this far and no further

**Hilfe** 1 help; **erste Hilfe** first aid; **Hilfe!** help!; **jemandem zu Hilfe kommen** come to someone's aid; **Hilfe suchend** imploring, seeking help
2 (*finanziell*) aid; (*Beistand*) assistance
3 (*für Notleidende*) relief
4 (*Hilfskraft*) help
5 **etwas zu Hilfe nehmen** make use of something

**Hilferuf** 1 cry for help
2 (*übertragen*) urgent appeal

**hilflos** helpless

**Hilfsaktion** relief action

**Hilfsarbeiter(in)** unskilled worker

**hilfsbereit** 1 (*helfend, hilfreich*) helpful
2 (*entgegenkommend*) obliging; **er ist stets hilfsbereit** he is always ready to help

**Hilfsmittel** 1 (*Hilfe*) aid
2 (*Maßnahme*) means, measure

**Hilfswerk** relief organization

**Hilfszeitwort** auxiliary verb

**Himbeere** raspberry

**Himmel** 1 sky; **am Himmel** in the sky; **unter freiem Himmel schlafen** sleep in the open air
2 (*religiös*) heaven; (*Paradies*) paradise
▶ IN WENDUNGEN: **aus heiterem Himmel** out of the blue; **um Himmels willen!** for Heaven's sake!; **dem Himmel sei Dank!** thank Heaven!; **du lieber Himmel!** great Heavens!

**Himmelfahrt** Ascension; (*Feiertag*) Ascension Day; **Mariä Himmelfahrt** the Assumption of the Virgin Mary

**himmlisch** 1 heavenly
2 *Wetter:* gorgeous

**hin** 1 (*dorthin*) there; **schau dort hin** look over there; (*zu*) towards; **schieb es zu mir hin** push it towards me
2 **hin und her** (*auf und ab*) to and fro; (*hin und zurück*) there and back; **das Hin und Her** the comings and goings ⚠ *Plural;* **hin und zurück** there and back
3 **auf seinen Rat hin** on his advice
4 **hin und wieder** [every] now and again
5 (*umgangsspr*) *Ruf:* ruined; (*kaputt*) broken
6 **sie war ganz hin [und weg]** (*umgangsspr: hingerissen*) she was really carried away

**hinab** down, downward[s]

**hinauf** up; **da hinauf** up there

**hinaufsteigen** climb up

**hinaus** 1 (*auswärts*) out; **hinaus mit euch!** out you go!
2 **über dem Hügel hinaus** beyond the hill
3 **ein Zimmer zum Meer hinaus** a room overlooking the sea
4 (*zeitlich*) **auf Jahre hinaus** for years to come
5 (*übertragen*) **über etwas hinaus** on top of something; (*jenseits*) beyond something; **darüber hinaus …** on top of this …, in addition [to this] …

**hinauslaufen** 1 (*hinausrennen*) run out
2 **auf etwas hinauslaufen** (*übertragen*) come to something

**hinauswerfen** 1 (*aus Fenster*) throw out
2 (*umgangsspr: entfernen*) chuck out
3 (*umgangsspr: entlassen*) fire *umgangsspr,* sack *slang*

**hinauswollen** (*beabsichtigen*) be driving at; **hoch hinauswollemn** aim high

**Hinblick** **im Hinblick auf …** (*in Bezug auf*) with regard to …; (*angesichts*) in view of …

**hinbringen** take there; **ich bringe dich hin** I'll take you there

**hindern** 1 (*aufhalten*) hinder; (*hemmen*) hamper, impede
2 **jemanden daran hindern, etwas zu tun** prevent someone from doing something; **es hindert dich doch niemand** no one's stopping you

**? Grammatik** Das Verb **prevent** wird immer zusammen mit **from** gebraucht: *Jack prevented her from leaving.*

H

**Hindernis** 1 (*auch übertragen*) obstacle
2 (*Erschwernis*) hindrance

**Hindernisrennen** obstacle race; (*auf Pferden*) steeplechase

**hindeuten** **hindeuten auf** indicate

**hindurch** 1 (*räumlich*) through; **mitten hindurch** right through
2 (*zeitlich*) throughout; **die ganze Nacht hindurch** the whole night through; **die ganze Woche hindurch** throughout the whole week

**hinein** 1 (*räumlich*) in, inside, into; **hinein mit euch!** in you go!
2 (*zeitlich*) into; **bis in den April/die Nacht hinein** well into May/the night

**hineingehen** 1 go in
2 **in meinem Auto gehen fünf Leute hinein** my car holds five people

**Hinfahrt** 1 (*mit Zug, Flugzeug*) outward journey; (*mit dem Schiff*) voyage out
2 **auf der Hinfahrt** on the way there

**hinfallen** fall [down]

**Hingabe** 1 (*Ergebenheit*) devotion
2 (*Begeisterung*) dedication

**hinhalten** 1 **jemandem etwas hinhalten** hold something out to someone
2 **jemanden hinhalten** put someone off

**hinken** limp

**hinknien** kneel down

**hinkommen** 1 get there; **wie kommst du hin?** how are you getting there?
2 **wo kommen die Teller hin?** where do the plates go?
3 **das dürfte so hinkommen** (*ausreichen*) that should be enough; (*stimmen*) that should be right

**hinkriegen** (*umgangsspr*) 1 **etwas gut hinkriegen** do a good job of something
2 **ich kriege das schon wieder hin** (*repariert*) I'll have that fixed again, no problem
3 **wir kriegen das schon wieder hin** (*Problem gelöst*) we'll sort it out, don't worry

**hinlegen** 1 (*niederlegen*) put down; (*flach*) lay down
2 (*umgangsspr*) **dafür habe ich 200 Mark hingelegt!** I had to fork out 200 marks for that!
3 **sich hinlegen** lie down

**hinnehmen** accept, take

**Hinreise** 1 (*mit dem Zug, Flugzeug*) outward journey; (*mit dem Schiff*) voyage out
2 **auf der Hinreise** on the way there

**hinreißend** (*bezaubernd*) enchanting

**hinrichten** execute *Verbrecher*

**Hinrichtung** execution

**Hinschied** CH death

**hinschmeißen** 1 (*umgangsspr: hinwerfen*) fling down
2 (*umgangsspr: aufgeben*) chuck in

**hinsetzen** sit down

**Hinsicht** **in jeder Hinsicht** in every respect; **in dieser Hinsicht** in this regard

**hinsichtlich** (*bezüglich*) with regard to

**hinstellen** 1 (*absetzen*) put [down] (**auf** onto)
2 **jemanden als jemanden/etwas hinstellen** make someone out to be someone/something
3 **sich irgendwo hinstellen** stand somewhere; (*mit dem Auto*) park somewhere

**hinten** 1 (*weiter zurück*) behind; **hinten bleiben** stay behind; (*übertragen*) lag behind; **weit hinten** far behind, far back
2 (*auf der Rückseite*) at the back; **hinten im Auto** in the back of the car; **nach hinten** to[wards] the back; **von hinten** from behind
3 **das stimmt hinten und vorne nicht** that's totally wrong

**hinter** 1 (*räumlich*) behind; **hinter meinem Rücken** behind my back; **hinter dem Haus** at the back of the house
2 (*zeitlich*) **ich habe eine schwere Grippe hinter mir** I've just got over a bad flu
3 **sich hinter jemanden stellen** stand behind someone, support someone; **hinter etwas stecken** be at the bottom of something; **hinter etwas kommen** (*herausfinden*) get to the bottom of something

**hintere(r, s)** 1 back, rear; **das hintere Ende** the back end
2 **die hinteren Zimmer** the rooms at the back

**hintereinander** 1 (*zeitlich*) one after the other, one after another; **drei Tage hintereinander** three days running
2 (*räumlich*) one behind the other

**Hintergrund** background; **vor diesem Hintergrund** (*auch übertragen*) against this background

**Hinterhalt** (*auch übertragen*) ambush; **jemanden aus dem Hinterhalt angreifen** ambush someone

**hinterher** 1 (*räumlich*) behind; **dem Kind hinterher** after the child
2 (*zeitlich*) afterward[s]; **hinterher sind wir ins Kino gegangen** afterwards we went to the cinema

**hinterlassen** 1 **jemandem eine Nachricht hinterlassen** leave a message for someone
2 (*testamentarisch*) **jemandem etwas hinterlassen** bequeath something to someone

3 **er hinterlässt eine Frau und zwei Kinder** he leaves behind a wife and two children

**Hintern** 1 (*umgangsspr*) bottom, bum GB, butt USA
2 **sich auf den Hintern setzen** (*umgangsspr: hinfallen*) fall on one's bottom; (*energisch arbeiten*) buckle down to work

**hintersinnen** CH brood

**Hintertür** 1 back door
2 (*übertragen: Ausweg*) loophole

**hinüber** over; **die Straße/den Fluss hinüber** across the road/the river

**hinunter** down; **bis hinunter nach Spanien** down to Spain

**hinwegkommen über etwas/jemanden hinwegkommen** (*übertragen*) get over something/someone

**Hinweis** 1 (*Anhaltspunkt*) indication (**auf** to); (*für Polizei*) clue
2 (*Rat*) tip
3 (*Verweisung*) reference (**auf** to)

**hinweisen** 1 (*zeigen*) point (**auf** to)
2 **jemanden auf etwas hinweisen** point something out to someone
3 (*verweisen*) refer (**auf** to)

**hinziehen** 1 (*anziehen*) attract (**zu** to)
2 **sich hinziehen** (*zeitlich*) drag on

**Hirsch** deer; (*männliche Tier*) stag

> **? Grammatik** Die Mehrzahl von **deer** bleibt unverändert **deer**: *We saw ten deer in Richmond Park.*

**Hirte** herdsman; (*Schafshirte*) shepherd

**historisch** 1 (*geschichtlich*) historical
2 (*übertragen: sehr bedeutsam*) historic

**Hitze** 1 heat; (*Wetter*) hot weather; **ist das eine Hitze heute** it's so hot today
2 **in der Hitze des Gefechts** in the heat of the moment

**Hitzewelle** heat wave

**hitzig** 1 (*aufbrausend*) hot-headed
2 *Debatte:* heated

**HIV** *Abkürzung von* **Human Immunodeficiency Virus** HIV [eɪtʃaɪ'viː]

**Hobby** hobby

**Hoch** 1 (*Ruf*) cheer (**auf, für** for)
2 (*Höhepunkt, Wetterlage*) high

**hoch** 1 high; (*groß, hoch gewachsen*) tall
2 *Preise:* high
3 *Ehre:* great
4 **ein hohes Tier** (*umgangsspr*) a big fish
5 **im hohen Norden** in the far North
6 **auf hoher See** on the high seas ⚠ *Plural*
7 **in hohem Maße** to a high degree
8 (*nach oben*) up; **etwas hoch halten** hold something up; **Hände hoch!** hands up!; **Kopf hoch!** chin up!
9 (*Qualität*) highly; **hoch begabt** highly talented; **hoch bezahlt** highly paid
10 (*Mathematik*) **2 hoch 3, $2^3$** 2 to the power of 3
11 **es geht hoch her** things are pretty lively

**Hochachtung** deep respect

**Hochebene** plateau

**Hochgebirge** high mountains ⚠ *Plural*

**hochgehen** 1 (*steigen*) go up
2 (*umgangsspr: zornig werden*) hit the roof
3 (*umgangsspr: explodieren*) blow up; **etwas hochgehen lassen** blow something up

**Hochhaus** high-rise building; (*Wolkenkratzer*) skyscraper

**hochheben** hold up *Hand, Arm;* lift up *Kind, Last*

**hochkommen** come up; **das Abendessen ist mir hochgekommen** I threw up my dinner *umgangsspr*

**Hochkonjunktur** (*in der Wirtschaft*) boom

**hochmütig** haughty, arrogant

**hochnäsig** (*abwertend*) stuck-up, snooty

**Hochschule** college; (*Universität*) university

> **! Vorsicht Falle** Eine **High School** ist eine Oberschule wie Gymnasium oder Realschule *siehe* **Schule**

**Hochsommer** midsummer

**Hochsprung** (*im Sport*) high jump

**höchst** highly, most

**höchste(r, s)** 1 highest; (*größte*) tallest; **der höchste Berg** the highest mountain; **das höchste Gebäude** the tallest building; **am höchsten** highest; (*am größten*) tallest
2 (*äußerste*) utmost; (*extrem*) extreme; **im höchsten Maße** to the highest degree; **im höchsten Fall** at the most
3 (*maximal*) maximum; **höchste Geschwindigkeit** maximum speed
4 (*schwerste*) heaviest
5 **höchste Zeit** high time

**höchstens** 1 (*bestenfalls*) at best, at [the] most
2 (*nicht mehr*) not more than …

**Höchstgeschwindigkeit** top speed; **zulässige Höchstgeschwindigkeit** speed limit

**Hochwasser** 1 (*Wasserstand*) high water; (*Überschwemmung*) flood
2 *von Flut:* high tide

**hochwertig** of high quality, high-quality
**Hochzeit** marriage, wedding
**Hochzeitsreise** honeymoon
**Hochzeitstag** 1 (*Tag der Hochzeit*) wedding day
2 (*Jahrestag*) wedding anniversary
**hochziehen** pull up
**Hocke** (*beim Turnen*) squat; **in die Hocke gehen** squat
**hocken** 1 squat
2 (*umgangsspr: sitzen*) sit [around]
**Hocker** stool
▶ IN WENDUNGEN: **das reißt mich nicht vom Hocker** (*umgangsspr*) that doesn't bowl me over
**Höcker** *vom Kamel, auch Buckel:* hump
**Hof** 1 (*Platz*) yard; (*Innenhof*) courtyard; (*Hinterhof*) backyard
2 (*Bauernhof*) farm
3 (*Fürstenhof*) court; **bei Hofe** at court
**hoffen** hope; **auf etwas hoffen** hope for something, set one's hopes on something; **auf jemanden hoffen** set one's hopes on someone; **ich hoffe es** I hope so
**hoffentlich** hopefully, I hope so; **hoffentlich nicht** I hope not, hopefully not
**Hoffnung** hope (**auf** in); **jemandem keine Hoffnungen machen** not hold out any hopes for someone; **sich Hoffnung machen** have hopes; **er machte sich Hoffnungen auf den ersten Preis** he had hopes of getting the first prize
**hoffnungslos** hopeless
**höflich** polite
**Höhe** 1 height
2 (*Ausmaß, Größenordnung, Niveau*) level
3 **die Preise in die Höhe treiben** force up the prices; **in die Höhe gehen** *Preise:* go up
4 *von Umfang, Wert, Betrag:* amount; **ein Betrag in Höhe von …** an amount of …
5 (*Mathematik, Flughöhe*) altitude
**Hoheit** (*Titel*) Highness; **Seine/Ihre Königliche Hoheit** His/Her Royal Highness
**Höhepunkt** 1 high point
2 *einer Entwicklung:* apex, summit; *des Tages, einer Veranstaltung:* highlight; *der Karriere, der Macht:* peak, pinnacle; *eines Dramas:* climax
3 (*auch übertragen*) zenith
**höher** 1 higher
2 *Macht:* superior; *Klasse:* upper
3 **höhere Gewalt** an act of God; **höhere Instanz** (*juristisch*) higher court; (*Behörde*) higher authority; **höhere Schule** secondary school (GB), high school (USA)
**hohl** hollow
**Höhle** cave; (*eines Tiers*) den, hole

**holen** 1 fetch, [go and] get; **ich hole mir ein Bier** I'll [go and] get myself a beer
2 (*abholen*) pick up; **ich hole dich um acht ab** I'll pick you up at eight; **jemanden holen lassen** send for someone
3 **die Polizei/einen Arzt holen** call the police/a doctor
4 (*erringen, gewinnen*) **sie holte den ersten Preis** she won the first prize
**Hölle** hell
▶ IN WENDUNGEN: **jemandem die Hölle heiß machen** (*umgangsspr*) give someone hell; **jemandem das Leben zur Hölle machen** (*umgangsspr*) make someone's life a hell
**holprig** *Weg:* bumpy
**Holz** wood; (*zum Bauen*) timber (GB), lumber (USA); **aus Holz** made of wood
**hölzern** (*auch übertragen*) wooden
**homosexuell** homosexual
**Homosexuelle(r)** homosexual
**Honig** honey
**Honorar** fee
**hoppla** [wh]oops!; **hoppla, jetzt komm' ich!** look out, here I come!
**hopsen** (*umgangsspr*) hop, skip
**horchen** 1 (*hören*) listen (**auf** to)
2 (*an der Tür*) eavesdrop ['iːvzdrɒp]
**hören** 1 hear; **hast du das gehört?** did you hear that?; **schlecht hören** be hard of hearing
2 (*zuhören*) listen (**auf** to); **Radio hören** listen to the radio; **Musik hören** listen to music; **hör mal!** listen!
3 (*mitbekommen*) **ich habe gehört, Sie sind aus Schottland?** I hear you're from Scotland; **ich habe zufällig gehört, wie sie sagte, dass ihr schlecht ist** I overheard her saying that she felt sick
4 **auf jemanden hören** (*gehorchen*) obey someone; (*einen Rat befolgen*) listen to someone; **wenn du nur auf mich gehört hättest!** if only you'd listened to me
5 **du gehst jetzt ins Bett, hörst du!** off to bed with you, do you hear!
6 **also hör mal, was soll das eigentlich?** hang on a minute, what's all this about anyway?
7 **das hört sich gut an!** that doesn't sound bad, that sounds good
8 **von sich hören lassen** keep in touch; **Sie werden noch von mir hören!** (*als Drohung*) you'll be hearing from me!

? **Grammatik** Die unregelmäßigen Vergangenheitsformen von **hear** lauten **heard — heard**:

*Yes, I* **heard** *what you said;* **have** *you* **heard** *the good news yet?*

**Hörer(in)** (*Radio*) listener
**Hörer** (*Telefonhörer*) receiver
**Hörgerät** hearing aid
**Horizont** (*auch übertragen*) horizon; **am Horizont** on the horizon
**horizontal** horizontal
**Hormon** hormone
**Horn** horn
**Horoskop** horoscope
**Hörsaal** lecture theatre [*oder* USA theater]
**Hörspiel** (*Radio*) radio play
**Höschen** (*Damenslip*) panties ⚠ *Plural,* pair of panties
**Hose** trousers ⚠ *Plural* GB, pants ⚠ *Plural* USA; **eine Hose** a pair of trousers GB, a pair of pants USA; **eine kurze Hose** shorts ⚠ *Plural,* a pair of shorts; **diese Hose ist zu eng** these trousers are too tight

**! Vorsicht Falle** Das Wort **trousers** wird nur in der Mehrzahl gebraucht: *Where* **are** *my new trousers?* — **a pair of trousers** wird dagegen als Einzahl behandelt: *Here* **is** *your new pair of trousers.*

**Hosensack** CH trouser pocket
**Hosenträger** braces GB, suspenders USA
**Hotel** hotel; **in welchem Hotel bist du?** which hotel are you staying in?
**hübsch** 1 (*gut aussehend*) pretty; **ganz hübsch!** rather pretty!
2 (*umgangsspr: ironisch*) fine, nice, pretty; **eine hübsche Summe Geld** a tidy sum of money
3 (*umgangsspr: beträchtlich, ziemlich*) pretty
**Hubschrauber** helicopter
**hudeln** A do something sloppily, do slipshod work
**Huf** hoof
**Hüfte** hip
**Hügel** hill; (*kleiner*) hillock
**hüg(e)lig** hilly
**Huhn** chicken *Plural;* (*Henne*) hen
**Hülle** cover; *von Schallplatten:* sleeve; **in Hülle und Fülle** in abundance
**human** 1 humane
2 (*verständnisvoll*) considerate (**gegenüber** to[wards])
**Humor** [sense of] humour; [**Sinn für**] **Humor haben** have a sense of humour
**humorvoll** humorous
**humpeln** 1 hobble
2 (*umgangsspr: hinken*) limp
**Hund** dog; (*Jagdhund*) hound
**hundert** a hundred; (*betont*) one hundred
**hundertste(r, s)** hundredth
**Hundertstel** hundredth
**Hunger** hunger (**nach** for); [**großen**] **Hunger haben** be [very] hungry; **Hunger bekommen** get hungry; **ich sterbe vor Hunger!** I'm starving!

**! Vorsicht Falle** Im Englischen verwendet man das Adjektiv **hungry**, wenn jemand Hunger hat: *I'm hungry.* (und nicht: I have hunger.) Mit dem Substantiv **hunger** beschreibt man hingegen das Gefühl oder die Tatsache, dass jemand an Hunger leidet: *thousands of people die of hunger every day in Africa.*

**hungern** 1 (*Hunger leiden*) go hungry, starve
2 (*fasten*) go without food
**Hungersnot** famine
**hungrig** (*auch übertragen*) hungry (**nach** for)
**Hupe** (*Auto*) horn
**hupen** hoot, sound one's horn
**hüpfen** hop; (*springen*) jump, skip; *Ball:* bounce
**Hürde** (*auch übertragen*) hurdle
**Hürdenlauf** hurdles ⚠ *mit Singular*
**Husten** cough; **Husten haben** have a cough
**husten** cough; **stark husten** have a bad cough
**Hustensaft** cough mixture
**Hut** hat
**hüten** 1 look after, tend
2 keep *Geheimnisse*
3 **das Bett hüten** stay in bed
4 **sich vor etwas/jemandem hüten** be on one's guard against something/someone
5 **sich hüten etwas zu tun** take care not to do something
**Hutsche** A (*Schaukel*) swing
**Hütte** hut; (*kleines Häuschen*) cottage
**Hygiene** hygiene ['haɪdʒiːn]
**hygienisch** hygienic [haɪ'dʒiːnɪk]
**Hymne** hymn [hɪm]
**hypnotisieren** hypnotize ['hɪpnətaɪz]
**Hypothek** (*finanziell*) mortgage ['mɔːgɪdʒ]
**Hysterie** hysteria [hɪ'stɪəriə]
**hysterisch** hysteric [hɪ'stərɪk]

# I i

**ich** I; **ich selbst** I myself; **ich bin es** it's me; **hier bin ich!** here I am!; **du und ich** you and me, you and I; **„wer hat meinen Bleistift?" — „ich nicht!"** "who's got my pencil?" — "not me [*oder* I don't]!"; **fährst du in Urlaub? — ich nicht** are you going on holiday? — I'm not

> **? Grammatik** I oder **me**? **Me** wird nach den Wörtern **than, as** oder **be** verwendet — hier würde es sehr förmlich klingen, wenn man **I** gebrauchen würde: *James is taller than me; Emma is not as tall as me; who took my pen? — It was me!* Wenn man über sich und einer anderen Person spricht, kann man umgangssprachlich auch **me** statt **I** sagen: *Wendy and I are going to the cinema tonight* oder umgangssprachlicher: *Wendy and me are going to the cinema tonight.*

**Ideal** ideal ['aɪdɪəl]
**ideal** ideal [aɪ'dɪəl], perfect
**idealistisch** idealistic [aɪˌdɪə'lɪstɪk]
**Idee** ❶ (*Einfall*) idea (**zu** for)
❷ **eine Idee zu kurz** (*umgangsspr*) a trifle too short
**ideenreich** (*einfallsreich*) full of ideas ⚠ *Plural*
**identifizieren** ❶ identify
❷ **sich identifizieren** identify (**mit** with)
**identisch** identical (**mit** with)
**Identitätskarte** (CH) identity card
**idiomatisch** idiomatic
**Idiot** (*abwertend*) idiot
**Idol** idol
**idyllisch** idyllic
**Igel** hedgehog
**ignorieren** ignore, take no notice of
**ihm** ❶ (*für Person*) him; **ich habe es ihm gesagt** I told him; **er hat es ihm gegeben** he gave it to him; **ein Buch von ihm** a book of his
❷ (*für Sache*) it
**ihn** ❶ (*für Person*) him; **ich mag ihn nicht** I don't like him
❷ (*für Sache*) it
**Ihnen** (*Anrede*) you; **ich wünsche Ihnen eine gute Fahrt** I wish you a pleasant journey; **wie geht es Ihnen?** how are you?
**ihnen** them; **ein Freund von ihnen** a friend of theirs; **ich gab ihnen Essen** I gave them food
**ihr** ❶ (*für Person*) her; **gib es ihr zurück** give it back to her; **ich habe es ihr gesagt** I told her
❷ (*für Sache*) it
❸ (*bezogen auf Plural*) you; **ihr seid zu spät** you're too late
❹ (*einer Person gehörend*) her; **ihr Buch** her book
❺ (*eines Tiers, eines Gegenstands*) its
❻ (*bezogen auf Plural*) their
**illegal** illegal [ɪ'liːgᵊl]
**Illusion** illusion [ɪ'luːʒᵊn]; **sich Illusionen machen** have illusions
**Illustration** illustration [ɪlə'streɪʃᵊn]
**illustrieren** illustrate ['ɪləstreɪt]
**Illustrierte** magazine [mægə'ziːn]
**Imbiss** (*kleine Mahlzeit*) snack
**Imbissstube** snack bar
**imitieren** imitate
**immatrikulieren** register (**an** at)
**immer** ❶ (*häufig*) always; **ich nehme immer ein Käsebrot** I always have a cheese sandwich; (*jedesmal*) constantly; **er will immer vordrängeln** he always wants to push in; **immer unterbricht sie einen** she constantly interrupts people; **immer wenn** everytime, whenever; **immer wieder** again and again
❷ **für immer** for ever
❸ **wie immer** as usual
❹ **schon immer** always
❺ **immer noch** still; **immer noch nicht** still not [yet]; **sie war immer noch nicht fertig** she still hadn't finished
❻ (*in Mengen*) **immer mehr** more and more; **immer größer** bigger and bigger
❼ (*bei Wegangaben*) **immer geradeaus!** keep straight ahead!; **immer weiter, immer zu!** keep on! keep going!
❽ **immer schön langsam!** (*umgangsspr*) take your time!
❾ **was auch immer** what[so]ever; **wie auch immer** how[so]ever
**immerhin** ❶ (*wenigstens*) at least
❷ (*schließlich*) after all
**immun** immune (**gegen** to)
**Imperativ** (*Grammatik*) imperative
**Imperfekt** (*Grammatik*) imperfect tense
**Imperialismus** (*Politik*) imperialism
**impfen** vaccinate (**gegen** against)
**Impfstoff** vaccine
**Impfung** vaccination
**imponieren** **jemandem imponieren** impress someone
**imponierend** impressive
**Import** (*Einfuhr*) import
**importieren** import

**improvisieren** improvise
**Impuls** impulse
**impulsiv** impulsive
**in** ① (*räumlich*) in, at; **in der Schule** at school; **er wohnt in Berlin** he lives in Berlin; **warst du schon in Schottland?** have you ever been to Scotland?
② (*hinein in*) into; **er stieg in das Auto** he climbed into the car
③ (*zu, nach*) to; **sie geht in die Schule** she goes to school; **gehen wir in die Stadt?** shall we go into town?
④ (*zeitlich*) in; **in der Nacht** at night, during the night; **im vorigen Jahr** last year; **im Alter von ...** at the age of ...; (*innerhalb*) within; **in den nächsten zwei Tagen** within the next two days; **noch in dieser Woche** by the end of the week
⑤ (*Fach, Thema*) **in Englisch ist er ziemlich schwach** he's rather weak at English
⑥ (*umgangsspr*) **in sein** be in, be the in thing

> ? Grammatik **at** im örtlichen Sinn wird gebraucht, um auszudrücken, wo sich jemand/etwas genau befindet: *Sam lives at 248 Main Street; Vera works at Winther's Chemist's Shop;* — **in** dagegen wird gebraucht, um auszudrücken, in welcher Gegend sich jemand/etwas befindet: *Douglas lives in Edinburgh/in Scotland; Steve works in Kensington.*

**inbegriffen** **Service inbegriffen** service included, including service
**indem** ① (*während*) while; (*in dem Augenblick*) as
② (*dadurch, dass*) **er kühlte den Knöchel indem er Eis drauflegte** he cooled his ankle by putting ice on it
**Indianer(in)** [Red] Indian
**indirekt** indirect
**individuell** individual; *Note:* personal; **individuell verschieden sein** differ from person to person
**Individuum** individual
**Indiz** ① (*juristisches Beweismittel*) piece of circumstantial evidence
② (*Hinweis*) indication (**für** of)
**Industrie** industry
**Industriegebiet** industrial area
**industriell** industrial
**ineinander** ① into one another, into each other; **sie haben sich ineinander verliebt** they've fallen in love with one another
② **ineinander greifen** interlock; (*übertragen*) overlap
**Infektion** (*medizinisch*) infection
**Infinitiv** (*Grammatik*) infinitive
**Inflation** (*finanziell*) inflation
**Inflationsrate** (*finanziell*) rate of inflation
**Informatik** computer science
**Information** information (**über** on, about); **die neuesten Informationen** the latest information ⚠ *Singular*

> ? Grammatik Das englische **information** wird als Sammelbegriff benutzt; eine einzelne Auskunft wird mit **a piece of information** übersetzt. Nach **information** steht das Verb im Englischen immer in der Einzahl!

**informieren** ① inform (**über, von** about, of); **jemanden informieren** let someone know
② **sich informieren** find out (**über** about)
**infrage** ① **infrage kommen** (*möglich sein*) be possible; (*in Betracht kommen*) be considered
② **für jemanden nicht infrage kommen** be out of the question for someone; **das kommt nicht infrage** that's out of the question
③ **etwas infrage stellen** question something
**Ingenieur(in)** engineer
**Inhaber(in)** ① *eines Geschäfts, einer Firma:* owner, proprietor; (*Frau*) proprietress
② *von Konto, Rekord, Patent:* holder
**Inhalt** ① *einer Packung, etc:* contents ⚠ *Plural*
② *von Buch, Film:* content
③ (*Sinn, Bedeutung*) *des Lebens:* meaning
**Inhaltsverzeichnis** table of contents
**Initiative** ① initiative [ɪˈnɪʃətɪv]; **aus eigener Initiative** on one's own initiative
② (CH) (*in der Politik*) petition for a referendum
**inklusive** ① **inklusive Frühstück** including breakfast, breakfast included
② **bis zum 3. August inklusive** up to and including August 3rd
**inkonsequent** inconsistent
**Inland** ① (*das Landesinnere*) inland; **weiter im Inland** further inland
② (*im Gegensatz zum Ausland*) home
**inländisch** domestic, home; *Ware:* home-produced
**Inline Skates** inline skates
**innen** ① inside; (*im Haus*) indoors
② (*auf Innenseite*) on the inside
③ **nach innen** inward[s]
④ **von innen** from within
**Innenminister(in)** minister of the interior; (*in GB*) Home Secretary; (*in den USA*) Secretary of the Interior
**Innenministerium** ministry of the interior, Home

Office (GB), Department of the Interior (USA)

**Innenpolitik** home affairs ⚠ *Plural;* (*bestimmte*) domestic policy

**Innenseite** inside

**Innenstadt** centre [*oder* (USA) center] of town; (*einer Großstadt*) centre [*oder* (USA) center] of the city

**Innere** ① inside; *eines Gebäudes auch:* interior ② **im tiefsten Inneren** (*übertragen*) in one's heart of hearts

**innere(r, s)** ① inner ② *Angelegenheit, Verletzungen:* internal

**innerhalb** ① **innerhalb dieser Räume** within these rooms; **innerhalb des Hauses** inside the house ② **innerhalb einer Woche** within a week

**innerlich** ① (*körperlich*) internal ② (*übertragen: nach innen*) inwardly ③ (*übertragen: von innen heraus*) inner

**innert** (A), (CH) (*binnen*) within

**Insasse, Insassin** *einer Anstalt:* inmate; (*Fahrgast*) passenger

**insbesondere** [e]specially, in particular, particularly

**Insekt** insect

**Insel** island, isle; **die Britischen Inseln** the British Isles

**Inserat** advertisement

**inserieren** advertise (**in** in)

**insgeheim** secretly

**insgesamt** altogether; **insgesamt 20 Leute kamen** 20 people came altogether; **es beläuft sich auf insgesamt ...** it amounts to a total of ...; **es war insgesamt eine gelungene Veranstaltung** it was an altogether successful event

**Inspektion** inspection; *von Auto:* service

**Installateur(in)** (*Klempner*) plumber; (*Monteur*) fitter; (*für Gas*) gas-fitter

**installieren** (*auch übertragen*) install

**instand, in Stand etwas in Stand halten** (*in Ordnung*) maintain something; (*funktionsfähig*) keep something in working order; **etwas in Stand setzen** (*funktionstüchtig machen*) get something into working order; (*reparieren*) repair something

**Instanz** ① (*juristisch*) court ② (*Behörde*) authority ③ **in erster/letzter Instanz** in the first/last instance

**Instinkt** instinct

**instinktiv** instinctive

**Institut** institute

**Institution** institution

**Instrument** instrument; (*Werkzeug*) tool

**inszenieren** ① (*im Theater*) put on the stage ② produce *Film;* (*Regie führen*) direct

**intakt** intact

**intellektuell** intellectual

**Intellektuelle(r)** intellectual

**intelligent** intelligent

**Intelligenz** intelligence

**Intensität** intensity

**intensiv** ① *Gefühl, Farbe:* intense ② *Arbeit:* intensive

**Intensivstation** (*medizinisch*) intensive care unit

**interaktiv** (*auch Informatik*) interactive

**interessant** interesting

**Interesse** interest (**für, an** in); **Interesse haben an ...** be interested in ...; **Interesse verlieren an ...** loose interest in ...; **von allgemeinem Interesse** of general interest

**interessieren** ① **jemanden für** [*oder* **an**] **etwas interessieren** interest someone in something; **das interessiert doch niemanden** nobody's interested ② **sich für etwas interessieren** be interested in something

**Internat** boarding school

**international** international

**Interpret(in)** (*Musik*) singer

**interpretieren** interpret; **etwas falsch interpretieren** misinterpret something

**Interpunktion** punctuation

**Interview** interview

**interviewen** interview

**intim** intimate (**mit** with)

**intolerant intolerant gegenüber jemanden** intolerant toward[s] someone; **intolerant gegenüber einer Sache** intolerant of something

**intransitiv** (*Grammatik*) intransitive

**Intrige** intrigue

**investieren** (*auch übertragen*) invest (**in** in)

**Investition** investment

**inzwischen** ① [in the] meantime, meanwhile; **er hatte inzwischen davon erfahren** he found out about in in the meantime ② **es ist inzwischen drei Uhr** it's now three o'clock ③ **sie hat inzwischen 30 Paar Schuhe** she's got 30 pairs of shoes by now; **inzwischen hätte er dasein müssen** he should have arrived by now

**Ire** Irishman

**irgendein** ① some; **irgendein Mensch hat behauptet, Cola macht dumm** some person claims that cola makes you stupid

2 **gib mir irgendein Blatt Papier** give me any old piece of paper
3 **gibt es irgendein Problem?** is there any problem?
4 **irgendein anderer** someone else; (*in verneinten oder Fragesätzen*) anyone else

**irgendeine(r)** (*substantivisch*) 1 (*bei Personen*) someone, somebody; (*in verneinten oder Fragesätzen*) anyone, anybody; **kann dir irgendeiner helfen?** can anyone help you?
2 (*bei Sachen*) something; (*in verneinten oder Fragesätzen*) any of them; **„welche Schüssel soll ich nehmen?" — „irgendeine!"** "which bowl should I use?" — "any one will do!"

**irgendein(e)s** any of them; (*von zweien*) either of them; **„welches Bett möchtest du?" — „irgendeines"** "which bed do you want?" — "any of them" [*oder* "it doesn't matter"]; (*von zweien auch*) ... — "either of them"

**irgendetwas** something; (*in verneinten oder Fragesätzen*) anything

**irgendjemand** someone, somebody; (*in verneinten oder Fragesätzen*) anyone, anybody, somebody; **ich bin nicht irgendjemand** I'm not just anybody

**irgendwann** 1 sometime
2 (*fragend oder bedingend*) ever; **schau doch kurz vorbei, wenn du irgendwann mal in München bist** pop in for a visit if you're ever in Munich
3 **wirst du mit dem Studium irgendwann weitermachen?** are you going to continue your studies some day?
4 **irgendwann werden sie dich erwischen!** they'll catch you sooner or later

**irgendwas** anything, something; **irgendwas stimmt da nicht** there's something wrong there

**irgendwie** 1 at all, possibly; **kannst du dir das irgendwie vorstellen?** can you imagine it at all?, can you possibly imagine it?
2 somehow [or other]; **ich finde ihn irgendwie komisch** I think he's weird in some way or other; **du tust mir irgendwie leid** I can't help feeling sorry for you

**irgendwo** somewhere; (*fragend, verneinend oder bedingend*) anywhere; **gibt es irgendwo einen Supermarkt?** is there a supermarket anywhere?

**irgendwohin** somewhere; (*fragend, verneinend oder bedingend*) anywhere

**Irin** Irishwoman

**irisch** Irish

**Ironie** irony

**ironisch** ironic

**irrational** (*auch Mathematik*) irrational

**irre** 1 (*verrückt*) crazy, insane, mad
2 (*umgangsspr*) **ein irres Erlebnis** an incredible experience; **ein irrer Typ** (*slang*) a really cool guy; **das ist ja echt irre[e]!** (*slang*) that's wicked! *slang*, far out! (USA) *slang*
3 (*slang: sehr*) incredibly; **das hat irre viel gekostet** it was incredibly expensive; **irre gut** (*slang*) way-out

**Irre(r)** (*abwertend*) lunatic

**irreführen** 1 (*falschen Weg zeigen*) mislead
2 (*täuschen*) deceive

**irreführend** misleading

**irren** 1 (*herumirren*) roam, wander; **er irrte durch das Kaufhaus** he wandered about in the department store
2 **sich irren** be mistaken; **sich in etwas irren** be mistaken about something; **ich kann mich auch geirrt haben** I may have been mistaken; **er hat sich in der Nummer geirrt** he made a mistake about the number; **jeder kann sich mal irren** anyone can make a mistake

**irritieren** (*ärgern*) irritate

**Irrtum** error; (*Fehler, Versehen*) mistake; **im Irrtum sein, sich im Irrtum befinden** be in error; **da muss ein Irrtum vorliegen** there must be some mistake

**irrtümlich** 1 wrong, mistaken
2 (*aus Versehen*) by mistake

**Islam** Islam

**islamisch** Islamic

**isolieren** 1 (*absondern*) isolate
2 (*Elektronik*) insulate *auch Häuser, Fenster*
3 **sich isolieren** isolate oneself [from the world]

# Jj

**ja** 1 (*zustimmend*) yes; **ja, ich bin es** yes, it's me
2 **ja?** (*wirklich?*) really?
3 **ja?** (*beim Abheben vom Telefon*) hello?
4 (*bestätigend*) **ich sehe Sie also morgen, ja?** I'll see you tomorrow, right?; **aber ja!** of course!
5 **das ist ja schrecklich!** that's just terrible!; **das ist ja unglaublich!** that's absolutely incredible
6 **da bist du ja!** there you are!
7 (*schließlich*) after all; **er ist ja nicht mehr der Jüngste** he's no longer the youngest after all
8 **ihr wisst ja gar nicht, was für ein Glück**

**ihr habt** you have no idea how lucky you are
9 **ich habe es Ihnen ja gesagt!** I told you, didn't I!; **aber du wolltest ja nicht auf mich hören** but you didn't want to listen to me, did you
10 **ja und?** so?
11 **wage es ja nicht!** don't you dare [do that]!; **geh ja nicht ans Telefon!** don't answer the phone!

**Jacht** yacht

**Jacke** jacket

**Jagd** 1 hunt (**nach** for); (*nach Verbrecher auch*) pursuit
2 (*das Jagen*) hunting; (*übertragen*) chase (**nach** after); **auf die Jagd gehen** go hunting
3 **Jagd machen auf ...** hunt for ...

**jagen** 1 hunt *auch Menschen;* pursue *Verbrecher*
2 (*verfolgen, hetzen*) chase
3 (*auf die Jagd gehen*) go hunting
▶ IN WENDUNGEN: **damit kann man mich jagen** (*umgangsspr*) I wouldn't touch that with a barge pole (GB)

**Jahr** year; **ein halbes Jahr** six months ⚠ *Plural;* **alle zwei Jahre** every two years; **Jahr für Jahr** year after year; **im Jahre 2008** in [the year] 2008; **pro Jahr** a year; **sie verdient pro Jahr DM 72.000** she earns DM 72,000 per annum; **von Jahr zu Jahr** from year to year

**jahrelang** 1 **jahrelanges Warten/jahrelange Forschung** years of waiting/research
2 **wir haben jahrelang gewartet** we waited for years

**Jahres-** annual

**Jahrestag** anniversary

**Jahreszahl** date, year

**Jahreszeit** season

**Jahrgang** 1 year
2 (*Altersklasse*) age-group

**Jahrhundert** century

**Jahrhundertwende** turn of the century

**jährlich** 1 annual, yearly; **ein jährliches Einkommen von DM 72 000** an annual salary of DM 72 000
2 annually; **einmal jährlich** once a year

**Jahrmarkt** fair

**Jahrzehnt** decade

**jähzornig** irascible, violent-tempered

**Jalousie** [Venetian] blind [[vəˈniːʃn] blaɪnd] (GB), shades ⚠ *Plural* (USA)

**jämmerlich** 1 (*elend, erbärmlich*) wretched
2 (*Mitleid erregend*) pitiful
3 *Bezahlung, Leid:* lamentable
4 (*umgangsspr*) *Ausrede:* pathetic
5 (*umgangsspr*) **sie hat jämmerlich gelitten** she suffered terribly

**jammern** 1 (*weinen*) wail (**über** over)
2 (*umgangsspr*) winge [wɪndʒ], whine *abwertend;* **hör auf zu jammern!** stop winging [ˈwɪndʒɪŋ]!

**Janker** (A) cardigan

**Jänner** (A) January [ˈdʒænjuəri]

**Januar** January [ˈdʒænjuəri]

**jäten** weed; **Unkraut jäten** do the weeding

**jaulen** (*auch übertragen*) howl

**Jazz** jazz

**je** 1 (*jeweils*) each, every; **sie kosten je drei Euros** they cost three euros each
2 (*jemals*) ever; **schlimmer denn je** worse than ever
3 (*mit Steigerungsformen*) **je eher, desto besser** the sooner the better
4 **je nach ...** depending on ...; **sortiere sie je nach Größe** sort them according to size
5 **je nachdem** that depends

**Jeans** jeans ⚠ *Plural*

**jede, jeder, jedes** 1 (*alle*) every; **jeden Tag** every day; **jeden Tag einmal/zweimal** once/twice a day; **jeden zweiten Tag** every other day; **jeder Mensch** every person
2 (*einzeln*) **jeder neue Kunde erhält eine Gratisprobe** every new customer receives a free sample; **wir haben 5 Zimmer — jedes hat ein eigenes Bad** we have 5 rooms to let — each one has it's own bathroom
3 **jedes Mal** each time, every time; **jedes Mal, wenn ich da bin** whenever I'm there, each time I'm there
4 (*beliebig*) any; **du kannst jedes nehmen** you can take any, any one will do; **jeden Augenblick** any minute; **in jedem Fall** in any case; **bei jedem Wetter** in any kind of weather
5 (*alle Personen*) everyone, everybody; **jeder möchte das Hühnchen — keiner nimmt das Steak** everyone wants the chicken — no one's taking the steak; **sowas hat doch jeder!** everyone's got one of those!
6 (*beliebige Person*) **du kannst jeden fragen** you can ask anybody
7 **jeder wird dir das sagen** anyone will tell you that

> **! Vorsicht Falle** Nach **everybody** und **everyone** steht das Verb immer in der Einzahl.

**jedenfalls** 1 (*auf jeden Fall*) in any case; **ich komme jedenfalls mit** I'm coming anyhow

2 (*zumindest*) at least; **er war's jedenfalls nicht** it wasn't him, that's for sure
3 (*beim Erzählen*) **jedenfalls wollte er mir das Geld nicht geben** well anyhow, he didn't want to give me the money

**jederzeit** [at] any time; **Sie können mich jederzeit anrufen** you can call me any time

**jedoch** however ⚠ *meist nachgestellt,* though ⚠ *immer nachgestellt;* **ich habe jedoch sehr wenig Zeit** I have very little time however; **er möchte es jedoch versuchen** he'd like to try though

**jemals** ever

**jemand** 1 somebody, someone; **jemand hat das Licht angelassen** someone has left the light on
2 (*in fragenden und verneinenden Sätzen*) anybody, anyone; **hat jemand Lust auf ein Eis?** does anyone fancy an icecream?; **sonst noch jemand?** anyone else?; **ist jemand da?** is there anyone here?

**jene(r, s)** 1 (*substantivisch*) that one, those ones *Plural*
2 **dies und jenes** this and that
3 (*adjektivisch*) that; (*bezogen auf Plural*) those; **in jenem Sommer** that summer

**jenseits** 1 (*räumlich*) on the other side of
2 **er ist jenseits von Gut und Böse** (*umgangsspr*) he's past it

**Jesus** Jesus ['dʒiːzəs]

**jetzig** (*im Augenblick*) present; (*laufend*) current

**jetzt** 1 now; **ich möchte jetzt gehen** I'd like to leave now; **jetzt nicht** not now; **erst jetzt** only now
2 **gerade jetzt** this very moment
3 **bis jetzt** so far, up to now
4 **von jetzt an** from now on

**jeweilig** 1 (*derzeitig*) of the day; (*vorherrschend*) prevailing
2 (*betreffend*) respective

**jeweils** 1 (*zur gleichen Zeit*) at a time
2 (*jedesmal*) each time; (*jeder einzelne*) each

**jobben** (*umgangsspr*) work, do casual work

**Jockey** jockey

**joggen** jog

**Jogger(in)** jogger

**Joghurt, Jogurt** yog[h]urt

**Johannisbeere** **rote/schwarze Johannisbeere** redcurrant/blackcurrant

**Jojo** yo-yo

**Journalist(in)** journalist

**Jubiläum** 1 (*einer bedeutenden Person*) jubilee ['dʒuːbɪliː]; **25-jähriges Jubiläum** silver jubilee
2 (*sonstiger Jahrestag*) anniversary

**jucken** 1 itch; **es juckt überall** I'm itching all over
2 **sich jucken** (*kratzen*) scratch

**Juckreiz** itch

**Jude** Jew; **er ist Jude** he's Jewish

**Jüdin** Jewess; **sie ist Jüdin** she's Jewish

**jüdisch** Jewish

**Judo** judo ['dʒuːdəʊ]

**Jugend** 1 (*Jugendzeit*) youth; **von Jugend an** [*oder* **auf**] from one's youth; **in meiner Jugend** when I was young
2 (*Jugendlichkeit*) youthfulness
3 (*junge Menschen*) young people ⚠ *Plural*

**Jugendherberge** youth hostel

**jugendlich** 1 (*jung*) young
2 (*jung wirkend*) youthful

**Jugendliche(r)** young person, teenager; (*Minderjähriger*) minor

**jung** (*auch übertragen*) young

**Junge**[1] der boy

**Junge**[2] das (*generell von Tieren*) young one; (*von Hund*) puppy; (*von Katze*) kitten; (*von Raubtier*) cub; (*von Vogel*) nestling; **die Jungen** the young

**Jünger** (*auch übertragen*) disciple

**jünger** 1 (*Komparativ von jung*) younger; **sie ist fünf Jahre jünger als ich** she is my junior by five years; **er sieht jünger aus, als er ist** he does not look his age
2 *Entwicklung, Geschichte:* recent

**Jungfrau** virgin; (*Sternzeichen*) Virgo

**Junggeselle** bachelor; **eingefleischter Junggeselle** confirmed bachelor

**Junggesellin** bachelor girl

**jüngste(r, s)** 1 (*Superlativ von jung*) youngest; **sie ist nicht mehr die Jüngste** (*umgangsspr*) she's no [spring] chicken any more
2 (*letzte*) latest; *Zeit, Vergangenheit:* recent; **in der jüngsten Zeit** recently; **die jüngsten Ereignisse** the latest events
3 **das Jüngste Gericht** the Last Judg[e]ment

**Juni** June [dʒuːn]

**Junior** junior

**Jupe** (CH) skirt

**Jurist(in)** jurist

**juristisch** legal; **juristische Fakultät** faculty of law (GB), law school (USA); **juristischer Beistand** counsel

**Jury** jury

**Jus** (A) law

**Justiz** justice

**Juwel** (*auch übertragen*) gem, jewel ['dʒuːəl]

**Juweliergeschäft** jewel[l]er's [shop]

J

# Kk

**Kabel** cable; (*Telefonkabel*) flex
**Kabelfernsehen** cable television
**Kabine** 1 (*Umkleidekabine, Duschkabine*) cubicle
2 *von Schiff, Flugzeug:* cabin
3 *von Drahtseilbahn:* car
**Kabinett** (*Politik*) cabinet
**Kabis** (CH) cabbage
**Kabriolett** (*Auto*) convertible
**Kachel** [glazed] tile
**Käfer** beetle
**Kaffee** 1 coffee; **Kaffee mit Milch** white coffee (GB), coffee with milk (USA); **zwei Kaffee, bitte!** two coffees, please!; **Kaffee kochen** make coffee
2 **jemanden zum Kaffee einladen** invite somebody for [afternoon] coffee; **ich bin zum Kaffee eingeladen** I've been invited for coffee
**Kaffeehaus** (A) café ['kæfeɪ]
**Kaffeekanne** coffeepot
**Kaffeemaschine** coffee machine
**Käfig** cage
**kahl** 1 (*glatzköpfig*) bald [bɔːld]; **kahl geschoren** *Mensch:* shaven; **sich kahl rasieren lassen** have one's head shaved
2 *Berg, Landschaft:* barren, bleak
3 *Baum, Felsen, Raum, Wand:* bare
4 **kahl geschoren** *Schaf:* shorn
**Kahn** 1 (*kleines Boot*) boat
2 (*Lastschiff*) barge
**Kai** quay [kiː]
**Kaiser** emperor ['empərə]
**Kaiserin** empress ['emprəs]
**kaiserlich** imperial
**Kakao** 1 (*Bohnen, Pulver*) cocoa
2 (*Getränk*) hot chocolate ['tʃɒklət]
**Kaktee, Kaktus** cactus ['kæktəs]
**Kalb** calf [kɑːf]
**Kalbfleisch** veal [viːl]
**Kalender** 1 (*Wandkalender*) calendar ['kæləndə]
2 (*Taschenkalender*) diary

> **! Vorsicht Falle** Das englische Wort **calendar** wird hinten mit einem **a** geschrieben: *a calendar of Heidelberg for 2002.*

**Kalkulation** (*Berechnung*) calculation
**Kalorie** calorie
**kalorienarm** 1 **das Getränk ist kalorienarm** the drink is low in calories
2 **ein kalorienarmes Getränk** a low-calorie drink
**kalt** 1 (*auch übertragen*) cold
2 **mir ist** [*oder* **ich hab**] **kalt** I am cold; **mir wird kalt** I'm getting cold
3 **eine Flasche Wein/den Kaviar kalt stellen** chill a bottle of wine/the caviar
4 (*übertragen: unbewegt*) **kalt bleiben** remain unmoved
**kaltblütig** 1 (*gnadenlos*) *Mensch, Mord:* cold-blooded
2 (*gelassen*) cool
3 **jemanden kaltblütig umbringen** kill somebody in cold blood
**Kälte** 1 *von Material, Wetter:* cold
2 (*übertragen*) coldness
**Kamel** camel ['kæməl]
**Kamera** camera
**Kamerad** 1 (*beim Militär*) comrade ['kɒmreɪd]
2 (*Gefährte*) companion [kəm'pænjən]
3 (*umgangsspr: Freund*) chum (GB), buddy (USA)
**Kamin** 1 (*Schornstein, auch von Berg*) chimney
2 (*im Zimmer*) fireplace, fireside
**Kamm** 1 (*Haarkamm*) comb [kəʊm]
2 *von Vögeln, Wellen:* crest
3 *von Berg:* crest, ridge
**kämmen** 1 comb [kəʊm] *Haare*
2 **sich kämmen** comb one's hair
**Kammer** 1 (*kleines Zimmer*) small room
2 (*übertragen*) *von Parlament:* chamber ['tʃeɪmbər]
**Kampagne** campaign [kæm'peɪn]; **eine Kampagne starten** launch a campaign
**Kampf** 1 (*auch übertragen*) fight [faɪt] (**um** for)
2 (*Schlacht*) battle (**um** for)
3 (*Wettkampf, Wettstreit*) contest ['kɒntest] (**um** for)
**kämpfen** 1 fight (**um, für** for); **gegen jemanden/etwas kämpfen** fight somebody/something
2 **mit den Tränen kämpfen** fight back one's tears

> **? Grammatik** Die unregelmäßigen Vergangenheitsformen von **fight** lauten **fought — fought**: *she* **fought** *for equal pay for women; he* **had fought** *against slavery all his life.*

**kämpferisch** aggressive
**Kampfhund** fighting dog
**Kampfsport** martial art
**Kanal** 1 (*natürlicher*) channel; (*künstlicher*)

canal [kəˈnæl]
② **der Ärmelkanal, der Kanal** the [English] Channel [ˈtʃænᵊl]
③ (*Abwasserkanal*) sewer [sʊəʳ]
④ (*Radio, TV*) channel
**Kanalisation** (*für Abwässer*) sewerage [ˈsuːərɪdʒ] system
**Kandidat(in)** ① (*Anwärter*) candidate [ˈkændɪdeɪt]
② (*Bewerber*) applicant [ˈæplɪkənt]
**kandidieren** run, stand (**für** for)
**Känguru** kangaroo [ˌkæŋgəˈruː]
**Kaninchen** rabbit
**Kanister** can
**Kännchen** ① (*für Milch*) jug
② **ein Kännchen Kaffee, bitte!** a small pot of coffee please!
**Kanne** ① (*Ölkanne*) can
② (*Kaffeekanne, Teekanne*) pot
**Kannibale** cannibal
**Kanone** ① (*altertümliches Modell*) cannon [ˈkænən]
② (*umgangsspr: Ass, Könner*) ace
③ (*slang: Revolver*) gat, rod
**Kante** ① (*bei Fläche, Gegenstand*) edge
② (*Rand*) border
**Kantine** canteen [kænˈtiːn]
**Kanton** Swiss federal state
**Kantonsschule** (CH) ≈ grammar school (GB), ≈ high school (USA)
**Kanu** canoe [kəˈnuː]; **Kanu fahren** canoe
**Kanzler(in)** chancellor [ˈtʃɑːnsələ]
**Kap** cape
**Kapelle** ① (*Kirchlein*) chapel [ˈtʃæpᵊl]
② (*Musikgruppe*) band
**Kapital** (*Geld*) capital [ˈkæpɪtᵊl]; **aus etwas Kapital schlagen** (*auch übertragen*) capitalize on something
**Kapitalismus** capitalism [ˈkæpɪtəlɪzᵊm]
**Kapitalverbrechen** serious crime; (*mit Todesstrafe*) capital crime
**Kapitän** captain [ˈkæptɪn]
**Kapitel** (*auch übertragen*) chapter [tʃæptə]
▸ In Wendungen: **das ist ein Kapitel für sich** that's another story
**Kapitulation** surrender; (*auch übertragen*) capitulation [kəˌpɪtjʊˈleɪʃᵊn] (**vor** to)
**Kappe** ① (*Kopfbedeckung*) cap
② *von Flasche:* top
**Kapsel** capsule [ˈkæpsjuːl]
**kaputt** (*umgangsspr*) ① (*funktionsunfähig, zerbrochen*) broken
② *Beziehung, Ehe:* broken
③ *Nerven:* shattered
④ *Gesundheit, Leber, etc:* ruined
⑤ (*übermüdet*) done in, shattered, knackered [ˈnækᵊd]
⑥ **mach dich doch nicht kaputt!** don't wear yourself out!
⑦ **ein kaputter Typ** (*umgangsspr*) a wreck [rek]
**kaputtgehen** (*umgangsspr*) ① (*entzweigehen*) break [breɪk]
② *Auto, Gerät, Maschine:* break down
③ *Beziehung, Ehe:* go on the rocks (**an** because of)
④ **an dem Job geh' ich noch kaputt!** this job will be the death of me!
**kaputtmachen** ① break *Gegenstand*
② ruin *Kleidungsstück*
③ (*übertragen: erschöpfen*) wear out; **deine Geldsorgen machen dich noch ganz kaputt** your money worries will be the death of you
**Kapuze** ① *von Jacke, Mantel:* hood
② *von Mönchskutte:* cowl
**Karamell** caramel
**Karat** carat
**Karate** karate [kəˈrɑːti]
**Karfiol** (A) cauliflower [ˈkɒlɪˌflaʊə]
**Karfreitag** Good Friday
**karg** ① (*mager, spärlich*) meagre, sparse
② (*unfruchtbar*) barren
**kariert** ① *Stoff:* checked (GB), checkered (USA)
② *Papier:* squared
**Karies** caries
**Karikatur** caricature [ˈkærɪkətʃʊə]
**Karneval** carnival [ˈkɑːnɪvᵊl]
**Kärnten** Carinthia [kəˈrɪnθɪə]
**Karo** ① (*Quadrat*) square; (*Raute*) lozenge
② (*quadratisches Stoffmuster*) check
③ (*Kartenfarbe*) diamonds ⚠ *Plural*
**Karosse** state coach
**Karosserie** bodywork
**Karotte** carrot [ˈkærət]
**Karre(n)** ① (*Wagen*) cart
② (*abwertend: altes Auto*) crate
**Karriere** career; **Karriere machen** make a career for oneself
**Karte** ① (*Landkarte*) map; (*Seekarte*) chart
② (*Eintrittskarte, Fahrkarte*) ticket
③ (*Postkarte, Spielkarte, Visitenkarte*) card
④ (*Speisekarte*) menu
⑤ **Karten mischen** give the cards a shuffle; **Karten spielen** play cards
▸ In Wendungen: **alles auf eine Karte setzen** put all one's eggs in one basket
**Kartei** card file

**Kartenspiel** ① card game
② (*die Spielkarten*) pack of cards (GB), deck of cards (USA)
**Kartenvorverkauf** advance sale of tickets
**Kartoffel** potato [pəˈteɪtəʊ]
▶ IN WENDUNGEN: **jemanden fallen lassen wie eine heiße Kartoffel** drop somebody like a hot potato

? **Grammatik** Die Mehrzahl von **potato** ist **potatoes**: *Norman ate six potatoes.*

**Kartoffelbrei** mashed potatoes ⚠ *Plural*
**Kartoffelchips** [potato] crisps (GB), [potato] chips (USA)

! **Vorsicht Falle** In Großbritannen sind **chips** = Pommes-Frittes!

**Karton** ① (*Pappe*) cardboard
② (*Schachtel*) cardboard box
**Karussell** car[r]ousel [ˌkærəˈsel], merry-go-round, roundabout (GB); **Karussell fahren** go on the merry-go-round
**Käse** ① cheese
② (*umgangsspr: Quatsch*) rubbish
**Kasse** ① till; (*in Bank*) cashdesk; (*im Supermarkt*) check-out
② (*Theaterkasse*) box office
▶ IN WENDUNGEN: **knapp bei Kasse sein** (*umgangsspr*) be short of cash; **jemanden zur Kasse bitten** make someone pay up
**Kassette** ① (*Kästchen*) case
② (*Verkaufspackung*) pack, set
③ (*Musik, Video*) cassette [kəˈset]
**kassieren** ① **[bei jemandem] kassieren** collect [from somebody] *Geld, Miete, etc*
② (*im Lokal*) **darf ich kassieren?** would you mind settling the bill now?
③ (*umgangsspr: Profit machen*) make money; **er hat dabei ganz hübsch kassiert** he really cashed in on it
④ (*umgangsspr: wegnehmen*) take away *Führerschein, etc*
⑤ (*umgangsspr: schnappen, einlochen*) nab *Person*
**Kassierer(in)** ① (*in Geschäft*) cashier [kæˈʃɪə]
② (*bei Bank*) clerk, teller
**Kastanie** chestnut [ˈtʃesnʌt]
**Kasten** ① (*Schachtel*) box; (*Kiste*) case; (*Truhe*) chest
② Ⓐ (*für Schuhe, etc*) cupboard [ˈkʌbəd] (GB), closet (USA); (*für Kleider*) wardrobe
③ (*umgangsspr: altes Auto*) crate

**Katalog** catalogue [ˈkætəlɒg] (GB), catalog (USA)
**Katalysator** ① (*auch übertragen*) catalyst [ˈkætəlɪst]
② *von Auto:* catalytic converter
**katastrophal** catastrophic
**Katastrophe** catastrophe; **so eine Katastrophe!** what a disaster!
**Kategorie** category
**Kater** ① (*männliche Katze*) tomcat
② (*übertragen: Alkoholnachwirkung*) hangover
**Kathedrale** cathedral [kəθiːdrəl]
**Katholik(in)** [Roman] Catholic [ˈkæθlɪk]
**katholisch** [Roman] Catholic
**Kätzchen** kitten
**Katze** cat
▶ IN WENDUNGEN: **die Katze aus dem Sack lassen** let the cat out of the bag; **es war alles für die Katz** it was a sheer waste of time
**kauen** chew
**kauern** crouch
**Kauf** ① (*Einkaufen*) purchase [pɜːtʃəs]
② (*das Eingekaufte*) buy [baɪ]; **ein guter Kauf** a good buy
**kaufen** (*erwerben*) buy [baɪ]

? **Grammatik** Die unregelmäßigen Vergangenheitsformen von **buy** lauten **bought — bought**: *Mike* **bought** *a new bike;* **have** *you* **bought** *some bread?*

**Käufer(in)** buyer, purchaser
**Kauffrau** businesswoman
**Kaufhaus** department store
**Kaufmann** ① (*Einzelhändler*) small shopkeeper; (*Lebensmittelhändler*) grocer
② (*Händler*) trader
③ (*Geschäftsmann*) businessman
**kaufmännisch** commercial [kəˈmɜːʃəl]; **kaufmännischer Angestellter** clerk; **kaufmännische Ausbildung** business training
**Kaugummi** chewing gum [ˈtʃuːɪŋ gʌm]
**kaum** hardly, scarcely; **das wird wohl kaum passieren** that's scarcely likely to happen
**Kaution** ① (*für Gefangenen*) bail; **gegen Kaution** on bail
② (*für Miete, etc*) deposit [dɪˈpɒzɪt]; **eine Kaution hinterlegen** leave a deposit
**Kefe** (CH) (*Zuckererbse*) mange-tout [ˌmɑ̃nʒˈtuː] [pea]
**Kegel** ① (*geometrische Figur*) cone
② (*Figur beim Kegeln*) ninepin, skittle; (*beim Bowling*) pin
**kegeln** play ninepins; (*beim Bowling*) play bowls

**Kehle** throat
**kehren¹** ① (*drehen, wenden*) turn
② **jemandem/einer Sache den Rücken kehren** turn one's back on someone/something
**kehren²** (*fegen*) sweep
**Kehricht** (CH) rubbish, trash (USA)
**Kehrseite** ① *von Münze:* reverse [rɪ'vɜːs]
② (*übertragen: Nachteil*) drawback; **die Kehrseite der Medaille** the other side of the coin
**kehrtmachen** (*umkehren*) turn back
**Keil** (*auch übertragen*) wedge
**Keim** ① (*Krankheitserreger*) germ [dʒɜːm]
② (*Schössling*) shoot, sprout
③ (*übertragen*) seed; **etwas im Keim ersticken** nip something in the bud
**keimfrei** (*auch übertragen*) sterile ['steraɪl]
**kein(e)** (*vor Substantiv*) ① no, not any; **kein Geld/keine Zeit** no money/no time; **ich habe kein Geld** I've got no money, I haven't got any money; **kein Mensch** nobody, not anybody; **kein einziges Mal** not a single time
② (*kaum, nicht einmal*) less than; **es hat keine zehn Minuten gedauert** it took less than ten minutes
**keine(r, s)** (*alleinstehend*) ① *von Menschen: als Subjekt:* no-one, nobody; **keiner war da** no-one was there; **ich sah keinen** I saw no-one
② *von Menschen: als Subjekt oder Objekt nach Verneinung:* not anyone, not anybody; **keiner war da** there wasn't anyone there; **ich sah keinen** I didn't see anybody
③ *von Gegenständen: als Subjekt:* not one, none
④ *von Gegenständen: als Subjekt oder Objekt:* not any, none; **ich hab keines** I haven't got any, I have none
⑤ **keiner von uns** none of us; **keiner von uns beiden** neither of us
**keinesfalls** on no account, under no circumstances ['sɜːkəmstənsɪz]
**keineswegs** ① (*keinesfalls*) by no means, not at all
② (*nicht im Geringsten*) not in the least
**Keks** biscuit ['bɪskɪt] (GB), cookie (USA)
**Keller** cellar
**Kellergeschoss** basement
**Kellerwohnung** basement flat
**Kellner(in)** waiter/waitress
**kennen** ① know; (*bekannt sein mit*) be acquainted [ə'kweɪntɪd] with
② **jemanden kennen lernen, sich kennen lernen** (*zum ersten Mal sehen*) meet somebody
③ **jemanden näher kennen lernen** get to know somebody better
④ **kennst du mich noch?** do you remember me?
⑤ **da kennst du mich aber schlecht!** you don't know me!

> **? Grammatik** Die unregelmäßigen Vergangenheitsformen von **know** lauten **knew — known**: *Lisa* **knew** *the correct answer; I* **have known** *Peter for three years.*

**Kenner(in)** ① (*Weinkenner*) connoisseur [ˌkɒnə'sɜː]; **Peter ist ein Kenner edler Weine** Peter is a connoisseur of fine wines
② (*Experte*) expert ['ekspɜːt] (**von** in, on)
**Kenntnis** ① (*Wissen*) knowledge
② **etwas zur Kenntnis nehmen** take note of something
**Kenntnisse** (*Wissen*) knowledge ⚠ *Singular;* **gute Kenntnisse in Mathe haben** have a good knowledge of maths
**Kennwort** ① (*Chiffre*) code name
② (*Losungswort*) password
**Kennzeichen** ① (*Charakteristikum*) characteristic [ˌkærəktə'rɪstɪk] (**für, von** of)
② *von KFZ:* number plate (GB), license plate (USA)
**kennzeichnen** ① (*markieren*) mark; **etwas als zerbrechlich kennzeichnen** mark something fragile
② (*charakterisieren*) characterize ['kærəktᵊraɪz]
**kentern** capsize [kæp'saɪz]
**Keramik** ceramics ⚠ *Plural*
**Kerl** (*umgangsspr*) chap, fellow, bloke (GB), guy (USA); **feiner Kerl** fine fellow; **gemeiner Kerl** mean thing
**Kern** ① (*Obstkern*) pip; (*Kirschkern*) stone
② *von Atom, Zelle:* nucleus ['njuːkliəs], [*Plural* nuclei]
③ (*übertragen: Hauptsache*) core, heart
**Kernkraft** nuclear power
**Kernkraftwerk** nuclear power station
**Kerze** candle
**Kessel** (*Teekessel*) kettle
**Ketschup, Ketchup** ketchup
**Kette** ① chain; **an die Kette legen** chain up
② (*Halskette*) necklace ['nekləs]
③ (*Bergkette*) range
④ **eine Kette von Unfällen** a series of accidents
**keuchen** pant [pænt]
**Keule** ① (*Schlagwerkzeug*) club, cudgel
② (*Fleischstück*) leg
**kichern** giggle
**kidnappen** kidnap

Kk

**Kiefer**[1] die (*Nadelbaum*) pine
**Kiefer**[2] der (*Körperteil*) jaw
**Kies** gravel ['grævᵊl]
**Kieselstein** pebble
**Kilo, Kilogramm** kilogramme (GB), kilogram ['kɪləgræm] (USA); **ein Kilo Bananen** a kilo ['kiːləʊ] of bananas
**Kilometer** kilometre [kɪ'lɒmɪtəʳ] (GB), kilometer (USA)
**Kind** child; **als Kind** as a child; **sie erwartet/bekommt ein Kind** she's expecting/going to have a baby

? **Grammatik** Die Mehrzahl von **child** ist **children**: *the three children are playing in the garden.*

**Kindergarten** kindergarten
**Kindergeld** family allowance
**kinderleicht** dead easy
**Kindermädchen** nanny
**Kinderspielplatz** children's playground
**Kindertagesstätte** day nursery
**Kinderwagen** pram (GB), [baby-]carriage (USA)
**Kindheit** childhood
**kindisch** childish
**kindlich** 1 *Verhalten, etc:* childlike
2 **sich kindlich verhalten** act like a child; **kindlich wirken** be childlike
**Kinn** chin
**Kino** cinema ['sɪnəmə]; **ins Kino gehen** go to the cinema
**Kiosk** kiosk ['kiːɒsk]
**Kipferl** (A) croissant ['kwæsɑ̃]
**kippen** 1 (*umkippen*) tilt *Behälter, Fenster, Tisch*
2 *Fahrzeug:* topple, overturn
**Kirche** church; **in der Kirche** at church; **in die Kirche gehen** go to church
**Kirsche** cherry
**Kissen** 1 (*Sofakissen*) cushion [kʊʃᵊn]
2 (*Kopfkissen*) pillow
**Kissenbezug** 1 (*für Sofakissen*) cushion cover
2 (*für Kopfkissen*) pillow case
**Kiste** 1 (*Behälter*) box; (*Truhe*) chest
2 (*Bier, Sprudel*) crate; (*Wein*) case
3 (*umgangsspr: Fernseher*) box
**Kittel** 1 (*Arbeitskittel*) overall
2 (*Arztkittel*) coat
**kitzeln** (*auch übertragen*) tickle
**Kiwi** (*Frucht*) kiwi
**klaffen** gape
**Klage** 1 (*zivilrechtlich*) action, suit; (*strafrechtlich*) charge
2 (*Beschwerde*) complaint (**über** about); **keinen Grund zur Klage haben** have no reason to complain
**klagen** 1 (*sich beklagen*) complain (**über** about); **jemandem sein Leid klagen** pour out one's sorrow to someone
2 (*trauern*) **um jemanden/etwas klagen** lament somebody/something
3 (*gerichtlich*) sue (**auf** for)
**Kläger(in)** plaintiff
**klamm** (*feuchtkalt*) clammy
**Klammer** 1 (*Haarklammer*) [hair]grip
2 (*Büroklammer, Wundklammer*) clip; (*Heftklammer*) staple
3 (*Wäscheklammer*) peg
4 (*Rechenzeichen, Satzzeichen*) bracket; **in Klammern setzen** put in brackets
**Klamotten** (*slang: Kleider*) gear ⚠ *Singular*
**Klang** 1 (*Geräusch*) sound
2 (*Tonqualität*) tone
**Klappe** 1 flap; (*Deckel*) lid
2 (*slang: Mund*) trap; **eine große Klappe haben** have a big mouth; **die Klappe halten** pipe down; **halt die Klappe!** shut up!
**klappen** 1 fold; **nach oben/unten klappen** *Bett, Sitz:* fold up/down; *Kragen:* turn up/down; **nach vorn/hinten klappen** tip forward/back
2 (*umgangsspr: in Ordnung sein*) work [wɜːk]
3 (*übertragen: gut gehen*) work out; **es hat alles geklappt** everything clicked; **alles klappte wie am Schnürchen** everything went like clock-work
**klappern** 1 *Fenster, Geschirr:* clatter, rattle
2 (*mit den Zähnen*) chatter
3 *Absatz, Mühle:* clack
**Klaps** (*leichter Schlag*) slap, smack; **jemandem einen Klaps versetzen** smack somebody
**klar** 1 (*deutlich, offensichtlich*) clear; **klar und deutlich** distinctly, plainly; **es ist klar dass …** it is obvious that …; **ist das klar?** do I make myself plain?
2 **klar sehen** see clearly
3 **sich darüber im Klaren sein, dass …** realize that …
4 **klar wie Kloßbrühe!** (*umgangsspr*) clear as mud!
5 (*fertig*) ready [redi]
6 **klarer Fall!** (*umgangsspr*) sure thing!
7 **alles klar?** (*umgangsspr*) everything OK?
**klären** 1 (*säubern*) purify *Luft, Wasser*
2 (*erläutern*) clarify *Sachlage*
3 (*lösen*) settle *Angelegenheit, Problem*
**Klarinette** clarinet [ˌklærə'net]; **Klarinette spie-**

**len** play the clarinet

**klarkommen** (*umgangsspr*) ① (*sein Auskommen haben*) get by; **ich komm' schon klar** I'll manage
② **mit jemandem/etwas klarkommen** cope with someone/something

**klarmachen** ① (*erklären*) make clear
② **sich etwas klarmachen** realize something

**Klasse** ① (*Kategorie*) class
② (*beim Sport*) league
③ (*Güteklasse*) grade
④ (*Schulklasse*) class; **die Klasse ist laut** the class is noisy; (*Klassenstufe*) form
⑤ (*Klassenzimmer*) classroom

**Klassenarbeit** class test

**Klassenlehrer(in)** class teacher

**Klassensprecher(in)** class representative

**Klassenzimmer** classroom

**klassifizieren** classify

**klassisch** ① (*die Klassik betreffend*) classical
② (*typisch*) classic

**Klatsch** (*abwertend: Gerede*) gossip

**klatschen** ① clap *Beifall, Takt*
② **in die Hände klatschen** clap one's hands
③ (*umgangsspr: tratschen*) gossip (**über** about)

**Klaue** *von Raubtier:* claw; *von Raubvogel:* talon

**klauen** (*slang*) ① **jemandem etwas klauen** nick something from someone
② **sie klaut** she pinches things

**Klausel** ① (*Zusatz*) clause
② (*Bedingung*) stipulation

**Klausur** exam, paper; **eine Klausur schreiben** sit an exam

**Klavier** piano [pɪ'ænəʊ]; **Klavier spielen** play the piano

**kleben** ① (*mit Klebstoff*) glue, paste; (*anhaften*) stick (**an** to); **es klebt nicht** it won't stick
② (*übertragen: festhalten*) cling (**an** to)
③ **jemandem eine kleben** (*umgangsspr*) belt someone one

**Kleber** Ⓒⓗ sticker

**Kleb(e)streifen** adhesive tape

**klebrig** sticky

**Klebstoff** adhesive [əd'hi:sɪv]

**kleckern** (*beim Essen*) make a mess

**Klecks** (*Tintenklecks*) blot; (*Farbklecks*) blob

**Kleid** ① (*Kleidungsstück*) dress
② (*Kleidung*) **Kleider** clothes [kləʊðz]

> **? Grammatik** Zu **clothes** (= die Kleider, Kleidung) gibt es keine Einzahl: *Susan's clothes are always smart.*

**kleiden** (*auch übertragen*) clothe, dress; **sich gut kleiden** dress well

**Kleiderbügel** coat hanger

**Kleiderbürste** clothes [kləʊðz] brush

**Kleiderkasten** Ⓐ, Ⓒⓗ wardrobe ['wɔ:drəʊb]

**Kleiderschrank** wardrobe

**Kleidung** clothes ⚠ *Plural,* clothing ['kləʊðɪŋ] ⚠ *kein Plural*

> **? Grammatik** **clothing** (= die Kleidung) wird nie in der Mehrzahl gebraucht: *in winter we wear warm clothing.*

**Kleidungsstück** garment

**klein** ① (*kurz*) *Finger, Zeh, etc:* little; **einen kleinen Moment, bitte** just one moment please
② (*gering*) **das kleinere Übel** the lesser evil
③ (*unbedeutend*) small; **er ist nur ein kleiner Fisch** he is just small fry
④ (*an Anzahl, Umfang, Wert*) *Buchstabe, Summe, etc:* small; **ein klein wenig** a little bit
⑤ (*kurz, klein von Wuchs*) *Mensch, Schritt:* short
⑥ (*nicht gravierend*) *Fehler, Vergehen:* minor
⑦ **bis ins Kleinste** in minute detail
⑧ **klein hacken** chop up small
⑨ **klein anfangen** start off in a small way
⑩ **meine kleine Schwester** my little sister; **er ist noch klein** he's still young

> **! Vorsicht Falle** **Small** oder **little**? **Small** bezieht sich auf die Größe einer Sache. Das Gegenteil hiervon ist **big** oder **large:** *I'd like a small diet Coke please*; their house is very small. Das Wort **little** bezieht sich zwar auch auf die Größe, vermittelt jedoch auch ein Gefühl über diese Größe oder eine Bewertung der Größe: *Guildford is a lovely little town; she's too little to reach that cupboard.*

**Kleinanzeige** classified ad

**Kleingeld** ① small change
② **das nötige Kleingeld haben** (*umgangsspr*) have the necessary wherewithal

**Kleinigkeit** ① (*kleines Ding*) little thing
② (*Bagatelle*) trifling matter
③ (*Detail*) minor detail
④ (*ein bißchen*) **eine Kleinigkeit zu essen** a bite to eat; **kannst du eine Kleinigkeit warten?** can you wait a little?
⑤ (*Geschenk*) **ich hab' dir eine Kleinigkeit!** I've got you a little something!

**kleinkariert** (*übertragen oder abwertend*) small-time; **sei doch nicht so kleinkariert!** don't be so small-minded!

**Kleinkind** infant; **als Kleinkind** as an infant

**kleinlich** 1 (*pedantisch*) petty
2 (*engstirnig*) small-minded
**Kleister** paste
**Klemme** 1 (*Klammer*) clip
2 (*übertragen*) fix, jam, tight spot; **in der Klemme sitzen** be in a fix; **in die Klemme geraten** get into a jam
**klemmen** 1 *Tür:* jam, stick
2 **die Bücher unter den Arm klemmen** tuck the books under one's arm
**Klempner(in)** plumber ['plʌmə]
**klettern** climb
**Klima** 1 climate ['klaɪmət]; **in Süditalien herrscht warmes Klima** the climate is warm in Southern Italy
2 (*übertragen*) atmosphere ['ætməsfɪə]; **im Büro herrscht ein schlechtes Klima** there's a bad atmosphere in the office
**Klimaanlage** air-conditioner
**klimatisiert** air-conditioned
**klimpern** 1 (*mit Münzen, etc*) tinkle
2 (*abwertend: Klavier spielen*) plonk away
**Klinge** blade
**Klingel** bell
**klingeln** (*läuten*) ring (**nach** for)
**klingen** (*tönen, sich anhören*) sound (**nach** like)
**Klinik** clinic
**Klinke** (*Türklinke*) handle
**Klippe** 1 (*am Steilufer*) cliff
2 (*im Meer*) rock
**klirren** clink
**Klo** (*umgangsspr*) loo (GB), john (USA)
**klobig** bulky
**klonen** clone
**klopfen** 1 (*an der Tür*) knock (**an** at); **es klopft** there is a knock on the door; (*sanft*) tap (**an, auf** at, on)
2 *Herz:* beat; (*stärker*) pound
3 beat *Fleisch, Teppich*
**Kloster** 1 (*Mönchskloster*) monastery ['mɒnəstəri]; **ins Kloster gehen** enter a monastery
2 (*Nonnenkloster*) convent ['kɒnvənt]; **ins Kloster gehen** enter a convent
**Klotz** (*Holzklotz*) block [of wood]
**Klub** club
**Kluft** 1 (*auch übertragen: Lücke*) gap
2 **eine Kluft überbrücken** bridge a gulf
**klug** 1 (*intelligent*) clever
2 (*verständig*) sensible, wise
**Klumpen** 1 lump
2 (*Erdklumpen*) clod
3 (*Goldklumpen*) nugget
**knabbern** nibble
**knacken** 1 (*brechen*) crack
2 crack *Nuss, Rätsel*
3 (*slang*) break into *Auto, Tresor*
**Knacks** 1 (*Riss, Sprung*) crack
2 (*umgangsspr*) **einen Knacks haben** *Gerät:* be playing up; *Ehe:* be in trouble
**Knallbonbon** cracker
**knallen** 1 bang, slam *Tür, Gegenstand*
2 *Tür:* bang, slam
3 *Sektkorken:* [go] pop
4 *Peitsche:* crack
5 (*umgangsspr*) *Sonne:* blaze down
**knapp** 1 (*spärlich*) scarce [skeəs]; (*dürftig*) meagre (GB), meager (USA)
2 *Kleidung:* scanty
3 (*kurz, präzise*) *Stil, Worte:* concise
4 *Geld:* tight; **knapp bei Kasse sein** (*umgangsspr*) be short of money
5 (*kaum ausreichend*) *Geld, Miete, Zeit:* barely sufficient
6 *Sieg:* narrow
7 (*gerade noch, so eben*) just; **mit knapper Not** only just; **es knapp schaffen** just about manage
8 **mit knapper Mehrheit** with a narrow majority
**knarren** creak
**knattern** 1 (*rattern*) rattle
2 *Motor:* roar
**Knauf** (*Türknauf*) knob [nɒb]
**Knebel** gag
**knebeln** (*auch übertragen*) gag
**kneifen** 1 **jemanden kneifen** pinch somebody
2 (*umgangsspr: sich drücken*) chicken out (**vor** of)
**Kneipe** (*umgangsspr*) pub (GB), bar (USA); **in die Kneipe gehen** go to the pub
**knicken** 1 (*brechen*) snap
2 (*falten*) fold
**Knicks** curts[e]y
**Knie** knee [niː]
**knien** kneel (**vor** before)
**knifflig** 1 (*schwierig*) fiddly
2 (*heikel*) tricky
**knipsen** (*umgangsspr*) 1 (*fotografieren*) take pictures
2 (*lochen*) punch
**knirschen** 1 *Schnee:* crunch
2 *Getriebe, Zähne:* grind
**knistern** 1 *Feuer:* crackle
2 *Papier, Seide:* rustle
**knittern** crease ['kriːs]

**Knoblauch** garlic ['gɑːlɪk]
**Knöchel** ① *von Fuß:* ankle
② *von Hand:* knuckle ['nʌkl]
**Knochen** bone; **mir tun alle Knochen weh** (*umgangsspr*) every bone in my body is aching
**Knochenbruch** fracture
**knochig** bony
**Knopf** ① (*an Kleidern*) button
② (*an Geräten*) [push-]button
**Knospe** bud
**Knoten** ① knot [nɒt]
② (*Geschwulst*) lump
**Knüller** (*umgangsspr*) ① (*Sensation*) big hit
② (*sensationelle Zeitungsmeldung*) scoop
**knüpfen** ① knot, tie *Band, Knoten*
② establish *Kontakte*
**Knüppel** ① (*Waffe*) cudgel; (*Polizeiknüppel*) truncheon ['trʌnʃᵊn]
② (*Steuerknüppel*) control stick
**knurren** ① *Hund:* growl; (*wütend knurren*) snarl
② *Magen:* rumble
**knusprig** *Brötchen:* crisp
**Koalition** coalition [ˌkəʊə'lɪʃᵊn]
**Koch, Köchin** cook
**Kochbuch** cookbook, cookery book
**kochen** ① *Wasser:* boil
② *Essen:* cook; **er kocht gut** he ist a good cook
③ **vor Wut kochen** (*umgangsspr*) be boiling with rage
④ cook *Essen*
⑤ boil *Suppe, Wasser*
⑥ make *Kaffee*
**Kochtopf** pot; (*mit Stiel*) saucepan
**Köder** (*auch übertragen*) bait
**Koffein** caffeine
**koffeinfrei** decaffeinated [dɪ'kæfɪneɪtɪd]
**Koffer** case, bag; **seine Koffer packen** pack one's bags *auch übertragen*
**Kofferraum** boot (GB), trunk (USA)
**Kohl** cabbage
**Kohle** ① (*Steinkohle*) coal
② (*slang: Geld*) dough [dəʊ], dosh
**Kohlendioxid** carbon dioxide [ˌkɑːbən daɪ'ɒksaɪd]
**Kohlenhydrat** carbohydrate [ˌkɑːbə'haɪdreɪt]
**Kohlensäure** carbonic acid
**Kohlsprosse** (A) (*Rosenkohl*) Brussel[s] sprout
**Koje** berth, bunk
**Kokain** cocaine
**Kokosnuss** coconut
**Kollaps** collapse
**Kollege, Kollegin** colleague ['kɒliːg]
**Kollegium** *von Lehrern:* staff
**Kolonie** colony ['kɒləni]
**kolonisieren** colonize
**Kolonne** ① (*Reihe an Wörtern oder Zahlen*) column ['kɒləm]
② *von Militärfahrzeugen:* convoy
③ (*Autoschlange*) line
④ (*Arbeiterkolonne*) gang
**kolossal** ① (*riesig*) colossal
② (*umgangsspr*) *Fehler:* crass
③ **sich kolossal irren/verschätzen** (*umgangsspr*) make a huge mistake
**Kolumne** column ['kɒləm]
**Koma** coma; **im Koma** in a coma
**Kombination** ① (*Zusammenstellung*) combination
② (*Schlussfolgerung*) deduction
③ *von Kleidung:* ensemble, suit
**kombinieren** ① (*verbinden*) combine
② (*folgern*) deduce [dɪ'djuːs]
③ (*vermuten*) suppose
**Kombiwagen, Kombi** estate [car] (GB), station wagon (USA)
**Komet** comet
**Komfort** ① (*Luxus*) luxury ['lʌkʃəri]; **eine Wohnung mit allem Komfort** a flat with all mod cons
② (*Bequemlichkeiten*) comfort
**Komiker(in)** comedian [kə'miːdɪən]
**komisch** ① (*spaßig*) comic[al], funny; **das Komische daran ist, ...** the funny thing about it is ...
② (*merkwürdig*) funny, strange; **das Komische daran ist, ...** the strange thing about it is ...
**Komitee** committee [kə'mɪti]

> **! Vorsicht Falle** Das englische Wort **committee** wird mit 2 m, 2 t und 2 e geschrieben: *the committee meets every Wednesday.*

**Komma** ① (*als Satzzeichen*) comma
② (*Dezimalkomma*) decimal point; **drei Komma zwei, 3,2** three point two, 3.2
③ **null Komma vier** [**0,4**] point 4 [.4]
**Kommandant(in)** commanding officer
**Kommando** ① (*Befehl*) command, order; **auf Kommando** on the command
② (*Befehlsgewalt*) command (**über** of); **das Kommando führen** be in command
**Kommandobrücke** bridge
**kommen** ① come; **ich komme!** [I'm] coming!; **er wird gleich kommen** he won't be long; **es kommt jemand** there's somebody coming; **los, komm!** come on!
② (*herüberkommen*) come over

3 (*ankommen, hinkommen*) arrive; **wann kommt der Zug?** when's the train due?; **[zu etwas] zu früh/spät/rechtzeitig kommen** be early/late/on time [for something]
4 (*gelangen, hinkommen*) get (**nach, zu** to); **wie komme ich zu dir?** how do I get to your place?
5 (*stammen*) **woher kommst du?** where are you from?; **ich komme aus Edinburgh** I'm from Edinburgh
6 (*Aufenthalt beginnen*) **ins Gefängnis kommen** be sent to prison; **ins Krankenhaus kommen** go into hospital; **bald in die Schule kommen** be starting school soon
7 (*aufkommen*) *Gewitter:* come [up]; *Regen:* start
8 (*als Ursache*) **woher kommt es , dass ...?** why [*oder* how] is it that ...?; **das kommt daher, dass ...** it is because ...; **das kommt davon[, dass du so dickköpfig bist]!** that's what you get [for being so pig-headed]!
9 **zu sich kommen** (*aus Ohnmacht erwachen*) come to one's senses
10 (*erledigen*) **ich komme einfach nicht dazu** I just don't get round to it
11 (*geraten*) **in Schwierigkeiten kommen** get into trouble
▸ IN WENDUNGEN: **zu kurz kommen** come off badly; **hinter etwas kommen** find out something; **wer zuerst kommt, mahlt zuerst** first come first served; **ich hab es kommen sehen** I could see it coming; **so musste es ja kommen** this was bound to happen

**Kommentar** 1 (*bei Sportveranstaltung*) commentary ['kɒməntəri]
2 (*Bemerkung, Presseerklärung*) comment ['kɒment]
3 **einen Kommentar abgeben** make a comment

**kommentieren** comment on

**Kommilitone, Kommilitonin** fellow student

**Kommissar(in)** 1 (*in Politik, Verwaltung*) commissioner
2 (*Dienstgrad bei Polizei*) inspector

**Kommissär(in)** Ⓐ, CH 1 (*in Politik, Verwaltung*) commissioner
2 (*Dienstgrad bei der Polizei*) inspector

**Kommission** commission

**Kommode** chest of drawers

**kommunal** 1 (*örtlich*) local
2 (*städtisch*) municipal

**Kommunalpolitik** local government politics ⚠ *Plural*

**Kommunikation** communication

**Kommunion** Communion

**Kommunismus** communism ['kɒmjʊnɪzᵊm]

**Kommunist(in)** Communist ['kɒmjʊnɪst]

**kommunistisch** communist

**Komödie** comedy ['kɒmədi]

**kompakt** compact [kəm'pækt]

**Komparativ** comparative

**Kompass** compass ['kʌmpəs]

**kompatibel** compatible [kəm'pætəbl]

**kompetent** 1 (*zuständig*) competent
2 (*fähig*) able

**komplett** complete

**Komplex** complex ['kɒmpleks]

**Komplikation** complication

**Kompliment** compliment ['kɒmplɪmənt]; **jemandem ein Kompliment machen** pay somebody a compliment

**Komplize, Komplizin** accomplice [ə'kʌmplɪs]

**kompliziert** complicated

**Komplott** conspiracy [kən'spɪrəsi], plot

**komponieren** compose [kəm'pəʊz], write [raɪt] *Lied*

**Komponist(in)** composer [kəm'pəʊzə]

**Kompromiss** compromise ['kɒmprəmaɪz]; **einen Kompromiss schließen** reach a compromise

**kondensieren** (*auch übertragen*) condense [kən'dens]

**Kondom** condom ['kɒndɒm]

**Kondukteur** CH (*Schaffner*) conductor

**Konferenz** 1 (*Veranstaltung*) conference ['kɒnfrəns]
2 (*Zusammenkunft*) meeting

**Konfession** denomination; **welcher Konfession gehören Sie an?** what is your denomination?

**konfessionell** denominational

**Konfirmation** confirmation ['kɒnfəmeɪʃᵊn]

**Konfiserie** CH 1 cake shop, confectionary [kən'fekʃᵊnᵊri]
2 (*Konditoreiwaren*) confectionery

**Konfitüre** jam

**Konflikt** conflict ['kɒnflɪkt]

**konfrontieren** confront [kən'frʌnt] (**mit** with)

**konfus** 1 *Gedanken, Gerede:* confused, muddled
2 **du machst mich ganz konfus!** you're confusing me!

**Kongress** 1 (*politischer*) congress ['kɒŋgres]; (*Fachkongress*) convention
2 (*Parlamentskammer in den USA*) Congress

**König** king; **die Heiligen Drei Könige** the Three Wise Men

**Königin** queen

**königlich** royal

**Königreich** kingdom
**Konjunktion** conjunction
**Konjunktiv** subjunctive [səb'dʒʌŋktɪv]
**Konjunktur** ① (*Wirtschaftslage*) economic situation
② (*Hochkonjunktur*) boom; **die Wirtschaft hat Konjunktur** the economy is booming
**konkav** concave
**konkret** concrete ['kɒŋkri:t]
**Konkurrent(in)** competitor
**Konkurrenz** ① (*Wettbewerb*) competition [ˌkɒmpə'tɪʃən]
② **Konkurrenz haben** have competition; **jemandem Konkurrenz machen** compete with somebody
③ (*die Konkurrenten*) competitors ⚠ *Plural*
**konkurrieren** compete (**mit** with)
**Konkurs** bankruptcy ['bæŋkrʌptsi]; **Konkurs anmelden** declare oneself bankrupt; **in Konkurs gehen** go bankrupt
**Können** (*Fähigkeit*) ability
**können** ① (*beherrschen, verstehen*) know; **Klavier spielen können** know how to play the piano; [**gut**] **Englisch können** speak Englisch [well]; **kein Englisch können** speak no English
② (*vermögen*) can, be able to; **kannst du morgen kommen? — ich kann leider nicht** can you come tomorrow? — unfortunately I won't be able to; **ich konnte gerade noch bremsen** I just about managed to brake; **ich kann nicht mehr** (*mehr essen*) I can't eat any more; (*körperlich erschöpft*) I've had it; (*seelisch erschöpft*) I can't go on, I can't take any more
③ (*dürfen: im Präsens*) may; **kann ich mal?** may I?; (*in allen anderen Zeiten*) be allowed to; **ich konnte bei ihnen nicht rauchen** I wasn't allowed to smoke at their place
④ (*wahrscheinlich oder möglich sein*) be likely to, may; **du könntest recht haben** you might be right; **kann schon sein** could be, maybe; **keine Sorge, er kann noch rechtzeitig kommen** don't worry, he could still be on time; **das kann** [**einfach**] **nicht sein** that [simply] can't be true
⑤ **ich kann nichts dafür** [*oder* **dazu**] (*umgangsspr*) it's not my fault; **du kannst mich mal!** (*umgangsspr*) get stuffed!; **man kann nie wissen** you never know; **das kannst du mir glauben** [you can] take my word for it; **kannst du gerne machen!** go right ahead!, suit yourself!
**konsequent** consistent
**Konsequenz** ① (*Folgerichtigkeit*) consistency
② (*Folge*) consequence ['kɒnsɪkwəns], result
③ **Konsequenzen ziehen** take the appropriate steps
**konservativ** ① *Einstellung, Kleidung:* conservative
② (*politisch konservativ in GB*) Conservative, Tory
**Konserve** ① (*Nahrungsmittel*) preserved food; (*in Büchse*) tinned food (GB), canned food (USA)
② (*Dose*) tin (GB), can (USA)
**konservieren** conserve, preserve
**Konservierungsmittel** preservative
**Konsonant** consonant ['kɒnsənənt]
**konstant** ① *Geschwindigkeit, Größe:* constant ['kɒnstənt]
② *Leistung, Wachstum:* steady [stedi]
**konstruieren** ① (*auch übertragen*) construct
② (*entwerfen*) design
**Konstruktion** ① (*auch übertragen*) construction
② (*Bauweise, Entwurf*) design
**konstruktiv** constructive
**Konsul(in)** consul
**Konsulat** consulate ['kɒnsjʊlət]
**konsultieren** consult
**Konsum** (*Verbrauch*) consumption
**Konsumgüter** consumer goods
**konsumieren** consume
**Kontakt** contact ['kɒntækt]; **mit jemandem Kontakt aufnehmen** contact somebody; **in Kontakt mit jemandem stehen** be in contact with somebody
**kontaktfreudig** sociable ['səʊʃəbl]
**Kontaktlinsen** contact lenses ['kɒntæktˌlenzɪz]
**Kontext** context
**Kontinent** continent ['kɒntɪnənt]
**kontinuierlich** continuous
**Konto** ① account; **auf ein Konto einzahlen** [*oder* **überweisen**] pay into an account
② **das geht auf mein Konto** (*ich bezahle*) this [one] is on me; (*übertragen: ich bin verantwortlich*) this is my doing
**Kontoauszug** [bank] statement
**Kontostand** bank balance; **den Kontostand abfragen** check one's bank balance
**Kontrast** contrast ['kɒntrɑ:st]
**Kontrolle** ① (*Überprüfung*) check; **jemanden/etwas einer Kontrolle unterziehen** do a check on somebody/something
② (*Aufsicht*) inspection; (*Kontrolleur*) inspector
③ (*Beherrschung, Gewalt*) **Kontrolle über jemanden** control of someone; **unter Kontrolle bringen** get under control
**kontrollieren** ① (*nachprüfen*) check (**auf, nach** for)

② (*beherrschen, lenken*) control
**Kontroverse** controversy
**Kontur** contour, outline
**Konvention** convention [kən'venʃᵊn]
**konventionell** conventional [kən'venʃᵊnᵊl]
**Konversation** conversation
**konvertieren** convert (**in** into)
**konvex** convex
**Konvoi** convoy
**Konzentration** concentration (**auf** on)
**konzentrieren** ① **seine Aufmerksamkeit/Bemühungen/Gedanken auf etwas konzentrieren** concentrate one's attention/efforts/thoughts on something
② **sich auf etwas konzentrieren** concentrate on something; **er kann sich nur schwer konzentrieren** he has difficulties concentrating
**Konzept** ① (*Rohentwurf*) draft [drɑːft]
② (*Plan*) plan, programme
③ (*Begriff, Vorstellung*) concept
▶ In Wendungen: **jemanden aus dem Konzept bringen** put somebody off; (*bestürzen*) upset somebody; **das passt mir nicht ins Konzept!** it doesn't fit in with my plans!; (*gefällt mir nicht*) I don't like the idea!
**Konzern** combine ['kɒmbaɪn], trust
**Konzert** ① (*Vorstellung*) concert; **ins Konzert gehen** go to a concert
② (*Musikstück*) concerto
**Koordination** coordination
**koordinieren** coordinate
**Kopf** ① (*Körperteil*) head; **Kopf hoch!** (*umgangsspr*) chin up!; **Kopf und Kragen riskieren** (*umgangsspr*) risk one's neck; **von Kopf bis Fuß** from top to toe
② (*übertragen: Verstand*) brain; **er ist ein kluger Kopf** he's an intelligent person
③ (*übertragen: Geist, Sinn*) mind; **er geht mir nicht mehr aus dem Kopf** I can't get him out of my mind; **sich etwas durch den Kopf gehen lassen** think something over; **sich etwas aus dem Kopf schlagen** get something out of one's head; **ich habe andere Dinge im Kopf** I have other things on my mind; **sich etwas in den Kopf setzen** take something into one's head; **sich über etwas den Kopf zerbrechen** rack one's brains over something
④ **pro Kopf** [**Einkommen, etc**] per capita [income, etc]; **ein Stück Kuchen pro Kopf** one piece of cake each
⑤ (*oberster Teil eines Objekts*) top
⑥ (*leitende Persönlichkeit*) leader
▶ In Wendungen: **ich weiß nicht, wo mir der Kopf steht** I don't know whether I'm coming or going; **etwas auf den Kopf stellen** turn something upside down; **jemandem den Kopf verdrehen** (*umgangsspr*) turn someone's head
**köpfen** ① (*hinrichten*) behead [bɪ'hed]
② (*umgangsspr*) crack *Flasche Wein, etc*
③ (*beim Fußball*) **ins Tor köpfen** head a goal
**Kopfhörer** headphones ⚠ *Plural*
**Kopfkissen** pillow
**Kopfrechnen** mental arithmetic
**Kopfsalat** lettuce ['letɪs]
**Kopfschmerz** headache ['hedeɪk]; [**leichte/rasende**] **Kopfschmerzen haben** have a [slight/splitting] headache ⚠ *Singular*
**Kopfsprung** header ['hedə]; **einen Kopfsprung machen** take a header, dive headfirst
**Kopftuch** scarf
**kopfüber** (*auch übertragen*) headlong
**Kopie** ① (*Fotokopie*) copy
② (*Durchschlag*) carbon copy
③ (*Imitation*) imitation
**kopieren** ① (*fotokopieren*) copy
② (*übertragen*) copy, imitate
③ (*durchpausen*) trace
**Kopierer, Kopiergerät** [photo]copier
**Koralle** coral
**Koran** Koran; **im Koran steht, dass ...** it says [*oder* is written] in the Koran that ...
**Korb** ① basket
② (*Korbgeflecht*) wicker
**Korbball** basket-ball
**Korinthe** currant
**Kork** cork
**Korken** ① (*aus Kork*) cork
② (*aus Plastik*) stopper
**Korkenzieher** corkscrew
**Korn** ① (*Samenkorn*) seed
② (*im Bild*) grain
③ (*Pfefferkorn*) corn
④ (*Getreide*) grain
**Körper** body
**Körperbau** build [bɪld], physique [fɪ'ziːk]
**körperbehindert** physically handicapped
**Körpergröße** height [haɪt]
**körperlich** *Anstrengung, Arbeit, Schönheit, Schmerzen:* physical ['fɪzɪkl]
**Körperpflege** personal hygiene ['haɪdʒiːn]
**Körperteil** part of the body
**Körperverletzung** bodily injury; **schwere Körperverletzung** (*Straftat*) grievous bodily harm
**korpulent** corpulent
**korrekt** ① (*richtig*) correct [kə'rekt]; **korrekt antworten** answer correctly, give the correct

## Obst und Gemüse

## Fruit and Vegetables

| | | |
|---|---|---|
| 1 | Apfel | apple |
| 2 | Birne | pear |
| 3 | Pfirsich | peach |
| 4 | Erdbeere | strawberry |
| 5 | Trauben | grapes |
| 6 | Kirschen | cherries |
| 7 | Orange | orange |
| 8 | Zitrone | lemon |
| 9 | Mandarine | mandarin, tangerine |
| 10 | Banane | banana |
| 11 | Kartoffel | potato |
| 12 | Tomate | tomato |
| 13 | Rosenkohl | Brussels sprouts |
| 14 | Kohl | cabbage |
| 15 | Stangensellerie | celery |
| 16 | Knoblauch | garlic |
| 17 | Zwiebel | onion |
| 18 | Blumenkohl | cauliflower |
| 19 | Gurke | cucumber |
| 20 | Aubergine | aubergine (GB), eggplant (USA) |
| 21 | Karotte | carrot |
| 22 | Lauch | leek |
| 23 | Maiskolben | corn cob |
| 24 | Kopfsalat | lettuce |

## Formen

| | | |
|---|---|---|
| 1 | Kugel | ball, sphere |
| 2 | Ring | ring |
| 3 | Kreis | circle |
| 4 | Würfel | cube |
| 5 | Quadrat | square |
| 6 | Rechteck | rectangle |
| 7 | Dreieck | triangle |
| 8 | Rhombus | diamond |

## Shapes

| | | |
|---|---|---|
| 9 | Pyramide | pyramid |
| 10 | Zylinder | cylinder |
| 11 | Stern | star |
| 12 | Kegel | cone |
| 13 | Oval | oval |
| 14 | Trapez | trapezium (GB), trapezoid (US) |
| 15 | Fünfeck | pentagon |

answer
2 (*angemessen*) proper; **sich korrekt kleiden/verhalten** dress/behave properly
**Korrektur** 1 (*Berichtigung*) correction
2 *von Schularbeiten:* marking
**Korrespondent(in)** correspondent [ˌkɒrəˈspɒndənt]
**Korrespondenz** correspondence
**korrespondieren** [**mit jemandem/etwas**] **korrespondieren** correspond [with somebody/to something]
**Korridor** corridor; (*Hausflur*) hall
**korrigieren** 1 (*berichtigen*) correct
2 mark *Schularbeiten*
**korrupt** corrupt [kəˈrʌpt]
**Korruption** corruption
**Kosename** pet name
**Kosmetik** 1 (*Körperpflege*) beauty treatment
2 (*kosmetisches Mittel*) cosmetic
3 (*übertragen: Tünche*) cosmetics [kɒzˈmetɪks] ⚠ *Plural*
**Kosmetika** cosmetics
**kosmetisch** 1 (*auch übertragen*) cosmetic
2 *Chirurgie:* plastic
**kosmisch** cosmic
**Kosmos** cosmos
**Kost** 1 (*Essen, Nahrung*) food; **leichte/vegetarische Kost** light/vegetarian food
2 **Kost und Logis** board and lodging
**kostbar** (*wertvoll*) precious, valuable [ˈvæljʊbl]
**Kosten** 1 (*Preis*) cost ⚠ *Singular*, costs
2 (*Ausgaben*) expenses; (*Auslagen*) outlay ⚠ *Singular*
3 **auf jemands Kosten** at someone's expense *auch übertragen;* **auf seine Kosten kommen** get one's money's worth *auch übertragen*
**kosten**[1] 1 (*preislich*) cost; **was** [*oder* **wie viel**] **kostet das?** what [*oder* how much] does it cost?
2 **koste es, was es wolle** (*auch übertragen*) whatever the cost
3 (*erfordern*) take *Mühe, Zeit*
4 **das hat ihr den Sieg/das Leben gekostet** it cost her the victory/it cost her her life

> **? Grammatik** Die unregelmäßigen Vergangenheitsformen von **cost** lauten **cost — cost**: *the CD* **cost** *$4; in the end the house* **has cost** *more than $300,000.*

**kosten**[2] (*probieren*) taste *auch Erfolg;* [**von**] **etwas kosten** taste something
**kostenlos** 1 free
2 **etwas kostenlos tun** do something for free
**Kostenvoranschlag** estimate
**köstlich** 1 (*wohlschmeckend*) delicious [dɪˈlɪʃəs]
2 (*übertragen: erlesen*) choice, exquisite
3 (*übertragen: amüsant*) priceless; **sich köstlich amüsieren** have a ball
**Kostprobe** 1 (*Geschmacksprobe*) taste
2 (*übertragen: Beispiel*) sample
**kostspielig** costly, expensive
**Kostüm** 1 (*Zweiteiler*) suit [suːt]
2 (*Verkleidung*) fancy dress
**Kostümfest** fancy dress ball
**Kotelett** chop; **Schweinekotelett** pork chop
**Koteletten** sideburns, sidewhiskers
**Kotflügel** wing (GB), fender (USA)
**kotzen** 1 (*slang*) puke *umgangsspr;* **sich die Seele aus dem Leib kotzen** puke one's guts out *umgangsspr*
2 **das ist ja zum Kotzen!** (*slang*) it really makes you sick! *umgangsspr;* **du kotzt mich an!** (*slang*) you make me sick! *umgangsspr*
**Krabbe** 1 (*Taschenkrebs*) crab
2 (*Garnele*) shrimp
**krabbeln** crawl
**Krach** 1 (*Lärm*) din, noise; **Krach machen** make a noise; **mach nicht so 'nen Krach!** stop making such a racket!
2 (*Schlag*) bang, crash
3 (*umgangsspr: Streit*) quarrel, row [raʊ]; **mit jemandem Krach kriegen** have a row with someone; **sie haben Krach** they're not on speaking terms
4 (*Aufruhr, Krawall*) racket; **Krach machen** make a racket
**krachen** 1 (*Lärm machen*) crash
2 *Donner:* crash; *Holz:* creak; *Schuss:* crack out
3 (*umgangsspr: zusammenstoßen*) crash; **es hat gekracht** there's been a crash
4 (*umgangsspr*) **..., sonst krachts!** ... or there'll be trouble!; **..., dass es nur so krachte** ... with a vengeance
**krächzen** croak; **mit krächzender Stimme** in a croaking voice
**Kraft** 1 (*Körperkraft*) strength; **viel Kraft haben** be very strong; **mit aller Kraft** with all one's strength; **mit** [**aller**]**letzter Kraft** with one's [very] last ounce of strength; **nach** [**besten**] **Kräften** to the best of one's ability; **er war am Ende seiner Kräfte** he couldn't take any more; **wieder zu Kräften kommen** regain one's strength
2 (*Wirksamkeit*) power
3 **treibende Kraft** (*übertragen*) driving force
4 (*Gültigkeit, Rechtmäßigkeit*) force; **in Kraft**

**sein/setzen/treten** be in/bring into/come into force; **außer Kraft setzen** annul

**kräftig** 1 (*stark*) strong; *Händedruck:* firm
2 (*intensiv, kraftvoll*) *Geschmack, Stimme:* powerful; *Farbe:* rich
3 (*nahrhaft*) nourishing ['nʌrɪʃɪŋ]
4 **kräftig gebaut** strongly built; **kräftig drücken/treten/zuschlagen** press/kick/hit hard; **kräftig schütteln** shake well; **jemanden kräftig verprügeln** give somebody a good beating
5 (*als Verstärkung: viel, stark, sehr*) really; **die Preise sind kräftig gestiegen** prices really went up; **es hat kräftig geregnet** it rained heavily; **sich kräftig täuschen** be very much mistaken

**kraftlos** (*schwach*) feeble, weak

**Kraftprobe** (*auch übertragen*) trial of strength

**Kraftstoff** fuel

**kraftvoll** 1 *Stimme:* powerful
2 (*tatkräftig*) energetic

**Kraftwerk** power station

**Kragen** collar; **jemanden am Kragen packen** grab somebody by the collar

**Krähe** crow

**Kralle** claw; (*eines Raubvogels*) talon

**Kram** (*umgangsspr*) (*Zeug*) stuff; (*Plunder*) junk
▶ IN WENDUNGEN: **das passt mir gar nicht in den Kram** that doesn't suit me at all

**Krampen** (A) (*Spitzhacke*) pick

**Krampf** 1 *von Muskeln:* cramp
2 **so ein Krampf!** what nonsense!

**krampfhaft** 1 (*umgangsspr*) *Versuch:* desperate, frantic
2 (*übertragen*) *Lachen:* forced [fɔːst]

**Kran** crane

**krank** 1 *Mensch, Tier:* ill, sick; **krank werden** fall ill; **schwer krank sein** be seriously ill; **sich krank stellen** pretend to be ill
2 *Organ, Pflanze:* diseased [dɪ'ziːzd]; *Bein, Zahn:* bad
3 (*übertragen*) **das/sie macht mich ganz krank!** this/she is getting on my nerves!

**Kranke(r)** sick person; **die Kranken** the sick ⚠ *Plural*

**kränken** **jemanden kränken** hurt somebody

**Krankenhaus** hospital; **im Krankenhaus liegen** be in hospital

**Krankenkasse** 1 (*Krankenversicherung*) health insurance
2 (*Versicherungsunternehmen*) health insurance company

**Krankenpflege** nursing

**Krankenpfleger** male nurse

**Krankenschwester** nurse

**Krankenversicherung** health [helθ] insurance

**Krankenwagen** ambulance ['æmbjələns]

**krankhaft** 1 *Wucherung, Zelle:* diseased
2 (*seelisch, zwanghaft*) pathological [ˌpæθə'lɒdʒɪkl]
3 *Eifersucht, etc:* chronic, pathological

**Krankheit** 1 (*allgemein*) illness, sickness; **wegen Krankheit** due to illness
2 (*bestimmte*) disease [dɪ'ziːz]

**kränklich** 1 (*vor Substantiv*) sickly
2 (*nachgestellt*) in poor health

**krankmelden** **sich krank melden** report sick; (*telefonisch*) phone in sick

**krankschreiben** file a medical certificate

**Kränkung** insult, offence; **jemandem ein Kränkung zufügen** hurt somebody

**Kranz** (*Grabschmuck*) wreath [riːθ]

**krass** 1 (*auffallend*) *Beispiel:* glaring; *Unterschied:* extreme
2 (*unerhört*) *Fall, Vorfall:* blatant ['bleɪtᵊnt]
3 *Gegensatz:* stark
4 **krass gesagt** to put it bluntly
5 (*slang*) [**das war**] **voll krass!** [that was] unreal!

**Krater** crater ['kreɪtə]

**Kratten** (CH) (*Korb*) basket

**kratzen** **jemanden/sich kratzen** scratch somebody/oneself
▶ IN WENDUNGEN: **das kratzt mich nicht** (*umgangsspr*) I don't give a damn [about that]

**Kratzer** (*Schramme*) scratch

**kraulen**[1] (*im Schwimmen*) do the crawl

**kraulen**[2] (*liebkosen*) fondle; **jemandem den Bart/in den Haaren kraulen** run one's fingers through somebody's beard/hair

**kraus** 1 *Papier:* crinkly
2 *Haar:* frizzy
3 *Stirn:* wrinkled; **die Stirn kraus ziehen** knit one's brow

**Kraut** 1 (*Heilkraut, Würzkraut*) herb
2 (*Kohlgemüse*) cabbage

**Kräutertee** herb tea

**Krautkopf** (A) cabbage

**Krawall** 1 (*Aufruhr*) riot
2 (*Krach, Lärm*) racket; **Krawall machen** make a racket

**Krawatte** [neck]tie; **eine Krawatte binden** knot a tie

**kreativ** creative [kriː'eɪtɪv]

**Krebs** 1 (*Flusskrebs*) crayfish (GB), crawfish (USA); (*Taschenkrebs*) crab
2 (*Sternzeichen*) Cancer

(3) (*Krankheit*) cancer ['kænsə]; **Krebs erregend** carcinogenic
**Kredit** credit ['kredɪt], loan; **auf Kredit** on credit; **einen Kredit aufnehmen** raise a loan
**Kreditkarte** credit card
**Kreide** chalk [tʃɔːk]
**Kreis** (1) circle; **im Kreis gehen/sitzen** walk/sit in a circle; **sich im Kreis**[**e**] **drehen** turn round in a circle; (*übertragen*) go round in circles ⚠ *Plural*
(2) (*Sphäre, Wirkungskreis*) sphere
(3) (*Landkreis, Stadtkreis*) district
(4) (*übertragen*) *von Menschen:* circle
**kreischen** shriek, screech
**kreisen** (1) (*um eine Achse*) revolve (**um** around)
(2) *Planet, Satellit:* orbit; **der Satellit kreist um den Mond** the satellite is orbitting the moon
(3) (*übertragen*) *Aufmerksamkeit, Gedanken, Gespräch:* revolve (**um** around)
**kreisförmig** (1) *Bahn, etc:* circular
(2) **kreisförmig angeordnet** arranged in a circle
**Kreislauf** (1) *von Blut, Geld:* circulation
(2) (*der Natur, etc*) cycle
**Kreisverkehr** roundabout traffic (GB), rotary ['rəʊtərɪ] traffic (USA)
**Kren** (A) (*Meerrettich*) horseradish ['hɔːsˌrædɪʃ]
**Kreuz** (1) cross; (*als Anhänger*) crucifix ['kruːsəfɪks]
(2) **das/ein Kreuz machen** [*oder* **schlagen**] make the sign [saɪn] of the cross
(3) (*Kartenfarbe*) clubs ⚠ *Plural;* (*einzelne Kreuzkarte*) club
(4) (*Rücken*) small of the back; **das Kreuz tut mir weh** my back is aching
▸ IN WENDUNGEN: **jemanden aufs Kreuz legen** (*umgangsspr*) take someone for a ride
**Kreuzfahrt** cruise [kruːz]; **eine Kreuzfahrt machen** go on a cruise
**kreuzigen** crucify ['kruːsɪfaɪ]
**Kreuzigung** crucifixion [ˌkruːsə'fɪkʃᵊn]
**Kreuzung** (1) (*Straßenkreuzung*) crossroads ⚠ *Singular* (GB), intersection (USA)
(2) (*in Biologie*) cross-breeding; (*Geschöpf*) cross-breed, hybrid
**Kreuzverhör** cross-examination; **jemanden ins Kreuzverhör nehmen** cross-examine somebody
**Kreuzworträtsel** crossword puzzle
**Kreuzzug** (*auch übertragen*) crusade
**kriechen** (1) creep, crawl
(2) (*umgangsspr: unterwürfig sein*) grovel *umgangsspr* (**vor** before)
**Krieg** (1) war; **in den Krieg ziehen** go to war (**gegen** against); **Krieg führen** wage war (**mit, gegen** on)
(2) **Krieg führend** belligerent [bə'lɪdʒᵊrənt]
**kriegen** (*umgangsspr*) (1) (*bekommen*) get; **den Zug kriegen** catch the train
(2) **eine Wut kriegen** get angry
**Krieger** warrior
**kriegerisch** warlike; *Haltung:* belligerent [bə'lɪdʒᵊrənt]
**Kriegsdienstverweigerer** conscientious objector [kɒnʃɪˌenʃᵊs əb'dʒektə]
**Kriegsgefangene**(**r**) prisoner ['prɪznə] of war
**Kriegsgericht** court-martial [ˌkɔːt'mɑːʃᵊl]; **jemanden vor ein Kriegsgericht stellen** court-martial somebody
**Kriegsschiff** warship
**Krimi** (*umgangsspr*) [crime] thriller
**Kriminalbeamte, Kriminalbeamtin** detective
**Kriminalität** (1) (*Verbrechertum*) crime
(2) (*Kriminalitätsrate*) crime rate
**Kriminalroman** [crime] thriller, detective novel
**kriminell** criminal ['krɪmɪnᵊl]
**Kriminelle**(**r**) criminal
**Krimskrams** (*umgangsspr: Zeug*) odds and ends ⚠ *Plural*
**Kringel** (*umgangsspr*) squiggle
**Krippe** (1) (*Weihnachtskrippe*) crib; (*in der Bibel*) manger ['meɪndʒəʳ]
(2) (*Kinderhort*) creche [kreʃ]
**Krise** crisis ['kraɪsɪs]
**Kristall** crystal ['krɪstl]
**Kriterium** criterion; **die Kriterien** the criteria
**Kritik** (1) criticism ['krɪtɪsɪzᵊm]; **Kritik an jemandem/etwas üben** criticise somebody/something
(2) *von Film, Buch, Theaterstück:* review; **der Film hat eine gute Kritik** the film got good reviews ⚠ *Plural*
**Kritiker**(**in**) critic ['krɪtɪk]
**kritisch** critical
**kritisieren** criticize ['krɪtɪsaɪz]
**kritzeln** scribble
**Krokodil** crocodile ['krɒkədaɪl]
**Krone** crown
**krönen** crown; **jemanden zum König krönen** crown somebody king
**Krönung** (1) coronation [ˌkɒrə'neɪʃᵊn]
(2) (*übertragen*) culmination
**Krücke** (1) (*Gehhilfe*) crutch
(2) (*übertragen*) prop
**Krug** (1) jug; **ein Krug Wasser** a/jug[ful] of water
(2) (*für Bier*) mug; **ein/zwei Krug Bier** a jug/two jugs of beer; (*mit Deckel*) tankard

**Krümel** crumb [krʌm]

**krumm** ① crooked ['krʊkɪd]; (*verbogen*) bent
② *Beine:* bandy; *Nase:* hooked; *Rücken:* hunched
③ (*umgangsspr: unehrlich*) crooked; **ein krummes Ding drehen** do something crooked
▶ IN WENDUNGEN: **keinen Finger krumm machen** not lift a finger

**krümmen** ① bend *Gegenstand, Körperteil*
② **sich krümmen** *Fluss, Straße:* wind; *Wurm:* writhe [raɪð]; **sich vor Schmerzen krümmen** writhe with pain

**Kruste** ① *von Brot:* crust
② *von Wunde:* scurf
③ *von Braten:* crackling

**Kübel** (*Eimer*) bucket, pail
▶ IN WENDUNGEN: **es gießt wie aus Kübeln** it's raining cats and dogs

**Kubikmeter** cubic ['kjuːbɪk] metre

**Küche** ① (*Raum*) kitchen ['kɪtʃᵊn]
② (*Kochkunst*) cooking, cuisine [kwɪ'ziːn]; **die schwäbische Küche** Swabian cuisine

**Kuchen** cake

**Küchenabfälle** kitchen slops

**Küchenchef(in)** chef

**Kuckuck** cuckoo ['kʊkuː]

**Kugel** ① (*runder Körper*) ball
② (*geometrische Figur*) sphere [sfɪə]
③ (*Geschoss*) bullet ['bʊlɪt]

**Kugelschreiber** ballpoint pen

**Kugelstoßen** putting ['pʌtɪŋ] the shot

**Kuh** cow

**kühl** ① (*kalt*) *Temperatur, Wetter:* chilly, cool; **kühl lagern** keep in a cool place; **mir wird etwas kühl** I'm getting rather chilly
② (*übertragen: besonnen*) cool; (*abweisend*) cold

**kühlen** ① cool *Luft, Motor, Stirn*
② (*im Kühlschrank*) refrigerate [rɪ'frɪdʒəreɪt]; (*auf Eis*) chill
③ **Minze kühlt** mint has a cooling effect

**Kühlschrank** refrigerator, fridge (GB), icebox (USA)

**kühn** (*auch übertragen*) bold; **das übertrifft meine kühnsten Erwartungen/Träume** this is beyond my wildest hopes/dreams

**Küken** chick

**Kuli** (*Kugelschreiber*) ballpoint

**kulinarisch** culinary ['kʌlɪnᵊri]

**Kulisse** ① scenery ['siːnərɪ]
② (*übertragen: Hintergrund*) background
▶ IN WENDUNGEN: **hinter den Kulissen** behind the scenes

**Kult** cult [kʌlt]

**kultivieren** cultivate

**kultiviert** ① (*auch übertragen*) cultivated
② (*anspruchsvoll, verfeinert*) sophisticated

**Kultur** ① (*Gesamtheit von Kunst und Wissenschaft*) culture ['kʌltʃə]
② (*Gesellschaftsform, Lebensform*) civilization

**Kulturbeutel** toilet bag, sponge bag (GB)

**kulturell** cultural

**Kummer** ① (*Betrübtheit*) grief, sorrow
② (*Probleme, Sorgen*) worry ['wʌri]; **Kummer haben** have problems ⚠ *Plural;* **jemandem Kummer bereiten** cause someone worry

**kümmern** ① (*betreffen*) concern; **das kümmert niemanden** nobody cares about this; **was kümmert das mich?** what do I care?
② **sich kümmern um** look after, take care of; **kannst du dich um den Einkauf/die Karten kümmern?** would you see to the shopping/the tickets?

**Kumpel** (*Freund, Arbeitskollege*) mate (GB), pal, buddy (USA)

**Kunde, Kundin** ① (*im Geschäft*) customer ['kʌstəmə]
② (*einer Bank, Versicherung*) client

**Kundendienst** ① (*Serviceleistung*) after-sales service
② (*Kundendienstabteilung*) service department
③ **das Auto muss zum Kundendienst** the car needs a service

**Kundenstock** (A) clients ⚠ *Plural*

**Kundgebung** (*politisch motiviert*) rally

**kündigen** ① **dem Arbeitgeber** [*oder* **den Arbeitsplatz**] **kündigen** hand in one's notice [to one's employer]; **die Wohnung zum 1. Januar kündigen** give in one's notice for January 1st
② cancel *Kredit, Mitgliedschaft;* terminate *Vertrag*
③ [**dem Arbeitgeber/Vermieter**] **kündigen** give in one's notice [to one's employer/landlord]; [**dem Arbeitnehmer/Mieter**] **zum 1. Juli kündigen** give [the employee/tenant] notice for July 1st; **man hat uns die Wohnung gekündigt** we were given notice to quit
④ [**die Mitgliedschaft**] **kündigen** cancel one's membership

**Kündigung** ① *von Arbeitsplatz, Wohnung:* notice; **die Kündigung erhalten** (*des Arbeitsplatzes*) be given notice; (*der Wohnung*) be given notice to quit; **mit der Kündigung drohen** threaten to give in one's notice
② (*Entlassung*) dismissal
③ *von Mitgliedschaft, Vertrag:* cancellation [ˌkænsə'leɪʃᵊn]

**künftig** ① *Leben, Mann, etc:* future ['fjuːtʃə]
② *von jetzt an:* in future

**Kunst** ① (*Malerei, Bildhauerei, etc*) art; **die** [**griechische**] **Kunst** [Greek] art
② (*Geschicklichkeit*) skill
③ (*Kniff*) trick
④ **die bildenden Künste** the plastic arts; **die schönen Künste** the fine arts
⑤ (*übertragen*) **das ist keine Kunst!** it doesn't take much!
**Kunstfaser** synthetic fibre [sɪnˌθetɪk'faɪbə]
**kunstfertig** skillful
**Kunstleder** imitation leather
**Künstler(in)** artist ['ɑːtɪst]
**künstlerisch** artistic; **künstlerisch wertvoll** of artistic value
**künstlich** ① *Blume, Licht:* artificial
② *Faser:* synthetic [sɪn'θetɪk]
③ *Haar, Fingernägel, Zähne:* false
**Kunststoff** plastic ['plæstɪk]; **aus Kunststoff** [made of] plastic
**Kunststück** ① stunt, trick
② (*übertragen*) **das ist kein großes Kunststück!** that doesn't take much!
**Kunstwerk** work of art
**Kupfer** copper
**Kuppe** ① (*Bergkuppe*) rounded hilltop
② (*Fingerkuppe*) tip
**Kuppel** cupola ['kjuːpələ], dome
**Kupplung** clutch
**Kur** cure; (*einzelne Behandlung*) treatment; **in Kur fahren**, **auf Kur gehen** go for a cure
**Kürbis** pumpkin
**Kurs** ① (*auch übertragen*) course [kɔːs]; **Kurs nehmen** set course (**auf** for)
② *von Partei:* line; **ein harter Kurs** a hard line
③ *von Währungen:* rate of exchange
④ (*Lehrgang*) course (**für, in** in)
**kursieren** *Gerücht:* circulate
**kursiv** ① *Schrift:* italic
② **etwas kursiv drucken** print something in italics
**Kurve** (*auch in Mathematik*) curve; (*Biegung*) bend
**kurz** ① (*räumlich*) short; **kurze Hose** shorts ⚠ *Plural;* **kürzer machen** shorten
② (*zeitlich*) short; **über kurz oder lang** sooner or later; [**bis**] **vor kurzem** [until] recently; **vor kurzer Zeit** lately
③ (*für kurze Zeit*) [**bei jemandem**] **kurz vorbeischauen** drop in [on somebody]; **jemandem kurz schreiben** drop somebody a line; **jemanden kurz anrufen** give somebody a ring
④ (*bündig*) *Besuch, Brief, Rede, Zusammenfassung:* brief
⑤ **kurz vorher/nachher** just before/after; **kurz vor Stuttgart/Weihnachten** just before Stuttgart/Christmas
⑥ **für kurze Zeit** briefly; **kurz auf Toilette gehen** quickly go to the toilet
⑦ (*bündig, knapp*) **kurz und gut**, **kurz gesagt** in a word, in a nutshell, in short; **kurz und bündig** concisely [kən'saɪsli]; **um es kurz zu machen** to cut a long story short; **sich kurz fassen** make it brief
▸ IN WENDUNGEN: **zu kurz kommen** come off badly; **den Kürzeren ziehen** (*umgangsspr*) get the worst of it
**Kürze** ① (*geringe Länge*) shortness
② *von Aufsatz, Bericht, Besuch:* briefness
③ **in aller Kürze** very briefly
**kürzen** ① (*kürzer machen*) shorten
② abridge *Buch;* cut *Film, Rolle, Theaterstück*
③ cut [back] *Gelder, Subventionen;* reduce *Arbeitszeit, Gehalt*
**Kurzform** abbreviated form
**kurzfristig** ① *Lösung, Planung:* short-term
② (*ohne große Ankündigung*) at short notice; **etwas kurzfristig absagen** call something off at short notice
**Kurzgeschichte** short story
**kurzlebig** short-lived
**kürzlich** lately, recently; **erst kürzlich** just recently, just the other day
**Kurznachrichten** the news headlines
**Kurzschluss** short-circuit
**kurzsichtig** (*auch übertragen*) short-sighted
**Kürzung** ① (*das Kürzermachen*) shortening
② *von Buch:* abridgement
③ **von Gehältern** cut in salaries
**kuscheln** ① cuddle; **lass uns kuscheln** let's have a cuddle
② **sich an jemanden/etwas kuscheln** snuggle up to somebody/something
**Kusine** cousin ['kʌzᵊn]
**Kuss** kiss
**küssen** kiss; **sie küssten sich** they were kissing
**Küste** coast; (*unmittelbares Ufer*) shore
**Kutsche** carriage ['kærɪdʒ], coach

# L

**labil** delicate ['delɪkət]; (*psychisch*) weak
**Labor** laboratory [lə'bɒrətəri], lab

! Vorsicht Falle **labor** ist die amerikanische Form von **labour** (= Arbeit, arbeiten).

**Laborant(in)** lab[oratory] technician
**Lache** (*Pfütze*) puddle, pool
**lächeln** smile (**über** at)
**Lachen** laugh ['lɑːf]; (*Gelächter*) laughter ['lɑːftə^r]; **das ist nicht zum Lachen** that's not funny; **Ihnen wird das Lachen noch vergehen!** you'll soon be laughing on the other side of your face! *umgangsspr*
**lachen** 1 laugh [lɑːf] (**über** at)
2 **vor Freude lachen** laugh with joy; **Tränen lachen** cry with laughter
▸ IN WENDUNGEN: **dass ich nicht lache!** don't make me laugh!; **sich halbtot lachen** split one's sides laughing; **wer zuletzt lacht, lacht am besten** he who laughs last laughs longest
**lächerlich** 1 (*zum Lachen*) ridiculous [rɪ'dɪkjələs]
2 (*unbedeutend*) petty
3 **jemanden lächerlich machen** expose someone to ridicule; **damit machst du dich nur lächerlich** you're just making a fool of yourself with that
4 **etwas ins Lächerliche ziehen** make fun of something
**Lachs** salmon ['sæmən]
**Lack** lacquer ['lækə^r], varnish; (*Autolack*) paint

! Vorsicht Falle **a lack of** bedeutet im Englischen ‚ein Mangel an', und **to lack something** bedeutet ‚an etwas mangeln'.

**Lackel** Ⓐ (*Tölpel*) oaf [əʊf] *abwertend*
**Laden** (*Geschäft*) shop ⒼⒷ, store ⓊⓈⒶ; **der Laden öffnet um 9 Uhr** the shop opens at 9 o'clock
**laden** 1 load *Fracht* (**auf, in** onto, into)
2 charge *Batterie*
3 load *Feuerwaffe, Kamera*
4 **etwas auf sich laden** burden oneself with something
**Ladenbesitzer(in)** shopkeeper
**Ladendieb(in)** shoplifter
**Ladenschluss** closing time
**Ladung** cargo load *auch übertragen*
**Lage** 1 (*Situation*) situation [sɪtʃu'eɪʃən]; **ich bin da in einer peinlichen Lage** I'm in a somewhat awkward situation; **lass uns erst mal die Lage peilen** let's check this out first *umgangsspr*
2 position [pə'zɪʃən]; **dazu bin ich nicht in der Lage** I'm not in a position to do that
3 (*örtliche Lage*) location; **in günstiger Lage** well-situated
4 (*Schicht*) layer
**Lager** 1 camp *auch übertragen;* **das Lager abbrechen** break camp
2 (*Warenlager*) store; (*Lagerhaus*) warehouse ['weə^rhaʊs]; (*Vorrat*) stocks ⚠ *Plural*
▸ IN WENDUNGEN: **etwas auf Lager haben** to have something in store; **hast du noch mehr Witze auf Lager?** do you have any more jokes on tap?

! Vorsicht Falle Im Englischen bedeutet **lager** = Bier!

**Lagerfeuer** campfire
**Lagerhaus** warehouse ['weə^rhaʊs], store
**lagern** 1 store *Waren*
2 *Truppen:* camp
**Lagerraum** storeroom
**Lagerung** storage
**lahm** 1 (*gelähmt*) lame
2 *Fete, Typ:* dreary, dull; **du lahme Ente!** you slowcoach!; **lahme Ausrede** lame excuse
3 **etwas lahm legen** paralyse something, bring something to a standstill
**lähmen** paralyse ['pærəlaɪz] *auch übertragen*
**Laken** sheet
**Lamm** lamb [læm]
**Lampe** lamp
**Lampenfieber** stage fright
**Lampenschirm** lamp-shade
**Lampion** Chinese lantern
**Land** 1 (*Festland, Gelände*) land; **an Land gehen** go ashore; **an Land gespült werden** be washed ashore
2 (*im Gegensatz zur Stadt*) country ['kʌntri]; **auf dem Land[e]** in the country; **wir ziehen auf's Land** we're moving to the countryside
3 (*Staat*) country; **hier zu Lande** here, in this country; (*Bundesland der BRD*) Land; (*in Österreich*) province
**Landammann** ⒸⒽ highest official in a Swiss canton
**Landarbeiter(in)** farm worker
**Landebahn** runway, landing-strip
**landen** 1 land; **weich landen** soft-land

❷ (*enden*) end up *umgangsspr;* **im Gefängnis landen** end up in jail
**Länderspiel** international [ˌɪntəˈnæʃᵊnᵊl]
**Landesinnere** inland region [ˈriːdʒᵊn]
**Landgut** estate
**Landhaus** country house
**Landkarte** map
**Ländler** Ⓐ country dance
**ländlich** rural
**Landschaft** ❶ (*ländliche Gegend*) countryside [ˈkʌntrɪsaɪd]
❷ (*auf Bildern*) landscape
**landschaftlich** scenic [ˈsiːnɪk]; (*regional*) regional [ˈriːdʒᵊnᵊl]
**Landstraße** road; (*im Gegensatz zur Autobahn*) ordinary road
**Landstreicher(in)** tramp, hobo Ⓤⓢⓐ
**Landung** landing
**Landwirt(in)** farmer
**Landwirtschaft** agriculture [ˈægrɪkʌltʃəʳ], farming
**landwirtschaftlich** agricultural [ˌægrɪˈkʌltʃᵊrᵊl]
**lang** ❶ long; (*groß*) *Mensch:* tall
❷ **seit langem** for a long time; **das ist schon lange her** that's a long time ago
❸ **den ganzen Tag lang** the whole day long; **sein ganzes Leben lang** all his life
❹ **lang ersehnt** longed-for
❺ **etwas lang und breit erzählen** tell something at great length
❻ **lang gestreckt** long
**langatmig** long-winded
**Länge** ❶ (*zeitlich, räumlich*) length; **der Länge nach** lengthwise; **sich in die Länge ziehen** go on and on
❷ (*Längengrad*) longitude [ˈlɒndʒɪtjuːd]
**langen** ❶ (*reichen*) give, hand, pass
❷ (*genügen*) be enough [ɪˈnʌf], do; **das langt** that'll do; **es langt!** that's enough of it!; **mir langt's!** I've had enough of it!
❸ (*sich [er]strecken*) reach (**nach** for); **bis zu/an etwas langen** reach something
**Längenmaß** linear measure
**Langeweile** boredom [ˈbɔːdəm]; **Langeweile haben** be bored; **vor lauter Langeweile** out of sheer boredom
**langfädig** Ⓒⓗ long-winded
**langfristig** ❶ *Planung:* long-term
❷ in the long term; **langfristig planen** plan for the long term
**langjährig** *Freundschaft, Mitarbeiter:* long-standing, of many years' standing
**Langlauf** (*Skilanglauf*) cross-country skiing [ˈskiːɪŋ]
**längs** ❶ **längs der Linie** along the line
❷ (*der Länge nach*) lengthwise; **etwas längs aufschneiden** cut something open lengthways
**langsam** ❶ slow
❷ slowly; **das geht mir viel zu langsam** that's way too slow for me
❸ (*allmählich*) just about; **langsam reicht es mir** I'm just about fed up with it
**längst** ❶ (*schon lange*) for a long time
❷ (*vor langer Zeit*) long ago
❸ **noch längst nicht** not by any means
❹ **der Zug war längst weg** the train had long since gone
**langweilen** ❶ bore
❷ **sich langweilen** be bored; **sich zu Tode langweilen** be bored to death
**langweilig** ❶ boring, tedious [ˈtiːdiəs]
❷ (*langsam, lahm*) slow
**Langzeit-** long-term
**Lappen** cloth
▶ IN WENDUNGEN: **jemandem durch die Lappen gehen** slip through someone's fingers *umgangsspr*
**Lärm** noise
**lasch** ❶ (*schlaff*) limp
❷ (*zu nachgiebig*) lax
**Lasche** (*Schlaufe*) loop
**Laser** laser
**lassen** ❶ (*erlauben*) let
❷ (*veranlassen*) **etwas machen lassen** have something done; **ich lasse meinen Anzug reinigen** I have my suit cleaned
❸ **lass es doch einfach so wie es ist** just leave it the way it is; (*gewähren lassen*) let; **lass es mich doch kaufen!** why won't you let me buy it?
❹ (*unterlassen*) omit; **lassen Sie das!** stop it!; **lass mich in Ruhe!** leave me alone!; **tu, was du nicht lassen kannst!** do what you think you must!; **sie kann's einfach nicht lassen** she just can't help it
❺ **jemandem etwas lassen** let someone have something
❻ **er lässt sich nicht überreden** he will not be persuaded
❼ **sich einen Bart/die Haare wachsen lassen** grow a beard/one's hair ⚠ *Singular*
❽ **jemanden rufen** [*oder* **kommen**] **lassen** send for someone
❾ **ich habe mir sagen lassen, …** I've been told …
❿ **das lässt sich machen!** that's possible!; **lass**

L

**mich nur machen!** leave it to me!
⑪ **etwas offen lassen** leave something open *auch übertragen*

**lässig** (*ungezwungen*) casual ['kæʒjuəl]

**Last** ① burden, load; **jemandem zur Last fallen** be a burden on someone; (*jemandem lästig sein*) trouble someone
② (*Fracht*) cargo

**lasten** weigh [weɪ] [heavily] (**auf** on); **alle Verantwortung lastet auf mir** all the responsibility rests on me

**Laster[1]** der lorry (GB), truck (USA)

**Laster[2]** das vice

**lästig** ① (*belästigend*) troublesome ['trʌblsəm]
② (*ärgerlich*) annoying; **du kannst wirklich lästig sein** you can be a real nuisance ['njuːsᵊns]; **er wird langsam lästig** he's becoming a nuisance

**Lastwagen** lorry (GB), truck (USA)

**Latein** Latin

**lateinisch** Latin; **auf Lateinisch** in Latin

**Laterne** lantern ['læntən]; (*Straßenlaterne*) streetlight

**Laternen pfahl** lamp post

**Latte** ① (*Brett*) slat
② (*beim Hochsprung*) bar; (*beim Fußball*) crossbar
▸ IN WENDUNGEN: **eine ganze Latte von ...** a whole string of ...

**lau** ① *Wasser:* lukewarm
② (*mild*) mild [maɪld]

**Laub** leaves ⚠ *Plural*

**Lauch** leek

**Lauf** ① (*schneller Schritt*) run
② *von Maschine:* operation [ɒpə'reɪʃᵊn], running
③ (*Wettlauf*) race
④ (*Verlauf*) course [kɔːs]; **der Lauf der Dinge** the way things go; **im Laufe der Jahre** in the course of the years; **den Dingen ihren** [*oder* **freien**] **Lauf lassen** let things take their course; **seinen Gefühlen freien Lauf lassen** give way to one's feelings

**Laufbahn** (*Beruf*) career [kə'rɪəʳ]; **eine Laufbahn einschlagen** enter on a career

**laufen** ① (*rennen*) run; (*zu Fuß gehen*) walk [wɔːk]
② *Maschine, Uhr:* go; (*funktionieren*) work
③ (*undicht sein*) leak; *Nase:* run; *Kerze:* gutter
④ (*im Gange sein*) go on; *Film:* be on; **was läuft im Kino?** what's on at the cinema?
⑤ **die Sache ist gelaufen** it's all wrapped up
⑥ **wie laufen die Geschäfte?** how's business?
⑦ **die Versicherung läuft auf meinen Namen** the insurance is in my name
⑧ **Ski laufen** ski; **Rollschuh laufen** rollerskate; **Schlittschuh laufen** skate
⑨ **sich warm laufen** warm up
⑩ **laufen lassen** let go
⑪ **mit diesen Schuhen läuft es sich schlecht** these shoes are uncomfortable

**laufend** ① *Monat, Jahr:* current
② (*ständig*) regular ['regjələʳ]; (*regelmäßig*) routine [rəʊ'tiːn]
③ **am laufenden Band** continuously [kən'tɪnjuəsli]
④ **auf dem Laufenden bleiben** keep oneself up-to-date
⑤ **laufend etwas tun** do something continually; **das passiert laufend** it happens all the time

**Läufer(in)** runner

**Läufer** ① (*beim Schachspiel*) bishop
② (*Treppenläufer*) runner; (*in der Wohnung*) rug

**Laufmasche** ladder (GB), run (USA)

**Laufwerk** *eines Computers:* drive

**Laune** ① (*Grille, Einfall*) whim; **aus einer Laune heraus** on a whim
② (*Stimmung*) mood; (*schlechte Laune*) [bad] temper; **guter/schlechter Laune sein** be in a good/bad mood

**launisch** ① (*launenhaft*) moody
② (*unberechenbar*) capricious [kə'prɪʃəs]

**lauschen** ① (*zuhören*) listen ['lɪsᵊn]; **auf etwas lauschen** listen for something
② (*heimlich horchen*) eavesdrop ['iːvzdrɒp]

**Laut** sound [saʊnd]; **keinen Laut von sich geben** not make a sound

**laut[1]** ① loud [laʊd]; *Farben:* loud, shrill
② (*lärmend*) noisy; **lautes Gelächter** roars *Plural* of laughter
③ **lauter!** (*Aufforderung an Redner*) speak up! (GB), louder! (USA)
④ **laut vorlesen** read out
⑤ **das Radio lauter stellen** turn the radio up
⑥ **er wird immer gleich laut** he always immediately raises his voice
⑦ **laut und deutlich sprechen** speak loud and clearly

**laut[2]** **laut meinen Anweisungen** according to my instructions; **laut Gesetz** according to the law

**lauten** *Befehl:* say; *Inhalt eines Schreibens:* go, read; *Name:* be; *These, Rede:* go

**läuten** ring; **bei jemandem läuten** ring somebody's bell; **es hat eben geläutet** the bell just rung

**lautlos** soundless ['saʊndləs]

**Lautschrift** phonetic script
**Lautsprecher** [loud]speaker
**Lautstärke** volume ['vɒlju:m]
**lauwarm** lukewarm [ˌlu:k'wɔ:m] *auch übertragen*
**Lava** lava
**Lavabo** (CH) wash-basin
**Lawine** avalanche ['ævᵊlɑ:nʃ]
**Leben** (1) life, *Plural* lives [laɪvz]; **am Leben bleiben/sein** stay/be alive; **er hat mir das Leben gerettet** he saved my life; **wir fürchten um sein Leben** we fear for his life; **ums Leben kommen** lose one's life
(2) **ein Kampf auf Leben und Tod** a fight to the death; (*übertragen*) a life-and-death struggle
(3) (*Betriebsamkeit*) activity, life; **Leben in die Bude bringen** make things hum
(4) **so ist das Leben** such is life
(5) **etwas ins Leben rufen** bring something into being
(6) **etwas für sein Leben gern haben/tun** be mad about something/about doing something
(7) **nie im Leben** never ever
(8) **jemandem das Leben zur Hölle machen** make someone's life hell
**leben** (1) live [lɪv] (**für** for)
(2) **lebt er noch?** is he still alive?
(3) **man lebt nur einmal!** you only live once!
(4) **von etwas leben** live on something
**lebend** (1) live [laɪv], alive; **er ist der lebende Beweis für ...** he is living proof of ...
(2) **lebende Sprachen** modern languages
**lebendig** (1) live [laɪv], alive
(2) (*lebhaft*) lively ['laɪvli]; *Erinnerung:* vivid
**Lebensbedingungen** living conditions
**Lebensgefahr** (1) [mortal] danger
(2) **unter Lebensgefahr** at the risk of one's life
(3) **Vorsicht! Lebensgefahr!** Caution! Danger!
(4) **in Lebensgefahr sein** be in danger of one's life; **außer Lebensgefahr sein** be out of danger
**Lebensgefährte**, **Lebensgefährtin** partner
**Lebenshaltungskosten** cost of living ⚠ *Singular*
**lebenslänglich** (1) *Kampf, etc:* lifelong
(2) **er hat lebenslänglich bekommen** he got life
**Lebenslauf** (*geschriebener*) curriculum vitae [kəˌrɪkjələm'vi:teɪ], CV (GB), résumé ['rezʊmeɪ] (USA)
**Lebensmittel** food ⚠ *Singular*
**Lebensmittelgeschäft** grocer's [shop] (GB); **im Lebensmittelgeschäft** at the grocer's, grocery [store] (USA)
**Lebensmittelvergiftung** food poisoning
**Lebensstandard** standard of living, living standards ⚠ *Plural*
**Lebensunterhalt** living, livelihood ['laɪvlihʊd]; **sich seinen Lebensunterhalt verdienen** earn [*oder* make] a living
**Lebensweise** way of life, habits ⚠ *Plural*
**lebenswichtig** essential, vital ['vaɪtᵊl]
**Lebenszeichen** sign of life; **er gab kein Lebenszeichen mehr von sich** he showed no signs of life any more
**Lebenszeit** (1) lifetime
(2) **auf Lebenszeit** for life; **Beamter auf Lebenszeit** permanent civil servant
**Leber** liver ['lɪvəʳ]
**Leberwurst** liver sausage ['sɒsɪdʒ] (GB), liverwurst ['lɪvəwɜ:st] (USA)
**Lebewesen** living being
**lebhaft** (1) lively ['laɪvli]; (*temperamentvoll*) vivacious [vɪ'veɪʃəs]
(2) *Interesse:* keen
(3) *Verkehr:* heavy, busy ['bɪzi]
(4) *Phantasie:* vivid
**Lebkuchen** gingerbread
**leblos** (1) (*ohne Leben*) lifeless
(2) (*unbeseelt*) inanimate [ɪ'nænɪmət]
**Leck** leak
**lecken**[1] (*undicht sein*) leak
**lecken**[2] (1) (*schlecken*) lick
(2) **seine Wunden lecken** lick one's wounds
(3) **leck mich!** piss off! *umgangsspr*
**lecker** delicious [dɪ'lɪʃəs]
**Leckerbissen** delicacy
**Leder** leather ['leðəʳ]; **zäh wie Leder** as tough as old boots *umgangsspr*
**ledig** single
**lediglich** merely
**leer** (1) empty
(2) *Wohnung, Haus:* vacant; (*unmöbliert*) unfurnished
(3) (*unbeschrieben*) blank
(4) **leeres Gerede** idle talk; **leere Versprechungen** vain promises
(5) **mit leeren Händen** empty-handed
(6) **leer ausgehen** come away empty-handed
(7) **die Straßen waren wie leer gefegt** the streets were deserted
**leeren** empty
**Leertaste** space bar
**legal** legal ['li:gᵊl], lawful
**legalisieren** legalize ['li:gᵊlaɪz]
**legen** (1) lay, put; (*an einen bestimmten Platz*) place
(2) (*verlegen*) lay *Teppich, Kabel*

L

3 **etwas beiseite legen** put something aside
4 **Wert auf etwas legen** set great store by something
5 **Eier legen** lay eggs
6 **jemandem das Handwerk legen** put a stop to someone's game
7 **die Katze legte sich auf das Sofa** the cat lay down on the sofa
8 **sich legen** *Staub:* settle (**auf** on)
9 **sich legen** (*aufhören, abklingen*) abate, die down, subside; *Zorn, Begeisterung:* wear off; **das legt sich** that'll sort itself out *umgangsspr*

**! Vorsicht Falle** **Lay** oder **lie**? Das Verb **to lay** heißt ‚legen': *the dog laid back its ears*; **to lie** hingegen bedeutet ‚liegen': *the dog is lying on the couch.*

**legendär** legendary ['ledʒəndᵊri]
**Legende** legend ['ledʒənd]
**leger** casual ['kæʒjuəl]
**legitim** legitimate [lə'dʒɪtəmət]
**Lehm** loam; (*Ton*) clay
**lehnen** 1 lean (**an** against)
2 **der Besen lehnte an der Wand** the broom was leaning against the wall
3 **sich an etwas lehnen** lean against something (**auf** on)

**? Grammatik** Die unregelmäßigen Vergangenheitsformen von **lean** lauten **leant/ leaned — leant/ leaned**: *Mr Smith* **leant** *the ladder against the tree; you seem to* **have leant** *against some wet paint.*

**Lehre** apprenticeship [ə'prentɪʃɪp]; **in die Lehre gehen** serve one's apprenticeship (**bei** with)
**lehren** teach; (*an Universität*) lecture ['lektʃəʳ]
**Lehrer(in)** teacher; (*Privat-, Nachhilfelehrer*) tutor ['tʃuːtəʳ]
**Lehrgang** course [kɔːs] (**für** in); **einen Lehrgang besuchen** take a course
**Lehrkörper** teaching staff
**Lehrling** apprentice [ə'prentɪs]
**Lehrplan** [teaching] curriculum [kə'rɪkjələm]; *einer Klassenstufe:* syllabus ['sɪləbəs]
**lehrreich** (*informativ*) instructive [ɪn'strʌktɪv]
**Lehrstuhl** chair (**für** of)
**Leibgericht** favourite ['feɪvərət] dish
**leiblich** 1 *Mutter, Vater:* natural ['nætʃᵊrᵊl]
2 **leibliches Wohlbefinden** material well-being
**Leibwächter(in)** bodyguard ['bɒdigɑːd]
**Leiche** body, corpse
▸ IN WENDUNGEN: **über Leichen gehen** stop at nothing; **nur über meine Leiche!** over my dead body!
**leicht** 1 (*im Gewicht*) light
2 (*einfach*) easy; **leichter gesagt als getan** easier said than done
3 (*geringfügig*) slight; **eine leichte Erkältung** a slight cold
4 **leichte Musik** easy listening; **leichte Unterhaltung** light entertainment
5 **man hat's nicht leicht** life isn't easy
6 **leicht gekleidet sein** be dressed in light clothes; **leicht bekleidet** scantily dressed
7 (*schnell*) easily
8 **jemandem leicht fallen** be easy for someone
9 **es sich leicht machen** make things easy for oneself
10 **leicht verdaulich** easily digestible; **leicht verderblich** perishable
11 **leicht verwundet** slightly wounded
**Leichtathlet(in)** athlete ['æθliːt]
**Leichtathletik** athletics [æθ'letɪks] ⚠ *Plural*
**Leichtigkeit** (*Mühelosigkeit*) ease; **mit Leichtigkeit** with no trouble at all
**Leichtsinn** 1 (*Gedankenlosigkeit*) thoughtlessness ['θɔːtləsnəs]
2 (*Unvorsichtigkeit*) foolishness
**leichtsinnig** 1 (*gedankenlos*) thoughtless ['θɔːtləs]
2 (*töricht*) foolish
**Leid** 1 (*Sorge, Betrübnis*) grief, sorrow ['sɒrəʊ]
2 (*Schaden*) harm
3 **jemandem sein Leid klagen** tell someone one's troubles ⚠ *Plural*
4 **Freude und Leid mit jemandem teilen** share one's joys and sorrows with someone
5 **es tut mir Leid, dass ...** I regret that ...; [**das**] **tut mir Leid!** I'm sorry [about it]!
6 **jemandem etwas zu Leide tun** do someone harm, harm someone; **er tut keiner Fliege was zu Leide** he wouldn't hurt a fly
**leid ich bin** [*oder* **habe**] **es leid** I'm tired of it
**Leiden** suffering; (*Krankheit*) illness; (*Beschwerden*) complaint [kəm'pleɪnt]
**leiden** 1 (*erleiden*) suffer; **Not leiden** be in want
2 **leiden können** like; **ich kann ihn nicht leiden** I don't like him
3 suffer (**an, unter** from)
**Leidenschaft** passion ['pæʃᵊn]
**leidenschaftlich** passionate ['pæʃᵊnət]; **etwas leidenschaftlich gern tun** be passionately fond of doing something
**leider** unfortunately [ʌn'fɔːtʃᵊnətli]; **leider muss ich gehen** I'm afraid I have to go; **ja lei-**

**der!** I'm afraid so!; **leider lässt sich das nicht machen** unfortunately that can't be done

**leihen** ① (*ausleihen*) lend
② (*borgen*) borrow; **ich habe es mir geliehen** I've borrowed it

> **! Vorsicht Falle** Wenn man etwas von jemandem leiht, verwendet man im Englischen das Verb **to borrow**: *Kim borrowed $20 from her friend.* — Wenn man aber jemandem etwas leiht, heißt es **to lend**: *Jane lent her mobile phone to Jenny; Dad often lends me money.*

**Leihmutter** surrogate ['sʌrəgət] mother

**Leim** glue

**leimen** glue [together]

**Leine** ① (*Wäscheleine*) line; (*Schnur*) cord [kɔːd]
② (*Hundeleine*) leash, lead [liːd]

**Leinen** linen ['lɪnɪn]; **ein Kleid aus Leinen** a linen dress

**Leinwand** ① canvas
② (*im Kino, für Dias*) screen

**leise** ① (*still*) quiet ['kwaɪət]; **sei doch leise!** don't make such a noise!; **sprechen Sie doch bitte etwas leiser!** please keep your voice down a bit!
② *Stimme:* soft; *Brise:* gentle
▶ IN WENDUNGEN: **ich habe nicht die leiseste Ahnung** I haven't got the faintest idea

**leisten** ① (*vollbringen*) achieve [ə'tʃiːv]; **gute Arbeit leisten** do a good job
② **sich etwas leisten** (*erlauben*) allow oneself something; (*gönnen*) treat oneself to something; **sich etwas leisten können** be able to afford something; **das kann ich mir nicht leisten** I can't afford that
③ **jemandem Hilfe leisten** help someone

**Leistung** ① (*Geleistetes*) performance [pə'fɔːməns]; (*geleistete Arbeit*) work; **nach Leistung bezahlt werden** be paid on results ⚠ *Plural;* **die Leistungen sind besser geworden** the levels of performance have improved; **schwache Leistung!** poor show!
② *von Versicherung, Krankenkasse:* benefit

**leistungsfähig** ① (*tüchtig*) efficient [ɪ'fɪʃᵊnt]
② (*produktiv*) productive [prə'dʌktɪv]
③ *Auto:* powerful ['paʊəfᵊl]

**leiten** ① (*führen*) lead [liːd]
② (*verantwortlich sein*) be in charge of; (*als Manager*) direct [daɪ'rekt], manage
③ (*in der Technik*) conduct [kən'dʌkt]

**leitend** ① (*führend*) leading
② *Stellung:* managerial [mænə'dʒɪəriəl]; **leitende(r) Angestellte(r)** executive
③ (*in der Technik, Physik*) conductive; **nicht leitend** non-conductive

**Leiter**[1] der (*elektrisch*) conductor

**Leiter**[2] die ladder

**Leiter(in)** ① leader
② (*Chef*) head [hed]; (*Geschäftsführer*) manager/manageress
③ (*Schulleiter*) headmaster/headmistress (GB), principal (USA)

**Leitplanke** crash-barrier

**Leitung** ① (*das Führen*) leading
② (*Vorsitz*) leadership; (*Management*) management
③ (*Telefon-, Stromleitung*) wire; (*Gas-, Wasserleitung im Haus*) pipe; (*Zuführungsleitung für Gas und Wasser*) main
④ (*Verbindung*) line
⑤ (*Dirigent*) **unter der Leitung von ...** conducted by ...
▶ IN WENDUNGEN: **eine lange Leitung haben** be rather slow on the uptake

**Leitungswasser** tapwater

**Lektion** lesson; **das wird ihm eine Lektion sein** that'll teach him a lesson

**Lektüre** (*Lesestoff*) reading matter

**lenken** ① steer [stɪəʳ] *Fahrzeug*
② direct *Aufmerksamkeit, Schritte, Gespräch* (**auf** to)

**Lenkrad** steering wheel

**Lenkstange** handlebars ⚠ *Plural*

**Leopard** leopard ['lepəd]

**lernen** ① learn; **schwimmen lernen** learn to swim; **von ihr kannst du nur lernen!** she could really teach you a thing or two!; **er lernt gut/schlecht** he learns quickly/slowly, he's a good/bad learner
② (*in Lehrberuf*) train
③ (*studieren*) study; **sie lernt für eine Prüfung** she's revising for an exam

> **! Vorsicht Falle** Wenn man ein Schulfach, das Autofahren etc. lernt, verwendet man **to learn**: *Did you learn German at school?; Steve learnt swimming when he was four.* Etwas intensiv lernen oder studieren heißt dagegen **to study**: *Fred is studying geography; Jane is studying for her German exam*

**Lernfahrausweis** (CH) provisional licence (GB), learners' permit (USA)

**lesbar** (*leserlich*) legible ['ledʒəbl]

**Lesbe, Lesbierin** lesbian ['lezbiən]
**lesbisch** lesbian ['lezbiən]
**Lesebuch** reader
**lesen** 1 read; **ein Gedicht laut lesen** read a poem out loud
2 **das Buch liest sich gut** the book reads well; **bei dem Licht liest es sich nicht gut** this light is not very good for reading

> **? Grammatik** Die unregelmäßigen Vergangenheitsformen von **read** lauten **read — read**: *Paul* **read** *a story to his little brother; I* **haven't read** *her new novel*

**Leser(in)** reader
**Leseratte** bookworm
**leserlich** legible ['ledʒəbl]
**letzte(r,s)** 1 (*zeitlich, räumlich*) last; **er ging als Letzter** he was the last to go; (*abschließend, endgültig*) final; **Letzter Wille** last will and testament
2 (*äußerste*) extreme [ɪk'striːm]
3 (*neueste*) latest; **die letzten Meldungen** [*oder* **Nachrichten**] the latest news
4 **in letzter Zeit** recently
5 **das ist das Letzte!** that's the limit!
**letztere** the latter
**letztlich** in the end
**leuchten** 1 (*scheinen*) shine; (*glühen*) glow
2 **jemandem mit einer Lampe leuchten** shine a lamp for someone (**in** into, **auf** onto)
**leuchtend** bright
**Leuchtturm** lighthouse
**leugnen** deny [dɪ'naɪ]; **es ist nicht zu leugnen, dass …** it cannot be denied that …
**Leute** people ['piːpl]

> **? Grammatik** Das Wort **people** wird meistens in der Mehrzahl gebraucht: *Most people like watching TV.* In der Bedeutung **a people** (= ein Volk) jedoch heißt die Mehrzahl **peoples**: *the peoples of Europe.*

**Lexikon** encyclop[a]edia [ɪnˌsaɪklə'piːdiə]
**liberal** liberal ['lɪbᵊrᵊl]
**Licht** light
▸ In Wendungen: **grünes Licht für etwas geben** give permission for something; **etwas ins rechte Licht rücken** (*richtig stellen*) show something in its true colours; **etwas in rosigem Licht sehen** look at something through rose-tinted spectacles; **jemanden hinters Licht führen** pull the wool over someone's eyes; **mir ging ein Licht auf** it began to dawn on me; **etwas ans Licht bringen** bring something out into the open; **Licht in eine Situation bringen** clarify a situation
**Lid** eyelid
**lieb** 1 (*geschätzt*) dear; (*geliebt*) beloved [bɪ'ləʊvɪd]
2 (*nett*) nice; (*liebenswürdig*) kind
3 (*artig, brav*) good
4 **ich würde lieber nach Hause gehen** I'd rather go home; **am liebsten würde ich …** what I'd like most would be to …
5 **ach, du liebe Zeit!** goodness me!
6 **lieb gewinnen** grow fond of; **lieb haben** be fond of, love
**Liebe** love; **Liebe auf den ersten Blick** love at first sight; **sie ist meine große Liebe** she's the love of my life
**lieben** love; **etwas nicht lieben** not like something; **das würde ich liebend gern tun** I'd love to do so
**lieber** 1 **er mag Techno lieber als Hip-Hop** he prefers techno to hip hop; **nichts lieber als das** there's nothing I'd rather do
2 (*eher*) rather; **ich möchte lieber nach Hause gehen** I'd rather go home
**Liebespaar** lovers ⚠ *Plural,* courting couple
**liebevoll** loving
**Liebhaber(in)** 1 (*Geliebte(r)*) lover
2 (*Kenner*) connoisseur [ˌkɒnə'sɜːʳ]
**Liebling** 1 (*Günstling*) favourite ['feɪvᵊrət]
2 (*Geliebte(r)*) darling
**Lied** song
▸ In Wendungen: **es ist immer das alte Lied** it's always the same old story
**Lieferant(in)** supplier
**lieferbar** (*vorrätig*) available [ə'veɪləbl]; **die Ware ist sofort lieferbar** the article can be supplied at once
**liefern** 1 (*versorgen mit*) supply [sə'plaɪ]; (*ausliefern*) deliver [dɪ'lɪvəʳ]
2 (*zur Verfügung stellen*) furnish ['fɜːnɪʃ], provide; produce [prə'djuːs] *Beweis;* yield [jiːld] *Ertrag, Ernte*
3 **ein spannendes Spiel liefern** put on an exciting game
**Lieferung** 1 (*Versorgung*) supply [sə'laɪ]
2 (*Auslieferung*) delivery [dɪ'lɪvᵊri]; **zahlbar bei Lieferung** payable on delivery; **Lieferung frei Haus** free delivery
**Lieferwagen** van (GB), panel truck (USA); (*offener*) pick-up
**Liege** couch [kaʊtʃ]
**liegen** 1 lie; **sich wund liegen** get bedsore; **im**

**Bett liegen bleiben** stay in bed
② (*gelegen sein*) be situated ['sɪtjueɪtɪd]; **wo liegt Herford?** where is Herford situated?; (*sein, sich befinden*) be
③ (*passen*) suit; **diese Farbe liegt mir** this colour appeals to me; **er liegt mir nicht** he's not my type; **das liegt mir absolut nicht** that's absolutely not my thing
④ **mir liegt viel daran** it means a lot to me; **daran liegt mir wenig/nichts** that doesn't matter much/at all to me
⑤ **an mir soll's nicht liegen** it's all right by me; **es liegt bei Ihnen, ob ...** it rests with you whether ...
⑥ **es liegt mir fern ihn zu verurteilen** it is not my job to judge him
⑦ **liegen bleiben** remain lying; (*nicht verkauft werden*) not to sell; (*vergessen werden*) be left behind
⑧ **meine Arbeit ist liegen geblieben** my work was left undone
⑨ **liegen lassen** (*vergessen*) leave behind; (*Arbeit unerledigt lassen*) leave; **jemanden links liegen lassen** (*umgangsspr*) ignore someone
⑩ **alles liegen und stehen lassen** leave everything behind

**? Grammatik** Die unregelmäßigen Vergangenheitsformen von **lie** lauten **lay — lain**: *Paul* **lay** *in the shade on the beach; John got a sunstroke because he* **had lain** *in the sun all day.*

**Liegestuhl** deckchair
**Lift** lift (GB), elevator ['elɪveɪtəʳ] (USA)
**Liga** league [liːg]
**lila** purple ['pɜːpl], lilac ['laɪlək]
**Limonade** lemonade [ˌlemən'eɪd]
**lindern** ① (*erleichtern*) ease, alleviate [ə'liːvieɪt], relieve [rɪ'liːv]
② (*mildern*) soothe [suːθ]
**Lineal** ruler
**Linie** ① line
② (*Straßenbahnlinie*) number; (*Eisenbahn-, Buslinie*) line
▶ In Wendungen: **in erster Linie** first of all; **eine klare Linie** a clear line; **auf die schlanke Linie achten** watch one's waistline
**Linke** ① (*Hand*) left hand; (*beim Boxen*) left
② (*Seite*) left side
③ (*Politik*) **die Linke** the left
**linke(r,s)** ① left
② *Politiker(in)*: left-wing; **der linke Flügel von Labour** Labour's left wing
③ **linke Seite** left-hand side
**links** ① left; (*auf der Linken*) on the left; (*nach, zur Linken*) to the left; **sich links einordnen** move into the left-hand lane
② (*in der Politik*) **links sein** be left-wing
▶ In Wendungen: **jemanden links liegen lassen** ignore [ɪg'nɔː] someone; **das mach' ich mit links** that's kid's stuff for me
**Linkshänder(in)** left-handed person
**linkshändig** left-handed
**Linksverkehr** driving on the left
**Linse** ① (*Hülsenfrucht*) lentil ['lentᵊl]
② (*aus Glas, Kontaktlinse*) lens
**Lippe** lip
**Lippenstift** lipstick
**lispeln** lisp
**List** ① (*Verschlagenheit*) artfulness, cunning
② (*Trick*) ruse [ruːz], trick; **mit etwas List und Tücke** with a little coaxing [kəʊksɪŋ]

**! Vorsicht Falle** Das englische Wort **list** bedeutet ‚Liste'.

**Liste** (*Aufstellung*) list; **eine Liste aufstellen** draw up a list; **etwas in eine Liste eintragen** put something down on a list
**listig** cunning
**Liter** litre [liːtəʳ] (GB), liter (USA)
**Literatur** literature ['lɪtrətʃəʳ]
**live** live [laɪv]
**Lizenz** licence ['laɪsᵊns] (GB), license (USA)
**Lob** praise
**loben** praise
**Loch** ① hole; (*im Reifen*) puncture; (*im Käse*) eye; (*Lücke*) gap; (*beim Billard*) pocket
② (*schlechte Wohnung*) dump *umgangsspr*
**lochen** **etwas lochen** punch a hole into something
**Locher** punch
**Locke** curl [kɜːl], lock; **Locken haben** have curly hair ⚠ *Singular*
**Lockenwickler** curler [kɜːləʳ]
**locker** ① (*lose*) loose [luːs]; *Seil:* slack
② (*gelöst, entspannt*) relaxed
③ (*lässig, cool*) cool [kuːl]
**lockern** ① (*locker machen*) loosen ['luːsᵊn], slacken
② (*entspannen*) relax
③ **sich lockern** (*im Sport*) loosen up; (*entspannter werden*) get more relaxed
**lockig** curly ['kɜːli]
**lodern** blaze

L

**Löffel** ① spoon
② (*Löffelvoll*) spoonful
**Loge** ① (*im Theater*) box
② (*Pförtner-, Freimaurerloge*) lodge
**Logik** logic
**logisch** ① logical
② (*selbstverständlich*) naturally ['nætʃᵊrᵊli]; (*natürlich*) of course
③ **logisch denken** think logically
**Lohn** ① pay, wage, wages ⚠ *Plural*
② (*Belohnung*) reward
**Lohnabrechnung** pay slip
**lohnen sich lohnen** be worth it, be worthwhile [wɜːθwaɪl]; **das lohnt sich doch nicht für dich** it's not really worth your while
**lohnend** ① (*einträglich*) profitable ['prɒfɪtəbl]
② (*nutzbringend*) worthwhile [wɜːθwaɪl]
**Lohnerhöhung** wage increase ['ɪnkriːs]
**Lohnsteuer** income tax
**Lokal** ① (*Kneipe*) pub (GB), bar (USA)
② (*Restaurant*) restaurant ['restᵊrɒnt]
**Lokomotive** engine ['endʒɪn], locomotive [ˌləʊkə'məʊtɪv]
**Los** ① (*Schicksal*) lot; **sie hat ein schweres Los** her lot is hard
② (*Lotterielos*) lottery ticket
③ **etwas durch das Los entscheiden** decide something by casting lots; **das große Los [ziehen]** [hit] the jackpot
**los** ① (*locker*) loose [luːs]
② **jemanden/etwas los sein** be rid of someone/something
③ **was ist los?** what's up?
④ **hier ist nichts los** there's nothing going on here; **mit ihm ist aber auch gar nichts los!** he's a dead loss, he is! *umgangsspr*
⑤ **los!** (*vorwärts*) come on!; (*weiter, geh*) go on!; (*beweg dich*) get going!
⑥ **nun aber los!** off we go!
**losbrechen** ① break [breɪk] off
② break out; **der Schneesturm bricht gleich los** the snowstorm is about to break
**löschen** ① extinguish [ɪk'stɪŋgwɪʃ] *Feuer*
② quench *Durst*
③ erase [ɪ'reɪz] *Daten, Tonband;* clear [klɪəʳ] *Speicher, Bildschirm;* cancel ['kænsᵊl] *Information*
④ *Feuerwehr:* put out a [*oder* the] fire
**lose** loose [luːs]; (*locker*) slack; **etwas lose verkaufen** sell something loose
**Lösegeld** ransom ['rænsᵊm]
**losen** draw lots (**um** for)
**lösen** ① (*entfernen, losmachen*) remove (**von** from)
② (*lockern*) loosen [luːsᵊn]
③ solve [sɒlv] *Problem*
④ buy [baɪ] *Fahrkarte*
⑤ cancel ['kænsᵊl] *Vertrag*
⑥ **sich lösen** come loose (**von** from); **sich von jemandem lösen** break away from someone; **der Umschlag hat sich gelöst** the cover has detached itself
⑦ **sich lösen** *Schuss:* go off
⑧ **sich lösen** (*locker werden*) loosen
**losfahren** drive off
**losgehen** ① (*sich lösen, abgehen*) come off
② (*aufbrechen*) set off
③ *Gewehr, Bombe:* go off
④ (*anfangen*) start; **gleich geht's los!** it's just about to start
⑤ **auf jemanden losgehen** go for someone
**loslassen** ① (*nicht mehr festhalten*) let go of; **lass mich los! loslassen!** let me go! let go!
② **jemanden auf jemanden loslassen** let someone loose on someone
**löslich** soluble ['sɒbjəbl]; **löslicher Kaffee** instant coffee
**losreißen** ① tear [teəʳ] off
② **sich losreißen** *Hund:* break [breɪk] free
③ (*sich trennen können*) tear oneself away (**von** from)
**Lösung** solution [sə'luːʃᵊn]
**loswerden** (*sich befreien von*) get rid of
**Lotion** lotion ['ləʊʃᵊn]
**Lotse, Lotsin** (*Fluglotse*) flight controller; (*Schiffslotse*) pilot ['paɪlət]
**Lotterie** lottery
**Lotto** lottery; **Lotto spielen** play the lottery; **im Lotto gewinnen** win the lottery
**Löwe** ① lion [laɪən]
② (*Sternzeichen*) Leo ['liːəʊ]
**Löwin** lioness ['laɪənes]
**Lücke** gap
**lückenhaft** (*unvollständig*) defective, incomplete; (*fragmentarisch*) fragmentary ['frægməntᵊri]
**Luft** ① air
② (*Atem*) breath [breθ]; **tief Luft holen** take a deep breath
► IN WENDUNGEN: **dicke Luft** a pretty bad atmosphere; **die Luft ist rein!** the coast is clear! *umgangsspr;* **jetzt halt aber mal die Luft an!** come off it! *umgangsspr;* **sich in Luft auflösen** disappear [ˌdɪsə'pɪəʳ] from the face of the earth; **das ist völlig aus der Luft gegriffen** that's pure invention; **in die Luft gehen** loose [luːs] it *umgangsspr;* **etwas in die Luft jagen** blow [bləʊ] something up; **etwas liegt in der Luft**

something is in the air
**Luftangriff** air-raid ['eə,reɪd] (**auf** on)
**Luftballon** balloon [bə'lu:n]
**luftdicht** airtight ['eətaɪt]
**Luftfahrt** aviation [,eɪvi'eɪʃən]
**Luftkissenboot** hovercraft ['hɒvəkrɑ:ft]
**Luftmatratze** airbed, lilo® ['laɪləʊ]
**Luftpost** **mit Luftpost** by airmail
**Luftpumpe** pneumatic [nju:'mætɪk] pump
**Luftwaffe** air force
**Luftzug** draught [drɑ:ft] (GB), draft (USA)
**Lüge** lie; **das ist eine glatte Lüge** that's an outright lie; **Lügen erzählen** tell lies
▶ In Wendungen: **Lügen haben kurze Beine** truth will out
**lügen** lie; **lügen wie gedruckt** lie like mad *umgangsspr,* lie through one's teeth *umgangsspr;* **ich müsste lügen, wenn ...** I would be lying if ...

**? Grammatik** Die unregelmäßigen Vergangenheitsformen von **lie** lauten **lied — lied:** *he* **lied** *about his age;* **has** *he* **lied** *about his job too?*

**Lügner(in)** liar ['laɪəʳ]
**Lumpen** rag
**Lunge** lungs ⚠ *Plural;* (*einzelner Lungenflügel*) lung
**Lungenbraten** (A) loin roast ['lɔɪn,rəʊst]
**Lungenentzündung** pneumonia [nju:'məʊniɑ]
**Lupe** magnifying ['mægnɪfaɪɪŋ] glass
▶ In Wendungen: **jemanden/etwas unter die Lupe nehmen** examine someone/something closely
**Lust** 1 (*Freude*) joy, pleasure
2 (*sinnliche Begierde*) desire; (*Sinneslust*) lust [lʌst]
3 **wenig Lust haben zu etwas** not be keen about something; **die Lust** [**an etwas**] **verlieren** lose interest [in something]; **ich habe keine Lust dazu** I don't feel like it; **hast du Lust ins Kino zu gehen?** do you feel like going to the movies?; **mir ist die Lust vergangen** I no longer feel like it; **bleib, solange du Lust hast** stay as long as you like
**Luster** (A) (*Kronleuchter*) chandelier [,ʃændə'lɪəʳ]
**lustig** 1 funny; **es wurde später noch ganz lustig** later on things got quite merry
2 **sich über jemanden lustig machen** make fun of someone
**lutschen** suck; **an etwas lutschen** suck something
**luxuriös** luxurious [lʌg'ʒʊəriəs]
**Luxus** luxury ['lʌkʃəri]; (*abwertend*) extravagance [ɪk'strævəgəns]
**Lyrik** lyric poetry [,lɪrɪk'pəʊɪtri]

# Mm

**machbar** doable ['du:əbl]
**machen** 1 (*tun*) do; **wie macht man das?** how do you do it?; **ich mache das schon** I'll see to that; **was macht sie?** what is she doing?; (*beruflich*) what does she do for a living?
2 (*verursachen*) make
3 (*ausmachen*) matter; **das macht nichts!** that doesn't matter!
4 **was macht dein Bruder?** how is your brother?; **mach's gut!** so long!
5 **jemanden zum Klassensprecher machen** make somebody class rep[resentative]
6 **eine Erfahrung machen** have an experience
7 **sich an die Arbeit machen** get down to work; **wir müssen uns auf den Weg machen** we must be getting going [*oder* setting off]

**! Vorsicht Falle** **do** oder **make**? Wenn man eine Tätigkeit ausführt, verwendet man im Englischen das Wort **do:** *I have to do my homework.* Wenn etwas hergestellt oder produziert wird, verwendet man hingegen **make:** *she makes her own clothes.*

**Macht** power [paʊəʳ]; **an die Macht kommen** come into power; **Macht über jemanden haben** have a hold on someone
**mächtig** 1 powerful
2 **mächtig groß** mighty big
**machtlos** powerless
**Macke** 1 *eines Menschen:* quirk [kwɜ:k]
2 (*Fehler*) fault [fɔ:lt], defect
**Mädchen** girl
**Mädchenname** maiden name
**Magazin** 1 (*Zeitschrift*) magazine [,mægə'zi:n]
2 (*Lager*) storeroom
**Magen** stomach ['stʌmək]
**Magenschmerzen** stomachache ['stʌməkeɪk] ⚠ *Singular*
**Magenverstimmung** stomach upset
**mager** 1 (*dünn*) lean [li:n], thin
2 (*dürftig*) meagre ['mi:gəʳ], poor [pɔ:ʳ]

**Magie** magic
**Magier(in)** magician [mə'dʒɪʃᵊn]
**magisch** magic[al]
**Magnet** magnet ['mægnət]
**mähen** mow [məʊ] *Rasen;* cut *Gras*

> **? Grammatik** Die unregelmäßigen Vergangenheitsformen von **mow** lauten **mowed — mown**: *the gardener* **mowed** *the lawn; the grass* **has been** *mown.*

**Mahl** meal
**mahlen** grind *Korn*

> **? Grammatik** Die unregelmäßigen Vergangenheitsformen von **grind** lauten **ground — ground**: *She* **ground** *the pepper in a pepper mill; the coffee* **has been** *finely* **ground.**

**Mahlzeit** meal
**Mähne** mane
**mahnen** ① **jemanden zu etwas mahnen** urge [ɜːdʒ] someone to do something
② (*an fällige Zahlung erinnern*) **jemanden mahnen** send a reminder to someone
**Mahnung** reminder
**Mai** May
**Mais** maize [meɪz] (GB), corn (USA)
**Majestät** majesty ['mædʒəsti]
**majestätisch** majestic [mə'dʒestɪk]
**Majonäse** mayonnaise ['meɪə'neɪz]
**Major** major ['meɪdʒəʳ]
**makellos** ① spotless
② (*ohne Fehler*) faultless ['fɔːltləs]
**Make-up** make-up ['meɪkʌp]
**mal** ① **komm mal her!** can you come here for a moment!
② **ich bin nun mal so** that's just the way I am
③ **eine Zahl mal zwei nehmen** multiply ['mʌltɪplaɪ] a number by two; **das Bild ist 50 mal 20 Zentimeter** the picture is 50 centimetres by 20
**Mal**[1] das ① **ein einziges Mal** once; **das letzte Mal** last time; **nächstes Mal** next time
② **ein für alle Mal** once and for all
③ **von Mal zu Mal** every time
**Mal**[2] das (*Zeichen*) mark
**malen** paint; (*zeichnen*) draw [drɔː]
**Maler(in)** painter
**Malerei** painting
**malerisch** picturesque [ˌpɪktʃᵊr'esk]
**Mama** mum [mʌm] (GB), mummy ['mʌmi] (GB), mom [mɑːm] (USA)
**man** one; **wie sagt man das auf Englisch?** how do you say that in English?; **man hat mir gesagt** I was told
**Manager(in)** manager ['mænɪdʒəʳ]
**manche(r, s)** some, several; **manch einer** many a person
**manchmal** sometimes
**Mandel** ① almond ['ɑːmənd]
② (*Drüse*) tonsil ['tɒnsᵊl]
**Manege** arena [ə'riːnə]
**Mangel** ① (*Fehlen*) lack; (*Knappheit*) shortage ['ʃɔːtɪdʒ] (**an** of)
② (*Fehler*) defect ['diːfekt]
**mangelhaft** ① (*Schulnote*) unsatisfactory [ʌnˌsætɪs'fæktᵊri]
② (*fehlerhaft*) faulty ['fɔːlti]
**mangeln** (*fehlen*) want; **es mangelt ihr an nichts** she lacks for nothing
**manipulieren** manipulate [mə'nɪpjəleɪt]
**Mann** man; (*Ehemann*) husband ['hʌzbənd]

> **? Grammatik** Die Mehrzahl von **man** ist **men**: *there were two men sitting in the car.*

**Mannequin** fashion model ['mɒdᵊl]
**männlich** ① male
② (*in der Grammatik*) masculine ['mæskjəlɪn]
**Mannschaft** team
**Manöver** manoeuvre [mə'nuːvəʳ] (GB), maneuver (USA)
**Mantel** coat [kəʊt]
**Manuskript** manuscript ['mænjəskrɪpt]
**Mäppchen** (*für Stifte*) pencil case
**Mappe** ① (*Aktentasche*) briefcase ['briːfkeɪs]
② (*Hefter*) folder
**Marathon** marathon ['mærəθᵊn]
**Märchen** fairytale
**Margarine** margarine [ˌmɑːdʒə'riːn]
**Marine** navy
**Marionette** marionette [ˌmæriə'net]
**Mark** (*Währung*) [Deutsch]mark
**Marke** ① (*Warensorte*) brand [brænd]
② (*Briefmarke*) stamp
**markieren** mark
**Markierung** mark
**Markstück** one-mark piece
**Markt** ① (*in der Wirtschaft*) market
② (*Marktplatz*) marketplace; **auf dem Markt** at the market
**Marktforschung** market research [rɪ'sɜːtʃ]
**Marktlücke** gap in the market, opening
**Marktplatz** marketplace
**Marktwirtschaft** market economy
**Marmelade** jam [dʒæm]; (*Orangenmarmelade*)

marmalade ['mɑːmᵊleɪd]
**Marmor** marble ['mɑːbl]
**Marsch** march
**marschieren** march
**Märtyrer(in)** martyr ['mɑːtəʳ]
**März** March
**Masche** (*Strickmasche*) stitch
**Maschine** ① (*Gerät*) machine
② (*Flugzeug*) plane
③ **etwas mit der Maschine schreiben** type something
**maschinell** mechanical [mɪ'kænɪkᵊl]
**Maschinengewehr** machine [mə'ʃiːn] gun
**Masern** measles ['miːzlz]
**Maske** ① (*Gesichtsmaske*) mask [mɑːsk]
② (*im Theater*) make-up ['meɪkʌp]
**maskieren** ① disguise [dɪs'gaɪz]
② **sich maskieren** disguise oneself
**Maskulinum** masculine ['mæskjəlɪn]
**Maß** ① (*Maßeinheit*) measure ['meʒəʳ] (**für** of)
② (*gemessene Größe*) measurement ['meʒəmənt]
③ (*Ausmaß*) degree [dɪ'griː]; **ein gewisses Maß an …** a certain degree of …
④ **in höchstem Maße** extremely [ɪk'striːmli]
⑤ **in Maßen** in moderation [ˌmɒdᵊr'eɪʃᵊn]
**Massage** massage ['mæsɑːʒ]
**Massaker** massacre ['mæsəkəʳ]
**Masse** ① (*ungeformter Stoff*) mass [mæs]
② (*Menschenmenge*) crowd [kraʊd]
**massenhaft** ① on a massive scale
② (*sehr viel*) masses of
**Massenmedien** mass media [ˌmæs'miːdiə] ⚠ *Plural*
**maßgebend** authoritative [ɔː'θɒrɪtətɪv]; **maßgebende Persönlichkeit** person in authority [ɔː'θɒrəti]
**massieren** massage ['mæsɑːʒ]
**mäßig** ① (*gemäßigt*) moderate ['mɒdᵊrət]
② (*gering*) modest
**massiv** ① (*fest, pur*) solid ['sɒlɪd]
② *Beleidigung:* gross [grəʊs]
**maßlos** ① (*unmäßig*) immoderate [ɪ'mɒdᵊrət]
② (*gewaltig*) extreme [ɪk'striːm]
**Maßnahme** measure ['meʒəʳ]; **Maßnahmen treffen, um etwas zu tun** take measures to do something
**Maßstab** ① (*Richtlinie*) standard ['stændəd]; **Maßstäbe setzen** set a good standard ⚠ *Singular*
② (*maßstäbliches Verhältnis*) scale
**maßvoll** moderate ['mɒdᵊrət]
**Mast** ① (*Strommast*) pylon ['paɪlɒn]
② (*Antennenmast*) mast [mɑːst]
**Material** material [mə'tɪəriəl]
**Materialismus** materialism [mə'tɪəriəlɪzᵊm]
**Materie** ① matter
② (*Thema*) subject-matter
**Mathematik** mathematics [mæθᵊm'ætɪks] ⚠ *mit Singular*, maths [mæθ] ⚠ *mit Singular*
**Mathematiker(in)** mathematician [mæθᵊmə'tɪʃᵊn]
**mathematisch** mathematical [ˌmæθᵊm'ætɪkᵊl]
**Matratze** mattress ['mætrəs]
**Matrose** sailor
**Matsch** (*Schlamm*) mud; (*Schneematsch*) slush
**matschig** (*schlammig*) muddy; (*mit Schnee*) slushy
**matt** ① (*glanzlos*) dull
② (*schwach*) weak
**Matte** mat
**Mauer** wall
**mauern** build [bɪld], lay bricks
**Maul** ① mouth; (*Tierrachen*) jaws [dʒɔːz] ⚠ *Plural*
② **halt's Maul!** shut your gob! *umgangsspr*
**Maulesel** mule [mjuːl]
**Maultier** mule [mjuːl]
**Maulwurf** mole [məʊl]
**Maurer(in)** bricklayer
**Maus** (*auch für Computer*) mouse [maʊs]

**? Grammatik** Die Mehrzahl von **mouse** ist **mice**:
*There were five tiny mice in the attic.*

**maximal** ① **maximale Geschwindigkeit** maximum ['mæksɪməm] speed
② **zwanzig, maximal dreißig Leute** twenty, at most thirty people
**Maximum** maximum ['mæksɪməm]
**Mayonnaise** mayonnaise ['meɪə'neɪz]
**Mechanik** mechanics [mɪ'kænɪks] ⚠ *mit Singular*
**Mechaniker(in)** mechanic [mɪ'kænɪk]
**mechanisch** mechanical [mɪ'kænɪkᵊl]
**Mechanismus** mechanism ['mekənɪzᵊm]
**meckern** ① *Ziege:* bleat [bliːt]
② (*nörgeln*) bleat *umgangsspr* (**über** at)
**Medaille** medal ['medᵊl]
**Medien** media ['miːdiə] ⚠ *mit Singular oder Plural*
**Medikament** medicine ['medsᵊn]
**Meditation** meditation [ˌmedɪ'teɪʃᵊn]
**meditieren** meditate ['medɪteɪt]
**Medizin** medicine ['medsᵊn]; **Medizin einnehmen** take medicine

**Meer** sea [siː]; **eine Stadt am Meer** a town by the sea
**Meerenge** straits [streɪts] ⚠ *Plural*
**Meeresfrüchte** seafood ['siːfuːd] ⚠ *Singular*
**Meeresspiegel** sea-level; **über/unter dem Meeresspiegel** above/below sea-level
**Meerschweinchen** guinea pig ['gɪniˌpɪg]
**Mehl** flour ['flaʊəʳ]
**mehr** ① more; **immer mehr** more and more; **viel[e] mehr** much [many] more; **nichts mehr** no more
② **reden wir nicht mehr darüber!** let's say no more about it!; **es war niemand mehr da** everyone had gone; **nicht mehr lange** not much longer
**mehrere** several ['sevᵊrᵊl]
**mehrfach** ① (*vielfach*) multiple ['mʌltɪpl]
② (*mehrere Male*) several times
**Mehrheit** majority [mə'dʒɒrɪti]; **in der Mehrheit sein** be in a majority; **mit knapper Mehrheit** by a small majority
**mehrmals** several times
**Mehrwegflasche** deposit [*oder* returnable] bottle
**Mehrwertsteuer** value added tax, VAT [ˌviːeɪ'tiː]
**Mehrzahl** ① (*Plural*) plural
② (*Mehrheit*) majority [mə'dʒɒrɪti]
**meiden** avoid
**Meile** mile
**Meilenstein** milestone
**mein** my; **ich habe meine eigene Wohnung** I've got a flat of my own
**meine, meiner, meines** mine; **seine Freunde sind nicht meine** his friends are not mine
**meinen** ① (*glauben*) think; **was meinen Sie?** what do you think?
② (*sagen wollen*) mean
③ **gut gemeint** well-meant
**Meinung** opinion [ə'pɪnjən]; **der Meinung sein, dass …** be of the opinion that …; **meiner Meinung nach** in my opinion; **seine Meinung äußern** express an opinion; **seine Meinung ändern** change one's opinion
**Meinungsumfrage** opinion poll
**Meinungsverschiedenheit** disagreement [ˌdɪsə'griːmᵊnt]
**meist** mostly, most of the time
**meiste(r, s)** **die meisten** most people; **die meiste Zeit** most of the time
**meisten** **am meisten** most of all
**meistens** mostly, most of the time
**Meister(in)** ① (*im Handwerk*) master
② (*im Sport*) champion
**meistern** master
**Meisterschaft** championship
**Melancholie** melancholy ['melənkᵊli]
**melancholisch** melancholy ['melənkᵊli]
**melden** ① (*ankündigen*) announce [ə'naʊns]
② (*benachrichtigen*) report
③ **sich melden** (*in der Schule*) put one's hand up
④ **sich zu etwas melden** put oneself forward for something
⑤ (*am Telefon*) answer ['ɑːnsəʳ]; **er hat sich nicht gemeldet** he didn't answer the phone
⑥ **sich bei jemandem melden** get in touch with someone
**Meldung** report (**über** on)
**melken** milk
**Melodie** melody ['melədi]
**melodisch** melodic [mə'lɒdɪk], tuneful
**Melone** ① (*Frucht*) melon ['melən]
② (*Hut*) bowler ['bəʊləʳ] (GB), derby ['dɜːbi] (USA)
**Memoiren** memoirs ['memwɑːʳz]
**Menge** ① (*bestimmte Anzahl*) quantity ['kwɒntɪti]
② **eine Menge** (*viele*) a great many, lots of; **jede Menge** lots and lots
③ (*Menschenmenge*) crowd [kraʊd]
④ (*in der Mathematik*) set
**Mensch** ① man, person; **er ist ein guter Mensch** he's a good soul [səʊl]; **kein Mensch war da** nobody was there
② **Menschen** (*Leute*) people ['piːpl] ⚠ *Plural*; **die Menschen** mankind [mæn'kaɪnd]
③ **Mensch!** (*bewundernd*) wow!
**Menschenaffe** ape
**Menschenfresser** cannibal ['kænɪbᵊl]
**Menschenmenge** crowd [kraʊd] [of people]
**Menschenrechte** human rights
**Menschenverstand** **gesunder Menschenverstand** common sense
**Menschenwürde** human dignity
**Menschheit** **die Menschheit** humanity [hjuː'mænɪti], mankind [mæn'kaɪnd]
**menschlich** ① human ['hjuːmən]; **die menschliche Gesellschaft** the society of man
② (*human*) humane [hjuː'meɪn]
**Menschlichkeit** humanity [hjuː'mænɪti]
**Menstruation** menstruation [ˌmenstru'eɪʃᵊn]
**Mentalität** mentality
**Menü** (*auch in Informatik*) menu ['menjuː]
**merken** ① (*wahrnehmen*) notice
② (*spüren*) feel; **ich habe nichts gemerkt** I didn't feel a thing
③ **sich etwas merken** remember something
**Merkmal** characteristic [ˌkærəktə'rɪstɪk]

**merkwürdig** (*seltsam*) curious ['kjʊəriəs], strange
**Messe¹** die (*Gottesdienst*) mass [mæs]
**Messe²** die (*Ausstellung*) fair
**messen** ① measure ['meʒəʳ]; **können Sie meinen Blutdruck messen?** could you take my blood pressure?
② **er misst 1,70 m** he measures 1.70 metres, his hight is 1.70 metres
③ **sich mit jemandem/etwas messen** compete with someone/something
**Messer** knife [naɪf]

> **? Grammatik** Die Mehrzahl von **knife** (= Messer) ist **knives**: *Jenny put four knives and forks on the table.*

**Messing** brass [brɑːs]
**Messwert** measurement ['meʒᵊmənt]
**Metall** metal ['metᵊl]
**metallisch** *Klang:* metallic [me'tælɪk]
**Metapher** metaphor ['metəfɔːʳ]
**Meter** metre (GB), meter (USA)
**Methode** method ['meθəd]
**Metzger(in)** butcher ['bʊtʃəʳ]
**Meute** ① (*Jagdhunde*) pack of hounds [haʊndz]
② (*Pöbel*) mob
**Meuterei** mutiny ['mjuːtɪni]
**meutern** mutiny ['mjuːtɪni]
**miauen** miaow [miː'aʊ]
**mich** ① me; **setz dich hinter mich** sit down behind me
② (*reflexiv*) myself; **ich seh mich nicht** I can't see myself; (*unübersetzt*) **darf ich mich setzen?** may I sit down
**Miene** ① expression, face
② **ohne eine Miene zu verziehen** without moving a muscle ['mʌsl]
**mies** ① lousy [laʊzi] *umgangsspr*
② **jemanden/etwas mies machen** run someone/something down
**Miete** rent; **zur Miete wohnen** live in rented accommodation
**mieten** rent *Wohnung;* rent, hire *Auto, Fahrrad*

> **! Vorsicht Falle** Im britischen Englischen verwendet man verschiedene Wörter für das deutsche ‚mieten': je nachdem, was wie lange gemietet wird. Wenn man etwas für längere Zeit mietet, wie z. B. eine Wohnung, verwendet man **rent:** *I rent a flat in London.* Wenn man dagegen etwas kurzfristiger mietet, wie z. B. ein Auto oder ein Fahrrad, verwendet man **hire:** *We're going to hire a car on holiday.*

**Mieter(in)** tenant ['tenənt]
**Mietwohnung** rented flat (GB), rented apartment (USA)
**Mikrochip** microchip ['maɪkrəʊtʃɪp]
**Mikrofon, Mikrophon** microphone ['maɪkrəfəʊn]
**Mikroskop** microscope ['maɪkrəskəʊp]
**Mikrowelle** microwave [oven] ['maɪkrəweɪv [ʌvᵊn]]
**Milch** milk
**Milchflasche** milk bottle
**Milchkaffee** white coffee
**Milchprodukte** dairy [*oder* milk] products
**mild** ① (*sanft*) mild [maɪld]
② (*nachsichtig*) lenient ['liːniənt]
**mildern** ease, soothe [suːð] *Schmerz*
**Milieu** background; (*Umwelt*) environment [ɪn'vaɪrᵊnmənt]
**Militär** armed forces ⚠ *Plural*
**militärisch** military ['mɪlɪtri]
**Milliarde** billion [bɪliən]
**Millimeter** millimetre (GB), millimeter (USA)
**Million** million ['mɪliən]

> **! Vorsicht Falle** Steht **million** nach einer Zahl, wird die Einzahl verwendet: *Fifty million people watched the World Cup Final.* Aber: *there were* **millions** *of flies everywhere.*

**Millionär(in)** millionaire [mɪljə'neəʳ]
**Minderheit** minority [maɪ'nɒrəti]
**minderjährig** **minderjährig sein** be underage [ˌʌndəʳ'eɪdʒ]
**Minderjährige(r)** minor
**mindern** ① (*vermindern*) lessen
② (*herabsetzen*) reduce *Wert*
**minderwertig** inferior [ɪn'fɪəriəʳ]
**Minderwertigkeit** inferiority [ɪnˌfɪəri'ɒrɪti]
**Minderzahl** **in der Minderzahl sein** be in the minority [maɪ'nɒrəti]
**Mindestalter** minimum age
**mindeste(r,s)** least, slightest
**mindestens** at least
**Mine** ① (*Kriegsgerät*) mine [maɪn]
② (*Bleistiftmine*) lead [led]; (*Kugelschreibermine*) refill
③ (*Bergbau*) mine [maɪn]
**Mineral** mineral ['mɪnᵊrᵊl]
**Mineralwasser** mineral water
**minimal** minimal ['mɪnɪmᵊl]

**Minimum** minimum ['mɪnɪməm]
**Minister(in)** minister ['mɪnɪstəʳ], secretary
**Ministerium** ministry ['mɪnɪstri] GB, department USA
**Ministerpräsident(in)** prime minister
**minus** 1 **zehn minus vier ist sechs** ten minus four are six
2 **bei 20 Grad minus** at 20 degrees below zero
**Minute** 1 minute ['mɪnɪt]; **zehn Minuten vor sechs** ten minutes to six
2 **in letzter Minute** at the last minute
**Minze** mint

**! Vorsicht Falle** **Minze** nicht mit dem englischen Wort **mince** (= Gehacktes) verwechseln!

**mir** 1 (to) me; **kannst du mir bitte die Butter reichen** could you please pass me the butter, could you please pass the butter to me
2 **ich habe mir den Arm verletzt** I've hurt my arm
3 **diese Jacke gehört mir** this jacket is mine
4 **ein Freund von mir** a friend of mine
▶ IN WENDUNGEN: **von mir aus!** I don't mind!; **mir nichts, dir nichts** just like that
**mischen** 1 (*vermengen*) mix
2 **die Karten mischen** shuffle the cards
3 **sich mischen** mix
**Mischung** 1 (*Mixtur*) mixture; *von Kaffee, Tee, Tabak:* blend
2 (*Kombination*) combination ['kɒmbɪ'neɪʃən] (**aus** of)
**miserabel** (*mies*) lousy ['laʊzi] *umgangsspr*
**Misere** plight [plaɪt]
**missachten** 1 (*verachten*) despise
2 (*vernachlässigen*) disregard
**Missachtung** 1 (*Verachtung*) disdain [of]
2 (*Geringschätzung*) disregard
**missbilligen** disapprove of
**Missbilligung** disapproval
**Missbrauch** 1 *von Macht, Menschen:* abuse [ə'bjuːs]
2 *von Notbremse:* improper use
**missbrauchen** 1 abuse [ə'bjuːz]
2 **jemanden zu** [*oder* **für**] **etwas missbrauchen** use someone for something
**missen** **ich möchte das nicht missen** I wouldn't do without it
**Misserfolg** failure ['feɪljəʳ]
**Missfallen** displeasure
**missfallen** displease [dɪ'spliːz]
**Missgeburt** 1 deformed child
2 (*Schimpfwort*) freak
**Missgeschick** mishap ['mɪshæp]; **ihr ist ein kleines Missgeschick passiert** she's had a slight mishap
**missglücken** fail [feɪl]
**misshandeln** ill-treat, maltreat ['mæl'triːt]
**Misshandlung** maltreatment
**Mission** mission ['mɪʃən]
**Missionar(in)** missionary ['mɪʃənəri]
**misslingen** fail
**missraten** go wrong [rɒŋ]
**Misstrauen** 1 distrust [dɪ'strʌst], mistrust [mɪ'strʌst] (**gegenüber** of)
2 (*Verdacht*) suspicion [sə'spɪʃən]
**misstrauen** mistrust
**misstrauisch** distrustful
**missverständlich** unclear
**Missverständnis** misunderstanding [ˌmɪsʌndə'stændɪŋ]
**missverstehen** misunderstand
**Mist** 1 (*Dünger*) manure [mə'njʊəʳ]
2 (*Blödsinn*) rubbish *umgangsspr;* **was soll der Mist!** oh, for crying out loud! *umgangsspr*
3 **Mist!** blast! [blɑːst]
4 **da hast du Mist gebaut!** you've boobed there! *umgangsspr*
**Mistel** mistletoe ['mɪsltəʊ]
**mit** 1 with; **was ist mit dir los?** what's the matter with you?
2 **bring ein Buch mit** bring a book with you; **ich hab' mein Scheckheft nicht mit** I haven't got my cheque book with me; **komm mit!** come along!
3 **mit dem Auto** by car
4 **er liegt mit Kopfschmerzen im Bett** he's in bed with a headache
**mitarbeiten** 1 (*bei Projekt*) collaborate [kə'læbəreɪt] (**an** on); (*mithelfen*) cooperate [kəʊ'ɒpəreɪt] (**bei** on)
2 **im Unterricht mitarbeitenn** take an active part in lessons
**Mitarbeiter(in)** 1 (*Angestellte*) employee [ɪm'plɔɪiː]
2 (*Kollege*) colleague ['kɒliːg]
**mitbekommen** 1 (*verstehen*) get; **ich habe nichts mitbekommen** I didn't get a thing *umgangsspr*
2 (*als Gabe*) get to take with one
**mitbestimmen** 1 have a say (**bei** in)
2 **etwas mitbestimmen** (*beeinflussen*) have an influence on something
**Mitbewohner(in)** flatmate
**mitbringen** 1 bring *Geschenk*
2 bring along *Person*

3 **kannst du mir etwas mitbringen?** can you bring something for me?
**Mitbürger(in)** fellow citizen [ˌfeləʊ'sɪtɪzᵊn]
**miteinander** 1 with each other
2 (*gemeinsam*) together
**miterleben** see, witness
**mitfahren** go with; **kann ich mitfahren?** can you give me a lift?
**mitfühlend** sympathetic [ˌsɪmpə'θetɪk]
**Mitgefühl** sympathy ['sɪmpəθi]
**mitgehen** 1 (*mit jemandem fortgehen*) go along
2 **etwas mitgehen lassen** lift something *umgangsspr*
**mitgenommen** run-down, worn-out [ˌwɔːn'aʊt]
**Mitglied** member (**bei** of)
**mithelfen** help
**mithören** 1 (*lauschen*) listen ['lɪsᵊn] in (**bei** on)
2 (*zufällig*) overhear [ˌəʊvə'hɪəʳ]
**mitkommen** 1 (*begleiten*) come along (**mit** with); **kommst du mit?** are you coming too?
2 (*geistig folgen*) keep up
**Mitleid** sympathy ['sɪmpəθi] (**mit** for); **mit jemandem Mitleid haben** have pity on someone
**mitmachen** 1 **etwas** [*oder* **bei etwas**] **mitmachen** join in [*oder* take part in] something; **einen Kurs mitmachen** do a course
2 (*erleiden*) go through
**mitnehmen** 1 take along; **kannst du mich mitnehmen?** can you give me a lift?
2 (*erschöpfen*) wear [weəʳ] out
3 (*in Mitleidenschaft ziehen*) affect
**mitreißen** (*begeistern*) carry away
**Mitschüler(in)** class-mate ['klɑːsmeɪt]
**mitspielen** 1 (*mitmachen*) join in
2 (*im Sport*) play (**bei** in)
3 (*so tun als ob*) play along
**Mittag** 1 midday, noon; **gegen Mittag** at noon
2 **zu Mittag essen** have lunch
**Mittagessen** lunch
**mittags** at lunchtime
**Mittagspause** lunch-hour, lunch-break
**Mittagszeit** lunch-time
**Mitte** 1 middle
2 **Mitte Mai** in the middle of May
3 **sie ist Mitte zwanzig** she is in her mid-twenties
4 **Mitte des Jahres** half-way through the year
**mitteilen** 1 tell
2 **sich jemandem mitteilen** communicate [kə'mjuːnɪkeɪt] with someone
**Mitteilung** notification [ˌnəʊtɪfɪ'keɪʃᵊn]
**Mittel** 1 (*Medizin*) medicine ['medsᵊn]
2 (*Hilfsmittel*) means ⚠ *Singular;* **ein Mittel zum Zweck** a means to an end
**Mittelalter** Middle Ages ⚠ *Plural*
**mittelalterlich** medieval [ˌmedi'iːvᵊl]
**Mitteleuropa** Central Europe ['jʊərəp]
**mittelmäßig** mediocre [ˌmiːdi'əʊkəʳ]
**Mittelmeer** Mediterranean [ˌmedɪtᵊr'eɪniən]
**Mittelpunkt** centre (GB), center (USA); **im Mittelpunkt stehen** be in the centre of attention
**mitten** 1 **mitten auf/in/unter …** in the midst of …
2 **mitten durch …** right across [*oder* through] …
3 **mitten in der Nacht** in the middle of the night
**Mitternacht** midnight
**mittlere** 1 middle
2 (*durchschnittlich*) average ['ævᵊrɪdʒ]
3 **von mittlerem Alter** middle-aged
**Mittwoch** Wednesday ['wenzdeɪ]
**mitwirken** 1 (*mitarbeiten*) collaborate [kə'læbᵊreɪt] (**an, bei** on)
2 (*mit im Spiel sein*) play a part (**an, bei** in)
3 (*auftreten bei Aufführung*) perform [pə'fɔːm] (**an, bei** in)
**Mixer** blender, mixer
**Möbel** 1 furniture ['fɜːnɪtʃəʳ] ⚠ *Singular*
2 (*Möbelstück*) piece of furniture

> **! Vorsicht Falle** Das Wort **furniture** wird nie in der Mehrzahl gebraucht: *their furniture is rather old.*

**mobil** mobile ['məʊbaɪl]
**möblieren** furnish ['fɜːnɪʃ]; **möbliertes Zimmer** furnished room
**Mode** fashion; **in Mode** modern ['mɒdᵊn]; **aus der Mode kommen** go out of fashion; **die neue[ste] Mode** all the latest style
**Modell** model ['mɒdᵊl]
**Modem** modem ['məʊdem]
**Modenschau** fashion parade [pə'reɪd]
**Moderator(in)** presenter [prɪ'zentəʳ]
**modern** 1 (*zeitgemäß*) modern ['mɒdᵊn], up-to-date
2 (*modisch*) fashionable ['fæʃᵊnəbl]
**modernisieren** bring up to date
**modisch** fashionable ['fæʃᵊnəbl]
**mogeln** cheat
**mögen** 1 (*gern haben*) like; **ich mag ihn nicht** I don't like him; **sie mögen sich** they like each other
2 **was mögen Sie gern?** what would you like?

**möglich** ❶ possible ['pɒsəbl]; **möglich ist alles** anything is possible
❷ **nicht möglich!** never!; **schon möglich** may be
**möglicherweise** possibly ['pɒsəbli]
**Möglichkeit** ❶ (*das Möglichsein*) possibility [ˌpɒsə'bɪləti]
❷ (*Aussicht*) chance [tʃɑːns]
**möglichst** **möglichst bald** as soon as possible
**Mohn** (*Samen*) poppy seed
**Möhre** carrot ['kærət]
**Molekül** molecule ['mɒlɪkjuːl]
**Molkerei** dairy ['deəri]
**Moll** minor ['maɪnəʳ]
**mollig** ❶ (*warm*) cosy ['kəʊzi]
❷ (*dick*) plump
**Moment** ❶ (*Augenblick*) moment ['məʊmənt]
❷ **einen Moment!** one moment!
❸ **im Moment** at the moment
**Monarch(in)** monarch ['mɒnək]
**Monarchie** monarchy ['mɒnəki]
**Monat** month [mʌnθ]; **im Monat Mai** in the month of May
**monatlich** monthly
**Mönch** monk [mʌŋk]
**Mond** moon
**Mondfinsternis** eclipse [ɪ'klɪps] of the moon
**Mondschein** moonlight
**Monitor** monitor ['mɒnɪtəʳ]
**Monolog** monologue ['mɒnəlɒg]
**Monopol** monopoly [mə'nɒpəli] (**auf, für** on)
**monoton** monotonous [mə'nɒtənəs]
**Montag** Monday
**Montage** ❶ (*Errichtung*) installation [ˌɪnstə'leɪʃən]
❷ (*Montieren*) assembly [ə'sembli]
**montieren** ❶ (*aufbauen*) install [ɪn'stɔːl]
❷ (*zusammenbauen*) assemble
**Moor** bog; (*Hochmoor*) moor [mɔːʳ]
**Moos** moss
**Moped** moped ['məʊped]
**Moral** ❶ moral ['mɒrəl] standards ⚠ *Plural*
❷ *einer Geschichte:* moral ['mɒrəl]
❸ **eine doppelte Moral** double standards ⚠ *Plural*
**Mord** murder; **einen Mord begehen** commit a murder
**Mordanschlag** **einen Mordanschlag auf jemanden verüben** carry out an assassination [əˌsæsɪ'neɪʃən] attempt on someone
**Mörder(in)** murderer
**Mordfall** murder case (GB), homicide ['hɒmɪsaɪd] case (USA)

**morgen** ❶ tomorrow [tə'mɒrəʊ]; **morgen früh** tomorrow morning
❷ **morgen in einer Woche** a week tomorrow
❸ **bis morgen!** see you tomorrow!
**Morgen** (*Tageszeit*) morning; **am Morgen** in the morning; **am nächsten Morgen** the morning after; **heute/gestern Morgen** this/yesterday morning
**Morgengrauen** daybreak; **im Morgengrauen** in the first light of dawn
**morgens** in the morning
**Mosaik** mosaic [mə'zeɪɪk]
**Moschee** mosque [mɒsk]
**Moskito** mosquito [mɒs'kiːtəʊ]
**Moslem** Muslim ['mʊzlɪm]
**moslemisch** Muslim
**Motiv** ❶ (*Beweggrund*) motive ['məʊtɪv]
❷ (*Literatur, Musik*) motif [məʊ'tiːf]; (*Kunst*) theme
**Motivation** motivation [ˌməʊtɪ'veɪʃən]
**motivieren** motivate ['məʊtɪveɪt]
**Motor** engine ['endʒɪn]
**Motorboot** motorboat
**Motorhaube** bonnet (GB), hood (USA)
**Motorrad** motorbike
**Motorradfahrer(in)** motorcyclist ['məʊtəˌsaɪklɪst]
**Motorroller** scooter
**Motte** moth
**Motto** motto
**Mountainbike** mountain bike
**Möwe** seagull
**Mücke** gnat [næt], midge
**Mückenstich** gnat bite
**müde** ❶ (*schläfrig*) tired [taɪəd]; **ich bin müde** I'm tired
❷ (*überdrüssig*) tired, weary ['wɪəri]
**Müdigkeit** tiredness ['taɪədnəs]
**Mühe** trouble ['trʌbl]; **sich Mühe geben etwas zu tun** be at pains to do something; **mit Müh und Not** with great difficulty
**mühelos** effortless
**Mühle** ❶ mill
❷ (*Kaffeemühle*) grinder
**mühsam** with difficulty
**Müll** refuse ['refjuːs], rubbish (GB), garbage ['gɑːbɪdʒ] (USA)

**i Land & Leute** Die Mülltrennung und das Recycling setzt sich auch in Großbritannien immer mehr durch. Heutzutage findet man z. B. überall **bottle banks** (= Altglascontainer). Oft stehen sie zusammen mit Behältern für Blechdosen, Altpapier und manchmal auch Altkleider. Gebrauchte Kleidung wird jedoch meist den **charity shops** gegeben. In Großbritannien müssen die Bürger ihre Wertstoffe selbst entsorgen, da diese nicht von der Müllabfuhr abgeholt werden.

**Müllabfuhr** refuse collection (GB), garbage collection (USA)
**Mülleimer** rubbish bin (GB), garbage can (USA)
**Müllverbrennungsanlage** incinerating [ɪnˈsɪnəreɪtɪŋ] plant
**multiplizieren** **etwas mit etwas multiplizieren** multiply something by something
**Mumm** (*umgangsspr*) guts ⚠ *Plural*
**Mumps** mumps
**Mund** mouth [maʊθ]
▸ IN WENDUNGEN: **halt den Mund!** shut up!; **da läuft einem das Wasser im Munde zusammen!** that looks really mouth-watering!
**Mundharmonika** mouth organ
**mündig** (*verantwortungsbewusst*) responsible [rɪˈspɒnsəbl]
**mündlich** verbal [ˈvɜːbəl]; **mündliche Prüfung** oral [ˈɔːrəl] examination
**Mündung** mouth [maʊθ]
**Munition** ammunition [ˌæmjəˈnɪʃən]
**munter** 1 (*lebhaft*) lively; (*lustig*) cheerful
2 (*wach*) awake
**Münze** coin

**i Land & Leute** Die Münzen in den USA haben besondere Namen. Ein US Dollar sind 100 **cents** und eine Ein-Cent-Münze heißt **penny**. Die Fünf-Cent-Münze nennt man **nickel**, die Zehn-Cent-Münze **dime**. Die 25-Cent-Münze ist ein **quarter** (Vierteldollar). Und schließlich gibt es noch **half dollars** und **dollar coins**.

**murmeln** murmur; (*unverständlich*) mumble
**mürrisch** 1 (*übel gelaunt*) grumpy
2 (*abweisend*) sullen [ˈsʌlən]
**Muschel** 1 mussel
2 (*Muschelschale*) shell
**Museum** museum [mjuːˈziːəm]
**Musik** music [ˈmjuːzɪk]
**musikalisch** musical [ˈmjuːzɪkəl]
**Musiker(in)** musician [mjuːˈzɪʃən]
**Musikinstrument** musical instrument
**Muskel** muscle [ˈmʌsl]
**müssen** 1 (*gezwungen sein*) have to, must; **ich muss es nicht tun** I don't have to do it; **ich hätte es tun müssen** I should have done it; **musst du jetzt unbedingt gehen?** have you got to go now?
2 (*eigentlich sollen*) ought [ɔːt] to, should; **sein Gesicht hätten Sie sehen müssen** you ought to have seen his face
3 (*Vermutung*) **ich muss es wohl verloren haben** I must have lost it; **das müsste eigentlich reichen** this should be enough [ɪˈnʌf]
**Muster** 1 (*Probestück*) sample
2 *eines Stoffes:* pattern
**Mut** (*Tapferkeit*) courage [ˈkʌrɪdʒ]; **den Mut verlieren** lose heart [hɑːt]; **nur Mut!** take courage!
**mutig** brave, courageous [kəˈreɪdʒəs]
**Mutter** mother [ˈmʌðər]
**mütterlich** maternal
**Muttermal** birthmark
**Muttersprache** mother tongue
**Mutti** (*umgangsspr*) mummy (GB), mommy (USA)
**Mütze** cap
**mysteriös** mysterious [mɪˈstɪəriəs]
**Mythos** myth [mɪθ]

# Nn

**na** (*umgangsspr*) well; **na also/bitte!** there you are!; **na und?** so what?
**Nabel** navel
**nach** 1 (*zeitlich*) after; **nach zwanzig Minuten** after twenty minutes; **zwei Minuten nach eins** two minutes past one (GB), two minutes after one (USA)
2 (*die Richtung angebend*) to; **nach hinten/vorn** to the back/front; **der Zug nach Manchester** the train for Manchester
3 (*gemäß*) according [əˈkɔːdɪŋ] to; **nach dem Gesetz** according to the law
4 **nach und nach** little by little
**nachahmen** imitate [ˈɪmɪteɪt]
**Nachbar(in)** neighbour [ˈneɪbər]
**Nachbarhaus** house next door
**nachdem** after
**nachdenken** think (**über** about)
**nachdenklich** thoughtful [ˈθɔːtfəl]
**Nachdruck** (*Betonung*) emphasis [ˈemfəsɪs], stress
**nachdrücklich** emphatic [ɪmˈfætɪk]
**nacheinander** 1 (*räumlich*) one after another
2 (*zeitlich*) in succession [səkˈseʃən]
**Nachfolge** succession [səkˈseʃən]; **jemands**

**Nachfolge antreten** succeed someone
**Nachfolger(in)** successor
**Nachfrage** (*Verlangen*) demand (**nach** for)
**nachfragen** ask, enquire [ɪn'kwaɪəʳ] GB, inquire USA
**nachfüllen** refill
**nachgeben** 1 (*federn*) give
2 (*übertragen*) **jemandem/einer Sache nachgeben** give way to someone/something
**nachgehen** 1 (*folgen*) follow
2 (*ausüben*) practise; *Studium, Interessen:* pursue [pə'sjuː]
3 (*erforschen*) investigate, look into
4 *Uhr:* be slow
**nachgiebig** soft
**nachhaltig** 1 (*andauernd*) lasting
2 (*ausdauernd*) sustained [sə'steɪnd]
**nachher** 1 (*danach*) afterwards
2 (*später*) later
3 **bis nachher!** see you later!
**Nachhilfe** extra [*oder* private] tuition
**nachholen** 1 (*Versäumtes aufholen*) make up [for], catch up [on]
2 (*später holen*) fetch [*oder* get] later
**Nachkomme** descendant [dɪ'sendənt]
**nachkommen** (*später kommen*) come later; (*folgen*) follow
**Nachkriegszeit** postwar period
**Nachlass** 1 (*Preisnachlass*) discount, reduction (**auf** on)
2 (*Erbe*) estate
**nachlassen** 1 (*abnehmen*) decrease [dɪ'kriːs]
2 (*sich abschwächen*) ease off; *Kälte:* abate
3 *Preis:* give a discount
**nachlässig** careless
**nachmachen** copy, imitate [ɪmɪteɪt]
**Nachmittag** afternoon; **am Nachmittag** in the afternoon; **heute Nachmittag** this afternoon; **gestern Nachmittag** yesterday afternoon
**nachmittags** in the afternoon
**Nachnahme** cash on delivery GB, collect on delivery USA
**Nachname** last name, surname ['sɜːneɪm]
**nachprüfen** check
**Nachricht** 1 (*Mitteilung*) message ['mesɪdʒ]
2 (*Meldung*) news
3 **die Nachrichten** the news

> **! Vorsicht Falle** **news** wird meist in der Einzahl gebraucht: *the news is good; is there any news of Norman?* Aber: *here* **are** *today's news*

**nachschauen** 1 have a look at
2 **jemandem/einer Sache nachschauen** gaze after something/someone
3 *im Lexikon:* have a look
**nachschlagen** 1 look up *Wort*
2 (*ähneln*) **jemandem nachschlagen** take after someone
**Nachschub** supplies ⚠ *Plural* (**an** of)
**nachsehen** 1 look up *Information*
2 (*überprüfen*) give a check
3 **jemandem/einer Sache nachsehen** gaze after someone/something
4 *im Lexikon:* have a look
**nachsichtig** lenient ['liːniənt] (**mit** with)
**nachsitzen** be kept in, get detention
**Nachspeise** dessert [dɪ'zɜːt], pudding
**nachsprechen** **jemandem etwas nachsprechen** repeat [rɪ'piːt] something after someone
**nächst** 1 (*am nächsten*) next to
2 (*außer*) aside from
**nächste** 1 nearest
2 (*zeitlich o räumlich folgend*) next; **nächsten Mittwoch** next Wednesday
**Nacht** night [naɪt]; **bei** [*oder* **in der**] **Nacht** at night; **die ganze Nacht hindurch** all night [long]; **Dienstagnacht** Tuesday night
**Nachteil** disadvantage [ˌdɪsəd'vɑːntɪdʒ]
**Nachthemd** nightdress ['naɪtdres]; (*umgangsspr*) nightie ['naɪti]
**Nachtisch** dessert [dɪ'zɜːt]
**nachträglich** 1 (*später*) later
2 (*verspätet*) belated [bɪ'leɪtɪd]; **nachträglich herzlichen Glückwunsch zum Geburtstag** belated happy birthday
**nachtrauern** **jemandem/einer Sache nachtrauern** mourn [mɔːn] the loss of someone/something
**nachts** at night [naɪt] GB, nights USA; **bis 2 Uhr nachts** till two in the morning
**nachweisen** (*beweisen*) prove [pruːv]
**Nacken** neck
**nackt** 1 *Person:* naked ['neɪkɪd], nude [njuːd]
2 *Körperteil:* bare [beəʳ]
**Nadel** needle; (*Anstecknadel*) pin
**Nadelbaum** conifer
**Nagel** nail
**Nagelfeile** nailfile
**Nagellack** nail varnish
**nageln** nail (**an, auf** [on]to)
**nagelneu** (*umgangsspr*) brand-new
**nagen** gnaw [nɔː] (**an** at)
**nah** 1 (*räumlich*) close, near (**an, bei** to), nearby
2 (*zeitlich*) approaching [ə'prəʊtʃɪŋ], near; **die nahe Zukunft** the near future

3 **ich war den Tränen nahe** I was on the verge [vɜːdʒ] of tears
▶ IN WENDUNGEN: **der Nahe Osten** the Middle East

**Nähe** **es ist ganz in der Nähe** it is quite near; **in unmittelbarer Nähe** in close proximity; **in der/unserer Nähe** close by [us]; **aus der Nähe** from close up

**nähen** sew [səʊ]

**? Grammatik** Die unregelmäßigen Vergangenheitsformen von **sew** lauten **sewed — sewn**: *Jenny* **sewed** *the badge on to her jeans; I* **have sewn** *the button back on.*

**näher** 1 (*räumlich*) nearer [nɪərəʳ]
2 (*zeitlich*) closer
3 (*eingehender*) more detailed; **können Sie das näher beschreiben?** could you explain that in more detail?
4 (*enger*) closer; **nähere Umgebung** immediate vicinity [vɪ'sɪnəti]
5 (*räumlich, zeitlich*) closer, nearer; **näher kommen** come nearer
6 (*genauer*) more closely; **näher kennen lernen** get to know better
7 (*eingehender*) in more detail

**nähern** **sich jemandem/einer Sache nähern** approach someone/something

**Nähgarn** [sewing] thread [θred]

**Nähmaschine** sewing machine

**Nahrung** food

**Nahrungsmittel** foodstuff

**Naht** seam

**Nahverkehr** local traffic

**naiv** naive [naɪ'iːv]

**Name** name; **seinen Namen nennen** give one's name; **dem Namen nach** by name

**nämlich** 1 (*und zwar*) namely
2 (*umgangsspr: weil*) you see; **ich kann nicht kommen, ich habe nämlich noch zu tun** I can't come because I've still got some work to do, you see

**Napf** bowl

**Narbe** scar [skɑːʳ]

**Narkose** an[a]esthesia [ˌænəs'θiːziə]

**Narr** fool
▶ IN WENDUNGEN: **jemanden zum Narren halten** make a fool of someone

**Närrin** fool

**naschen** 1 (*Süßigkeiten essen*) eat titbits
2 **etwas naschen** nibble something

**Nase** nose
▶ IN WENDUNGEN: **jemanden an der Nase herumführen** (*umgangsspr*) lead someone by the nose; **die Nase voll haben von ...** (*umgangsspr*) be fed up with ...

**Nashorn** rhinoceros [raɪ'nɒsᵊrəs]

**nass** wet

**Nation** nation ['neɪʃᵊn]

**national** national ['næʃᵊnᵊl]

**Nationalhymne** national anthem

**Nationalität** nationality [ˌnæʃᵊn'æləti]

**Nationalmannschaft** national team

**Nationalsozialismus** national socialism ['səʊʃᵊlɪzᵊm]

**Natur** 1 nature ['neɪtʃəʳ]
2 **von Natur aus schüchtern** shy by nature

**Naturkunde** natural history

**natürlich** 1 natural
2 (*der Natur entsprechend*) naturally
3 (*selbstverständllich*) of course; **natürlich!** of course!, sure!

**Naturschutz** protection of nature

**Naturschutzgebiet** nature reserve [rɪ'zɜːv]

**Naturwissenschaften** natural sciences ['saɪənsɪz] *Plural*

**Naturwissenschaftler(in)** scientist ['saɪəntɪst]

**naturwissenschaftlich** scientific [ˌsaɪən'tɪfɪk]

**Nebel** fog; (*dünn*) mist

**neben** beside, next to ...

**nebenan** next door

**nebenbei** 1 (*zu gleicher Zeit*) at the same time; **nebenbei arbeiten** work on the side
2 (*beiläufig*) incidentally [ˌɪnsɪ'dentᵊli]; **nebenbei bemerkt** by the way

**nebeneinander** 1 (*räumlich*) side by side
2 (*zeitlich*) at the same time

**Nebenfluss** tributary ['trɪbjətᵊri]

**Nebensache** minor matter, trifle ['traɪfl]

**nebensächlich** minor, unimportant

**Nebenstraße** side street

**Nebenwirkung** side effect

**necken** **jemanden mit etwas necken** tease someone about something

**Neffe** nephew ['nefjuː]

**Negativ** negative

**negativ** negative

**nehmen** 1 (*ergreifen*) take
2 (*wegnehmen*) take; take away *Schmerz*
3 (*benutzen*) **man nehme ...** take ...
4 (*einnehmen*) **etwas zu sich nehmen** take [*oder* have] something
5 (*auffassen*) **die Dinge nehmen, wie sie kommen** take things as they come

**Neid** envy (**auf** of)

**neidisch** envious, jealous ['dʒeləs] (**auf** of)
**neigen** ① (*beugen*) bend
② **zu etwas neigen** tend [*oder* have a tendency] to something
③ **sich neigen** *Ebene:* slope; *Person:* bend
**Neigung** ① (*Tendenz*) tendency; (*Hang*) inclination [ˌɪnklɪ'neɪʃᵊn]
② (*Gefälle*) incline ['ɪnklaɪn]
**nein** no
**nennen** ① call
② (*aufzählen, angeben*) name
③ **jemanden/etwas nach jemandem nennen** name someone/something after [*oder* (USA) for] someone
④ **und der nennt sich Musiker!** and he calls himself a musician!
**Nenner** denominator [dɪ'nɒmɪneɪtəʳ]
**Nerv** nerve [nɜːv]; **jemandem auf die Nerven gehen** (*umgangsspr*) get on someone's nerves; **die Nerven verlieren** lose one's head
**nerven** (*umgangsspr*) irritate; **jemanden nerven** get on someone's nerves
**Nervenbündel** (*umgangsspr*) bundle of nerves
**nervös** nervous ['nɜːvəs]
**Nervosität** nervousness ['nɜːvəsnəs]
**Nerz** mink
**Nest** nest
**nett** ① (*freundlich*) nice
② (*hübsch*) cute, pretty
**netto** net
**Netz** ① net; (*Spinnennetz*) web
② (*Telefon, Computer*) network; (*elektrisch*) grid
③ (*Gepäcknetz*) rack
**neu** ① new; **neueste Nachrichten** latest news; **das ist mir neu** that's new[s] to me
② (*frisch*) fresh, recent
**Neuerung** ① innovation
② (*Reform*) reform
**Neugier(de)** curiosity [ˌkjʊəri'ɒsəti]
**neugierig** curious ['kjʊəriəs] (**auf** about)
**Neuheit** novelty
**Neuigkeit** [piece of] news
**Neujahr** New Year
**neulich** recently, the other day
**Neuling** newcomer ['njuːˌkʌməʳ]
**neun** nine
**Neuntel** ninth
**neunzehn** nineteen
**neunzehnte** nineteenth
**neunzig** ninety
**neurotisch** neurotic [njʊə'rɒtɪk]
**neutral** neutral ['njuːtrᵊl]
**Neutralität** neutrality [njuː'træləti]
**nicht** ① (*Verneinung*) not; **ich komme nicht** I'm not coming; **sie wohnt nicht mehr** [*oder* **länger**] **hier** she no longer lives here, she doesn't live here anymore; **noch nicht** not yet
② **du kommst nicht? — ich auch nicht!** you're not coming? — me neither!; **ich rauche auch nicht** I don't smoke either
③ (*rhetorisch*) **schön, nicht?** nice, isn't it?; **du kommst doch, nicht wahr?** you're coming, aren't you?
**Nichte** niece [niːs]
**Nichtraucher(in)** non-smoker
**nichts** ① nothing; **überhaupt nichts** nothing at all
② (*in fragenden o bedingenden Sätzen*) not anything; **nichts als …** nothing [*oder* not anything] but …
▶ IN WENDUNGEN: **nichts sagend** meaningless; **es macht nichts** it doesn't matter
**Nichtschwimmer(in)** non-swimmer
**nichtsdestoweniger** nevertheless
**nicken** nod
**Nickerchen** (*umgangsspr*) nap; **ein Nickerchen machen** have a nap
**nie** never; **nie und nimmer** never ever; **nie wieder** never again
**Niedergang** decline
**niedergeschlagen** depressed
**Niederlage** defeat [dɪ'fiːt]; **eine Niederlage erleiden** suffer a defeat
**niederlassen** ① (*seinen Wohnsitz nehmen*) settle down
② *Arzt, Anwalt:* set up a practice
**Niederschlag** (*Regen, Schnee*) precipitation [prɪˌsɪpɪ'teɪʃᵊn]
**niedlich** sweet (GB), cute [kjuːt] (USA)
**niedrig** low
**niemals** never
**niemand** nobody, no-one; **ich sehe niemanden** I don't see anybody; **niemand anders** nobody else
**Niere** kidney ['kɪdni]
**nieseln** drizzle
**niesen** sneeze
**Niete** ① (*Stift*) rivet; (*an Hosen*) stud
② (*umgangsspr: Versager*) dead loss, failure ['feɪljəʳ]
**Nikotin** nicotine
**Nilpferd** hippopotamus [ˌhɪpə'pɒtəməs]
**nirgends** nowhere, not … anywhere
**nirgendwo** nowhere, not … anywhere
**Nitrat** nitrate ['naɪtreɪt]

**Niveau** ① level
② **das Theaterstück hat Niveau** the play is of a high standard; **das ist unter meinem Niveau** that's beneath me

**nobel** ① (*edelmütig*) noble ['nəʊbl]
② (*umgangsspr: großzügig*) generous ['dʒenᵊrəs], posh *umgangsspr*

**noch** ① **weder A, noch B** neither A nor B
② (*bis jetzt*) still; **bist du noch da?** are you still there?; **noch immer, immer noch** still
③ **noch nicht** not yet; **noch nie** never [before]
④ (*zusätzlich*) else; [**wünschen Sie**] **noch etwas?** [do you wish] anything else?; **noch einen Kaffee, bitte** another cup of coffee please; **ich möchte gerne noch bleiben** I'd like to stay on longer
⑤ (*vor Komparativ*) **noch besser** even better; **noch mehr** even more
⑥ **noch am selben Tag** that same day; **noch heute** still today
⑦ **gerade noch** [only] just

**Nominativ** nominative

**nominieren** nominate

**Nonne** nun

**Norden** north; **von Norden** from the north; **nach Norden** to the north

**nördlich** ① northern; **nördlicher Polarkreis** Arctic Circle
② north (**von** of)
③ **nördlich der Stadt** to the north of the town

**Nordosten** north-east

**nordöstlich** ① north-eastern
② north-east (**von** of)
③ **nordöstlich der Kirche** to the north-east of the church

**Nordpol** North Pole

**Nordwesten** north-west

**nordwestlich** ① north-western
② north-west (**von** of)
③ **nordwestlich der Straße** to the north-west of the street

**Norm** standard

**normal** normal; *Maß, Gewicht:* standard

**Nostalgie** nostalgia [nɒs'tældʒə]

**Not** ① (*Mangel*) want; **aus Not** out of poverty
② (*Bedrängnis*) distress; **ich bin in großer Not** I'm in great distress
③ **zur Not** (*falls nötig*) if necessary ['nesəsᵊri]

**Notarzt, Notärztin** emergency [ɪ'mɜːdʒᵊnsi] doctor

**Notausgang** emergency exit

**Notdienst** **Notdienst haben** (*Arzt*) be on call

**Note** ① mark
② (*Musik*) note; **nach Noten singen/spielen** sing/play from music

> **i Land & Leute** Das übliche Notensystem der USA, das **grading system**, verwendet die Buchstaben A, B, C, D, E und F, wobei das E oft fehlt. A ist die beste Note und F (= **Fail**) bedeutet durchgefallen. Großbritannien verwendet die Buchstaben A bis E; hier bedeutet ein E durchgefallen. Die Buchstaben können auch mit einem Plus oder Minus versehen werden. Wer eine A+ erhält, hat wirklich eine Superleistung erbracht.

**Notfall** emergency [ɪ'mɜːdʒᵊnsi]; **bei einem Notfall** in case of emergency

**notieren** (*Notizen machen*) make a note of, note [down]

**nötig** necessary ['nesəsᵊri]; **etwas** [**bitter**] **nötig haben** need something [badly]

**Notiz** ① (*Vermerk*) note
② [**keine**] **Notiz nehmen von** take [no] notice of

**Notizblock** notepad

**Notlage** (*Elend*) plight; **in einer Notlage sein** be in serious ['sɪəriəs] difficulties ⚠ *Plural*

**Notlandung** forced [*oder* emergency] landing

**Notlösung** temporary ['tempᵊrᵊri] solution

**notorisch** notorious [nə'tɔːriəs]

**Notruf** emergency call

**Notwehr** self-defence (GB), self-defense (USA)

**notwendig** necessary ['nesəsᵊri]

**Notwendigkeit** necessity [nə'sesəti]

**November** November

**nüchtern** ① (*nicht betrunken*) sober
② (*vernünftig*) down-to-earth
③ **auf nüchternen Magen** with [*oder* on] an empty stomach ['stʌmək]

**Nudel** ① noodle
② **Nudeln** Pasta ⚠ *Singular;* (*in einer Suppe*) noodles

**nuklear** nuclear

**Null** (*Ziffer*) nought [nɔːt]; (*auf Skalen, Thermometer*) zero

**null** ① zero
② (*bei Telefonnummern*) O [əʊ] (GB), zero
③ (*im Sport*) nil; (*beim Tennis*) love [lʌv]
④ **es ist null Uhr zwanzig** it's twenty past [*oder* (USA) after] midnight

**Nummer** ① number
② (*Größe*) size

**Nummernschild** number plate (GB), license ['laɪsəns] plate (USA)

**nun** ① (*jetzt*) now; **was nun?** what now?; **von**

**nun an** from now on
② (*dann*) then; **nun gut** all right then
③ (*also*) well

**nur** ① (*einschränkend*) only; **wenn nur …** if only …; **nicht nur …, sondern auch …** not only …, but also …
② (*nichts außer*) nothing but; **immer nur Ärger** nothing but trouble ['trʌbl]
③ (*mit Verneinung*) **alle kommen, nur er nicht** everyone's coming except for him
④ (*bloß*) just; **nur einmal** just once
⑤ (*fragend*) **warum tut er das nur?** why on earth [ɜːθ] does he do that?; **was hat er nur?** I wonder ['wʌndəʳ] what's wrong with him?

**! Vorsicht Falle** Das Wort **only** steht meistens vor dem Verb: *I* **only wanted** to help; I've only got three pills left. **Only** kann auch direkt vor dem Wort, auf das es sich bezieht, stehen: *only Emma saw the dog* = Nur Emma sah den Hund — sonst sah ihn niemand ; *Emma* **only saw** the dog = Emma hat den Hund nur gesehen — sie hat ihn nicht gestreichelt; *Emma* **saw only** the dog = Emma sah nur den Hund — sonst nichts.

**nuscheln** (*umgangsspr*) mumble
**Nuss** nut
**nütze** **zu etwas/nichts nütze sein** be useful for something/be of no use for anything
**Nutzen** ① (*Vorteil*) advantage [əd'vɑːntɪdʒ], benefit; (*Gewinn*) profit
② (*Nützlichkeit*) usefulness ['juːsfəlnəs]; **jemandem von Nutzen sein** be useful ['juːsfəl] to someone
**nutzen, nützen** ① (*gebrauchen*) make use [juːs] of, use
② **jemandem nützen** be of use to someone; **zu etwas nützen** be of use for something
③ **es nützt nichts** it's no use
**nützlich** useful ['juːsfəl]
**nutzlos** useless ['juːsləs]
**Nylon** nylon

# O o

**o** oh!
**Oase** oasis [əʊ'eɪsɪs]
**ob** ① (*Frage einleitend*) if, whether ['weðəʳ]; **frage sie einfach, ob sie Lust hat** just ask her whether [*oder* if] she feels like it
② (*vergleichend*) **als ob** as if
③ **ob sie mich wohl liebt?** I wonder ['wʌndəʳ] if she loves me
④ **ich weiß nicht, ob sie kommen** I don't know whether or not they're coming
⑤ (*umgangsspr*) **und ob!** you bet!
**obdachlos** homeless
**Obdachlose(r)** homeless person
**oben** ① (*in der Höhe*) up; **hier/dort oben** up here/there
② (*hoch oben, am oberen Ende*) at the top; **ganz oben** right [raɪt] at the top
③ (*im oberen Stock*) upstairs; **nach oben** upwards; (*im Haus*) upstairs
④ (*an der Oberfläche*) on the surface ['sɜːfɪs]
⑤ (*vorher: in Brief*) above [ə'bʌv]; **siehe oben** see above
⑥ **von oben bis unten** from top to bottom; (*bei Person*) from head [hed] to toe
**Ober** waiter
**obere** upper
**Oberfläche** surface ['sɜːfɪs]
**oberflächlich** superficial [ˌsuːpə'fɪʃəl]
**oberhalb** above [ə'bʌv]
**Oberhaupt** head [hed]
**Oberkörper** upper part of the body
**Oberlippe** upper lip
**Oberschenkel** thigh [θaɪ]
**Oberseite** top side
**oberste** ① topmost, uppermost
② (*übertragen*) supreme [suː'priːm]
**Oberstufe** ≈ sixth [sɪksθ] form
**Objekt** object ['ɒbdʒekt]
**Objektiv** lens [lenz], objective
**objektiv** objective [əb'dʒektɪv]
**obligatorisch** obligatory [ə'blɪgətəri]; *Pflichtfächer:* compulsory [kəm'pʌlsəri]
**Obst** fruit [fruːt]

**! Vorsicht Falle** Das Wort **fruit** wird in der Einzahl gebraucht: *I like fresh fruit with my muesli; the old pear tree still produces fruit.* Die Mehrzahl **fruits** wird nur für verschiedene Obstsorten gebraucht: *Kate likes apples, bananas, cherries and other fruits.*

**Obstkuchen** fruit tart [*oder* cake]
**obszön** obscene [əb'siːn]
**obwohl** [al]though
**Ochse** bullock ['bʊlək], ox
**öde** ① (*unbewohnt*) bleak, desolate ['desələt]; (*unbebaut*) waste

② (*langweilig*) dreary ['drɪəri]
**oder** ① or; **entweder … oder** either … or
② **Sie kommen doch, oder?** you're coming, aren't you?; **sie kommt nicht, oder doch?** she won't come, or will she?
**Ofen** ① (*Herd*) stove [stəʊv]; (*Backofen*) oven ['ʌvən]
② (*Heizofen*) heater
**offen** ① open
② **offen halten** keep open; **offen lassen** leave open
③ **offen stehen** *Tür, Fenster:* be open; **jemandem offen stehen** (*zugänglich sein*) be open to someone
④ (*frei*) vacant ['veɪkənt]; **offene Stelle** vacant post, vacancy ['veɪkᵊnsi]
⑤ (*unentschieden*) **es ist noch alles offen** nothing's been decided as yet
⑥ (*aufrichtig*) **zu jemandem offen sein** be open with someone; **ein offenes Wort mit jemandem reden** have a frank talk [tɔːk] with someone
**offenbar** obvious ['ɒbviəs]
**offensichtlich** obvious ['ɒbviəs]
**öffentlich** public; **öffentliche Toilette** public convenience [kən'viːniəns] (GB), public comfort station (USA); **öffentliche Verkehrsmittel** means of public transport; **die öffentliche Meinung** public opinion
**Öffentlichkeit** public; **in aller Öffentlichkeit** in public; **an die Öffentlichkeit gelangen** become known
**offiziell** official [ə'fɪʃᵊl]
**Offizier** officer ['ɒfɪsəʳ]
**öffnen** open
**Öffnung** opening
**Öffnungszeiten** hours [aʊəz] of business
**oft** frequently ['friːkwəntli], often
**öfter** (*gelegentlich*) [every] once in a while
**ohne** ① without [wɪ'ðaʊt]; **sei ohne Sorge** don't worry; **ohne mich!** count me out!
② **ohne etwas zu tun** without doing something; **ohne dass ich es bemerkte, …** without my noticing it …
**Ohnmacht** (*Bewusstlosigkeit*) faint; **in Ohnmacht fallen** faint (**vor** from)
**ohnmächtig** (*bewusstlos*) unconscious [ʌn'kɒnʃəs]; **ohnmächtig werden** faint (**vor** from)
**Ohr** ear [ɪəʳ]
▶ IN WENDUNGEN: **jemanden übers Ohr hauen** pull a fast one on someone; **bis über beide Ohren in jemanden verliebt sein** be head over heels in love with someone
**Ohrfeige** box on the ears; **jemandem eine Ohrfeige geben** slap someone's face
**Ohrring** earring ['ɪərɪŋ]
**ökologisch** ecological [ˌiːkə'lɒdʒɪkᵊl]
**Ökosystem** eco-system
**Oktober** October
**Öl** oil
**Oldtimer** classic car
**ölen** oil
**Olive** olive
**olivgrün** olive-green
**Ölleitung** pipeline
**Ölpest** oil pollution
**Olympiade** Olympics [ə'lɪmpɪks] ⚠ *Plural*
**olympisch** **die Olympischen Spiele** the Olympic Games
**Oma** (*umgangsspr*) grandma, granny
**Omelette** omelet[te] ['ɒmlət]
**Onkel** uncle ['ʌnkl]
**Opa** (*umgangsspr*) grandad, grandpa
**Oper** ① opera ['ɒpᵊrə]
② (*Opernhaus*) opera house
**Operation** operation [ˌɒpᵊr'eɪʃᵊn]
**Operationssaal** operating theatre ['θiːətəʳ] (GB), operating room (USA)
**operieren** ① **jemanden am Magen operieren** operate on someone's stomach
② operate
**Opfer** ① sacrifice ['sækrɪfaɪs]; **ein Opfer** [**für jemanden**] **bringen** make a sacrifice [for someone]
② (*Geschädigter*) victim
**opfern** sacrifice
**Opposition** opposition [ˌɒpə'zɪʃᵊn]
**Optiker(in)** optician [ɒp'tɪʃᵊn]
**Optimismus** optimism ['ɒptɪmɪzᵊm]
**Optimist(in)** optimist ['ɒptɪmɪst]
**optimistisch** optimistic [ˌɒptɪ'mɪstɪk]
**optisch** visual ['vɪʒuəl]; *Täuschung:* optical
**Orange**[1] die (*Frucht*) orange ['ɒrɪndʒ]
**Orange**[2] das (*Farbe*) orange
**orangefarben** orange
**Orangensaft** orange juice [dʒuːs]
**Orchester** orchestra ['ɔːkɪstrə]
**Orden** (*Auszeichnung*) decoration [ˌdekᵊ'reɪʃᵊn]; **jemandem einen Orden für etwas verleihen** decorate someone for something
**ordentlich** (*aufgeräumt*) orderly, tidy
**ordinär** ① (*vulgär*) vulgar
② (*alltäglich*) ordinary ['ɔːdᵊnᵊri]
**ordnen** ① (*organisieren*) order, organize

② (*in Ordnung bringen*) put in order

**Ordner** file

**Ordnung** ① order; **Ordnung halten** keep things in order

② **in Ordnung** all right, OK; **das bringen Sie wieder in Ordnung!** you'll sort this out!; **können Sie diese Maschine wieder in Ordnung bringen?** can you fix this machine [mə'ʃiːn]?; **die Maschine ist** [**wieder**] **in Ordnung** the machine is fixed [again]; **mit meinem CD-Spieler ist etwas nicht in Ordnung** there's something wrong with my CD-player

**Organ** organ

**Organisation** organization [ˌɔːgᵊnaɪ'zeɪʃᵊn]

**organisch** organic

**organisieren** organize ['ɔːgᵊnaɪz]

**Organismus** organism ['ɔːgᵊnɪzᵊm]

**Orgel** organ

**orientieren** ① **sich orientieren** orientate oneself (**an, nach** by)

② orientate ['ɔːriənteɪt] (**auf, nach** towards)

**Orientierung** orientation [ˌɔːriən'teɪʃᵊn]; **die Orientierung verlieren** lose one's bearings ⚠ *Plural*

**Original** ① original [ə'rɪdʒᵊnᵊl]

② (*origineller Mensch*) character, original person

**original** original

**originell** (*geistvoll*) witty

**Orkan** hurricane

**Ort** ① (*Platz, Stelle*) place; **am Ort des Verbrechens** in the locality [lə'kæləti] of the crime

② (*Ortschaft*) place

▸ IN WENDUNGEN: **an Ort und Stelle** on the spot; **an Ort und Stelle ankommen** arrive at one's destination

**örtlich** local

**Ortschaft** (*Stadt*) town; (*Dorf*) village

**Ortsgespräch** local call

**Ortszeit** local time

**Ost** East

**Ostdeutschland** (*Region*) Eastern Germany

**Osten** ① (*Himmelsrichtung*) East; **im/in den Osten** in/to the East

② **der Nahe/Mittlere/Ferne Osten** the Near/Middle/Far East

**Osterei** Easter egg

**Osterglocke** daffodil ['dæfədɪl]

**Osterhase** Easter Bunny

**Ostern** Easter

**östlich** ① easterly

② **östlich von …** [to the] east of …

**Ostsee die Ostsee** the Baltic [Sea]

**oval** oval

**Ozean** ocean ['əʊʃᵊn]

**Ozon** ozone ['əʊzəʊn]

**Ozonloch** hole in the ozone layer

# P p

**Paar** ① pair; **ein Paar Schuhe** a pair of shoes

② (*zwei Menschen*) couple ['kʌpl]

**paar** (*zwei, drei*) a couple of; **vor ein paar Tagen** a few days ago

**paaren** *Tiere:* mate

**paarweise** in pairs

**Pacht** ① (*Pachtverhältnis*) lease [liːs]

② (*Entgelt*) rent

**pachten** lease

**Pächter(in)** tenant

**Päckchen** ① (*Packung*) packet

② (*Postpäckchen*) small parcel

**packen** ① (*festhalten*) grab, seize [siːz]; **jemanden am Kragen packen** grab someone by the collar

② (*einpacken*) pack; make up *Paket*

③ (*umgangsspr: hinkriegen*) manage; **der Zug geht in zehn Minuten, packen wir das noch?** the train leaves in ten minutes, can we still make it?

**packend** gripping

**Packung** (*Schachtel*) packet; **eine Packung Zigaretten** a packet of cigarettes (GB), a pack of cigarettes

**Paddel** paddle

**Paddelboot** canoe [kə'nuː]

**paddeln** canoe, paddle

**Paket** ① parcel

② (*Packung*) packet

**Pakt** pact

**Palast** palace

**Palme** palm [pɑːm] [tree]

**Panik** panic; **in Panik geraten** get into a panic

**Panne** ① breakdown; **er hatte eine Panne** his car broke down; (*eine Reifenpanne*) he had a puncture

② (*umgangsspr: Schnitzer*) blunder (GB), goof (USA)

**Pantoffel** slipper

**Panzer** ① tank

② *einer Schildkröte:* shell

**Papa** (*umgangsspr*) dad, daddy

**Papagei** parrot

**Papi** (*umgangsspr*) daddy
**Papier** 1 paper ['peɪpəʳ]; **ein Blatt Papier** a sheet of paper
2 **Papiere** (*Ausweise*) [identity] papers
**Papierkorb** wastepaper [ˌweɪst'pəɪpəʳ] basket (GB), wastebasket (USA)
**Pappe** cardboard
**Pappkarton** cardboard box
**Paprika** (*Gemüse*) **eine rote/grüne Paprika** a red/green pepper
**Papst** pope
**Paradies** paradise ['pærədaɪs]
**Paragraph, Paragraf** paragraph; *eines Gesetzes:* section
**parallel** parallel (**zu** to)
**Parallele** parallel (**zu** to)
**parat** ready ['redi]; **etwas parat haben/halten** have/keep something ready
**Parfum, Parfüm** perfume, scent [sent]
**Park** park
**parken** 1 park
2 **Parken verboten!** no parking!
**Parkett** 1 parquet ['pɑːkeɪ] [flooring]
2 (*im Theater*) stalls (GB), parquet (USA)
**Parkhaus** multistor[e]y covered ['kʌvəd] car park
**Parkplatz** parking lot
**Parkuhr** parking meter
**Parkverbot** "no parking"
**Parlament** parliament ['pɑːləmənt]
**Parlamentsmitglied** member of parliament
**Partei** 1 party
2 **für jemanden Partei ergreifen** take someone's part
**Parteitag** party convention [*oder* conference]
**Parterre** ground floor (GB), first floor (USA)
**Partizip** participle [pɑː'tɪsɪpl]; **Partizip Präsens/Perfekt** present/past participle
**Partner(in)** partner
**Partnerschaft** partnership
**Pass** 1 passport
2 (*Gebirgspass*) pass
**Passage** (*Einkaufspassage*) arcade
**Passagier(in)** passenger ['pæsᵊndʒəʳ]
**Passant(in)** passer-by
**passen** 1 (*einpassen*) fit (**in** in[to])
2 (*von der Größe her*) fit; **das Kleid passt wie angegossen** the dress fits like a glove [glʌv]
3 **zu etwas passen** go with something; **diese Farben passen nicht gut zueinander** these colours don't go together well; **sie passen gut zueinander** they are well suited to each other
4 (*angenehm sein*) suit; **wann passt es Ihnen?** what time would suit you?
**passend** 1 *Größe:* fitting
2 *Farbe, Stil:* matching
3 (*treffend*) appropriate [ə'prəʊpriət], fitting
4 **haben Sie es passend?** *Geldbetrag:* have you got the right money?
**passieren** 1 (*vorbeifahren*) pass
2 (*sich ereignen*) happen; **was ist mit ihr passiert?** what happened to her?
**Passiv** passive [voice]
**passiv** passive
**Passkontrolle** passport control
**Paste** paste
**Pastete** pie
**Pastor(in)** (*anglikanisch*) vicar; (*freikirchlich*) minister
**Pate** godfather ['gɒdfɑːðəʳ]
**Patenkind** godchild ['ɒdtʃaɪld]
**Patient(in)** patient
**Patin** godmother ['gɒdmʌðəʳ]
**Patriot(in)** patriot
**Patrone** cartridge
**Patsche** (*umgangsspr*) **in der Patsche sitzen** be in a fix; **jemandem aus der Patsche helfen** get someone out of a jam
**patschnass** (*umgangsspr*) soaking wet
**pauken** (*umgangsspr: büffeln*) swot
**Pauker** (*umgangsspr: Lehrer*) crammer
**Pause** break [breɪk]; (*kurzes Innehalten*) pause [pɔːz]; (*Unterbrechung*) interval; (*Rast*) rest; **eine Pause machen** make [*oder* take] a break; (*rasten*) have a rest
**pausenlos** incessant [ɪn'sesᵊnt], non-stop; **pausenlos arbeiten** work incessantly [*oder* non-stop]
**Pech** (*umgangsspr: Missgeschick*) bad luck; **vom Pech verfolgt sein** be dogged by bad luck
**Pechvogel** (*umgangsspr*) unlucky thing
**Pedal** pedal
**Pegel** (*Wasserstand*) water-depth gauge [geɪdʒ]
**peinlich** (*unangenehm*) embarrassing [ɪm'bærəsɪŋ]
**Peitsche** whip [wɪp]
**Pelz** fur
**pendeln** 1 **hin und her pendeln** swing to and fro
2 *Personen:* commute
**Pendler(in)** commuter
**peng** **Peng!** bang
**Penis** penis ['piːnɪs]
**Penner(in)** (*abwertend umgangsspr*) bum
**Pension** 1 (*Ruhegehalt*) pension ['penʃᵊn]
2 (*Ruhestand*) retirement [rɪ'taɪəmənt]; **in Pension gehen** retire

3 (*Gästehaus*) guesthouse ['gesthaʊs]
**pensioniert** retired
**Pensum** workload; **tägliches Pensum** daily quota ['kwəʊtə]
**per** (*mittels*) by; **per Post** by post
**Perfekt** perfect [tense]
**perfekt** (*vollkommen*) perfect
**Perfektion** perfection [pə'fekʃən]
**Periode** period ['pɪəriəd]
**Perle** pearl [pɜːl]; (*aus Holz, Glas*) bead
**Person** 1 (*Mensch*) person ['pɜːsən]
2 (*im Film*) character
3 (*Grammatik*) person
**Personal** (*die Angestellten*) personnel, staff
**Personalausweis** identity card
**Personalpronomen** personal pronoun
**persönlich** 1 personal
2 personally; **nehmen Sie doch nicht immer alles persönlich!** don't always take everything personally!
3 **ich persönlich meine …** I for my part think …
**Persönlichkeit** 1 personality
2 **eine Persönlichkeit des öffentlichen Lebens** a public figure
**Perspektive** 1 (*optisch*) perspective [pə'spektɪv]
2 (*Aussichten*) prospects ⚠ *Plural*
**Perücke** wig
**pervers** perverted [pə'vɜːtɪd]
**Pessimismus** pessimism
**Pessimist(in)** pessimist
**pessimistisch** pessimistic
**Pest** plague [pleɪg]
**Petersilie** parsley ['pɑːsli]
**Petroleum** paraffin (GB), kerosene (USA)
**Pfad** path
**Pfadfinder** boy scout
**Pfadfinderin** girl guide [gaɪd] (GB), girl scout (USA)
**Pfahl** (*Zaunpfahl*) stake; (*Pfosten*) post
**Pfand** (*Flaschenpfand*) deposit; **auf dieser Flasche sind 30 Cent Pfand** there's a deposit of 30 cents on this bottle
**Pfanne** pan
**Pfannkuchen** pancake
**Pfarrer(in)** (*anglikanisch*) vicar; (*von Freikirchen*) minister; (*katholisch*) parish priest
**Pfeffer** pepper
**Pfefferminze** peppermint
**pfeffern** (*mit Pfeffer würzen*) add pepper [to]
**Pfeife** 1 whistle ['wɪsl]
2 **Pfeife rauchen** smoke a pipe
**pfeifen** 1 whistle ['wɪsl]
2 *Wind:* howl
**Pfeil** arrow; **Pfeil und Bogen** bow and arrow
**Pfeiler** pillar
**Pfennig** penny
**Pferd** horse; **zu Pferde** on horseback
**Pferdeschwanz** horse's tail; (*Frisur*) pony-tail
**Pferdestall** stable ['steɪbl]
**Pfiff** 1 (*Pfeifen*) whistle ['wɪsl]
2 (*Flair*) flair ['fleəʳ]
**Pfingsten** Whitsun ['wɪtsən]
**Pfirsich** peach
**Pflanze** plant
**pflanzen** plant
**pflanzlich** vegetable ['vedʒtebl] ⚠ *nur vor dem Substantiv*
**Pflaster** 1 (*Straßenpflaster*) pavement
2 (*Heftpflaster*) sticking-plaster
**Pflaume** plum
**Pflege** 1 care; **jemanden/etwas in Pflege geben** have someone/something looked after
2 (*Krankenpflege*) nursing
3 *Garten:* cultivation
**pflegen** 1 care for, look after; nurse *Kranke*
2 (*in Stand halten*) maintain
**Pflicht** duty; **seine Pflicht [gegenüber jemandem] erfüllen** do one's duty [by someone]
**pflichtbewusst** conscious ['kɒnʃəs] of one's duties
**Pflichtfach** compulsory subject [kəm'pʌlsəri]
**pflücken** pick *Obst, Blumen*
**Pflug** plough [plaʊ] (GB), plow (USA)
**pflügen** plough [plaʊ] (GB), plow (USA)
**Pforte** gate
**Pförtner(in)** porter
**Pfosten** post
**Pfote** paw
**Pfund** 1 pound, lbs [paʊndz]
2 **Pfund [Sterling]** pound [sterling]
**pfuschen** (*umgangsspr: in Schule, beim Spiel*) cheat
**Pfütze** puddle
**Phänomen** phenomenon [fɪ'nɒmɪnən]
**phänomenal** phenomenal [fɪ'nɒmɪnəl]
**Phantasie** imagination; **sie hat Phantasie** she's got imagination
**phantasielos** unimaginativ, lacking in imagination
**phantasievoll** highly imaginative
**phantastisch** fantastic
**Philosoph(in)** philosopher [fɪ'lɒsəfəʳ]
**Philosophie** philosophy [fɪ'lɒsəfi]
**philosophisch** philosophical [ˌfɪlə'sɒfɪkəl]
**Physik** physics ['fɪzɪks] ⚠ *Plural*
**physikalisch** physical ['fɪzɪkəl]

**Physiker(in)** physicist ['fɪzɪsɪst]
**physisch** physical ['fɪzɪkəl]
**Pickel** (*im Gesicht*) spot GB, pimple USA
**pickelig** spotty
**picken** peck (**nach** at)
**Picknick** picnic; **Picknick machen** have a picnic

> **! Vorsicht Falle** **picnicking** und **picnicked** werden mit einem k nach dem zweiten c geschrieben.

**piepen** 1 *Vögel:* cheep; *Mäuse, Kinder:* squeak [skwi:k]
2 **bei dir piept's doch!** you must be off your head! *umgangsspr*
**Pik** (*Kartenfarbe*) spades ⚠ *Plural;* **Pik-Ass** ace of spades
**pikant** piquant ['pi:kənt], spicy ['spaɪsi]
**piksen** (*umgangsspr*) prick
**Pilger(in)** pilgrim
**Pille** pill; **ich nehme die Pille** I'm on the pill
**Pilot(in)** pilot
**Pilz** 1 mushroom
2 (*biologisch*) fungus
**Pinguin** penguin ['peŋgwɪn]
**pinkeln** (*umgangsspr*) pee
**Pinsel** brush; (*zum Malen auch*) paint brush
**Pionier(in)** pioneer [ˌpaɪə'nɪəʳ]
**Pirat(in)** pirate
**Piste** 1 runway
2 (*Skipiste*) piste
**Pistole** pistol
**plädieren** plead (**auf, für** for)
**Plage** 1 (*Seuche*) plague [pleɪg]
2 (*übertragen*) **es ist wirklich eine Plage mit ihm** he's a real nuisance
**plagen** 1 (*quälen*) plague [pleɪg]; (*belästigen*) bother
2 (*heimsuchen*) haunt [hɔ:nt]
**Plakat** poster
**Plakette** 1 (*Ansteckknopf*) badge
2 (*amtliche Plakette*) plaque [plæk]
**Plan** 1 (*Vorhaben*) plan
2 (*Fahr-, Stundenplan*) schedule ['ʃedju:l], timetable
3 (*Stadtplan*) map
**planen** plan
**Planet** planet
**Planke** plank; (*Leitplanke*) crash barrier ['bæriəʳ]
**planmäßig** 1 (*wie geplant*) according to plan
2 (*fahrplanmäßig*) on schedule ['ʃedju:l]
**Plantage** plantation
**plan(t)schen** splash around
**Planung** planning; [**noch**] **in Planung sein** be [still] being planned
**plappern** blab
**plärren** (*umgangsspr*) 1 (*weinen*) howl
2 *Radio:* blare
**Plastik** plastic
**Plastiktüte** plastic bag; (*Tragetasche*) carrier ['kæriəʳ] bag
**Platin** platinum
**plätschern** *Bach, Quelle:* ripple, splash
**platt** 1 (*eben, flach*) flat
2 (*umgangsspr: überrascht*) flabbergasted
**Platte** 1 (*aus Metall, Glas*) sheet; (*Tischplatte*) [table-]top; (*aus Holz*) board [bɔ:d]
2 (*Schallplatte*) record, disc GB, disk USA
3 (*Essen*) dish; **kalte Platte** cold cuts ⚠ *Plural*
**Plattenspieler** record-player
**Plattform** 1 platform
2 (*Basis*) basis ['beɪsɪs]
**Platz** 1 place; **etwas** [**wieder**] **an seinen Platz stellen** put something [back] in its place
2 (*freier Raum*) room, space; **Platz machen** make room (**für** for)
3 (*öffentlicher Platz*) square [skweəʳ]
4 (*Sitzplatz*) seat; **Platz nehmen** take a seat; **ist hier noch ein Platz frei?** is there a free seat here?; **dieser Platz ist besetzt** this seat's taken
5 (*Spielfeld*) playing field; (*Tennisplatz*) court [kɔ:t]; (*Fußballplatz*) field [fi:ld], pitch
▶ IN WENDUNGEN: **fehl am Platze sein** be out of place; **auf die Plätze, fertig, los!** ready ['redi], steady, go!
**Plätzchen** [Christmas] biscuit GB, cookie ['kʊki] USA
**platzen** 1 (*bersten*) burst [bɜ:st]
2 (*aufreißen*) split
3 (*umgangsspr: fehlschlagen*) fall through; **die Party ist geplatzt** the party is off
**plaudern** 1 (*plauschen*) chat (**über, von** about)
2 (*ausplaudern*) talk
**Pleite** (*umgangsspr*) 1 bankruptcy ['bæŋkrəpsi]; **Pleite machen** go bust
2 (*übertragen*) flop
**plötzlich** 1 *Tod, Entschluss:* sudden
2 all of a sudden, suddenly
**plump** 1 (*ungeschickt*) awkward ['ɔ:kwəd]; (*unbeholfen*) clumsy
2 (*taktlos*) crude
**plündern** loot
**Plural** plural
**Plus** 1 plus
2 (*Überschuss*) surplus
3 (*Vorteil*) advantage [əd'vɑ:ntɪdʒ]

Pp

**plus** plus; **wir haben plus 15 Grad** it's 15 degrees plus
**Plusquamperfekt** past perfect, pluperfect
**pochen** 1 (*klopfen*) knock (**an** at)
2 *Herz:* pound; *Blut, Schläfen:* throb
**Poesie** poetry ['pəʊɪtri]
**poetisch** poetic [pəʊ'etɪk]
**Pointe** 1 *von Witz:* punch-line
2 (*Hauptsache*) [main] point
**Pokal** (*im Sport*) cup
**Polarkreis** polar circle ['sɜːkl]; **nördlicher/südlicher Polarkreis** Arctic/Antarctic circle
**polieren** polish ['pɒlɪʃ]
**Politesse** [woman] traffic warden
**Politik** 1 politics ⚠ *Singular*
2 (*bestimmte Richtung*) policy
**Politiker(in)** politician [pɒlɪ'tɪʃ$^{ə}$n]
**politisch** political
**Polizei** police [pə'liːs] ⚠ *Plural*

**! Vorsicht Falle** **police** wird in der Mehrzahl gebraucht: *the police* **are** *coming.*

**Polizeirevier** (*Wache*) police station GB, station house USA
**Polizist** policeman
**Polizistin** police woman
**Pollen** pollen
**Polster** pad[ding], cushion ['kʊʃ$^{ə}$n]
**Polstergarnitur** living room suite
**poltern** (*laut sein*) bang [about]
**Pommes frites** chips GB, French fries USA
**Pony** pony
**populär** popular ['pɒpjələ$^{r}$] (**bei** with)
**Pornografie**, **Pornographie** pornography [pɔː'nɒgrəfi]
**Portemonnee**, **Portemonnaie** purse
**Portier** porter
**Portion** (*beim Essen*) portion ['pɔːʃ$^{ə}$n]
**Porto** postage ['pəʊstɪdʒ] (**für** on)
**Portrait** portrait ['pɔːtreɪt]
**Porzellan** china ['tʃaɪnə]
**Posaune** trombone [trɒm'bəʊn]
**Position** position [pə'zɪʃ$^{ə}$n]
**positiv** positive
**Post** 1 mail, post [pəʊst]; **ist die Post schon da?** has the mail [*oder* post] come yet?
2 (*Postgebäude*) post office; **zur Post gehen** go to the post office
**Postamt** post office
**Postbeamter**, **Postbeamte**, **Postbeamtin** post office official
**Postbote** postman ['pəʊstmən] GB, mailman USA
**Postbotin** postwoman ['pəʊstˌwʊmən] GB, mailwoman USA
**Posten** 1 (*Anstellung*) job, position
2 (*Wachtposten*) guard [gɑːd]
**Postfach** post-office box, PO box
**Postkarte** postcard GB, postal USA, card
**Postleitzahl** post code GB, zip code USA
**Poststempel** postmark
**Pracht** splendour; **in seiner ganzen Pracht** in all its splendour
**prächtig** (*auch als Ausruf*) splendid
**Prädikat** predicate ['predɪkət]
**Präfix** prefix ['priːfɪks]
**prägen** 1 stamp (**auf** on)
2 coin *Münze, Wendung*
3 (*übertragen: formen*) shape *Charakter*
**prahlen** [**vor jemandem mit etwas**] **prahlen** show off [something to someone]
**Praktikant(in)** trainee [ˌtreɪ'niː]
**Praktikum** work placement, internship USA; **ein Praktikum machen** do a work placement
**praktisch** 1 *Erfahrung, Rat:* practical; (*nützlich*) handy
2 **praktischer Arzt** general practitioner, GP
3 (*so gut wie*) virtually; **ich bin praktisch fertig** I'm as good as ready
**Praline** chocolate GB, chocolate candy USA
**prall** **prall gefüllt mit** bulging [*oder* bursting] with
**prallen** 1 *Ball:* bounce (**gegen** against)
2 (*zusammenstoßen*) *Auto, etc:* collide (**gegen** with)
**Prämie** 1 (*Belohnung*) bonus
2 (*Versicherungsprämie*) premium ['priːmiəm]
**Pranke** paw
**Präposition** preposition [ˌprepə'zɪʃ$^{ə}$n]
**Prärie** prairie ['preəri]
**Präsens** present ['prez$^{ə}$nt] [tense]
**Präservativ** condom

**! Vorsicht Falle** Das englische Wort **preservative** bedeutet ‚Konservierungsstoff'.

**Präsident(in)** 1 *eines Staates:* president ['prezɪd$^{ə}$nt]
2 (*Vorsitzender/Vorsitzende*) chairman/chairwoman ['tʃeəmən, 'tʃeəˌwʊmən], chairperson
**prasseln** *Regen:* drum
**Praxis** 1 **in der Praxis** in practice ['præktɪs]; **etwas in die Praxis umsetzen** put something into practice
2 (*eines Arztes*) surgery GB, doctor's office USA
**präzis(e)** precise [prɪ'saɪs]

**predigen** preach
**Predigt** sermon ['sɜːmən]
**Preis** ① (*Kaufpreis*) price (**für** of); **zum halben Preis** at half-price
② (*bei Wettbewerb*) prize [praɪz]; (*Auszeichnung*) award
▶ IN WENDUNGEN: **um jeden Preis** at any price

**! Vorsicht Falle** **Price** nicht verwechseln mit **prize** — diese Begriffe hören sich ähnlich an, haben jedoch sehr verschiedene Bedeutungen. **Price** bezeichnet den Verkaufspreis, den man für ein Produkt zahlt: *prices have gone up lately. What's the price for this bicycle?* **Prize** hingegen ist der Preis, den man als Anerkennung für eine besondere Leistung oder als Gewinner eines Wettbewerbes erhält: *she won first prize in a competition.*

**Preisausschreiben** competition
**Preiselbeere** cranberry
**preisen** praise [preɪz]
**Preiserhöhung** price increase
**Preisnachlass** price reduction
**Preisschild** price-tag
**preiswert** ① inexpensive, good value [for money]
② **hier kann man preiswert übernachten** they have rooms at reasonable prices
**Prellung** bruise [bruːz]
**Premiere** première ['premieəʳ], opening night
**Premierminister(in)** prime minister
**Presse** press
**Pressefreiheit** freedom of the press
**Pressekonferenz** press conference
**pressen** press, squeeze
**prickeln** (*kribbeln*) tingle
**prickelnd** thrilling
**Priester** priest
**Priesterin** priestess
**prima** great, swell (USA)
**primitiv** primitive ['prɪmɪtɪv]
**Prinz** prince
**Prinzessin** princess [prɪn'ses]
**Prinzip** ① principle ['prɪnsəpl]
② **im Prinzip** in principle; **aus Prinzip** on principle
**Prise** **eine Prise Salz** a pinch of salt
**privat** private ['praɪvət]
**Privatangelegenheit** private ['praɪvət] matter; **das ist meine Privatangelegenheit** that's my business
**Privatschule** private school
**Privileg** privilege ['prɪvəlɪdʒ]
**pro** per; **pro Jahr** a year; (*formeller*) per annum; **pro Person** per person; **drei Euro pro Stück** three euros each
**Probe** ① (*Prüfung, Versuch*) test; **eine Probe machen** do a test; **die Probe bestehen** pass the test
② (*Warenprobe*) sample
③ (*Theaterprobe*) rehearsal [rɪ'hɜːsəl]
**proben** rehearse [rɪ'hɜːs]
**Probezeit** probationary period
**probieren** try *auch Essen*
**Problem** problem ['prɒbləm]; **kein Problem!** no problem!
**problemlos** *Sache:* unproblematic
**Produkt** product ['prɒdʌkt]
**Produktion** production [prə'dʌkʃən]
**produktiv** productive [prə'dʌktɪv]
**Produzent(in)** producer [prə'djuːsəʳ]
**professionell** professional [prə'feʃənəl]
**Professor(in)** professor [prə'fesəʳ]
**Profi** ① (*Experte*) pro *umgangsspr*
② (*im Sport*) professional [cyclist/swimmer/etc]
**Profil** ① (*Seitenansicht von Gesicht*) profile ['prəʊfaɪl]
② *von Reifen, Schuhsohle:* tread
**Profit** profit ['prɒfɪt]; **Profit machen** make a profit
**profitieren** profit ['prɒfɪt] (**von** from, by)
**Programm** ① programme ['prəʊgræm] (GB), program (USA)
② (*Computerprogramm*) program
③ (*Sendekanal*) channel; **was kommt im anderen Programm?** what's on the other channel?
**programmieren** programme ['prəʊgræm] (GB), program (USA) *Computer*
**Programmierer(in)** programmer ['prəʊgræməʳ]
**Projekt** project ['prɒdʒekt]
**Projektor** projector [prə'dʒektəʳ]
**Promille** (*Blutalkohol*) alcohol level
**Prominente(r)** ① (*in Politik, etc*) VIP [ˌviːaɪ'piː]
② (*im Showbusiness*) celebrity
**prompt** ① *Antwort:* prompt
② **prompt antworten** reply promptly
**Pronomen** pronoun ['prəʊnaʊn]
**Propaganda** propaganda [ˌprɒpə'gændə]
**Prosa** prose [prəʊz]
**pros(i)t** cheers!
**Prospekt** ① (*Werbeprospekt*) brochure ['brəʊʃəʳ]
② (*einzelner Zettel*) leaflet
**Prostituierte(r)** prostitute ['prɒstɪtjuːt]
**Prostitution** prostitution [ˌprɒstɪ'tjuːʃən]

**Protest** protest ['prəʊtest]; **aus Protest** in protest
**Protestant(in)** Protestant ['prɒtɪstᵊnt]
**protestieren** protest [prəʊ'test] (**gegen** against)
**Protokoll** ① (*Niederschrift*) record
② (*Sitzungsprotokoll*) minutes ['mɪnɪts] ⚠ *Plural;* **wer schreibt Protokoll?** who's taking the minutes?
**protzig** showy, swanky *umgangsspr*
**Proviant** provisions ⚠ *Plural*
**Provinz** ① (*Teil eines Landes*) province ['prɒvɪns]
② (*kulturell zweitrangige Gebiete*) **die Provinz** the provinces ⚠ *Plural*
**Provision** *von Verkäufer, Makler:* commission

**! Vorsicht Falle** Das englische Wort **provision** bedeutet ‚Vorkehrung, Bereitstellung'!

**provisorisch** provisional [prə'vɪʒᵊnᵊl], temporary
**Provokation** provocation [ˌprɒvə'keɪʃᵊn]
**provozieren** provoke [prə'vəʊk]
**Prozent** per cent [pə'sent]
**Prozess** ① (*Gerichtsverfahren*) trial; (*Rechtsfall*) case; **er hat seinen Prozess gewonnen/verloren** he won/lost his case
② (*Vorgang, Verfahren*) process ['prəʊses]
**Prozession** procession [prə'seʃᵊn]
**Prozessor** processor
**prüfen** ① (*Kenntnisse abfragen*) examine [ɪg'zæmɪn]
② (*proben, ausprobieren*) test
③ (*nachprüfen, überprüfen*) check *Ölstand, etc* (**auf** for); **prüfen, ob …** check to see if …
**Prüfung** exam [ɪg'zæm], examination; **eine Prüfung bestehen/machen** pass/take an exam[ination]
**prügeln** ① beat *Mensch, Tier*
② **sich** [**mit jemandem**] **prügeln** fight [somebody] (**um** for)
**prusten** snort
**PS** *Abkürzung von* **Pferdestärke** hp, horse power
**Psychiater(in)** psychiatrist [ˌsaɪ'kaɪətrɪst]
**psychiatrisch** psychiatric [ˌsaɪki'ætrɪk]
**psychisch** (*psychologisch*) psychological [ˌsaɪkᵊ'lɒdʒɪkᵊl]
**Psychologe, Psychologin** psychologist [saɪ'kɒlədʒɪst]
**psychologisch** psychological [ˌsaɪkᵊ'lɒdʒɪkᵊl]
**Pubertät** puberty ['pjuːbəti]
**Publikum** (*Zuschauer*) audience ['ɔːdiəns]
**Pudding** blancmange [blə'mɒnʒ]
**Puder** powder ['paʊdəʳ]
**Pulli, Pullover** jumper GB, sweater USA
**Puls** pulse [pʌls]; **jemandem den Puls fühlen** feel someone's pulse
**Pult** desk
**Pulver** powder ['paʊdəʳ]
**Pulverkaffee** instant coffee
**pummelig** chubby
**Pumpe** pump [pʌmp]
**pumpen** ① pump [pʌmp] *Wasser, etc*
② **kann ich mir was Geld von dir pumpen?** can I borrow some money off you?
**Punker(in)** punk
**Punkt** ① (*zur Bewertung, auch im Sport*) point; **einen Punkt machen** win a point
② (*Satzzeichen*) full stop GB, period ['pɪəriəd] USA
③ (*Ort, Zeitpunkt*) point, spot; **an diesem Punkt** at this point
④ **Punkt 10 Uhr** at ten sharp
**pünktlich** ① *Person:* punctual
② **pünktlich sein** be on time; **nicht pünktlich sein** be late
**Punktzahl** score
**Pupille** pupil ['pjuːpᵊl]
**Puppe** doll
**pur** ① (*rein*) pure [pjʊəʳ]
② (*völlig*) sheer; **purer Unsinn** utter nonsense
**purpurn, purpurrot** crimson
**Purzelbaum** somersault; **einen Purzelbaum machen** do a somersault
**pusten** blow, puff
**Pute(r)** turkey
**Putsch** coup d'état [ˌkuːdeɪ'tɑː]
**putzen** ① (*reinigen*) clean; (*abwischen*) wipe
② blow, wipe *Nase;* **sich die Nase putzen** blow one's nose
③ brush *Zähne;* **sich die Zähne putzen** brush one's teeth
**Putzfrau** cleaning lady GB, cleaner, scrubwoman USA
**Putzmittel** cleanser
**Puzzle** jigsaw ['dʒɪgsɔː] puzzle
**Pyjama** pyjamas [pɪ'dʒɑːməz] ⚠ *Plural* GB, pajamas ⚠ *Plural* USA
**Pyramide** pyramid ['pɪrəmɪd]

# Qq

**Quadrat** square
**quadratisch** (*quadratförmig*) square
**Quadratmeter** square metre (GB), square meter (USA)
**quaken** *Ente:* quack; *Frosch:* croak
**Qual** ① (*körperlich*) pain
② (*seelisch*) anguish
**quälen** ① (*peinigen*) torment [tɔː'ment]; (*foltern*) torture ['tɔːtʃəʳ]
② (*belästigen*) pester
③ **sich quälen** (*sich abmühen*) struggle (**mit** with)
**Qualifikation** qualification [ˌkwɒlɪfɪ'keɪʃᵊn]
**qualifizieren** (*auch im Sport*) qualify ['kwɒlɪfaɪ] (**für** for)
**Qualität** (*Güte*) quality ['kwɒləti]; **schlechte Qualität** poor quality
**Qualm** dense smoke
**qualmen** (*Zigaretten rauchen*) puff away *umgangsspr*
**Quarantäne** quarantine ['kwɒrᵊntiːn]
**Quark** ① soft curd cheese
② (*Quatsch*) rubbish *umgangsspr*
**Quartal** quarter ['kwɔːtəʳ]
**Quartett** quartet[te]
**Quartier** ① (*Unterkunft*) accommodation
② (*Stadtteil*) district, quarter
**Quarz** quartz [kwɔːts]
**Quatsch** ① (*Unsinn*) rubbish *umgangsspr;* **red keinen Quatsch!** stop talking such rubbish!
② (*Unüberlegtheiten, Dummheiten*) nonsense; **mach keinen Quatsch!** don't be silly!
**quatschen** ① **[einen] Blödsinn quatschen** talk twaddle *umgangsspr*
② (*sich unterhalten*) have a chat (**über** about)
**Quecksilber** mercury, quicksilver ['kwɪkˌsɪlvəʳ]
**Quelle** ① *eines Flusses:* spring
② (*Ursprung*) source [sɔːs]
**quer** crossways, crosswise; **kreuz und quer [durchs Land]** all over [the country]
**Querflöte** flute
**Querschnitt** cross-section
**quetschen** ① (*drücken*) squeeze
② (*einklemmen*) crush; **sich den Finger quetschen** squash one's finger
③ (*sich zwängen*) **sich in etwas quetschen** squeeze into something
**quietschen** ① (*knarren*) creak, squeak
② *Reifen:* squeal
**quitt jetzt sind wir quitt** now we're even [*oder* quits]
**Quittung** (*Beleg*) receipt [rɪ'siːt]; **eine Quittung ausstellen** give a receipt (**über** for)
**Quiz** quiz [kwɪz]

> **? Grammatik** Die Mehrzahl von **quiz** ist **quizzes**: *I like to do quizzes.*

**Quote** proportion

# Rr

**Rabatt** (*Preisnachlass*) discount ['dɪskaʊnt]
**Rabbi**, **Rabbiner** rabbi ['ræbaɪ]
**Rabe** (*Vogel*) raven
**Rache** revenge [rɪ'vendʒ]; **aus Rache** out of revenge
**Rachen** ① *von Mensch:* throat
② *von Tier:* jaws ⚠ *Plural*
**rächen** ① avenge [ə'vendʒ] *Toten, Unrecht, etc*
② **sich [an jemandem] rächen** take revenge [on somebody] (**für** for)
**Rad** ① wheel
② (*Fahrrad*) bicycle, bike *umgangsspr;* **Rad fahren** ride a bicycle [*oder* bike]
**Radar** radar ['reɪdɑːʳ]
**Radfahrer(in)** cyclist
**radieren** erase, rub out
**Radiergummi** rubber (GB), eraser (USA)
**radikal** ① *Gegner, etc:* radical ['rædɪkᵊl]
② **etwas radikal ablehnen** deny something categorically
**Radio** radio ['reɪdiəʊ]; **Radio hören** listen to the radio
**radioaktiv** radioactive [ˌreɪdiəʊ'æktɪv]; **radioaktive Strahlung** radiation
**Radioaktivität** radioactivity [ˌreɪdiəʊæk'tɪvəti]
**Radius** radius ['reɪdiəs]
**raffiniert** (*schlau*) cunning
**Rahm** cream
**Rahmen** ① (*für Bild*) frame
② (*übertragen: Bereich*) framework; **im Rahmen des Möglichen** within the bounds of possibility
**rahmen** frame *Bild*
**Rakete** ① (*in Raumfahrt*) rocket
② (*beim Militär*) missile
**rammen** ① ram *Pfahl*

(2) hit *Schiff;* **ein Auto rammen** bump into [*oder* hit] a car
**Rampe** (*Verladerampe*) ramp
**Rampenlicht** ▶ In Wendungen: **im Rampenlicht stehen** be in the limelight
**Ramsch** junk, rubbish
**Rand** (1) *eines Abgrundes:* brink
(2) *von Straße:* side, verge; *von Stadt:* outskirts ⚠ *Plural;* **am Rande des Waldes** at the edge of the forest
(3) *von Tasse:* brim; **voll bis zum Rand** full to the brim
(4) *von Buchseite, etc:* margin; **etwas an den Rand schreiben** write something in the margin
**randalieren** go on the rampage
**Rang** (1) (*Rangstufe*) rank; **ein Offizier höchsten Ranges** an officer of the highest rank
(2) (*Stellung*) position; **von hohem Rang** of high standing
(3) (*im Theater*) circle ['sɜːkl]; **auf dem obersten Rang** in the gallery
(4) (*im Stadion*) **auf den Rängen** on the stands
**rasch** speedy, swift
**rascheln** rustle ['rʌsl]
**Rasen** (1) (*Grasfläche*) grass, lawn
(2) (*Sportfeld*) field
**rasen** (*sich schnell bewegen*) race, tear [teəʳ]
**Rasenmäher** lawn-mower
**Rasierapparat** razor
**rasieren** (1) shave; **jemanden rasieren** give somebody a shave
(2) **sich rasieren** shave
**Rasierklinge** razorblade
**raspeln** grate
**Rasse** (1) (*Menschenrasse*) race
(2) (*Tierrasse*) breed
**rasseln** [**mit** [*oder* **an**] **etwas**] **rasseln** rattle [something]
**Rassismus** racism ['reɪsɪsᵊm]
**Rassist(in)** racist
**rassistisch** racist
**Rast** rest; **Rast machen** stop
**rasten** rest; **ohne zu rasten** without a rest
**Raststätte** (*an Autobahn*) service area; (*mit Restaurant*) motorway restaurant
**Rat** (1) (*Ratschlag*) advice [əd'vaɪs]; **jemandem einen Rat geben** give someone a piece of advice; **jemandem Ratschläge geben** give someone a lot of advice
(2) **jemanden/etwas zu Rate ziehen** consult someone/something
(3) (*Versammlung*) council
**Rate** (*Teilzahlung*) instalment (GB), installment (USA); **auf Raten kaufen** buy on the instalment plan
**raten** (1) *einen Rat geben:* advise [əd'vaɪz], give advice [əd'vaɪs]; **jemandem raten, etwas zu tun** advise somebody to do something
(2) (*erraten*) guess; **rate mal!** have a guess!
**Ratespiel** guessing game, quiz
**Rathaus** town hall; *von größerer Stadt:* city hall
**Ration** ration ['ræʃᵊn]
**rational** rational ['ræʃᵊnᵊl]
**rationell** *Arbeitsweise:* efficient [ɪ'fɪʃᵊnt]
**rationieren** ration
**ratlos** (1) *Blick, etc:* helpless; **ein ratloses Gesicht machen** look helpless
(2) **ratlos sein** [*oder* **dastehen**] be at a loss
**Ratschlag** piece of advice

> **! Vorsicht Falle** **advice** mit c ist ein Substantiv und wird nie in der Mehrzahl gebraucht: **a piece of advice, some advice**; — **advise** mit s ist ein Verb: *Jane advised him to go to Oxford.*

**Rätsel** (1) (*Denkaufgabe*) riddle
(2) (*Kreuzworträtsel*) puzzle
(3) (*Geheimnis*) mystery ['mɪstri]
**rätselhaft** (*geheimnisvoll*) mysterious [mɪ'stɪəriəs]
**rätseln** speculate (**über** about, on)
**Ratte** rat
**rau** (1) (*uneben*) rough [rʌf]
(2) (*wund*) *Hals:* sore; *Hände, Lippen:* chapped; *Haut:* raw
(3) *Stimme:* hoarse [hɔːs]
(4) *Klima, Wetter:* harsh, raw
**Raub** robbery
**rauben** steal *Geld;* **jemandem etwas rauben** rob someone of something
**Räuber(in)** robber
**Raubkatze** big cat
**Raubtier** predator
**Raubüberfall** robbery (GB), holdup (USA)
**Raubvogel** bird of prey [preɪ]
**Rauch** smoke
**Rauchen** smoking; **Rauchen verboten!** no smoking!
**rauchen** (1) smoke *Pfeife, Zigarre*
(2) (*dampfen*) *Kamin, Lok:* give off smoke, smoke
**Raucher(in)** smoker
**räuchern** smoke
**Raum** (1) (*Platz*) space
(2) (*Zimmer*) room
(3) (*Gebiet*) area; **im Raum München** in the Munich area
**räumen** (1) clear *Gebäude, Lager, Straße*

2 move out of *Wohnung*
3 **etwas vom Tisch räumen** clear something off the table; **etwas in den Schrank räumen** put something away into the wardrobe

**Raumfahrt** space travel

**Raumschiff** space ship

**raunen** whisper

**Raupe** (*Tier, auch Fahrzeug*) caterpillar

**Rausch** (*Trunkenheit*) intoxication; **sie hat einen Rausch** she is drunk

**rauschen** 1 *Brandung, Wasser:* roar
2 *Wind:* murmur ['mɜːməʳ]
3 *Blätter, Stoff:* rustle ['rʌsl]

**Rauschgift** drugs ⚠ *Plural;* **Rauschgift nehmen** take drugs

**räuspern sich räuspern** clear one's throat

**rausschmeißen** (*entlassen*) **jemanden rausschmeißen** give somebody the boot *umgangsspr*

**Raute** (*in Geometrie*) rombus

**Razzia** bust, raid; **eine Razzia durchführen** [*oder* **machen**] carry out a raid

**Reagenzglas** test tube

**reagieren** react (**auf** to)

**Reaktion** reaction [ri'ækʃᵊn] (**auf** to)

**Reaktor** reactor [ri'æktəʳ]

**realistisch** realistic

**Realität** reality

**Realschule** secondary modern school (GB)

**Rebell(in)** rebel ['rebᵊl]

**rebellieren** rebel [rɪ'bel], revolt

**Rebellion** rebellion [rɪ'beliən]

**Rechen** rake

**Rechenaufgabe** sum, [arithmetical] problem ['prɒbləm]

**Rechenfehler** arithmetical error, miscalculation [mɪskælkjə'leɪʃᵊn]

**Rechnen** 1 arithmetic, sums ⚠ *Plural*
2 (*als Schulfach*) arithmetic

**rechnen** 1 (*berechnen*) calculate, work out
2 (*erwarten*) **ich rechne mit zehn Gästen** I'm expecting ten people; **damit/mit dir hatte ich nicht gerechnet** I wasn't expecting that/you

**Rechnung** 1 (*im Restaurant*) bill (GB), check (USA); **die Rechnung bitte!** can I have the bill, please?; **das geht auf meine Rechnung** this one's on me
2 *von Firma:* invoice ['ɪnvɔɪs]

**Recht** 1 (*Anspruch*) right (**auf** to); **das Recht haben, etwas zu tun** have the right to do something
2 (*Gesetz*) law; **von Rechts wegen** by rights ⚠ *Plural*
3 **im Recht sein** be in the right
4 (*Übereinstimmung*) **da geb ich dir Recht** I agree with you there

**recht** 1 (*richtig*) properly; **wenn ich Sie recht verstehe ...** if I get you right ...
2 (*ziemlich*) quite; **es war recht nett, aber ...** it was quite nice but ...
3 **jetzt erst recht** now more than ever; **jetzt erst recht nicht** now I/she/etc really won't [do it]
4 **geschieht dir recht** serves you right!
5 (*gelegen*) **mir wäre es recht, wenn ihr morgen kommen würdet** I'd rather you came tomorrow

**rechte(r, s)** (*Richtung*) right; **das rechte Gebäude** the building on the right; **auf der rechten Straßenseite** on the right-hand side of the street

**Rechte** 1 (*Hand*) right hand
2 (*politisch*) the right

**Rechte(r)** (*politisch*) right-winger

**Rechteck** rectangle ['rektæŋgl]

**rechteckig** rectangular [rek'tæŋgjələʳ]

**rechtfertigen** 1 justify *Entscheidung, Handlung*
2 **sich rechtfertigen** justify oneself

**rechtlich** legal

**rechts** 1 on the right; **nach/von rechts** to/from the right; **zweite Straße rechts** second turn to your right
2 **rechts abbiegen** turn right

**Rechtsanwalt, Rechtsanwältin** lawyer (GB), attorney [ə'tɜːni] (USA)

**Rechtschreibfehler** spelling mistake

**Rechtschreibung** spelling

**Rechtshänder(in)** right-handed person; **ich bin Rechtshänderin** I am right-handed

**Rechtsverkehr** driving on the right

**rechtswidrig** illegal [ɪ'liːgᵊl]

**rechtwinklig** right-angled

**rechtzeitig** 1 (*früh genug*) timely; (*pünktlich*) punctual
2 **rechtzeitig da sein/ankommen** (*früh genug*) be there/arrive in due [*oder* good] time; (*pünktlich*) be there/arrive on time

**Reck** horizontal bar

**recken die Glieder recken** stretch one's limbs

**recyceln** recycle [ˌriː'saɪkl]

**Recycling** recycling [ˌriː'saɪklɪŋ]

**Redakteur(in)** editor ['edɪtəʳ]

**Rede** 1 (*Vortrag*) speech; (*Ansprache*) address [ə'dres]; **eine Rede halten** make a speech
2 **direkte/indirekte Rede** direct/indirect ['daɪrekt/'ɪndɪrekt] speech
▸ IN WENDUNGEN: **davon kann keine Rede sein**

that's out of the question; **jemanden zur Rede stellen** take someone to task; **nicht der Rede wert!** don't mention it!

**reden** 1 speak, talk (**mit** with, to, **über** about); **miteinander reden** talk to eachother [*oder* one another]
2 **reden wir nicht mehr davon!** let's drop it!

**Redensart** saying

**Redewendung** idiomatic expression

**Redner(in)** speaker

**reduzieren** reduce (**auf** to)

**Referat** (*in der Schule*) project; **ein Referat halten** present a project (**über** on)

**Referendar(in)** (*Lehranwärter*) trainee teacher

**reflektieren** reflect (**über** upon)

**Reflex** reflex ['riːfleks]

**Reflexivpronomen** reflexive pronoun

**Reform** reform [rɪ'fɔːm]

**reformieren** reform [rɪ'fɔːm]

**Refrain** chorus ['kɔːrəs]

**Regal** (*für Bücher*) shelf; **etwas ins Regal stellen** [*oder* **räumen**] put something on the shelf

> ? **Grammatik** Die Mehrzahl von **a shelf** ist **shelves**: *there are two book shelves in my bedroom.*

**Regel** 1 (*Vorschrift*) rule
2 **in der Regel** as a rule
3 (*Menstruation*) period ['pɪəriəd]

**regelmäßig** 1 regular
2 regularly

**regeln** 1 (*einstellen*) regulate
2 (*in Ordnung bringen*) settle

**Regelung** 1 (*Abmachung*) arrangement [ə'reɪndʒmənt]
2 (*Vorschrift*) regulation, rule

**Regen** rain; **im Regen** in the rain; **es sieht nach Regen aus** it looks like rain

**Regenbogen** rainbow ['reɪnbəʊ]

**Regenmantel** raincoat, mac *umgangsspr*

**Regenschirm** umbrella

**Regentropfen** raindrop

**Regenwald** rainforest

**Regenwurm** earthworm ['ɜːθwɜːm]

**Regenzeit** rainy season

**Regie** (*im Theater, beim Film*) direction, production; **Regie führen** [**bei einem Film/Theaterstück**] direct [a film/play]

**regieren** 1 rule, reign [reɪn] (**über** over)
2 **ein Land regieren** rule [*oder* govern] a country; (*Monarch*) reign over a country

**Regierung** 1 (*Kabinett*) government ['gʌvᵊnmənt] *Singular oder Plural*
2 **an der Regierung sein** be in office

**Regiment** regiment

**Region** region ['riːdʒᵊn]

**regional** regional ['riːdʒᵊnᵊl]; **regional verschieden** varying from region to region

**Regisseur(in)** director

**Register** 1 (*Stichwortverzeichnis*) index
2 (*amtliche Liste*) register ['redʒɪstəʳ]

**registrieren** 1 (*verzeichnen*) register ['redʒɪstəʳ]
2 (*bemerken*) note [nəʊt]

**regnen** rain; **es regnet** it's raining

**regnerisch** rainy

**regulär** (*normal*) normal ['nɔːmᵊl]

**regulieren** (*einstellen*) adjust

**Reh** deer

**Reibe** grater

**reiben** 1 grate *Käse, Obst*
2 **sich reiben** rub oneself (**an** on, against); **sich die Augen/Nase reiben** rub one's eyes/nose

**Reibereien** friction ⚠ *Singular;* **es gab Reibereien zwischen …** there was friction between …

**Reibung** friction

**reibungslos** smooth ['smuːið]

**Reich** (*Kaiserreich*) empire; (*Königreich*) kingdom

**reich** 1 (*wohlhabend, üppig*) rich, wealthy (**an** in)
2 (*umfassend*) large; *Auswahl, Kenntnisse:* wide (**an** of)

**Reiche(r)** a rich [*oder* wealthy] man/woman; **die Reichen** the rich ⚠ *Plural*

**reichen** 1 (*geben*) hand; (*herüberreichen*) pass
2 (*genügen*) be enough [ɪ'nʌf], do, suffice [sə'faɪs]
3 (*sich erstrecken*) stretch (**bis** to)
4 (*es satt haben*) **jetzt reicht's mir aber!** I've had enough!

**reichlich** 1 (*groß, umfangreich*) *Vorrat:* ample; *Portion, Trinkgeld:* generous
2 (*sehr viel*) amply; **reichlich Zeit haben** have plenty of time
3 (*ziemlich*) pretty; **er kam reichlich spät** he was rather late

**Reichtum** 1 (*Wohlstand*) wealth [welθ], riches ⚠ *Plural*
2 (*übertragen: Überfluss*) abundance [ə'bʌndəns] (**an** of)

**Reichweite** 1 *eines Geschosses, Radios:* range
2 (*nächste Nähe*) **in Reichweite** within reach; **außer Reichweite** out of reach

**reif** 1 *Alter, Früchte:* ripe

2 (*gereift*) *auch Mensch:* mature [mə'tʃʊəʳ]
3 **ich bin reif für die Insel!** I am ready for a holiday!
**Reifen** 1 (*Gummireifen*) tyre GB, tire USA
2 (*Armreifen*) bangle
**reifen** 1 *Obst, etc:* ripen
2 (*übertragen*) mature [mə'tʃʊəʳ]
**Reifenpanne** flat, puncture
**Reihe** 1 (*Aufreihung, Reihenfolge*) line, row [rəʊ]; **in einer Reihe** in a line; **sich der Reihe nach aufstellen** line up; **immer der Reihe nach!** one after the other!; **du bist an der Reihe!** it's your turn!
2 (*Sitzreihe*) tier [tɪəʳ]; **in der ersten/letzten Reihe** in the front/back row
3 (*Anzahl*) number (**von** of); (*Serie*) series ['sɪəri:z] (**von** of)
**Reihenfolge** order
**Reihenhaus** terraced house GB, row [rəʊ] house USA
**Reim** rhyme [raɪm]
**reimen** [**sich**] **reimen** rhyme [raɪm] (**auf, mit** with)
**rein**[1] (*umgangsspr*) →**herein**, **hinein**
**rein**[2] 1 (*sauber*) clean
2 (*unschuldig*) pure; **reines Gewissen** clear conscience ['kɒnʃəns]
3 (*völlig*) pure; **der reinste Blödsinn!** sheer nonsense!
4 (*verstärkend*) **die reine Wahrheit** the plain truth
**Reinfall** disaster [dɪ'zɑ:stəʳ], flop *umgangsspr*
**reinfallen** **auf etwas reinfallen** be taken in by something; **auf jemanden reinfallen** fall for someone's line
**reinigen** 1 clean
2 (*chemisch reinigen*) dry-clean
**Reinigung** 1 (*Vorgang*) cleaning
2 (*Betrieb*) dry cleaner's; **etwas in die Reinigung bringen** take something to the dry cleaner's
**Reis** rice
**Reise** 1 (*mit festem Ziel*) journey ['dʒɜ:ni]; **eine Reise machen** go on a journey
2 (*Schiffsreise*) voyage ['vɔɪɪdʒ]
3 (*kurze Reise*) trip; **gute Reise!** have a nice trip!
**Reisebüro** travel agency
**Reiseführer** (*Buch*) guidebook ['gaɪdbʊk]
**Reiseleiter(in)** courier ['kʊriəʳ]
**reisen** travel; **ins Ausland reisen** go abroad [ə'brɔ:d]
**Reisende(r)** traveller GB, traveler USA
**Reisepass** passport ['pɑ:spɔ:t]
**Reisescheck** traveller's cheque [tʃek] GB, traveler's check USA
**Reisetasche** grip, travelling bag GB, traveling bag USA
**Reiseziel** destination
**reißen** 1 (*zerren*) [**an etwas**] **reißen** drag [something]
2 (*fortreißen*) pull, tear [teəʳ]; **er riss das Blatt vom Kalender** he ripped the page off the calendar
3 (*zerreißen*) tear [teəʳ]
4 **an sich reißen** seize [si:z] hold of, usurp; seize *Macht*
5 break, tear [teəʳ]; **Seide reißt leicht** silk is easily torn
**Reißer** 1 (*Verkaufsschlager*) [top] seller
2 (*Film*) cheap thriller
**Reißverschluss** zip GB, zipper USA
**Reißzwecke** drawing-pin
**reiten** ride; **auf einem Pferd reiten** ride a horse
**Reiter(in)** rider
**Reitschule** riding school
**Reiz** (*Anziehung*) attraction, appeal
**reizbar** sensitive, touchy ['tʌtʃi]
**reizen** 1 irritate *Haut*
2 (*verlocken*) appeal to; **reizt es dich nicht, mal was ganz anderes zu tun?** aren't you tempted to do something completely different?
3 (*provozieren*) provoke
**reizend** delightful [dɪ'laɪtfəl]
**reizlos** dull
**Reizung** (*leichte Entzündung*) irritation
**reizvoll** attractive
**Reklame** 1 (*Werbung*) advertizing ['ædvətaɪzɪŋ]
2 **Reklame machen für ...** advertize ['ædvətaɪz] ...
3 (*Anzeige*) advertisement [əd'vɜ:tɪsmənt]
**reklamieren** 1 (*bemängeln*) query *Fehler, etc*
2 (*sich beschweren*) [**etwas**] **reklamieren** make a complaint [about something]
**Rekord** record ['rekɔ:d]; **einen Rekord aufstellen** establish a record
**Rekrut** recruit [rɪ'kru:t]
**Rektor(in)** 1 (*an Universität*) vice-chancellor GB, rector USA
2 (*an Schule*) headmaster/headmistress, principal USA
**relevant** relevant ['reləvənt]
**Religion** 1 religion [rɪ'lɪdʒən]
2 (*Glaube*) faith
3 (*Schulfach*) religious instruction [*oder* educa-

tion]
**Religionsunterricht** religious instruction
**religiös** religious [rɪ'lɪdʒəs]
**Rendezvous** (*Verabredung*) rendez-vous ['rɒndeɪvuː]
**Rennbahn** track
**Rennboot** speedboat
**Rennen** race
**rennen** 1 (*laufen*) run
2 **gegen jemanden rennen** (*anrempeln*) bump into someone
**Rennfahrer(in)** (*Auto*) racing driver
**Rennpferd** racehorse
**Rennrad** racing bike
**Rennsport** racing
**Rennwagen** racing car
**renovieren** 1 renovate ['renəveɪt]
2 (*streichen, tapezieren*) redecorate [ˌriː'dekᵊreɪt]
**Renovierung** 1 renovation [ˌrenə'veɪʃᵊn]
2 (*Streichen, Tapezieren*) redecorating [ˌriː'dekᵊreɪtɪŋ]
**rentabel** profitable ['prɒfɪtəbl]
**Rente** [old age] pension ['penʃᵊn]; **in Rente gehen** retire

**! Vorsicht Falle** Das englische Wort **rent** bedeutet ‚Miete'!

**Rentier** reindeer ['reɪndɪəʳ]
**Rentner(in)** [old age] pensioner, OAP
**Reparatur** repair; **etwas in Reparatur geben** have something repaired
**reparieren** repair; (*ausbessern*) mend
**Reportage** report
**Reporter(in)** reporter [rɪ'pɔːtəʳ]
**Repräsentant(in)** representative
**Repräsentantenhaus** House of Representatives (USA)
**Reptil** reptile ['reptaɪl]
**Republik** republic [rɪ'pʌblɪk]
**Republikaner(in)** republican
**Reservat** (*für Tiere und Pflanzen*) [nature] reserve
**Reserve** reserve [rɪ'zɜːv] (**an** of)
**Reservespieler(in)** reserve [rɪ'zɜːv]
**reservieren** reserve [rɪ'zɜːv]
**resignieren** give up

**! Vorsicht Falle** Das englische Verb **resign** bedeutet kündigen!

**Respekt** respect [rɪ'spekt] (**vor** for); **vor jemandem/etwas Respekt haben** respect somebody/something
**respektieren** respect [rɪ'spekt]
**respektlos** disrespectful [ˌdɪsrɪ'spektfᵊl]
**respektvoll** respectful [rɪ'spektfᵊl]
**Rest** 1 (*Überbleibsel*) rest; **der letzte Rest** the last bit
2 *eines Gebäudes:* remains [rɪ'meɪnz] ⚠ *Plural*
3 **die Reste** (*vom Essen*) the left-overs ⚠ *Plural*
4 *einer Gleichung:* remainder [rɪ'meɪndəʳ]
**Restaurant** restaurant ['restᵊrɒnt]
**restaurieren** restore
**restlich** remaining; **die restlichen …** the rest of the …
**restlos** **restlos ausverkauft** completely sold out
**Resultat** (*Ergebnis*) result
**Retortenbaby** test-tube baby
**retten** 1 (*erretten*) save (**vor** from); **jemandem das Leben retten** save somebody's life; **jemanden vor dem Ersticken retten** save somebody from suffocating
2 (*befreien*) rescue ['reskjuː]
3 **sich retten** escape
**Rettung** 1 rescue ['reskjuː]
2 **du bist meine letzte Rettung** you're my last hope
**Rettungsboot** lifeboat
**rettungslos** 1 *Lage:* hopeless
2 **rettungslos verliebt sein** hopelessly in love (**in** with)
**Rettungsring** lifebelt
**Rettungsschwimmer(in)** lifeguard
**Rettungswagen** ambulance
**Reue** remorse (**über** of)
**revanchieren** 1 **sich [bei jemandem] revanchieren** take one's revenge [on somebody] (**für** for)
2 **ich werde mich bei Gelegenheit revanchieren** (*sich erkenntlich zeigen*) I'll make it up to you another time
**Revier** 1 *eines Tiers:* territory
2 (*Polizeiwache*) beat (GB), precinct ['priːsɪŋt] (USA)
3 (*Polizeistation*) police station (GB), station house (USA)
**Revolution** revolution [revᵊ'luːʃᵊn]
**Revolver** gun, revolver [rɪ'vɒlvəʳ] (GB)
**Rezept** 1 (*für Arznei*) prescription (**für** for)
2 (*Kochrezept*) recipe ['resɪpi] (**für** for)
**rezeptfrei** *Medikament:* non-prescription, available without prescription *nachgestellt*
**rezeptpflichtig** available on prescription *nachgestellt*
**Rhinozeros** rhinoceros [raɪ'nɒsᵊrəs]
**Rhythmus** rhythm ['rɪðᵊm]

**richten** ❶ (*lenken*) direct [daɪ'rekt] (**auf** towards)
❷ turn *Augen, Aufmerksamkeit, Blicke* (**auf** on)
❸ (*in Ordnung bringen*) fix; **ich richte das schon wieder** I'll fix it
❹ **sich richten** (*sich wenden*) *Aufmerksamkeit:* be turned (**auf** towards); *Kritik, Protest:* be directed [*oder* aimed] (**gegen** at, against)
❺ **sich richten** (*sich herrichten*) get ready
❻ **sich nach den Regeln richten** comply with the rules
❼ **diese Frage richtet sich an Sie** this question is aimed at you
❽ **ich richte mich ganz nach dir** I'll fit in with you

**Richter(in)** judge [dʒʌdʒ]

**richtig** ❶ (*nicht falsch*) correct, right; **sehe ich das richtig?** am I right?
❷ **richtig!** (*stimmt!*) that's right!
❸ (*wirklich*) proper, real
❹ (*auf korrekte Weise*) right, correctly; **etwas richtig machen** do something the right way; **geht deine Uhr richtig?** is your watch right?
❺ (*geradezu*) really; **das ist richtig lecker!** this is really tasty!

> **! Vorsicht Falle** **Right** oder **true**? Wenn etwas richtig ist oder man dem zustimmt, was jemand gerade gesagt hat, verwendet man **right:** *I have the right answer; that's right, I'm going to visit my pen friend.* Wenn etwas stimmt und auf Fakten basiert, verwendet man hingegen **true:** *Is it true that you're going to London next week?; it's true what she said — I am leaving the company.*

**Richtlinien** guidelines ['gaɪdlaɪnz]

**Richtung** ❶ direction [dɪ'rekʃᵊn]; **in Richtung Norden** towards the North; **in alle/allen Richtungen** in all directions
❷ *einer Ansicht, Tendenz:* trend

**riechen** smell; **an/nach etwas riechen** smell at/of something; **gut/schlecht riechen** smell good/bad

**Riegel** ❶ (*an Türschloss*) bolt
❷ (*Stück*) bar; **ein Riegel Schokolade** a bar of chocolate

**Riemen** ❶ (*Gürtelriemen*) strap
❷ (*Treibriemen*) belt

**Riese** giant [dʒaɪənt]

**riesig** gigantic [dʒaɪ'gæntɪk], enormous

**Riff** reef [riːf]

**Rind** cow [kaʊ]; **Rinder** cattle ⚠ *Plural*

**Rinde** ❶ *von Käse:* rind [raɪnd]
❷ (*Baumrinde*) bark
❸ (*Brotrinde*) crust

**Ring** ring

**ringen** ❶ (*Ringkampf machen*) wrestle ['resl] (**mit** with)
❷ (*kämpfen*) struggle (**um** for); **nach Atem ringen** gasp for breath

**Ringer(in)** wrestler ['resləʳ]

**Ringkampf** wrestling ['reslɪŋ] match

**Rinne** channel

**rinnen** (*fließen*) run

**Rippe** rib

**Risiko** risk; **ein Risiko eingehen** take a risk; **auf eigenes Risiko** at one's own risk

**riskant** risky

**riskieren** risk; **du musst schon etwas riskieren** you'll have to take a risk

**Riss** ❶ (*in Stoff*) rip, tear [teəʳ]
❷ (*Sprung*) crack

**Ritt** ride

**Ritter** knight [naɪt]

**Ritual** ritual ['rɪtʃuəl]

**Ritze** crack

**ritzen** scratch

**Rivale, Rivalin** rival ['raɪvᵊl]

**Robbe** seal

**Robe** ❶ (*Amtsrobe*) robe [rəʊb]
❷ (*Abendkleid*) gown

**Roboter** robot ['rəʊbɒt]

**robust** ❶ (*widerstandsfähig*) robust [rəʊ'bʌst]
❷ (*kräftig gebaut*) rough [rʌf]

**Rock** ❶ (*Kleidungsstück*) skirt [skɜːt]
❷ (*Musik*) rock

**Rodel** sleigh [sleɪ]

**rodeln** sledge

**Roggen** rye [raɪ]

**roh** ❶ (*ungebraten*) raw
❷ (*grob*) *Mensch:* rough

**Rohfassung** rough [rʌf] draft

**Rohr** ❶ (*Röhre*) pipe
❷ (*Schilf*) reed

**Röhrchen** **ich musste ins Röhrchen blasen** I was breathalyzed ['breθᵊlaɪzd]

**Röhre** ❶ (*Rohr*) tube [tʃuːb]
❷ (*Backofen*) oven ['ʌvᵊn]

**Rohstoff** raw material

**Rolle** ❶ (*Gerolltes*) roll [rəʊl]
❷ (*Garnrolle*) reel
❸ (*im Sport*) forward roll; **eine Rolle rückwärts machen** do a backward roll
❹ (*im Film, Theater*) part, role [rəʊl]
❺ [**das**] **spielt keine Rolle!** never mind!; **Geld**

**spielt keine Rolle!** money is no object!
**rollen** 1 (*kugeln*) roll [rəʊl]
2 (*aufrollen*) roll up
**Roller** scooter; **Roller fahren** ride a scooter
**Rollfeld** runway
**Rollladen** shutter
**Rollschuh** roller skate; **Rollschuh laufen** roller-skate
**Rollschuhläufer(in)** roller skater
**Rollstuhl** wheelchair
**Rollstuhlfahrer(in)** wheelchair user
**Rolltreppe** escalator
**Roman** novel ['nɒvᵊl]
**romantisch** romantic [rəʊ'mæntɪk]
**Römer(in)** Roman ['rəʊmᵊn]
**römisch** Roman ['rəʊmᵊn]
**röntgen** X-ray ['eksreɪ]
**Röntgenbild** X-ray
**Röntgenstrahlen** X-rays
**rosa** pink
**Rose** rose [rəʊz]
**Rosenkohl** Brussels sprouts ⚠ *Plural*
**rosig** rosy
**Rosine** raisin ['reɪzᵊn]
**Rost**[1] **der** (*auf Metall*) rust
**Rost**[2] **der** (*Bratrost*) grill
**rosten** get rusty, rust
**rösten** 1 toast *Brot*
2 roast *Fleisch, Kaffee*
3 fry *Kartoffeln*
**rostfrei** stainless
**rostig** rusty
**Rot** 1 red
2 **die Ampel stand auf Rot** the lights were red
**rot** 1 red; **rote Rübe** beetroot
2 **rot werden** blush
**rotblond** strawberry blonde
**rotbraun** reddish brown
**Röteln** German measles ['mi:zlz] ⚠ *Singular*
**röten** **sich röten** turn red
**rothaarig** red-haired
**rotieren** rotate
**Rotstift** red pencil
**Rotwein** red wine
**Route** route [ru:t]
**Routine** routine [ru:'ti:n]
**Rubin** ruby ['ru:bi]
**Ruck** 1 (*Stoß*) jerk, start
2 *von Fahrzeugen:* jolt
**ruckartig** jerky
**Rücken** back; **mir tut der Rücken weh** I have a sore back, my back is aching
**rücken** 1 (*Platz machen*) move [over]; **können Sie etwas rücken?** could you move over a bit?
2 **etwas rücken** move something
**Rückenschwimmen** backstroke
**Rückenwind** tail wind
**Rückfahrkarte** return ticket (GB), round-trip ticket (USA)
**Rückfahrt** return journey
**Rückfall** (*bei Krankheit*) relapse ['ri:læps]
**Rückflug** return flight [flaɪt]
**Rückgang** drop, fall (**an** in)
**rückgängig** **rückgängig machen** cancel *Auftrag, Termin;* call off *Verabredung*
**Rückgrat** backbone, spine
**Rückhand** (*beim Tennis*) backhand
**Rückkehr** return
**Rücklicht** rear light
**Rückreise** return journey
**Rucksack** backpack, rucksack ['rʌksæk] (GB)
**Rückschlag** (*Rückfall*) relapse ['ri:læps]
**Rückseite** 1 *von Blatt, Zeitung:* back page
2 *von Banknote:* reverse [rɪ'vɜ:s]
**Rücksicht** consideration; **keine Rücksicht auf jemanden nehmen** show no consideration for someone
**rücksichtslos** 1 (*unüberlegt*) inconsiderate [ˌɪnkən'sɪdᵊrət]; *Verhalten:* reckless
2 (*skrupellos*) ruthless
**rücksichtsvoll** considerate [kən'sɪdᵊrət], thoughtful ['θɔ:tfᵊl] (**gegenüber** towards)
**Rücksitz** (*im Auto*) backseat
**Rückstand** 1 (*Verzug*) delay; **er ist mit der Miete 3 Monate im Rückstand** his rent is 3 months in arrears
2 (*im Sport*) **mit drei Punkten im Rückstand sein** be three points down
**rückständig** 1 (*überfällig*) overdue [ˌəʊvə'dju:]
2 (*zurückgeblieben*) backwards
**Rücktritt** 1 (*vom Amt*) resignation [rezɪg'neɪʃᵊn]
2 (*vom Vertrag*) withdrawal [wɪð'drɔ:ᵊl]
**rückwärts** backwards; **rückwärts fahren** back up, reverse
**Rückwärtsgang** reverse gear
**Rückweg** way back
**Rückzug** retreat [rɪ'tri:t]
**Rudel** 1 (*Hunde, Wölfe*) pack
2 (*Wild*) herd [hɜ:d]
**Ruder** 1 (*Bootsruder*) oar [ɔ:ʳ]
2 (*Steuerruder*) rudder ['rʌdəʳ]
**Ruderboot** rowing-boat ['rəʊɪŋbəʊt] (GB), row boat (USA)
**rudern** row [rəʊ]
**Ruf** 1 call, shout [ʃaʊt]; (*Schrei*) cry

② (*Ansehen*) reputation [repjuːˈteɪʃᵊn]
**rufen** ① (*herbeirufen*) call
② **rufen lassen** send for *Arzt, etc*
③ (*schreien*) cry, shout [ʃaʊt]; **um Hilfe rufen** cry [*oder* call] for help
**rügen** reprimand [ˈreprɪmɑːnd] (**wegen** for)
**Ruhe** ① (*Schweigen*) quiet [ˈkwaɪət]; **Ruhe, bitte!** quiet, please!
② (*Stille*) silence
③ (*innere Ruhe*) calm [kɑːm], calmness; **immer mit der Ruhe!** keep calm!
④ (*Erholung*) rest; **viel Ruhe brauchen** need a lot of rest
⑤ (*Frieden*) **in Ruhe lassen** let alone; **lass mich in Ruhe!** stop bothering me!
**ruhen** rest
**Ruhepause** break
**Ruhestand** retirement; **im Ruhestand** [**sein**] [be] retired
**ruhig** ① (*gelassen*) *auch Meer:* calm [kɑːm]; **bleib ruhig!** keep calm!
② (*geräuscharm*) quiet [ˈkwaɪət]
③ (*als Verstärkung*) **ihr könnt ruhig dableiben** feel free to stay here; **komm ruhig rein** do come in
**Ruhm** glory; **Ruhm erlangen** come to fame
**rühmen** (*loben*) praise [preɪz]
**Rührei** scrambled eggs ⚠ *Plural*
**rühren** ① (*umrühren*) stir; **er rührte seinen Kaffee um** his stirred his caffee
② (*innerlich*) move, touch [tʌtʃ]
③ **sich rühren** (*sich bewegen*) stir; **sich nicht vom Fleck rühren** not budge
**rührend** *Film, etc:* touching [ˈtʌtʃɪŋ]
**Rührung** emotion [ɪˈməʊʃᵊn]
**Ruin** ruin [ˈruːɪn]; **vor dem Ruin stehen** be on the brink [*oder* verge] of ruin
**Ruine** ruin [ˈruːɪn]
**ruinieren** ① ruin [ˈruːɪn] *Firma, Menschen*
② spoil *Kleider*
**rülpsen** belch [beltʃ] *umgangsspr,* burp *umgangsspr*
**Rülpser** burp *umgangsspr*
**Rum** rum [rʌm]
**Rumpf** (*Körper, Leib*) trunk
**rümpfen** ▶ IN WENDUNGEN: **die Nase rümpfen** turn up one's nose (**über** at)
**rund** ① *Form, Summe, etc:* round [raʊnd]
② (*rundherum*) around; **rund um die Welt** around the world; **rund um die Uhr** right around the clock
③ (*etwa*) about
**Runde** ① (*im Rennsport*) lap
② (*beim Boxen*) round
**Rundfahrt** tour
**Rundfunk** broadcasting; **im Rundfunk** on the radio
**Rundgang** ① (*Besichtigung*) tour (**durch** of); **einen Rundgang machen** go on a tour
② (*zur Inspektion*) rounds ⚠ *Plural;* **einen Rundgang machen** do one's rounds
**rundlich** plump
**Rundreise** tour (**durch** of)
**Rundung** curve [kɜːv]
**runzelig** wrinkled [ˈrɪŋkld]
**runzeln** **die Stirn runzeln** frown [fraʊn]
**rupfen** ① pull up *Unkraut*
② pluck *Huhn*
**Rüsche** (*an Kleidung*) frill, ruche [ruːʃ]
**Ruß** soot
**Rüssel** *von Elefant:* trunk
**Rüstung**¹ die (*Ritterrüstung*) armour [ˈɑːməʳ]
**Rüstung**² die (*Aufrüstung*) armament
**Rutschbahn** (*für Kinder*) slide
**rutschen** ① (*gleiten*) slide
② (*nicht gut sitzen*) *Hose, Rock, Strumpf:* slip down
③ (*ausrutschen*) *Mensch:* slip; *Auto:* skid
④ **rutsch mal!** move up a bit!
**rütteln** **an etwas rütteln** rattle at something

# S s

**Saal** hall
**sabbern** dribble
**Sabotage** sabotage [ˈsæbətɑːʒ]
**Sachbuch** non-fiction book
**Sache** ① (*Ding*) thing; (*Gegenstand*) object
② **Sachen** (*Besitz*) things; (*Kleider*) clothes; **seine Sachen packen** pack one's bags
③ (*Angelegenheit*) matter; **das ist meine Sache!** that's my business!
**Sachgebiet** area
**Sachkenntniss** expert knowledge [ˈnɒlɪdʒ]
**sachkundig** ① well-informed, knowledgeable [ˈnɒlɪdʒəbl]
② **sich sachkundig machen** inform oneself
**sachlich** ① (*sachbezogen*) relevant [ˈreləvənt]
② (*objektiv*) objective [əbˈdʒektɪv]; **bleiben Sie mal sachlich!** don't get personal!
③ (*schmucklos*) functional [ˈfʌŋkʃᵊnᵊl]
**sächlich** neuter [ˈnjuːtəʳ]

**Sachschaden** damage to property; **am Haus entstand großer Sachschaden** there was significant damage to the property
**Sachverhalt** circumstances ['sɜːkəmstænsɪz] ⚠ *Plural*, facts ⚠ *Plural*
**Sachverständige(r)** expert ['ekspɜːt]
**Sack** (*aus Jute*) sack [sæk]; (*aus Papier*) bag
**Sackgasse** blind alley, dead end
**sadistisch** sadistic [sə'dɪstɪk]
**säen** sow [səʊ] *Saat*
**Safari** safari [sə'fɑːri]
**Saft** (*Obstsaft*) juice [dʒuːs]
**saftig** ① (*voll von Saft*) juicy ['dʒuːsi]
② (*übertragen*) *Farbe, Wiese:* lush
③ (*übertragen*) *Rechnung, Strafe:* hefty
**Sage** legend ['ledʒənd]
**Säge** saw

**? Grammatik** Die unregelmäßigen Vergangenheitsformen von **say** lauten **said — said**: *Jane* **said** *"Yes"; I* **haven't said** *anything.*

**sagen** ① (*äußern*) say; **sag mal …** say, …; **was sagst du dazu?** what do you say to that?
② (*mitteilen*) tell; **das hab ich dir doch gleich gesagt** I told you so
③ (*bedeuten*) mean; **das hat nichts zu sagen** it's of no account

**! Vorsicht Falle** **Say** oder **tell**? **Say** verwendet man wie das deutsche ‚sagen' zur Wiedergabe von direkter oder indirekter Rede: *"Hello, I'm Stan", he said; no matter what I say, she won't listen; she said that she was not very happy about it.* **Tell** wird hingegen verwendet, wenn man von etwas Bestimmtem erzählt: *he told the police what had happened* oder um eine Anweisung auszudrücken: *I told you to tidy up your room; she told me to go and see a doctor.*

**sägen** saw
**sagenhaft** ① legendary ['ledʒəndri]
② (*enorm*) fabulous
③ (*sehr*) **sagenhaft schön** incredibly beautiful
**Sahne** cream
**Saison** season ['siːzᵊn]
**Saite** string
**Salat** ① (*Gericht*) salad ['sæləd]
② (*Pflanze*) lettuce ['letɪs]
**Salatsoße** salad dressing
**Salbe** ointment
**Salon** (*Friseursalon*) salon ['sælɒn]
**Salz** salt [sɒlt]
**salzen** salt [sɒlt]
**salzig** salty ['sɒlti]
**Salzwasser** saltwater
**Samen** *von Pflanze:* seed
**sammeln** ① (*auflesen, ernten*) gather
② collect *Briefmarken, etc*
**Sammlung** collection
**Samstag** Saturday ['sætədeɪ]
**Samt** velvet
**Sand** sand [sænd]
**Sandale** sandal ['sændᵊl]
**sandig** sandy
**sanft** ① (*weich*) soft; **mit sanfter Stimme** softly, in a soft voice
② (*leicht*) gentle
**Sänger(in)** singer (GB), vocalist (USA)
**sanieren** ① redevelop [ˌriːdɪ'veləp] *Stadtgebiet*
② put on it's feet *Firma*
**Sanierung** ① *von Stadtgebiet:* redevelopment [ˌriːdɪ'veləpmənt]
② *von Firma:* rehabilitation [ˌriːhəbɪlɪ'teɪʃᵊn]
**sanitär** **sanitäre Anlagen** sanitation facilities
**Sardine** sardine [sɑː'diːn]
**Sarg** coffin (GB), casket (USA)
**Satellit** satellite ['sætᵊlaɪt]
**Satellitenfernsehen** satellite television
**Satellitenschüssel** satellite dish
**Satire** satire ['sætaɪəʳ] (**auf** on)
**satt** ① (*gesättigt*) full; **bist du satt [geworden]?** have you had enough to eat?
② (*kräftig*) *Farbe:* rich
③ **etwas satt haben** be fed up with something
**Sattel** saddle
**Satz** ① (*Sprache*) sentence
② (*beim Tennis*) set
③ **ein Satz Briefmarken** a set of stamps
④ (*Sprung*) jump, leap; **einen Satz machen** jump, leap
**Satzbau** syntax ['sɪntæks]
**Satzzeichen** punctuation mark
**sauber** ① (*rein*) clean
② (*gut gearbeitet*) accurate ['ækjərət]
③ **etwas sauber halten** keep something clean
**Sauberkeit** cleanliness ['klenlinəs]
**säubern** (*reinigen*) clean
**sauer** ① sour ['saʊəʳ]
② (*chemisch*) acidic; **saurer Regen** acid rain
③ (*übertragen: ärgerlich*) cross (**auf** with); **sauer werden** get annoyed
**Sauerstoff** oxygen ['ɒksɪdʒən]
**saufen** ① (*slang: Alkohol trinken*) booze *umgangsspr*
② *Tier:* drink
**saugen** ① (*einsaugen*) suck

② (*mit Staubsauger*) vacuum ['vækjuːm], hoover *umgangsspr*
③ **an etwas saugen** suck something
**Säugetier** mammal
**Säugling** baby
**Säule** column ['kɒləm]
**Sauna** sauna ['sɔːnə]
**Säure** (*chemische*) acid
**sausen** ① *Fahrzeug:* roar [rɔːʳ]
② *Wind:* whistle ['wɪsl]
**schaben** scrape
**schäbig** ① (*unansehnlich*) shabby, tacky (USA)
② (*gemein*) mean (GB)
**Schach** ① (*Spiel*) chess
② (*Spielstellung: Schach bieten*) check!
**Schachbrett** chessboard
**Schachfigur** chessman
**schachmatt** ① (*im Spiel*) mated; **schachmatt!** checkmate!
② (*übertragen: erledigt*) knackered ['nækəd] *umgangsspr*
**Schachtel** ① box
② **eine Schachtel Zigaretten** a packet of cigarettes
③ (*abwertend*) **alte Schachtel!** old bag!
**schade** **wie schade!** that's a shame!; **schade, dass du nicht bleiben kannst** what [*oder* it's] a pity you can't stay
**Schädel** *von Skelett:* skull
**Schaden** ① damage (**durch** caused by, **an** to)
② **großen Schaden anrichten** do a lot of damage (**an** to); **jemandem Schaden zufügen** do harm to someone
**schaden** ① (*Schaden zufügen*) damage
② (*schädlich sein*) harm
**Schadenersatz** compensation
**schädlich** damaging, harmful (**für** to)
**Schädling** pest
**Schadstoff** pollutant
**Schaf** (*Tier*) sheep

> **? Grammatik** Die Mehrzahl von **sheep** ist ebenfalls **sheep**: *a flock of a hundred sheep.*

**schaffen** ① (*erzeugen*) create
② (*erreichen*) manage; pass *Prüfung;* **ich hab's geschafft!** I did it!
③ **schaff mir den Hund fort!** get that dog out!
④ **sich an etwas zu schaffen machen** fiddle about with something
▶ IN WENDUNGEN: **jemandem zu schaffen machen** give someone trouble
**Schaffner(in)** ① (*im Bus*) conductor
② (*im Zug*) conductor, guard [gɑːd] (GB)
**Schal** scarf

> **? Grammatik** Die Mehrzahl von **a scarf** ist **scarves**: *I have four knitted scarves.*

**schal** *Getränk:* flat; *Geschmack:* stale
**Schale** ① (*Gefäß*) bowl [bəʊl]
② (*äußere Hülle von Obst*) skin, peel
③ *von Schalentieren:* shell
**schälen** ① pare *Apfel*
② shell *Ei*
③ peel *Orange*
④ **sich schälen** *Haut, Lack:* peel
**Schall** sound
**Schallplatte** record ['rekɔːd]
**schalten** ① (*im Auto*) change gear; **in den dritten [Gang] schalten** change into third [gear] (GB), shift into third [gear] (USA)
② (*per Schalter*) switch (**auf** to)
**Schalter**[1] der (*Hebel*) switch
**Schalter**[2] der ① (*in Bank, Post*) counter
② (*Fahrkartenschalter*) ticket window
**Schalthebel** gearlever ['gɪəˌliːvəʳ]
**Schaltjahr** leap year
**Schaltknüppel** gearstick
**Scham** shame [ʃeɪm]
**schämen** **sich schämen** be ashamed (**wegen** of)
**Schande** ① disgrace; **so eine Schande!** this is a disgrace!
② **mach uns keine Schande!** don't disgrace us!
**schändlich** disgraceful
**Schar** ① (*Menge*) crowd [kraʊd]; **in Scharen** in droves
② (*Vögel*) flock
③ (*Gruppe*) band
**scharf** ① (*schneidend*) *auch Zunge, Bemerkung:* sharp
② *Essen:* hot
③ *Hund:* fierce [fɪəs]
④ (*streng*) severe [səˈvɪəʳ], tough [tʌf]
⑤ (*klar*) sharp; *Auge:* keen
⑥ **scharfer Verstand** piercing ['pɪəsɪŋ] intellect
⑦ **scharf nachdenken** think hard
⑧ **scharf nach links abbiegen** turn sharp left
⑨ **scharf schießen** shoot with live ammunition
⑩ **scharf auf jemanden/etwas sein** be very keen on somebody/something
**schärfen** sharpen
**Scharnier** hinge [hɪndʒ]
**Schatten** ① shade; **30° im Schatten** 30 degrees in the shade

(2) *eines Menschen oder Gegenstandes:* shadow ['ʃædəʊ]

> **! Vorsicht Falle** **Shade** oder **shadow? Shade** ist der Schatten, in den man geht, wenn es in der Sonne zu heiß ist: *I prefer to sit in the shade rather than in the sun; the tree provided some shade from the sun.* **Shadow** dagegen ist der Schatten, den jemand oder ein Gegenstand wirft: *Just before the sun sets our shadows are very long.*

**schattig** shady
**Schatz** (1) treasure ['treʒəʳ]
(2) **Schätze** (*Reichtümer*) riches
(3) (*Kosewort*) sweetheart (GB), cutie (USA)
**schätzen** (1) (*hochachten*) think highly of; **etwas zu schätzen wissen** appreciate [ə'pri:ʃieɪt] something
(2) (*veranschlagen*) assess, estimate ['estɪmeɪt] (**auf** at); **wie alt schätzt du ihn?** how old would you say he is?
(3) (*meinen*) think
**Schätzung** (1) (*Werteinschätzung*) valuation
(2) (*Veranschlagung*) estimate ['estɪmət]
**schätzungsweise** approximately [ə'prɒksɪmətli], roughly ['rʌfli]
**Schau** (1) (*Vorführung*) show; **etwas zur Schau stellen** exhibit ['egzɪbɪt] something
(2) (*übertragen*) **es war alles nur Schau** it was all show
**Schaubild** diagram ['daɪəgræm]
**Schauder** shiver, shudder
**schauen** (1) (*blicken*) look (**auf** at)
(2) (*nachsehen*) have a look; **ich schau mal nach** I'll [go and] have a look
**Schauer** shower ['ʃaʊəʳ]
**Schaufel** shovel ['ʃʌvᵊl]
**schaufeln** shovel ['ʃʌvᵊl]
**Schaufenster** shop-window
**Schaufensterbummel** window-shopping
**Schaukel** swing
**schaukeln** (1) (*auf Schaukel*) swing
(2) (*auf Stuhl*) rock
**Schaum** (1) foam
(2) (*Seifenschaum*) lather
(3) (*Bierschaum*) froth
**schäumen** (1) foam, froth
(2) *Seife:* lather
**Schaumstoff** foam material
**schaurig** (1) (*entsetzlich*) gruesome ['gru:səm]
(2) (*schlimm*) dreadful
**Schauspiel** (1) (*Theateraufführung*) drama, play
(2) (*Anblick*) sight, spectacle ['spektəkl]
**Schauspieler** actor
**Schauspielerin** actress
**schauspielern** act
**Scheck** cheque [tʃek] (GB), check (USA) (**über** for); **einen Scheck ausstellen** write a cheque; **einen Scheck einlösen** cash a cheque
**Scheckheft** chequebook ['tʃekbʊk] (GB), checkbook (USA)
**Scheckkarte** cheque [guarantee] card (GB), check cashing card (USA)
**Scheibe** (1) disc
(2) (*Schießscheibe*) target
(3) (*Glasscheibe*) pane
(4) (*Brotscheibe*) slice
**Scheibenwischer** windscreen wiper (GB), windshield wiper (USA)
**Scheide** (1) *von Messer:* sheath
(2) (*Körperteil*) vagina [və'dʒaɪnə]
**scheiden** **sich scheiden lassen** get divorced [dɪ'vɔ:sd]; **sich von jemandem scheiden lassen** get a divorce from someone, divorce somebody
**Scheidung** divorce [dɪ'vɔ:s]; **die Scheidung einreichen** file a petition for divorce
**Schein**[1] der (1) (*Bescheinigung*) certificate [sə'tɪfɪkət]
(2) (*Geldschein*) note [nəʊt] (GB), bill (USA)
**Schein**[2] der (1) (*Anschein*) appearances [ə'pɪərᵊnsɪz] ⚠ *Plural;* **zum Schein** in pretence
(2) (*Lichtschein*) light; (*Schimmer*) gleam
**scheinbar** (1) (*anscheinend*) *Widerspruch:* apparent
(2) (*allem Anschein nach*) seemingly, apparently
(3) **sie hörte nur scheinbar zu** she only pretended to be listening
**scheinen** (1) (*leuchten*) shine
(2) (*den Anschein haben*) appear, seem; **mir scheint …** it seems to me …; **es scheint mir, dass …** it appears to me that …

> **? Grammatik** Die unregelmäßigen Vergangenheitsformen von **shine** lauten **shone — shone**: *the sun* **shone** *all morning.*

**scheinheilig** hypocritical [ˌhɪpə'krɪtɪkᵊl]
**Scheinwerfer** (1) (*am Auto*) headlamp, light
(2) (*zur Beleuchtung* [*im Stadion, etc*]) floodlight ['flʌdlaɪt]
**Scheiße** (1) (*Kot*) shit *vulgär*
(2) (*als Ausruf*) shit! *vulgär*
**scheißen** shit *vulgär*
**Scheitel** parting (GB), part (USA)

**scheitern** ① (*fehlschlagen*) fail (**an** because of); **sein Versuch scheiterte** he failed in his attempt
② (*im Sport*) be defeated (**an** by)
**Schema** ① (*Muster*) pattern ['pætᵊn]
② (*Diagramm*) diagram ['daɪəgræm]
**Schenkel** (*Oberschenkel*) thigh [θaɪ]
**schenken** give; **was schenkst du ihm zum Geburstag?** what will you get him for his birthday?; **das habe ich geschenkt bekommen** I got it as a present
▶ IN WENDUNGEN: **das Museum können wir uns schenken** we can give the museum a miss
**Scherbe** fragment, [broken] piece
**Schere** scissors ['sɪzəz] ⚠ *Plural;* **eine Schere** a pair *Singular* of scissors; **wo ist meine Schere?** where are my scissors?

**! Vorsicht Falle** Das Wort **scissors** steht immer in der Mehrzahl: *where* **are** *the scissors?* **a pair of scissors** wird jedoch in der Einzahl verwendet: *this* **is** *my pair of scissors.*

**Scherz** joke; **zum Scherz** for a joke
**scherzen** jest, joke
**scheu** shy; (*zaghaft*) timid ['tɪmɪd]
**scheuern** ① (*putzen*) scour [skaʊəʳ]; (*schrubben*) scrub
② (*reiben*) chafe [tʃeɪf] (**an** at)
**Scheune** barn
**scheußlich** ① (*schlimm*) dreadful
② (*ekelhaft*) hideous ['hɪdiəs]; **scheußliches Wetter** awful weather
**Schicht**[1] die ① (*Lage, Staubschicht*) layer
② (*auf Flüssigkeiten*) film
③ (*Farbschicht*) coat
④ (*Gesellschaftsschicht*) [social] class
**Schicht**[2] die (*Arbeitsabschnitt*) shift
**schick** elegant ['elɪgᵊnt], smart
**schicken** ① send
② **jemanden einkaufen schicken** send someone to do the shopping

**? Grammatik** Die unregelmäßigen Vergangenheitsformen von **send** lauten **sent — sent**: *my aunt* **sent** *me a parcel for my birthday; the parcel* **was sent** *by airmail.*

**Schicksal** fate
**schieben** push; (*mit mehr Kraft*) shove [ʃʌv]
**Schiedsrichter(in)** referee; (*bei Ballspielen, Hockey*) umpire ['ʌmpaɪəʳ]
**schief** ① (*krumm*) crooked ['krʊkɪd]
② (*geneigt*) tilted; **das Bild hängt schief** the picture isn't straight [streɪt]
③ **irgendwas muss schief gegangen sein!** something must have gone wrong [rɒŋ]!
**schielen** squint
**Schiene** (*Bahnschiene*) rail
**schier** nearly, almost; **das ist der schiere Wahnsinn!** that's sheer madness! *umgangsspr*
**schießen** ① shoot; fire *Kugel;* kick *Ball;* score *Tor*
② shoot (**auf** at); (*mit Schusswaffe*) fire (**auf** at)

**? Grammatik** Die unregelmäßigen Vergangenheitsformen von **shoot** lauten **shot — shot**: *the gangster* **shot** *the sheriff; he* **has been shot** *in the arm.*

**Schießerei** shoot-out
**Schiff** ship
**Schiffbruch** shipwreck ['ʃɪprek]; **Schiffbruch erleiden** be shipwrecked
**Schifffahrt** (*das Schifffahren*) shipping
**Schikane** harassment ['hærəsmənt]
**schikanieren** harass ['hærəs]; (*tyrannisieren*) bully ['bʊli]
**Schild**[1] der (*Schutzschild*) shield
**Schild**[2] das ① (*Zeichen*) sign; (*an Tür*) nameplate
② (*Preisschild*) ticket
**schildern** describe; (*umreißen*) sketch
**Schilderung** ① (*Beschreibung*) description
② (*Bericht*) account
**Schildkröte** (*Seeschildkröte*) turtle; (*Landschildkröte*) tortoise ['tɔːtəs]
**Schimmel**[1] der (*Pferd*) white horse
**Schimmel**[2] der (*Schimmelpilz*) mould [məʊld]
**schimmelig** (*verschimmelt*) mouldy ['məʊldi]
**Schimmer** gleam, glimmer
**Schimpanse** chimpanzee [ˌtʃɪmpᵊn'ziː]
**schimpfen** curse (**auf** at); **mit jemandem schimpfen** tell someone off
**Schimpfwort** swearword
**Schinken** ham
**Schirm** umbrella; (*Sonnenschirm*) sunshade
**Schlacht** battle
**schlachten** slaughter ['slɔːtəʳ]
**Schlachtfeld** battle-field
**Schlaf** sleep; **einen festen/leichten Schlaf haben** be a sound/light sleeper
**Schlafanzug** pyjamas [pɪ'dʒɑːmə] ⚠ *Plural* (GB), pajamas [pə'dʒɑːmə] ⚠ *Plural* (USA)

**! Vorsicht Falle** **pyjamas** wird immer in der Mehrzahl gebraucht: *where* **are** *my pyjamas?* Aber **a pair of pyjamas** (= Schlafanzug) wird in der Einzahl gebraucht: **is** *this my pair of pyjamas?*

**schlafen** ① sleep

2 **bei jemandem schlafen** stay overnight with someone
3 **mit jemandem schlafen** sleep with someone

**? Grammatik** Die unregelmäßigen Vergangenheitsformen von **sleep** lauten **slept — slept**: *I* **slept** *very well last night; I* **have** *never* **slept** *in a bunk bed.*

**schlaff** 1 (*herabhängend*) slack
2 (*welk, matt*) flabby
3 (*kraftlos*) limp
**Schlaflosigkeit** insomnia [ɪn'sɒmniə]
**schläfrig** drowsy ['draʊzi], sleepy
**Schlafsaal** dorm[itory] ['dɔːmɪtəri]
**Schlafsack** sleeping-bag
**Schlafwagen** sleeping-car
**Schlafzimmer** bedroom
**Schlag** 1 blow [bləʊ]
2 **eine Hose mit Schlag** flares ⚠ *Plural, kein ‚a' oder ‚the'*, a pair of flares *Singular*
3 (*Herzschlag*) beat
4 (*elektrischer Schlag*) shock
► IN WENDUNGEN: **ein Schlag ins Gesicht** a slap in the face; **das ist ein harter Schlag** that's a hard blow
**Schlaganfall** stroke
**schlagen** 1 strike
2 (*prügeln*) beat
3 (*treffen*) hit
4 (*mit Werkzeug*) knock
5 (*besiegen*) beat, defeat; **jemanden im Tennis schlagen** beat someone at tennis
6 **gegen die Tür schlagen** beat on the door
7 *Herz:* beat
8 *Turmuhr:* strike
9 **sich mit jemandem schlagen** have a fight with someone
**Schlager** 1 (*Lied*) pop-song
2 (*Hit*) hit
**Schläger** racquet ['rækɪt] GB, racket USA; (*für Hockey*) stick; (*für Tischtennis*) bat
**Schlägerei** brawl [brɔːl], fight
**Schlagsahne** whipped cream
**Schlagzeile** headline
**Schlagzeug** drums ⚠ *Plural*
**Schlagzeuger(in)** drummer
**Schlamm** mud
**schlampig** 1 (*unordentlich*) untidy
2 *Arbeit, Tätigkeit:* slipshod
**Schlange**[1] die snake
**Schlange**[2] die (*Menschenschlange*) queue [kjuː] GB, line USA; **Schlange stehen** queue up GB, stand in line USA
**schlank** slim
**schlapp** shattered, worn out
**schlau** 1 (*verschlagen*) cunning, wily
2 (*klug*) clever, smart
**Schlauch** 1 (*Wasserschlauch*) hose
2 (*im Reifen*) tube
**Schlauchboot** rubber dinghy ['dɪŋgi]
**schlecht** 1 (*nicht gut*) bad; (*ungenügend*) poor
2 (*verdorben: Milch*) off; **die Milch ist schlecht** the milk is [*oder* has gone] off
3 **mir ist schlecht** I feel sick
4 **er spielt schlecht Tennis** he's bad at tennis; **sie war immer schlecht in Sprachen** she was always poor at languages
5 **schlecht über jemanden reden** speak ill of someone
6 **das geht schlecht** that's not really possible
7 **schlecht gelaunt** bad-tempered
**schleichen** 1 (*langsam gehen*) creep
2 *Zeit:* drag
**Schleier** veil [veɪl]
**Schleife** bow [bəʊ]; (*Schlaufe*) loop
**schleifen**[1] (*ziehen*) drag
**schleifen**[2] 1 (*zuschleifen*) cut
2 (*schärfen*) sharpen
**Schleim** slime
**schleimig** slimy
**schlendern** saunter ['sɔːntəʳ]
**schleppen** 1 (*schwer tragen*) lug
2 (*hinter sich herschleppen*) drag along; (*abschleppen*) tow [təʊ]
3 **sich schleppen** drag oneself
**schleudern** 1 (*werfen, stoßen*) hurl; (*mit Schleuder*) sling
2 *Auto:* skid
**Schleuse** (*Kanalschleuse*) lock
**schlicht** simple; **das ist schlicht und einfach falsch** that is purely and simply wrong
**schließen** 1 (*zumachen*) close, shut
2 (*beenden*) close
3 conclude; **Frieden schließen** make peace
4 **eine Lücke schließen** close a gap
5 (*zumachen*) close [*oder* shut] down
6 (*schlussfolgern*) infer [ɪn'fɜːʳ]
7 **die Tür schließt nicht richtig** the door doesn't close properly
8 **die Hunde wurden in den Zwinger geschlossen** the dogs were locked into the kennel

**? Grammatik** Die unregelmäßigen Vergangenheitsformen von **shut** lauten **shut — shut**: *Paul*

**shut** *the window;* **have** *you* **shut** *the front door?*

**Schließfach** (*Gepäckschließfach*) left-luggage locker

**schließlich** 1 (*endlich*) eventually, finally
2 (*immerhin*) after all

**schlimm** 1 bad
2 **es hätte schlimmer kommen können** it could have been worse
3 **ist doch halb so schlimm** it's not as bad as all that
4 **das Schlimmste daran ist ...** the worst of it is ...

**Schlinge** 1 (*Schleife, Öse*) loop
2 (*zum Fangen*) snare
3 (*Binde*) sling

**schlingen** 1 (*binden*) tie [taɪ]
2 *Pflanze:* **sich um etwas schlingen** coil [kɔɪl] itself around something

**Schlips** tie (GB), necktie ['nektaɪ] (USA)

**Schlitten** sledge (GB), sled (USA); **Schlitten fahren** go tobogganing [tə'bɒgᵊnɪŋ]

**Schlittschuh** [ice-] skate

**Schlittschuhläufer(in)** skater

**Schlitz** slit; (*Einwurfschlitz*) slot

**Schloss** 1 (*Burg*) castle ['kɑːsl]; (*Palast*) palace ['pælɪs]
2 (*Verschluss*) lock

**Schlosser(in)** locksmith; (*Bauschlosser*) fitter

**schluchzen** sob

**Schluck** gulp; (*Mundvoll*) sip

**Schluckauf** hiccups ['hɪkʌpz] ⚠ *Plural*

**schlucken** 1 swallow ['swɒləʊ]; (*herunterwürgen*) gulp down
2 swallow; **das schluckt meine ganzen Ersparnisse** that swallows up all my savings

**schlüpfen** 1 slip
2 *Tiere:* hatch out

**schlürfen** slurp

**Schluss** 1 (*Ende, Halt*) end
2 (*Abschluss*) ending
3 **jetzt ist aber Schluss!** that's enough now!
4 **Schluss für heute!** that's it for today!
5 **Schluss machen** (*mit der Arbeit*) call it a day; **mit jemandem Schluss machen** finish with someone
6 **zum Schluss** in the end
7 **welchen Schluss ziehen Sie daraus?** what conclusion do you draw from all this?

**Schlüssel** 1 key (**zu** to)
2 (*Schraubenschlüssel*) spanner ['spænəʳ] (GB), wrench [renʃ] (USA)
3 (*Notenschlüssel*) clef [klef]

**Schlüsselbund** bunch of keys

**Schlüsselloch** keyhole

**Schlussfolgerung** conclusion

**schmackhaft** tasty; **jemandem etwas schmackhaft machen** make something palatable ['pælətəbl] to someone

**schmal** 1 (*eng*) narrow ['nærəʊ]; **schmale Lippen** thin lips
2 (*schlank*) slender, slim

**Schmarotzer** 1 (*Mensch*) sponger ['spʌndʒəʳ] (GB), freeloader (USA)
2 (*Tiere, Pflanzen*) parasite ['pærəsaɪt]

**schmecken** 1 (*Geschmack haben*) taste (**nach** of); **gut schmecken** taste good [*oder* nice]
2 **das schmeckt mir nicht** I don't like the taste of it; **wie schmeckt's?** how do you like it?

**schmeicheln** flatter

**schmeißen** throw [θrəʊ] *Ball*

**schmelzen** melt

**Schmerz** 1 pain
2 **Schmerzen haben** be in pain
3 **er schrie vor Schmerzen** he screamed in pain

**schmerzen** (*weh tun*) hurt

**schmerzhaft** painful

**schmerzlich** (*traurig*) sad

**schmerzlos** painless

**Schmetterling** butterfly

**schmieren** 1 smear [smɪəʳ]
2 lubricate *Maschinen*
3 (*schlecht schreiben*) scrawl [skrɔːl]

**Schmiergeld(er)** bribe ⚠ *Singular*

**Schmierpapier** scrap paper

**Schminke** make-up ['meɪkʌp]

**schminken** **sich schminken** put on make-up

**schmollen** sulk

**schmoren** braise [breɪs]

**Schmuck** 1 (*Juwelen*) jewellery ['dʒuːəlri] (GB), jewelry (USA)
2 (*Dekoration*) decoration [ˌdekᵊ'reɪʃᵊn]

**schmücken** decorate ['dekᵊreɪt]

**schmuddelig** messy, dirty

**schmuggeln** smuggle ['smʌgl]

**Schmuggler(in)** smuggler ['smʌgləʳ]

**schmunzeln** smile

**schmusen** have a cuddle; **mit jemandem schmusen** cuddle someone

**Schmutz** dirt

**schmutzig** dirty

**Schnabel** beak, bill

**Schnalle** (*Schuh-, Gürtelschnalle*) buckle

**schnallen** strap (**an** to)

**schnappen** 1 (*etwas ergreifen, erwischen*) grab,

snatch
2 (*fangen*) nab *umgangsspr;* **die Polizei hat ihn dabei geschnappt, wie er ...** the police nabbed him when he ...
3 **nach Luft schnappen** gasp for air
**schnarchen** snore
**schnauben** *Pferd:* snort
▶ IN WENDUNGEN: **vor Wut schnauben** snort with rage
**schnaufen** puff
**Schnauze** 1 muzzle
2 (*Mund*) trap *umgangsspr*
**schnäuzen sich schnäuzen** blow [bləʊ] one's nose
**Schnecke** snail
**Schneckentempo** ▶ IN WENDUNGEN: **im Schneckentempo** at a snail's pace
**Schnee** snow [snəʊ]
**Schneeball** snowball
**Schneebesen** whisk
**Schneeflocke** snowflake
**Schneemann** snowman
**Schneeregen** sleet
**Schneesturm** snowstorm GB, blizzard ['blɪzəʳd] USA
**schneiden** 1 cut
2 **sich die Nägel schneiden** cut one's nails
3 **sich schneiden** cut oneself; **sich am Finger schneiden** cut one's finger
4 **sich die Haare schneiden lassen** have one's hair cut

? **Grammatik** Die unregelmäßigen Vergangenheitsformen von **cut** lauten **cut — cut**: *Kate* **cut** *the cake into eight pieces; Tom* **has cut** *himself.*

**schneidend** 1 (*beißend*) biting
2 (*durchdringend*) piercing
**Schneider(in)** tailor; (*Damenschneider*) dressmaker
**schneien** snow [snəʊ]
**schnell** 1 fast [fɑːst]; (*rasch*) quick
2 quickly, fast; **er arbeitet schnell** he is a fast worker
**Schnellimbiss** snack-bar
**Schnitt** 1 cut
2 (*Längs-, Querschnitt*) section ['sekʃᵊn]
3 **im Schnitt** on average ['ævᵊrɪdʒ]
**Schnitte eine Schnitte Brot** a slice of bread
**Schnittmenge** intersection
**Schnittpunkt** point of intersection
**Schnittwunde** cut
**schnitzen** carve
**Schnorchel** snorkel ['snɔːkᵊl]
**schnüffeln** 1 (*schnuppern*) sniff (**an** at)
2 *Detektiv:* snoop around
**Schnuller** dummy GB, pacifier USA
**Schnupfen** cold; **Schnupfen haben** have a cold
**schnuppern** sniff; **an etwas schnuppern** sniff something
**Schnur** string; (*Kordel*) cord; (*Leitungsschnur*) flex
**schnurlos** cordless
**Schnurrbart** moustache [mə'stɑːʃ] GB, mustache [mə'stɑːʃ] USA
**schnurren** *Katze:* purr [pɜːʳ]
**Schnürsenkel** shoelace
**Schock** shock
**schockieren** shock
**Schokolade** chocolate ['tʃɒkᵊlət]
**schon** 1 (*bereits*) already; **ich lebe schon seit 2 Jahren in Berlin** I have been living in Berlin for 2 years; **wartest du schon lange?** have you been waiting long?
2 (*jemals*) ever; **sind Sie schon mal in Spanien gewesen?** have you ever been to Spain?
3 **das ist schon möglich** that's quite possible
4 **mach schon!** get a move on!
**schön** 1 (*hübsch*) beautiful, lovely
2 (*angenehm*) nice; **hier ist es schön warm** it's nice and warm here
3 (*gut*) well; **schlaf schön!** sleep well!
4 (*ziemlich*) pretty; **ganz schön lange** quite a while
**schonen** 1 (*verschonen*) spare
2 (*sorgfältig behandeln*) look after, take care of
3 **sich schonen** take care of oneself
**Schönheit** beauty
**schonungslos** 1 (*ohne Gnade*) merciless
2 bluntly
**Schöpfer** creator [kri'eɪtəʳ]
**Schöpferin** creator [kri'eɪtəʳ]
**Schöpfung** creation [kri'eɪʃᵊn]
**Schornstein** chimney; (*von Schiff*) funnel; (*Fabrikschornstein*) [smoke-]stack
**Schornsteinfeger(in)** [chimney-]sweep
**Schoß** lap; **auf jemands Schoß sitzen** sit on someone's lap
**Schotte** Scot, Scotsman
**Schottin** Scotswoman
**schottisch** Scottish
**Schottland** Scotland
**schräg** 1 (*ungerade*) oblique [ə'bliːk]
2 (*geneigt*) sloping
3 (*quer laufend*) diagonal [daɪ'ægᵊnᵊl]
4 (*nicht parallel*) obliquely

5 (*diagonal*) diagonally
**Schrägstrich** slash
**Schramme** scratch
**Schrank** cupboard (GB), closet ['klɒzɪt] (USA); (*Kleiderschrank*) wardrobe ['wɔːdrəʊb]
**Schranke** barrier
**Schraube** 1 (*ohne Mutter*) screw
2 (*mit Mutter*) bolt
**schrauben** screw
**Schraubenschlüssel** spanner
**Schraubenzieher** srewdriver
**Schrebergarten** allotment [ə'lɒmənt]
**Schreck** fright [fraɪt], scare; **einen Schreck bekommen** have a fright; **jemandem einen Schreck[en] einjagen** give someone a fright
**schrecklich** 1 (*furchtbar*) terrible
2 (*sehr*) **er ist schrecklich einbildet** he's awfully snooty *umgangsspr*
**Schrei** cry; (*lauter*) shout; (*gellend*) yell [jel]; (*kreischend*) scream [skriːm], shriek [ʃriːk]
**schreiben** 1 write [raɪt]; **wie schreibt man das?** how do you spell that?
2 **jemandem schreiben** write to someone

**? Grammatik** Die unregelmäßigen Vergangenheitsformen von **write** lauten **wrote — written**: *Helen* **wrote** *her friend a long letter; this book* **was written** *by Charles Dickens.*

**Schreibmaschine** typewriter ['taɪpraɪtəʳ]
**Schreibtisch** desk
**schreien** shout; (*laut schreien*) scream [skriːm]
**Schrift** 1 (*Handschrift*) handwriting
2 (*in der Typografie*) type [taɪp]
**schriftlich** 1 written [rɪtᵊn]; **schriftliche Prüfung** written exam
2 **jemandem etwas schriftlich geben** to give someone something in writing
**Schriftsteller** author ['ɔːθəʳ], writer ['raɪtəʳ]
**Schriftstellerin** authoress ['ɔːθᵊres], writer [raɪtəʳ]
**schrill** shrill [ʃrɪl]
**Schritt** 1 step; **es sind nur ein paar Schritte** it's only a few steps
2 **mit jemandem Schritt halten** keep up with someone
3 **Schritt für Schritt** step by step
**Schritttempo** **im Schritttempo fahren** crawl [krɔːl] along
**schrittweise** gradually ['grædʒuəli]
**schroff** 1 (*steil abfallend*) steep
2 (*zerklüftet*) rugged
3 (*barsch*) curt [kɜːt]
**Schrott** scrap metal
**schrubben** (*putzen*) scrub
**schrumpfen** shrink

**? Grammatik** Die unregelmäßigen Vergangenheitsformen von **shrink** lauten **shrank — shrunk**: *Bob's pullover* **shrank** *in the wash; these socks are so small — they must* **have shrunk.**

**Schubkarre(n)** wheelbarrow ['wiːlˌbærəʊ]
**Schublade** drawer ['drɔːʳ]
**Schubs** shove [ʃʌv]
**schubsen** push [pʊʃ], shove [ʃʌv]
**schüchtern** shy, timid ['tɪmɪd]
**Schüchternheit** shyness
**Schuh** shoe
**Schuhcreme** shoe polish
**Schuhgröße** shoe size
**Schuhsohle** sole
**Schularbeiten**, **Schulaufgaben** homework *Singular*
**Schulbuch** school book ['skuːlˌbʊk]
**Schulbus** school bus
**Schuld** 1 (*moralische Schuld*) guilt [gɪlt]
2 **jemandem die Schuld an etwas geben** blame someone for something
3 **die Schuld auf sich nehmen** take the blame
4 (*finanziell*) debt [det]
**schuld** **daran bin ich schuld** I'm to blame for this; **du bist schuld, wenn wir den Zug verpassen** it's your fault if we miss the train
**Schulden** 1 debts [dets]
2 **Schulden machen** get [*oder* run] into debt
**schulden** 1 (*auch übertragen*) owe [əʊ]
2 **jemandem etwas schulden** owe someone something
**schuldig** 1 (*auch moralisch*) guilty ['gɪlti]
2 **was bin ich [Ihnen] schuldig?** what do I owe [əʊ] you?
**Schule** school [skuːl]; **in der Schule** at school; **in die Schule gehen** go to school; **die Schule wechseln** change schools

**i Land & Leute** Im amerikanischen Schulsystem beginnen die Schüler mit der **elementary school** (1. – 6./8. Klasse). In manchen Gegenden geht man nach der **sixth grade** (6. Klasse) schon in eine andere Schule, die **junior high school** (7. – 9. Klasse) heißt. Danach besuchen die Schüler 3 Jahre lang die **high school.** In Gegenden ohne **junior high school** geht man nach 8 Jahren **elementary school** direkt zur **high school,**

die dann mit der **ninth grade** (9. Klasse) anfängt. Die Schule endet für alle Schüler nach der **twelfth grade** (12. Klasse). Zu den verschiedenen Arten von Schulen Großbritanniens und der USA siehe auch die Einträge **school, boarding school, comprehensive school, elementary school, high school, junior school**

**Schüler** schoolboy
**Schülerausweis** student ['stjuːdᵊnt] card
**Schülerin** schoolgirl
**Schulfreund(in)** school friend
**Schulhof** school playground, schoolyard
**Schuljahr** school year [jɪəʳ]
**Schulkind** schoolchild
**Schulleiter** headmaster [ˌhed'mɑːstəʳ] GB, principal ['prɪnsəpᵊl] USA
**Schulleiterin** headmistress [ˌhed'mɪstrəs] GB, principal ['prɪnsəpᵊl] USA
**Schulter** 1 shoulder ['ʃəʊldəʳ]
2 **mit den Schultern zucken** shrug one's shoulders
**Schulzeit** **während meiner Schulzeit** when I was in school
**Schulzeugnis** school report
**schummeln** cheat [tʃiːt]
**Schuppe** 1 *von Fisch:* scale
2 (*auf der Kopfhaut*) dandruff ['dændrʌf]
**Schuppen** (*Verschlag*) shed GB, shack USA
**Schürze** apron ['eɪprən]
**Schuss** 1 (*mit einer Waffe*) shot; **einen Schuss abfeuern** fire a shot
2 (*Torschuss*) shot
3 (*kleine Menge einer Flüssigkeit*) dash; **ein Schuss Whisky** a shot of whisky
**Schüssel** 1 bowl [bəʊl]
2 (*Toilettenschüssel*) pan
**Schusswunde** bullet wound ['bʊlɪtˌwuːnd]
**Schutt** rubble
**schütteln** 1 shake
2 **jemandem die Hand schütteln** shake hands with someone
**schütten** 1 (*gießen*) pour [pɔːʳ]
2 **es schüttet** it is pouring with rain
**Schutz** 1 protection (**gegen** from)
2 (*Obdach, Zuflucht*) shelter (**gegen, vor** from)
**Schutzblech** mudguard
**Schütze** 1 marksman
2 (*Sternzeichen*) Sagittarius [ˌsædʒɪ'teəriəs]
**schützen** 1 protect (**gegen** against)
2 **sich schützen** protect oneself
**schutzlos** 1 (*ungeschützt*) unprotected
2 (*wehrlos*) defenceless; **einer Sache schutzlos ausgeliefert sein** be defenceless against something
**schwach** 1 (*körperlich*) weak [wiːk]
2 (*gering, schlecht*) poor [pɔːʳ]
3 **ich fühl' mich ganz schwach vor Hunger** I feel faint with hunger
4 **mit schwacher Stimme** in a feeble voice
5 **eine schwache Ausrede** a lame excuse
6 **sie ist schwach in Mathematik** her maths is weak
**Schwäche** weakness
**schwächen** weaken
**Schwachsinn** (*Unsinn*) nonsense
**schwafeln** blether ['bleðəʳ] on *umgangsspr*
**Schwager** brother-in-law
**Schwägerin** sister-in-law
**Schwamm** sponge [spʌndʒ]
**Schwan** swan [swɒn]
**schwanger** pregnant
**schwanken** 1 (*wanken*) stagger
2 (*zögern*) hesitate ['hezɪteɪt]
3 (*fluktuieren*) fluctuate ['flʌktʃueɪt]
**Schwanz** *von Tier, Flugzeug:* tail
**schwänzen** skip; **Schule schwänzen** play truant ['truːənt] GB *umgangsspr*, play hooky ['hʊki] USA *umgangsspr*
**Schwarm** swarm [swɔːm]
**schwärmen** 1 **für jemanden schwärmen** be crazy about someone
2 **ins Schwärmen geraten** go into raptures
**schwarz** 1 (*Farbe*) black
2 (*illegal*) illegal [ɪ'liːgᵊl], illicit [ɪ'lɪsɪt]
3 **ich habe es schwarz auf weiß** I've got it in black and white
**schwarzarbeiten** work on the side
**Schwarze(r)** (*Person*) black
**schwarzfahren** dodge paying the fare
**schwatzen** 1 (*sich unterhalten*) talk
2 (*plappern*) prattle *umgangsspr*
**Schwebebalken** balance beam
**schweben** 1 (*an etwas schweben*) be suspended; (*hängen*) hang [hæŋ]
2 (*im Wasser*) float [fləʊt]; (*in der Luft*) hover ['hɒvəʳ]
**Schwefel** sulphur ['sʌlfəʳ] GB, sulfur ['sʌlfəʳ] USA
**Schweigen** silence ['saɪləns]
**schweigen** (*still sein*) be silent
**schweigsam** 1 (*still*) quiet
2 (*wortkarg*) taciturn ['tæsɪtɜːn]
**Schwein** (*Tier*) pig GB, hog USA
**Schweinebraten** roast pork
**Schweinefleisch** pork
**Schweiß** sweat [swet], perspiration [ˌpɜː-

spᵊr'eɪʃᵊn]
**Schwellung** swelling
**schwenken** 1 wave *Fahne*
2 **die Kamera schwenkte auf das Haus** the camera panned in to the house
**schwer** 1 (*von Gewicht*) heavy ['hevi]
2 *Situation:* difficult, hard
3 (*schwerwiegend*) serious
4 **es ist schwer, mit ihm auszukommen** he is hard to get on with; **es war nicht allzu schwer, ihn zu finden** there was not much difficulty in finding him
5 **es fällt mir schwer, das zu glauben** I find it difficult to believe that
6 **schwer zu sagen** difficult to say
7 **schwer krank** seriously ill; **schwer verletzt** seriously injured; **schwer verständlich** hard to understand
**schwerfällig** 1 (*körperlich*) heavy
2 (*geistig*) dull, slow [sləʊ]
**Schwergewicht** (*im Boxen*) heavyweight
**schwerhörig** hard of hearing
**Schwerkraft** gravity
**schwermütig** melancholy ['melənkᵊli]
**Schwerpunkt** 1 (*in Physik*) centre of gravity GB, center of gravity USA
2 (*übertragen*) main emphasis ['emfəsɪs], stress
**Schwert** sword [sɔːd]
**Schwester** 1 sister
2 (*Nonne*) nun
3 (*Krankenschwester*) nurse
**Schwiegereltern** parents-in-law
**Schwiegermutter** mother-in-law
**Schwiegersohn** son-in-law
**Schwiegertochter** daughter-in-law
**Schwiegervater** father-in-law
**schwierig** difficult; **es ist schwierig, mit ihm auszukommen** he is difficult to get on with; **das ist nicht schwierig** there's nothing difficult about it
**Schwierigkeit** 1 difficulty
2 **in Schwierigkeiten geraten** get into difficulties; **jemandem Schwierigkeiten machen** make things difficult for someone
**Schwimmbad** swimming pool
**Schwimmbecken** pool
**schwimmen** 1 swim; **schwimmen gehen** go swimming [*oder* for a swim]
2 *Dinge:* drift, float [fləʊt]

**? Grammatik** Die unregelmäßigen Vergangenheitsformen von **swim** lauten **swam — swum**: *Mike* **swam** *across the river;* **have** *you ever* **swum** *in the sea?*

**Schwimmer(in)** swimmer
**Schwimmflosse** *von Fisch:* fin; *von Taucher, Wal, Robben:* flipper
**Schwimmweste** life jacket
**Schwindel** 1 (*Gefühl*) dizziness
2 (*Täuschung*) swindle; (*Betrug, Schwindelei*) fraud [frɔːd]; **das ist ja alles Schwindel!** it's all lies!
**schwind(e)lig** dizzy, giddy; **mir ist schwindelig** I feel dizzy
**schwingen** 1 swing
2 (*vibrieren*) vibrate [vaɪ'breɪt]

**? Grammatik** Die unregelmäßigen Vergangenheitsformen von **swing** lauten **swung — swung**: *Suddenly the door* **swung** *open;* **have** *you ever* **swung** *on a rope?*

**schwitzen** sweat [swet], perspire [pə'spaɪəʳ]
**schwören** 1 swear [sweəʳ]
2 **ich könnte schwören, dass …** I could swear to it that …
**schwul** gay *umgangsspr*
**schwül** close, sultry [sʌltri]
**Schwule(r)** gay GB *umgangsspr,* fag USA *umgangsspr*
**Schwung** 1 (*Elan*) zest
2 **etwas in Schwung bringen** get something going
3 (*Bewegung*) swing
**schwungvoll** (*mit Bewegung*) sweeping
**Schwur** oath [əʊθ]
**sechs** six
**Sechseck** hexagon ['heksəgən]
**sechshundert** six hundred
**sechsjährig** six-year-old
**sechstausend** six thousand
**Sechste(r)** **er wurde Sechster** he came sixth
**sechste** sixth; **der sechste Dezember** (*gesprochen*) the sixth of December, December sixth
**Sechstel** sixth part
**sechzehn** sixteen
**sechzig** sixty
**sechzigste** sixtieth
**See¹** der (*Binnensee*) lake
**See²** die (*Weltmeer*) sea [siː]
**Seehund** seal [siːl]
**seekrank** seasick
**Seele** 1 soul [səʊl]
2 **von ganzer Seele** with all one's heart

S

**Seelöwe** sea lion
**Seemann** sailor ['seɪləʳ], seaman ['si:mən]
**Seeräuber** pirate ['paɪrət]
**Seetang** seaweed
**Segel** sail [seɪl]
**Segelboot** sailingboat (GB), sailboat (USA)
**Segelflugzeug** glider
**segeln** sail [seɪl]
**Segelschiff** sailing ship [*oder* vessel]
**Segen** blessing; **das war ein wahrer Seegen** that was a real boon
**segnen** bless
**sehen** ① see
② **ich sehe mich nicht in der Lage, das zu tun** I can't see my way to doing that
③ **mal sehen, ob wir helfen können** we'll see if we can help
④ **er sah kurz auf die Uhr** he had a quick look at his watch
⑤ **darf ich mal sehen?** can I have a look?; **lass mal sehen!** let's have a look!
⑥ **sieh mal!** just look!
⑦ **sich sehen lassen** appear [ə'pɪəʳ]; **lass dich mal wieder sehen!** do come again!

> **? Grammatik** Die unregelmäßigen Vergangenheitsformen von **see** lauten **saw — seen**: *I* **saw** *you in the park yesterday; Emma* **has seen** *this film before.*

**Sehenswürdigkeit** sight
**sehnen sich nach etwas/jemandem sehnen** long for something/someone
**Sehnsucht** ① longing; (*stärker*) yearning [jɜ:nɪŋ] (**nach** for)
② **Sehnsucht haben** have a longing [*oder* yearning]
**sehnsüchtig** ① longing; (*stärker*) yearning [jɜ:nɪŋ]
② **sehnsüchtig auf jemanden warten** long for someone
**sehr** ① very; **ich mag ihn sehr** I like him very much
② **ihr Haus ist sehr viel größer als unseres** their house is very much bigger than ours
③ **sie war sehr verlegen** she was much embarrassed
④ **danke sehr!** thank you very much!
⑤ **das ist wirklich sehr nett von dir** that's really very kind of you
**Seide** silk
**Seife** soap [səʊp]
**Seil** rope; (*Kabel*) cable
**sein¹** ① be; **ich bin so müde!** I'm so tired!; **er ist Deutscher** he is German
② **wer ist das?** who is that?; **ich bin's** it's me
③ **das kann schon sein** that may well be
④ **wie wäre es mit einem Spaziergang?** how about going for a walk?
⑤ **wie lange bist du schon da?** how long have you been here?
**sein²** (*männlich*) his; **er liegt in seinem Bett** he's laying on his bed; (*bei Mädchen*) her; (*bei Tieren*) its, his, her; **der Hund kaut auf seinem Knochen** the dog is chewing on his bone; (*bei Sachen*) its; **der Baum hat seine Blätter verloren** the tree lost its leaves; (*allgemeines ‚man‘*) one's (GB), his (USA)
**seinetwegen** ① (*wegen ihm*) on account of him, on his account
② (*für ihn*) on his behalf [bɪ'hɑ:f]
**seit** ① (*Zeitpunkt*) since; **ich bin seit 3 Uhr hier** I've been here since 3 o'clock
② (*Zeitraum*) for; **wir leben seit 5 Jahren in Bonn** we've been living in Bonn for 5 years now
③ **ich jogge erst seit kurzem** I only recently started jogging; **sie kennen sich schon seit langem** they've known each other for a long while
④ **seit wann?** (*von wann an?*) since when?; (*wie lange?*) how long?

> **! Vorsicht Falle** **Since** oder **for**? **Since** wird bei genauen Zeitangaben gebraucht: *Vivian has been waiting since two o'clock; We have lived here since 1998.* **For** wird dagegen für Zeiträume verwendet: *Vivian has been waiting for two hours; we have lived here for three years.*

**seitdem seitdem geht sie nicht mehr ins Kino** she hasn't gone to the cinema since
**Seite** ① side
② (*Richtung*) direction; **er kam von der Seite** he came from that direction [dɪ'rekʃᵊn]
③ *von Buch etc:* page; **auf Seite 17** on page 17
④ **er trat zur Seite** he moved [*oder* stood] to one side
⑤ **jemandem zur Seite stehen** be by someone's side
⑥ **er ist auf unserer Seite** he's on our side
**Seitenstraße** side-street [*oder* -road]
**Sekretär** male secretary ['sekrətᵊri]
**Sekretariat** office
**Sekretärin** secretary ['sekrətᵊri]
**Sekt** sparkling wine
**Sekte** sect

**Sekunde** second ['sekᵊnd]

**selbst** ① **ich selbst habe es gesehen!** I saw it myself!; **ich selbst habe nicht mit ihr gesprochen** I haven't spoken to her personally
② (*statt jemand anders*) **okay, ich mache es selbst** ok, I'll do it myself
③ (*Handarbeit*) **die habe ich selbst gemacht** I made it myself; **selbst gemachte Marmelade** home-made jam
④ **das muss sie selbst entscheiden** she's got to decide that by herself
⑤ (*sogar*) **selbst Peter war da** even Peter was there
⑥ **das versteht sich von selbst** that goes without saying

**Selbstbedienung** self-service

**Selbstbeherrschung die Selbstbeherrschung verlieren/wahren** lose/keep one's self-control

**selbstbewusst** self-assured [ˌselfə'ʃʊəd], self-confident [ˌself'kɒnfɪdᵊnt]

**Selbstbewusstsein** self-confidence [ˌself'kɒnfɪdᵊns]

**Selbstlaut** vowel [vaʊəl]

**Selbstmitleid** self-pity

**Selbstmord** suicide ['suːɪsaɪd]; **Selbstmord begehen** commit suicide

**selbstsicher** self-confident

**selbstständig** ① independent
② (*nicht angestellt*) **sich selbständig machen** start one's own business, set up on one's own

**selbstverständlich** ① **jemanden zu helfen, ist doch selbstverständlich** it's perfectly natural to help other people
② **es ist doch selbstverständlich!** it goes without saying
③ **etwas für selbstverständlich halten** take something for granted
④ **kommst du? — selbstverständlich!** are you coming? — of course!

**Selbstverteidigung** self-defence

**Selbstvertrauen** self-confidence

**Sellerie** (*Stangensellerie*) celery ['selᵊri]

**selten** ① *Tiere, Pflanzen:* rare [reəʳ]
② (*nicht oft*) rarely, seldom; **ich gehe selten ins Theater** I rarely go to the theatre

**seltsam** strange; (*sonderbar*) odd, queer [kwɪəʳ]

**Semester** term (GB), semester [sə'mestəʳ] (USA)

**Semesterferien** vacation [və'keɪʃᵊn] ⚠ *Singular*

**Seminar** ① (*Fakultätsabteilung*) department
② (*Kurs*) seminar ['semɪnɑːʳ]

**Semmel** roll [rəʊl]

**Senat** senate ['senɪt]

**Senator(in)** senator ['senətəʳ]

**senden**[1] (*schicken*) send (**an** to)

**senden**[2] (*Radio, TV*) broadcast ['brɔːdkɑːst]; (*Funksignal*) transmit

**Sender** (*Radio, Fernsehen*) channel ['tʃænᵊl] (GB), station ['steɪʃᵊn] (USA)

**Sendung** ① (*von Gütern*) shipment
② (*im Fernsehen*) programme ['prəʊgræm]

**Senf** mustard ['mʌstəd]

**senil** senile ['siːnaɪl]

**Senior** ① **der Senior** the senior ['siːniəʳ]
② (*älterer Mitbürger*) senior citizen

**Seniorenheim** old people's home

**Seniorin** senior citizen

**senken** ① (*niedriger machen*) lower [ləʊəʳ] *Stimme*
② decrease [dɪ'kriːs] *Preise*
③ **sich senken** (*sinken*) sink; (*absacken*) sag

**senkrecht** vertical ['vɜːtɪkᵊl], perpendicular [ˌpɜːpᵊn'dɪkjʊləʳ]

**Sensation** sensation [sen'seɪʃᵊn]

**sensationell** sensational [sen'seɪʃᵊnᵊl]

**sensibel** sensitive ['sensɪtɪv]

**sentimental** sentimental [ˌsentɪ'mentᵊl]

**September** September [sep'tembəʳ]

**Serie** ① (*im Fernsehen, Radio*) series ['sɪəriːz]
② (*von Briefmarken etc*) set
③ **in Serie hergestellt werden** be mass-produced

> **! Vorsicht Falle** Zusammen mit einem Verb wird **series** in der Einzahl gebraucht: *a new television series begins today.*

**seriös** ① serious ['sɪəriəs] *Angebot*
② (*anständig*) **er ist sehr seriös** he's very respectable

**Service**[1] der (*Dienstleistung*) service

**Service**[2] das (*Geschirr*) dinner service; (*Gläserservice*) set

**servieren** serve

**Serviette** napkin, serviette [ˌsɜːvi'et]

**Sessel** easy chair; (*Lehnstuhl*) armchair

**setzen** ① **sich setzen** sit down; *Vogel:* perch [pɜːtʃ]; *Schwebestoffe:* settle
② **setz dich zu mir/neben mich** sit by/with me!; **sich auf einen Stuhl setzen** sit down in a chair
③ **Geld auf etwas setzen** bet on something
④ **sich den Hut auf den Kopf setzen** put one's hat on one's head
⑤ **etwas in die Zeitung setzen** put something in the paper

**Seuche** epidemic [ˌepɪ'demɪk]

**seufzen** sigh [saɪ] (**vor** with)
**Seufzer** sigh [saɪ]
**Sex** sex
**Sexualität** sexuality [ˌsekʃu'æləti]
**sexuell** sexual
**Shampoo** shampoo [ʃæm'puː]
**Shorts** shorts ⚠ *Plural,* a pair of shorts *Singular*

**! Vorsicht Falle** Das Wort **shorts** steht im Englischen immer in der Mehrzahl: *where* **are** *my blue shorts?* Aber: **a pair of shorts** wird in der Einzahl verwendet: *this* **is** *Peter's pair of shorts.*

**Showbusiness** show business
**sich** 1 (*im Akkusativ: männlich*) himself; (*weiblich*) herself; (*sächlich*) itself; (*in Mehrzahl*) themselves; **sie hat sich geschnitten** she cut herself; **er hat sich das Bein gebrochen** he has broken his leg
2 (*im Dativ*) **er nahm die Schuld auf sich** he took the blame upon himself; **sie denkt nur an sich** she only thinks of herself
▶ IN WENDUNGEN: **an und für sich** considered by itself
**sicher** 1 (*vor Gefahr*) safe; (*geborgen*) secure
2 (*gewiss*) certain, sure; **sie sind sicher bald wieder zurück** I'm sure they'll be back soon
3 **ich bin mir nicht ganz sicher, aber ...** I don't know for certain, but ...; **es ist absolut sicher, dass ...** it's an absolute certainty that ...
4 **sich seiner Sache sicher sein** be sure of oneself
5 **aber sicher!** take it from me!
6 **vor etwas sicher sein** be safe from something; **etwas sicher aufbewahren** keep something safe
7 **ich weiß aus sicherer Quelle, dass ...** I'm reliably informed that ...
**Sicherheit** 1 (*vor Gefahr*) safety; **sich in Sicherheit bringen** get to safety
2 (*Gewissheit*) certainty ['sɜːtᵊnti]; **mit Sicherheit wissen, dass ...** know for certain that ...; **das ist mit Sicherheit richtig** that's definitely right

**! Vorsicht Falle** Im Englischen gibt es zwei Begriffe für das deutsche Wort ‚Sicherheit'. Wenn es sich um Menschen oder Aktivitäten handelt, die einem Sicherheit verschaffen, verwendet man **security:** *airport security is very tight nowadays. The security officers searched his bag.* Für den Zustand selbst — wenn man in Sicherheit ist oder um zu beschreiben, wie sicher etwas ist — verwendet man das Wort **safety:** *the safety and comfort of home; remember to fasten your safety belt.*

**Sicherheitsgurt** safety [*oder* seat] belt
**Sicherheitsnadel** safety pin
**sicherlich** certainly (GB), sure (USA)
**sichern** 1 (*sicher machen*) secure [sɪ'kjʊəʳ]
2 **sich etwas sichern** secure something for oneself
**sicherstellen** (*garantieren*) guarantee [ˌgærᵊn'tiː]
**Sicherung** fuse [fjuːz]; **die Sicherung ist durchgebrannt** I've fused the lights
**Sicherungskopie** (*beim Computer*) back-up copy
**Sicht** 1 (*Aussicht*) view [vjuː]
2 (*Sichtverhältnisse*) visibility [ˌvɪzə'bɪləti]; **gute/schlechte Sicht** good/poor visibility
3 **in Sicht sein** be within sight [saɪt]
**sichtbar** visible ['vɪzəbl]
**sichten** (*durchsehen*) examine [ɪg'zæmɪn]
**sichtlich** obvious ['ɒbviəs]; **sie war sichtlich beeindruckt** she was quite impressed
**Sichtweite** **außer Sichtweite** out of sight [saɪt]
**sickern** seep
**Sie** you
**sie** 1 (*als Subjekt*) she; **sie mag gerne Schokolade** she loves chocolate; **sie war's nicht, ich war's** it wasn't her, it was me
2 (*als Objekt*) her; **ich mag sie** I like her; **kann ich sie bitte sprechen?** can I talk to her please?
3 **ich bin größer als sie** I'm taller than she
4 (*für Objekte*) it; **wo ist die Vase? — sie ist auf dem Tisch** where's the vase [vɑːz]? — it's on the table
5 (*im Plural*) they; **sie sind im Urlaub** they are on holiday; **ich kann sie nicht sehen** I can't see them
**Sieb** sieve [sɪv]
**sieben** seven ['sevᵊn]
**siebenhundert** seven hundred
**siebenjährig** seven-year-old
**siebte** seventh
**Siebtel** seventh part
**siebzehn** seventeen [ˌsevᵊn'tiːn]
**siebzehnte** seventeenth
**siebzig** seventy ['sevᵊnti]
**siebzigste** seventieth ['sevᵊntiəθ]
**Siedlung** 1 (*Ansiedlung*) settlement
2 (*Wohnsiedlung*) housing estates ['haʊzɪŋˌɪ'steɪts] ⚠ *Plural*
**Sieg** victory (**über** over)
**Siegel** seal [siːl]
**siegen** win; (*im Krieg*) be victorious [vɪk'tɔːriəs]

**Sieger(in)** (*bei Wettkampf*) winner
**siegreich** victorious [vɪk'tɔːriəs]
**Signal** signal ['sɪgnᵊl]
**Silbe** syllable ['sɪləbl]
**Silber** silver
**Silhouette** silhouette [ˌsɪlu'et]
**Silvester** New Year's Eve
**Sims** (*Fenstersims*) sill; (*vorspringender Rand*) ledge
**Sinfonie** symphony ['sɪmfəni]
**singen** sing

**? Grammatik** Die unregelmäßigen Vergangenheitsformen von **sing** lauten **sang — sung**: *Tom* **sang** *an old Welsh song; she* **has** *never* **sung** *on stage before*

**Singular** singular ['sɪŋgjələʳ]
**Singvogel** song-bird
**sinken** sink; *Preise:* drop, fall
**Sinn** 1 (*Sinnesesorgan*) sense; **die fünf Sinne** the five senses
2 (*Verstand*) mind; **das geht mir nicht aus dem Sinn** I can't get it out of my mind; **was hast du im Sinn?** what do you have in mind?
3 (*Bedeutung*) meaning; **im übertragenen Sinn** in the figurative sense
4 **das hat keinen Sinn** that's pointless
**sinnlos** 1 (*zwecklos*) useless
2 (*ohne Bedeutung*) meaningless
3 **es ist einfach sinnlos** (*unverständlich*) it just doesn't make sense; (*zwecklos*) it's totally pointless
**sinnvoll** 1 (*zweckmäßig*) convenient [kən'viːniənt]
2 **es wäre sinnvoll, jetzt darüber zu reden** it would be a good idea to talk about it now
**Sirene** siren ['saɪrən]
**Sirup** syrup ['sɪrəp]
**Sitte** custom ['kʌstəm]
**Situation** situation [ˌsɪtju'eɪʃᵊn]
**Sitz** 1 seat
2 (*Wohnsitz*) residence ['rezɪdᵊns]; *Firma:*; **mit Sitz in Berlin** with headquarters [ˌhed'kwɔːtəz] in Berlin
**sitzen** 1 sit; **sitzen bleiben** remain seated
2 *Kleider:* fit; **das Kleid sitzt nicht** the dress doesn't fit properly
3 **im Gefängnis sitzen** be in prison
4 (*in der Schule*) **sitzen bleiben** stay down

**? Grammatik** Die unregelmäßigen Vergangenheitsformen von **sit** lauten **sat — sat**: *David* **sat** *on a wall; I* **have sat** *here for two hours.*

**Sitzplatz** seat
**Sitzung** (*Konferenz*) meeting
**Skala** scale [skeɪl]
**Skandal** 1 scandal ['skændᵊl]
2 (*Lärm*) fuss, row [raʊ]
**skandalös** scandalous ['skændᵊləs]
**Skateboard** skateboard
**Skateboardfahrer(in)** skateboarder
**Skelett** skeleton ['skelɪtᵊn]
**skeptisch** sceptical ['skeptɪkᵊl]
**Ski** ski [skiː]; **Ski fahren** [*oder* **laufen**] ski
**Skifahrer(in)** skier
**Skilaufen** skiing
**Skiläufer(in)** skier
**Skilehrer(in)** skiing instructor
**Skilift** ski-lift
**Skinhead** skinhead
**Skizze** 1 (*Abriss*) sketch
2 (*Entwurf*) draft
**skizzieren** (*umreißen*) sketch
**Sklave** slave
**Sklaverei** slavery
**Sklavin** slave
**Skorpion** 1 scorpion ['skɔːpiən]
2 (*Sternzeichen*) Scorpio ['skɔːpiəʊ]
**Skrupel** scruple ['skruːpl]
**skrupellos** unscrupulous [ʌn'skruːpjələs]
**Skulptur** sculpture ['skʌlptʃəʳ]
**Slip** 1 briefs ⚠ *Plural*
2 (*für Frauen*) panties ⚠ *Plural*
**Slum** slum
**Smog** smog [smɒg]
**Smoking** dinner-jacket (GB), tuxedo [tʌk'siːdəʊ] (USA)
**so** 1 so
2 (*auf diese Art*) like this, thus
3 **so!** (*da!*) there you are!
4 **ach so!** oh, I see!
5 **so oder so** one way or another
6 **heute ist es nicht mehr so warm wie gestern** it's colder than yesterday; **er ist so alt wie mein Bruder** he's the same age as my brother
7 **na, so was!** well, did you ever! *umgangsspr*
8 **er war so dumm und hat es ihnen gesagt** he was so stupid as to tell them
9 **ich bin ja so müde** I'm so very tired; **ich wünsche es mir so sehr** I want it so much
10 **so kam es, dass …** so it was that …
11 **so dass …** so that …
**sobald** as soon as
**Socke** sock
**Sofa** sofa ['səʊfə]; (*kleines Sofa*) settee [set'iː]
**sofort** at once, immediately [ɪ'miːdiətli]; **sofort!**

(*komme sofort!*) coming!

**sogar** even; **sie ist sogar allein gekommen** she even came on her own

**Sohle** sole [səʊl]

**Sohn** son [sʌn]

**solang(e)** so long as; **solange du hier bist, ist alles gut** as long as you're here, everything is fine

**Solarenergie** solar ['səʊləʳ] energy

**solch** ❶ such; **solch ein Glück** such luck ❷ **ich hab' solchen Durst!** I'm so thirsty!

**Soldat(in)** soldier ['səʊldʒəʳ]

**solide** ❶ (*fest gebaut*) solid ['sɒlɪd] ❷ **er hat solide Kenntnisse in Geschichte** he's got a sound knowledge of history

**Solist(in)** soloist ['səʊləʊɪst]

**sollen** ❶ **was soll ich mit ihm machen?** what shall I do with him? ❷ (*bei Ratschlägen*) **du solltest das nicht tun!** you shouldn't do that! ❸ (*bei Anweisungen*) **ich soll hier aufräumen** I'm supposed to clean up here ❹ **was soll [denn] das?** what do you think you're doing? ❺ **was soll ich hier?** what am I here for?; **was soll ich dazu sagen?** what am I supposed to say? ❻ **was soll's?** so what?, what the heck! *umgangsspr* ❼ **was soll das heißen?** what does that mean? ❽ **was soll ich tun?** what am I to do? ❾ **das hätten Sie nicht glauben sollen** you shouldn't have believed it ❿ **sie weiß nicht, was sie tun soll** she doesn't know what to do

**Solo** solo ['səʊləʊ]

**Sommer** summer; **im Sommer** in [the] summer; **im nächsten Sommer** next summer

**Sommersprossen** freckles

**Sonderangebot** special offer

**sonderbar** odd, strange

**sondern** ❶ **das ist nicht schwarz, sondern blau** it's not black but blue ❷ **das ist nicht nur dumm, sondern auch gefährlich** it's not only stupid but also dangerous

**Sonnabend** Saturday

**sonnabends** on Saturdays

**Sonne** sun

**Sonnenaufgang** sunrise; **bei Sonnenaufgang** at sunrise

**Sonnenblume** sunflower

**Sonnenbrand** sunburn; **ich habe mir einen Sonnenbrand geholt** I got a sunburn

**Sonnenbrille** sunglasses ⚠ *Plural*

**Sonnenenergie** solar ['səʊləʳ] energy

**Sonnenlicht** sunlight

**Sonnenschein** sunshine

**Sonnenschirm** (*für Garten*) sunshade; (*für Straße*) parasol ['pærəsɒl]

**Sonnenstich** sunstroke

**Sonnenstrahl** sunbeam

**Sonnensystem** solar ['səʊlə] system

**Sonnenuntergang** sunset (GB), sundown (USA); **bei Sonnenuntergang** at sunset

**sonnig** sunny

**Sonntag** Sunday

**sonntags** on Sundays

**sonst** ❶ (*im Übrigen*) otherwise; **mach schon, sonst kommen wir zu spät!** hurry up or we'll be late! ❷ (*außerdem*) else; **sonst noch Fragen?** any other questions?; **sonst noch etwas?** anything else?; **sonst nichts** nothing else ❸ (*gewöhnlich, üblicherweise*) usually ['juːʒəli]; **sonst essen wir immer um zwölf** we usually have lunch at twelve

**Sorge** ❶ (*quälende Sorge*) worry ['wʌri] ❷ **keine Sorge!** don't worry! ❸ **Sorgen haben** have problems ❹ **sich um jemanden Sorgen machen** worry about someone; **sich über etwas keine Sorgen machen** not bother ['bɒðəʳ] about something

**sorgen** ❶ (*sich kümmern um*) **für jemanden sorgen** look after someone; **ich sorge fürs Essen** I'll organize after the food ❷ **sich sorgen** worry ['wʌri]; **sich um jemanden sorgen** be worried about someone

**Sorgerecht** custody ['kʌstədi]

**Sorgfalt** care

**sorgfältig** careful

**sorglos** ❶ (*unachtsam*) careless ❷ (*unbekümmert*) carefree

**Sorte** ❶ (*Art*) kind [kaɪnd], sort; (*Klasse*) grade ❷ (*Marke*) brand [brænd]

**sortieren** sort

**Soße** sauce [sɔːs]

**Souvenir** souvenir [ˌsuːvənˈɪəʳ]

**souverän** ❶ (*selbständig*) sovereign ['sɒvərɪn] ❷ (*überlegen*) superior [suːˈpɪəriəʳ]

**soviel** **soviel ich weiß, …** as far as I know …

**soweit** ❶ **ich bin noch nicht soweit** I'm not ready, yet; **es ist bald soweit** it will soon be time ❷ **soweit ich weiß …** as far as I know …

**sowie** ❶ (*sobald als*) as soon as; **sowie er gegangen war, …** as soon as he had left, … ❷ (*und auch*) as well as

**sowieso** in any case, anyway

**sowohl** **ich mag sowohl Peter als auch Ralf** I like both Peter and Ralf

> **! Vorsicht Falle** **sowohl … als auch …** heißt im Englischen **both … and …**, und nicht **as well as**: *Lisa is both nice and intelligent.*

**sozial** social ['səʊʃᵊl]
**Sozialamt** social welfare office
**Sozialarbeiter(in)** social worker
**Sozialdemokrat(in)** social democrat ['deməkræt]
**Sozialhilfe** income support (GB), welfare [aid] (USA)
**Sozialismus** socialism ['səʊʃᵊlɪzᵊm]
**Sozialist(in)** socialist
**sozialistisch** socialist
**Sozialleistungen** social security benefits
**Sozialwohnung** council flat [*oder* house]
**sozusagen** so to speak
**Spaghetti, Spagetti** spaghetti [spə'geti] ⚠ *Singular oder Plural*
**Spalt** **die Tür einen Spalt öffnen** open the door slightly
**Spalte** 1 (*in Zeitung*) column ['kɒləm]
2 (*in Holz, Wand*) crack
**spalten** split, chop
**Spaltung** 1 splitting
2 (*von Partei*) split
**spannen** 1 (*strecken*) stretch
2 tighten ['taɪtᵊn] *Saiten*
3 *Kleider:* be too tight, fit tightly
**spannend** exciting [ɪk'saɪtɪŋ]; (*aufregend*) thrilling
**Spannung** 1 tension
2 (*elektrische Spannung*) tension voltage ['vəʊltɪdʒ]
3 (*Erregung*) excitement [ɪk'saɪtmənt]; (*Ungewissheit*) suspense [sə'spens]; **voller Spannung warten** wait in suspense
**Sparbuch** savings book
**sparen** 1 save *Geld*
2 **an etwas sparen** economize on sth [ɪ'kɒnəmaɪz]
**Spargel** asparagus [ə'spærəgəs]
**spärlich** 1 (*wenig*) sparse [spɑːs]
2 **spärlich bevölkert** sparsely populated
**sparsam** 1 *Mensch:* thrifty [θrɪfti]
2 (*haushaltend*) economical [ˌiːkə'nɒmɪkᵊl]
3 **sparsam mit etwas umgehen** use something sparingly
**Sparsamkeit** 1 *von Mensch:* thrift [θrɪft]
2 (*sparsame Lebensführung*) economizing [ɪ'kɒnəmaɪzɪŋ]
**Sparschwein** piggy bank *umgangsspr*
**Spaß** 1 (*Scherz*) joke; **ich hab' doch nur Spaß gemacht** [I was] only joking; **er versteht keinen Spaß** he can't take a joke
2 (*Vergnügen*) fun; **Schwimmen macht mir Spaß** I enjoy swimming; **viel Spaß!** enjoy yourself!
**Spaßvogel** joker
**spät** 1 late
2 **zu spät kommen** be late; **ich kam zu spät fürs Kino** I was late for the cinema
3 **er bezahlt seine Miete immer zu spät** he is always late with his rent
4 **es ist schon spät** it's getting late
**Spaten** spade
**später** 1 later
2 **bis später!** see you later!
**spätestens** at the latest
**Spatz** sparrow
**spazieren** 1 stroll [strəʊl]
2 **spazieren gehen** go for a walk
**Spaziergang** stroll [strəʊl], walk [wɔːk]; **einen Spaziergang machen** go for a stroll [*oder* walk]
**Spaziergänger(in)** stroller [strəʊəʳ]
**Speck** (*Schweinespeck*) bacon ['beɪkᵊn]
**Speerwerfen** javelin ['dʒævᵊlɪn] [throwing]
**Speichel** spittle, saliva ['sælviə]
**Speicher** 1 (*Lager*) storehouse; (*Boden*) attic ['ætɪk], loft; **auf dem Speicher** in the loft
2 (*Computer*) memory ['memᵊri]
**speichern** 1 store *Waren*
2 (*beim Computer*) save (**auf** onto)
**Speise** 1 (*Nahrung*) food [fuːd]
2 (*Gericht*) dish
**Speisekarte** menu ['menjuː]
**speisen** (*essen*) eat
**Speisewagen** dining ['daɪnɪŋ] car (GB), diner ['daɪnəʳ] (USA)
**spektakulär** spectacular [spek'tækjələʳ]
**Spekulation** speculation [ˌspekjə'leɪʃᵊn]
**Spende** donation [də'neɪʃᵊ]
**spenden** donate
**Spender(in)** 1 donator
2 (*Blut-, Organspender*) donor ['dəʊnəʳ]
**spendieren** **jemandem etwas spendieren** buy something for someone
**Sperma** sperm [spɜːm]
**Sperre** 1 (*Straßensperre*) roadblock
2 (*Bahnhofssperre*) barrier ['bæriəʳ] (GB), gate (USA)
**sperren** 1 cut off *Licht, Gas*
2 close *Straße*
3 disqualify [dɪ'skwɒlɪfaɪ] *Sportler*

**sperrig** bulky
**Spesen** expenses [ɪk'spensɪz]
**spezialisieren** **sich auf etwas spezialisieren** specialize ['speʃəlaɪz] in something
**Spezialist(in)** specialist ['speʃəlɪst]
**Spezialität** speciality [ˌspeʃi'æləti] (GB), specialty ['speʃəlti] (USA)
**speziell** special
**Spiegel** mirror ['mɪrəʳ]
**Spiegelbild** reflection [rɪ'flekʃən]
**Spiegelei** fried egg
**spiegeln** (1) reflect [rɪ'flekt]
(2) **sich spiegeln** be reflected
**Spiel** (1) (*das Spielen*) play
(2) (*Karten, Billard, Sport*) game; (*sportlicher Wettkampf*) match
▶ IN WENDUNGEN: **auf dem Spiel stehen** be at stake; **etwas aufs Spiel setzen** risk something
**Spielautomat** slot machine
**Spielbank** casino [kə'siːnəʊ]
**spielen** (1) play
(2) *Schauspieler:* act, play
(3) **der Film spielt in Amerika** the film is set in America
(4) **sie spielte mit dem Gedanken, ins Ausland zu gehen** she toyed [tɔɪd] with the idea of going abroad
(5) **seine Freude war nur gespielt** he was only pretending to be happy
(6) **um Geld spielen** play for money
**Spieler(in)** (1) player
(2) (*Glücksspieler*) gambler
**Spielfeld** field, court [kɔːt]
**Spielfilm** feature film
**Spielplatz** playground
**Spielregel** rule [of a game]
**Spielsachen** playthings, toys [tɔɪz]
**Spielzeug** toy [tɔɪ]
**Spieß** (*Waffe*) spear [spɪəʳ]
**spießig** narrow-minded *abwertend*
**Spinat** spinach ['sɪnɪtʃ]
**Spinne** spider
**spinnen** (1) spin *Garn*
(2) **du spinnst wohl!** you must be kidding!
**Spion** spy
**Spionage** espionage ['espiənɑːʒ]
**spionieren** spy
**Spirale** spiral ['spaɪərəl]
**Spirituosen** spirits
**spitz** (1) pointed
(2) **spitzer Winkel** acute [ə'kjuːt] angle
**Spitze**[1] die (*von Gegenständen*) point; (*von Finger*) tip; (*von Gebäuden*) top
▶ IN WENDUNGEN: **das ist ja Spitze!** that's great!
**Spitze**[2] die (*an Geweben*) lace [leɪs]
**spitzen** sharpen *Bleistift*
▶ IN WENDUNGEN: **die Ohren spitzen** prick up one's ears
**Spitzname** nickname
**Splitter** (*aus Holz*) splinter
**Sponsor(in)** sponsor ['spɒnsəʳ]
**spontan** spontaneous [spɒn'teɪniəs]
**Sport** sport [spɔːt]; **sie treibt sehr viel Sport** she does a lot of sports
**Sportart** kind of sport
**Sporthalle** sports hall
**Sportlehrer(in)** PE [*oder* physical ['fɪzɪkəl] education] teacher
**Sportler** sportsman
**Sportlerin** sportswoman
**sportlich** (1) (*trainiert*) athletic [æθ'letɪk]
(2) *Erfolg:* sporting
**Sportplatz** sports field (GB), sporting ground (USA); (*in der Schule*) playing field
**Sportverein** sports club
**Sportwagen** sports car
**Spott** (1) mockery
(2) (*Verachtung ausdrückend*) derision [dɪ'rɪʒən]
**spotten** mock
**spöttisch** (*spottend*) mocking
**sprachbegabt** **sprachbegabt sein** be good at languages
**Sprache** (1) language ['læŋgwɪdʒ]
(2) (*Sprechweise*) speech
(3) **etwas zur Sprache bringen** mention something
**Sprachfehler** speech defect
**Sprachkurs** language course
**Sprachlehre** grammar
**sprachlos** **einfach sprachlos sein** be simply speechless
**Sprachwissenschaft** linguistics [lɪŋ'gwɪstɪks] ⚠ *mit Singular*
**sprechen** (1) speak [spiːk] (**mit** to, with, **über** of, about); **sprichst du Deutsch?** do you speak German?; **kann ich bitte Herrn Braun sprechen?** could I talk to Mr. Braun please?
(2) (*sich unterhalten*) talk [tɔːk] (**mit** with, to, **von** about, of)
(3) **was spricht dagegen?** what's there to be said against it?; **das spricht für sich** that speaks for itself
(4) **er hat davon gesprochen, dass er ins Ausland fahren will** he's been talking of going abroad

? **Grammatik** Die unregelmäßigen Vergangenheitsformen von **speak** lauten **spoke — spoken**: *the teacher* **spoke** *to Mrs Brown yesterday;* **have** *you* **spoken** *to Bill about that?*

**Sprecher(in)** ① (*Redner*) speaker
② *einer Firma:* spokesperson
③ (*Ansager*) announcer [ə'naʊnsəʳ]
**Sprechstunde** consulting hours [aʊəz] ⚠ *Plural*
**Sprechstundenhilfe** doctor's receptionist [rɪ'sepʃənɪst]
**Sprechzimmer** consulting room (GB), doctor's office (USA)
**sprengen**[1] (*mit Sprengstoff*) blow [bləʊ] up
**sprengen**[2] (*besprengen*) sprinkle; water *Rasen*
**Sprengstoff** explosive [ɪk'spləʊsɪv]
**Sprichwort** proverb ['prɒvɜːb]
**Springbrunnen** fountain ['faʊntɪn]
**springen** ① jump
② (*mit einem Satz*) leap [liːp]
③ *Ball:* bounce [baʊns]
④ (*platzen*) burst [bɜːst]; (*Risse bekommen*) crack; **dünnes Glas springt leicht** thin glass cracks easily
**Springer** (*beim Schach*) knight [naɪt]
**Spritze** ① (*Instrument*) syringe [sɪ'rɪnʒ]
② **jemandem eine Spritze geben** give someone an injection [ɪn'dʒekʃən]; **eine Spritze bekommen** get [*oder* have] an injection
**spritzen** ① inject [ɪn'dʒekt] *Medikament*
② **jemanden spritzen** give an injection to someone
③ splash *Wasser*
④ (*herausspritzen*) spurt [spɜːt]
**Spritzer** splash
**spröde** ① (*brüchig*) brittle
② *Haut:* rough [rʌf]
**Spruch** ① (*Ausspruch*) saying
② **das sind doch alles nur Sprüche!** that's just talk!
**Sprudel** ① (*Mineralwasser*) mineral water
② (*süß*) fizzy drink
**sprudeln** ① *Wasser:* bubble
② (*durch Kohlensäure*) fizz
**sprühen** (*auch lackieren*) spray
**Sprung** ① jump
② (*Riss*) crack
**Sprungbrett** diveboard
**Spucke** spittle
**spucken** spit
**spuken** ① haunt [hɔːnt]
② **hier spukt's** this place is haunted

**Spüle** sink unit
**spülen** ① flush *WC*
② wash up *Geschirr*
**Spülmaschine** dishwasher
**Spülmittel** washing-up liquid ['lɪkwɪd]
**Spur** ① (*Bodenabdruck*) trace; (*Fährte*) track; **jemandem auf der Spur sein** be on someone's track
② (*winzige Menge*) trace; *von Gewürz:* touch [tʌtʃ]
③ (*Fahrbahnspur*) lane; **die Spur wechseln** change lanes
► IN WENDUNGEN: **auf der falschen Spur sein** be barking up the wrong tree
**spüren** (*fühlen*) feel
**spurlos** **spurlos verschwinden** disappear [ˌdɪsə'pɪəʳ] without trace
**Spurt** spurt
**spurten** *Sportler:* make a final spurt [spɜːʳ]
**Staat** (*Staatswesen*) state
**staatlich** ① (*staatsbezüglich*) state; (*national*) national ['næʃənəl]
② **staatlich anerkannt** state-approved [ə'pruːvd]
**Staatsangehörige(r)** **ein deutscher Staatsangehöriger sein** be a German national ['næʃənəl]
**Staatsangehörigkeit** nationality [ˌnæʃən'æləti]
**Staatsanwalt** public prosecutor [ˌpʌblɪk'prɒsɪkjuːtəʳ] (GB), district attorney [ə'tɜːrni] (USA)
**Staatsbürger(in)** citizen ['sɪtɪzən]
**Staatsexamen** state exam[ination]
**Staatsoberhaupt** head [hed] of a state
**Stab** (*Stange*) rod; (*Stock*) stick
**Stäbchen** chopsticks ['tʃɒpstɪks]
**Stabhochsprung** pole-vault ['pəʊlvɔːlt]
**stabil** ① (*nicht schwankend*) stable
② (*fest*) firm
③ *Mensch:* sturdy
**stabilisieren** stabilize ['steɪbəlaɪz]
**Stabilität** stability [stə'bɪləti]
**Stachel** ① *von Pflanzen:* prickle
② (*Dorn*) thorn [θɔːn]
③ *von Insekten:* sting
④ (*des Igels*) spine
**Stachelbeere** gooseberry ['gʊzbəri]
**Stacheldraht** barbed wire [ˌbɑːbd'waɪəʳ]
**stachelig** *Pflanzen:* prickly, thorny [θɔːni]
**Stadion** stadium ['steɪdiəm]
**Stadium** stage; **in diesem Stadium** at this stage
**Stadt** (*kleinere*) town; (*Großstadt*) city; **in die Stadt gehen** go into town; **die Stadt München** the city of Munich
**Stadtbibliothek** city library

## Sportartikel

## Sports Equipment

| | | |
|---|---|---|
| 1 | Fußball | football (GB), soccer ball (USA) |
| 2 | Amerikanischer Fußball | American football (GB), football (USA) |
| 3 | Kegel | pins, bowling pin (USA) |
| 4 | Tauchermaske | diving mask |
| 5 | Tennisschläger | tennis racket |
| 6 | Tennisball | tennis ball |
| 7 | Federball | shuttlecock (GB), birdie (USA) |
| 8 | Badmintonschläger | badminton racket |
| 9 | Squashball | squash ball |
| 10 | Squashschläger | squash racket |
| 11 | Taucheranzug | diving suit |
| 12 | Querholz | bail |
| 13 | Stab | stump |
| 14 | Schlagholz | cricket bat |
| 15 | Hockeyschläger | hockey stick |
| 16 | Inlineskates | in-line skates, Rollerblades® |
| 17 | Schlittschuhe | ice-skates |
| 18 | Taucherflossen | flippers |
| 19 | Taucherbrille | diving goggles |
| 20 | Kricketball | cricket ball |
| 21 | Tischtennisschläger | table-tennis bat (GB), ping-pong paddle (USA) |
| 22 | Tischtennisball | table-tennis ball, ping-pong ball (USA) |
| 23 | Boule | boules, boccie-ball (USA) |

## Unser Haus

## Our House

| | | |
|---|---|---|
| 1 | Schornstein, Kamin | chimney |
| 2 | Dachfenster | skylight |
| 3 | Dach | roof |
| 4 | Dachboden | attic, loft (GB) |
| 5 | Kinderzimmer | childrens' bedroom |
| 6 | Badezimmer | bathroom |
| 7 | Toilette | toilet, bathroom (USA) |
| 8 | Schlafzimmer | bedroom |
| 9 | Arbeitszimmer | study |
| 10 | Garage | garage |
| 11 | Wohnzimmer | living room, lounge (GB) |

| | | |
|---|---|---|
| 12 | Haustüre | front door |
| 13 | Türklingel | door bell |
| 14 | Briefkasten | letter box (GB), mailbox (USA) |
| 15 | Flur | hall, hallway |
| 16 | Abstellraum | storeroom |
| 17 | Treppe | stairs, staircase |
| 18 | Esszimmer | dining room |
| 19 | Küche | kitchen |
| 20 | Fenster | window |
| 21 | Terrasse | terrace, patio (USA) |
| 22 | Keller | cellar, basement (USA) |

## Am Bahnsteig

## At the Platform

| | | |
|---|---|---|
| 1 | Gleisnummer | platform number |
| 2 | Gleisanzeige | destination board |
| 3 | Wagen | carriage (GB), car (USA) |
| 4 | Zugbegleiter | conductor |
| 5 | Überseekoffer | trunk |
| 6 | Rucksack | rucksack (GB), backpack (USA) |
| 7 | Aktentasche | briefcase |
| 8 | Kleidersack | suit bag |
| 9 | Kofferkuli | trolley (GB), baggage cart (USA) |
| 10 | Schultertasche | shoulder bag |
| 11 | Handtasche | (hand)bag (GB), purse (USA) |
| 12 | Kosmetikkoffer | vanity case |
| 13 | Koffer | suitcase |
| 14 | Rolle | wheel |
| 15 | Reisetasche | travel bag |
| 16 | Aktenkoffer | briefcase |
| 17 | Wochenendkoffer | weekend case |
| 18 | Flugtasche | flight bag |

4 *Rakete:* lift off

**Startlinie** starting line

**Startschuss** starting signal

**Station** 1 (*Haltestelle*) stop
2 (*im Krankenhaus*) ward [wɔːd]

**stationär** **stationär behandeln** treat in hospital

**Statist(in)** 1 (*beim Theater*) supernumerary [ˌsuːpəˈnjuːmᵊrᵊri]
2 (*beim Film*) extra

**Statistik** statistics ⚠ *Plural*

**statistisch** statistical

**statt** 1 **statt dessen** instead [ɪnˈsted]
2 (*anstatt*) instead of; **statt zur Schule zu gehen ...** instead of going to school ...

**Stätte** place

**stattfinden** take place

**stattlich** 1 (*ansehnlich*) *Gebäude:* stately
2 *Erscheinung, Frau, Mann:* imposing
3 (*beträchtlich*) *Summe:* considerable [kənˈsɪdᵊrebl]

**Statue** statue [ˈstætʃuː]

**Status** status [ˈsteɪtəs]

**Stau** (*Verkehrsstau*) traffic jam

**Staub** dust

**staubig** dusty

**staubsaugen** vacuum [ˈvækjuːm], hoover *umgangsspr*

**Staubsauger** vacuum cleaner, Hoover® *umgangsspr*

**Staudamm** dam

**stauen** 1 dam up *Wasser*
2 **sich stauen** *Verkehr:* get jammed; *Wasser:* build [bɪld] up; **der Verkehr staut sich an der Ampel** there is a tailback at the traffic lights ⚠ *Plural*

**Staunen** astonishment [əˈstɒnɪʃmənt], amazement; **jemanden in Staunen versetzen** amaze [*oder* astonish] somebody

**staunen** be astonished [*oder* amazed] (**über** at)

**stechen** 1 *Dorn:* prick
2 *Biene:* sting; *Mücke:* bite
3 **sich stechen** prick oneself (**an** on); **ich hab mich in den Daumen gestochen!** I've pricked my thumb!

> **? Grammatik** Die unregelmäßigen Vergangenheitsformen von **sting** lauten **stung — stung**: *the bee* **stung** *Kate; David* **was stung** *by a wasp.*

**Stechmücke** gnat [næt], mosquito [məsˈkiːtəʊ]

**Stechpalme** holly

**Steckbrief** (*Poster*) 'wanted' poster

**Steckdose** socket

**stecken** 1 (*hinein tun*) put
2 (*befestigen*) pin (**an** onto)
3 (*feststecken*) be stuck; **steckt der Schlüssel?** is the key in the lock?
4 **stecken bleiben** get stuck, stick fast

**Stecker** plug

**Stecknadel** pin

**Steg** 1 (*Fußgängerbrücke*) footbridge
2 (*Landesteg*) jetty [ˈdʒeti]

**Stegreif** **aus dem Stegreif spielen** improvise [ˈɪmprəvaɪz]

**stehen** 1 stand; (*sich befinden*) *Buch im Regal:* be
2 *von Kleidern: gut passen:* suit [suːt]; **das steht dir** that suits you
3 **wie steht's?** how's things?
4 **wo steht das?** where does it say that?; **was steht im Brief?** what does the letter say?
5 **stehen bleiben** *Fahrzeuge, Kolonne:* come to a standstill; *Person:* stop; *Motor:* cut out
6 **stehen lassen** (*dalassen*) leave; (*vergessen*) leave behind; **er ließ die Suppe stehen** he left the soup untouched

> **? Grammatik** Die unregelmäßigen Vergangenheitsformen von **stand** lauten **stood — stood**: *a big dog* **stood** *at the door; I* **have stood** *here for over an hour*

**stehlen** 1 steal
2 **sich in das/aus dem Haus stehlen** sneak into/out of the house

> **? Grammatik** Die unregelmäßigen Vergangenheitsformen von **steal** lauten **stole — stolen**: *the thief* **stole** *all their money from their hotel room; somebody must* **have stolen** *his wallet.*

**steif** 1 (*unbeweglich*) stiff; (*erstarrt*) numb [nʌm]
2 (*förmlich*) formal

**steigen** 1 (*hinaufklettern*) climb (**auf** onto); **Treppen steigen** climb stairs; **auf einen Baum/Berg/eine Leiter steigen** climb [up] a tree/mountain/ladder
2 **auf's Pferd steigen** mount the [*oder* one's] horse; **auf's Fahrrad/Motorrad steigen** get on[to] the [*oder* one's] bicyle/motorbike
3 *Preise, Temperatur:* rise
4 *Chancen, Gehalt, Ungeduld:* increase [ɪnˈkriːs]
5 *Flugzeug, Straße:* climb [klaɪm]
6 **die Spannung steigt** the tension is mounting

**steigern** 1 increase [ɪnˈkriːs]
2 **sich steigern** increase; (*sich verbessern*) improve [ɪmˈpruːv]

Ss

**DIE 12 STERNKREISZEICHEN – THE 12 SIGNS OF THE ZODIAC**

| | | |
|---|---|---|
| Widder | 21. März – 20. April | Aries |
| Stier | 21. April – 20. Mai | Taurus |
| Zwillinge | 21. Mai – 21. Juni | Gemini |
| Krebs | 22. Juni – 22. Juli | Cancer |
| Löwe | 23. Juli – 23. August | Leo |
| Jungfrau | 24. August – 23. September | Virgo |
| Waage | 24. September – 23. Oktober | Libra |
| Skorpion | 24. Oktober – 22. November | Scorpio |
| Schütze | 23. November – 21. Dezember | Sagittarius |
| Steinbock | 22. Dezember – 20. Januar | Capricorn |
| Wassermann | 21. Januar – 19. Februar | Aquarius |
| Fische | 20. Februar – 20. März | Pisces |

**Steigerung** 1 increase [ˈɪnkriːs] (**um** of) 2 (*Verbesserung*) improvement

**steil** steep

**Stein** stone ▸ IN WENDUNGEN: **da fällt mir ein Stein vom Herzen!** that's a load off my mind!

**Steinbock** 1 (*Tier*) ibex [ˈaɪbeks] 2 (*Sternzeichen*) Capricorn

**steinig** stony [ˈstəʊni]

**Stelle** 1 (*Ort*) place 2 (*Fleck*) patch 3 (*Anstellung*) job; **sich um eine Stelle bewerben** apply for a vacancy [ˈveɪkənsi] 4 (*in Mathematik*) digit 5 **an erster Stelle** in the first place; **an meiner Stelle** in my place; **an dieser Stelle** in this place; **wenn ich an Ihrer Stelle wäre …** if I were you … 6 **zur Stelle sein** be at hand, be present 7 **auf der Stelle** at once

**stellen** 1 (*setzen, hinstellen*) put 2 (*einstellen*) set (**auf** at); **das Radio leiser/lauter stellen** turn the radio down [up]; **eine Uhr stellen** set a watch/clock (**auf** for) 3 **eine Frage stellen** ask a question 4 **sich schlafend stellen** pretend to be asleep 5 **sich der Polizei stellen** give oneself up to the police

**Stellenangebot** job offer

**Stellenanzeige** job advertisement, job ad *umgangsspr*

**Stellenvermittlung** employment [ɪmˈplɔɪmənt] agency

**stellenweise** in places; **stellenweise Regen** rain in places, scattered rain

**Stellung** 1 (*Körperstellung*) position [pəˈzɪʃən] 2 (*Posten*) job, situation [ˈsɪtjueɪʃən] 3 **möchten Sie dazu Stellung nehmen?** would you like to comment on that?

**stellvertretend** 1 **stellvertretend für** in place of, on behalf [bɪˈhɑːf] of 2 *von Amts wegen:* deputy [dɪˈpjuːt]; **stellvertretende Geschäftsführerin** deputy managing director

**Stellvertreter(in)** (*amtlicher*) deputy

**Stempel** stamp

**stempeln** 1 stamp 2 (*postalisch*) postmark

**Stenographie, Stenografie** shorthand

**stenographieren, stenografieren** 1 **stenografieren** do shorthand 2 **etwas stenografieren** take something down in shorthand

**Steppdecke** quilt [kwɪlt] GB, comforter USA

**Sterben** death

**sterben** die [daɪ] (**an** of)

**sterblich** mortal

**Sterbliche(r)** mortal

**Sterblichkeit** mortality

**Stereo** stereo [ˈsteriəʊ]

**Stereoanlage** stereo [system]

**stereotyp** (*übertragen*) *Antwort, Bild:* stereotypical

**steril** sterile [ˈsteraɪl]

**sterilisieren** sterilize [ˈsterəlaɪz]

**Stern** (*Himmelskörper*) star

**Sternchen** (*im Text*) asterisk [ˈæstərɪsk]

**Sternenbanner** Star-Spangled Banner, Stars and Stripes *Plural*

**Sternschnuppe** shooting star

**Sternzeichen** star sign, sign of the zodiac [ˈzəʊdiæk]

**stetig** steady [stedi]

**stets** (*immer*) always [ˈɔːlweɪz]

**Steuer**[1] das *von Auto:* steering wheel; **am Steuer sitzen** be at [*oder* behind] the wheel

**Steuer**[2] die tax

**steuern** ① drive *Auto*
② navigate; steer *Schiff*

**Steuerrad** [steering] wheel

**Steuerung** (*im Flugzeug, etc*) controls [kən'trəʊlz] ⚠ *Plural*

**Steward** steward

**Stewardess** stewardess

**stibitzen** nick, pinch

**Stich** ① (*Nadelstich*) prick; (*Messerstich*) stab
② *einer Mücke:* bite; *einer Biene:* sting
③ (*Nähstich*) stitch
▶ IN WENDUNGEN: **jemanden im Stich lassen** let someone down

**stichhaltig** *Argument, Grund:* sound, valid

**Stichprobe** spot check

**Stichwort** ① (*im Wörterbuch*) headword ['hedwɜːd]
② (*im Theater*) cue [kjuː]

**sticken** embroider [ɪm'brɔɪdəʳ]

**stickig** (*muffig*) close, stuffy

**Stickstoff** nitrogen ['naɪtrədʒən]

**Stiefbruder** stepbrother

**Stiefel** boot

**Stiefeltern** step-parents

**Stiefkind** stepchild

**Stiefmutter** stepmother

**Stiefschwester** stepsister

**Stiefsohn** stepson

**Stieftochter** stepdaughter ['stepˌdɔːtəʳ]

**Stiefvater** stepfather

**Stiel** ① (*Griff*) handle
② *von Glas:* stem
③ *von Pflanze:* stalk [stɔːk]; (*Stängel*) stem

**Stier** ① (*Rind*) bull
② (*Sternzeichen*) Taurus ['tɔːrəs]

**Stift** ① (*Bleistift*) pencil; (*Kugelschreiber*) pen
② (*Holzstift*) peg; (*Nagel*) tack

**stiften** ① (*geben, schenken*) donate [də'neɪt]
② (*gründen*) found
③ (*verursachen*) bring about, cause [kɔːz]; **Frieden stiften** make peace; **Unfrieden stiften** sow discord

**Stifter(in)** ① (*Schenkender*) donator
② (*Gründer*) founder

**Stiftung** ① (*Schenkung*) donation [də'neɪʃᵊn]
② (*Gründung*) foundation

**Stil** style [staɪl]; **alles in großem Stil tun** do things in style

**still** ① (*ruhig*) quiet, silent; **sei still!** be quiet!; **still werden** go quiet, fall silent
② (*unbewegt*) still [stɪl]; **bleib/halt still!** keep still!, don't move!

**Stille** ① (*Ruhe*) quietness ['kwaɪətnəs]
② (*Schweigen*) silence

**stillen** ① quench [kwenʃ] *Durst*
② satisfy ['sætɪsfaɪ] *Hunger, Neugierde, Verlangen*
③ breast-feed *Baby*

**stillhalten** ① keep still
② (*schweigen*) keep quiet [kwaɪət]

**stilllegen** ① close [*oder* shut] down *Betrieb*
② lay up *Fahrzeug*

**stillschweigend** **stillschweigendes Einvernehmen/Übereinkommen** tacit ['tæsɪt] understanding/agreement

**stillsitzen** sit still

**Stillstand** ① (*Halt*) standstill
② **zum Stillstand kommen** *Verkehr, Wirtschaft:* come to a standstill; *Blutung, Herz, Maschine:* come to a stop

**stillstehen** ① be at a standstill
② (*stehen bleiben*) stop; **die Zeit schien still zu stehen** time seemed to be standing still

**Stimmbruch** **er ist im Stimmbruch** his voice is breaking

**Stimme** ① voice; **mit tiefer Stimme** in a deep voice
② (*Wahlstimme*) vote; **jemandem seine Stimme geben** give one's vote to a person

**stimmen** ① (*richtig sein*) be right; (*wahr sein*) be true; **stimmt das?** is that true [*oder* right] [*oder* correct]?; **stimmt!** right!
② **das stimmt nicht** that's wrong
③ (*abstimmen*) vote (**für, gegen** for, against)
④ **ein Instrument [höher/niedriger] stimmen** tune an instrument [up/down]

**Stimmung** ① (*Gemütsstimmung*) mood; **in guter/schlechter Stimmung sein** be in a good/bad mood
② (*Atmosphäre*) atmosphere ['ætməsfɪəʳ]

**stinken** stink (**nach** of)
▶ IN WENDUNGEN: **die ganze Sache stinkt!** the whole business stinks!

> **? Grammatik** Die unregelmäßigen Vergangenheitsformen von **stink** lauten **stank — stunk**: *he* **stank** *because he hadn't washed for days; the harbour area* **has** *always* **stunk** *of fish.*

**Stipendium** ① (*als Auszeichnung*) scholarship ['skɒləʃɪp]
② (*Studienbeihilfe*) grant

**Stirn** forehead ['fɔːhed]; **die Stirn runzeln** frown
▶ IN WENDUNGEN: **jemandem/etwas die Stirn bieten** defy somebody/something

**stochern** ① poke (**in** at)

2 **im Essen stochern** pick at one's food
3 **im Feuer stochern** poke the fire

**Stock** 1 stick
2 (*Stockwerk*) floor [flɔːʳ] GB, storey, story USA; **im ersten Stock** on the first floor GB, on the second floor USA

**stocken** 1 (*zögern*) hesitate ['hezɪteɪt]
2 (*innehalten*) break off, stop short; **mir stockte das Herz** my heart skipped a beat

**Stockwerk** floor [flɔːʳ] GB, storey, story USA; **im oberen Stockwerk** upstairs; **ein Stockwerk höher/tiefer** one floor up/down

**Stoff** 1 (*Gewebe*) fabric, material [mə'tɪəriəl]; **aus was für einem Stoff ist das Kleid?** what material is the dress?
2 (*Materie, Unterrichtsstoff*) [subject] matter

**stöhnen** groan

**stolpern** stumble, trip (**über** over)

**Stolz** pride; **ihr ganzer Stolz** her pride and joy

**stolz** 1 proud (**auf** of)
2 *Preis, Summe:* princely

**stopfen** 1 (*hineinstopfen*) stuff
2 darn; mend *Strümpfe*

**stoppen** 1 (*anhalten*) stop
2 (*mit der Stoppuhr*) time

**Stoppuhr** stop-watch

**Stöpsel** plug

**Storch** stork

**stören** 1 disturb *Frieden, Schlaf*
2 (*unangenehm berühren*) disturb; **stör' ich?** am I disturbing you?
3 (*lästig sein*) bother; **stört es Dich, wenn ich rauche?** do you mind if I smoke?
4 (*unterbrechen*) interrupt; (*stärker*) *Schüler:* disrupt

**stornieren** **einen Auftrag stornieren** cancel an order

**Stornierung** *eines Auftrags:* cancellation

**störrisch** obstinate ['ɒbstɪnət], stubborn

**Störung** 1 (*Beeinträchtigung*) disturbance [dɪ'stɜːbᵊns]
2 (*Unterbrechung*) disruption [dɪs'rʌpʃᵊn]; **entschuldigen Sie bitte die Störung!** pardon the intrusion!
3 (*im Radio*) interference [ˌɪntə'fɪərᵊns]
4 (*in Gerät, Maschine*) trouble ['trʌbl]; (*Fehler*) fault [fɔːlt]

**Stoß** 1 push, shove [ʃʌv]; **jemandem einen Stoß versetzen** deal someone a blow
2 (*Haufen*) pile; (*größerer Haufen*) stack

**stoßen** 1 *einen Stoß geben:* push
2 (*Stich versetzen*) stab
3 **sich stoßen** (*anstoßen*) bump [*oder* knock] [nɒk] oneself; **sich den Kopf stoßen** hit one's head; **sich an etwas stoßen** bump against something

**Stoßstange** bumper

**Stoßzeit** (*im Verkehr*) rush hour

**stottern** 1 *Mensch:* stutter
2 *Auto:* splutter

**Strafanstalt** penal ['piːnᵊl] institution

**strafbar** punishable ['pʌnɪʃəbl]; **strafbare Handlung** offence GB, offense USA; **sich strafbar machen** commit an offence

**Strafe** 1 (*Bestrafung*) punishment ['pʌnɪʃmənt]; **zur Strafe** as a punishment
2 (*Geldstrafe*) fine; **sie musste 50 Dollar Strafe dafür zahlen** she had to pay a 50 dollar fine for it
3 (*Gefängnisstrafe*) sentence

**strafen** punish (**für** for)

**straff** 1 *Seil:* taut [tɔːt]
2 (*eng sitzend*) close-fitting, tight [taɪt]

**straffällig** **straffällig werden** commit a criminal offence

**straffen** 1 (*enger machen*) tighten [taɪtᵊn]
2 **sich straffen** (*sich spannen*) become taut

**Strafraum** penalty area

**strafrechtlich** criminal

**Strafstoß** penalty kick

**Straftat** criminal offence GB, criminal offense USA

**Strafzettel** ticket

**Strahl** 1 (*Lichtstrahl*) ray
2 (*Wasserstrahl*) jet

**strahlen** 1 *Sonne:* shine
2 *Uran, etc:* be radioactive [ˌreɪdiəʊ'æktɪv]
3 *Gesicht:* beam; **sie strahlte übers ganze Gesicht** her face was beaming with joy

**strahlend** 1 *Gesicht:* beaming; *Lächeln:* bright [braɪt]
2 *Tag:* bright [*oder* glorious] ['glɔːriəs]

**strahlenverseucht** contaminated [kən'tæmɪneɪtɪd] [with radiation]

**Strahlung** radiation [ˌreɪdi'eɪʃᵊn]

**Strähne** 1 (*Haarsträhne*) strand
2 (*gefärbte Haarsträhne*) streak, highlights ['haɪlaɪts] ⚠ *Plural*

**strampeln** 1 *Baby:* thrash about
2 (*auf dem Fahrrad*) pedal

**Strand** beach; **am Strand** on the beach

**strapazierfähig** 1 *Kleidung, Teppich:* hard-wearing
2 *Schuhe:* sturdy shoes

**strapaziert** 1 *Kleidung, Schuhe, Teppich:* worn
2 *Nerven:* strained
3 *Haare, Haut:* damaged

**strapaziös** tiring ['taɪərɪŋ], wearing ['weərɪŋ]
**Straße** ① street; **auf der Straße spielen** play in the streets ⚠ *Plural;* **über die Straße gehen** cross the street
② (*Verkehrsstraße*) road; **auf der Straße** on the road; **die Straße zur Post** the road to the post office; **eine stark befahrene Straße** a busy ['bɪzi] road
③ (*Meerenge*) straits ⚠ *Plural;* **die Straße von Dover/Gibraltar** the Straits ⚠ *Plural* of Dover/Gibraltar

> **! Vorsicht Falle** **street** wird für Straßen mit Häusern und Geschäften in Städten und Dörfern gebraucht: *John met his friend in the street;* — **road** wird für Verkehrsstraßen außerhalb der Städte und Dörfer gebraucht: *we were on the road to Edinburgh.*

**Straßenbahn** tram (GB), streetcar (USA)
**Straßengraben** [road] ditch
**Straßenkampf** street fight
**Straßenkarte** road map
**Straßenkreuzung** crossroads ⚠ *Singular oder Plural;* **an einer Straßenkreuzung** at a crossroads
**Straßenmusikant(in)** street musician [mjuː'zɪʃən], busker
**Straßenrand** kerb [kɜːb], curb (USA)
**Straßenschild** street sign
**Straßenverkehrsordnung** Highway Code
**Strategie** strategy ['strætədʒi]
**strategisch** strategical [strə'tiːdʒɪkəl]
**Strauch** shrub; (*Busch*) bush
**Strauß**[1] der (*Blumenstrauß*) bunch of flowers
**Strauß**[2] der (*Laufvogel*) ostrich
**streben** (*sich mühen um*) strive (**nach** for, after)
**Streber(in)** swot (GB), grind (USA)
**Strecke** ① (*Distanz*) distance; **eine Strecke zurücklegen** cover a distance
② (*in Geometrie*) line
③ (*Route*) route [ruːt]; **die Strecke Stuttgart-Hamburg** the Stuttgart-Hamburg route
▸ IN WENDUNGEN: **auf der Strecke bleiben** fall by the wayside
**strecken** ① (*dehnen*) stretch
② **sich strecken** have a stretch
**Streich** trick; **jemandem einen Streich spielen** play a trick on someone
**streicheln** ① (*liebkosen*) caress [kə'res]
② (*streichen*) stroke
**streichen** ① (*mit Hand, Gegenstand*) stroke; **sich die Haare aus der Stirn streichen** brush one's hair out of one's face
② (*mit Farbe*) paint
③ spread [spred] *Butter, etc*
④ (*löschen*) delete; **von einer Liste streichen** cross [*oder* scratch] off a list
**Streichholz** match
**Streichholzschachtel** matchbox
**Streichinstrument** string[ed] instrument
**Streifen** ① stripe; (*breiter*) streak [striːk]
② (*Stück*) strip
**streifen** ① (*leicht berühren*) brush, touch [tʌtʃ]; (*mit Auto, Flugzeug*) scrape
② **den Ring vom Finger streifen** slip the ring off one's finger
**Streik** strike; **in den Streik treten** go on strike
**streiken** be on strike, strike
**Streikende(r)** striker
**Streit** ① (*Wortstreit*) dispute [dɪ'spjuːt], argument ['ɑːgjəmənt]; **Streit haben** have an argument [*oder* a row]
② (*heftiger, auch handgreiflich*) fight [faɪt]
**streiten** ① (*zanken*) quarrel ['kwɒrəl]; (*mit Worten*) argue (**über, wegen** about, over); **mit jemandem über etwas streiten** have an argument with somebody over something
② **sich streiten** quarrel; (*mit Worten*) argue; **sie streiten sich ständig** they're constantly arguing
**Streitkräfte** forces ['fɔːsɪz]
**streng** ① (*unnachsichtig*) severe [sɪ'vɪər]; **jemanden streng bestrafen** punish someone severely
② (*unnachgiebig, ernst*) stern; **mit strenger Miene** with a stern face
③ *Kälte:* intense
④ (*bestimmt*) strict; **es wird streng auf Pünktlichkeit geachtet** they are very strict about punctuality
⑤ *Regeln:* stringent ['strɪndʒənt]
⑥ *Geschmack:* sharp
⑦ **streng geheim** top secret; **streng verboten!** strictly forbidden!
**Strenge** ① (*Unnachsichtigkeit*) severity [sɪ'verɪti]
② (*Ernst*) sternness
③ (*Sitten, Charakter*) austerity [ɒs'terəti]
④ (*Bestimmtheit*) strictness
**Stress** stress [stres]; **Stress haben** be under [a lot of] stress
**stressig** stressful
**streuen** ① (*verstreuen*) scatter
② (*bestreuen*) sprinkle *Salz, Zucker*
③ grit *Straße;* (*mit Salz*) salt [sɒlt]
**streunen** ① *Mensch:* roam

S

2 *Tier:* stray; **ein streunender Hund** a stray dog
**Strich** 1 (*Pinselstrich, etc*) stroke
2 (*Linie*) line
3 (*kurzer Strich, Gedankenstrich*) dash
**Strichpunkt** semicolon [ˌsemɪˈkəʊlən]
**Strick** cord; (*dicker*) rope
**stricken** knit [nɪt]
**Strickjacke** cardigan
**Stricknadel** knitting needle
**striegeln** curry *Pferd*
**strikt** strict [strɪkt]
**strittig** controversial [ˌkɒntrəˈvɜːʃəl], debatable [dɪˈbeɪtəbl]
**Stroh** straw [strɔː]
**Strohdach** thatched roof
**Strohhalm** straw
**Strom**[1] der 1 (*Fluss*) large river
2 (*Strömung*) current; **mit/gegen den Strom** with/against the current
3 (*Menschenstrom*) stream
▸ IN WENDUNGEN: **es gießt in Strömen** it's pouring [ˈpɔːrɪŋ] [with rain]
**Strom**[2] der (*Elektrizität*) current
**Stromausfall** power failure [ˈfeɪljəʳ]
**strömen** 1 stream
2 **strömender Regen** pouring rain
**Stromkreis** circuit [ˈsɜːkɪt]
**Strömung** 1 (*in Wasser, Luft*) current
2 (*Tendenz, Richtung*) trend
**Stromverbrauch** power consumption [kənˈsʌmʃən]
**Strophe** 1 (*in Lied*) verse [vɜːs]
2 (*in Gedicht*) stanza
**strotzen** abound (**vor** with); **vor Gesundheit/Kraft strotzen** be bursting with health/strength
**Struktur** 1 structure [ˈstrʌktʃəʳ]
2 *von Gewebe:* texture [ˈtekstʃəʳ]
**Strumpf** 1 (*Herrenstrumpf*) sock
2 (*Damenstrumpf*) stocking
**Strumpfhose** tights [taɪts] ⚠ *Plural* (GB), pantyhose (USA); **eine Strumpfhose** a pair of tights (GB), a pantyhose (USA)
**Stück** 1 piece [piːs]; **ein Stück Brot** a piece of bread; **zwei Stück Kuchen** two pieces of cake; **ein Stück Seife** a bar of soap
2 (*Streckenabschnitt*) part; **er kam ein Stück mit** he came along part of the way
3 (*Bruchstück*) fragment; **in Stücke gehen** break into pieces; **in Stücke schlagen** smash to pieces
4 (*Theaterstück*) play
5 (*musikalisch*) piece
6 **2 Euro das Stück** 2 euros each
**Stückchen** 1 little piece [*oder* bit]
2 (*des Weges*) part of the way
**Student(in)** student
**Studenten(wohn)heim** halls *Plural* of residence (GB), dormitory [ˈdɔːmɪtəri] (USA)
**Studie** 1 (*Abhandlung*) essay (**über** on)
2 (*Untersuchung*) report (**über, zu** on)
**Studienbeihilfe** educational grant
**Studienplatz** place at university
**studieren** study; **Medizin studieren** study medicine; **sie studiert noch** she's still a student
**Studio** studio [ˈstjuːdiəʊ]
**Studium** study [ˈstʌdi]; **ein Studium aufnehmen** begin one's studies ⚠ *Plural;* **sein Studium abschließen** finish one's studies *Plural* [*oder* degree *Singular*]
**Stufe** 1 (*Treppenstufe*) step
2 (*Stadium*) stage
3 (*Rang*) grade
**Stuhl** chair [ˈtʃeəʳ]; **ist der Stuhl noch frei?** is this chair taken?
**stumm** 1 (*sprechunfähig*) dumb [dʌm]
2 (*schweigend*) silent [ˈsaɪlənt]
**Stummel** stub
**Stumpf** stump
**stumpf** 1 *Bleistift, Messer:* blunt
2 *Winkel:* obtuse [əbˈtjuːs]
**Stunde** 1 hour [aʊəʳ]; **eine halbe Stunde** half an hour; **eine dreiviertel Stunde** three quarters ⚠ *Plural* of an hour; **jede volle Stunde** every hour on the hour
2 (*Unterrichtsstunde*) lesson; **in der ersten Stunde habe ich Mathe** my first lesson is maths ⚠ *Singular*
**Stundenkilometer** kilometers per hour
**Stundenlohn** hourly wage
**Stundenplan** time-table (GB), schedule [ˈʃedjuːl] (USA)
**stundenweise** 1 (*pro Stunde*) **stundenweise bezahlt werden** be paid by the hour
2 **stundenweise Beschäftigung** casual [ˈkæʒjuəl] job
**stündlich** 1 *Bus, Zug:* hourly [ˈaʊəli]
2 **stündlich fahren** run every hour
**stupide** (*geistlos*) mindless
**stupsen** nudge
**stur** 1 (*eigensinnig*) stubborn
2 (*unnachgiebig*) obdurate [ˈɒbdjərət]
**Sturm** (*Unwetter*) storm; **die Ruhe vor dem Sturm** (*auch übertragen*) the calm before the storm *auch übertragen*
**stürmen** 1 *Wind:* blow; *Orkan:* rage
2 (*eilen*) storm

3 invade *Geschäft, Museum*
4 storm *Bühne, Feindesstellung, Feld*

**Stürmer(in)** forward

**stürmisch** 1 *Überfahrt, Wetter:* stormy; **stürmische See** rough [rʌf] sea
2 (*ungestüm*) impetuous [ɪm'petʃuəs]; *Liebhaber:* passionate ['pæʃənət]; **nicht so stürmisch!** take it easy!

**Sturz** 1 (*Hinfallen*) fall
2 *einer Regierung:* overthrow; *eines Politikers:* downfall
3 *einer Währung:* collapse [kə'læps]

**stürzen** 1 (*kippen*) turn upside down
2 overthrow *Regierung*
3 (*fallen*) fall [down], tumble; **sie ist gestürzt** she fell [*oder* had a fall]
4 (*rennen*) **er kam ins Zimmer gestürzt** he came bursting into the room

**Sturzflug** nose-dive

**Sturzhelm** crash helmet

**Stute** mare [meəʳ]

**Stütze** support; (*Pfeiler*) pillar

**stutzen**[1] (*beschneiden*) trim; clip *Flügel, Hecke*

**stutzen**[2] 1 (*zögern*) hesitate ['hezɪteɪt]
2 (*stehen bleiben*) stop short

**stützen** 1 support; (*abstützen*) shore up
2 (*finanziell*) back
3 (*übertragen*) back up
4 **sich stützen** lean (**auf** on)
5 **sich stützen** *Verdacht, etc:* be based (**auf** on)

**Stützpunkt** base

**Styropor®** polystyrene [ˌpɒlɪ'staɪriːn]

**Subjekt** subject ['sʌbdʒekt]

**subjektiv** subjective [səb'dʒektɪv]

**Substantiv** noun

**Substanz** (*Stoff*) substance ['sʌbstəns]

**subtrahieren** subtract

**Subtraktion** subtraction [səb'trækʃən]

**Subvention** (*vom Staat*) subsidy ['sʌbsɪdi]

**subventionieren** subsidize ['sʌbsɪdaɪz]

**Suche** search (**nach** for); **auf der Suche sein** be looking (**nach** for)

**suchen** 1 look; (*intensiver*) search (**nach** for)
2 **Schutz/Zuflucht suchen** seek shelter/refuge
3 **was suchst du hier?** what are you doing here?; **du hast hier nichts zu suchen** you've got no business being here

**Sucht** 1 (*medizinisch*) addiction [ə'dɪkʃən] (**nach** to)
2 (*übertragen*) obsession [əb'seʃən] (**nach** with)

**süchtig** 1 addicted (**nach** to)
2 **etwas macht süchtig** something is addictive

**Süden** 1 (*Himmelsrichtung*) south; **im Süden von** in the south of; **nach Süden** south; *von Verkehr:* south-bound
2 (*Landesteil*) South; **im Süden Deutschlands** in the South of Germany, in Southern Germany

**südlich** 1 southern ['sʌðən] *vorangestellt;* **Wind aus südlicher Richtung** southerly wind; **in südlicher Richtung** southwards; *Verkehr:* south-bound
2 **südlich von …** to the south of …; **weiter südlich sein** be further south

**Südost(en)** southeast

**südöstlich** southeast; **südöstlich von …** to the southeast of …

**Südpol** South Pole

**Südwesten** southwest; **aus Südwesten** from the southwest

**südwestlich** 1 *Gegend:* southwestern
2 *Wind:* southwest

**Summe** 1 (*beim Rechnen*) sum
2 (*Gesamtsumme*) total
3 (*Betrag*) amount

**summen** 1 hum; **vor sich hin summen** be humming away to oneself
2 *Insekt, Motor:* buzz

**Sumpf** marsh; (*in den Tropen*) swamp [swɒmp]

**Sünde** sin

**Sündenbock** scapegoat ['skeɪpgəʊt]

**Sünder(in)** sinner

**super** great [greɪt], super

**Superlativ** superlative [suː'pɜːlətɪv]

**Suppe** (*dünne Suppe*) soup [suːp]; (*dicke Suppe*) broth

**Suppenteller** soup plate

**Surfbrett** surfboard

**surfen** surf

**Surfer(in)** (*auch im Internet*) surfer

**surren** buzz

**suspekt** suspicious [sə'spɪʃəs]; **das ist mir suspekt** that seems suspicious to me

**suspendieren** suspend

**süß** 1 (*im Geschmack*) sweet
2 (*goldig*) sweet, cute [kjuːt]; **süß aussehen** look sweet [*oder* cute]

**Süßigkeiten** sweets (GB), candy ⚠ *Singular* (USA)

**süßsauer** *Gericht:* sweet-and-sour

**Süßstoff** sweetener

**Süßwasser** freshwater

**Swimmingpool** [swimming] pool

**Symbol** symbol ['sɪmbəl]

**symbolisch** symbolic [sɪm'bɒlɪk] (**für** of)

**symbolisieren** symbolize ['sɪmbəlaɪz]

**Symmetrie** symmetry ['sɪmətri]
**symmetrisch** symmetrical [sɪ'metrɪkəl]
**Sympathie** 1 (*Zuneigung*) liking
2 (*Mitgefühl*) sympathy ['sɪmpəθi]
**Sympathisant(in)** sympathizer [ˌsɪmpə'θaɪzəʳ]
**sympathisch** 1 *Lächeln:* pleasant ['plezənt], lovely ['lʌvli]; *Mensch:* nice
2 **er ist mir sympathisch** I think he's nice, I like him; **sie ist mir nicht sehr sympathisch** I don't really like her

**! Vorsicht Falle** Das englische Wort **sympathetic** bedeutet nicht das Gleiche wie das deutsche Wort ‚sympathisch'! Ein Mensch, der **sympathetic** ist, ist verständnisvoll oder mitfühlend.

**Symptom** symptom ['sɪmtəm]
**Synagoge** synagogue ['sɪnəgɒg]
**synchronisieren** 1 synchronize ['sɪŋkrənaɪz]
2 dub *Film;* **synchronisiert** dubbed
**Synonym** synonym ['sɪnənɪm]
**synthetisch** synthetic [sɪn'θetɪk]
**System** system ['sɪstəm]
**systematisch** systematic
**Szene** 1 (*Bühne*) stage
2 (*Auftritt*) scene [siːn]

# Tt

**Tabak** tobacco [tə'bækəʊ]
**Tabelle** table; (*als Grafik*) chart
**Tablett** tray
**Tablette** pill, tablet
**tabu** taboo; **das ist tabu** this is a taboo
**Tabuwort** taboo word
**Tacho(meter)** speedo[meter]
**Tadel** 1 (*Vorwurf*) reproach [rɪ'prəʊtʃ]
2 (*Verweis*) reprimand ['reprɪmɑːnd]
**tadellos** 1 *Deutsch:* faultless ['fɔːltləs]; *Manieren:* impeccable [ɪm'pekəbl]
2 (*vollkommen*) perfect
**tadeln** 1 (*zurechtweisen*) rebuke, reprimand
2 (*kritisieren*) criticize ['krɪtɪsaɪz]
**Tafel** 1 (*Schultafel*) blackboard
2 **eine Tafel Schokolade** a bar of chocolate
3 (*festlicher Tisch*) [dinner-] table
**Tag** 1 day; **Tag für Tag** day after day; **er kommt in 3 Tagen** he's coming in 3 days; **welcher Tag ist heute?** what day is it today?; **zweimal am Tag** twice a day; **den ganzen Tag** all day; **am folgenden Tag** the next day; **eines Tages** one day
2 (*als Gruß*) **guten Tag!** (*morgens*) good morning!; (*nachmittags*) good afternoon!; (*bei der Vorstellung*) how do you do?; **jemandem guten Tag sagen** say hello to somebody
3 (*Tageslicht*) daylight ['deɪlaɪt]; **es ist Tag** it is light; **bei Tage** in the daytime
4 **Tag der offenen Tür** open day
**tagaus tagaus, tagein** day in, day out
**Tagebuch** diary ['daɪəri]; **Tagebuch führen** keep a diary
**tagelang** lasting for days [on end] *nachgestellt*
**tagen** *Gericht, Parlament:* sit
**Tagesanbruch bei Tagesanbruch** at daybreak
**Tageslicht** daylight ['deɪlaɪt]; **bei Tageslicht** in [the] daylight
**Tagesmutter** child minder
**Tageszeit** time of day
**Tageszeitung** daily paper
**täglich** 1 *Arbeit, Brot, Pflichten:* daily
2 **etwas täglich tun** do something every day; **einmal/zweimal/dreimal täglich** once/twice/three times a day
**tagsüber** during the day
**Tagung** conference
**Taifun** typhoon [taɪ'fuːn]
**Taille** waist [weɪst]
**Takt** 1 (*Rhythmus*) time
2 (*Takteinheit*) bar
3 (*Taktgefühl*) tact
**Taktik** tactics ⚠ *Plural;* **eine gute Taktik** good tactics ⚠ *Plural*
**taktisch** tactical; **taktisch vorgehen** use tactics
**taktlos** tactless
**taktvoll** tactful
**Tal** valley
**Talent** gift, talent ['tælənt] (**zu** for); **großes** [*oder* **viel**] **Talent haben** be very talented
**Talisman** [lucky] charm
**Talkshow** chat show
**Talsperre** (*Staumauer*) river dam
**Tampon** tampon ['tæmpɒn]
**Tank** (*Behälter, auch Panzer*) tank [tæŋk]
**tanken** tank [*oder* fill] up *Benzin;* **voll tanken** fill up with petrol
**Tanker** tanker ['tæŋkəʳ]
**Tankstelle** service [*oder* filling] [*oder* petrol] station (GB), gas station (USA)
**Tanne** fir [fɜːʳ]
**Tannenbaum** 1 fir tree
2 (*Weihnachtsbaum*) Christmas tree

**Tante** aunt [ɑːnt], auntie [ɑːnti] *umgangsspr*
**Tanz** dance
**tanzen** dance; **tanzen gehen** go dancing
**Tänzer(in)** dancer
**Tanzfläche** dance floor
**Tanzkurs** dancing course
**Tanzmusik** dance music
**Tanzschule** dancing school
**Tanzstunde** dancing lesson
**Tapete** wallpaper ['wɔːlˌpeɪpəʳ]
**Tapetenwechsel** change of scenery ['siːnəri]
**tapezieren** paper
**tapfer** ① (*beherrscht*) brave; **etwas tapfer ertragen** put on a brave front
② (*mutig*) bold, courageous [kə'reɪdʒəs]
**Tapferkeit** (*Mut*) boldness, courage ['kʌrɪdʒ]
**Tarif** ① (*Lohntarif*) rate
② (*Zolltarif*) tariff ['tærɪf]
**tarnen** ① camouflage ['kæməflɑːʒ]
② disguise [dɪs'gaɪz] *Absichten*
**Tarnung** ① (*militärisch*) camouflage ['kæməflɑːʒ]
② *von Agenten:* disguise [dɪs'gaɪz]
**Tasche** ① (*bei Kleidungsstücken*) pocket; [**sich**] **etwas in die Tasche stecken** pocket something, put something into one's pocket
② (*Beutel*) pouch [paʊtʃ]
③ (*Handtasche*) bag (GB), purse [pɜːs] (USA)
④ (*übertragen*) **etwas aus eigener Tasche bezahlen** pay for something out of one's own pocket; **tief in die Tasche greifen** dig deep into one's pockets
**Taschenbuch** paperback
**Taschendieb(in)** pickpocket
**Taschengeld** pocket-money
**Taschenlampe** torch (GB), flashlight (USA)
**Taschenmesser** pocket-knife (GB), jackknife (USA); (*kleines*) penknife
**Taschenrechner** pocket calculator ['kælkjəleɪtəʳ]
**Taschentuch** handkerchief ['hæŋkətʃiːf]
**Tasse** cup; **eine Tasse Tee** a cup of tea
**Tastatur** keyboard ['kiːbɔːd]
**Taste** ① *von Klavier, Computer:* key; **eine Taste drücken** press a key
② *von Telefon, Radio:* button
**tasten** feel; **nach etwas tasten** grope for something
**Tastsinn** sense of touch
**Tat** ① (*das Handeln*) action; **in die Tat umsetzen** put into action
② (*Heldentat, Untat*) act, deed
③ **gute Tat** good deed
④ **auf frischer Tat ertappen** catch in the act
**tatenlos ich konnte nur tatenlos zusehen** I could only stand and watch
**Täter(in)** perpetrator ['pɜːpɪtreɪtəʳ]; **unbekannte Täter** persons unknown
**tätig** ① active; **in einer Sache tätig werden** take action in a matter
② **sie ist an der Börse tätig** she's in[to] stockbroking
**Tätigkeit** ① (*Aktivität*) activity
② (*Arbeit*) work; (*Beruf*) job
**tätowieren** tattoo
**Tätowierung** tattooing
**Tatsache** fact
**tatsächlich** ① *Wert, etc:* actual, real
② (*in Wirklichkeit*) actually, really; **er ist es tatsächlich** it really is him
**tätscheln** pat
**Tatze** paw [pɔː]
**Tau**[1] das (*Seil*) rope
**Tau**[2] der (*Niederschlag*) dew [djuː]
**taub** ① (*ohne Gehör*) deaf [def]; **auf einem Ohr/dem rechten Ohr taub** deaf in one ear/the right ear
② (*gefühllos*) numb [nʌm]; **meine Hände waren taub vor Kälte** my hands were numb with cold
**Taube** dove [dʌv], pigeon ['pɪdʒən]
**taubstumm** deaf and dumb
**Taubstumme(r)** deaf-mute
**tauchen** ① dive (**nach** for)
② **die Hand ins Wasser tauchen** dip one's hand into the water
**Taucher(in)** diver
**Taucheranzug** diving suit
**tauen** melt, thaw [θɔː]; **es taut** it is thawing
**Taufe** ① (*das Sakrament*) baptism
② (*Vorgang*) christening
**taufen** ① baptize *Gläubigen*
② (*nennen*) christen *Kind, Schiff, Hund*
**taugen** ① (*wert sein*) be good; **es taugt nichts** it's no good
② (*geeignet sein*) be suitable (**zu, für** for)
**taumeln** stagger
**Tausch** exchange [ɪks'tʃeɪndʒ]; **im Tausch gegen …** in exchange for …
**tauschen** ① (*umtauschen*) exchange [ɪks'tʃeɪndʒ] (**gegen** for)
② exchange *Blicke, Worte*
③ **mit jemandem tauschen** do a swop with somebody
**täuschen** ① (*hintergehen*) deceive [dɪ'siːv]
② (*irreführend sein*) be deceptive [dɪ'septɪv]; **es täuscht** it's deceptive

Tt

③ **sich täuschen** be wrong [rɒŋ], be mistaken (**über** about)
**täuschend** ① *Ähnlichkeit:* striking
② **jemandem täuschend ähnlich sehen** bear a striking resemblance to somebody, look just like somebody
**Täuschung** ① (*das Täuschen*) deception [dɪ'sepʃ(ə)n]
② (*Irrtum*) mistake
**tausend** a [*oder* one] thousand; **viele Tausende** thousands of

> **! Vorsicht Falle** Nach Zahlen verwendet man **thousand** ohne ein s am Ende: *five thousand inhabitants.* Aber: **thousands** *of people stormed the streets.*

**tausendmal** a thousand times
**Tausendstel** thousandth
**Taxi** cab, taxi[cab] ['tæksi]; **mit dem Taxi fahren** go by taxi
**Taxifahrer(in)** taxi driver, cab driver
**Taxistand** taxi rank
**Team** team
**Technik** ① (*Technologie*) technology [tek'nɒlədʒi]
② (*Funktionsweise eines Geräts*) mechanics [mɪ'kænɪks] ⚠ *Plural*
③ (*Verfahren*) technique [tek'niːk]
**Techniker(in)** [technical] engineer [ˌendʒɪ'nɪə(r)]
**technisch** ① (*technologisch*) technological [ˌteknə'lɒdʒɪk(ə)l]
② (*die Ausführung betreffend*) technical; **technische Daten** specifications
**Technologie** technology [tek'nɒlədʒi]
**Tee** tea; **eine Tasse Tee** a cup of tea
**Teebeutel** tea bag
**Teekanne** teapot
**Teelöffel** teaspoon; **zwei Teelöffel Milch** two teaspoons of milk
**Teeny** teeny bopper
**Teer** tar
**Teich** pond
**Teig** ① (*Brot- oder Nudelteig*) dough [dəʊ]
② (*Blätter- oder Mürbteig*) pastry ['peɪstri]
**Teil** ① (*Bruchteil, Teil von etwas*) part; **in zwei Teile zerschneiden** cut in two
② (*Anteil*) share
③ **ein Teil der Leute** some of the people
④ **zum Teil** partly; **zum größten Teil** for the most part
**Teilchen** (*auch in Physik*) particle ['pɑːtɪkl]
**teilen** ① (*in Teile zerlegen*) divide [dɪ'vaɪd] (**in** into, **unter** among)
② **10 durch 5 teilen** divide 10 by 5
③ (*aufteilen*) share [ʃeə(r)] (**unter** amongst, **mit** with)
④ (*teilhaben*) share *Erfahrung, Freude*
⑤ **sich teilen** *Fluss, Straße:* fork; *Vorhang:* part
**Teilhaber(in)** (*Gesellschafter*) partner
**Teilnahme** ① (*Beteiligung*) participation [pɑːˌtɪsɪ'peɪʃ(ə)n] (**an** in)
② (*Anwesenheit*) attendance (**an** at)
③ (*Mitgefühl*) sympathy ['sɪmpəθi]
**teilnahmslos** (*gleichgültig*) apathetic, indifferent (**gegenüber** towards)
**teilnahmsvoll** sympathetic (**gegenüber** towards)
**teilnehmen** ① (*sich beteiligen*) participate [pɑː'tɪsɪpeɪt], take part (**an** in)
② **an einem Wettbewerb teilnehmen** take part in a competition
③ (*anwesend sein*) attend; **am Unterricht teilnehmen** attend class[es]
**Teilnehmer(in)** ① (*Beteiligte(r)*) participant [pɑː'tɪsɪpənt]
② (*im Sport*) competitor
**teils** partly; **wie geht's dir? — teils, teils** how are you? — so-so
**Teilung** division [dɪ'vɪʒ(ə)n]
**teilweise** ① partly; (*manchmal*) sometimes; **der Roman ist teilweise gut** the novel is good in parts
② *Besserung, etc:* partial ['pɑːʃ(ə)l]
**Teint** complexion [kəm'plekʃ(ə)n]
**Telefon** [tele]phone; **ans Telefon gehen** answer the phone; **am Telefon sein** be on the phone
**Telefonanruf** phone call
**Telefonbuch** [tele]phone book
**Telefongespräch** (*Anruf*) [telephone] call; **ein Telefongespräch führen** make a call
**telefonieren** make a telephone call; **mit jemandem telefonieren** speak to someone on the phone

> **? Grammatik** Im britischen Englisch kann man neben dem Verb **phone** auch die Verben **call** oder **ring** verwenden, wenn man ‚telefonieren' sagen möchte: *I'll phone you tomorrow* oder *I'll call you tomorrow* oder *I'll ring you tomorrow.* Man kann auch die Substantive **ring** oder **call** verwenden: *I'll give you* **a ring** *tomorrow* oder *I'll give you* **a call** *tomorrow.* Im amerikanischen Englisch ist jedoch das Verb **call** üblicher.

**telefonisch** **telefonisch anfragen** inquire [ɪn'kwaɪə(r)] by telephone; **er ist telefonisch**

**erreichbar** he can be contacted by phone
**Telefonist(in)** (*in Firma*) switchboard operator
**Telefonkarte** phonecard
**Telefonnummer** [tele]phone number; **eine Telefonnummer wählen** dial a number
**Telefonzelle** [tele]phone box GB, [tele]phone booth USA
**Telefonzentrale** switchboard
**Telegramm** telegram ['telɪgræm] GB, wire [waɪəʳ] USA
**Teleskop** telescope ['telɪskəʊp]
**Teller** plate; **ein Teller/zwei Teller Suppe** a plate of/two plates of soup
**Tempel** temple
**Temperament** 1 (*Wesensart*) temper, temperament ['temprəmənt]
2 (*Lebhaftigkeit*) vivacity [vɪ'væsətɪ]; **Temperament haben** be very vivacious [vɪ'veɪʃᵊs]
**temperamentvoll** lively, vivacious
**Temperatur** temperature ['temprətʃəʳ]
**Tempo** 1 speed
2 **Tempo!** hurry up!
**Tempo(taschentuch)®** paper handkerchief
**Tendenz** 1 (*in Wirtschaft*) trend
2 (*Neigung*) tendency; **die Tendenz haben zu ...** tend to ..., have a tendency to ...
**tendieren** tend (**zu** towards)
**Tennis** tennis
**Tenor** tenor ['tenəʳ]
**Teppich** carpet
**Teppichboden** fitted carpet
**Termin** 1 (*für Fertigstellung*) date, deadline ['dedlaɪn]; **einen Termin einhalten** meet a deadline
2 (*bei Arzt, Besprechung*) appointment
**Terminal** terminal
**Terminkalender** [appointments] diary
**Terrasse** terrace ['terɪs]
**Territorium** territory
**Terror** terror ['terəʳ]
**Terroranschlag** terrorist attack
**terrorisieren** terrorize ['terᵊraɪz]
**Terrorismus** terrorism ['terᵊrɪzᵊm]
**Terrorist(in)** terrorist ['terᵊrɪst]
**Tesafilm®** Sellotape® GB, Scotch tape® USA
**Test** test
**Testament** 1 (*Nachlass*) will
2 **Altes/Neues Testament** Old/New Testament
**testen** test (**auf** for); **jemanden auf seine Intelligenz testen** test somebody's intelligence
**teuer** 1 (*kostspielig*) expensive; **wie teuer ist es?** how much is it?; **das Heizöl ist schon wieder teurer geworden!** fuel oil has gone up again!
2 (*lieb*) dear
**Teufel** 1 devil
2 (*zur negativen Verstärkung*) **wer/wo/was zum Teufel ...?** who/where/what the devil ...?; **weiß der Teufel!** God knows!
**Teufelskreis** vicious ['vɪʃᵊs] circle
**Text** 1 *von Buch, etc:* text
2 *von Lied:* words ⚠ *Plural; von Schlager:* lyrics ['lɪrɪks] ⚠ *Plural*
3 (*unter Bild*) caption
**Textilien** textiles ['tekstaɪlz]
**Theater** 1 theatre ['θɪətəʳ] GB, theater USA; **im Theater** at the theatre; **ins Theater gehen** go to the theatre
2 (*übertragen*) fuss; **mach kein Theater!** don't make a fuss!
**Theaterstück** [stage] play
**theatralisch** theatrical [θiː'ætrɪkᵊl]
**Theke** 1 (*im Lokal*) bar
2 (*im Laden*) counter
**Thema** 1 *eines Gesprächs:* subject, topic; **kommen wir zum Thema!** let's get to the point!; **kein Thema sein** be no subject for discussion; **das Thema wechseln** change the subject
2 (*Leitgedanke*) theme
3 (*in Schule*) **das Thema verfehlen** not answer the question
**Theologe, Theologin** theologian [ˌθiːə'ləʊdʒᵊn]
**Theologie** theology [θi'ɒlədʒi]
**theoretisch** 1 theoretical [θɪə'retɪkᵊl]
2 **theoretisch stimmt das** that's right in theory
**Theorie** theory ['θɪəri]; **in der Theorie** in theory
**Therapeut(in)** therapist
**Therapie** therapy
**Thermometer** thermometer [θə'mɒmɪtəʳ]
**Thermosflasche** thermos ['θɜːməs] [*oder* vacuum] flask
**Thermostat** thermostat ['θɜːməstæt]
**These** thesis ['θiːsɪs]
**Thron** throne; **den Thron besteigen** ascend to the throne
**Thunfisch** tuna[fish]
**ticken** *Uhr:* tick
▸ IN WENDUNGEN: **du tickst wohl nicht richtig!** you're off your rocker [*oder* head] [hed]!
**Tief** 1 (*Wettertief*) depression [dɪ'preʃᵊn]
2 (*Stimmungstief*) low
**tief** 1 deep; **der Teich war 3 Meter tief** the pond was 3 metres deep; **ein Stock tiefer** one floor down
2 (*tiefgründig*) profound [prə'faʊnd]

③ (*niedrig*) low; **die tief stehende Sonne** the sun low down on the horizon
④ (*dunkel*) deep
⑤ *Schlaf:* deep, sound
⑥ **im tiefsten Winter** in the depths *Plural* of winter
⑦ **tief [durch]atmen** draw a deep breath
⑧ (*sehr*) **tief betrübt** deeply distressed; **tief bewegt** deeply moved

**Tiefe** ① depth; **in hundert Meter Tiefe** at a depth of a hundred meters
② (*Tiefgründigkeit*) deepness, profundity [prəˈfʌndɪti]

**Tiefgarage** underground car park

**tiefgekühlt** frozen [ˈfrəʊzᵊn]

**tiefgründig** deep, profound

**Tiefkühltruhe** freezer

**Tiefpunkt** low point; **ich bin auf einem Tiefpunkt** I've reached [*oder* hit] a low

**Tier** animal; (*großes Tier*) beast

**Tierarzt, Tierärztin** veterinary surgeon [ˌvetᵊrɪnᵊriˈsɜːdʒən], veterinarian [ˌvetᵊrɪˈneəriən] (USA), vet (GB) *umgangsspr*

**Tierheim** animal shelter

**tierisch** ① *Fett, etc:* animal
② (*slang: unerträglich*) beastly; **es tut tierisch weh** it hurts like mad
③ (*slang: sehr, riesig*) **ich hab mich tierisch gefreut** I was dead pleased

**Tierkreiszeichen** sign of the zodiac; **welches Tierkreiszeichen bist du?** what sign are you?

**Tierkunde** zoology [zuˈɒlədʒi]

**tierlieb(end)** fond of animals *nachgestellt*

**Tierquälerei** cruelty [ˈkruːəlti] to animals

**Tierschutz** protection of animals

**Tierschützer(in)** animal conservationist

**Tiger** tiger [ˈtaɪgəʳ]

**Tinte** ink

**Tipp** ① (*Rat*) tip
② (*Andeutung*) hint

**tippen** ① (*auf Schreibmaschine*) type [taɪp]
② (*leicht berühren*) tap, touch [tʌtʃ] lightly; **jemandem auf die Schulter tippen** tap someone on the shoulder
③ (*raten*) bet, guess; **auf jemanden/eine Mannschaft tippen** put one's money on somebody/a team

**Tisch** table; **am Tisch** at the table; **den Tisch decken** set [*oder* lay] the table

**Tischdecke** tablecloth

**Tischler(in)** joiner

**Tischtennis** table tennis

**Tischtuch** tablecloth

**Titel** title; **einen Titel führen** have a title

**Toast** (*Toastbrot*) toast

**Toaster** toaster

**toben** ① (*wüten*) rage
② *Kind:* rollick about

**Tochter** daughter [ˈdɔːtəʳ]

**Tod** ① death [deθ]
② **zu Tode** to death *auch übertragen;* **sich zu Tode schämen** be utterly ashamed of oneself

**todernst** **mit todernster Mine** looking dead serious [ˈsɪəriəs]

**Todesfall** death [deθ]

**Todesopfer** casualty [ˈkæʒjuəlti], death [deθ]

**Todesstrafe** (*als Urteil*) death penalty

**Todesurteil** death sentence

**tödlich** ① *Gefahr:* deadly [ˈdedli], mortal; *Dosis, Gift, Waffe:* lethal [ˈliːθᵊl]; *Unfall:* fatal [ˈfeɪtᵊl]
② **tödlich verunglücken** be killed in an accident

**Toilette** (*WC*) lavatory, toilet [ˈtɔɪlət], loo *umgangsspr;* **auf die Toilette gehen** go to the toilet

**Toilettenpapier** toilet paper

**tolerant** tolerant [ˈtɒlərənt] (**gegen** of)

**Toleranz** tolerance [ˈtɒlərəns] (**gegen** of)

**tolerieren** tolerate

**toll** ① (*super*) groovy, terrific
② (*verrückt*) crazy, mad

**Tollpatsch** clumsy creature [ˈkriːtʃəʳ]

**tollpatschig** clumsy

**Tollwut** rabies [ˈreɪbiːz]

**Tomate** tomato [təˈmɑːtəʊ]

> **? Grammatik** Die Mehrzahl von **tomato** ist **tomatoes**: *I like tomatoes and potatoes.*

**Tombola** tombola

**Ton**[1] der (*Erdart*) clay

**Ton**[2] der ① (*Laut*) sound; **lass keinen Ton darüber verlauten!** don't say a word about it!; **sie hat keinen Ton herausgebracht** she couldn't say a word
② (*Umgangston*) tone; **das gehört zum guten Ton** that's how the best people do it; **sich im Ton vergreifen** hit the wrong note
③ (*Farbton*) tone

**Tonart** (*in Musik*) key [kiː]

**Tonband** ① (*Magnetband*) tape
② (*Tonbandgerät*) tape recorder

**tönen** ① (*erklingen*) sound
② (*großspurig reden*) hold forth, sound off
③ tint *Haare;* **sich die Haare tönen** tint one's hair ⚠ *Singular*

**Tonfall** tone of voice
**Tonne** ① (*Behälter*) cask, barrel
② (*Mülleimer*) bin
**Tonstudio** recording [rɪ'kɔːdɪŋ] studio
**Topf** pot; (*Kochtopf*) saucepan ['sɔːspən]
**Töpferei** pottery
**Töpferwaren** earthenware ['ɜːðᵊnweəʳ] ⚠ *Singular*
**Topfpflanze** potted plant
**Tor** ① gate
② (*Durchfahrt*) gateway
③ (*beim Fußball*) goal; **ein Tor erzielen** score a goal; **im Tor stehen** keep goal
**torkeln** reel, stagger
**Tornado** tornado [tɔː'neɪdəʊ]
**Torte** ① (*Sahnetorte*) gâteau ['gætəʊ]
② (*Obsttorte*) flan
**Torwart(in)** goalkeeper
**tosen** ① *Meer:* roar
② *Sturm:* rage
**tot** *Mensch, auch Leitung etc:* dead [ded]
**total** (*völlig*) total ['təʊtᵊl]
**Totalschaden** write-off ['raɪtɒf]; **Totalschaden haben** be a [complete] write-off
**Tote(r)** ① deceased [dɪ'siːst], dead person; (*Leiche*) corpse
② (*bei Krieg, Unfall*) casualty ['kæʒjuəlti]; **es gab 50 Tote** fifty people were killed
**töten** kill
**totlachen** **ich hab mich fast totgelacht** I nearly killed [*oder* wet] myself laughing
**Toto** (*Fußballtoto*) football pools ⚠ *Plural;* **Toto spielen** play the [football] pools ⚠ *Plural*
**Totschlag** manslaughter ['mænˌslɔːtəʳ] (GB), homicide ['hɒmɪsaɪd] (USA)
**totschlagen** kill
**Tour** (*Ausflug*) tour [tʊəʳ]; (*Fahrt*) trip
**Tourismus** tourism ['tɔːrɪzᵊm]
**Tourist(in)** tourist ['tɔːrɪst]
**Tournee** tour [tʊəʳ]; **auf Tournee gehen/sein** go/be on tour
**Trab** (*Gangart*) trot; **im Trab** at a trot
**Tradition** tradition [trə'dɪʃᵊn]
**traditionell** traditional
**Tragbahre** stretcher
**tragbar** ① *Gerät:* portable
② (*erträglich*) bearable ['beərəbl] (**für** to)
**träge** sluggish
**tragen** ① carry *Kind, Last, Rucksack, etc;* **in der Hand tragen** carry in one's hand; **auf dem Rücken tragen** carry on one's back; **etwas bei sich tragen** carry something [with one]
② bear *Kosten, Namen, Schulden*
③ produce [prə'djuːs] *Ernte;* bear [beəʳ] *Früchte*
④ wear [weəʳ] *Kleidung;* (*anhaben*) have on
⑤ **die Haare kurz/lang tragen** wear one's hair short/long; **einen/keinen Bart tragen** have a/no beard
⑥ **die Verantwortung tragen** bear the responsibility
⑦ (*erdulden*) endure [ɪn'djuʊəʳ]
⑧ (*stützen*) support

**? Grammatik** Die unregelmäßigen Vergangenheitsformen von **wear** lauten **wore — worn**: Susy **wore** *a red dress at the party; she* **has worn** *that dress before.*

**Träger** ① (*Gepäckträger*) porter
② *von Kleidung:* wearer ['weərəʳ]
③ (*Balken*) beam
④ (*an Kleidung*) strap
**Tragetasche** carrier ['kæriəʳ] bag
**Tragfläche** wing
**Tragik** tragedy ['trædʒədi]
**tragisch** tragic ['trædʒɪk]
**Tragödie** tragedy ['trædʒədi]
**Trainer(in)** coach, trainer
**trainieren** ① (*üben*) train, practise (**zu** for); **Hochsprung trainieren** practise the highjump
② coach *Mannschaft* (**zu** for)
**Training** (*im Sport*) training
**Trainingsanzug** tracksuit [træksuːt]
**Traktor** tractor ['træktəʳ]
**trampen** hitchhike
**Trampolin** trampoline [ˌtræmpᵊ'liːn]
**tranchieren** carve
**Träne** tear ['tɪəʳ]; **in Tränen ausbrechen** burst into tears
**tränen** **mir tränen die Augen** my eyes are watering
**Transfer** transfer ['trænsfəʳ]
**Transfusion** transfusion [ˌtræns'fjuːʒᵊn]
**transitiv** transitive
**transparent** transparent [ˌtræn'spærᵊnt]
**transpirieren** perspire [pə'spaɪəʳ]
**Transport** transport ['trænspɔːt]
**Transporter** ① (*Schiff*) cargo ship
② (*Flugzeug*) transport plane
③ (*Fahrzeug*) van
**transportieren** transport *Güter*
**Transportmittel** means of transport
**Trapez** ① (*im Zirkus*) trapeze [trə'piːz]
② (*in Geometrie*) trapezium [trə'piːziəm]
**tratschen** gossip
**Traube** (*Fruchtstand*) bunch of grapes; *einzelne*

*Beere:* grape

**trauen** ① (*verheiraten*) marry; **sich trauen lassen** get married
② (*vertrauen*) trust
③ **sich trauen** (*wagen*) dare; **du traust dich ja eh nicht!** you wouldn't dare anyway!

**Trauer** ① (*Gram*) grief [gri:f], sorrow
② (*um einen Verstorbenen*) mourning ['mɔ:nɪŋ] (**um** over)

**trauern** mourn [mɔ:n] (**um** for)

**Traum** dream; **mein Traum ging in Erfüllung** my dream came true

**Trauma** trauma ['trɔ:mə]

**traumatisch** traumatic

**träumen** ① dream *auch übertragen;* **von etwas träumen** dream about something; **etwas Schönes/Schlimmes träumen** have a pleasant/nasty dream
② **ich träume davon, Schriftstellerin zu werden** it is my dream to be a writer
③ (*nicht aufpassen*) daydream; **träum nicht!** wake up!

> **? Grammatik** Die unregelmäßigen Vergangenheitsformen von **dream** lauten **dreamt/dreamed — dreamt:** *Lisa* **dreamt** *about a red dragon; I* **have** *never* **dreamt** *about a dragon.*

**Träumer(in)** [day]dreamer

**traumhaft** ① (*wunderbar*) fantastic
② **traumhaft schön** absolutely beautiful

**traurig** ① sad (**über** at)
② (*beklagenswert*) sorry (**über** about)

**Traurigkeit** sadness

**Trauung** marriage ['mærɪdʒ] ceremony, wedding

**Trauzeuge, Trauzeugin** witness

**Treffen** meeting; **ein Treffen ausmachen** arrange to meet

**treffen** ① (*schlagen*) hit, strike (**an** in, on)
② (*begegnen*) meet; (*stoßen auf*) hit upon, run into
③ (*kränken*) hurt; **das hat dich sehr getroffen, nicht?** you took it very hard, didn't you?
④ take *Maßnahmen*
⑤ **das Richtige treffen** choose just the right thing
⑥ *Schlag:* hit; **nicht treffen** miss
⑦ **sich [mit jemandem] treffen** meet [up with somebody]; **wir trafen uns zufällig** we met by chance

> **? Grammatik** Die unregelmäßigen Vergangenheitsformen von **meet** lauten **met — met:** *Paul* **met** *Fred in the cinema; I* **have** *never* **met** *him before.*

**treffend** (*passend*) apt

**Treffer** ① hit; **einen Treffer erzielen** score a hit
② (*Tor*) goal; **einen Treffer erzielen** shoot a goal

**Treffpunkt** meeting place; (*auf Flughafen, Bahnhof*) meeting point

**treiben** ① (*in Bewegung setzen*) drive
② do *Handel, Sport*
③ sprout [spraʊt] *Blüten, Knospen*
④ **du treibst mich noch zum Wahnsinn!** you're driving me mad!; **etwas auf die Spitze treiben** carry something too far; **es zu weit treiben** go too far; **jemanden zur Verzweiflung treiben** drive somebody to despair
⑤ (*im Wasser*) drift
⑥ **sich treiben lassen** drift; **die Dinge treiben lassen** allow things to drift, let things drift
⑦ *Baum, Pflanze:* sprout
⑧ **na, was treibt er denn so?** well, what's he been up to lately?

**Treibhaus** hothouse

**Treibhauseffekt** greenhouse effect

**Treibstoff** fuel ['fju:əl]

**Trend** trend (**zu** toward[s])

**trennbar** separable ['sepᵊrəbl]

**trennen** ① separate ['sepᵊreɪt] (**von** from)
② disconnect; interrupt *Leitung*
③ (*auseinanderbringen*) come between; **uns kann nichts trennen** nothing can come between us
④ **sich von jemandem trennen** (*Abschied nehmen*) part with [*oder* from] somebody; **sich von etwas trennen** part with something, give something up
⑤ **sich [von jemandem] trennen** (*für immer auseinander gehen*) split up [with somebody]

**Trennung** ① *auch von Paar:* separation [ˌsepᵊr'eɪʃᵊn]
② (*Abschied*) parting

**Trennungsstrich** hyphen ['haɪfən]

**Trennwand** partition wall

**Treppe** staircase ['steəkeɪs] (GB), stairs ⚠ *Plural,* stairway (USA); **eine Treppe** a flight [flaɪt] of stairs ⚠ *Plural;* **die Treppe heraufgehen** go upstairs, go up the stairs ⚠ *Plural;* **die Treppe hinuntergehen** go downstairs, go down the stairs ⚠ *Plural*

**Treppenhaus** stairwell ['steəwel], staircase ['steəkeɪs]

**Treppenstufe** stair [steəʳ], step

**Tresor** safe
**treten** 1 (*in Kuhfladen, Pfütze, etc*) step, tread [tred]
2 (*mit Fuß anstoßen*) kick; **gegen etwas treten** kick something; **nach etwas treten** kick out at something; (*Fußtritt geben*) kick
**treu** 1 [*Ehe*]*partner:* faithful ['feɪθfəl]
2 (*loyal*) *Freund, Kunde:* loyal [lɔɪəl]
3 (*ergeben*) *Diener:* devoted [dɪ'vəʊtɪd]
**Treue** 1 (*eheliche Treu*) fidelity, faithfulness ['feɪθfəlnəs]
2 (*Ergebenheit*) loyalty ['lɔɪəlti]
**Tribüne** (*Zuschauertribüne*) gallery, stand
**Trichter** funnel
**Trick** (*Kniff*) trick
**Trickfilm** (*Zeichentrickfilm*) cartoon
**Trieb** 1 (*Naturtrieb*) drive
2 (*Drang, Verlangen*) desire [dɪ'zaɪə^r], urge [ɜːdʒ]
3 *einer Pflanze:* shoot
**Triebwerk** engine ['endʒɪn]
**triefen** 1 **vor Nässe triefen** be soaking wet
2 (*rinnen*) drip; **meine Nase trieft!** I've got a runny nose!
**triftig** 1 *Argument:* convincing [kən'vɪnsɪŋ]
2 *Grund:* good
**Trikot** 1 (*Sporthemd*) jersey ['dʒɜːzi]
2 *eines Fußballspielers:* shirt
**trillern** 1 trill
2 *Vögel:* warble ['wɔːbl]
**trimmen** 1 trim *auch Hund*
2 **sich trimmen** do keep-fit exercises
3 **sich auf alt/jung trimmen** do oneself up to look old/young
**trinken** 1 drink; **jemandem etwas zu trinken geben** give someone a drink; **möchtest du etwas zu trinken?** would you like something to drink?
2 **Kaffee/Tee trinken** have a cup of coffee/tea, have some coffee/tea

> **? Grammatik** Die unregelmäßigen Vergangenheitsformen von **drink** lauten **drank — drunk**: *Peter* **drank** *five glasses of water; he* **has** *never* **drunk** *alcohol before.*

**Trinker(in)** drinker
**Trinkgeld** tip; **jemandem ein Trinkgeld geben** tip someone
**Trinkspruch** toast
**Trinkwasser** drinking water
**Tritt** 1 (*Schritt*) step
2 (*Fußtritt*) kick; **jemandem einen Tritt geben** [*oder* **versetzen**] give someone a kick
**Triumph** triumph ['traɪəmf]
**triumphieren** (*frohlocken*) exult [ɪg'zʌlt]
**triumphierend** triumphant
**trivial** trivial ['trɪviəl]
**Trivialliteratur** light [laɪt] fiction
**trocken** 1 dry [draɪ]
2 (*dürr*) arid
**Trockenobst** dried fruit
**Trockenzeit** (*Jahreszeit*) dry season
**trocknen** dry
**Trockner** [tumble] drier ['draɪə^r]
**Trödel** (*umgangsspr*) junk
**Trödelmarkt** flea [fliː] market
**trödeln** dawdle [dɔːdl]
**Trommel** drum
**Trommelfell** eardrum ['ɪədrʌm]
**trommeln** drum
**Trommler(in)** drummer
**Trompete** trumpet ['trʌmpɪt]; **Trompete spielen** play the trumpet
**Tropen** tropics
**Tropf** (*Infusion*) drip; **am Tropf hängen** be on a drip
**Tropfen** 1 (*auch als Medikament*) drop; **ein Tropfen Wasser** a drop of water
2 (*Schweißtropfen*) bead
**tropfen** drip; **deine Nase tropft!** your nose is running!
**tropfnass** dripping wet
**Trophäe** trophy ['trəʊfi]
**tropisch** tropical
**Trost** 1 comfort ['kʌmfət]
2 (*Entschädigung*) consolation [ˌkɒnsə'leɪʃ^ən]; **zum Trost** as a consolation
**trösten** 1 comfort ['kʌmfət], console [kən'səʊl]
2 (*aufmuntern*) cheer up; **sich trösten** cheer up, console oneself (**mit** with)
**trostlos** 1 (*hoffnungslos*) hopeless
2 (*freudlos*) cheerless
3 (*elend*) wretched ['retʃɪd]
**Trottel** fool, idiot ['ɪdiət]
**Trotz** 1 defiance [dɪ'faɪəns]; **aus Trotz** out of spite
2 (*Trotzköpfigkeit*) contrariness [kən'treərinəs]
**trotz** despite [dɪ'spaɪt], in spite of
**trotzdem** nevertheless [ˌnevəðə'les]; **sie tat es trotzdem** she did it anyway
**trotzen** **jemandem trotzen** defy [dɪ'faɪ] somebody
**trotzig** 1 (*die Stirne bietend*) defiant [dɪ'faɪənt]
2 *Kind:* awkward ['ɔːkwəd]

**trübe** 1 (*glanzlos*) dim, dull
2 *Flüssigkeit:* muddy
3 *Himmel:* cloudy ['klaʊdi], overcast
4 *Stimmung:* gloomy, pretty bleak
**Trubel** hurly-burly
**trübselig** 1 (*betrübt*) gloomy
2 (*trostlos*) bleak, depressing [dɪ'presɪŋ]
**trübsinnig** gloomy, melancholy ['melənkəli]
**trügen** 1 **wenn mich nicht alles trügt** unless I am very much mistaken
2 **der Schein trügt** appearances are deceptive [dɪ'septɪv]
**Truhe** chest, trunk
**Trümmer** 1 *von Gebäude:* ruins ['ruːɪnz]; **in Trümmern liegen** be in ruins
2 *von Flugzeug, etc:* wreckage ['rekɪdʒ] ⚠ *Singular*
**Trümmerfeld** (*übertragen*) scene of devastation [ˌdevə'steɪʃən]
**Trumpf** trump, trump-card
**Truppe** 1 (*beim Theater*) company ['kʌmpəni], troupe
2 (*Armee*) troops ⚠ *Plural;* (*Einheit*) unit ['juːnɪt]
**Truthahn** turkey[-cock]
**Tube** tube [tjuːb]; **eine Tube Zahnpasta/Tomatenmark** a tube of toothpaste/tomato puree
**Tuch** cloth
**tüchtig** (*fähig*) capable ['keɪpəbl]; (*leistungsfähig*) efficient [ɪ'fɪʃənt]
**Tugend** virtue ['vɜːtjuː]
**tugendhaft** virtuous ['vɜːtʃuəs]
**Tulpe** tulip
**Tumor** tumour [tjuːməʳ]
**Tümpel** pool
**Tumult** (*Bewegung in Menschenmenge*) commotion [kə'məʊʃən]
**tun** 1 (*machen*) do; **es gibt [noch] viel zu tun** there's a lot [still] to be done; **sie tut es gern** she loves doing it
2 **zu tun haben** have things to do; **alle Hände voll zu tun haben** have one's hands full (**mit** with)
3 **jemandem etwas tun** touch [tʌtʃ] somebody; (*stärker*) hurt somebody; **ich tu dir nichts** I won't hurt/touch you
4 (*legen, stellen*) put [pʊt]; **tu's da hin** put it over there
5 **das hat damit nichts zu tun** it's got nothing to do with it
6 **es tut mir sehr Leid** I am very sorry; **er tut mir Leid** I am sorry for him; **tut mir Leid!** sorry!
7 **tut das weh?** does it hurt?; **es tut [mir] weh** it hurts
8 **so tun als ob** pretend [prɪ'tend]; **sie tut nur so** she's only pretending; **tu doch nicht so!** stop pretending!
**Tunfisch** tuna ['tjuːnə]
**Tunnel** tunnel ['tʌnəl]
**Tüpfelchen** dot
**Tupfen** spot; (*kleiner Tupfen*) dot
**tupfen** dab
**Tupfer** swab [swɒb]
**Tür** door [dɔːʳ]; **es ist jemand an der Tür** there's somebody at the door; **gehst du bitte an die Tür?** would you answer the door?
**Türklinke** door handle
**Turm** 1 tower ['taʊəʳ]
2 (*Kirchturm*) steeple
3 (*Schachfigur*) castle ['kæsl]
**Turnen** 1 (*Sportart*) gymnastics [dʒɪm'næstɪks] ⚠ *Plural*
2 (*Schulfach*) physical ['fɪzɪkl] education, PE, PT
**turnen** do gymnastics ⚠ *Plural*
**Turner(in)** gymnast ['dʒɪmnæst]
**Turnhalle** gym[nasium] [dʒɪm'neɪziəm]
**Turnhose** gym shorts ⚠ *Plural*
**Turnier** (*Sportturnier*) tournament ['tɔːnəmənt]
**Turnlehrer(in)** gym [*oder* PE] [*oder* PT] teacher
**Turnschuhe** 1 gym-shoes
2 (*auch für Straße*) trainers
3 (*aus Stoff*) sneakers
**tuscheln** whisper ['wɪspəʳ]
**Tüte** bag; **in Tüten verpacken** put in bags
**TÜV** *Abkürzung von* **Technischer Überwachungsverein** MOT
**Typ** 1 (*Modell*) model
2 (*Menschenart*) type; **sie sind vom Typ her völlig verschieden** they are totally different types *Plural* of people
3 **nicht mein Typ** not my type
4 (*Kerl*) bloke
**typisch** typical ['tɪpɪkəl] (**für** of); **typisch deutsch!** typically German!
**Tyrann(in)** tyrant ['taɪrənt]
**tyrannisch** tyrannical [taɪ'rænɪkəl]
**tyrannisieren** tyrannize ['tɪrənaɪz]

# U u

**U-Bahn** underground, tube (GB) *umgangsspr*, subway (USA); **mit der U-Bahn fahren** go by underground [*oder* subway]

**Übel** (*Missstand*) evil ['iːvəl]; **zu allem Übel ...** to make matters ⚠ *Plural* worse ...

**übel** ① bad; *Krankheit, Wunde, Trick:* nasty; **das schmeckt gar nicht so übel** it doesn't taste so bad
② (*Befinden*) **mir ist übel** I feel sick
③ *Person, Charakter:* wicked; **ein übler Bursche** a bad lot
④ **übel gelaunt** ill-humoured [ˌɪl'hjuːməd]
▶ IN WENDUNGEN: **nehmen Sie es mir nicht übel, aber ...** don't take it the wrong way but ...; **ich nehme es Ihnen nicht übel** I do not blame you for it

**Übelkeit** nausea [nɔːʒə]

**üben** ① practise, practice (USA)
② **Kritik an etwas/jemandem üben** criticize ['krɪtɪsaɪz] something/someone

**über** ① (*räumlich*) over; (*oberhalb*) above [ə'bʌv], on top of; (*darüber hinaus*) across, beyond; (*auf*) on, upon
② (*zeitlich*) over; **über Mittag bleiben** stay over lunch; **über Nacht** during the night
③ (*betreffend*) about, on; **ein Buch über ...** a book on ...
④ (*bei Zahlenangaben*) for; **ein Scheck über 2.000 Euro** a cheque for 2,000 euros
⑤ (*mehr als*) over; **über fünfzig Jahre alt** over [*oder* past] fifty
⑥ via; **über München fliegen** fly via Munich

**überall** everywhere (GB), all over (USA)

**überanstrengen** overexert, overstrain

**überarbeiten** ① go over; revise *Buch*
② **sich überarbeiten** overwork [oneself]

**überaus** exceedingly [ɪk'siːdɪŋli], extremely

**überbieten** ① (*übertragen*) outdo [ˌaʊt'duː]
② **sich überbieten** surpass oneself

**Überbleibsel** (*Rest*) remnant ['remnənt]; (*Speiserest*) leftover

**Überblick** ① (*freie Sicht*) view [vjuː]
② **sich einen Überblick verschaffen über ...** get a general idea of ...; **den Überblick verlieren** lose track

**überbrücken** **die Zeit mit Lesen überbrücken** fill the time by reading

**überdenken** consider [kən'sɪdəʳ], think over; **etwas noch einmal überdenken** reconsider [ˌriːkən'sɪdəʳ] something

**Überdosis** overdose

**überdurchschnittlich** above-average

**übereifrig** overzealous [ˌəʊvə'zeləs], overenthusiastic

**übereinander** (*räumlich*) on top of each other; **die Beine übereinander schlagen** cross one's legs

**übereinstimmen** ① *Personen:* agree; **mit jemandem in etwas übereinstimmen** agree with someone on something
② *Messdaten, Rechnungen:* correspond; (*zusammenpassen*) match

**überfahren** ① run over *Tier*
② go through *Ampel*

**Überfahrt** crossing

**Überfall** (*Angriff*) attack (**auf** on); *einer Bank:* holdup; *einer Person:* mugging

**überfallen** (*angreifen*) attack; hold up *Bank;* mug *Person*

**überfliegen** ① fly over
② (*übertragen*) glance over

**Überfluss** ① abundance, plenty (**an** of)
② **zu allem Überfluss** superfluously [suː'pɜːfluəsli]; (*obendrein*) into the bargain

**überflüssig** superfluous [suː'pɜːfluəs]; (*unnötig*) unnecessary [ʌn'nesəsəri]

**überfordern** overtax; **damit ist er überfordert** that's asking too much of him

**überführen** **jemanden einer Sache überführen** convict someone of something

**überfüllt** *Zug:* overcrowded; *Schublade:* crammed; *Kurs:* oversubscribed

**übergeben** ① (*abliefern*) hand over
② hand over *Amt, Würde* (**an** to)
③ **sich übergeben** vomit

**übergehen** ① (*zu einer Partei*) go over
② (*sich verändern*) change [*oder* turn] [into]; *Farben:* merge [mɜːdʒ] [into]
③ **zum nächsten Punkt übergehen** go on to the next point

**Übergepäck** excess [ɪk'ses] baggage

**Übergewicht** overweight [ˌəʊvə'weɪt]

**überglücklich** overjoyed [ˌəʊvə'dʒɔɪd]

**überhaupt** ① (*sowieso*) in general
② **woher weißt du das überhaupt?** where did you get that from anyway?
③ **überhaupt nicht** not at all
④ **hast du dir darüber überhaupt Gedanken gemacht?** did you actually think it through?
⑤ **weißt du überhaupt, ob sie kommt?** do you even know if she's coming?

**überholen** overtake, pass (USA)

**Überholspur** overtaking lane (GB), passing lane (USA)
**überkochen** boil over
**überladen** ① *Fahrzeug:* overloaded
② *Stil:* ornate
**überlassen** ① **jemandem etwas überlassen** let someone have something; (*übertragen*) leave it up to someone
② **jemanden sich selbst überlassen** leave someone to his own devices
**Überlastung** *eines Menschen:* overtaxing; (*zu großer Stress*) overstress
**überlaufen**[1] (*sehr überfüllt*) overcrowded
**überlaufen**[2] *Wasser:* overflow; *kochende Milch:* boil over; **zum Überlaufen voll** full to overflowing
**überleben** ① (*länger leben als*) outlive, survive (**um** by)
② (*durchstehen*) live through
**Überlebende(r)** survivor
**überlegen**[1] ① (*nachdenken*) think
② (*durchdenken*) think over [*oder* about]; **das werde ich mir überlegen** I'll give it some thought
③ **sie hat es sich anders überlegt** she's changed her mind
**überlegen**[2] **jemandem überlegen sein** be superior [suːˈpɪəriəʳ] to someone (**an** in)
**Überlegung** consideration, reflection
**übermorgen** the day after tomorrow
**übernächste(r, s)** next … but one; **übernächste Woche** the week after next; **am übernächsten Tag** two days later
**übernachten** sleep; **bei jemandem übernachten** stay at someone's place
**Übernachtung** overnight stay; **vier Übernachtungen mit Frühstück** for nights with breakfast
**übernehmen** ① (*auch jemanden ablösen*) take over
② take on; undertake *Arbeit*
③ assume *Amt, Verantwortung*
④ **sich mit Arbeit übernehmen** take on too much work; (*sich überanstrengen*) overdo it
**überprüfen** check (**auf** for); screen *Person;* inspect *Maschine*
**überqueren** cross
**überraschen** surprise
**überraschend** surprising; (*unerwartet*) unexpected
**Überraschung** surprise
**überreden** persuade [pəˈsweɪd]
**überreichen** hand over; (*feierlich*) present
**überrumpeln** **jemanden überrumpeln** take someone by surprise
**überschätzen** overestimate *Entfernung*
**überschlagen** ① (*berechnen*) estimate roughly
② **sich überschlagen** *Person:* do a somersault [ˈsʌməsɔːlt]; *Fahrzeug:* turn over
**überschneiden** **sich überschneiden** *Linien:* intersect; (*übertragen*) overlap
**überschreiten** ① (*überqueren*) cross
② exceed *Maß;* transgress *Grenze*
③ **er hat die Sechzig schon überschritten** he's past sixty already
**Überschrift** heading; *einer Zeitung:* headline
**überschwemmen** (*auch übertragen*) flood [flʌd]
**Überschwemmung** flood
**übersehen** ① look over *Gegend;* **die Lage übersehen** be in full command of the situation
② (*ignorieren*) overlook; (*nicht bemerken*) fail to notice
**übersetzen** translate; **aus dem Englischen ins Deutsche übersetzen** translate from English into German ⚠ *ohne ‚a' oder ‚the'*
**Übersetzer(in)** translator
**Übersetzung** translation
**Übersicht** (*Überblick*) overall view; **die Übersicht verlieren** lose track of things
**übersichtlich** clear
**überspringen** ① jump *Hindernis*
② (*auslassen*) skip
**überstehen** ① (*durchstehen*) get through; **ich habe das Schlimmste jetzt überstanden** I'm over the worst now
② (*überwinden*) overcome
③ (*überleben*) survive [səˈvaɪv] *auch übertragen*
**übersteigen** ① exceed [ɪkˈsiːd] *Erwartungen*
② **das Projekt übersteigt seine Fähigkeiten** the project is beyond him [*oder* his abilities]
**überstimmen** outvote
**Überstunden** overtime ⚠ *Singular;* **Überstunden machen** work overtime
**überstürzen** ① rush into
② **sich überstürzen** *Ereignisse:* happen in a rush
**überstürzt** overhasty [ˌəʊvəˈheɪsti], rash
**übertragen** ① transfer (**auf** to)
② **das kann man auch auf andere Situationen übertragen** you can equally apply that to other situations
③ **er hat seine Erkältung auf mich übertragen** he has passed on his cold to me
④ *Radio, TV:* broadcast
**übertreffen** ① surpass [səˈpɑːs] (**an** in)
② **alle Erwartungen bei weitem übertreffen** exceed all expectations by far
**übertreiben** ① exaggerate
② (*zu weit treiben*) overdo; **man kann's auch**

**übertreiben** you can overdo things
**Übertreibung** exaggeration
**überwachen** 1 (*kontrollieren*) supervise
2 (*beobachten*) keep under surveillance
3 (*auf Monitor*) monitor ['mɒnɪtəʳ]
**überwältigen** 1 overpower
2 overcome *Angst*
3 **von Hass überwältigt werden** be overwhelmed [ˌəʊvə'welmd] by hate
**überwältigend** (*überragend*) overwhelming [ˌəʊvə'welmɪŋ]; *Schönheit:* stunning
**überweisen** 1 transfer *Geld*
2 refer *Patienten* (**an** to)
**Überweisungsauftrag** bank giro credit, transfer order
**überwiegend** 1 predominant; **überwiegende Mehrheit** vast majority
2 **es waren überwiegend Rentner** it was mainly pensioners
**überwinden** 1 overcome; get over *Schwierigkeiten*
2 (*hinter sich lassen*) outgrow
3 **sich überwinden etwas zu tun** bring oneself to do something
**überzeugen** 1 convince [kən'vɪns]
2 (*überreden*) persuade [pə'sweɪd]
3 **überzeugen können** be convincing [kən'vɪnsɪŋ]
**überzeugend** convincing
**Überzeugung** conviction [kən'vɪkʃᵊn]
**überziehen**[1] 1 (*bedecken*) cover; (*mit Belag*) coat
2 overdraw *Konto* (**um** by)
**überziehen**[2] (*anziehen*) put on
**üblich** 1 usual; **wie üblich** as usual
2 (*herkömmlich*) customary; **allgemein üblich sein** be common practice
3 (*normal*) normal; **nicht üblich** unusual
**U-Boot** submarine
**übrig** 1 left, remaining; **übrig bleiben** be left [over]; **jemandem etwas übrig lassen** leave something for someone
2 **hast du eine Zigarette übrig?** could you spare me a cigarette?
3 **für jemanden etwas übrig haben** (*umgangsspr*) have a soft spot for someone; **für jemanden nichts übrig haben** (*umgangsspr*) have no time for someone
4 **es bleibt ihm nichts anderes übrig** he has no other choice
**übrigens** by the way, incidentally
**Übung** 1 exercise
2 (*praktische Ausübung*) practice ['præktɪs]; **aus der Übung** out of practice ⚠ *ohne ‚a' oder ‚the'*
**Ufer** *eines Flusses:* bank; (*Meeresufer*) shore [ʃɔːʳ]
**Uhr** 1 (*Wand-, Standuhr*) clock; (*Armband-, Taschenuhr*) watch [wɒtʃ]; **meine Uhr geht vor/nach** my watch is fast/slow
2 (*bei Zeitangaben*) **wie viel Uhr ist es?** what time is it?; **es ist zehn Uhr** it's ten o'clock

> **! Vorsicht Falle** Im Englischen unterscheidet man zwischen **clock** — *there's a clock above the sideboard* und **watch** — *let me have a look on my watch* und **time** — *what time is it?*. Dabei ist **clock** eine normale Uhr, **watch** eine Armbanduhr und **time** wird allgemein für die Uhrzeit verwendet.

**Uhrzeigersinn im Uhrzeigersinn** clockwise; **im entgegengesetzten Uhrzeigersinn** anti-clockwise, counter-clockwise (USA)
**Uhrzeit** time
**Ultraschall** ultrasound
**um** 1 (*räumlich*) round; **um die Ecke** round the corner; **um die Welt** round the world
2 (*bei Zeitangaben*) about, at; **um 6 Uhr** at six [o'clock]
3 **um zu** [in order] to
4 (*ungefähr*) about; **so um Ostern** about Easter; **so um acht** [**Uhr**]? around about eight [o'clock]?
5 **deine Zeit ist um** your time is up
**umarmen** embrace [ɪm'breɪs]; (*fester*) hug
**umbauen** rebuild [ˌriː'bɪld] *Gebäude;* change *Kulissen*
**umblättern** turn [over] the page
**umbringen** kill
**umdrehen** 1 (*auf andere Seite*) turn over; **sich im Bett umdrehen** turn over in bed
2 (*um die Achse*) turn round; turn *Schlüssel*
▸ IN WENDUNGEN: **sie dreht jeden Pfennig zweimal um** she counts every penny
**umfahren** (*niederfahren*) run down
**umfallen** fall down (GB), fall over (USA)
**Umfang** 1 (*Größe*) size; *der Erde:* circumference [sə'kʌmfᵊrᵊns]
2 (*Ausmaß*) extent; *von Arbeit:* scope; **in großem Umfang** on a large scale
**umfassen** 1 clasp, grasp
2 (*enthalten*) contain; cover *Zeitperiode*
**umfassend** 1 *Lexikon:* comprehensive [ˌkɒmprɪ'hensɪv]
2 *Suche:* extensive [ɪk'stensɪv]
3 (*vollständig*) complete, full

**Umfrage** survey ['sɜːveɪ], poll; **eine Umfrage machen** carry out a survey
**Umgang** ① contact
② (*Bekanntenkreis*) acquaintances [ə'kweɪntᵊnsɪz] ⚠ *Plural*
**Umgangssprache** colloquial [kə'ləʊkwiəl] speech
**umgeben** surround
**Umgebung** ① surroundings ⚠ *Plural;* **London und Umgebung** London and surroundings
② (*Nachbarschaft*) neighbourhood ['neɪbəhʊd]
**umgehen**[1] ① *Gerücht:* circulate ['sɜːkjəleɪt]
② *Gespenst:* walk [wɔːk]
③ **mit jemandem umgehen** handle someone
④ **mit etwas umgehen** use something
**umgehen**[2] go round *Hindernis*
**Umgehungsstraße** bypass
**umgekehrt** ① reversed; *Reihenfolge:* reverse
② (*anders herum*) the other way round
③ (*anders herum*) the other way round; **gerade umgekehrt!** quite the contrary!
**umher** about, around
**umkehren** turn back
**umkippen** tip over; knock over *Vase*
**umklammern** clasp; **sie umklammerte ihre Tasche fest** she clutched her bag tightly
**Umkleideraum** changing room
**umkommen** be killed, die
**Umkreis** (*Umgebung*) surroundings ⚠ *Plural;* **im Umkreis von …** within a radius of …
**umkreisen** circle ['sɜːkl] *Tier, Mensch;* orbit *Planet*
**Umlaut** umlaut, vowel mutation
**umleiten** divert [daɪ'vɜːt] *Verkehr*
**Umleitung** detour, diversion
**umräumen** ① (*anders anordnen*) rearrange; (*an anderen Platz bringen*) shift
② *Möbel:* rearrange the furniture
**Umriss** outline; (*Kontur*) contour ['kɒntʊəʳ]
**umrühren** stir [stɜːʳ]
**umschalten** ① switch over
② *Radio, TV:* change over (**auf** to)
**Umschalttaste** (*Computer*) shift-key
**Umschlag** ① envelope; (*Hülle*) cover ['kʌvə]
② *eines Buches:* jacket ['dʒækɪt]
**umschlagen** ① turn over *Seite;* turn down *Kragen*
② *Wetter:* change; *Wind:* veer round
**umschulen** ① (*auf andere Schule*) transfer to another school
② (*auf etwas Neues*) retrain
**Umschwung** (*ins Gegenteil*) reversal [rɪ'vɜːsᵊl]
**umsehen** look around (**nach** for); (*zurück*) look back; **sich in der Stadt umsehen** have a look around the town
**umsetzen** ① turn over *Waren*
② **etwas in die Tat umsetzen** translate something into action
③ **sich umsetzen** change seats
**umso** ① **umso besser** all the better, so much the better
② **je mehr …, umso weniger …** the more … the less …
**umsonst** ① (*vergeblich*) in vain
② (*erfolglos*) without success
③ (*ohne Bezahlung*) for nothing, free of charge
**Umstände** ① (*Situation*) circumstances ['sɜːkəmstænsɪz]; **den Umständen entsprechend gut** as well as can be expected
② **unter Umständen** circumstances permitting; **unter keinen Umständen** under no circumstances
③ (*Förmlichkeiten*) fuss ⚠ *Singular;* **ohne große Umstände** without much fuss; **machen Sie sich meinetwegen keine Umstände!** don't trouble ['trʌbl] yourself on my account!
**umständlich** awkward ['ɔːkwəd]
**umsteigen** *Bahn, Bus:* change (**nach** for)
**umstellen** ① rearrange [ˌriːə'reɪndʒ] *Möbel*
② switch over *Betrieb, Hebel*
③ **sich auf etwas umstellen** adjust to something
**Umstellung** ① rearrangement [ˌriːə'reɪndʒmənt]
② (*Anpassung*) adjustment [ə'dʒʌstmənt] (**auf** to)
③ **das wird eine große Umstellung für ihn sein** it will be a big change for him
**umstoßen** knock over, down; upset *Pläne*
**umstritten** (*fraglich*) controversial [ˌkɒntrə'vɜːʃᵊl]
**Umsturz** overthrow
**umstürzen** ① overthrow *Regierung*
② (*umfallen*) fall over; *Fahrzeug:* overturn
**umtauschen** ① exchange; **kann ich das umtauschen?** is it possible to exchange this?
② change *Geld* (**in** into)
**umwandeln** change, convert (**in** into)
**Umweg** detour ['diːtʊəʳ]; **einen Umweg machen** go the long way round
**Umwelt** environment [ɪn'vaɪrᵊnmənt]
**umweltfreundlich** non-polluting, ecologically friendly
**Umweltkatastrophe** ecological disaster
**Umweltschutz** environmental conservation
**Umweltschützer(in)** environmentalist [ɪnˌvaɪrᵊn'mentᵊlɪst], conservationist

**Umweltverschmutzung** pollution of the environment
**umwerfen** 1 overturn
2 (*ändern*) upset
**umziehen** 1 move [to]
2 **sich umziehen** change one's clothes
**Umzug** 1 (*Festzug*) procession
2 (*Wohnungswechsel*) move, removal
**unabhängig** 1 independent (**von** of)
2 **unabhängig davon, was Sie meinen** irrespective [ˌɪrɪ'spektɪv] of what you think
**Unabhängigkeit** independence
**unabsichtlich** unintentional
**unangenehm** 1 unpleasant [ʌn'plezᵊnt]
2 **es wäre mir unangenehm zu fragen** I'd feel awkward ['ɔːkwəd] about asking
**Unannehmlichkeit** trouble ['trʌbl] ⚠ *Singular;* **Unannehmlichkeiten haben/bekommen** be in/get into trouble
**unanständig** 1 *Kleidung:* indecent
2 (*obszön*) dirty
**unartig** naughty ['nɔːti]
**unauffällig** 1 inconspicuous [ˌɪnkən'spɪkjuəs]
2 (*unscheinbar*) unobtrusive
**unaufhörlich** incessant [ɪn'sesᵊnt]
**unaufmerksam** 1 inattentive
2 **das war wirklich unaufmerksam von dir!** that was really thoughtless of you!
**unbedeutend** (*unwichtig*) insignificant, unimportant
**unbedingt** 1 (*erforderlich*) absolutely; **das ist nicht unbedingt nötig** that's not absolutely necessary ['nesəsᵊri]
2 **Sie müssen unbedingt kommen!** you really must come!
**unbefangen** uninhibited [ˌʌnɪn'hɪbɪtɪd]
**unbegreiflich** 1 (*unverständlich*) incomprehensible [ɪnˌkɒmprɪ'hensəbl]
2 **das ist mir unbegreiflich** I can't understand that
**unbegrenzt** unlimited
**unbegründet** groundless, unfounded
**unbehaglich** 1 (*körperlich*) uncomfortable [ʌn'kʌmftəbl]
2 (*gefühlsmäßig*) uneasy
**unbeholfen** awkward ['ɔːkwəd], clumsy
**unbekannt** unknown; *Gegend:* unfamiliar [ˌʌnfə'mɪljəʳ]
**unbeliebt** unpopular (**bei** with)
**unbemerkt** unnoticed
**unbequem** (*ungemütlich*) uncomfortable [ʌn'kʌmftəbl]
**unberechenbar** unpredictable [ˌʌnprɪ'dɪktəbl]
**unberührt** 1 untouched [ʌn'tʌtʃt]
2 (*Natur*) **die unberührte Natur** unspoilt [ʌn'spɔɪlt] nature ⚠ *ohne ‚a' oder ‚the'*
**unbeschreiblich** indescribable [ˌɪndɪ'skraɪbəbl]
**unbeschwert** (*sorglos*) carefree ['keəfriː]
**unbesorgt** 1 unconcerned
2 **seien Sie unbesorgt!** don't worry!
**unbeständig** *Wetter:* changeable ['tʃeɪndʒəbl]
**unbestimmt** 1 (*ungewiss*) uncertain
2 *Artikel:* indefinite
3 **auf unbestimmte Zeit** for an indefinite period
**unbeteiligt** 1 (*gleichgültig*) indifferent, unconcerned
2 (*nicht teilnehmend*) uninvolved (**an, bei** in)
**unbetont** unstressed
**unbeweglich** 1 (*nicht bewegbar*) immovable [ɪ'muːvəbl]
2 (*still stehend*) motionless
**unbewusst** unconscious [ʌn'kɒnʃəs]
**unbezahlbar** 1 (*zu teuer*) unaffordable
2 (*sehr nützlich*) invaluable [ɪn'væljuəbl]
**unbrauchbar** useless
**und** 1 and
2 **und so weiter** and so forth [*oder* on]
3 **und wenn …** even if …
4 **und?** so what?
5 **und dann?** and then?
**undankbar** *Mensch:* ungrateful (**gegen** to)
**undenkbar** unthinkable
**undeutlich** 1 indistinct
2 **er spricht undeutlich** he mumbles
**undicht** 1 (*gegen Luft*) not air-tight; (*gegen Wasser*) not water-tight
2 **undicht sein** leak
**undurchsichtig** 1 opaque [ə'peɪk]
2 (*obskur*) obscure [əb'skjʊəʳ]
**uneben** uneven; (*rau*) rough [rʌf]
**unecht** 1 *Diamanten:* fake; *Haare:* artificial [ˌɑːtɪ'fɪʃᵊl]
2 false; *Freundlichkeit:* insincere
**unehelich** illegitimate
**unehrlich** dishonest
**Uneinigkeit** disagreement
**unempfindlich** 1 insensitive (**gegen** to)
2 (*strapazierfähig*) hard-wearing
**unendlich** 1 infinite
2 (*zeitlich*) endless, never-ending
3 **unendlich viele Blumen** countless flowers
4 **unendlich traurig** incredibly sad
**Unendlichkeit** infinity ⚠ *ohne ‚a' oder ‚the'*
**unentbehrlich** 1 indispensable (**für** to)
2 *Wissen:* essential

**unentschieden** ❶ undecided; *Frage:* open ❷ *Spiel:* drawn; **unentschieden enden** end in a draw

**unerfahren** inexperienced

**unerhört** (*empörend*) outrageous [ˌaʊtˈreɪdʒəs]

**unerklärlich** inexplicable

**unerreichbar** ❶ (*übertragen*) unattainable ❷ (*unzugänglich*) inaccessible

**unerträglich** unbearable [ʌnˈbeərəbl]

**unerwartet** unexpected

**unfähig** ❶ (*untüchtig*) incompetent ❷ (*nicht fähig*) incapable [of]

**unfair** unfair

**Unfall** accident; **er hat seinen Finger bei einem Unfall verloren** he lost his finger in an accident

**unfreiwillig** ❶ (*unbeabsichtigt*) unintentional ❷ (*gezwungen*) compulsory [kəmˈpʌlsəri]

**unfreundlich** ❶ *Person:* unfriendly ❷ *Wetter:* inclement

**unfruchtbar** infertile

**Unfug** nonsense; **Unfug treiben** get up to mischief [ˈmɪstʃɪf]; **lass den Unfug!** stop that nonsense!

**ungebildet** uneducated

**ungeboren** unborn

**Ungeduld** impatience [ɪmˈpeɪʃəns]

**ungeduldig** impatient

**ungefähr** ❶ approximately [əˈprɒksɪmətli], roughly [rʌfli] ❷ **ungefähr um zehn** around ten ❸ approximate [əˈprɒksɪmət]; **nach ungefähren Schätzungen** at a rough [rʌf] guess ⚠ *Singular*

**ungefährlich** ❶ (*sicher*) safe ❷ (*harmlos*) harmless

**Ungeheuer** monster

**ungeheuer** ❶ (*riesig*) enormous, immense ❷ (*vermessen*) outrageous [ˌaʊtreɪdʒəs] ❸ (*sehr*) enormously ❹ (*negativ*) terribly

**ungehorsam** disobedient (**gegenüber** to)

**Ungehorsam** disobedience (**gegenüber** to)

**ungelegen** inconvenient [ˌɪnkənˈviːniənt]; **das kommt mir ungelegen** that's inconvenient for me

**ungelernt** unskilled

**ungemütlich** ❶ uncomfortable [ʌnˈkʌmftəbl] ❷ *Person:* uncomfortable to be with ❸ *Wetter:* unpleasant [ʌnˈplezənt]

**ungenau** imprecise; (*nicht fehlerlos*) inaccurate

**ungenießbar** ❶ (*nicht essbar*) inedible [ɪˈnedɪbl]; (*nicht trinkbar*) undrinkable ❷ (*umgangsspr*) *Mensch:* unbearable [ʌnˈbeərəbl]

**ungenügend** insufficient [ˌɪnsəˈfɪʃənt]; *Schulnote:* unsatisfactory

**ungepflegt** *Rasen:* neglected; *Mensch:* untidy

**ungerade** *Zahl:* odd *vor Substantiv*

**ungerecht** unfair, unjust

**Ungerechtigkeit** injustice

**ungern** unwillingly, reluctantly; **das tue ich nur höchst ungern** I really dislike doing it

**ungeschickt** *Person:* clumsy; *Bemerkung:* tactless

**ungesetzlich** illegal, unlawful

**ungesund** unhealthy [ʌnˈhelθi]

**ungewiss** uncertain

**Ungewissheit** uncertainty

**ungewöhnlich** unusual

**ungewohnt** ❶ (*fremd*) unfamiliar; **das ist ungewohnt für mich** I am not used to it ❷ (*unüblich*) unusual

**Ungeziefer** pests *Plural*, vermin ⚠ *Plural*

**ungezogen** naughty [ˈnɔːti]

**ungezwungen** relaxed; **sich ungezwungen bewegen** feel quite free

**unglaublich** incredible

**unglaubwürdig** ❶ *Sache:* implausible [ɪmˈplɔːzəbl] ❷ *Mensch:* unreliable

**ungleich** ❶ (*nicht gleichwertig*) unequal ❷ (*unähnlich*) dissimilar, unlike; **ungleiches Paar** odd couple ❸ (*verschieden*) different; *Strümpfe:* odd

**Unglück** ❶ (*Unheil*) misfortune ❷ (*Unfall*) accident; (*Missgeschick*) mishap ❸ (*Schicksalsschlag*) disaster; **so ein Unglück!** what a disaster! ❹ (*Pech*) bad luck

**unglücklich** ❶ (*bedauerlich*) unfortunate ❷ (*glücklos*) unlucky ❸ (*traurig*) unhappy

**unglücklicherweise** unfortunately [ʌnˈfɔːtʃənətli]

**ungültig** ❶ (*nichtig*) void ❷ (*nicht gültig*) invalid; *Tor:* disallowed

**ungünstig** ❶ *Situation:* unfavourable [ʌnˈfeɪvərəbl] ❷ *Termin:* inconvenient [ˌɪnkənˈviːniənt]

**ungut** **ein ungutes Gefühl haben** have an uneasy feeling

**unheilbar** incurable; **unheilbar krank sein** have a terminal illness

**unheimlich** ❶ (*beängstigend*) frightening [ˈfraɪtənɪŋ]; (*nicht geheuer*) uncanny ❷ (*umgangsspr: hervorragend*) tremendous ❸ **mir ist unheimlich** I have an uncanny feeling

4 **mir ist unheimlich kalt** I'm incredibly cold
**unhöflich** impolite
**Uniform** uniform
**uninteressant** uninteresting
**uninteressiert** 1 (*nicht interessiert*) uninterested (**an** in)
2 (*gleichgültig*) disinterested
**Universität** university
**Universum** universe
**unklar** 1 (*unverständlich*) unclear [ʌnˈklɪəʳ]
2 **über etwas im Unklaren sein** be in the dark about something
**unklug** unwise
**unkompliziert** straightforward, uncomplicated
**Unkosten** costs, expenses
**Unkraut** weed *meist Plural*
**unleserlich** unreadable [ʌnˈriːdəbl]
**unlogisch** illogical
**unmenschlich** inhuman
**unmittelbar** 1 (*direkt*) direct
2 *Nachbarschaft:* immediate [ɪˈmɪːdiət]
**unmöglich** 1 *Mensch, Benehmen:* impossible
2 **jemanden/sich unmöglich machen** make someone/oneself look ridiculous
**unmoralisch** immoral
**unnatürlich** unnatural
**unnötig** unnecessary
**unordentlich** 1 *Lebenswandel:* disorderly
2 *Zimmer:* untidy
**Unordnung** disorder; (*Durcheinander*) mess
**unparteiisch** impartial
**unpassend** inappropriate [ˌɪnəˈprəʊpriət], unsuitable [ʌnˈsuːtəbl]; *Zeitpunkt auch:* inopportune
**unpersönlich** impersonal
**unpraktisch** 1 *Mensch:* unpractical
2 *Maschine:* impractical
**Unrecht** 1 injustice, wrong [rɒŋ]; **zu Unrecht** unjustly; **ihr ist viel Unrecht geschehen** she has often been wronged [rɒŋd]
2 **im Unrecht sein** be wrong
**unregelmäßig** irregular
**unreif** 1 unripe
2 *Mensch:* immature
**unrichtig** incorrect
**Unruhe** 1 (*innere Unruhe*) restlessness
2 (*Krach*) noise
3 **Unruhe stiften** make trouble [ˈtrʌbl] *übertragen,* create [kriˈeɪt] unrest
4 **Unruhen** unrest ⚠ *Singular*
**unruhig** 1 restless
2 (*laut*) noisy
3 *Meer, Schlaf, Zeit:* troubled [trʌbld]

**uns** 1 (*im Akkusativ*) us; **lass uns da raus!** leave us out of it!
2 (*im Dativ*) [to] us; **sie haben es uns geschenkt** they gave it [to] us
3 (*in Verbindung mit reflexivem Verb*) [to] ourselves; **wir haben uns einen Urlaub geleistet** we have treated ourselves to a holiday
**unschädlich** harmless
**unscharf** *Foto:* blurred
**unscheinbar** inconspicuous [ˌɪnkənˈspɪkjuəs]; (*unattraktiv*) unprepossessing
**unschlagbar** unbeatable
**unschlüssig** undecided; **sich über etwas unschlüssig sein** be undecided about something
**Unschuld** innocence
**unschuldig** 1 innocent
2 **an etwas unschuldig sein** not to be guilty [ˈgɪlti] of something
**unser** 1 our
2 (*1. Person plural*) of us
**unseretwegen** 1 for our sake
2 **unseretwegen haben sie jetzt das Konzert verpasst** because of us they've missed the concert now
**unsicher** 1 (*gefährlich*) unsafe
2 (*verunsichert*) shaky, unsure
3 (*zweifelhaft*) uncertain [ʌnˈsɜːtᵊn]
4 **er ist sich unsicher, ob er kommen kann** he's not sure whether he'll be able to come
**Unsicherheit** 1 (*Ungeübtheit*) unsureness
2 (*Ungewissheit*) uncertainty
**Unsinn** nonsense, rubbish
**unsterblich** immortal
**unsympathisch** disagreeable [ˌdɪsəˈgriːəbl], unpleasant [ʌnˈplezᵊnt]; **der ist mir unsympatisch** I don't like him
**unten** 1 (*unterhalb*) below, underneath
2 **von oben bis unten** from top to bottom
3 **hier unten** down here
4 (*am unteren Ende, im unteren Teil*) at the bottom
5 **unten im Keller** down in the cellar
**unter** 1 under; (*unterhalb*) below, underneath
2 (*zwischen*) among, amongst; **unter Freunden** among friends [frendz]
3 **wir sind unter uns** we are by ourselves [ˌaʊəˈselvz]
4 (*weniger als*) below, under; **unter dem Durchschnitt** below average
5 **unter anderem** among other things
**Unterbewusstsein** subconscious [sʌbˈkɒnʃəs]; **im Unterbewusstsein** subconsciously

**unterbrechen** ① interrupt
② **wir sind unterbrochen worden** we've been cut off
**unterbringen** ① (*verstauen*) put
② (*beherbergen*) accommodate; (*bei sich zu Hause*) put up *Gast*
**unterdrücken** ① (*beherrschen*) oppress; suppress *Aufstand, Freiheit*
② hold back *Bemerkung, Gefühl, Tränen;* suppress *Lachen, Neugierde*
**untereinander** ① (*räumlich*) one below the other
② (*gegenseitig*) each other; (*miteinander*) among one another
**unterernährt** malnourished [ˌmælˈnʌrɪʃt]
**Unterführung** underpass
**Untergang** ① **Untergang der Sonne** setting of the sun
② *eines Schiffs:* sinking
③ (*Zugrundegehen*) decline
**untergehen** ① *Sonne:* set
② *Schiff:* sink
③ (*zugrundegehen*) decline; *Menschen:* perish
**Untergeschoss** basement
**Untergrund** ① (*Farbschicht*) undercoat
② (*politisch*) underground
**unterhalb** below
**unterhalten** ① entertain *Gäste*
② (*ein Gespräch führen*) **sich mit jemandem über etwas unterhalten** talk with [*oder* to] someone about something
③ **sich unterhalten** (*sich vergnügen*) amuse oneself, enjoy oneself; **ich hoffe, dass Sie sich gut unterhalten** I hope you'll have a good time
**unterhaltsam** entertaining
**Unterhaltung** ① (*Amüsement*) entertainment
② (*Gespräch*) conversation
**Unterhemd** vest (GB), undershirt (USA)
**Unterhose** ① underpants ⚠ *Plural,* briefs [bri:fs] ⚠ *Plural*
② (*für Damen*) pants ⚠ *Plural,* panties ⚠ *Plural* (USA)
**unterirdisch** underground, subterranean [ˌsʌbtᵊrˈeɪniən]
**Unterkunft** accommodation
**Unterlage** ① (*zum Schreiben*) pad
② (*Schriftstück*) document
**unterlassen** ① (*versäumen*) omit
② (*nicht durchführen*) not carry out; (*nicht tun*) refrain from
③ **unterlassen Sie das!** stop that!
**unterlegen** ① (*schwächer*) inferior [ɪnˈfɪəriəʳ]; **jemandem unterlegen sein** be inferior to someone
② (*im Kampf*) defeated
**Unterleib** abdomen
**Unterlippe** lower lip
**Untermiete** **zur Untermiete wohnen** be a subtenant [*oder* lodger]
**Untermieter(in)** lodger (GB), roomer (USA)
**Unternehmen** ① (*Firma*) company
② (*Vorhaben*) enterprise
**unternehmen** ① (*tun*) do; (*durchführen*) undertake
② **dagegen müssen wir etwas unternehmen** we must take some action against that
**Unternehmer(in)** entrepreneur [ˌɒntrəprəˈnɜːʳ]; (*Arbeitgeber*) employer
**unternehmungslustig** enterprising; **sie ist ziemlich unternehmenslustig** she's pretty adventurous
**Unterricht** ① classes ⚠ *Plural,* lessons ⚠ *Plural;* **am Unterricht teilnehmen** attend classes; **Unterricht geben** teach
② (*Lehren*) teaching
**unterrichten** ① **jemanden in etwas unterrichten** teach someone something; **er unterrichtet in einer Grundschule** he teaches in a primary school
② (*informieren*) inform (**von, über** about)
**Unterrichtsstunde** lesson (GB), period [ˌpɪəriˈɒdɪk] (USA)
**Unterrock** slip, petticoat
**unterschätzen** underestimate
**unterscheiden** ① distinguish (**zwischen** between)
② (*auseinander halten*) tell apart; **können Sie die beiden unterscheiden?** can you tell which is which?
③ **sich unterscheiden** differ (**von** from)
**Unterschied** ① difference; **das ist kein großer Unterschied** that makes no difference
② (*Unterscheidung*) distinction; **einen Unterschied machen zwischen … und …** make a distinction between … and …
③ **im Unterschied zu jemandem/etwas** unlike someone/something
**unterschiedlich** ① different
② (*veränderlich*) variable [ˈveəriəbl]; **das ist sehr unterschiedlich** it varies a lot
**unterschreiben** sign
**Unterschrift** signature
**Unterseite** underside
**unterste(r, s)** lowest; **die unterste Schublade** the bottom drawer
**unterstellen**[1] ① (*unterbringen*) keep
② **sich unterstellen** take shelter

**unterstellen**[2] ❶ (*unterschieben*) insinuate [ɪn'sɪnjueɪt]; **wollen Sie mir Fahrlässigkeit unterstellen?** do you want to insinuate that I was negligent?
❷ **14 Mitarbeiter sind mir unterstellt** I'm in charge of 14 employees
**unterstreichen** (*auch übertragen*) underline
**unterstützen** (*auch übertragen*) support (**bei, in** in); (*finanziell*) subsidize
**Unterstützung** ❶ (*Tätigkeit*) support
❷ (*Zuschuss*) aid, assistance; (*Beihilfe*) benefit payment
**untersuchen** ❶ examine (**auf** for); (*genau prüfen*) scrutinize ['skru:tɪnaɪz]
❷ investigate *Verbrechen*
❸ test *Blut* (**auf** for)
❹ check; verify *Angaben*
**Untersuchung** ❶ examination
❷ *eines Verbrechens:* investigation (**über** into)
❸ *einer Substanz:* test
❹ **ärztliche Untersuchung** medical examination
**Untertasse** saucer ['sɔ:sə]
**untertauchen** ❶ immerse [ɪ'mɜ:s] *Gegenstand;* duck *Person*
❷ dive; submerge [səb'mɜ:dʒ] *U-Boot*
❸ (*verschwinden*) disappear
**Untertitel** ❶ subtitle
❷ *eines Films:* caption
**Untertreibung** understatement
**Unterwäsche** underwear ['ʌndəweəʳ]
**unterwegs** ❶ on the way
❷ (*außer Haus*) out
**untrennbar** inseparable
**untreu** unfaithful
**untröstlich** inconsolable (**über** about)
**unübersichtlich** ❶ *Kurve:* blind
❷ *Organisation:* confused
**ununterbrochen** ❶ (*nicht unterbrochen*) uninterrupted
❷ (*unaufhörlich*) continuous [kən'tɪnjuəs], incessant; **sie kichert ununterbrochen** she never stops giggling
**unverantwortlich** irresponsible [ˌɪrɪ'spɒnsəbl]
**unverbesserlich** incorrigible
**unvereinbar** incompatible
**unvergesslich** unforgettable
**unvergleichlich** incomparable [ɪn'kɒmpᵊrəbl]
**unverheiratet** unmarried
**unvermutet** unexpected
**unvernünftig** ❶ unreasonable
❷ (*töricht*) stupid
**unverschämt** ❶ impertinent; *Benehmen:* impudent
❷ *Lüge:* blatant ['bleɪtᵊnt]
❸ *Preis:* exorbitant [ɪg'zɔ:bɪtᵊnt]
**Unverschämtheit** ❶ (*Benehmen*) impertinence [ɪm'pɜ:tɪnəns], impudence ['ɪmpjədᵊns]
❷ **so eine Unverschämtheit!** it's outrageous [aʊt'reɪdʒəs]!
**unverschuldet** ❶ (*ohne Schulden*) free from debt; *Grundstück:* unencumbered
❷ (*ohne Schuld*) through no fault of one's own
**unverständlich** ❶ (*unbegreifbar*) incomprehensible [ɪnˌkɒmprɪ'hensəbl]
❷ (*kaum zu hören*) inaudible [ɪ'nɔ:dəbl]
**unverzeihlich** unpardonable
**unvollständig** incomplete
**unvorhergesehen** unforeseen [ˌʌnfɔ:'si:n]; *Besuch:* unexpected
**unvorsichtig** careless ['keələs]
**unvorstellbar** inconceivable [ˌɪnkən'si:vəbl]
**unwahrscheinlich** ❶ improbable, unlikely
❷ (*umgangsspr: groß*) incredible
❸ (*umgangsspr: sehr*) incredibly
**Unwetter** storm
**unwichtig** unimportant; (*unbedeutend*) insignificant; (*ohne Belang*) irrelevant
**unwiderstehlich** irresistible
**unwirklich** unreal [ʌn'rɪəl]
**unwirksam** ineffective
**unwirtschaftlich** uneconomical
**Unwissenheit** ignorance
**unwohl** (*unpässlich*) indisposed, unwell
**unzählig** countless, innumerable [ɪ'nju:mᵊrəbl]
**unzertrennlich** inseparable
**unzufrieden** discontented, dissatisfied; (*unglücklich*) unhappy
**Unzufriedenheit** discontent, dissatisfaction
**unzugänglich** ❶ *Gebäude:* inaccessible [ˌɪnək'sesəbl]
❷ *Person:* inapproachable [ˌɪnə'prəʊtʃəbl]
**unzumutbar** unreasonable
**unzuverlässig** unreliable
**unzweifelhaft** ❶ undoubted [ʌn'daʊtɪd]
❷ undoubtedly, without doubt
**uralt** ancient ['eɪnʃᵊnt], very old
**Uran** uranium
**Uraufführung** first night [*oder* performance], premiere ['premieəʳ]
**Ureinwohner(in)** native, original inhabitant
**Urenkel** great-grandson
**Urenkelin** great-granddaughter
**Urgroßeltern** great-grandparents
**Urgroßmutter** great-grandmother
**Urgroßvater** great-grandfather

**Urin** urine ['jʊərɪn]
**Urkunde** certificate
**Urlaub** 1 (*Ferien*) holiday GB, vacation USA; **drei Wochen Urlaub** three weeks' holiday GB, three weeks' vacation USA; **im Urlaub** on holiday GB, on vacation USA; **in Urlaub fahren** go on holiday GB, go on vacation USA
2 (*freigenommener Tag*) **Urlaub nehmen** take a holiday GB, take a vacation USA; (*frei nehmen*) take time off; **einen Tag Urlaub nehmen** take a day off
**Urlauber(in)** holidaymaker GB, vacationer USA
**Ursache** 1 cause [kɔːz]
2 (*Grund*) reason; **ohne jede Ursache** for no reason at all
3 **keine Ursache!** (*nach Dank*) don't mention it! GB, you're welcome! USA; (*nach Entschuldigung*) that's all right
**Ursprung** origin
**ursprünglich** 1 original
2 (*anfänglich*) initial [ɪ'nɪʃəl]
3 originally
4 (*anfänglich*) at first
**Urteil** 1 judgement ['dʒʌdʒmənt]; **ein Urteil fällen** pass judgement (**über** on)
2 (*Ansicht*) opinion [ə'pɪnjən]; **sich ein Urteil bilden** form an opinion (**über** about)
3 (*Strafmaß*) sentence
**urteilen über etwas/jemanden urteilen** judge something/someone
**Urwald** jungle ['dʒʌngl]

# V v

**vage** vague [veɪg]
**Vampir** vampire
**Vanille** vanilla
**variieren** vary
**Vase** vase [vɑːz]
**Vater** father
**Vaterland** fatherland, native [*oder* mother] country ['mʌðər]
**väterlicherseits** on one's father's side; **meine Großmutter väterlicherseits** my paternal grandmother
**Vati** (*umgangsspr*) dad, daddy
**Vegetarier(in)** vegetarian [ˌvedʒɪ'teəriən]
**vegetarisch** vegetarian
**Vegetation** vegetation [ˌvedʒɪ'teɪʃən]
**Veilchen** violet ['vaɪələt]
**Vene** vein [veɪn]
**Ventil** valve
**Ventilator** fan, ventilator
**verabreden** 1 (*arrangieren*) arrange [ə'reɪndʒ]; fix *Zeitpunkt;* **verabredet sein** have a date
2 **sich mit jemandem verabreden** arrange to meet someone
**Verabredung** 1 appointment
2 (*Vereinbarung*) arrangement [ə'reɪndʒmənt]
3 (*Treffen*) engagement; (*mit Freund/in*) date
**verabschieden** 1 **sich von jemandem verabschieden** say good-by[e] to someone
2 pass *Gesetz*
**verachten** despise [dɪ'spaɪz]
**verächtlich** contemptuous [kən'temtʃuəs]; *Blick:* scornful
**Verachtung** contempt [kən'temt], scorn; **sie strafen ihn mit Verachtung** they treat him with contempt
**verallgemeinern** generalize
**veraltet** (*aus der Mode*) out-of-date
**Veranda** porch, veranda
**verändern** 1 change
2 **sich beruflich verändern** change one's job
**Veranlagung** 1 (*charakterlich*) disposition
2 (*körperlich*) predisposition
3 (*Hang*) tendency
**veranlassen jemanden dazu veranlassen, etwas zu tun** cause [kɔːz] someone to do something
**veranschaulichen** illustrate
**veranstalten** arrange [ə'reɪndʒ], organize
**Veranstalter(in)** organizer; *von Konzerten, Shows:* promoter
**Veranstaltung** event
**verantworten** 1 accept the responsibility [rɪˌspɒnsə'bɪləti] for
2 **etwas vor jemandem verantworten** answer ['ɑːnsər] for something to someone
**verantwortlich** 1 responsible
2 **jemanden für etwas verantwortlich machen** hold someone responsible for something
**Verantwortung** responsibility (**für** for)
**verantwortungsbewusst** responsible [rɪ'spɒnsəbl]
**verantwortungslos** irresponsible [ˌɪrɪ'spɒnsəbl]
**verarbeiten** 1 **Leder zu Schuhen verarbeiten** make leather into shoes
2 process *Rohstoffe, Daten* (**zu** into)
3 (*geistig verarbeiten*) assimilate, digest
**verärgern** annoy

**Verb** verb [vɜːb]
**Verband** ① (*für Verletzung*) dressing; (*mit Binden*) bandage ['bændɪdʒ]
② (*Vereinigung*) association [əˌsəʊʃi'eɪʃᵊn]
**Verbannung** exile
**verbergen** ① conceal, hide (**vor** from)
② **sich verbergen** conceal [*oder* hide] oneself (**vor** from)
**verbessern** ① improve [ɪm'pruːv] *Lage*
② correct *Fehler*
**Verbesserung** ① improvement
② *eines Fehlers:* correction
**verbeugen** bow [baʊ] (**vor** to)
**verbiegen** bend
**verbieten** ① forbid [fə'bɪd]
② (*besonders amtlicherseits*) prohibit

> **? Grammatik** Die unregelmäßigen Vergangenheitsformen von **forbid** lauten **forbade — forbidden**: *Mrs Lee* **forbade** *her son to play with matches; John's mother* **has forbidden** *him to go to the game.*

**verbinden** ① (*auch übertragen: verknüpfen*) connect, link
② (*gefühlsmäßig*) join together, unite [juː'naɪt]
③ (*am Telefon*) **jemanden mit jemandem verbinden** put someone through to someone
④ dress *Wunde;* (*mit Binden*) bandage ['bændɪdʒ]
⑤ (*kombinieren*) combine [kəm'baɪn]
**Verbindung** ① (*Kombination*) combination
② (*Beziehung, Kontakt*) contact (**zu, mit** with)
③ **sich in Verbindung setzen mit …** get in touch with … (GB), contact … (USA); **in Verbindung stehen mit jemandem/etwas** be in touch with someone/something
④ (*Telefon*) connection (**nach** to)
⑤ (*Chemie*) compound (**aus** of)
⑥ **Ihr Name wird mit dem Skandal in Verbindung gebracht** your name is mentioned in connection with the scandal
**verblüffen** ① (*erstaunen*) amaze, stun
② (*verwirren*) baffle, stupefy ['stjuːpɪfaɪ]
**verblühen** (*auch übertragen*) fade, wither [wɪðəʳ]
**verbluten** bleed to death
**verborgen** hidden
**Verbot** ban, prohibition [ˌprəʊɪ'bɪʃᵊn]
**verboten** ① forbidden [fə'bɪdᵊn]; **das ist hier verboten** you're not allowed to do that here
② (*amtlich*) prohibited [prə'hɪbɪtɪd]; (*ungesetzlich*) illegal [ɪ'liːgᵊl]
③ **Rauchen verboten** no smoking
**Verbrauch** ① consumption (**von, an** of)
② (*Geldverbrauch*) expenditure [ɪk'spendɪtʃəʳ]
**verbrauchen** consume [kən'sjuːm]; (*aufbrauchen*) use up
**Verbraucher(in)** consumer [kən'sjuːməʳ]
**Verbrechen** crime (**gegen, an** against)
**Verbrecher(in)** criminal
**verbreiten** ① spread [spred]
② **sich verbreiten** spread
**verbreitet** common ['kɒmən], widespread ['waɪdspred]
**verbrennen** ① burn [bɜːn]; **ich habe mir die Finger verbrannt** I've burnt my fingers
② (*versengen*) scorch
③ **sich verbrennen** burn oneself
**Verbrennung** (*Verletzung*) burn
**verbrühen** ① scald [skɔːld]
② **sich verbrühen** scald oneself
**verbunden** ① (*verknüpft*) connected
② **damit sind Gefahren/Kosten verbunden** that involves dangers/costs
③ **falsch verbunden!** sorry, wrong number!
**Verbündete(r)** ally ['ælaɪd]
**Verdacht** suspicion [sə'spɪʃᵊn]; **ich habe den Verdacht, dass …** I have a suspicion that …; **unter Verdacht stehen** be under suspicion
**verdächtig** ① suspicious [sə'spɪʃəs]
② **sich verdächtig machen** lay oneself open to suspicion
**verdächtigen** suspect; **der Schiedsrichter wird verdächtigt, bestochen worden zu sein** the umpire is suspected of having taken bribes
**verdammt** ① **verdammt [nochmal]!** damn [dæm] [it all]!, blast!
② **die verdammte Tür geht nicht auf** the bloody ['blʌdi] door won't open *umgangsspr*
**verdanken** ① **jemandem etwas zu verdanken haben, jemandem etwas verdanken** owe something to someone
② **das hat er sich nur selbst zu verdanken** he's only got himself to blame
**verdauen** digest
**Verdauung** digestion
**verdecken** cover ['kʌvə] up *Absichten*
**verderben** ① spoil *Geschäft, Spaß;* **jemandem die Freude an etwas verderben** spoil someone's enjoyment of something
② (*ruinieren*) ruin ['ruːɪn]
③ **sich den Magen verderben** upset one's stomach
④ *Nahrungsmittel:* go off
**verdienen** ① (*einnehmen*) earn [ɜːn]; (*Gewinn

V

*machen*) make
2 (*wert sein*) deserve [dɪ'zɜːv]; **er verdient es, bestraft zu werden** he deserves to be punished
**verdoppeln** **sich verdoppeln** double ['dʌbl]
**verdorben** 1 *Laune, Freude, Party:* spoiled
2 **der Fisch ist verdorben** the fish has gone off
3 upset *Magen*
**verdrängen** 1 (*vertreiben*) drive out; **jemanden aus dem Amt verdrängen** oust someone from office
2 drive away *Sorgen;* (*ins Unterbewusstsein*) suppress
**verdrehen** 1 twist
2 roll *Augen;* contort *Glieder*
3 distort *Tatsache*
**verdreifachen** triple
**verdunkeln** 1 darken
2 **sich verdunkeln** get dark
**verdünnen** 1 dilute; (*mit Wasser verdünnen*) water down
2 thin down *Farbe*
**verdunsten** evaporate [ɪ'væpᵊreɪt]
**verdursten** die of thirst
**verdutzt** (*umgangsspr*) 1 (*erstaunt*) taken aback
2 (*verwirrt*) baffled
**Verein** 1 association [əˌsəʊʃi'eɪʃᵊn]
2 (*Sport*) club
**vereinbaren** 1 (*absprechen*) agree
2 arrange [ə'reɪndʒ] *Termin, Treffen*
**Vereinbarung** arrangement [ə'reɪndʒmənt]
**vereinfachen** simplify
**vereinheitlichen** standardize
**vereinigen** 1 unite [juː'naɪt]
2 (*verbinden*) combine [kəm'baɪn]
3 (*fusionieren*) merge [mɜːdʒ] (**zu** into, **mit** with)
**vereinigt** united [juː'naɪtɪd]; **die Vereinigten Staaten** |**von Amerika**| the United States |of America|
**vereint** united [juː'naɪtɪd]; **die Vereinten Nationen** the United Nations
**vereinzelt** occasional [ə'keɪʒᵊnᵊl] ⚠ *vor Substantiv,* sporadic
**vereisen** 1 freeze
2 *Straße:* freeze over
3 *Scheibe:* ice over
**vererben** 1 **jemandem etwas vererben** leave [*oder* bequeath] something to someone [bɪ'kwiːð]
2 transmit *Krankheit*
3 pass on *Eigenschaften*
**Verfahren** 1 (*Methode*) method
2 (*Gericht*) proceedings
3 (*technisch*) process, technique [tek'niːk]
**verfahren** 1 (*vorgehen*) proceed
2 **sich verfahren** lose [luːz] one's way
**verfallen**[1] 1 (*zerfallen*) decay [dɪ'keɪ], go to ruin [ruːɪn]; (*körperlich, geistig, kulturell*) decline
2 *Scheck, Fahrkarte:* expire
3 **dem Alkohol verfallen** become addicted to alcohol
**verfallen**[2] 1 *Häuser:* dilapidated
2 *Scheck:* expired [ɪk'spaɪəd]
**Verfallsdatum** best-before date
**verfärben** change colour
**Verfasser(in)** author [ɔːθəʳ], writer
**Verfassung** 1 *eines Staates:* constitution
2 (*Zustand*) state
**verfaulen** decay, rot
**verfehlen** 1 miss *Ziel*
2 **sich verfehlen** miss each other
**verfeinden** **sich mit jemandem verfeinden** make an enemy of someone
**verfeinern** refine; (*verbessern*) improve [ɪm'pruːv]
**Verfilmung** film version
**verfluchen** curse [kɜːs]
**verfolgen** 1 pursue [pə'sjuː] *Person, Ziel, Idee*
2 follow *Entwicklung, Spur, Unterricht*
3 (*politisch*) persecute; (*gerichtlich*) prosecute
**verfügbar** available
**Verfügung** 1 **jemandem zur Verfügung stehen** be at someone's disposal
2 **jemandem etwas zur Verfügung stellen** put something at someone's disposal
**verführen** 1 (*in Versuchung führen*) tempt; **jemanden zu etwas verführen** encourage someone to do something
2 (*sexuell*) seduce
**verführerisch** 1 enticing
2 *Person:* seductive
**vergammelt** (*umgangsspr oder abwertend*) scruffy
**vergangen** last; **vergangenes Jahr** last year
**Vergangenheit** 1 past
2 (*Grammatik*) past tense
**vergeben** 1 award [ə'wɔːd] *Auftrag, Preis* (**an** to); **ist die Stelle schon vergeben?** has the vacancy been filled already?
2 **jemandem etwas vergeben** forgive someone for something

> **? Grammatik** Die unregelmäßigen Vergangenheitsformen von **forgive** lauten **forgave — forgiven**: *Mrs Lee* **forgave** *her son for telling lies; our teacher* **has forgiven** *us for being rude.*

**vergebens** in vain, vainly
**vergeblich** ① futile
② in vain
**vergehen** (*vorbeigehen*) pass; *Liebe:* die; **wie die Zeit vergeht!** how time flies!
**vergessen** ① forget
② (*liegen lassen*) leave [behind]

> **? Grammatik** Die unregelmäßigen Vergangenheitsformen von **forget** lauten **forgot — forgotten**: *Anna* **forgot** *to ring me yesterday; Mandy* **has forgotten** *his name.*

**vergesslich** forgetful
**vergewaltigen** rape
**Vergewaltigung** rape
**vergewissern sich vergewissern, ob …** make sure that …
**vergiften** poison
**Vergiftung** poisoning
**Vergleich** ① comparison
② **im Vergleich zu …** compared to …, in comparison with …
**vergleichbar** comparable ['kɒmpᵊrəbl] (**mit** to, with)
**vergleichen** compare (**mit** to, with)
**vergleichsweise** comparatively; **es schneidet vergleichsweise schlecht/gut ab** it compares badly/well
**Vergnügen** ① (*Genuss*) pleasure ['pleʒəʳ]; **mit Vergnügen** with pleasure
② (*Amüsement*) amusement; **viel Vergnügen!** enjoy yourself!, have a good time!
③ (*Spaß*) fun; [**nur**] **zum Vergnügen** [just] for fun
**vergnügen sich vergnügen** amuse oneself, enjoy oneself; **sich mit jemandem/etwas/einer Tätigkeit vergnügen** amuse oneself with someone/something/by doing something
**vergnügt** cheerful
**vergraben** ① bury ['beri]
② **sie vergräbt sich in ihren Büchern** she buries herself in her books
**vergrößern** ① enlarge
② increase [ɪn'kri:s] *Anzahl, Umfang*
③ (*ausdehnen*) extend; expand *Unternehmen*
④ **sich vergrößern** grow; (*anwachsen*) increase
**Vergrößerung** ① (*auch Foto*) enlargement
② (*zahlenmäßig*) increase ['ɪnkri:s]
**Vergrößerungsglas** magnifying glass
**verhaften** arrest [ə'rest]; **Sie sind verhaftet!** you are under arrest!
**Verhalten** (*Benehmen*) behaviour [bɪ'heɪvjəʳ]
**verhalten** ① **sich verhalten** (*sich benehmen*) behave [bɪ'heɪv]; (*handeln*) act
② **sich ruhig verhalten** keep quiet [kwaɪət]
**verhaltensgestört** disturbed, maladjusted [ˌmælə'dʒʌstɪd]
**Verhältnis** ① proportion [prə'pɔ:ʃᵊn], relation
② [love-]affair [ə'feəʳ]; **mit jemandem ein Verhältnis haben** have an affair with someone
③ **Verhältnisse** (*Lage*) conditions *Plural*, situation ⚠ *Singular;* **bei den derzeitigen Verhältnissen** under present conditions
④ (*menschliche Beziehung*) relationship [rɪ'leɪʃᵊnʃɪp] (**zu** with)
**verhältnismäßig** ① (*proportional*) proportionally [prə'pɔ:ʃᵊnᵊli]
② (*ziemlich*) relatively
**verhandeln** negotiate [nɪ'gəʊʃieɪt] (**über** about)
**Verhandlungen** negotiations [nɪˌgeʊʃi'eɪʃᵊnz]; **Verhandlungen aufnehmen** enter into negotiations (**mit** with)
**verhängnisvoll** fatal, fateful
**verharmlosen** belittle, play down
**verhauen** (*umgangsspr*) ① (*prügeln*) beat up
② **ich hab das Vorstellungsgespräch verhauen** I fluffed the interview
**verheddern sich verheddern** get into a tangle
**verheerend** devastating ['devəsteɪt]
**verheimlichen** conceal [kən'si:l]; **sie hat es ihr verheimlicht** she kept it a secret from her
**verheiratet** married (**mit** to)
**verhindern** prevent [prɪ'vent]
**Verhör** (*Befragung*) interrogation, questioning
**verhungern** die of starvation, starve
**verhüten** ① prevent [prɪ'vent]
② (*beim Geschlechtsverkehr*) use contraception
**Verhütungsmittel** contraceptive [ˌkɒntrə'septɪv]
**verirren sich verirren** lose [lu:z] one's way, get lost
**Verkauf** sale; **etwas zum Verkauf anbieten** put something up for sale
**verkaufen** ① (*auch übertragen*) sell (**für** for)
② **zu verkaufen** for sale
③ **sich verkaufen** *Ware:* sell; *Person:* sell oneself

> **? Grammatik** Die unregelmäßigen Vergangenheitsformen von **sell** lauten **sold — sold**: *Harry* **sold** *his motorbike; Paul* **has sold** *all his computer games.*

**Verkäufer(in)** ① seller
② (*im Ladengeschäft*) shop assistant GB, sales-

clerk (USA)

**Verkehr** 1 traffic
2 (*Umlauf*) circulation [ˌsɜːkjəˈleɪʃən]; **etwas aus dem Verkehr ziehen** withdraw something from circulation
3 (*Geschlechtsverkehr*) intercourse

**Verkehrsmittel** 1 means of transport (GB), means of transportation (USA)
2 **öffentliche Verkehrsmittel** public transport ⚠ *Singular* (GB), public transportation ⚠ *Singular* (USA)

**Verkehrsschild** traffic sign

**Verkehrsunfall** road accident

**Verkehrszeichen** road sign, traffic sign

**verkehrt** 1 (*falsch*) wrong [rɒŋ]
2 wrongly [rɒŋli]
3 **etwas verkehrt herum anhaben** (*umgangsspr*) have something on back to front; (*innen nach außen*) inside out

**verklagen** sue [suː] (**wegen** for); **jemanden auf etwas verklagen** take someone to court for something

**verkleiden** **sich verkleiden** disguise [dɪsˈgaɪz] oneself, dress up

**Verkleidung** disguise

**verkleinern** 1 make smaller
2 scale down *Maßstab;* reduce *Foto*

**verklemmt** *Person:* inhibited

**verkommen** 1 (*zugrunde gehen*) go to the dogs; (*sittlich*) become dissolute
2 *Gebäude:* become dilapidated
3 *Lebensmittel:* go off

**verkraften** come to terms with, cope with

**verkrampft** 1 *Sitzhaltung:* cramped; *Lächeln:* forced [fɔːst]
2 (*übertragen*) tense

**verkürzen** 1 shorten
2 (*beschränken, herabsetzen*) cut down, reduce
3 **sich die Zeit mit Lesen verkürzen** pass the time reading

**Verlag** publishing house, publisher's ⚠ *Plural*

**Verlangen** 1 (*Forderung*) demand
2 (*Wunsch*) desire [dɪˈzaɪəʳ]; **ich habe kein Verlangen, ihn zu sehen** I have no desire to see him
3 request; **auf Verlangen der Lehrer** at the request of the teachers

**verlangen** 1 (*fordern*) demand, insist on; **er verlangte nach einer Erklärung** he demanded [*oder* insisted on] an explanation
2 (*haben wollen*) ask for, want
3 (*erfordern*) require [rɪˈkwaɪəʳ]
4 (*beanspruchen*) claim [kleɪm]
5 **am Telefon verlangt werden** be wanted [ˈwɒntɪd] on the phone
6 ask (**nach** for)
7 **das ist zu viel verlangt** that's asking too much

**verlängern** 1 (*länger machen*) lengthen
2 extend *Frist,* prolong

**Verlängerung** 1 *einer Frist:* prolongation
2 *von Spielzeit:* extra time (GB), overtime (USA)

**verlassen**[1] 1 leave
2 (*im Stich lassen*) abandon, forsake [fəˈseɪk]
3 **sich verlassen auf ...** count [*oder* rely] [rɪˈlaɪ] on ...; **Sie können sich darauf verlassen** you can count on it

**verlassen**[2] 1 (*im Stich gelassen*) deserted, forsaken [fəˈseɪkən]
2 (*einsam*) lonely
3 (*öde*) desolate

**verlässlich** reliable [rɪˈlaɪəbl]

**verlaufen** 1 (*vor sich gehen*) proceed, run; **alles ist gut verlaufen** everything went well
2 (*sich erstrecken*) run
3 **im Sande verlaufen** peter out
4 **sich verlaufen** get lost, lose one's way

**verlegen**[1] 1 (*an falschen Platz legen*) mislay, misplace
2 move [muːv]; **sie haben ihre Firmenzentrale nach Paris verlegt** they have moved their company headquarters to Paris
3 (*zeitlich*) postpone (**auf** until)
4 publish *Buch*
5 lay *Kabel, Fliessen*

**verlegen**[2] embarrassed

**Verlegenheit** 1 embarrassment
2 **jemanden in Verlegenheit bringen** embarrass someone

**verleiden** **jemandem etwas verleiden** put someone off something

**verleihen** 1 lend [out] (GB), loan (USA); (*gegen Entgelt*) rent [out]
2 award [əˈwɔːd] *Auszeichnung*

**verleiten** 1 (*verlocken*) tempt [tempt]
2 **du hast sie dazu verleitet mitzugehen** you've talked her into coming along

**verlernen** forget, unlearn [ʌnˈlɜːn]

**verletzen** 1 **sich verletzen** get hurt [hɜːt]
2 hurt, injure [ˈɪndʒəʳ]; **sich am** [*oder* **das**] **Bein verletzen** injure one's leg
3 (*übertragen*) hurt [someone's] feelings, wound [wuːnd]

**Verletzung** 1 (*Wunde*) injury
2 (*übertragen*) hurting, wounding

**verleugnen** deny [dɪ'naɪ]; **sich verleugnen lassen** pretend not to be there

**Verleumdung** 1 (*das Verleumden*) slandering 2 (*Wort, Bemerkung*) slander; (*in Schriftform*) libel

**verlieben** **sich verlieben** fall in love (**in** with)

**verliebt** **in jemanden verliebt sein** be in love with someone

**verlieren** 1 lose [luːz] 2 **wir wollen kein Wort mehr darüber verlieren** let's not waste [weɪst] another word on it 3 **du kannst nichts verlieren** you can't lose

> ? **Grammatik** Die unregelmäßigen Vergangenheitsformen von **lose** lauten **lost — lost**: *Tim* **lost** *his key; I* **have lost** *your address*

**Verlierer(in)** loser ['luːzəʳ]

**verloben** **sich mit jemandem verloben** become engaged to someone

**Verlobte** fiancée [fi'ɑ̃seɪ]

**Verlobter** fiancé [fi'ɑ̃seɪ]

**Verlobung** engagement

**verloren** 1 lost 2 (*hilflos*) forlorn 3 **verloren gehen** be lost

**Verlosung** draw, raffle

**Verlust** loss; **mit Verlust verkaufen** sell at a loss

**vermarkten** market

**vermasseln** (*umgangsspr*) mess up

**vermehren** increase [ɪn'kriːs]; (*fortpflanzen*) breed

**vermeiden** avoid

**vermessen** 1 measure ['meʒəʳ] 2 (*Land*) survey *Land*

**vermieten** 1 let (GB), rent (USA) 2 **Zimmer zu vermieten** rooms to let (GB), rooms for rent (USA)

**Vermieter** landlord

**Vermieterin** landlady

**vermischen** 1 mix; blend *Whisky, Tee, Tabak* 2 **sich vermischen** mix; (*übertragen*) mingle

**vermissen** 1 miss; **vermisst werden** be missing 2 **jemanden als vermisst melden** report someone missing

**Vermisste(r)** missing person

**Vermögen** fortune; **ein Vermögen kosten** cost a fortune

**vermuten** 1 (*annehmen*) presume [prɪ'zjuːm] (GB), suppose, reckon (USA) 2 (*mutmaßen*) suspect (GB), guess [ges] (USA)

**vermutlich** 1 presumed; *Täter:* suspected; **es war vermutlich ein Tumor** presumably it was a tumor 2 **vermutlich ist er zu Mittag gegangen** I presume [*oder* presumably] he's gone to lunch

**Vermutung** (*Annahme*) assumption, supposition [ˌsʌpə'zɪʃᵊn]

**vernachlässigen** 1 neglect 2 (*nicht berücksichtigen*) ignore

**vernehmen** 1 (*vor Gericht*) examine 2 (*verhören*) question

**Vernehmung** 1 (*vor Gericht*) examination 2 (*Verhör*) questioning

**verneigen** **sich verneigen** bow (**vor** to)

**verneinen** 1 (*leugnen*) deny 2 **eine Frage verneinen** answer in the negative

**Verneinung** **die Verneinung einer Frage** the negative answer to a question

**vernetzen** 1 connect (**mit** up to) 2 (*in Informatik*) network, integrate into a network

**vernichten** 1 (*ausrotten*) exterminate 2 (*zerstören*) destroy

**vernichtend** 1 *Blick:* withering; **jemandem einen vernichtenden Blick zuwerfen** look devastatingly at someone 2 *Kritik:* scathing ['skeɪðɪŋ] 3 *Niederlage, Schlag:* crushing

**Vernunft** good sense, reason

**vernünftig** 1 (*einsichtig*) sensible; **sei doch vernünftig!** be reasonable [*oder* sensible]! 2 (*rational*) rational

**veröffentlichen** publish

**Veröffentlichung** publication

**verordnen** **jemandem ein Medikament verordnen** prescribe some medication for somebody

**verpacken** 1 (*in Karton, Paket*) pack 2 (*einwickeln*) wrap

**Verpackung** 1 packing; (*aus Papier*) wrapping 2 (*übertragen*) packaging

**verpassen** 1 (*versäumen*) miss *Bus, Gelegenheit* 2 **jemandem eine verpassen** clout somebody one

**verpflanzen** transplant

**verpflegen** feed; **sich selbst verpflegen** cook for oneself

**verpflichten** 1 **sich verpflichtet fühlen etwas zu tun** feel obliged to do something 2 **sich verpflichten** (*vertraglich*) commit oneself

**Verpflichtung** 1 (*moralische*) obligation 2 **seinen Verpflichtungen nachkommen** fulfil one's obligations

**verpfuschen** make a mess of
**verprügeln** thrash
**Verputz** plasterwork
**Verrat** ① betrayal (**an** of); **an jemandem Verrat begehen** betray somebody
② (*in Rechtssprache*) treason (**an** against)
**verraten** ① betray *Geheimnis, Freund, Land*
② (*ausplaudern*) tell; **nichts verraten!** don't say a word!; **hast du das etwa verraten?** did you let it out?
**Verräter(in)** traitor (**an** to)
**verrechnen** ① (*gegeneinander aufrechnen*) set off against
② (*Scheck einziehen*) clear
③ **sich verrechnen** miscalculate
**verregnet** (*regnerisch*) *Tag, Wochenende:* rainy
**verreisen** go out of town [*oder* away] [*oder* on a journey]; **verreist sein** be away
**verrenken** **sich die Schulter verrenken** dislocate one's shoulder
**verrichten** perform
**verriegeln** bolt
**verringern** ① reduce
② **sich verringern** (*abnehmen*) decrease
**Verringerung** ① reduction
② (*Abnahme*) decrease
**verrotten** ① (*verfaulen*) rot
② (*zu Kompost werden*) decompose
**verrottet** rotten
**verrücken** (*verschieben*) shift
**verrückt** ① (*geisteskrank*) insane, mad
② (*umgangsspr*) **wie verrückt** like mad; **jemanden verrückt machen** drive someone mad
**Verruf** **in Verruf geraten/bringen** fall/bring into disrepute
**verrufen** disreputable
**Vers** ① (*Lied, Strophe*) verse
② (*Zeile*) line
**Versagen** ① (*Fehlschlag*) failure
② *von Maschine:* breakdown (GB), slip-up (USA)
③ **menschliches Versagen** human error
**versagen** ① *Person:* fail; **ich hab versagt** I failed
② (*nicht funktionieren*) *Bremse:* fail; *Maschine:* break down
**Versager(in)** failure
**versammeln** **sich versammeln** *Klasse:* assemble; *Parlament:* sit; *Mitglieder:* meet
**Versammlung** (*Veranstaltung*) meeting
**Versand** dispatch
**Versandhaus** mail order company
**versauen** mess up; **jemandem den Tag/Spaß versauen** ruin someone's day/fun
**versäumen** ① **[es] versäumen, etwas zu tun** fail to do something
② miss *Unterricht*
③ **da hast du nichts versäumt!** you didn't miss much!
**verschaffen** ① **jemandem etwas verschaffen** procure something for somebody, procure somebody with something
② **sich etwas verschaffen** get [*oder* obtain] something
**verschärfen** ① (*erhöhen*) increase; (*intensivieren*) intensify
② tighten up *Vorschriften*
③ **sich verschärfen** (*sich steigern*) increase
④ **sich verschärfen** (*sich verschlimmern*) become aggravated
**verschenken** give away
**verscherzen** **sich etwas verscherzen** forfeit [*oder* lose] something
**verscheuchen** frighten [*oder* scare] away
**verschicken** (*versenden*) dispatch
**verschieben** ① (*verrücken*) move, shift
② (*aufschieben*) defer, postpone, put off (**um** for)
**verschieden** ① (*unterschiedlich*) different (**von** from); **verschieden sein** differ, vary; **verschieden groß sein** differ in size; *von Kleidern, Schuhen:* be a different size
② (*auseinander gehend*) differing; **wir waren verschiedener Meinung** we disagreed (**über** on, about)
③ (*mehrere, einige*) several, various
**verschiedenartig** ① (*unterschiedlich*) different
② (*mannigfaltig*) various
**verschiffen** ship
**verschimmeln** get mouldy
**verschlafen**[1] ① (*verpassen*) miss by oversleeping *Termin*
② (*vertrödeln*) sleep through *Tag*
③ **ich hab' verschlafen** I overslept
**verschlafen**[2] (*beim Aufwachen*) drowsy, sleepy
**verschlagen** sly, wily
**verschlechtern** ① make worse *Lage, Zustand*
② (*verschlimmern*) aggravate
③ **sich verschlechtern** *Lage, Zustand:* deteriorate, get worse
**Verschlechterung** deterioration
**verschleiern** ① (*mit Schleier*) veil
② cover up *Absichten*
**Verschleiß** (*Abnutzung*) wear and tear
**verschleißen** wear out
**verschließen** ① (*abschließen*) lock
② (*wegschließen*) lock away
③ (*zumachen*) close

**verschlimmern** ❶ aggravate; make worse *Situation, etc*
❷ **sich verschlimmern** get worse, worsen
**verschlingen** (*herunter schlucken*) devour, swallow; (*gierig*) gobble up
**verschlucken** ❶ swallow
❷ **sich verschlucken** swallow the wrong way, choke over one's food
**Verschluss** ❶ (*Schloss*) lock
❷ (*Deckel*) top; *von Flasche:* stopper
**verschmieren** ❶ fill in *Loch, Riss*
❷ (*verstreichen*) spread (**in** over)
❸ (*schmierig machen*) smear
**verschmutzen** ❶ dirty, soil
❷ *Gegenstand, Person:* get dirty
**verschneit** snow-covered
**verschollen** *Flugzeug, Mensch:* missing
**verschonen** **jemanden von etwas verschonen** spare somebody something; **von etwas verschont bleiben** escape something
**verschränken** ❶ fold *Arme*
❷ cross *Beine*
**verschreiben** (*verordnen*) prescribe
**verschrotten** scrap
**verschulden** **sich verschulden** get [*oder* run] into debt
**verschuldet** **bei jemandem verschuldet sein** be indebted to someone
**verschütten** ❶ spill *Flüssigkeit*
❷ **er war drei Tage lang verschüttet** he had been trapped for three days

> **? Grammatik** Die unregelmäßigen Vergangenheitsformen von **spill** lauten **spilt/ spilled — spilt/ spilled**: *Steve* **spilt** *milk over his jacket; Daisy* **has** *just* **spilt** *all the orange juice on the floor.*

**verschwägert** related by marriage (**mit** to)
**verschweigen** **jemandem etwas verschweigen** conceal [*oder* hide] something from somebody
**verschwenden** ❶ waste
❷ squander *Geld* (**an, für** on)
**verschwenderisch** ❶ spendthrift, wasteful
❷ (*extravagant*) extravagant
**Verschwendung** wastefulness; **so eine Verschwendung!** what a waste!
**verschwiegen** *Person:* discreet
**Verschwiegenheit** *von Person:* discretion
**verschwimmen** (*undeutlich werden*) become blurred
**verschwinden** ❶ disappear, vanish
❷ **verschwinde!** clear off!
**verschwommen** ❶ (*vage*) vague [veɪg]
❷ *Sicht:* blurred; **ich sehe alles nur verschwommen** everything looks hazy to me
**verschwören** **sich verschwören** conspire, plot (**mit** with, **gegen** against)
**Verschwörung** conspiracy, plot
**Versehen** ❶ (*unabsichtlich*) mistake, slip; **aus Versehen** by mistake
❷ (*Irrtum*) error
**versehen** ❶ (*ausstatten*) provide, supply (**mit** with)
❷ **sich versehen** be mistaken
**versehentlich** ❶ (*unabsichtlich*) inadvertent; (*irrtümlich*) erroneous
❷ (*irrtümlicherweise*) by mistake, inadvertently
**versenken** send to the bottom; sink *Schiff*
**versetzen** ❶ *von einer Stelle zu einer andern:* move, shift
❷ transplant *Pflanze*
❸ transfer *Mitarbeiter*
❹ (*in höhere Schulklasse*) move up; **Bernhard wird nicht versetzt** Bernhard won't be moved up
❺ **jemandem einen Schlag versetzen** deal somebody a blow
❻ **jemanden versetzen** (*nicht erscheinen*) stand somebody up; **ihr Freund hat sie versetzt** her friend stood her up
❼ **versetzen Sie sich in meine Lage!** put yourself in my place!
**Versetzung** ❶ (*beruflich*) transfer
❷ (*in Schule*) moving up
**verseuchen** ❶ (*infizieren*) infect
❷ (*vergiften*) contaminate
**Verseuchung** ❶ (*Infektion*) infection
❷ (*mit Giftstoff*) contamination
**versichern** ❶ (*beteuern*) affirm; (*bestätigen*) assure; **ich versichere dir, dass …** I can assure you that …
❷ assure *Leben;* insure *Eigentum;* **sich versichern** insure oneself
**Versicherung** *von Eigentum:* insurance; *von Leben:* assurance
**versinken** (*untergehen*) sink; *Schiff:* founder
**versöhnen** ❶ reconcile (**mit** to)
❷ **sich versöhnen** get reconciled (**mit** to)
**Versöhnung** reconciliation
**versorgen** ❶ (*sich kümmern um*) look after, take care of
❷ (*finanziell oder materiell unterhalten*) provide for
❸ (*beliefern*) provide, supply (**mit** with)

④ **sich mit Proviant versorgen** provide oneself with food

**Versorgung** ① (*das Sichkümmern*) care
② (*Belieferung*) supply; **Versorgung mit Energie** power supply

**verspäten sich verspäten** (*zu spät kommen*) be late; (*aufgehalten werden*) be delayed

**verspätet** ① belated, late
② *Zug, Flug:* delayed

**Verspätung** ① delay; **alle Züge haben Verspätung** there are delays ⚠ *Plural* to all trains; [**15 Minuten**] **Verspätung haben** be [15 minutes] late
② *von Person:* late arrival

**versperren** (*blockieren*) bar, block; **Sie versperren mir die Sicht!** you're obstructing my view!

**verspielen** gamble away *auch übertragen*

**verspotten** mock

**versprechen** ① promise
② (*sich verplappern*) make a slip of the tongue

**Versprechen** promise

**Verstand** ① (*Intellekt*) intellect, mind; **ein scharfer Verstand** a keen mind
② (*Denkfähigkeit*) reason
③ **den Verstand verlieren** go out of one's mind

**verständig** ① (*einsichtig*) understanding
② (*vernünftig*) reasonable, sensible

**verständigen** ① (*informieren*) inform, notify (**von** of)
② **sich** [**mit jemandem**] **verständigen** (*kommunizieren*) communicate [with somebody]

**Verständigung** ① (*Informieren*) information, notification
② (*Kommunikation*) communication

**verständlich** ① (*einsichtig, deutlich*) *Aussprache:* intelligible
② (*begreiflich*) understandable; **schwer verständlich** difficult to understand
③ (*begreifbar*) comprehensible
④ (*hörbar*) audible; **kaum verständlich** barely audible
⑤ **sich verständlich machen** make oneself heard

**verständlicherweise** understandibly

**Verständnis** ① (*Begreifen*) comprehension, understanding (**für** of)
② (*Mitgefühl*) sympathy (**für** for)

**verständnislos** ① (*nicht verstehend*) uncomprehending
② (*ohne Einfühlungsvermögen*) unsympathetic (**für** towards)

**verständnisvoll** ① (*verstehend*) understanding
② (*mitfühlend*) sympathetic (**für** towards)

**verstärken** ① reinforce, strengthen
② (*durch Lautsprecher*) amplify
③ (*steigern*) intensify
④ (*vermehren*) increase
⑤ **sich verstärken** (*sich vermehren*) increase

**Verstärker** amplifier

**verstauchen** sprain; **ich habe mir die Hand/den Knöchel verstaucht** I've sprained my hand/my ankle

**Versteck** hiding-place

**verstecken** ① conceal, hide (**vor** from)
② **sich verstecken** conceal oneself (GB), hide, hide up (USA) (**vor** from)

> **? Grammatik** Die unregelmäßigen Vergangenheitsformen von **hide** lauten **hid — hidden:** *Sandra* **hid** *in the loft; where* **have** *you* **hidden** *your report?*

**verstehen** ① (*begreifen*) understand; **verstanden?** do you understand me?, got the idea? (GB), O.K.? (USA)
② (*einsehen*) see
③ **ich verstehe nichts!** (*vor Lärm*) I can't hear a word!
④ **falsch verstehen** misunderstand
⑤ **sie verstehen sich** they understand each other; (*kommen miteinander aus*) they get along with each other
⑥ **das versteht sich von selbst** that goes without saying

> **? Grammatik** Die unregelmäßigen Vergangenheitsformen von **understand** lauten **understood — understood: did you understand** *everything the teacher said? Tim* **understood** *the French tourists; sorry, I* **haven't understood** *your question.*

**versteigern** auction [off]; **etwas versteigern lassen** put something up for auction

**Versteigerung** auction

**verstellbar** adjustable

**verstellen** ① (*in Unordnung bringen*) misplace, put in the wrong place
② shift *Möbel*
③ (*versperren*) block; **das Sofa verstellt mir den Weg** the settee is in [*oder* is blocking] my way
④ **wer hat den Fernseher verstellt?** who's been fiddling with the television?
⑤ disguise *Handschrift, Stimme*
⑥ **sich verstellen** (*vorgeben*) dissemble, hide one's true feelings

**verstimmt** ❶ *Klavier:* out of tune
❷ (*verärgert*) put out
❸ *Magen:* upset
**verstopfen** ❶ stop up *Loch*
❷ block; jam *Straße*
**Verstopfung** ❶ (*Blockierung*) blockage
❷ *von Darm:* constipation; **Verstopfung haben** be constipated
**verstorben** deceased, late *vorangestellt*
**Verstoß** offence (**gegen** against), violation (**gegen** of)
**verstoßen** ❶ (*vertreiben*) expel (**aus** from)
❷ (*sich vergehen*) offend (**gegen** against); **das verstößt gegen die Regel** this is against the rule
**verstreuen** scatter
**Verstümmelung** mutilation
**verstummen** fall silent
**Versuch** ❶ attempt; **es ist einen Versuch wert** it's worth trying; **beim ersten Versuch** at the first try
❷ (*Experiment*) experiment; (*Test*) test
**versuchen** ❶ attempt, try; **es versuchen** have a try; **versuch's doch mal!** have a go!; **versuch's mal mit Geduld** try a little patience; **versuchen, etwas zu tun** attempt [*oder* try] to do something; **ich werd' es mal versuchen** I'll give it a try
❷ (*kosten, probieren*) taste; **versuch mal!** have a taste!

> **? Grammatik** Die unregelmäßigen Vergangenheitsformen von **try** lauten **tried — tried**: *Florence* **tried** *to answer all the questions; I* **have tried** *windsurfing but I wasn't very good at it.*

**Versuchskaninchen** guinea-pig *übertragen*
**Versuchsperson** test person
**Versuchung** temptation
**versunken** ❶ *Schiff:* sunken
❷ (*vertieft*) absorbed, immersed; **in Gedanken versunken** lost in thought
**vertauschen** (*verwechseln*) mix up; **man hat unsere Jacken vertauscht!** they got our jackets mixed up!
**verteidigen** defend; **sich verteidigen** defend oneself
**Verteidiger(in)** ❶ (*auch beim Sport*) defender
❷ (*Befürworter*) advocate
❸ (*Anwalt*) counsel for the defence (GB), attorney for the defense (USA)
**Verteidigung** (*auch im Fußball*) defence (GB), defense (USA)
**Verteidigungsminister(in)** Minister of Defence
**Verteidigungsministerium** Ministry of Defence
**verteilen** ❶ distribute (**an** to, **unter** among)
❷ (*ausstreuen*) spread (**über** over)
❸ **sich verteilen** *Personen:* spread out
**Verteilung** ❶ (*Austeilung*) distribution
❷ (*Zuteilung*) allocation
**vertiefen** ❶ deepen *auch übertragen*
❷ **sich in etwas vertiefen** become absorbed in something
**vertikal** vertical ['vɜːtɪkᵊl]
**Vertrag** ❶ (*Arbeitsvertrag*) contract
❷ (*Abkommen*) agreement; (*politisches*) treaty
**vertragen** ❶ (*aushalten*) stand, tolerate
❷ (*bekömmlich sein*) **er kann keinen Fisch vertragen** fish does not agree with him; **ich kann keine Sonne vertragen** I can't take the sun
❸ **sich [mit jemandem] vertragen** get along [with somebody]; **wir vertragen uns wieder** we've made up, we're friends again
**Vertrauen** ❶ confidence, trust (**zu, in, auf** in)
❷ **im Vertrauen [gesagt]** strictly in confidence; **zu jemandem Vertrauen haben** be confident in somebody, trust somebody
**vertrauen jemandem** [*oder* **auf jemanden**] **vertrauen** trust [*oder* have confidence] in somebody
**vertraulich** ❶ (*geheim*) confidential
❷ (*familiär*) familiar
**vertraut** ❶ (*intim*) intimate
❷ *Freund:* close
❸ *Gesicht:* familiar
❹ **sich mit etwas vertraut machen** acquaint oneself with something
**vertreiben** ❶ drive away; (*aus Land*) expel [from]; **Menschen aus ihrer Heimat vertreiben** drive people out of their home country
❷ (*handeln mit*) sell
**vertreten** ❶ (*als Bevollmächtigter*) represent
❷ (*zeitweilig ersetzen*) replace
❸ **jemanden [vor Gericht] vertreten** plead somebody's case
❹ **ich vertrete die Ansicht …** I take the view …
**Vertreter(in)** ❶ (*Repräsentant*) representative
❷ (*Fürsprecher*) advocate
❸ (*Handelsvertreter*) sales representative, sales rep *umgangsspr*
**Vertretung** ❶ (*in Schule*) supply teacher
❷ (*Ersatz*) replacement; **die Vertretung übernehmen für …** take the place of …
**Vertrieb** sales, marketing
**vertrocknen** ❶ *Quelle:* dry up
❷ *Pflanze:* wither

❸ *Lebensmittel:* go dry
**vertrösten** **jemanden vertrösten** put someone off
**vertun** **ich hab mich [schwer] vertan** I've made a [big] mistake
**verübeln** **ich kann's dir nicht verübeln** I can't blame you [for that]
**verunglücken** *Auto, Person:* have an accident; *Flugzeug:* crash; **tödlich verunglücken** be killed in an accident
**verunsichern** make uncertain (**in** of)
**verunstalten** disfigure
**verursachen** cause; **Beschwerden verursachen** give rise to trouble ⚠ *Singular*
**Verursacher(in)** cause
**verurteilen** ❶ condemn
❷ **jemanden zu drei Jahren Gefängnis verurteilen** sentence somebody to three years imprisonment
**Verurteilung** ❶ condemnation
❷ (*Schuldspruch*) conviction
**vervielfältigen** duplicate
**vervollständigen** complete
**verwählen** **sich verwählen** dial the wrong number; **Verzeihung, habe mich verwählt!** sorry, [I got the] wrong number!
**verwalten** ❶ administer *Erbe, Vermögen*
❷ manage; run *Firma*
❸ (*leiten*) govern *Gebiet, Staat*
**Verwaltung** ❶ (*Administration*) administration
❷ (*Firmenleitung*) management
**verwandeln** ❶ change
❷ **sich verwandeln** turn (**in** into)
**Verwandlung** change, transformation
**verwandt** related (**mit** to)

> **? Grammatik** **related** wird immer zusammen mit **to** gebraucht: *Peter is not related to Paul; they are just friends.*

**Verwandte(r)** relation, relative
**Verwandtschaft** ❶ (*das Verwandtsein*) relationship
❷ (*die Verwandten*) relations ⚠ *Plural*
**Verwarnung** caution, warning
**verwechseln** mix up; **ich hab eure Mäntel verwechselt** I got your coats mixed up; **jemanden mit jemand anderem verwechseln** take someone for someone else
**Verwechslung** ❶ confusion; **es gab eine Verwechslung** there's been a mixup
❷ (*Irrtum*) mistake
**Verwehung** *von Schnee, Sand:* drift
**verweigern** ❶ **jemandem etwas verweigern** deny [*oder* refuse] somebody something
❷ **den Wehrdienst verweigern** refuse to do one's military service
**Verweigerung** denial, refusal
**Verweis** ❶ (*Rüge*) rebuke, reprimand; **jemandem einen Verweis erteilen** reprimand [*oder* rebuke] someone
❷ (*Hinweis in Buch, etc*) reference (**auf** to)
**verweisen** ❶ (*hinweisen*) refer; **auf etwas verweisen** refer to something; **jemanden auf etwas/an jemanden verweisen** refer someone to something/someone
❷ **jemanden des Landes/von der Schule verweisen** expel from the country/from school
**verwenden** use; (*benutzen*) employ
**Verwendung** employment, use
**verwerten** ❶ make use of, utilize
❷ exploit *Rohstoff*
**verwesen** ❶ (*in Fäulnis übergehen*) *Blätter, Leichnam:* decay
❷ *Fleisch:* rot
**Verwesung** decomposition
**verwickeln** ❶ tangle up *Fäden*
❷ **jemanden in etwas verwickeln** involve someone in something
**verwickelt** (*übertragen*) complicated, intricate
**verwirklichen** ❶ realize
❷ **sich verwirklichen** (*in Erfüllung gehen*) *Traum, Wunsch:* be realized, come true
❸ **sich [selbst] verwirklichen** fulfil oneself
**verwirren** (*durcheinander bringen*) confuse
**verwirrt** ❶ (*durcheinander*) confused
❷ (*verlegen*) embarrassed
**Verwirrung** (*Durcheinander*) confusion; **jemanden in Verwirrung bringen** confuse someone
**verwittert** weathered
**verwitwet** widowed
**verwöhnen** ❶ spoil
❷ (*verzärteln*) pamper
**verworren** ❶ *Lage:* complicated, intricate
❷ *Gedanken:* confused
**verwundbar** vulnerable *auch übertragen*
**verwunden** injure, wound
**verwunderlich** ❶ (*erstaunlich*) amazing, surprising; **es ist nicht verwunderlich, dass ...** it is small wonder that ...
❷ (*sonderbar*) strange
**verwundet** wounded *auch übertragen*
**Verwundete(r)** wounded [*oder* injured] person
**verwüsten** devastate, ravage
**verzählen** **sich verzählen** count wrong[ly], miscount

**verzaubern** ① put a spell on; **jemanden in etwas verzaubern** turn someone into something
② (*bezaubern*) enchant
**Verzehr** consumption
**verzehren** consume
**Verzeichnis** ① (*Liste*) list
② (*Register*) register ['redʒɪstəʳ]
③ (*Telefonverzeichnis*) directory
**verzeihen** ① (*vergeben*) forgive
② (*entschuldigen*) excuse, pardon
③ (*vor Frage, Störung*) **verzeihen Sie!** excuse me!, I beg your pardon!
**Verzeihung** ① (*Vergebung*) forgiveness; **jemanden um Verzeihung bitten** apologize to someone
② (*wie bitte?*) pardon?; (*vor Frage, Störung*) excuse me!; (*bei Anrempelung*) sorry!
**verzerren** ① (*auch übertragen*) distort *Klang, Tatsachen*
② contort *Gesicht*
③ **sich verzerren** become contorted [*oder* distorted] (**zu** in)
**verzichten** (*auskommen ohne*) do without
**verziehen** ① spoil *Kind*
② **den Mund verziehen** twist one's mouth (**zu** into); **das Gesicht verziehen** pull a face
③ **sich verziehen** *Holz:* warp
④ **sich verziehen** (*umgangsspr: verschwinden*) disappear; *Gewitter:* pass; *Wolken:* disperse
**verzieren** decorate
**Verzierung** decoration
**verzögern** ① delay; (*verlangsamen*) slow down
② **sich verzögern** be delayed
**Verzögerung** ① delay
② (*das Verzögern*) delaying
**verzollen** **etwas verzollen** pay duty on something; **haben Sie etwas zu verzollen?** have you anything to declare?
**Verzug** (*Aufschub*) delay; **ohne Verzug** without delay; **in Verzug geraten** fall behind (**mit** with)
**verzweifeln** despair (**an** of)
**verzweifelt** ① *Situation:* despairing
② *Lage:* desperate
③ **er ist verzweifelt** he is in despair
**Verzweiflung** ① (*als Gemütszustand*) despair; **in Verzweiflung geraten** despair
② (*Ratlosigkeit*) desperation
**verzwickt** knotty, tricky, complicated
**Veteran(in)** veteran ['vetᵊrᵊn]
**Veto** veto ['viːtəʊ]; **sein Veto gegen etwas einlegen** veto something
**Vetorecht** power of veto
**Vetter** cousin
**Vibration** vibration [vaɪ'breɪʃᵊn]
**vibrieren** vibrate
**Videokamera** video camera
**Videokassette** video cassette
**Videorecorder** video recorder
**Vieh** livestock ⚠ *Singular oder Plural;* (*Rinder*) cattle ⚠ *Plural*

> **! Vorsicht Falle** **cattle** ist im Englischen eine Mehrzahlform: *the cattle are in the field.*

**viel** ① a great deal, a lot of, much; **so viel** so much; **so viel wie gestern** as much as yesterday; **wie viel** how much; **zu viel** too much; **viel besser** much better
② **viel Vergnügen!** have a good time!; **viel Glück!** good luck!; **vielen Dank!** thanks a lot!
③ **viele** a lot of, many; **so viele** so many; **wie viele** how many; **sehr viel**[**e**] very much, a great many
④ **die Straße ist viel befahren** this street is very busy; **ein viel sagender Blick** a meaningful look; **viel versprechend** [very] promising

> **! Vorsicht Falle** **many, much** oder **a lot of**? **Many** wird zusammen mit zählbaren Hauptwörtern, in verneinten Sätzen und in Fragen verwendet: *I don't have many friends. Many people make that mistake. How many subjects do you have at school?* **Much** wird dagegen mit unzählbaren Hauptwörtern, in verneinten Sätzen und in Fragen verwendet: *She doesn't earn much money; how much time have we got?* **A lot of** bedeutet das Gleiche wie **many** oder **much**, wobei Letztere in unverneinten Sätzen etwas förmlicher klingen. Im folgenden Satz kann also beides verwendet werden: *there was much anger in his voice* oder *there was a lot of anger in his voice.* **A lot of** kann jedoch nicht in Fragen mit *how* benutzt werden.

**vielfach** ① **vielfacher Millionär** multimillionaire
② **auf vielfachen Wunsch** at the request of many people
**Vielfalt** great variety
**vielleicht** ① (*möglicherweise*) maybe, perhaps
② (*ungefähr*) **er war vielleicht um die 30** he may have been in his thirties
③ (*wirklich*) really; **der ist vielleicht ein Idiot!** he really is an idiot!
**vielmehr** **er ist, vielmehr war, Soldat** he is, or rather was, a soldier

**vielseitig** 1 *Bildung, Können:* all-round
2 *Interessen:* varied
3 *Mensch:* versatile
**vier** 1 four; **wir sind zu viert** there are four of us
2 **unter vier Augen** face to face
3 (*Schulnote*) D; **eine Vier schreiben** get a D
4 (*Verkehrsmittel*) **der Vierer/die Vier** the number four bus/tube
**viereckig** quadrangular, square
**vierhundert** four hundred
**vierjährig** 1 (*vier Jahre alt*) four-year-old
2 (*vier Jahre lang*) four-year
**vierte** fourth; **am 4. Januar** on January 4th
**Vierte(r)** 1 fourth; **Vierter werden** come in fourth
2 **Heinrich IV.** Henry IV, Henry the fourth
**viertel** quarter; **ein viertel Pfund** a quarter of a pound
**Viertel**[1] das 1 (*Maß*) fourth [part]
2 **Viertel nach elf** [a] quarter past eleven; **Viertel vor zwölf** [a] quarter to twelve
**Viertel**[2] das (*Stadtteil*) district, quarter
**Vierteljahr** quarter [of a year], three months
**vierteljährlich** *Rechnung, etc:* quarterly
**Viertelstunde** quarter of an hour (GB), quarter hour (USA); **in einer Viertelstunde** in quarter of an hour
**vierzehn** fourteen; **vierzehn Tage** a fortnight; **in vierzehn Tagen** in a fortnight's time (GB), two weeks (USA)
**vierzig** forty
**vierzigste** fortieth
**violett** violet ['vaɪələt]
**Violine** violin; **Violine spielen** play the violine
**virtuell** **virtuelle Realität** virtual reality
**Virus** virus ['vaɪrəs]
**Vision** vision ['vɪʒᵊn]
**Visum** visa
**vital** vigorous
**Vitamin** vitamin ['vɪtəmɪn]
**Vitrine** 1 (*Schaukasten*) show-case
2 (*Glasschrank*) glass cabinet
**Vizepräsident(in)** 1 (*in Politik*) vice-president
2 (*in Firma*) deputy chairman/chairwoman/chairperson
**Vogel** bird
▶ In Wendungen: **ein seltsamer Vogel** a strange customer
**Vogelscheuche** (*umgangsspr*) scarecrow
**Vokabel** word

! **Vorsicht Falle** Das englische Wort **vocabulary** bedeutet ‚Wortschatz'.

**Vokabular** vocabulary
**Vokal** vowel
**Volk** 1 (*Leute*) people ⚠ *Plural*
2 (*Nation*) nation; **das litauische Volk** the Lithuanian people ⚠ *Plural;* **ein Mann aus dem Volk** a man of the people
**Volksabstimmung** plebiscite
**Volksfest** funfair
**Volkskunde** folklore
**Volkslied** folk song
**volkstümlich** 1 traditional
2 (*beim Volk beliebt*) popular
**Volkszählung** census
**voll** 1 (*angefüllt*) full (**von** of); **der Saal ist voll[er Leute]** the hall is full of people
2 (*gedrängt*) crowded
3 (*ganz*) complete, entire, whole; **die volle Summe** the entire sum; **die volle Wahrheit** the whole truth
4 (*gefüllt*) filled; **mit vollem Mund sprechen** speak with one's mouth full
5 **etwas voll verstehen** understand something completely
6 **voll machen** *Gefäß:* fill up; (*vervollständigen*) complete
7 **voll tanken** fill up
8 **voll gepfropft/gestopft** crammed, packed
**Vollbart** [full] beard
**vollenden** 1 (*abschließen*) complete
2 (*vervollkommnen*) make complete
**Volleyball** volleyball
**völlig** complete; **völliger Blödsinn!** utter nonsense!
**volljährig** of age; **volljährig werden** come of age
**vollkommen** 1 (*perfekt*) perfect
2 (*völlig*) complete
**Vollkommenheit** perfection
**Vollmacht** 1 power, authority
2 (*juristisch*) power of attorney; **jemandem eine Vollmacht ausstellen** [*oder* **erteilen**] give someone power of attorney
**Vollpension** full board
**vollständig** 1 complete, entire
2 **etwas vollständig machen** complete something
**Volltreffer** bull's eye
**Vollwertkost** whole-foods ⚠ *Plural*
**vollzählig** 1 *Versammlung, etc:* complete
2 **wir sind vollzählig erschienen** everyone of us came
**Volt** volt
**Volumen** volume
**von** 1 of; **das ist lieb von dir** that's kind of you;

**eine Freundin von mir** a friend of mine
2 (*durch*) by
3 (*räumlich*) from; **von rechts/links** from the right/left; **von oben/unten** from the top/bottom
4 (*zeitlich*) **von ... an** from ... on; **von ... bis** from ... until; **von morgen an** from tomorrow; **von Zeit zu Zeit** from time to time
5 **von klein auf** from childhood
6 **dieses Gedicht ist von Milton** this poem is by Milton
7 **das hängt vom Wetter ab** that depends on the weather
8 **grüßen Sie ihn von mir** my best regards to him

**vor** 1 (*örtlich*) before; **vor dem Hause** in front of the house
2 (*zeitlich*) **vor ihrer Ankunft** before [*oder* prior to] her arrival; **vor zwei Jahren** two years ago
3 (*bei Uhrzeit*) **fünf [Minuten] vor zehn** five [minutes] to ten (GB), five minutes of ten; **nicht vor ...** not till ...
4 **vor allem** above all, first of all
5 (*ursächlich*) **vor Angst** with fear; **vor lauter Arbeit** with all this work; **vor Lachen** for laughing
6 **vor sich hin** to oneself
7 **vor und zurück** backwards and forwards
8 **nach wie vor** still

**Vorabend** (*der vorhergehende Abend*) evening before

**vorangehen** 1 go in front; **jemandem vorangehen** go ahead of someone
2 **es geht gut voran mit der Arbeit** work is coming along well

**vorankommen** 1 **im Beruf/Leben vorankommen** get on in one's job [*oder* career]/in life; **wie kommst du voran?** how are you getting on?
2 (*Fortschritte erzielen*) make progress

**voraus** 1 (*voran*) in front; **jemandem [weit] voraus sein** be [streets] ahead of someone; **Joyce war seiner Zeit voraus** Joyce was ahead of his time
2 **im Voraus** in advance

**vorausgehen** go in front

**vorausgesetzt** **vorausgesetzt, dass ...** provided [that] ...

**Voraussage** prediction; (*für Wetter*) forecast

**voraussagen** **jemandem etwas voraussagen** predict something for someone

**voraussehbar** foreseeable

**voraussetzen** presuppose; **als selbstverständlich voraussetzen** take for granted

**Voraussetzung** 1 (*Vorbedingung*) prerequisite; **unter der Voraussetzung, dass ...** on condition that ...
2 (*Annahme*) premise

**voraussichtlich** 1 (*vorauszusehend*) *Ankunft, etc:* expected
2 (*wahrscheinlich*) probably

**Vorbehalt** reservation; **unter dem Vorbehalt, dass ...** with the reservation that ...

**vorbei** 1 (*räumlich*) past; **kommst du vorbei?** will you get past?
2 (*zeitlich*) gone, over; **es ist vier [Uhr] vorbei** it's past [*oder* gone] four [o'clock]

**vorbeifahren** **[an jemandem/etwas] vorbeifahren** go/drive/sail past [somebody/something]

**vorbeigehen** 1 **an jemandem vorbeigehen** go past [*oder* pass by] somebody
2 (*kurz besuchen*) **ich gehe nachher mal bei ihm vorbei** I'll look in on him later in the day

**vorbeikommen** (*besuchen*) **bei jemandem vorbeikommen** drop in on somebody; **komm doch mal vorbei** why don't you drop in [*oder* come round] some time

**vorbereiten** 1 prepare
2 **sich vorbereiten** prepare [oneself] (**auf** for); **sich auf eine Prüfung vorbereiten** revise for an exam
3 **vorbereitet sein** be ready [*oder* prepared] (**auf** for)

**Vorbereitung** preparation

**vorbestellen** 1 order in advance *Ware*
2 book *Tisch, Zimmer*

**vorbestraft** previously convicted; **vorbestraft sein** have a criminal record

**vorbeugen** 1 (*vermeiden*) prevent; **vorbeugen ist besser als heilen** prevention is better than cure
2 **sich vorbeugen** bend forward

**Vorbild** model; **sich jemanden zum Vorbild nehmen** model oneself on someone

**vorbringen** 1 (*sagen*) say; express *Forderung, Meinung*
2 bring forward *Beweise*

**Vordergrund** foreground; **im Vordergrund** in the foreground

**Vordermann** person in front

**Vorderseite** front

**vordrängen** **sich vordrängen** push to the front; **sich in einer Schlange vordrängen** jump a queue (GB), push to the front of a line (USA)

**vordringen** advance; **in den Weltraum vordrin-**

gen penetrate into space

**voreilig** rash; **voreilige Schlüsse ziehen** jump to conclusions

**voreingenommen** biased, prejudiced (**für, gegen** in favour of, against)

**Vorfahr** ancestor, forefather

**Vorfahrt** right of way; **die Vorfahrt beachten/nicht beachten** observe/ignore the right of way

**Vorfall** (*Geschehnis*) incident, occurrence

**vorfallen** (*geschehen*) happen, occur; **es ist etwas vorgefallen** something happened

**Vorfreude** anticipation (**auf** of)

**vorführen** 1 show; **jemandem etwas vorführen** show something to somebody *auch Film*
2 (*präsentieren*) present
3 model *Kleidung*
4 demonstrate *Gerät*

**Vorführung** 1 *von Film:* show
2 *von Theaterstück, Show:* performance
3 *von Mode:* presentation

**Vorgang** 1 (*Ereignis*) event
2 (*Prozess*) process

**Vorgänger(in)** predecessor

**Vorgarten** front garden (GB), dooryard (USA)

**vorgeben** 1 (*im Sport*) give
2 (*vortäuschen*) pretend

**vorgehen** 1 (*früher gehen*) go on ahead; (*als Erster gehen*) go first; **wir gehen schon vor und treffen euch dann am Bahnhof** we'll leave now and we'll see you at the station
2 (*handeln*) act, proceed
3 (*juristisch*) take legal proceedings *Plural* (**gegen** against)
4 (*wichtiger sein*) have priority; **die Arbeit geht vor** work comes first
5 (*sich ereignen*) go on, happen; **was geht hier vor?** what's going on here?
6 **meine Uhr geht [drei Minuten] vor** my watch is [three minutes] fast

**Vorgeschichte** 1 (*Urgeschichte*) prehistory
2 *einer Person, eines Falles:* antecedents ⚠ *Plural*

**Vorgesetzte(r)** superior

**vorgestern** the day before yesterday

**vorhaben** 1 (*beabsichtigen*) have in mind, intend; **ich habe vor, mit ihr zu sprechen** I am hoping to speak to her
2 (*geplant haben*) have planned; **was hast du heute vor?** what are you planning for today?, what are you up to today? *umgangsspr*

**vorhalten** (*vorwerfen*) **jemandem etwas vorhalten** reproach somebody with something

**Vorhand** (*im Tennis*) forehand

**vorhanden** 1 (*verfügbar*) available
2 (*existierend*) existing; **ein Bad war nicht vorhanden** there was no bathroom

**Vorhang** curtain (GB), shade (USA)

**Vorhängeschloss** padlock

**vorher** (*früher*) before now; **am Tag vorher** the day before, the previous day

**vorherbestimmt** predestined

**vorhergehen** precede

**vorherig** 1 (*früher*) previous
2 (*ehemalig*) former

**vorherrschend** 1 (*tonangebend*) predominant
2 (*weitverbreitet*) prevailing

**Vorhersage** 1 prediction
2 *von Wetter:* forecast

**vorhersagen** 1 foretell, predict
2 forecast *Wetter*

**vorhersehen** foresee

> **? Grammatik** Die unregelmäßigen Vergangenheitsformen von **foresee** lauten **foresaw — foreseen**: *She* **foresaw** *what would happen; the problems* **had been foreseen.**

**vorhin** just now

**vorig** 1 (*früher*) previous
2 (*vergangen*) last

**Vorkehrung** precaution [prɪˈkɔːʃᵊn]; **die nötigen Vorkehrungen treffen** take the necessary precautions

**vorkommen** 1 (*geschehen*) happen; **das kann schon mal vorkommen** that can happen to anybody
2 (*auftreten*) be found; **Bären kommen nur im Waldland vor** bears are only to be found in woodlands ⚠ *Plural*
3 (*den Anschein haben*) seem; **es kommt mir so vor** it seems to me like that; **das kommt dir nur so vor** it only seems to you like that

**Vorlage** 1 (*das Vorlegen*) presentation
2 (*Muster*) model, pattern; **etwas als Vorlage nehmen** copy something from something

**vorläufig** 1 *Regelung, etc:* temporary
2 (*provisorisch*) provisional
3 (*vorerst*) temporarily; (*fürs Erste*) for the time being

**vorlegen** 1 (*zeigen*) produce, show
2 present *Vorschlag*

**vorlesen** read aloud (GB), read out loud (USA); **jemandem etwas vorlesen** read something to someone

**Vorlesung** lecture

**vorletzt** last but one, penultimate; **vorletztes Jahr** the year before last

**Vorliebe** preference; **ich habe eine Vorliebe für Gorgonzola** I like Gorgonzola a lot; **sie redet mit Vorliebe über Politik** she loves talking politics ⚠ *Singular*

**vorliegen** ① (*eingereicht sein*) be in
② (*vorhanden sein*) be, exist; **da muss ein Irrtum vorliegen** there must be some mistake

**vormachen** ① **jemandem etwas vormachen** (*zeigen*) show someone how to do something
② **jemandem etwas vormachen** (*täuschen*) humbug someone; **machen Sie sich nichts vor!** don't fool [*oder* kid] yourself!

**Vormacht(stellung)** supremacy (**gegenüber** over)

**Vormarsch** advance

**Vormittag** morning

**vormittags** in the morning; [**um**] **11 Uhr vormittags** [at] 11 am

**Vormund** guardian

**Vormundschaft** guardianship, tutelage

**vorn** ① in front; (*am Vorderende*) at the front; **ganz vorn** right in the front; **vorn liegen** be ahead; (*im Rennen*) lead, be in the lead
② (*am Anfang*) at the beginning; **von vorn** from the beginning; **noch einmal von vorn** all over again

**Vorname** Christian name (GB), first name (USA)

**vornehm** ① (*kultiviert*) distinguished
② (*edel*) noble
③ (*sozial hochgestellt*) high-ranking; (*adlig*) aristocratic
④ (*elegant*) fashionable

**vornehmen** ① (*durchführen*) carry out; make *Änderungen*
② **sich etwas vornehmen** (*planen*) intend to do something

**Vorort** suburb

**Vorrang** ① (*Vordringlichkeit*) priority (**vor** over)
② (*Reihenfolge*) precedence (**gegenüber** over)

**Vorrat** stock, supply; **einen Vorrat anlegen** lay in stocks ⚠ *Plural*

**Vorrecht** prerogative

**Vorrichtung** device, gadget

**vorrücken** ① move forward; move on *Schachfigur*
② *mit Auto, etc:* move forward
③ *Armee:* advance

**Vorrunde** preliminary round

**Vorsatz** intention; **den Vorsatz fassen etwas zu tun** resolve to do something

**vorsätzlich** deliberate, intentional; (*willentlich*) wilful

**Vorschlag** ① proposal (GB), proposition (USA); [**jemandem**] **einen Vorschlag machen** propose something [to somebody]
② (*Anregung*) suggestion; **auf meinen Vorschlag** at my suggestion

**vorschlagen** ① propose, suggest; **was schlagen Sie vor?** what do you suggest we do?
② (*nominieren*) **jemanden für etwas vorschlagen** nominate someone for something

**vorschreiben** ① (*anordnen*) stipulate
② (*diktieren*) dictate; **ich lasse mir nichts vorschreiben!** I won't be told what to do!
③ prescribe *Dosis*

**Vorschrift** ① (*Bestimmung*) regulation; **das verstößt gegen die Vorschriften** that is contrary to the regulations
② (*Anweisung*) instruction, order

**Vorschule** nursery school

**Vorschuss** advance (**auf** on)

**vorsehen** ① **der Vertrag sieht vor, dass …** the contract [*oder* treaty] stipulates that …
② **wie vorgesehen** according to plan
③ **sich vorsehen** beware (**vor** of), take care

**Vorsicht** ① care
② (*bei Gefahr*) caution; **Vorsicht!** beware!, take care!, watch out!
③ **Vorsicht Stufe!** mind the step!

**vorsichtig** careful; (*besonnen*) cautious

**vorsichtshalber** as a precaution; **etwas vorsichtshalber tun** take the precaution of doing something

**Vorsichtsmaßnahme** precaution

**Vorsilbe** prefix

**vorsingen** ① **jemandem etwas vorsingen** sing something to someone
② (*beim Theater*) audition

**Vorsitzende(r)** ① chairman/chairwoman/chairperson
② *von Verein:* president

**Vorsorge** **Vorsorge treffen** take precautions ⚠ *Plural;* (*fürs Alter*) make provisions ⚠ *Plural*

**Vorspeise** starter

**vorspielen** ① (*musikalisch*) **jemandem etwas vorspielen** play something for someone
② (*übertragen*) **spiel mir doch nichts vor!** don't try and pretend to me!
③ *von Musik:* play

**Vorsprung** ① (*Vorteil*) advantage (**über** of)
② (*im Sport*) lead (**vor** over); **er hat 10 m Vorsprung** he is in the lead by ten meters

**Vorstand** ① (*Gremium*) board
② *von Verein:* committee
③ (*Person*) chairman/chairwoman/chairperson [of the board], managing director

**vorstellen** ① **die Uhr** [**um eine Stunde**] **vorstel-**

V

**len** put on one's watch/clock [by one hour]
② **jemandem etwas vorstellen** present [*oder* show] someone something
③ **darf ich Ihnen Herrn Frank vorstellen?** allow me to introduce Mr Frank (GB), I'd like you to meet Mr. Frank (USA)
④ **sich jemanden/etwas vorstellen** (*in der Phantasie*) imagine somebody/something
⑤ **was stellst du dir darunter vor?** what do you mean by that?; **ich kann mir nicht viel darunter vorstellen** it doesn't mean much to me
⑥ **sich vorstellen** (*bei Bewerbung*) go for an interview

**Vorstellung** ① *von Theaterstück:* performance; *von Film:* showing
② (*Gedanke*) idea, notion; **sich eine Vorstellung von etwas machen** form an idea of something
③ (*Vorstellungskraft*) imagination
④ *von Person:* introduction; *von Produkt:* presentation

**Vorstellungsgespräch** interview

**Vorstellungskraft** imagination

**Vortag** day before

**vortäuschen** feign

**Vorteil** ① advantage; **für jemanden von Vorteil sein** be advantageous to someone
② **die Vor- und Nachteile** the pros and cons
③ **jemandem gegenüber im Vorteil sein** have the advantage over someone

**vorteilhaft** advantageous; **es ist [nicht] vorteilhaft für mich …** it is [not] to my advantage to …

**Vortrag** (*Lesung*) lecture; **einen Vortrag halten** give a lecture

**vortragen** ① (*berichten*) report
② (*darlegen*) present
③ **ein Gedicht vortragen** recite a poem

**vortreten** ① step forward
② (*hervorragen*) *Klippe, Kinn, Nase:* jut out, project

**vorüber** over, past

**vorübergehen** ① (*vorbeigehen*) **an jemandem/etwas vorübergehen** go past [*oder* pass by] someone/something
② (*zeitlich*) pass
③ (*zu Ende gehen*) be over; **das geht vorüber** it'll pass

**vorübergehend** ① (*momentan*) momentary
② (*zeitweilig*) temporary

**Vorurteil** bias, prejudice; **ein Vorurteil haben** be prejudiced, have a prejudice (**gegen** against)

**vorverlegen** ① bring forward *Termin*
② push forward *Front*

**Vorwahl** ① (*politische*) preliminary election (GB), primary (USA)
② (*Telefonvorwahl*) dialling code (GB), area code (USA)

**Vorwand** pretext; **unter dem Vorwand, dass …** under the pretext that …

**vorwärts** ① forward, onward
② **vorwärts gehen** come on, progress
③ **in/mit etwas vorwärts kommen** make progress in/with something

**vorwerfen** ① (*beschuldigen*) **jemandem etwas vorwerfen** accuse someone of something; **er hat mir vorgeworfen, dass ich unehrlich sei** he accused me of being dishonest
② **sich nichts vorzuwerfen haben** have nothing to reproach oneself with

**vorwiegend** ① *Meinung:* predominant
② (*vor allem*) chiefly, mainly

**Vorwort** foreword, preface

**Vorwurf** ① (*Vorhaltung*) reproach
② (*Beschuldigung*) accusation; **jemandem etwas zum Vorwurf machen** accuse someone of something

**vorzeigen** produce, show

**vorzeitig** ① (*zu früh*) early
② *Altern, Tod:* premature

**vorziehen** ① (*lieber mögen*) prefer; **was ziehen Sie vor?** which do you prefer?; **ich ziehe Kaffe [dem Tee] vor** I prefer coffee [to tea]
② (*bevorzugen*) favour; **sie wird immer vorgezogen** she's always the favourite

**Vorzug** ① (*Vorteil*) advantage
② (*Vorrang geben*) give precedence (**über** over); **einer Sache den Vorzug geben** prefer something

**vorzüglich** excellent, superb

**vulgär** vulgar

**Vulkan** volcano

**vulkanisch** volcanic

# Ww

**Waage** ① (*Gerät*) balance, scales ⚠ *Plural,* pair of scales *Singular*
② (*Sternbild*) Libra

**waagerecht** horizontal

**wach** awake; **wach werden** wake up

**Wache** ① (*Polizeiwache*) police station

(2) (*Wachdienst*) guard
(3) (*Posten*) sentinel, sentry
(4) **Wache haben** be on watch [*oder* guard duty]

**Wachs** wax

**wachsam** (1) vigilant, watchful
(2) (*vorsichtig*) on one's guard

**wachsen** (1) (*größer werden*) grow
(2) (*zunehmen*) increase, mount
(3) **sich einen Bart wachsen lassen** grow a beard
(4) (*übertragen*) **jemandem gewachsen sein** be a match for someone

> **? Grammatik** Die unregelmäßigen Vergangenheitsformen von **grow** lauten **grew — grown**: *She* **grew** *roses in her garden; you* **have grown** *tall since I last saw you.*

**Wachstum** growth

**Wächter(in)** (*Aufseher*) attendant

**wack(e)lig** (1) wobbly
(2) *Unternehmen:* shaky

**wackeln** (1) wobble; **der Stuhl wackelt** the chair has a wobble
(2) (*zittern*) shake
(3) *Schraube, Zahn:* be loose
(4) **mit dem Kopf/Finger wackeln** wag one's head/finger

**Wade** calf

**Waffe** weapon; (*Schusswaffe*) gun; **Waffen tragen** carry arms

**Waffel** waffle

**Waffenstillstand** armistice

**Wagen** (1) (*PKW*) car
(2) (*Wagon*) carriage (GB), car (USA)

**wagen** (1) venture; **sich vor die Tür wagen** venture out of doors ⚠ *Plural*
(2) (*sich getrauen*) dare; **wie wagst du es!** how dare you!

**Waggon** (*Bahn*) wag[g]on (GB), freight car (USA)

**Wahl** (1) (*politische*) election; **zur Wahl gehen** go to the polls ⚠ *Plural*
(2) (*Auswahl, Möglichkeit*) choice; **ich habe keine andere Wahl** I have no choice; **wenn ich die Wahl hätte …** if I could choose …

**wahlberechtigt** entitled to vote

**Wahlbezirk** ward

**wählen** (1) (*Stimme abgeben*) vote
(2) **jemanden wählen** elect [*oder* vote for] somebody; **sie wurde zur Vorsitzenden/Präsidentin gewählt** she was elected chairwoman/president
(3) (*auswählen*) **jemanden/etwas wählen** choose somebody/something
(4) dial *Telefonnummer*

**Wähler(in)** voter

**wählerisch** particular, choosy

**Wahlfach** (*in Schule*) optional subject

**Wahlkampf** election campaign

**Wahlkreis** constituency (GB), district (USA)

**wahllos** (1) (*gedankenlos*) indiscriminate
(2) (*ohne zu überlegen*) indiscriminately
(3) (*zufälligerweise*) at random, haphazardly

**Wahlrecht** right to vote

**Wahlspruch** motto

**Wahlurne** ballot box

**Wahnsinn** (1) insanity
(2) (*umgangsspr*) madness; **das ist reiner Wahnsinn!** this is sheer madness!

**wahnsinnig** (1) (*als Krankheit*) insane
(2) (*umgangsspr*) crazy, mad (**vor** with)
(3) (*super*) terrific
(4) (*sehr*) incredibly; **sich wahnsinnig freuen** be mad with joy

**Wahnsinnige(r)** lunatic

**wahr** (1) (*nicht falsch*) true; **nicht wahr?** right?; **wie wahr!** too true!
(2) **das darf doch nicht wahr sein!** you're joking!, I don't believe it!
(3) (*echt, wirklich*) real; **der wahre Grund** the real reason; **die wahre Liebe** true love

**während** (1) **während der Schulstunde** during the lesson
(2) (*vor Nebensatz*) while; **während wir Pause hatten, …** while we were on our break, …
(3) (*bei Gegensätzen*) whereas; **sie ging, während ich dablieb** she went off, while I stayed on

**Wahrheit** truth; **die Wahrheit sagen** tell the truth

**wahrheitsgetreu** truthful

**wahrnehmen** (1) (*sinnlich*) perceive; (*bemerken*) be aware of
(2) take *Gelegenheit;* observe *Frist, Termin*
(3) look after *Interessen*

**wahrsagen** [**jemandem**] **wahrsagen** predict the future [to somebody]

**Wahrsager(in)** fortune-teller

**wahrscheinlich** (1) *Kandidat, etc:* likely, probable; **das ist [nicht] sehr wahrscheinlich** this is very [un]likely
(2) (*wie es scheint*) probably; **es ist nicht sehr wahrscheinlich, dass er kommt** he is not likely to come

**Wahrscheinlichkeit** likelihood, probability; **wie groß ist die Wahrscheinlichkeit, dass …?** how likely is it that …?

**Währung** currency
**Wahrzeichen** 1 emblem
2 (*Gebäude*) symbol
**Waise** orphan; **sie ist Waise** she's an orphan
**Wal** whale
**Wald** wood; (*Forst*) forest
**Waldbrand** forest fire
**Waldsterben** dying of the forests ⚠ *Plural*
**Walfang** whaling
**Waliser(in)** Welshman/Welsh woman; **die Waliser** the Welsh *Plural*
**walisisch** Welsh
**wallend** *Haar:* flowing
**Wallfahrt** pilgrimage
**Walnuss** walnut
**Walross** walrus
**wälzen** 1 (*rollen*) roll; (*in Butter*) toss
2 **sich** [**im Schlamm**] **wälzen** roll [*oder* wallow] [in the mud]
3 **sich vor Schmerzen wälzen** writhe with pain ⚠ *Singular*
**Walzer** waltz
**Wand** wall; **eine Wand hochziehen** put up a wall
**Wandel** (*Änderung*) change
**Wanderer, Wanderin** hiker
**wandern** 1 (*gehen*) roam, wander
2 (*als Freizeitgestaltung*) hike, ramble; **ich wandere gern** I like hiking [*oder* hillwalking]
**Wanderung** (*Ausflug*) walk
**Wange** cheek
**wanken** (*schwanken*) sway; **ins Wanken geraten** begin to rock [*oder* sway]
**wann** 1 when; **von wann bis wann?** during what times?
2 **seit wann?** how long?
**Wanne** (*Badewanne*) tub
**Wanze** (*auch Minispion*) bug
**Wappen** (*Familienwappen*) [coat of] arms
**Ware** 1 (*als Produkt*) product
2 (*Artikel*) article
**warm** 1 warm; *Essen, Trinken, Wetter:* hot; **warm werden** get hot; **komm rein ins Warme** come into the warmth
2 **sich warm laufen** *Auto, Sportler:* warm up
**Wärme** 1 warmth
2 (*in Physik*) heat
**wärmen** 1 warm
2 **sich wärmen** warm oneself
**warnen** warn; **sie hat mich davor gewarnt** she warned me against it; **jemanden davor warnen, etwas zu tun** warn someone not to do something
**Warnung** warning (**vor** about); **eine Warnung vor Gefahr** a warning of danger
**Warteliste** waiting list
**warten**[1] 1 wait (**auf** for); **warte mal** wait a minute; **ich warte schon seit einer Ewigkeit!** I've been waiting for ages!
2 **na warte!** just you wait!
**warten**[2] (*pflegen*) service, maintain
**Wärter(in)** 1 attendant
2 (*Gefängniswärter*) warder/wardress (GB), guard (USA)
**Wartezeit** waiting period
**Wartezimmer** waiting-room
**Wartung** 1 *von Gerät:* maintenance
2 *von Auto:* servicing
**warum** why; **warum auch nicht!** and why not!
**was**[1] 1 (*als Frage*) what; **was?** what?; **was ist denn?** what is it now?; **was ist los?** what's the matter?, what's going on?; **was für eine/einer/eins?** which one?; **was für ein …?** what kind of …?
2 **weißt du was, …** tell you what, …; **was auch immer!** whatever!
3 **alles, was ich habe** everything I've got; **das, was ich dir gesagt habe** what I told you; **du weißt, was ich meine** you know what I mean
**was**[2] → **etwas** 1 (*als Frage*) **is**[**t**] **was?** something the matter?; **weißt du was?** do you know anything about it?
2 **ich will dir mal was sagen, …** I'll tell you what …, I'll tell you something …
**waschbar** washable
**Waschbecken** washbasin
**Wäsche** 1 (*Bettwäsche*) linen
2 (*das Waschen*) washing; **in der Wäsche sein** be in the wash; **Wäsche waschen** do the washing
**Wäscheklammer** clothes-peg
**Wäscheleine** [clothes-]line
**waschen** 1 wash *Auto, etc*
2 **Wäsche waschen** do the washing; **sie hat mir die Haare gewaschen** she washed my hair
3 **sich waschen** have a wash; **sich die Haare/Hände waschen** wash one's hair ⚠ *Singular*/hands
**Wäscherei** laundry
**Wäschetrockner** tumble-drier
**Waschlappen** 1 flannel (GB), washrag (USA)
2 (*abwertend: Feigling*) sissy, softy
**Waschmaschine** washing machine
**Waschmittel** detergent
**Waschpulver** washing powder
**Waschsalon** launderette (GB), laundromat (USA)

**Waschstraße** car-wash plant

**Wasser** ① water; **unter Wasser stehen** be under water, be flooded
② **mir lief das Wasser im Munde zusammen** my mouth watered
► In Wendungen: **der Ausflug ist ins Wasser gefallen** the excursion is off

**wasserdicht** ① *Alibi, Kleidung:* waterproof
② *Uhr, Zelt:* watertight

**Wasserfall** waterfall

**Wasserfarbe** water-colour

**Wasserhahn** water tap (GB), faucet (USA)

**Wasserkraft** water-power

**Wasserleitung** ① (*Rohr*) water pipe
② (*Anlagen*) plumbing

**Wassermann** (*Sternzeichen*) Aquarius

**wässern** (*bewässern*) water

**Wasserski** water-ski; **Wasserski fahren** go [*oder* do] water-skiing

**Wasserstoff** hydrogen

**Wasserweg** waterway

**waten** wade

**Watt** (*elektrische Einheit*) watt; **500 Watt** 500 watts

**Watte** cotton wool (GB), cotton (USA)

**weben** weave

**Wechsel** ① (*Änderung*) change
② **im Wechsel** alternately
③ (*Geldwechsel*) exchange
④ (*im Bankwesen*) bill [of exchange]

**wechseln** ① **die Arbeit/das Zimmer wechseln** change jobs ⚠ *Plural*/rooms ⚠ *Plural;* **die Wohnung wechseln** move house
② (*umwechseln*) change (**in** into); **können Sie mir einen Euro wechseln?** can you give me change for an euro?
③ (*austauschen*) exchange *Ersatzteil, etc*

**wechselnd** ① changing; (*abwechseln*) alternating
② (*unterschiedlich*) variable

**Wechselwirkung** interaction

**wecken** wake [up], waken; **jemanden wecken** wake somebody up

**Wecker** alarm-clock; **sich den Wecker auf 7 Uhr stellen** set one's alarm[-clock] for 7 o' clock

**wedeln** ① **mit etwas wedeln** (*winken*) wave something
② **der Hund wedelt mit dem Schwanz** the dog wags its tail

**weder** **weder … noch …** neither … nor; **weder in dem einen, noch in dem anderen Fall** in neither case

**Weg** ① path
② (*Richtung, Route*) way; **auf dem Weg hierher** on the way here; **wir müssen uns auf den Weg machen** we must be making tracks ⚠ *Plural,* we must get going; **jemanden nach dem Weg nach … fragen** ask somebody the way to …
③ (*Art und Weise*) way; **es gibt viele Wege, das Problem zu lösen** there are many ways of solving this problem
④ **geh mir aus dem Weg!** get out of my way!; **du bist mir im Weg!** you're in my way!
⑤ **jemandem aus dem Weg gehen** keep out of someone's way

**weg** ① **ich muss weg** I must be off; **ich kann jetzt nicht weg** I can't leave now; **er ist schon weg** he has already gone
② **weg da!** out of the way!; **Hände** [*oder* **Finger**] **weg!** hands off!
③ **ich war** [**hin und**] **weg** (*begeistert*) I loved it

**wegbleiben** stay away

**wegen** ① because of, on account of; **wegen seiner Mutter** on account of his mother
② **wegen was?** why?
③ **von wegen!** nothing of the sort!

**wegfahren** ① (*abfahren*) *Zug:* leave
② (*mit Auto*) drive away
③ (*verreisen*) go away

**weggeben** (*verschenken*) give away

**weggehen** (*sich entfernen*) go, leave; **geh weg!** [just] go away!

**wegkommen** ① (*weggehen können*) get away
② **mach, dass du wegkommst!** make yourself scarce!

**weglassen** ① (*gehen lassen*) let go
② (*auslassen*) leave out

**weglaufen** run away (**vor** from)

**wegnehmen** take away

**wegräumen** clear away

**wegschicken** ① (*um etwas zu holen*) send off *jemanden*
② (*abschicken*) send away

**wegstecken** put away

**Wegweiser** sign[post]

**wegwerfen** throw away

**wegwischen** wipe off

**wegziehen** ① (*fortziehen*) pull away
② (*beiseite ziehen*) draw back
③ (*umziehen*) move away

**wehen** ① *Fahne:* wave
② *Haare:* blow about
③ *Geruch, Klang:* drift
④ *Wind:* blow

**Wehrdienst** military service; **jemanden zum**

**Wehrdienst einberufen** call someone up (GB), draft someone (USA)

**wehren** ① **sich wehren** (*sich widersetzen*) [put up a] fight; **sich gegen etwas wehren** fight something
② (*sich verteidigen*) defend oneself (**gegen** against)

**wehrlos** defenceless

**Wehrpflicht** conscription

**wehtun** hurt; **es tut weh** it hurts; **mein Kopf/Rücken tut weh** I have a sore head/back

**Weibchen** (*Tierweibchen*) female

**weiblich** ① (*das Geschlecht bezeichnend*) female
② (*feminin*) feminine

**Weiblichkeit** (*feminine Eigenschaft*) femininity

**weich** soft; **ein weich gekochtes Ei** a soft-boiled egg

**weigern** **sich weigern** refuse

**Weigerung** refusal

**Weihnachten** Christmas; **fröhliche Weihnachten!** merry Christmas!; **was hast du ihr zu Weihnachten geschenkt?** what did you get her for Christmas?

**Weihnachtsbaum** Christmas tree

**Weihnachtsfeiertag** **erster Weihnachtsfeiertag** Christmas Day; **zweiter Weihnachtsfeiertag** Boxing Day

**Weihnachtslied** carol

**Weihnachtsmann** Father Christmas, Santa Claus

**weil** because

**Weile** **eine Weile** a [little] while

**Wein** wine

**Weinberg** vineyard

**weinen** cry; (*bitterlich*) weep (**um** for, **über** over, **aus, vor** with)

> **? Grammatik** Die unregelmäßigen Vergangenheitsformen von **weep** lauten **wept — wept**: *Lorna* **wept** *when she heard the news; she* **had** *not* **wept** *so much since she was a child.*

**Weintraube** grape

**Weise** ① (*Art, Verfahren*) manner, way
② **auf diese Weise** that way; **in gewisser Weise** in a way; **in keinster Weise!** under no circumstances! ⚠ *Plural,* no way! *umgangsspr*

**weise** wise

**Weisheit** wisdom

**Weisheitszahn** wisdom tooth

**weiß** ① white; **weiß werden** turn white
② **das Weiße Haus** the White House

**Weißwein** white wine

**weit** ① (*langgezogen*) wide
② (*breit*) broad
③ (*lang*) long
④ (*Entfernung*) far; **von weitem** from a long way off
⑤ **bei weitem** by far
⑥ **wie weit bist du?** how far have you got?; **ich bin gleich so weit** I'm almost ready [*oder* done] *umgangsspr*
⑦ **das geht zu weit** that's going too far
⑧ **weit gereist** widely travelled; **weit hergeholt** far-fetched
⑨ **weit verbreitet** widespread

**Weitblick** (*übertragen*) far-sightedness

**Weite** ① (*als Maß*) width
② (*Größe*) expanse

**weiten** ① widen; stretch *Schuhe*
② **sich weiten** widen, broaden

**weiter** ① (*Steigerungsform von weit*) farther
② (*zusätzlich*) further
③ (*zudem*) furthermore
④ (*noch hinzu*) further
⑤ (*sonst*) otherwise; **weiter nichts?** is that all?
⑥ **immer weiter** on and on; **und so weiter** and so on

**Weiterbildung** further education

**weiterführen** (*fortsetzen*) carry on, continue

**weitergeben** ① (*weiterreichen*) pass on
② (*übermitteln*) transmit *Nachricht*

**weitergehen** ① go on
② **so kann es nicht weitergehen** things can't go on like this

**weiterhin** furthermore

**weiterkommen** ① (*auf dem Weg*) get further
② (*Fortschritte machen*) make headway

**weitermachen** ① **[etwas] weitermachen** carry on [with something]
② **mach weiter so!** (*als Ermutigung*) keep it up!

**weithin** **weithin bekannt/beliebt** widely known/popular

**weitläufig** ① *Gebäude:* spacious
② (*verzweigt*) rambling

**weitsichtig** ① long-sighted (GB), far-sighted (USA)
② (*übertragen*) far-sighted

**Weitsprung** long jump (GB), broad jump (USA)

**Weizen** wheat

**welche**(**r, s**) ① (*als Frage*) which
② (*Ding*) that, which; **ich hab verschiedene Kuchen, welchen möchtest du?** I've got different kinds of cake, which one would you like?
③ (*Mensch*) who; **siehst du den Mann? — welchen meinst du?** do you see that man? —

who do you mean?; **welcher von den beiden?** which of the two?

**welk** *Blume:* faded, wilted

**Welle** (*auch in Physik*) wave

**Wellensittich** budgerigar, budgie *umgangsspr*

**wellig** 1 *Oberfläche:* undulating
2 *Haar:* wavy

**Welpe** whelp

**Welt** 1 world; **auf der Welt** on earth; **in aller Welt** all over the world; **der schnellste Läufer der Welt** the fastest runner in [all] the world
2 **zur Welt bringen** bring into the world, give birth to; **zur Welt kommen** be born

**Weltall** universe; **im Weltall** in space

**weltberühmt** world-famous

**Weltkrieg der Erste/Zweite Weltkrieg** World War One/Two

**Weltmacht** world power

**Weltmeister(in)** world champion (GB), world's champion (USA)

**Weltrang von Weltrang** world-famous

**Weltraum** space

**Weltreise** journey round the world; **eine Weltreise machen** go on a trip around the world

**Weltstadt** metropolis

**weltweit** global, world-wide

**wem** 1 to whom; **wem glaubst du, ihr oder mir?** who[m] do you believe, her or me?
2 **von wem hat er das?** who gave that to him?

**wen** whom; **wen meinst du?** who do you mean?; **an wen hast du das geschickt?** who did you send it to?

**Wende** (*Wandel*) change

**Wendeltreppe** spiral staircase

**wenden** 1 turn; (*in entgegengesetzte Richtung*) turn round; (*auf die andere Seite*) turn over
2 (*umkehren*) turn round
3 **sich an jemanden wenden** (*um Hilfe*) turn to somebody; (*um Auskunft*) consult somebody
4 **sich gegen jemanden wenden** come out against somebody

**Wendung** 1 turn
2 (*Änderung*) change
3 (*Redewendung*) expression, phrase

**wenig** 1 (*ein bißchen*) little; **ein wenig Salz** a little salt
2 **ich habe wenig Zeit** I haven't got much time; **zu wenig** not enough
3 **wenige** few, some, not many

**weniger** 1 (*unzählbar*) *Zeit:* less; **es wird immer weniger** it's getting less and less; **noch weniger** even less
2 (*zählbar*) *Leute:* fewer

> **! Vorsicht Falle** **less** oder **fewer**? Vor unzählbaren Hauptwörtern sowie nach Verben verwendet man **less:** *Lisa has eaten less than her brother; I should eat less fat.* **Fewer** wird dagegen für zählbare Dinge oder Personen gebraucht: *there are fewer pages in this book than in that one.*

**wenigste** 1 (*unzählbar*) least *Plural;* **und das ist noch das wenigste!** and that's the least of it!
2 (*zählbar*) fewest; **die wenigsten wissen das** few people know that; **am wenigsten** fewest

**wenigstens** at least; **du könntest dich wenigstens entschuldigen** at the very least you could apologize

**wenn** 1 (*falls*) if, in case; **na, wenn das so ist!** well, in that case!
2 (*zeitlich*) when; **immer wenn ...** whenever ...
3 **wenn man bedenkt, dass ...** considering ...
4 **außer wenn** unless

**wer** 1 (*relativ*) **wer das glaubt, ...** he who [*oder* anyone who] believes that ...
2 (*als Frage*) who?; (*auswählend: welcher*) which?; **wer von den beiden?** which of the two?
3 (*in Fragen oder Bedingungssätzen*) anybody, anyone; **ist da wer?** is anybody there?
4 **wer auch immer ...** whoever ...

**Werbeagentur** advertising agency

**Werbefernsehen** television commercials ⚠ *Plural*

**Werbegeschenk** [promotional] gift

**werben** 1 (*kommerziell*) **[für etwas] werben** advertise something
2 **neue Leser werben** attract new readers

**Werbespot** commercial

**Werbung** 1 (*Reklame*) advertising; **für etwas Werbung machen** advertise something
2 (*Werbeabteilung*) publicity department

**Werdegang** (*beruflicher*) career

**werden** 1 **wir werden sehen** we shall [*oder* will] [*oder* we'll] see
2 **es wird schon richtig sein** it'll be okay
3 **das Abendessen wird kalt** dinner is getting cold
4 **Schreiner/Lehrerin werden** become a carpenter/teacher
5 **alt/müde werden** get old/tired; **blind/grau werden** go blind/grey
6 (*sich verwandeln in*) turn into; **vom Frosch zum Prinzen werden** turn from a frog into a prince

⑦ **was willst du mal werden?** what would you like to become later?; **ich werde mal Schriftstellerin** I'll be [*oder* I'm going to be] a writer

**werfen** ① throw (**nach** at); **mit etwas werfen** throw something
② (*Junge kriegen*) have, throw
③ **einen Blick auf etwas werfen** cast one's eyes ⚠ *Plural* over something

**Werft** (*Schiffswerft*) shipyard

**Werk** ① (*Buch, Kunstwerk*) work; **ein literarisches Werk** a work of literature
② (*Fabrik*) works ⚠ *Plural*

**Werkbank** workbench

**Werkstatt** ① workshop
② (*Autowerkstatt*) garage

**Werktag** work[ing] day

**Werkzeug** tool

**Wert** ① (*Geldwert, Bedeutung*) value; **Werte** values; **Juwelen im Wert von einer Million Euro** jewels worth a million euros
② (*Ergebniswert, Testwert*) results
③ **sittliche Werte** moral standards
④ **wenn Sie Wert auf meine Meinung legen …** if you value my opinion …

**wert** **wnas ist das wert?** what's this worth?; **das ist nichts wert** this is worthless; **ob es der Mühe wert ist?** is it worth the trouble?

**werten** ① (*beurteilen*) judge
② (*einstufen*) rate (**als** as)
③ (*Punkte geben*) give a score

**Wertgegenstände** valuables

**wertlos** ① valueless, worthless
② (*nutzlos*) useless

**Wertsachen** valuables

**wertvoll** precious, valuable

**Wertvorstellung** moral concept

**wesentlich** ① (*essenziell*) essential [ɪˈsenʃᵊl]
② (*grundlegend*) fundamental; **das macht keinen wesentlichen Unterschied** that doesn't make a big difference; **das Wesentliche** the essential part; (*Kern*) the gist; **im Wesentlichen** essentially [ɪˈsenʃᵊli]
③ (*beträchtlich*) considerably

**weshalb** ① (*Frage*) why [waɪ]
② (*relativ*) for which reason

**Wespe** wasp

**wessen** ① (*von wem*) whose [huːz]
② (*wovon*) of what

**Weste** ① (*Herrenweste*) waistcoat (GB), vest (USA)
② (*Strickweste*) cardigan

**Westen** ① west
② **im Westen von …** to the west of …; **der Fluss fließt nach Westen** the river is flowing west [*oder* westwards]; **nach Westen unterwegs** westbound

**Western** western

**westlich** ① western ⚠ *nur vor Substantiv*
② *Wind:* westerly
③ **das Dorf liegt westlich vom Fluss** the village lies to the west of the river

**westwärts** westward[s], [to the] west

**Wettbewerb** competition

**Wette** bet; **ich gehe jede Wette ein, dass …** I'll bet you anything that …; **mit dir renne ich nicht um die Wette** I'm not going to race you

**wetten** ① bet (**auf** on)
② **ich habe mit ihm gewettet, dass …** I have a bet with him that …; **ich habe mit ihm um 10 Euro gewettet** I bet him 10 euros
③ **wetten, dass ich das tue!** bet you I do!

> **? Grammatik** Die unregelmäßigen Vergangenheitsformen von **bet** lauten **bet(ted) — bet(ted)**: He **bet** *all his money on one horse; I* **have** *never* **bet** *on a horse before.*

**Wetter** weather [ˈweðəʳ]

**Wetterbericht** weather report

**Wettervorhersage** weather forecast

**Wettkampf** competition [ˌkɒmpəˈtɪʃᵊn]

**Wettlauf** ① race
② **ein Wettlauf mit der Zeit** a race against the clock

**wichtig** important; **nicht [besonders] wichtig sein** be of no [great] importance

**wickeln** ① (*einwickeln*) wrap [ræp] (**in** in)
② (*schlingen*) wind [waɪnd] (**um** round)
③ **einen Säugling wickeln** put on a baby's nappy (GB), put on a baby's diaper [ˈdaɪpəʳ] (USA)

**Widder** ① (*Schafbock*) ram
② (*Sternzeichen*) Aries [ˈeəriːz]

**wider** ① **wider Erwarten** contrary to expectations
② **er hat die Aufgabe wider Willen übernommen** he accepted the job against his will

**widerlich** ① (*eklig*) disgusting
② *Person:* repulsive

**widerspiegeln** reflect

**widersprechen** ① contradict
② **sich selbst widersprechen** contradict oneself; **diese Aussagen widersprechen sich** these statements are inconsistent

**Widerspruch** contradiction; **im Widerspruch zu etwas stehen** be contradictory to something

**Widerstand** ① (*Widersetzung*) resistance; **jemandem/gegen etwas keinen Widerstand**

**leisten** offer no resistance to someone/something
2 **auf Widerstand stoßen** meet with resistance
**widerstehen** resist; (*standhalten*) withstand
**widerstreben** **es widerstrebt mir so etwas zu tun** I am reluctant to do anything like that
**widerwillig** 1 reluctant, unwilling
2 **sie ging widerwillig mit** she went along reluctantly
**widmen** 1 **jemandem etwas widmen** dedicate something to someone
2 **jemandem/etwas seine Aufmerksamkeit widmen** devote one's attention to someone/something
**wie** 1 (*fragend*) how; **wie geht's?** how are you?; **wie viele?** how many?; **wie viel** how much; **um wie viel größer** how much bigger; **wie wäre es damit?** how about it?
2 (*welcher Art, was*) what; **wie ist er?** what's he like?; **wie sind die Zimmer?** what are the rooms like?
3 (*vergleichend bei Adjektiv/Adverb*) as; (*vergleichend bei Substantiv*) like
4 **wie z. B.** such as
► In Wendungen: **wie bitte?** pardon?

**! Vorsicht Falle** Das englische Wort **how** wird nicht immer wie das deutsche Wort ‚wie' verwendet. In bestimmten Fällen würde man im Englischen **what** verwenden — z. B. wenn man wissen möchte, wie etwas heißt: *what is this called in English? (und nicht: how is this called in English?) oder wenn man wissen möchte, wie etwas/jemand aussieht: what does she look like?* (und nicht: how does she look like?).

**wieder** 1 again
2 **immer wieder** time and again; **schon wieder!** not again!; **da bin ich wieder** it's me again
3 **wieder erkennen** recognize ['rekəgnaɪz]; **wieder erzählen** retell; **wieder finden** find again; **wieder gutmachen** make good, compensate for; **wieder sehen** see again, meet again
**wiedergeben** 1 (*zurückgeben*) give back
2 (*beschreiben*) describe
3 (*reproduzieren*) reproduce
**wiederhaben** 1 **er hat's wieder** he's got it back
2 **etwas wiederhaben wollen** want something back
**wiederholen** 1 (*noch einmal tun*) repeat [rɪ'pi:t]
2 **sich wiederholen** *Person:* repeat oneself; *Ereignis:* recur
**Wiederholung** 1 repetition [ˌrepɪ'tɪʃən]
2 (*im Radio/TV*) repeat
3 *von Lernstoff:* revision
4 *von Spiel:* replay
**Wiederhören** **auf Wiederhören!** goodbye!
**wiederkommen** come back
**Wiedersehen** **auf Wiedersehen!** goodbye!, see you again! (USA)
**Wiedervereinigung** (*in Deutschland*) [German] reunification [ˌri:ju:nɪfɪ'keɪʃən]
**Wiege** cradle ['kreɪdl]
**wiegen**[1] weigh [weɪ]; **was wiegt er jetzt?** how much does he weigh now?
**wiegen**[2] 1 (*schaukeln*) rock
2 shake slowly *Kopf*
3 **sich wiegen** *Boot:* rock gently; *Bäume, Personen:* sway
**Wiese** meadow
**wieso** why; **wieso weißt du das?** how do you know that?
**wievielt** 1 **den Wievielten haben wir heute?** what day of the month [mʌnθ] is it?
2 **zum wievielten Mal ist die Vase jetzt schon umgefallen?** how many times has that vase [vɑ:z] fallen down now?
**Wild** game; (*Rotwild*) deer [dɪəʳ]
**wild** 1 wild; **wild wachsend** wild[-growing]
2 (*unzivilisiert*) savage
► In Wendungen: **er ist ganz wild auf Eis** he's crazy about ice cream; **das macht ihn wild, wenn er angelogen wird** he gets mad when he is being lied to; **sie hüpfte wie wild durch die Gegend** she jumped around like crazy
**Wildnis** wilderness
**Wille** 1 will
2 **seinen Willen durchsetzen** get one's own way
3 **das geschah gegen meinen Willen** that was done against [ə'genst] my will
**willkommen** welcome; **herzlich willkommen!** welcome!; **jemanden bei sich willkommen heißen** welcome someone to one's house
**wimmeln** swarm [swɔ:m], teem (**von** with)
**wimmern** whimper ['wɪmpəʳ]
**Wimper** eyelash
**Wimperntusche** mascara [mə'skɑ:rə]
**Wind** wind [wɪnd]
**Windel** nappy (GB), diaper ['daɪpəʳ] (USA)
**winden** 1 (*wickeln*) wind [waɪnd]
2 **sich winden** *Pflanze, Schlange:* wind [itself]; *Fluss:* meander [mi'ændəʳ]; *Weg:* wind
3 **sich vor Verlegenheit winden** squirm [skwɜ:m] with embarrassment; **sich vor**

**Schmerz winden** writhe [raɪð] with [*oder* in] pain
**Windhund** greyhound ['greɪhaʊnd]
**windig** windy [wɪndi]
**Windmühle** windmill
**Windpocken** chickenpox ⚠ *mit Singular*
**Windschutzscheibe** windscreen (GB), windshield ['wɪnʃiːld] (USA)
**Winkel** ❶ angle; **spitzer/stumpfer/rechter Winkel** acute/obtuse/right angle
❷ (*Stelle, Ecke*) corner
**winken** ❶ **jemandem winken** wave one's hands to someone; **jemandem zum Abschied winken** wave someone goodbye
❷ **mit etwas winken** wave something
**Winter** winter; **im Winter** in winter; **mitten im Winter** in the depth of winter
**winterlich** wintry
**Winterschlaf** hibernation [ˌhaɪbə'neɪʃᵊn]; **Winterschlaf halten** hibernate
**Wintersport** winter sports ⚠ *Plural*
**winzig** (*sehr klein*) tiny ['taɪni]
**Wippe** seesaw
**wippen** ❶ seesaw
❷ (*auf und ab*) bob up and down; (*hin und her*) teeter
**wir** ❶ we
❷ **wir beide/drei** the two/three of us; **wer ist da? — wir sind's!** who's there? — it's us!
**Wirbel** ❶ (*auch übertragen*) whirl [wɜːl]
❷ (*im Wasser*) eddy, whirlpool
❸ (*Rückenwirbel*) vertebra, *Plural* vertebrae
**wirbeln** whirl [wɜːl]; *Staub, Laub:* swirl; *Trommel:* roll [rəʊl]
**Wirbelsäule** spine
**Wirbelsturm** whirlwind ['wɜːlwɪnd]
**wirken** ❶ (*wirksam sein*) have an effect (**auf** on)
❷ **er wirkt jünger** he appears [*oder* seems] younger
❸ **Wunder wirken** work wonders
**wirklich** ❶ really
❷ **ach wirklich?** (*als Antwort*) [what,] really?; **hat er das wirklich gesagt?** did he actually say that?
❸ **ein wirklicher Löwe!** a real lion!
**Wirklichkeit** ❶ reality [ri'æləti]; **die Wirklichkeit** reality ⚠ *ohne ‚a' oder ‚the'*
❷ **in Wirklichkeit war es ganz anders** in actual fact it was a different matter altogether
**wirksam** effective; **wirksam werden** take effect
**Wirkung** ❶ effect (**bei, auf** on)
❷ **seine Wirkung verfehlen** not have the desired effect
**wirr** ❶ (*durcheinander*) confused
❷ (*unordentlich*) tangled
❸ *Geschichten:* weird [wɪəd]
**Wirrwarr** confusion
**Wirt** landlord
**Wirtin** landlady
**Wirtschaft** ❶ (*Volkswirtschaft*) economy
❷ (*Gastwirtschaft*) pub (GB), bar (USA)
**wirtschaftlich** (*sparsam*) economical
**Wirtshaus** (*Lokal*) pub (GB), bar (USA); (*Gasthof*) inn
**wischen** wipe; (*reinigen*) wipe clean
**wissen** ❶ know (**von** about); **woher weiß sie das?** how does she know?
❷ (*sich erinnern*) **weißt du noch?** do you remember?
❸ **Bescheid wissen** (*umgangsspr*) know a thing or two
❹ (*rhetorisch*) **was weiß ich?** who knows?; **nicht, das ich wüsste** not that I know of; **soviel ich weiß** as far as I know
❺ **ich will von ihm nichts mehr wissen** I don't want anything to do with him anymore
**Wissen** knowledge ['nɒlɪdʒ]; **meines Wissens** to the best of my knowledge
**Wissenschaft** science ['saɪəns]
**Wissenschaftler(in)** scientist ['saɪəntɪst]; (*Geisteswissenschaftler*) academic
**Witwe** widow ['wɪdəʊ]
**Witwer** widower [wɪdəʊəʳ]
**Witz** ❶ joke; **einen Witz über etwas machen** make a joke about something; **mach keine Witze!** you're joking!
❷ (*Geist*) wit
**witzig** ❶ (*spaßig*) funny
❷ (*geistreich*) witty
**wo** ❶ where; **wo seid ihr?** where are you?
❷ **… wo doch alles so schön gelaufen ist …** when everything was running smoothly ['smuːðli]
❸ **wo er nun schon mal da ist …** since he's here already
❹ **jetzt, wo sie in Rente geht …** now that she's going to retire …
**woanders** elsewhere [ˌels'weəʳ], somewhere else
**wobei** ❶ (*Frage*) how; (*bei was*) at what
❷ **wobei ich denke, dass …** although I think that …
**Woche** week; **in einer Woche** in a week; **Woche für Woche** week in, week out; **dreimal die Woche** three times a week; **morgen in einer Woche** a week tomorrow
**Wochenende** weekend; **am Wochenende** on the weekend; **übers Wochenende verreisen**

go away for the weekend
**wochenlang** for weeks
**Wochentag** weekday
**wöchentlich** weekly
**woher** 1 (*Frage*) from where, where ... from; **woher wissen Sie das?** how do you know that?
2 (*wie*) how
3 (*relativ*) from which, where ... from
**wohin** 1 (*Frage*) where [to]; **wohin gehst du?** where are you going to?
2 (*relativ*) where; **der Ort wohin ich gehe** the place where I'm going
**Wohl** 1 well-being
2 **auf Ihr Wohl!** here's to you! your health!; **zum Wohl!** cheers!
**wohl** 1 (*gut, gesund*) well; **ich fühle mich nicht wohl** I don't feel well
2 (*wahrscheinlich*) probably; **sie ist wohl krank** she's probably ill; **du bist wohl verrückt!** you must be mad!
3 (*gut*) **wohl durchdacht** well thought [θɔːt] out; **wohl geordnet** well-ordered; **wohl tun** do good; **wohl überlegt** well-considered
**Wohlfahrtsstaat** welfare ['welfeəʳ] state
**wohlhabend** prosperous ['prɒspᵊrəs], well-to-do
**Wohlstand** affluence ['æfluəns], prosperity
**wohltätig** charitable; **für einen wohltätigen Zweck** for a good cause [kɔːz]
**Wohnblock** block of flats
**wohnen** 1 live [lɪv]
2 (*vorübergehend*) stay (**bei** with); **im Hotel wohnen** stay at a hotel
**Wohngemeinschaft** flat share
**Wohnheim** 1 (*für Rentner*) residential [ˌrezɪ'denʃᵊl] home
2 (*für Studenten*) hall [of residence] GB, dorm[itory] USA
**Wohnmobil** camper, recreation [ˌrekri'eɪʃᵊn] vehicle USA
**Wohnort** [place of] residence ['rezɪdəns]
**Wohnung** flat GB, apartment USA
**Wohnwagen** caravan GB, trailer USA
**Wohnzimmer** living-room
**Wolf** wolf [wʊlf]

> **? Grammatik** Die Mehrzahl von **wolf** ist **wolves**: *the ten wolves hunted in a pack.*

**Wolke** cloud [klaʊd]
**Wolkenkratzer** skyscraper
**wolkig** cloudy ['klaʊdi]
**Wolldecke** [woollen] blanket
**Wolle** wool; **reine Wolle** pure wool
**wollen**[1] (*aus Wolle*) woollen
**wollen**[2] 1 (*beabsichtigen*) want; **ich will später Medizin studieren** I want to study medicine ['medsᵊn]
2 **ich wollte dich mal was fragen** I just wanted ['wɒntɪd] to ask you something
**wollen**[3] 1 (*wünschen*) want; **sie will ein Fahrrad** she wants a bike
2 **ich will nicht ins Kino** I don't want to go to the cinema
3 **mach, was du willst** do what you like
**womit** 1 (*Frage*) with what, what ... with; **womit hat er das gemacht?** what did he do that with?
2 (*relativ*) with which; **womit ich** (*bei Bezug auf ganzen Satz*) by which
**wonach** (*Frage*) **wonach suchst du?** what are you looking for?
**woran** what; **woran arbeiten Sie?** what are you working on?
**worauf** (*Frage*) what; **worauf wartest du?** what are you waiting for?
**woraus** 1 (*Frage*) [out of] what, what ... of
2 (*relativ*) out of which, from which
**worin** 1 (*Frage*) in what, what ... in
2 (*relativ*) in which
**Wort** 1 word [wɜːd]; **Wort für Wort** word for word
2 (*Versprechen*) word; **sein Wort halten** keep one's word; **sein Wort brechen** break [breɪk] one's word
3 (*Sprechen*) **mir fehlen die Worte** words fail me; **jemandem ins Wort fallen** interrupt someone; **zu Wort kommen** get a chance to speak
4 (*Formulierung*) **mit anderen Worten** in other words
**Wortart** part of speech
**Wörterbuch** dictionary ['dɪkʃᵊnᵊri]
**wörtlich** literal
**wortlos** silent ['saɪlənt]
**Wortschatz** vocabulary [və'kæbjəlᵊri]
**Wortspiel** pun, play on words
**wortwörtlich** 1 word for word
2 **er nimmt einfach alles wortwörtlich** he simply takes everthing literally
**worüber** 1 (*Frage*) about what, what ... about; **worüber habt ihr gesprochen?** what did you talk about?
2 (*relativ*) about which, which ... about
**worum** 1 about what, what ... about; **worum handelt es sich?** what's it about?
2 (*relativ*) about which, which ... about

**worunter** **worunter leidet sie?** what does she suffer from?
**wovon** 1 from what, what … from
2 **wovon redet er?** what is he talking ['tɔːkɪŋ] about?
**wovor** 1 before what, what … before; **wovor fürchtest du dich?** what are you afraid of?
2 (*relativ*) before which, which … before
**wozu** 1 to what, what … to; **wozu soll das gut sein?** what is that supposed to be good for?
2 (*warum*) why; **wozu denn?** why?; (*warum sollte ich?*) why should I?
3 (*relativ*) to which, which … to
**Wrack** wreck [rek]
**Wucht** 1 force [fɔːs]
2 **das Auto ist mit voller Wucht gegen den Baum gefahren** the car crashed into the tree at full throttle ['θrɒtl]
**wuchtig** massive
**wühlen** 1 *Nager:* burrow ['bʌrəʊ]
2 (*stöbern*) **nach etwas wühlen** root [*oder* rummage] ['rʌmɪdʒ] for something
**wund** sore [sɔːʳ]
**Wunde** wound [wuːnd]
**Wunder** 1 (*überraschendes Ereignis*) wonder [wʌndəʳ]
2 (*Übernatürliches*) miracle ['mɪrəkl]
3 **das ist kein Wunder** no wonder ['wʌndəʳ]
**wunderbar** 1 marvellous ['mɑːvᵊləs], wonderful ['wʌndəfᵊl]
2 (*übernatürlich*) miraculous [mɪ'rækjələs]
**wundern** 1 **es würde mich nicht wundern, wenn …** I wouldn't be surprised [sə'praɪzd] if …
2 **sich wundern** be surprised [*oder* astonished] [ə'stɒnɪʃd] (**über** at)
**wunderschön** lovely ['lʌli], wonderful ['wʌndəfᵊl]
**Wunsch** 1 wish; (*sehnliches Verlangen*) desire [dɪ'zaɪəʳ]
2 (*Bitte*) request [rɪ'kwest]; **haben Sie noch einen Wunsch?** is there anything else you'd like?
**Wunschdenken** wishful thinking
**wünschen** 1 wish; **was wünscht er sich zu Weihnachten?** what does he want for Christmas?
2 **jemandem alles Gute wünschen** wish someone well; **jemandem frohe Weihnachten wünschen** wish someone a happy Christmas
**Wunschzettel** wish list; (*an Weihnachten auch*) letter to Santa Claus
**Würde** dignity
**würdigen** 1 **etwas zu würdigen wissen** appreciate [ə'priːʃieɪt] something
2 **sie haben uns keines Blickes gewürdigt** they didn't deign [deɪn] to look at us
**Wurf** 1 throw [θrəʊ]; (*beim Handball*) shot
2 **ein Wurf Welpen** a litter of puppies
**Würfel** 1 dice, *Plural* dice
2 (*in der Mathematik*) cube
**würgen** 1 (*gewaltsam*) strangle, throttle
2 (*beim Essen*) choke
**Wurm** worm [wɜːm]; (*Made, Larve*) maggot
**Wurst** sausage ['sɒsɪdʒ]
▶ IN WENDUNGEN: **das ist mir Wurst** (*umgangsspr*) it is all the same to me GB *umgangsspr*, I don't give a hang USA *umgangsspr*
**Würstchen** [small] sausage
**Wurzel** root
**würzen** season ['siːzᵊn]
**würzig** *Speisen:* tasty; (*scharf*) spicy
**Wüste** 1 desert ['dezət]
2 (*Öde*) wilderness
**Wut** 1 fury ['fjʊəri], rage; **in Wut geraten** fly into a rage
2 **er kochte vor Wut** (*umgangssspr*) he was boiling with rage
**wütend** 1 enraged, furious ['fjʊriəs]
2 **wütend sein** be in a rage; **auf jemanden wütend sein** be mad at someone; **über etwas wütend sein** be furious about something

# Xx

**x-beliebig** (*umgangsspr*) any [old]
**x-mal** (*umgangsspr*) **ich hab' dir schon x-mal gesagt …** I've told you umpteen times …

# Yy

**Yacht** yacht [jɒt]

# Z z

**zäh** tough [tʌf]
**Zahl** ① number; **dreistellige Zahl** three-figure number
② (*Ziffer*) figure ['fɪgəʳ], numeral ['nju:mᵊrᵊl]
**zahlen** ① pay; **bar zahlen** pay cash
② **Herr Ober, bitte zahlen!** waiter, the bill [*oder* USA check] please!
**zählen** ① count [kaʊnt]; **bis zehn zählen** count to ten
② (*dazugehören*) **er zählt zu den bekanntesten Malern unserer Zeit** he ranks as one of the best-known painters of our time
③ (*gültig sein*) **komm, das zählt nicht!** come on, that doesn't count!
④ (*wichtig sein*) **für sie zählt nur ihre Arbeit** her work is all she cares about
⑤ (*sich verlassen*) **du kannst auf mich zählen** you can count on me
**Zähler** meter ['mi:təʳ]
**zahllos** countless, innumerable [ɪ'nju:mᵊrəbl]
**Zahlung** payment ['peɪmənt]
**zahm** tame
**zähmen** tame
**Zahn** tooth [tu:θ], *Plural* teeth [ti:θ]

**? Grammatik** Die Mehrzahl von **tooth** ist **teeth**: *the lion has sharp teeth.*

**Zahnarzt**, **Zahnärztin** dentist
**Zahnbürste** tooth brush
**Zahnfleisch** gum
**Zahnpasta** tooth paste
**Zahnschmerzen** toothache ['tu:θeɪk] ⚠ *Singular*
**Zahnspange** brace
**Zange** ① pliers ['plaɪəz] ⚠ *Plural*, a pair of pliers
② (*Krebs*) pincers ['pɪnsəz] ⚠ *Plural*
**zanken** **sich zanken** quarrel ['kwɒrəl], row [raʊ], squabble ['skwɒbl]
**Zapfen** *eines Nadelbaums:* cone
**zappeln** *Kind:* fidget; *Fisch:* wriggle ['rɪgl]
**zart** ① tender
② *Haut:* soft
③ *Farbe:* pale
**zärtlich** ① *Mutter:* loving
② *Kuss:* tender
**Zärtlichkeit** ① (*Zärtlichsein*) tenderness
② (*Liebkosung*) caress [kə'res]
③ (*Gefühl*) affection [ə'fekʃᵊn]
**Zauber** ① magic ['mædʒɪk]
② (*Reiz*) charm
③ (*Bann*) spell
**Zauberei** magic
**Zauberer** ① (*Magier*) magician [mə'dʒɪʃᵊn]; (*Hexer*) sorcerer ['sɔ:sᵊrəʳ], wizard
② (*Zauberkünstler*) conjurer ['kʌndʒᵊrəʳ]
**Zauberin** magician [mə'dʒɪʃᵊn]; (*Hexerin*) wizardess, sorceress ['sɔ:sᵊrɪs]
**Zauberkünstler(in)** conjurer ['kʌndʒᵊrəʳ]
**zaubern** ① (*Magie ausüben*) do magic
② (*Zauberkunststücke zeigen*) do magic tricks
**Zauberspruch** [magic] spell
**Zaum** bridle ['braɪdl]; **im Zaum halten** keep a tight [taɪt] rein on
**Zaun** fence
**Zebra** zebra ['zebrə]
**Zebrastreifen** zebra crossing GB, crosswalk USA
**Zehe** toe [təʊ]; **große Zehe** big toe
**Zehennagel** toe nail
**Zehenspitze** tip of the toe; **auf [den] Zehenspitzen gehen** [walk on] tiptoe
**zehn** ten
**zehnte(r, s)** tenth; **am 10. Mai** on 10[th] May, on May 10[th]; (*gesprochen*) on the tenth of May
**Zehntel** tenth
**Zeichen** ① sign [saɪn]
② (*Hinweis, Signal*) signal; **ein Zeichen geben** give a sign [*oder* signal]
③ (*Anzeichen*) indication
④ (*Schriftzeichen*) character ['kærəktəʳ]
**Zeichenerklärung** (*auf Landkarte*) legend ['ledʒənd]; (*auf Fahrplänen*) key to the symbols
**Zeichensetzung** **die Zeichensetzung** punctuation [pʌŋktʃu'eɪʃᵊn] ⚠ *ohne ‚a' oder ‚the'*
**Zeichensprache** sign language ['saɪnˌlæŋgwɪdʒ]
**Zeichentrickfilm** animated cartoon
**zeichnen** draw
**Zeichnung** drawing ['drɔ:ɪŋ]
**zeigen** ① show; **er zeigte uns die Wohnung** he showed us around the flat
② (*anzeigen, deuten*) point (**auf** at)
③ **sich zeigen** (*sichtbar werden*) appear [ə'pɪəʳ]; (*sich herausstellen*) prove [pru:v], turn [tɜ:n] out
④ **sich dankbar zeigen** show one's gratitude
**Zeiger** ① indicator, pointer
② (*Uhrenzeiger*) hand
**Zeile** ① line
② **du solltest ihm ein paar Zeilen schreiben** you should drop him a line
**Zeit** ① time; **wie die Zeit vergeht!** how time flies!

2 **von Zeit zu Zeit** from time to time; **die ganze Zeit** all the time; **eine Zeit lang** [for] a while [waɪl]; **in letzter Zeit** lately
3 **das wird aber auch Zeit!** about time too!; **es wird langsam Zeit, dass sie kommt** it's about time she was here
4 (*Ära, Epoche*) age; **zur Zeit Kaiser Wilhelms I.** at the time of Emperor William I
5 (*in der Grammatik*) tense
**Zeitalter** age [eɪdʒ], era [ɪərə]
**Zeitgenosse, Zeitgenossin** 1 contemporary [kən'tempᵊrᵊri]
2 **seltsamer Zeitgenosse** (*abwertend*) oddball
**zeitgenössisch** contemporary
**Zeitlupe** **etwas in Zeitlupe zeigen** show something in slow motion
**Zeitplan** schedule ['ʃedju:l]
**Zeitpunkt** 1 (*Termin*) time
2 (*Augenblick*) moment
**Zeitraum** period ['pɪəriəd] of time
**Zeitschrift** magazine; (*wissenschaftlich*) journal ['dʒɜ:nᵊl], periodical [ˌpɪəri'ɒdɪk]
**Zeitung** [news]paper
**Zeitungspapier** newsprint; (*als Altpapier, zum Einwickeln*) newspaper
**Zeitverschwendung** waste [weɪst] of time
**Zeitvertreib** 1 (*Hobby*) pastime ['pɑ:staɪm]
2 **zum Zeitvertreib** to pass the time
**Zelle** 1 cell [sel]
2 (*Telefonzelle*) telephone box (GB), booth [bu:ð] (USA)
**Zelt** tent
**zelten** camp
**Zement** cement [sɪ'ment]
**zensieren** 1 censor
2 (*benoten*) mark
**Zensur** 1 (*Kontrolle*) censorship, be censored
2 (*Note*) mark
**Zentimeter** centimetre ['sentɪˌmi:təʳ] (GB), centimeter (USA)
**Zentner** hundredweight
**zentral** (*auch übertragen*) central
**Zentrale** 1 *einer Firma:* head office
2 *Taxi-, Firmen-:* headquarters [ˌhed'kwɔ:təʳz] ⚠ *Plural*
3 (*Amt*) exchange [ɪks'tʃeɪndʒ]; (*in Firma*) switchboard
**Zentralheizung** central heating
**Zentrum** centre (GB), center (USA)
**zerbrechen** 1 break into pieces ['pi:sɪz]
2 **sich den Kopf zerbrechen** rack one's brains
**zerbrechlich** fragile ['frædʒaɪl]
**zerdrücken** crush; (*zerquetschen*) mash
**Zeremonie** ceremony [serɪməni]
**zerfallen** *Häuser:* decay, fall into ruin
**zerfressen** **von Motten zerfressen** moth-eaten
**zergehen** 1 (*sich auflösen*) dissolve
2 **auf der Zunge zergehen** melt in the mouth
**zerkleinern** (*zerhacken*) chop up
**zerknittern** crease [kri:s], crumple
**zerknüllen** crumple [*oder* scrunch] up
**zerkratzen** scratch
**zerlegen** (*auseinander nehmen*) take apart
**zerlumpt** (*abwertend*) ragged ['rægɪd], tattered
**zermalmen** crush
**zerquetschen** crush, squash
**zerreißen** 1 (*versehentlich*) tear [teəʳ]; (*absichtlich*) tear up
2 (*zerstückeln*) dismember; (*zerfleischen*) tear apart
3 *Papier, Stoff:* tear; *Faden, Seil:* break
**zerren** 1 (*reißen*) tear (**an** at); **an etwas zerren** tug at something
2 **sich einen Muskel zerren** pull [*oder* strain] a muscle
**Zerrung** strain, pulling
**zerschlagen**[1] smash; (*zerschmettern*) shatter
**zerschlagen**[2] (*erschöpft*) washed [wɒʃd] out
**zerschmettern** (*auch übertragen*) shatter
**zerschneiden** cut up
**zerstören** 1 (*auch übertragen*) destroy
2 (*ruinieren*) ruin ['ru:ɪn]
**Zerstörung** 1 destruction
2 (*Ruin*) ruin
**zerstreuen** 1 scatter *Asche*
2 (*auflösen, vertreiben*) disperse
3 **jemands Zweifel zerstreuen** dispel someone's doubts
**zerstreut** absent-minded
**zerteilen** (*aufteilen*) split up
**zertrümmern** smash [up], destroy
**Zettel** piece [pi:s] of paper; (*beschrieben*) note
**Zeug** (*umgangsspr*) 1 stuff
2 (*Kleider, Dinge*) things ⚠ *Plural*
3 (*Quatsch*) rubbish; **red kein dummes Zeug!** don't talk drivel!
**Zeuge, Zeugin** witness
**Zeugnis** 1 (*Schulzeugnis*) report
2 (*Arbeitszeugnis*) reference
**Zickzack** 1 zigzag
2 **im Zickzack fahren** [*oder* **gehen**] zigzag
**Ziege** 1 goat
2 **blöde Ziege!** (*abwertend*) stupid cow!
**Ziegel** 1 brick
2 (*Dachziegel*) tile
**ziehen** 1 pull; **nach oben ziehen** pull up

2 (*zerren*) tug
3 **einen Zahn ziehen** pull out a tooth
4 **es zieht** there's a draught [drɑːft]; **zieht's dir?** are you in a draught?
5 **sich in die Länge ziehen** drag
6 **etwas nach sich ziehen** lead to [*oder* entail] something
7 **an seiner Zigarette ziehen** pull at one's cigarette
8 (*zu einem Wohnort*) move [muːv]; **er zieht nach München** he's moving to Munich
9 **was zieht dich denn nach Chicago?** what is so special about Chicago then?

**Ziel** 1 (*Reiseziel*) destination
2 (*Zweck, Absicht*) aim, goal [gəʊl], objective; **sein Ziel verfehlen** miss one's aim
3 (*im Rennsport*) finish
4 (*Zielscheibe*) target

**zielen** 1 aim (**auf** at)
2 *Bemerkung:* be aimed (**auf** at)

**ziellos** aimless, purposeless

**Zielscheibe** 1 target
2 (*von Angriffen*) object

**ziemlich** 1 quite; **ziemlich groß** quite big; **ziemlich viele Leute** quite a few people
2 **das ist so ziemlich dasselbe** it's pretty much the same
3 **eine ziemliche Enttäuschung** quite a disappointment

**zierlich** *Hand:* delicate; *Frau:* petite

**Ziffer** 1 figure ['fɪgəʳ], number
2 **römische Ziffern** Roman numerals

**Zifferblatt** 1 dial ['daɪəl], [clock]face
2 *einer Armbanduhr:* [watch]face

**zig** (*umgangsspr*) umpteen; **ich habe dir zigmal gesagt …** I've told you umpteen times …

**Zigarette** cigarette [ˌsɪgəʳ'et]

**Zigarre** cigar

**Zigeuner(in)** gipsy ['dʒɪpsi]

**Zimmer** room

**Zimmermädchen** chambermaid ['tʃeɪmbəmeɪd]

**Zimmermann** carpenter

**Zimmerpflanze** indoor plant

**Zinn** tin

**Zinsen** interest ⚠ *Singular*

**Zirkel** 1 (*Gerät*) compasses ⚠ *Plural*
2 (*Personenkreis*) circle

**Zirkus** 1 circus
2 (*umgangsspr*) fuss

**zischen** 1 (*sprechen*) hiss
2 *Fett:* sizzle; *Limonade:* fizz
3 (*umgangsspr*) **er zischte durch die Gegend** he whizzed around

**Zitat** quotation

**zitieren** (*Zitat angeben*) quote [kwəʊt] (**aus** from)

**Zitrone** lemon

**zittern** 1 (*vor Wut, Furcht*) tremble ['trembl] (**vor** with); (*vor Kälte*) shiver (**vor** with)
2 (*vibrieren*) quiver ['kwɪvəʳ]

**zittrig** shaky

**Zivil** **in Zivil** in plain clothes; **ein Polizist in Zivil** a plain clothes policeman

**zivil** (*nicht militärisch*) civilian [sɪ'vɪlɪən]

**Zivildienst** community service for conscientious [ˌkɒnʃɪ'enʃəs] objectors

**Zivilisation** civilization [ˌsɪvəlaɪ'zeɪʃən]

**zivilisiert** civilized ['sɪvəlaɪzd]

**Zivilist(in)** civilian [sɪ'vɪlɪən]

**zögern** 1 hesitate
2 **er hat ohne zu zögern ja gesagt** he said yes without hesitating

**Zoll** 1 customs duty ['djuːti]; **Zoll auf etwas zahlen** pay duty on something
2 (*Amt, Behörde*) customs ⚠ *Plural*

**zollfrei** duty-free

**Zone** zone

**Zoo** zoo [zuː]

**Zoologie** zoology [zu'ɒlədʒi]

**Zopf** plait [plæt]

**Zorn** anger; (*Wut*) rage

**zu**[1] 1 (*hin*) to [tuː]; **zur Schule gehen** go to school
2 (*in Richtung*) towards [tə'wɔːdz]; **er kam zu mir herüber** he walked [wɔːkt] over towards me
3 (*daneben*) **setz dich zu mir** come and sit with me
4 (*Lage*) at; **zu Hause** at home
5 (*zeitlich*) at; **zu Beginn** at the beginning; **zu Weihnachten** at Christmas
6 (*für*) for; **ein Buch zum Lesen** a book [bʊk] to read
7 (*mit*) **was sollen wir zum Essen trinken?** what shall we drink with our meal?
8 (*als*) **zur Belohnung** as a reward; **zur Probe** on approval [ə'pruːvəl]
9 (*mittels*) **zu Fuß** on foot
10 **es steht 3 zu 1** the score is three-one
11 **zu Ende gehen** come to a close
12 **sie waren zu fünft** there were five of them

**zu**[2] (*allzu*) too; **es ist zu heiß/kalt** it's too hot/cold

**zu**[3] (*geschlossen*) **die Tür ist zu** the door is closed [*oder* shut]

**zuallererst** first [fɜːst] of all
**zubereiten** prepare; mix *Getränk*
**Zubereitung** preparation
**zubinden** tie up; lace up *Schuhe*
**Zucchini** courgettes [kɔːˈʒets] ⚠ *Plural* (GB), zucchini *Singular und Plural* (USA)
**züchten** 1 breed *Tiere;* keep *Bienen*
2 grow *Pflanzen*
**zucken** 1 (*nervös, krampfhaft*) twitch; (*vor Schmerz*) wince
2 (*zusammenfahren*) jerk [dʒɜːk]
3 **die Achseln zucken** shrug one's shoulders
**zücken** 1 draw *Messer*
2 (*umgangsspr*) pull [*oder* whip] out *Brieftasche*
**Zucker** sugar [ˈʃʊgəʳ]
**Zuckerguss** icing (GB), frosting (USA)
**zuckerkrank** diabetic [ˌdaɪəˈbetɪk]
**zudecken** cover [ˈkʌvəʳ] [up]
**zudem** in addition, moreover [mɔːʳˈəʊvəʳ]
**zudrehen** 1 turn [tɜːn] off *Wasserhahn*
2 **jemandem den Rücken zudrehen** turn one's back on someone
**zuerst** 1 (*als erster*) first [fɜːst]
2 (*zunächst*) at first
3 (*als nächstes*) **zuerst gehe ich schwimmen** first of all I'm going swimming
**Zufall** 1 accident [ˈæksɪdᵊnt], chance; **durch Zufall** by chance
2 **welch [ein] Zufall!** what a coincidence!
**zufallen** 1 *Tür:* close, shut
2 *Aufgabe, Rolle:* **jemandem zufallen** fall to someone
**zufällig** 1 *Ergebnis, Zusammentreffen:* chance, accidental
2 by chance
3 **ich war zufällig da** I happened to be there
4 **haben Sie zufällig ihre Telefonnummer?** have you got her phone number by any chance?
**Zuflucht** refuge, shelter (**vor** from)
**zuflüstern** whisper [wɪspəʳ]
**zufolge** 1 (*gemäß*) according to
2 (*aufgrund*) as a consequence of [ˈkɒnsɪkwəns]
**zufrieden** 1 satisfied; **mit etwas zufrieden sein** be satisfied with something
2 **sich mit etwas zufrieden geben** be content with something
3 **zufrieden stellen** satisfy
**Zufriedenheit** 1 contentedness
2 (*Befriedigtsein*) satisfaction
**zufrieren** freeze up [*oder* over]
**zufügen** (*antun*) cause [kɔːz], do; inflict [upon] *Böses*

**Zug**[1] der train; **mit dem Zug fahren** go by train; **im Zug** on the train
**Zug**[2] der 1 (*Charakterzug*) characteristic, trait
2 (*Gesichtszug*) feature [ˈfiːtʃəʳ]
**Zug**[3] der 1 (*Zugluft*) draught [drɑːft] (GB), draft (USA)
2 (*an Zigarette*) drag, pull; **einen Zug machen** take a pull
3 (*Schwimmen*) stroke
4 (*beim Spiel*) **du bist am Zug!** it's your move!
▸ IN WENDUNGEN: **in einem Zug** in one go; **in den letzten Zügen liegen** be at one's last gasps; **etwas in vollen Zügen genießen** enjoy something to the full
**Zugabe** (*im Theater*) encore
**Zugang** 1 (*auch übertragen: Zutritt*) access; **zu etwas Zugang haben** have access to something
2 (*Eingang, Einfahrt*) entrance
**zugänglich** 1 (*erreichbar*) accessible [əkˈsesəbl]
2 (*benutzbar*) available; *Biblioteken:* open
3 *Personen:* approachable [əˈprəʊtʃəbl]
**zugeben** (*eingestehen*) admit; **gib's zu!** admit it!
**zugehen** (*umgangsspr*) 1 (*schließen*) shut
2 **auf jemanden/etwas zugehen** approach [*oder* go towards] someone/something
3 **er geht auf die 50 zu** he's coming on for 50
4 **dort ging es sehr lustig zu** we had a great time there
**Zügel** rein [reɪn]
**zugestehen** 1 (*einräumen*) concede [kənˈsiːd], grant
2 (*zugeben*) admit
**zugig** draughty [ˈdrɑːfti] (GB), drafty (USA)
**zugleich** 1 (*ebenso*) both
2 (*zur gleichen Zeit*) at the same time
**zugrunde, zu Grunde** 1 **etwas zugrunde legen** base something on something
2 **zugrunde richten** ruin, destroy
**zugunsten, zu Gunsten** in favour [ˈfeɪvəʳ] of; (*für Hilfsbedürftige*) in aid of
**zuhalten** keep closed [*oder* shut]; **sich die Ohren zuhalten** put one's hands over one's ears
**Zuhause** home
**zuhören** 1 **jemandem zuhören** listen [ˈlɪsᵊn] to someone
2 **nun hören Sie mal zu!** now listen!
**Zuhörer(in)** listener [ˈlɪsᵊnəʳ]; **die Zuhörer** the audience [ˈɔːdiəns] ⚠ *Singular*
**zuknöpfen** button up
**zukommen** 1 **auf jemanden zukommen** come towards [təˈwɔːdz] someone
2 **etwas auf sich zukommen lassen** wait and

see

3 **sie wusste nicht, was mit diesem Projekt auf sie zukam** she didn't know what she was in for with this project

**Zukunft** 1 future ['fju:tʃəʳ]; **in Zukunft** in future

2 (*in der Grammatik*) future tense

**zukünftig** 1 future

2 **mein[e] Zukünftige[r]** (*humorvoll*) my intended

**zulassen** 1 (*dulden*) allow, permit [pə'mɪt]

2 (*amtlich*) authorize ['ɔ:θəraɪz]; register ['redʒɪstəʳ] *Arzt, Heilpraktiker;* license ['laɪsəns] *Kraftfahrzeug*

3 **sie ist zum Studium zugelassen worden** she got a place at university

**zuletzt** 1 (*als Letzter*) last; **bis zuletzt** till the very end

2 (*endlich*) in the end

**zuliebe jemandem zuliebe** for someone's sake

**zumachen** 1 (*umgangsspr: schließen*) close, shut; stop up *Loch;* seal *Brief*

2 (*umgangsspr: den Laden zumachen*) close down

**zumindest** at least

**zunächst** 1 (*vor allem*) first of all

2 (*vorläufig*) for the time being

3 (*anfangs*) at first

**Zündung** ignition

**zunehmen** 1 gain weight [weɪt]; **5 Kilo zunehmen** gain 5 kilos

2 (*anwachsen*) increase [ɪn'kri:s] (**an** in)

**Zuneigung** affection; **Zuneigung für jemanden empfinden** feel affection for someone

**Zunge** tongue [tʌŋ]; **jemandem die Zunge herausstrecken** stick one's tongue out at someone

**Zungenbrecher** tongue-twister

**zunutze, zu Nutze sich etwas zunutze machen** (*verwenden*) utilize something

**zupfen** 1 pluck *Saite, Augenbraue*

2 **jemanden am Ärmel zupfen** tug at someone's sleeve

**zurechtkommen** 1 (*auskommen*) manage ['mænɪdʒ] (**mit** on)

2 (*bewältigen*) cope (**mit** with)

**zurechtmachen** 1 prepare [prɪ'peəʳ] (GB), fix (USA) *Zimmer*

2 **sich zurechtmachen** get dressed; (*sich schminken*) put on one's make-up

**zureden jemandem zureden** (*überreden*) keep on at someone; (*ermutigen*) encourage [ɪn'kʌrɪdʒ] someone

**zurichten** 1 (*beschädigen*) make a mess of

2 (*verletzen*) injure; **jemanden übel zurichten** beat someone up

**zurück** 1 back; **hin und zurück** there and back; **München hin und zurück, bitte** a return to Munich, please

2 **zurück!** back off!

**zurückbekommen** get back

**zurückbleiben** 1 stay [*oder* remain], behind

2 (*auch übertragen: nicht Schritt halten*) fall behind

3 (*übrig bleiben*) be left [behind]

**zurückblicken** look back (**auf** to)

**zurückbringen** 1 (*wieder herbringen*) bring back

2 (*wieder wegbringen*) take back

**zurückfahren** drive [*oder* go] back

**zurückfallen** 1 (*in einen Fehler, in ein Laster*) relapse ['ri:læps] (**in** into)

2 (*im Sport*) drop back

3 (*an Besitzer*) revert [rɪ'vɜ:t] (**an** to)

**zurückfinden** find one's way back

**zurückgeben** 1 give back

2 (*erwidern*) return [rɪ'tɜ:n]

**zurückgehen** 1 go back (**nach, in** to)

2 (*zurückweichen*) retreat

3 *Geschäft:* fall off

4 **zurückgehen auf …** go back to …

**zurückgreifen** fall back (**auf** upon)

**zurückhalten** 1 (*nicht fortlassen*) hold [*oder* keep] back

2 (*aufhalten*) hold up

3 (*verheimlichen*) **etwas zurückhalten** hold something back

4 **sich zurückhalten** (*sich beherrschen*) contain oneself; (*bescheiden sein*) keep in the background

**zurückhaltend** 1 (*vorsichtig*) cautious ['kɔ:ʃəs]

2 (*reserviert*) reserved [rɪ'zɜ:vd]

**zurückholen** 1 fetch back

2 **jemanden zurückholen** (*übertragen*) ask someone to come back

**zurückkehren** come back, return (**von, aus** from)

**zurückkommen** come back, return

**zurücklassen** 1 (*hinterlassen*) leave

2 (*liegen lassen*) leave behind

**zurücklegen** 1 (*an seinen Platz*) put back

2 lay back *Kopf*

3 (*aufbewahren, reservieren*) put aside

4 lay aside *Geld*

5 cover ['kʌvəʳ] *Strecke*

**zurückliegen** 1 (*örtlich*) be behind

2 (*zeitlich*) be … ago; **das liegt zehn Jahre zurück** that was ten years ago

**zurücknehmen** take back *auch Behauptung, Vorwurf*

**zurückrufen** 1 call back
2 (*zurückbeordern*) recall [rɪ'kɔːl]

**zurückschauen** look back (**auf** at, on)

**zurückschicken** send back

**zurückschlagen** 1 beat back; repulse *Angriff, Feind*
2 return *Ball*
3 (*auch übertragen*) hit back, strike back

**zurückschrecken** 1 shrink [*oder* start] back (**vor** from)
2 **vor nichts zurückschrecken** stop at nothing

**zurückstellen** 1 put back *auch Uhr*
2 (*beiseite stellen*) put aside
3 (*hintanstellen*) defer [dɪ'fɜːʳ]

**zurücktreten** 1 step back; **bitte zurücktreten!** stand back, please!
2 (*übertragen*) *Regierung:* resign [rɪ'zaɪn]

**zurückweichen** 1 (*erschrocken*) shrink back (**vor** from)
2 (*übertragen*) retreat

**zurückweisen** reject [rɪ'dʒekt]

**zurückzahlen** pay back, repay

**zurückziehen** 1 (*zurücknehmen*) withdraw
2 **sich zurückziehen** retire [rɪ'taɪəʳ]; (*auch übertragen*) withdraw (**von, aus** from)

**zurufen** **jemandem etwas zurufen** shout something at someone

**zurzeit** at the moment

**Zusage** 1 (*Versprechen*) promise
2 (*Bestätigung*) confirmation [ˌkɒnfə'meɪʃᵊn]
3 (*Annahme*) acceptance

**zusagen** 1 (*versprechen*) promise ['prɒmɪs]
2 (*auf Einladung*) accept, promise to come
3 (*behagen, gefallen*) appeal [ə'piːl]

**zusammen** 1 together
2 **zusammen sein** be together

**Zusammenarbeit** 1 co-operation
2 (*mit dem Feind*) collaboration
3 (*einer Gemeinschaft*) team work

**zusammenarbeiten** 1 co-operate, work together
2 (*mit dem Feind*) collaborate

**zusammenbauen** put together, assemble

**zusammenbeißen** **die Zähne zusammenbeißen** grit one's teeth

**zusammenbrechen** 1 (*zusammenfallen*) cave in
2 *Wirtschaft:* collapse
3 *Mensch:* break [breɪk] down

**Zusammenbruch** breakdown, collapse [kə'læps]

**zusammendrücken** press together; (*verdichten*) compress

**zusammenfahren** 1 (*erschrecken*) start
2 *Person:* run over
3 *Fahrzeuge:* collide [kə'laɪd]

**zusammenfallen** 1 (*einstürzen*) collapse
2 (*sich decken*) coincide [ˌkəʊɪn'saɪd]

**zusammenfassen** 1 (*vereinigen*) unite [juː'naɪt]
2 (*als Fazit*) sum up; **lassen Sie mich** [**kurz**] **zusammenfassen ...** just to sum up ...

**Zusammenfassung** 1 (*Vereinigung*) union ['juːnjən]
2 (*Abriss, Auszug*) *eines Textes:* abstract, summary

**zusammengehören** 1 belong together
2 *Einzelteile:* go together

**zusammenhalten** 1 hold together
2 hold on to *Geld*
3 *Freunde:* stick together

**Zusammenhang** 1 connection [kə'nekʃᵊn] (**von, zwischen** between); **im Zusammenhang mit etwas** in connection with something
2 (*Textzusammenhang*) context
3 **etwas aus dem Zusammenhang reißen** detach something from its context; **in diesem Zusammenhang** in this context

**zusammenhängen** 1 (*übertragen*) be connected
2 **das hängt nicht damit zusammen** that has got nothing to do with it

**zusammenklappen** fold up *Messer, Stuhl;* shut *Schirm*

**zusammenknüllen** crumple up

**zusammenkommen** 1 come together
2 (*sich treffen*) meet
3 *Umstände:* combine; **da kommt mal wieder alles zusammen** and everything is happening at the same time again

**zusammenlegen** 1 (*zusammenfalten*) fold
2 *Geld:* club together

**zusammennehmen** 1 (*sich anstrengen*) make an effort
2 (*im Benehmen*) control oneself, pull oneself together

**zusammenpacken** 1 pack up
2 (*umgangsspr: aufgeben*) pack it all in

**zusammenpassen** 1 *Personen:* suit [suːt] each other
2 *Dinge:* go together

**zusammenprallen** 1 collide [kə'laɪd]
2 (*übertragen*) clash

**zusammenpressen** squeeze [skwiːz] together; (*verdichten*) compress

**zusammenrechnen** add [*oder* total] up

**zusammenreißen** **sich zusammenreißen** pull oneself together

**zusammenschlagen** 1 (*zerschlagen*) smash up
2 clap *die Hände*
3 (*verprügeln*) beat up
**zusammenschreiben** write [raɪt] together *Wörter*
**zusammensetzen** 1 put together; (*aus Teilen*) assemble
2 (*Personen nebeneinander setzen*) seat together
3 **sich zusammensetzen** sit together; (*bestehen aus*) consist of, be composed of
**Zusammensetzung** 1 (*Aufbau*) composition
2 (*Kombination*) combination
**zusammenstellen** put together
**Zusammenstoß** collision [kə'lɪʒən], crash
**zusammenstoßen** 1 knock [nɒk] together
2 *Autos:* collide
**zusammenstürzen** collapse [kə'læps], tumble down
**zusammentun** 1 (*umgangsspr*) put together
2 **sich zusammentun** combine forces, get together
**zusammenzählen** add [*oder* sum] up
**zusammenziehen** 1 draw together
2 (*in eine Wohnung*) move in together
**zusätzlich** 1 additional [ə'dɪʃənəl]; (*ergänzend*) supplementary [ˌsʌplə'mentəri]
2 **das hat er noch zusätzlich gekauft** he bought [bɔːt] that in addition to the other things
**zuschauen** **jemandem bei etwas zuschauen** watch someone doing something
**Zuschauer(in)** 1 spectator
2 (*im Theater*) member of the audience
3 (*Fernsehzuschauer*) viewer ['vjuːəʳ]
4 (*neugieriger Zuschauer*) bystander, onlooker
**Zuschlag** (*im Zug*) supplement
**zuschlagen** 1 slam *Tür;* shut *Buch*
2 **die Tür schlug zu** the door banged shut
3 (*schlagen*) strike
4 (*umgangsspr: zugreifen*) get in quickly
**Zuschuss** 1 grant, subsidy
2 **meine Eltern haben mir dafür einen Zuschuss gegeben** my parents gave me something towards it
**zusehen** 1 (*beobachtend*) watch [wɒtʃ]
2 **zusehen, dass …** see to it that …
**zuspitzen** **die Lage spitz sich zu** the situation [ˌsɪtju'eɪʃən] is coming to a head [*oder* getting critical]
**Zustand** 1 (*Beschaffenheit*) condition, state
2 **in gutem/schlechtem Zustand** in good/bad shape; *Gebäude:* in good/bad repair
**zustande, zu Stande** 1 **zustande bringen** achieve [ə'tʃiːv], manage
2 **zustande kommen** (*geschehen*) come about; (*erreicht werden*) be achieved
**zuständig** 1 (*verantwortlich*) responsible
2 **dafür bin ich nicht zuständig** that's not in my department
**zustecken** **jemandem etwas [heimlich] zustecken** slip someone something
**zustehen** **etwas steht jemandem zu** someone is entitled to something; **es steht ihm nicht zu darüber zu urteilen** he has no right to judge that
**zustimmen** 1 agree
2 (*einwilligen*) consent
**Zustimmung** (*Einverständnis*) agreement, assent
**zustoßen** 1 (*heftig schließen*) push shut
2 **jemandem zustoßen** happen to someone
**zutage, zu Tage** **zutage fördern** unearth [ʌn'ɜːθ]; (*übertragen*) bring to light [laɪt]
**Zutaten** ingredients [ɪn'griːdiənts]
**zuteilen** (*zuweisen*) allocate ['æləkeɪt], allot
**zutiefst** deeply
**zutrauen** 1 **jemandem etwas zutrauen** credit someone with something; (*für fähig halten*) believe someone capable of something
2 **das trau ich mir zu** I think I can do it
**zutreffen** 1 (*richtig sein*) be correct; **das trifft genau auf mich zu** that's me spot on
2 (*gelten*) apply (**für** to)
**zutreffend** 1 (*richtig*) correct, right [raɪt]
2 (*auf etwas zutreffend*) applicable
3 **Zutreffendes bitte ankreuzen** mark with a cross where applicable
**Zutritt** access; **kein Zutritt!**, **Zutritt verboten!** no admittance! no entry!, no entry!
**zuverlässig** reliable [rɪ'laɪəbl]
**Zuverlässigkeit** reliability [rɪˌlaɪə'bɪləti]
**zuversichtlich** confident; **ich bin ganz zuversichtlich, dass …** I have every confidence that …
**zuvor** 1 before
2 (*zuerst*) beforehand
**zuvorkommen** 1 anticipate [ænˌtɪsɪ'peɪt]
2 **er ist mir schon wieder zuvorgekommen** he beat me to it again
**Zuwachs** increase ['ɪnkriːs] (**an** of)
**zuwenden** 1 turn towards
2 **sich jemandem zuwenden** turn to face someone; (*sich widmen*) devote oneself to someone
**zuwerfen** 1 **jemandem einen Blick zuwerfen** cast a glance at someone
2 **jemandem den Ball zuwerfen** throw someone the ball

**zuzahlen** **20,- Euro zuzahlen** pay another 20 euros
**zuziehen** ① draw *Vorhang*
② **sich eine Krankheit zuziehen** contract an illness
**Zwang** ① (*Notwendigkeit*) compulsion [kəm'pʌlʃᵊn]
② (*moralischer*) constraint
③ **etwas unter Zwang tun** be forced to do something
**zwängen** squeeze [skwi:z] (**in, durch** into, through)
**zwanglos** ① (*locker*) casual ['kæʒjuəl]
② (*ohne Förmlichkeit*) informal
**zwangsläufig** inevitable
**zwanzig** twenty
**zwanzigste** twentieth
**zwar** ① (*erklärend*) it is true [tru:], to be sure [ʃʊəʳ]
② **und zwar** namely [*oder* that is]
③ **ich hab zwar keine Lust, aber ...** I don't feel like it, but ...
④ **komm her, und zwar sofort!** come here – right now!
**Zweck** ① (*Verwendung*) purpose ['pɜ:pəs]
② (*Sinn, Nutzen*) point; **es hat keinen Zweck zu bleiben** there's no point in staying; **zu welchem Zweck?** to what end?
**zwecklos** ① (*unnütz*) useless
② (*sinnlos*) pointless
**zwei** two
**Zweibettzimmer** twin room
**zweideutig** ambiguous [æm'bɪgjuəs], equivocal [ɪ'kwɪvəkᵊl]
**Zweifel** doubt [daʊt] (**an** about); **es steht außer Zweifel, dass ...** it's beyond doubt that ...; **ohne jeden Zweifel** without question
**zweifelhaft** ① doubtful ['daʊtfəl]
② (*verdächtig*) dubious ['dju:biəs]
**zweifellos** ① undisputed
② without doubt [daʊt]; (*als Antwort*) undoubtedly
**zweifeln** ① doubt [daʊt]
② **ich zweifle nicht daran** I don't doubt it
**Zweifelsfall** ① doubtful [daʊtfəl] case
② **im Zweifelsfall** in case of doubt; (*gegebenenfalls*) if necessary ['nesəsᵊri]
**Zweig** branch; (*kleiner*) twig
**Zweigstelle** branch
**zweimal** ① twice
② **sich etwas nicht zweimal sagen lassen** not have to be told something twice
**zweisprachig** *Wörterbuch, Land:* bilingual [baɪ'lɪŋgwᵊl]; *Vertrag:* in two languages ['læŋgwɪdʒəz]
**zweitbeste(r, s)** second best
**zweite(r, s)** ① second
② (*nächster*) next
③ **Zweite[r]** runner-up
④ **an zweiter Stelle** in second place
⑤ **zweiter Klasse fahren** go second
⑥ **2.Januar** 2[nd] January [dʒænjuᵊri], January 2[nd]; (*gesprochen*) the second of January
**zweiteilig** ① *Kleidungsstück:* two-piece
② *Fernsehserie:* two-part
**zweitens** secondly
**zweitklassig** (*übertragen*) second-rate
**zweitrangig** second-rate
**Zwerg(in)** dwarf [dwɔ:f]; (*Gartenzwerg*) gnome [nəʊm]
**zwicken** ① (*kneifen*) pinch; **sie hat mich ins Ohr gezwickt** she pinched my ear
② **das zwickt mich** that's pinching me
**Zwiebel** ① onion ['ʌnjən]
② (*Blumenzwiebel*) bulb
**Zwielicht** ① twilight ['twaɪlaɪt]
② (*abends*) dusk; (*morgens*) half-light
**zwielichtig** (*abwertend*) shady ['ʃeɪdi]
**Zwilling** ① twin
② (*Sternzeichen*) **Zwillinge** Gemini ['dʒemɪnaɪ]
**Zwillingsbruder** twin brother
**Zwillingsschwester** twin sister
**zwingen** ① compel, force [fɔ:s]; **sie haben mich zum Reden gezwungen** they forced me to talk
② **sich zwingen** force oneself
**zwischen** ① between [bɪ'twi:n]
② (*unter einer Anzahl*) among, amongst [ə'mʌŋst]
**zwischendurch** ① in between [bɪ'twi:n]
② **etwas zwischendurch machen** (*nebenher*) fit something in
**Zwischenfall** incident
**Zwischenraum** ① (*zeitlich*) interval ['ɪntəvᵊl]
② (*Lücke*) gap
**Zwischenzeit** ① (*Zeitraum*) interval
② **in der Zwischenzeit** in the meantime
**Zwischenzeugnis** interim report
**zwölf** ① twelve
② **zwölf Uhr [mittags]** twelve noon
► IN WENDUNGEN: **fünf Minuten vor zwölf** at the eleventh hour
**zwölfte(r, s)** ① twelfth [twelfθ]
② **12.Juli** 12[th] July, July 12[th]; (*gesprochen*) the twelfth of July

**Zyklus** cycle ['saɪkl]
**Zylinder** ① cylinder ['sɪlɪndəʳ]
② (*Hut*) top-hat; (*umgangsspr*) topper
**Zyniker(in)** cynic ['sɪnɪk]
**zynisch** cynical [sɪnɪkᵊl]

# Notizen

# Notizen

## Vokale und Diphthonge

| Laut | Beispiel |
|---|---|
| [ɑː] | pl**a**nt, f**a**rm, f**a**ther |
| [aɪ] | f**i**ve, l**i**fe |
| [aʊ] | h**ou**se |
| [æ] | m**a**n, s**a**d |
| [e] | g**e**t, b**e**d |
| [eɪ] | n**a**me, s**a**me |
| [ə] | **a**go, bett**er** |
| [ɜː] | b**ir**d, h**er** |
| [eə] | th**ere**, c**are** |
| [ʌ] | b**u**t, s**o**n |
| [ɪ] | **i**t, w**i**sh |
| [iː] | b**ee**, s**ee**, m**e**, b**ea**t, bel**ie**f |
| [ɪə] | h**ere**, n**ear** |
| [əʊ] | n**o**, l**ow** |
| [ɒ] | n**o**t, l**o**ng |
| [ɔː] | l**aw**, **a**ll |
| [ɔɪ] | b**oy**, **oi**l |
| [ʊ] | p**u**sh, l**oo**k |
| [uː] | y**ou**, d**o** |
| [ʊə] | p**oor**, s**ure** |

ː bezeichnet die Länge des vorausgehenden Vokals.

Das Zeichen ˈ gibt den Hauptton, das Zeichen ˌ den Nebenton an.

## Konsonanten

| Laut | Beispiel |
|---|---|
| [b] | **b**een, **b**lind |
| [d] | **d**o, ha**d** |
| [ð] | **th**is, fa**th**er |
| [f] | **f**ather, wol**f** |
| [g] | **g**o, be**g** |
| [ŋ] | lo**ng**, si**ng** |
| [h] | **h**ouse |
| [j] | **y**outh |
| [k] | **k**eep, mil**k** |
| [l] | **l**amp, oi**l**, i**ll** |
| [m] | **m**an, a**m** |
| [n] | **n**o, ma**nn**er |
| [p] | **p**a**p**er, ha**pp**y |
| [r] | **r**ed, d**r**y |
| [ʳ] | hai**r**, afte**r** |
| [s] | **s**tand, **s**and, ye**s** |
| [ʃ] | **sh**ip, sta**t**ion |
| [t] | **t**ell, fa**t** |
| [tʃ] | **ch**ur**ch**, ca**tch** |
| [v] | **v**oice, li**v**e |
| [w] | **w**ater, **w**e, **wh**ich |
| [z] | **z**eal, the**s**e, ga**z**e |
| [ʒ] | plea**s**ure |
| [dʒ] | **j**am, ob**j**ect |
| [θ] | **th**ank, you**th** |

## Das englische Alphabet

a [eɪ] b [biː] c [siː] d [diː] e [iː] f [ef] g [dʒiː] h [eɪtʃ] i [aɪ] j [dʒeɪ] k [keɪ] l [el] m [em] n [en] o [əʊ] p [piː] q [kjuː] r [ɑː] s [es] t [tiː] u [juː] v [viː] w [ˈdʌbljuː] x [eks] y [waɪ] z [zed, *Am* ziː]

1 Stichwörter sind farblich hervorgehoben.

3 Einzelne Bedeutungen werden durch arabische Ziffern unterschieden

4 Angabe zur Bedeutung

6 Bildhafte Redewendungen werden gesondert aufgeführt am Ende des Eintrags

8 Infoboxen mit zusätzlichen grammatischen Informationen zum Englischen

10 Infoboxen mit Hinweisen auf mögliche Fehlerquellen

13 hochgestellte Ziffern für gleiche Stichwörter mit unterschiedlicher Bedeutung (Homonyme)

16 Übersetzungsvarianten innerhalb eines Beispiels werden in eckigen Klammern mit *oder* angegeben